Fehlzeiten-Report

*Reihenherausgeber*

Bernhard Badura, Fakultät für Gesundheitswissenschaften, Universität Bielefeld, Bielefeld, Germany

Antje Ducki, Berliner Hochschule für Technik (BHT), Berlin, Germany

Helmut Schröder, Wissenschaftliches Institut der AOK (WIdO), Berlin, Germany

Markus Meyer, Wissenschaftliches Institut der AOK (WIdO), Berlin, Germany

Bernhard Badura · Antje Ducki · Markus Meyer ·
Helmut Schröder
*Hrsg.*

# Fehlzeiten-Report 2022

Verantwortung und Gesundheit

Springer

*Hrsg.*
Prof. Dr. Bernhard Badura
Universität Bielefeld
Bielefeld, Deutschland

Markus Meyer
Wissenschaftliches Institut der AOK
Berlin, Deutschland

Prof. Dr. Antje Ducki
Berliner Hochschule für Technik (BHT)
Berlin, Deutschland

Helmut Schröder
Wissenschaftliches Institut der AOK
Berlin, Deutschland

Fehlzeiten-Report
ISBN 978-3-662-65597-9
https://doi.org/10.1007/978-3-662-65598-6

ISBN 978-3-662-65598-6 (eBook)

Die Deutsche Nationalbibliothek verzeichnet diese Publikation in der Deutschen Nationalbibliografie; detaillierte bibliografische Daten sind im Internet über http://dnb.d-nb.de abrufbar.

Planung: Fritz Kraemer

Fotonachweis Umschlag: Anchiy / istock.com (Symbolbild mit Fotomodell)

Springer ist ein Imprint der eingetragenen Gesellschaft Springer-Verlag GmbH, DE und ist ein Teil von Springer Nature.
Die Anschrift der Gesellschaft ist: Heidelberger Platz 3, 14197 Berlin, Germany

# Vorwort

Die gesundheitlichen, sozialen oder ökologischen Krisen in einer global vernetzen Welt stellen auch für Unternehmen eine große Herausforderung dar. Verantwortliches unternehmerisches Handeln ist dahingehend ein wichtiger Baustein für nachhaltiges Wirtschaften, damit Gesundheit, Wohlstand oder der Schutz der natürlichen Ressourcen gesichert werden können. Unternehmerisches Handeln kann sich aber auch ins Gegenteil verkehren: Betrug und Korruption, Menschenrechtsverletzungen oder Umweltzerstörungen können einer kurzfristigen betriebswirtschaftlichen positiven Bilanz zuträglich sein. Die Rufe nach einer stärkeren Verantwortungsübernahme für die Gesellschaft und Umwelt verstummen nicht. Gleichzeitig stellt die Wahrnehmung gesellschaftlicher Verantwortung für Unternehmen ein anspruchsvolles Unterfangen dar, denn Konzepte müssen stets auch an den jeweiligen Unternehmenskontext angepasst werden. Zentral für den Erfolg einer verantwortungsvollen Unternehmenspolitik ist die Erkenntnis, dass es letztlich die Beschäftigten sind, die das Fundament für verantwortliches Handeln bilden. Ein Unternehmen kann nur dann erfolgreich sein, wenn Verantwortung und Nachhaltigkeit in der Unternehmenskultur etabliert sind und von allen Beteiligten auf allen Ebenen im Unternehmen gelebt werden.

Die Herausforderungen für Unternehmen in Bezug auf gesellschaftlich verantwortungsvolles Handeln sind so komplex wie vielfältig: So müssen Umweltgesichtspunkte gleichberechtigt mit sozialen und wirtschaftlichen Gesichtspunkten Berücksichtigung finden. Zudem unterhalten Unternehmen oft Produktionsstätten auf der ganzen Welt, sie arbeiten über Kontinente hinweg mit vielen Zulieferbetrieben, die selbst wiederum in gesellschaftlicher Verantwortung stehen. Soziale und ökologische Standards gewinnen so auch über Ländergrenzen hinweg an Bedeutung. Zukunftsfähiges verantwortliches Wirtschaften ist ohne den verantwortlichen Blick auf die Gesundheit der Beschäftigten – und hier greift die Betriebliche Gesundheitsförderung – schwer denkbar.

Wie hängt gesellschaftlich verantwortungsvolles Handeln mit der Arbeitszufriedenheit und der Gesundheit der Beschäftigten zusammen? Was bedeutet es, wenn „Gesundheit" in den unternehmerischen Wertekanon aufgenommen und in unternehmerische Prozesse und Abläufe integriert wird? An welchen Stellen kann es Unterstützung durch das Betriebliche Gesundheitsmanagement geben? Und welchen Nutzen hat das Thema Verantwortung für das Betriebliche Gesundheitsmanagement? Orientiert an den Empfehlungen der ISO 26000, einer Leitlinie für freiwillige gesellschaftliche Verantwortung, und an den CSR-Richtlinien[1] leuchtet der Fehlzeiten-Report 2022 aus, wie Verantwortung, Nachhaltigkeit und Gesundheit zusammenhängen und was dies für die Praxis des Betrieblichen Gesundheitsmanagements konkret bedeutet. Es werden dabei basale Themen erörtert, welche die Verantwortungsübernahme im positiven Sinne gelingen lassen. Hierbei kommen Aspekte der (Unternehmens-)Kommunikation, psychologische Sicherheitsbedürfnisse, Verantwortung in Zeiten von mobiler oder hybrider Arbeit, vielfältige Belegschaften, die Bedeutung von Führungsstilen und Weiterbildungsmöglichkeiten bis hin zu verantwortlichen unternehmerischen Wertschöpfungsketten zum Tragen.

---

1 Unter dem Begriff Corporate Social Responsibility (CSR) wird die Verbindung der ökonomischen mit der ökologischen und sozialen Dimension der Geschäftstätigkeit gefasst, d. h. sie baut auf den drei Säulen der Nachhaltigkeit – Ökonomie, Ökologie und Soziales – auf.

Wir freuen uns, dass wir – trotz der mit der Pandemie verbundenen Herausforderungen – auch diesmal wieder engagierte Autorinnen und Autoren gewinnen konnten, die bereit waren, ihre Expertise in die vorliegenden Fachbeiträge einzubringen. Hierfür gilt ihnen unser spezieller Dank – nur durch das Engagement der Autorinnen und Autoren kann auch in diesem Jahr der Fehlzeiten-Report wie gewohnt erscheinen.

Zusätzlich zum Schwerpunktthema gibt der vorliegende Fehlzeiten-Report wieder einen differenzierten Überblick über die krankheitsbedingten Fehlzeiten in der deutschen Wirtschaft mit aktuellen Daten und Analysen der 14,6 Mio. AOK-Mitglieder, die im Jahr 2021 in mehr als 1,6 Mio. Betrieben tätig waren. Die Entwicklungen in den einzelnen Wirtschaftszweigen werden dabei differenziert dargestellt, was einen schnellen und umfassenden Überblick über das branchenspezifische Krankheitsgeschehen ermöglicht. Er berichtet zudem auch wieder über die Krankenstandentwicklung aller gesetzlich krankenversicherten Arbeitnehmenden in Deutschland wie auch der Bundesverwaltung. Ein Blick auf die Bedeutung der Fehlzeiten im Zusammenhang mit Covid-19 ergänzt den Datenteil auch in dieser Ausgabe. Hierbei wird bspw. die Frage beantwortet, welche Branchen und Berufe besonders von Covid-19 betroffen waren.

Danken möchten wir allen Kolleginnen und Kollegen im Wissenschaftlichen Institut der AOK (WIdO), die an der Buchproduktion beteiligt waren und wieder den Nachweis erbracht haben, dass eine Bucherstellung trotz der zahlreichen pandemiebedingten Herausforderungen auch mit mobilem Arbeiten sehr gut gelingen kann. Zu nennen sind hier vor allem Miriam-Maleika Höltgen und Lisa Wing, die uns bei der Organisation, der Betreuung der Autorinnen und Autoren und durch ihre redaktionelle Arbeit sowie auch bei der Autorinnen- und Autorenrecherche und -akquise exzellent unterstützt haben. Wir bedanken uns ebenfalls bei Frau Dr. habil. Birgit Verworn, die uns bei der Recherche und Akquise von Autorinnen und Autoren unterstützt hat. Unser Dank gilt insbesondere auch Susanne Sollmann für das wie immer ausgezeichnete Lektorat und darüber hinaus auch dem gesamten Team Betriebliche Gesundheitsförderung im WIdO. Danken möchten wir gleichermaßen allen Kolleginnen und Kollegen im Backoffice des WIdO, ohne deren Unterstützung diese Buchpublikation nicht möglich gewesen wäre.

Unser Dank geht last, but not least an den Springer-Verlag für die gewohnt hervorragende verlegerische Betreuung, insbesondere durch Frau Hiltrud Wilbertz.

Berlin und Bielefeld
im Juni 2022

# Inhaltsverzeichnis

## II    Verantwortung und gesunde Arbeitsbedingungen

# VI Daten und Analysen

# Verantwortung – ein Überblick

## Inhaltsverzeichnis

# Verantwortung von Individuen und Organisationen angesichts der weltweiten Herausforderungen

*Holger Pfaff und Kristina Schubin*

## Inhaltsverzeichnis

© Der/die Autor(en), exklusiv lizenziert an Springer-Verlag GmbH, DE, ein Teil von Springer Nature 2022
B. Badura et al. (Hrsg.), *Fehlzeiten-Report 2022*, Fehlzeiten-Report,
https://doi.org/10.1007/978-3-662-65598-6_1

■■ **Zusammenfassung**

*Die Schaffung einer nachhaltigen und gesundheitsförderlichen Welt stellt eine der großen Herausforderungen moderner Gesellschaften dar. Die Bewältigung dieser Herausforderungen setzt voraus, dass sowohl Individuen als auch Unternehmen, Verwaltungen und Vereine ihrer Verantwortung nachkommen. In unserem Beitrag gehen wir davon aus, dass viele Nachhaltigkeitsprobleme und Gesundheitsrisiken Ergebnisse kollektiver Phänomene sind. Solche Phänomene entstehen durch das geplante und ungeplante Zusammenwirken von Einzelhandlungen, die von Akteurinnen und Akteuren, wie z. B. Individuen oder Organisationen, ausgehen. Zur Analyse der Verantwortungsproblematik ziehen wir das Modell der Erklärung kollektiver Phänomene von James Coleman heran. Wir thematisieren anhand dieses Modells das Problem der Verantwortungsdiffusion und die Notwendigkeit der multiplen, ebenenübergreifenden Verantwortungsübernahme. Wir zeigen zudem auf, dass nur individuelle und korporative Akteurinnen und Akteure zur Verantwortung gezogen werden können. Unternehmen, die ihrer Verantwortung gerecht werden wollen, tun gut daran, zwei Managementstrategien zu verbinden: Nachhaltigkeitsmanagement und Gesundheitsmanagement. Auf diese Weise entsteht das betriebliche Nachhaltigkeits- und Gesundheitsmanagement (BNGM). Es wird gezeigt, an welchen Punkten das BNGM ansetzen kann, damit Unternehmen und ihre Mitarbeitenden ihrer (Teil-)Verantwortung zur Bewältigung der Herausforderungen nachkommen können.*

## 1.1 Ausgangspunkt und Fragestellung

Im Fehlzeiten-Report 2021 haben wir die Quellen zukünftiger Gesundheits- und Nachhaltigkeitsrisiken aufgezeigt (Pfaff und Schubin 2021). In diesem Artikel geht es nun um die Frage, welche Verantwortung Individuen und Organisationen übernehmen sollen, um die Welt nachhaltiger und gesundheitsförderlicher zu gestalten. Es soll gezeigt werden, dass das Thema Verantwortung angesichts der weltweiten Herausforderungen vielschichtig ist. Der Beitrag wird das Thema aus der Perspektive der soziologischen Handlungstheorie beleuchten. Zur Einführung in den Verantwortungsbegriff ziehen wir außerdem philosophische Perspektiven und stellenweise juristische Perspektiven von Verursachung heran. Im ersten Schritt versuchen wir die Begriffe Verursachung und Verantwortung zu klären und zu zeigen, dass nur die individuellen und korporativen Akteurinnen und Akteure Verantwortung tragen können. Im zweiten Schritt werden wir einen Großteil der weltweiten menschengemachten Herausforderungen als **kollektive Phänomene** oder als Folge kollektiver Phänomene begreifen. Wir erörtern zudem das damit verbundene Problem der Emergenz von kollektiven Phänomenen und der **Diffusion der Verantwortung**. Im dritten Schritt werden wir das Thema der Verantwortung bei monokausalen Zusammenhängen dem Thema der Verantwortung bei **multikausalen Zusammenhängen** gegenüberstellen und argumentieren, dass im letztgenannten Fall oft eine Gesellschaftsebenen übergreifende Verantwortung angestrebt werden sollte. Im vierten Schritt zeigen wir auf, wie sich verantwortlich fühlende Unternehmen und deren Mitarbeitende durch Nachhaltigkeits- und Gesundheitsmanagement ihrer Teilverantwortung gerecht werden können.

## 1.2 Quellen der weltweiten Herausforderungen, der Verantwortungsbegriff und das Problem der Verantwortungszuordnung

Die weltweiten Gesundheits- und Nachhaltigkeitsrisiken können – wie wir ausgehend vom Konzept der menschlichen Grundverfas-

**1**

sung (Parsons 1978) gezeigt haben (Pfaff und Schubin 2021) – auf vier **systemische Ursachenbereiche** zurückgeführt werden: 1) das telische System der Letztorientierung (z. B. Weltbeherrschung als kulturelles Grundprogramm), 2) die physikalisch-chemische Welt, 3) die biologische Welt (pflanzliche und tierische Welt, menschlicher Organismus) sowie 4) die Welt des menschlichen und zwischenmenschlichen Handelns und Verhaltens (Handlungssystem). Betrachtet man diese verschiedenen Quellen der Gesundheits- und Nachhaltigkeitsrisiken, so ergibt sich – hinsichtlich der Verantwortlichkeit – eine klare Zweiteilung. Alle vier Bereiche kommen zwar als Ursachenquelle für Nachhaltigkeits- und Gesundheitsrisiken in Frage, aber nur handelnde Subjekte (Akteurinnen und Akteure) in der Welt des menschlichen und zwischenmenschlichen Verhaltens können sich verantwortlich fühlen und Verantwortung übernehmen (vgl. auch Jonas 1992). Wir wollen zunächst etwas ausführlicher eruieren, was unter „Verantwortung" verstanden werden kann.

Der Begriff „Verantwortung" wird weder umgangssprachlich noch in wissenschaftlichen Fachdiskursen einheitlich verwendet. Es existiert auch keine allgemein anerkannte Systematik zur Einordnung der unterschiedlichen Verantwortungsbegriffe (Werner 1994). Im Duden wird Verantwortung definiert als „(mit einer bestimmten Aufgabe, einer bestimmten Stellung verbundene) Verpflichtung, dafür zu sorgen, dass (innerhalb eines bestimmten Rahmens) alles einen möglichst guten Verlauf nimmt, das jeweils Notwendige und Richtige getan wird und möglichst kein Schaden entsteht" sowie als „Verpflichtung, für etwas Geschehenes einzustehen (und sich zu verantworten)" (Rehbein 2021, S. 33). Die Definition benennt also eine (Handlungs-)Verpflichtung von beteiligten Akteurinnen und Akteuren, die aus ihrer Stellung oder ihrer Aufgabe erwächst (ebd.). Verantwortung wird weiterhin als Relationsbegriff bezeichnet (Fonk 2021). So lautet eine auf das Strafrecht bezogene Definition von Lampe et al. (1989, S. 286): „‚Verantwortung' bezeichnet (…) hauptsäch-

lich die Beziehung einer Person zu einem Gegenstand, für den sie Verantwortung hat (…)".

Der Soziologe Max Weber unterschied bereits im 20. Jahrhundert die sogenannte Gesinnungsethik von der Verantwortungsethik – letztere sei die zukunftsbezogene Ethik der rationalisierten Gesellschaft im 21. Jahrhundert (Weber 1992). Während Handlungen im Verständnis der Gesinnungsethik aufgrund ihrer dahinterliegenden Absicht (ohne Folgenabwägung) erforderlich oder aber verboten sind, liegt der Fokus in der Verantwortungsethik auf den Folgen einer Handlung, die der/dem Handelnden zugerechnet werden. Im Rahmen der verantwortungsethischen Maxime wird eine Handlung dahingehend beurteilt, ob jemand die Konsequenzen einer Handlung auch zu tragen bereit ist (Fonk 2021). Ursachen und Konsequenzen sind wesentliche Begriffe, die sich dem Begriff Verantwortung unterordnen lassen. Die Überlegungen von Weber sind allerdings dem „klassischen" personenbezogenen und damit veralteten Verständnis von Verantwortung (und darin verortete Begriffe wie Pflicht und Schuld) zuzuordnen. Der klassische Verantwortungsbegriff betrifft Kontexte, die durch soziale Übersichtlichkeit, eindeutige Verantwortungszuordnungen, Aufgaben und Handlungssubjekte geprägt sind, die sich entschieden haben, auf eine bestimmte Weise und nicht anders zu handeln (Fonk 2021). Auch das sogenannte Verursacherverständnis von Verantwortung und das Haftbarkeitsmodell kommen in den heutigen globalen Wirtschaftsprozessen an ihre Grenzen (Meißner 2021). Das Verursacherverständnis geht in der Tradition der juristischen Denkweise davon aus, dass es eine Urheberin/einen Urheber für jedweden verursachten Schaden als (Neben-)Folge einer Handlung gibt. Die Problematik der Verursachung und des „Weiterschiebens" der Verantwortung an andere Akteurinnen und Akteure werden wir im Beitrag unter dem Aspekt der Entstehung riskanter kollektiver Phänomene und der ebenenübergreifenden Verantwortung bei multikausalen Zusammenhängen nochmal aufgreifen. Der Fokus auf individuelle Handlungen, der reaktive Vergangenheitsbezug und die Vorstellung des Normalzustands, der nach dem Schaden wiederhergestellt werden kann, sind an diesem Verständnis problematisch (Meißner 2021). Der Verantwortungsbegriff verändert sich jedoch, da die Unmittelbarkeit in zwischenmenschlichen Beziehungen in wichtigen Handlungs- und Entscheidungsbereichen wie Wirtschaft und Politik entfällt und Vieldimensionalität von Handlungen und Entscheidungen gegeben ist (Fonk 2021). Der moderne Verantwortungsbegriff geht von deutlich komplexeren gesellschaftlichen Verhältnissen aus. Im Zeitalter der Globalisierung bezieht sich die Verantwortungsfrage nicht nur auf die Zurechenbarkeit von Individuen, sondern auf (un-)gerechte sozio-ökonomische Strukturen. Neben der individuellen moralischen Verantwortung gibt es eine korporative Verantwortung von Unternehmen und Institutionen – beide müssen in Verbindung gesehen und gesetzt werden (Lenk und Maring 1995). Verantwortung hat nicht nur einen Gegenwarts-, sondern auch Zukunftsbezug (Beispiel „For-Future"-Bewegungen; Rehbein 2021). Dies wird im ethischen Werk „Das Prinzip Verantwortung" von Hans Jonas deutlich, in dem er in Anlehnung an Kant folgenden Imperativ formuliert: „Handle so, dass die Wirkungen deiner Handlung verträglich sind mit der Permanenz echten menschlichen Lebens auf Erden" (Jonas 2020, S. 38).

Wir gehen davon aus, dass die sozio-ökonomischen Bedingungen – auch wenn sie wie ein dicht verflochtenes, wenig transparentes „Netz" erscheinen (Fonk 2021) – durch Handlungen beinflussbar sind. Da Verantwortungsübernahme im menschlichen Handlungssystem verortet ist, brauchen wir zur Erklärung eine soziologische Handlungstheorie. Die handelnden Subjekte sind Akteurinnen oder Akteure und können in zwei Formen vorkommen: individuelle Akteurinnen und Akteure (handlungsfähige Menschen) und kollektive Akteure (z. B. Gruppen, soziale Bewegungen, Massen und Organisationen) (vgl. ▢ Abb. 1.1). Innerhalb der Kategorie der kollektiven Akteure kann man zwischen korporativen Akteuren, al-

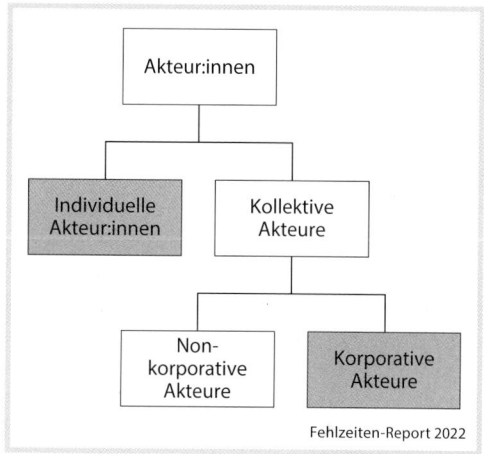

**▢ Abb. 1.1** Typen von Akteurinnen und Akteuren (nur die blau markierten können „Verantwortung tragen")

so rechtsfähigen Organisationen wie Vereinen, Unternehmen, Verwaltungen, und non-korporativen Akteuren unterscheiden. Non-korporative Akteure sind in der Regel Menschen im Plural, die nicht rechtsfähig sind, wie z. B. informelle Gruppen, Massen und soziale Bewegungen.

Nur **zwei dieser drei Akteurstypen** können prinzipiell Verantwortung tragen und zur Verantwortung gezogen werden: die individuellen Akteurinnen und Akteure und die korporativen Akteure. Zum einen sind korporative Akteure prinzipiell handlungsprägend, das heißt sie können das Verhalten der Mitglieder des Kollektivs beeinflussen. Zum anderen sind korporative Akteure handlungsfähig, das heißt sie können als soziales Gebilde Handlungen entscheiden und ausführen. Sie können zum Beispiel Entscheidungen treffen, die die Nachhaltigkeit und Gesundheitsförderlichkeit der Strukturen, Prozesse und Outputs des Unternehmens betreffen. Das Organisationshandeln kann Gesundheits- und Nachhaltigkeitsrisiken verursachen oder abwenden. Bei non-korporativen Akteuren (z. B. eine Masse von Autofahrerinnen und Autorfahrern) gibt es keine verantwortlich zu machende Entscheidungsinstanz und im juristischen Sinne keine Instanz, die haftbar gemacht werden kann.

**1**

Dennoch kann der non-korporative Akteur für das Entstehen oder Bekämpfen von Nachhaltigkeits- und Gesundheitsrisiken verantwortlich sein. Das macht diesen Akteurstyp zu einer besonders kritischen Größe, weil er für viele Gesundheitsrisiken zwar verantwortlich ist, aber nicht verantwortlich zu machen ist. Dies liegt daran, dass dem riskanten Verhalten des Kollektivs keine bewusste kollektive Entscheidung zugrunde liegt. Eine direkte Verantwortung für ein Gesundheits- und Nachhaltigkeitsrisiko ist in den meisten Fällen nur dann gegeben, wenn ein monokausaler Zusammenhang vorliegt. Dies ist zum Beispiel der Fall, wenn ein Schadensereignis (z. B. Autounfall) direkt einem Individuum (z. B. Autofahrer) zuzurechnen ist. In diesen Fällen kann man auch von Individualverschulden sprechen. Hiervon zu unterscheiden sind Fälle, bei denen ein multikausaler Zusammenhang gegeben ist. Dazu zählen kollektive Phänomene, die durch die Aggregation der (a) Handlungen und Verhaltensweisen individueller Akteurinnen oder Akteure, (b) Handlungen korporativer Akteure und (c) Verhalten non-korporativer Akteure entstehen. Darauf soll nun näher eingegangen werden.

### 1.3 Entstehung riskanter kollektiver Phänomene durch Handlungen individueller Akteurinnen und Akteure: Diffuse Individualverantwortung

Eine der wichtigsten Quellen für weltweite Herausforderungen im Bereich der Nachhaltigkeit und Gesundheitsförderlichkeit sind Erscheinungen, die die Soziologie als kollektive Phänomene bezeichnet. Menschen können durch ihr individuelles Verhalten oder Handeln in der Summe soziale Phänomene herbeiführen. So ist z. B. das hohe Verkehrsaufkommen auf den Autobahnen am ersten Schulferientag ein kollektives Phänomen. Dies trägt seinen Teil zum $CO_2$-Ausstoß bei, sodass der men-schengemachte Teil des $CO_2$-Ausstoßes als kollektives Phänomen oder als Folge eines kollektiven Phänomens angesehen werden kann (Nikendei et al. 2020). Weitere Beispiele für kollektive Phänomene sind die Fehlzeitenquote im Betrieb oder die lokale 7-Tage-Inzidenz im Rahmen der Corona-Pandemie.

Es lohnt sich an dieser Stelle einen weiteren kleinen Ausflug in die soziologische Handlungstheorie zu machen. In Bezug auf den Menschen unterscheidet Max Weber drei Arten von Verhalten: reaktives Sichverhalten, Handeln und soziales Handeln (Schluchter 1980). Das menschliche Verhalten wird dann als Handeln bezeichnet, „wenn und insofern als der oder die Handelnden mit ihm einen subjektiven Sinn verbinden" (Weber 1985, S. 1). Dies wird zum sozialen Handeln, wenn es „seinem von dem oder den Handelnden gemeinten Sinn nach auf das Verhalten anderer bezogen wird und daran in seinem Ablauf orientiert ist" (Weber 1985, S. 1). Jede Handlung ist auch Verhalten, aber nicht jedes Verhalten ist auch eine Handlung. Eine Handlung liegt nur vor, wenn einem Verhalten eine bewusste, sinnhafte Entscheidung in Bezug auf die Wahl der Verhaltensoptionen zugrunde liegt. In diesem Fall trägt die Entscheidungsträgerin/der Entscheidungsträger die Verantwortung für die Entscheidung und kann dann für die daraus entstehenden negativen Folgen verantwortlich gemacht werden. Dies ist bei dem reinen Sichverhalten nicht unbedingt der Fall, da z. B. bei einer Affekthandlung kein subjektiver Sinn als Verhaltensgrundlage vorliegt. Wäre dies der Fall, hätte die betreffende Person mit Vorsatz gehandelt.

Kommt ein negatives kollektives Phänomen zustande, indem sich individuelle Handlungen, die Umwelt- oder Gesundheitsrisiken erzeugen, in einfacher Form addieren, liegt die Verantwortung bei jedem einzelnen Akteur/jeder einzelnen Akteurin, der oder die zu diesem Ergebnis beiträgt. Diese individuellen Akteurinnen und Akteure können aber für das Gesamtergebnis des Zusammenwirkens mehrerer, nicht abgestimmter Menschen nicht wirklich zur Verantwortung gezogen werden, denn

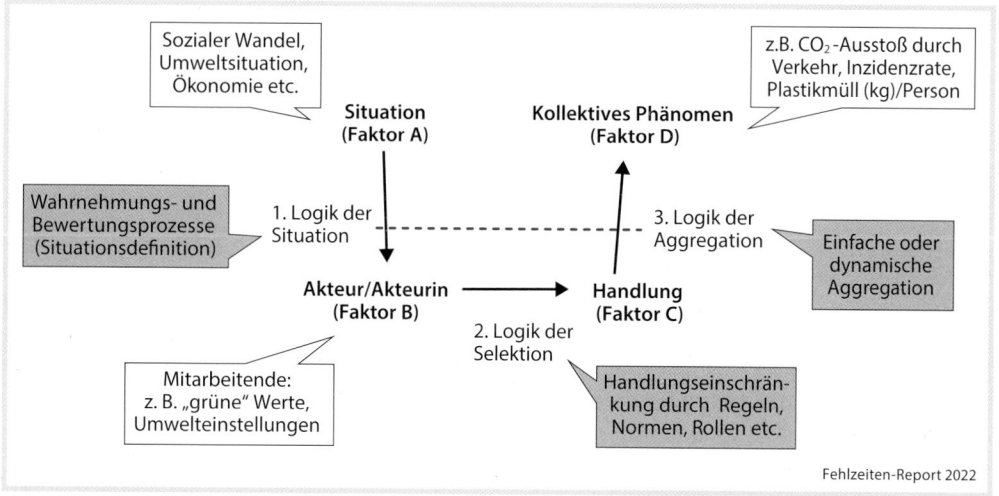

◘ **Abb. 1.2** Das Modell kollektiver Phänomene und die Ansatzpunkte für das gesellschaftliche und betriebliche Nachhaltigkeits- und Gesundheitsmanagement. (Eigene Darstellung in Anlehnung an Coleman 1990; Pfaff und Zeike 2019)

dieses Gesamtergebnis stellt ein Phänomen der ungewollten Emergenz dar (Sutter 2006). Der oder die Einzelne kann sich in diesem Fall gewissermaßen in der Masse verstecken (O'Connell 2020). Die Aussagen dazu lauten gemeinhin: „Mein Handeln trägt nur zu einem Bruchteil zum Problem bei" oder „Wenn ich mein Handeln ändere, passiert gar nichts". In diesem Fall ist eine **Diffusion der Verantwortung** gegeben (Bierhoff und Rohmann 2016).

Zur Klärung der Frage, welcher Mechanismus hinter der Diffusion der Verantwortung steht, ziehen wir das **Modell der Erklärung kollektiver Phänomene** von Coleman (1990) heran (Pfaff und Zeike 2019). Dieses Modell erklärt kollektive Phänomene (vgl. Faktor D in ◘ Abb. 1.2) als Ergebnis der einfachen oder dynamischen Aggregation der Einzelhandlungen individueller Akteurinnen und Akteure (vgl. Faktor C in ◘ Abb. 1.2). Im einfachen Fall handelt es sich um die Addition von Einzelhandlungen (z. B. Wahlergebnisse). Im komplexen Fall ist ein dynamisches Zusammenwirken von Einzelhandlungen (z. B. Inzidenzraten oder Verkehrsstau) gegeben (Logik der Aggregation). Diese Einzelhandlungen sind das Ergebnis von individuellen Entscheidungs- und Selektionsprozessen, bei denen der Akteur oder die Akteurin aus verschiedenen möglichen Handlungsoptionen eine Option auswählt. Der vorhandene Optionsraum wird jedoch durch die Gesellschaft – z. B. durch Werte, Moralvorstellungen, Normen und Rollen – mehr oder weniger eingeschränkt (Franz 1986; Pfaff 2013). Zudem wird die Auswahl von Handlungsoptionen unter diesen gesellschaftlich erlaubten Optionen wiederum von der Gesellschaft (Regierung, Organisationen, Gruppen, Dyaden) mitgesteuert. Somit gilt: Nicht alles, was möglich ist, ist erlaubt und nicht alles, was erlaubt ist, wird gutgeheißen oder belohnt. Über diese Steuerung der Selektion (Logik der Selektion) kann die Gesellschaft Einfluss auf die Entstehung von kollektiven Umwelt- und Gesundheitsrisiken nehmen. Die Akteurinnen und Akteure, die die Handlung auswählen, zeichnen sich durch unterschiedliche Einstellungen, Werte, Moralvorstellungen, Wissen, Kompetenzen, Bedürfnisse, Interessen, Präferenzen und Gesundheitszustände aus (vgl. Faktor B in ◘ Abb. 1.2). Diese individuellen Eigenschaften nehmen – neben der Gesellschaft – ebenfalls Einfluss auf die Handlungswahl. Der Akteur/die Akteurin reagiert bei der Wahl der Handlung in der Regel auf eine gegebene soziale, ökonomi-

**1**

sche, biologische und physikalisch-chemische Situation (vgl. Faktor A, Logik der Situation, in ◻ Abb. 1.2). Diese Situation wird von ihm oder ihr unterschiedlich wahrgenommen und bewertet, dies kann positiv (z. B. als Gratifikation), neutral oder negativ, z. B. als Bedrohung, Verlust oder Herausforderung (Lazarus und Folkman 1984), sein.

Ein Beispiel: Der CO2-produzierende Autostau stellt ein emergentes kollektives Phänomen dar, das durch die dynamische Aggregation von Einzelentscheidungen zustande kommt (z. B. Entscheidung, schnell zu fahren, um rascher ans Ziel zu kommen). Emergente Phänomene werden nicht geplant oder gestaltet und entstehen gewissermaßen „aus dem Nichts". Jede einzelne Auto fahrende Person ist zwar mitverantwortlich für den Stau, aber keiner der Beteiligten hat den Stau bewusst geplant (Ausnahme: Blockade). Die Einzelhandlungen unterliegen dabei einer dynamischen Wechselwirkung. Dies bedeutet: Handlungsentscheidungen (z. B. das Auto abrupt abzubremsen) haben Auswirkungen auf die Entscheidungen und Handlungen anderer Akteurinnen und Akteure (z. B. ebenfalls abbremsen und Warnlicht einschalten). **Dynamische Aggregationen** sind oft die Basis für Aufschaukelungsprozesse und exponentielle Entwicklungen, wie sie zum Beispiel in der Corona-Pandemie zu beobachten waren.

Die Akteurinnen und Akteure sind in der Regel nicht völlig frei in ihren Handlungsentscheidungen („Constrained-Choice"-Ansatz; Franz 1986). Durch Anreize, Wertvorstellungen, soziale Normen, sozialen Druck und Gesetze (z. B. Geschwindigkeitsbegrenzung) schafft die Gesellschaft einen Rahmen, innerhalb dessen Individuen ihre Entscheidungen treffen können oder dürfen (z. B. die „Zehn Gebote" im Christentum). Im Rahmen der Logik der Situation spielen die individuelle und kollektive Wahrnehmung und Be-

wertung der Situation eine bedeutsame Rolle für die Handlungsentscheidung der Akteurinnen und Akteure (Pfaff und Zeike 2019). Unternehmen, Führungskräfte und Teammitglieder können somit über die Änderung der Situation, die Beeinflussung der Wahrnehmung und Bewertung, die Einschränkung des Optionsraums, die Beeinflussung der Handlungsentscheidungen und die Dämpfung gefährlicher dynamischer Aggregationen Einfluss auf die Entstehung von kollektiven Umwelt- und Gesundheitsrisiken nehmen (siehe ▶ Abschn. 1.5).

Bei nicht nachhaltigen kollektiven Akteuren trägt jede und jeder Einzelne zu einem schädlichen Gesamtergebnis bei, aber keiner von ihnen hat das Gesamtergebnis gewollt, solange kein Wissen über diese Zusammenhänge vorhanden ist. Wir haben es in diesem Fall mit dem Phänomen zu tun, das Merton (1936) als die **„unbeabsichtigten Folgen absichtsvollen Handelns"** bezeichnet hat. Sobald Wissen über die vorhandenen Zusammenhänge gegeben ist, liegt eine Teilverantwortung vor, da der/die Einzelne um die Folgen weiß und diese nun – falls man am schädigenden Verhalten festhält – billigend in Kauf nimmt. Ein weiteres Beispiel: Wenn 100.000 Einwohnerinnen und Einwohner einer Großstadt mehrere Tonnen Plastikmüll pro Tag als Folge von Einzelhandlungen (z. B. Kauf von mit Plastik abgepackten Nahrungsmitteln) verursachen, beträgt die Verantwortung des/der Einzelnen – rein formal gesehen – ein Hunderttausendstel. Damit ist eine Verantwortungsdiffusion verbunden. Diese nimmt zu, wenn die Aggregation der Einzelhandlungen nicht additiv, sondern dynamisch vonstattengeht. Eine Dynamik ist gegeben, wenn eine Handlung die andere nach sich zieht (z. B. vorbildliches Handeln führt zur Nachahmung). Im Extremfall ergeben sich exponentielle Aggregationen wie im Falle des Covid-19-Virus (Salzberger et al. 2020).

## 1.4 Entstehung riskanter kollektiver Phänomene durch Handlungen korporativer Akteure: Organisationsverantwortung und -verschulden

Das Modell der Erklärung kollektiver Phänomene kann auch auf das Handeln korporativer Akteure angewandt werden. In diesem Fall handelt es sich bei dem Akteur in ◘ Abb. 1.2 nicht um eine individuelle Person, sondern um einen korporativen Akteur, also eine Organisation. Dieser korporative Akteur nimmt die Umweltsituation kollektiv wahr und bewertet sie (Logik der Situation). Der korporative Akteur besitzt eine Organisationskultur, institutionelle Präferenzen, Sach-, Sozial- und Humankapital und etliches mehr, was ihn meist einzigartig macht. Dieser Akteur nimmt aufgrund der Unternehmensstrategie im Idealfall unter Beachtung der geltenden Gesetze (Logik der Selektion) Organisationshandlungen vor. Aggregiert man das Handeln einzelner korporativer Akteure, ergibt sich wiederum ein kollektives Phänomen.

Ein Beispiel: Vor allem korporative Akteure werden für die Erderwärmung verantwortlich gemacht, d. h. Unternehmen, Kliniken, Regierungen und Staaten. Ein Beispiel dafür sind die energiebedingten $CO_2$-Emissionen und Pro-Kopf-Emissionen nach Staaten, wobei die nordischen Industrienationen historisch als Hauptverursacher des Klimawandels gelten (Arens 2013). Ein weiteres Beispiel sind die größten Öl- und Gaskonzerne, die laut dem Climate Accountability Institute seit 1965 ein Drittel der weltweiten $CO_2$-Emissionen produzierten (Heede 09.10.2019). Aufgrund des größeren **Impacts**, den die korporativen Akteure auf die natürliche, technische und soziale Welt haben, ist ihre Verantwortung größer als die individueller Akteurinnen und Akteure. Dennoch ist auch in ihrem Fall eine Diffusion der Verantwortung gegeben, weil es viele korporative Akteure (z. B. Staaten, Unternehmen) gibt, die als Verursacher in Frage kommen. Auch der einzelne korporative Akteur kann sich hinter dem Tun anderer korporativer Akteure „verstecken" und darauf verweisen, dass der eigene Beitrag nur einen Bruchteil des Gesamtproblems ausmacht. Dennoch steht die Frage im Raum, ob in diesem Fall nicht **Organisationsverantwortung** und im negativen Fall Organisationsverschulden vorliegt.

Organisationsverschulden bezeichnet „die Haftung aufgrund der Verletzung von Organisationspflichten oder wegen Nichterfüllung rechtlicher Anforderungen an betriebliche organisatorische Maßnahmen" (Krempel und Siebel 2018, S. 41). Ein Beispiel aus dem Bereich der Patientensicherheit in Kliniken mag dies illustrieren. Liegt ein gesundheitlicher Schaden bei einer Patientin/einem Patienten vor, der durch einen menschlichen Behandlungsfehler bedingt ist, liegt auf den ersten Blick Individualversagen einer individuellen Akteurin/eines Akteurs vor. Gerichte können jedoch einen Schritt weiter gehen und prüfen, welche Mitschuld das Management eines Krankenhauses und damit die Organisation an diesem Individualversagen und am Patientenschaden trägt (Gross und Kucharz 2018). Wird beispielsweise festgestellt, dass die Organisation das medizinische Personal nicht ausreichend überwacht oder ausgebildet hat, kann Organisationsverschulden vorliegen (Krempel und Siebel 2018). Oft wird damit ein Fehler einer Arbeitnehmerin/eines Arbeitnehmers dem Arbeitgeber angelastet, wenn dieser Fehler größtenteils organisationsbedingt war.

Eine Übernahme der Organisationsverantwortung ist zum Beispiel gegeben, wenn ein betriebliches Nachhaltigkeitsmanagement eingerichtet wird. Beispiele dafür sind „smarte und grüne Unikliniken" als Leitbilder (Management & Krankenhaus 2021) oder die Erfüllung der Standards nachhaltigen Wirtschaftens. Dies zielt nicht (nur) auf den möglichen Imagegewinn (Schnell 2020), sondern auf die schwierige Aufgabe, Nachhaltigkeit in die Unternehmenskultur zu integrieren (Vorbohle et al. 2015).

**1**

## 1.5 Entstehung riskanter kollektiver Phänomene durch die Aggregation von Handlungen nicht-korporativer Akteure: Das Problem der unorganisierten Unverantwortlichkeit

Non-korporative Akteure sind eine Ansammlung oder Vernetzung von Menschen, die als soziales Gebilde angesehen werden können, aber **nicht rechtsfähig** sind. Sie können für das, was sie auslösen, nicht verantwortlich bzw. haftbar gemacht werden. Non-korporative Akteure sind Gruppen, Massen oder andere Formen von sozialen Gebilden, die handlungsprägend sind und damit Menschen des Kollektivs in ihrem Verhalten und Handeln direkt oder indirekt beeinflussen können (Rucht und Neidhardt 2007). Sie sind zwar handlungsprägend, aber nicht handlungsfähig (zur Unterscheidung: Schimank 1985), da dies eine handelnde soziale Einheit mit Leitungs- bzw. Entscheidungsinstanz, einer bewussten Ziel- und Handlungsplanung und Mitgliedschaft voraussetzt. Non-korporative Akteure können sich jedoch als Kollektiv verhalten (nicht: handeln). Diesem Sichverhalten liegen keine zentralen Entscheidungen einer Person oder Personengruppe zugrunde. Das Verhalten von Gruppen, Massen und anderen sozialen Gebilden kann dennoch für die Entstehung von Nachhaltigkeits- und Gesundheitsrisiken direkt oder indirekt verantwortlich sein. Non-korporative Akteure produzieren meist **nicht geplante, emergente kollektive Phänomene.**

Ein Beispiel hierfür ist das Kollektiv der Autofahrerinnen und -fahrer, das zu einem bestimmten Zeitpunkt auf einem bestimmten Autobahnabschnitt unterwegs ist. Das Kollektiv der Verkehrsteilnehmenden handelt als soziales Gebilde nicht in dem Sinne, dass es auf dem betreffenden Autobahnabschnitt mit dem Stau einen kollektiven subjektiven Sinn verfolgt, der durch Absprache und zentrale Entscheidung zustande kam. Dieses Sichver-halten des Autofahrer-Kollektivs hat kollektive Auswirkungen, ist aber nicht das Ergebnis bewusster, sinnhafter Entscheidungen des Kollektivs. Es entstehen dadurch Umweltschäden, für die weder das Kollektiv der betreffenden Autofahrer noch die einzelnen Autofahrer oder -fahrerinnen haftbar gemacht werden können: Es ist diffuse Unverantwortlichkeit gegeben, die aber nicht organisiert ist. Wir haben es gewissermaßen nicht mit „organisierter Unverantwortlichkeit" (Beck 1995) zu tun, sondern mit *un*organisierter Unverantwortlichkeit.

## 1.6 Entstehung riskanter kollektiver Phänomene durch die Aggregation von Handlungen verschiedener Akteurstypen: Das Problem der ebenenübergreifenden Verantwortung bei multikausalen Zusammenhängen

Wir konnten bisher zeigen, dass bei einem monokausalen Zusammenhang oft das Verursacherprinzip angewandt werden kann, falls die Ursache das Handeln individueller oder kollektiver Verursachender ist. In diesem Fall muss der Verursacher/die Verursacherin die verursachten Risiken minimieren und für etwaig entstandene Schäden aufkommen. Es handelt sich um eine Regel, „nach der derjenige, der einen Schaden verursacht, diesen seinem Geschädigten zu ersetzen habe (…)" (Adams 1989, S. 787). Bei Fragen der Nachhaltigkeit und Gesundheitsförderlichkeit stellt sich die Frage, wer konkret der/die Geschädigte ist, dem/der der Schaden zu ersetzen ist: Einzelpersonen, Dyaden, Gruppen, Organisationen und/oder Staaten.

Bei **multikausalen Geschehnissen**, wie sie in komplexen Systemen die Regel sind, ist dieses Prinzip nur schwer anzuwenden und die Klärung der Verantwortungsfrage daher ungleich schwieriger (Adams 1989). Bei der Frage der Verantwortung hat man es bei multikausalen Zusammenhängen auch mit multipler Verantwortung zu tun, die sich zudem auf **mehrere Systemebenen** (Mikro-, Meso- und Makro-Ebene) verteilen kann. Eine **problembezogene Bewältigung** der weltweiten Herausforderungen in Bezug auf Umwelt und Gesundheit ist daher von einzelnen Menschen, unter anderem aufgrund ihrer limitierten Veränderungsmacht, nicht zu bewerkstelligen (Mock 2020; Meißner 2021). Verantwortung hängt mit Verursachung zusammen, allerdings zeigt sich, dass Verantwortung auch übernommen werden kann – und soll –, wenn jemand nicht der/die Verursachende ist.

## 1.7 Verantwortungsübernahme von Unternehmen durch Schaffung eines neuartigen betrieblichen Nachhaltigkeits- und Gesundheitsmanagements (BNGM): Ansatzpunkte

Unternehmen können Verantwortung für jenen Teil der weltweiten Herausforderungen übernehmen, der entweder durch ihre eigenen unternehmerischen Entscheidungen oder durch Entscheidungen ihrer Mitarbeitenden im Rahmen der Arbeit mitverursacht wurde. Es geht einerseits um die Nachhaltigkeit der Produkte und Dienstleistungen, die nach außen gehen, und andererseits um die Nachhaltigkeit der Prozesse, Strukturen und Ressourcen, die zur Herstellung von Produkten oder zur Dienstleistungserstellung notwendig sind. Hierzu zählen auch die Humanressourcen, kurz die Menschen bzw. die Mitarbeitenden. Unsere zentrale These in diesem Beitrag ist, dass die Unternehmen und ihre Mitarbeitenden dann vor allem ihrer Verantwortung nachkommen können, wenn sie das **Nachhaltigkeitsmanagement mit dem Gesundheitsmanagement** verbinden und ein innovatives betriebliches Nachhaltigkeits- und Ge-

sundheitsmanagement (BNGM) institutionalisieren. Das Commitment zur Verantwortungsübernahme beeinflusst dabei die Stärke des dadurch gewonnenen gesellschaftlichen Einflusses. Dazu ein empirisches Beispiel: Die Studie „Impact Measurement and Performance Analysis of CSR" (IMPACT) untersuchte, welche gesellschaftlichen Auswirkungen die Umsetzung des Konzepts Corporate Social Responsibility (CSR) hat (Brunn 2013). Der Begriff bezeichnet ein „Konzept, das den Unternehmen als Grundlage dient, auf freiwilliger Basis soziale Belange und Umweltbelange in ihre Unternehmenstätigkeit [...] zu integrieren" (Europäische Kommission 18.07.2001, S. 7). Die Forschenden kamen einerseits zu dem Schluss, dass CSR allein nicht ausreicht, um einen grundlegenden gesellschaftlichen Wandel zu erreichen. Auf der anderen Seite zeigte sich aber der Effekt, dass das Commitment von Unternehmen zum Corporate-Social-Responsibility-Prinzip mit einem höheren CSR-Output verbunden war. Das Commitment verstärkte die Implementierung und den Impact von CSR-Maßnahmen (Brunn 2013). Wie aber können Unternehmen konkret Einfluss auf die Nachhaltigkeit und Gesundheitsförderlichkeit nehmen und unerwünschte kollektive Phänomene vermeiden? Auch bei der Lösung dieser Denkaufgabe hilft das Modell der kollektiven Phänomene von Coleman weiter. Es liefert wichtige Ansatzpunkte in Bezug auf verschiedene Strategien, die im Unternehmenskontext zur Bewältigung der gegenwärtigen und zukünftigen Nachhaltigkeits- und Gesundheitsrisiken angewandt werden können. Wir gehen im Folgenden auf fünf mögliche Ansatzpunkte ein und beziehen uns hierbei unter anderem auf Maßnahmentypen, wie sie für das BGM-Controlling vorgeschlagen wurden (Pfaff und Zeike 2019).

■ ■ **Ansatzpunkt I im Rahmen des betrieblichen Nachhaltigkeits- und Gesundheitsmanagements: Veränderung der sozio-ökonomischen, technischen und natürlichen Situation**

Unternehmen können versuchen, die soziale, ökonomische, technische und natürliche

**1**

Situation des Organisationshandelns und des Handelns der Organisationsmitglieder so zu ändern, dass Umwelt- und Gesundheitsrisiken minimiert werden. Diese Gestaltung der Umwelt ist jedoch nicht einfach. Sie setzt Organisationshandeln voraus, das geeignet ist, die soziale, ökonomische, technische und natürliche Situation in Richtung Nachhaltigkeit und Gesundheitsförderlichkeit tatsächlich und merklich zu ändern. Dies ist einerseits – weniger erfolgversprechend – über Einzelhandlungen der Organisationen zur Änderung der Situation möglich und andererseits – erfolgversprechender – über den Zusammenschluss mehrerer Organisationen (z. B. Unternehmensverbände, „green alliance") möglich. Einer dieser Einflusswege ist der klassische Lobbyismus, der im Falle des Nachhaltigkeitsziels – durchaus umstritten – ethisch eher gerechtfertigt erscheint („grüner Lobbyismus"). In diesem Fall liegt eine Aggregation des Handelns mehrerer Organisationen vor, die im Folgenden unter Ansatzpunkt V näher betrachtet werden soll.

■ ■ **Ansatzpunkt II im Rahmen des betrieblichen Nachhaltigkeits- und Gesundheitsmanagements: Beeinflussung der individuellen und kollektiven Wahrnehmung und Bewertung der Risiken**

Jede Situation hat eine objektive und eine subjektive Seite. Es gibt objektive Nachhaltigkeitsprobleme und Gesundheitsrisiken. Jedoch gilt: Akteure und Akteurinnen handeln nur, wenn diese Nachhaltigkeitssituation erstens wahrgenommen und zweitens entsprechend bewertet wird und die Bewertung Handlungsbedarf erkennen lässt. Hier gilt das Thomas-Theorem: „Was der Mensch als real ansieht, ist real in seinen Konsequenzen" (Thomas und Thomas 1928). Die individuelle Definition der Nachhaltigkeits- und Gesundheitssituation ist entscheidend für das individuelle Handeln. Das ist auch die zentrale Aussage des Modells der kollektiven Phänomene von Coleman. Wir wissen aus der Soziologie und Sozialpsychologie, dass die individuelle Definition der Risikosituation von dem Kollektiv,

dessen Teil man ist, direkt oder indirekt beeinflusst werden kann (Janis und Mann 1977; Janis 2013). Die soziale konstruierte Wirklichkeit und die kulturellen Prägungen rahmen die individuellen Wahrnehmungen und Bewertungen (Berger und Luckmann 1980). Dieser Mechanismus kann vom Unternehmen genutzt werden, um bei den einzelnen Mitarbeitenden mehr nachhaltigkeitsorientierte und gesundheitsförderliche Wahrnehmungen und Bewertungen zu erzeugen. Dies reicht inhaltlich von der Wahrnehmung des Zusammenhangs zwischen Verhalten und Nachhaltigkeit bis hin zur negativen Bewertung nicht nachhaltiger Handlungen.

Geht es im Rahmen der Pflege der Humanressourcen darum, gesundheitsschädigende negative Grundüberzeugungen von Beschäftigten über die eigene Person zu ändern (z. B. Minderwertigkeitsgefühle), sind beispielsweise Selbstmanagement- und Resilienzkurse nachweislich gut geeignet, in einem gewissen Rahmen solche Überzeugungen auf mittlere Sicht zu ändern (Böhm und Kuhn 2007; Busch et al. 2009; Penedo et al. 2004). Darüber hinaus können **Führungskräfte** in besonderer Weise kollektive Wahrnehmungen, Grundüberzeugungen und Bewertungsprozesse beeinflussen. So finden sich in der Literatur vielfältige Beispiele, wie Führungskräfte die kollektive Wahrnehmungsfokussierung von Teams beeinflussen können (Nagel und Petermann 2012; Spieß und Stadler 2007; Zimber und Gregersen 2011; Matyssek 2011). Als mediales Mittel zur Beeinflussung der kollektiven Wahrnehmung und Bewertung kommen das persönliche Gespräch, die öffentliche Rede, traditionelle Medien, moderne Kommunikationsformen (Intranet, Wiki-Software etc.) und soziale Medien (twitter, instagram, blogs, podcasts) in Betracht. In diesem Rahmen spielen die PR- und Kommunikationsabteilung eine wichtige Rolle. Interne **Medien** können dazu dienen, sowohl die kollektive Wahrnehmungsfokussierung als auch Bewertung von Ereignissen zu beeinflussen, zum Beispiel wenn eine Epidemie ausbricht oder ein Unternehmen in eine

Krise stürzt (Buchbinder et al. 2001; Goesmann 2010; Pfaff und Zeike 2019).

■ ■ **Ansatzpunkt III im Rahmen des betrieblichen Nachhaltigkeits- und Gesundheitsmanagements: Beeinflussung der individuellen Werte, Einstellungen, Wissensbestände, Persönlichkeit und Gesundheit**

Eine wichtige Frage im Rahmen eines betrieblichen Nachhaltigkeits- und Gesundheitsmanagements ist die, ob der Akteur/die Akteurin als Mitarbeitende/r selbst durch Führungskräfte beeinflussbar ist und inwieweit dies ethisch vertretbar ist (Kuhn und Weibler 2012). Dazu sollte angemerkt werden, dass Unternehmens- und Mitarbeitendenführung per Definition Verhaltensbeeinflussung darstellt („führen") und in der Gesellschaft weitgehend Konsens darüber besteht, dass – solange ethisch „gute" Ziele mit der Beeinflussung verfolgt werden (z. B. Nachhaltigkeit oder Gesundheit) – die Beeinflussungsversuche, wenn sie angemessen sind, auch gerechtfertigt sind. Das Nachhaltigkeitsmanagement in Unternehmen und das betriebliche Gesundheitsmanagement sind Beispiele für solche Versuche, auf die Person selbst im Sinne der Nachhaltigkeit und Gesundheitsförderlichkeit Einfluss zu nehmen. Konkret meint dies die Einflussnahme auf die Werte und Einstellungen im Falle des Nachhaltigkeitsmanagements und auf die Gesundheit im Falle des Gesundheitsmanagements. Eine weitere bekannte Form der Einflussnahme auf die Person und Persönlichkeit einer/eines Mitarbeitenden ist die berufliche Sozialisation (Lempert 2006), die per Definition eine Internalisierung der Unternehmenswerte und -einstellungen sowie der Berufseinstellungen zum Ziel hat (Deutschmann 1987). Eine andere wirksame Form der Einflussnahme ist die Personalselektion. Man hat besonders bei japanischen Unternehmen entdeckt, dass sie ihre Unternehmenskultur auch durch die Auswahl von Bewerberinnen und Bewerbern, die zu der gegebenen Kultur passen, aufrechterhalten haben (Deutschmann 1987).

■ ■ **Ansatzpunkt IV im Rahmen des betrieblichen Nachhaltigkeits- und Gesundheitsmanagements: Beeinflussung der Handlungsselektion**

Nach dem Coleman-Modell der Erklärung kollektiver Phänomene entscheidet der Akteur/die Akteurin sich für eine bestimmte Handlung aus einer Menge an Handlungsmöglichkeiten. Die Gruppe, das Unternehmen und die Gesellschaft, in die der oder die Einzelne eingebettet ist, können diese Selektion mehr oder weniger stark beeinflussen, und zwar sowohl direkt als auch indirekt. Wir unterscheiden mindestens vier grundlegende Strategien, die bei der Beeinflussung der Handlungsentscheidung zur Anwendung kommen können (Pfaff und Zeike 2019). Als Erstes sind hier die **anreizbasierten Strategien** zu nennen. Diese Strategien verknüpfen wünschenswerte Handlungen mit positiven Anreizen. Beispiele sind die Ermöglichung der Teilnahme an bestimmten gesundheitsförderlichen Maßnahmen während der Arbeitszeit (z. B. angeleitete Bewegungspausen) oder Bonuszahlungen von Krankenkassen für präventives Verhalten. Zum Zweiten sind **sanktionsorientierte Strategien** zu nennen. Bei diesen werden unerwünschte Handlungen (z. B. ungesundes Verhalten, nicht umweltgerechtes Verhalten) mit einer Strafe belegt, sodass die Kosten einer Handlung erhöht werden (z. B. Sanktionen bei Verweigerung der einrichtungsbezogenen Impfpflicht). An dritter Stelle stehen die **Nudging-Strategien**, die auf freiwillige Handlungen setzen und die Wahl der „richtigen" Handlung vereinfachen. Sie „stupsen" (nudge) die Person in die „richtige" Richtung der Nachhaltigkeit und Gesundheitsförderlichkeit. Dazu gehören auch situationsangepasste Hinweise für das in dieser Situation „gesündere" oder „nachhaltigere" Verhalten (z. B. Hinweis in einer E-Mail: Überlegen, ob ein Dokument wirklich auf Papier gedruckt werden muss). An vierter Stelle sind die **normbasierten Strategien**

**1**

zu nennen, die soziale Normen zur Beeinflussung der Handlungsentscheidung nutzen. Beispielsweise können Kolleginnen und Kollegen, Führungskräfte und das Unternehmen diese Normen festlegen. Das Unternehmen ist in der Lage, Normen zu Gesundheit und Nachhaltigkeit festzulegen, indem es Leitlinien, Leitbilder sowie formelle und informelle Regeln nutzt. Vorgesetzte müssen entsprechende Normen und Werte vorleben und Konsequenzen bei Verstößen ziehen. Gruppendruck durch die Arbeitsgruppe oder das Team ist ebenfalls ein starker Mechanismus der Normsetzung (z. B. bei Präsentismus). Im Falle der Nichteinhaltung der Normen werden meist sanktionsorientierte Strategien angewandt (Pfaff und Zeike 2019).

▪▪ **Ansatzpunkt V im Rahmen des betrieblichen Nachhaltigkeits- und Gesundheitsmanagements: Zusammenschluss nachhaltiger korporativer Akteure**

Das Erklärungsmodell kollektiver Phänomene kann nicht nur auf einzelne Menschen als Akteurinnen oder Akteure angewandt werden, sondern auch auf korporative Akteure. In diesem Fall reagiert der korporative Akteur auf eine gegebene soziale, ökonomische, technische und natürliche Situation (z. B. Umweltkrise), indem er sie wahrnimmt (z. B. selektiv oder ganzheitlich) und bewertet (als Bedrohung, Herausforderung oder Verlust). Daraus zieht er Schlussfolgerungen hinsichtlich der Notwendigkeit, korporative Bewältigungsstrategien anzuwenden und konkrete Handlungen zu vollziehen. Diese Handlungen können singulärer Natur oder kollektiver Natur sein. Dies bedeutet der korporative Akteur kann eigenständig handeln oder er kann sich mit anderen korporativen Akteuren zusammenschließen, um gemeinsam zu handeln. Beide Fälle sind interessant für Umwelt- und Nachhaltigkeitsfragen. Im Falle der singulären korporativen Bewältigungshandlung kann eine Organisation für sich überlegen, welche Umwelt- und Nachhaltigkeitsstandards sie in ihrem Haus und ihren Außenbeziehungen (Einkauf, Pro-

dukte, Dienstleistung) einhalten will, um ihren Beitrag zur Nachhaltigkeit leisten zu können. Diese dadurch erzeugte Nachhaltigkeitshandlung des korporativen Akteurs kann, wenn andere korporative Akteure ähnlich handeln, zu einem kollektiven Nachhaltigkeitsphänomen führen. Dieses kommt durch die Addition der Einzelhandlungen von Unternehmen zustande.

Im Falle der kollektiven Bewältigungshandlung ist sich der korporative Akteur (Unternehmen, Verband etc.) bewusst, dass er alleine wenig ausrichten kann und es einen Zusammenschluss gleichgesinnter Akteure benötigt, um in der politischen Arena Dinge wirklich bewegen zu können. Dadurch wird kollektive Handlungsfähigkeit („collective agency") erzeugt. Der gemeinsamen Nachhaltigkeitshandlung vorgelagert ist dann die Handlung, sich mit anderen korporativen Akteuren zusammenzuschließen, um gemeinsame Nachhaltigkeitsstrategien und -handlungen entwickeln und durchführen zu können. Ein Beispiel ist die 1977 gegründete SEKEM-Initiative, die mittels biologisch-dynamischer Landwirtschaft fruchtbaren Wüstenboden in Ägypten erzeugte und dort Unternehmen gründete, die für die Verarbeitung der Erzeugnisse zuständig sind (Meißner 2021). Laut der Initiative wäre der Erfolg des führenden Sozialunternehmens ohne die Partnerschaften mit anderen Unternehmen, Verbraucherinnen/Verbrauchern und Liefernden nicht möglich gewesen (SEKEM 2022). In diesem Fall haben wir es mit einer dynamischen Aggregation der Einzelhandlungen von korporativen Akteuren zu tun. Die Dynamik besteht zum Beispiel darin, sich gegenseitig in den Sichtweisen zu bestätigen und darauf aufbauend ein Gemeinschaftsgefühl zu entwickeln, das zusätzlich motiviert, den Nachhaltigkeitsweg zu gehen und dies von der Politik, den Kundinnen/Kunden und Zuliefernden einzufordern. Mehrere korporative Akteure (hier: Unternehmen) können auf diese Weise gemeinsam – Konsens und Abstimmung vorausgesetzt – Einfluss auf gesellschaftliche Veränderungen nehmen. Eine solche Vorgehensweise korporativer Akteure hat auch den Vorteil, dass dies gegebenenfalls einen Entscheidungs- und Handlungsrahmen (frame) setzt. Dieser Rahmen kann dann von non-korporativen Akteuren als Argument und als Basis genutzt werden, um selbst aktiv zu werden und über politische Aktivitäten langfristige Veränderungen im gesellschaftlichen Mindset und in der Gesetzeslage anzustreben. Dies könnte ein Weg sein, aus der unorganisierten Unverantwortlichkeit herauszufinden. Laut einer Studie der Bertelsmann-Stiftung, in der 600 deutsche Unternehmen befragt wurden, zeigen Unternehmen insgesamt das Commitment, aktuelle und zukünftige gesellschaftliche Herausforderungen zu adressieren und dafür auch personelle Ressourcen einzusetzen (Ernste et al. 2016). Dazu muss die Koordination und Organisation des Engagements innerhalb der Unternehmen und die sektorenübergreifende Kooperation zwischen Unternehmen systematisch verbessert werden. Auf diese Weise kann man den Folgen der zentralen Trends (demographischer Wandel, Digitalisierung und Globalisierung) besser gemeinsam begegnen (Ernste et al. 2016). Da wir es aufgrund der verschiedenen individuellen, korporativen und non-korporativen Akteurinnen und Akteuren mit unterschiedlichen Perspektiven und Interessen zu tun haben, sind integrale Ansätze zur Kommunikation und Aushandlung zwischen Akteurinnen/Akteuren erforderlich (Rehbein 2021). Unternehmen können durch Schaffung entsprechender Kommunikations- und Aushandlungsstrukturen und durch die Institutionalisierung eines systematischen Nachhaltigkeits- und Gesundheitsmanagements konkret Verantwortung übernehmen.

nur individuelle und korporative Akteurinnen und Akteure zur Verantwortung gezogen werden können. Einerseits als Verursachende von schädlichen kollektiven Phänomenen und andererseits als Akteurinnen/Akteure, die die Folgen abwenden können. Mithilfe von Colemans Modell kollektiver Phänomene konnten wir zeigen, dass wir es vor allem bei der dynamischen Aggregation von Einzelhandlungen mit unbeabsichtigten Folgen absichtsvollen Handelns und damit einhergehender Verantwortungsdiffusion zu tun haben. Obwohl multikausale Geschehnisse in komplexen Systemen die Regel sind und die Klärung der Verantwortungsfrage erschweren, plädieren wir für eine die gesellschaftlichen Ebenen übergreifende Bewältigung der gesellschaftlichen Herausforderungen, sodass auf der Ebene des Individuums, der Ebene des non-korporativen Akteurs und der Ebene der korporativen Akteure gleichzeitig angesetzt wird. Aufgrund des größeren Impacts, die korporative Akteure – d. h. Organisationen – auf die natürliche und soziale Welt haben, ist ihre Verantwortung größer als die individueller Akteurinnen und Akteure. Wir kamen zu dem Schluss, dass die Einrichtung eines betrieblichen Nachhaltigkeits- und Gesundheitsmanagements (BNGM) ein großer und wichtiger Schritt in Richtung Verantwortungsübernahme darstellt. Individuen *und* Unternehmen müssen gewissermaßen „bei sich" anfangen und ihren kollektiven und individuellen Beitrag zur Nachhaltigkeit und Gesundheitsförderlichkeit leisten. Wir sehen hier die Chance, Nachhaltigkeits- und Gesundheitsrisiken langfristig durch Organisationen zu vermindern. Letztlich kann nur ein gezieltes Zusammenwirken von Mensch, Menschen und Organisationen eine (Teil-)Verminderung dieser Risiken bewirken.

## 1.8 Fazit

Die weltweiten Nachhaltigkeitsherausforderungen und die zukünftigen Gesundheitsrisiken werfen die Frage auf, wer Verantwortung für diese übernehmen muss und kann. Wir haben in diesem Beitrag aufgezeigt, dass

## Literatur

Adams M (1989) Das „Verursacherprinzip" als Leerformel. JuristenZeitung 44:787–789

Arens C (2013) Ein Problem, viele Verursacher. Bundeszentrale für politische Bildung. https://www.

bpb.de/themen/klimawandel/dossier-klimawandel/ 38474/ein-problem-viele-verursacher/. Zugegriffen: 29. März 2022

Beck U (1995) Gegengifte; Die organisierte Unverantwortlichkeit. Suhrkamp, Frankfurt am Main

Berger PL, Luckmann T (1980) Die gesellschaftliche Konstruktion der Wirklichkeit. Eine Theorie der Wissenssoziologie. Fischer, Frankfurt am Main

Bierhoff H-W, Rohmann E (2016) Diffusion von Verantwortung. In: Heidbrink L, Langbehn C, Loh J (Hrsg) Handbuch Verantwortung. Springer VS, Wiesbaden, S 1–21

Böhm A, Kuhn J (2007) Stressmanagement im Betrieb. In: Weber A, Hörmann G (Hrsg) Psychosoziale Gesundheit im Beruf. Mensch – Arbeitswelt – Gesellschaft. Gentner, Stuttgart, S 469–478

Brunn C (2013) Auswirkungen von Corporate Social Responsibility. ÖW 28:44–50. https://doi.org/10.14512/oew.v30i4.1315

Buchbinder R, Jolley D, Wyatt M (2001) Population based intervention to change back pain beliefs and disability: three part evaluation. BMJ 322:1516–1520. https://doi.org/10.1136/bmj.322.7301.1516

Busch C, Roscher S, Ducki A, Kalytta T (2009) Stressmanagement; Für Teams in Service, Gewerbe und Produktion – ein ressourcenorientiertes Trainingsmanual. Springer, Heidelberg

Coleman JS (1990) Foundations of social theory. Harvard University Press, Cambridge

Deutschmann C (1987) Der „Betriebsclan": Der japanische Organisationstypus als Herausforderung an die soziologische Modernisierungstheorie. Soziale Welt 2:133–147

Ernste D, Eyerund T, Schneider R, Schmitz E, van Baal S (2016) Die gesellschaftliche Verantwortung von Unternehmen angesichts neuer Herausforderungen und Megatrends. Bertelsmann Stiftung, Gütersloh

Europäische Kommission (2001) Grünbuch Europäische Rahmenbedingungen für die soziale Verantwortung der Unternehmen. https://eur-lex.europa.eu/LexUriServ/LexUriServ.do?uri=COM:2001:0366:FIN:DE:PDF. Zugegriffen: 29. März 2022

Fonk P (2021) Sozialethik; Transformationen des Verantwortungsbegriffs. In: Henkel A (Hrsg) 10 Minuten Soziologie: Verantwortung. transcript, Bielefeld, S 19–30

Franz P (1986) Der „Constrained Choice"-Ansatz als gemeinsamer Nenner individualistischer Ansätze in der Soziologie: Ein Vorschlag zur theoretischen Integration. KZfSS 38:32–54

Goesmann C (2010) Wertschätzungsmarketing: Wie können Branchenvertretungen die öffentliche Meinung von benachteiligten Dienstleistungsberufen verbessern? Praeview 3:22–23

Gross B, Kucharz N (2018) Organisationsverschulden in Krankenhäusern: Systematisierung von Pflichten der sorgfältigen Organisation. MedR 36:143–155. https://doi.org/10.1007/s00350-018-4857-4

Heede R (2019) Carbon majors: update of top twenty companies 1965–2017, Colorado, USA

Janis IL (2013) Groupthink; psychological studies of policy decisions and fiascoes. Wadsworth, Boston

Janis IL, Mann L (1977) Decision making; a psychological analysis of conflict, choice, and commitment. Free Press, New York

Jonas H (1992) Philosophische Untersuchungen und metaphysische Vermutungen. Insel, Frankfurt am Main, Leipzig

Jonas H (2020) Das Prinzip Verantwortung; Versuch einer Ethik für die technologische Zivilisation. Suhrkamp, Berlin

Krempel S, Siebel A (2018) Organisationsverschulden im Krankenhaus. Z Herz-, Thorax-, Gefäßchir 32:41–47. https://doi.org/10.1007/s00398-017-0198-2

Kuhn T, Weibler J (2012) Führungsethik in Organisationen. Kohlhammer, Stuttgart

Lampe EJ, Fikentscher W, Lübbe-Wolf G (1989) Verantwortung und Verantwortlichkeit im Strafrecht. In: Lampe E-J (Hrsg) Verantwortlichkeit und Recht. VS, Wiesbaden, S 286–307

Lazarus RS, Folkman S (1984) Stress, appraisal, and coping. Springer, New York

Lempert W (2006) Berufliche Sozialisation und berufliches Lernen. In: Arnold R (Hrsg) Handbuch der Berufsbildung. VS, Wiesbaden, S 413–420

Lenk H, Maring M (1995) Wer soll Verantwortung tragen? Probleme der Verantwortungsverteilung in komplexen (soziotechnischen-sozioökonomischen) Systemen. In: Bayertz K (Hrsg) Verantwortung. Prinzip oder Problem? Wissenschaftliche Buchgesellschaft, Darmstadt, S 241–286

Management & Krankenhaus (2021) Universitätsklinikum Bonn erweitert Engagement für Nachhaltigkeit. https://www.management-krankenhaus.de/news/universitaetsklinikum-bonn-erweitert-engagement-fuer-nachhaltigkeit. Zugegriffen: 7. Febr. 2022

Matyssek AK (2011) Gesund führen – sich und andere! Trainingsmanual zur psychosozialen Gesundheitsförderung im Betrieb. Books on Demand, Norderstedt

Meißner A (2021) Wirtschaftsethik; Globale Mitverantwortung für ungerechte Folgen des Marktsystems am Beispiel der Umweltverschmutzung der Lagune Mar Menor (Spanien). In: Henkel A (Hrsg) 10 Minuten Soziologie: Verantwortung. transcript, Bielefeld, S 137–150

Merton RK (1936) The unanticipated consequences of purposive social action. Am Sociol Rev 1:894–904

Mock M (2020) Verantwortliches Individuum? Die (Un-)Haltbarkeit der Erzählung von der Konsument*innenverantwortung. In: Blühdorn I, Butzlaff F, Deflorian M, Hausknost D, Mock M (Hrsg) Nachhaltige Nicht-Nachhaltigkeit. Warum die ökologische Transformation der Gesellschaft nicht stattfindet. transcript, Bielefeld, S 245–272

Nagel U, Petermann O (2012) Psychische Belastung, Stress, Burnout? So erkennen Sie frühzeitig Gefährdungen für Ihre Mitarbeiter und beugen Erkrankungen erfolgreich vor! ecomed, Heidelberg

Nikendei C, Bugaj TJ, Nikendei F, Kühl SJ, Kühl M (2020) Klimawandel: Ursachen, Folgen, Lösungsansätze und Implikationen für das Gesundheitswesen. Z Evid Fortbild Qual Gesundhwes 156/157:59–67. https://doi.org/10.1016/j.zefq.2020.07.008

O'Connell E (2020) Whataboutery. Int J Appl Philos 34:243–254. https://doi.org/10.5840/ijap2021329148

Parsons T (1978) Action theory and the human condition. The Free Press, New York, London

Penedo FJ, Dahn JR, Molton I, Gonzalez JS, Kinsinger D, Roos BA, Carver CS, Schneiderman N, Antoni MH (2004) Cognitive-behavioral stress management improves stress-management skills and quality of life in men recovering from treatment of prostate carcinoma. Cancer 100:192–200. https://doi.org/10.1002/cncr.11894

Pfaff H (2013) Optionsstress und Zeitdruck. In: Bundesanstalt für Arbeitsschutz und Arbeitsmedizin, Junghanns G, Morschhäuser M (Hrsg) Immer schneller, immer mehr. Psychische Belastung bei Wissens- und Dienstleistungsarbeit. Springer VS, Wiesbaden, S 113–143

Pfaff H, Schubin K (2021) Zukünftige Gesundheitsrisiken: Was kommt auf die Gesellschaft zu? In: Badura B, Ducki A, Schröder H, Meyer M (Hrsg) Betriebliche Prävention stärken – Lehren aus der Pandemie. Springer, Berlin, Heidelberg, S 43–63

Pfaff H, Zeike S (2019) Betriebliches Gesundheitsmanagement: Definition, Ziele, Maßnahmen. In: Pfaff H, Zeike S (Hrsg) Controlling im Betrieblichen Gesundheitsmanagement. Das 7-Schritte-Modell. Springer Gabler, Heidelberg, S 3–39

Rehbein M (2021) Historische Perspektive; Verantwortung zwischen Wissenschaft und Politik. In: Henkel A (Hrsg) 10 Minuten Soziologie: Verantwortung. transcript, Bielefeld, S 31–46

Rucht D, Neidhardt F (2007) Soziale Bewegungen und kollektive Aktionen. In: Joas H (Hrsg) Lehrbuch der Soziologie. Campus, Frankfurt/Main, S 627–651

Salzberger B, Buder F, Lampl B, Ehrenstein B, Hitzenbichler F, Hanses F (2020) Epidemiologie von SARS-CoV-2-Infektion und COVID-19. Internist 61:782–788. https://doi.org/10.1007/s00108-020-00834-9

Schimank U (1985) Der mangelnde Akteursbezug systemtheoretischer Erklärungen gesellschaftlicher Differenzierungen – Ein Diskussionsvorschlag. ZfS 14:421–434

Schluchter W (1980) Rationalismus der Weltbeherrschung; Studien zu Max Weber. Suhrkamp, Frankfurt am Main

Schnell T (2020) Marken und Label – zwei Seiten einer Medaille? In: Schnell T (Hrsg) Ökolabel zwischen Greenwashing und Entscheidungshilfe. Springer, Wiesbaden, S 73–236

SEKEM (2022) Business ist unmöglich ohne Beziehungen. https://www.sekem.com/de/freunde-partnernetzwerk/. Zugegriffen: 29. März 2022

Spieß E, Stadler P (2007) Gesundheitsförderliches Führen – Defizite erkennen und Fehlbelastungen der Mitarbeiter reduzieren. In: Weber A, Hörmann G (Hrsg) Psychosoziale Gesundheit im Beruf. Mensch – Arbeitswelt – Gesellschaft. Gentner, Stuttgart, S 255–264

Sutter T (2006) Emergenz und Konstitution, Kommunikation und soziales Handeln: Leistungsbeziehungen zwischen Essers methodologischem Individualismus und Luhmanns soziologischer Systemtheorie. In: Greshoff R, Schimank U (Hrsg) Integrative Sozialtheorie? Esser – Luhmann – Weber. VS, Wiesbaden, S 63–86

Thomas WI, Thomas DS (1928) The child in America; behavior problems and programs. Knopf, New York

Vorbohle K, Quandt JH, Schank C (Hrsg) (2015) Verantwortung in der globalen Wertschöpfung. Rainer Hampp, Mering

Weber M (1985) Wirtschaft und Gesellschaft; Grundriss der verstehenden Soziologie. Mohr, Tübingen

Weber M (1992) Politik als Beruf. Reclam, Stuttgart

Werner MH (1994) Dimensionen der Verantwortung: Ein Werkstattbericht zur Zukunftsethik von Hans Jonas. In: Böhler D, Jonas H (Hrsg) Ethik für die Zukunft. Im Diskurs mit Hans Jonas. Beck, München, S 303–338

Zimber A, Gregersen S (2011) Gesundheitsfördernd führen – Ein Projekt der Berufsgenossenschaft für Gesundheitsdienst und Wohlfahrtspflege (BGW). In: Badura B, Ducki A, Schröder H, Klose J, Macco K (Hrsg) Fehlzeiten-Report 2011. Führung und Gesundheit; Zahlen, Daten, Analysen aus allen Branchen der Wirtschaft. Springer, Berlin, S 111–119

# Gesunde Organisationsführung mit Corporate Social Responsibility ermöglichen

*Claudia Kreipl*

## Inhaltsverzeichnis

© Der/die Autor(en), exklusiv lizenziert an Springer-Verlag GmbH, DE, ein Teil von Springer Nature
2022
B. Badura et al. (Hrsg.), *Fehlzeiten-Report 2022*, Fehlzeiten-Report,
https://doi.org/10.1007/978-3-662-65598-6_2

**2**

■ ■ **Zusammenfassung**

*Gesunde Organisationen als Teil unserer Ge-*
*sellschaft befriedigen Bedürfnisse von Mit-*
*gliedern der Gesellschaft. Eine erfolgsträch-*
*tige Ausgestaltung von Organisationen fällt*
*in den Aufgabenbereich der Organisations-*
*führung. Die Führung von Organisationen si-*
*chert mittels des Ansatzes strategischer Un-*
*ternehmensführung den Erfolg über Wettbe-*
*werbsvorteile. Weiterhin gestaltet die Füh-*
*rung einer Organisation die Wahrnehmung*
*organisationaler Verantwortung. Organisatio-*
*nale Verantwortung umfasst das Zusammen-*
*spiel von ökonomischer, rechtlicher, ethischer*
*und philanthropischer Verantwortung. Die ge-*
*sellschaftliche Verantwortung als Kombination*
*ethischer und philanthropischer Verantwor-*
*tung kann über das Konzept der Corporate*
*Social Responsibility (CSR) umgesetzt werden.*
*Implementierungsansätze werden über die In-*
*tegration von CSR in das Geschäftsmodell,*
*durch Corporate Citizenship sowie durch CSR-*
*Kommunikation aufgezeigt. Diese Ansätze ge-*
*ben Hinweise dafür, wie gesunde Organisatio-*
*nen mit und für gesunde Mitarbeitende gestal-*
*tet werden können.*

## 2.1  Gesunde Organisationen als Teil der Gesellschaft

> » Everyone is an organ of society and exists
> for the sake of society. Business is no ex-
> ception. Free enterprises cannot be justified
> as being good for business. It can be justi-
> fied only as being good for society (Drucker
> 1986, S. 33).

Dieses Zitat verweist bereits auf eine grundlegende Eigenart von Organisationen. Sie verfolgen einen Zweck. Als Teil einer Gesellschaft
existieren Organisationen folglich nicht aus einem Selbstzweck heraus. Vielmehr erfüllen sie
spezifische Bedürfnisse einer Gemeinschaft,
von Untergruppen der Gemeinschaft oder auch
von Einzelpersonen (vgl. Drucker 1986, S. 32;
Monks und Minow 2011, S. 9 f.).

Die Bedürfnisbefriedigung durch Organisationen erfolgt entweder qualitativ besser
oder effizienter, sodass sie andere Formen
(z. B. Eigenleistung der Nachfrager) abge-
löst hat. Diese Vorteilhaftigkeit baut auf Kos-
tenvorteilen z. B. durch Mengeneffekte, Spe-
zialisierungsvorteile oder auch Convenience-
Aspekte auf (Kreipl 2020, S. 2 f.). Als Beispiele für den Zweck von Organisationen kann
die Versorgung von Menschen mit Lebensmitteln, mit Gesundheits-Dienstleistungen oder
das Entwickeln von innovativen Therapie- und
Diagnostikformen angeführt werden.

Organisationen als funktionsfähige Organe der Gesellschaft benötigen ein funktionie-
rendes Organsystem. Nur wenn alle Organe
gesund sind, dann kann der Organismus als
Ganzes auch als gesund, funktionsfähig und
zukunftsfähig bezeichnet werden. Und dann
kann der Zweck des Organismus und seiner
Organe erreicht werden.

Dies steht in Übereinstimmung mit dem
Gesundheitsbegriff der World Health Organisation (WHO). Gesundheit wird in der Verfas-
sung der WHO definiert als „ein Zustand von
vollständigem physischem, geistigem und sozialem Wohlbefinden, der sich nicht nur durch
die Abwesenheit von Krankheit oder Behinderung auszeichnet". Dieser Gesundheitsbegriff
wurde mit dem Konzept der Gesundheitsförderung in der Ottawa-Charta von der WHO
(1984) weiterentwickelt. Darin wird postuliert,
dass zur Erreichung dieses Zustandes sowohl
Einzelne als auch Gruppen ihre Bedürfnisse befriedigen, ihre Wünsche und Hoffnun-
gen wahrnehmen und verwirklichen sowie ihre
Umwelt bewältigen bzw. verändern können.
In diesem Sinne wird Gesundheit als Zustand
des vollständigen körperlichen, geistigen und
sozialen Wohlbefindens definiert und als ein
wesentlicher Bestandteil des alltäglichen Lebens verstanden.

Konkret bedeutet dies für Organisationen
folgendes: Gesunde Organisationen erfüllen
ihre Ziele bzw. den Unternehmenszweck. Sie
befriedigen aktuell und zukünftig Bedürfnisse
von Zielgruppen. Dies ermöglicht finanziellen
Erfolg (Gewinn bei profitorientierten Organi-

sationen bzw. kostendeckendes Wirtschaften bei Non-Profit-Organisationen), der ein Indikator für ein gesundes Unternehmen ist. Diese gesunden Organisationen bieten ihren relevanten Anspruchsgruppen die Möglichkeit, auch deren Bedürfnisse zu befriedigen. Damit tragen sie zum körperlichen, geistigen und sozialen Wohlbefinden der Stakeholder bei. Organisationen übernehmen – in unterschiedlichem Ausmaß – eine gesundheitliche Verantwortung für ihre Mitarbeitenden, aber auch gegenüber weiteren Anspruchsgruppen.

Gesunde Arbeitsbedingungen fördern gesunde Mitarbeitende. Diese wiederum tragen aktiv zum Erfolg der Organisationen bei. Sie sind an der Leistungserstellung ebenso beteiligt wie an der Entwicklung zukunftsorientierter Konzepte für die Organisation. Sie sind Ansprechpartner für Externe, wie z. B. Kunden, und prägen damit das Image der Organisation. Gesunde Mitarbeitende können auf diese Weise im Gegenzug gesunde Organisationen fördern. Sinkt der Grad an Gesundheit, so steigen die Ausfallzeiten der Mitarbeitenden, der Druck für die verbleibenden Mitarbeitenden steigt, möglicherweise steigt die Fluktuation, die Motivation sinkt und die Beiträge der Mitarbeitenden in die Zukunft der Organisation fallen schwächer aus. Zudem können Mitarbeitende in gesunden und damit erfolgreichen Organisationen (stärker) darauf vertrauen, dass die Arbeitsplätze sicher sind. Neben Gehaltszahlungen kann dies mit beruflichen Weiterentwicklungsmöglichkeiten, d. h. Karrieren und Gehaltssteigerungen einhergehen und motivieren. Die Angst vor einem Verlust des Arbeitsplatzes hingegen kann gesundheitliche Beeinträchtigungen zur Folge haben. Es zeigt sich der Kreislauf: Gesunde Organisationen fördern gesunde Mitarbeitende und vice versa.

Gesunde Rahmenbedingungen fördern zudem die Gesundheit im Umfeld der Organisationen, z. B. durch ordnungsgemäßen Umgang mit Chemikalien, Vermeidung von Umweltschäden, durch eine Steigerung des Einsatzes von erneuerbaren Energien oder die Drosselung des Energieverbrauchs. Damit tragen Organisationen zum Gesundheitszustand

bzw. zum Wohl der Gesellschaft bei. Dies geschieht zudem über Steuerbeiträge durch die Organisationen selber, aber auch durch deren Mitarbeitende. Dies trägt zur Finanzierung öffentlicher Güter (Schulen, öffentliche Gesundheitseinrichtungen, Verteidigung) bei und damit zum Wohl der Gesellschaft. Im negativen Fall, d. h. in kranken Unternehmen, deren Existenz bedroht ist und in denen ein Verlust von Arbeitsplätzen wahrscheinlich wird, muss nicht nur mit einem Ausfall der Steuereinnahmen, sondern zudem mit einer steigenden Belastung des Sozialsystems z. B. durch die Inanspruchnahme von Arbeitslosengeld gerechnet werden. Diese Beispiele zeigen, dass gesunde Organisationen einen wichtigen Beitrag für die Gesellschaft leisten bzw. im Umkehrschluss, dass nicht-gesunde Organisationen diese Beiträge nicht adäquat erbringen können. Dies gilt zunächst für die Abnehmer der Ergebnisse der Organisationen, die Kunden bzw. Patienten, Gäste oder Versicherten. Mit dem Kernprodukt der Organisation können sie ihr Leben besser bewältigen. Versicherte, die einen Krankenversicherungsschutz genießen, können sich im Bedarfsfall auf die Finanzierung von Gesundheitsleistungen verlassen. Patienten können auf die Verfügbarkeit und eine hohe Qualität der Angebote von Krankenhäusern, niedergelassenen Ärzten oder auch den Produkten der Pharma-Industrie vertrauen.

## 2.2 Verantwortungsvolle Führung von Organisationen

Um sicherzustellen, dass gesunde Organisationen ihren gesellschaftlichen Nutzen entfalten können, sollten grundlegend zwei Aspekte bedacht werden. Die strategische Ausrichtung und damit die Basis des Erfolgs werden über die Führung von Organisationen gesteuert. Diese Unternehmensführung trifft eine Vielzahl an Beschlüssen. Diese Entscheidungen gehen mit der Übernahme von Verantwortung einher. Die Kenntnis um Arten und Ausgestaltungsmöglichkeiten von unternehmerischer Verantwortung ergänzt die strategische Ausrichtung.

### 2.2.1 Die Führung von Organisationen

Das Erreichen des Zwecks einer Organisation wird über das Konzept strategischer Unternehmensführung gesichert, indem es die grundsätzliche Unternehmensentwicklung systematisch und stringent vorantreibt. Ziel bildet es, den langfristigen (ökonomischen und möglicherweise vorökonomischen) Erfolg von Organisationen zu stärken. Dafür werden die interne und externe Ausrichtung der Organisation festgelegt. Aus dem Zusammenspiel der Kenntnis von internen Stärken bzw. Schwächen sowie Chancen und Risiken in der Umwelt lassen sich Kernkompetenzen erkennen, aus denen Wettbewerbsvorteile entwickelt werden können. Diese Wettbewerbsvorteile können über Strategien systematisch gesichert und genutzt werden. Hierauf basiert der langfristige Erfolg einer Organisation (Hungenberg 2014, S. 4 ff.; Thommen und Achleitner 2012, S. 971 ff.). Diese Sichtweise gilt gleichermaßen für Wirtschaftsunternehmen wie auch für jegliche Organisationsformen. Auch in Non-Profit-Unternehmen werden Ziele gesetzt und deren Erreichung gilt als Erfolg einer Organisation. Dies gilt beispielsweise für die Organisation eines Fußballvereins, dessen Erfolg der Aufstieg in eine höhere Liga oder das Erringen eines Pokals sein kann.

Führung im Kontext einer zunehmend globalen und vernetzten Stakeholder-Gesellschaft ist folglich ein komplexes, vielschichtiges Unterfangen (Pless und Maak 2008). Die Unternehmensführung bzw. das Management übernimmt die Aufgabe, Menschen zielgerichtet zu Handlungen zu bewegen (Hungenberg 2014, S. 21). Die Entscheidungsfelder von Managern umfassen im Kern das Planen, Organisieren, Anweisen, Koordinieren und Kontrollieren als zielorientiertes Gestaltungs- und Lenkungsverhalten (Schreyögg und Koch 2015; Thom-

men und Achleitner 2012). Eine gesellschaftliche Komponente wird bei den managementorientierten Entscheidungsfeldern zunächst nicht explizit benannt. Allerdings erkennen Robbins et al. (2014, S. 132) an, dass die Aufgaben und Aktivitäten eines Managers „oft mit ethischer und sozialer Verantwortung verbunden sind. Dieser Verantwortung müssen sich Manager stellen und sie beeinflusst ihre Entscheidungen".

### 2.2.2 Die organisationale Verantwortung

Im Kern bedeutet Verantwortung, dass ein Subjekt für ein Objekt eintreten muss (Fetzer 2004, S. 88). So übernimmt die Organisationsleitung (Subjekt) eine Verantwortung für die Organisation als Ganzes, aber auch für die Mitarbeitenden und mögliche weitere Gruppierungen (Objekte). Verantwortungstragende handeln unter gegebenen Handlungsbedingungen, die ihre Handlungsspielräume bestimmen, wie z. B. rechtliche Regelungen oder finanzielle Grenzen. Die Handlungen führen zu Handlungsfolgen, die wiederum zukünftige Handlungsbedingungen prägen. Die Handlungsfolgen können sich im Erfolg der Organisation, aber auch in möglichen Schäden an der Gesundheit der Mitarbeitenden oder der ökologischen Umwelt zeigen (Suchanek und Lin-Hi 2006; Suchanek 2010, S. 38 f.).

Manager als Führungskräfte in den Organisationen verfügen durch ihre Handlungsspielräume über Macht, die mit Verantwortung einhergeht. Ihr Verantwortungsbereich erstreckt sich auf alle Unternehmensbereiche und -funktionen. Sie müssen sich mit ihren Entscheidungen und deren Folgen gegenüber (ausgewählten) Stakeholdern verantworten. Menschen treffen Entscheidungen individuell und in Organisationen, wie z. B. in Wirtschaftsunternehmen oder gemeinnützigen Institutionen. Durch diese Entscheidungen vertreten sie die eigenen Interessen und jene der Organisation nach innen und außen. Auf die-

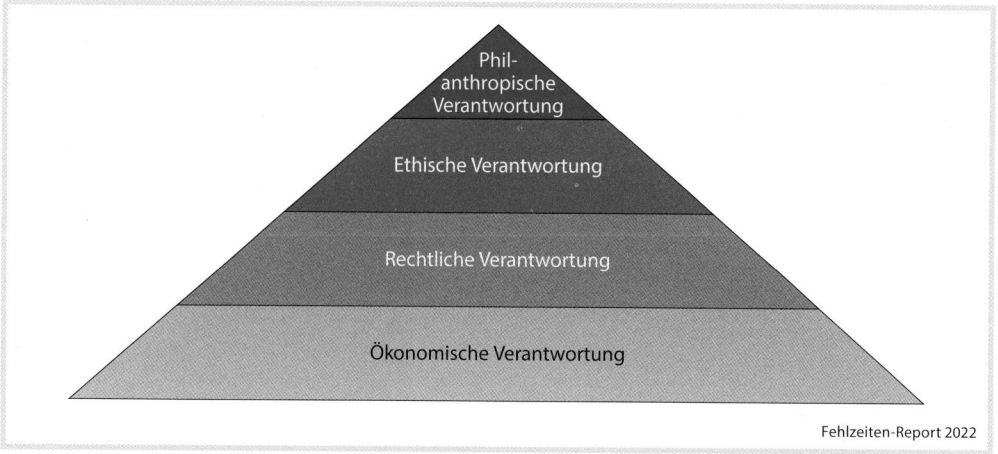

*Fehlzeiten-Report 2022*

■ **Abb. 2.1** Die Verantwortungspyramide. (Eigene Darstellung in Anlehnung an Carroll 1991)

se Weise übernehmen sie Verantwortung (vgl. Kreipl 2017).

Die Verantwortungspyramide von Archie B. Carroll gliedert die Arten von Verantwortung in Organisationen (vgl. ■ Abb. 2.1), die sich in vier Ebenen darstellen (Carroll 1991, 1999, S. 289 sowie Kreipl 2019).

■■ **Ebene 1: Ökonomische Verantwortung**
Langfristige Profitabilität bildet eine Voraussetzung für die Existenz und Existenzsicherung von Organisationen. Mit erzielten Gewinnen werden Investitionen in die Zukunft getätigt und damit der Fortbestand des Unternehmens gesichert. Investoren erhalten über Dividenden eine Verzinsung ihres eingebrachten Kapitals und der Wert von eingebrachten Einlagen kann wachsen. Über die Funktion als Steuerzahler, und sei es nur die Umsatzsteuer oder die Einkommensbesteuerung der Mitarbeiter, aber auch über die Funktion als Arbeitgeber über die Gehälter und Sozialabgaben der Mitarbeitenden besteht zudem eine ökonomische Verantwortung. Aus öffentlicher Sicht dienen die Steuern und arbeitgeber- sowie arbeitnehmerseitigen Sozialabgaben der Finanzierung des Sozialsystems und von öffentlichen Gütern. Damit liegt die ökonomische Verantwortung von Organisationen im eigenen, aber durchaus auch im gemeinschaft-

lichen Interesse. Dies mündet in die Forderung: „Sei profitabel" (Carroll 1991, S. 40).

■■ **Ebene 2: Rechtliche Verantwortung**
Die Aktivitäten der Organisation und ihrer Mitglieder müssen sich im Rahmen gesetzlicher Regelungen bewegen. Gesetze gelten für Unternehmen als juristische Personen, für die Stakeholder als Gruppen sowie für Individuen, aber auch in der Zusammenarbeit zwischen den Stakeholdern. Gesetze und Regelungen werden auf globaler, nationaler und kommunaler Ebene erlassen. Beispiele im organisationalen Umfeld können Arbeitnehmerrechte und -pflichten sein, aber auch eine Umweltgesetzgebung. Die fehlende Beachtung rechtlicher Verantwortung kann für Unternehmen zu Geld- und Haftstrafen führen, aber auch zu weiteren Konsequenzen wie beispielsweise einem Ausschluss von öffentlichen Aufträgen, dem Schließen von Geschäftseinheiten und Kontosperrungen oder auch dem Wegfall von Geldern aus inkriminierten Geschäften. Im Kern gilt die Forderung: „Beachte das Gesetz" (Carroll 1991, S. 40).

■■ **Ebene 3: Ethische Verantwortung**
Die Ebene der ethischen Verantwortung spiegelt die Ansprüche und Erwartungen einer Gesellschaft über moralisch falsches und richti-

ges Verhalten wider. Verantwortungsvolles unternehmerisches Handeln beruht somit auf universellen humanen Werten, wie sie beispielsweise bereits 1948 in der Allgemeinen Deklaration der Menschenrechte von den Vereinten Nationen niedergeschrieben wurden (vgl. Pless und Maak 2008, S. 236). Die ethische Ebene betrifft Handeln innerhalb der Wertschöpfungskette. Carroll (1991, S. 41) drückt dies mit der Forderung nach Konsistenz mit bestehender und sich neu entwickelnder Moral und Ethik einer Gesellschaft aus. Die ethische Verantwortung führt mit der Verpflichtung zu tun, was richtig, gerecht und fair ist, zu der Forderung: „Handle nach ethischen Gesichtspunkten."

■■ Ebene 4: Philanthropische Verantwortung
Die letzte Stufe, die philanthropische Verantwortung, geht über ethische und gesetzliche Verantwortung hinaus. Sie steigert die gesellschaftliche Wohlfahrt, z. B. durch die Bereitstellung von Ressourcen für die Gesellschaft oder die Verbesserung von Lebensqualität. Sie betrachtet die Verantwortung von Unternehmen außerhalb der Wertschöpfungskette in ihrer Beziehung zur Umwelt und zur Gesellschaft. Carroll (1991, S. 41) benennt beispielsweise die Unterstützung von Wohltätigkeit, auch eine Unterstützung von Künsten und Bildungseinrichtungen, die Förderung von freiwilligem wohltätigem Engagement einer Organisation und deren Mitgliedern als Umsetzungsmöglichkeiten. Philanthropische Verantwortung lebt über die Forderung: „Sei ein guter Corporate Citizen."

Die vier Ebenen bilden gemeinsam das Verantwortungsgerüst von Organisationen. Wenngleich sie separat beschrieben werden, so sind sie dennoch miteinander verzahnt. Langfristiger organisationaler Erfolg baut nicht nur auf das Realisieren ökonomischer Vorteile auf, sondern muss sich innerhalb der gesetzlichen Regelungen bewegen und ethischen und philanthropischen Grundsätzen entsprechen. Zudem baut ein Rechtssystem auf den Normen und Werten einer Gesellschaft auf.

## 2.3 Corporate Social Responsibility als Konzept der Umsetzung organisationaler Verantwortung

Wenngleich alle vier Ebenen eine gesellschaftliche Relevanz haben, sollen in diesem Beitrag die ethische sowie die philanthropische Verantwortung in den Fokus gerückt werden. Ethische Verantwortung soll dabei die Verantwortung innerhalb der Wertschöpfungskette von Organisationen, philanthropische Verantwortung hingegen die Verantwortung gegenüber Akteuren außerhalb der Wertschöpfungskette thematisieren.

Beide gemeinsam werden durch das organisationale Konzept der Corporate Social Responsibility (CSR) adressiert. Dieses Konzept verweist auf die gesellschaftliche Verantwortung von Organisationen. Organisationen nehmen diese Verantwortung in unterschiedlichem Ausmaß wahr. Die Spannweite der Wahrnehmung von Verantwortung verläuft von einer rein ökonomischen Verantwortung (niedrige soziale Verantwortung) bis hin zu einer Integration sozialer Verantwortung (hohe soziale Verantwortung). Die Verantwortung kann seitens der Organisationen rein reaktiv oder auch proaktiv ausgeübt werden. Auf diese Weise entsteht ein Handlungsrahmen für Organisationen. Die Positionierung der Organisationen in diesem Spektrum erklärt das unterschiedliche Engagement der Organisation im Bereich der CSR (Kreipl 2020; Drucker 1986; Friedman 1970; Homann und Lütge 2013; Ulrich 2008). Der Erörterung möglicher Ansatzpunkte soll an dieser Stelle das Verständnis des Begriffs Corporate Social Responsibility vorausgehen.

### 2.3.1 Begriff und Elemente

Bislang konnte sich keine Begriffsdefinition als allgemeingültig durchsetzen. Die beiden Definitionen der Europäische Kommission (2001, 2011) erfahren einen hohen Verbreitungsgrad (vgl. Schneider 2015, S. 24). Gemäß der Fassung von 2001 wird Corporate Social Responsibility als Konzept verstanden, das den Organisationen als Grundlage dient, auf freiwilliger Basis soziale Belange und Umweltbelange in ihre Unternehmenstätigkeit und in die Wechselbeziehungen mit den Stakeholdern zu integrieren. Dabei wird verantwortliches Handeln über eine Gesetzeskonformität hinaus interpretiert als ein Ansatz zur Investition in Menschen und in die Umwelt sowie in die Ausgestaltung von Stakeholder-Beziehungen (Europäische Kommission 2001, S. 8). In der Weiterentwicklung der Definition vom Jahr 2011 wird hervorgehoben, wie wichtig es ist, Corporate Social Responsibility in die Strategie der Organisation zu integrieren, und sie wird um das Konzept der gemeinsamen bzw. geteilten Wertschöpfung erweitert. Ebenso wurden die ökonomischen, ökologischen und sozialen Dimensionen explizit um die Menschenrechte sowie ethische Überlegungen ergänzt, während sie zuvor als Teil der sozialen Dimension verstanden wurden (Europäische Kommission 2011, S. 5). Dies verweist auf eine steigende Entwicklung hin zu einer strategischen Orientierung von CSR.

Betrachtet man die Vielzahl an Definitionen, so treten drei grundlegende Elemente hervor (vgl. ◘ Abb. 2.2). Hierbei handelt es sich um die Merkmale der Freiwilligkeit, der Nachhaltigkeit sowie der Stakeholder-Orientierung (Kreipl 2020, S. 236 ff.).

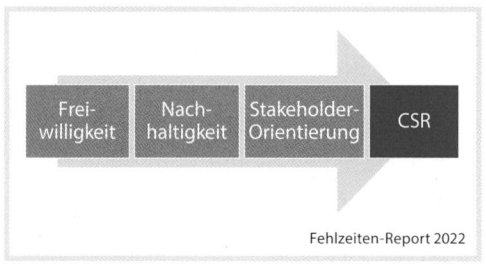

**◘ Abb. 2.2** Kernelemente einer Corporate Social Responsibility. (Aus Kreipl 2020, S. 237, mit freundlicher Genehmigung)

■ ■ **Element 1: Die Freiwilligkeit der Aktivitäten**

Zunächst können CSR-Projekte insgesamt frei gestaltet werden. Zeitpunkte der Projekte und Projektdauer können ebenso frei gewählt werden wie die Inhalte der Projekte und mögliche Projektpartner. Das Ausmaß lässt sich individuell gestalten. Die Zielgruppe, für die die Aktivitäten geplant werden, können frei gewählt werden. Mit dem CSR-Richtlinien-Umsetzungsgesetz (CSR-RUG) besteht seit 2017 für Kapitalgesellschaften ab einer bestimmten Größe eine Pflicht zur Abgabe einer nicht-finanziellen Erklärung. Diese Berichtspflicht erfordert die Offenlegung z. B. des Umgangs mit Sozialbelangen oder den Menschenrechten. Damit können die großen Unternehmen selbst Klarheit über den Status quo und mögliche Entwicklungspotenziale gewinnen. Durch die Veröffentlichungspflicht wird die Transparenz der Aktivitäten bei den Stakeholdern gefördert. Dadurch kann ein Push-Effekt bei den Unternehmen ausgelöst werden, in dem die Stakeholder eine Weiterentwicklung von Aktivitäten einfordern. Gleichermaßen wird die Freiwilligkeit nicht ausgehebelt: Die Unternehmen entscheiden nach wie vor selbstbestimmt über Inhalte und Ausmaße der Aktivitäten gesellschaftlicher Verantwortung (Kreipl 2020, S. 237 ff.).

■ ■ **Element 2: Die Nachhaltigkeit**

Unter Nachhaltigkeit versteht man gemäß der verbreitet akzeptierten Definition der Brundtland-Kommission eine dauerhafte Entwicklung, welche die Bedürfnisse der Gegenwart befriedigt, ohne zu riskieren, dass künftige Generationen deren eigenen Bedürfnissen nicht mehr gerecht werden können. Damit verfolgt Nachhaltigkeit das Ziel, natürliche Ressourcen weltweit zu erhalten. Dies geht einher mit der Forderung nach Gerechtigkeit innerhalb einer Generation, d. h. einer Gerechtigkeit zwischen Arm und Reich und weiterhin mit einer Gerechtigkeit zwischen den Generationen, die bereits heute die Bedürfnisse der Enkelgeneration antizipiert (WCED 1987; Müller 2015; Emrich 2015).

**2**

Dieser Anspruch führt zur Identifikation von 17 globalen Nachhaltigkeitszielen (Social Development Goals). Diese basieren auf drei grundlegenden Dimensionen der Nachhaltigkeit. Die ökologische Nachhaltigkeit zielt darauf ab, eine Ausbeutung der Natur zu vermeiden. Natürliche Ressourcen sollen so genutzt werden, dass sie Zeit genug zur Regeneration haben. Nicht-erneuerbare Ressourcen sollten durch erneuerbare Ressourcen ersetzt werden. Die ökonomische Dimension der Nachhaltigkeit zielt auf moderates ökonomisches Wachstum zur Sicherung von sozialem Frieden unter Gewährleistung von Stabilität und Kontinuität ab. Die soziale Dimension dient der Begrenzung sozialer Konflikte (Kreipl 2020, S. 243 ff.).

■ ■ **Element 3: Die Stakeholder-Orientierung**

Die Aktivitäten im Konzept der Corporate Social Responsibility werden für bestimmte Stakeholder entwickelt. Hierbei muss zwischen direkten und indirekten Zielgruppen unterschieden werden. Direkte Zielgruppen sind unmittelbare Nutznießer der unternehmerischen Aktivitäten. Sie erhalten beispielsweise die Spenden von Unternehmen. Indirekte Zielgruppen sollen durch die Aktivitäten vom Verantwortungsbewusstsein der Unternehmen überzeugt werden, wie z. B. Mitarbeitende oder Kunden. Daher sollten Unternehmen sich der direkten und indirekten Effekte von CSR bewusst sein. Sie sollten Klarheit darüber gewinnen, welche gesellschaftsrelevanten Bedürfnisse die einzelnen Stakeholder haben bzw. einfordern und auf welche Weise die Stakeholder selbst Beiträge leisten möchten, mit denen sie gesellschaftliche Verantwortung übernehmen. Zu den zentralen Stakeholdern zählen die Mitarbeitenden, die Führungskräfte, die Unternehmenseigner und Investoren, die Kunden, Lieferanten, aber auch Partner außerhalb des Geschäftsmodells wie z. B. der Staat, die Presse, die regionale oder globale Bevölkerung oder auch die Gesellschaft als Ganzes (Kreipl 2020, S. 247 ff.).

### 2.3.2 Umsetzungsmöglichkeiten von CSR

Die Gestaltungsfreiheit kombiniert mit der Vielzahl an Nachhaltigkeitszielen sowie der möglichen Berücksichtigung einer großen Anzahl an Stakeholdern verweist auf viele Möglichkeiten, CSR in Organisationen umzusetzen. Organisationen können CSR-Aktivitäten entsprechend ihrem Grad an gesellschaftlicher Verantwortung (hoch vs. niedrig) sowie ihrem Aktivitätsniveau (proaktiv vs. reaktiv) gestalten (Kreipl 2020). Gemäß dem Reifegradmodell von Schneider (2015) ist ein Einstieg in CSR 1.0 als philanthropisches CSR möglich, das auch unspezifische Einzelaktivitäten umfasst. Mit zunehmendem Reifegrad werden unternehmerische und gesellschaftliche Wertschöpfung systematisch in das Management integriert (CSR 2.0). Mit CSR 3.0 zeichnen sich Organisationen als proaktive politische Gestalter aus. Begleitend kann das CSR-Engagement durch Kommunikation unterstützt werden. Stellvertretende Beispiele bilden die Tour der Hoffnung (CSR 1.0), ein Unverpackt-Laden (CSR 2.0) sowie ein Bekleidungshersteller aus dem Outdoorbereich (CSR 3.0), die im Folgenden kurz beschrieben werden.

**Tour der Hoffnung als Beispiel für ein Einzelprojekt**

Im Jahr 2022 findet bereits die 39. Radtour „Tour der Hoffnung" statt, auf der idealistisch gesinnte Bürgerinnen und Bürger mit Persönlichkeiten aus Sport und Politik eine ausgewählte Strecke mit dem Fahrrad zurücklegen. Im Verlauf der Strecke werden Spendengelder für krebskranke Kinder eingeworben. Als eine der größten privat organisierten Benefiz-Radtouren schafften es die Organisatoren, in den vergangenen 38 Jahren mehr als 42 Mio. € zusammenzutragen, die zu 100 % den Kindern zugutekamen (Tour der Hoffnung 2022). Neben einem

Zusammengehörigkeitsgefühl und der Gewissheit einer guten Tat können die Teilnehmenden der Radtour auch die eigene Gesundheit bzw. beteiligte Organisationen die Gesundheit der Mitarbeitenden fördern.

**Ein Unverpackt-Laden als Beispiel für ein ökologieorientiertes Geschäftsmodell**

Das Geschäftsmodell des Unverpackt-Ladens zielt darauf ab, Verpackungsmittel bzw. Plastikmüll zu reduzieren. Dadurch werden nicht-erneuerbare Ressourcen geschont. Die Vermeidung von Entsorgungsaufwand geht zudem mit Umweltschutz und zusätzlich mit reduzierten Kosten einher. Die Lebensmittel werden ohne Umverpackung abgegeben, d. h. die Produkte werden in wiederverwendbare Gefäße abgepackt. Zu den abgegebenen Lebensmitteln zählen Pasta, Reis, Hülsenfrüchte, Kochzutaten, Nüsse, Müsli, Tee, Kaffee, Kakao, aber auch festes Shampoo, Körperseife, Wattepads und vieles mehr (Kreipl 2020). Der gesundheitliche Nutzen für die Gesellschaft liegt in der Ressourcenschonung und damit in der Schonung unserer Umwelt bzw. im Klimaschutz.

**Ein Bekleidungshersteller aus dem Outdoorbereich als Beispiel für eine umfassende Umsetzung von CSR**

Der Bekleidungshersteller nimmt gesellschaftliche Verantwortung wahr und hat sie in sein Geschäftsmodell integriert. Als Philosophie zielt das Unternehmen auf folgendes ab: Stelle das beste Produkt her, belaste die Umwelt dabei so wenig wie möglich, inspiriere andere Firmen, diesem Beispiel zu folgen und Lösungen zur aktuellen Umweltkrise zu finden. Dieser Anspruch wird

z. B. operativ umgesetzt in der Forderung, Kleidung lange zu tragen und zu reparieren. Reparatur- und Pflegeanleitungen werden bereitgestellt. Ebenso wird der Weiterverkauf getragener Kleidung ermöglicht. Die zurückgegebenen Produkte werden durch Marktpartner weiterverwertet. Im Rahmen der Stakeholder-Orientierung wird Sozialverantwortung entlang der Lieferkette gelebt (z. B. Fair Trade, Schutz von Wanderarbeitern, existenzsichernde Entlohnung). Als Corporate Citizen werden Förderprogramme für Umweltschutzgruppen unterstützt (mindestens 1 % des Umsatzes) und Mitarbeitenden werden Praktika in sozialen Organisationen ermöglicht. Auch politische Aspekte werden integriert. So werden die Verkaufsstätten an Wahltagen geschlossen, damit Kunden und Mitarbeitende wählen gehen können (Kreipl 2020).

CSR-Engagements können als Konzepte der Corporate Citizenship umgesetzt werden, in das Geschäftsmodell der Organisation integriert und gleichermaßen mit Instrumenten der Kommunikation begleitet werden.

## Aktivitäten als Corporate Citizen

Corporate Citizenship fasst alle Aktivitäten zusammen, in denen Organisationen sich als Bürger und somit als Teil einer kommunalen, regionalen oder globalen Gemeinschaft darstellen. Dieses bürgerschaftliche Engagement soll dem Wohlergehen der Gesellschaft dienen (Sitnikov 2013). Engagements als Corporate Citizen zielen darauf ab, mehr Verantwortung für Nachhaltigkeit zu übernehmen und das Unternehmensimage zu verbessern. Die Attraktivität als Arbeitgeber soll zudem gesteigert werden (PwC 2012).

Corporate Citizenship kann unterschiedliche Formen annehmen. So kann es in Form eines Corporate Giving, eines Corporate Volunteering oder einer Corporate Foundation gestaltet werden. Bei Corporate Giving handelt

**2**

es sich um Spenden eines Unternehmens zu sozialen Zwecken bzw. an soziale Einrichtungen (Kabongo 2013). Die Spenden können an Einzelpersonen oder Organisationen abgegeben werden. Sie erfolgen ohne direkte Gegenleistung. Eine indirekte Gegenleistung über die Kommunikation der Spenden kann sich in einer Verbesserung des Images niederschlagen. Corporate Giving-Aktivitäten mit einer direkten Gegenleistung werden als Sponsoring bezeichnet. Unternehmen leisten eine Zahlung an eine Organisation, beispielsweise einen Sportverein, und erwerben damit das Recht auf eine Gegenleistung. Diese Gegenleistung kann in Form des Bereitstellens von Werbefläche auf Trikots, in den Räumlichkeiten der Sportveranstaltungen, auf Plakaten oder Tickets erfolgen (Kreipl 2020).

Corporate Volunteering beschreibt die Funktion einer Unterstützung durch Mitarbeitende eines Unternehmens. Diese werden für gemeinnützige Aktivitäten bzw. Aktivitäten von öffentlichem Interesse freigestellt. Diese Projekte können auf vielfältige Weise ausgestaltet sein. Sie können ökologieorientiert sein (Aktionen zur Säuberung der Umwelt); sie können ein langfristiges Mentoring beinhalten (Projekte zur Begleitung von Kindern durch ihre Schulzeit). Sie können auch auf Fähigkeiten der Mitarbeitenden beruhen, z. B. Bau eines Spielplatzes im Kindergarten. Sie können zudem dem Schutz der Gemeinschaft dienen, z. B. Mitglieder der Freiwilligen Feuerwehr, Ärzte ohne Grenzen. Weiterhin können sie sportliches Engagement unterstützen, beispielsweise Mitarbeitende, die sich auf eine Olympiade oder ein anderes Sportereignis vorbereiten.

Corporate Foundation schließlich umfasst das Errichten von Stiftungen. Unternehmen haben die Möglichkeit, einen Teil des Gewinns in eine gemeinnützige Stiftung fließen zu lassen. Das Ausmaß finanzieller Beiträge kann dabei ebenso frei gestaltet werden wie die inhaltliche Ausrichtung der Stiftung. Oftmals weisen die Stiftungsinhalte einen gewissen Bezug zum Kerngeschäft auf. So haben beispielsweise pharmazeutische Unternehmen sich den Schutz von Patientinnen und Patienten mit spezifischen Krankheitsbildern zur Aufgabe gemacht (Kreipl 2020).

## Integration in das Geschäftsmodell der Organisation

Eine Intensivierung von Corporate Social Responsibility erfolgt bei einer Integration in das Geschäftsmodell. Dies kann mit dem Ziel der Realisierung von Wettbewerbsvorteilen, aber auch aus einer intrinsischen Motivation heraus geschehen. Wettbewerbsvorteile gelten als der Mehrwert, den ein Unternehmen im Vergleich zu seinen Wettbewerbern für Kunden bietet. Ein Wettbewerbsvorteil stiftet Nutzen, der in akzeptablem Verhältnis zum Preis steht (vgl. Hungenberg 2014, S. 195 ff.). Dieser Nutzen kann neben objektiven stofflich-technischen Produkteigenschaften auch ein (Zusatz-)Nutzen aus sozialer Sphäre sein, wie z. B. die Wahrnehmung gesellschaftlicher Verantwortung und somit CSR, d. h. dass die Organisation als verantwortungsvolles Unternehmen oder verantwortungsvoller Arbeitgeber wahrgenommen wird.

Mögliche Handlungsfelder unternehmerischer Nachhaltigkeit lassen sich auf drei Ansätze zurückführen (vgl. Adelphi 2019) Effizienzansätze zielen auf eine Verringerung des Ressourcenverbrauchs ab. Sowohl der Einsatz von Rohstoffen als auch von Energie und Entsorgungsaktivtäten können reduziert werden. Über eine Verbesserung von bestehenden Produktions- und Konsummustern soll mit weniger (ökologisch relevantem) Input der gleiche Output erzielt werden. Konsistenzansätze beruhen auf dem Modell des geschlossenen Kreislaufs. Alle Materialien, die bei Produktion und Konsum entstehen, sollen weiterverwendet werden und innerhalb des Kreislaufs verbleiben. Abfälle und Emissionen sollen vermieden werden. Die Materialnutzung soll nicht grundsätzlich vermieden, sondern verändert und verlängert werden. Suffizienzansätze betrachten statt der Produktion und der Produktionsverfahren die Nachfrage und den Konsum. Das Ausmaß der Angebote wird in

Frage gestellt und der Verzicht auf Konsum zur Schonung von Ressourcen angestrebt.

## Begleitende Kommunikation von Aktivitäten gesellschaftlicher Verantwortung

Ein systematisches CSR kann durch eine CSR-Kommunikation unterstützt werden. Der Verantwortungsgrad kann noch niedrig sein und der Aktivitätsgrad noch gering. Um eine CSR-Kommunikation möglich zu machen, benötigen Unternehmen ein Mindestmaß an Projekten und Aktivitäten, über die berichtet werden kann. Als Einstieg können hier die Ansätze des Corporate Citizenship gewählt werden (vgl. Abschn. „Aktivitäten als Corporate Citizen"). Bereits im Jahr 1961 prägte der Kommunikationschef der BASF den Appell: „Tue Gutes und rede darüber", womit er auf die Bedeutung von Public Relations verwies (Bruton 2017).

CSR-Kommunikation beinhaltet eine systematische und proaktive Praxis zur Generierung und zum Austausch von Informationsinhalten bei Stakeholdern über die Identität, das Image bzw. die Reputation eines Unternehmens (Bruton 2017, S. 172).

Die Art der Kommunikation kann weitgehend frei gestaltet werden. Ein regelmäßiges CSR-Reporting ist nach § 289b HGB für ausgewählte Kapitalgesellschaften gemäß CSR-RUG verpflichtend. Alle anderen Organisations- und Rechtsformen können ein derartiges Reporting auf freiwilliger Basis durchführen. Dazu wurden Berichtsstandards entwickelt. Hierbei sind insbesondere der UN Global Compact sowie die Global Reporting Initiative zu nennen (Tricker 2012, S. 244 ff.). Beide haben ein Rahmenwerk zusammengestellt. Diese beinhalten Kriteriengruppen zur Darstellung der gesellschaftlichen Verantwortung von Organisationen. So besteht der UN Global Compact aus zehn Grundsätzen, die sich auf die Bereiche Menschenrechte, Arbeit, Umwelt und Korruption beziehen. Über den jährlich wiederkehrenden Einsatz einer standardisierten CSR-Berichterstattung basierend auf allgemein anerkannten Standards können Organisationen den Status quo der Wahrnehmung von gesellschaftlicher Verantwortung ebenso dokumentieren wie ein Fortschritt im Umgang mit dieser Verantwortung im Zeitverlauf.

## 2.4 Gesunde Organisationen mit und durch gesunde Mitarbeitende

Soziale Nachhaltigkeit lässt sich folglich über eine Verbesserung der Arbeitsbedingungen, eine stärkere Berücksichtigung von individuellen menschlichen Bedürfnissen (nach spezifischen Krankheiten, orientiert an Ereignissen im Verlauf des Lebens wie z. B. die Betreuung von Kindern oder pflegebedürftigen Eltern), über Weiterbildung von Mitarbeitenden (Sachkenntnis, Personal Skills) durchführen. Dadurch kann die Work-Life-Balance der Arbeitnehmerinnen und Arbeitnehmern verbessert werden. Ziel dieser Maßnahmen sind zufriedene, motivierte, gesunde und loyale Mitarbeitende mit einer hohen Leistungsfähigkeit und Leistungsbereitschaft. Damit wird einerseits der Wettbewerbsfaktor Mitarbeiter und andererseits das Unternehmen als attraktiver Arbeitgeber im Wettbewerb um qualifizierte und motivierte Arbeitskräfte gestärkt. Diese Leistungen können auch in den Bereich des Gesundheits- und Arbeitsschutzes systematisch integriert werden, wodurch diese Bereiche Teil einer Strategie gesellschaftlicher Verantwortung werden (Kreipl 2020).

Die Wahrnehmung von Verantwortung auf allen Ebenen hat einen Einfluss auf die Gesundheit von Mitarbeitenden. Wenn eine Organisation ökonomisch und rechtlich verantwortungsvoll handelt, dann sichert dies deren Arbeitsplätze. Agiert eine Organisation zudem ethisch und philanthropisch verantwortungsvoll, d. h. sie wird ihrer gesellschaftlichen Verantwortung gerecht, dann kann sie sich als verantwortungsvoller und guter Arbeitgeber profilieren. Der Wunsch nach Selbstverwirklichung bei gleichzeitigem stärkerem Gemein-

**2**

sinn prägt die nachwachsenden Generationen in der Arbeitswelt 4.0 (Rump und Eilers 2017, S. 17 ff.; Kreipl und Greco 2019, S. 163 ff.). Daher werden Organisationen, die eine gesellschaftliche Verantwortung wahrnehmen, attraktiv für Arbeitnehmende. Dies ermöglicht den Zugang zu motivierten und engagierten Arbeitskräften bzw. stärkt deren Bindung an eine Organisation.

Im Gegenzug nimmt das Verhalten der Mitarbeitenden einen Einfluss auf die Unternehmen. Sie können die Organisation durch verantwortungsvolles Verhalten unterstützen. Motivierte und leistungsfähige Mitarbeitende tragen zum ökonomischen Erfolg bei. Ebenso vermeidet rechtlich korrektes Verhalten der Mitarbeitenden Imageschäden und mögliche Strafzahlungen. Die Mitarbeitenden können einen Beitrag zur ethischen und philanthropischen Verantwortung leisten. Zum einen kann dies durch eigenes verantwortungsvolles Handeln, aber zum anderen auch durch ein Einbringen von Ideen z. B. für Projekte und Aktivitäten gesellschaftlicher Verantwortung geschehen. Eine derartige Gelegenheit zur Selbstverwirklichung kann zur Identifikation der Mitarbeitenden mit und zur Bindung an die Organisation beitragen.

Organisationen können ihre Position zu verantwortungsvoller Führung darstellen, sodass die internen und externen Anspruchsgruppen diese wahrnehmen können. Dies kann durch die Kommunikation der Werte einer Organisation (Wertekodex) geschehen. Weiterhin können Zertifikate und Label erworben werden, welche die Haltung der Organisation zu bestimmten Themen darstellen (Fair Trade, Guter Arbeitgeber). Diese einzelnen Ansätze können Bestandteil einer Markenbildung sein. Ein derartiges systematisches Employer Branding kann gerade in Zeiten von Fach- und Führungskräftemangel ein geeignetes Instrument zur Mitarbeiterakquise und -bindung darstellen.

Die beschriebenen Wechselwirkungen zwischen gesunden Organisationen und gesunden Mitarbeitenden lassen sich auch auf weitere Stakeholder-Gruppen wie beispielsweise die Kunden oder die Gesellschaft übertragen. Dies verweist auf das hohe Potenzial einer verantwortungsorientierten Führung.

## Literatur

Adelphi (2019) Handlungsfelder unternehmerischer Nachhaltigkeit. Praxisbeispiele und Entwicklungsbedarf. https://www.adelphi.de/de/system/files/mediathek/bilder/Handlungsfelder_unternehmerischer_Nachhaltigkeit.pdf. Zugegriffen: 18. Mai 2022

Bruton J (2017) Corporate Social Responsibility und wirtschaftliches Handeln. Konzepte – Maßnahmen – Kommunikation. Erich Schmidt, Berlin

Carroll AB (1991) The pyramid of corporate responsibility: toward the moral management of organizational stakeholders. Bus Horiz 34:39–48

Carroll AB (1999) Corporate social responsibility. Evolution of a definitional construct. Bus Soc 38(3):268–295

Drucker P (1986) Management: tasks, responsibilities, practices. Truman Talley Books, New York

Emrich C (2015) Nachhaltigkeits-Marketing-Management. Konzept, Strategien, Beispiele. de Gruyter, Berlin

Europäische Kommission (Hrsg) (2011) Mitteilung der Kommission an das Europäische Parlament, den Rat, den Europäischen Wirtschafts- und Sozialausschuss und den Ausschuss der Regionen. Eine neue EU-Strategie (2011–14) für die soziale Verantwortung der Unternehmen (CSR). http://ec.europa.eu/transparency/regdoc/rep/1/2011/DE/1-2011-681-DE-F1-1.Pdf. Zugegriffen: 3. Mai 2022

Europäische Kommission. Generaldirektion Beschäftigung und Soziales (Hrsg) (2001) Grünbuch Europäische Rahmenbedingungen für die soziale Verantwortung der Wirtschaft. https://op.europa.eu/de/publication-detail/-/publication/18607901-76e9-47ea-91f8-436a4f412450. Zugegriffen: 19. August 2022.

Fetzer J (2004) Die Verantwortung der Unternehmung. Gütersloher Verlagshaus, Gütersloh

Friedman M (1970) The social responsibility of business is to increase its profit. N Y Times Mag: 13. September 1970:122–126

Homann K, Lütge C (2013) Einführung in die Wirtschaftsethik, 3. Aufl. LIT, Berlin

Hungenberg H (2014) Strategisches Management in Unternehmen. Ziele – Prozesse – Verfahren, 8. Aufl. Springer Gabler, Berlin

Kabongo JD (2013) Corporate giving. In: Idowu SO, Capaldi N, Zu L, Gupta AD (Hrsg) Encyclopedia of corporate social responsibility. Springer, Berlin

Kreipl C (2017) Gesellschaftliche Verantwortung als Anforderung an Manager – Implikationen für Corporate Social Responsibility im Marketing. In: Stehr C,

Struve F (Hrsg) CSR und Marketing. Nachhaltigkeit und Verantwortung richtig kommunizieren. Gabler, Wiesbaden, S 15–39

Kreipl C (2019) Soziale Innovationen: Ausdruck der Wahrnehmung gesellschaftlicher Verantwortung In. In: Alisch M, Hagspihl S, Kreipl C, Ritter M (Hrsg) Soziale Innovationen: Alter(n) in ländlichen Räumen. University Press, Kassel, S 19–45

Kreipl C (2020) Verantwortungsvolle Unternehmensführung: Corporate Governance, Compliance Management and Corporate Social Responsibility. Springer Gabler, Wiesbaden

Kreipl C, Greco K (2019) Weiblicher Führungskräftenachwuchs für eine Arbeitswelt 4.0 – Eine empirische Erhebung über Werte, Eigenschaften und Erwartungen angehender Akademikerinnen. In: Preißing D (Hrsg) Frauen in der Arbeitswelt 4.0. De Gruyter, Berlin, S 151–187

Monks AG, Minow N (2011) Corporate governance, 5. Aufl. John Wiley, Chichester

Müller C (2015) Nachhaltige Ökonomie. Ziele, Herausforderungen und Lösungswege. de Gruyter, Berlin

Pless NM, Maak T (2008) Responsible Leadership. Verantwortliche Führung im Kontext einerglobalen Stakeholder-Gesellschaft. Z Wirtschafts- Unternehmensethik 9(2):222–243

PwC (Hrsg) (2012) Corporate Citizenship. Was tun deutsche Großunternehmen? https://www.pwc.de/de/nachhaltigkeit/assets/pwc_corporate_citizenship.pdf. Zugegriffen: 14. Mai 2022

Robbins SP, Coulter M, Fischer I (2014) Management: Grundlagen der Unternehmensführung, 12. Aufl. Pearson, Hallbergmoos

Rump J, Eilers S (2017) Arbeit 4.0 – Leben und Arbeiten unter neuen Vorzeichen. In: Rump J, Eilers S (Hrsg) Auf dem Weg zur Arbeit 4.0, Innovationen in HR. Springer Gabler, Wiesbaden, S 3–84

Schneider A (2015) Reifegradmodell CSR – Eine Begriffsklärung und -abgrenzung. In: Schneider A, Schmidpeter R (Hrsg) Corporate Social Responsibility – Verantwortungsvolle Unternehmensführung in Theorie und Praxis, 2. Aufl. Springer Gabler, Wiesbaden, S 21–42

Schreyögg G, Koch J (2015) Grundlagen des Managements, 3. Aufl. Springer Gabler, Wiesbaden

Sitnikov CS (2013) Corporate citizenship. In: Idowu SO, Capaldi N, Zu L, Gupta AD (Hrsg) Encyclopedia of corporate social responsibility. Springer, Berlin

Suchanek A (2010) Die Verantwortung von Unternehmen in der Gesellschaft. In: Braun S (Hrsg) Gesellschaftliches Engagement von Unternehmen. Der deutsche Weg im internationalen Kontext. Springer, Wiesbaden, S 37–49

Suchanek A, Lin-Hi N (2006) Eine Konzeption unternehmerischer Verantwortung. Diskussionspapier Nr. 2006–7. Wittenberg Zentrum für Globale Ethik, Wittenberg

Thommen J-P, Achleitner A-K (2012) Allgemeine Betriebswirtschaftslehre. Umfassende Einführung aus managementorientierter Sicht, 7. Aufl. Springer, Wiesbaden

Tour der Hoffnung (2022) Tour der Hoffnung rollt für krebskranke Kinder. https://www.tour-der-hoffnung.de/. Zugegriffen: 28. Juli 2022

Tricker B (2012) Corporate governance, principles, policies, and practices. Oxford University Press, Oxford

Ulrich P (2008) Integrative Wirtschaftsethik. Haupt, Bern

WCED – World Commission on Environment and Development (1987) Our common future (Brundtland-Report). http://netzwerk-n.org/wp-content/uploads/2017/04/0_Brundtland_Report-1987-Our_Common_Future.pdf. Zugegriffen: 5. Mai 2022

WHO – World Health Organization (1984) Health promotion: a discussion document on the concept and principles: summary report of the Working Group on Concept and Principles of Health Promotion. ICP/HSR 602(m01)5 p, Copenhagen, 9–13 July 1984 WHO Regional Office for Europe, Copenhagen

# Daten und Gesundheit – Was ist möglich, was ist erlaubt, was ist sinnvoll?

*Nadja Walter, Sascha Leisterer, Katharina Brauer und Anne-Marie Elbe*

## Inhaltsverzeichnis

B. Badura et al. (Hrsg.), *Fehlzeiten-Report 2022*, Fehlzeiten-Report, https://doi.org/10.1007/978-3-662-65598-6_3

**▪▪ Zusammenfassung**

*Der Arbeitsplatz als einer der wichtigsten Orte, an dem für erwachsene Menschen Gesundheitsförderung stattfinden kann, bietet eine ganze Reihe verschiedener Möglichkeiten und Anlässe, um Gesundheitsdaten zu erfassen. Die Auswahl der infrage kommenden Instrumente und Methoden zur Erfassung dieser Daten muss jedoch nicht nur bestimmten rechtlichen Rahmenbedingungen entsprechen, sondern sollte auch im Hinblick auf klare Qualitätskriterien und unter Berücksichtigung der Sinnhaftigkeit erfolgen.*

*Ziel dieses Beitrags ist es, nach einer kurzen Definition von Gesundheitsdaten einen Überblick zur sinnvollen, rechtlich legitimen und umsetzbaren Erfassung und Nutzung von Gesundheitsdaten zu geben. Im Rahmen der drei Fragen Was ist möglich? Was ist erlaubt? und Was ist sinnvoll? sollen die potenziellen Umsetzungsmöglichkeiten wie auch -barrieren, die rechtlichen Rahmenbedingungen und die zweckbezogene Sinnhaftigkeit der Erhebung von Gesundheitsdaten am Arbeitsplatz dargestellt werden. Den Beitrag schließt ein Fazit ab, das einen Blick in die Zukunft wagt.*

## 3.1 Einleitung

Der Arbeitsplatz ist einer der wichtigsten Orte, an welchem Gesundheitsförderung für erwachsene Menschen stattfinden kann (Huber und Weiß 2020) und bietet verschiedene Möglichkeiten, um sog. Gesundheitsdaten zu erfassen und zu verarbeiten.[1] In diesem Beitrag geht es um die Frage, welche Gesundheitsdaten generell erhoben werden können, was erlaubt und was dabei sinnvoll ist. Dabei ist jedoch anzumerken, dass Gesundheitsdaten individuell bezüglich der Person (personenbe-

zogen), aber auch differenziert bezüglich des Kontexts (bedingungsbezogen) erfasst werden können. So ist für die Diversität von Arbeitskontexten entscheidend, welche Gesundheitsdaten generell und aus Sicht der betrieblichen Gesundheitsförderung erfasst werden könnten und sollten. Beispielsweise weist Schwerarbeit unter Tage ein anderes Belastungsprofil auf als Büroarbeit und bedarf damit der Erfassung anderer Gesundheitsdaten (Hulls et al. 2020). Da 75 % der deutschen Erwerbstätigen im tertiären Wirtschaftssektor[2] tätig sind (Statistisches Bundesamt 2022), bezieht sich der vorliegende Beitrag vor allem auf die Erfassung von Gesundheitsdaten in diesem Bereich, um Aspekte von Gesundheit und Daten zu thematisieren, die den Großteil der Erwerbstätigen betreffen. Allerdings können die angesprochenen Aspekte auch auf andere Wirtschaftssektoren zutreffen. Bevor jedoch auf die Fragen nach der Möglichkeit, der rechtlichen Legitimation und dem sinnvollen Einsatz von erhobenen Gesundheitsdaten eingegangen werden kann, muss zunächst geklärt werden, was Gesundheitsdaten eigentlich sind und welchem Zweck sie dienen.

Unter Gesundheitsdaten werden jegliche Kennwerte über gesundheitliche Aspekte eines Individuums verstanden. Darunter zählen Werte, die einerseits der Gesundheitserhaltung dienen und andererseits den Krankenstand dokumentieren (Frowein 2020, S. 8). So zählen bewegungs-, ernährungs-, stressbezogene Kennwerte, klinische Diagnosen sowie Arbeits- und Krankenzeiten etc. zu Gesundheitsdaten. Im betrieblichen Setting können Gesundheitsdaten in Form von Zahlen, Texten, Dokumenten oder Audio- und Videodateien vorliegen und mithilfe von verschiedenen Verfahren wie Interviews, Fragebögen oder Tests erhoben werden (vgl. ▶ Abschn. 3.2, ▣ Abb. 3.1). So finden sich Gesundheitsdaten bspw. im Personal-

---

1    Im rechtlichen Sinne werden unter Datenverarbeitung alle Prozesse der Erhebung, Speicherung, Lagerung, Veränderung, Verbreitung und auch Vernichtung verstanden (Frowein 2020). Zum besseren Verständnis sollen im vorliegenden Beitrag die einzelnen Prozesse jedoch gezielt benannt und entsprechend beschrieben werden.

2    Zum primären Wirtschaftssektor zählen die Land- und Forstwirtschaft sowie die Fischerei, zum sekundären Wirtschaftssektor das produzierende Gewerbe und zum tertiären Wirtschaftssektor alle übrigen Wirtschaftsbereiche sowie das Dienstleistungsgewerbe (Statistisches Bundesamt 2022).

37    **3**

Kapitel 3 · Daten und Gesundheit – Was ist möglich, was ist erlaubt, was ist sinnvoll?

bereich in der Personalakte (u. a. Schwangerschaft, Schwerbehindertenstatus, Krank- und Unfallmeldungen), in medizinischen Unterlagen aus Einstellungs-, Vorsorge- und Versorgungsuntersuchungen oder in Dokumenten im Rahmen von Arbeitsschutzmaßnahmen wie z. B. Gefährdungsbeurteilungen, Betrieblicher Gesundheitsförderung oder Betrieblichem Gesundheitsmanagement (BGF/BGM) wieder (Frowein 2020). Gesundheitsdaten am Arbeitsplatz geben demnach Aufschluss über körperliche und psychische Krankheiten und deren Symptome und nach neuer Definition der World Health Organisation (WHO 2019) auch über das Wohlbefinden im Sinne der psychischen Gesundheit. Gesundheitsdaten sind für Arbeitgebende insofern von Bedeutung, als dass sie nicht nur Auskunft über den Status quo hinsichtlich des bio-psycho-sozialen Gesundheitszustandes, sondern auch hinsichtlich möglicher Bedarfe zur Gesundheitsförderung von Arbeitnehmerinnen und Arbeitnehmern geben. Neben den Informationen über körperliche und psychische Krankheiten geben Gesundheitsdaten auch Hinweise über sog. Früh- und Risikoindikatoren wie Konflikte, Frustration und Demotivation sowie Hinweise zur betriebsinternen Zusammenarbeit, die eben jene psychische Gesundheit am Arbeitsplatz adressieren (Kaminski 2013; Schirrmacher et al. 2018). Zur weiteren Systematisierung von Gesundheitsdaten wird zwischen personen- bzw. verhaltensbezogenen und bedingungs- bzw. verhältnisbezogenen Daten unterschieden, die sich einmal auf das Individuum (die Arbeitnehmenden) und einmal auf die Arbeitsbedingungen beziehen (Kaminski 2013).

Das übergeordnete Ziel dieser Datenerhebung und -verarbeitung und infolgedessen deren Beeinflussung durch Maßnahmen im Rahmen von BGF/BGM bezieht sich auf betriebswirtschaftliche, aber auch auf sozial-humanitäre Aspekte. Erstere stehen im Zusammenhang mit Kosten- und Fehlzeitensenkung, Produktivitätssteigerung, Qualitätssicherung und Ablaufoptimierung sowie der Erhöhung der Wettbewerbsfähigkeit und der Steigerung von Effektivität, während letztere vielmehr die Verantwortung der Arbeitgebenden gegenüber Arbeitnehmenden ausdrückt und bspw. auf die Früherkennung von Belastungen, die Erhöhung von Motivation und Zufriedenheit sowie die Verbesserung des Betriebsklimas und der innerbetrieblichen Kommunikation abzielt (Kaminski 2013; Kuhn et al. 2021; Schirrmacher et al. 2018; Walter et al. 2019; Zok 2008). Hier spiegelt sich das gesellschaftlich gestiegene Interesse und auch die gesetzlich geforderte Sicherstellung und Förderung der Gesundheit und des Wohlbefindens der Arbeitnehmenden am Arbeitsplatz sowie der Erhalt einer möglichst langen Erwerbs- und Arbeitsfähigkeit wider (Franz et al. 2011; Vitt et al. 2011). Im Zusammenhang mit dem letztgenannten sozial-humanitären Aspekt besteht die Möglichkeit für Arbeitnehmende, mithilfe von Gesundheitsdaten, die am Arbeitsplatz erhoben und analysiert werden, zu „Fachleuten in eigener Sache" zu werden und damit im Sinne von Empowerment und Selbstständigkeitsgewinn mehr Eigenverantwortung und Selbstbestimmung für die eigene Gesundheit zu entwickeln oder zu fördern (Burkhart und Hanser 2018; Schirrmacher et al. 2018; Walter und Rotzoll 2021). So ist es denkbar, dass die Erfassung des Umfangs von sitzender oder stehender Tätigkeit – im Sinne der Bestimmung des Aktivitätslevels – bspw. zur Anschaffung von höhenverstellbaren Schreibtischen oder zur Einführung bewegter Pausen während der Arbeitszeit oder zur gezielten körperlichen Aktivität als Ausgleich in der Freizeit führt (Mehlich 2017). Speziell dieser wechselseitige Transfer eines gesunden Arbeits- und Lebensstils, der mithilfe von Daten dokumentiert und reflektiert werden kann, bietet für Arbeitnehmende die Möglichkeit, einen *bereichsübergreifenden lebenslangen, gesundheitsförderlichen Lebensstil* zu entwickeln (Kaminski 2013; Schirrmacher et al. 2018). Arbeitgebende haben demnach ein gesteigertes Interesse an der Erhebung und Auswertung von Gesundheitsdaten; einmal aus betriebswirtschaftlicher Sicht und einmal aufgrund der sozialen, gesell-

**3**

schaftlichen und gesetzlichen Verantwortung, während es für Arbeitnehmende die Möglichkeit bietet, die individuelle Gesundheitsförderung mit der betrieblichen zu verknüpfen (vgl. ▶ Abschn. 3.3; Franz et al. 2011; Kaminski 2013; Schirrmacher et al. 2018; Vitt et al. 2011). Im Zusammenhang mit dem angeführten Beispiel spiegelt sich ersteres im Rahmen der Verhältnisprävention wider, also in der Förderung der Gesundheit durch veränderte Arbeitsbedingungen, während letzteres auf die Verhaltensprävention und damit die Förderung der individuellen Mitarbeitergesundheit (auch über die Arbeitszeit hinaus) abzielt (Kaminski 2013). Hierbei ist jedoch anzumerken, dass die Erfassung von Verhältnisdaten, z. B. im Rahmen einer Gefährdungsbeurteilung, gesetzlich vorgeschrieben ist und infolgedessen der Verhältnisprävention eine rechtliche Verbindlichkeit zukommt (Arbeitsschutz- und Arbeitssicherheitsgesetz; vgl. ▶ Abschn. 3.3).

Ziel dieses Beitrags ist es, einen Überblick zur sinnvollen, rechtlich legitimen und umsetzbaren Erfassung und Nutzung von Gesundheitsdaten zu geben. Dafür ist zunächst die Frage zu beantworten, welche Möglichkeiten sich bei der Erhebung von Gesundheitsdaten ergeben. Allerdings muss folglich festgestellt werden, welche Maßnahmen aufgrund von bspw. strukturellen oder personellen Umsetzungsbarrieren, wie fehlende technische Ausstattung oder die individuelle Einstellung von Mitarbeitenden gegenüber der Erfassung von Gesundheitsdaten, nicht umgesetzt werden bzw. werden können (Was ist möglich? Vgl. ▶ Abschn. 3.2). ◻ Abb. 3.1 verdeutlicht den Prozess der rechtlichen Legitimationsprüfung (Was ist erlaubt? vgl. ▶ Abschn. 3.3) möglicher Verfahren und Instrumente zur Sammlung von Gesundheitsdaten bildhaft als Trichter. Die Frage nach der Sinnhaftigkeit (Was ist sinnvoll? vgl. ▶ Abschn. 3.4) bezieht sich erst dann auf diese Verfahren und Instrumente, die durch den Trichter hindurch als rechtlich legitimiert betrachtet werden können.

## 3.2  Was ist möglich?

Zur Erfassung von Gesundheitsdaten im betrieblichen Setting gibt es eine Reihe von Verfahren und Instrumenten (vgl. ◻ Abb. 3.1), die je nach Anlass bzw. Ziel das Verhalten von Arbeitnehmenden erfassen oder sich ganz konkret auf die Tätigkeit und Arbeitsanforderungen beziehen können (Schmidt-Atzert und Amelang 2012). Diese Unterscheidung bezieht sich auf die grundlegende Differenzierung in Verhaltens- und Verhältnisdaten und damit auf Daten zu Personen oder Arbeitsbedingungen. Gesundheitsdaten zur Erfassung von Arbeitsbedingungen umfassen vor allem ergonomische Daten, aber auch Anforderungen an Arbeitnehmende sowie Belastungen (Kaminski 2013). Vor allem die beiden letztgenannten können auch Gegenstand von verhaltensbezogenen Daten sein. Der Unterschied besteht vor allem in der rechtlichen Legitimation sowie dem Zugang zu den Ergebnissen durch Arbeitgebende (vgl. ▶ Abschn. 3.3).

Zur Erfassung von Gesundheitsdaten z. B. im Rahmen von Arbeitsschutz oder BGF/BGM werden Instrumente zur Feststellung der Arbeits- und der körperlichen und sozialen Funktionsfähigkeit, der körperlichen und emotionalen Rollenfunktion sowie zur Erfassung psychischer Belastungen und Beanspruchung am Arbeitsplatz (Verhältnisdaten), der allgemeinen Gesundheitswahrnehmung und des individuellen psychischen Wohlbefindens oder der Vitalität eingesetzt (Verhaltensdaten) (Braun und Nürnberg 2018). Diese Instrumente können ergänzt werden durch Analysen von Verhältnisdaten bei der Bewertung von Arbeitsplätzen und Arbeitsbedingungen (z. B. ergonomische Arbeitsplatzgestaltung), qualitativen Analysen bspw. von Gesundheitszirkeln, entlastungs- und ressourcenorientierte Instrumente zur Gefährdungsbeurteilung sowie durch die Auswertung von Routinedaten des Betrieblichen Eingliederungs-

39 3

Kapitel 3 · Daten und Gesundheit – Was ist möglich, was ist erlaubt, was ist sinnvoll?

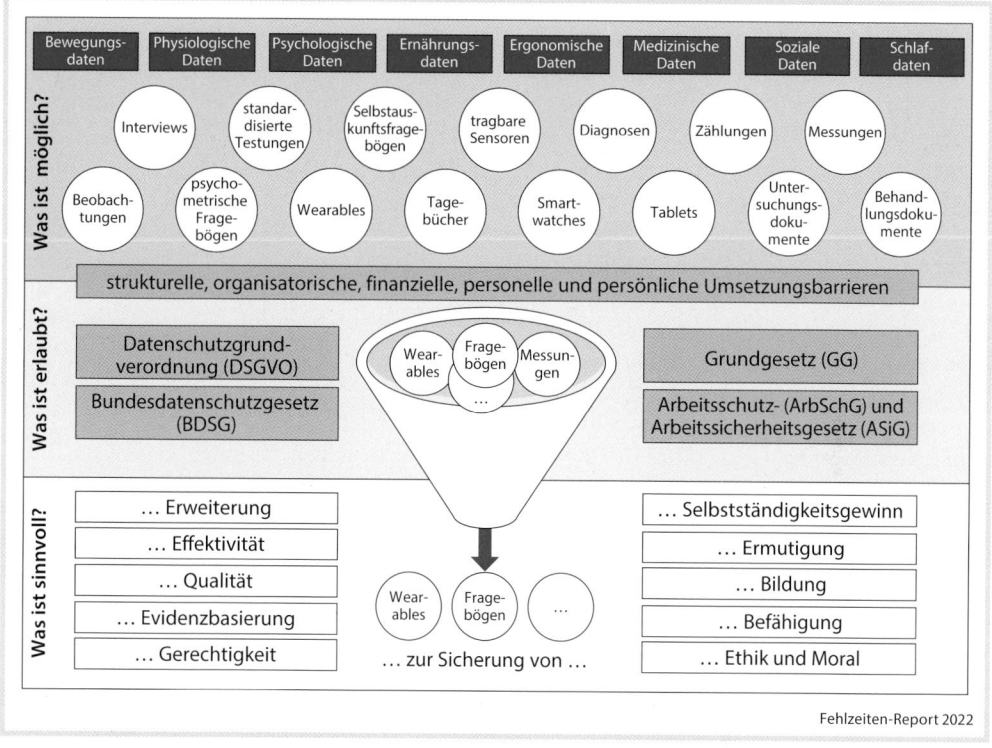

**◘ Abb. 3.1** Trichterdarstellung: Mögliche Verfahren zur Erhebung von Gesundheitsdaten treffen auf Umsetzungsbarrieren und Fragen der rechtlichen Legitimation, bevor die möglichen und rechtlich legitimierten Verfahren darauf geprüft werden können, wie sinnvoll sie erscheinen.

managements (BEM) oder Fehlzeiten-Statistiken (Badura 2017; Huber und Weiß 2020; Pfaff und Zeike 2017).

Im Zuge der Digitalisierung stehen zur Erfassung von personen- und bedingungsbezogenen Gesundheitsdaten nicht nur Instrumente wie Fragebögen, medizinische Untersuchungen, Tests und Messungen als digitale Varianten zur Verfügung, sondern auch immer mehr elektronische Geräte und digitale Assessmentverfahren. Begriffe wie eHealth (engl. Electronic Health) und mHealth (engl. Mobile Health) beziehen sich dabei auf den Einsatz drahtloser, elektronischer Geräte wie Smartwatches, Mobiltelefone, Tablets und Wearables (Burkhart und Hanser 2018). Auch Sensoren oder intelligente Textilien kommen zum Einsatz und können in sog. Body-Area-Systemen mit dem Empfänger (z. B. Mobiltelefon) kommunizie-

ren und vor allem physiologische Daten übertragen (Mehlich 2017). Die steigende Beliebtheit von Gesundheits- und Lifestyle-Apps sowie Wearables wie z. B. Schrittzähler und Fitnessuhren, die Vitaldaten wie Herzfrequenz, Bewegungslevel oder Schlafverhalten permanent oder zu einem bestimmten Zeitpunkt erfassen können, zeigt den Trend der letzten Jahre hin zur Selbstoptimierung (Ghadiri und Peters 2020). Speziell zur Unterstützung der Verhaltensprävention werden diese digitalen Technologien zur Kontrolle typischer Risikofaktoren für die Gesundheit wie z. B. Gewicht, Suchtmittelkonsum, Ernährung, körperliche Aktivität und Stress eingesetzt (Pfaff und Zeike 2017). So können Wearables am Arbeitsplatz bspw. vor allem bei sitzender Tätigkeit dabei unterstützen ausreichend Bewegungspausen zu implementieren (Mehlich 2017).

Eine weitere Möglichkeit zur Erfassung von Gesundheitsdaten am Arbeitsplatz (speziell Verhältnisdaten) besteht in der Anwendung einer speziellen Sensortechnologie. Gesundheitsdaten, die mittels Sensoren erhoben werden, können den Beschäftigten durch Echtzeit-Feedback helfen, sich ihrer Arbeitsbelastungen bewusst zu werden und vor berufsbedingten Gefahren zu warnen. Bislang wird die Messung und Überwachung von Expositionen am Arbeitsplatz mit Hilfe von Sensortechnologie-Anwendungen nur sporadisch eingesetzt (Spook et al. 2019). Ein Beispiel für den Einsatz von Sensortechnologie zeigt sich in der Studie von Roossien et al. (2021). Hier wurden Wearables, in dem Fall in Form von tragbaren, nicht invasiven Thermometern, genutzt, um die Körpertemperatur von Feuerwehrleuten während ihrer Einsätze zu überwachen, da diese häufig aufgrund der schweren körperlichen Aktivität, der Hitze von Bränden und hoch isolierter Schutzkleidung einer hohen thermischen Belastung ausgesetzt sind. Darüber hinaus fand die Erfassung von Gesundheitsdaten auch Einzug in die Automobilindustrie und öffnet ein weiteres Themenfeld unter dem Begriff „Automotive Health". So können Anwendungen von e- und mHealth durch die Messung von Vitaldaten in Kombination mit der Sensorik des Autos bspw. die Innenbeleuchtung verändern, um auf die aktuelle Stimmungslage der Insassen zu reagieren (van Berck et al. 2019). Diese Schnittstelle zwischen Automobilindustrie und Gesundheitsdaten wird durch die digitale Transformation zunehmend an Bedeutung gewinnen (Matusiewicz et al. 2018) und kann am Beispiel von Berufsfahrerinnen und -fahrern die Erfassung von Gesundheitsdaten am Arbeitsplatz verdeutlichen.

Die dargestellten Möglichkeiten zur Erfassung und Nutzung von Gesundheitsdaten erscheinen mannigfaltig – dennoch werden in der Realität nicht alle umgesetzt. Gründe hierfür sind Umsetzungsbarrieren auf struktureller, organisatorischer, finanzieller sowie personeller und persönlicher Ebene, die eine Nutzung der genannten Möglichkeiten erschweren bzw. rechtlich regeln.

Strukturelle Barrieren können zum einen die fehlende technische Ausstattung und damit der erschwerte Zugang zu den Erhebungsinstrumenten sein (Kaiser und Matusiewicz 2018; Peck et al. 2018; Schirrmacher et al. 2018). Dieser Barriere mag das Argument der Nutzung privater Geräte (z. B. Wearable oder Smartphone) entgegenstehen, das jedoch in der Folge eine soziale Ungleichheit erzeugen kann, da nicht jede Mitarbeiterin und jeder Mitarbeiter hierüber privat verfügt (Junker und Kaluza 2018; SVR Gesundheit 2021). Zudem besteht eine weitere strukturelle Barriere dahingehend, dass z. B. aus hygienischen oder betrieblichen Gründen kein Zugriff auf elektronische Geräte wie Mobiltelefone oder Tablets während der Arbeitszeit möglich ist (Kaiser und Matusiewicz 2018; Peck et al. 2018; Schirrmacher et al. 2018). Organisatorische Hürden stellen sich z. B. durch ständig wechselnde Arbeitszeiten oder aber wenig flexible Dienstpläne dar. So kann der Zeitpunkt der Datenerfassung bzw. die Integration dieser in das Tagesgeschäft eine Barriere sein (Kaiser und Matusiewicz 2018; Peck et al. 2018; Schirrmacher et al. 2018). Den Unternehmen fehlt es häufig an finanziellen Mitteln, um die Möglichkeiten zur Sammlung von Gesundheitsdaten bspw. über Wearables voll auszuschöpfen (Schirrmacher et al. 2018). Eine ganz wesentliche Barriere für Arbeitgebende – vor allem in Bezug auf den Einsatz digitaler Instrumente – besteht auf der rechtlichen Seite hinsichtlich Datenschutz und Datensicherheit, die den Einsatz von Erhebungsintrumenten zum Schutz von Arbeitnehmer:innen regelt, jedoch auch dem Potenzial der Gesundheitsförderung entgegensteht (Jochimsen 2021; vgl. ▶ Abschn. 3.3 und 3.4). Personelle Barrieren ergeben sich bei der Berücksichtigung der Diversität von Mitarbeitenden, die sich hinsichtlich Bildungsniveau, Ausbildung, Fähigkeiten oder Tätigkeitsbereich unterscheiden können oder einer bestimmten Personen-/Statusgruppe zugehören (Zok 2008), deren individuelle Berücksichtigung jedoch wiederum gesetzlich gefordert ist (§ 2 Abs. 1 Arbeitsschutzgesetz). Persönliche Schwierigkeiten beziehen

41    **3**

Kapitel 3 · Daten und Gesundheit – Was ist möglich, was ist erlaubt, was ist sinnvoll?

sich auf die Voraussetzungen sowie die möglichen Konsequenzen einer Datenerhebung und auf das Recht auf Selbstbestimmtheit. Ersteres zeigt sich darin, dass die Nutzung bspw. von digitalen Instrumenten eine gewisse Medienkompetenz voraussetzt, die bei älteren Arbeitnehmenden unter Umständen zu Reaktanz (innerem Widerstand) führen kann (Huber und Weiß 2020; Junker und Kaluza 2018; Schirrmacher et al. 2018). Eine solche Reaktanz kann jedoch auch durch den Einsatz neuer bzw. unbekannter Systeme oder Erhebungsmethoden entstehen, bei denen bspw. die Speicherung und Verwendung der erhobenen Daten nicht transparent kommuniziert wird (Junker und Kaluza 2018). Hinsichtlich der Inhalte von Gesundheitsdaten selbst bestehen Umsetzungsbarrieren aufgrund möglicher Sorgen um Konsequenzen bei einer personenbezogenen Datenerhebung (Verhaltensdaten) insbesondere von psychischen Aspekten wie Stress, Depression oder Burnout (Kaiser und Matusiewicz 2018). Letzteres steht im Zusammenhang mit dem oben erwähnten Trend zur Selbstoptimierung (Hanke et al. 2015; Peck et al. 2018), aber auch damit, was Arbeitnehmende bereit sind an Daten zu teilen (informationelle Selbstbestimmung). Als weitere ganz wesentliche persönliche Barriere stellt sich vor allem die Sorge vor unzureichendem Datenschutz dar (vgl. ▶ Abschn. 3.3; Hanke et al. 2015; Kaiser und Matusiewicz 2018). Dies geht einher mit der Sorge vor mangelnder Anonymität bis hin zur Überwachung durch Arbeitgebende oder Krankenkassen und den möglichen Konsequenzen wie der Anpassung von Beiträgen (Hanke et al. 2015; Kaiser und Matusiewicz 2018). Schließlich sind neben den persönlichen Barrieren auch die möglichen (vor allem sozialen) Risiken speziell bei der Nutzung von digitalen Tools zur Erhebung gesundheitsbezogener Daten zu nennen. So muss das Teilen von Gesundheitsdaten (hier speziell Verhaltensdaten) bspw. über Plattformen oder Social-Media-Kanäle auch kritisch betrachtet werden, sowohl aus Sicht der Arbeitgebenden als auch aus Sicht der Arbeitnehmenden. Neben datenschutzrechtlichen Bedenken und einem möglichen Gefühl von Überwachung und Kontrolle trotz der Zustimmung zur Offenlegung dieser Daten besteht durchaus das Risiko von sozialen Konflikten, Stigmatisierung, Diskriminierung oder Mobbingaktionen (Kaiser und Matusiewicz 2018; Klagge 2020; SVR Gesundheit 2021).

## 3.3  Was ist erlaubt?

Die Erhebung und Verarbeitung von Gesundheitsdaten am Arbeitsplatz ist im Rahmen von BGF/BGM durchaus gewünscht und zum Teil auch gesetzlich erforderlich, z. B. im Rahmen der Gefährdungsbeurteilung (Arbeitsschutz- und Arbeitssicherheitsgesetz). Jedoch kann diese nur unter bestimmten Rahmenbedingungen, unter Berücksichtigung entsprechender Leitlinien sowie ausschließlich mit dem Einverständnis der Arbeitnehmenden erfolgen. Die Frage „Was ist erlaubt?" adressiert zweifelsfrei die rechtliche Konformität hinsichtlich der Erhebung und Verarbeitung von Gesundheitsdaten im betrieblichen Setting. So kann Rechts- und Handlungssicherheit nur über die Konsultation entsprechender Gesetzestexte, Richtlinien und Leitfäden gewährleistet werden und bezieht sich im Detail auf Aspekte wie Datenschutz und Datensicherheit, Betriebsvereinbarungen, informationelle Selbstbestimmung, aber auch informierte Einwilligung.

Grundlegende Dokumente für die Beantwortung der Frage sind Gesetzestexte wie das Grundgesetz (GG), das Arbeitsschutz- (ArbSchG) und Arbeitssicherheitsgesetz (ASiG), die Datenschutzgrundverordnung (DSGVO), das Bundesdatenschutzgesetz (BDSG) und das Sozialgesetzbuch (SGB) sowie die Präventionsleitfäden der gesetzlichen Krankenversicherungen (GKV-Spitzenverband 2019). Die Gesetzestexte geben Hinweise zu Maßnahmen zur Förderung von Sicherheit und Gesundheit von verschiedenen Personengruppen am Arbeitsplatz unter Berücksichtigung von zielgruppenspezifischen Bedarfen (z. B. Verhütung von Unfällen, Gestaltung von Arbeitsplätzen, menschengerechte Gestaltung der Arbeit, Bestimmung von Sicherheitsbeauftragten). Faller (2020), Kazemi (2016) und Müller (2020) geben hierzu einen praxisbezogenen Überblick.[3]

Die Datenschutzgrundverordnung ist für die Erhebung und Verarbeitung von Gesundheitsdaten am Arbeitsplatz von besonderer Bedeutung (Art. 5 DSGVO). Demnach müssen Arbeitgebende zum einen Grundsätze wie Rechtmäßigkeit, Richtigkeit, Transparenz und Zweckbindung der Datenverarbeitung, Beachtung von Treu und Glauben, Datenminimierung und Speicherbegrenzung, Integrität und Vertraulichkeit sowie Rechenschaftspflicht einhalten. Im Zusammenhang mit der Datenminimierung wird häufig darauf hingewiesen, dass bspw. Fragen zur privaten Lebens- und Wohnsituation sowie zur Freizeitgestaltung (Hobbies, sportliche Aktivitäten, Konsumverhalten) im Allgemeinen nicht gestattet sind. Häufig steht dies jedoch im Konflikt mit der Bestimmung von BGF/BGM-Maßnahmen, der eine entsprechende Bestandserhebung vorausgehen muss. Zum anderen müssen Arbeitgebende besondere Maßnahmen zur Datensicherheit und zum Datenschutz gewährleisten, z. B. Passwortschutz oder Einschränkung der Zugangsrechte auf erhobene Gesundheitsdaten (Frowein 2020). Die Beantwortung der Frage „Was ist erlaubt?" stellt sich für Arbeitgebende demnach nicht ganz unproblematisch dar. Obwohl die benannten Gesetzestexte (ArbSchG, ASiG) Arbeitgebende dazu verpflichten, Maßnahmen zum Arbeitsschutz und zur Arbeitssicherheit zu ergreifen, diese auch auf ihre Wirksamkeit zu überprüfen und entsprechend anzupassen, besteht relativ viel Interpretationsraum für die Verarbeitung von und den Zugang zu Gesundheitsdaten. Auf Grundlage der benannten Gesetzestexte besteht die Hauptverantwortung hinsichtlich der Erfassung, Verarbeitung, Dokumentation und Speicherung von vor allem bedingungsbezogenen Daten (Verhältnisdaten) bei Arbeitgebenden, die jedoch nur unter ganz bestimmten Bedingungen Zugriff auf die Daten mit Personenbezug haben dürfen (Frowein 2020). Eine Möglichkeit, dies rechtsverbindlich zu regeln, sind bspw. Betriebsvereinbarungen (Hinrichs 2016, vgl. ▶ Abschn. 3.4).

Da Gesundheitsdaten auch als sensitive Daten bezeichnet werden, sind sie durch das Grundgesetz in besonderer Weise durch das Recht auf informationelle Selbstbestimmung geschützt (Art. 2 Abs. 1 GG). Dieses Recht sieht vor, dass jede Person selbst darüber bestimmen kann, welche Daten er/sie von sich preisgibt, wie diese weiterverarbeitet werden und wer Zugriff darauf hat. Gleichzeitig ist es Arbeitgebenden untersagt jegliche Gesundheitsdaten der Arbeitnehmenden offenzulegen. Auf der anderen Seite sind jedoch auch Arbeitnehmende laut arbeitsschutzrechtlichen Vorschriften dazu verpflichtet, ihre eigene Gesundheit zu schützen und Gefährdungen zu minimieren sowie im Rahmen ihrer Nachweispflicht bspw. über Krankschreibungen zu informieren (Klagge 2020). Ungeachtet dessen besagt die Datenschutzgrundverordnung auch, dass Gesundheitsdaten nur dann verarbeitet und eingesehen werden dürfen, wenn ein konkreter Erlaubnistatbestand (Art. 9 Abs. 2 DSGVO; Frowein 2020) vorliegt. Das kann bspw. hinsichtlich der Gesundheitsvorsorge oder der Arbeitsmedizin der Fall sein, wenn die ausdrückliche Einwilligung der Arbeitnehmerin/des Arbeitnehmers vorliegt oder wenn dies zum Schutz der öffentlichen Gesundheit oder „vor schwerwiegenden grenzüberschreitenden Gesundheitsgefahren" erforderlich ist (Art. 9 Abs. 2h, i DSGVO). Die Covid-19-Pandemie ist hierbei das aktuellste Beispiel.[4]

---

3  Aufgrund des Umfangs der hier benannten Gesetzestexte und Dokumente kann nur ein kurzer Überblick über die Inhalte gegeben werden, der jedoch keinen Anspruch auf Vollständigkeit erhebt.

4  Aufgrund der Breite dieser Thematik wie bspw. die Abfrage des Impfstatus soll an dieser Stelle auf weitere Literatur verwiesen werden: Frowein (2020), Schmidhuber und Stöger (2020), Bundesgesundheitsministerium (▶ https://www.bundesgesundheitsministerium.de/coronavirus/faq-arbeitnehmerselbstaendige/faq-impfstatusabfrage.html).

43     **3**

Kapitel 3 · Daten und Gesundheit – Was ist möglich, was ist erlaubt, was ist sinnvoll?

Was erlaubt ist, erschließt sich somit immer aus der gültigen Gesetzeslage und Rechtsprechung. Grundsätzlich bedeutet dies für die Erhebung von Gesundheitsdaten, dass diese den Vorgaben der DSGVO mit besonderem Augenmerk auf den Schutz und die Sicherheit erhobener Gesundheitsdaten als sensible Daten entsprechen müssen. Flankiert werden diese Datenschutzmaßnahmen der Arbeitgebenden zudem durch die informationelle Selbstbestimmung der Arbeitnehmenden. Dies kann also zu einem breiten Angebot von Erhebungsmöglichkeiten führen, sofern sie innerhalb des beschriebenen rechtlichen Rahmens legitimiert sind, wovon allerdings nur ein Teil durch die Arbeitnehmenden genutzt wird. Um den Aufwand und die Kosten eines ungenutzten Überangebots zu vermeiden, ist es erforderlich, Möglichkeiten zur Erfassung von Gesundheitsdaten darauf zu prüfen, wie sinnvoll sie erscheinen.

## 3.4   Was ist sinnvoll?

Die Frage danach, welche Gesundheitsdaten im betrieblichen Setting als sinnvoll erachtet werden, kann im Hinblick auf die Zweckmäßigkeit beantwortet werden (vgl. ▶ Abschn. 3.1), gleichzeitig ergibt sie sich aber auch aus den Antworten auf die Fragen „Was ist möglich?" und „Was ist erlaubt?" (vgl. ◘ Abb. 3.1). Unternehmen sind grundsätzlich zu Arbeitsschutz- und Arbeitssicherheitsmaßnahmen sowie zu BEM gesetzlich verpflichtet und damit auch zur Erhebung von Gesundheitsdaten in dessen Rahmen (z. B. Gefährdungsbeurteilung). Gleichzeitig haben Arbeitgebende auch eine soziale und gesellschaftliche Verantwortung (Corporate Social Responsibility; Vitt et al. 2011). In Abhängigkeit vom Anlass (z. B. Eingangs- vs. Vorsorgeuntersuchung) und dem Unternehmen selbst (z. B. Dienstleistungsunternehmen vs. Bildungseinrichtung) variiert dementsprechend auch die Auswahl der eingesetzten Instrumente und der erfassten Daten.

Die folgenden Ausführungen beziehen sich demnach auf Instrumente im Rahmen der Gesundheitsförderung (BGM/BGF).

Zur Beantwortung der Frage wird die Einteilung von Qualitätskriterien nach Eysenbach (2001) herangezogen: Effektivität, Selbstständigkeitsgewinn, Befähigung und Ermutigung, Evidenzbasierung und Qualität, Ethik, Moral, Gerechtigkeit und Erweiterung.

*Effektivität* beschreibt die Förderung der Gesundheit bei gleichzeitiger Reduktion von Kosten z. B. durch eine Einbeziehung der Arbeitnehmenden und eine transparente Kommunikation im Rahmen des gesamten BGF-/BGM-Prozesses oder durch das Vermeiden von unnötigen oder redundanten Messungen (Eysenbach 2001; Junker und Kaluza 2018; Kazemi 2016). Ersteres stellt nicht nur die Einbeziehung der Arbeitnehmerebene in die Planung und Erhebung der Daten dar, sondern vielmehr auch die Rückmeldung hinsichtlich der Ergebnisse und der weiteren Prozesse (z. B. Beginn von BGF/BGM-Maßnahmen), wonach kontinuierliche Informationen zum aktuellen Stand für Arbeitnehmende wichtig sind (Junker und Kaluza 2018; SVR Gesundheit 2021). Im Zusammenhang mit dem zweiten Aspekt – unnötige oder redundante Messungen – steht auch die Teilnahmemotivation z. B. an Befragungen. Eine Überfrachtung einer Mitarbeitendenbefragung mit nicht-relevanten Fragen birgt die Gefahr, dass die Befragung zu lang ist und damit ein erhöhtes Abbruchrisiko besteht (Burkhart und Hanser 2018; Walter und Rotzoll 2021). Zudem hat die individuelle Motivation bzw. die generelle Einstellung zum Thema Gesundheit Einfluss auf die Teilnahmemotivation (Burkhart und Hanser 2018; Faller 2020; Walter und Rotzoll 2021). Schließlich können Kosten unter Umständen reduziert werden, wenn BGF/BGM-Maßnahmen und Erhebungsinstrumente entsprechend vorgegebener Richtlinien gestaltet werden, um so bspw. eine finanzielle Förderung durch die gesetzlichen Krankenkassen und mögliche steuerliche Entlastungen zu beantragen (Schirrmacher et al. 2018).

Die Kriterien *Bildung, Selbstständigkeitsgewinn, Befähigung* und *Ermutigung* bedingen sich gegenseitig (Eysenbach 2001). Mithilfe von Gesundheitsdaten bezogen sowohl auf Verhaltensdaten wie auch auf Verhältnisdaten erfahren Arbeitnehmende mehr über den eigenen Arbeits- und Lebensstil (Bildung), entwickeln dadurch ggf. eine gesteigerte Eigenverantwortung und Selbstbestimmung und treffen entsprechende Entscheidungen hinsichtlich der eigenen Gesundheit (Selbstständigkeitsgewinn), die wiederum mit relevanten Akteurinnen und Akteuren besprochen werden (Befähigung, Ermutigung) (Burkhart und Hanser 2018; Schirrmacher et al. 2018; Walter und Rotzoll 2021). Auch diese Kriterien haben Einfluss auf die Teilnahmebereitschaft und Rücklaufquoten. So wird die Teilnahmebereitschaft an Erhebungen und Interventionen immer dann gesteigert, wenn individuelle Bedürfnisse angesprochen werden, ein persönlicher Bezug zu den Daten oder durchgeführten Maßnahmen besteht oder wenn Zusammenhänge von Maßnahmen – die nicht auf den ersten Blick ersichtlich sind – ebenfalls transparent erläutert werden (Schirrmacher et al. 2018). Daher ist es nachvollziehbar, dass ein Arbeitnehmer/eine Arbeitnehmerin, der/die unter chronischem Rücken- und Nackenschmerz leidet, eine Erhebung zu Ernährungsgewohnheiten als weniger sinnvoll erachtet als bspw. eine Erhebung zur ergonomischen Arbeitsplatzgestaltung. Folglich sollte der Ansatz „So viel wie nötig, so wenig wie möglich" verfolgt werden, um den Kriterien Befähigung und Ermutigung gerecht werden zu können. Dies hat nicht nur den Vorteil, stärker bedarfsgerecht zu erheben, sondern entspricht auch der Forderung nach einer stärkeren Individualisierung bzw. Zielgruppenorientierung in der Gesundheitsförderung (Walter und Rotzoll 2021).

Die Kriterien *Evidenzbasierung* und *Qualität* stehen ebenfalls in direktem Zusammenhang. Evidenzbasierung beschreibt die Ergebnissicherung durch wissenschaftliche Verfahren (Eysenbach 2001) und fordert damit auch den Einsatz valider Messinstrumente, die insbesondere bei der Erhebung von Vitaldaten mithilfe von Gesundheits-Apps oder Wearables noch diskutiert werden (Junker und Kaluza 2018; SVR Gesundheit 2021). Anders als die modernen eHealth- und mHealth-Instrumente haben sich Breitband- und Screening-Instrumente hinsichtlich psychischer Belastungen (Junker und Kaluza 2018), aber auch Routinedaten (Fehlzeiten, BEM-Statistiken) und Instrumente zur Analyse von Arbeitsplätzen und Arbeitsplatzbedingungen (Kaminski 2013; Walter und Rotzoll 2021) als wissenschaftlich gut überprüft erwiesen. Die Erhebung von Gesundheitsdaten mithilfe von validen Instrumenten sichert in deren Folge insofern die Qualität von Gesundheitsangeboten, als dass aufgrund der gültigen Aussagen auch entsprechend korrekte Maßnahmen ausgewählt werden können. Demgegenüber steht, dass speziell der Einsatz von digitalen Instrumenten wie Wearables zur Qualität der Arbeit in Bezug auf Unterstützung oder Optimierung der Arbeitsleistung beitragen kann. Aber auch hier ist besondere Beachtung auf Güte und Zuverlässigkeit der Instrumente zu legen. Schließlich erhöhen insbesondere zertifizierte Maßnahmen im Rahmen von BGF/BGM die Qualität der einzelnen Maßnahmen (Schirrmacher et al. 2018; Walter et al. 2019).

Die Kriterien *Ethik* und *Moral* (Eysenbach 2001) sprechen die oben erwähnten gesetzlichen Vorgaben (ArbSchG, ASiG, BDSG, DSGVO, GG, SGB, GKV-Spitzenverband), die entsprechenden (wissenschaftlichen) Richtlinien und Leitfäden (Deutsche Forschungsgesellschaft (DFG) 2013; Deutscher Ethikrat 2017), aber auch die soziale und gesellschaftliche Verantwortung der Arbeitgebenden (Vitt et al. 2011) an. Eine Möglichkeit der Umsetzung sind Betriebsvereinbarungen, die bspw. die Erfassung von Daten im Rahmen der Gefährdungsbeurteilung (Verhältnisdaten) rechtsverbindlich regeln (Hinrichs 2016). Eine weitere Möglichkeit der Umsetzung stellt die sogenannte „Informierte Einwilligung" dar, die in Forschungsstudien gute wissenschaftliche Praxis ist (Kazemi 2016; Kuhn et al. 2021). Mithilfe dieser Formate können Arbeitgebende und Arbeitnehmende verschiedene Punkte in Bezug auf die Erhebung und Verarbeitung

**Kapitel 3** · Daten und Gesundheit – Was ist möglich, was ist erlaubt, was ist sinnvoll?

45

**3**

von Gesundheitsdaten schriftlich festhalten; z. B. grundlegendes vs. eingeschränktes Einverständnis, Regelung zur Informationsweitergabe, Empfehlungen und Autorisierung (Kuhn et al. 2021). Beide Formen der einvernehmlichen Regelung haben somit den Vorteil einer transparenten Kommunikation und bieten so die Möglichkeit, Konfliktpotenzial zwischen Arbeitgebenden und Arbeitnehmenden zu reduzieren. Detaillierte Hinweise zur Gestaltung bspw. von Betriebsvereinbarungen in Bezug auf die psychische Gefährdungsbeurteilung (Gegenstand und Geltungsbereich, Ziele, Dokumentation, Informationsrecht, Datenschutz) finden sich bei Hinrichs (2016, S. 64 f.).

Das Kriterium *Gerechtigkeit* bezieht sich auf die möglichen strukturellen, organisatorischen und auch auf die personellen und persönlichen Umsetzungsbarrieren (vgl. ▶ Abschn. 3.2; Eysenbach 2001). Speziell der Einsatz von digitalen Instrumenten bietet im Zusammenhang mit dem Kriterium der Erweiterung (zeit- und ortsunabhängiger Zugang) die Möglichkeit, bislang weniger erreichte Personen mit erhöhtem Risiko wie Männer, Führungskräfte und chronisch Kranke für die Erhebung von Gesundheitsdaten zu gewinnen und für das Thema zu sensibilisieren. Zudem können Gamification-Elemente wie Fortschrittsbalken, Ranglisten oder High Scores die Motivation und Nutzungszahlen erhöhen. Demgegenüber stehen jedoch Risiken eines sozialen Ungleichgewichts oder Konflikte aufgrund der Verfügbarkeit und der individuellen Voraussetzungen (Braun und Nürnberg 2018; Hanke et al. 2015; Peck et al. 2018; SVR Gesundheit 2021).

Ein sinnvolles Angebot zur Erhebung von Gesundheitsdaten ist jedoch erst dann gegeben, wenn die oben erläuterten Qualitätskriterien passend zum Arbeitsplatz (Verhältnisdaten) und zu den individuellen Bedürfnissen (Verhaltensdaten) erfüllt werden. Grundlegend muss ein sinnvolles Erhebungsverfahren oder -instrument den gültigen Rechtsvorschriften entsprechen. Zusätzlich müssen sich Verfahren und Instrumente einer Qualitätsprüfung hinsichtlich weiterer Kriterien (d. h. Effektivi-

tät, Bildung, Selbstständigkeitsgewinn, Befähigung, Ermutigung, Evidenzbasierung, Qualität, Gerechtigkeit und Erweiterung) stellen, die an den jeweiligen Arbeitsplatz und die Bedürfnisse der Arbeitnehmenden angepasst Anwendung finden sollten. So kann es für eine Bürotätigkeit sinnvoll sein, datenschutzkonforme Wearables (Ethik und Moral) einzusetzen, die den sedentären Arbeitsalltag unterbrechen und regelmäßige Bewegungspausen anleiten (Effektivität), ihre Trägerinnen und Träger regelmäßig an die Bewegungspausen erinnern (Bildung, Selbstständigkeitsgewinn, Befähigung und Ermutigung), den Nutzen der Bewegungspausen analysieren und daraufhin die Bewegungspausen anpassen (Evidenzbasierung und Qualität). Zusätzlich sind solche Wearables dann als sinnvoll zu erachten, wenn sie nicht nur vereinzelt, sondern gerecht verteilt allen Arbeitnehmenden zur Verfügung gestellt werden können (Gerechtigkeit und Erweiterung).

## 3.5 Fazit

Dieser Beitrag stellt den Bezug zwischen Gesundheit und Daten her, indem anhand des Bildes eines Trichters erörtert wurde, was möglich, erlaubt und sinnvoll ist, um nun abschließend einen Ausblick auf die Zukunft von Gesundheitsdaten zu geben. Der Trichter kann mit einer Vielzahl verschiedener Möglichkeiten zur Erfassung von Gesundheitsdaten gefüllt werden. Der mannigfaltige Einsatz von vor allem digitalen Instrumenten zur Erhebung von Gesundheitsdaten und der sich anschließenden Gesundheitsförderung bietet viele Vorteile, wie zeit- und ortsunabhängiger Zugang oder gezielte Ansprache der Mitarbeitenden (Peck et al. 2018; Schirrmacher et al. 2018). Vor allem technikversierte, junge und weniger gesundheitsaffine Mitarbeitende können als neue Zielgruppe angesprochen und für Gesundheitsthemen sensibilisiert werden (Hanke et al. 2015). Die Erfassung von Gesundheitsdaten mit Hilfe von Wearables in

Kombination mit Apps, die Gamification-Elemente wie beispielsweise Fortschrittsbalken, Ranglisten oder High Scores enthalten, kann zu einer höheren Nutzungsrate und zur Steigerung der Motivation führen (Hanke et al. 2015; Peck et al. 2018). Für die Zukunft scheint nicht nur die verstärkte Nutzung von eHealth- und mHealth-Produkten und Instrumenten eine Rolle zu spielen, sondern auch die Verknüpfung betrieblicher und individueller Gesundheitsförderung (Verhältnis- und Verhaltensdaten). Eine solche Entwicklung spiegelt sich bereits im aktuellen Trend zum Angebot von Pay-as-you-live-Systemen (PAYL) wider. Dabei werden Gesundheitsdaten mithilfe von Wearables in Kombination mit Smartphones erhoben und mittels Gesundheits-Apps an die Versicherungen übermittelt. Abhängig von der Erreichung der Fitnessziele werden den Nutzerinnen und Nutzern Boni in Form von Geldzahlungen oder Rabattierungen bei Drittanbietern entgegengebracht (Wulf und Betz 2021).

Jedoch erlauben rechtliche Vorschriften einen ausschließlich sensiblen Umgang mit Gesundheitsdaten, was zu einer reduzierten Nutzbarkeit der verschiedenen Möglichkeiten führt. Diese Selektion kann verglichen werden mit dem Hals des Trichters (vgl. ◻ Abb. 3.1). Auch wenn diese Förderung der Erfassung von Gesundheitsdaten inner- und außerhalb des betrieblichen Settings eine Entlastung für das gesamtgesellschaftliche Gesundheitssystem darstellen kann, bestehen Risiken. Zum einen birgt die Auflösung der Grenzen zwischen betrieblicher und individueller Gesundheitsförderung die Gefahr der Verantwortungsdiffusion, wenn Arbeitnehmende BGF/BGM-Maßnahmen entgegen dem ursprünglichen Ansatz in ihrer Freizeit und nicht am Arbeitsplatz durchführen (Junker und Kaluza 2018). Zum anderen bleibt offen, inwiefern manche Personengruppen von diesen Entwicklungen ausgeschlossen sind; bspw. Personen, deren Zugang zu technischen Geräten beschränkt ist, die mit der technischen Weiterentwicklung nicht Schritt halten können oder deren Interesse an Gesundheit(sförderung) nicht sonderlich ausgeprägt ist und die nicht erreicht werden (Davidson et al. 2019; Faller 2020; Kuhn et al. 2021; Lupton 2017).

Zudem muss die Nutzung und das Teilen von Gesundheitsdaten bspw. über Plattformen oder Social-Media-Kanäle auch kritisch betrachtet werden – sowohl aus Sicht der Arbeitgebenden als auch der Arbeitnehmenden. Damit sind auch erneut Sorgen um Datenschutz und Datensicherheit verbunden. Um diese zu adressieren und gleichzeitig auch die nach wie vor für Gesundheitsthemen schwer zugänglichen Personengruppen oder die, die weniger technisch affin sind, zu erreichen, sind vor allem Angebote im edukativen Bereich nötig, um so bspw. die gesundheitliche und digitale Kompetenz (engl. digital literacy) zu fördern (Berg et al. 2018; Susło et al. 2018). Ein verantwortungsbewusster und sicherer Umgang mit sensiblen Daten kann sowohl durch Arbeitgebende als auch durch Arbeitnehmende selbst angestrebt und umgesetzt werden. So sind die Nutzung von sicheren Verbindungen (VPN-Zugangsdienste), zertifizierten Apps und digitalen Tools (siehe auch Verzeichnis erstattungsfähiger Gesundheit-Apps des Bundesinstituts für Arzneimittel und Medizinprodukte), die Nutzung von Offline-Speicherung oder von Verschlüsselungsmechanismen geeignete Maßnahmen, um die Datensicherheit zu erhöhen (SVR Gesundheit 2021). Neben diesen datenschutz- und datensicherheitsrechtlichen Bedenken kann auf die Zustimmung zur Offenlegung von Daten durchaus ein Gefühl von Überwachung und Kontrolle folgen und es können soziale Konflikte, Stigmatisierung, Diskriminierung oder gar Mobbingaktionen und damit gegenteilige Effekte im sozialen Bereich entstehen (Kaiser und Matusiewicz 2018; Klagge 2020). Hinsichtlich des Aspekts der Überwachung und Kontrolle finden sich am Beispiel von Arbeitszeiterfassung, Fahrtenschreibern oder Protokollen bereits bestehende legitime Formen. Denkbar ist auch eine illegitime Erweiterung solcher Überwachungs- und Kontrollfunktionen, bspw. bei der Ausnutzung von Daten aus arbeitsmedizinischen Untersuchungen für un-

47    **3**

Kapitel 3 · Daten und Gesundheit – Was ist möglich, was ist erlaubt, was ist sinnvoll?

ternehmerische Zwecke. Hier sind die Arbeitgebende in der Pflicht, ihre Mitarbeitenden bei der Bestimmung über die Datennutzung vollständig einzuweihen und maßgeblich teilhaben zu lassen. Die Unternehmen tragen insofern die Verantwortung, die informationelle Selbstbestimmung ihrer Mitarbeitenden als grundlegende Prämisse in der Unternehmenskultur zu verankern, um illegitime Kontrolle und Überwachung zu vermeiden.

Zusammenfassend ist zu sagen, dass nicht alle Möglichkeiten zur Erfassung von Gesundheitsdaten sinnvoll sind, die durch den bildhaften Trichterhals (vgl. ❏ Abb. 3.1) der rechtlichen Legitimation hindurchgekommen sind. Sie müssen an unterschiedliche Bedarfe und Arbeitsbereiche angepasst und daran gemessen werden. Einerseits kann die mögliche erhöhte Wahrnehmung der Eigenverantwortung der Mitarbeitenden (im Sinne von Selbstständigkeitsgewinn) und das inhärente Potenzial prosozialen Verhaltens durch eine gemeinsame Nutzung einen positiven Einfluss auf die Solidargemeinschaft haben (Burkhart und Hanser 2018; Schirrmacher et al. 2018).

Ein weiterer Vorteil in der Verbindung von verschiedenen Erhebungsinstrumenten ist die nachhaltige Nutzung auch für die außerbetriebliche, individuelle Gesundheitsförderung, die jedoch sinnvoll in die strategischen Ziele des BGF/BGM eingegliedert werden sollte, um eine nachhaltige Änderung des Gesundheitsbewusstseins zu erzielen (Hanke et al. 2015). Dass sich die Kombination aus verschiedenen Formen des Assessments wie Breitband- und Screening-Verfahren sowie Wearables und Gesundheits-Apps als effektiv darstellt, konnte bereits in einzelnen Studien gezeigt werden (Chen et al. 2017; Morrow Jr et al. 2011; Pludwinski et al. 2016). Es ist daher zu erwarten, dass Arbeitgebende und Arbeitnehmende zukünftig stärker digitale Gesundheitsdaten mittels smarter Endgeräte und Wearables erfassen, auch um das Gesundheitsverhalten entsprechend zu fördern (Troiano 2017). Andererseits erscheint es nicht sinnvoll eine permanente Selbstvermessung anzustreben, die zu einem falschen Gefühl über den eigenen Gesundheitszustand führen kann. Gleichzeitig muss konstatiert werden, dass speziell digitale Instrumente und Maßnahmen im Rahmen von BGF/BGM durch ihre ständige Verfügbarkeit oder Erinnerungsfunktion die Gefahr der Informationsüberflutung bergen (Hanke et al. 2015; Kaiser und Matusiewicz 2018; Peck et al. 2018). Zuletzt ist bei allen Umsetzungsmöglichkeiten – ganz gleich, ob digital oder analog – die individuelle Motivation bzw. die generelle Einstellung zum Thema Gesundheit ausschlaggebend. So ist von Personen, die sensibel für Gesundheitsthemen sind, Verantwortung für die eigene Gesundheit übernehmen wollen und zudem gern das eigene Verhalten dokumentieren (Self-Tracking), eine deutlich höhere Motivation und damit auch ein deutlich höheres Verständnis für Datenerhebungen und Maßnahmen zu erwarten als von Personen, die dem weniger entsprechen (Burkhart und Hanser 2018; Faller 2020; Walter und Rotzoll 2021).

Zusammenfassend stellt sich der Blick in die Zukunft mit einer kreativen Nutzung technologisierter Gesundheitsdaten innovativ dar. Gleichzeitig werden sich dadurch auch neue moralisch-ethische und rechtliche Herausforderungen ergeben, die im Rahmen der Evaluation nach dem sinnvollen Nutzen fortlaufend geprüft werden sollten.

## Literatur

Badura B (2017) Arbeit und Gesundheit im 21. Jahrhundert. In: Badura B (Hrsg) Arbeit und Gesundheit im 21. Jahrhundert. Springer Gabler, Berlin Heidelberg https://doi.org/10.1007/978-3-662-53200-3

van Berck J, Knye M, Matusiewicz D (2019) Effekte der Digitalen Transformation auf den Gesundheitsmarkt und die Automobilindustrie. In: Automotive Health: Gesundheit im Auto im (Rück-)Spiegel der Kundenbedürfnisse. Springer, Wiesbaden, S 3–14 https://doi.org/10.1007/978-3-658-27285-2_2

Berg K, Davis W, Sheon A et al (2018) Strategies for addressing digital literacy and Internet access as social determinants of health. Innov Aging 2:679–679

Braun P, Nürnberg V (2018) Zielgruppen im Digitalen Betrieblichen Gesundheitsmanagement: „Best Practice"-Beispiele. In: Matusiewicz D, Kaiser L (Hrsg) Digitales Betriebliches Gesundheitsmanagement: Theorie und Praxis. Springer, Wiesbaden, S 413–426

Burkhart S, Hanser F (2018) Einfluss globaler Megatrends auf das digitale Betriebliche Gesundheitsmanagement. In: Matusiewicz D, Kaiser L (Hrsg) Digitales Betriebliches Gesundheitsmanagement: Theorie und Praxis. Springer, Wiesbaden, S 37–55 https://doi.org/10.1007/978-3-658-14550-7_2

Chen J-L, Guedes CM, Cooper BA et al (2017) Short-term efficacy of an innovative mobile phone technology-based intervention for weight management for overweight and obese adolescents: pilot study. Interact J Med Res 6(2):e12 https://doi.org/10.2196/ijmr.7860

Davidson E, Winter JS, Fan V (2019) Challenges and opportunities with governance of personally generated health data (PGHD). In: Conference on Health IT and Analytics

Deutscher Ethikrat (2017) Big Data und Gesundheit – Datensouveränität als informationelle Freiheitsgestaltung – Stellungnahme. https://www.ethikrat.org/fileadmin/Publikationen/Stellungnahmen/deutsch/stellungnahme-big-data-und-gesundheit.pdf. Zugegriffen: 31. Dez. 2021

DFG – Deutsche Forschungsgesellschaft (2013) Sicherung guter wissenschaftlicher Praxis – Denkschrift. https://www.dfg.de/download/pdf/dfg_im_profil/reden_stellungnahmen/download/empfehlung_wiss_praxis_1310.pdf. Zugegriffen: 31. Dez. 2021

Eysenbach G (2001) What is e-health? J Med Internet Res 3(2):e20 https://doi.org/10.2196/jmir.3.2.e20

Faller G (2020) Arbeitsschutz und Betriebliche Gesundheitsförderung. In: Böhm K, Bräunling S, Geene R et al (Hrsg) Gesundheit als gesamtgesellschaftliche Aufgabe: Das Konzept Health in All Policies und seine Umsetzung in Deutschland. Springer, Wiesbaden, S 121–129 https://doi.org/10.1007/978-3-658-30504-8_10

Franz P, Kleinfeld A, Thorns M et al (2011) Die DIN ISO 26000 – „Leitfaden zur gesellschaftlichen Verantwortung von Organisationen" – Ein Überblick. https://www.bmas.de/DE/Service/Publikationen/a395-csr-din-26000.html. Zugegriffen: 27. Dez. 2021 (Beuth, Berlin)

Frowein B (2020) 7 Fragen zu Gesundheitsdaten im Arbeitsverhältnis. Arbeitsschutz Mitbestimmung 4:8–10

Ghadiri A, Peters T (2020) Betriebliches Gesundheitsmanagement in digitalen Zeiten. Springer Gabler, Wiesbaden

GKV-Spitzenverband (2019) Spitzenverband der Gesetzlichen Krankenkassen. Leitfaden Prävention. https://www.gkv-spitzenverband.de/krankenversicherung/praevention_selbsthilfe_beratung/praevention_und_bgf/leitfaden_praevention/leitfaden_praevention.jsp. Zugegriffen: 12. Jan. 2022

Hanke J, Walter U, Mess F (2015) Technologieorientierte Entwicklungen im Betrieblichen Gesundheitsmanagement (digitales BGM) – Chance oder Risiko?

Z Betriebl Präv Unfallversicher 127:540–544. https://doi.org/10.37307/j.2193-3308.2015.12.07

Hinrichs S (2016) Gefährdungsbeurteilung psychischer Belastungen – Reihe Praxiswissen Betriebsvereinbarungen. https://www.boeckler.de/fpdf/HBS-006441/p_study_hbs_mbf_bvd_337.pdf. Zugegriffen: 21. Apr. 2022 (Hans-Böckler-Stiftung)

Huber G, Weiß K (2020) Assessment in der Betrieblichen Gesundheitsförderung. B&g Bewegungstherapie Gesundheitssport 36(05):212–218

Hulls PM, Richmond RC, Martin RM et al (2020) A systematic review protocol examining workplace interventions that aim to improve employee health and wellbeing in male-dominated industries. Syst Rev 9(1):10. https://doi.org/10.1186/s13643-019-1260-9

Jochimsen B (2021) Digitalisierung für Gesundheit ökonomische Aspekte des Gutachtens des SVR Gesundheit. Wirtschaftsdienst 101(5):376–380. https://doi.org/10.1007/s10273-021-2916-3

Junker NM, Kaluza AJ (2018) Möglichkeiten und Grenzen im digitalen BGM aus Unternehmenssicht. In: Matusiewicz D, Kaiser L (Hrsg) Digitales Betriebliches Gesundheitsmanagement: Theorie und Praxis. Springer, Wiesbaden, S 631–643 https://doi.org/10.1007/978-3-658-14550-7_46

Kaiser L, Matusiewicz D (2018) Effekte der Digitalisierung auf das Betriebliche Gesundheitsmanagement (BGM). In: Matusiewicz D, Kaiser L (Hrsg) Digitales Betriebliches Gesundheitsmanagement: Theorie und Praxis. Springer, Wiesbaden, S 1–34 https://doi.org/10.1007/978-3-658-14550-7_1

Kaminski M (2013) Ziele und Nutzen des Betrieblichen Gesundheitsmanagements. In: Betriebliches Gesundheitsmanagement für die Praxis: Ein Leitfaden zur systematischen Umsetzung der DIN SPEC 91020. Springer, Wiesbaden, S 29–33 https://doi.org/10.1007/978-3-658-01274-8_4

Kazemi R (2016) Datenschutzrechtliche Problemlagen im Rahmen der Betrieblichen Gesundheitsförderung. In: Ghadiri A, Ternès A, Peters T (Hrsg) Trends im Betrieblichen Gesundheitsmanagement: Ansätze aus Forschung und Praxis. Springer, Wiesbaden, S 131–145 https://doi.org/10.1007/978-3-658-07978-9_10

Klagge M (2020) Rechtliche Aspekte des betrieblichen Einsatzes von Wearables. https://forum.dguv.de/issues/RZ_DGUV_Forum_09_2020_Rechtliche%20Aspekte%20des%20betrieblichen%20Einsatzes%20von%20Wearables.pdf. Zugegriffen: 12. Jan. 2022

Kuhn E, Müller S, Heidbrink L et al (2021) Aufgeklärte Mitarbeiter/innen – Die informierte Einwilligung als ethische Orientierung für Verhaltensprävention im betrieblichen Kontext. Gesundheitswesen 83(11):964–950. https://doi.org/10.1055/a-1205-0779

Lupton D (2017) Digital health now and in the future: Findings from a participatory design stakehol-

49

3

Kapitel 3 · Daten und Gesundheit – Was ist möglich, was ist erlaubt, was ist sinnvoll?

der workshop. Digit Health. https://doi.org/10.1177/2055207617740018

Matusiewicz D, Pittelkau C, Elmer A (2018) Die Digitale Transformation im Gesundheitswesen: Transformation, Innovation, Disruption. MWV Medizinisch Wissenschaftliche Verlagsgesellschaft, Berlin

Mehlich H (2017) Mobile Health: Smarte Gadgets in der betrieblichen Gesundheitsförderung. In: Pfannstiel MA, Krammer S, Swoboda W (Hrsg) Digitale Transformation von Dienstleistungen im Gesundheitswesen III: Impulse für die Pflegepraxis. Springer, Wiesbaden, S 101–112 https://doi.org/10.1007/978-3-658-13642-0_7

Morrow JR Jr, Bain TM, Frierson GM et al (2011) Long-term tracking of physical activity behaviors in women: the WIN Study. Med Sci Sports Exerc 43(1):165–170

Müller A (2020) Die Sozialversicherungsträger und ihr gesetzlicher Auftrag. In: Simmel M, Graßl W (Hrsg) Betriebliches Gesundheitsmanagement mit System: Ein Praxisleitfaden für mittelständische Unternehmen. Springer, Wiesbaden, S 67–75 https://doi.org/10.1007/978-3-658-26956-2_9

Peck A, Sandrock S, Stowasser S (2018) Herausforderung im Betrieblichen Gesundheitsmanagement – Viele Beschäftigte erreichen. In: Pfannstiel MA, Mehlich H (Hrsg) BGM – Ein Erfolgsfaktor für Unternehmen: Lösungen, Beispiele, Handlungsanleitungen. Springer, Wiesbaden, S 787–801 https://doi.org/10.1007/978-3-658-22738-8_41

Pfaff H, Zeike S (2017) Digitalisierung von Arbeit und Gesundheit: Ein Überblick. Digitale Arbeit-Digitale Gesundheit. BKK Gesundheitsreport

Pludwinski S, Ahmad F, Wayne N et al (2016) Participant experiences in a smartphone-based health coaching intervention for type 2 diabetes: a qualitative inquiry. J Telemed Telecare 22(3):172–178

Roossien CC, de Jong M, Bonvanie AM et al (2021) Ethics in design and implementation of technologies for workplace health promotion: a call for discussion. Front Digit Health. https://doi.org/10.3389/fdgth.2021.644539

Schirrmacher L, Betz M, Brand S (2018) Einsatz von digitalen Instrumenten im Rahmen des BGM. In: Pfannstiel M, Mehlich H (Hrsg) BGM – Ein Erfolgsfaktor für Unternehmen. Springer Gabler, Wiesbaden, S 317–328

Schmidhuber M, Stöger K (2020) Personal health data in times of a pandemic-legal and ethical aspects. Wiener medizinische Wochenschrift 171:9–15. https://doi.org/10.1007/s10354-020-00785-8

Schmidt-Atzert L, Amelang M (2012) Psychologische Diagnostik. Springer, Berlin Heidelberg https://doi.org/10.1007/978-3-642-17001-0_5

Spook SM, Koolhaas W, Bültmann U et al (2019) Implementing sensor technology applications for workplace health promotion: a needs assessment among workers with physically demanding work. Bmc Public Health 19(1):1100. https://doi.org/10.1186/s12889-019-7364-2

Statistisches Bundesamt (2022) Konjunkturindikatoren: Erwerbstätige im Inland nach Wirtschaftssektoren. https://www.destatis.de/DE/Themen/Wirtschaft/Konjunkturindikatoren/Lange-Reihen/Arbeitsmarkt/lrerw13a.html. Zugegriffen: 3. Jan. 2022

Susło R, Paplicki M, Dopierała K et al (2018) Fostering digital literacy in the elderly as a means to secure their health needs and human rights in the reality of the twenty-first century. Fam Med Prim Care Rev 3:271–275

SVR Gesundheit (Sachverständigenrat zur Begutachtung der Entwicklung im Gesundheitswesen) (2021) Digitalisierung für Gesundheit, Gutachten 2021. https://www.svr-gesundheit.de/fileadmin/Gutachten/Gutachten_2021/SVR_Gutachten_2021.pdf. Zugegriffen: 5. Apr. 2022

Troiano A (2017) Wearables and personal health data: putting a premium on your privacy. Brooklyn Law Rev 82(4):6

Vitt J, Franz P, Kleinfeld A, Thorns M (2011) Gesellschaftliche Verantwortung nach DIN ISO 26000: Eine Einführung mit Hinweisen für Anwender. Beuth, Berlin

Walter N, Scholz R, Nikoleizig L et al (2019) Digitale betriebliche Gesundheitsförderung. Zbl Arbeitsmed 69(6):341–349. https://doi.org/10.1007/s40664-019-00359-5

Walter U, Rotzoll J (2021) Corona und die Folgen für das Betriebliche Gesundheitsmanagement aus Sicht der Expert:innen – Ergebnisse einer qualitativen Studie. In: Badura B, Ducki A, Schröder H et al (Hrsg) Fehlzeiten-Report 2021: Betriebliche Prävention stärken – Lehren aus der Pandemie. Springer, Berlin Heidelberg, S 105–122 https://doi.org/10.1007/978-3-662-63722-7_6

WHO (2019) Psychische Gesundheit. Faktenblatt. https://www.euro.who.int/de/health-topics/noncommunicable-diseases/mental-health/data-and-resources/fact-sheet-mental-health-2019. Zugegriffen: 25. Jan. 2022

Wulf N, Betz S (2021) Daten-Ökosysteme wider Willen: Herausforderungen des Pay-as-you-live-Geschäftsmodells im Kontext deutscher Krankenversicherungen. HMD 58(3):494–506. https://doi.org/10.1365/s40702-021-00719-x

Zok K (2008) Stellenwert und Nutzen betrieblicher Gesundheitsförderung aus Sicht der Arbeitnehmer. In: Badura B, Schröder H, Vetter C (Hrsg) Fehlzeiten-Report 2008: Betriebliches Gesundheitsmanagement: Kosten und Nutzen Zahlen, Daten, Analysen aus allen Branchen der Wirtschaft. Springer, Berlin Heidelberg, S 85–100 https://doi.org/10.1007/978-3-540-69213-3_9

# Ein Blick in die betriebliche Gesundheitspraxis: So arbeiten Arbeitgeberinnen und Arbeitgeber mit Beschäftigten verantwortungsvoll zusammen

*Susanne Wagenmann, Knut Lambertin, Kevin Schmidt und Elisa Clauß*

## Inhaltsverzeichnis

**▪▪ Zusammenfassung**

*Die verantwortungsvolle Zusammenarbeit zwischen Arbeitgeberinnen und Arbeitgebern mit den Beschäftigten ist auf politischer Ebene als Sozialpartner und auf betrieblicher Ebene zwischen Beschäftigtenvertretung und Geschäftsführung ein Erfolgsmodell. Corona erinnerte uns erneut daran, wie wichtig diese Zusammenarbeit ist. Nur durch beidseitiges Vertrauen, Zusammenhalt und Engagement waren und sind aktuelle Krisen bewältigbar. Beschäftigte und Arbeitgeberinnen bzw. Arbeitgeber übernehmen und tragen hierbei viel Verantwortung, unter anderem auch für die Gesundheit der Beschäftigten, des Betriebes und der Gesellschaft. Dabei stehen diese in Wechselwirkung zueinander: Ein gesunder, resilienter Betrieb fördert die Sicherheit und Gesundheit seiner Beschäftigten. Gesunde, resiliente Beschäftigte sind motivierter und fitter – und damit gut für jeden Betrieb. Dieser Beitrag beleuchtet hierbei nicht nur die Verantwortungsbereiche der Sozialpartner, sondern gibt praxisnahe Empfehlungen zur nachhaltigen Arbeitsgestaltung, die es erlauben, neuen und alten Entwicklungen unserer Arbeitswelt erfolgreich zu begegnen.*

## 4.1 Die vertrauensvolle Zusammenarbeit zwischen den Sozialpartnern: In der Corona-Pandemie erfolgreich

Corona hat gezeigt, wie das vertrauensvolle Zusammenarbeiten zwischen Beschäftigten/ der Beschäftigtenvertretung und den Arbeitgeberinnen und Arbeitgebern gut funktioniert. Die Lösungen bzw. die Erfolgsquote dieser gemeinsamen Arbeit kann sich sehen lassen: Mit ihren Beschäftigten haben die Unternehmen neue Konzepte und Modelle entwickelt, um den Betrieb in der Krise aufrechtzuerhalten (z. B. Essen als Take-away, Click & Collect, virtuelle Kundenberatung). Dazu kommen schnelle, unbürokratische Lösungen zwischen Beschäftigtenvertretung und Unter-

nehmensführung für Homeoffice und mehr Spielräume bei der Arbeitszeit – besonders wichtig und sinnvoll für diejenigen, die neben dem Job auch die Kinderbetreuung zu bewältigen hatten (Clauß und Rigo 2020). Umrahmt wurden diese Lösungen in den Betrieben durch gemeinsame politische bzw. gesellschaftliche Apelle der Bundesvereinigung der Deutschen Arbeitgeberverbände (BDA) und des Deutschen Gewerkschaftsbundes (DGB), beispielsweise zum Testen, Impfen oder zum mobilen Arbeiten (◼ Abb. 4.1).

Auch beim Thema Infektionsschutz zeigt sich, dass die Umsetzung der Maßnahmen in den Betrieben nicht nur deshalb erfolgreich war, weil in den allermeisten Fällen die Geschäftsführung daran beteiligt war (bei den Betrieben, die Maßnahmen umsetzen, ist die Geschäftsführung zu 98 % beteiligt; BAuA 2020), sondern auch, weil die Betriebsräte hier aktive Partner bei der Erarbeitung und Umsetzung der Maßnahmen waren. Zudem haben 92 % der Beschäftigten die Maßnahmen mit mittlerem bis sehr großem Verantwortungsbewusstsein zuverlässig umgesetzt. Dabei spielte neben der Unternehmenskultur auch die Vorbildfunktion der Führungskräfte eine große Rolle (BAuA 2021).

Neben dem gemeinsamen Impfappell existieren weitere Beispiele für die verbandliche Verankerung der Sozialpartnerschaft – von der Region bis in internationale Sphären:

▬ Zunächst einmal sei hier an die Sozialpartnerschaft in den Gremien der sozial selbstverwalteten gesetzlichen Krankenkassen erinnert. Zahlreiche Initiativen auch zur Betrieblichen Gesundheitsförderung (BGF) werden in diesen Gremien entwickelt, diskutiert und beschlossen. Beispielsweise gehört der *Leitfaden Prävention* (GKV-Spitzenverband 2021), der u. a. unter Beteiligung des DGB und der BDA erarbeitet und vom Verwaltungsrat des GKV-Spitzenverbandes beschlossen wird, zu den wegweisenden Ergebnissen der Sozialpartnerschaft in der GKV. Mit dem Leitfaden werden die inhaltlichen Handlungsfelder und qualitativen Kriteri-

**4**

Gemeinsamer Appell von BDA und DGB zum Impfen:
Insbesondere Boosterimpfungen können wesentlichen Beitrag
zur weiteren Eindämmung der Pandemie leisten

Fehlzeiten-Report 2022

■ **Abb. 4.1**  Gemeinsamer Impfappell von DGB und BDA. (Quelle: BDA 2021)

en für die Leistungen der Krankenkassen in der Primärprävention und Betrieblichen Gesundheitsförderung festgeschrieben, die für die Leistungserbringung vor Ort verbindlich gelten. Andere Maßnahmen, die nicht den in diesem Leitfaden dargestellten Handlungsfeldern und Kriterien entsprechen, dürfen von den Krankenkassen weder durchgeführt noch gefördert werden.[1]

- Auf regionaler Ebene organisiert beispielhaft die AOK Nordost in den Bundesländern Mecklenburg-Vorpommern, Brandenburg und Berlin das *Netzwerk KMU-Gesundheitskompetenz* (AOK Nordost 2022), das vom Verwaltungsrat dieser Kasse gewünscht ist. Bei diesem Netzwerk fungieren die Unternehmensverbände Berlin-Brandenburg (UVB) und die Vereinigung der Unternehmensverbände für Mecklenburg-Vorpommern (VUM) ei-

nerseits sowie der DGB-Bezirk Berlin-Brandenburg und der DGB-Bezirk Nord andererseits als Kooperationspartner. 320 kleine und mittlere Unternehmen nutzen das Netzwerk für Wissenserwerb, Erfahrungsaustausch und für die individuelle Beratung zur betrieblichen Gesundheit für ihr Unternehmen. Seit Jahren werden hier Geschäfts-, Verwaltungs- und Personalleitungen zum Thema des Betrieblichen Gesundheitsmanagements (BGM) angesprochen. Auf Initiative des Verwaltungsrates erfolgt nun seit zwei Jahren auch die explizite Ansprache von Betriebs- und Personalräten, weil diese in Fragen des BGM und der BGF wichtige Ansprechpartner in den Unternehmen und Behörden sind.

- Auch auf internationaler Ebene sind die Sozialpartner im Sinne von BGF tätig. An dieser Stelle sei die *Internationale Arbeitsorganisation* (IAO; engl. ILO) erwähnt, die allerdings nicht paritätisch, sondern tripartistisch (Regierungen, Arbeitgeberverbände und Gewerkschaften) organisiert ist. Neben den Kernarbeitsnormen, die

---

1   Die von diesem Leitfaden abgedeckten Leistungsarten umfassen die individuelle verhaltensbezogene Prävention nach § 20 Abs. 4 Nr. 1 und Abs. 5 SGB V, die Prävention und Gesundheitsförderung in Lebenswelten nach § 20a SGB V sowie die betriebliche Gesundheitsförderung nach § 20b und 20c SGB V.

ebenfalls Grundlagen der Corporate Social Responsibility (CSR) bilden, werden dort auch praktische Empfehlungen erarbeitet und neue Standards des Sozial- und Arbeitsrechts entwickelt. Als Beispiel soll die IAO-Empfehlung 200 zu HIV/AIDS und die Welt der Arbeit (IAO 2010) dienen, die allerdings die Beschränkung auf die betriebliche Ebene verlässt und die sowohl Sozialpartner als auch Regierungen auf nationaler Ebene adressiert. Als Treiber in diesem zweijährigen Prozess innerhalb der Internationalen Arbeitskonferenz müssen vor allem die Sozialpartner betrachtet werden (Lambertin 2010).

Im Arbeitsschutz diskutieren, fördern und fordern die Sozialpartner die gesunde Arbeitsgestaltung beispielsweise in der Gemeinsamen Deutschen Arbeitsschutzstrategie (GDA). Die GDA ist eine auf Dauer angelegte nationale Strategie von Bund, Ländern, Unfallversicherungsträgern und Sozialpartnern zur Stärkung von Sicherheit und Gesundheit bei der Arbeit in Deutschland. Eines der Ziele ist es, die Betriebe bei der Umsetzung von Arbeitsschutzmaßnahmen zu unterstützen und damit auch die Wettbewerbsfähigkeit der deutschen Wirtschaft zu fördern.[2] Die Sozialpartner mit BDA und DGB setzen die Ergebnisse in den Betrieben um. Die Ergebnisse sind praxisnahe Empfehlungen und Hinweise z. B. zur guten Gestaltung von Maßnahmen gegen Muskel-Skelett-Belastung und psychische Belastung bei der Arbeit sowie deren Erfassung in der Gefährdungsbeurteilung.

- Im Netzwerk der Offensive Mittelstand treffen sich die Sozialpartner (z. B. DGB und BDA), um mit Krankenkassen, Unfallversicherungsträgern, Berufsverbänden, Kammern, Bundesnetzwerken etc. besonders Kleinst-, Klein- und mittelständische Betriebe in den verschiedensten Fragestellungen zur gesunden Arbeitsgestaltung und eigenen „betrieblichen Gesundheit" zu unterstützen. Dazu zählt unter ande-

rem das Management von Arbeitsschutz im Betrieb, das leicht und von der Praxis aus gedacht im „Orga-Check" dargestellt wird (in Kooperation mit den Trägern der GDA[3]). Unterstützung und Erkenntnisse bietet ebenso die 2022 gestartete *Aktion zur Sicherheit und Gesundheit bei KKU und KMU*, die ganz praxisorientiert aufzeigt, an welchen Stellen im täglichen Arbeitsablauf Arbeitsschutz verankert werden kann und zertifizierte Arbeitsschutz-Beratungsangebote z. B. auch der betrieblichen Steuerberatung etabliert (und als Schnittstelle zu Arbeitsschutz-Expertinnen und Experten dient).

- Ein ebenso praxisorientiertes Ansinnen verfolgt die Initiative „*Mitdenken 4.0 – eine Initiative zum Wandel der Arbeit*", die von den Sozialpartnern der Banken- und Versicherungsbranche, der BDA und der Verwaltungs-Berufsgenossenschaft (VBG) ins Leben gerufen wurde. Gemeinsames Ziel ist es, auf Basis aktueller Forschungsergebnisse Handlungshilfen für die betriebliche Praxis bereitzustellen, im Besonderen für die Arbeitsprozesse in der Büro- und Wissensarbeit. In diesem Rahmen sind bereits zahlreiche Forschungsprojekte und praxisnahe Empfehlungen zur guten Arbeitsgestaltung entstanden, u. a. zu den Themen Agiles Arbeiten, Homeoffice und hybrides Arbeiten, indirekte Steuerung (Führen durch Ziele) sowie „Erreichbarkeit gut gestalten" (abrufbar unter ▶ https://www.certo-portal.de/mitdenken4null).

Die Sozialpartnerschaft ist also nicht erst seit Corona ein Erfolgsmodell. Ihre institutionelle Umsetzung in Deutschland ist ein Leuchtturm für die Zusammenarbeit von Beschäftigten und Arbeitgebern in ganz Europa (und darüber hinaus). Dort wird sie auch gerne als Ausformung des Sozialen Dialogs oder von industriellen Beziehungen/Arbeitsbeziehungen betrachtet. Nach der Wirtschaftskrise haben eben dieser Zusammenhalt, der Mut beider Partner, neue Schritte zu gehen, und viele innovative Lösungsideen auf Betriebsebene der Wirtschaft neuen Aufwind gebracht – und werden es sicherlich auch nach der Corona-Krise wieder tun. Dennoch stehen uns – den Beschäftigten und Arbeitgeberinnen und Arbeitgebern in Deutschland – viele Herausforderungen bevor, um die Veränderungen in der Arbeitswelt weiterhin gut und nicht nur vertrauensvoll, sondern Vertrauen schaffend zu begleiten.

Dieser Artikel beleuchtet im Folgenden nicht nur die Verantwortungsbereiche der Sozialpartner, sondern auch der Arbeitgeberinnen und Arbeitgeber sowie der Beschäftigtenvertretungen auf betrieblicher Ebene. Dabei wird besonders der Aspekt der mitarbeiterorientierten und gesunden Arbeitsgestaltung betrachtet. Diese Art der Arbeit erlaubt es, die kommenden Veränderungen unserer Arbeitsweise mit Vertrauen, Motivation und Sinn bei der Arbeit anzugehen. Klar ist: Ein Unternehmen ist insbesondere dann erfolgreich, wenn Verantwortung und nachhaltige Arbeitsgestaltung in der Unternehmenskultur etabliert sind und von den Beschäftigten gelebt werden. Klar ist auch, dass beide Seiten einen Teil der Verantwortung tragen und erfüllen müssen. Dazu gibt dieser Beitrag praxisnahe Empfehlungen zur nachhaltigen Arbeitsgestaltung, die es erlauben, neuen und alten Entwicklungen unserer Arbeitswelt erfolgreich zu begegnen.

### Vertrauensvolle Zusammenarbeit der Sozialpartner: So sieht sie aus

Die Sozialpartnerschaft in Deutschland ist einmalig und ein Aushängeschild für die vertrauensvolle Zusammenarbeit zwischen den Beschäftigten und Arbeitgeberinnen und Arbeitgebern. Diese Partnerschaft zwischen Gewerkschaft und Arbeitgeberverbänden besteht bereits seit über 100 Jahren und hat sich als tragende Säule etabliert, um Arbeitsbedingungen im Rahmen von Tarifverträgen – unabhängig vom staatlichen Einfluss – in Deutschland gemeinsam

zu gestalten. Diese Tarifautonomie der Tarifpartner ist als Teil der Koalitionsfreiheit durch Art. 9 Abs. 3 Grundgesetz verfassungsrechtlich geschützt.

Als Tarifpartner handeln die Beschäftigten (vertreten durch die jeweilige Gewerkschaft) und die Arbeitgeberinnen und Arbeitgeber (vertreten durch ihren jeweiligen Arbeitgeberverband) neue Bestimmungen für ihren Tarifvertrag aus; vielfach in Bezug auf Arbeitszeit und Entgelt, aber auch in Bezug auf andere konkrete Arbeitsbedingungen. In den Betrieben selbst verhandeln die Betriebsräte, in Behörden die Personalräte, eine Mitarbeitendenvertretung oder die Beschäftigten selbst (bei sehr kleinen Betrieben) mit der Geschäftsführung oder Behördenleitung. Durch regelmäßige Gespräche und sich wiederholende Verhandlungen können beide Seiten ihre Bedarfe zum Ausdruck bringen, „veraltete" Regelungen überholt werden und somit den Veränderungen in der Arbeitswelt Rechnung tragen – und zwar branchenspezifisch und ohne neue Gesetze, sondern vertrauensvoll zwischen den beiden Parteien, denen die Arbeit am meisten am Herzen liegt: Arbeitgeber und Arbeitgeberinnen sowie Beschäftigte. Auch Fragen mit Gesundheitsbezug können Regelungsgegenstand in Tarifverträgen, Betriebsvereinbarungen und Dienstvereinbarungen sein, z. B. Betriebsvereinbarungen zur gesunden Gestaltung hybrider Arbeit.

Natürlich laufen diese Verhandlungen nicht immer ohne Konflikte oder Interessensgegensätze ab. Am Ende steht jedoch immer ein Kompromiss, denn in der Regel haben Beschäftigte und Arbeitgeber bzw. Arbeitgeberinnen das gleiche Anliegen: Sie wollen, dass es ihrem Unternehmen und seinen Beschäftigten gut geht, die Jobs sicher sind und fair bezahlt werden und die anstehende Arbeit mit Motivation und den passenden Ressourcen ausgeführt werden kann. Die Tarifpartner sind am besten in der Lage, die jeweilige wirtschaftliche Situation in ihren Branchen sowie Betrieben einzuschätzen und passende Regelungen zu vereinbaren. Durch Tarifverträge lässt sich eine angemessene Beteiligung der Beschäftigten am wirtschaftlichen Erfolg sicherstellen, ohne die Unternehmen und ihre Beschäftigten durch unangemessene Arbeitsbedingungen zu überfordern und dadurch Arbeitsplätze zu gefährden.

Die Tarifautonomie und die Tarifpartnerschaft haben sich in Deutschland über die Jahrzehnte bewährt. Mit rund 78.000 gültigen Tarifverträgen haben die Tarifpartner ein differenziertes System von Arbeitsbeziehungen geschaffen, das die unternehmerische Effizienz mit der sozialen Teilhabe der Beschäftigten in Einklang bringt. Die Arbeitsbedingungen von rund drei Viertel aller Arbeitsverhältnisse sind direkt oder indirekt durch tarifvertragliche Regelungen bestimmt.

## 4.2 Verantwortung für die Gesundheit der Beschäftigten aus Sicht der Arbeitgeberinnen und Arbeitgeber: Ein „Must-have"

Verantwortung zu übernehmen und nachhaltig gute Arbeitsbedingungen zu gestalten ist nicht nur ein Nice-to-have, es ist ein Must-have und Teil der Aufgabenliste jeder Arbeitgeberin und jedes Arbeitgebers. Denn Arbeit soll nicht nur zum Lebensunterhalt beitragen, sondern Sinn stiften, Freude bereiten, herausfordernd, aber nicht über- oder unterfordernd sein. Sie hält die Unternehmen wettbewerbsfähig, innovativ und leistungsstark. Gute Arbeitsbedingungen sorgen dafür, dass die Beschäftigten gesund und mit Motivation tätig sind und sind gut für die Gesundheit. Studien zeigen: Berufstätigkeit selbst ist ein Schutz-

faktor für die psychische Gesundheit und für die meisten psychisch Erkrankten hat Arbeit einen hohen Stellenwert (IAB 2021). Verantwortung zu tragen und gesunderhaltende, gute Arbeit zu gestalten ist also ein Muss, dessen sich die Arbeitgeberinnen und Arbeitgeber der Privatwirtschaft bewusst sind – auch, um neue Talente gewinnen und bisherige Beschäftigte halten zu können.

■ ■ **Arbeitgeberinnen und Arbeitgeber übernehmen formelle, informelle und gesellschaftliche Verantwortung für die Sicherheit und Gesundheit ihrer Beschäftigten**

Arbeitgeberinnen und Arbeitgeber haben einen gut gefüllten formellen Verantwortungskatalog in Bezug auf die Gesundheit ihrer Beschäftigten. Sie übernehmen die Verantwortung unter anderem dafür, pünktlich das vereinbarte Entgelt auszuzahlen, Sozialversicherungsbeiträge wie den Beitrag zur Krankenversicherung für ihre Beschäftigten abzuführen, Urlaub zu gewähren und Arbeitszeitgesetze einzuhalten sowie ihre Beschäftigten im Rahmen ihrer Fürsorgepflicht und des Arbeitsschutzes vor Gefährdungen bei der Arbeit zu schützen. Dies muss im Rahmen der Gefährdungsbeurteilung geschehen und umfasst psychische und physische Belastung bei der Arbeit. Zum Beispiel gaben in der letzten repräsentativen Befragung von Betrieben und Beschäftigten 80 % der Verantwortlichen für Arbeitsschutz an, dass an den Arbeitsplätzen in ihrem Betrieb eine Gefährdungsbeurteilung durchgeführt wird (NAK und BAuA 2017). Corona hat dem Arbeitsschutz weiteren Aufwind verschafft: Über 60 % Arbeitgeber und Arbeitgeberinnen aller Betriebsgrößen gaben an, dass sie den Arbeitsschutz (noch) mehr berücksichtigen wollen (BAuA und IAB 2021). Besonders die Beachtung der psychischen Belastung erfuhr verstärkte Aufmerksamkeit auch gerade bei kleinen und mittelständischen Unternehmen, von denen 74 % explizit psychische Belastung in ihrer Gefährdungsbeurteilung berücksichtigten (IAB und BAuA 2021).

Neben dieser formellen und vor allem rechtlichen Verantwortung gibt es noch die informelle Verantwortung, die aus dem sogenannten *psychologischen Vertrag* erwächst, die jedoch genauso wichtig für die Gesundheit der Beschäftigten und letztlich auch des Betriebes ist. In diesen unausgesprochenen, inoffiziellen Verträgen finden sich die subjektiven Erwartungen von Beschäftigten und Arbeitgeberinnen aneinander wieder (Conway und Briner 2005). Von Beschäftigtenseite gibt es z. B. die Erwartung an die Unternehmensführung, dass man Karrieremöglichkeiten erhält bzw. der Arbeitsplatz sicher ist. Auf Unternehmensseite gibt es die Erwartung, dass der oder die Beschäftigte sich loyal, zuverlässig und engagiert verhält. Beide Seiten übernehmen Verantwortung für die Erfüllung ihres „Vertragsteils". Die Erfüllung dieses inoffiziellen psychologischen Vertrags ist ein maßgeblicher Einflussfaktor für die Gesundheit, Motivation und Leistungsbereitschaft der Beschäftigten (Herr et al. 2020).

Es gibt noch einen weiteren Verantwortungsbereich, der jüngst wieder in den Fokus gerückt ist: Die „Corporate Social Responsibility (CSR)", also die soziale und ethische Verantwortung von Unternehmen, ebenfalls einen Beitrag zum Wohlergehen der Gesellschaft zu leisten (Bassen et al. 2005). Dabei übernimmt die Geschäftsführung in enger Zusammenarbeit mit ihren Stakeholdern freiwillig Verantwortung für soziale, ökologische, ethische sowie Menschenrechts- und Verbraucherbelange (Europäische Kommission 2001). Das umfasst u. a. die Verantwortung für einen wertschätzenden Umgang mit den Menschen in Lieferketten. Auch eine mitarbeiterorientierte Personalpolitik, die sich z. B. mit Möglichkeiten zur Vereinbarkeit der Lebensbereiche befasst, zählt zur CSR. Besonders größere Unternehmen haben mittlerweile eigene CSR-/Nachhaltigkeitsabteilungen eingerichtet, kleinere Unternehmen integrieren dieses Ansinnen eher direkt in ihre Prozesse. So sind in den letzten Jahren zahlreiche Initiativen auf internationaler und nationaler Ebene entstanden, um die Ideen von CSR und Nachhaltigkeit zu fördern (z. B. das UN und Deutsche Global Compact und das Bündnis für nachhaltige Textilien). In der Praxis zeigt sich diese gesellschaftliche Verantwortungsübernahme beispielsweise darin, dass Unternehmerinnen und Unternehmer ihren Beschäftigten nicht nur kostenlose Getränke bei der Arbeit zur Verfügung stellen, sondern Kooperationen mit örtlichen und/oder sozial verantwortlichen Getränkezulieferern abschließen, die sich für den Zugang zu sauberem Trinkwasser auf der ganzen Welt einsetzen.

#### ▪▪ Von der Verantwortung für einen gesunden Betrieb, Resilienz und Eigenverantwortung

Neben der Verantwortung für ihre Beschäftigten und deren Gesunderhaltung müssen die Arbeitgeberinnen und Arbeitgeber natürlich sicherstellen, dass ihre Betriebe bzw. Organisationen gesund und widerstandsfähig, also resilient sind – denn ohne einen gesunden Betrieb kann es keine (gesunden) Beschäftigten geben. Die Corona-Krise und nun der Ukraine-Krieg haben hier ganz eindrücklich herausgestellt, wie enorm wichtig eine gute Widerstandkraft (Resilienz) der Betriebe und der deutschen Wirtschaft ist, um sich in Windeseile auf veränderte Marktsituationen und sogar wegbrechende Märkte einzustellen (IW 2020): Von heute auf morgen waren und sind bestimmte Werkstoffe/Materialien nicht mehr erhältlich, Beschäftigte fielen aus oder konnten nicht mehr in ihr Büro kommen, Lieferketten wurden unterbrochen, Notfallpläne mussten entwickelt und existenzbedrohende Umsatzeinbußen bewältigt werden. Viele Unternehmen haben diese Herausforderungen bislang mit Bravour bewältigt und u. a. in der Corona-Pandemie eine hohe organisatorische Anpassungsfähigkeit bewiesen. Dies geht aus repräsentativen Umfragen des Daten- und Analytikunternehmens GfK im Auftrag von Microsoft und der Bundesvereinigung der Deutschen Arbeitgeberverbände (BDA) (Microsoft und BDA 2020) hervor. Die entscheidenden Resilienzfaktoren waren und sind hierbei:

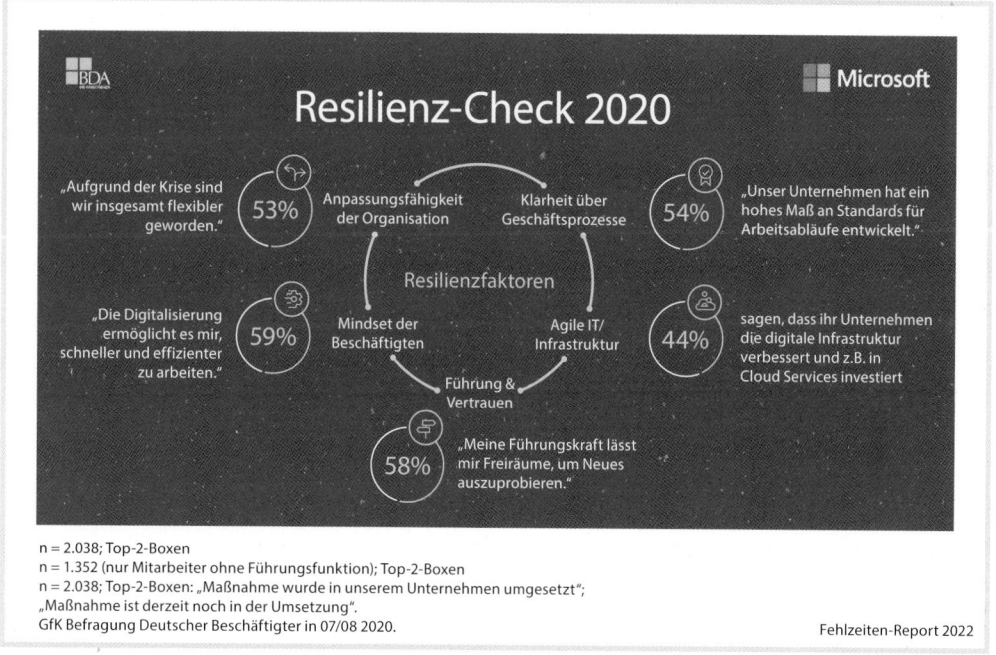

🔲 **Abb. 4.2** Wesentliche Resilienzfaktoren für einen widerstandfähigen (resilienten) Betrieb in Krisenzeiten. Ergebnisse des Resilienz-Checks 2020 von deutschen Unternehmen. (Quelle: Microsoft und BDA 2020)

━ Die Anpassungsfähigkeit der Organisation
━ Das Mindset der Beschäftigten sowie Führung und Vertrauen
━ Klarheit über Geschäftsprozesse und eine agile IT bzw. Infrastruktur (🔲 Abb. 4.2)

Resiliente Betriebe und resiliente Beschäftigte stehen hierbei in Wechselwirkung. Der Fehlzeiten-Report 2021 der AOK zeigt, dass Beschäftigte, die die Resilienz ihres Unternehmens besonders gut bewerteten, auch seltener krankheitsbedingt fehlten (Badura et al. 2021; WIdO 2021). Im Umkehrschluss verfügen resiliente, gesunde Beschäftigte über mehr Arbeitsgestaltungs- und Gesundheitskompetenz und übernehmen mehr Eigenverantwortung und Selbstfürsorge in Bezug auf ihre Pausen- und Erholungszeiten. Sie achten also mehr auf sich und reagieren widerstandfähiger auf schwierige Arbeits- und Belastungsphasen. Das ist auch gut für das Unternehmen. Die guten Nachrichten hierbei sind: Resilienz ist erlernbar, sowohl für Unternehmen als auch für jeden oder jede selbst.

## 4.3 Die Verantwortung der Gewerkschaften und Betriebsräte für die Gesundheit der Beschäftigten

Arbeit ist eine der wichtigsten Determinanten für Gesundheit. Das zeigt bereits ein Blick auf die subjektive Einschätzung des eigenen Gesundheitszustandes unterteilt nach verschiedenen Berufsgruppen: Beurteilen Befragte im Rechts-Management und in wirtschaftswissenschaftlichen Berufen ihren Gesundheitszustand zu 70 % als „sehr gut" oder „gut" und in sozialen Berufen zu 67 %, so sind es in Berufen der Reinigungs- und Entsorgungsberufe nur 33 %, die eine positive Einschätzung des eigenen Gesundheitszustandes äußern (DGB-Index Gute Arbeit 2019). Doch nicht nur die Berufsgruppe, auch die konkrete Ausgestaltung der Arbeit hat maßgeblichen Einfluss auf die Gesundheit. Beschäftigte, die etwa mit personalbedingter Mehrbelastung oder Arbeitsverdichtung konfrontiert sind, äußerten in der gleichen Befragung deutlich häufiger, dass sie an körperlicher und emotionaler Erschöpfung und Rückenschmerzen leiden (ebd.). Auch im Wandel der Arbeit liegen Gesundheitschancen wie -risiken begründet: Kann sich im Rahmen ergebnisorientierter Arbeits- und Leistungssteuerung der Spielraum für eine stärkere Selbstbestimmung und damit auch Gesundheitsförderlichkeit der Arbeit erweitern, so kann die gleichzeitige Unterausstattung mit den zur Ergebniserreichung notwendigen Ressourcen Arbeitsbelastung, Stress und das letztliche Krankheitsrisiko der Beschäftigten auch verschärfen. Auch die durch Corona deutlich beschleunigte Digitalisierung der Arbeit birgt nicht nur gesundheitsförderliche Erleichterungen für die Beschäftigten: Deutlich mehr Beschäftigte geben an, dass Homeoffice und innerbetriebliche digitale Kommunikation ihre Belastung eher erhöht als reduziert haben (DGB-Index Gute Arbeit 2021).

Gewerkschaften, Betriebsräte und Personalvertretungen übernehmen mit der Mitgestaltung der Arbeitsbedingungen also letztlich auch Verantwortung für eine entscheidende Bedingung der Gesundheit der Beschäftigten: Sie stärken und unterstützen die Beschäftigten somit auch bei der Durchsetzung ihrer Gesundheitsinteressen. Insbesondere drei Handlungsfelder sind aus gewerkschaftlicher Perspektive im betrieblichen Kontext besonders relevant:

■■ **Gefährdungsbeurteilung konsequent anwenden**

Nach § 5 Arbeitsschutzgesetz ist der Arbeitgeber bzw. die Arbeitgeberin gesetzlich zu einer Gefährdungsbeurteilung der Arbeitsbedingungen verpflichtet. Eine solche Gefährdungsbeurteilung hat auch psychische Belastungen bei der Arbeit zu erfassen. In den GDA-Betriebsbefragungen 2011 und 2015 hatten jedoch nur die Hälfte der Betriebe Gefährdungsbeurteilungen der Arbeitsplätze durchgeführt (Sommer et al. 2018), mit Blick auf die Beurteilung der psychischen Belastung fällt das Urteil noch deutlicher aus, denn „Gefährdungsbeurteilun-

gen psychischer Belastung liegen bislang nur in einer Minderheit der Betriebe vor" (Beck und Schuller 2020). Trotz verstärkter Anstrengungen aller Arbeitsschutz-Akteure und klarer Präventionserfolge ist noch immer ein Umsetzungsdefizit festzustellen: Nach § 80 BetrVG hat der Betriebsrat auch die Aufgabe, die Einhaltung geltender Gesetze zugunsten der Arbeitnehmer zu überwachen. Die Gefährdungsbeurteilung unterliegt zudem dem Mitbestimmungsrecht. Betriebsräte haben somit die Möglichkeit, die Gefährdungsbeurteilung mit- und im Sinne der Beschäftigten ganzheitlich auszugestalten – also auch die psychische Belastung und damit auch den Belastungsfaktor Arbeitsintensität zu berücksichtigen. Auch wenn die genaue Bestimmung der Belastung etwa durch Arbeitsmenge oder Arbeitszeit herausfordernd sein kann, so ergeben sich aus der konsequenten Anwendung dennoch Möglichkeiten, betriebliche Maßnahmen zur Verbesserung des Gesundheitsschutzes der Beschäftigten zu erwirken. Als gesetzliches Instrument bietet die Gefährdungsbeurteilung so letztlich auch die Möglichkeit, aufbauend auf konkreten Analysen von Belastungssituationen den Zusammenhang von Arbeit und Gesundheit im Betrieb zu thematisieren und zu gestalten. Ein konsequenter Abbau des Anwendungsdefizits bei den Gesundheitsgefährdungen kann so gesundheitliche Potenziale heben – von denen auch der Arbeitgeber in Form einer höheren Produktivität sowie niedrigerer Fehl- und Ausfallzeiten profitieren kann (◘ Abb. 4.3).

■■ **Arbeit gesund und gut mitgestalten**

Der beschriebene Zusammenhang von Arbeitsintensität und Gesundheitsgefährdung legt auch jenseits der Gefährdungsbeurteilung die Frage der Arbeitsintensität als eine Frage der Arbeits- und Leistungsgestaltung nahe. Auch hier bieten sich dem Betriebsrat Instrumente, um im Sinne der Gesundheit der Beschäftigten und somit letztlich auch im Sinne der Leistungsfähigkeit des jeweiligen Unternehmens tätig zu werden. Wie akut der Handlungsbedarf oft in diesem Feld ist,

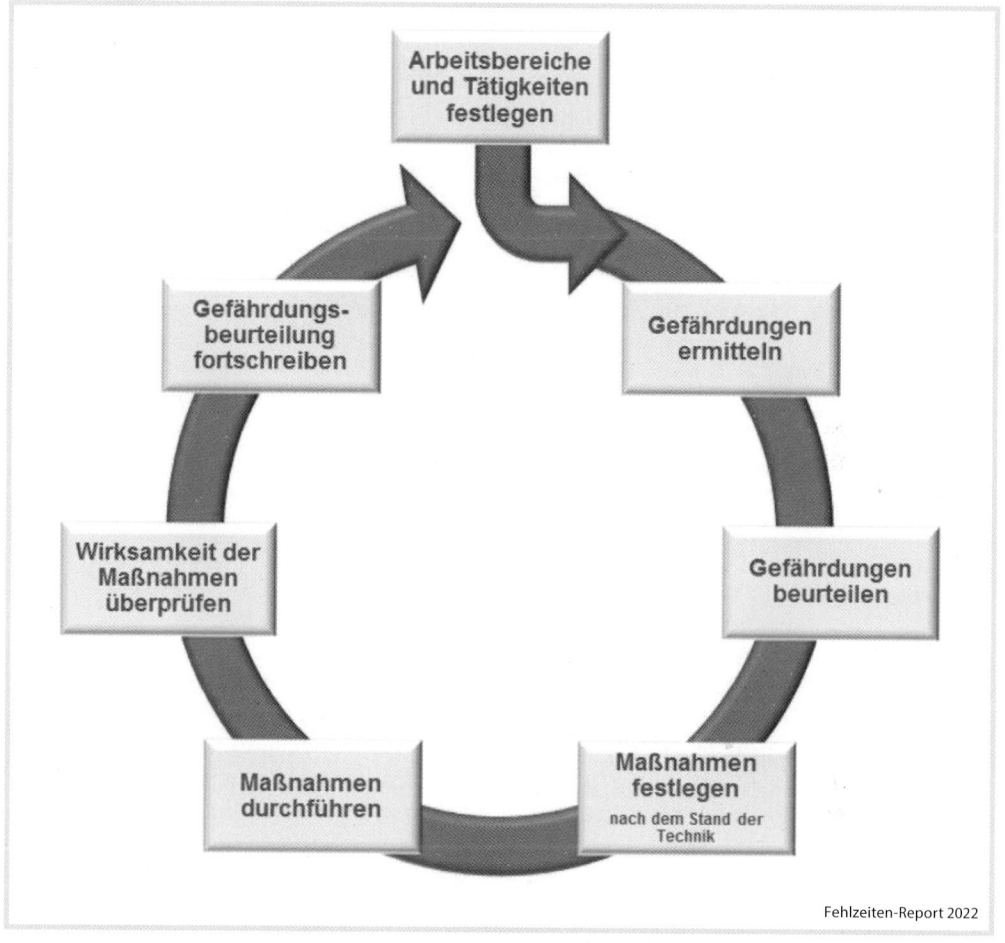

Fehlzeiten-Report 2022

◨ **Abb. 4.3** Prozess der Gefährdungsbeurteilung. (Quelle: IFA 2022)

stellte die WSI-Betriebsrätebefragung 2021 fest: 80 % der Betriebsräte gaben darin an, dass sie eine gestiegene Arbeitsintensität in ihren Betrieben beobachten (Ahlers 2020). Konkret wurden die Zunahme der Arbeitsmenge, gesteigerte Leistungserwartungen und zunehmendes Multitasking als Aspekte der Intensivierung benannt. Bei der Analyse der Hintergründe stellte sich in der Befragung insbesondere heraus, dass es einen Zusammenhang mit deutlichen Personalengpässen gibt. Die Mitbestimmungsrechte nach § 87 BetrVG, das Mitbestimmungsrecht nach § 91 BetrVG bei Änderungen der Arbeitsplätze, der Arbeitsabläufe oder der Arbeitsumgebung und auch das Unterrichtungs-, Beratungs- und Vorschlagsrecht bei der Personalplanung nach § 92 BetrVG können Betriebsräten Möglichkeiten bieten, letztlich auch die Gesundheitschancen der Beschäftigten mitzugestalten. Ein weiteres Ergebnis der Befragung unterstreicht die Relevanz guter Tarifpolitik: In fast jedem zweiten Betrieb gab es Probleme bei der Nachbesetzung von Stellen (Ahlers 2020). Neben fehlenden Bewerbungen waren auch geringe Entlohnung und ungünstige Arbeitsbedingungen unter den gewichtigsten Gründen, die Betriebsräte als Hinderungsgrund bei der Nachbesetzung angegeben haben.

## ■■ Verhältnisprävention in der BGF ausbauen

Das dritte Handlungsfeld bildet die Betriebliche Gesundheitsförderung, bei der Betriebsräte ebenfalls ein Mitbestimmungsrecht haben. Ziel sollte es hierbei sein, durch Maßnahmen und Angebote sowohl gesundheitliche Belastungen abzubauen als auch verfügbare Ressourcen für ein positives Gesundheitsverhalten aufzubauen. Sowohl aus Perspektive einer nachhaltigen Wirkung als auch der sozialen Verteilung von Gesundheitschancen besteht hier ein Aufholbedarf verhältnisbezogener Maßnahmen gegenüber verhaltensbezogenen Maßnahmen. Denn während verhältnisbezogene Maßnahmen allgemein wirken, hängt der Erfolg verhaltensbezogener Maßnahmen vom Nachfrageverhalten sowie oft von individuellem Vorwissen und Fähigkeiten ab – die allerdings beide oft sozial ungleich verteilt sind. Gerade angesichts des Wandels der Arbeit in Form von Digitalisierung, Subjektivierung und Dezentralisierung kann jedoch auch die Stärkung der Schnittstelle von Verhaltens- und Verhältnisprävention interessant sein. So könnte etwa die Stärkung „individueller arbeitsbezogener Gesundheitskompetenz" (Georg und Guhlemann 2020) dabei unterstützen, Beschäftigte als Mitgestaltende ihrer Arbeitsbedingungen zu qualifizieren und so „als *verhaltens*präventive Maßnahme zur Umsetzung *verhältnis*bezogener Maßnahmen beitragen" (ebd., Hervorhebung im Original).

## 4.4 FutureTopics: Für diese Themen tragen wir in der neuen Arbeitswelt gemeinsam Verantwortung

Beide – Unternehmensleitung und Beschäftigtenvertretung – sind die wichtigsten Player in Sachen Gesundheit und Arbeitsgestaltung. Sie wissen aus ihrer jeweiligen Perspektive, was bereits gut läuft, wo Entwicklungsbedarf besteht und wo ungenutzte Ressourcen versteckt liegen (neben weiteren Akteuren wie den Be-

triebsärztinnen und -ärzten, den Expertinnen und Experten der Berufsgenossenschaften und der Aufsicht oder auch den Sicherheitsfachkräften). Der Schlüssel dazu, dieses Wissen gegenseitig zu nutzen, liegt im Dialog. Gerade in der Integration der Perspektiven beider Seiten liegt ein großes Potenzial für die Verbesserung sowohl der Gesundheit der Beschäftigten als auch des Unternehmenserfolgs. Auf politischer Ebene sind es die beiden Sozialpartner (Gewerkschaft und Arbeitgeberverband), die diesen Dialog mit der Politik und der Wissenschaft führen. Auf Betriebsebene sind es – bei größeren Unternehmen – die Beschäftigtenvertretung wie ein Betriebsrat oder – bei kleineren Unternehmen – oft die Beschäftigten selbst, die mit der Geschäftsführung zusammenarbeiten.

*Folgende Aspekte können bei der Gestaltung von Arbeitsbedingungen der Zukunft auch schon heute wichtig sein:*

## ■■ Sicherheit und Gesundheit in die Arbeitsabläufe integrieren und als System managen

Von guten und gesunden Arbeitsbedingungen profitieren sowohl Beschäftigte unmittelbar in Form ihrer eigenen Gesundheit als auch Unternehmen in Form von höherer Motivation der Beschäftigten, niedrigeren Fehlzeiten und weniger Wechselabsichten. Gerade in Anbetracht von Fachkräftemangel und vielen Veränderungen kann eine feste Integration von Arbeits- und Gesundheitsmanagement in die betrieblichen Abläufe – also Arbeitsschutz und Gesundheitsmanagement mit Methode – dazu beitragen, diesen in einen echten Wettbewerbsvorteil zu verwandeln. Gesunde Arbeitsbedingungen können ein echter Fachkräftemagnet sein. Denn: Ein gut organisierter und in die betrieblichen Abläufe eingebetteter Gesundheitsschutz ermöglicht einen störungsfreien Betriebsablauf und eine kontinuierliche Verbesserung der Arbeitsprozesse. Im besten Fall verhindert er zudem einen Konflikt von Gesundheitsschutz der Beschäftigten und Leistungspolitik des Unternehmens bereits vor dem Entstehen. Zentrale Punkte sind hierbei unter anderem:

- Klärung der Verantwortung, Pflichten und Aufgaben im Arbeitsschutz, z. B. bzgl. der Führungskräfte
- Regelmäßige Überzeugung der Arbeitgeber und Führungskräfte, dass der Arbeitsschutz in ihrem Sinne eingehalten wird
- Beauftragung einer betriebsärztlichen und sicherheitstechnischen Betreuung
- Organisation und regelmäßige Durchführung einer Gefährdungsbeurteilung
- Unterweisung der Beschäftigten
- Beteiligung der betrieblichen Beauftragten und der Interessenvertretung der Beschäftigten bei Arbeitsschutzthemen
- Berücksichtigung einer gesundheitsförderlichen Arbeitsintensität bei der Personalplanung und der Arbeitsgestaltung

Um den eigenen Betrieb hinsichtlich der oben genannten Fragen (und weiterer wichtiger Aspekte) zu überprüfen, ist im Rahmen der GDA zusammen mit der Offensive Mittelstand ein schnell ausfüllbarer und verständlicher Selbstcheck „Orga-Check" erarbeitet worden, der sowohl als Broschüre als auch online in Deutsch und Englisch erhältlich ist.[4]

■ ■ **Betriebliche Flexibilität und Flexibilitätsbedarf der Beschäftigten für beide Seiten gesund und erfolgreich gestalten**

Flexibilität ist ein zentrales Stichwort der aktuellen Arbeitswelt. Das gilt für Betriebe genauso wie für Beschäftigte, denn die Gesundheit von Beschäftigten wie von Betrieben kann von der Hebung von Flexibilisierungspotenzialen profitieren. Ziel ist es, die betriebliche Flexibilität mit dem Flexibilitätsbedarf der Beschäftigten sowie mit den hohen Arbeits- und Sozialstandards in Deutschland in Einklang zu bringen, um so „doppelt flexibel" zu sein.

**Wichtige Voraussetzungen für unternehmerische Flexibilität:** Betriebe müssen heute mehr denn je auf Veränderungen flexibel reagieren.

Betriebe, die sich flexibel anpassen konnten, haben die Corona-Krise deutlich besser überstanden und können schneller auf Engpässe in Energie- und Materialzulieferung reagieren. Eine gute betriebliche Flexibilität hat daher eine enorme wirtschaftliche Bedeutung und macht resiliente, also widerstandsfähige und gesunde Betriebe aus. Wesentliche Stellschrauben sind (in Anlehnung an Microsoft und BDA 2020):

- Digitale Lösungen für analoge Prozesse bzw. eine gute IT und Infrastruktur ermöglichen schnelle Anpassungen.
- Neugier und Veränderungsbereitschaft als Haltung sowohl der Geschäftsführung als auch der Beschäftigten ermöglichen Anpassungsfähigkeit und ein Umdenken bei Veränderungen.
- Vertrauen zwischen Arbeitgeberinnen bzw. Arbeitgebern und ihren Beschäftigten, dass gemeinsam gute Lösungen gefunden werden können, sind die Basis für neue Prozesse.
- Klare Ziele und Freiräume, diese zu erreichen, sind notwendig, um die Strategie des Unternehmens sowie Aufgaben und Zuständigkeiten zu verstehen.

**Gestaltungsempfehlungen für Flexibilisierungsangebote an Beschäftigte:** Flexibilisierungsangebote an die Beschäftigten (wie mobile Arbeit oder Arbeitszeitflexibilisierung) helfen ihnen, ihre Lebensbereiche zu vereinbaren und können etwa in Form höherer Arbeitszufriedenheit positive Gesundheitswirkungen haben. Dabei sollte die Einführung und Umsetzung dieser Angebote im Betrieb so gestaltet sein, dass sie die Interessen und Rechte der Beschäftigten wahren, nicht gesundheitsschädlich und wirtschaftlich sinnvoll sind, z. B.:

- Eindeutige Regelungen wie zur Erreichbarkeit bzw. zum Arbeitsbeginn und -ende helfen, das Verschwimmen von Arbeit und Freizeit einzugrenzen.
- Einen Überblick über die Arbeitszeiten zu behalten ermöglicht es, Mehrarbeit bzw. überlange Arbeitszeit rechtzeitig auszugleichen.

---

4 ▶ www.gda-orgacheck.de.

- Führungskräfte können als Vorbild für gesundes Verhalten dienen und müssen ggf. aus der Distanz ihre Arbeitnehmenden einbinden.
- Eine proaktive Eindämmung potenzieller Gesundheitsrisiken, wie etwa Vereinsamung, kann z. B. durch virtuelle und hybride Treffen realisiert werden und Möglichkeiten schaffen, Beschäftigte, die nicht vor Ort im Betrieb sind, weiterhin sozial einzubinden und ihnen Gesundheitsangebote zukommen zu lassen.

Mittlerweile können ganz verschiedene Flexibilisierungsangebote unterbreitet werden, die zum Betrieb und dessen Kultur passen (Clauß und Peschl 2022). Verschiedene Forschungsprojekte arbeiten aktuell sogar an weiteren Möglichkeiten, z. B. mobile und zeitflexible Arbeit auch Beschäftigten in der Produktion anzubieten (siehe das Projekt „MofAPro" des Instituts für Angewandte Arbeitswissenschaften (ifaa))

Wie genau Flexibilität gelebt und ausgestaltet wird, müssen letztlich jede Branche und eventuell sogar einzelne Unternehmensbereiche oder Stellen für sich entscheiden – eine One-fits-all-Lösung wird es wohl nicht geben. Die Regeln für die Einführung und Umsetzung können und sollten Geschäftsführung und Beschäftigtenvertretung zusammen erarbeiten und leben.

#### ■ ■ Das zweischneidige Schwert der Handlungsfreiheit: Empfehlungen zur guten Arbeitsgestaltung zwischen Autonomie und hoher Arbeitsintensität

Grundsätzlich ist der „Handlungsspielraum, die eigene Arbeit mitzugestalten" ein Merkmal für gute Arbeit. Die Gemeinsame Deutsche Arbeitsschutzstrategie (GDA) weist zum Beispiel darauf hin, dass Beschäftigte idealerweise einen Einfluss auf ihre Arbeitsinhalte, das Arbeitspensum, die Arbeitsmethoden bzw. -verfahren und die Reihenfolge der Tätigkeiten haben sollten. Selbstbestimmung ist eine wichtige Ressource im Arbeitskontext. Die eigene Arbeit aktiv mitgestalten zu können hat einen positiven Effekt auf Gesundheit, Motivation und Leistungsfähigkeit: Es verringert Erschöpfung und verbessert das Abschalten von der Arbeit sowie das individuelle Wohlbefinden (BAuA 2017; Clauss et al. 2021).

Die Vergrößerung individueller Spielräume bei der Gestaltung der eigenen Arbeit etwa in ergebnisorientierten Arbeitssystemen kann dann gesundheitsfördernd sein, wenn dadurch etwa ganzheitliche Aufgaben für die Beschäftigten entstehen und die Arbeit als interessant erlebt wird.

Es gibt jedoch eine Kehrseite: Aus der Möglichkeit, Arbeit aktiv zu gestalten, ergibt sich auch die Notwendigkeit, also die Pflicht, dies zu tun. Handlungsfreiheit/Autonomie bei der Arbeit erfordert Selbstmanagement und Koordination, kann Druck auslösen, die vereinbarten Ziele zu erreichen und kann damit auch die Arbeit intensivieren (Bredehöft et al. 2015). Gelingende Autonomie hat zudem die ausreichende Ausstattung mit Ressourcen zur Vorbedingung, sie darf kein Anreiz zu gesundheitsschädlichem Arbeitsverhalten der Beschäftigten sein. Sie ist daher ein „zweischneidiges Schwert", das Chancen, aber auch Herausforderungen für eine gesunde Arbeitsgestaltung bietet. Punkte, die Arbeitgeberinnen und Arbeitgeber, Arbeitsschützerinnen und Arbeitsschützer sowie Beschäftigte beachtet sollten, sind:

- Die Gefährdungsbeurteilung kann Aufschluss darüber geben, ob Arbeitgeberinnen/Arbeitgeber den Beschäftigten mehr Selbstbestimmung bzw. Handlungsspielraum ermöglichen sollten oder ob der aktuelle Grad an Autonomie eher einen negativen Belastungsfaktor darstellt.
- Auf Grundlage der Ergebnisse können dann die entsprechenden Arbeitsbedingungen wie Arbeitstempo, Menge der Arbeitsaufgaben, Arbeitszeiten, Kommunikationswege etc. angepasst werden.
- Auch die Ausstattung mit zur Zielerreichung ausreichenden Ressourcen ist ein wichtiger Punkt. Dies können zeitliche, personelle oder instrumentelle Ressourcen und Unterstützungsmöglichkeiten sein.

- Gesteigerte Autonomie erfordert auch mehr Gestaltungskompetenzen, Fähigkeiten der Selbst-Fürsorge und die individuelle Kompetenz zur gesundheitsförderlichen Gestaltung der Handlungsspielräume.
- Um entsprechende Erholungs- und Arbeitsgestaltungskompetenzen zu fördern und zu fordern, sind betriebsspezifische, passende Trainings und Qualifikationsangebote hilfreich

Wesentlich ist in jedem Falle, dass Arbeitgeberin bzw. Arbeitgeber und Beschäftigte die beruflichen Anforderungen des Jobs richtig einschätzen: Erfordert der Job viele eigene Entscheidungen und ein hohes Maß an Arbeitsorganisation, so braucht es auch ein hohes Maß an zeitlichem und organisatorischem Handlungsspielraum sowie die entsprechenden Kompetenzen.

## 4.5 Fazit: Wieder mehr Vertrauen und wieder mehr Hand in Hand

Die Arbeitgeber und Beschäftigtenvertretungen sind in Deutschland mehr denn je gefragt, Haltung zu zeigen, Verantwortung zu übernehmen und Vertrauen aufzubauen. Gemeinsam Verantwortung für die Gesundheit der Beschäftigten und Betriebe in Deutschland (und auch über die Grenzen hinaus) zu übernehmen gehört dazu. Die enge Zusammenarbeit der Sozialpartner in Deutschland mit ihren jahrzehntelang gewachsenen Vertrauens-, Zusammenarbeits- und Konfliktbeziehungen bildet dafür die beste Voraussetzung. Corona hat uns daran erinnert, dass diese vertrauensvolle Zusammenarbeit in Bezug auf die Sicherheit und Gesundheit der Beschäftigten, Betriebe und Gesellschaft sehr gut funktioniert. Dies gelingt besonders dann, wenn die Sozialpartner gemeinsam passgenaue Lösungen in Tarif- und Betriebsvereinbarungen treffen.

Die Sozialpartnerschaft besteht jedoch nicht nur in den Betrieben, sondern auch in der Sozialen Selbstverwaltung der Sozialversicherungen (u. a. der Krankenkassen und Unfallversicherungen) sowie in zahlreichen Gremien und Initiativen zum Arbeitsschutz, zur Prävention und zu guter Arbeitsgestaltung. Auch wenn in anderen Rollen harte Tarifauseinandersetzungen geführt werden, wird in den Selbstverwaltungen und den gemeinsamen Gremien bzw. Initiativen weiter konstruktiv zusammengearbeitet. Im Ergebnis stehen praktische, realitätsbezogene Lösungen und damit sozialer Friede – beides Punkte, die staatliche Ebenen nicht so gut organisieren könnten und die damit die gelebte Sozialpartnerschaft umso wichtiger machen.

Gemeinsam können wir die Themen der aktuellen und künftigen Arbeitswelt, die FutureTopics, angehen und gesund gestalten. Dies gelingt beispielsweise durch die feste Integration des Arbeitsschutzes in die laufenden Arbeitsprozesse bzw. in die Arbeitsorganisation, durch sinnvolle und passgenaue Flexibilität für Betriebe und Beschäftigte sowie durch die Realisierung eines angemessenen Handlungsspielraums und gute Selbstfürsorge bei Beschäftigten. Die verantwortungsvolle Zusammenarbeit von Beschäftigtenvertretung und Arbeitgeberinnen bzw. Arbeitgebern auf politischer und betrieblicher Eben bildet also die besten Bedingungen, um gemeinsam für gesunde und resiliente Betriebe sowie gesunde, motivierte und zufriedene Beschäftigte zu sorgen. Gute Rahmenbedingungen für den betrieblichen Arbeitsschutz sowie Vertrauen in die Sozialpartner und ihre Entscheidungen bilden die Grundlage dafür.

---

**Instrumente, um in den Dialog zwischen Beschäftigten(vertretung) und Arbeitgeberin bzw. Arbeitgeber zu treten**

*Arbeitsschutzausschuss (ASA) –*
Arbeitgeberinnen und Arbeitgeber mit mehr als 20 Beschäftigten sind gemäß § 11 Arbeitssicherheitsgesetz (ASiG) verpflichtet, einen Arbeitsschutzausschuss

in ihrem Betrieb zu bilden. Dieser soll im Wesentlichen die im Arbeitsschutz und der Unfallverhütung befassten Funktionsträger zusammenbringen, um über die Angelegenheiten des Arbeitsschutzes zu beraten. Mitglieder des Arbeitsschutzausschusses sind die Unternehmerin/der Unternehmer, zwei Betriebsratsmitglieder, die Betriebsärztin/der Betriebsarzt, die Fachkraft für Arbeitssicherheit und ein Sicherheitsbeauftragter. Hier wird neben der Analyse von Unfällen auch über gute Arbeitsgestaltung und Maßnahmen zur Umsetzung des Arbeitsschutzes diskutiert.

*Betrieblicher Gesundheitsbericht* –
Ein betrieblicher Gesundheitsbericht gibt Auskunft über den Gesundheitszustand der Belegschaft und Belastungsschwerpunkte im Unternehmen. Eine Informationsquelle sind die Analysen von Arbeitsunfähigkeitsdaten der Krankenkassen. Verglichen werden die Daten des Betriebs oder der Verwaltung mit Branchendaten oder Regionaldaten. Die Aussagekraft eines Gesundheitsberichts erhöht sich, wenn weitere Daten wie Erkenntnisse der Betriebsmediziner, Mitarbeitendenbefragungen oder die Ergebnisse der Gefährdungsbeurteilungen hinzugezogen werden. Diese Bestandsaufnahme erleichtert es, zielgerichtet Maßnahmen zur BGF zu ergreifen. Anzustreben ist die Entwicklung eines kontinuierlichen Berichtswesens.

*Mitarbeitendenbefragung* –
Eine Befragung der Beschäftigten über einen Fragebogen bietet die Möglichkeit, dass sie ihre Einschätzung zu ihren aktuellen Arbeitsbedingungen, zu den Bedarfen in Zukunft oder auch zu gerade umgesetzten Maßnahmen abgeben können. So erhält man als Arbeitgeberin/Arbeitgeber einen guten Überblick. Wichtig ist, dass die Fragebögen – ganz gleich, ob elektronisch oder händisch – anonym beantwortet wer-

den können, damit Beschäftigte bei kritischen Antworten keine Nachteile erwarten müssen, was leider die Nutzung auch in kleinen Unternehmen erschwert. Die Antworten sollten im Nachhinein für alle zugänglich und anonym ausgewertet bzw. besprochen werden.

*Feedbackschleifen und Ideen-Tools* –
Grundsätzlich, aber besonders im Change Management ist es sinnvoll, regelmäßige Feedbackschleifen und Möglichkeiten für Ideenmeldungen einzubauen. Dazu würden sich regelmäßige Fokusgruppen (moderierte Diskussion zu einem Thema in einer Gruppe), digitale Tools oder einfach ein fester Austauschtermin von Beschäftigten und Führungskräften eignen. Viele Betriebe setzen auch auf ein Change-Agent-Netzwerk. Dies ist ein Netzwerk, wo Beschäftigte und Führungskräfte aus allen Bereichen über Änderungsprozesse frühzeitig informiert werden, sich dazu austauschen, Feedback geben und diese Ideen weiter ins Unternehmen transportieren.

*Betriebs- und Dienstvereinbarungen* –
Dabei handelt es sich um eine Übereinkunft zwischen Betriebsrat oder Personalrat und Arbeitgeber, die rechtsverbindlich ist und – genauso wie Gesetze oder Tarifverträge – das Arbeitsverhältnis der Beschäftigten gestaltet. Betriebsvereinbarungen begründen Rechte und Pflichten für Arbeitgebende, Betriebsrat/Personalrat und Arbeitnehmende. Davon abzugrenzen sind Regelungsabreden. Zahlreiche Angelegenheiten werden in Betriebsvereinbarungen geregelt. Das Themenspektrum ist vielfältig; es reicht von Kleiderordnung im Betrieb über Rauchverbote, alle denkbaren Arbeitszeitmodelle wie z. B. Gleit- und Vertrauensarbeitszeit und Details zu Arbeitsschutz sowie BGF/BGM bis hin zu Bildschirmarbeit und Betrieblichem Eingliederungsmanagement.

# Literatur

Ahlers E (2020) Arbeitsintensivierung in den Betrieben. WSI 1:29–37

Nordost AOK (2022) Netzwerk KMU-Gesundheitskompetenz. https://www.aok.de/fk/nordost/betriebliche-gesundheit/grundlagen/bgm-netzwerke/netzwerk-kmu-gesundheitskompetenz/. Zugegriffen: 2. Juni 2022

Badura B, Ducki A, Schröder H, Meyer M (Hrsg) (2021) Fehlzeiten-Report 2021: Betriebliche Prävention stärken – Lehren aus der Pandemie. Springer, Berlin Heidelberg

Bassen A, Jastram S, Meyer K (2005) Corporate Social Responsibility – Eine Begriffserläuterung. Z Wirtschafts- Unternehmensethik 6(2):231–236

BAuA – Bundesanstalt für Arbeitsschutz und Arbeitsmedizin (2017) Orts- und zeitflexibles Arbeiten: Gesundheitliche Chancen und Risiken. Dortmund. https://www.baua.de/DE/Angebote/Publikationen/Berichte/Gd92.pdf?__blob=publicationFile&v=9. Zugegriffen: 26. Mai 2022

BAuA – Bundesanstalt für Arbeitsschutz und Arbeitsmedizin (2020) Betrieblicher Arbeitsschutz in der Corona-Krise. https://www.baua.de/DE/Angebote/Publikationen/Bericht-kompakt/Betrieblicher-Arbeitsschutz-Corona.pdf?__blob=publicationFile&v=6. Zugegriffen: 26. Mai 2022

BAuA – Bundesanstalt für Arbeitsschutz und Arbeitsmedizin (2021) SARS-CoV-2-Arbeits- und Infektionsschutzmaßnahmen in deutschen Betrieben: Ergebnisse einer Befragung von Arbeitsschutzexpertinnen und -experten. https://www.baua.de/DE/Angebote/Publikationen/Fokus/SARS-CoV-2-Befragung.pdf?__blob=publicationFile&v=10. Zugegriffen: 26. Mai 2022

BAuA, IAB – Bundesanstalt für Arbeitsschutz und Arbeitsmedizin, Institut für Arbeitsmarkt- und Berufsforschung (2021) SARS-CoV-2-Arbeits- und Infektionsschutzmaßnahmen in deutschen Betrieben: Ergebnisse einer Befragung von Arbeitsschutzexpertinnen und -experten. https://www.baua.de/DE/Angebote/Publikationen/Fokus/SARS-CoV-2-Befragung.pdf?__blob=publicationFile&v=10. Zugegriffen: 26. Mai 2022

BDA – Bundesvereinigung der Deutschen Arbeitgeberverbände (2021) Gemeinsamer Appell von BDA und DGB zum Impfen: Insbesondere Boosterimpfungen können wesentlichen Beitrag zur weiteren Eindämmung der Pandemie leisten. https://arbeitgeber.de/gemeinsamer-appell-von-bda-und-dgb-zum-impfen/. Zugegriffen: 27. Juli 2022

Beck D, Schuller K (2020) Gefährdungsbeurteilung psychischer Belastung in der betrieblichen Praxis. Erkenntnisse und Schlussfolgerungen aus einem Feldforschungsprojekt. BAuA: Bericht kompakt. https://www.baua.de/DE/Angebote/Publikationen/Bericht-kompakt/F2358.pdf?__blob=publicationFile&v=1. Zugegriffen: 2. Juni 2022

Bredehöft F et al (2015) Individual work design as a job demand. The double-edged sword of autonomy. Psychol Everday Activity 8(2):12–24

Clauß E, Peschl A (2022) Wo liegen die Umsetzungsmöglichkeiten mobiler Arbeit und Homeoffice im Produktionsbereich? Potenziale für flexible Arbeit. ASU | Zeitschrift für medizinische Prävention 01-2022. https://www.asu-arbeitsmedizin.com/praxis/wo-liegen-die-umsetzungsmoeglichkeiten-mobiler-arbeit-und-homeoffice-im-produktionsbereich. Zugegriffen: 30. Mai 2022

Clauß E, Rigo C (2020) Praktische Erfahrungen aus verschiedenen Branchen. Arbeitsplatzgestaltung in der Pandemie. ASU | Zeitschrift für medizinische Prävention 08-2020. https://www.asu-arbeitsmedizin.com/praxis/praktische-erfahrungen-aus-verschiedenen-branchen-arbeitsplatzgestaltung-der-pandemie. Zugegriffen: 30. Mai 2022

Clauss E et al (2021) Occupational self-efficacy and work engagement as moderators in the stressor-detachment model. Work Stress 35(1):74–92

Conway N, Briner RB (2005) Understanding psychological contracts at work, A critical evaluation of theory and research. Oxford University Press, Oxford

DGB-Index Gute Arbeit (2019) Sonderauswertung. Alle gesund? Wie die Beschäftigten ihre Arbeitsbedingungen und ihren Gesundheitszustand bewerten. https://index-gute-arbeit.dgb.de/veroeffentlichungen/sonderauswertungen/++co++434f70c8-fcb9-11ea-a19b-001a4a160123. Zugegriffen: 2. Juni 2022

DGB-Index Gute Arbeit (2021) Report 2021. Unter erschwerten Bedingungen – Corona und die Arbeitswelt. https://index-gute-arbeit.dgb.de/veroeffentlichungen/jahresreports/++co++2f72d218-544a-11ec-8533-001a4a160123. Zugegriffen: 2. Juni 2022

Europäische Kommission (2001) (2001) Europäische Rahmenbedingungen für die soziale Verantwortung der Unternehmen. Grünbuch, Luxemburg: Amt für amtliche Veröffentlichungen der Europäischen Gemeinschaften, COM, 336 final. EU, Brüssel

Georg A, Guhlemann K (2020) Arbeitsschutz und individuelle Gesundheitskompetenz. WSI 1:63–70

GKV-Spitzenverband (2021) Leitfaden Prävention – Handlungsfelder und Kriterien nach § 20 Abs. 2 SGB V

Herr RM, Almer C, Bosle C et al (2020) Associations of changes in organizational justice with job attitudes and health – findings from a prospective study using a matching-based difference-in-difference approach. Int J Behav Med 27(1):119–135

IAB – Institut für Arbeitsmarkt- und Berufsforschung (2021) Für die meisten psychisch kranken Menschen hat Arbeit einen hohen Stellenwert. https://www.iab-forum.de/fuer-die-meisten-psychisch-krankenmenschen-hat-arbeit-einen-hohen-stellenwert/. Zu-gegriffen: 26. Mai 2022

IAB, BAuA – Institut für Arbeitsmarkt- und Be-rufsforschung, Bundesanstalt für Arbeitsschutz und Arbeitsmedizin (2021) Betrieblicher Umgang mit psychischer Belastung durch die Corona-Pandemie. Eine repräsentative Betriebsbefragung von IAB und BAuA. https://www.baua.de/DE/Angebote/Publikationen/Bericht-kompakt/Umgang-psychische-Belastung-Corona.html. Zugegriffen: 28. Mai 2022

Internationale Arbeitsorganisation IAO– (2010) Empfeh-lung 200. Empfehlung der Allgemeinen Konferenz der Internationalen Arbeitsorganisation betreffend HI-V/AIDS und die Welt der Arbeit

IFA – Institut für Arbeitsschutz der Deutschen Gesetzlichen Unfallversicherung (2022) Gefähr-dungsbeurteilung. https://www.berufsgenossenschaft.de/ifa/praxishilfen/kuehlschmierstoffe/gefaehrdungsbeurteilung/index.jsp. Zugegriffen: 27. Juli 2022

IW – Institut der deutschen Wirtschaft (2020) Dank Resilienz: Starke Beschäftigte und starke Betrie-be. Gastbeitrag Christiane Flüter-Hoffmann. https://www.iwkoeln.de/presse/in-den-medien/christiane-flueter-hoffmann-starke-beschaeftigte-und-starke-betriebe.html. Zugegriffen: 1. Juni 2022

Lambertin K (2010) HIV/Aids und die Welt der Arbeit. Neuer IAO-Arbeits- und Sozialstandard. Z Arb Sozia-les 59(8):254–256

Microsoft, BDA – Bundesvereinigung der Deutschen Ar-beitgeberverbände (2020) Resilienz-Check 2020. https://news.microsoft.com/wp-content/uploads/prod/sites/40/2020/09/Resilienz-Check2020.pdf. Zu-gegriffen: 6. Juni 2021

NAK, BAuA – Nationale Arbeitsschutzkonferenz & Bundesanstalt für Arbeitsschutz und Arbeitsmedi-zin (2017) Grundauswertung der Betriebsbefragung 2015 und 2011 – beschäftigtenproportional gewich-tet (korrigierte Fassung). https://www.gda-portal.de/DE/Downloads/pdf/Grundauswertung-Evaluation.pdf?__blob=publicationFile&v=2. Zugegriffen: 26. Mai 2022

Sommer S, Kerschek R, Lenhardt U (2018) Gefährdungs-beurteilung in der betrieblichen Praxis: Ergebnisse der GDA-Betriebsbefragungen 2011 und 2015. BAuA: Fokus. https://www.baua.de/DE/Angebote/Publikationen/Fokus/Gefaehrdungsbeurteilung-Praxis.pdf?__blob=publicationFile&v=1. Zugegrif-fen: 2. Juni 2022

WIdO – Wissenschaftliches Institut der AOK (2021) Fehlzeiten-Report 2021: Resiliente Beschäftig-te und Unternehmen haben Pandemie-Stresstest besser bestanden. https://www.wido.de/news-presse/pressemitteilungen/2021/fehlzeiten-report-2021/#:~:text=Fehlzeiten%2DReport%202021%3A%20Resiliente%20Besch%C3%A4ftigte,Gesundheitszustand%20und%20ihr%20individuelles%20Wohlbefinden. Zugegriffen: 1. Juni 2022

# *Perspektive* – Betriebliche Verantwortung und Unverfügbarkeit

*Bettina Hollstein und Hartmut Rosa*

## Inhaltsverzeichnis

In diesem Beitrag greifen wir auf Argumente und Formulierungen zurück, die wir in dem Beitrag „Unverfügbarkeit als soziale Erfahrung. Ein soziologischer Deutungsversuch der Corona-Krise angewendet auf die Wirtschaftsethik" veröffentlicht haben (Hollstein und Rosa 2020).

© Der/die Autor(en), exklusiv lizenziert an Springer-Verlag GmbH, DE, ein Teil von Springer Nature 2022
B. Badura et al. (Hrsg.), *Fehlzeiten-Report 2022*, Fehlzeiten-Report,
https://doi.org/10.1007/978-3-662-65598-6_5

**5**

■■ **Zusammenfassung**

*Der Beitrag untersucht die betriebliche Verantwortung gegenüber Mitarbeiterinnen und Mitarbeitern von Unternehmen, die sich einem zunehmenden Steigerungs- und Beschleunigungsdruck in modernen Gesellschaften ausgesetzt sehen. Ausgehend vom soziologischen Theorem der dynamischen Stabilisierung moderner Gesellschaften und ihrer Organisationen werden die Folgen von Beschleunigungsprozessen auf Mitarbeitende in Unternehmen beschrieben sowie die vorherrschenden Strategien des Umgangs damit identifiziert. Vor dem Hintergrund der Beobachtung einer möglichen Unterbrechung dynamischer Stabilisierungsprozesse in der Corona-Krise werden wirtschaftsethische Vorschläge zu kreativen Schritten in Richtung eines Pfadwechsels entwickelt.*

## 5.1 Beschleunigungslogik und Corona

Vielfältige Krisen erschüttern unsere modernen Gesellschaften, etwa die Klimakrise, der Biodiversitätsverlust, die steigende Ungleichheit und nicht zuletzt die Corona-Pandemie sowie inzwischen sogar wieder kriegerische Auseinandersetzungen. Angesichts des Eindrucks, dass nationalstaatlich orientierte Politik globalen Problemen relativ machtlos gegenübersteht, werden Unternehmen schon seit Jahren an ihre Verantwortung als *corporate citizens* erinnert. Die EU hat beispielsweise im Jahre 2014 eine CSR-Richtlinie (Corporate Social Responsibility) verabschiedet, die Unternehmen CSR-Berichtspflichten auferlegt, um angesichts der negativen Auswirkungen wirtschaftlicher Aktivitäten die Folgen für Mitarbeiterinnen und Mitarbeiter sowie für die natürliche Umwelt zu berücksichtigen und so ihre betriebliche Verantwortung wahrzunehmen. Konkret geht es um „faire Geschäftspraktiken, mitarbeiterorientierte Personalpolitik, sparsamen Einsatz von natürlichen Ressourcen, Schutz von Klima und Umwelt, ernst gemeintes Engagement vor Ort und Ver-

antwortung auch in der Lieferkette" (Bundesministerium für Arbeit und Soziales 2022).

Betriebliche Verantwortung steht also vor einem Bündel an lokalen wie globalen Herausforderungen. In diesem Beitrag wollen wir die spezifischen Anforderungen an Unternehmen in modernen kapitalistischen Gesellschaften, die durch eine umfassende Steigerungs- und Beschleunigungslogik geprägt sind, im Blick auf deren Verantwortung gegenüber den eigenen Mitarbeitenden, insbesondere in Bezug auf deren Gesundheit, untersuchen. Wir wollen Strategien zur Bewältigung der fortwährenden Steigerungs- und Beschleunigungsimperative und kreative Schritte für einen Pfadwechsel betrachten und schließlich mit Bezugnahme auf eine Perspektive des guten Lebens wirtschaftsethische Überlegungen zur betrieblichen Verantwortungsübernahme hinsichtlich der Mitarbeitenden anstellen.

### 5.1.1 Dynamische Stabilisierung im modernen Kapitalismus

Seit dem 18. Jahrhundert befindet sich die westliche Welt in einem Prozess der Dynamisierung, die sie buchstäblich in immer schnellere Bewegung versetzte (vgl. Rosa 2005). Die weltweite Produktion von Gütern und Dienstleistungen, die physische Bewegung des Erdreiches und der technisch vermittelte Stoffwechselprozess mit der Natur, die Anzahl der Fahrzeuge aller Art und der Menschen und Güter, die damit in Bewegung waren, ebenso wie der Ausstoß an Gift- und Schadstoffen sind fast ununterbrochen angestiegen. Auch wenn Rezessionen oder Kriege für mehr oder weniger kurze Zeiträume und häufig lokal begrenzt die Geschwindigkeit der Produktion und der Bewegung vorübergehend gedrosselt haben, so ergaben sich dennoch auch daraus fast immer neue Opportunitäten für weiteres Wachstum und weitere Beschleunigung.

Die soziologische These zur Erklärung der zunehmenden Beschleunigung ist die, dass moderne kapitalistische Gesellschaften dadurch gekennzeichnet sind, dass sie sich nur dynamisch zu stabilisieren vermögen.[1] Das bedeutet, dass sie strukturell auf die Realisierung von Wachstum und Beschleunigung angewiesen ist, um ihren institutionellen Status quo zu erhalten. Ohne Steigerung gerät nicht nur das Wirtschaftssystem, sondern in der Folge auch das Gesundheitssystem, die Altersversorgung, der Wissenschafts-, Kultur- und Bildungsbetrieb etc. in eine Funktionskrise, weil einerseits die dafür notwendigen (Steuer-)Einnahmen knapp werden und andererseits die benötigten Ausgaben (für die soziale Sicherung, für notwendige Infrastrukturmaßnahmen und zur Generierung von neuen Wachstumsimpulsen) steigen (vgl. Rosa 2016).[2] So wie ein Fahrrad sich umso stabiler auf der Straße hält, je schneller es sich vorwärtsbewegt, während es einfach umfällt, wenn es sich nicht bewegt, so ist das institutionelle, ökonomisch getriebene Regime moderner Gesellschaften nur im Steigerungsmodus funktionsfähig (vgl. Rosa 2016, S. 634).

Dies gilt auch für Unternehmen und für deren Beschäftigte. Diese folgen dem Zwang der Selbstoptimierung, arbeiten immer effizienter und produktiver und tragen dazu bei, dass das Unternehmen sich im Wettbewerb behaupten kann. Das Unternehmen ermöglicht durch Investitionen in neue Technik und Arbeitsprozesse wiederum eine Steigerung der Produktivität der Beschäftigten. Alle tragen dazu bei, dass das Wirtschaftssystem und mit ihm das Steigerungsspiel am Laufen bleibt

und das Bruttoinlandsprodukt steigt, dessen Wachstumsrate als ein zentraler Indikator für das Wohlergehen einer Gesellschaft fungiert.[3]

## 5.1.2 Unterbrechungsmöglichkeit der Beschleunigungslogik

Im Jahr 2020 haben wir darauf hingewiesen, dass eine bemerkenswerte Erkenntnis im Corona-Lockdown diejenige war, dass anders als bei anderen Krisenwarnungen – etwa bezüglich der Umweltzerstörung – im Zuge der Corona-Krise die Welt zum Stillstand kam, und zwar nicht aufgrund von militärischen Eingriffen oder einer Naturkatastrophe, sondern aufgrund der Entscheidungen von in der Regel demokratisch gewählten Regierungen (vgl. Hollstein und Rosa 2020, S. 22). Menschen können demnach – zur Überraschung mancher Soziologen – den Beschleunigungszwang unterbrechen. Während frühere Beschleunigungs- und Wachstumskritik kaum Auswirkungen hatte, zeigte sich im April 2020 die Verlangsamung in allen Lebens- und Mobilitätsbereichen, am spektakulärsten sicherlich im Flugverkehr: Bis zu 85 % der Flüge wurden gestrichen.[4] Auch wenn seitdem die Bemühungen der meisten Regierungen darauf zielen, wieder Vor-Corona-Zeiten zu schaffen, scheint es uns wichtig, auf diesen Aspekt hinzuweisen: Im Lockdown konnte man eine kollektive Selbstwirksamkeit erfahren, die dem Wachstums- und Beschleunigungszwang Einhalt gebot. Diese Erfahrung zeigt, dass Beschleunigungs- und Wachstumsdruck nicht alternativlos sind.

---

1  Diese Überlegungen zum Zusammenhang von Beschleunigung, Wachstumszwang und Steigerungslogik als notwendige Prozesse in modernen Gesellschaften wurden bereits in mehreren Publikationen ausführlich entwickelt, insbesondere in Rosa (2005, 2007 und 2013).

2  Die meisten Mainstream-Ökonominnen und -Ökonomen sehen – wie auch das Stabilitäts- und Wachstumsgesetzt in Deutschland (StabG § 1) – eine positive Wachstumsrate als erforderlich für eine gesunde Wirtschaft an – u. a. mit Verweis auf technischen Fortschritt und Innovationen (StabG 1967/2015). Mittlerweile mehren sich aber unter Verweis auf die planetaren Grenzen auch kritische Stimmen heterodoxer Ökonomen (vgl. Lexikon der Nachhaltigkeit 2015).

3  Vgl. dazu Pressemitteilungen und Informationen des Statistischen Bundesamtes (Statistisches Bundesamt 2022).

4  Vgl. Tagesschau vom 2. April 2020: ▶ https://www.tagesschau.de/wirtschaft/rueckgang-flugverkehr-101.html, zugegriffen am 19.06.2020.

## 5.2 Beschleunigungsdruck und die Folgen

Doch warum sollten wir nach Alternativen zur Beschleunigungs- und Wachstumslogik Ausschau halten? Ganz unbestritten sind die Probleme der Wachstumslogik für die globalen Grenzen unseres Planeten, die vielfältig und bereits lange thematisiert wurden – schon früh sehr sichtbar durch den Bericht des Club of Rome „Grenzen des Wachstums" im Jahr 1972 (Meadows et al. 1972). Auf die riesige Debatte um Postwachstumsgesellschaften, Suffizienz und die Möglichkeiten oder Unmöglichkeiten eines *green growth* können wir an dieser Stelle nicht eingehen.[5] In diesem Beitrag wollen wir uns auf die innerbetrieblichen Folgen des Beschleunigungsdrucks konzentrieren und die Folgen für Mitarbeiterinnen und Mitarbeiter in den Unternehmen betrachten sowie die Strategien, dem zu begegnen.

### 5.2.1 Formen des Beschleunigungsdrucks

Um den Beschleunigungszwang zu verstehen, ist es wichtig, sich die kategorische Unterscheidung von Hartmut Rosa zwischen drei Formen der Beschleunigung vor Augen zu halten, nämlich der technologischen Beschleunigung, der des sozialen Wandels und der des Lebensrhythmus. Für jede dieser drei Dimensionen kann Beschleunigung als eine Zunahme der einen oder anderen Art von Quantität pro Zeiteinheit definiert werden. Von Beschleunigung kann zum Beispiel gesprochen werden, wenn die Anzahl der Kilometer, die wir pro Stunde zurücklegen können, zunimmt (technologische Beschleunigung), wenn die Anzahl der Modetrends, die wir pro Jahrzehnt erleben, steigt (Beschleunigung des sozialen Wandels) oder wenn die Anzahl der wahrnehmbaren Ak-

tivitäten, die ein Mensch im Laufe eines Tages ausführt, zunimmt (Beschleunigung des Lebensrhythmus) (Rosa 2005, S. 124 ff.).

Nicht erst in der aktuellen Pandemiekrise haben die Arbeitnehmerinnen und Arbeitnehmer eine technologische Beschleunigung verbunden mit einer teilweise dramatischen Schrumpfung ihres räumlichen Bewegungsradius erlebt[6], die im Verbund mit den Mobilitätseinschränkungen im Zuge der Corona-Maßnahmen sowohl aus den Entwicklungen der digitalen Technologien (Kunze et al. 2020) als auch aus den zunehmenden Möglichkeiten der Heimarbeit[7] und der damit verbundenen Verringerung des Pendelns resultieren. Die technologischen Entwicklungen, die zu Beschleunigungsprozessen am Arbeitsplatz führen, führen nicht nur zu Effizienzgewinnen im Produktionsablauf, sondern können auch arbeitsbedingten Stress induzieren. Arbeitsbedingter Stress entsteht durch ein Ungleichgewicht von arbeitsbezogenen Anforderungen und dafür verfügbaren Ressourcen, zu denen insbesondere Zeit zu zählen ist (Rowold und Heinitz 2008, S. 130). Eine spezielle Form von technologischer Beschleunigung ergibt sich durch Digitalisierung und Informationstechnologien. Diese haben nicht nur positive Auswirkungen auf die Produktivität, sondern führen auch zu einer eigenen Form vom Stress, die auch als Technostress bezeichnet wird.[8]

---

6    Technologische Entwicklungen wie die Erfindung der Eisenbahn, die Verbreitung des Automobils und die Zunahme des Flugverkehrs hat seit dem 18. Jahrhundert zu einer „Zeit-Raum-Kompression" bzw. „Raumschrumpfung" geführt; das Raumbewusstsein verändert sich, in schnelleren Transportmitteln nimmt der Reisende den topografischen Raum nicht mehr wahr, sondern orientiert sich an Terminen wie Abfahrts- und Ankunftszeiten (Rosa 2005, S. 164 f.). Die digitalen Technologien, die schnellere Kommunikation und virtuelle Treffen ohne Reise- und Wegezeiten ermöglichen, reduzieren das Raumgefühlt weiter auf den lokalen Arbeitsplatz.

7    Zum Homeoffice-Potenzial und zur tatsächlichen Nutzung von Homeoffice in der Corona-Krise vgl. Freuding und Wohlrabe (2021, S. 22 ff.).

8    Eine Studie für die Hans Böckler Stiftung verwendet statt des Begriffs „Technostress" den Begriff „digitaler Stress". Auch hier geht es um Stress, der sich durch

---

5    Vgl. hierzu den Blog Postwachstum (2022) und die dort angegebene ausführliche Literaturliste.

» Technostress not only inhibits workplace productivity, reduces performance, weakens employee commitment, and decreases job satisfaction, but also increases the reported frequency of absenteeism, burnout, and job turnover. The consequences of technostress are widespread and costly and can have a severe impact not only on companies and their afflicted workforce but also to the global economy (Boyer-Davis 2018, S. 48).

Wie die Forschung gezeigt hat (Ahmad et al. 2021), führen – auch ohne die Corona-Krise – Fortschritte in der Informationstechnologie, höhere Produktivität und härterer Wettbewerb zu Stress am Arbeitsplatz. Die Hauptursache für Stress ist dabei ein Mangel an Ressourcen und Zeit (Campbell et al. 2007, S. 8). Infolgedessen werden das Familienleben und die psychische Gesundheit der Arbeitnehmenden durch arbeitsbedingten Stress stark beeinträchtigt.

» [...] stress is anything related to work that presents a threat to employees at the workplace. [...] Job stress has become the major concern for the organization. [...] For all organizations it is vital [...] to manage human resource [sic] properly (Ahmad et al. 2021, S. 41).

Nur Mitarbeiter, die sowohl zufrieden sind als auch mit Stress umgehen können, engagieren sich bei ihrer Arbeit und tragen zum Erfolg des Unternehmens bei. Daher ist Stress bereits ein zentrales Thema für Personalabteilungen und Führungskräfteschulungen.[9]

Arbeitsbedingter Stress ist symptomatisch für eine wahrgenommene Beschleunigung des Lebensrhythmus und beeinträchtigt nicht nur das subjektive Zufriedenheitsempfinden, sondern führt auch zu einer Reihe von Gesundheitsproblemen, wie z. B. Schlafstörungen. Beispielsweise hat eine Studie von Åkerstedt et al. (2002) gezeigt, dass Stress und das soziale Umfeld des Arbeitsplatzes in engem Zusammenhang mit Schlafstörungen und der Beeinträchtigung der Fähigkeit, morgens aufzuwachen, stehen und dass die Unfähigkeit, sich in der Freizeit keine Gedanken über die Arbeit zu machen, ein wichtiges Bindeglied in der Beziehung zwischen Stress und Schlaf[10] sein kann. Die notwendige Zeit zur Regeneration von Körper und Geist lässt sich nur schwer mit den Beschleunigungsprozessen am Arbeitsplatz vereinbaren und führt sowohl zu gesundheitlichen Problemen bei den Beschäftigten als auch in der Folge zu Problemen für das Unternehmen, die auch die Europäische Union beunruhigt.

» The European Agency for Safety and Health at Work (EU-OSHA) is aware of the problems of overworked employees all over Europe. According to EU authorities, the national cost of work-related stress in France, for example, amounts to 4–6 billion euros ($4.2–6.3 billion) (DW 2015).

Neben dem arbeitsbedingten Stress, insbesondere dem Technostress, ist in der Corona-Krise auch das Problem der sogenannten Entgrenzung besonders deutlich geworden. Beschäftigte, die während der Pandemie von zu Hause aus arbeiteten, konnten durch den Ein-

---

die Durchdringung des Arbeitslebens mit digitalen Technologien ergibt (Gimpel et al. 2018). Die Studie zeigt erhebliche gesundheitliche Gefahren durch digitalen Stress auf, beispielsweise steigt die Häufigkeit von Kopfschmerzen bei Arbeitnehmern mit großem digitalem Stress im Vergleich zu solchen mit geringem digitalem Stress um 25 Prozentpunkte (Gimpel et al. 2018: 39 ff.). Weitere gesundheitliche Beschwerden sind nächtliche Schlafstörungen, allgemeine Müdigkeit, Mattigkeit oder Erschöpfung, körperliche Erschöpfung und emotionale Erschöpfung (Gimpel et al. 2018, S. 39).

9   Zur Rolle von Führungskräften in Bezug auf Stress gibt es eine Reihe von Untersuchungen; für einen Überblick siehe Harms et al. (2017). Zur Bedeutung unterschiedlicher Führungsstile für Stress siehe Rowold und Heinitz (2008).

10  Auch ein negativer Zusammenhang zwischen Rufbereitschaft/Bereitschaftsdienst und Schlaf konnte nachgewiesen werden (Vahle-Hinz und Bamberg 2009, S. 331 ff.).

**5**

satz von Videokonferenzen die ganze Welt von einem einzigen Raum aus erreichen und erlebten dadurch ihre Arbeitsbedingungen sowohl als räumlich entgrenzt wie auch als zeitlich verdichtet. Die Entgrenzung, also die fehlende Trennung von Arbeits- und Privatleben,[11] zeigt aber auch Gefahren für die Gesundheit der Beschäftigten, insbesondere aufgrund der fehlenden Erholung (Hofmann 2021: 33 ff.) Bezüglich der Verdichtung wird als neues Phänomen im Homeoffice die „ZOOM-Fatigue" genannt (Hofmann 2021: 38). Die damit verbundenen Symptome reichen „von erhöhter Reizbarkeit, fehlender Balance, unwirschem Agieren gegenüber Mitmenschen über Kopfschmerzen bis hin zu Rücken- und Gliederschmerzen, Schafstörungen etc." (Hofmann 2021: 38).

Angesichts dieser negativen Auswirkungen des Beschleunigungsdrucks in Unternehmen auf die Gesundheit der Mitarbeiterinnen und Mitarbeiter stellt sich die Frage, wie Unternehmen verantwortlich darauf reagieren können.

### 5.2.2  Verantwortungsübernahme durch Verfügbarmachung?

Üblicherweise reagieren Unternehmen auf auftretende Probleme mit bekannten, bereits eingespielten Strategien, um diese Probleme unter Kontrolle zu bringen.[12] Da der Motor der dynamischen Stabilisierung und des Wachs-

tums- und Beschleunigungszwangs das Streben nach der Ausweitung der Weltreichweite und der Kontrolle des technisch und ökonomisch Realisierbaren ist, wird diese Strategie auch auf das Problem der Verantwortungsübernahme für die Gesundheit von Mitarbeiterinnen und Mitarbeitern angewandt. Strategien der Verantwortungsübernahme werden häufig durch eine Zunahme an Compliance im Sinne von möglichst vollständiger Transparenz, immer kleinteiligerer Kontrolle, Schaffung ökonomischer Anreize und einer Zunahme an technischer und rechtlicher Steuerung umgesetzt. Es geht darum, die Prozesse im Unternehmen und die Mitarbeitenden sowie ihre Gesundheit verfügbar zu machen und die Kontrolle zu behalten bzw. zurückzugewinnen – nach den Erfahrungen der Unverfügbarkeit, die die Pandemie verdeutlicht hat (Hollstein und Rosa 2020, S. 26 f.), ist das verständlich und nicht per se problematisch. Beispielsweise zeigen empirische Untersuchungen, dass ein Drittel der befragten Unternehmen Kontrollen zur Einhaltung der Regelungen gegen Entgrenzung (z. B. zur Einhaltung des Arbeitszeitrahmens, der Ruhezeiten etc.) sinnvoll finden und auch einsetzen, ein weiteres Drittel findet das sinnvoll, obwohl es (noch) nicht im Unternehmen umgesetzt ist (Hofmann et al. 2021).

Bezüglich der gesundheitsbezogenen Interventionen gegen Stress an der Arbeit wird in der Regel zwischen bedingungsbezogenen Interventionen und personenbezogenen Interventionen[13] unterschieden, wobei die personenbezogenen Maßnahmen überwiegen (Bamberg 2004, S. 272). Beispielsweise empfiehlt die o. g. Studie zu digitalem Stress:

» Präventionsmaßnahmen können insbesondere in einer menschenzentrierten Gestaltung digitaler Systeme liegen und darin, die Arbeit so zu organisieren, dass der Einsatz digitaler Systeme psychische Fehlbe-

---

11  Ein weiteres Moment der Entgrenzung ergibt sich durch zunehmende Rufbereitschaft, die sich in Studien als Stressor erwiesen hat (Vahle-Hinz und Bamberg 2009, S. 331). Zu einem Überblick über Studien, die den Zusammenhang von flexiblen Arbeitszeiten und Gesundheit untersuchen vgl. Amlinger-Chatterjee und Wöhrmann (2017).

12  Das Handeln entsprechend von Routinen und Gewohnheiten ist natürlich kein Spezifikum von Unternehmen, sondern ist typisch für jedes menschliche Handeln, worauf viele Sozialtheoretiker bereits hingewiesen haben. Speziell der Pragmatismus, eine Sozialphilosophie, die Ende des 19. und Anfang des 20. Jahrhunderts in den USA entstanden ist, hat sich mit Gewohnheiten und deren Unterbrechung im Handlungsverlauf beschäftigt (Volbers 2018). Zu

Grundzügen einer pragmatistischen Wirtschaftsethik vgl. Hollstein (2015).

13  In der Studie von Gimpel et al. werden die Begriffe Verhältnis- bzw. Verhaltensprävention gewählt (Gimpel et al. 2018, S. 42).

anspruchung vermieden (Verhältnisprävention). Zudem sollten Maßnahmen gefördert werden, durch die jeder individuelle Arbeitnehmer lernt, mit der zunehmenden Digitalisierung bestmöglich umzugehen (Verhaltensprävention) (Gimpel et al. 2018, S. 42).

Bedingungsbezogene Interventionen beziehen sich auf Arbeitsgestaltungsmaßnahmen (Arbeitsaufgabe, Arbeitsbedingungen, Rollenunsicherheit, soziale Beziehungen und Gruppenarbeit); allerdings sind die Ergebnisse empirischer Studien bezüglich dieser Maßnahmen widersprüchlich, da sowohl positive, negative als auch gar keine Effekte nachgewiesen werden. Die personenbezogenen Maßnahmen beziehen sich auf Stressmanagement und Gesundheitsverhalten (Bamberg 2004, S. 272). Bezüglich der Effizienz dieser Maßnahmen, die allerdings selten evaluiert werden, wird von einer mittleren Effektivität ausgegangen (Bamberg 2004, S. 273).

Problematisch können diese Maßnahmen allerdings werden, wenn es nur noch darum geht, dass Mitarbeiterinnen und Mitarbeiter Strategien entwickeln sollen, um mit Stress umzugehen – nicht darum, den Stress zu reduzieren. Nicht nur Mitarbeitende werden trainiert, ihr individuelles Stressmanagement zu optimieren, auch für Führungskräfte wird dies empfohlen:[14]

» Training targeted at increasing leader resilience, developing effective coping strategies, and general stress management will be effective at driving leadership behaviors and, subsequently, follower stress (Harms et al. 2017, S. 185).

Doch nicht erst seit der Pandemie dürfte deutlich geworden sein, dass Strategien der immer stärkeren Kontrolle, des Selbstmanagements und damit der zunehmenden Verfügbarmachung nicht erfolgreich sein können. Vielmehr

hat der Stillstand im Lockdown verdeutlicht, dass ein Innehalten und eine Reflexion in Bezug auf einen Paradigmenwechsel möglich sind. Allerdings scheint gegenwärtig wenig in Richtung eines grundsätzlichen Pfadwechsels zu zeigen – vielmehr werden die alten Routinen vermisst und die Sehnsucht nach der alten Normalität des Hamsterrades scheint unendlich groß. Dennoch könnte eine zentrale Erkenntnis der Corona-Krise die sein, dass ein anderes Paradigma möglich ist, dass ein Pfadwechsel in eine Wirtschaftsweise, die nicht einem permanenten Steigerungszwang unterliegt, eine mögliche Option ist. Solange alles entsprechend den Alltagsroutinen läuft, sind die Kosten für einen Pfadwechsel zu groß. Doch Störungen stellen Chancen dar, die zur Entwicklung kreativer Handlungsalternativen genutzt werden können.

### 5.2.3 Pfadwechsel durch kreatives Handeln

Inwiefern lassen sich diese soziologischen Erkenntnisse nun für die unternehmerische Verantwortung gegenüber Mitarbeitenden fruchtbar machen? Den Unternehmen fehlt in der Beschleunigungsgesellschaft die Kraft für kreative Pfadwechsel, denn alle Energien sind auf das Steigerungsspiel konzentriert. *Krisensituationen* der Unverfügbarkeit, die einen *Reflexionsprozess* erfordern, sind in diesem Zusammenhang Chancen, um Reflexionsprozesse auf allen Ebenen der Unternehmen in Gang zu bringen. Wenn solche kreativen Handlungsanpassungen[15] vorgenommen werden, dann besteht die Chance, nicht nur entsprechend der bisherigen Logik allein auf Effizienzsteigerung und Gewinnmaximierung zu schauen, sondern auch Wertvorstellungen mit in den Blick zu nehmen: Was trägt das Unternehmen zum guten Leben in der Gesellschaft bei? Wie erfahren sich die Mitarbeitenden als Teil

---

14 Beispielhaft mit Vorschlägen zur Kombination von „physical fitness and self-leadership practices" zur Reduktion von Stress von Führungskräften siehe Lovelace et al. (2007, S. 384).

15 Für ein allgemeines Verständnis der Kreativität des Handelns in pragmatistischer Perspektive vgl. Joas (1992).

des Unternehmens? Welche gemeinsamen Ziele verbinden sie? Wie trägt es zu einem nachhaltigen Lebensstil bei, der nicht nur die Umwelt schont und gesund erhält, sondern auch die Mitarbeitenden im Unternehmen? Welche Leistungsmaßstäbe und Indikatoren sind wirklich relevant für diese Ziele?

In Bezug auf den letzten Punkt (Indikatoren für ein gutes Leben und eine nachhaltige Entwicklung) ist schon lange bekannt, dass das Bruttoinlandsprodukt kein guter Indikator für eine nachhaltige Entwicklung darstellt. Hierzu gibt es bereits eine breite und ausführliche Diskussion, die die Bedeutung qualitativer Wohlfahrtsmaße in den Blickpunkt rückt.[16] In analoger Weise könnten Unternehmen darüber nachdenken, welche *Indikatoren und Performancekriterien* für eine nachhaltige Entwicklung des Unternehmens geeignet wären. Qualitative Aspekte lassen sich schlechter messen als z. B. die Anzahl von Vertragsabschlüssen pro Mitarbeitenden. Dies führt dazu, dass quantitative Kriterien häufig bevorzugt werden, obwohl sie möglicherweise eine verzerrte Situationsanalyse liefern. Erfolgskriterien, die sich allein an Steigerungsraten orientieren, befördern den Beschleunigungs- und Wachstumsdruck und sind daher ungeeignet. Die Entwicklung und Anwendung alternativer Kriterien für die Beurteilung von Mitarbeitenden und ihren Leistungen wäre daher ein erster Schritt zu einem Paradigmenwechsel.

Welche konkreten Vorstellungen ein „gutes" Unternehmen, sinnvolle Arbeit, wertvolle Produkte prägen, kann nicht abstrakt definiert werden. Vielmehr ist die Konkretisierung solcher Vorstellungen das Ergebnis von Aushandlungsprozessen, die von den unterschiedlichen Stakeholdern eines Unternehmens bestimmt werden. Aus wirtschaftsethischer Perspektive ist daher die Ermöglichung von *diskursiven und deliberativen Prozessen* zentral, z. B. durch Verfahren der Mitbestimmung.[17] De-

mokratie in der Arbeitswelt bleibt neben guten Arbeitsbedingungen (präventiver Gesundheitsschutz, soziale Absicherung, usw.) ein zentrales Thema – auch im Rahmen der notwendigen sozial-ökologischen Transformation (Schmucker 2021, S. 196). Dabei sind auch für solche deliberativen Prozesse bestimmte Regeln zu beachten, wie zum Beispiel Regeln der Wissenschaftlichkeit, die etwa die Nachprüfbarkeit von Behauptungen und eine evidenzbasierte Situationsanalyse ermöglichen. Die Unterstützung von teamverantwortlichen Gestaltungsansätzen zur Verhinderung von Entgrenzung z. B. durch die gemeinsame Regelung von Erreichbarkeit und Reaktionszeiten sind die Strategie, die in empirischen Befragungen als am sinnvollsten erachtet und zugleich am häufigsten umgesetzt wurde (Hofmann et al. 2021). Aber auch die breite Information von Beschäftigten zum Thema Entgrenzung, die es ermöglicht, sich informiert in solche Kommunikationsprozesse einzubringen, wurde als sinnvoll, aber noch nicht ausreichend umgesetzt erachtet (Hofmann et al. 2021).

Doch stellt sich nun die Frage, woher die motivationale Kraft kommen kann, die Wandlungsprozesse trägt und es den Akteuren ermöglicht, aus den eingetretenen Pfaden herauszutreten und neue Wege zu gehen. Diese Kraft kommt unseres Erachtens aus *Erfahrungen*. Resonanzerfahrungen etwa prägen unsere Vorstellungen vom guten Leben und motivieren Menschen entsprechend zu handeln (Rosa 2016, S. 211 ff.).[18] Solche Erfahrungen der

---

16  Zur Kritik am Bruttoinlandsprodukt und der Entwicklung eines nationalen Wohlfahrtsindikators vgl. Diefenbacher et al. (2016).

17  Demokratie ist ein zentrales Thema des Pragmatisten John Dewey, der Demokratie weniger als eine Form

politischer Herrschaft versteht als vielmehr als eine Lebensform. „Die Demokratie ist mehr als eine Regierungsform: sie ist in erster Linie eine Form des Zusammenlebens, der gemeinsamen und miteinander geteilten Erfahrung" (Dewey 1993 [1916], S. 121). Eine solche demokratisch geprägte Mitarbeiterorientierung, gekennzeichnet durch ein „freundschaftliches, vertrauensvolles Verhältnis zwischen Führungskraft und Mitarbeiter sowie eine offene, zweiseitige Kommunikation", erweist sich auch als hilfreich in Bezug auf die Reduktion von Stress (Rowold und Heinitz 2008, S. 130, 137 f.).

18  Zur Rolle von Resonanzerfahrungen für die Wirtschaftsethik vgl. Hollstein und Rosa (2022, im Erscheinen).

Selbstwirksamkeit, der Handlungsautonomie und der erfüllenden Arbeit, die im Unternehmensalltag wirksam werden, tragen zu einer langfristigen Gesundheit auch in flexibleren Arbeitsformen bei (Hofmann 2021, S. 37).

Für einen Pfadwechsel zu einer verantwortlichen und wertschätzenden Unternehmensführung ist eine entsprechende Unternehmenskultur zentral, deren Ziele und Strategien nicht nur im CSR-Code formuliert, sondern tatsächlich im Unternehmensalltag gelebt werden. Auch hier zeigen empirische Untersuchungen, dass eine klare Haltung der Unternehmensleitung, die sich deutlich gegen Entgrenzung ausspricht, von zentraler Bedeutung ist (Hofmann et al. 2021). Eine gelebte Unternehmenskultur besteht vor allem aus *Haltungen und Tugenden*, die eingeübt sind und im Wirtschaftsalltag zur Anwendung kommen.[19] Zur Stabilisierung solcher Haltungen sind institutionelle Rahmenbedingungen erforderlich, die neue Gewohnheiten selbstverständlich machen. Hier können Beratungsangebote durch den betrieblichen Gesundheitsdienst ebenso wie Schulungen der Mitarbeitenden einen wichtigen Beitrag leisten (Hofmann et al. 2021).

Welche konkreten Tugenden sind dabei im Unternehmensalltag von Bedeutung? Die Tugend der *Vorsorge*, die Probleme versucht zu antizipieren und Gefährdungen präventiv verhindern will, scheint eine solche Tugend zu sein. Gesundheitsprävention ist bereits seit Langem ein wichtiges Thema der verantwortlichen Mitarbeiterführung und des Personalmanagements. In Zeiten der Entgrenzung von Arbeitszeiten und -orten durch Homeoffice und mobiles Arbeiten, steigen die Anforderungen an eine partnerschaftliche Verantwortungsübernahme im Team und wechselseitiges Vertrauen.[20]

Die Abhängigkeit von Lieferketten hat in der Corona-Krise die Bedeutung von *Resilienz* deutlich gemacht, also die Fähigkeit, mit

Problemsituationen ohne gravierende Beeinträchtigungen umgehen zu können. Dabei geht es nicht darum, angesichts der oben beschriebenen stressbedingten Erschöpfungszustände von Mitarbeitenden deren Kraft zum Aushalten von weiterem Beschleunigungsdruck etwa durch Achtsamkeitspraktiken zu trainieren (Rosa 2021). Vielmehr geht es darum, eine organisatorische Resilienz[21] zu entwickeln, die Autonomie und Abhängigkeit, Handlungsfähigkeit und Verletzlichkeit von Menschen ernst nimmt (Graefe 2019) und damit subversiv ein Element zur Suche nach einer neuen Lebensform wird.

Gegen die Steigerungslogik muss auch die Tugend der *Mäßigung* ins Spiel gebracht werden. Das rechte Maß oder die Mäßigung wurde in der Antike und im Mittelalter als eine der Kardinaltugenden betrachtet (Vogel 2018, S. 17). In der Moderne, die sich durch Steigerungslogiken auszeichnet, hat sie scheinbar jede Bedeutung verloren. Angesichts der oben beschriebenen Probleme, die durch diese Logiken entstehen, ist der Mäßigung eine Renaissance zu wünschen – nicht nur im privaten Umfeld, sondern auch im Unternehmen.

Schließlich ist die Tugend der *Solidarität* von großer Bedeutung. Die Bedeutung von Empathie an Stelle von individueller Nutzenmaximierung spielt hier eine Rolle. Interessant ist in diesem Zusammenhang, dass angesichts einer um sich greifenden ZOOM-Fatigue die Bedeutung von Small Talk, zwischenmenschlichen Beziehungen, dichten und oft eben ungeplanten „Mikro-Interaktionen" sowie einer lebendigen Kommunikationskultur insgesamt in den Fokus der Aufmerksamkeit tritt (Hof-

19  Haltungen sind dabei durch eine prinzipielle Offenheit charakterisiert (Rosa 2018, S. 60 ff.).
20  Vgl. zu diesem Themenkomplex die Veröffentlichungen im Fehlzeiten-Report 2021, insbesondere Munko (2021).

21  Aus unterschiedlichen Ansätzen zur Definition organisationaler Resilienz lässt sie sich wie folgt beschreiben „als lernorientierte Unternehmenskultur mit einer grundsätzlichen Offenheit, einer positiven Fehlerkultur, einem ständigen Monitoring störender Einflüsse, einem schnellen Entscheidungsmanagement, dem Blick auf die internen Personalressourcen, einem unterstützenden Führungsstil, dem positiven Umgang mit Kreativität sowie einer Fairness- und Vertrauenskultur" (Waltersbacher et al. 2021, S. 71 mit Verweis auf Lee et al. 2013; Reason et al. 2006; Brown et al. 2018; Näswall et al. 2015).

mann 2021, S. 38). Zur Erhöhung der Resilienz von Unternehmen wird vermehrt auf die Notwendigkeit der Vernetzung und Partizipation hingewiesen und auf die Gestaltung einer Unternehmenskultur, die auf die richtige Mischung aus Präsenz und Homeoffice, Work-Life-Balance, Inklusion und Diversity Management achtet (Pfaff und Schubin 2021, S. 55 f.), also Aspekte der Sorge und Solidarität mit allen Mitarbeitenden berücksichtigt. Deren Wichtigkeit wird auch durch empirische Forschung bestätigt:

» Die meisten Erwerbstätigen stimmen zu, dass die Unternehmenskultur und der Zusammenhalt unter den Kolleg:innen sie gut durch die Krise bringen werden. [...] Das resiliente Verhalten des Unternehmens erhöht das gesundheitliche Wohlbefinden – vor allem durch Fürsorge, Unterstützung und Zusammenhalt (Waltersbacher et al. 2021, S. 99).

Unternehmen haben daher schon in gute Arbeitsbedingungen investiert.[22] Das hohe Niveau dieser Ressourcen bei der Arbeit wird durch den Stressreport bestätigt: Dort werden folgende Ressourcen am Arbeitsplatz als wichtig benannt: Hilfe/Unterstützung durch Kollegen (79 %), am Arbeitsplatz Teil einer Gemeinschaft (80 %), gute Zusammenarbeit mit Kollegen (86 %), Hilfe/Unterstützung vom direkten Vorgesetzten (59 %) (Clauß et al. 2021, S. 172 mit Verweis auf BAuA 2020, S. 189, Tab. 46).[23]

## 5.3 Fazit: Unverfügbarkeit als Bedingung betrieblicher Verantwortung

Die Corona-Pandemie hat deutlich gemacht, dass die durch Wettbewerb und Steigerungsdruck erzeugten negativen Folgen für die Mitarbeitenden von Unternehmen in Form von Stress und Entgrenzung sowie dadurch bedingte gesundheitliche und psychische Probleme keine unumkehrbare Notwendigkeit sind. Trotz des Beharrungsvermögens von Gewohnheiten aufgrund von Pfadabhängigkeiten sind in bestimmten Situationen Pfadwechsel möglich.

Diese speziellen Situationen eines möglichen Pfadwechsels erfordern kreative Handlungsanpassungen auf unterschiedlichen Ebenen – der individuellen wie auch der institutionellen Ebene. Betrachtet man Unternehmen nicht allein als Institutionen, die der Gewinnmaximierung im Sinne einer Steigerungslogik verpflichtet sind, sondern als soziale Gebilde, in denen Beschäftigte und Management zusammenwirken, um bestimmte Ziele als verantwortliche Akteure (im Sinne von CSR) in der Gesellschaft zu erreichen, dann stellt sich die Frage nach den Möglichkeiten für Unternehmen, Alternativen zur Steigerungslogik zum Wohle der Beschäftigten zu entwickeln. Hierzu haben wir auf die Bedeutung alternativer Erfolgsindikatoren, partizipativer und demokratischer Strukturen in Unternehmen, Erfahrungen einer wertschätzenden Unternehmenskultur sowie der Einübung von Tugenden wie Vorsorgeorientierung, Resilienz, Mäßigung und Solidarität hingewiesen.

Die obigen Überlegungen sollen Alternativen zur Steigerungslogik oder zumindest Wege zur Abfederung ihrer Wirkung auf die Beschäftigten im Unternehmen aufzeigen. Sie stellen Denkanstöße dar, liefern aber keine fertigen Rezepte, wie die Übernahme betrieblicher Verantwortung konkret gelingen kann.

Letztlich wohnt dem Erfolg unternehmerischen Handelns – und dazu zählt auch das ver-

---

22 „[K]ritische Belastungsfaktoren wie Arbeitstempo, Termin- und Leistungsdruck, ständig wiederkehrende Arbeitsvorgänge und die Zahl der Umstrukturierungen" sanken bereits vor der Pandemie (Clauß et al. 2021, S. 171).

23 Die Zahlen wurden im Rahmen der BIBB/BAuA-Erwerbstätigenbefragung ermittelt (BAuA 2020, S. 18 ff.).

antwortliche Handeln von Corporate Citizens – immer auch ein Moment der Unverfügbarkeit inne; das gilt für die ökonomischen wie für die soziomoralischen Bedingungen. Unternehmen können nur versuchen, Bedingungen zu schaffen, die die Steigerungslogik begrenzen oder stoppen; sie können Maßnahmen ergreifen, um Stress zu reduzieren, Resilienz zu erhöhen, Mäßigung und Solidarität zu fördern – doch ob diese Maßnahmen und Rahmenbedingungen von Erfolg gekrönt sind, kann nicht vorab sichergestellt werden.

Wir können in einer Welt, die von Kontingenz[24] geprägt ist, nicht sicher vorhersagen, welche Strategien am Ende tatsächlich erfolgreich sein werden, um gute (resonante) Arbeitsbedingungen zu ermöglichen. Dies erweist sich immer erst im Tun. Dabei kommt es entscheidend darauf an, dass dieses Tun immer wieder neu auf den Ausgleich zwischen (steigenden und wechselnden) Anforderungen und zur Verfügung stehenden sozialen Bewältigungsressourcen achtet, sich also in einem responsiven Modus des „Hörens und Antwortens" bewegt. Die Vorstellung, dass sich immer erst im Tun bewährt, was theoretisch entwickelt wurde, ist zentral für die Sozialphilosophie des Pragmatismus.[25] Daher gilt auch für wirtschaftsethische Strategien der Übernahme von betrieblicher Verantwortung gegenüber den Beschäftigten, dass sie sich letztlich in der Praxis bewähren müssen, wie dies bereits die pragmatistische Methode fordert (James 1908, S. 28).

## Literatur

Ahmad J, Zahid S, Fazli Wahid F, Ali S (2021) Impact of role conflict and role ambiguity on job satisfaction the mediating effect of job stress and moderating effect of Islam work ethics. Eur J Bus Manag Res 6(4):41–50

Åkerstedt T, Knutsson A, Westerholm P, Theorell T, Alfredsson L, Kecklund G (2002) Sleep disturbances, work stress and work hours: a cross-sectional study. J Psychosom Res 53:741–748

Amlinger-Chatterjee M, Wöhrmann AM (2017) Flexible Arbeitszeiten. Z Arb Wiss 71:39–51

Bamberg E (2004) Stress bei der Arbeit und Maßnahmen der Stressreduktion: Aktuelle Konzepte und Forschungsergebnisse. Arbeit 13(3):264–277

BAuA –Bundesanstalt für Arbeitsschutz und Arbeitsmedizin (2020) Stressreport Deutschland 2019: Psychische Anforderungen, Ressourcen und Befinden. https://baua.de/DE/Angebote/Publikationen/Berichte/Stressreport-2019.pdf_blob=publicationFile&v=8. Zugegriffen: 28. Febr. 2022

Blog Postwachstum (2022) https://www.postwachstum.de/. Zugegriffen: 23. Febr. 2022

Boyer-Davis S (2018) The relationship between technology stress and leadership style: an empirical investigation. J Bus Educ Leadersh 8(1):48–65

Brown NA, Orchiston C, Rovins JE, Feldmann-Jensen S, Johnston D (2018) An integrative framework for investigating disaster resilience within the hotel sector. J Hosp Tour Manag 36:67–75

Bundesministerium für Arbeit und Soziales (2022) UnternehmensWerte. CSR made in Germany. https://www.csr-in-deutschland.de/DE/Was-ist-CSR/Grundlagen/Nachhaltigkeit-und-CSR/csr-grundlagen.html;jsessionid=A5E0C84E3EDFFDF9E63ED6E9ABF4195C. Zugegriffen: 22. Febr. 2022

Campbell M, Baltes JI, Martin A, Meddings K (2007) The stress of leadership. A center for creative leadership research white paper. https://eminencecoach.com/wp-content/uploads/2016/04/StressofLeadership.pdf. Zugegriffen: 2. März 2022

Clauß E, Harrer-Kouliev K, Wolff H (2021) Arbeit made in Germany: Arbeitsschutz und gesunde Arbeitsgestaltung in der Zeit vor, während und nach Corona. In: Badura B, Ducki A, Schröder H, Meyer M (Hrsg) Fehlzeiten-Report 2021. Betriebliche Prävention stärken – Lehren aus der Pandemie. Springer, Berlin, S 169–186

---

24  Mit Kontingenz ist gemeint, dass historische Verläufe nicht determiniert sind, sondern sich an bestimmten Wendepunkten auch immer wieder pfadabhängig anders entwickeln können (Knöbl 2007). Insofern ist auch die Entwicklung der modernen Gesellschaft, die wir durch Beschleunigungs- und Steigerungszwang gekennzeichnet haben, auch wieder veränderbar und ungewiss. Unverfügbarkeit ist allerdings nicht ganz identisch mit Kontingenz, denn als Element resonanter Beziehungen bedeutet Unverfügbarkeit nicht, dass sich etwas einfach unserem Einfluss entzieht; es bedeutet nur, dass wir es nicht einfach berechnen oder beherrschen können. Wir können es *erreichen*, aber nicht einfach darüber *verfügen* (Rosa 2018, S. 56 ff.).

25  „‚Fruits not roots', auf die Früchte kommt es an, nicht auf die Wurzeln, ist James' Motto. Sein Vortrag ‚Philosophical Conceptions and Practical Results' aus dem Jahr 1899, gehalten in Berkeley, Kalifornien, kann als Tauffeier des Pragmatismus bezeichnet werden" (Festl 2018, S. VII f.).

Dewey J (1993) Demokratie und Erziehung. Eine Einleitung in die philosophische Pädagogik. Aus dem Amerikanischen von E. Hylla. Beltz, Weinheim und Basel

Diefenbacher H, Held B, Rodenhäuser D, Zieschank R (2016) Aktualisierung und methodische Überarbeitung des nationalen Wohlfahrtsindex 2.0 für Deutschland 1991 bis 2012. https://www.umweltbundesamt.de/publikationen/aktualisierung-methodische-ueberarbeitung-des. Zugegriffen: 23. Febr. 2022

DW – Deutsche Welle (2015) Health of Europe's workers at risk, says new study. https://www.dw.com/en/health-of-europes-workers-at-risk-says-new-study/a-18319951. Zugegriffen: 21. Dez. 2021

Festl MG (2018) Einleitung. In: Festl MG (Hrsg) Handbuch Pragmatismus. Metzler, Stuttgart, S VII–XI

Freuding J, Wohlrabe K (2021) Arbeit in Zeiten von Gesundheitsrisiken – Zahlen und Fakten. In: Badura B, Ducki A, Schröder H, Meyer M (Hrsg) Fehlzeiten-Report 2021. Betriebliche Prävention stärken – Lehren aus der Pandemie. Springer, Berlin, S 13–26

Gimpel H, Lanzl J, Manner-Romberg T, Nüske N (2018) Digitaler Stress in Deutschland. Eine Befragung von Erwerbstätigen zu Belastung und Beanspruchung durch Arbeit mit digitalen Technologien. Working Paper Forschungsförderung, Bd. 101. Hans Böckler Stiftung

Graefe S (2019) Resilienz im Krisenkapitalismus. Wider das Lob der Anpassungsfähigkeit. transcript, Bielefeld

Harms PD, Credé M, Tynan M, Leon M, Jeung W (2017) Leadership and stress: a meta-analytic review. Leadersh Q 28:178–194

Hofmann JC (2021) Arbeiten in Zeiten von Gesundheitskrisen – Veränderungen in der Corona-Arbeitswelt und danach. In: Badura B, Ducki A, Schröder H, Meyer M (Hrsg) Fehlzeiten-Report 2021. Betriebliche Prävention stärken – Lehren aus der Pandemie. Springer, Berlin, S 27–41

Hofmann J, Piele A, Piele C (2021) Arbeiten in der Corona-Pandemie – Entgrenzungseffekte durch mobiles Arbeiten, und deren Vermeidung. Folgeergebnisse. https://www.iao.fraunhofer.de/de/forschung/organisationsentwicklung-und-arbeitsgestaltung/befragungsreihe-arbeiten-im-new-normal.html. Zugegriffen: 23. Febr. 2022

Hollstein B (2015) Skizze einer pragmatistischen Wirtschaftsethik – am Beispiel Korruption. Ethik und Gesellschaft. Ökumenische Zeitschrift für Sozialethik, Heft 1: Pragmatismus und Sozialethik. http://www.ethik-und-gesellschaft.de/eug/mm/EuG_2015_1/EuG-1-2015_Hollstein.pdf. Zugegriffen: 17. Apr. 2022

Hollstein B, Rosa H (2020) Unverfügbarkeit als soziale Erfahrung. Ein soziologischer Deutungsversuch der Corona-Krise angewendet auf die Wirtschaftsethik.

In: Brink A, Hollstein B, Hübscher MC, Neuhäuser C (Hrsg) Lehren aus Corona. Impulse aus der Wirtschafts- und Unternehmensethik. Nomos, Baden-Baden, S 21–33

Hollstein B, Rosa H (2022) Social acceleration – a challenge for companies? Insights for business ethics from resonance theory. J Bus Ethics (im Erscheinen)

James W (1908) Der Pragmatismus. Ein neuer Name für alte Denkmethoden. Volkstümliche philosophische Vorlesungen. Übersetzt von Wilhelm Jerusalem. Klinkhardt, Leipzig

Joas H (1992) Die Kreativität des Handelns. Suhrkamp, Frankfurt/Main

Knöbl W (2007) Die Kontingenz der Moderne. Wege in Europa, Asien und Amerika. Campus, Frankfurt/Main New York

Kunze F, Hampel K, Zimmermann S (2020) Homeoffice in der Corona-Krise – eine nachhaltige Transformation der Arbeitswelt? Policy Paper Universität Konstanz 2, 16. Juli 2020. https://kops.uni-konstanz.de/bitstream/handle/123456789/51524/Kunze_2-926cp7kvkn359.pdf?sequence=3&isAllowed=y. Zugegriffen: 12. Juni 2021

Lee A, Vargo J, Seville E (2013) Developing a tool to measure and compare organizations' resilience. Nat Hazards Rev 14:29–41

Lexikon der Nachhaltigkeit (2015) Vertreter der Wachstumsdebatte. https://www.nachhaltigkeit.info/artikel/uebersicht_ueber_bekannte_vertreter_der_wachstumsdeb_1840.htm. Zugegriffen: 16. Apr. 2022

Lovelace KJ, Manz CC, Alves JC (2007) Work stress and leadership development: the role of self-leadership, shared leadership, physical fitness and flow in managing demands and increasing job control. Hum Resour Manag Rev 17:374–387

Meadows D, Meadows D, Zahn E, Milling P (1972) Die Grenzen des Wachstums: Bericht des Club of Rome zur Lage der Menschheit. Deutsche Verlags-Anstalt, Stuttgart

Munko T (2021) Von der Präsenz- zur Vertrauenskultur. In: Badura B, Ducki A, Schröder H, Meyer M (Hrsg) Fehlzeiten-Report 2021. Betriebliche Prävention stärken – Lehren aus der Pandemie. Springer, Berlin, S 327–348

Näswall K, Kuntz J, Malinen S (2015) Employee Resilience Scale (EmpRes) measurement properties Bd. 2015/04

Pfaff H, Schubin K (2021) Zukünftige Gesundheitsrisiken: Was kommt auf die Gesellschaft zu? In: Badura B, Ducki A, Schröder H, Meyer M (Hrsg) Fehlzeiten-Report 2021. Betriebliche Prävention stärken – Lehren aus der Pandemie. Springer, Berlin, S 43–63

Reason J, Hollnagel E, Pariès J (2006) Revisiting the "Swiss cheese" model of accidents. J Clin Eng 27:110–115

Rosa H (2005) Beschleunigung. Die Veränderung der Zeitstrukturen in der Moderne. Suhrkamp, Frankfurt/Main

Rosa H (2007) Modernisierung als soziale Beschleunigung – kontinuierliche Steigerungsdynamik und kulturelle Diskontinuität. In: Bonacker T, Reckwitz A (Hrsg) Kulturen der Moderne. Soziologische Perspektiven der Gegenwart. Campus, Frankfurt/Main, S 140–173

Rosa H (2013) Historischer Fortschritt oder leere Progression? Das Fortschreiten der Moderne als kulturelles Versprechen und als struktureller Zwang. In: Willems U et al (Hrsg) Moderne und Religion. Kontroversen um Modernität und Säkularisierung. transcript, Bielefeld, S 117–142

Rosa H (2016) Resonanz. Eine Soziologie der Weltbeziehung. Suhrkamp, Berlin

Rosa H (2018) Unverfügbarkeit. Residenz, Wien Salzburg

Rosa H (2021) „Achtsamkeit verhindert Empörung." Das stört Hartmut Rosa. Psychol Heute 12:10

Rowold J, Heinitz K (2008) Führungsstile als Stressbarrieren. Zum Zusammenhang zwischen transformationaler, transaktionaler, mitarbeiter- und aufgabenorientierter Führung und Indikatoren von Stress bei Mitarbeitern. Z Personalpsychol 7(3):129–140

Schmucker R (2021) Soziale Ungleichheit als prägendes Merkmal – die Arbeitswelt während und nach der Corona-Krise. In: Badura B, Ducki A, Schröder H, Meyer M (Hrsg) Fehlzeiten-Report 2021. Betriebliche Prävention stärken – Lehren aus der Pandemie. Springer, Berlin, S 187–198

StabG (Gesetz zur Förderung der Stabilität und des Wachstums der Wirtschaft vom 8. Juni 1967 (BGBl. I S. 582), das zuletzt durch Artikel 267 der Verordnung vom 31. August 2015 (BGBl. I S. 1474) geändert worden ist). https://www.gesetze-im-internet.de/stabg/BJNR005820967.html. Zugegriffen: 16. Apr. 2022

Statistisches Bundesamt (2022) Volkswirtschaftliche Gesamtrechnungen, Inlandsprodukt. https://www.destatis.de/DE/Themen/Wirtschaft/Volkswirtschaftliche-Gesamtrechnungen-Inlandsprodukt/_inhalt.html. Zugegriffen: 23. Febr. 2022

Vahle-Hinz T, Bamberg E (2009) Flexibilität und Verfügbarkeit durch Rufbereitschaft – die Folgen für Gesundheit und Wohlbefinden. Arbeit 18(4):327–339

Vogel T (2018) Mäßigung. Was wir von einer alten Tugend lernen können. Oekonom, München

Volbers J (2018) Gewohnheit. Zum Begriff und dessen Geschichte. In: Festl MG (Hrsg) Handbuch Pragmatismus. Metzler, Stuttgart, S 101–107

Waltersbacher A, Klein J, Schröder H (2021) Die soziale Resilienz von Unternehmen und die Gesundheit der Beschäftigten. In: Badura B, Ducki A, Schröder H, Meyer M (Hrsg) Fehlzeiten-Report 2021. Betriebliche Prävention stärken – Lehren aus der Pandemie. Springer, Berlin, S 67–104

# Verantwortung und gesunde Arbeitsbedingungen

## Inhaltsverzeichnis

# Unternehmerische Sozialverantwortung und gesundheitsorientierte Führung

*Andrea Waltersbacher, Miriam Meschede, Hannes Klawisch und Helmut Schröder*

## Inhaltsverzeichnis

B. Badura et al. (Hrsg.), *Fehlzeiten-Report 2022*, Fehlzeiten-Report,
https://doi.org/10.1007/978-3-662-65598-6_6

■ ■ **Zusammenfassung**

*Unternehmen sind maßgebliche Akteure, wenn es darum geht, ethisches und ressourcenerhaltendes Handeln zu etablieren. Corporate Social Responsibility (CSR) oder unternehmerische Sozialverantwortung drückt aus, dass Unternehmen ihre Verantwortung gegenüber Umwelt, Gesellschaft und Stakeholdern akzeptieren und über die gesetzlichen Vorgaben hinausgehend ethische Fragen bei ihrem unternehmerischen Handeln berücksichtigen. In der durchgeführten Untersuchung, die auf Befragungsergebnissen von 2.501 Erwerbstätigen zwischen 18 und 66 Jahren basiert, zeigte sich, dass Beschäftigte aus Unternehmen mit stärkerer Sozialverantwortung über eine höhere Leistungsbereitschaft verfügten, sich stärker mit ihrem Unternehmen verbunden fühlten und zufriedener mit ihrer Arbeit waren.*

*Beschäftigte, deren Unternehmen bei ihrem Handeln die Folgen für Umwelt und Gesellschaft stärker berücksichtigen, erlebten auch eine verstärkte gesundheitsbezogene Fürsorge in ihren Unternehmen, die sich in Form von gesundheitsorientierter Führung, Maßnahmen des Betrieblichen Gesundheitsmanagements und Thematisierung von Gesundheitsförderung in der Geschäftsführung äußert. In einem Extremgruppenvergleich wurde sichtbar, dass Beschäftigte aus Unternehmen mit stärkerem Engagement – sowohl in Bezug auf Umwelt und Gesellschaft als auch auf die Gesundheit der Mitarbeitenden – seltener kognitive und emotionale Irritationen erlebten. Diese Beschäftigten berichten weiterhin über einen besseren subjektiven Gesundheitszustand, weniger Fehltage und weniger Präsentismus. Der vorliegende Beitrag zeigt anhand der Untersuchungsergebnisse, wie wertebasiertes Handeln von Unternehmen für eine zukunftsfähige und ressourcenerhaltende Wirtschaft jetzt schon zur Gesunderhaltung, Motivation und Bindung der Beschäftigten beiträgt.*

## 6.1 Einleitung

### 6.1.1 Die Verantwortung von Unternehmen

■ ■ **Die Akzeptanz der Verantwortung und verantwortungsvolles Handeln**

Unternehmen haben in unserer global vernetzten Welt einen bedeutsamen Einfluss auf den Planeten und seine Bewohnenden. In den vergangenen 50 Jahren ist die bedenkenlose Wasser-, Luft- und Landnutzung, befördert durch die Verdoppelung der Weltbevölkerung und Vervierfachung der Weltwirtschaft, zu einem immer größeren Problem geworden: In weiten Teilen der Welt sind die schädlichen, ja katastrophalen Entwicklungen in Form von starker Verschmutzung sowie Zerstörung ganzer Ökosysteme zu sehen (eine umfangreiche Darstellung findet sich beispielsweise in IPBES 2019 und Global Footprint Network 2022). Der Klima„wandel" führt auf anderen Kontinenten zu schweren Hungersnöten (beispielhaft: Farr et al. 2022), aber birgt inzwischen auch für Europa große Bedrohungen (Rakovec et al. 2022).

Aufgrund von zahlreichen humanitären und ökologischen Katastrophen in Schwellen- und Entwicklungsländern, in denen für global agierende Firmen produziert wird, und des Fortschreitens des Klimawandels mit all seinen Folgen scheint sich die öffentliche Wahrnehmung gewandelt zu haben. Soziale Missstände sowie die planetaren Grenzen bei der Förderung von Rohstoffen, der Entsorgung von Müll oder der Herstellung von Konsumgütern wurden sichtbarer (bspw. ILO 2017; Greenpeace 2020). Die Nachfrage nach nachhaltigen Produkten steigt (Statista 2021; Umweltbundesamt 2021) und ist ein Zeichen dafür, dass immer mehr Menschen die Folgen des Konsums hinterfragen und realisieren, dass ihre ethischen Standards in Bezug auf Tierwohl, Menschenrechte und Nachhaltigkeit bei der Produktion ihrer Konsumgüter und dem Angebot ihrer Dienstleistungen unterlaufen werden. Durch Bewegungen wie beispielsweise „Fridays for Future" verleihen Menschen dem Gefühl Ausdruck, dass der Umgang mit Ressourcen weder gegenüber der Weltgesellschaft als Ganzes noch gegenüber kommenden Generationen gerecht ist. Auch in der Wirtschaftsforschung werden die sozialen, ökonomischen und politischen Wirkungen der Wertschöpfung diskutiert: Denn eine ungenaue Unterscheidung zwischen Wertschöpfung und Wertabschöpfung hat Folgen, „die weit über das Schicksal von Unternehmen und ihren Beschäftigten, ja selbst über das Schicksal ganzer Gesellschaften hinausreichen" (Mazzucato 2019, S. 35) In Deutschland trägt die Gesellschaft insgesamt die Folgen dieses Wirtschaftssystems, da sie (teilweise) mit öffentlichen Mitteln für Umweltschäden, Arbeitslosigkeit und Krankheit aufkommen muss, während die Gewinne nicht der Allgemeinheit zugutekommen: „Schäden werden sozialisiert, Gewinne werden privatisiert" (Müller-Christ 2020, S. 101). Damit steigt sowohl der politische als auch der gesellschaftliche Druck, verbindliche ethische Standards für Wirtschaftsunternehmen zu etablieren, beständig an. Spätestens mit der Verabschiedung der *Sustainable Development Goals* im Jahr 2016 durch die Vereinten Nationen (UN), einem Meilenstein der Implementierung von weltweiten ethischen Standards des Wirtschaftens, scheint ein umfassender Paradigmenwechsel eingeläutet zu sein und damit die Themen Nachhaltigkeit und Verantwortung noch stärker in den Fokus gerückt zu werden (United Nations Sustainable Development Goals, siehe OECD 2011; ILO 2017).[1]

Viele Unternehmen befinden sich damit – wie Müller-Christ beschreibt – in einem Entscheidungsdilemma: Gewinnorientierung und Nachhaltigkeit bzw. die unbedingte Einhaltung von ethischen Standards im Umgang mit Menschen, Tieren und der Natur stehen im Widerspruch zueinander. Die Folge ist: „Unternehmen müssen lernen mit diesen Dilemmata umzugehen." (Müller-Christ 2020, S. 47) Werden die gesamten Auswirkungen des unternehmerischen Handelns zukünftig in die Bewertung eines Unternehmens einbezogen, wird die Legitimation von einem Unternehmen angesichts der Bedrohungslage zukünftig nicht mehr nur darin bestehen, dass es Profit erwirtschaftet („Überleben durch Gewinn"), sondern zunehmend darin, dass es unternehmerische Verantwortung zeigt („Überleben durch Legitimation") (Remer A., hier zitiert nach Müller-Christ 2020, S. 106).

■ ■ **Corporate Social Responsibility (CSR)**

Werteorientierte Unternehmen sind sich der Verantwortung ihres Handelns für Menschen, Gesellschaft und Umwelt bewusst. Diese Verantwortung für die Folgen des unternehmerischen Handelns zu erkennen, zu akzeptieren und daraus ein Handlungsregime zu etablieren, das über das gesetzlich ohnehin geforderte Maß hinaus geht, wird im Allgemeinen mit dem Begriff *Corporate Social Responsibility* (CSR) oder „unternehmerische Sozialverantwortung" bezeichnet (BMZ 2013). Die Akzeptanz der unternehmerischen Sozialverantwortung (CSR) erfolgt auf freiwilliger Basis und bedeutet eine Verankerung entsprechender Entscheidungsmaxime im Kerngeschäft und in der Geschäftsstrategie des Unternehmens (csr-iso-26000.de). Für kapitalmarktorientierte Unternehmen mit mehr als 500 Beschäftigten besteht seit 2017 eine Berichtspflicht über CSR-Aktivitäten (Deutscher Bundestag 2017). Ab 2024 sind auch Unternehmen mit mehr

---

1    Die OECD hat 2011 Leitlinien für das Wirtschaften für internationale Unternehmen veröffentlicht (OECD 2011). Dabei handelt es sich in erster Linie um Empfehlungen ohne Absicherung durch die nationale Gesetzgebung. Beispielsweise ist Kinderarbeit in Deutschland verboten, nicht jedoch in den Ländern, in denen deutsche Firmen für den deutschen Markt produzieren lassen. Ebenso verhält es sich mit Umweltschutzauflagen, beispielsweise bei Pestiziden, die in Deutschland für den südamerikanischen Markt produziert werden dürfen, obwohl der Einsatz innerhalb der EU nicht erlaubt ist.

als 250 Beschäftigten berichtspflichtig (IHK Frankfurt am Main o.J.). (Zur umfangreichen Beschreibung des Konzepts von CSR siehe Sonntag, ▶ Kap. 7 und Kreipl, ▶ Kap. 2 in diesem Band; Müller-Christ 2020, Teil I; BMAS 2011, o.J.).

#### ▪▪ Verantwortungsübernahme von Unternehmen: Auswirkungen auf die Beschäftigten

Eine Werteorientierung von Unternehmen drückt aus, dass sie sich ethisch-moralischen Werten verpflichtet fühlen und diese in ihrem unternehmerischen Handeln berücksichtigen. Bereits das Image, ein Unternehmen zu sein, das sich seiner Verantwortung gegenüber der Umwelt und der Gesellschaft bewusst ist, kann sich bei Kundinnen und Kunden sowie Beschäftigten und geschäftlichen Kontakten positiv auswirken (Paruzel et al. 2021).

Menschen haben laut der „Theorie der sozialen Identität" grundsätzlich das Bestreben, Gruppen anzugehören, deren Zugehörigkeit ihr Selbstbild aufwertet (Tajfel und Turner 1979). Die Zugehörigkeit zu einem angesehenen Unternehmen, das „Gutes tut", ist attraktiv. Diese Einschätzung stärkt die Identifikation von Beschäftigten mit dem Unternehmen und damit die Unternehmensbindung und Arbeitszufriedenheit der Beschäftigten (Paruzel et al. 2021). Beschäftigte gehen davon aus, dass sich Unternehmen, die sich Dritten gegenüber fair verhalten, auch ihnen gegenüber fair verhalten werden. Bei nachhaltigem (ökologischem) und gemeinwohlorientiertem Verhalten legen Unternehmen diese so genannte „third-party justice", also Gerechtigkeit gegenüber Dritten an den Tag. Empfinden die Beschäftigten das Unternehmen diesbezüglich als gerecht, trägt diese Einschätzung zur Identifikation mit dem Unternehmen bei und beeinflusst die Arbeitszufriedenheit, das Commitment und die Leistungsfähigkeit der Beschäftigten positiv (De Roeck et al. 2014; Rupp et al. 2006). Geteilte Werte und Überzeugungen sind überdies über Abteilungen und Hierarchien hinaus verbindende Elemente zwischen Beschäftigten eines Unternehmens und fördern „Kohäsion (Zusam-

menhalt) und Kohärenz im Denken, Fühlen und Handeln [...]" (Badura 2017, S. 94).

Laut „Engagement Theory" (Kahn 1990) steigt die Arbeitsmotivation, wenn Beschäftigte sich ganzheitlich – d. h. mit ihren Wertvorstellungen, Interessen und Stärken – in ihren Beruf einbringen können. Die Annahme ist, dass Unternehmen, die verantwortliches Handeln im Sinne von Nachhaltigkeit und Gemeinwohlorientierung zeigen, ein Umfeld schaffen, in dem Beschäftigte ihrem Bedürfnis nach wertebasiertem Handeln nachkommen können (Glavas und Piderit 2009). Vor dem Hintergrund eines Fachkräftemangels kann dieser Aspekt für Unternehmen an Bedeutung zunehmen.

Die hier skizzierten Ansätze, aber auch weitere Theorien zur Wirkung von CSR auf die Mitarbeitenden (s. Review von Rupp und Mallory 2015) zeigen, wie sich wertebasiertes, verantwortliches und glaubwürdiges Handeln positiv auf die Beschäftigten auswirken kann. Wichtig ist dafür allerdings, dass nicht nur eine auf die Außenwirkung bedachte Kommunikation erfolgt und die Beschäftigten auch über CSR-Aktivitäten des eigenen Unternehmens informiert sind (Paruzel et al. 2021).

#### ▪▪ Die Verantwortung des Unternehmens für seine Beschäftigten

Ein wesentlicher Aspekt verantwortlichen Handelns von Unternehmen ist der Umgang mit den internen menschlichen Ressourcen, also die Fürsorge für die Gesundheit und das Wohlbefinden der eigenen Beschäftigten. Der gesetzliche Fürsorgeauftrag für die Gesundheit impliziert zum einen Gesundheitsschutz für die Beschäftigten (Arbeitssicherheit und Arbeitsschutz), zum anderen aktive Förderung der Gesundheit (Ressourcenstärkung) (Franke und Felfe 2011a). Da (mentale) Gesundheit und Leistungsfähigkeit zusammenhängen (Montano et al. 2017), haben Unternehmen berechtigterweise auch ein Eigeninteresse an der Gesunderhaltung ihrer Beschäftigten. Zur Beurteilung des Unternehmenserfolgs oder des Erfolgs von Führungskräften wird zunehmend berücksichtigt, inwieweit für das psychische

Wohlbefinden der Beschäftigten Sorge getragen und auch langfristig das Engagement der Mitarbeitenden gefördert wird (Felfe und Pundt 2017). Damit fokussieren Unternehmen nicht nur auf die zeitweilige Leistungsfähigkeit der Beschäftigten, sondern achten auch darauf, „die Ressourcen der Mitarbeiter nicht schneller zu verbrauchen als sie sich regenerieren können." (Müller-Christ 2020, S. 296).

## ■■ Die Rolle der Führungskraft im verantwortungsvollen Unternehmen

Mitarbeitendenführung beschreibt die Einflussnahme von Führungskräften auf die Haltung und Verhaltensweise von Beschäftigten, aber auch auf die Interaktion zwischen den Beschäftigten (Franke und Felfe 2011a). Die bewusste Beeinflussung geschieht mit der Intention, organisationale Ziele zu erreichen (Wesche et al. 2015). Führungskräfte haben als „Sicherheits- oder Ressourcenmanager" (Franke und Felfe 2011a, S. 4) Einfluss auf die Ausgestaltung der Rahmenbedingungen und die Inhalte der Arbeitsaufgaben von Beschäftigten. Daraus ergibt sich, dass sie für die Gesundheit der Beschäftigten eine zentrale Rolle spielen (Franke und Felfe 2011a; Jimenez et al. 2017; Montano et al. 2017). In ihrer Vorbildfunktion beeinflussen Führungskräfte die Beschäftigten in ihrer Wahrnehmung und ihrem Handeln sowie die Unternehmenskultur insgesamt (Felfe 2009; Franke et al. 2015; Franke und Felfe 2011a). Individuelle Führungskompetenz ist dabei stets im Kontext des Unternehmens zu sehen. So ist Führungserfolg auch immer von den (strukturellen) Voraussetzungen abhängig, wie beispielsweise Handlungsspielraum, Vorschriften, Hierarchie und Förderung von Führungskompetenz (Felfe und Pundt 2017; Hänsel 2016; Jimenez et al. 2017).

## ■■ Was zeichnet gesundheitsorientierte Führung aus?

Zahlreiche Studien befassten sich mit den verschiedenen Führungsstilen und den Auswirkungen auf die Gesundheit der Mitarbeitenden. Es wurde dabei vielfach herausgearbeitet, dass sogenannte „positive Führungsstile" – zu denen z. B. die transformationale Führung, die ethische Führung und die authentische Führung gehören – in Zusammenhang mit einem besseren Gesundheitserleben der Beschäftigten stehen (beispielhaft Felfe 2006; Felfe und Pundt 2017; Franke und Felfe 2011a; Montano et al. 2017). Obwohl ein förderlicher Einfluss von positiven Führungsstilen auf die Gesundheit von Beschäftigten belegt wurde, berücksichtigen diese Führungskonzepte keine explizit gesundheitsförderlichen Führungsaspekte und bieten demnach keine klare Orientierung für die konkrete gesundheitsförderliche Ausgestaltung von Führung (Franke und Felfe 2011a, 2011b). Franke und Felfe entwickelten deshalb den Ansatz der gesundheitsorientierten Führung „Health oriented Leadership" (HoL), der die verschiedenen Aspekte von gesundheitsorientierter Führung integriert und es ermöglicht, gesundheitsorientierte Führung in Unternehmen messbar zu machen (Felfe und Pundt 2017; Franke und Felfe 2011a).

Gesundheitsfürsorge bedeutet nach dem Konzept der Health oriented Leadership, dass die Gesundheit der Beschäftigten als relevanter und schützenswerter Wert angesehen wird. Das Konzept fokussiert drei Aspekte: die Bedeutung, die Gesundheitsthemen im Unternehmen erhalten (Gesundheitsvalenz), die gesundheitsbezogene Achtsamkeit sowie das Gesundheitsverhalten. Raum für die Thematisierung der Beschäftigtengesundheit, die Fähigkeit, das gesundheitliche Befinden wahrzunehmen sowie die Wertschätzung von Gesundheit werden als Grundlage dafür gesehen, dass auf das gesundheitliche Befinden von Beschäftigten eingegangen wird und Verbesserungsmöglichkeiten herbeigeführt werden (Franke und Felfe 2011a; Hänsel 2016).

Führungskräften kommt als Multiplikatoren dieser Werthaltung und als Gestalter von Arbeitsinhalten und -strukturen dabei eine wichtige Rolle zu. Sie haben die Aufgabe, das Gesundheitshandeln der Beschäftigten zu fördern, das Befinden der Beschäftigten wahrzunehmen und zu versuchen, die gegebenen Bedingungen so zu gestalten, dass die Belastungen gesenkt und die Resilienz gestärkt werden.

Grundlage für den Erfolg von gesundheitsorientierter Führung ist eine Vertrauensbasis, auf der offen über gesundheitliche Themen gesprochen werden kann, ohne dass Führungskräfte Grenzen überschreiten oder Beschäftigte befürchten müssen, dass ihnen gesundheitliche Beschwerden als Schwäche ausgelegt werden (Franke und Felfe 2011a). Untersuchungen über gesundheitsorientierte Führung konnten zeigen, dass diese Art der Führung positiv mit dem gesundheitlichen Befinden der Beschäftigten in Zusammenhang steht (Felfe und Pundt 2017; Klamar et al. 2018).

### 6.1.2 Forschungsfragen und methodisches Vorgehen

#### ▪▪ Forschungsfragen
Für den vorliegenden Beitrag wurden die befragten Beschäftigten nach ihrer subjektiven Einschätzung und Bewertung der unternehmerischen Sozialverantwortung im eigenen Unternehmen, der empfundenen gesundheitlichen Fürsorge sowie nach ihren subjektiv wahrgenommenen gesundheitlichen Belastungen befragt.

Folgende Forschungsfragen leiteten die Untersuchung:
- Berichten Beschäftigte aus Unternehmen mit engagierter unternehmerischer Sozialverantwortung (CSR) auch von mehr Fürsorge für die Gesundheit der Beschäftigten?
- Schätzen Beschäftigte aus Unternehmen mit engagierter unternehmerischer Sozialverantwortung (CSR) sowie ausgeprägter Fürsorge für die Gesundheit der Beschäftigten ihre Arbeitszufriedenheit, Unternehmensverbundenheit und Leistungsbereitschaft höher ein?
- Berichten Beschäftigte aus Unternehmen mit engagierter unternehmerischer Sozialverantwortung (CSR) sowie ausgeprägter Fürsorge für die Gesundheit ihrer Beschäftigten über ein besseres gesundheitliches Wohlbefinden?

Unabhängig vom Thema *Corporate Social Responsibility* wurde aufgrund der aktuellen pandemischen Situation mit Covid-19 außerdem folgende Frage untersucht:
- Berichten die Beschäftigten während der Pandemie (Erhebungsjahre 2021 und 2022) über mehr psychische Belastungen und körperliche Beschwerden als vor der Pandemie (Erhebungszeitraum: Februar 2020)?

Das aus Sicht der befragten Beschäftigten verantwortliche Handeln der Unternehmen wurde auf zwei Ebenen untersucht: Eine Ebene stellt die unternehmerische Sozialverantwortung für die umgebende Gesellschaft, die Stakeholder des Unternehmens und die Umwelt dar und wird hier unter dem Begriff der *Corporate Social Responsibility* (CSR) zusammengefasst.

Eine zweite Ebene bildet die gesundheitsbezogene Fürsorge für die eigenen Beschäftigten, die hier als Ausdruck verantwortungsvollen Handelns gegenüber den internen Stakeholdern verstanden wird. Die gesundheitsbezogene Fürsorge umfasst bei dieser Untersuchung die Aspekte (1) Vorhandensein von Maßnahmen der Betrieblichen Gesundheitsförderung (BGF), (2) die Thematisierung der Gesundheit von Mitarbeitenden seitens der Unternehmensleitung und (3) die gesundheitsorientierte Führung.

Zusammen mit der oben beschriebenen unternehmerischen Sozialverantwortung (CSR) werden diese Aspekte zu Analysezwecken zu einem „Verantwortungstypus" zusammengeführt und in Extremgruppen im Hinblick auf ihre Einstellungen zur Arbeit sowie ihre Gesundheit und ihr Wohlbefinden verglichen.

#### ▪▪ Methodisches Vorgehen
Die empirische Basis dieser Untersuchung bildet eine bundesweite repräsentative Befragung von 2.501 Erwerbstätigen im Alter von 18 bis 66 Jahren, die zwischen dem 14. Februar und 14. März 2022 durch das Befragungsinstitut forsa als computergestützte Telefonbefragung (CATI) durchgeführt wurde. Der für die

Befragung eingesetzte Fragebogen wurde im Wissenschaftlichen Institut der AOK (WIdO) entwickelt und nach einer methodischen Beratung durch Dr. Michael Braun vom GESIS – Leibniz-Institut für Sozialwissenschaften in Mannheim im Rahmen eines Pretests überprüft.

Der verwendete Fragebogen enthielt vorwiegend standardisierte, geschlossene Fragen. Kernelement stellten Auszüge aus dem Fragebogen „Health oriented Leadership (HoL)" von Felfe und Pundt (2017) dar, mit dem die gesundheitsorientierte Führung erfragt wurde. Verwendet wurden 13 Items aus der Fragebatterie zur „Staffcare", die die gesundheitsorientierte Fürsorge der Führungskräfte für die Beschäftigten abfragt. Ergänzt wurden diese 13 Items um die Frage, ob Maßnahmen der Betrieblichen Gesundheitsförderung vorhanden sind sowie ob Gesundheitsförderung von der Unternehmensleitung thematisiert wird, in Anlehnung an den Healthy-Organisational-Resources-and-Strategies-Fragebogen (HORST) von Pfaff et al. (2008). Die Items zur Untersuchung der Übernahme von Verantwortung für die Umwelt aller Stakeholder und ganz allgemein „der Gesellschaft" basieren auf den Arbeiten von Glavas und Kelley (2014) sowie von Lee et al. (2013). Die bereits in den vergangenen Ausgaben des Fehlzeiten-Reports verwendeten Fragen zu emotionalen und kognitiven Irritationen wie Wut oder Verzweiflung sind einer Fragebatterie von Mohr und Rigotti entnommen (Mohr et al. 2006). Die Fragen zu Beschwerden, Präsentismus, Fehlzeiten und subjektivem Wohlbefinden sind bereits in den vergangenen Ausgaben des Fehlzeiten-Reports beschrieben. Nahezu alle Fragen werden mit der Zustimmung zu vorgelegten Aussagen auf einer siebenstufigen Skala von 1 (trifft überhaupt nicht zu) bis 7 (trifft voll und ganz zu) beantwortet.[2]

In dieser Untersuchung kommen ausschließlich Erwerbstätige in Voll- oder Teilzeit zu Wort, die zum Befragungszeitpunkt zu Beginn des Jahres 2022 seit mindestens einem Jahr durchgehend in einem Beschäftigungsverhältnis bei ihrem derzeitigen Arbeitgeber standen. Um eine Vergleichbarkeit mit der Erwerbstätigenbevölkerung zu ermöglichen, wurde ein Gewichtungsfaktor auf den Befragungsdatensatz angewendet, der die Alters- und Geschlechtsverteilung der Befragten an die tatsächliche Verteilung in der Bundesrepublik auf Grundlage des Mikrozensus 2020 des Statistischen Bundesamtes anpasst (Statistisches Bundesamt 2021). Für die Vorjahresvergleiche wurden gleichfalls gewichtete Befragungsdaten verwendet (siehe Waltersbacher et al. 2020, 2021).

Die Untersuchung basiert auf den subjektiven Bewertungen der Befragten sowohl zum Unternehmen als auch zur eigenen Gesundheit.[3] Darüber hinaus wurden keine weiteren objektiven Daten zu den Unternehmen der befragten Beschäftigten erhoben, beispielsweise zur tatsächlichen gemeinwohlorientierten und nachhaltigen Handlungsweise oder zu den Arbeitsbedingungen („work and job design"), die ebenfalls einen Effekt für die Gesundheit haben. Die hier von den Befragten berichtete gesundheitsbezogene Fürsorge im Unternehmen misst implizit auch das Verhältnis der Befragten zur Führungskraft sowie die Einstellungen der Befragten zu gesundheitsorientierter Führung.

## 6.2 Ergebnisse der Befragung

Die Ergebnisse der Befragung 2022 zu Gesundheit und Wohlbefinden von Beschäftigten sind im Kontext der Covid-19-Pandemie zu sehen. Im Folgenden werden deshalb zunächst die Veränderungen des gesundheitlichen Wohlbefindens über einen Drei-Jahres-Zeitraum dargestellt.

---

2   Die Skalen werden für statistische Berechnungen als „quasi-stetig" behandelt. Siehe dazu: Bortz und Schuster 2010.

3   Bei allen Auswertungen beziehen sich die Kennzahlen, wie beispielsweise die Prozentwerte, auf die Befragten, die die Frage inhaltlich beantwortet haben (Ausschluss von „keine Angabe" oder „weiß nicht").

**6**

### 6.2.1 Arbeiten und gesundheitliches Wohlbefinden unter den Bedingungen von Covid-19

Die Covid-19-Pandemie hat für die meisten Erwerbstätigen den Alltag und das Arbeitsleben ab März 2020 stark verändert. Neben den Sorgen und Ängsten in Bezug auf eine Erkrankung oder den möglichen Verlust des Arbeitsplatzes waren die Befragten zum Teil mit einer erheblichen Mehrbelastung konfrontiert, beispielsweise durch Erfordernisse wie „Homeschooling". Zusätzlich gab es im ersten Jahr der Pandemie Einschränkungen im Freizeitleben und damit auch eine Einschränkung bei den Erholungsmöglichkeiten (Waltersbacher et al. 2021). 2021, im zweiten Jahr der Pandemie, wurden zahlreiche einschränkende Vorkehrungen zum Schutz der Bevölkerung temporär gelockert und Freizeitmöglichkeiten konnten wieder vermehrt in Anspruch genommen werden.

### Arbeiten im Homeoffice

Um den Betriebsablauf unter den Bedingungen der Covid-19-Pandemie zu erhalten, haben die Unternehmen im Jahr 2020 und 2021 auf die notwendigen Distanzregeln und Lockdowns mit verschiedenen Angeboten an die Mitarbeitenden reagiert. Ein Teil der Regeln betraf den Schutz der Mitarbeitenden vor einer Erkrankung: Einige Unternehmen haben besonders vulnerable Gruppen freigestellt, weitaus mehr Unternehmen flexibilisierten die Arbeitszeiten und den Arbeitsort (Waltersbacher et al. 2021). Das Arbeiten im Homeoffice ermöglichte es, die Leistungsfähigkeit aufrechtzuerhalten *und* Kontakte zu reduzieren.

Bei den Befragten der Jahre 2021 und 2022 handelt es sich um Beschäftigte, die ihren Arbeitgeber in den letzten zwölf Monaten vor der Befragung nicht gewechselt haben. Knapp 70 % der Befragten gaben in der Vorjahresbefragung im Februar/März 2021 an, dass es

für sie persönlich im Unternehmen das Angebot gab, von zu Hause zu arbeiten.[4] Bei der diesjährigen Befragung (2022) berichten 79 %, dieses Angebot erhalten zu haben. Frauen (84,1 %) erhielten diese Option nach eigener Angabe häufiger als Männer (74,0 %).

Rund 60 % der Befragten gaben an, in den letzten zwölf Monaten im Homeoffice gearbeitet zu haben (◼ Abb. 6.1). Von diesen 1.021 Personen haben ca. 40 % mindestens drei Viertel ihrer Arbeitszeit zu Hause gearbeitet, also fast ein Viertel aller Befragten insgesamt (23,9 %).

### Gesundheit und Wohlbefinden nach Einschätzung der Befragten vor und während der Pandemie (2020, 2021 und 2022)

■ ■ Kognitive Irritationen
Werden Probleme aus dem Arbeitsalltag auch nach Feierabend im Geiste bearbeitet, so spricht man von kognitiver Irritation durch die Arbeit. Um ein Bild von der kognitiven Irritation der Befragten zu gewinnen, wurden die Erwerbstätigen gefragt, wie gut sie (1) nach der Arbeit abschalten können und (2) wie sehr Arbeitsprobleme ihre Gedankenwelt auch über den Arbeitstag hinaus beherrschten.

In der Befragung im Jahr 2020, also unmittelbar vor Ausbruch von Covid-19, traf auf ein gutes Viertel der Befragten die Aussage „*Ich muss auch außerhalb der Arbeitszeit an Schwierigkeiten bei der Arbeit denken*" (voll und ganz) zu (26,2 %) (◼ Abb. 6.2 oben). Die durchschnittliche Bewertung lag auf einer siebenstufigen Skala von 1 (trifft überhaupt nicht zu) bis 7 (trifft voll und ganz zu) bei 3,9. Bei der Befragung 2022 stimmten dagegen mit 22,3 % weniger Befragte dieser Aussage (voll und ganz) zu. Der Anteil derer, die überhaupt keine Probleme damit hatten, schwierige Situationen gedanklich in der Arbeitswelt zu belassen, verblieb in der aktuellen Befragung (2022) bei knapp 17 %. Die durchschnittliche

---

4    Die Frage wurde bei der Befragung 2020 nicht gestellt.

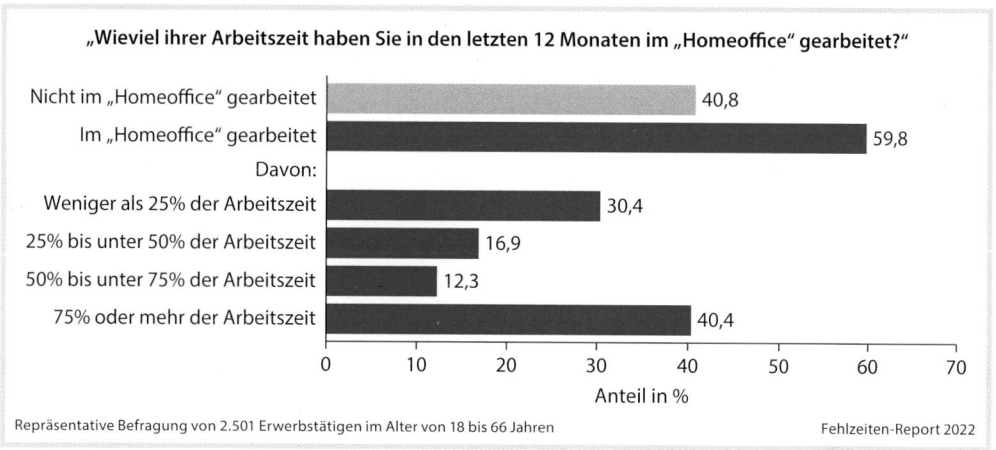

■ **Abb. 6.1** Arbeiten von zu Hause (2022)

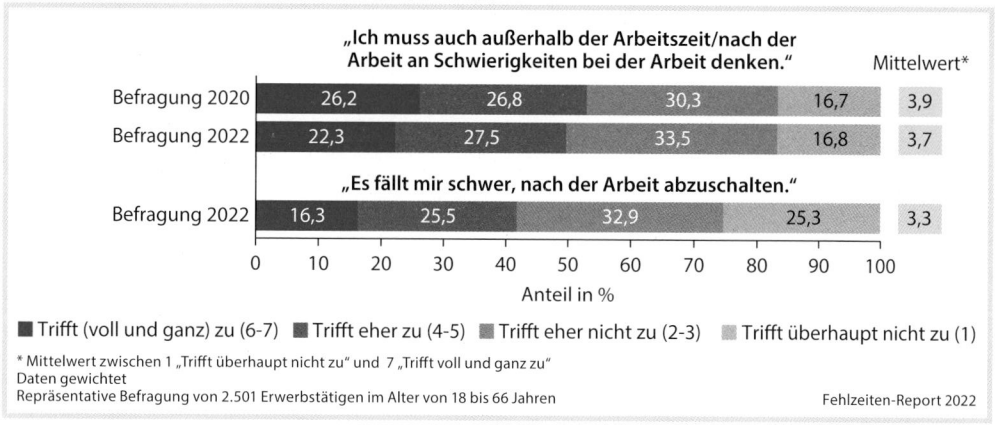

■ **Abb. 6.2** Kognitive Irritation (2020/2022)

Selbsteinschätzung lag 2022 bei 3,7. Die gedankliche Trennung von den Problemen in der Arbeitswelt gelang den Befragten bei der aktuellen Befragung also im Durchschnitt etwas besser als noch vor der Pandemie.

Gerade mal jede vierte Person bewertete in der Befragung von 2022 die Aussage „*Es fällt mir schwer, nach der Arbeit abzuschalten*" mit „Trifft überhaupt nicht zu" (25,3 %), während 16,3 % der Erwerbstätigen die Aussage als zutreffend ansahen („trifft (voll und ganz) zu"). Auf einer siebenstufigen Skala wurden die Schwierigkeiten, abschalten zu können, im Durchschnitt mit 3,3 bewertet.

In Bezug auf die Fähigkeit, nach der Arbeit abschalten zu können, unterscheiden sich die Geschlechter signifikant voneinander: 18,5 % der weiblichen Befragten gaben an, nach der Arbeit nicht gut abschalten zu können, gegenüber 14,2 % der männlichen Befragten ($p <$ 0,001)[5]. In Bezug auf die Fähigkeit, Probleme bei der Arbeit in der Freizeit ruhen zu

---

5  Die Wahrscheinlichkeit, dass ein gemessener Zusammenhang/Unterschied in der Stichprobe zufällig ist (nicht signifikant), wird über den $p$-Wert ausgedrückt. In der vorliegenden Untersuchung wurde ab einem Signifikanzniveau von $p \leq 0,05$ von einem überzufälligen Zusammenhang ausgegangen.

lassen, unterscheiden sich die männlichen und weiblichen Befragten demgegenüber nicht signifikant.

### ▪▪ Gesundheitliche Beschwerden der Befragten von 2020 bis 2022

Um zu untersuchen, unter welchen – der Arbeitssituation zugeschriebenen – Beeinträchtigungen die Befragten leiden, wurden ihnen zahlreiche Beschwerden genannt, zu denen sie auf einer Skala von 1 (überhaupt nicht darunter gelitten) bis 7 (ständig darunter gelitten) angeben sollten, wie stark sie in den jeweils vorangegangenen vier Wochen darunter gelitten hatten.[6]

Einige gesundheitliche Beschwerden gehen mit Beeinträchtigungen sowohl der Psyche als auch des Körpers einher. Für sie wurde der Oberbegriff „psychosomatische Beschwerden" vergeben, die Beschwerdehäufigkeit jedoch auf Ebene der Einzelbeschwerden dargestellt (◘ Abb. 6.4). Weitere Beschwerden wurden jeweils unter der Gruppe der emotionalen und der körperlichen Beschwerden subsummiert (◘ Abb. 6.3 und 6.5). Die einzelnen Beschwerden wurden 2020, 2021 und 2022 in gleicher Weise abgefragt.

Die unmittelbar vor Ausbruch der Covid-19-Pandemie im Jahr 2020 ermittelten Beschwerden ermöglichen ein Bild aus der vorpandemischen Zeit.[7] Die Befragung, die ein Jahr später (2021) durchgeführt wurde, spiegelt bereits die besonderen Lebens- und Arbeitsumstände im ersten Pandemiejahr und die Folgen für die Gesundheit wider. In der Befragung von 2022 wurden die subjektiv empfundenen Beschwerden in einer Phase erhoben, die einerseits mit Lockerungen von Maßnahmen zur Bekämpfung der Pandemie und andererseits mit anhaltenden Veränderungen und Belastungen im Arbeits- und Privatleben verbunden war.

Nur ein kleiner Anteil von 5,4 % der Befragten gab 2020 an, in den vorangegangenen vier Wochen unter keiner der aufgezählten Beschwerden gelitten zu haben. Im Durchschnitt wurde die Häufigkeit der gesamten Beschwerden auf der Siebener-Skala mit 2,2 bewertet (Mittelwert). Im ersten Pandemiejahr vergrößerte sich der Anteil der Befragten ohne Beschwerden (wegen des Rückgangs der Infektionskrankheiten) auf 6,3 %, aber die durchschnittliche Bewertung verschlechterte sich leicht auf 2,3 und blieb auch 2022 bei diesem Wert. Der Anteil der Befragten ohne eine der hier abgefragten Beschwerden lag 2022 nur noch bei 4,5 % (ohne Abbildung).

### ▪▪ Emotionale Beschwerden

Ein Anteil von 11,1 % der Befragten des Jahres 2020 berichtete, keine emotionalen Beschwerden gehabt zu haben. Dieser Anteil blieb 2021 konstant, sank aber im Jahr 2022 auf 8,9 %. Die durchschnittliche Belastung durch emotionale Beschwerden stieg von 2,5 im Jahr 2020 auf 2,7 und verblieb auch im zweiten Pandemiejahr auf diesem Niveau (Skala von 1 bis 7) (ohne Abbildung).

Insgesamt gaben die Befragten am häufigsten „emotionale Beschwerden" an (◘ Abb. 6.3). Sie gelten als Indikator für Beeinträchtigungen des psychischen Befindens aufgrund von Fehlbeanspruchungen. Die häufigste emotionale Irritation war *Wut und Verärgerung*: Von knapp 70 % in den Befragungen der Jahre 2020 und 2021 stieg der Anteil auf 77 % in der diesjährigen Befragung (seltene bis ständige Beschwerden). 13,4 % der Befragten sagten aus, in den letzten vier Wochen sogar ständig *Wut und Verärgerung* empfunden zu haben. Rund 70 % der Befragten gaben 2022 an, sich selten bis ständig *wie ausgebrannt* gefühlt zu haben, davon 11,4 %

---

6    Für die Darstellung wurden die Werte 2 und 3 zu „seltene Beschwerden", die Werte 4 und 5 zu „häufige Beschwerden" und die Werte 6 und 7 zu „ständige Beschwerden" zusammengefasst.

7    Für den Vergleich der drei Querschnittsbefragungen 2020, 2021, 2022 wurden in der vorliegenden Untersuchung gewichtete Werte genutzt. Damit können mögliche Unterschiede in der Stichprobenzusammensetzung der drei repräsentativen Beschäftigtenbefragungen ausgeglichen werden. Die Werte für die Jahre 2020 und 2021 können deshalb geringfügig von den Werten abweichen, die unter anderem in den bisherigen Ausgaben des Fehlzeiten-Reports publiziert wurden.

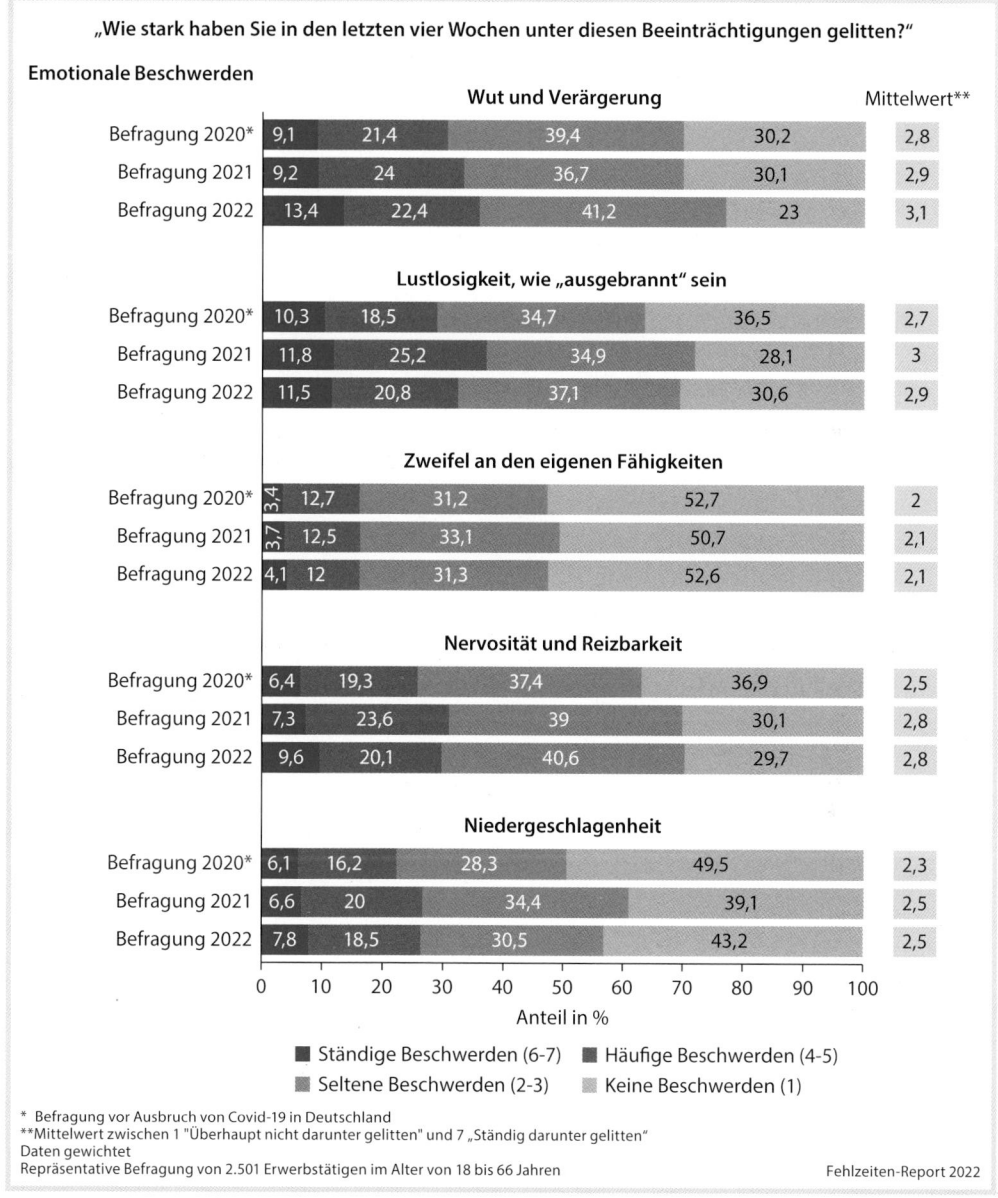

**„Wie stark haben Sie in den letzten vier Wochen unter diesen Beeinträchtigungen gelitten?"**

❏ **Abb. 6.3** Belastung durch emotionale Beschwerden, die durch die Arbeit entstanden sind, in den vorangegangenen vier Wochen (2020/2021/2022)

ständig. *Nervosität und Reizbarkeit* empfanden 2022 ebenfalls ca. 70 %, davon knapp 10 % ständig. *Nervosität und Reizbarkeit* haben damit im Verlauf der letzten beiden Jahre ebenfalls zugenommen.

■ ■ **Psychosomatische Beschwerden**

Im Jahr 2020 gaben 18,9 % der befragten Beschäftigten an, in den vorangegangenen vier Wochen unter keinen psychosomatischen Beschwerden gelitten zu haben. 2021 sank der Anteil beschwerdefreier Befragter

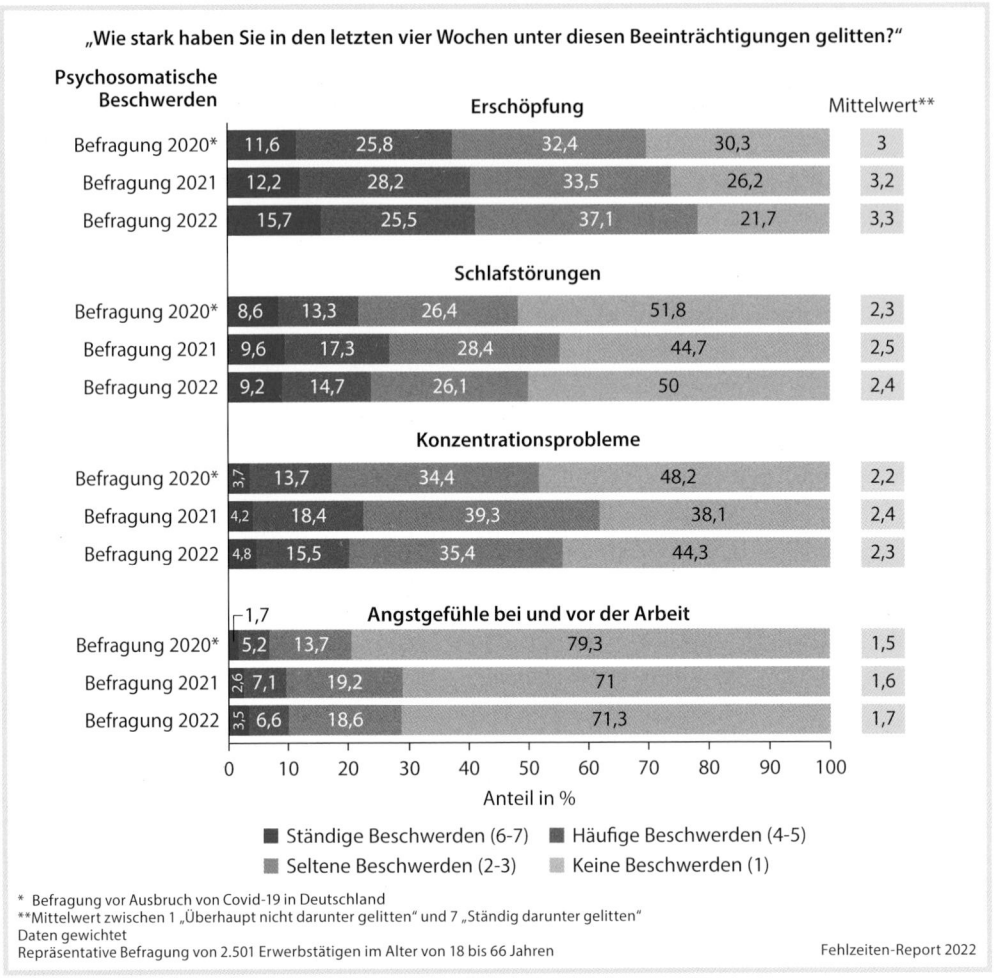

**Abb. 6.4** Belastung durch psychosomatische Beschwerden, die durch die Arbeit entstanden sind, in den vorangegangenen vier Wochen (2020/2021/2022)

auf 15,8 % und 2022 erneut auf nun 14,8 % (ohne Abbildung). Die durchschnittliche Belastung durch psychosomatische Beschwerden verstärkte sich in der Pandemie: Von 2,2 im Jahr 2020 stieg sie auf 2,4 im Jahr 2021 und verblieb auch in der Befragung 2022 auf diesem Niveau (Abb. 6.4). Als häufigstes psychosomatisches Gesundheitsproblem wurde *Erschöpfung* angegeben, die durch die Arbeit entstanden ist („seltene Beschwerden" bis „ständige Beschwerden"). Mit jeder Befragungswelle berichteten die Befragten etwas häufiger davon, („selten" bis „ständig") Er-

schöpfung zu empfinden. Dabei berichtete etwa jede achte befragte Person im Jahr 2022 sogar von ständiger Erschöpfung (15,7 %)

Seltene bis ständige Angstgefühle nahmen im ersten Pandemiejahr (Befragung 2021) von 20,7 % im Jahr 2020 auf 29 % im Jahr 2021 zu und verblieben dann im zweiten Pandemiejahr (2022) auf diesem Niveau. Seltene bis ständige Konzentrationsprobleme stiegen in der Befragung 2021 zunächst an (2020: 51,8 %, 2021: 61,9 %), gingen in der Befragung 2022 dann jedoch wieder zurück – wenn auch nicht auf das Niveau von 2020.

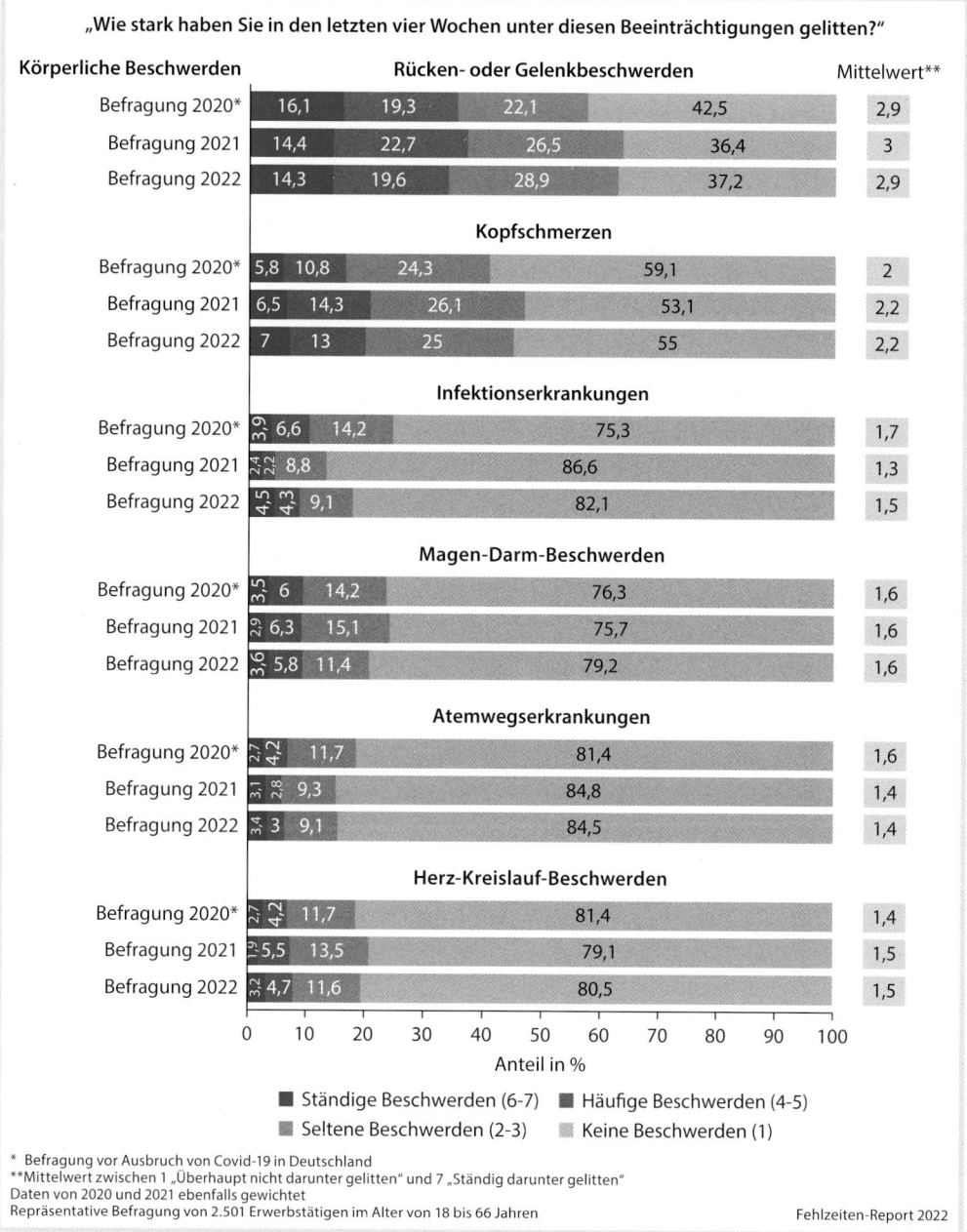

„Wie stark haben Sie in den letzten vier Wochen unter diesen Beeinträchtigungen gelitten?"

**Körperliche Beschwerden** — **Rücken- oder Gelenkbeschwerden** — Mittelwert**

| | Ständige Beschwerden (6-7) | Häufige Beschwerden (4-5) | Seltene Beschwerden (2-3) | Keine Beschwerden (1) | Mittelwert** |
|---|---|---|---|---|---|
| **Rücken- oder Gelenkbeschwerden** | | | | | |
| Befragung 2020* | 16,1 | 19,3 | 22,1 | 42,5 | 2,9 |
| Befragung 2021 | 14,4 | 22,7 | 26,5 | 36,4 | 3 |
| Befragung 2022 | 14,3 | 19,6 | 28,9 | 37,2 | 2,9 |
| **Kopfschmerzen** | | | | | |
| Befragung 2020* | 5,8 | 10,8 | 24,3 | 59,1 | 2 |
| Befragung 2021 | 6,5 | 14,3 | 26,1 | 53,1 | 2,2 |
| Befragung 2022 | 7 | 13 | 25 | 55 | 2,2 |
| **Infektionserkrankungen** | | | | | |
| Befragung 2020* | 3,9 | 6,6 | 14,2 | 75,3 | 1,7 |
| Befragung 2021 | 2,4 / 2,2 | 8,8 | | 86,6 | 1,3 |
| Befragung 2022 | 4,5 / 4,3 | 9,1 | | 82,1 | 1,5 |
| **Magen-Darm-Beschwerden** | | | | | |
| Befragung 2020* | 3,5 | 6 | 14,2 | 76,3 | 1,6 |
| Befragung 2021 | 2,9 | 6,3 | 15,1 | 75,7 | 1,6 |
| Befragung 2022 | 3,6 | 5,8 | 11,4 | 79,2 | 1,6 |
| **Atemwegserkrankungen** | | | | | |
| Befragung 2020* | 2,7 / 4,2 | 11,7 | | 81,4 | 1,6 |
| Befragung 2021 | 3,1 / 2,8 | 9,3 | | 84,8 | 1,4 |
| Befragung 2022 | 3,4 / 3 | 9,1 | | 84,5 | 1,4 |
| **Herz-Kreislauf-Beschwerden** | | | | | |
| Befragung 2020* | 2,7 / 4,2 | 11,7 | | 81,4 | 1,4 |
| Befragung 2021 | 1,9 / 5,5 | 13,5 | | 79,1 | 1,5 |
| Befragung 2022 | 3,2 / 4,7 | 11,6 | | 80,5 | 1,5 |

Anteil in %

■ Ständige Beschwerden (6-7) ■ Häufige Beschwerden (4-5)
■ Seltene Beschwerden (2-3) ▨ Keine Beschwerden (1)

\* Befragung vor Ausbruch von Covid-19 in Deutschland
\*\*Mittelwert zwischen 1 „Überhaupt nicht darunter gelitten" und 7 „Ständig darunter gelitten"
Daten von 2020 und 2021 ebenfalls gewichtet
Repräsentative Befragung von 2.501 Erwerbstätigen im Alter von 18 bis 66 Jahren

Fehlzeiten-Report 2022

▪ **Abb. 6.5** Belastung durch körperliche Beschwerden, die durch die Arbeit entstanden sind, in den vorangegangenen vier Wochen (2020/2021/2022)

### ▪▪ Körperliche Beschwerden

Knapp ein Viertel der Befragten (23,4 %) berichtete in der Befragung vor der Pandemie (2020) keine körperlichen Beschwerden gehabt zu haben. Der Anteil von beschwerdefreien Befragten verringerte sich im ersten Pandemiejahr auf 22,2 % und 2022 nochmals auf 21,5 % (ohne Abbildung). Die durchschnittlichen körperlichen Beschwerden sanken von 1,9 im Jahr 2020 auf 1,8 im Jahr 2021 leicht ab, was vermutlich darauf zurückzuführen ist, dass die Abstandsregeln und die Lockdown-Zeiten zu deutlich weniger (seltenen bis ständigen) Infektionskrankheiten führten (2020: 24,7 % gegenüber 13,4 % im Jahr 2021) und in einigen Branchen (zeitweise) der Betrieb eingestellt wurde (◻ Abb. 6.5). Mit dem Wegfall dieser Regeln stieg 2022 die Belastung bei den Infektionskrankheiten wieder an (seltene bis ständige Beschwerden: 17,9 %). Atemwegserkrankungen blieben hingegen auf dem niedrigeren Niveau des Pandemiejahres. Kopfschmerzen oder Herz-Kreislauf-Beschwerden sanken laut den Befragungsergebnissen 2021, die während der Pandemie ermittelt wurden, und stiegen in der diesjährigen Befragung dann wieder an, jedoch ohne das vorpandemische Niveau (Befragung 2020) zu erreichen. Insgesamt liegen die durchschnittlichen körperlichen Beschwerden mit 1,9 wieder bei dem Wert, den sie vor der Pandemie hatten.

Im Jahr 2021, und damit nach einem Jahr Pandemic, sind die Rücken- und Gelenkbeschwerden – als die ohnehin am häufigsten genannten körperlichen Beschwerden – leicht angestiegen. Mit 62,8 % stellten seltene bis ständige Rücken- und Gelenkbeschwerden dann auch 2022 wieder die häufigste körperliche Beeinträchtigung dar. 14,3 % der Befragten berichteten darüber, ständig unter diesen Symptomen gelitten zu haben – vor der Pandemie umfasste diese besonders belastete Gruppe noch 16,1 %.

Alle Beschwerden werden von Frauen signifikant häufiger angegeben als von Männern, wenn auch nur mit schwacher bis mittlerer Effektstärke ($p < 0{,}001$, Cohens $d = 0{,}1$ bis $0{,}3$).[8]

### ▪▪ Arbeitsunfähigkeitszeiten und Präsentismus

Mehr als drei Viertel der befragten Beschäftigten gaben 2020 an, in den vorangegangenen zwölf Monaten mindestens einen krankheitsbedingten Fehltag gehabt zu haben (76,1 %). Der Anteil reduzierte sich im ersten Pandemiejahr mit seinen zahlreichen Lockdown-Zeiten auf 59,3 %. Vermutlich haben die zahlreichen Maßnahmen der Pandemiebekämpfung wie Kurzarbeit oder das Arbeiten im Homeoffice dazu beigetragen. 2022 stieg der Anteil der Befragten, die angaben, an mindestens einem Tag während der zwölf Monate vor der Befragung krankheitsbedingt bei der Arbeit gefehlt zu haben, wieder auf gut zwei Drittel (69,4 %) (◻ Abb. 6.6). Dabei lässt sich ein leichter Geschlechterunterschied erkennen: So hatten von den männlichen Befragten weniger, von den weiblichen Befragten hingegen signifikant mehr, als zu erwarten gewesen wären, im Jahr 2022 mindestens einen krankheitsbedingten Arbeitsunfähigkeitstag (AU-Tag) ($p < 0{,}001$).

Im Durchschnitt berichteten die Befragten 2020 von 12,2 krankheitsbedingten Fehltagen.[9] Dieser Durchschnittswert sank im ersten Pandemiejahr aus den oben genannten Grün-

---

8   Die Maßzahl Cohens $d$ verdeutlicht wie groß der Effekt eines Unterschiedes zwischen zwei Mittelwerten ist. Bis 0,2 wird von einem kleinen Effekt gesprochen, ab 0,5 von einem mittleren und ab 0,8 von einem starken Effekt (Cohens $d$ – Dorsch – Lexikon der Psychologie (▶ hogrefe.com)).

9   Hier werden die AU-Tage erfasst, an die sich die Befragten erinnern. Ein Vergleich mit der offiziellen Angabe der durchschnittlichen Fehltage in der deutschen Wirtschaft ist nicht möglich: In der Fehlzeitenstatistik werden gemeldete Fehltage erfasst. Das bedeutet, dass beispielsweise Sonn- und Feiertage mitgezählt werden, die die Befragten hier unter Umständen nicht mitzählen. Eine weitere Differenz zu offiziellen Zählungen von AU-Tagen ergibt sich dadurch, dass manche Arbeitgeber bereits für den ersten Fehltag ein ärztliches Attest verlangen, andere erst am dritten Tag.

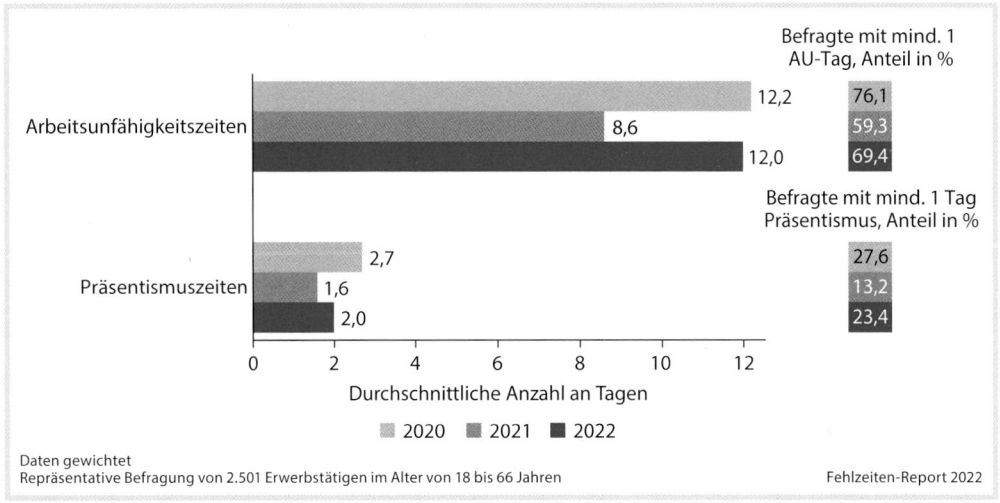

Befragte mit mind. 1
AU-Tag, Anteil in %

Arbeitsunfähigkeitszeiten
12,2   76,1
8,6   59,3
12,0   69,4

Befragte mit mind. 1 Tag
Präsentismus, Anteil in %

Präsentismuszeiten
2,7   27,6
1,6   13,2
2,0   23,4

0   2   4   6   8   10   12
Durchschnittliche Anzahl an Tagen

2020   2021   2022

Daten gewichtet
Repräsentative Befragung von 2.501 Erwerbstätigen im Alter von 18 bis 66 Jahren        Fehlzeiten-Report 2022

**◘ Abb. 6.6**  Arbeitsunfähigkeitszeiten und Präsentismus (2020/2021/2022)

den auf 8,6 und stieg bei der Befragung von 2022 wieder auf 12,0 Tage an. Die männlichen Befragten fehlten dabei mit durchschnittlich 9,7 Tagen an signifikant weniger Tagen als die weiblichen Befragten mit durchschnittlich 14,4 AU-Tagen. Hinsichtlich des Alters der Befragten ließen sich die erwartbaren Unterschiede bei den AU-Tagen feststellen: Mit zunehmendem Alter steigen die Zahlen der von krankheitsbedingten Fehlzeiten Betroffenen an ($p < 0{,}001$). Insbesondere bei den Langzeitarbeitsunfähigkeiten von mehr als 43 Tagen zeigte sich die Gruppe der 56- bis 67-jährigen stärker betroffen als die der Altersgruppen unter 35 Jahren.

Neben Absentismus wurde in dieser Untersuchung auch Präsentismus beobachtet. Dazu wurde gefragt, an wie vielen Tagen der vorangegangenen zwölf Monate die Befragten entgegen ärztlichem Rat krank zur Arbeit gegangen waren. Die möglichen Folgen von Präsentismus: Wer krank arbeitet, hat – je nach Ursache der Gesundheitsprobleme – zumindest in manchen Fällen ein höheres Fehler- und Unfallrisiko, mit negativen Folgen für das Unternehmen und sich selbst. Die betroffenen Mitarbeitenden (und damit das Unternehmen)

sind weniger produktiv, denn Erkrankte sind weniger arbeits- und leistungsfähig. Im Falle eines akuten Infekts können Erkrankte außerdem andere Mitarbeitende oder Kundinnen und Kunden anstecken.

In der Befragung 2020 zeigte sich, dass die Befragten im vorangegangenen Jahr im Durchschnitt an 2,7 Tagen entgegen ärztlichem Rat gearbeitet hatten. Im ersten Pandemiejahr sank der Wert auf 1,6 Tage und näherte sich dann mit 2,0 Tagen in der aktuellen Befragung (2022) wieder dem vorpandemischen Wert an. Die durchschnittliche Anzahl von 2,0 Tagen im Jahr 2022 ergibt sich aufgrund signifikanter geschlechtsspezifischer Unterschiede: Frauen sind mit 2,3 Tagen gegenüber Männern mit 1,8 Präsentismustagen häufiger krank zur Arbeit gegangen ($p < 0{,}001$).

## Einstellungen zur Arbeit: Arbeitszufriedenheit, Verbundenheit mit dem Unternehmen, Leistungsbereitschaft

In der aktuellen Befragung von 2022 wurden Einstellungen zur Arbeit untersucht: Das Gefühl der Verbundenheit mit dem Unternehmen, also das affektive Commitment, die Zufriedenheit mit der Arbeit und die Motivation, für dieses Unternehmen Leistung zu erbringen. Mit circa 85 % aller Befragten, die mit ihrer Arbeit (eher) zufrieden sind, und nur ca. 8 % derjenigen, die (eher) nicht zufrieden sind, fallen die Antworten sehr positiv aus (◘ Abb. 6.7).

Ein ähnliches Bild zeigte sich in Bezug auf das Verbundenheitsgefühl mit dem Unternehmen: Knapp 80 % der Befragten berichteten, sich mit ihrem Unternehmen verbunden zu fühlen, nur ca. 11 % sagten hingegen aus, dass dies (eher) nicht zuträfe. Ihre Leistungsbereitschaft bewerteten fast 90 % der Befragten mit (eher bis sehr) hoch und nur ein sehr kleiner Anteil an den Befragten von 5,3 % gab an, (eher) keine Leistungsbereitschaft zu empfinden.

### 6.2.2 Unternehmen in der Verantwortung: Gemeinwohl und Nachhaltigkeit (CSR)

■ ■ Engagement für Umwelt und Gesellschaft im Unternehmen

Entsprechend dem Schwerpunktthema „Verantwortung" des Fehlzeiten-Reports 2022 wurde fokussiert, inwiefern die Befragten ihr Unternehmen – über den Unternehmenszweck oder gesetzliche Vorgaben hinaus – als verantwortungsbewusst wahrnehmen. Dazu wurden die Befragten gebeten, ihr Unternehmen in Bezug auf gemeinwohlorientiertes und nachhaltiges Handeln (*Corporate Social Responsibility* (CSR)) zu bewerten. Dabei wurden drei Aspekte fokussiert: (1) der faire Umgang mit allen Personen, mit denen das Unternehmen direkt und indirekt interagiert, (2) das Engagement für die Gesellschaft sowie (3) die Berücksichtigung des Umweltschutzes bei täglichen Entscheidungen. Bei den genannten Fragen wurde die subjektive Einschätzung der Befragten zum Engagement gemessen, nicht jedoch das tatsächliche Engagement der Unternehmen.

Insgesamt fiel die Einschätzung des gemeinwohlorientierten oder nachhaltigen Engagements der Unternehmen bei den drei Aussagen unterschiedlich aus, wie in ◘ Abb. 6.8 zu sehen ist. Am besten bewerteten die Befragten mit knapp 80 % („trifft (eher) zu") den fairen Umgang mit allen beteiligten Personen. Für mehr als ein Viertel der Befragten traf das sogar voll und ganz zu (28,7 %). Knapp 58 % fanden die Aussage (eher) zutreffend, dass sich ihr Unternehmen über den eigentlichen Unternehmenszweck hinaus für die Gesellschaft engagiere und ein gutes Fünftel (21,4 %) fand diese Aussage ganz und gar zutreffend. An dritter Stelle des Rankings folgt die Berücksichtigung von Umweltschutzaspekten, bei denen 56,8 % der Befragten der Aussage *„Bei den täglichen Entscheidungen werden in meinem Unternehmen grundsätzlich Umweltaspekte berücksichtigt"* (eher) zustimmten. Nur 14,3 % sahen diese Aussage jedoch als voll und ganz zutreffend an. Das bedeutet, dass bei diesen beiden Aspekten von CSR (Umwelt und Gesellschaft) fast die Hälfte der Befragten jeweils der Ansicht waren, dass ihr Unternehmen sich der Verantwortung für die Gesellschaft und die Umwelt nicht stelle.

Die Einschätzung der gemeinwohlorientierten und nachhaltigen Bemühungen von Unternehmen aus Sicht der Beschäftigten sagt zunächst nichts darüber aus, wie die Beschäftigten das Maß dieses Engagements subjektiv bewerten. Deshalb wurde in dieser Untersuchung auch erhoben, ob die Befragten das Unternehmensengagement für Umwelt, Stakeholder und Gesellschaft als ausreichend bewerten. Knapp 61 % finden, dass das Unternehmen sich ausreichend engagiert (eher bis voll und ganz). Rund ein Viertel der Befragten (26,6 %) gab dagegen an, dass das Unternehmensengagement ihrer Ansicht nach (eher bis ganz und gar) nicht ausreichend ist. Bei der Bewertung lassen sich signifikante Unterschiede zwischen den Geschlechtern erkennen: Von den weiblichen Befragten stuften rund 57 % das Unternehmensengagement als (eher bis voll und ganz) ausreichend ein, gegenüber knapp 65 % der männlichen Befragten ($p < 0,001$).

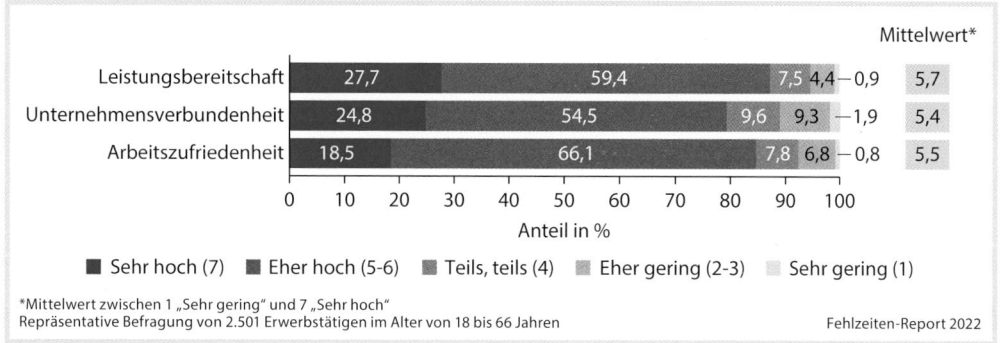

■ **Abb. 6.7** Einstellung zur Arbeit (2022)

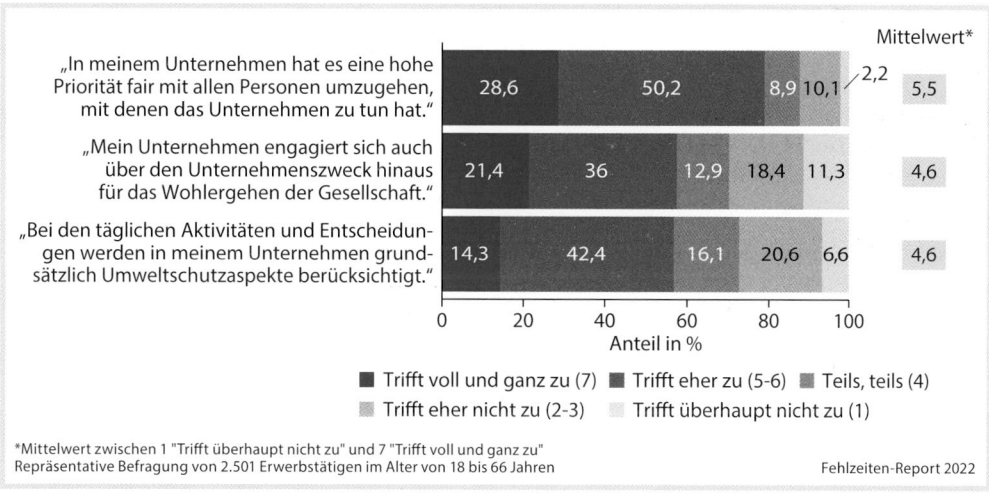

■ **Abb. 6.8** Gemeinwohlorientiertes und nachhaltiges Verhalten der Unternehmen (CSR) aus Sicht der Befragten

■ ■ **Gruppenvergleiche: Befragte aus Unternehmen mit hohem versus geringem CSR-Engagement**

Eine zentrale Frage dieser Untersuchung war: Übernehmen die Firmen, denen eine gemeinwohlorientierte und nachhaltige Orientierung bei ihrem wirtschaftlichen Handeln wichtig ist, auch mehr Verantwortung für die Gesundheit ihrer Beschäftigten?

Um dieser Frage nachzugehen, wurden die Befragten in zwei Gruppen unterteilt: Befragte, die die gemeinwohlorientierte und nachhaltige Ausrichtung in ihrem Unternehmen insgesamt über alle drei Fragen im Durchschnitt als hoch bewerteten (5–7 „trifft eher" bis „voll und ganz zu"), wurden der Gruppe „Hohes CSR-Engagement" zugeordnet. Befragte, die das Engagement insgesamt als niedrig bewertet hatten (1 „trifft überhaupt nicht zu" bis unter 5 „teils, teils"), wurden der Gruppe „Geringes CSR-Engagement" zugeordnet. Diese beiden Gruppen von Befragten hinsichtlich des „CSR-Engagements" ihres Unternehmens wurden dann im Weiteren mit Blick auf zahlreiche Aspekte der gesundheitlichen Fürsorge durch das Unternehmen verglichen. Dabei wurden 56,2 % aller Befragten der Gruppe „Hohes CSR-Engagement" und 43,8 % der Gruppe „Geringes CSR-Engagement" zugeordnet.

Es fällt auf, dass sich die beiden Gruppen darin unterscheiden, dass Befragte der Gruppe „Hohes CSR-Engagement" deutlich häufiger in Unternehmen mit mehr als 1.000 Beschäftigten arbeiten (40 % im Vergleich zu 25 % in der Gruppe „Niedriges CSR-Engagement"). Das erscheint insoweit plausibel, als dass das CSR-Engagement generell mit zunehmender Größe steigt (◙ Abb. 6.9). Möglicherweise ist dies darauf zurückzuführen, dass größere Unternehmen an entsprechenden Berichtssystemen teilnehmen (müssen), eher personelle und finanzielle Ressourcen für diese Themen einsetzen können oder generell Personal für Unternehmensstrategien und -kommunikation zur Verfügung haben. Aber hier zeigt sich auch eine Ausnahme von der Regel: Die Befragten aus sehr kleinen Unternehmen bewerten das CSR-Engagement ebenso gut wie die Befragten aus den Unternehmen mit 250 bis unter 1.000 Beschäftigte.

### 6.2.3 Gesundheitsbezogene Fürsorge im Unternehmen

Die gesundheitsbezogene Fürsorge in den Unternehmen wurde in der vorliegenden Untersuchung über drei Dimensionen operationalisiert: (1) Durch das Vorhandensein von BGF-Maßnahmen im Unternehmen (nach Kenntnis der Befragten), durch (2) die Thematisierung der Gesundheit der Mitarbeitenden durch die Geschäftsführung sowie (3) durch eine gesundheitsorientierte Führung. Die Ergebnisse für diese drei Indikatoren einer gesundheitsbezogenen Fürsorge werden im Folgenden zunächst für alle Befragten beschrieben und anschließend wird – über einen Vergleich zwischen den beiden oben beschriebenen Gruppen – der Zusammenhang mit dem CSR-Engagement abgebildet.

#### ▪▪ Betriebliche Gesundheitsförderung (BGF)
In der vorliegenden Untersuchung wurde gefragt, ob im Unternehmen Angebote der Betrieblichen Gesundheitsförderung (wie bei-

spielsweise Rückenschule, Entspannungskurse oder Kurse zum Stressmanagement) vorhanden seien. Genaugenommen wird damit erhoben, ob die Befragten von solchen Angeboten Kenntnis haben, die Angebote also in der Wahrnehmung der Befragten vorhanden sind.

Über die Hälfte der Befragten (58 %) berichteten, BGF-Maßnahmen seien vorhanden. Die Unternehmensgröße spielte auch bei der Beantwortung dieser Frage eine Rolle: Beschäftige aus Unternehmen mit mehr als 1.000 Beschäftigten berichteten signifikant häufiger, dass in ihrem Unternehmen Maßnahmen der Betrieblichen Gesundheitsförderung angeboten würden ($p < 0{,}001$). ◙ Abb. 6.9 stellt dar, wie stark das Angebot von Maßnahmen der Betrieblichen Gesundheitsförderung von der Unternehmensgröße abhängt: Knapp ein Fünftel der Befragten aus den sehr kleinen Unternehmen bejahten die Frage nach BGF-Angeboten – bei den Befragten aus den größten Unternehmen waren es über 80 %. Auch hier gilt offenbar, dass große Unternehmen eher Ressourcen für Gesundheitsangebote zur Verfügung stellen können.

Der Vergleich der beiden Gruppen „Hohes CSR-Engagement" und „Geringes CSR-Engagement" ergibt einen statistisch bedeutsamen Unterschied: Von den Befragten, die die Gemeinwohlorientierung und Nachhaltigkeit ihres Unternehmens als hoch einschätzten, gaben knapp 68 % an, dass in ihrem Unternehmen BGF-Angebote vorhanden seien. Schätzten sie die Gemeinwohlorientierung und Nachhaltigkeit ihres Unternehmens als gering ein, war der Anteil mit knapp 41 % deutlich kleiner ($p < 0{,}001$). Beide Faktoren, CSR-Engagement und BGF-Angebot, sind demnach an die Unternehmensgröße gekoppelt.

#### ▪▪ Die Thematisierung der Gesundheit der Mitarbeitenden
Die Tatsache, dass die Förderung der Gesundheit der Mitarbeitenden auf der Ebene der Unternehmensleitung laut Einschätzung der Befragten häufig thematisiert wird, dient in dieser Untersuchung als Indikator für den Wert,

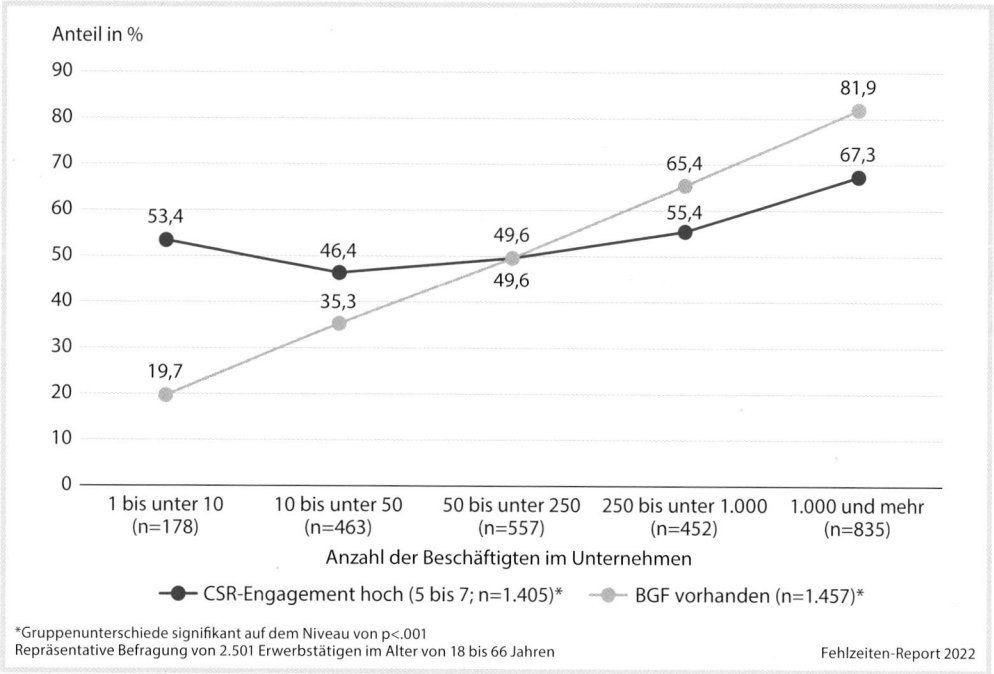

**Abb. 6.9** CSR-Engagement des Unternehmens und BGF-Angebot nach Unternehmensgröße (Einschätzung der Befragten)

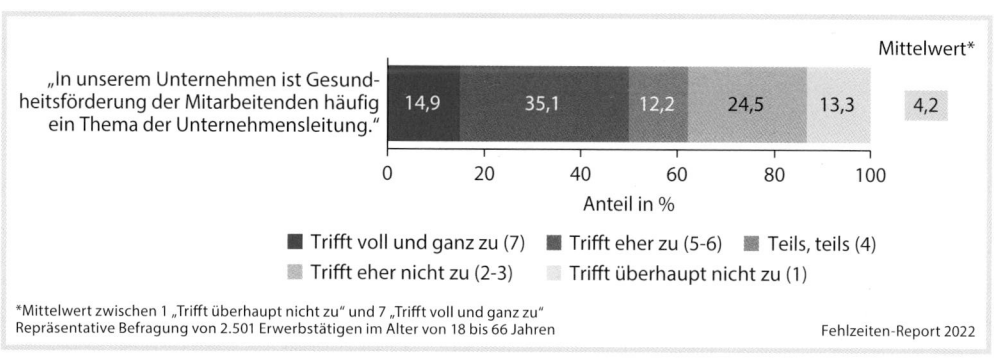

**Abb. 6.10** Thematisierung von Gesundheitsförderung in der Unternehmensleitung

den die Gesundheit der Mitarbeitenden hat und für die Aufmerksamkeit, die sie erfährt. Parameter zur arbeitsbezogenen Gefährdung oder Belastung wurden in der vorliegenden Untersuchung nicht erhoben. Stattdessen geht es darum zu erfahren, ob und wie stark die Befragten subjektiv die Verankerung der Gesundheit der Mitarbeitenden als Wert bzw. als

Gegenstand der Aufmerksamkeit in der Unternehmenskultur wahrnehmen.

Die Hälfte der Befragten stimmte der Aussage (5–6 „eher" bis 7 „voll und ganz") zu, dass ihre Unternehmensleitung die Gesundheit der Mitarbeitenden häufig thematisiert (50,0 %) ( Abb. 6.10). Befragte aus der Gruppe „Hohes CSR-Engagement" gaben dabei signifikant häufiger an, dass auf der Ebene der Geschäftsführung die Gesundheit der Beschäftigten häufig thematisiert werde ($p < 0,001$, Cohens $d = 0,9$). Der Zusammenhang von Gemeinwohlorientierung und Nachhaltigkeit (CSR) mit der Thematisierung der Mitarbeitendengesundheit auf Geschäftsführungsebene ist insgesamt hoch (Korrelation $r = 0,5$).[10]

#### ■■ Gesundheitsbezogene Fürsorge der Führungskraft

Zahlreiche Aspekte des Führungsstils konnten von der entsprechenden Forschung – wie oben dargelegt – als gesundheitsförderlich identifiziert werden. In der vorliegenden Untersuchung wurde ohne expliziten Bezug zum generellen Führungsstil mit dreizehn Aussagen[11] (über die Zustimmung von 1 „trifft überhaupt nicht zu" bis 7 „trifft voll und ganz zu") erschlossen, wie die Befragten die gesundheitsbezogene Fürsorge ihrer Führungskraft einschätzen. Die ausgewählten Aussagen beziehen sich darauf, ob die Führungskraft der Gesundheit der Mitarbeitenden Aufmerksamkeit schenkt („Meine Führungskraft bemerkt … ", „Meine Führungskraft weiß … "), die Gesundheit der Beschäftigten als wichtig empfindet und ob die Führungskraft durch gezielte Maßnahmen versucht, Situationen dahingehend zu verbessern. Über die Zustimmung zu diesen Aussagen wird deutlich, inwieweit die Gesundheit der Mitarbeitenden – in der subjektiven Einschätzung der Befragten – einen Wert für die Führungskraft darstellt.

Wie ◻ Abb. 6.11 zeigt, erhielt die Aussage „Meine Führungskraft sorgt für einen positiven Umgang untereinander (1)"[12] die häufigste Zustimmung: Knapp zwei Drittel der Befragten stimmten zu, davon 28,5 % sogar voll und ganz. Über die Hälfte der Befragten bewertete die Aussage „Meine Führungskraft bemerkt es, wenn sie mich überfordert (2)" als zutreffend, davon ca. ein Viertel voll und ganz. Die männlichen Befragten stimmten der Aussage dabei signifikant öfter zu als die weiblichen Befragten ($p = 0,005$). Während die Aussage, die die positivste Bewertung erhalten hat, eher die allgemeine Kultur der Kooperation betrifft, ist die Aussage mit der zweitpositivsten Bewertung als Aspekt der gesundheitsbezogenen Aufmerksamkeit zu werten.

Zwei Fragen aus dem Block „gesundheitsbezogene Fürsorge" haben Berührungspunkte mit dem gesetzlichen Arbeitsschutz: „Meiner Führungskraft ist es wichtig, die gesundheitlichen Belastungen an meinem Arbeitsplatz zu mindern und Risiken abzubauen" (5) und „Meine Führungskraft fordert mich auf, sie auf gesundheitliche Risiken an meinem Arbeitsplatz hinzuweisen" (3). Knapp die Hälfte stimmte der ersten Frage zu (ein Fünftel „voll und ganz") und 43 % stimmen zu, dass die Führungskraft versucht, die gesundheitlichen Risiken zu minimieren.

Die Hälfte der Befragten hatte das Gefühl, dass die Führungskraft sich verantwortlich fühlt „… auf meine Gesundheit zu achten" (4). Das bedeutet im Umkehrschluss, dass die Hälfte der Befragten glaubt, dass die Führungskraft die Gesundheit der Belegschaft nicht in ihrem Verantwortungsbereich sieht. Die durchschnittliche Bewertung lag auf einer siebenstufigen Skala bei 4,2.

Am seltensten stimmten die Befragten der Aussage zu „Meine Führungskraft ermuntert mich, Bewegung und Ausgleich in meinen Arbeitstag zu integrieren" (13). 29,7 % der Befragten sahen dies als zutreffend an, lediglich

---

10  Die hier gezeigten Korrelationskoeffizienten zeigen den Zusammenhang zwischen zwei Variablen an (bivariate Korrelation). Die Werte des Koeffizienten nach Pearson können zwischen $+1$ und $-1$ liegen. Ein Wert von $> 0$ bedeutet, je mehr die eine Variable zunimmt, desto mehr nimmt auch die andere Variable zu und ein Wert von $< 0$ bedeutet, je mehr der Wert der einen Variablen zunimmt, desto stärker nimmt der Wert der anderen Variablen ab. Der Wert 0 zeigt an, dass es keinen linearen Zusammenhang zwischen zwei Variablen gibt.

11  Aus dem Untersuchungsteil „Staffcare" (Fürsorge für die Beschäftigten) des „Health oriented Leadership"-Fragebogens (HoL) von Felfe und Pundt (2017).

12  Die Aussagen sind zur besseren Lesbarkeit (nach Häufigkeit, absteigend) nummeriert. Die Nummerierung wird im Weiteren erneut verwendet.

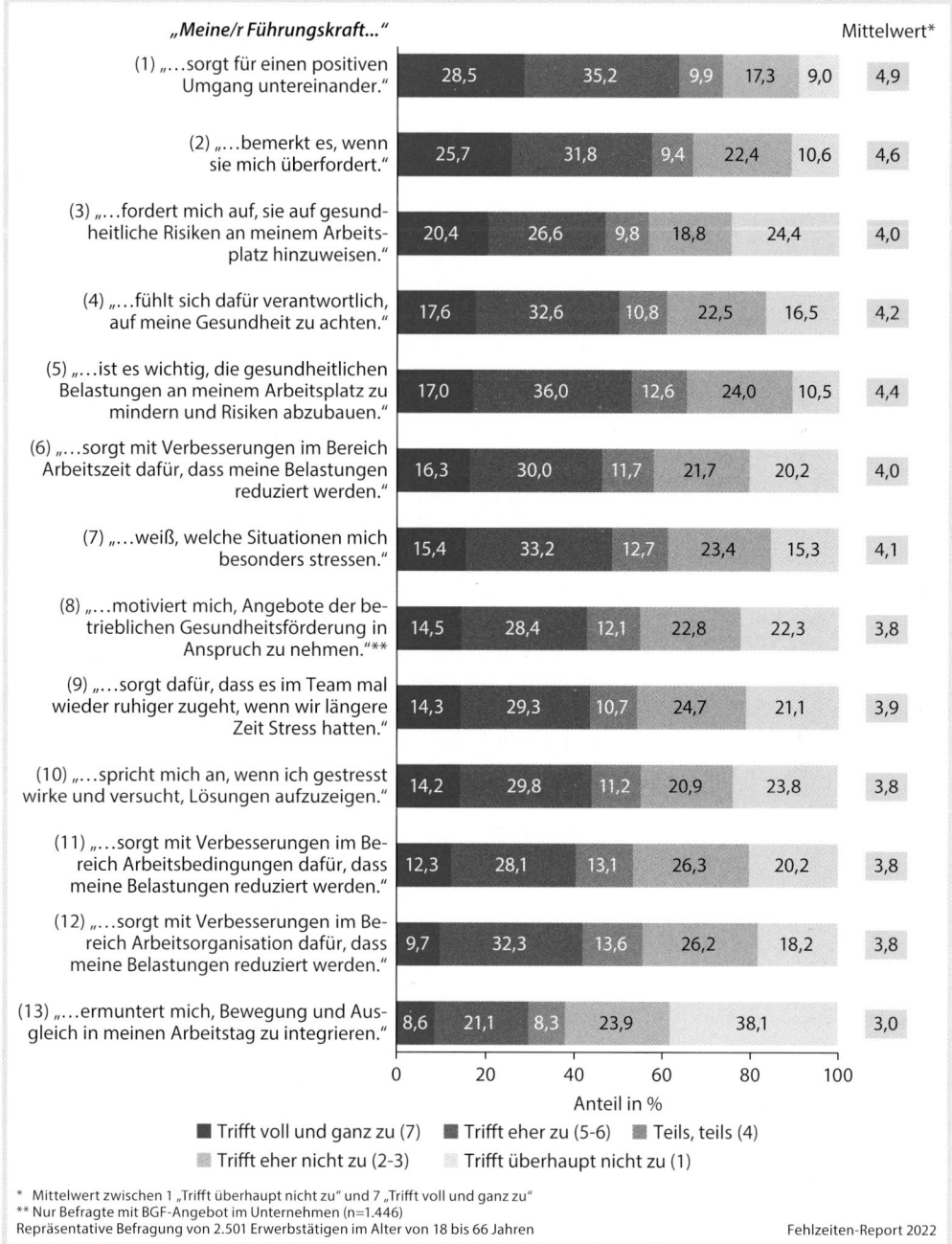

„Meine/r Führungskraft…"

| | Trifft voll und ganz zu (7) | Trifft eher zu (5-6) | Teils, teils (4) | Trifft eher nicht zu (2-3) | Trifft überhaupt nicht zu (1) | Mittelwert* |
|---|---|---|---|---|---|---|
| (1) „…sorgt für einen positiven Umgang untereinander." | 28,5 | 35,2 | 9,9 | 17,3 | 9,0 | 4,9 |
| (2) „…bemerkt es, wenn sie mich überfordert." | 25,7 | 31,8 | 9,4 | 22,4 | 10,6 | 4,6 |
| (3) „…fordert mich auf, sie auf gesundheitliche Risiken an meinem Arbeitsplatz hinzuweisen." | 20,4 | 26,6 | 9,8 | 18,8 | 24,4 | 4,0 |
| (4) „…fühlt sich dafür verantwortlich, auf meine Gesundheit zu achten." | 17,6 | 32,6 | 10,8 | 22,5 | 16,5 | 4,2 |
| (5) „…ist es wichtig, die gesundheitlichen Belastungen an meinem Arbeitsplatz zu mindern und Risiken abzubauen." | 17,0 | 36,0 | 12,6 | 24,0 | 10,5 | 4,4 |
| (6) „…sorgt mit Verbesserungen im Bereich Arbeitszeit dafür, dass meine Belastungen reduziert werden." | 16,3 | 30,0 | 11,7 | 21,7 | 20,2 | 4,0 |
| (7) „…weiß, welche Situationen mich besonders stressen." | 15,4 | 33,2 | 12,7 | 23,4 | 15,3 | 4,1 |
| (8) „…motiviert mich, Angebote der betrieblichen Gesundheitsförderung in Anspruch zu nehmen."** | 14,5 | 28,4 | 12,1 | 22,8 | 22,3 | 3,8 |
| (9) „…sorgt dafür, dass es im Team mal wieder ruhiger zugeht, wenn wir längere Zeit Stress hatten." | 14,3 | 29,3 | 10,7 | 24,7 | 21,1 | 3,9 |
| (10) „…spricht mich an, wenn ich gestresst wirke und versucht, Lösungen aufzuzeigen." | 14,2 | 29,8 | 11,2 | 20,9 | 23,8 | 3,8 |
| (11) „…sorgt mit Verbesserungen im Bereich Arbeitsbedingungen dafür, dass meine Belastungen reduziert werden." | 12,3 | 28,1 | 13,1 | 26,3 | 20,2 | 3,8 |
| (12) „…sorgt mit Verbesserungen im Bereich Arbeitsorganisation dafür, dass meine Belastungen reduziert werden." | 9,7 | 32,3 | 13,6 | 26,2 | 18,2 | 3,8 |
| (13) „…ermuntert mich, Bewegung und Ausgleich in meinen Arbeitstag zu integrieren." | 8,6 | 21,1 | 8,3 | 23,9 | 38,1 | 3,0 |

Anteil in %

■ Trifft voll und ganz zu (7)　■ Trifft eher zu (5-6)　■ Teils, teils (4)
■ Trifft eher nicht zu (2-3)　■ Trifft überhaupt nicht zu (1)

\* Mittelwert zwischen 1 „Trifft überhaupt nicht zu" und 7 „Trifft voll und ganz zu"
\*\* Nur Befragte mit BGF-Angebot im Unternehmen (n=1.446)
Repräsentative Befragung von 2.501 Erwerbstätigen im Alter von 18 bis 66 Jahren

Fehlzeiten-Report 2022

◻ **Abb. 6.11** Gesundheitsorientierte Führung

8,6 % davon voll und ganz. Frauen bewerteten diese Aussage kritischer als Männer und sagten öfter als erwartet, dass sie nicht zuträfe ($p =$ 0,003). Damit erleben weniger als ein Drittel der Befragten eine Führungskraft, die direkt zu gesundheitsförderlichem Verhalten aufruft.

Im Durchschnitt bewerteten die Befragten ihre Zustimmung zu den dreizehn Aussagen zur gesundheitsbezogenen Fürsorge[13] mit einem Wert von 4,1 auf der siebenstufigen Skala, bei der 7 einer vollen Zustimmung entspricht.

▪▪ **Gruppenvergleich: Gesundheitsorientierte Führung und Bewertung des CSR-Engagements des Unternehmens**

Zwischen dem Engagement des Unternehmens für Gemeinwohlorientierung und Nachhaltigkeit (Durchschnitt über alle drei Fragen zu CSR) und der Fürsorge der Führungskraft für die Beschäftigten (Durchschnitt über alle Fragen zur Fürsorge) konnte mit $r = 0,5$ ein starker Zusammenhang ermittelt werden.

◪ Abb. 6.12 zeigt die signifikanten Unterschiede in der positiven Beurteilung (Wertung 5 bis 7) der gesundheitsorientierten Führung zwischen den beiden Gruppen „Hohes CSR-Engagement" und „Geringes CSR-Engagement" ($p < 0,001$ über alle Aussagen). Hinsichtlich der Wahrnehmung der Führungskraft von Überforderung und Stresssituationen bei den Mitarbeitenden (Item 2 und 7) liegen schwache Effekte vor (Cohens $d = 0,4$). Für alle anderen Aussagen konnten mittlere bis starke Effekte ermittelt werden (Cohens $d = 0,5$–0,8).

Drei Viertel der Befragten aus Unternehmen mit hohem CSR-Engagement des Unternehmens sagten über ihre Führungskraft, sie sorge für einen positiven Umgang miteinander – in der Gruppe „Geringes CSR-Engagement" sind rund ein Viertel weniger dieser Ansicht. Bei anderen Aussagen ist die Differenz zwischen den beiden Gruppen noch stär-

ker: Bei den Fragen zum Abbau von Risiken und Belastungen bei den Mitarbeitenden (5) (31,1 Prozentpunkte), dem Verantwortungsgefühl für die Gesundheit der Mitarbeitenden (4) (30,8 Prozentpunkte) und der Aufforderung, auf gesundheitliche Risiken hinzuweisen (3) (27,5 Prozentpunkte), liegen die durchschnittlichen Bewertungen der beiden Extremgruppen am weitesten auseinander. Auch bei den Fragen, die sich auf Stress und Stressbewältigung beziehen (6, 9, 10, 12), sind ähnlich große Abstände zwischen den beiden Gruppen zu sehen (Differenz ca. 26 Prozentpunkte). Mit 13,9 Prozentpunkten zeigt sich der geringste Abstand zwischen den Gruppen im Hinblick darauf, ob die Führungskraft eine Überforderung bei den Mitarbeitenden bemerkt (2).

Die Ergebnisse zeigen, dass Befragte, die ihr Unternehmen als (eher) gemeinwohlorientiertes und nachhaltig handelndes Unternehmen einstufen, auch die gesundheitsbezogene Fürsorge ihrer Führungskraft besser bewerten.

### 6.2.4 Extremgruppenvergleich „Unternehmensverantwortung": Einstellungen zur Arbeit und subjektive Gesundheit

▪▪ **Die Bildung der Extremgruppen „Unternehmensverantwortung"**

Bisher wurde dargestellt, dass ein – aus Sicht der Beschäftigten – gemeinwohlorientiertes und nachhaltiges Verhalten von Unternehmen (CSR) ein Indikator dafür sein kann, dass Unternehmen sich auch stärker für die Gesundheit der Mitarbeitenden verantwortlich fühlen. Darüber hinaus zeigte sich in zahlreichen einzelnen Analysen (beispielsweise Chiquadrat-Tests, T-Tests), dass zudem das (1) Vorhandensein von BGF-Maßnahmen, (2) die Thematisierung der Gesundheitsförderung von Mitarbeitenden durch die Geschäftsführung und (3) die gesundheitsorientierte Führung (abge-

---

13 Der Mittelwert über alle Fragen der gesundheitsbezogenen Fürsorge wurde ohne die Frage „Meine Führungskraft motiviert mich, Angebote der betrieblichen Gesundheitsförderung in Anspruch zu nehmen" (8) gebildet, da diese Frage nur den 1.457 Personen gestellt wurde, die zuvor angegeben hatten, dass es in ihrem Unternehmen Maßnahmen der Betrieblichen Gesundheitsförderung gibt.

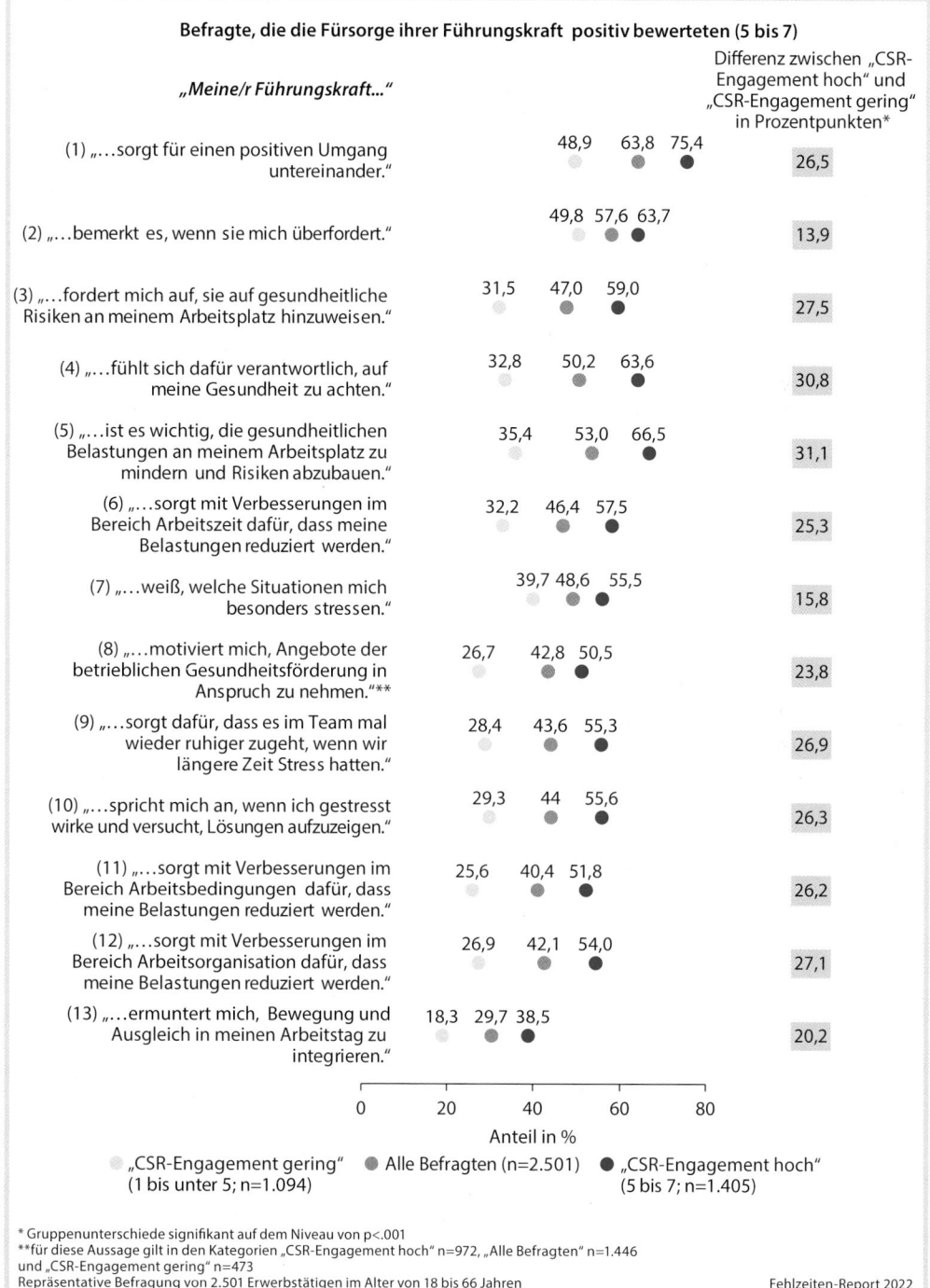

Befragte, die die Fürsorge ihrer Führungskraft positiv bewerteten (5 bis 7)

*„Meine/r Führungskraft…"*

Differenz zwischen „CSR-
Engagement hoch" und
„CSR-Engagement gering"
in Prozentpunkten*

(1) „…sorgt für einen positiven Umgang
untereinander." — 48,9  63,8  75,4 — 26,5

(2) „…bemerkt es, wenn sie mich überfordert." — 49,8  57,6  63,7 — 13,9

(3) „…fordert mich auf, sie auf gesundheitliche
Risiken an meinem Arbeitsplatz hinzuweisen." — 31,5  47,0  59,0 — 27,5

(4) „…fühlt sich dafür verantwortlich, auf
meine Gesundheit zu achten." — 32,8  50,2  63,6 — 30,8

(5) „…ist es wichtig, die gesundheitlichen
Belastungen an meinem Arbeitsplatz zu
mindern und Risiken abzubauen." — 35,4  53,0  66,5 — 31,1

(6) „…sorgt mit Verbesserungen im
Bereich Arbeitszeit dafür, dass meine
Belastungen reduziert werden." — 32,2  46,4  57,5 — 25,3

(7) „…weiß, welche Situationen mich
besonders stressen." — 39,7  48,6  55,5 — 15,8

(8) „…motiviert mich, Angebote der
betrieblichen Gesundheitsförderung in
Anspruch zu nehmen."** — 26,7  42,8  50,5 — 23,8

(9) „…sorgt dafür, dass es im Team mal
wieder ruhiger zugeht, wenn wir
längere Zeit Stress hatten." — 28,4  43,6  55,3 — 26,9

(10) „…spricht mich an, wenn ich gestresst
wirke und versucht, Lösungen aufzuzeigen." — 29,3  44  55,6 — 26,3

(11) „…sorgt mit Verbesserungen im
Bereich Arbeitsbedingungen dafür, dass
meine Belastungen reduziert werden." — 25,6  40,4  51,8 — 26,2

(12) „…sorgt mit Verbesserungen im
Bereich Arbeitsorganisation dafür, dass
meine Belastungen reduziert werden." — 26,9  42,1  54,0 — 27,1

(13) „…ermuntert mich, Bewegung und
Ausgleich in meinen Arbeitstag zu
integrieren." — 18,3  29,7  38,5 — 20,2

0    20    40    60    80

Anteil in %

◍ „CSR-Engagement gering"
(1 bis unter 5; n=1.094)

● Alle Befragten (n=2.501)

● „CSR-Engagement hoch"
(5 bis 7; n=1.405)

* Gruppenunterschiede signifikant auf dem Niveau von p<.001
**für diese Aussage gilt in den Kategorien „CSR-Engagement hoch" n=972, „Alle Befragten" n=1.446
und „CSR-Engagement gering" n=473
Repräsentative Befragung von 2.501 Erwerbstätigen im Alter von 18 bis 66 Jahren

Fehlzeiten-Report 2022

◪ **Abb. 6.12** Gruppenvergleich: Positiv beurteilte gesundheitsorientierte Führung nach Einschätzung des CSR-Engagements des Unternehmens bildet über „Staffcare"[14]) jeweils Differenzen in der Beurteilung der Beschwerdelast ergaben. Im Folgenden soll deshalb gezeigt werden, wie die beiden Dimensionen – soziale und ökologische Verantwortung (CSR) einerseits und die Verantwortung für die Gesundheit der Beschäftigten andererseits – gebündelt unter dem Oberbegriff „Unternehmensverantwortung" mit der subjektiven Gesundheit und dem Wohlbefinden der Befragten in Beziehung stehen. Die daraus entwickelte Extremgruppe „Hohe Unternehmensverantwortung" resultiert aus den positiven Bewertungen bei allen vier Aspekten (CSR und Gesundheitsförderung im Unternehmen). Befragte der Extremgruppe „Geringe Unternehmensverantwortung" haben ihr Unternehmen in allen vier Aspekten negativ bewertet (◙ Abb. 6.13). Nicht zu den beiden Extremgruppen gehören die Befragten, die sowohl positive als auch negative Bewertungen bei den hier abgefragten Aspekten abgaben.

Zur Extremgruppe „Hohe Unternehmensverantwortung" zählen 428 der insgesamt 2.501 Befragten (17,1 %), zur Gruppe „Geringe Unternehmensverantwortung" 460 Befragte (18,4 %). Die beiden allein aufgrund ihres Antwortverhaltens entstandenen Extremgruppen unterscheiden sich deutlich hinsichtlich einiger Strukturmerkmale: So gehört zur Extremgruppe „Hohe Unternehmensverantwortung" ein höherer Anteil männlicher (57 % im Vergleich zu 48 %) und jüngerer Befragter (57 % im Vergleich zu 50 % jünger als 45 Jahre). Weiterhin ist der Anteil der Befragten, die in Unternehmen mit mehr als 1.000 Mitarbeitenden arbeiten, in der Extremgruppe „Hohe Unternehmensverantwortung" deutlich größer als in der Gruppe „Geringe Unternehmensverantwortung" (53 % im Vergleich zu 14 %,

siehe auch erneut ◙ Abb. 6.9). Befragte, die aufgrund ihrer Antworten der Gruppe „Hohe Unternehmensverantwortung" zugeordnet wurden, arbeiten zu einem geringeren Anteil in Teilzeit (17 % zu 28 %) und haben zu einem höheren Anteil einen akademischen Abschluss (Fachhochschule oder Universität, 52 % im Vergleich zu 44 %).

■ ■ **Extremgruppenvergleich: Einstellungen zur Arbeit**

Vergleicht man nur die positiven Beurteilungen (5 bis 7 „trifft (ganz und gar) zu" auf der siebenstufigen Skala) der hier abgefragten Einstellungen zur Arbeit der beiden Extremgruppen „Hohe Unternehmensverantwortung" und „Niedrige Unternehmensverantwortung", zeigen sich signifikante Gruppenunterschiede bei der Arbeitszufriedenheit, der Unternehmensverbundenheit und bei der Leistungsbereitschaft (◙ Abb. 6.14). Während die Befragten aus der Extremgruppe „Hohe Unternehmensverantwortung" zu 95,6 % eine hohe Unternehmensverbundenheit empfinden (durchschnittliche Bewertung 6,2), sind es in der Gruppe der niedrigen Unternehmensverantwortung ein gutes Drittel weniger (35 Prozentpunkte) (durchschnittliche Bewertung 4,6).

Bei der Beurteilung der Arbeitszufriedenheit liegt die Differenz zwischen den Extremgruppen bei 26,6 Prozentpunkten (96,5 % zu 69,6 %). Das bedeutet, dass es in der Gruppe mit der hohen Unternehmensverantwortung ein gutes Viertel mehr Befragte gibt, die ihre Arbeitszufriedenheit als hoch beurteilen. Bei der Einschätzung der eigenen Leistungsbereitschaft fällt der Unterschied ebenfalls deutlich, mit einer Differenz von 20,3 Prozentpunkten jedoch am geringsten aus (96,7 % zu 76,4 %).

■ ■ **Extremgruppenvergleich: Die subjektive Bewertung der Gesundheit**

Wie unterscheiden sich die befragten Beschäftigten aus den beiden Extremgruppen hinsichtlich der Bewertung ihrer eigenen Gesundheit?

In Bezug auf die kognitiven Irritationen zeigen sich große Unterschiede zwischen den Extremgruppen (jeweils $p < 0{,}001$ und Co-

---

14  Der Aspekt der gesundheitsorientierten Führung wurde ohne die Aussage „*Meine Führungskraft motiviert mich, Angebote der betrieblichen Gesundheitsförderung in Anspruch zu nehmen*" (8) gebildet, da diese Frage nur den 1.457 Personen gestellt wurde, die zuvor angegeben hatten, dass es in ihrem Unternehmen Maßnahmen der Betrieblichen Gesundheitsförderung gibt.

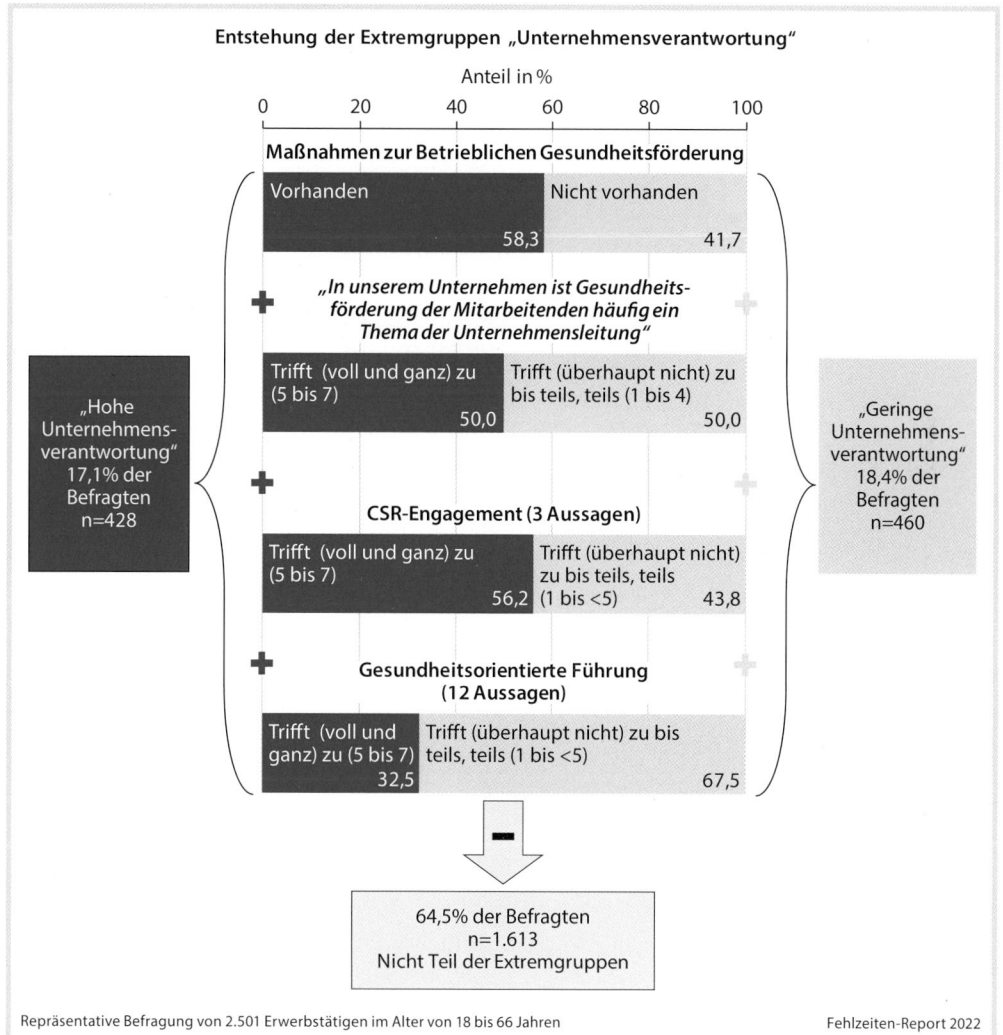

**Entstehung der Extremgruppen „Unternehmensverantwortung"**

Anteil in %

Maßnahmen zur Betrieblichen Gesundheitsförderung

Vorhanden — Nicht vorhanden
58,3 — 41,7

„In unserem Unternehmen ist Gesundheitsförderung der Mitarbeitenden häufig ein
Thema der Unternehmensleitung"

Trifft (voll und ganz) zu (5 bis 7) — Trifft (überhaupt nicht) zu bis teils, teils (1 bis 4)
50,0 — 50,0

CSR-Engagement (3 Aussagen)

Trifft (voll und ganz) zu (5 bis 7) — Trifft (überhaupt nicht) zu bis teils, teils (1 bis <5)
56,2 — 43,8

Gesundheitsorientierte Führung (12 Aussagen)

Trifft (voll und ganz) zu (5 bis 7) — Trifft (überhaupt nicht) zu bis teils, teils (1 bis <5)
32,5 — 67,5

„Hohe Unternehmensverantwortung" 17,1% der Befragten n=428

„Geringe Unternehmensverantwortung" 18,4% der Befragten n=460

64,5% der Befragten
n=1.613
Nicht Teil der Extremgruppen

Repräsentative Befragung von 2.501 Erwerbstätigen im Alter von 18 bis 66 Jahren    Fehlzeiten-Report 2022

**◻ Abb. 6.13** Extremgruppenbildung der Typen „Hohe Unternehmensverantwortung" und „Geringe Unternehmensverantwortung"

hens $d = 0,6$) (◻ Abb. 6.15). Vergleicht man die Angabe, unter keinen oder seltenen Irritationen gelitten zu haben (Antwort 1 bis 3) („*Ich muss auch außerhalb der Arbeitszeit an Schwierigkeiten bei der Arbeit denken*"), stimmten die Befragten der Gruppe „Hohe Unternehmensverantwortung" der Aussage deutlich häufiger nicht zu (67,1 %) als die Befragten der Vergleichsgruppe (43,1 %). Auch der Aussage „*Es fällt mir schwer, nach der Ar-*

*beit abzuschalten*" stimmten drei Viertel der Befragten der Gruppe „Hohe Unternehmensverantwortung" im Durchschnitt eher nicht zu (74,3 %), bei der Gruppe „Niedrige Unternehmensverantwortung" war es nur etwa die Hälfte (49,7 %).

Fasst man alle Auskünfte zu den Beschwerden zusammen, so gaben die Befragten aus der Gruppe „Geringe Unternehmensverantwortung" durchschnittlich eine stärkere Be-

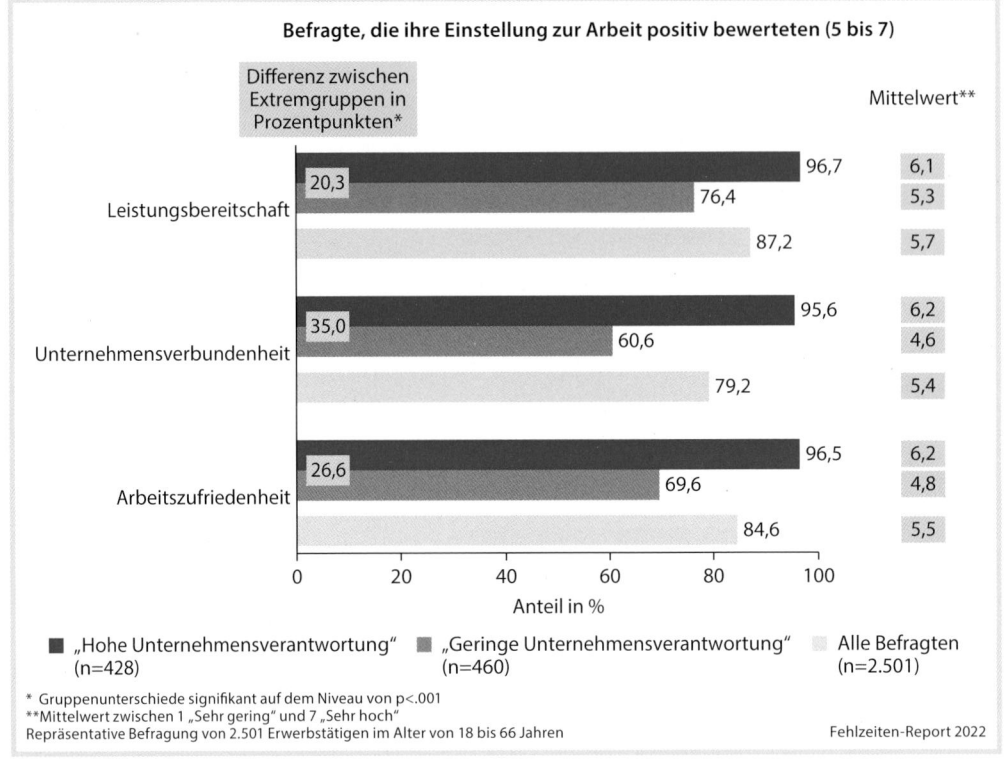

**◻ Abb. 6.14** Einstellungen zur Arbeit nach Extremgruppen „Hohe Unternehmensverantwortung" und „Geringe Unternehmensverantwortung"

lastung an (2,7) als die Befragten aus der Gruppe mit hoher Unternehmensverantwortung (1,8).

Auch bei der Auswertung der einzelnen Beschwerdegruppen zeigen sich signifikante Unterschiede zwischen den Befragten der beiden Extremgruppen ($p < 0{,}001$). Für die emotionalen Beschwerden (Cohens $d = 1{,}0$) und die psychosomatischen Beschwerden (Cohens $d = 0{,}8$) liegen starke Effekte vor, für die körperlichen Beschwerden mittlere Effekte von 0,7. Die Befragten der Gruppe „Geringe Unternehmensverantwortung" beziffern auf der Siebener-Skala ihre emotionale Belastung im Durchschnitt mit 3,3 („Hohe Unternehmensverantwortung": 3,0) (ohne Abbildung). Der Mittelwert der psychosomatischen Beschwerden liegt bei der Gruppe „Geringe Unternehmensverantwortung" bei 2,9 gegenüber einem

Mittelwert von 1,8 bei der Vergleichsgruppe „Hohe Unternehmensverantwortung". Die Befragten der Gruppe „Geringe Unternehmensverantwortung" geben im Mittel ihre körperlichen Beschwerden mit 2,7 an, die Gruppe „Hohe Unternehmensverantwortung" dagegen mit 1,5.

Vergleicht man für die beiden Extremgruppen die Ausprägungen „keine" bis „seltene" Beschwerden (1 bis 3), zeigt sich bei der emotionalen Belastung *Wut und Verärgerung* die größte Differenz: Hier geben 86,1 % aus der Gruppe „Hohe Unternehmensverantwortung" an, nicht bzw. selten darunter zu leiden – gegenüber 45,1 % aus der Extremgruppe „Geringe Unternehmensverantwortung" (◻ Abb. 6.16). Der Unterschied zwischen diesen beiden Gruppen ist mit 41 Prozentpunkten am größten, gefolgt von einer

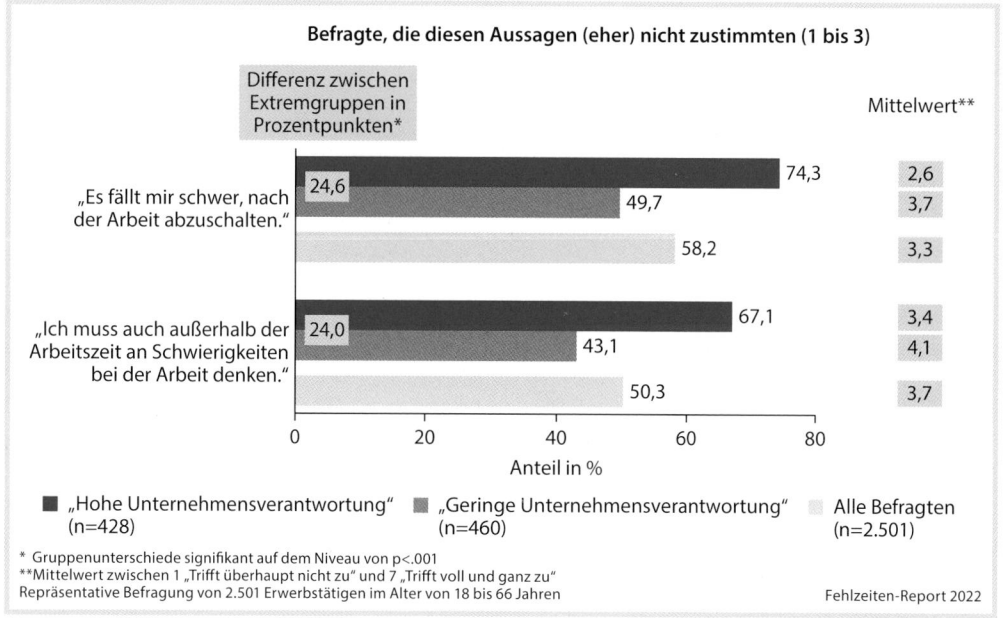

Befragte, die diesen Aussagen (eher) nicht zustimmten (1 bis 3)

☑ **Abb. 6.15** Kognitive Irritationen nach Extremgruppen „Hohe Unternehmensverantwortung" und „Geringe Unternehmensverantwortung"

Differenz von 34,1 Prozentpunkten bei *Nervosität und Reizbarkeit*.

Bei den psychosomatischen Beschwerden ist die Differenz zwischen den Extremgruppen ebenfalls deutlich, jedoch geringer als bei den emotionalen Irritationen. Am deutlichsten ist sie bei der *Erschöpfung* mit einer Differenz von 30,2 Prozentpunkten und den *Schlafstörungen* (26,4 Prozentpunkte).

Unterschiede zwischen den Extremgruppen zeigen sich auch bei den körperlichen Beschwerden. Die Differenz zwischen den Befragten aus den Gruppen „Hohe Unternehmensverantwortung" und „Geringe Unternehmensverantwortung" liegt bei *Rücken- oder Gelenkbeschwerden* bei 20,8 Prozentpunkten und bei *Kopfschmerzen* bei 19,9 Prozentpunkten.

Der Vergleich der Extremgruppen zeigt: Befragte aus der Gruppe „Hohe Unternehmensverantwortung" berichteten sowohl von weniger emotionalen als auch weniger psychosomatischen und körperlichen Beschwerden.

■ ■ **Extremgruppenvergleich: Die subjektive Bewertung der Gesundheit nach Geschlecht**

Wie oben beschrieben zeigten sich strukturelle Unterschiede im Angebot der Unternehmen nach Unternehmensgröße (beispielsweise bei BGF-Angeboten). Weiterhin war erkennbar, dass die befragten männlichen Erwerbstätigen häufiger in großen Unternehmen arbeiten als Frauen. Durch die Zuordnung der Befragten anhand ihrer Bewertung der Aspekte BGF-Angebote, CSR-Engagement, Thematisierung von Gesundheit und Fürsorge der Führungskraft wurden diese strukturellen Unterschiede zwischen den Geschlechtern auch in die Extremgruppen hineingetragen. In der vorliegenden Untersuchung konnte ebenfalls schon gezeigt werden, dass Frauen insgesamt von einem subjektiv leicht schlechteren Gesundheitszustand berichteten als Männer. Im Folgenden sollen deshalb die vorangegangenen Extremgruppenvergleiche für die Beschwerdeangaben differenziert nach Geschlecht nach-

**6**

**Befragte, die in den letzten vier Wochen selten bis gar nicht unter diesen Beschwerden gelitten haben (1 bis 3)**

Differenz zwischen Extremgruppen in Prozentpunkten*

**Emotionale Beschwerden**

Wut und Verärgerung   45,1   64,3   86,1   41,0

Lustlosigkeit   55   67,7   85,2   30,2

Nervosität und Reizbarkeit   55,1   70,3   89,2   34,1

Niedergeschlagenheit   60,5   73,7   88,5   28,0

Zweifel an eigenen Fähigkeiten   77,3   83,9   90,4   13,1

**Psychosomatische Beschwerden**

Erschöpfung   46,3   58,8   76,5   30,2

Schlafstörungen   62,6   76,1   89   26,4

Konzentrationsprobleme   70,8   79,7   90,7   19,9

Angstgefühle bei und vor der Arbeit   81,7   89,9   96,3   14,6

**Körperliche Beschwerden**

Rücken- oder Gelenkbeschwerden   56,7   66,0   77,5   20,8

Kopfschmerzen   70,1   80,0   90,0   19,9

Magen-Darm-Beschwerden   85,0   90,6   96,7   11,7

Infektionserkrankungen   86,3   91,1   94,3   8,0

Herz-Kreislauf-Beschwerden   88,5   92,1   97,2   8,7

Atemwegserkrankungen   88,5   93,6   97,4   8,9

20   40   60   80   100
Anteil in %

„Geringe Unternehmensverantwortung" (n=460)    Alle Befragten (n=2.501)    „Hohe Unternehmensverantwortung" (n=428)

* Gruppenunterschiede signifikant auf dem Niveau von p<.001
Repräsentative Befragung von 2.501 Erwerbstätigen im Alter von 18 bis 66 Jahren

Fehlzeiten-Report 2022

**Abb. 6.16** Emotionale, psychosomatische und körperliche Beschwerden der Befragten in den Extremgruppen „Hohe Unternehmensverantwortung" und „Geringe Unternehmensverantwortung"

vollzogen werden, um diesen verzerrenden Effekt auszugleichen.

Wie in Abb. 6.17 deutlich wird, bleibt auch bei einer nach Geschlechtern getrennten Auswertung ein signifikanter Unterschied zwischen Befragten aus Unternehmen mit hoher Unternehmensverantwortung gegenüber Befragten aus Unternehmen mit geringerer Unternehmensverantwortung bestehen. Demnach sind die herausgestellten Unterschiede zwischen den Extremgruppen nicht durch geschlechtsspezifisches Antwortverhalten erklär-

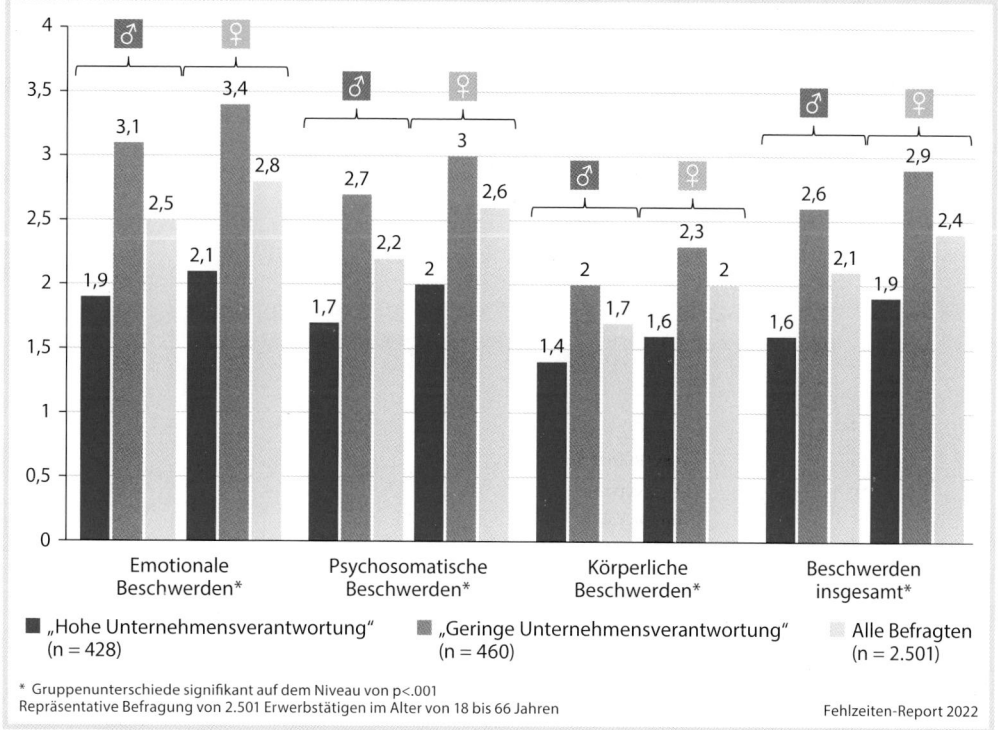

■ **Abb. 6.17** Emotionale, psychosomatische und körperliche Beschwerden der Befragten nach Extremgruppen „Hohe Unternehmensverantwortung" und „Geringe Unternehmensverantwortung" nach Geschlecht (Mittelwerte)

bar. Die Differenz zwischen den Extremgruppen beträgt bei den Männern über alle Beschwerden hinweg 0,9 und bei den Frauen 1,0. Bei den körperlichen Beschwerden unterscheiden sich die Befragten der weiblichen Extremgruppen im Durchschnitt um 0,7 und die männlichen um 0,6. Die Gegenüberstellung der weiblichen und männlichen Extremgruppen ergibt bei den psychosomatischen Beschwerden eine Differenz in den Mittelwerten von 1,0. Bei den emotionalen Beschwerden beträgt der Unterschied zwischen den weiblichen Extremgruppen 1,3 und den männlichen Extremgruppen 1,2. Die Differenz ist damit in dieser Beschwerdegruppe am größten.[15]

---

15  Bei dieser Darstellung geht es darum zu zeigen, dass der Unterschied zwischen den Extremgruppen auch bei einer nach Geschlechtern getrennten Auswertung bestehen bleibt.

## ■■ Arbeitsunfähigkeitszeiten und Präsentismus

Die Extremgruppen „Hohe Unternehmensverantwortung" und „Geringe Unternehmensverantwortung" wurden ebenfalls dahingehend untersucht, ob sich im Hinblick auf Absentismus und Präsentismus Unterschiede zeigen. Auch hier wurden signifikante Unterschiede sowohl hinsichtlich des Anteils an Befragten mit Fehlzeiten als auch bei der Anzahl der AU-Tage deutlich (■ Abb. 6.18). Von den Beschäftigten aus der Gruppe „Hohe Unternehmensverantwortung" berichteten 65,9 %, mindestens einen Tag in den vorangegangenen zwölf Monaten krankheitsbedingt im Unternehmen gefehlt zu haben, gegenüber 74 % aus der Gruppe „Geringe Unternehmensverantwortung". Im Durchschnitt sind Beschäftigte aus der Gruppe „Hohe Unternehmensverant-

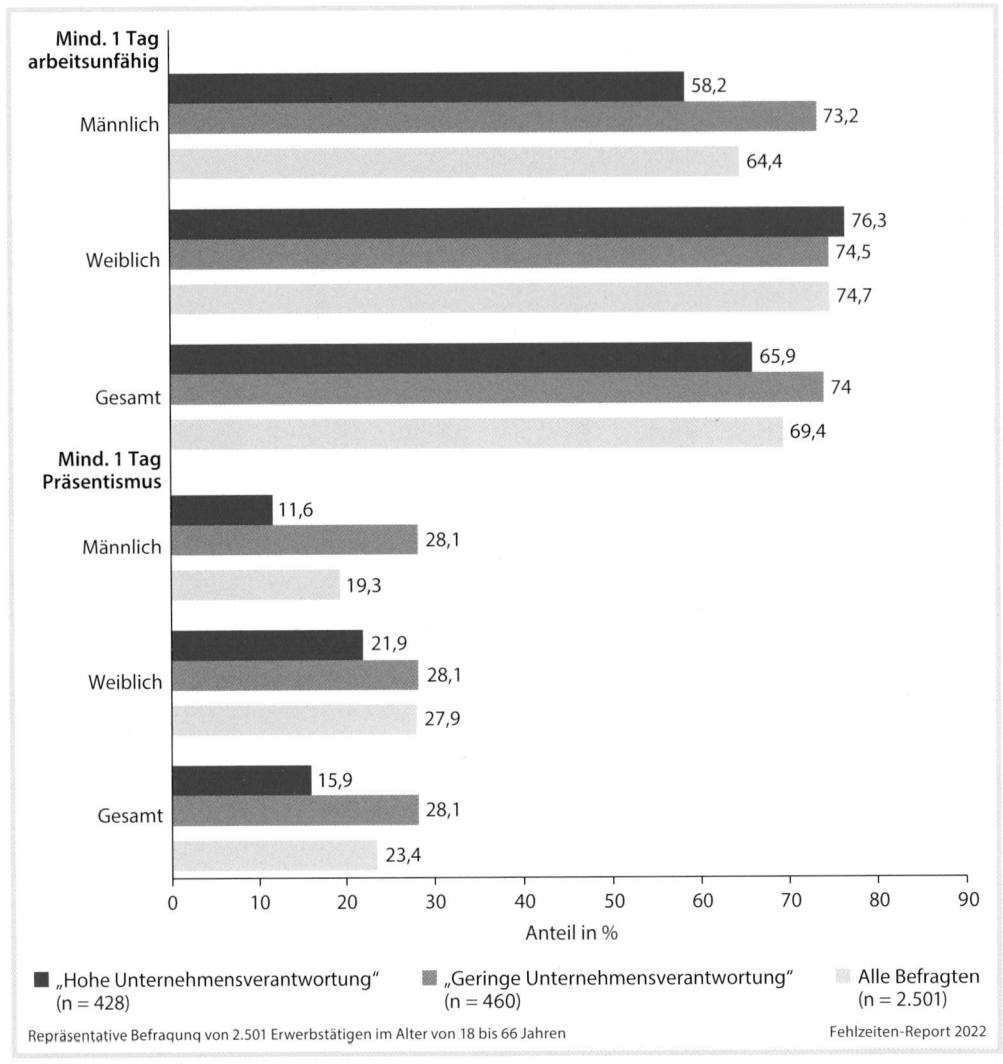

**Abb. 6.18** Absentismus und Präsentismus: Befragte der Extremgruppen „Hohe Unternehmensverantwortung" und „Geringe Unternehmensverantwortung", nach Geschlecht

wortung" mit 9,7 AU-Tagen seltener während der letzten zwölf Monate krankheitsbedingt ausgefallen als Beschäftigte aus der Gruppe „Niedrige Unternehmensverantwortung" mit 14,2 AU-Tagen ($p = 0{,}03$, Cohens $d = 0{,}1$) (■ Abb. 6.19).

Wie schon bei der Beurteilung von Beschwerden unterscheiden sich Männer und Frauen auch bei den krankheitsbedingten Fehlzeiten: So berichteten Frauen grundsätzlich

über mehr AU-Tage als Männer, darüber hinaus ist bei beiden Geschlechtern ein deutlicher Unterschied bei der Anzahl der durchschnittlichen Fehltage zwischen den Extremgruppen zu sehen (Männer: 8,1 AU-Tage zu 12,6 AU-Tagen, Frauen: 11,8 AU-Tage zu 15,7 AU-Tagen) (■ Abb. 6.19).

Der Anteil bei weiblichen Beschäftigten, die mindestens einen Fehltag hatten, liegt bei den beiden Extremgruppen dicht beieinander

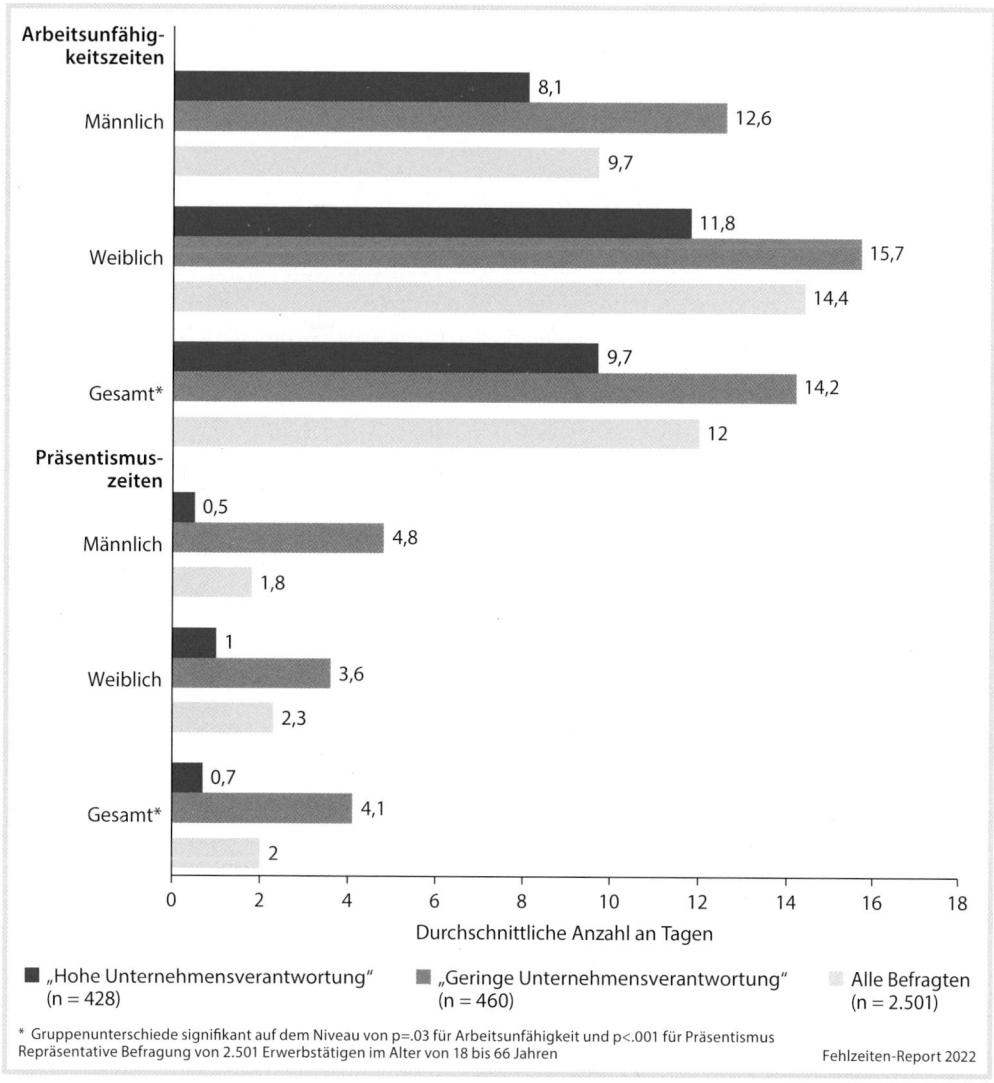

**Arbeitsunfähig-keitszeiten**

Männlich: 8,1 / 12,6 / 9,7

Weiblich: 11,8 / 15,7 / 14,4

Gesamt*: 9,7 / 14,2 / 12

**Präsentismus-zeiten**

Männlich: 0,5 / 4,8 / 1,8

Weiblich: 1 / 3,6 / 2,3

Gesamt*: 0,7 / 4,1 / 2

Durchschnittliche Anzahl an Tagen

■ „Hohe Unternehmensverantwortung" (n = 428)   ■ „Geringe Unternehmensverantwortung" (n = 460)   ▪ Alle Befragten (n = 2.501)

* Gruppenunterschiede signifikant auf dem Niveau von p=.03 für Arbeitsunfähigkeit und p<.001 für Präsentismus
Repräsentative Befragung von 2.501 Erwerbstätigen im Alter von 18 bis 66 Jahren

Fehlzeiten-Report 2022

■ **Abb. 6.19** Absentismus und Präsentismus: Anzahl der Tage nach Extremgruppen „Hohe Unternehmensverantwortung" und „Geringe Unternehmensverantwortung", nach Geschlecht

und ist bei den Befragten aus der Gruppe „Hohe Unternehmensverantwortung" sogar etwas größer (■ Abb. 6.18). Bei den männlichen Beschäftigten fallen die Unterschiede zwischen den beiden Extremgruppen deutlich stärker aus: Der Anteil mit mindestens einem Fehltag liegt bei den Männern aus Unternehmen mit hoher Verantwortung bei 58,2 % gegenüber 73,2 % in der Vergleichsgruppe, die ihrem

Unternehmen eine geringe Verantwortung attestierten.

Über Präsentismus in den letzten zwölf Monaten, also das Arbeiten entgegen ärztlichen Rat, berichten Befragte der Gruppe „Hohe Unternehmensverantwortung" mit einem Anteil von 15,9 % deutlich seltener als die Vergleichsgruppe mit einem Anteil von 28,1 % (mindestens ein Präsentismus-Tag). Während

6

die Befragten aus der Gruppe mit hoher Unternehmensverantwortung durchschnittlich 0,7 Präsentismustage angeben, sind es bei der Gruppe mit der geringen Unternehmensverantwortung 4,1 Tage ($p < 0,001$, Cohens $d = 0,3$). Bei einer nach Geschlechtern getrennten Analyse zeigt sich die Differenz zwischen den Extremgruppen bei Männern noch etwas stärker als bei den Frauen.

Die Vergleiche zwischen den Extremgruppen bei den Fehlzeiten und dem Arbeiten gegen ärztlichen Rat in den vorangegangenen zwölf Monaten zeigen insgesamt deutlich bessere Ergebnisse für die Befragten aus Unternehmen mit hoher Unternehmensverantwortung auf. Die positiven Einflüsse der werteorientierten Unternehmensführung im Hinblick auf *Corporate Social Responsibility* (CSR) und die Fürsorge für die Gesundheit der Mitarbeitenden sind hier etwas stärker bei Männern zu beobachten als bei Frauen. Mögliche weitere Einflussfaktoren wie Arbeiten in Teilzeit, Führungsverantwortung, Care-Arbeit oder Kinderbetreuung, die zwischen den Geschlechtern differieren, blieben in der vorliegenden Analyse unberücksichtigt.

## 6.3 Diskussion der Ergebnisse

Die vorliegende Untersuchung konzentrierte sich auf die unternehmerische Sozialverantwortung von Wirtschaftsunternehmen. Das verantwortliche Handeln wurde dabei zum einen durch die gesundheitliche Fürsorge für die Beschäftigten abgebildet, zum anderen über das (bisher freiwillige) Praktizieren von Gemeinwohlorientierung und Nachhaltigkeit im Sinne von *Corporate Social Responsibility* (CSR). Die Analysen gingen der Frage nach, ob je nach Einschätzung des verantwortlichen Handelns der Unternehmen durch die Beschäftigten Unterschiede in ihrem subjektiven Gesundheitsempfinden und ihrer Einstellung zur Arbeit zu sehen sind.

Die Vergleiche der Krankheitslast der Jahre 2020 bis 2022 zeigen, wie Krisen, die sich un-

ter Umständen ungehindert global ausbreiten können, zu einer stärkeren Belastung mit gesundheitlichen Folgen für die Erwerbstätigen führen. Vor dem Hintergrund zukünftig zunehmender sozialer und ökologischer Krisen hat der Umgang damit und die Verantwortungsübernahme der Unternehmen eine zunehmende Relevanz.

Die herausgearbeiteten Unterschiede zwischen den jeweils gebildeten Vergleichsgruppen deuten darauf hin, dass (sozial und ökologisch) verantwortliches Engagement des Unternehmens mit einer gesundheitsbezogenen Fürsorge für die Beschäftigten einhergeht. Beide Aspekte der Unternehmenskultur (CSR-Engagement und gesundheitliche Fürsorge) zeigen wiederum einen Zusammenhang mit dem gesundheitlichen Wohlbefinden der Befragten und deren Einstellung zur Arbeit.

### ▪▪ Verantwortung für Umwelt und Gesellschaft: Das Engagement muss noch zunehmen

Nur wenig mehr als die Hälfte der Befragten beschrieb das eigene Unternehmen als engagiert im Hinblick auf die Gesellschaft. Noch weniger Befragte berichteten, dass bei den täglichen Aktivitäten und Entscheidungen Umweltschutzaspekte berücksichtigt werden. In Anbetracht der massiven Umweltschäden und des fortschreitenden Rohstoffmangels durch die bisherige Form des Wirtschaftens sollte diese Einschätzung Diskussionen in den Unternehmen über die unternehmerische Sozialverantwortung auslösen. Einem guten Drittel der Befragten reichte das CSR-Engagement ihres Unternehmens insgesamt gesehen noch nicht aus. Das bedeutet, dass für jeden Dritten die eigenen ethischen Standards im jeweiligen Unternehmen nicht erreicht werden.

### ▪▪ Für das Gemeinwohl und die Umwelt engagierte Unternehmen zeigen mehr Fürsorge für ihre Beschäftigten

Ein Angebot von BGF-Maßnahmen, die Thematisierung von Gesundheitsförderung von der Unternehmensleitung und die gesundheitsorientierte Führung wurden von Beschäftigten aus Unternehmen mit hohem CSR-Engagement deutlich häufiger berichtet. Beschäftigte, deren Unternehmen bei ihrem Handeln die Folgen für Stakeholder, Umwelt und Gesellschaft stärker berücksichtigen, erlebten auch eine verstärkte gesundheitsbezogene Fürsorge in ihren Unternehmen. Es ist zu vermuten, dass diese Unternehmen generell stärker wertebasiert agieren und so auch die Gesundheit der Mitarbeitenden als Wert ansehen, den es zu fördern gilt. Es liegt nahe, dass in diesen Unternehmen das Thema Nachhaltigkeit eher berücksichtigt wird und dass – als Ressourcenschutz – auch ein wertschätzender Umgang mit den Beschäftigten gepflegt wird, der deren langfristige Gesundheit und Leistungsfähigkeit fördert. Die niedrigere Beschwerdelast und die geringeren Fehlzeiten bei den Befragten aus Unternehmen mit stärkerer Übernahme von Verantwortung deuten darauf hin, dass diese Strategie erfolgreich ist.

#### ■ ■ Verantwortungsvolles Handeln zahlt sich aus

Beschäftigte in Unternehmen mit ausgeprägter Gesundheitsfürsorge und Berücksichtigung von Umwelt und Gemeinwohl sind gesünder: Sie berichteten von weniger körperlichen, psychosomatischen und emotionalen Beschwerden, fehlten seltener krankheitsbedingt und gingen seltener entgegen ärztlichen Rat zur Arbeit. Sie konnten zudem besser nach der Arbeit „abschalten" und grübelten nach Feierabend weniger über Probleme bei der Arbeit. Darüber hinaus zeigten Beschäftigte aus Unternehmen mit stärkerer Sozialverantwortung eine höhere Leistungsbereitschaft und Motivation, fühlten sich stärker mit ihrem Unternehmen verbunden und waren zufriedener mit ihrer Arbeit. Fürsorgliches Verhalten für die Gesundheit der Beschäftigten äußert sich in gezielten und konkreten Maßnahmen, die der Gesunderhaltung der Beschäftigten dienen und gesundheitliche Risiken minimieren sollen. Ein positiver Effekt (neben anderen Einflussfaktoren) für die Beschäftigten ist daher nachvollziehbar.

Eine werteorientierte Ausrichtung des Unternehmens ist hingegen weitaus weniger un-mittelbar, wirkt sich jedoch ebenfalls förderlich auf die Beschäftigten aus. Zentrales Element sind dabei die Werte (wie beispielsweise Gerechtigkeit), die ein Unternehmen lebt und die das Vertrauen der Beschäftigten in das Unternehmen stärken können. Die Folge können eine gelungene Bindung an das Unternehmen, Motivation und Zufriedenheit sein, die wiederum Einflussfaktoren für die Gesundheit darstellen. Gerade in Zeiten eines Fachkräftemangels bieten sich hier für die Unternehmen Möglichkeiten, ihre Attraktivität zu steigern und Beschäftigte langfristig zu binden.

#### ■ ■ Von großen Unternehmen lernen

Insbesondere die Unternehmensgröße stellte sich als entscheidender Faktor dafür heraus, ob die Beschäftigten ihrem Unternehmen eine gemeinwohlorientierte und nachhaltige Ausrichtung attestierten und von einer gesundheitsbezogenen Fürsorge berichteten. Die Ungleichverteilung von Ressourcen für Betriebliche Gesundheitsförderung zwischen Großunternehmen und kleinen bzw. mittelständischen Unternehmen (KMU, KKU) und das daraus resultierende Ungleichgewicht bei entsprechenden Angeboten und Strukturen ist bereits seit Längerem bekannt (siehe Leitfaden Prävention, GKV-Spitzenverband 2000). Die Untersuchung bekräftigt erneut, dass sich diese Investitionen in die Mitarbeitergesundheit lohnen und kleine Unternehmen dafür Netzwerkstrukturen nutzen sollten.

#### ■ ■ Männer haben öfter Zugang zu Angeboten der Betrieblichen Gesundheitsförderung

Männliche Befragte waren stärker in der Gruppe vertreten, deren Unternehmen der Gruppe „Hohe Unternehmensverantwortung" zugeordnet wurden. Sie arbeiteten außerdem öfter in Unternehmen, die Maßnahmen der Betrieblichen Gesundheitsförderung anbieten. Als eine Erklärung kann angeführt werden, dass in der vorliegenden Untersuchung befragte Männer öfter in großen Unternehmen arbeiteten, was – wie bereits beschrieben – ein relevanter Faktor für die Gruppenzuordnung darstellte. Eine weitere Begründung kann allerdings auch sein, dass Männer häufiger in Branchen arbeiten, in denen Arbeitsschutz und Arbeitssicherheit eine große Bedeutung haben und demzufolge die Nähe zur Betrieblichen Gesundheitsförderung auch eher gegeben ist.

■ ■ **Der Gestaltungsspielraum**
**von Führungskräften**

Die Untersuchung hat herausgearbeitet, welche Bedeutung gesundheitsorientierter Führung als Baustein des verantwortungsvollen und fürsorglichen Handelns von Unternehmen zukommt. Führungskräfte gestalten die inhaltlichen und strukturellen Arbeitsbedingungen von Beschäftigten und verkörpern durch ihr Verhalten die Unternehmenswerte. Um ihrer wichtigen Rolle für die Gesundheit der Mitarbeitenden gerecht zu werden und gesundheitsorientiert zu führen, benötigen Führungskräfte zum einen die strukturellen Rahmenbedingungen in ihrem Unternehmen, zum anderen die Möglichkeit zum notwendigen Kompetenzerwerb. In Krisensituationen kommt unterstützender Führung eine noch wichtigere Funktion zu, denn wie die Untersuchung zeigen konnte, gehen solche Phasen insbesondere mit gestiegenen psychosomatischen und emotionalen Belastungen für die Beschäftigten einher. Gesundheitsorientierte Führung kann hier helfen, Belastungen zu identifizieren und entlastende Maßnahmen zu etablieren. Die Ergebnisse konnten die Relevanz von individueller Fürsorge durch die Führungskräfte herausarbeiten.

## 6.4 Ausblick

Vor dem Hintergrund der Diskussionen über die globalen Konsequenzen des bisherigen rohstoffintensiven und wenig umweltverträglichen Wirtschaftssystems wird deutlich, dass eine klima- und ressourcenfreundliche, verantwortungsvolle Handlungsweise von Unternehmen einen wichtigen und naheliegenden Schritt darstellt. Die Wirtschaftsethik muss in der Betriebswirtschaftslehre zunächst die

Stärke erlangen, die sie braucht, um die Ressourcenerhaltung und die Reduzierung unerwünschter Folgen des wirtschaftlichen Handelns auf die soziale, politische und physikalische Umwelt sicherzustellen (Müller-Christ und Nikisch 2013, S. 94).

Eine stärker werteorientierte (ethische) Haltung impliziert die Akzeptanz der eigenen Verantwortung für alle Stakeholder, also auch für die eigenen Beschäftigten sowie für die Umwelt und die Gesellschaft, und resultiert in einem unternehmerischen Handeln, das Verantwortungsübernahme und Werteorientierung in sämtliche Entscheidungsprozesse integriert. Im „Prämissengerangel" der Managemententscheidungen sollten diese Werte aktiv gefördert werden, weil sie zunächst im Ermessen der Unternehmen liegen und Mehraufwand sowie ggf. kurzfristige finanzielle Einbußen bedeuten – langfristig allerdings das Weiterbestehen des Unternehmens ermöglichen (Müller-Christ und Nikisch 2013, S. 96).

Während es großen Unternehmen möglich ist, im eigenen Haus Kompetenzen für nachhaltiges und verantwortungsvolles Handeln aufzubauen, konkurrieren die dafür verwendeten Kapazitäten in kleinen Unternehmen mit den Erfordernissen des normalen Unternehmensalltags. Der Zusammenschluss von kleineren Unternehmen und Akteuren, wie beispielsweise Krankenkassen, zu überbetrieblichen Netzwerken kann diese Zielgruppe dabei unterstützen, Betriebliche Gesundheitsförderung stärker zu etablieren (Schempp und Römer 2021).

Die stärkere Integration eines nachhaltigen und sozial verantwortlichen Handelns von kleinen und mittelständischen Unternehmen kann ebenfalls leichter durch den Zusammenschluss von mehreren Betrieben mit Unterstützung von politischen Akteuren gelingen. Auch für nachhaltiges Wirtschaften existieren zahlreiche branchenspezifische Handreichungen und Bildungsangebote sowie Initiativen und Netzwerke (Nachhaltigkeitsinitiativen und Tools | Agentur für Wirtschaft und Entwicklung (▶ wirtschaft-entwicklung.de, Regionales Nachhaltigkeits-Netzwerk für Deutschland (▶ bundesregierung.de))).

Die notwendigen Veränderungen im Unternehmen hin zu einem nachhaltigen Umgang müssen sich auch in der Führungskultur widerspiegeln. In Zusammenhang mit den notwendigen Kompetenzen und Dispositionen von Führungskräften in einem nachhaltigen Management wurde etwa zeitgleich mit der unternehmerischen Sozialverantwortung (CSR) auch das Konzept von „Sustainable Leadership" eingeführt. Die Erwartung, die sich an dieses Konzept von Führung knüpft, ist eine Ausweitung der „Performanzfelder" von Führungskräften: Der Zeithorizont für Entscheidungen wird deutlich verlängert, Entscheidungsdilemmata werden konstruktiv bewältigt, das Unternehmen unternimmt Anstrengungen, mit allen Ressourcen sparsam umzugehen und definiert alle Umweltbeziehungen als Ressourcenbeziehungen (Müller-Christ und Nikisch 2013, S. 100). Liegen Informationen in Form von evidenzbasierten Kennzahlen vor, erhöht dies die Wahrscheinlichkeit, dass sie bei Unternehmensentscheidungen berücksichtigt werden. Aus diesem Grund sollte „Nachhaltigkeit von Unternehmensführung [...] sich zukünftig auch im Berichtswesen und den steuerungsrelevanten Kennzahlen zum Thema Gesundheit niederschlagen" (Badura 2017, S. 90).

Die Integration von ethischen Standards, ein ressourcenbewahrendes unternehmerisches Agieren und die Fürsorge für die Gesundheit der eigenen Beschäftigten erfordert bei vielen Unternehmen ein Umdenken und geht mit neuen Herausforderungen einher. Die vorliegende Untersuchung konnte jedoch zeigen, dass eine solche Handlungsweise eine Investition in die Bindung, Motivation und Gesundheit von Beschäftigten darstellt und sollte Unternehmen ermutigen, Schritte in Richtung eines werteorientierten, nachhaltigen Wirtschaftens zu unternehmen.

## Literatur

Badura B (2017) Auf dem Weg zur nachhaltigen Unternehmensführung. In: Badura B (Hrsg) Arbeit und Gesundheit im 21. Jahrhundert. Springer, Heidelberg, S 89–108

BMAS – Bundesministerium für Arbeit und Soziales CSR in Deutschland. https://www.csr-in-deutschland.de/DE/CSR-Allgemein/CSR-Politik/CSR-in-Deutschland/csr-in-deutschland.html. Zugegriffen: 9. Juni 2022

BMAS – Bundesministerium für Arbeit und Soziales (2011) Die DIN ISO 26000 „Leitfaden zur gesellschaftlichen Verantwortung von Organisationen" – Ein Überblick. https://www.bmas.de/DE/Service/Publikationen/a395-csr-din-26000.html. Zugegriffen: 19. Mai 2022

BMZ – Bundesministerium für wirtschaftliche Zusammenarbeit und Entwicklung (2013) Corporate Social Responsibility (CSR). https://www.bmz.de/de/service/lexikon/corporate-social-responsibility-csr-14190. Zugegriffen: 9. Juni 2022

Bortz J, Schuster C (2010) Statistik für Human- und Sozialwissenschaftler. Springer, Berlin Heidelberg

Deutscher Bundestag (2017) Ausweitung der Berichtspflichten für Unternehmen beschlossen. https://www.bundestag.de/dokumente/textarchiv/2017/kw10-de-berichtspflichten-unternehmen-csr-493972. Zugegriffen: 9. Juni 2022

Farr E, Finnegan L, Grace J, Truscott M (2022) Dangerous delay 2. The cost of inaction. https://www.oxfam.org/en/research/dangerous-delay-2-cost-inaction. Zugegriffen: 19. Mai 2022

Felfe J (2006) Transformationale und charismatische Führung – Stand der Forschung und aktuelle Entwicklungen. Z Pers 5:163–176. https://doi.org/10.1026/1617-6391.5.4.163

Felfe J (2009) Mitarbeiterführung: Praxis der Personalpsychologie. Hogrefe, Göttingen

Felfe J, Pundt F (2017) Health oriented Leadership. Manual : Instrument zur Erfassung gesundheitsförderlicher Führung. Hogrefe, Bern

Franke F, Felfe J (2011a) Diagnose gesundheitsförderlicher Führung – Das Instrument „Health-oriented Leadership". In: Badura B, Ducki A, Schröder H, Klose J, Macco K (Hrsg) Fehlzeiten-Report 2011: Führung und Gesundheit: Zahlen, Daten, Analysen aus allen Branchen der Wirtschaft. Springer Berlin Heidelberg, Berlin, Heidelberg, S 3–13

Franke F, Felfe J (2011b) How does transformational leadership impact employees' psychological strain?:Examining differentiated effects and the moderating role of affective organizational commitment. Leadership 7:295–316. https://doi.org/10.1177/1742715011407387

Franke F, Ducki A, Felfe J (2015) Gesundheitsförderliches Führen. In: Felfe J (Hrsg) Trends der psychologischen Führungsforschung. Hogrefe, Göttingen Bern Wien, S 253–265

GKV-Spitzenverband (2000in) Leitfaden Prävention. Handlungsfelder und Kriterien des GKV-Spitzenverbandes zur Umsetzung der §§ 20 und 20a SGB V vom 21. Juni 2000 in der Fassung vom 10. Dezember 2014. http://www.bdem.de/pdf/Leitfaden-Praevention.pdf. Zugegriffen: 7. Juni 2022

Glavas A, Kelley K (2014) The effects of perceived corporate social responsibility on employee attitudes. Bus Ethics Q 24:165–202

Glavas A, Piderit SK (2009) How does doing good matter? Effects of corporate citizenship on employees. J Corp Citizsh 36:51–70

Global Footprint Network (2022) Global data footprint. https://data.footprintnetwork.org/#/. Zugegriffen: 31. Mai 2022

Greenpeace e. V. (2020) Der Recycling Mythos 2.0: Toxische Nachwirkungen von importiertem Plastikmüll in Malaysia. https://www.greenpeace.de/publikationen/s02851-report-plastik-recycling_mythos-malaysia-20200527.pdf. Zugegriffen: 2. Juni 2022

Hänsel M (2016) Gesunde Führung als Entwicklungsprozess für Führungskräfte und Organisationen. In: Hänsel M, Kaz K (Hrsg) CSR und gesunde Führung: Werteorientierte Unternehmensführung und organisationale Resilienzsteigerung. Springer, Berlin Heidelberg, S 13–39

IHK – Industrie- und Handelskammer Frankfurt am Main Neuerungen im Bereich der CSR-Berichtspflicht – Corporate Sustainability Reporting Directive. https://www.frankfurt-main.ihk.de/hauptnavigation/wirtschaftspolitik/csr-und-nachhaltigkeit/neuerungen-im-bereich-der-csr-berichtspflicht-5499000. Zugegriffen: 9. Juni 2022

ILO – International Labour Organisation (2017) Tripartite declaration of principles concerning multinational enterprises and social policy. International Labour Organisation (ILO), Genf

IPBES (2019) Global assessment report on biodiversity and ecosystem services. Intergovernmental science-policy platform on biodiversity and ecosystem services (IPBES). IPBES, Bonn

Jimenez P, Winkler B, Bregenzer A (2017) Creating a healthy working environment with leadership: the concept of health-promoting leadership. Int J Hum Resour Manag 28:2430–2448. https://doi.org/10.1080/09585192.2015.1137609

Kahn WA (1990) Psychological conditions of personal engagement and disengagement at work. AMJ 33:692–724

Klamar A, Felfe J, Krick A, Röttger S, Renner K, Stein M (2018) Die Bedeutung von gesundheitsförderlicher Führung und Commitment für die Mitarbeitergesundheit. Wehrmed Monatsschr 62:260–265

Lee EM, Park S-Y, Lee HJ (2013) Employee perception of CSR activities: Its antecedents and consequences. J Bus Res 66:1716–1724. https://doi.org/10.1016/j.jbusres.2012.11.008

Mazzucato M (2019) Wie kommt der Wert in die Welt? von Schöpfern und Abschöpfern. Campus, Frankfurt a. M./New York

Mohr G, Rigotti T, Müller A (2006) Irritation. Ein Instrument zur Erfassung psychischer Beanspruchung im Arbeitskontext. Skalen und Itemparameter aus 15 Studien. Zeitschrift für Arbeits- und Organisationspsychologie A&O Jahrgang 49 Heft 1 https://doi.org/10.1026/0932-4089.49.1.44

Montano D, Reeske A, Franke F, Hüffmeier J (2017) Leadership, followers' mental health and job performance in organizations: A comprehensive meta-analysis from an occupational health perspective. J Organiz Behav 38:327–350. https://doi.org/10.1002/job.2124

Müller-Christ G (2020) Nachhaltiges Management: Handbuch für Studium und Praxis, 3. Aufl. Nomos, Baden-Baden

Müller-Christ G, Nikisch G (2013) Sustainable Leadership. Ressourcenkompetenz zur Strukturierung von Entscheidungsprämissen. Die Unternehmung : Swiss J Bus Res Pract Organ Schweizerischen Ges Betriebswirtschaft (sgb) 67, S 89–108

OECD (2011) OECD-Leitsätze für multinationale Unternehmen. OECD, Paris

Paruzel A, Klug H, Maier G (2021) The relationship between perceived social responsibilty and employee-related outcomes: a meta-analysis. Front Psychol. https://doi.org/10.3389/fpsyg.2021.607108

Pfaff H, Nitzsche A, Jung J (2008) Handbuch zum „Healthy Organisational Resources and Strategies". (HORST) Fragebogen Veröffentlichungsreihe der Abteilung Medizinische Soziologie des Instituts für Arbeitsmedizin, Sozialmedizin und Sozialhygiene der Universität zu Köln

Rakovec O et al (2022) The 2018–2020 Multi-Year Drought Sets a New Benchmark in Europe. Earth's Future 10:e2021EF002394. https://doi.org/10.1029/2021EF002394

De Roeck K, Marique G, Stinglhamber F, Swaen V (2014) Understanding employees' responses to corporate social responsibility: mediating roles of overall justice and organisational identification. Int J Hum Resour Manag 25:91–112. https://doi.org/10.1080/09585192.2013.781528

Rupp DE, Mallory DB (2015) Corporate socialresponsibility: psychological, person-centric, and progressing. Annu Rev Organ Psychol Organ Behav 2:211–236. https://doi.org/10.1146/annurev-orgpsych-032414-111505

Rupp DE, Ganapathi J, Aguilera RV, Williams CA (2006) Employee reactions to corporate social responsibility:

an organizational justice framework. J Organiz Behav 27:537–543. https://doi.org/10.1002/job.380

Schempp N, Römer K (2021) Präventionsbericht 2021. Medizinischer Dienst des Spitzenverbandes Bund der Krankenkassen e V; GKV Spitzenverband, Berlin

Statista (2021) Konsumtrends in Deutschland. https://de.statista.com/statistik/studie/id/59668/dokument/konsumtrends-in-deutschland/. Zugegriffen: 7. Juni 2022

Statistisches Bundesamt (2021) Mikrozensus 2020. https://www.destatis.de/DE/Methoden/Qualitaet/Qualitaetsberichte/Bevoelkerung/mikrozensus-2020.pdf?__blob=publicationFile. Zugegriffen: 2. Juni 2022

Tajfel H, Turner J (1979) An Integratice theory of intergroup conflict. In: Austin WG, Worchel S (Hrsg) The social psychology of intergroup relations. Brooks/Cole Publishing Company, Monterey, S 33–47

Umweltbundesamt (2021) „Grüne" Produkte: Marktzahlen. https://www.umweltbundesamt.de/daten/private-haushalte-konsum/konsum-produkte/gruene-produkte-marktzahlen#umsatz-mit-grunen-produkten. Zugegriffen: 7. Juni 2022

Waltersbacher A, Schröder H, Klein J (2020) Gerechtigkeitserleben bei der Arbeit und Gesundheit. In: Badura B, Ducki A, Schröder H, Meyer M (Hrsg) Fehlzeiten-Report 2020 Gerechtigkeit und Gesundheit. Springer, Berlin, S 99–132

Waltersbacher A, Klein J, Schröder H (2021) Die soziale Resilienz von Unternehmen und die Gesundheit der Beschäftigten. In: Badura B, Ducki A, Schröder H, Meyer M (Hrsg) Fehlzeiten-Report 2021 Betriebliche Prävention stärken – Lehren aus der Pandemie. Springer, Berlin, S 67–104

Wesche J, May D, Muck PM (2015) Der Einfluss verschiedener Führungsstile auf die Leistung von Geführten. In: Felfe J (Hrsg) Trends der psychologischen Führungsforschung. Hogrefe, Göttingen Bern Wien, S 239–253

# „Gesundheit" im Wertekanon verantwortungsvoller Unternehmensführung – auch in der digitalen Transformation

*Karlheinz Sonntag*

## Inhaltsverzeichnis

© Der/die Autor(en), exklusiv lizenziert an Springer-Verlag GmbH, DE, ein Teil von Springer Nature 2022
B. Badura et al. (Hrsg.), *Fehlzeiten-Report 2022*, Fehlzeiten-Report,
https://doi.org/10.1007/978-3-662-65598-6_7

**▪▪ Zusammenfassung**

*Werte sind sinnstiftend und handlungsleitend für Organisationen und die darin arbeitenden Menschen. Wird „Gesundheit" in den unternehmerischen Wertekanon aufgenommen, bedeutet das den Gesundheitsgedanken in alle unternehmerischen Prozesse und Abläufe zu integrieren, ihn in den Einstellungen und Verhaltensweisen von Führungskräften und Mitarbeitenden widerzuspiegeln und in vielfältigen gesunderhaltenden Aktivitäten qualitätsgesichert umzusetzen. Gesundheitsförderung ist damit nachhaltig. Die aktuelle Befundlage empirischer Studien zu den Auswirkungen der digitalen Transformation und der Einführung hybrider Arbeitsformen (Präsenz und Homeoffice) macht die unternehmerische Verantwortung für eine gesundheitsförderliche Führungskultur mehr als deutlich.*

## 7.1 Von Werten und sozialer Orientierung im Unternehmenskontext

Über Werte lässt sich trefflich streiten! Die Gefahr: Bei inhaltlicher Unschärfe mit der Folge beliebiger Auslegung lassen sich Werte leicht für politisches Kalkül instrumentalisieren und dessen Deutungshoheit ideologisieren – insbesondere dann, wenn die Fähigkeit zur kritischen Reflexion abhandengekommen ist.

Werte manifestieren sich in Wertegemeinschaften, in denen Menschen, Gruppen, Unternehmen, Verbände oder Nationen gemeinsame Wertvorstellungen besitzen und diese als erstrebenswert erachten. Als eine solche Wertegemeinschaft versteht sich beispielsweise die Europäische Union (EU), deren Werte vertraglich vereinbart und für die Mitgliedsstaaten bindend sind.

Im Unternehmenskontext bedeutet **Werte**orientierung, sich als Unternehmen seiner gesellschaftlichen Verantwortung bewusst zu werden und die eigene Identität entsprechend zu gestalten, zu pflegen und zu leben. Werte sind somit **sinnstiftend und handlungsleitend** für die Organisation und ihre Mitglieder. Die aktuellen „Top 5" der in den „Fortune 100 Best Companies to Work For" aufgeführten Unternehmenswerte sind Exzellenz, Kundenorientierung, Integrität, Teamarbeit und Professionalität (Dominick et al. 2021).

Die ursprünglich rein ökonomische, **wert**orientierte Unternehmensführung (als kennzahlenbasierte Ermittlung des Unternehmenswerts und Maximierung von Umsatz und Gewinn) erweiterte im Zeitablauf ihren Fokus auf soziale Verantwortung und Nachhaltigkeit.

Corporate-Governance-Aktivitäten und das Konzept der „Corporate Social Responsibility" (CSR) gehen davon aus, Geschäftsmodelle auf gesellschaftlich verantwortungsvolle Weise umzusetzen. Angestrebt wird eine Balance wirtschaftlicher, sozialer und nachhaltiger Zielsetzungen durch die Unternehmensführung. Seit 2017 gibt es für die bisher auf freiwilliger Basis vorgenommene nicht finanzielle Berichterstattung zu Umwelt-, Sozial- und Arbeitnehmerbelangen eine gesetzliche Grundlage zur Berichtspflicht, insbesondere bei börsennotierten Unternehmen mit mehr als 500 Beschäftigten (vgl. BMAS: ▶ www.csr-in-deutschland.de). Handlungsfelder wie Arbeitssicherheit und Gesundheit (als soziale Verantwortung), Energieeffizienz (als ökologische Verantwortung) und Korruptionsverhinderung werden nun auch als entscheidend für den Unternehmenserfolg angesehen. Eine aktuelle Weiterentwicklung der CSR, die explizit auf die digitale Transformation und den verantwortungsvollen Umgang damit ausgerichtet ist, findet im Konzept der „Corporate Digital Responsibility" (CDR) ihre Fortsetzung. Die Handlungsfelder zur Umsetzung digitaler Verantwortung im Unternehmen listet zentrale Werte wie Teilhabe, Verantwortung, Fairness, Autonomie, Transparenz und Nachhaltigkeit (vgl. BMJ: ▶ https://cdr-initiative.de).

Der Einfluss von Werten auf ökonomische Erfolge und auf das Verhalten der Organisationsmitglieder ist belegt. So zeigte eine Umfrage bei mehr als 400.000 Vollzeitangestellten in 679 Unternehmen, dass eine von Führungskräften praktizierte Integrität Wettbewerbsvorteile hinsichtlich höherer Produktivität, gesteigerter Profitabilität, besserer Kundenbeziehungen und eine größere Attraktivität für Bewerberinnen und Bewerber mit sich bringen (vgl. Guiso et al. 2015). Liao und Rupp (2005) stellten in ihrer Studie signifikante Auswirkungen von Gerechtigkeit auf Commitment, Zufriedenheit und Organizational Citizenship Behavior (OCB) fest. Eine Kongruenz im Unternehmen gelebter Werte wie Respekt, Stabilität und Teamorientierung führt zu starken Effekten auf Commitment – so die Studie von Seggewiss et al. (2019). Eine Analyse von Jahresberichten in 46 schweizerischen KMUs zeigt: Je stärker die Unternehmenswerte in der Organisation integriert sind, desto höher ist die Finanzleistung der Unternehmen (Neher et al. 2018). Eine verbesserte Mitarbeiterbindung durch eine werteorientierte Führung konnten Loose und Preuß (2021) belegen.

## 7.2 Gesundheit im unternehmerischen Wertekanon

### 7.2.1 Die normative Bedeutung von Gesundheit

Unter Gesundheit wird im Allgemeinen ein mehrdimensionales Phänomen individuellen Befindens verstanden, das physische, psychische und soziale Komponenten umfasst und über die Abwesenheit von Krankheit hinausreicht.

In der sogenannten Ottawa-Charta der Weltgesundheitsorganisation (WHO) von 1987 bestimmte man Gesundheitsförderung als einen Prozess, der alle Menschen ein höheres Maß an Selbstbestimmung über ihre Gesundheit ermöglichen und sie so zur Stärkung ihrer Gesundheit befähigen soll (vgl. World Health Organization 1987). Damit zeichnete sich eine Abkehr vom traditionellen biome-

dizinischen Konzept der Risikovermeidung und der klassischen Gesundheitserziehung ab, hin zu einer Befähigung des Einzelnen, sein Leben in befriedigender und verantwortungsvoller Weise zu gestalten.

Übertragen auf die Arbeitswelt heißt dies Maßnahmen zu ergreifen, die Beschäftigte (hierarchieübergreifend) befähigen, sich mit belastenden Arbeitsbedingungen und deren negativen Beanspruchungsfolgen (wie Stresserleben) auseinanderzusetzen, um gesund zu bleiben. Bei dieser salutogenen Sichtweise stehen Identifikation, Aufbau und Erhaltung individueller, sozialer und organisationaler Ressourcen im Zentrum einer humanverträglichen Gestaltung moderner Arbeit. Bereits in den 1970er Jahren formulierte die Arbeitswissenschaft Zielhierarchien gesunder und persönlichkeitsförderlicher Arbeit: Entwicklungspotenziale sind dann möglich, wenn eine Aufgabe ohne gesundheitlichen Schaden ausführbar und die physische und psychische Beanspruchung langfristig nicht beeinträchtigt ist (vgl. Sonntag et al. 2012).

### 7.2.2 Gesundheitsförderung – eine strategische und operative Notwendigkeit bei der Gestaltung moderner Arbeit

Moderne hybride Arbeit gesund und kompetent zu bewältigen ist das Gebot der Stunde. Unstrittig nehmen Veränderungen in der Arbeitswelt aufgrund der digitalen Transformation an Intensität, Dynamik und Folgenschwere für die Organisation und deren Mitglieder zu. Neue Arbeitsformen zeichnen sich aus durch flexible und mobile Gestaltungspotenziale, flachere Hierarchien, variable Tätigkeitsmuster, erhöhte Eigenverantwortung sowie eine zunehmende Entgrenzung von Arbeit und Privatleben. Die konsequente Umsetzung intelligenter IT-Anwendungen ermöglicht dies.

Sichtet man die Forschungsberichte und Beschäftigtenbefragungen (vgl. bspw. Lück et al. 2019; Sonntag 2020; Hofmann et al.

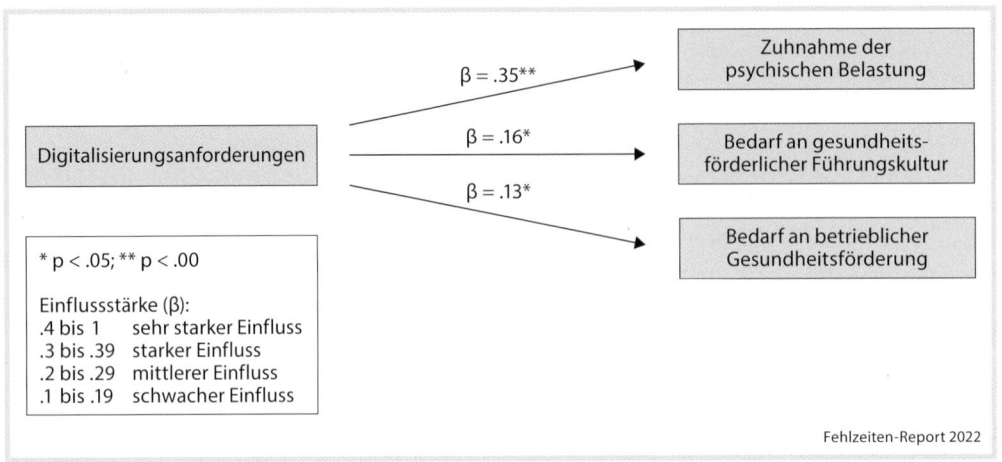

**◘ Abb. 7.1** Der Einfluss der berichteten Digitalisierungsanforderungen (Informationsflut, erweiterte Erreichbarkeit, Komplexität, stetige Qualifizierung) auf die wahrgenommene Zunahme psychischer Belastungen und die eingeschätzten Bedarfe im Gesundheitsmanagement (*N* = 329) (Quelle: Sonntag 2020, mit freundlicher Genehmigung)

2021; BARMER 2022), so zeigen sich bei der Implementierung digitaler Anwendungen und hybrider Arbeitsformen deutlich veränderte Anforderungs- und Belastungsmuster. Genannt werden anspruchsvolleres IT-technisches Anwendungswissen, eine Zunahme des Aufgabenumfangs und der Arbeitsintensität ebenso wie häufiges Multitasking und Arbeitsunterbrechungen (z. B. Systemabstürze, technische Probleme) und ein Mehr an täglichen Informationen (z. B. aufgrund von E-Mails durch überflüssige Cc-Setzung). Als negative Beanspruchungsfolgen werden in den Studien Stresserleben, Frustration und Erschöpfungssymptome genannt – so die weitgehend übereinstimmende Faktenlage in den Wirtschafts- und Dienstleistungsunternehmen.

In einer Studie des MEgA-Projekts („**M**aßnahmen und **E**mpfehlungen für die **g**esunde **A**rbeit von Morgen"), in der 329 Unternehmensvertreterinnen und -vertreter (davon 221 aus KMUs) befragt wurden (vgl. Purbs et al. 2020), konnte ein deutlicher Zusammenhang von Digitalisierungsanforderungen mit einer Zunahme psychischer Belastungen und des Bedarfs an betrieblicher Gesundheitsförderung und einer entsprechenden Führungskultur festgestellt werden (vgl. ◘ Abb. 7.1).

Auch bei der digitalen Transformation bei **Verwaltungstätigkeiten** in Behörden verdeutlichen Studien veränderte Anforderungen und Belastungen mit erheblicher Gesundheitsrelevanz. So zeigt eine weitere großangelegte Umfrage mit 3.380 Teilnehmenden im MEgA-Projekt veränderte Anforderungen in der Bundesverwaltung (vgl. ◘ Abb. 7.2; Pfaff et al. 2021; Sonntag 2022).

Deutlich sichtbar sind bei der Implementierung digitaler Technologien und ortsflexibler Arbeit die Zunahme sitzender Tätigkeiten, hohe Erwartungen an die Selbstorganisationsfähigkeit, selbstständiges Arbeiten und Eigenverantwortung sowie eine Intensivierung der Arbeit. Diese veränderten Belastungsmuster korrespondieren mit den ermittelten Bedarfen für ein nachhaltiges Gesundheitsmanagement (vgl. ◘ Abb. 7.3).

Angezeigt ist ein deutlicher Bedarf an einer verbesserten ergonomischen Ausstattung der Arbeitsplätze im Homeoffice, um Beschwerden des Muskel-Skelett-Systems vorzubeugen. Die Etablierung eines gesundheitsförderlichen Führungsstils stellt einen weiteren zentralen Handlungsbedarf dar. Hervorzuheben sind dabei die Vorbildfunktion für gesundheitsförderliches Verhalten und eine Sensibilisierung für

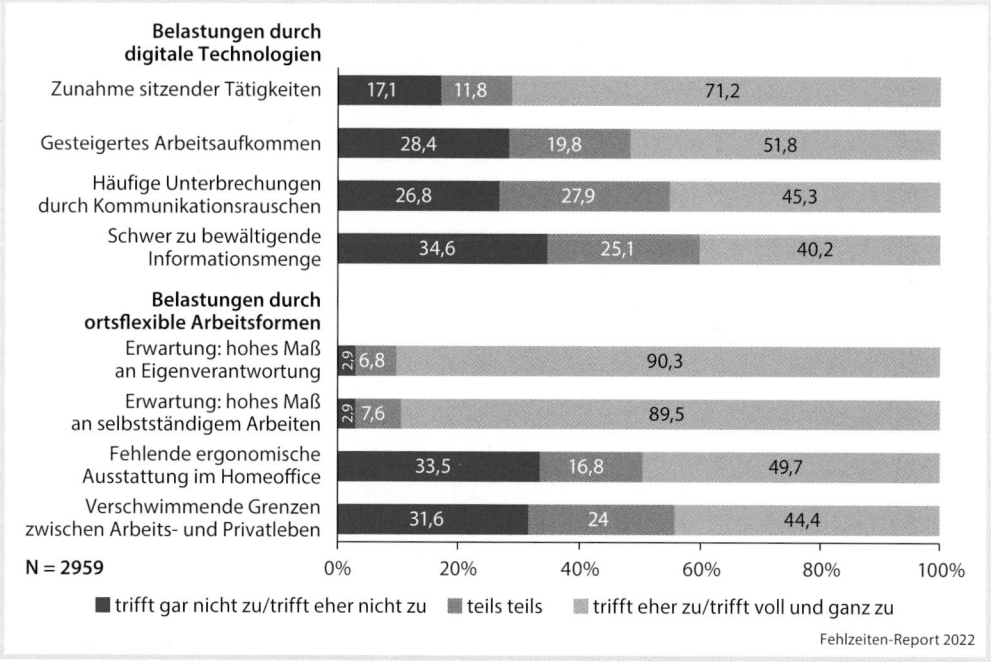

■ **Abb. 7.2**  Veränderte Anforderungen/Belastungen bei digitaler, ortsflexibler Arbeit in der Bundesverwaltung

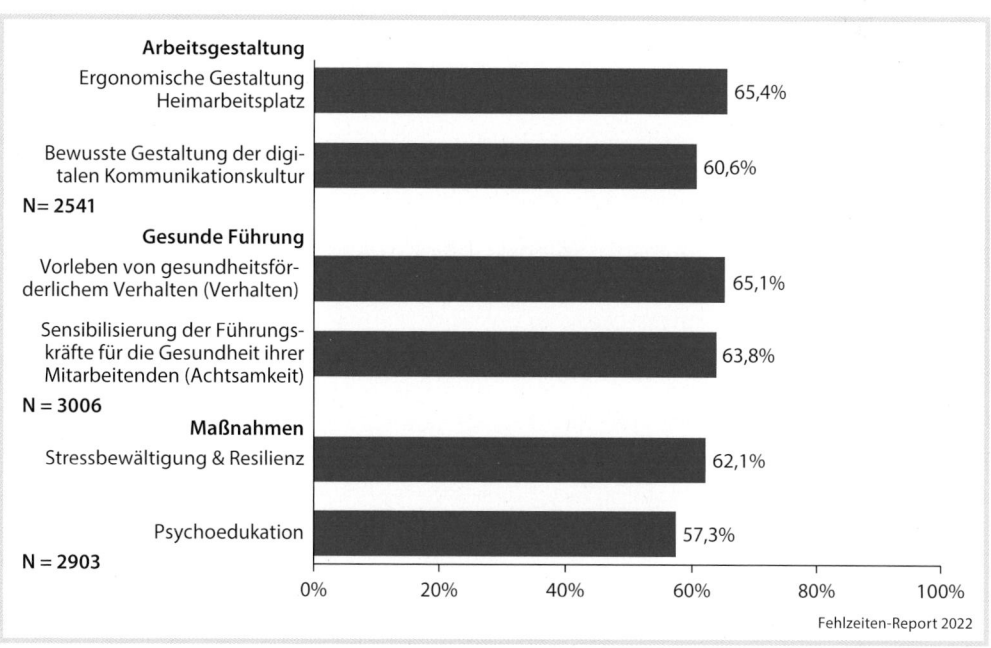

■ **Abb. 7.3**  Bedarfe für ein nachhaltiges Gesundheitsmanagement

die Gesundheit der Mitarbeitenden. Interventionen zur Förderung der mentalen Gesundheit (vor allem zu den Themen Stress und Resilienz) vervollständigen die Bedarfsanalyse für ein nachhaltiges Gesundheitsmanagement in der Bundesverwaltung.

## 7.3 Gesundheitsförderliche Führung

Das gesundheitsförderliche Potenzial von Führung ist evident. Führungskräfte haben Einfluss auf ihre eigene Gesundheit und auf die Gesundheit ihrer Mitarbeitenden. Längsschnittstudien, Metaanalysen und Reviews belegen dies zu Genüge (vgl. Harms et al. 2017; Inceoglu et al. 2018; Kaluza et al. 2020; Montano et al. 2017).

Standen in der älteren Führungsforschung Leistungsbereitschaft und -fähigkeit im Mittelpunkt, ist ab dem 21. Jahrhundert eine deutliche Zunahme der Studien zu gesundheitsförderlichem Verhalten von Führungskräften zu konstatieren (vgl. Purbs 2022). Auch liegen inzwischen Instrumente zur Erfassung ge-

sundheitsförderlicher Führung (Health oriented Leadership) vor (Pundt und Felfe 2017).

Führungskräfte tragen in Zeiten von Veränderungen eine besondere Verantwortung – sie sind zugleich Betroffene und Gestalter von Veränderungsprozessen (Sonntag 2020). Ihnen obliegt die Aufgabe, organisationale Restrukturierungen in immer kürzeren Zyklen in die Teams zu tragen und dafür zu sorgen, dass diese Änderungen von den Mitarbeitenden angenommen und beanspruchungsoptimal umgesetzt werden.

Bei der Implementierung digitaler und hybrider Arbeitsformen modifizieren sich die Anforderungen an das Führungsverhalten. Ein Teilziel der MEgA-Befragung war es, in Erfahrung zu bringen, welche Qualitäten eine Führungskraft aus Sicht der Beschäftigten hierfür benötigt (vgl. ◻ Tab. 7.1; Sonntag et al. 2022).

Diese „Rangreihe" an Führungsqualitäten wie Vertrauen, Wertschätzung und konstruktives Feedback deutet darauf hin, dass Facetten des sogenannten transformationalen Führungsstils auch bei der Bewältigung des digitalen und demographischen Wandels eine zentrale Rolle spielen. Unter transformationa-

◻ **Tab. 7.1** Gewünschte Führungsqualitäten in der digitalen und flexiblen Arbeitswelt (*prozentualer Anteil *trifft eher zu/trifft voll und ganz zu*; vgl. Pfaff et al. 2021)

| In der digitalen und flexiblen Arbeitswelt sollte eine Führungskraft … | Prozent* (N = 3.249) |
|---|---|
| … Vertrauen in ihre Mitarbeiter*innen zeigen | 96,4 |
| … Wertschätzung zeigen und Unterstützung leisten | 96,2 |
| … konstruktives Feedback geben | 95,6 |
| … im fachlichen/informellen Austausch mit ihren Mitarbeitenden stehen | 94,7 |
| … selbstbestimmtes und eigenverantwortliches Arbeiten fördern | 94,6 |
| … ihre Mitarbeiter*innen motivieren | 90,9 |
| … klare Ziele vorgeben | 89,2 |
| … zur kritischen Reflexion anregen | 87,8 |
| … Visionen vermitteln | 67,5 |

Fehlzeiten-Report 2022

ler Führung versteht man, die Mitarbeitenden durch Vorbildfunktion und Glaubwürdigkeit zu beeinflussen, durch realisierbare und inspirierende Visionen zu motivieren, zur kritischen Auseinandersetzung mit dem Ist-Zustand anzuregen sowie kreatives Denken und individuelle Unterstützung zu fördern (Bass 1999). Zahlreiche empirische Studien und Metaanalysen belegen die Wirksamkeit dieses Führungsstils auch bei Implementierung organisationaler Veränderungen (vgl. Stegmaier et al. 2016), aber auch zur gesundheitlichen Förderung des Wohlbefindens und zur Stressbewältigung im Unternehmenskontext (vgl. zusammenfassend Purbs 2022; Arnold 2017).

## 7.4 Fazit: Ressourcenorientiertes Gesundheitsmanagement – nachhaltig und präventiv!

Ist Gesundheit in den Wertekanon einer Organisation aufgenommen und will die Unternehmensführung nicht unglaubwürdig erscheinen, dann bedeutet dies in letzter Konsequenz, ein entsprechendes wirkungsmächtiges Gesundheitsmanagement strukturell und konzeptionell in der Organisation zu verankern. Dafür sind eine Reihe zentraler Voraussetzungen unabdingbar.

#### ▪▪ (1) Strategische und funktionale Einbindungen des Gesundheitsmanagements in die Unternehmenspolitik und -struktur

Es ist nötig in Zeiten der Digitalisierung, Gesundheitsförderung strategisch und aufbauorganisatorisch im Unternehmen zu verorten. Eine Befragung von 313 Personalverantwortlichen im Rahmen des MEgA-Projektes zeigte, dass zwar ein strategisch ausgerichtetes Gesundheitsmanagement als vorrangiger Bedarf gesehen wird, die dafür erforderlichen Planstellen aber kaum vorhanden sind (Lechleiter et al. 2018). Die Frage nach der Existenz „mindestens einer Fachkraft, die hauptamtlich für betriebliche Gesundheitsförderung zuständig

ist", bejahten lediglich 19,4 % der KMU-Vertreter*innen (61,8 % bei Großunternehmen). Das Ergebnis macht deutlich, dass insbesondere in KMU das Thema Gesundheit bei Weitem noch nicht den Stellenwert erreicht, den es benötigt, um den veränderten Anforderungen und Belastungsmustern der Beschäftigten in Wirtschaft, Dienstleistung und Verwaltung gerecht werden zu können. Nur eine konsequente Einbindung des Gesundheitsmanagements in die personal- und unternehmenspolitische Entscheidungsebene – auch und insbesondere für KMU – gibt diesem Verantwortungsbereich unternehmerischer Führung die notwendige Autorität um proaktiv handeln und nachhaltig wirken zu können.

#### ▪▪ (2) Gesundheitsförderliche Unternehmens- und Führungskultur

Die Kultur eines Unternehmens sagt etwas darüber aus, wie von allen Mitgliedern einer Organisation hierarchieübergreifend definierte Werte und Einstellungen gepflegt und gelebt werden wollen. Soll die Gesundheit der Beschäftigten nicht nur den gesetzlichen Vorgaben entsprechen, sondern darüber hinaus einen hohen Stellenwert in der Organisation genießen, dann ist ein solcher normativer Anspruch auch in den Unternehmensgrundsätzen und Führungsleitbildern festzuschreiben. Das bedeutet allerdings auf der strategischen wie operativen Ebene durch entsprechende Maßnahmen und Verhaltensweisen glaubwürdig zu handeln. Inkonsistentes und inkonsequentes Agieren zwischen Geschriebenem (Leitbildern), Verlautbartem (Ankündigungen) und Umgesetztem (Alltagshandeln) konterkariert das Bemühen der Verantwortlichen im HR- und Gesundheitsmanagement präventive, gesundheitsförderliche Konzepte zu etablieren.

Eine zentrale Rolle bei der Bewältigung der Herausforderungen moderner Arbeit kommt den verantwortlichen Akteuren im Gesundheitsmanagement selbst zu: Sie müssen gestalten, fördern, entwickeln, sich einmischen und gegensteuern.

**■■ (3) Aussagekräftige Analysen als Entscheidungsgrundlage für Interventionen**

Neben Bedarfsanalysen als wichtige Grundlage personalpolitischer Entscheidung (z. B. für die Rekrutierung, Auswahl und Bindung von Personal) sind vor allem Anforderungs- und Belastungsanalysen erforderlich. Obwohl viele Studien eine Zunahme psychischer Belastung am Arbeitsplatz konstatieren, wird der Durchführung von Risikobeurteilungen aufgrund psychischer Belastungen am Arbeitsplatz noch immer wenig Beachtung geschenkt – auch wenn eine solche gesetzlich vorgeschrieben ist (§ 5ArbSchG). Von 221 befragten KMU-Vertreter*innen im MEgA-Projekt nannten lediglich 38,9 % eine Gefährdungsbeurteilung psychischer Belastungen als festen Bestandteil ihres praktizierten Arbeitsschutzes (vgl. Sonntag 2019). Diese Ergebnisse decken sich weitgehend mit denen der Dacherhebung der Gemeinsamen Deutschen Arbeitsschutzstrategie (GDA; Hägele und Fertig 2018). Befragungen, Beobachtungen, moderierte Analyseworkshops sind als grundsätzliche Methoden anzuführen. Objektive Begehungen vor Ort durch geschulte Analyseteams, wie bspw. mit dem erprobten Verfahren der „Gefährdungsbeurteilung psychischer Belastung" (GPB; Sonntag und Feldmann 2021; Brandstädter et al. 2020), können subjektive Einschätzungen von Mitarbeiterbefragungen ersetzen oder ergänzen.

**■■ (4) Maßnahmen der Verhältnis- und Verhaltensprävention**

Myriaden externer Angebote zu gesundheitsförderlichen Interventionen stehen den Verantwortlichen im Personal- und Gesundheitsmanagement zur Verfügung. Das verleitet zu Aktionismus, fördert „Gießkanneninterventionen" und dient nicht selten der bloßen Legitimation, etwas für die Gesundheit der Beschäftigten getan zu haben.

Erforderlich sind bedarfsgerechte, zielgruppenspezifische und individuelle Angebote will man die Chancen der Digitalisierung nutzen und gesundheitliche, qualifikatorische

und motivationale Risiken verhindern. Erst auf Basis vorangegangener empirischer Bedarfsanalysen ist es möglich, valide Interventionen wirkungsvoll einzuleiten und zu gestalten.

Für gesundheitliche Interventionen stehen grundsätzlich verhaltens- oder verhältnisorientierte Maßnahmen zur Verfügung. Während die Verhältnisprävention sich auf die Veränderung risikobehafteter Arbeitsbedingungen und -strukturen bezieht, um diese gesundheits- und persönlichkeitsförderlich zu gestalten, adressieren verhaltensorientierte Präventionsansätze die Veränderung individuellen gesundheitsschädlichen Arbeitsverhaltens und -erlebens. Sie dienen der Ressourcenstärkung, der Entwicklung von Bewältigungsstrategien und der Vermeidung negativer Beanspruchungsfolgen.

Hinsichtlich der Umsetzung dieser Interventionen in die betriebliche Praxis ist noch immer ein eindeutiges Bevorzugen verhaltensbedingter Präventionsansätze zu konstatieren: Aufwandsökonomische Überlegungen (Kostenzuwachs aufgrund der Restrukturierung von Prozessen) stehen so einem ganzheitlichen Interventionsansatz (verhältnis- **und** verhaltensorientiert) gegenüber. Das verwundert, zumal die Arbeitsforschung in vielen Projekten mit Unternehmen seit Jahren immer wieder den ökonomischen Nutzen gesundheitsförderlicher Arbeitsgestaltung aufgezeigt hat (vgl. Lerner et al. 2013; Michaelis et al. 2015; Pieper und Schröer 2015; Sonntag und Stegmaier 2016).

Die Chancen der Digitalisierung ermöglichen es individuelle Handlungs- und Zeitspielräume sowie Arbeitsorte flexibel und mobil zu gestalten. Die Vereinbarkeit verschiedener Lebensbereiche (Arbeit, Familie, Freizeit) spielt dabei eine wesentliche Rolle. Ein harmonisiertes Arbeits- und Privatleben geht einher mit einem verbesserten Gesundheitsempfinden, positiven Arbeitseinstellungen, Zufriedenheit und einer gesteigerten Arbeitsleistung (vgl. Nohe et al. 2016; Sonntag 2014). Einerseits können die Beschäftigten entsprechend ihrer Lebensmodelle ihre Arbeit gestalten, andererseits erfordert das Arbeiten von Zuhause ein hohes Maß an Eigenverantwortung, Disziplin, selbstregulatorischen Fähigkeiten und ein gutes Zeitmanagement. Die Einführung von Homeoffice neben Präsenzarbeit erreicht zunehmend eine breite Zustimmung. Studien zeigen mehr positive Aspekte als erwartet, keine Verschlechterung der Performanz (Arbeitsproduktivität gleichbleibend oder verbessert) und eine Zunahme der Arbeitszufriedenheit (vgl. Böhm und Baumgärtner 2019; Hofmann et al. 2021). Dennoch gilt es bei Homeoffice-Tätigkeiten sozialer Isolation der Beschäftigten und einer problematischen Entgrenzung von Arbeit- und Privatleben vorzubeugen sowie eine entsprechende Führungs- und Vertrauenskultur aufzubauen. IT-technischer Support und Datenschutz/-sicherheit müssen bei der Gestaltung hybrider Arbeitsformen ebenfalls berücksichtigt werden.

Der Erhalt der psychischen und physischen Leistungsfähigkeit durch eine angemessene Arbeitsgestaltung und die Vermeidung einseitiger Belastung ist Gradmesser für die Nachhaltigkeit gesundheitsförderlicher Aktivitäten in der digitalen Transformation. In den letzten Jahren wurden hierzu unterschiedliche digitale BGM-Angebote zur Gesundheitsprävention entwickelt (vgl. Ducki et al. 2019; Lechleiter et al. 2020; Seiferling et al. 2020)

#### ▪▪ (5) Evaluation und Qualitätssicherung

Aufgrund der hohen Bedeutsamkeit der betrieblichen Gesundheitsförderung für die individuelle Mitarbeitergesundheit und die Glaubwürdigkeit der Verantwortlichen bei der Umsetzung des Wertes „Gesundheit", ist es von fundamentaler Bedeutung auch die Qualität und die Wirkung der Interventionen zu überprüfen. Dadurch erhalten die verantwortlichen Entscheider*innen Gewissheit über die Kosten-Nutzen-Relation und den Sinn (oder Unsinn) mancher Maßnahmen. Derartige Bewertungen mithilfe systematisch angewandter Evaluationsmethoden werden in der Praxis aber auch in Interventionsstudien meist „wohlwollend" vernachlässigt. Das ist ebenso erstaunlich wie unverständlich, kann durch Evaluation doch eindeutig belegt werden, ob

eine Maßnahme zum gewünschten Erfolg oder zur Erreichung organisationaler Ziele beigetragen hat.

Die Evaluationsansätze und -methoden sind vielfältig und unterscheiden sich danach, ob einzelne Maßnahmen (vgl. Sattler und Sonntag 2016) oder das gesamte Gesundheitsmanagement auf den Prüfstand kommt. So wurde beispielsweise ein Gesundheitsindex in enger Zusammenarbeit mit der betrieblichen Praxis entwickelt, der die Qualität eines nachhaltigen Gesundheitsmanagements durch eine aggregierte Kennzahl bestimmt. Erfasst und bewertet werden die Angebote des Gesundheitsmanagements und die Arbeitsumgebung hinsichtlich Aufgabencharakteristika, Unternehmensklima, Belastung, Führung, Arbeitssicherheit und kollegialer Unterstützung. Die Anwendung des Gesundheitsindex in mehreren Betrieben mit insgesamt 2.814 Beschäftigten zeigte regressionsanalytisch deutliche Auswirkungen auf die Leistungsbereitschaft (z. B. Eigeninitiative, Verbesserungsvorschläge, Ideengenerierung, Arbeitszufriedenheit) und den ökonomischen Erfolg (Personalproduktivität, Krankenstand, Arbeitsunfälle; vgl. Sonntag et al. 2015).

Erfolg und Misserfolg von Evaluationsstudien sind abhängig von einer sorgfältigen Designplanung und deren konsequenter und professioneller Umsetzung – trotz teilweise administrativer Imponderabilien und vorhandenen Widerständen in Organisationen.

„Gesundheit" im unternehmerischen Wertekanon ermöglicht unter konsequenter Beachtung der genannten fünf Voraussetzungen einen verantwortungsvollen Umgang mit der Gesundheit und Leistungsfähigkeit der Beschäftigten in der digitalen Transformation. Die zu Beginn genannten zentralen Werte einer „Corporate Digital Responsibility (CDR)" wie Teilhabe, Verantwortung, Fairness, Autonomie, Transparenz und Nachhaltigkeit finden so durch ein entsprechend gestaltetes Betriebliches Gesundheitsmanagement ihre Operationalisierung und Umsetzung.

# Literatur

Arnold KA (2017) Transformational leadership and psychological well-being: a review and directions for future research. J Occup Health Psychol 22(3):381–393

BARMER (Hrsg) (2022) Social health@work. Zweite Berichtserweiterung 2022. BARMER, Wuppertal

Bass BM (1999) Two decades of research and development in transformational leadership. Eur J Work Organ Psychol 8:9–32. https://doi.org/10.1080/135943299398410

Böhm S, Baumgärtner M (2019) Gesundheitliche Effekte des digitalen Wandels am Arbeitsplatz. Ergebnisse einer repräsentativen Längsschnittanalyse der Universität St. Gallen im Auftrag der BARMER Krankenkasse

Brandstädter S, Seiferling N, Feldmann E, Sonntag Kh (2020) Objektive Beurteilung psychischer Belastung am Arbeitsplatz: Das Verfahren GPB-KMU. In: Sonntag Kh (Hrsg) Moderne Arbeit präventiv gestalten, gesund und kompetent bewältigen. Das Projekt MEgAS. Asanger, Kröning, S 63–78

Dominick PG, Iordanoglou D, Prastacos G, Reilly RR (2021) Espoused values of the "Fortune 100 best companies to work for": essential themes and implementation practices. J Bus Ethics 173(1):69–88. https://doi.org/10.1007/s10551-020-04564-8

Ducki A, Behrendt D, Boss L, Brandt M, Janneck M, Jent S, Kunze D, Lehr D, Nissen H, Wappler P (2019) Digitale Prävention und Gesundheitsförderung – Erfahrungen aus der Entwicklung eines Programms für junge Unternehmen. In: Badura B, Ducki A, Schröder H, Klose J, Meyer M (Hrsg) Fehlzeiten-Report 2019: Digitalisierung – gesundes Arbeiten ermöglichen. Springer, Berlin, S 333–345

Guiso L, Sapienza P, Zingales L (2015) The value of corporate culture. J Financ Econ 117(1):60–76

Hägele H, Fertig M (2018) GDA-Dachevaluation. 1. Zwischenbericht: Auswertung der Betriebs- und Beschäftigtenbefragung. Geschäftsstelle der nationalen Arbeitsschutzkonferenz (GDA). Bundesanstalt für Arbeitsschutz und Arbeitsmedizin, Berlin

Harms PD, Crede M, Tynan M, Leon M, Jeung W (2017) Leadership and stress: a meta-analytic review. Leadersh Q 28(1):178–194

Hofmann J, Piele A, Piele C (2021) Arbeiten in der Corona-Pandemie. Leistung und Produktivität im New Normal. Folgeergebnisse. http://publica.fraunhofer.de/dokumente/N-640915.html. Zugegriffen: 17. März 2022 (Fraunhofer-Institut für Arbeitswirtschaft und Organisation IAO)

Inceoglu I, Thomas G, Chu C, Plans D, Gerbasi A (2018) Leadership behavior and employee well-being: an integrated review and future research agenda. Leadersh Q 29(1):179–202

Kaluza AJ, Boer D, Buengeler C, van Dick R (2020) Leadership behavior and leader self-reported well-being: a review, integration and meta-analytic examination. Work Stress 34(1):34–56

Lechleiter P, Purbs A, Sonntag Kh (2018) HR- und Gesundheitsmanagement in der Arbeit 4.0. Bedarfe in deutschen und internationalen Unternehmen – eine quantitative Online Studie. Arbeits- und Organisationspsychologie der Universität Heidelberg, Heidelberg

Lechleiter P, Purbs A, Sonntag Kh (2020) Praxiserprobte Methoden präventiver Arbeitsgestaltung: Die MEgA-Toolbox „Gesunde Arbeit 4.0". In: Sonntag Kh (Hrsg) Moderne Arbeit präventiv gestalten, gesund und kompetent bewältigen. Asanger, Kröning, S 99–108

Lerner D, Rodday AM, Cohen IT, Rogers WH (2013) A systematic review of the evidence concerning the economic impact of employee-focused health promotion and wellness programs. J Occup Environ Med 55:209–222

Liao H, Rupp DE (2005) The impact of justice climate and justice orientation on work outcomes: a cross-level multifoci framework. J Appl Psychol 90:242–256

Loose L, Preuß M (2021) Mitarbeiterbindung in klein- und mittelständischen Unternehmen (KMU): Untersuchung der Einflussfaktoren am Beispiel der Generation Y. In: Lange J (Hrsg) Werteorientierte Führung in Theorie und Praxis. Springer, Heidelberg, S 49–63

Lück M, Hünefeld L, Brenscheidt S, Bödefeld M, Hünefeld A (2019) Grundauswertung der BIBB/BAuA-Erwerbstätigenbefragung 2018. Vergleich zur Grundauswertung 2006 und 2012. Bundesanstalt für Arbeitsschutz und Arbeitsmedizin (BAuA), Dortmund

Michaelis B, Sonntag Kh, Stegmaier R (2015) Studien zum Gesundheitsindex, zur Mitarbeiterleistung und zum ökonomischen Nutzen. In: Sonntag Kh, Stegmaier R, Spellenberg U (Hrsg) Arbeit – Gesundheit – Erfolg: Betriebliches Gesundheitsmanagement auf dem Prüfstand – das Projekt BiG, 2. Aufl. Asanger, Kröning, S 107–126

Montano D, Reeske A, Franke F, Hüffmeier J (2017) Leadership, followers' mental health and job performance in organizations: a comprehensive meta-analysis from an occupational health perspective. J Organiz Behav 38(3):327–350

Neher A, Jungmeister A, Wang C, Burmeister O (2018) The effect of embedded managerial values on corporate financial outcomes. Res Ethical Issues Organ 19:165–204. https://doi.org/10.1108/S1529-209620180000019010

Nohe C, Meier LL, Sonntag Kh, Michel A (2016) The chicken or the egg? A meta-analysis of panel studies of the relationship between work-family conflict and strain. J Appl Psychol 100(2):522–536

Pfaff M, Busam B, Brandstädter S, Sonntag Kh (2021) Personal- und Gesundheitsmanagement im digitalen und demografischen Wandel. Bedarfsanalyse in der Bundesverwaltung. Arbeits- und Organisationspsychologie der Universität Heidelberg, Heidelberg

7

Pieper C, Schröer S (2015) Wirksamkeit und Nutzen betrieblicher Gesundheitsförderung und Prävention – Zusammenstellung der wissenschaftlichen Evidenz. In: Initiative Gesundheit und Arbeit (Hrsg) Wirksamkeit und Nutzen betrieblicher Prävention. Iga.Report, Bd. 28, S 11–110

Pundt F, Felfe J (2017) Health orientend Leadership. Instrument zur Erfassung gesundheitsförderlicher Führung. Hogrefe, Göttingen

Purbs A (2022) Arbeit und Führung in der digitalen Transformation – Eine Empirische Untersuchung zu Transformationaler Führung und Psychologischem Kapital als Erfolgsfaktoren der digitalen Arbeit. Dissertationsschrift. Universität Heidelberg, Fakultät für Verhaltens- und Empirische Kulturwissenschaften

Purbs A, Lechleiter P, Sonntag Kh (2020) Bedarfe des HR- und Gesundheitsmanagements in der digitalen Transformation. In: Sonntag Kh (Hrsg) Moderne Arbeit präventiv gestalten, gesund und kompetent bewältigen. Das Projekt MEgA. Asanger, Kröning

Sattler C, Sonntag Kh (2016) Evaluation: Güte und Qualität personaler Förderung sichern. In: Sonntag Kh (Hrsg) Personalentwicklung in Organisationen, 4. Aufl. Hogrefe, Göttingen, S 603–627

Seggewiss BJ, Boeggemann LM, Straatmann T, Mueller K, Hattrup K (2019) Do values and value congruence both predict commitment? A refined multitarget, multi-value investigation into a challenged belief. J Bus Psychol 34(2):169–187. https://doi.org/10.1007/s10869-018-9534-0

Seiferling N, Brandstädter S, Hildesheim C (2020) Harmonisierung von Arbeit und Privatleben: Das Life Balance Online-Training. In: Sonntag Kh (Hrsg) Moderne Arbeit präventiv gestalten, gesund und kompetent bewältigen. Asanger, Kröning, S 79–97

Sonntag Kh (Hrsg) (2014) Arbeit und Privatleben harmonisieren. Life-Balance Forschung und Unternehmenskultur: Das WLB-Projekt. Asanger, Kröning

Sonntag Kh (2019) Organisations- und Personalentwicklung in einer sich wandelnden Arbeitswelt. In: Knieps F, Pfaff H (Hrsg) BKK Gesundheitsreport 2019. Psychische Gesundheit und Arbeit. Medizinisch wissenschaftliche Verlagsgesellschaft, Berlin, S 239–247

Sonntag Kh (2020) Moderne Arbeit präventiv gestalten, gesund und kompetent bewältigen. Asanger, Kröning

Sonntag Kh (2022) Moderne Arbeit in der Bundesverwaltung. Digital, flexibel und gesund. Nomos, Baden-Baden

Sonntag Kh, Feldmann E (2021) Gefährdungsbeurteilung psychischer Belastungen im Arbeitskontext und nachfolgende Maßnahmen. In: Michel A, Hoppe A (Hrsg) Handbuch Gesundheitsförderung bei der Arbeit. Springer, Wiesbaden

Sonntag Kh, Stegmaier R (2016) HR-Praktiken und Unternehmenserfolg – eine Evaluationsperspektive. In: Sonntag Kh (Hrsg) Personalentwicklung in Organisationen, 4. Aufl. Hogrefe, Göttingen, S 664–697

Sonntag Kh, Frieling E, Stegmaier R (2012) Lehrbuch Arbeitspsychologie, 3. Aufl. Hogrefe, Bern

Sonntag Kh, Stegmaier R, Spellenberg U (Hrsg) (2015) Arbeit Gesundheit Erfolg. Betriebliches Gesundheitsmanagement auf dem Prüfstand: Das Projekt BiG, 2. Aufl. Asanger, Kröning

Sonntag Kh, Pfaff M, Brandstädter S (2022) Führung in Zeiten digtialisierter und flexibler Verwaltungstätigkeit. In: Sonntag Kh (Hrsg) Moderne Arbeit in der Bundesverwaltung. Digital, flexibel und gesund. Nomos, Baden-Baden, S 36–103

Stegmaier R, Nohe C, Sonntag Kh (2016) Veränderungen bewirken. Transformationale Führung und Innovation. In: Sonntag Kh (Hrsg) Personalentwicklung in Organisationen. Psychologische Grundlagen, Methoden und Strategien. Hogrefe, Göttingen, S 535–559

World Health Organization (1987) Ottawa charter for health promotion. WHO, Genf

# Verantwortung für den Arbeits- und Gesundheitsschutz übernehmen – CSR realisieren

*Andreas Blume, Adelisa Martinovic und Mike Paternoga*

## Inhaltsverzeichnis

B. Badura et al. (Hrsg.), *Fehlzeiten-Report 2022*, Fehlzeiten-Report, https://doi.org/10.1007/978-3-662-65598-6_8

**▪▪ Zusammenfassung**

*Sowohl das Arbeitsschutzgesetz als auch die CSR-Richtlinie stellen die Arbeitgeber-Verantwortung für den Arbeits- und Gesundheitsschutz deutlich heraus. Dieser Verantwortung angemessen nachzukommen bedeutet dem Arbeits- und Gesundheitsschutz im Rahmen der CSR-Umsetzung – trotz der Vielzahl weiterer CSR-relevanter Themen – eine prominente Aufmerksamkeit zu schenken. In diesem Zusammenhang schlagen wir die Qualität der Gefährdungsbeurteilung als validen Indikator für die Qualität des Arbeits- und Gesundheitsschutzes und als Quelle von Kennzahlen für eine möglichst aufwandsarme Berichterstattung vor, insbesondere bei kleineren Organisationen. Dass eine qualitativ gute und nachhaltige Steuerung des Arbeits- und Gesundheitsschutzes mithilfe der Gefährdungsbeurteilung möglich ist, verdeutlichen die vorgestellten Ergebnisse einer von uns durchgeführten Fragebogenstudie zum Nutzen der Gefährdungsbeurteilung hinsichtlich psychischer Belastungen. Insbesondere die Vollständigkeit der Gefährdungsbeurteilung wird dabei als zentrales Qualitäts- und Nutzenkriterium herausgestellt.*

## 8.1 Verantwortung zum Arbeits- und Gesundheitsschutz in DIN EN ISO 26000 und im Arbeitsschutzgesetz

Unternehmerische Verantwortung im Arbeits- und Gesundheitsschutz (AuG) ist nicht erst 2014 durch die CSR-Richtlinie und die DIN EN ISO 26000 2021-04 in den Fokus nachhaltiger Unternehmenslenkung geraten. „Schon" das Arbeitsschutzgesetz von 1995 stellt als Adressat den Arbeitgebenden ins Zentrum der Verantwortung für die Umsetzung und Überwachung gesetzlicher Pflichten. Lässt man alle subsidiären Gesetze und Verordnungen

einmal beiseite, so zeigt sich eine große Kongruenz der CSR- und Normempfehlungen mit dem ArbSchG. So nehmen beispielsweise die Grundsätze der Norm „Transparenz", „Rechtsstaatlichkeit", „Achtung internationaler Verhaltensstandards" und nicht zuletzt die „Rechenschaftspflicht" direkten Bezug auf die deutschen und EU-weiten Bestimmungen zum Arbeits- und Gesundheitsschutz (AuG). Weitergehend stehen die Kernthemen der Norm 26000 „Organisationsführung" mit ihrem Handlungsfeld 8 „Grundlegende Prinzipien und Rechte bei der Arbeit" mit den §§ 3 (1) und 13 ArbSchG, also den Pflichten des Arbeitgebenden, in Beziehung. Direkter noch ist der Normverweis unter „Arbeitspraktiken" mit der „Gesundheit und Sicherheit am Arbeitsplatz" (Handlungsfeld 4) in Beziehung zum Arbeitsschutzgesetz (u. a. §§ 3, 4 und 5 ArbSchG) zu setzen.

Diese Übereinstimmung findet auf einer recht abstrakten Ebene statt; gleichwohl reicht das Gesetz weiter in die operative Diktion der Arbeitgeberpflichten, und dies sowohl hinsichtlich der Organisation des AuG mit § 3 (2) ArbSchG – Transparenz und Beteiligung – als auch hinsichtlich eines kontinuierlichen Verbesserungsprozesses, der über die so genannte Gefährdungsbeurteilung (GfB) installiert werden muss (§ 5 ArbSchG). Diese operativen Kernpflichten spiegeln sich wider in der Nachhaltigkeit im Sinne der CSR-Richtlinie und der DIN 26000 „Organisationsführung" und machen somit die Verantwortung der Organisationsleitung erst möglich. Diese zentrale Rolle der GfB im AuG hat, nebenbei bemerkt, umweltrechtliche Vorbilder, zum Beispiel im Risk-Assessment oder in der Umweltverträglichkeitsprüfung (Blume und Faber 2018), was auf eine prozedurale Konvergenz der Verantwortung in der CSR- und Normlogik verweist und so Komplexität reduzieren könnte, wenn diese Verfahrenspflichten einer GfB umgesetzt werden.

### 8.1.1 Verantwortung im Arbeits- und Gesundheitsschutz im europäischen Vergleich

Da sowohl das Arbeitsschutzgesetz als auch die CSR-Richtlinie europäische Wurzeln besitzen und auch auf dieser Ebene fortgeschrieben werden, ist es legitim und spannend, sich den Realisationsgrad des AuG im EU-Vergleich anzusehen.

Wie europäische Vergleichsstudien mit über 45.000 Unternehmen demonstrieren, sind hinsichtlich der Umsetzungsgrade zentraler Aktivitäten im AuG zwischen den EU-Ländern deutliche Unterschiede auszumachen. So lag gemäß der dritten Europäischen Unternehmenserhebung über neue und aufkommende Risiken (ESENER-3; EU-OSHA 2019) beispielsweise die Durchführungsquote in Deutschland sowohl 2014 zum ersten Erhebungszeitpunkt als auch 2019 zum dritten Erhebungszeitpunkt deutlich unter dem Durchschnitt der 33 befragten europäischen Staaten. Gleiches galt für die Anzahl der Besuche von Aufsichtsorganen, wo Deutschland an 15. Stelle – und damit nur im Mittelfeld – lag und sich eine abnehmende Tendenz in Bezug auf die Anzahl der Betriebsbesuche von 2014 nach 2019 zeigte (EU-OSHA 2019).

Demgegenüber stehen Länder wie Italien oder Spanien, in denen GfBen nicht nur deutlich regelmäßiger, sondern auch unter stärkerer Partizipation der Beschäftigten durchgeführt werden (EU-OSHA 2019). Hinzu kommen Unterschiede in den rechtlichen Vorgaben bzw. in der Rolle der Aufsicht über die GfB. So nimmt Dänemark beispielsweise die Organisationen diesbezüglich deutlich stärker in die Verantwortung und verlangt spätestens alle drei Jahre eine schriftliche Dokumentation der GfB. Das neue „Arbeitschutzkontrollgesetz" von Januar 2021 erfüllt die Anforderung, die abnehmende Kontrolldichte zu stoppen, aus unserer Sicht leider nicht angemessen (ab 2026: 5 % Mindestbesichtigungsquote).

### 8.1.2 Geringe Akzeptanz von Gefährdungsbeurteilungen in deutschen Organisationen

In Deutschland erhobene Zahlen für 2011 und 2015 der GDA zeigen eine relativ geringe Akzeptanz (etwas über 50 %) bezüglich der Arbeitgeberverpflichtung einer GfB auf (nach Sommer 2019; Sommer et al. 2018). Beziehen sich diese Studien auf die generelle Durchführung von GfBen, weisen Gefährdungsbeurteilungen hinsichtlich psychischer Belastungen oftmals eine noch geringere Quote auf. Auch die Klarstellung im Arbeitsschutzgesetz 2013 im Hinblick auf die explizierte Vorschrift, auch psychische Belastungen zu ermitteln, hat hier nur zu geringfügigen Verbesserungen beigetragen. Wie sich unter anderem aus den Auswertungen von Sommer et al. (2018) ergibt, begründen die Organisationen dieses Abstinenzverhalten vornehmlich damit, dass vermeintlich keine nennenswerten Gefährdungen vorlägen (84,8 % im Jahr 2011 bzw. 81,0 % im Jahr 2015), das Melden oder Beseitigen von Problemen durch Beschäftigte funktioniere (2011: 83,0 % bzw. 2015: 83,2 %) oder der Nutzen zu gering sei (2011: 47,0 % bzw. 2015: 40,4 %). Blume (2016) zeigt über den wahrgenommenen zu großen Aufwand hinaus, dass geringe bis keine Haftungsrisiken durch mangelnde Kontrollen der Aufsichtsorgane vorliegen.

Erschwerend kommt hinzu, dass GfBen, sofern überhaupt durchgeführt, häufig unvollständig, d. h. ohne Entwicklung und Umsetzung von Maßnahmen oder eine Wirksamkeitskontrolle stattfinden. So zeigen die Auswertungen von Schmitt und Hammer (2015), dass nur 22,9 % der Organisationen, die GfBen durchgeführt haben, Maßnahmen ergriffen und davon nur 15,0 % ihre Wirkung überprüft haben. Im Gegensatz dazu stehen zahlreiche Studien und Forschungsbefunde der gesetzlichen Krankenkassen und des RKI, die seit Jahren psychische Erkrankungen an der Spitze der Erkrankungsarten und Ursache von Fehlzeiten aufzeigen. Während psychischen Belastungen und ihren möglichen Konsequenzen für die psychische Gesundheit und Arbeitsfähigkeit von Beschäftigten zunehmend mehr Aufmerksamkeit in der wissenschaftlichen Forschung zukommt, liegen zum tatsächlichen wie wahrgenommenen Nutzen solcher GfBen bisher nur wenige belastbare Forschungsbefunde vor (z. B. Eichhorn und Schuller 2017).

Dieser Widerspruch zwischen der augenscheinlich nur wenig wahrgenommenen Verantwortung der Betriebe – gemäß den normativen Vorgaben aus der DIN EN ISO 26000 (Deutsches Institut für Normung 2018) unter anderem hinsichtlich der Einhaltung von geltenden Gesetzen – und der Entwicklung psychischer Erkrankungen und Beeinträchtigungen – motivierte die Verfassenden, eine Studie zum Nutzen von GfBen hinsichtlich psychischer Belastungen zu initiieren.

## 8.2 Ergebnisse einer Befragung zum Nutzen von Gefährdungsbeurteilungen hinsichtlich psychischer Belastungen

Bedenkt man die bereits herausgestellte zentrale Drehscheibenfunktion der GfB für den AuG, stellt sich die Frage, wie es Betriebe schaffen, ohne korrektive und präventive GfB einen systematischen, rechtskonformen AuG zu realisieren. Wir sahen in der Frage nach dem Nutzen einer GfB psychischer Belastungen jedoch einen weitergehenden Beitrag zur Förderung der Nachhaltigkeit im AuG (Blume et al. 2022).

### 8.2.1 Konzeption der Befragung

Es wurden 74 Organisationen befragt, die sich auf folgende Betriebsgrößen aufteilten: 37,0 % kleine und mittlere Betriebe (bis 250 Beschäf-

tigte) und 63,0 % größere Betriebe. Hinsichtlich der Branchen verteilen sich die Organisationen auf 21,0 % im öffentlichen Sektor, 33,0 % im verarbeitenden Gewerbe und 46,0 % im Dienstleistungssektor.

Über einen Onlinefragebogen wurde mithilfe von 83 Fragen, z. T. mit Freitexteingabemöglichkeiten, die Wirkungskette aus identifizierten Belastungen, daraus entwickelten Maßnahmen, durchgeführten Wirkungskontrollen und beobachtetem Nutzen zunächst für die GfB psychischer Belastungen im Allgemeinen und dann für die identifizierten Belastungsschwerpunkte im Speziellen erfragt. Konkret wurde innerhalb des Fragebogens zuerst abgefragt, wann und durch wen die letzte psychische GfB durchgeführt wurde. Bei Organisationen, die angegeben haben noch keine GfB psychischer Belastungen durchgeführt zu haben, wurden die expliziten Gründe für das Ausbleiben sowie mögliche zukünftige Pläne bezüglich einer psychischen GfB ermittelt. Teilnehmende Organisationen, die bereits mindestens eine GfB psychischer Belastungen durchgeführt haben, wurden wiederum zu typischen Anlässen, verwendeten Instrumenten (z. B. Fragebogen, Interviews, Workshops), aus den GfB resultierenden Belastungsfaktoren (z. B. Kommunikation, Abstimmungen, Führung, Arbeitsorganisation) und sich daraus ergebenden Maßnahmen befragt. Dabei wurde für die jeweils genannten Belastungsfaktoren gezielt abgefragt, inwieweit Maßnahmen zur Reduktion dieser Belastungen entwickelt und umgesetzt wurden, ob sich aus diesen Maßnahmen Verbesserungen ergeben haben und in welchem Verhältnis Aufwand und Nutzen der psychischen GfB standen. Der generelle Nutzen der GfB psychischer Belastungen als zentralem Untersuchungsgegenstand wurde sowohl zu Beginn als auch zum Ende der Befragung erfragt, um eine höhere Konsistenz der Ergebnisse zu gewährleisten. Die Fragen wurden mehrheitlich durch die Personalleitungen oder Gesundheitsmanagerinnen und -manager der teilnehmenden Organisationen beantwortet.

### 8.2.2 Aufwand-Nutzung-Wahrnehmung von Gefährdungsbeurteilungen psychischer Belastungen

Grundsätzlich zeigte sich, dass 87,0 % der teilnehmenden Organisationen bereits eine oder mehrere GfBen psychischer Belastungen durchgeführt haben. Die vergleichsweise sehr hohe Quote resultiert daher, dass für die Befragung gezielt Organisationen ausgewählt und angefragt wurden, die mit hoher Wahrscheinlichkeit bereits GfBen psychischer Belastungen durchgeführt haben und dementsprechend über ausreichende Erfahrungen mit dem Prozess verfügen, um den Nutzen dieser GfBen adäquat einschätzen zu können. 50,0 % der durchführenden Organisationen erklärten, „immer wieder" oder auch „anlassbezogen" GfBen psychischer Belastungen zu organisieren. Immerhin 40,5 % der durchführenden Organisationen gaben an, „alle 2 bis 3 Jahre" und 14,3 % „alle 3 bis 5 Jahre" eine GfB psychischer Belastungen

durchzuführen. Konkrete Anlässe für eine Gefährdungsbeurteilung waren insbesondere „wesentliche Änderungen in der Arbeitssituation" (70,0 %), die „SARS-CoV2-Arbeitsschutzverordnung" (35,0 %) oder „Änderungen in der IT und/oder deren Anwendungen" (25,0 %). Die Organisationen, bei denen eine GfB psychischer Belastungen bisher ausgeblieben ist (13,0 %), gaben dabei am häufigsten das „Fehlen von geeigneten Hilfestellungen" zur Durchführung von GfBen (28,6 %), einen „zu geringen Nutzen" (28,6 %) sowie „unklare bzw. unbekannte gesetzliche Anforderungen und Vorschriften" (28,6 %) als Gründe an.

Wie ◘ Abb. 8.1 zu entnehmen ist, fiel die Nutzenwahrnehmung bei den durchführenden Organisationen deutlich positiver aus.

So gaben 54,0 % dieser Organisationen an, dass der Nutzen den Aufwand eindeutig überwogen habe. 29,7 % schätzten diesen Zusammenhang mit „teils/teils" ein und nur 13,5 % sahen ein ungünstiges Aufwand-Nutzen-Verhältnis. Die restlichen 2,8 % der Organisation gaben an, dies nicht beurteilen zu können. Der

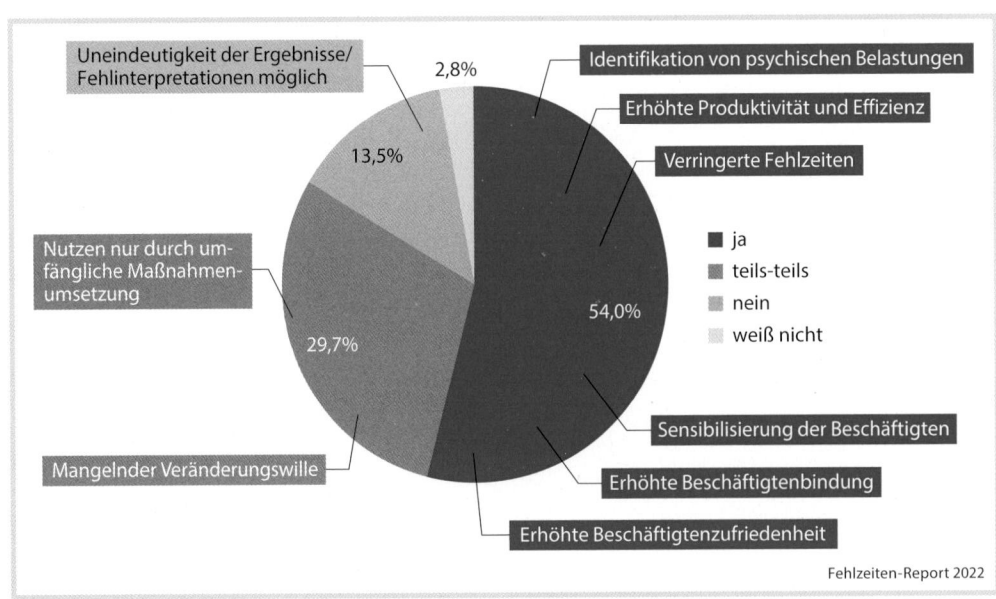

◘ **Abb. 8.1** Wahrgenommenes Aufwand-Nutzen-Verhältnis sowie ausschlaggebende Gründe für die Einschätzung. (Quelle: Blume et al. 2022)

konkrete Nutzen erwuchs dabei, nach eigenen Angaben, aus einer erhöhten Produktivität und Effizienz der Arbeitsprozesse, der erfolgreichen Identifikation und Sensibilisierung für diese Belastungen durch das Verfahren sowie aus einem verringerten Krankenstand. Weiterhin wiesen die Teilnehmenden eine gesteigerte Beschäftigtenzufriedenheit und -bindung infolge von Partizipationsmöglichkeiten bei der Identifikation von Belastungen und Maßnahmenideen als Nutzen aus. Das Führungsverhalten – als einer in der Befragung am häufigsten identifizierten Belastungsschwerpunkte (59,5 %) – konnte durch Schulungen und Seminare zur Sensibilisierung bezüglich psychischer Belastungen (31,0 %), Weiterbildungen im Bereich der wertschätzenden Kommunikation und Führung (23,0 %), Möglichkeiten des spontanen, informellen Austauschs zwischen Mitarbeitenden und ihren Führungskräften (8,0 %) verbessert werden. Auch die Einführung eines 360°-Feedbacks, die verstärkte Nutzung von Beratungsangeboten (15,0 %) sowie Zielvereinbarungen bezüglich des AuG (8,0 %) führten zu einem stärker gesundheitsförderlichen Führungsverhalten, wie im Rahmen von Wirkungskontrollen bei 77,3 % der Organisationen, die Maßnahmen zum Führungsverhalten umgesetzt haben, festgestellt wurde.

Die 13,5 % der befragten Organisationen, die ein negatives Aufwand-Nutzen-Verhältnis annahmen, legten im Rahmen von Freitextantworten ebenfalls vielfältige Gründe für ihre Wahrnehmung dar. Zu diesen Gründen gehörten unter anderem eine teilweise Uneindeutigkeit der Analyseergebnisse, die eine gewollte oder ungewollte Fehlinterpretation der Ergebnisse begünstige, sowie fehlende Einsicht bzw. ein mangelnder Veränderungswillen der Organisationspitze oder innerhalb einzelner Abteilungen. Darüber hinaus wurde mehrmals betont, dass ein wirklicher Nutzen nur durch die tatsächliche Entwicklung und Umsetzung von sich aus der GfB ergebenden Maßnahmen erwachse, diese aber hier nicht realisiert werden konnten.

### 8.2.3 Zusammenhänge von Maßnahmenentwicklung/-umsetzung bzw. Wirkungskontrollen und Nutzen und ihre Bedeutung für die organisationale Praxis

Wie aus den Ausführungen der teilnehmenden Organisationen bereits herauszudeuten, ist die Frage nach dem Nutzen einer GfB psychischer Belastungen eng mit ihrer Vollständigkeit verbunden. So konnte bei der Auswertung der Befragungsergebnisse sowohl ein positiver Zusammenhang zwischen der Maßnahmenentwicklung bzw. -umsetzung ($r = 0,492$, $p = 0,001$) und dem Aufwand-Nutzen-Verhältnis als auch zwischen der Durchführung von Wirkungskontrollen und dem Aufwand-Nutzen-Verhältnis ($r = 0,436$, $p = 0,005$) beobachtet werden. Organisationen, die aus dem Ergebnis der GfB entsprechende Maßnahmen für die identifizierten Belastungsschwerpunkte entwickelten und deren Wirksamkeit kontrollierten, nahmen also wahr, dass der Nutzen der GfB überwiegend höher ist als der Aufwand.

Ein problematisches Bild für die organisationale Praxis liefern unsere Ergebnisse zum Nutzen insofern, als zwar 75,7 % der befragten Organisationen im Rahmen der GfB für alle Belastungsschwerpunkte ausreichende Maßnahmen entwickelt haben, jedoch nur bei 51,3 % dieser Organisationen, also bei etwa jeder zweiten, auch eine Kontrolle der Wirksamkeit dieser Maßnahmen erfolgte. Dies legt nahe, dass die Wahrnehmung eines fehlenden Nutzens in Organisationen in vielen Fällen schlichtweg darauf zurückzuführen ist, dass für den Nachweis eines tatsächlichen Nutzes wichtige Elemente, wie etwa die Maßnahmenumsetzung und Wirkungskontrollen, nicht durchgeführt werden und stattdessen eher Vorurteile die Wahrnehmung und Einschätzungen bestimmen.

### 8.2.4 Beteiligung der Beschäftigten und Engagement der Entscheidungsträger als Erfolgsfaktoren von Gefährdungsbeurteilungen

Erfreulich ist hingegen, dass Organisationen, sofern sie eine GfB psychischer Belastungen durchführen, mehrheitlich auf die Kombination von Methoden der Grobanalyse und Feinanalyse setzen, die normengerecht die Ergebnisse der GfB transparent kommunizieren und die Beschäftigten in den Prozess der Belastungsidentifikation und Maßnahmenentwicklung einbeziehen. Dass sich diese Möglichkeit der Partizipation, zusätzlich zum besseren Gelingen der GfB selbst, förderlich auf die Zufriedenheit und emotionale Bindung der Beschäftigten zur Organisation auswirkt, wurde von 36,0 % der teilnehmenden Organisationen als ein zentraler Nutzen der GfB erkannt.

Zentrale Promotoren für die Initiierung und Durchführung einer qualitativ nützlichen, d. h. vollständigen und transparent-partizipativen GfB sind laut unseren Befragungsergebnissen insbesondere die Geschäftsführung und der Betriebsrat: Ihre „Rückendeckung" wurde von den teilnehmenden Organisationen als ausschlaggebende Voraussetzung für das Gelingen einer GfB psychischer Belastungen beschrieben. Hier stehen also gemäß der DIN 26000 und dem Arbeitsschutzgesetz (§ 3 ArbSchG) die organisationalen Entscheidungsträger explizit in der Verantwortung, die ordentliche Durchführung der GfB und damit einen wirklichen Nutzen für den organisationalen AuG zu gewährleisten.

### 8.3 Ein verantwortungsvolles Handeln im Arbeits- und Gesundheitsschutz verlangt ausreichende Ressourcen

Wie bereits im vorherigen Unterkapitel angeführt, stellt das Führungsverhalten in den beteiligten Unternehmen eine der am häufigsten genannten Quellen für psychische Fehlbelastungen der Beschäftigten dar. Dies kann sich auf deren psychische Gesundheit auswirken (Roth 2015). In diesem Sinne stehen auch die Führungskräfte in der Verantwortung, durch ein gutes und gesundheitsförderliches Führen ihren Beitrag zum Gesundheitsschutz ihrer Mitarbeitenden zu leisten. Hierfür müssen jedoch seitens der Organisation, neben einer klaren Beauftragung, geeignete Rahmenbedingungen gegeben sein. Zu diesem Ergebnis kommt auch eine bisher noch unveröffentlichte Analyse der anonymisierten Daten von 1.027 Führungskräften und 3.485 Beschäftigten ohne Führungsverantwortung, die aus von den Verfassenden dieses Kapitels bei hr&c durchgeführten Befragungen aus GfBen stammen. Als Analyseinstrument wurde dabei der BAAM Flex mit spezifischen Fragen zu den Führungsbedingungen und der Gesundheit der Führungskräfte erhoben.

Die Analyseergebnisse zeigen zum einen, dass die eigene Führungskraft einen signifikanten Einfluss auf den allgemeinen Gesundheitszustand ($\beta = 0,311$, $p = 0,003$), die psychische Gesundheit ($\beta = 0,272$, $p = 0,001$) sowie die Erholungsfähigkeit ($\beta = 0,302$, $p = 0,002$) der Beschäftigten ausübt. Dies steht im Einklang mit anderen Studien, die das Führungsverhalten als wichtigen Prädiktor für die Gesundheit der Beschäftigten ausweisen (z. B. Gregersen et al. 2018; Klamar et al. 2018; Montano et al. 2016). Weiterhin zeigt unsere Datenanalyse jedoch auch, dass das Vorliegen geeigneter organisationaler Rahmenbedingungen Einfluss auf die Gesundheit und das Verhalten von Führungskräften nimmt. Dies bezieht sich insbesondere auf das Vorhanden-

**◘ Tab. 8.1** Einfluss des Vorhandenseins von zeitlichen und räumlichen Ressourcen zur Wahrnehmung von Führungsaufgaben auf die Gesundheit von Führungskräften ($N = 1.027$). (Quelle: Blume et al. (noch unveröffentlicht))

| Variable | Allgemeine Gesundheit | Körperliche Gesundheit | Psychische Gesundheit | Erholung |
|---|---|---|---|---|
| Zeitliche Ressourcen | 0,242 | 0,168 | 0,284 | 0,332 |
| Räumliche Ressourcen | 0,215 | 0,118 | 0,103 | 0,221 |

die Regressionskoeffizienten sind für „zeitliche Ressourcen" auf einem 0,1 %-Niveau und für „räumliche Ressourcen" auf einem 1 %-Niveau signifikant
Fehlzeiten-Report 2022

sein räumlicher und zeitlicher Ressourcen zur Ausübung der Führungsaufgaben, die zudem die allgemeine Gesundheit wie auch die körperliche und psychische Gesundheit sowie die Erholungsfähigkeit von Führungskräften beeinflussen. Räumliche Ressourcen beziehen sich beispielsweise auf das Vorhandensein geeigneter Räumlichkeiten, um mit den Mitarbeitenden vertrauliche Gespräche oder Teammeetings durchzuführen. Zeitliche Ressourcen beziehen sich darauf, inwieweit sich die Führungskräfte Zeit für ihre Mitarbeitenden und deren Belange nehmen können. Eine Darstellung der konkreten Einflüsse der Ressourcen auf die Führungskräftegesundheit findet sich in ◘ Tab. 8.1.

Im Kontext des AuG hochinteressant ist zudem, dass sich die Möglichkeit, die Arbeitsbedingungen der eigenen Mitarbeitenden gesundheitsförderlich zu gestalten, positiv auf die psychische Gesundheit ($\beta = 0,278$, $p = 0,003$) sowie auf die Erholungsfähigkeit ($\beta = 0,289$, $p = 0,022$) der Führungskräfte selbst auswirkt. Führungskräfte, die aktiv zu einem guten Gesundheitsschutz innerhalb ihrer Organisation beitragen, sind demnach gesünder als Führungskräfte, die keinen Einfluss auf die Gesundheit ihrer Mitarbeitenden nehmen können.

Um also die nachhaltige Gesundheit aller Beschäftigten – mit oder ohne Führungsverantwortung – sicherzustellen, müssen die Entscheidungsträger über eine personenbezogene Gesundheitsförderung hinaus dafür Sorge tragen, dass geeignete Rahmenbedingun-

gen sowie entsprechende Orientierungen der Führungskräfte für eine gute und gesundheitsförderliche Führung gewährleistet sind. Inwieweit zum gegenwärtigen Zeitpunkt gute Rahmenbedingungen für das Führen gegeben sind bzw. die Beschäftigten Belastungen durch ihre Führungskraft erfahren, ist dabei im Rahmen einer GfB psychischer Belastungen mit entsprechenden Fragen für Führungskräfte zu evaluieren. Bei einer Identifikation von Problemen bzw. potenziellen Gefährdungen sind geeignete Maßnahmen zu ergreifen und hinsichtlich ihrer Wirkung zu überprüfen.

## 8.4 Die Gefährdungsbeurteilung als Quelle von Kennzahlen für die Evaluation eines CSR-konformen Arbeits- und Gesundheitsschutzes

Mit der spätestens 2023 in Deutschland zu erwartenden CSRD-Richtlinie (Corporate Sustainability Reporting Directive) und der dann geltenden Berichtspflicht für Organisationen ab 250 Beschäftigten stehen auch diese Organisationen zukünftig vor der Frage, wie sie mit möglichst geringem zusätzlichem Aufwand dieser Berichtsverpflichtung normengerecht nachkommen können. Konkreter geht es um die Frage, welche Kennzahlen in einem solchen Nachhaltigkeitsberichts für den AuG reportet werden können oder sogar müssen.

### 8.4.1 Identifikation von für den Arbeits- und Gesundheitsschutz relevanten Kennzahlen anhand vorhandener CSR-Standards und Leitfäden

Neben den bisher vorhandenen Reporting-Standards wie dem UN Global Compact (UN-GC), dem Eco-Management und Audit Scheme (EMAS) oder dem Deutschen Nachhaltigkeitskodex (DNK) wird mit der CSRD-Richtlinie eine Präzisierung der Standards und Regelungen für die Berichterstattung erwartet. Dies ist insofern wichtig, als die bisherigen Leitlinien zwar Kriterien auflisten, aber kaum Angaben zu konkreten Indikatoren bereitstellen. Versucht man das gesammelte Kriterienwerk nach Indikatoren zum AuG zu durchforsten, so bleibt es hinsichtlich des Explikationsgrades bei den Überschriften der DIN EN ISO 26000, wenngleich erste Entwürfe des European Sustainability Reporting Standard vielversprechende Neuerungen erwarten lassen.

### 8.4.2 Eignung der Gefährdungsbeurteilung als zentrale Kennzahl für den Arbeits- und Gesundheitsschutz gemäß DIN EN ISO 26000

Um den Berichtsprozess übersichtlich zu gestalten, sollte generell und speziell für den AuG eine überschaubare Anzahl an Indikatoren gewählt werden. Hierbei ist darauf zu achten, dass nicht nur Einzelindikatoren wie Fehlzeiten, Krankenstände oder Unfallzahlen betrachtet und berichtet werden, sondern die gewählten Kennzahlen auch Rückschlüsse über Ursachen-Wirkungs-Zusammenhänge und einen kontinuierlichen Verbesserungsprozess zulassen. Für den konkreten Bereich des AuG bedeutet dies, dass nicht nur der gegenwärtige Zustand, sondern auch Ursachen sowie daraus folgende Lösungsmöglichkeiten im Präventionssinne in den Blick genommen werden sollten.

Weit davon entfernt, hier ein umfassendes Berichtsgerüst mit Indikatoren für den AuG vorstellen zu wollen (siehe dazu den auf Arbeitsschutz fokussierten Versuch des CSR-Siegers 2022: RWE 2021) und zu können, möchten wir hier der These folgen, dass ein Report über die Qualität und Quantitäten der GfB eine valide Aussage über die Qualität des AuG bietet und somit einen Rahmenindikator im Rahmen der Berichtspflichten darstellt. Die Plausibilität dieser These ergibt sich nicht nur aus den rechtlichen und normativen Verweisungen, sondern vor allem aus dem praktischen Zusammenhang einer Ermittlung und Legitimation „erforderlicher Maßnahmen" zur kontinuierlichen Verbesserung der Arbeitsbedingungen. Wie sonst kann materiell und prozedural Verantwortung im AuG realisiert werden?

Wir haben schon 2010 ein Analyse- und Entwicklungskonzept für ein Betriebliches Gesundheitsmanagement (BGM) vorgestellt und in diversen Betrieben erprobt (Blume 2010). Dieses „Reifegrad-Modell" basiert auf neun Dimensionen, die ihrerseits in vier Qualitätsstufen den Reifegrad des jeweiligen BGM darstellen können und so eine Weiterentwicklung indizieren. Dabei ging es nicht um ein ideales BGM, sondern um eine Entscheidungsgrundlage für eine (selektive) Priorisierung von Verbesserungsmaßnahmen (Blume 2010). Das im nächsten Unterkapitel vorgestellte Reifegrad-Modell einer GfB folgt der gleichen Philosophie: Nicht die ideale GfB mit 16 Punkten ist in der Regel das nächste Etappenziel, sondern die (Selbst-)Einschätzung des GfB-Reifegrades der eigenen Organisation lässt der verantwortenden Stelle die Wahl verschiedener Verbesserungsstrategien. In den meisten Fällen wäre eine korrektive GfB der psychischen Belastungen schon ein großer Schritt nach vorn.

### 8.4.3 Das Reifegrad-Modell der Gefährdungsbeurteilung als Berichtsnachweis eines nachhaltigen Arbeits- und Gesundheitsschutzes

Wie schon angedeutet, sehen wir eine GfB in vier Dimensionen mit jeweils vier Ausprägungen als valide Abbildung ihrer rechtlich nachhaltigen Qualität. Diese Dimensionen sind in ◨ Abb. 8.2 (vereinfacht) grafisch dargestellt. Die vier Dimensionen sind:

a) Gegenstände der GfB
b) Orientierung und Zeitpunkte der GfB
c) der Durchführungsgrad und
d) der Prozess der GfB

Bei der **Dimension a)** geht es um das, was in einer GfB ermittelt und ggf. mit Maßnahmen belegt und einem Controlling unterzogen wird. Hier ist nicht allein die exemplarische Liste aus dem § 5 (3) ArbSchG oder die GDA-Empfehlungen (GDA 2017) zu referenzieren, sondern der Fokus der Ermittlungen ist je nach der „Tätigkeit" des Analysebereichs zu spezifizieren. Hier spielt sowohl die Frage nach physischen und psychischen Gefahren und Gefährdungen eine zentrale Rolle als auch die Option, die jeweiligen Beanspruchungsfolgen (physischer und psychischer Art) ebenfalls zu erfassen.

Wir schlagen dazu folgende vier Reifegrade vor:

1. Es werden ausschließlich physische Gefahren ermittelt.
2. Es werden physische Gefahren und Gefährdungen tätigkeitsspezifisch ermittelt.
3. Es werden separat psychische Belastungen als Gefährdungen neben 1. und/oder 2. ermittelt.
4. Es werden physische und psychische Gefahren und Gefährdungen tätigkeitsspezifisch integriert ermittelt. Darüber hinaus wird optional der Gesundheitsstatus als Beanspruchungsfolge erfasst.

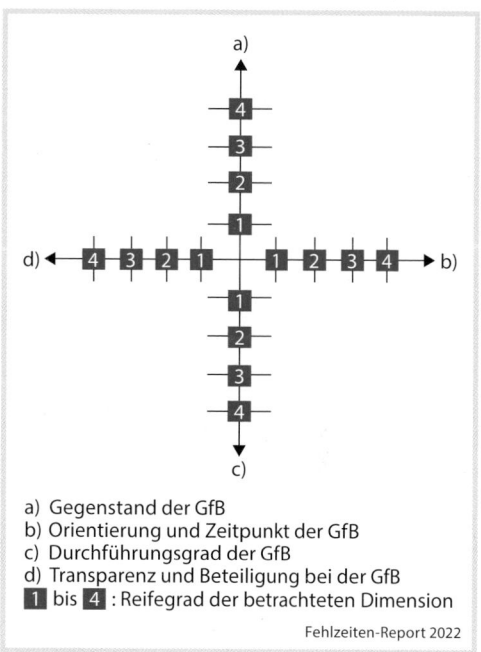

a) Gegenstand der GfB
b) Orientierung und Zeitpunkt der GfB
c) Durchführungsgrad der GfB
d) Transparenz und Beteiligung bei der GfB
1 bis 4 : Reifegrad der betrachteten Dimension

Fehlzeiten-Report 2022

◨ **Abb. 8.2** Dimensionen des Reifegradmodells der Gefährdungsbeurteilung mit je vier Dimensionen

Die **Dimension b)** „Orientierung und Zeitpunkt der GfB" bezieht sich auf das Zusammenspiel von Zeitpunkten der Durchführung, der Wiederholfrequenz und der Zweckbestimmung der GfB. So ist eine Wiederholung einer GfB alle drei Jahre, anders als beispielsweise in Dänemark, in Deutschland keine Pflicht. Gleichwohl sollten Anlässe wie wesentliche Änderungen des Maschinenparks, der Arbeits- oder der Büroorganisation nebst Homeoffice eine GfB auslösen (vgl. § 3(1) ArbSchG). Auch die Arbeitsschutzverordnung zu SARS-CoV-2 vom August 2020 schreibt eine spezifische GfB zu den Auswirkungen der Schutzmaßnahmen und des Homeoffice nebst besonderen Bedingungen der Führung vor. Schließlich ist es für den Zeitpunkt einer GfB nicht unerheblich, ob eher korrektive Veränderungen oder eine präventive Vermeidung von Gefahren und Gefährdungen im Fokus stehen.

Entsprechend schlagen wir hierfür folgende Reifegrade vor:

1. Die GfB korrigiert bestehende Gefahren und Gefährdungen, wenn sie auftreten.
2. Die GfB findet regelmäßig ohne spezifischen Anlass statt und ist demnach korrektiv.
3. Die GfB korrigiert sowohl regelmäßig als auch zu gegebenen Anlässen Defizite und Gefahrenquellen mit Tätigkeitsbezug.
4. Die GfB wird sowohl regelmäßig zur Verbesserung der Arbeitsbedingungen als auch zur präventiven Vermeidung von Gefahren und Gefährdungen anlässlich von Veränderungsprojekten eingesetzt.

Die dritte **Dimension c)**, also der „Durchführungsgrad der GfB", reflektiert eine der typisch deutschen GfB-Schwächen: „Wir analysieren, machen aber nichts weiter und empfinden deshalb die GfB zudem noch als unnütz und zu aufwändig". Die in den GDA-Empfehlungen zur Durchführung einer GfB psychischer Belastungen gelisteten sieben Schritte können hier unter Einschränkungen generalisiert als Referenz für eine vollständige GfB gelten (GDA 2017). Das heißt: Nach der Ermittlung von Gefahren und Gefährdungen erfolgt die Analyse und Beurteilung hinsichtlich erforderlicher Maßnahmen, dann müssen ggf. die Maßnahmen entwickelt und umgesetzt und schließlich hinsichtlich ihrer Wirksamkeit überprüft werden, um dann dokumentiert zu werden. Die Planung der nächsten GfBen wäre dann der Abschluss eines Zyklus.

Entsprechend sehen wir für diese Dimension folgende Reifegrade:
1. Allein die Ermittlung und Analyse von Gefahren und Gefährdungen findet statt.
2. Für die Belastungs- und Gefahrenschwerpunkte werden geeignete Maßnahmen entwickelt und ggf. mit Führungskräften und den Arbeitnehmervertretungen abgestimmt.
3. Die geeigneten Maßnahmen werden umgesetzt und umsetzungsbezogen einem Controlling unterzogen.
4. Die umgesetzten Maßnahmen werden hinsichtlich ihrer Wirksamkeit überprüft, ggf. modifiziert oder gänzlich durch andere er-

setzt. Es wird eine Abschlussdokumentation erstellt.

Die vierte **Dimension d)** fokussiert sich auf den Durchführungsprozess der GfB. Hier werden die essentiellen normativen Grundsätze der Transparenz und Beteiligung, aber auch die organisationale Einbeziehung von Mitarbeitenden, Führungskräften und Arbeitnehmervertretungen im Sinne der Erfüllung entsprechender Rechtspflichten aus dem Arbeitsschutzgesetz (u. a. § 3(2)), der Betriebsverfassung, (u. a. § 87 1.7) und dem Personalvertretungsrecht (u. a. § 80 Abs. 1 Nr. 16) angesprochen. Wenn demnach die GfB ein Mitbestimmungstatbestand ist, so ist es noch lange nicht klar, ob und wie und ggf. mit welchem Ziel die Mitarbeitenden und Führungskräfte einbezogen werden. In unserer Studie zum Nutzen der GfB psychischer Belastungen wurde zumindest der Wert von Partizipation sowohl für das Gelingen der GfB als auch für eine höhere Zufriedenheit und Bindung der Beschäftigten konstatiert.

Folgende Reifegrade für diese Dimension lassen sich vorschlagen:
1. Die GfB wird im betrieblichen „Elfenbeinturm" von Experten und einem ausgesuchten Kreis von Managern entwickelt und durchgeführt.
2. Bei Befragungen, Beobachtungsinterviews und Expertenbegehungen werden die Mitarbeitenden und betroffenen Führungskräfte vorab informiert.
3. Bei der Maßnahmenentwicklung werden die betroffenen Führungskräfte und Arbeitnehmervertretungen einbezogen, d. h. ihre Ideen und Vorschläge werden bei den Entscheidungen der Verantwortlichen berücksichtigt.
4. Mitarbeitervertretungen und betroffene Führungskräfte sind in allen Phasen der GfB strukturell beteiligt. Die Mitarbeitenden werden über (Zwischen-)Ergebnisse und den Fortgang des Projektes informiert. Dieser Beteiligungsprozess verläuft in definierten Bahnen, die die unterschiedlichen Beteiligungsrechte – z. B. die Mitbestimmung – berücksichtigen.

## 8.5 Fazit

Aus unserer Sicht könnte eine CSRD-Berichtsverpflichtung durchaus einen Schub in Richtung eines nachhaltigen Arbeits- und Gesundheitsschutzes initiieren. Dies setzt aber voraus, dass der Arbeits- und Gesundheitsschutz im Rahmen der CSR-Umsetzung eine ausreichende Aufmerksamkeit erhält. Unser Konzept, die Qualität der Gefährdungsbeurteilung als validen Indikator für die Qualität des AuG zu setzen, birgt die Chance, dass auch die kleineren Betriebe aufwandsarm reporten könnten. Darüber hinaus hat unsere Studie zum Nutzen von GfBen psychischer Belastungen gezeigt, dass es durchaus für die Unternehmen Sinn ergibt, über die GfB ihren Arbeits- und Gesundheitsschutz qualitativ und nachhaltig zu steuern. Dabei übersteigt bei vollständiger Durchführung der GfB nachweislich der Nutzen den Aufwand.

## Literatur

Blume A (2010) Integration von BGM. In: Badura B, Walter U, Hehlmann T (Hrsg) Betriebliche Gesundheitspolitik, 2. Aufl. Springer, Berlin Heidelberg, S 276–288

Blume A (2016) Prävention durch Gefährdungsbeurteilung. In: Faber U, Feldhoff K, Nebe K, al (Hrsg) Gesellschaftliche Bewegungen. Recht unter Beobachtung und in Aktion – Festschrift für Wolfhard Kohte. Nomos, Baden-Baden, S 383–400

Blume A, Faber U (2018) Kommentierung der §§ 3,4,5 und 6 ArbSchG. In: Kohte W, Faber U, Feldhoff K (Hrsg) Gesamtes Arbeitsschutzrecht, 2. Aufl. Nomos, Baden-Baden, S 110–267 (die 3. Auflage erscheint im Herbst 2022)

Blume A, Martinovic A, Paternoga M (2022) Factsheet: Worin besteht der Nutzen einer Gefährdungsbeurteilung psychischer Belastungen? Eine empirische Studie

Deutsches Institut für Normung e V (2018) DIN EN ISO 26000:2021-04. Leitfaden zur gesellschaftlichen Verantwortung. Beuth, Berlin Wien Zürich

Eichhorn D, Schuller K (2017) Gefährdungsbeurteilung psychischer Belastung – Reine Pflichterfüllung oder Nutzen für die Betriebe? Sich Ist Sich 68(10):428–433

EU-OSHA (2019) Dritte Europäische Unternehmenserhebung über neue und aufkommende Risiken (ESENER-3). https://osha.europa.eu/de/publications/third-european-survey-enterprises-new-and-emerging-risks-esener-3. Zugegriffen: 13. Apr. 2022

GDA (2017) Empfehlungen zur Umsetzung der GfB psychischer Belastungen. Bundesministerium für Arbeit und Soziales, Berlin

Gregersen S, Vincent-Höper S, Nienhaus A (2018) Zusammenhang zwischen Führungsverhalten, Arbeitsmerkmalen und psychischer Gesundheit der Beschäftigten. In: Trimpop R, Fischbach A, Seliger I et al (Hrsg) 20. Workshop Psychologie der Arbeitssicherheit und Gesundheit. Asanger, Kröning, S 271–275

Klamar A, Felfe J, Krick A et al (2018) Die Bedeutung von gesundheitsförderlicher Führung und Commitment für die Mitarbeitergesundheit. Wehrmed Monatsschr 62:260–265

Montano D, Reeske-Behrens A, Franke F (2016) Psychische Gesundheit in der Arbeitswelt – Führung. Bundesanstalt für Arbeitsschutz und Arbeitsmedizin, Dortmund

Roth I (2015) Die Arbeitsbedingungen der Führungskräfte im Dienstleistungssektor. ver.di, Berlin

RWE (2021) Corporate Responsibility Berichterstattung. Nichtfinanzieller Bericht

Schmitt B, Hammer A (2015) Für welche betrieblichen Kontexte ist der Prozess der Gefährdungsbeurteilung anschlussfähig? Wsi Mitteilungen 3(2015):202–211

Sommer S (2019) Warum führen Betriebe keine Gefährdungsbeurteilungen durch. Sich Ist Sich 4:185–187. https://doi.org/10.37307/j.2199-7349.2019.04.09

Sommer S, Kerschek R, Lenhardt U (2018) Gefährdungsbeurteilung in der betrieblichen Praxis: Ergebnisse der GDA-Betriebsbefragungen 2011 und 2015. Bundesanstalt für Arbeitsschutz und Arbeitsmedizin, Dortmund

# Verantwortung und Vielfalt

Inhaltsverzeichnis

# Verantwortung für Vielfalt in der Belegschaft – ein arbeitspolitischer Ansatz

*Edelgard Kutzner*

## Inhaltsverzeichnis

© Der/die Autor(en), exklusiv lizenziert an Springer-Verlag GmbH, DE, ein Teil von Springer Nature
2022
B. Badura et al. (Hrsg.), *Fehlzeiten-Report 2022*, Fehlzeiten-Report,
https://doi.org/10.1007/978-3-662-65598-6_9

■ ■ **Zusammenfassung**

*Verantwortung für Vielfalt in der Belegschaft braucht die Fähigkeit, das eigene Handeln am gemeinsam definierten Ziel auszurichten. Für einen verantwortungsvollen Umgang mit einer diversen Belegschaft eignet sich ein entsprechend gestaltetes Diversity Management. Damit ist hier ein umfassendes Unternehmenskonzept gemeint, das personelle Vielfalt bewusst zum Bestandteil der Personal- und Organisationsentwicklung macht. Diversity Management in diesem Sinne eröffnet Gestaltungsoptionen für Unternehmen und Beschäftigte und stellt damit auch ein Handlungsfeld für Interessenvertretungen dar. Es erfordert Aktivitäten in verschiedenen Handlungsfeldern, u. a. in der Gesundheitsförderung, dem Personalmanagement, der Arbeitsgestaltung und Arbeitsorganisation, dem Lohn und der Leistung, bei Führung und Unternehmenskultur.*

*Der folgende Beitrag gibt zunächst in Abschn. 9.2 einen Überblick über Ziele und den möglichen Nutzen von personeller Vielfalt für Unternehmen und Belegschaft. Anschließend wird in Abschn. 9.3 das arbeitspolitisch orientierte Konzept eines Diversity Managements vorgestellt. In Abschn. 9.4 werden Anforderungen an einen möglichen Gestaltungsprozess beschrieben und in Abschn. 9.5 werden konkrete Handlungsfelder und mögliche Ansatzpunkte eines Diversity Managements skizziert. Ein Fazit schließt den Beitrag ab.*

## 9.1 Einleitung

Vielfalt ist in jedem Unternehmen und jeder Einrichtung vorhanden. Selbst dort, wo es nach außen den Anschein hat, hier sei die Belegschaft äußerst homogen, z. B. weil überwiegend Männer oder überwiegend Frauen dort arbeiten, gibt es Unterschiede, beispielsweise bei den Qualifikationen der Beschäftigten, in den Beschäftigungsformen (Vollzeit, Teilzeit), in der Altersstruktur, in der Einkommensstruktur etc. Damit verbunden sind nicht selten auch Ungleichheitsverhältnisse. Ziel des 2006 in Kraft getretenen Allgemeinen Gleichbehandlungsgesetzes (AGG) ist es laut § 1, *Benachteiligungen aus Gründen der Rasse oder wegen der ethnischen Herkunft, des Geschlechts, der Religion oder Weltanschauung, einer Behinderung, des Alters oder der sexuellen Identität zu verhindern oder zu beseitigen.*[1] Häufig wird diese Vielfalt bei der Personalarbeit, bei der Gestaltung der Arbeitsplätze, bei der betrieblichen Gesundheitsförderung, im Führungsverhalten, bei Stellenbesetzungen und in anderen Bereichen nicht oder vorurteilsbehaftet berücksichtigt. Es stellt sich also auch die Frage, welche Vielfalt wird wahrgenommen? Wer nimmt welche Vielfalt mit welchem Interesse wahr oder auch nicht?

Der Begriff Vielfalt oder auch Diversität oder Diversity[2] ist vielschichtig und facettenreich. Die hier gewählte Definition von Diversity meint Vielfalt im Sinne von Unterschieden und Gemeinsamkeiten zwischen und in Beschäftigtengruppen. Die Betrachtung einer Beschäftigtengruppe ist dann sinnvoll, wenn z. B. Benachteiligungen und Ausgrenzungen qua Geschlecht dokumentiert und analysiert werden sollen, wie etwa bei der Besetzung von Führungspositionen oder in Fragen der Eingruppierung und der Leistungsbewertung, bei Einstellungsverfahren etc. In der Regel ist es jedoch notwendig, weiter zu differenzieren, insbesondere wenn es darum geht, die unterschiedlichen Interessen und Potenziale innerhalb einer Gruppe zu erkennen. Dies trifft auch auf das Erkennen intersektionaler Wirkungen zu, wenn also verschiedene Gruppenzugehörigkeiten zusammenwirken, z. B. ethnische Herkunft und Geschlecht (Winker und Degele 2009). Es ist also genau zu überle-

---

1    In einer kürzlich erschienenen Studie wurde untersucht, inwiefern Diversity-Maßnahmen 15 Jahre nach Einführung des AGG und der Gründung der Charta der Vielfalt in Unternehmen umgesetzt wurden. Herausgekommen ist u.a., dass die Diversity-Dimensionen in sehr unterschiedlicher Weise Beachtung finden. Insbesondere in kleinen und mittleren Unternehmen ist das AGG eher weniger bekannt (Icks et al. 2022).

2    Im Beitrag werden die Begriffe Vielfalt, Diversität und Diversity in gleicher Weise verwendet.

gen, wann es sinnvoll und notwendig ist, nach Gruppen zu fragen bzw. Gruppenzuordnungen vorzunehmen, und wann genau dies gegen die Absichten dazu beitragen könnte, Gruppenzugehörigkeiten zu konstruieren, die für die Angehörigen dieser Gruppe ausgrenzend und benachteiligend wirken können. Wer auf stereotype Vorstellungen hinweist, wie z. B. „ältere Berufstätige sind ein Gewinn für Unternehmen", versucht einerseits, Benachteiligungen der älteren Beschäftigten zu verhindern, riskiert aber andererseits eine Reproduktion verallgemeinernder stereotyper Zuschreibungen wie „ältere Berufstätige sind nicht mehr so leistungsstark wie jüngere", oder „Ältere stehen technischen Neuerungen nicht mehr so aufgeschlossen gegenüber". Folgen können Ausgrenzungen und Benachteiligungen dieser gesamten Gruppe sein.

## 9.2 Personelle Vielfalt in Unternehmen und Einrichtungen: Ziele und möglicher Nutzen

Diversity ist ein Thema in der gesellschaftlichen, betrieblichen, gewerkschaftlichen und seit einiger Zeit auch wissenschaftlichen Debatte. Die Zugänge zu Diversity sind allerdings unterschiedlich. In der betriebswirtschaftlichen Debatte wird Diversity im Sinne einer diversen Belegschaft als Potenzial gesehen, das es aus Gründen der Effizienz zu nutzen gilt (Stuber 2009). Konkret bedeutet das:

- Personalmarketing: Mit Diversity Management lassen sich bislang vernachlässigte Beschäftigtengruppen besser rekrutieren. Dies wird immer wichtiger, weil die bisher im Berufsleben dominante Gruppe (meist inländische, gut qualifizierte Männer mittleren Alters) tendenziell kleiner wird.
- Kreativität bei Problemlösungen: Gemischt zusammengesetzte Teams können innovativere und kreativere Problemlösungen hervorbringen als homogene Gruppen,

die allerdings oft schneller zu Entscheidungen kommen.
- Flexibilität: Während homogene Gruppen oft einem gewissen Konformitätsdruck unterliegen, reagieren heterogene Entscheidungsgremien flexibler auf Umweltveränderungen. Heterogenität kann zudem Betriebsblindheit reduzieren helfen.
- Marketing: Eine vielfältig zusammengesetzte Belegschaft kann sich besser auf die Wünsche und Bedürfnisse einer heterogenen Kundschaft einstellen.
- Arbeitsbedingungen: Eine an Diversity orientierte Arbeitsgestaltung steigert die Arbeitszufriedenheit und Motivation, Reibungsverluste und Diskriminierungen können minimiert werden, was letztlich kostensenkend wirken kann.

Vorteile von Vielfalt in der Belegschaft werden z. B. im Bereich von Innovationen gesehen (Kutzner 2011). Sie gelten für viele als Schlüssel zur erfolgreichen Bewältigung der derzeit stattfindenden tiefgreifenden Veränderungen in Gesellschaft und Wirtschaft. Eine zentrale Schwäche einiger Unternehmen scheint dabei die Fähigkeit zu sein, Impulse von innen zu nutzen, kreative Ideen der Beschäftigten zu fördern, ihr Wissen aufzunehmen und zielgerichtet einzusetzen. Innovationen entstehen durch das Handeln von Menschen. Sie sind Ergebnis gemeinsamen Handelns von Beschäftigten mit unterschiedlichem Wissen und unterschiedlichen Erfahrungen. Eine erfolgreiche Gestaltung von Innovationsprozessen von der Idee bis zur Markterschließung braucht auch eine entsprechende Gestaltung der Arbeit und einen verantwortungsvollen Umgang mit personeller Vielfalt.

Zumeist handelt es sich bei den propagierten Nutzeneffekten allerdings um vermutete Vorteile aus einer Unternehmensperspektive. Aussagekräftige Studien sind rar. Glaubhafte Berechnungssysteme fehlen laut Aussage einiger Fachleute. Eine Roland-Berger-Studie aus dem Jahr 2012 kommt sogar zu dem Ergebnis, dass trotz der betriebswirtschaftlichen Motivation (Marktzugang, Talentgewinnung,

Positionierung als Wunsch-Arbeitgeber) keines der befragten Unternehmen die finanziellen Effekte gemessen hat (Roland Berger Strategy Consultants 2012). Zu fragen wäre also, ob der Erfolg eines Diversity Managements, z. B. in Form von Umsatzsteigerungen, Erschließungen von neuen Märkten oder Fortschritten bei der Entwicklung neuer Lösungen und Produkte, wirklich ökonomisch messbar ist. Es fehlen noch verbindliche Messgrößen bzw. positive Effekte sind in diesem Bereich nur schwer auf bestimmte Maßnahmen zurückzuführen (Schulz 2009). Es ist von daher sinnvoll, den Erfolg an den eigenen, selbst gesetzten Zielen zu messen.

Sicher ist, die propagierten Erfolge werden sich nicht so einfach einstellen – sie hängen von der konkreten Gestaltung eines Diversity Managements ab. So kann eine heterogen zusammengesetzte Gruppe in dem einen Unternehmen, ja sogar in der einen Abteilung erfolgreich sein, in einem anderen Unternehmen oder einer anderen Abteilung dagegen nicht, weil hier möglicherweise Konkurrenz unter den verschiedenen Beschäftigtengruppen den betrieblichen Alltag prägt.

Ein verantwortungsvolles Diversity Management, das mit Beteiligung von betrieblicher Interessenvertretung (falls vorhanden) und Beschäftigten gemeinsam entwickelt wird, hat auch Vorteile für die Beschäftigten. Allem voran ist es eine Frage von Chancengleichheit und gleichen Verwirklichungschancen in den verschiedenen Arbeitsbereichen. Benachteiligungen und mangelnde Wertschätzung wirken sich negativ auf Motivation, Arbeitszufriedenheit, Wohlbefinden und Gesundheit aus. Antidiskriminierende Maßnahmen in den verschiedenen Handlungsfeldern verbunden mit einer entsprechenden Unternehmenskultur, in der Wertschätzung der Beschäftigten gelebt wird, können dagegen das Betriebsklima und die Qualität der Arbeitsbedingungen verbessern, stärken die Arbeitszufriedenheit und tragen zur Gesunderhaltung und -förderung bei (Altgeld 2010).

Ein diversitygerechter Arbeitsschutz trägt beispielsweise dazu bei, dass das Risiko für Unfälle verringert werden kann. Auf einer Baustelle kann z. B. eine falsch verstandene Geste fatale Folgen haben. So bedeutet ein Kopfnicken nicht überall das Gleiche. In Bulgarien bedeutet es nein, in Deutschland ja. Auch ein Daumen hoch bedeutet in Deutschland ok, in arabischen Ländern hat es eine anstößige Bedeutung. Dadurch kann es zu verhängnisvollen Missverständnissen kommen (Füsers et al. 2018, S. 262).

Auch jemand, der eine andere Sprache spricht und deshalb Sicherheitshinweise nicht beachten kann, ist Gefahren ausgesetzt. „Wenn man sich dieser Vielfalt bewusst wird und den Arbeitsschutz darauf ausrichtet, beispielsweise Sicherheitsinformationen übersetzt, schützt das die Gesundheit aller im Betrieb." (Krauss-Hoffmann 2019, S. 2). Ein diversitygerechter und -sensibler Arbeitsschutz hat einen Nutzen für den gesamten Betrieb. „Einfache, verständliche und ansprechende – vielleicht mit Bildern oder Videos gestützte – Unterweisungen kommen bei allen Beschäftigten gut an und bleiben länger im Gedächtnis" (ebd.).

Ein weiteres Beispiel für den Nutzen eines verantwortungsvoll gestalteten Diversity Managements ist im Bereich der Digitalisierung von Arbeit zu sehen. Ein vielfaltsbewusster Einsatz von neuen Technologien sollte bereits bei der Einführung beginnen. Dabei sind unterschiedliche Kenntnisse und Lernvoraussetzungen zu berücksichtigen, wie Sprachkenntnisse oder psychische und physische Einschränkungen. Je genauer hier die unterschiedlichen Stärken und Schwächen der Beschäftigten berücksichtigt werden, ohne dabei verallgemeinernde Stereotype über bestimmte Beschäftigtengruppen zu bilden, umso erfolgreicher können diese Prozesse verlaufen.

## 9.3 Vielfalt als arbeitspolitisches Konzept

Aus einer handlungstheoretischen Perspektive betrachtet stellt die Orientierung auf personelle Vielfalt als strategisches Ziel einen betrieblichen Veränderungs- und Gestaltungsprozess dar, der auch Spuren im sozialen Gefüge von Unternehmen und Belegschaften hinterlässt. Bei dieser Sichtweise rücken die arbeitspolitischen Auseinandersetzungen und somit auch die bestehenden Machtverhältnisse sowie das Handeln der Entscheidungstragenden in den Blick (Kutzner 2016c). Arbeitspolitik bezeichnet hier alle betrieblichen Maßnahmen, die Einfluss auf die Arbeitsbedingungen haben. Bezogen auf Diversity sind damit auch alle Handlungen und Handlungsergebnisse gemeint, die bewusst oder unbewusst, direkt oder indirekt auf die Anerkennung unterschiedlicher Interessen und Bedürfnisse einer vielfältigen Belegschaft wirken. Solche Auseinandersetzungen sind für Außenstehende nicht immer auf den ersten Blick zu erkennen. Sie spielen sich oft im alltäglichen Arbeitshandeln ab. Um sie zu erkennen, ist eine differenzierte Analyse notwendig. Sie bringt Erkenntnisse darüber, wie variabel, wie kontingent, aber auch wie strukturell rückgebunden das Herstellen von benachteiligender Differenz bzw. Gleichberechtigung sein kann.

Die sozialen Beziehungen im Betrieb werden wesentlich geprägt durch Erfahrungen von Gleichberechtigung und Missachtung, von Wertschätzung und Entwürdigung. Da sich die Arbeitsorganisation an einer betriebswirtschaftlichen Logik orientiert, ist soziale Wertschätzung an eine Verwertbarkeit der individuellen Leistung gebunden. Es geht darum, rentabel zu arbeiten. Andererseits ist kooperative Leistung im Betrieb ohne Beachtung moralischer Ansprüche der Beschäftigten auf Gerechtigkeit und Wertschätzung nicht möglich (Kock und Kutzner 2014).

Etwas aus einer politischen Perspektive zu sehen heißt, es nicht für naturgesetzlich und unabänderlich, sondern für kontingent (also: auch anders möglich) zu halten. Mit einem arbeitspolitischen Ansatz rücken somit auch partizipative Ansätze und betriebliches Interessenvertretungshandeln in den Fokus. Aus einer arbeitspolitischen Perspektive heraus betrachtet kann die Partizipation der Beschäftigten als eine Art Gradmesser für die Verankerung ei-

nes erfolgreichen Diversity Managements in den Unternehmensstrukturen, -kulturen und -praktiken angesehen werden. Ein partizipatives Verfahren bedeutet neue Beteiligte und neue Ideen in Arbeits- und Gestaltungsprozesse einzubringen. Bislang von Partizipation ausgeschlossene Gruppen erhalten eine Stimme im Gestaltungsdiskurs. Diversity Management als partizipatives Management zu gestalten kann unter bestimmten Bedingungen sowohl antidiskriminierend als auch innovationsfördernd und wettbewerbsfördernd wirken (Kutzner 2010).

Von „Dialog statt Duell", sprechen die Autorinnen und Autoren einer Broschüre der Bundesanstalt für Arbeitsschutz und Arbeitsmedizin (2011). Plädiert wird hier für eine konzertierte Aktion aller Beteiligten. Ein solches Vorgehen ist sinnvoll bei der Entwicklung und Einführung eines Diversity Managements, da es sich im hier vorgeschlagenen Konzept um einen ganzheitlichen Ansatz handelt, der alle Bereiche eines Unternehmens einbezieht und mit z. T. tiefgreifenden Veränderungen u. a. in den bisherigen Einstellungen verbunden ist. Dabei spielt auch der wertschätzende Umgang mit der personellen Vielfalt seitens der Interessenvertretung eine entscheidende Rolle. In einem solchen Gestaltungsprozess sind die unterschiedlichen Interessen der Beschäftigten aufzunehmen und in Positionen zu bringen, über die Interessenvertretung und Arbeitgeber verhandeln können. Ziel ist es, zu einer gemeinsamen Entwicklung von Diversity-Strategien zu kommen. Eine Maßnahme wäre hier die Überprüfung und Veränderung bestehender geschlechterdifferenzierender und benachteiligender Arbeitsteilungen mit den entsprechenden Eingruppierungen. In etlichen Unternehmen werden Frauen qua ihrer Geschlechtszugehörigkeit nicht für bestimmte Arbeiten eingesetzt (Kutzner 2020). Dabei handelt es sich zumeist um besser bezahlte oder in der Hierarchie höher angesiedelte Arbeitsplätze.

Eine an Vielfalt ausgerichtete Unternehmensstrategie bietet zahlreiche Anknüpfungspunkte für die originären Themen der Interessenvertretungen im Personalbereich (u. a. Rekrutierung und Einstellung von neuen Mitarbeitenden), aber auch bei der Organisation und Gestaltung von Arbeit, z. B. der Weiterbildungsangebote, der Arbeitszeit, der Arbeitsorganisation und der Entlohnung, bei Regelungen zur Vereinbarkeit von Beruf und Familie, bei der Gleichstellung von Frauen und Männern. Zu den Aufgaben der Interessenvertretung gehört auch der Bereich der Gesundheitsförderung. Damit der gesetzliche Arbeitsschutz gut und effektiv umgesetzt werden kann, ist der Betriebsrat bei betrieblichen Regelungen zu beteiligen. Konkret hat der Betriebsrat ein Mitbestimmungsrecht bei der sogenannten Gefährdungsbeurteilung als einem zentralen Element des Gesundheitsschutzes im Betrieb. „Darunter versteht man die Verpflichtung des Arbeitgebers, Arbeitsplätze oder Tätigkeiten daraufhin zu beurteilen, welchen gesundheitlichen Risiken Beschäftigte dort ausgesetzt sind. Denn nur dann, wenn Gefahren bekannt sind, können dagegen auch Schutzmaßnahmen ergriffen werden. Die Gefährdungsbeurteilung ist eine Verpflichtung, die sich aus dem Arbeitsschutzgesetz ergibt." (DGB 2018, S. 1)

Wird hierbei z. B. festgestellt, dass durch Zeitdruck und zu viele Überstunden eine besondere Stressbelastung entsteht, kann der Betriebsrat auch Einfluss auf die Personalbemessung nehmen.

Es lassen sich eine Vielzahl besserer Lösungen finden, wenn personelle Vielfalt in der Arbeit der Interessenvertretung berücksichtigt wird. So ist es von Vorteil, wenn die Interessenvertretung bei der Gestaltung eines Diversity Managements von Anfang an dabei ist, u. a. um die Interessen der Beschäftigten frühzeitig einzubeziehen, damit neben den ökonomischen Zielen auch Ziele von Gerechtigkeit und Chancengleichheit vertreten werden (Kutzner 2014). Indem die Interessen der Beschäftigten frühzeitig eingebunden werden, könnte ein Top-down-Prozess seitens des Managements auf diese Weise mit einem Bottom-up-Prozess verknüpft werden. Damit die Interessenvertretung handlungsfähig wird, ist eine Sensibilisierung und Qualifizierung für den Umgang mit Vielfalt notwendig. Das kann beispielsweise die Bildung einer Diversity-Arbeitsgruppe beinhalten, an der Personen aus allen Beschäftigtengruppen vertreten sind, oder die Durchführung von Betriebsversammlungen zum Thema Vielfalt in der Belegschaft. Darüber hinaus sollte das Gremium selbst divers zusammengesetzt sein, auch wenn das kein Garant für einen verantwortungsvollen Umgang mit Vielfalt in der Belegschaft darstellt. Machtprozesse auf Basis von Vielfalt gibt es auch im Kreis der Interessenvertretung. Ist das Gremium nicht divers zusammengesetzt, sollten die direkt Betroffenen einbezogen werden, bei Fragen einer familienfreundlichen Arbeitszeit z. B. Mütter und Väter, bei interkulturellen Fragen Migrantinnen und Migranten. Voraussetzung für ein aktives Vorgehen ist auf Seiten der Interessenvertretung eine Offenheit für das Thema, eine Sensibilität für die mit personeller Vielfalt verbundenen Chancen und Probleme. Ist sie beispielsweise Ansprechpartnerin für Beschäftigte in diesem Prozess? Kann sie einen Meinungsbildungsprozess organisieren? Spielt der Betriebsrat eher die Rolle eines Initiators für neue Themen oder eher des Mitmachenden? Auf alle Fälle wird der Betriebsrat auf diese Weise mit in die Verantwortung für personelle Vielfalt im Unternehmen genommen.

## 9.4 Voraussetzungen für einen verantwortungsvollen Umgang mit Vielfalt – Diversity-Kompetenz und Prozessgestaltung

Grundvoraussetzung für ein Diversity Management ist es zunächst, die bestehende Vielfalt überhaupt zum Thema zu machen, das Vorhandene kritisch zu hinterfragen und zu analysieren. Neben einer Bestandsaufnahme der vorhandenen Vielfalt in der Belegschaft stellt die Analyse von Handlungsweisen, Regeln und Routinen sowie der betrieblichen

Strukturen auf darin enthaltene Benachteiligungen von Beschäftigtengruppen und Individuen einen wesentlichen Arbeitsschritt dar. Die Problematik etlicher Diversitäts-Prozesse liegt darin, dass sie zu Stereotypisierungen einladen und Beschäftigte auf ihre Zugehörigkeit zu einer bestimmten sozialen Gruppe reduzieren, von der dann bestimmte Einstellungen und Verhaltensweisen erwartet werden (Kutzner 2020).

„Stereotype sind vereinfachende Vorstellungen über Menschen, welche die Wahrnehmung einer Person bestimmen. Sie basieren auf Vorstellungen und Mustern, die im täglichen Umgang nicht mehr hinterfragt werden. Vor dem Hintergrund einer zunehmenden ‚Individualisierung‘ und ‚Pluralisierung‘ von Lebensverläufen wird in der Forschung Stereotypen einerseits die Funktion zugeschrieben, Unsicherheiten zu reduzieren und Orientierung in einer komplexen, sich wandelnden Welt zu geben. Anderseits wird darauf hingewiesen, dass sie Eigenschaften von Personen und Gruppen festschreiben und damit dominante gesellschaftlich-kulturelle Wertungen, die mit Privilegien und Benachteiligungen verbunden sind, reproduzieren. (…) Stereotype lassen sich in einem weiten Sinne als eine politische Praxis der Kategorisierung und Bewertung von Menschen und Verhältnissen verstehen".[3]

Stereotype haben einen impliziten Einfluss auf das Handeln, sie kommen bewusst oder unbewusst z. B. bei Personalentscheidungen zum Tragen. Explizit werden Stereotype ebenfalls eingesetzt, wenn beispielsweise in Medien über die Besonderheiten von Frauen oder Männern berichtet wird. All dies hat Einfluss auf das Wissen und die Wahrnehmung über die Beschäftigtengruppen und bestimmt darüber das Handeln. Solche Stereotype sind immer auch Ausdruck von bestehenden Macht- und Herrschaftsverhältnissen. So kann ein Grund für die Unterrepräsentation z. B. von Frauen in Führungspositionen in der Verbreitung dieser Stereotypen gesehen werden, wonach sich Frauen aufgrund ihrer (vermuteten) Wünsche nach Teilzeitarbeit nicht für diese Positionen eignen würden.

Diversity kann nicht als naturgegeben angesehen werden. Diversity wird hergestellt, indem Menschen bestimmten Gruppen zugeordnet werden, z. B. zur Gruppe der Älteren, der Frauen, der Migrantinnen und Migranten. Ganz abgesehen davon, dass bei einer solchen Betrachtung individuelle Unterschiede vernachlässigt werden (Frau ist eben nicht gleich Frau, Migrant ist nicht gleich Migrant), können diese Zuordnungen zu Ausgrenzungen und Benachteiligungen führen. Sie benennen Abweichungen vom Normalen, für das immer noch allzu häufig der deutsche Facharbeitermann steht. Um solche Benachteiligungen aufzubrechen bzw. zu verhindern, ist es notwendig, Zuordnungen zu Gruppen in Frage zu stellen, zu dekonstruieren. Dazu sind alle relevanten betrieblichen Handlungsfelder auf solche Konstruktionsvorgänge hin zu analysieren. Damit können Ungleichbehandlungen und Ausgrenzungen sozialer Gruppen in Struktur und Handlung untersucht und der Blick auf die vorhandenen Stärken und Schwächen kann geschärft werden. Es können auf diese Weise Gestaltungsmöglichkeiten sichtbar werden, die zu mehr ökonomischem Nutzen und zu mehr Chancengleichheit beitragen können. Entscheidende Fragen bei der Auseinandersetzung mit Vielfalt sind:

- Wie erfahre ich, ob es Benachteiligungen bestimmter Personengruppen im Unternehmen gibt?
- Wie verhindere ich, dass ich durch die Art der Frage erst eine (i. d. R. benachteiligende) Differenzierung nach Gruppen erzeuge, die vielleicht vorher keine Rolle spielte?

Die dazu notwendige Diversity-Kompetenz umfasst das Wissen über menschliche Vielfalt, über andere kulturelle Kontexte und die Fähigkeit damit umzugehen, Diskriminierungen zu verhindern und Chancengleichheit zu verbessern (Kutzner 2016c).

---

3 ▶ http://www.genderkompetenz.info/ genderkompetenz-2003-2010/gender/Stereotype. html. Zugegriffen: 15. März 2022.

Dazu ist auch die Kenntnis von Zahlen und Fakten z. B. über die Zusammensetzung der gesamten Belegschaft erforderlich, ebenso wie Anerkennung und Toleranz, Wertschätzung und Vertrauen in die einzelnen Beschäftigten, egal welcher Beschäftigtengruppe sie angehören. Vor allem aber ist es notwendig, ein Verständnis von Veränderbarkeit zu entwickeln, sowohl bezogen auf stereotype Vorstellungen wie auch auf diskriminierende Strukturen. Die Aufdeckung der Differenzen vor allem in Status und Machtfülle der Beschäftigten (Wer hat wobei etwas zu sagen?) sowie das Verstehen der Handlungen, die solche Differenzen konstruieren (z. B. den Ausschluss von Frauen) sind entscheidend für das Verständnis von personeller Vielfalt und damit auch für die erfolgreiche Entwicklung und Umsetzung von Diversity-Konzepten.

Ganz allgemein beinhaltet Diversity-Kompetenz im hier verstandenen Sinn einen infragestellenden Blick, eine kritische Auseinandersetzung mit vorhanden Strukturen, Regeln, Routinen und Handlungsweisen, eine dialogorientierte Vorgehensweise, einen partizipativen Gestaltungsansatz. Es reicht nicht, dass sich die einzelne Frau oder der einzelne Mann ändert. Wichtig sind kollektive, organisationale Änderungen. Das fängt schon bei der Fragestellung bzw. Zielsetzung an: Was ist beispielsweise genau gemeint, wenn unterschiedliche Lebenssituationen und Interessen der beschäftigten Frauen und Männer stärker berücksichtigt werden sollen? Was ist genau mit Vielfalt gemeint? Wer wird wahrgenommen, wer nicht? Wer ist am Prozess der Konstruktion von Vielfalt beteiligt, wer nicht?

Ein erfolgreiches Diversity Management ist darüber hinaus partizipativ angelegt. Durch ein partizipatives Vorgehen kann Wissen der Beschäftigten für die Gestaltung der Arbeit und der Arbeitsbedingungen auf dem Weg zu einem Diversity Management genutzt werden. „Vielleicht haben Beschäftigte mit Migrationshintergrund durch ihre Arbeitserfahrungen im Ausland Anregungen, wie man Arbeit noch sicherer organisieren kann. Diese Erfahrungen einzubinden, könnte Mitarbeiterinnen und Mitarbeiter motivieren und damit leistungsfähiger machen" (Krauss-Hoffmann 2019, S. 2). Partizipative Strukturen im Unternehmen fördern ein kreatives und konstruktives Umfeld, die Interessen aller werden ernstgenommen und berücksichtigt.

Ein verantwortungsvolles Diversity Management beinhaltet auf dieser Basis einen systematischen Personal- und Organisationsentwicklungsprozess, der alle Bereiche eines Unternehmens berücksichtigt, der die Vielfalt erkennt, anerkennt, gezielt fördert und nutzt. Die Unternehmensstrategie beinhaltet gemeinsam ausgehandelte Leitlinien und Ziele. Durch einen damit verbundenen entsprechend gestalteten betrieblichen Dialog können Gestaltungsprozesse beginnen, die eine Veränderungsbereitschaft entwickeln, stärken und erhalten können. Diversity Management wird zu einem praktischen Lernprozess. Durch einen entsprechend gestalteten betrieblichen Dialog mit Unternehmensleitung, Führungskräften, Interessenvertretungen und Beschäftigten können Prozesse beginnen, die eine Veränderungsbereitschaft entwickeln, stärken und erhalten. In diesem Prozess soll miteinander und voneinander gelernt werden – Diversity-Lernen findet auf den unterschiedlichen Ebenen eines Unternehmens statt.

## 9.5 Vielfalt in der betrieblichen Praxis: Handlungsfelder und Ansatzpunkte

Im Folgenden werden in den Handlungsfeldern Gesundheitsförderung, Personalmanagement, Arbeitsgestaltung und Arbeitsorganisation, Lohn und Leistung sowie Unternehmenskultur mögliche Gestaltungsaspekte skizziert.[4]

---

[4] Eine ausführlichere Darstellung aller relevanten Handlungsfelder findet sich in Kutzner und Röhrl 2012.

**■■ Handlungsfeld: Gesundheitsförderung**

Wie kann ein vielfältiges Unternehmen zur Gesundheit der Beschäftigten beitragen? Gesundheit ist mehr als das Fehlen von Krankheit. Sie umfasst körperliches, seelisches, geistiges und soziales Wohlbefinden. Entscheidend dafür sind die Arbeitsbedingungen, ein betriebliches Gesundheitsmanagement sowie Konzepte zur Prävention. Arbeitsbedingungen können Beschäftigte krankmachen, weil sie sich über- oder unterfordert fühlen, Belastungen aus der Arbeitsumgebung ausgesetzt sind, belastende Arbeitszeiten oder Konflikte mit Vorgesetzten oder Kolleginnen und Kollegen haben oder weil die Arbeitsverdichtung zum Dauerstress wird. Ein Arbeits- und Gesundheitsschutz mit einem ganzheitlichen Anspruch sieht den Erhalt, den Schutz und die Förderung der Gesundheit als zentrale Aufgabe. Dabei wird das gesamte Belastungsspektrum in den Blick genommen. Es geht darum, Gefährdungen zu vermeiden und eine vorausschauende Gestaltung gesundheitsgerechter Arbeitsbedingungen zu erreichen. Mangelnde Wertschätzung, vorurteilsbehaftete Diskriminierungen oder auch Mobbing können zu einem erhöhten Krankenstand führen. „Durch ein kollegiales und Vielfalt wertschätzendes Betriebsklima kann sowohl die Gesundheit und Arbeitsfähigkeit als auch die Motivation aller Beschäftigten längerfristig besser erhalten und gefördert werden." (Charta der Vielfalt 2019, S. 17)

Durch das hier vorgeschlagene partizipative Vorgehen werden Mitarbeitende in den Prozess der Gesundheitsförderung mit einbezogen, lernen Unternehmen und Einrichtungen, die Anforderungen an die Gestaltung der Arbeit aus verschiedenen Sichtweisen (Angehörige anderer Ethnien, Ältere, Jüngere, Frauen, Männer, Leistungsveränderte, Behinderte etc.) und Bedürfnissen zu betrachten. Häufig ist in der Belegschaft kein gemeinsames Gesundheitsverständnis vorhanden. Hier kann ein partizipatives Vorgehen beitragen, die Erfahrungen und Bedürfnisse der Beschäftigten aufzugreifen. Dazu ist z. B. eine barrierefreie Kommunikation nötig. Das beinhaltet eine leicht verständliche Sprache oder auch Visualisierungen, ggf. auch mehrsprachige Informationen. Davon profitieren alle Beschäftigten, unabhängig vom Wissensstand oder Sprachniveau.

Zu beachten sind weiterhin die verschiedenen praktizierten Arbeitszeiten. Angebote zur Betrieblichen Gesundheitsförderung sollten alle erreichen, auch Beschäftigte im Außendienst und im Homeoffice. Berücksichtigung finden sollten auch unterschiedliche Wertvorstellungen. Bei Fitness-Angeboten ist zu berücksichtigen, dass es unterschiedliche körperliche und andere Voraussetzungen gibt und dass Gefühle von Scham nicht verletzt werden. Bei Angeboten zur Gesundheitsförderung ist z. B. zu beachten, dass es für manche Beschäftigte wichtig ist, ob ein Mann oder eine Frau eine Massage durchführt, um Rückenleiden zu vermeiden. Bei Ernährungsberatungen sollten die diversen Bedürfnisse der Beschäftigten berücksichtigt werden.

Die Verbindung von Diversity Management mit einem Betrieblichen Gesundheitsmanagement kann „dazu beitragen, Ursachen zu identifizieren, die zu strukturell ungleichen Ausprägungen von Belastungen und Ressourcen von Beschäftigten führen und somit Beanspruchungen und gesundheitliche Risiken beeinflussen" (Schröder 2016, S. 6). Eine differenzierte Auseinandersetzung mit personeller Vielfalt ermöglicht es herauszufinden, ob, wie und wer im Arbeits- und Gesundheitsschutz benachteiligt wird und wie dies zu verhindern wäre (Kutzner 2016a und 2016b).

Auf den Internetseiten des Landesinstituts für Arbeitsgestaltung des Landes NRW (2019) werden einige konkrete Beispiele und Ansätze für den Umgang mit Sicherheit und Gesundheit in einer vielfältigen Belegschaft aufgeführt.

**„Überprüfen des aktuellen Wissenstands der Beschäftigten zum Arbeitsschutz und zu den Angeboten für sicheres und gesundes Arbeiten im Unternehmen**

- Sind Angebote und Ansprechpersonen des betrieblichen Gesundheitsmanagements und des Arbeitsschutzes bekannt – z. B. Mitarbeitervertretung, Sicherheitsbeauftragte, Betriebsärztin oder -arzt?
- Ist das vorhandene Wissen der Beschäftigten zum Arbeitsschutz aktuell oder sind Unterweisungen notwendig?

**Sicherheits- und Betriebsanweisungen für alle Mitarbeiterinnen und Mitarbeiter verständlich aufbereiten.**

- Sind die Formulierungen, Fachbegriffe und Erklärungen verständlich oder gibt es sprachliche bzw. fachliche Barrieren – müssen z. B. Fachbegriffe näher erklärt werden?
- Können Informationen und Zusammenhänge leichter verstanden werden, wenn sie mit einer Informationsgrafik, einem Bild oder einem Video erklärt werden?
- Sind die Inhalte barrierefrei, können also auch von Menschen mit Einschränkungen (z. B. Sehschwäche) genutzt werden?

**Angebote der Betrieblichen Gesundheitsförderung so gestalten, dass sie allen Beschäftigten nutzen.**

- Sind die Angebote zeitlich so gelegt, dass auch Teilzeitbeschäftigte oder Schichtarbeiterinnen und -arbeiter daran teilnehmen können?
- Berücksichtigen die Angebote die unterschiedlichen gesundheitlichen Voraussetzungen der Beschäftigten?
- Werden betriebliches Eingliederungsmanagement angeboten und sich wandelnde Leistungsfähigkeiten von Be-

schäftigten, die bspw. durch eine längere krankheitsbedingte Abwesenheit oder eine Behinderung entstanden sind, in der Arbeitsgestaltung berücksichtigt?

**Chancengleichheit und Fairness für alle Beschäftigten garantieren.**

- Gibt es z. B. Beschäftigte, die stärkeren Belastungen ausgesetzt sind als andere, beispielsweise Beschäftigte, die neben der Arbeit Kinder oder pflegebedürftige Angehörige versorgen?
- Welche Maßnahmen können dagegen ergriffen werden (z. B. flexible Arbeitszeiten, Arbeiten von Zuhause)?"

(► https://www.lia.nrw.de/themengebiete/Arbeitsschutz-und-Gesundheit/Diversity-und-Vielfalt/index.html. Zugriff am 19. März 2022)

Die Herausforderung für die Gestaltenden besteht auch hier darin, „mögliche Unterschiede zwischen den Beschäftigten zu identifizieren und zu berücksichtigen, die Beschäftigten aber gleichzeitig nicht einer Gruppe zuzuordnen und Unterschiede zu manifestieren. Ziel eines diversitygerechten Arbeitsschutzes sollte es sein, Sicherheit und Gesundheit gleichberechtigt für alle Beschäftigten zu implementieren und Diskriminierungen auf individueller und struktureller Ebene zu vermeiden" (Füsers et al. 2018, S. 259).

Folglich kann eine vielfältige Betrachtungsweise auch vielfältige Gesundheitsbelastungen in einer vielfältigen Belegschaft aufdecken, denn nicht jedes gesundheitsfördernd gemeinte Konzept wirkt sich zum Vorteil aller Mitarbeitenden aus. Für die Arbeits- und Gesundheitsschutzverantwortlichen bedeutet das, aus der Vielfalt verschiedener Betrachtungsweisen verschiedene Bewertungen bezüglich des Unternehmens vorzunehmen und vielfältige Gesundheitskonzepte zu entwickeln, die jeder Mitarbeiterin und jedem Mitarbeiter entgegenkommen. Ein vielfaltsbewusstes Unternehmen kann auf diese Weise zur Gesundheit aller Beschäftigten beitragen.[5]

**■■ Handlungsfeld: Personalmanagement**

Unternehmen, die sich in den Transformationsprozessen behaupten wollen, brauchen qualifizierte und motivierte Beschäftigte. Wer die „Besten" will, kann heutzutage auf eine heterogene Belegschaft nicht mehr verzichten. Das Personalmanagement ist im Zusammenhang mit Vielfalt entscheidend sowohl bei der Suche nach neuen Mitarbeiterinnen und Mitarbeitern als auch bei der Entwicklung der vorhandenen Mitarbeitenden. Ein gutes Personalmanagement hat einen maßgeblichen Einfluss auf den Erfolg eines Diversity Managements. Mit entsprechenden Angeboten seitens der Unternehmen (z. B. attraktive Arbeitszeitmodelle, Homeoffice, Chancengleichheit, Regelungen zur Vereinbarkeit von Beruf und Familie) lassen sich Angehörige von unterrepräsentierten Gruppen auf dem Arbeitsmarkt besser rekrutieren.

Und doch sind Chancen und Spielräume in der Arbeitswelt nicht für alle gleich. Viele Unternehmen und Einrichtungen nutzen die Potenziale ihrer vielfältigen Belegschaft nur eingeschränkt. Nach und nach erkennen auch kleine und mittelständische Unternehmen, dass die Nutzung der Fähigkeiten und Kenntnisse aller Mitarbeitenden Wettbewerbsvorteile verschaffen kann. Je vielfältiger eine Belegschaft ist, erkannt und anerkannt sowie wertgeschätzt wird, umso reichhaltiger können sich die Kompetenzen der Mitarbeitenden entfalten.

Ein verantwortungsvolles Diversity Management beinhaltet Verfahren, nach denen die fähigsten Arbeitskräfte auf den entsprechenden Arbeitsplätzen eingesetzt sind. Durch gezielte Förderung einzelner Personen(gruppen) können Benachteiligungen abgebaut und verborgene Potenziale erkannt und genutzt.

**■■ Handlungsfeld: Arbeitsgestaltung und Arbeitsorganisation**

Sollen in einem Unternehmen qualifizierte und motivierte Beschäftigte arbeiten, sind attraktive Arbeitsbedingungen für Menschen verschiedener Herkunft, verschiedener Bedürfnisse und Wertvorstellungen geboten.

Die Arbeitsorganisation ist das Ergebnis einer aufgabenbezogenen Teilung der Arbeit und deren notwendiger Koordination. Sie gerät in stärkerem Maße als zuvor in den Vordergrund betrieblichen Handelns und ist in stärkerem Maße Wandlungen unterworfen, u. a. ausgelöst durch Digitalisierung und Automatisierung. Diese Veränderungen fördern das Bewusstsein von Veränderbarkeit und sie schaffen die Gelegenheit, unterschiedliche Interessen einzubringen. Die Festlegung der Arbeitsorganisation ist immer ein sozialer Prozess. Eine veränderte Arbeitsorganisation stellt ein wirksames Instrument zur Integration bisher benachteiligter Gruppen dar. Durch eine entsprechend gestaltete Arbeitsorganisation kann eine diskriminierende und unproduktive Arbeitsteilung, z. B. nach Geschlecht, aufgebrochen und eine Verbesserung der Beschäftigungsperspektiven insbesondere von Benachteiligten erreicht werden.

Ein verantwortungsvolles Diversity Management beinhaltet eine leistungs- und lernförderliche Arbeitsgestaltung, welche die Potenziale aller Beschäftigten(gruppen) nutzen und fördern kann und die Arbeit so gestaltet, dass sie über den gesamten Lebensverlauf die Gesundheit und Arbeitsfähigkeit des Menschen erhält. Es beinhaltet eine Arbeitsorganisation, die diskriminierende Arbeitsteilungen vermeidet und auf eine Verbesserung der Beschäftigungsperspektiven von bislang Benachteiligten abzielt.

---

5   Vgl. auch die Beiträge im Fehlzeiten-Report 2015 – Neue Wege für mehr Gesundheit – Qualitätsstandards für ein zielgruppenspezifisches Gesundheitsmanagement (Badura et al. 2015; ▶ https://www.wido. de/publikationen-produkte/buchreihen/fehlzeiten-report/2015/) und im Fehlzeiten-Report 2010 – Vielfalt managen: Gesundheit fördern – Potenziale nutzen (Badura et al. 2010; ▶ https://www.wido.de/ publikationen-produkte/buchreihen/fehlzeiten-report/ 2010/).

**■■ Handlungsfeld: Lohn und Leistung**

Konflikte um Lohn und Gehalt, Eingruppierung und Leistungsbedingungen bestimmen das alltägliche Betriebsgeschehen. Es geht um Entgelte für Qualifikation und Leistung, um qualifizierte Arbeitsinhalte und humane Arbeitsbedingungen. Es gilt herauszufinden, ob die Leistungen aller Beschäftigten(gruppen) gleichermaßen anerkannt werden bzw. ob aufgrund der Zugehörigkeit zu bestimmten Gruppen bzw. aufgrund des Vorhandenseins bestimmter Merkmale die Leistungsentfaltung und berufliche Entwicklung von Mitarbeitenden beeinträchtigt wird.

Aspekte in diesem Handlungsfeld sind die jeweiligen Entlohnungsgrundsätze, die Leistungsbedingungen, aber auch Fragen der Eingruppierung, der Arbeitsbewertung und Qualifikation. Die Bewertung einer Arbeitsaufgabe oder eines Arbeitsplatzes ist kein objektiver Vorgang. Hier können etliche relevante Aspekte einer vielfältigen Belegschaft einfließen. Beispielsweise werden von Frauen ausgeübte Tätigkeiten häufig schlechter bewertet bzw. eingruppiert als von Männern ausgeübte Tätigkeiten. Insbesondere in betrieblichen Transformationsprozessen, die durch neue Techniken die Arbeit verändern, sind Veränderungen der Arbeitsbewertung nötig. Hier ist auch die betriebliche Interessenvertretung gefragt.

Ein verantwortungsvolles Diversity Management beinhaltet Transparenz und Lohngerechtigkeit sowie eine reflektierte Leistungspolitik, die Benachteiligungen und Bevorzugungen von bestimmten Beschäftigten(gruppen) überprüft und gegebenenfalls korrigiert.

**■■ Handlungsfeld: Unternehmenskultur**

Ein verantwortungsvolles Diversity Management beinhaltet Maßnahmen zur Entwicklung einer solidarischen Unternehmenskultur. Es beinhaltet ein Leitbild, in dem Würde, Rücksicht und Respekt gegenüber allen Mitarbeitenden verankert sind. Diversity Management als Bestandteil der Unternehmenskultur bedeutet das Anerkennen und Leben von Vielfalt. Die Unternehmenskultur definiert sich durch gemeinsames Wissen der Mitarbeitenden über Werte, Normen, Symbole, Hintergrundüberzeugungen sowie Deutungsmuster. Eine an den Mitarbeitenden orientierte Unternehmenskultur kann dazu beitragen, die Kreativität jedes einzelnen Menschen anzuerkennen. Arbeitssuchende Fachkräfte achten bei Bewerbungen auch auf die entsprechenden Arbeitskonzepte. Führungskräften kommt die Rolle von Promotorinnen und Promotoren einer an Vielfalt orientierten Unternehmenskultur zu.

Entscheidend für einen verantwortungsvollen Umgang mit Vielfalt ist allerdings die gelebte Unternehmenskultur. Einseitig entwickelte Leitbilder an den Wänden reichen da nicht aus. Eine Unternehmenskultur, die ernsthaft personelle Vielfalt thematisiert, anerkennt und vor allem lebt, kann auch die Wertschätzung der Vielfalt innerhalb der Belegschaft fördern.

Entscheidend ist weiterhin die Haltung der im Unternehmen Verantwortlichen zu Diversity. Es bedarf eines unterstützenden Klimas, das Intoleranz verurteilt und Offenheit im Umgang miteinander fördert. Diese Verhaltensweisen reichen weit hinein in das praktische Alltagshandeln in Unternehmen. Der Weg zu einem solchen Verständnis führt über Prozesse des Bewusstwerdens und intensiver Kommunikation.

## 9.6  Fazit

Mit dem hier vorgestellten arbeitspolitischen Ansatz eines Diversity Managements können Ungleichbehandlungen und Ausgrenzungen sozialer Gruppen und Individuen in Strukturen und Prozessen eines Unternehmens erkannt und bearbeitet werden. Es können auf diese Weise Gestaltungsmöglichkeiten und Ansatzpunkte sichtbar gemacht werden, die zu besseren Arbeitsbedingungen, zur Gesundheitsförderung, zu mehr Chancengleichheit und zu mehr ökonomischem Nutzen beitragen. Während die unternehmerische Sicht auf Diversity in der Regel mit einer Kosten-Nutzen-Rechnung legitimiert wird und die Anerkennung und Förderung einer irgendwie gearteten ökonomischen Logik folgt, bezieht sich Gleichstellung und Chancengleichheit auf einen Gerechtigkeitsgedanken, der Unternehmen auch als Teil der Gesellschaft begreift. Einen verantwortungsvollen Umgang mit personeller Vielfalt zu entwickeln bedeutet zunächst immer, personelle Vielfalt zum Thema zu machen. Diversity Management im Sinne eines bewussten Umgangs mit Vielfalt beinhaltet das Erkennen, Verstehen und Wertschätzen von Vielfalt. Dazu ist es sinnvoll, die vorhandenen Strukturen, Praktiken und Routinen zu hinterfragen, um Benachteiligungen und Ausgrenzungen sichtbar zu machen. Um nachhaltig zu wirken, bedarf es darüber hinaus eines bewussten Umgangs mit personeller Vielfalt. Das beinhaltet die Verankerung in den betrieblichen Strukturen, in der Unternehmenskultur und im betrieblichen Handeln. Personal- und Organisationsentwicklung stehen dabei in einem engen Wechselverhältnis. Diversity wird so Teil eines umfassenden Unternehmenskonzepts. Erforderlich ist eine entsprechende Diversity-Kompetenz bei den betrieblich Handelnden. Darüber hinaus ist die Partizipation der Beschäftigten eine entscheidende Voraussetzung für ein verantwortungsvolles und erfolgreiches Diversity Management. Durch ein partizipatives Vorgehen können Wissen und Erfahrung, Bedürfnisse und Interessen der diversen Beschäftigten für die Gestaltung der Arbeit auf dem Weg zu einem Diversity Management genutzt werden. Das damit verbundene Vorgehen, an dem Unternehmensleitungen, Personalverantwortliche, Interessenvertretungen und Beschäftigte beteiligt sind, impliziert, dass es nicht *das* Diversity Management geben kann. Jedes Unternehmen entwickelt für sich seinen Umgang damit und definiert gemeinsam Ziele, an denen der Erfolg gemessen werden kann. Erfolg bezieht sich dabei sowohl auf den ökonomischen Nutzen als auch auf den Nutzen für die Beschäftigten. Diversity lässt sich nicht verordnen – ein verantwortungsvolles Diversity Management schafft Rahmenbedingungen, in denen sich die personelle Vielfalt nach den Vorstellungen von guter und gesunderhaltender Arbeit entwickeln kann.

## Literatur

Altgeld T (2010) Personelle Vielfalt und BGM. Integration zweier Managementsysteme – geht das? In: Badura B, Klose J, Macco K (Hrsg) Fehlzeiten-Report 2010. Springer, Berlin Heidelberg, S 47–56

Badura B, Schröder H, Klose J, Macco K (2010) (Hrsg) Fehlzeiten-Report 2010 – Vielfalt managen: Gesundheit fördern – Potenziale nutzen. Springer, Berlin Heidelberg

Badura B, Ducki A, Schröder H, Klose J, Meyer M (2015) Fehlzeiten-Report 2015 – Neue Wege für mehr Gesundheit – Qualitätsstandards für ein zielgruppenspezifisches Gesundheitsmanagement. Springer, Berlin Heidelberg

Bundesanstalt für Arbeitsschutz und Arbeitsmedizin (Hrsg) (2011) Dialog statt Duell. Ein Impuls für betriebliche Demographiearbeit. Berlin. https://inqa.de/SharedDocs/downloads/webshop/dialog-statt-duell?__blob=publicationFile. Zugegriffen: 15. März 2022

Charta der Vielfalt (2019) Vielfalt fair gestalten. Diversity Management für betriebliche Interessenvertretungen. www.charta-der-vielfalt.de/fileadmin/user_upload/Studien_Publikationen_Charta/Charta_der_Vielfalt-ANV-Brosch-WEB-RZ02-fertig_barrierefrei.pdf. Zugegriffen: 15. März 2022

DGB (2018) Mitbestimmung des Betriebsrats beim Gesundheitsschutz. https://www.dgbrechtsschutz.de/recht/arbeitsrecht/betriebsraete-und-personalraete/mitbestimmung-des-betriebsrats-beim-gesundheitsschutz/. Zugegriffen: 22. März 2022

Füsers F, Krauss-Hoffmann P, Staupe J (2018) Arbeitsschutz in einer kulturell vielfältigen Arbeitswelt. Sich Ist Sich 6:258–264

Icks A, Bijedić T, Kay R, Latzke P, Merx A (2022) Der Schutz vor Diskriminierung und die Förderung personaler Vielfalt im Arbeitsleben. https://www.antidiskriminierungsstelle.de/SharedDocs/forschungsprojekte/DE/Studie_Schutz_vor_Diskr_im_Arbeitsleben_abgeschl.html?nn=304718. Zugegriffen: 15. März 2022 (unter Mitarbeit von Mappala C)

Kock K, Kutzner E (2014) „Das ist ein Geben und Nehmen". Eine empirische Untersuchung über Betriebsklima, Reziprozität und gute Arbeit. Edition Sigma, Berlin

Krauss-Hoffmann P (2019) Chancen und Risiken des diversitygerechten Arbeitsschutzes. In: Landesinstitut für Arbeitsgestaltung des Landes NRW: Vielfalt in der Arbeitswelt. https://www.lia.nrw.de/themengebiete/Arbeitsschutz-und-Gesundheit/Diversity-und-Vielfalt/index.html. Zugegriffen: 19. Apr. 2022

Kutzner E (2010) Diversity Management zwischen Ökonomisierung und Gleichstellungspolitik. IGENDER 2:25–40

Kutzner E (2011) Vielfalt im Innovationsprozess. Konzepte, Instrumente und Empfehlungen für ein innovationsförderndes Diversity Management. Bielefeld. http://www.uni-bielefeld.de/IZG/pdf/forschungsreihe/Band-18.pdf. Zugegriffen: 15. März 2022

Kutzner E (2014) Diversity Management und Gute Arbeit ein Handlungsfeld für Interessenvertretungen. In: Nutzenberger S, Welskop-Deffaa EM (Hrsg) Aufregend bunt, vielfältig normal! Managing Diversity in Betrieb und Verwaltung. VSA, Hamburg, S 47–60

Kutzner E (2016a) Diversity Management in der betrieblichen Gesundheitsförderung (Teil 1 von 2). Sicher ist sicher 5:257–260

Kutzner E (2016b) Diversity Management in der betrieblichen Gesundheitsförderung (Teil 2 von 2). Sicher ist sicher 6:320–324

Kutzner E (2016c) Diversity Management in der betrieblichen Praxis. Sensibilisierungen, Orientierungen und Empfehlungen. In: Genkova P, Ringeisen T (Hrsg) Handbuch Diversity Kompetenz: Perspektiven und Anwendungsfelder. Springer, Berlin, S 483–506

Kutzner E (2020) Geschlechterverhältnisse in der digitalisierten Arbeitswelt – die Macht der Stereotype. In: Miemietz B (Hrsg) Digitalisierung, Medizin, Geschlecht. Interdisziplinäre Zugänge. Barbara Budrich, Opladen, S 31–47

Kutzner E, Röhrl G (2012) Diversity Management – Vielfalt entdecken, nutzen und fördern. Ein Leitfaden für Beraterinnen und Berater. Sfs-Eigenverlag, Dortmund

Roland Berger Strategy Consultans (2012) Diversity & Inclusion. Eine betriebswirtschaftliche Investition. Hamburg. https://www.cssa-wiesbaden.de/fileadmin/Dokumente/Demografischer_Wandel/Dokumente/Diversity/Diversity_and_Inclusion_Roland_Berger_D_20120716.pdf. Zugegriffen: 15. März 2022

Schröder C (2016) Diversity und Gender im Arbeits- und Gesundheitsschutz. Sicher ist sicher 1:6–9

Schulz A (2009) Strategisches Diversitymanagement. Unternehmensführung im Zeitalter der kulturellen Vielfalt. Gabler, Wiesbaden

Stuber M (2009) Diversity. Das Potenzial-Prinzip. Ressourcen aktivieren – Zusammenarbeit gestalten. Luchterhand, Köln

Winker G, Degele N (2009) Intersektionalität. Zur Analyse sozialer Ungleichheiten. transcript, Bielefeld

**9**

# Arbeitsmarktintegration von Geflüchteten als gemeinsamen Prozess aller beteiligten Akteure begreifen

*Ildikó Pallmann, Janine Ziegler und Christian Pfeffer-Hoffmann*

## Inhaltsverzeichnis

B. Badura et al. (Hrsg.), *Fehlzeiten-Report 2022*, Fehlzeiten-Report,
https://doi.org/10.1007/978-3-662-65598-6_10

#### ▪▪ Zusammenfassung

*Menschen mit Fluchterfahrung verfügen über vielseitige berufliche Kompetenzen und Qualifikationen und streben danach, in Deutschland beruflich tätig zu werden. In der Arbeitswelt spiegelt sich dies bisher jedoch kaum wider. Hier sind Geflüchtete vor allem im Helfendenbereich, oftmals unter prekären Bedingungen, tätig. Die Gründe hierfür sind vielfältig und häufig struktureller Natur. Mit der aktuellen Fluchtdynamik anlässlich des Krieges in der Ukraine gewinnt dieses Thema erneut an Brisanz und Virulenz. Daneben steigen aktuell auch die Zahlen Geflüchteter aus Syrien, Afghanistan und dem Irak wieder an (BAMF 2022). Der folgende Beitrag rückt die Situation von Menschen mit Fluchterfahrung auf dem deutschen Arbeitsmarkt bzw. beim Zugang zu diesem in den Fokus und zeigt damit verbundene Herausforderungen und Hürden sowie Handlungsbedarfe und -spielräume insbesondere für Unternehmen auf.*

## 10.1    Einleitung

Menschen mit Fluchterfahrung sind hochmotiviert, in Deutschland beruflich tätig zu werden, und verfügen über vielseitige Qualifikationen und Kompetenzen sowie teils langjährige Berufserfahrungen. So gaben von 50.081 volljährigen Asylantragsstellenden, die im Jahr 2021 in Deutschland registriert wurden, zwei Drittel an, vor ihrer Ankunft in Deutschland beruflich tätig gewesen zu sein. Die meisten davon arbeiteten im Handwerk sowie im Bereich Land- und Forstwirtschaft/Fischerei sowie Dienstleitungen. Jede zehnte Person gab an, zuletzt ohne Arbeit gewesen zu sein (Heß 2022). Seitens der relevanten Akteure werden die hohe Heterogenität der Gruppe ebenso wie die eigenen Vorstellungen und Ambitionen der betroffenen Personen bzgl. ihrer beruflichen Zukunft in Deutschland kaum wahrgenommen. Das führt dazu, dass von denjenigen, die bereits eine Beschäftigung aufgenommen haben, viele – unabhängig von ihren tatsächlichen beruflichen Qualifikationen – helfende Tätigkeiten ausüben und/oder in atypischen oder prekären Beschäftigungsverhältnissen arbeiten, zum Beispiel im Bereich Lager/Logistik oder der Gastronomie. Sowohl für die betroffenen Personen selbst als auch für den deutschen Arbeitsmarkt ist diese Situation – u. a. im Hinblick auf den Fachkräftemangel – nicht tragbar, weshalb diesbezüglich dringender Handlungsbedarf besteht. Unternehmen kommt hierbei, neben diversen weiteren Arbeitsmarktakteuren, eine zentrale Rolle zu. Sie können entscheidend dazu beitragen, die Integration geflüchteter Menschen in den Arbeitsmarkt nachhaltig und fair zu gestalten. Mit welchen Herausforderungen und Hürden sowohl die betroffenen Personen als auch die Unternehmen dabei oftmals konfrontiert sind und welche Handlungsbedarfe und -spielräume sich daraus ergeben, darauf wird im Folgenden näher eingegangen.

## 10.2    Geflüchtete auf dem deutschen Arbeitsmarkt – ein Blick auf aktuelle Statistiken

Die Herausforderungen bei der Arbeitsmarktintegration für Menschen mit Fluchterfahrung lassen sich bereits in den Statistiken ansatzweise ablesen: Im Vergleich zur restlichen Bevölkerung sind Geflüchtete häufiger arbeitssuchend oder arbeitslos gemeldet, zu geringeren Teilen sozialversicherungspflichtig respektive zu größeren Teilen in Minijobs beschäftigt (◩ Abb. 10.1; BA 2021a). Als sozialversicherungspflichtige Beschäftigung gilt jede Beschäftigung, für die Beiträge zur gesetzlichen Rentenversicherung, zur Krankenversicherung und zur Pflegeversicherung zu leisten sind. Darunter fallen auch Auszubildende, Praktikantinnen und Praktikanten oder Werkstudentinnen uns -studenten. Bei ausschließlich geringfügiger Beschäftigung, also Minijobs, sind keine Sozialversicherungsbeiträge zu leisten.

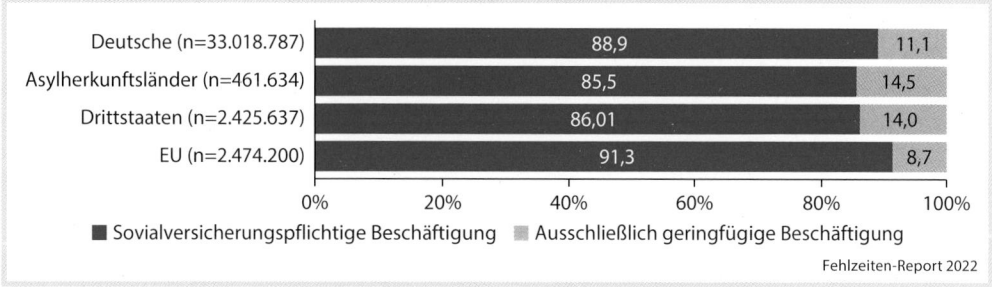

**◘ Abb. 10.1** Anteile aller Beschäftigten nach Art der Beschäftigung und Staatsangehörigkeit in %. (Quelle: Eigene Berechnungen und Darstellung nach BA (2021a), Stichtag 31.12.2020. © Minor)

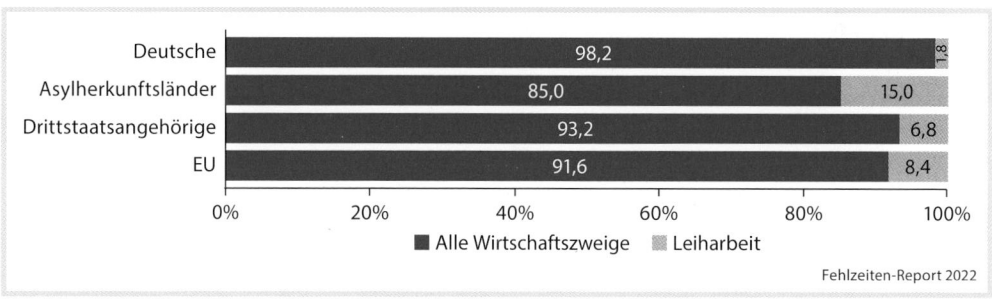

**◘ Abb. 10.2** Anteil aller sozialversicherungspflichtigen Beschäftigten in allen Wirtschaftszweigen und in der Leiharbeit nach Staatsangehörigkeit in %. (Quelle: Eigene Berechnungen und Darstellung nach BA (2021a), Stichtag 31.12.2020. © Minor)

Nicht selten arbeiten Geflüchtete unterhalb ihres eigentlichen Qualifikationsniveaus, in Leiharbeit sowie in Branchen, die von Prekarisierung besonders betroffen sind (◘ Abb. 10.2, 10.3). Dabei sind Frauen laut Bundesagentur für Arbeit (BA) zumeist noch schlechter gestellt als ihre männlichen Mitbewerber (BA 2021b).

Die Zahlen legen jedoch nur Tendenzen der Arbeitsmarktprozesse hinsichtlich einzelner Beschäftigtengruppen offen. Denn nach wie vor erfasst die BA Arbeitssuchende und Beschäftigte nicht nach Aufenthaltsstatus, sondern nach Staatsangehörigkeit. Die Daten zu Geflüchteten sind überwiegend der statistischen Kategorie „Asylherkunftsländer" entnommen, wozu die BA acht Staaten zählt, von denen angenommen wird, dass aus ihnen besonders viele Menschen im Fluchtkontext nach Deutschland einreisen: Afghanistan, Syrien, Eritrea, Irak, Iran, Nigeria, Pakistan und Somalia. Die BA hat die Eingruppierung basierend auf den Asylzahlen der Jahre 2012 bis 2014 und Januar bis April 2015 vorgenommen und seitdem auch nicht wieder angepasst (BA 2021c). Viele der Geflüchteten werden somit von der BA statistisch im Hinblick auf ihre Arbeitsmarktbeteiligung immer noch nicht erfasst. Dies ist allerdings dringend erforderlich, um Analysen und sich daraus ergebende Herausforderungen und Handlungsoptionen ausarbeiten zu können.

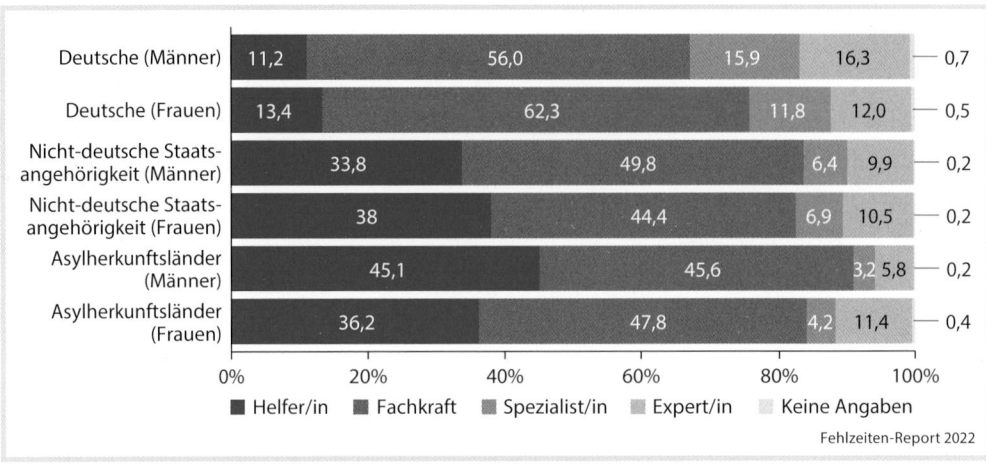

**◻ Abb. 10.3** Verteilung der Anforderungsniveaus sozialversicherungspflichtig Beschäftigter nach Staatsangehörigkeit und Geschlecht in %. (Quelle: Eigene Berechnungen und Darstellung nach BA (2021b), Stichtag 31.12.2020. © Minor)

## 10.3 Arbeitsmarktintegration ist kein linearer Prozess – ein Blick auf die Herausforderungen

Die Ursachen für die oben aufgezeigten Tendenzen werden von verschiedenen Faktoren bestimmt. So wird der Prozess der Arbeitsmarktintegration direkt oder indirekt von diversen Belastungen beeinflusst, die Flucht als erzwungene Form der Migration mit sich bringt. Dazu zählen u. a. aufenthaltsrechtliche Unsicherheiten und damit verbundene rechtliche Hürden beim Zugang zum Arbeitsmarkt, Sorgen um zurückgebliebene Familienangehörige, hohe finanzielle Belastungen durch die Kosten der Flucht, beengte Wohnverhältnisse in Gemeinschaftsunterkünften, Beschränkungen beim Zugang zu (passenden) Sprachkursangeboten sowie zu beruflichen Förder- und Unterstützungsangeboten (Brenzel et al. 2019; Pallmann et al. 2019). Zu nennen sind hier darüber hinaus auch Traumata, die sich aus der Situation vor oder während der Flucht entwickeln, direkte und indirekte Formen der Diskriminierung, langwierige und vielfach intransparente Prozesse der Anerken-

nung von Zeugnissen und formalen Qualifikationen, kaum Möglichkeiten, vorhandene nonformale Qualifikationen anerkennen zu lassen sowie die oftmals unzureichende Verzahnung von Prozessketten und relevanten Akteuren (Brücker et al. 2019, 2020; Huke 2020; Pallmann et al. 2019).

### 10.3.1 Zugang zum deutschen Arbeitsmarkt

Hat die Person, die gerne arbeiten respektive die ein Unternehmen gerne beschäftigen möchte, überhaupt Zugang zum deutschen Arbeitsmarkt? Diese Frage stellt die erste Hürde bei der Arbeitsmarktintegration von Geflüchteten dar. Der Arbeitsmarktzugang wird nicht allen Geflüchteten gewährt, ist rechtlich komplex und hängt vom Aufenthaltsstatus, von der Aufenthaltsdauer und dem Herkunftsland der jeweiligen Person ab. Viele Jahre war der Arbeitsmarktzugang für Geflüchtete größtenteils erst nach erfolgreichem Abschluss des Asylverfahrens möglich; Menschen, die sich noch im laufenden Asylverfahren befanden, erhielten in den 1990er Jahren in der Regel erst nach vier Jahren die Möglichkeit zu arbeiten.

⬛ **Tab. 10.1**  Arbeitsmarktzugang für Geflüchtete in Deutschland

| Stand des Asylverfahrens | Personengruppe | Arbeitsmarktzugang |
|---|---|---|
| Im Asylverfahren | Asylsuchende, die *außerhalb* einer Aufnahmeeinrichtung wohnen | Nach 3 Monaten |
| | Asylsuchende, die *in* einer Aufnahmeeinrichtung wohnen | Nach 9 Monaten |
| | Asylsuchende mit minderjährigen Kindern, die in einer Aufnahmeeinrichtung wohnen | Nach 6 Monaten |
| | Personen aus „sicheren Herkunftsstaaten", die nach dem 31.08.2015 einen Asylantrag gestellt haben[a] | Kein Arbeitsmarktzugang |
| Nach dem Asylverfahren | Geflüchtete mit Asylberechtigung, subsidiärem Schutz, Anerkennung als Flüchtling oder einer Aufenthaltserlaubnis aus familiären Gründen | Ohne Wartefrist und uneingeschränkt |
| | Geduldete[b] | In der Regel nach 6 Monaten |
| | Geduldete aus „sicheren Herkunftsstaaten", die nach 31.08.2015 einen Asylantrag gestellt haben, der abgelehnt oder zurückgenommen wurde | Kein Arbeitsmarktzugang |

[a] Grundsätzlich vom Arbeitsmarkt ausgeschlossen sind Asylbewerberinnen und -bewerber aus sog. „sicheren Herkunftsstaaten", also aus Ländern, bei denen die Bundesregierung davon ausgeht, dass dort keine politische Verfolgung droht. Dies sind derzeit neben den EU-Mitgliedsstaaten die Westbalkanländer Albanien, Bosnien und Herzegowina, Kosovo, Nordmazedonien, Montenegro und Serbien sowie Senegal und Ghana.
[b] Geflüchtete mit ablehnendem Asylbescheid, deren Abschiebung aber vorübergehend ausgesetzt ist, erhalten in Deutschland eine Duldung. Die Duldung ermöglicht den temporären Verbleib in Deutschland. Ein Grund für eine Duldung kann z. B. die Sicherheitslage im Herkunftsland oder das Fehlen von gültigen Papieren sein.
Fehlzeiten-Report 2022

Die „Wartefrist" für den Einstieg in den Arbeitsmarkt wurde bis 2014 sukzessive auf drei Monate verkürzt. Im Zuge der Fluchtdynamik in den Jahren 2015/16 nahm der Gesetzgeber weitere Änderungen vor, zuletzt in großen Reformvorhaben in den Jahren 2019 und 2020. Ob eine Person im laufenden Asylverfahren eine Ausbildung oder Arbeit aufnehmen kann, hängt aktuell v. a. davon ab, ob sie in einer Aufnahmeeinrichtung für Geflüchtete[1] unter-

gebracht ist oder frei ihren Wohnsitz in der Kommune wählen kann (⬛ Tab. 10.1).

Ist die Aufnahme einer Arbeit rechtlich möglich, benötigen geflüchtete Menschen zusätzlich eine Arbeitserlaubnis. Diese erteilt die zuständige Ausländerbehörde in einem Arbeitsgenehmigungsverfahren, in dem die BA u. a. auch die Beschäftigungsbedingungen wie das Lohnniveau und die Arbeitszeit überprüft. Vereinfachte Bedingungen gelten für Geflüchtete, die eine Ausbildung absolvieren möchten. Auch bezüglich der aktuell im Zuge des Ukraine-Krieges aufgenommenen Geflüchteten gelten Erleichterungen bei dem Zugang zum Arbeitsmarkt: Diese müssen durch die Aktivierung der Richtlinie 2001/55 EG (Amtsblatt der Europäischen Gemeinschaften 2001)

---

1  In Deutschland sind die 16 Bundesländer rechtlich verpflichtet, die für die Unterbringung Asylbegehrender erforderlichen Aufnahmeeinrichtungen zu schaffen. Hierzu werden die Asylsuchenden in den ersten Wochen, bevor sie ihren Asylerstantrag stellen, in einer Erstaufnahmeeinrichtung untergebracht und ggf. auch danach.

in der Regel kein Asylverfahren durchlaufen und können mit dem speziellen humanitären Aufenthaltstitel (§ 24 AufenthG) arbeiten, ohne dass hierfür die Zustimmung der BA im gesonderten Verfahren eingeholt werden muss. Für Geflüchtete aus anderen Ländern gelten die allgemeinen Rahmenbedingungen weiter. Die neue Bundesregierung plant im Koalitionsvertrag jedoch Änderungen der rechtlichen Rahmenbedingungen für alle Geflüchteten hin zu einer vollständigen Aufhebung der genannten Restriktionen oder der Verpflichtung, in einer Aufnahmeeinrichtung zu leben.

Bereits diese Kurzübersicht macht die Vielschichtigkeit der Thematik deutlich. Neben den dargelegten rechtlichen Rahmenbedingungen und den sich daraus ergebenden Hürden hängt die erfolgreiche Integration in den Arbeitsmarkt von vielen weiteren Faktoren ab, die der Frage nach dem Zugang zum Arbeitsmarkt in ihrer Komplexität in nichts nachstehen.

### 10.3.2 Dauer des Asylverfahrens und Duldungsstatus

Zu nennen ist hier z. B. die Dauer des Asylverfahrens, dessen Ende weder für die antragstellende Person noch für ein Unternehmen mit offenen Stellen ersichtlich ist. Große planerische Unsicherheit bringt zudem der Duldungsstatus mit sich. Menschen mit Duldung können aufgrund des zeitlich begrenzten und unsicheren Aufenthaltsstatus kaum langfristige berufliche Perspektiven in Deutschland entwickeln, es sei denn, sie finden einen Arbeitgeber oder eine Arbeitgeberin, der bzw. die sie unterstützt und das Risiko eines durch aufenthaltsrechtliche Bestimmungen möglicherweise abrupt endenden Arbeitsverhältnisses in Kauf nimmt. Geht es um einen Ausbildungsplatz, so besteht die behördliche Möglichkeit, eine sogenannte Ausbildungsduldung zu erteilen und somit zumindest für die Dauer der Ausbildung Kontinuität für Arbeitgebende und Arbeitnehmende zu gewährleisten.

Der Blick auf die rechtlichen und verfahrenstechnischen Hürden macht die Notwendigkeit der Inanspruchnahme von Beratungs- und Unterstützungsstrukturen sowie der Vernetzung auf Akteursebene deutlich. Vor allem kleine und mittelständische Unternehmen müssen dabei unterstützt werden, sich mit den relevanten regionalen Ansprechpartnern vor Ort effektiv zu vernetzen und sich aktiv am Arbeitsmarktintegrationsprozess geflüchteter Menschen zu beteiligen, um darüber motivierte und gut ausgebildete neue Mitarbeitende zu gewinnen.

### 10.3.3 Sprachkenntnisse und Anerkennung von Qualifikationen

Zwei weitere wesentliche Hürden hin zu einer qualifikationsadäquaten Beschäftigung zu fairen Bedingungen sind für viele Menschen mit Fluchterfahrung der Nachweis bzw. Erwerb von Sprachkenntnissen sowie die Anerkennung von mitgebrachten beruflichen Qualifikationen. Bzgl. des Spracherwerbs fehlt es häufig an passenden Angeboten, insbesondere im Bereich der berufsspezifischen Fachsprache sowie an Möglichkeiten, bereits erworbene Kenntnisse in der Praxis anzuwenden, zu vertiefen und weiterzuentwickeln. Sprachliche Bildung und berufliche Qualifizierung müssen deshalb viel stärker als bisher gemeinsam gedacht und möglichst früh miteinander verzahnt werden – siehe Konzept des Integrierten Fach- und Sprachlernens (IQ Fachstelle Berufsbezogenes Deutsch 2022).

Im Rahmen der formalen Anerkennungsverfahren müssen Bildungsabschlüsse und berufliche Qualifikationen mit offiziellen Zeugnissen oder Zertifikaten belegt werden, was nicht selten mit komplizierten, teuren, undurchsichtigen und langwierigen Anerkennungs- und (Weiter)Qualifizierungsprozessen verbunden ist. Der Zugang zu einer Vielzahl der Berufe ist in Deutschland nur mit einer entsprechend anerkannten beruflichen oder akademischen Qualifikation möglich – hierbei handelt es sich um sogenannte reglementierte Berufe (BA 2022). Um die vorliegenden Rahmenbedingungen zu verstehen, über die weiteren Schritte im Einzelnen zu entscheiden und den Prozess der Arbeitsaufnahme abzuschließen, sind sowohl Arbeitssuchende als auch Arbeitgebende auf Informations- und Beratungsstrukturen angewiesen.

Geflüchteten Menschen ist es zum Teil nicht möglich, die häufig zeit- und kostenintensiven Wartezeiten im Rahmen eines Anerkennungsverfahrens finanziell zu überbrücken. Zudem sind ihnen die bestehenden Möglichkeiten oftmals nicht ausreichend bekannt. So nehmen viele von ihnen eine Arbeit unterhalb ihres Qualifikationsniveaus an, um überhaupt erst einmal den Einstieg in den Arbeitsmarkt zu schaffen. Neben den Chancen, die sich hieraus ergeben können, besteht allerdings die Gefahr, dauerhaft in einer solchen Tätigkeit zu verbleiben, ohne parallel eine langfristige berufliche Perspektive zu entwickeln. Hierbei benötigen die betroffenen Personen gezielte Unterstützung durch die relevanten Arbeitsmarktakteure. Unternehmen können hierzu einen wichtigen Beitrag leisten, indem sie – etwa durch flexible Arbeitszeiten und Teilzeitmodelle – den fachspezifischen Spracherwerb und den Ausgleich fehlender Qualifikationen und Kompetenzen *on the job* ermöglichen. Insbesondere gilt dies für Frauen (mit und ohne Fluchterfahrung), die oftmals die familienorganisatorische Hauptverantwortung (*Care*-Arbeit) tragen und daher umso mehr auf eine gute Vereinbarkeit von Beruf und Familie angewiesen sind.

es, weil der Beruf, den sie erlernt haben, im Herkunfts- oder Transitland keine formale Ausbildung voraussetzt, sei es, weil sie im Zuge der Flucht formale Zeugnisse nicht mitführen konnten. In den Statistiken und im Regelsystem der Arbeitsvermittlung werden sie als Personen ohne Ausbildung oder „ohne Angaben" geführt (◘ Abb. 10.4; BA 2021b). In diesen Fällen bleiben tatsächlich vorhandene Qualifikationen und Kompetenzen aus formalen Gründen auf dem Arbeitsmarkt ungenutzt, was weder im Interesse der betroffenen Personen noch im Interesse der Unternehmen sein kann.

Um in solchen Fällen Lösungen anbieten und für die betroffenen Personen und Unternehmen Perspektiven aufzeigen zu können, sind alle am Arbeitsmarktintegrationsprozess beteiligten Akteure gefragt. Für Unternehmen ist es dabei besonders hilfreich, wenn sie sich in lokalen Netzwerken engagieren und sich mit den relevanten Behörden und Trägern, den Industrie- und Handelskammern, den Handwerkskammern und Hochschulen sowie mit anderen Verbänden zu der Thematik austauschen und kontinuierlich an der Entwicklung alternativer Modelle zur Kompetenzerfassung und -validierung mitarbeiten. Erkenntnisse einzelner bereits bestehender Ansätze und Programme seitens Politik, Arbeitsverwaltung (MYSKILLS[2]), Kammern (Programme Valikom[3] bzw. ValiKom Transfer[4]) sowie einzelner Unternehmen machen dabei deutlich, dass die Validierung und Erfassung vorhandener Kompetenzen für die Teilnehmenden eine selbstwertsteigernde Erfahrung darstellt, aus der sich diverse Möglichkeiten zur beruflichen Weiterentwicklung bzw. -bildung und Qualifizierung ableiten (Müller-Werth et al. 2022).

## 10.3.4 Fehlende Zeugnisse, nicht fehlende Kompetenz

Eine weitere Schwierigkeit, die sich bei der Integration in den Arbeitsmarkt stellen kann, ist, dass Geflüchtete häufiger nicht über formale Dokumente wie Zeugnisse verfügen. Sei

---

2   ► https://www.myskills.de/.
3   ► https://www.validierungsverfahren.de/startseite.
4   ► https://www.dihk.de/de/themen-und-positionen/
    fachkraefte/aus-und-weiterbildung/weiterbildung/
    verbundprojekt-valikom-transfer-3350.

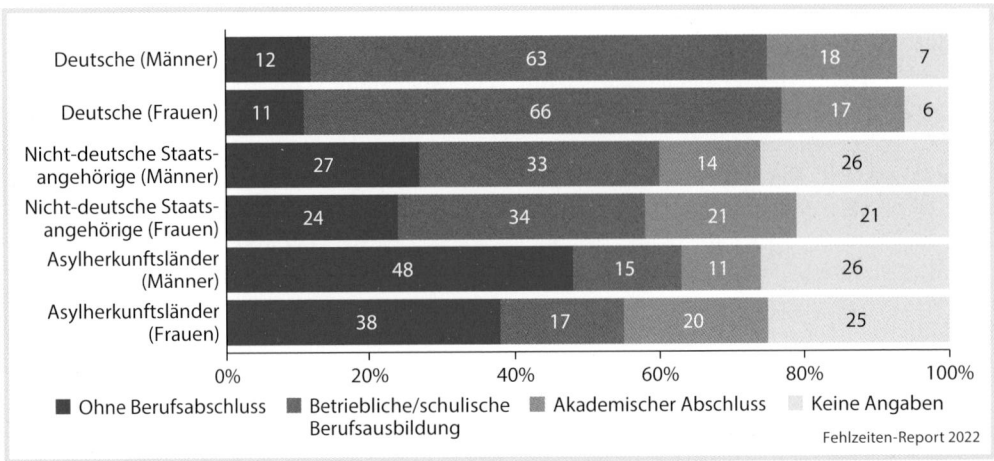

■ **Abb. 10.4** Berufsausbildung sozialversicherungspflichtig Beschäftigter nach Staatsangehörigkeit und Geschlecht in %. (Quelle: Eigene Berechnungen und Darstellung nach BA (2021b), Stichtag 31.12.2020. © Minor)

### 10.3.5 Systemkenntnisse verbessern, gesellschaftliche Integration fördern

Das Wissen über die Strukturen des Arbeitsmarkts und seine Mechanismen in Deutschland steht nicht allen Menschen gleich zur Verfügung. Unternehmen sollten daher die Vermittlung nicht nur von Fachwissen zum Arbeitsplatz, sondern darüber hinaus auch zu anderen beruflichen und gesellschaftlichen Aspekten mitdenken (sog. Integrationsmanagement). Denn Raum und Zeit für Nachfragen und persönliche Gespräche helfen, Sprachbarrieren auf der einen und Vorurteile auf der anderen Seite abzubauen und stellen Verbindungen her, die letztendlich zur Entwicklung von beruflichen und persönlichen Perspektiven beitragen und so das Ankommen im Job und in der Gesellschaft erleichtern. Je nach Größe des Unternehmens können hierzu Onboarding- und Mentoringkonzepte sowie ein Diversity Management hilfreich sein. Onboarding meint in diesem Fall das „an Bord holen" neuer Mitarbeitender mithilfe eines umfassenden und strukturierten Einarbeitungskonzepts, das mögliche spezifische Bedarfe

berücksichtigt und damit zu einem gelungenen Ankommen im Unternehmen bzw. Betrieb beiträgt[5]. Der Einsatz von Mentorinnen und Mentoren, also erfahrenen Mitarbeitenden als Ansprechpersonen, unterstützt die nachhaltige Integration der neuen Fachkräfte in den Betrieb (Voigt 2022; Heuer und Pierenkemper 2020). Mit aktiven Maßnahmen zur Förderung von personeller Vielfalt, also Diversity Management, können Unternehmen zu einer Stärkung des Zusammenhalts und somit zum Erfolg einer Arbeitsgruppe oder des gesamten Unternehmens beitragen (Hammermann und Schmidt 2014; Heuer und Pierenkemper 2020). Informationen in Form von individueller Beratung, Workshops oder Handreichungen hierzu bieten beispielsweise die Fachkräftenetzwerke im Förderprogramm Integration durch Qualifizierung (IQ)[6], die Kammern oder auch Initiativen wie die Charta der Vielfalt und diverse Träger an. Zudem können Unternehmen, die Menschen mit Fluchterfahrung auf dem Weg in den Arbeitsmarkt begleiten, ein gesellschaftspolitisches Zeichen gegen Diskri-

---

5    ▶ https://www.migrationsportal.de/angebote/ unternehmen/onboarding.html

6    ▶ https://www.netzwerk-iq.de/foerderprogramm-iq/ programmuebersicht; ▶ https://www.netzwerk-iq.de/ angebote/unternehmen.

minierung setzen. Denn diese spielt nach wie vor, befeuert durch die skizzierten strukturellen Hürden, nicht zuletzt auf dem Arbeitsmarkt eine große Rolle: Und zwar besonders dann, wenn es darum geht, Menschen nicht nach ihrer Herkunft und/oder ihrem Erscheinungsbild, sondern nach ihren Kompetenzen zu beurteilen, ihre Bedarfe wahrzunehmen, ihnen berufliche Perspektiven aufzuzeigen und sie so als Arbeitgeberin oder Arbeitgeber in der persönlichen Weiterentwicklung zu unterstützen. Auf Frauen sollte dabei ein besonderes Augenmerk gelegt werden, denn nicht selten sind sie auf dem Arbeitsmarkt in besonderem Maße von Diskriminierung betroffen.

### 10.3.6 Spezifische Herausforderungen für geflüchtete Frauen

Frauen mit Fluchterfahrung stellen eine besonders vulnerable Gruppe am Arbeitsmarkt dar, da es bei ihnen häufig zu einer Kumulation mehrerer Hürden und Herausforderungen kommt, die sich aus ihrer Situation als Frau, Migrantin und Geflüchtete ergeben. Aufgrund dieser sogenannten dreifachen Benachteiligung wird eine gleichberechtigte Teilhabe am Arbeitsmarkt zu fairen Bedingungen zum Teil erheblich erschwert. Damit geflüchtete Frauen ihre Potenziale auf dem deutschen Arbeitsmarkt einbringen und sich entsprechend ihrer eigenen Vorstellungen und Wünsche eine nachhaltige berufliche Perspektive aufbauen können, müssen die relevanten Akteure sie deutlich stärker als bisher als Zielgruppe in den Fokus rücken. Benötigt wird ein umfassender, struktureller und gendersensibler Ansatz, der darauf abzielt, Frauen mit ihren individuellen Kompetenzen und Qualifikationen wahrzunehmen, sich daraus ergebende Bedarfe zu erfassen und basierend darauf gemeinsam mit verschiedenen Netzwerkpartnern nachhaltige Förder- und Unterstützungsangebote zu schaffen. Auch an diesem Punkt können alle Arbeitsmarktakteure einen Bei-

trag leisten. Gleiches gilt für die Arbeitsverwaltungen, die ihren Vermittlungsfokus noch stärker auf Nachhaltigkeit (d. h. auf persönliche Zufriedenheit, faire Arbeitsbedingungen, Möglichkeiten zur Entwicklung von langfristigen Perspektiven) legen sollten. Ein schneller Einstieg in den Arbeitsmarkt z. B. im Rahmen einer Helferinnentätigkeit, etwa in stark nachgefragten „typischen Frauenberufen" wie z. B. in der Pflege- oder Reinigungsbranche, kann zwar zunächst finanzielle Entlastung bringen, ist aber in vielen Fällen dann problematisch, wenn es zu einer Verfestigung der Situation kommt. Während diese für die betroffenen Frauen häufig mit prekären Beschäftigungsbedingungen verbunden ist, aus der sich nicht selten auch gesundheitliche Probleme entwickeln, werden dem Arbeitsmarkt dadurch auch langfristig dringend benötigte wertvolle fachliche Kompetenzen entzogen.

### 10.4 An einem Strang ziehen – ein Kurzfazit

Zusammenfassend lässt sich festhalten: Der Prozess der Arbeitsmarktintegration von geflüchteten Menschen ist komplex, die Herausforderungen sind multipel. Unternehmen, die geflüchtete Menschen beschäftigen (möchten), werden – je nach „Einzelfallkonstellation" – an unterschiedlichen Stellen mit diesem Prozess und den damit verbundenen Schwierigkeiten in Kontakt kommen. Ein Patentrezept zum Umgang damit gibt es aufgrund der Vielschichtigkeit nicht. Um die eigenen Handlungsmöglichkeiten zu kennen und um gegebenenfalls den eigenen Mitarbeitenden Unterstützung anbieten zu können, ist es unabdingbar, dass Unternehmen vor Ort und in der Region gut und umfassend vernetzt sind. Dies ermöglicht, sich mit anderen Unternehmen, mit der Arbeitsverwaltung und anderen lokalen Behörden und Integrationsstrukturen, mit Bildungsträgern und Hochschulen, mit Kammern und Arbeitgebervertretungen, mit Wohlfahrtsverbänden und Selbstorganisationen für Personen mit Migrationsgeschichte zu bestehenden Herausforderungen auszutauschen und aktiv an der Erarbeitung von Lösungen mitzuwirken. Besonders wichtig ist es hierbei, auch immer die eigenen Wünsche und Vorstellungen der betroffenen Person mit Fluchterfahrung mit einzubeziehen und gemeinsam langfristige berufliche Perspektiven zu entwickeln. Nur so können Angebote und Bedarfe dauerhaft zielgruppenspezifischer gestaltet sowie besser koordiniert und verzahnt werden. Denn der Prozess der Arbeitsmarktintegration ist als gemeinsamer Prozess vieler gesellschaftlicher Akteure zu begreifen, die an einem Strang ziehen.

**Beratungs- und Unterstützungsstrukturen – eine Auswahl**
- Netzwerk Unternehmen integrieren Flüchtlinge[7]
- Kompetenzzentrum Fachkräftesicherung (KOFA)[8]
- Förderprogramm Integration durch Qualifizierung (IQ)[9]
  - Anerkennungs- und Qualifizierungsberatung sowie Qualifizierungsmaßnahmen im Kontext des Anerkennungsgesetzes
  - (Berufsspezifische) Sprachförderung
  - Interkulturelle Kompetenzentwicklung der zentralen Arbeitsmarktakteure
  - Regionale Fachkräftenetzwerke – Einwanderung
  - Faire Integration
- Industrie- und Handelskammern
- Handwerkskammern

- IvAF-Projektverbünde[10]
- Migrationsberatungsstellen für Erwachsene (MBE)[11]
- Jugendmigrationsdienste (JMD)[12]
- Charta der Vielfalt e. V.[13]

## Literatur

Amtsblatt der Europäischen Gemeinschaften (2001) RICHTLINIE 2001/55/EG DES RATES vom 20. Juli 2001 über Mindestnormen für die Gewährung vorübergehenden Schutzes im Falle eines Massenzustroms von Vertriebenen und Maßnahmen zur Förderung einer ausgewogenen Verteilung der Belastungen, die mit der Aufnahme dieser Personen und den Folgen dieser Aufnahme verbunden sind, auf die Mitgliedstaaten. https://eur-lex.europa.eu/legal-content/DE/TXT/PDF/?uri=CELEX:32001L0055&from=DE. Zugegriffen: 5. April 2022

BA – Bundesagentur für Arbeit (2021a) Beschäftigte nach Staatsangehörigkeiten (Quartalzahlen).Stichtag: 31.12.2020. https://statistik.arbeitsagentur.de/SiteGlobals/Forms/Suche/Einzelheftsuche_Formular.html;jsessionid=AC70DB9317E6A070E0DE5137459DD525?nn=25122&topic_f=beschaeftigung-eu-heft-eu-heft. Zugegriffen: 30. März 2022

BA – Bundesagentur für Arbeit (2021b) Beschäftigte am Wohnort nach ausgewählten Merkmalen. Sonderabfrage bei der Bundesagentur für Arbeit. Stichtag: 31.12.2020

BA – Bundesagentur für Arbeit (2021c) Daten der Statistik der BA zur Fluchtmigration – häufig gestellte Fragen. https://statistik.arbeitsagentur.de/DE/Statischer-Content/Statistiken/Themen-im-Fokus/Migration/Generische-Publikationen/FAQ-Fluchtmigration.pdf?__blob=publicationFile&v=6. Zugegriffen: 30. März 2022

BA – Bundesagentur für Arbeit (2022) Reglementierte Berufe. https://berufenet.arbeitsagentur.de/berufenet/faces/index;BERUFENETJSESSIONID=

---

7 ▶ https://www.unternehmen-integrieren-fluechtlinge.de/.
8 ▶ https://www.kofa.de/.
9 ▶ https://www.netzwerk-iq.de/angebote/unternehmen.

10 ▶ https://www.bmas.de/DE/Arbeit/Fachkraeftesicherung-und-Integration/Migration-und-Arbeit/Flucht-und-Aysl/integration-von-asylbewerberinnen-asylbewerbern-fluechtlingen.html.
11 ▶ https://www.bmi.bund.de/DE/themen/heimat-integration/integration/migrationsberatung/migrationsberatung-node.html.
12 ▶ https://www.jugendmigrationsdienste.de/.
13 ▶ https://www.charta-der-vielfalt.de/.

NITki1TzZo0eCmsqEQ7Z6TVM8r0PB325mzvGT-CE66llhvdit2bE!-974625820?path=null/reglementierteBerufe. Zugegriffen: 4. Apr. 2022

BAMF – Bundesamt für Migration und Flüchtlinge (2022) Aktuelle Zahlen. Ausgabe März 2022. Tabellen, Diagramme, Erläuterungen. https://www.bamf.de/SharedDocs/Anlagen/DE/Statistik/AsylinZahlen/aktuelle-zahlen-maerz-2022.pdf?__blob=publicationFile&v=3. Zugegriffen: 4. Apr. 2022

Brenzel H, Brücker H, Fendel T, Guichard L, Jaschke P, Keita S, Kosyakova Y, Olbrich L, Trübswetter P, Vallizadeh E (2019) Flüchtlingsmonitoring: Endbericht. (Forschungsbericht/Bundesministerium für Arbeit und Soziales, FB528). Institut für Arbeitsmarkt- und Berufsforschung der Bundesagentur für Arbeit (IAB), Nürnberg; Bundesministerium für Arbeit und Soziales, Berlin. https://nbn-resolving.org/urn:nbn:de:0168-ssoar-62088-4. Zugegriffen: 20. Juni 2022

Brücker H et al (2019) Zweite Welle der IAB-BAMF-SOEP-Befragung: Geflüchtete machen Fortschritte bei Sprache und Beschäftigung. IAB-Kurzbericht, No. 3/2019, Institut für Arbeitsmarkt- und Berufsforschung (IAB), Nürnberg. http://hdl.handle.net/10419/216694. Zugegriffen: 20. Juni 2022

Brücker H, Fendel T, Guichard L, Gundacker L, Jaschke P, Keita S, Kosyakova Y, Vallizadeh E (2020) Fünf Jahre „Wir schaffen das". Eine Bilanz aus der Perspektive des Arbeitsmarktes. IAB-Forschungsbericht 11/2020. Institut für Arbeitsmarkt- und Berufsforschung, Nürnberg. http://doku.iab.de/forschungsbericht/2020/fb1120.pdf. Zugegriffen: 20. Juni 2022

Hammermann A, Schmidt J (2014) Diversity Management: Empirische Evidenz zur aktiven Förderung der kulturellen Vielfalt in deutschen Unternehmen. Iw-trends – Vierteljahresschr Zur Empirischen Wirtschaftsforsch 41(4):19–32

Heß B (2022) Potenziale von Asylantragstellenden: Analyse der „SoKo"-Sozialstrukturdaten. Jahresbericht 2021. Berichtsreihen zu Migration und Integration, Reihe 3. Forschungszentrum Migration, Integration und Asyl des Bundesamtes für Migration und Flüchtlinge, Nürnberg. https://www.bamf.de/DE/Themen/Forschung/Veroeffentlichungen/BerichtsreihenMigrationIntegration/SoKo-Analysen/soko-node.html. Zugegriffen: 17. Juni 2022

Heuer C, Pierenkemper S (2020) Kulturelle Vielfalt in Unternehmen. Erfahrungen, Herausforderungen und Erfolgsfaktoren. KOFA-Studie 3/2020. https://www.iwkoeln.de/studien/christoph-heuer-sarah-pierenkemper-kulturelle-vielfalt-in-unternehmen-eine-bestandsaufnahme.html. Zugegriffen: 20. Juni 2022 (Studie im Rahmen des Projektes Kompetenzzentrum Fachkräftesicherung (KOFA) in Zusammenarbeit mit dem Bundesministerium für Wirtschaft und Energie (BMWi), Köln)

Huke N (2020) Rassismus als Arbeitsmarkthindernis für Geflüchtete. Ganz unten in der Hierarchie. Pro Asyl und IG Metall (Ressort Migration und Teilhabe). Institut für Politikwissenschaft, Universität Tübingen. https://www.proasyl.de/wp-content/uploads/Rassismus-Studie_GanzUnten_web_Uni-Tuebingen_NikolaiHuke.pdf. Zugegriffen: 20. Juni 2022

IQ Fachstelle Berufsbezogenes Deutsch (2022) Integriertes Fach- und Sprachlernen (IFSL). Hamburg. https://www.deutsch-am-arbeitsplatz.de/integriertes-fach-und-sprachlernen/integriertes-fach-und-sprachlernen.html?L=0. Zugegriffen: 4. Apr. 2022

Müller-Werth L, Wirtherle S, Fütterer K, Rehbold R (2022) Evaluationsergebnisse der wissenschaftlichen Begleitforschung des Projekts „Aufbau von Kompetenzzentren zur Durchführung von Validierungsverfahren für duale Berufe bei zuständigen Stellen" (ValiKom Transfer). https://www.fbh.uni-koeln.de/sites/default/files/upload/A59_Projektbericht_FBH_FINAL.pdf. Zugegriffen: 22. Juni 2022 (Arbeitshefte zur berufs- und wirtschaftspädagogischen Forschung, Heft A59)

Pallmann I, Ziegler J, Pfeffer-Hoffmann C (2019) Geflüchtete Frauen als Zielgruppe der Arbeitsmarktförderung. Mensch und Buch Verlag, Berlin. https://www.netzwerk-iq.de/fileadmin/Redaktion/Downloads/Fachstelle_Einwanderung/Publikationen_2019/FE_Fallstudie-Gefluechtete-Frauen-als-Zielgruppe-der-Arbeitsmarktfoerderung_2019.pdf. Zugegriffen: 29. März 2022

Voigt A (2022) Erfolgreiche Integration von internationalen Fachkräften in KMU. Praxishandbuch: So gelingt erfolgreiche Integration Schritt für Schritt. IQ Fachstelle Interkulturelle Kompetenzentwicklung und Antidiskriminierung, Berlin

## Weitere Literatur zum Thema – eine Auswahl

Becker P, Komitowski D (2022) Geflüchtet, um zu bleiben? Ein Plädoyer für qualifikationsadäquate Beschäftigung und Vermeidung von Prekarisierung für ukrainische Geflüchtete – Teil 1. 04/2022. https://www.netzwerk-iq.de/fileadmin/Redaktion/Downloads/Fachstelle_Einwanderung/Publikationen_2022/FE_Gekommen_um_zu_bleiben._Ukrainische_Gefl%C3%BCchtete_Teil_1_22-03-31.pdf. Zugegriffen: 4. Apr. 2022

Becker P, Fritsche C, Komitowski D, Meiners S, Sakadeyeva T (2020) Regionale Disparitäten im Aufenthalt von Schutzsuchenden in Deutschland nach Aufenthaltsstatus, Teil III Kompaktreihe „Regionale Disparitäten" 06/2020. https://www.netzwerk-iq.de/fileadmin/Redaktion/Downloads/Fachstelle_Einwanderung/Publikationen_2020/FE_Kompaktreihe-Disparit%C3%A4ten_Teil-III_final.pdf. Zugegriffen: 4. Apr. 2022

Dubois M, Fritsche C, Komitowski D et al (2021) L'intégration des réfugiés dans le marché du travail en Allemagne. Annales Des Mines – Réalités Industrielles 2:103–108

Fritsche C, Pfeffer-Hoffmann C, Pallmann I (2021) Arbeitsmarktintegration von Migrantinnen. Erfolgsfaktoren regionaler und kommunaler Förderkonzepte. Mensch und Buch Verlag, Berlin. https://www.netzwerk-iq.de/fileadmin/Redaktion/Downloads/Fachstelle_Einwanderung/Publikationen_2021/Minor_FE_AMintegration_von_Migrantinnen_2021.pdf. Zugegriffen: 30. März 2022

Kosyakova Y (2021) Auswirkungen der Maßnahmen zur Eindämmung der Corona-Pandemie auf die Arbeitsmarktintegration von geflüchteten Frauen. Minor Projektkontor für Bildung und Forschung, Berlin. Working Paper 2/2021. https://www.netzwerk-iq.de/fileadmin/Redaktion/Downloads/Fachstelle_Einwanderung/Publikationen_2021/Minor_FE_WP-Corona-Arbeitsmarktintegration-gefl%C3%BCchtete-Frauen_2021.pdf. Zugegriffen: 30. März 2022

Migrationsportal (2022) Onboarding – Ausländische Fachkräfte richtig an Bord holen. https://www.migrationsportal.de/angebote/unternehmen/onboarding.html. Zugegriffen: 20. Juni 2022

Pallmann I, Ziegler J (2020) Women's Science – Situationen, Visionen, Bedarfe geflüchteter Frauen. Minor Projektkontor für Bildung und Forschung, Berlin. https://minor-kontor.de/abschlusspublikation-womens-science/. Zugegriffen: 29. März 2022

Pfeffer-Hoffmann C (2022) Prekär durch die Krise. Einblicke in die Arbeitsmarktsituation von Eingewanderten in der Pandemie. Mensch und Buch Verlag, Berlin. https://www.netzwerk-iq.de/fileadmin/Redaktion/Downloads/Fachstelle_Einwanderung/Publikationen_2022/FE_Prek%C3%A4r_durch_die_Krise_2022.pdf. Zugegriffen: 29. März 2022

**10**

# Verantwortung und faire Arbeitspraktiken

Inhaltsverzeichnis

# Psychologische (Un-)Sicherheit in Organisationen

*Ina Goller*

## Inhaltsverzeichnis

© Der/die Autor(en), exklusiv lizenziert an Springer-Verlag GmbH, DE, ein Teil von Springer Nature 2022
B. Badura et al. (Hrsg.), *Fehlzeiten-Report 2022*, Fehlzeiten-Report,
https://doi.org/10.1007/978-3-662-65598-6_11

**▪▪ Zusammenfassung**

*Im vorliegenden Text wird das Konzept „psychologische Sicherheit" beschrieben. Eine kurze Herleitung des Konzeptes seit den 60er Jahren und damit eine Einordnung in die Forschungstradition zeigt auf, dass dieses Konzept zwar nicht einzigartig ist, aber einzigartige Effekte bringt. Psychologische Sicherheit wirkt sich positiv auf Leistungs- und Innovationsparameter aus, aber auch auf Mitarbeitendenzufriedenheit und Lernverhalten. Diese positiven Ergebnisse werden vor allem in komplexen und unsicheren Arbeitsumgebungen wie z. B. in der Gesundheitsbranche gefunden.*

*Psychologische Sicherheit ist ein Teamkonzept, d. h. jedes Team einer Organisation kann sich hinsichtlich des Niveaus psychologischer Sicherheit unterscheiden. Zwei Ansätze zur Erhöhung von psychologischer Sicherheit werden beschrieben: Führungsverhalten der direkten Führungskraft sowie Kompetenzaufbau der Teammitglieder.*

## 11.1  Einleitung

Arbeitsumgebungen, die sich durch hohe Komplexität und Unsicherheit auszeichnen, sind nicht mehr nur Hochrisiko-Umgebungen wie z. B. Flugindustrie, Gesundheitssektor oder Erdölbohrinseln. Die sogenannte VUCAH-Welt (volatile, uncertain, complex and ambiguous, hyper-connectivity) wird immer mehr zur Normalität. Damit steigen aber auch Anforderungen an Lernen und gemeinsames Arbeiten in zumeist interdisziplinären und hierarchieübergreifenden Teams. Immer wieder werden Statistiken aufgeführt, die zeigen, dass mangelnder Informationsaustausch, wenig Fehlerreporting und generell geringe Bereitschaft über Fachgrenzen hinweg gemeinsam zu lernen (siehe u. a. Derickson et al. 2015), Phänomene sind, die zu Fehlern und schlechter Versorgungsqualität führen. Auch in anderen Branchen mit ähnlichen Rahmenbedingungen sind entsprechende Statistiken vorhanden.

Technische Neuerungen führen in diesen Arbeitsgebieten meist dazu, dass eine größere gegenseitige Abhängigkeit entsteht als früher. Einzelne Disziplinen und Individuen sind für den Erfolg ihrer Arbeit auf die enge Zusammenarbeit mit anderen angewiesen.

Die Frage, die sich nun viele stellen, ist: Wie können Teammitglieder erfolgreich miteinander arbeiten?

Der folgende Text stellt das Konzept der „psychologischen Sicherheit" vor, beschreibt die positiven Auswirkungen einer gelebten psychologisch sicheren Teamkultur und zeigt praxisorientierte Elemente zur Einführung psychologischer Sicherheit auf.

## 11.2  Erklärung und Elemente

„Psychologische Sicherheit ist die gemeinsame Überzeugung aller Mitglieder eines Teams, dass es (innerhalb des Teams) sicher ist, zwischenmenschliche Risiken einzugehen" (Edmondson 1999).

Es handelt sich also um ein Team-Phänomen. Es ist nicht entscheidend, ob Einzelne in Bezug auf einzelne andere Teammitglieder eine bestimmte Überzeugung haben. Anders als beim Konzept Vertrauen geht es um eine geteilte Vorstellung innerhalb eines Teams und nicht um ein konkretes Gegenüber. Psychologische Sicherheit beschreibt die eigene Überzeugung, die man in Bezug auf eine Gesamtheit, also ein komplettes Team und nicht von einzelnen Teammitgliedern hat. Wie wird sich das Team verhalten, wenn … ich meinen Vorschlag zur Umgestaltung unseres Büros vorstelle? … ich von einem Versäumnis berichte, das zur Mehrarbeit für alle geführt hat?

Des Weiteren bezieht sich psychologische Sicherheit auf das Arbeitsklima eines Teams. Sie basiert auf der gemeinsamen Beurteilung des Arbeitsumfeldes. Aus einer solchen, von verschiedenen Menschen geteilten kognitiven Bewertung entsteht der Effekt, den man die Schaffung eines konstruktiven Teamklimas nennt (Kessel et al. 2012). In der Praxis bedeutet das, dass sich sämtliche Gruppenmitglieder in der Lage fühlen, Risiken einzugehen, sich zu äußern und proaktiv zu handeln. Anders als vielfach vermutet entsteht damit nicht automatisch eine „Hab-dich-lieb-Kultur", sondern es wird die Voraussetzung für gemeinsamen Erfolg geschaffen.

Edmondson hat den Begriff „psychologische Sicherheit" geprägt. In allen Studien wird immer wieder der gleiche Zusammenhang aufgezeigt: Psychologisch sichere Teams lernen besser und erzielen bessere Ergebnisse sowohl hinsichtlich klassischer Leistungsmerkmale als auch hinsichtlich Innovations-Kennzahlen. In ihrer ersten Studie zur psychologischen Sicherheit im Jahr 1999 zeigt sie, dass Teams in verschiedenen Krankenhäusern im Osten der USA mit hoher psychologischer Sicherheit weniger Medikationsfehler verursachen als Teams mit geringer psychologischer Sicherheit. In den hoch psychologisch sicheren Teams trauten sich Mitarbeitende Fehler anzusprechen und ermöglichten damit, Fehlerursachen wirksam zu beseitigen (Edmondson 1999).

Psychologische Sicherheit ist allerdings kein neues Konzept. Der Zusammenhang zwischen positiver sozialer Umgebung und hoher Leistungsfähigkeit wurde auch bereits vorher häufig beschrieben. 1965 erläutern Schein und Bennis den Grundgedanken bezogen auf Veränderungsprozesse. Ihre Empfehlung ist, Unsicherheiten im sozialen Kontext zu verringern und damit die Angst davor, Neues zu lernen, zu minimieren. Gerade Veränderungssituationen mit hoher Unsicherheit bedürfen einer Kultur, die es ermöglicht diese Lernangst zu überwinden (Schein und Bennis 1965). Anfang der 1990er Jahre griff Kahn diesen Gedankengang wieder auf. Sein Interesse waren Einflussfaktoren des individuellen Engagements am Arbeitsplatz. Positiv wirkte vor allem das Gefühl, das eigene Selbst zeigen und einsetzen zu können, ohne Angst vor negativen Folgen für das Selbstbild, den Status oder die Karriere haben zu müssen.

Eine Frage, die in der Praxis immer wieder gestellt wird, ist die nach dem Zusammenhang zwischen Vertrauen und psychologischer Sicherheit. Dabei ist wichtig festzuhalten, dass Vertrauen in der Forschung definiert wird als die Bereitschaft eines Menschen, sich verletzlich zu machen für einen anderen (Mayer et al. 1995). Deutlich wird beim Vergleich beider Konzepte, dass sowohl Vertrauen als auch psychologische Sicherheit Annahmen über Risikoeinschätzung und -verhalten sowie über Verletzlichkeit treffen. Der große Unterschied ist der Fokus auf Teams bei psychologischer Sicherheit, d. h. es geht um die Wahrnehmung aller anderen im Team und des jeweils anderen bei Vertrauen. In der Forschung werden zwei weitere Unterschiedsmerkmale diskutiert: Zum einen die zeitliche Komponente – psychologische Sicherheit wird als volatiler und unmittelbarer eingeschätzt als langjähriges Vertrauen – zum anderen der Fokus auf sich selbst oder andere. Es wird davon ausgegangen, dass bei Vertrauen der Fokus auf den Handlungen und damit der Vertrauenswürdigkeit des Gegenübers liegt. Bei psychologischer Sicherheit hingegen wird eher auf sich selbst reflektiert, d. h. es geht um mein Verhalten und wie ich mich im Falle der Unsicherheit vor anderen schütze bzw. wie ich mich im Falle der Sicherheit öffne (Edmondson et al. 2004). Generell kann man davon ausgehen, dass Vertrauen in einzelne Teammitglieder eine gute Grundlage für eine Entwicklung der psychologischen Sicherheit ist.

In den letzten zehn Jahren wird psychologische Sicherheit immer bekannter, auch außerhalb der Forschung. 2016 berichtet der Journalist der New York Times Charles Duhigg in seinem Buch „smarter faster better" von einer weltweiten Studie mit über 180 Teams bei Google über Erfolgsfaktoren bei Teams (Duhigg 2016). Als wichtigster Faktor wird psychologische Sicherheit erkannt. Nicht eine geschickte Auswahl der „passenden" Persönlichkeiten, sondern psychologische Sicherheit ist der bedeutendste Faktor für eine erfolgreiche Zusammenarbeit. Entscheidend ist nicht, WER im Team zusammenarbeitet, sondern WIE zusammengearbeitet wird (Rework 2017).

In zahlreichen weiteren Studien wird dieser Zusammenhang zwischen psychologischer Sicherheit und erfolgreichen Teams immer wieder bestätigt, gerade auch im Gesundheitssektor. Arbeitsumgebungen, die durch hohe Unsicherheit, Komplexität und hohe soziale Interaktion geprägt sind, wie z. B. Operationsteams oder Intensivstationen (Edmondson et al. 2001; Nembhard und Edmondson 2006; Edmondson und Lei 2014) profitieren besonders.

Edmondson (1999) hat zur Messung von psychologischer Sicherheit einen Fragebogen entwickelt. In ❏ Tab. 11.1 sind die sieben Aussagen, ins Deutsche übersetzt, aufgeführt. Nicht alle Aussagen sind positiv formuliert. Hohe Bewertungen der Aussagen 1, 3 und 5 bedeuten geringe psychologische Sicherheit, während eine hohe Zustimmung zu den restlichen vier Aussagen auf eine hohe psychologische Sicherheit hindeuten.

Inzwischen wird dieser Fragebogen weltweit zur Messung von psychologischer Sicherheit verwendet (siehe z. B. Edmondson und Lei 2014). Frazier et al. haben 2017 eine umfangreiche Meta-Analyse vorgenommen, die die Konstruktvalidität des Konzepts bestätigt hat. Wir können also davon ausgehen, dass mit psychologischer Sicherheit auch tatsächlich eine Teamatmosphäre gemessen wird, die ein eigenständiges Konzept darstellt und eine hohe inkrementelle Validität aufweist (Frazier et al. 2017).

Die Aussagen differenzieren die unterschiedlichen Aspekte des Konzepts. Womit psychologische Sicherheit oft gleichgesetzt wird, ist die Einstellung und der Umgang mit Risiko und Fehlern. Tatsache ist, dass wir in einer sich unsicher anfühlenden Umgebung die Tendenz haben, Fehler und Schwächen zu verschleiern. Als fehlerhaft gesehen zu werden gefährdet auch das Selbstbild. In der Sozialpsychologie wird dieser Effekt als *impression management* oder auf Deutsch als „Eindruckssteuerung" bezeichnet. Auch Konkurrenzorientierung ist wenig förderlich für psychologische Sicherheit. In einer Studie hat Bouwer (2016) eine Wirkungskette von konkurrenzorientiertem Verhalten zu mehr Konflikten und wiederum zu geringerer psychologischer Sicherheit aufgezeigt (Bouwer 2016).

> **Definition *Impression Management***
> Goffman definiert den Begriff als Versuch, den Eindruck über sich selbst zu steuern (Goffman 2003). Damit umschreibt er das Phänomen, dass wir als soziale Wesen in einer Gemeinschaft von einem wichtigen, unsichtbaren Kapital profitieren oder darunter leiden, wenn es gefährdet ist – unserem guten Eindruck. Ein guter Eindruck öffnet viele Türen. Wird man auf Schwächen und Fehler angesprochen, wird dies dabei häufig als ein Hinweis auf Inkompetenz angesehen. Also versuchen wir mit allen Mitteln, Schwächen und Fehler auszublenden oder gar aktiv zu vertuschen.

Einen Fehler gemacht zu haben führt in einem entsprechenden kulturellen Umfeld fast automatisch zu Schuldzuweisungen. Edmondson nennt es das *blame game*, (dt.: Schuldzuweisungsspiel, Edmondson 2008). Ob der Fehler aufgrund gegebener Umstände nicht zu vermeiden gewesen wäre oder ob seine Entdeckung sogar zu einer neuen, besseren Lösung führen könnte, wird hierbei nicht berücksichtigt (Sitkin 1992). Im Alltag werden 70 bis 90 % der Fehler als vermeidbar angesehen, dabei wird die Prozentzahl der vermeidbaren Fehler regelmäßig weit überschätzt. Zusätzlich kommt hinzu, dass als vermeidbar angesehene Fehler sehr oft zu Schuldzuschreibungen führen. Jüngste Studien der Universität Wien belegen den fatalen Effekt dieses Teufelskreises (Schinkels 2014). Die Autoren der Studie untersuchten, inwiefern Mitarbeitende in Dienstleistungsunternehmen trotz gestiegenen Arbeitstempos und stärkeren Wettbewerbs noch Eigeninitiative zeigen. Das Ergebnis: Wer häufig negatives Feedback für gemachte Fehler erhält, äußert seltener neue Ideen. Eine negative Fehlerkultur führt also häufig zu mehr Stress, ungesundem Leistungsdruck und Per-

☐ **Tab. 11.1** Fragebogen zur psychologischen Sicherheit im Team. (Nach Edmondson 1999)

| 1 | Wenn man in diesem Team einen Fehler macht, wird es oft gegen einen verwendet |
|---|---|
| 2 | Mitglieder dieses Teams können Probleme und schwierige Angelegenheiten ansprechen |
| 3 | Mitglieder dieses Teams weisen Personen manchmal ab, weil sie anders sind |
| 4 | Es ist sicher, in diesem Team ein Risiko einzugehen |
| 5 | Es ist schwierig, andere Mitglieder dieses Teams um Hilfe zu bitten |
| 6 | Kein Mitglied dieses Teams würde absichtlich auf eine Art und Weise handeln, welche meine Anstrengungen untergräbt |
| 7 | In der Arbeit mit den Mitgliedern dieses Teams werden meine einzigartigen Fähigkeiten und Talente geschätzt und eingesetzt |

Fehlzeiten-Report 2022

fektionismus. Dabei benötigen wir Fehler, um Neues zu lernen. Hier sollten anstelle der Fragen „Wie konnte es zu diesem Problem kommen?" und „Wer ist dafür verantwortlich?" die Fragen „Was können wir aus diesem Problem lernen?" und „Wie bringt uns dieser Fehler weiter?" im Vordergrund stehen. Dies beinhaltet auch, andere Teammitglieder jederzeit um Hilfe bitten zu können. Um Hochleistungen mit einem Team zu erreichen, müssen wir aus Fehlern lernen können. Wir müssen den Schritt weg vom Ausführungsproblem hin zum Lernproblem schaffen. Oder wie ein bekanntes Sprichwort sagt: Nur aus Fehlern wird man klug!

Im Fragebogen von Edmondson werden darüber hinaus weitere Aspekte erfasst. Zum einen ist hier die Hilfsbereitschaft innerhalb des Teams bzw. die Teamfähigkeit an sich zu nennen. Teams zeichnen sich durch die gegenseitige Abhängigkeit der Teammitglieder aus. In Teams können Aufgaben bzw. Ziele eben nur gemeinsam erreicht werden. Dies macht Teams so erfolgreich, da z. B. im Falle eines krankheitsbedingten Ausfalls andere Teammitglieder die Aufgaben übernehmen können und zumindest teilweise weitermachen, als wenn nichts wäre. Zum anderen bedingt dies aber auch, dass man allein nicht mehr erfolgreich sein kann. Die Analogien von Arbeitsteams mit Fußballteams oder Segelmannschaften haben hier ihren Ursprung. Ich kann allein keine Weltmeisterschaft gewinnen. In allen Team-Sportarten gibt es immer wieder Siege von Mannschaften, die nicht die besten Einzelmitglieder hatten, wohl aber das beste Teamplay.

Einen weiteren Aspekt von psychologischer Sicherheit, der in der Messung explizit abgefragt wird, kann man mit Inklusionsfähigkeit oder Umgang mit Diversität beschreiben. Wie gehen Teams mit der Unterschiedlichkeit der Teammitglieder um? Clark (2020) hat in seinem Buch „The 4 Stages of Psychological Safety" beschrieben, wie wichtig dieser Faktor für ein leistungsfähiges Team ist. Er führt aus, dass genau die Fähigkeit, Unterschiedlichkeiten zu integrieren, der Grundstein psychologischer Sicherheit ist. Es geht also darum, individuelle Talente, Fähigkeiten, Sichtweisen und Arbeitsweisen sinnvoll zu integrieren und gemeinsam zu nutzen. Damit zeigt sich auch die Bedeutung von psychologischer Sicherheit für interdisziplinäre Teams. Es geht darum, die notwendigen Kompetenzen, etwa in einem Operationsteam, für die bestmögliche Leistung so zu nutzen, dass sich niemand mit seiner/ihrer Expertise zurückgesetzt fühlt. Nur so wird das Potenzial des Teams abgerufen.

Den vierten und letzten Aspekt könnte man als offene Kommunikation bezeichnen. Hier geht es darum, dass Mitglieder des Teams Probleme, Fehler und schwierige Themen ansprechen können. Dieser Aspekt steht in engem Zusammenhang mit *voicing*: Ein Konzept, das vor allem in Bezug auf offene Kommunikation gegenüber Führungskräften eine große Bedeutung hat.

---

**Definition *Voicing***

„Die Kommunikation von Ideen, Vorschlägen, Bedenken, Informationen zu Problemen oder Meinungen zu arbeitsbezogenen Themen durch einen Mitarbeitenden an Personen, die möglicherweise in der Lage sind, geeignete Massnahmen zu ergreifen, um Verbesserungen oder Veränderungen herbeizuführen" (Morrison 2014, S. 174).

---

In der Studie von Google wurde vor allem die Regel des *conversational turns* in Team-Diskussionen betont. Hierbei geht es darum, dass jedes Teammitglied im Laufe einer Diskussion gleich oft zu Wort kommt, oder verkürzt ausgedrückt, dass jedes Teammitglied gleich viel spricht. Dies muss nicht in jedem Meeting gleich verteilt sein, jedoch sollten sich die Redehäufigkeiten über einen gewissen Zeitraum ausgleichen.

## 11.3 Wirkungen von vorhandener und Folgen fehlender psychologischer Sicherheit

Psychologische Sicherheit wird nicht nur in der „Aristotle-Studie" von Google als Erfolgsfaktor Nummer 1 für erfolgreiche Teams bezeichnet. Auch in zahllosen anderen Studien zeigt sich die Wichtigkeit von psychologischer Sicherheit (u. a. Edmondson und Lei 2014; Frazer et al. 2020; Rozovsky 2015). Hinsichtlich der Ergebnisse können drei Ebenen unterschieden werden: Auswirkungen auf Leistungsparameter, Wirkungen hinsichtlich Einstellungen und Verhaltensänderungen. In ◌ Abb. 11.1 sind die wichtigsten positiven Wirkungen überblicksartig zusammengefasst.

Anhand von einigen Beispielen soll hier die Wirkung veranschaulicht werden. Im Gesundheitswesen arbeiten oft interdisziplinäre Teams zusammen, so z. B. in der Pflege von Patientinnen und Patienten. In der Theorie ist diese Zusammenarbeit z. B. von Ärztinnen und Ärzten mit medizinischem Spezialwissen, Pflegenden mit ihrem Spezialwissen und Erfahrungswissen über die Patienten durch ihre täglichen Interaktionen sowie spezialisierte Fachkräfte wie z. B. Physiotherapeutinnen und -therapeuten ein Gewinn für die Pflege. Tucker und Edmondson (2003) haben in einer Studie überprüft, inwieweit das durch die Interaktion mit den Patientinnen und Patienten gewonnene Wissen an andere Disziplinen im Team weitergegeben wird. Vorhandene psychologische Sicherheit ist dabei der wichtigste Faktor, ob interdisziplinäres Lernen stattfindet oder nicht. Es ist eben kein „natürliches" Phänomen sich auszutauschen, sondern das Arbeitsklima spielt eine entscheidende Rolle.

Die negativen Auswirkungen fehlender psychologischer Sicherheit sind einfach vorstellbar. So führt die mangelnde Abstimmung innerhalb eines Teams nicht nur zu Fehlentscheidungen aufgrund von mangelndem Informationsaustausch, sondern Fehler werden nicht aufgezeigt und vor allem kann aus nicht-berichteten Fehlern bzw. Beinahe-Fehlern nicht gelernt werden (e.g. Edmondson et al. 2016; Kohn et al. 2000). Classen et al. (2011) schätzten, dass ca. ein Drittel der Krankenhauspatientinnen und -patienten diesen vermeidbaren negativen Konsequenzen ausgesetzt sind. Beispiele zeigen immer wieder auf, welche zum Teil dramatischen Auswirkungen fehlende psychologische Sicherheit hat. Ein Beispiel: Einer Patientin sollen die Mandeln im Krankenhaus entfernt werden. Die Operation übernimmt der langjährige Chefarzt der Chirurgie. Er beginnt damit, alles für eine Fußamputation vorzubereiten. Sieben Personen sind neben ihm an der Operation beteiligt und wundern sich, was hier gerade passiert. Die Beteiligten trauen sich nicht, das Risiko einzugehen und ihren Chef zu kritisieren. Die Krankenschwester hat Angst, dass die

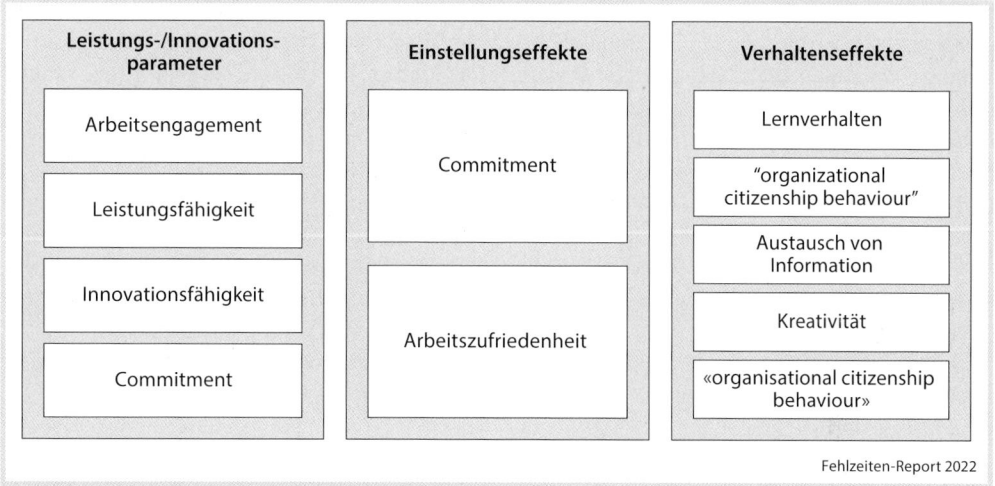

| Leistungs-/Innovations-parameter | Einstellungseffekte | Verhaltenseffekte |
|---|---|---|
| Arbeitsengagement | Commitment | Lernverhalten |
| Leistungsfähigkeit | | "organizational citizenship behaviour" |
| Innovationsfähigkeit | | Austausch von Information |
| Commitment | Arbeitszufriedenheit | Kreativität |
| | | «organisational citizenship behaviour» |

Fehlzeiten-Report 2022

◻ **Abb. 11.1**   Überblick zu den Wirkungen von psychologischer Sicherheit

anwesenden Ärzte sie nicht ernst nehmen, da sie „nur" eine Krankenschwester und kein Arzt ist. Der Assistenzarzt befürchtet schlimme Folgen für seine weitere Assistenzzeit, wenn er den Chefarzt vor allen Anwesenden vermeintlich auf einen Fehler hinweist. Der Anästhesist ist sich nicht wirklich sicher, ob ein Fehler vorliegt, da er den Operationsplan nur kurz überflogen hat. Die Patientin würde aufwachen und anstelle der Mandeln würde ihr der linke Fuß fehlen. Leider ist dieses Beispiel kein Schauermärchen (Patterson et al. 2012). Dieses Beispiel zeigt auf, dass psychologische Sicherheit immer dann wichtig ist, wenn es notwendig ist Verantwortung zu übernehmen. Wenn also Entscheidungen und Handlungen vorgenommen werden müssen und Teamentscheidungen Konsequenzen haben. Andere Beispiele fehlender psychologischer Sicherheit und deren Wirkung finden sich zuhauf in ähnlichen Arbeitsumfeldern, sei es bei Simulationen von komplexen Operationen, im Cockpit bei Beinahe-Unfallsituationen, im Flugsimulator oder bei Entscheidungen in Managementgremien. Es zeigt sich immer wieder das gleiche Bild, das Edmondson (2008) in einem Vier-Felder-Schema beschreibt (◻ Abb. 11.2).

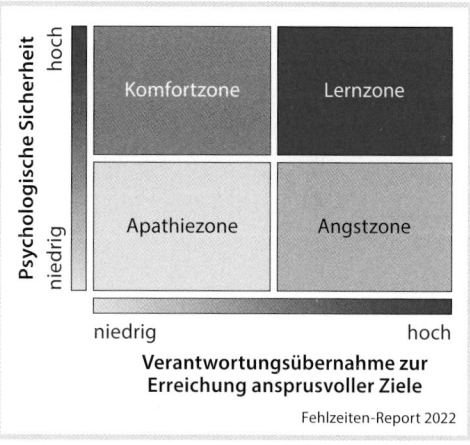

◻ **Abb. 11.2** Abhängigkeit von Verantwortungsübernahme und psychologischer Sicherheit

In der **Lernzone** befinden sich Teams, in denen sowohl psychologische Sicherheit als auch eine hohe Verantwortlichkeit gegeben sind. Hier wollen Teammitglieder gemeinsame Ziele erreichen und sich engagieren. Man setzt sich ein und erkundet Wege innerhalb eines tragfähigen Netzes, das auf psychologischer Sicherheit basiert.

Auch in der **Komfortzone** wird diese Sicherheit von allen Beteiligten empfunden. Allerdings läuft man hier Gefahr, dem *Groupthink-Effekt* zu erliegen. Man ist nett zueinander, spricht durchaus über Ziele oder sinnvolle Maßnahmen. Da wenig Verantwortung verlangt wird, ist gemeinsames Handeln eher von geringer Bedeutung. Weiterentwicklung findet kaum statt. Ein Kennzeichen dieser Zone ist zudem eine grundsätzliche Zufriedenheit mit dem Status quo.

In der **Apathiezone** sind weder Verantwortlichkeit noch psychologische Sicherheit ausgeprägt. Die persönlichen Verbindungen der Teammitglieder untereinander sind häufig gestört. Das Klima wird hier als freud- und seelenlos erlebt. Umgekehrt fehlen Leistungsdenken oder Verantwortlichkeitsgefühl. In dieser Zone wird eher Dienst nach Vorschrift geleistet.

In der **Angstzone** erleben Teams das genaue Gegenteil: Es herrscht der Druck einer hohen Verantwortlichkeit bei gleichzeitig geringer psychologischer Sicherheit. Man fühlt sich ständig unter Druck gesetzt und wird dadurch in seiner Verhaltensflexibilität und Reaktionsfähigkeit eingeschränkt. Es kommt zu einem sogenannten *Threat-Rigidity-Effekt* (dt.: Verhaltensrigiditätseffekt). Dabei geht es nicht unbedingt um eine Bedrohung im Sinne von äußerer Gewalt oder um die Gefahr des Jobverlusts, sondern vielfach um eine Reduzierung des eigenen Selbstverständnisses und Selbstbildes. Chris Argyris liefert in einer Studie ein anschauliches Beispiel. Er untersuchte, inwieweit Beraterinnen und Berater, die selbst in Kundenunternehmen kontinuierliche Verbesserungsprozesse unterstützen, eigenes Lernen gestalten. Als sie selbst gefragt wurden, was man generell in Projekten besser machen könnte, sahen sie ausschließlich ihre Kundinnen und Kunden sowie ihre Führungskräfte in der Pflicht, ihr Verhalten zu ändern. Der Blick in den Spiegel, um das eigene Verbesserungspotenzial zu erkennen, fand nicht statt (Argyris 1982). Die Gründe für dieses Denken liegen auf der Hand: Zum einen arbeiteten die meisten Berater sehr erfolgreich. Sie hatten dabei keine Kultur entwickelt, über eigene Fehler zu sprechen. Es war ihnen vielmehr peinlich und man bereitete darüber einen Mantel des Schweigens. Zum anderen sahen sie sich als zu professionell und hoch bezahlt an, um Fehler machen zu dürfen. Das in diesem Fall ausgeprägte Impression Management verleitete sie dazu, ein Bild der Fehlerlosigkeit zu erschaffen. Die Folgen waren gering ausgeprägte Informationsweitergabe und eine Einschränkung der Bandbreite der möglichen Handlungen, um das gezeigte Verhalten besser kontrollieren zu können.

## 11.4  Bedeutung der Führung bzw. Bedeutung von Hierarchien auf (Un-)Sicherheit im Unternehmen

Hierarchien in Organisationen sind geschaffen worden, um unter anderem Koordinationsaufgaben schnell und kosteneffektiv zu erledigen. Zumeist wird mit Hierarchiestufen allerdings auch ein sozialer Status an die jeweils innehabende Person übertragen. Eine Geschäftsführerin/ein Geschäftsführer hat mehr soziales Ansehen als Logistikmitarbeitende im gleichen Unternehmen. Den Aussagen von Geschäftsführenden wird allgemein in Diskussionen mehr Gewicht zugemessen, ihnen wird mehr Zeit für Diskussionsbeiträge eingeräumt und ihre Beiträge werden weniger hinterfragt. Dieses Ungleichgewicht der Hierarchien gilt umso mehr in Organisationen, die Karrierepfade mit Berufsausbildungen verknüpfen, wie z. B. im Gesundheitssektor. Hier sind Aufstiegsmöglichkeiten innerhalb der Hierarchie zumeist an bestimmte Berufsausbildungen gebunden. Die einzelnen Berufe und damit Karrierepfade sind kaum durchlässig. Dies hat letztendlich zur Folge, dass im Allgemeinen Aussagen von z. B. Ärztinnen oder Ärzten mehr Aussagekraft zugebilligt wird als denen von Pflegekräften. Der Status des Berufs innerhalb einer Organisation wird auf die Aussagen der Berufsinhabenden übertragen, d. h., dass auch unerfahrenen Ärztinnen oder Ärzten mehr Wissen und Kompetenz zugetraut wird als erfahrenen, hochausgebildeten Pflegekräften.

Generell kann davon ausgegangen werden, dass die Wahrnehmung von psychologischer Sicherheit selbst vom Status bzw. der Hierarchiestufe der Person abhängig ist. Personen mit hohem sozialem Status fühlen sich psychologisch sicherer als Personen mit niedrigerem sozialem Status bzw. auf einer niedrigeren Hierarchiestufe (Edmondson et al. 2016). Es scheint so zu sein, dass mächtige Personen sich weniger davor fürchten, für ihre Aussagen oder ihr Handeln abgemahnt oder bestraft zu werden (Nembhard und Edmondson 2006). Dies führt häufig dazu, dass Führungskräfte unsichere Arbeitsbedingungen nicht für sich als solche klassifizieren und damit auch nichts für eine Erhöhung der psychologischen Sicherheit bereit sind zu tun. In der Studie von Edmondson et al. (2016) wurden hochsignifikante Unterschiede zwischen Hierarchiestufen und ihrer Wahrnehmung von psychologischer Sicherheit gefunden.

Des Weiteren wird in Studien deutlich, dass sich Hierarchie und sozialer Status auf psychologische Sicherheit in gemischten Teams zumeist negativ auswirken. Dies wirkt sich vor allem auf die Bereitschaft sich zu äußern aus. So werden Fehler von unten nach oben weniger häufig angesprochen, auch wenn sie erkannt werden (Nembhard und Edmondson 2006). Durch die Verknüpfung von sozialem Status und Berufsgruppe wird auch zwischen Berufsgruppen weniger Informationsaustausch betrieben als innerhalb der Berufsgruppen (Edmondson et al. 2016). Dies führt letztendlich zu weniger gemeinsamem Lernen und damit können Fehler sowie auch Beinahe-Fehler kaum aufgedeckt und in der Zukunft vermieden werden.

Dieser Teufelskreis von weniger Bereitschaft, die eigenen Einsichten mitzuteilen, und weniger Bereitschaft zuzuhören führt zumeist zu schlechteren Leistungen und mangelnder organisationaler Wandlungsfähigkeit (u. a. Nemeth 1986; Littlepage et al. 1997; Ryan und Oestreich 1991).

Ein weiterer Faktor der geringen psychologischen Sicherheit ist die Hemmung des Lernens an sich. Diese entsteht in gemischt hierarchischen Teams durch die Wahrnehmung des einzelnen Teammitglieds, dass man durch die hierarchisch bzw. sozial höherstehende Person beurteilt wird. Higgins (2001) betont, dass diese Wahrnehmungen auch außerhalb von klassischen Evaluationssituationen, wie z. B. Jahresgesprächen, existieren, sobald Statusunterschiede gegeben sind, die normalerweise diese Art von Evaluation nahelegen. Viele Teammitglieder stellen in solchen Situationen keine Fragen mehr, damit sie nicht als unwissend oder unfähig erscheinen. Auch werden oft schlechte Lösungen und Lösungswege beibehalten, da bei der Umsetzung neuer Wege möglicherweise Fehler gemacht würden.

Diese Arten von Zuschreibungen und Verhalten verhindern also psychologische Sicherheit und unterbinden damit Verhalten, das zu Verbesserungen und hoher Arbeitsqualität führen kann.

## 11.5 Förderung von psychologischer Sicherheit in Teams

Wie im vorherigen Kapitel aufgezeigt, ist psychologische Sicherheit durch Hierarchien und sozialem Status beeinflussbar. Dies kann natürlich auch für die Verbesserung des Teamklimas genutzt werden. In der Praxis haben sich bisher zwei Herangehensweisen bewährt: Beeinflussung des Führungsverhaltens und Aufbau von Teamkompetenzen.

Als Verantwortliche beeinflussen Führungskräfte maßgeblich das Klima innerhalb ihres Bereichs und prägen damit die psychologische Sicherheit im Team. Diese Erkenntnis stellt Führungskräfte vor die Aufgabe, die eigenen Empfindungen hinsichtlich der psychologischen Sicherheit zu hinterfragen, aber auch ihr Verhalten so zu ändern, dass offene Kommunikation und gemeinsames Lernen im Team stattfinden können. Ein erster Schritt in die richtige Richtung ist, die Vorbildfunktion, die Führungskräfte durch ihre Funktion innehaben, für die Etablierung psychologisch sicheren Verhaltens zu nutzen. Aus den Studien zeigen sich zwei konkrete Ansatzpunkte: zum einen der Umgang mit Fehlern und Risiken, zum anderen die explizite Aufforderung und das Einüben von offener Kommunikation im gesamten Team. Nachfolgend werden je zwei Möglichkeiten erläutert, die einen Einstieg in dieses Führungsverhalten ermöglichen:

- Entschuldigen Sie sich, wenn Sie Unrecht hatten oder stellen Sie klar, wenn Sie falsch lagen. Viele haben bei einem solchen Schritt Angst, dass sie an Autorität einbüßen. Wer folgt schon jemandem, der sich irren kann. Nun: Irren ist menschlich – werden Sie Mensch und haben Sie die Größe, es zuzugeben.

- Lernen Sie zwischen den Fehlertypen zu unterscheiden: Vorhersehbare und vermeidbare Fehler sollten tatsächlich nicht gemacht werden, wenn Können und Erfahrung an sich gegeben sind. Fehler, die in neuen Situationen entstehen (sie können trotz aller Vorsicht und Kenntnis entstehen, denn obwohl das Können vorhanden ist, fehlt die Erfahrung), sollten besprochen werden. Ziel ist es, daraus zu lernen. „Intelligente" Fehler, bei denen es um den Erwerb von neuem Wissen, neuen Routinen und neuem Erfahrungsschatz geht, sind sogar erstrebenswert. Hier befinden sich Menschen im echten Lernbereich und sollten sich so früh wie möglich ausprobieren, um schnell zu scheitern und sofort daraus lernen zu können.

- Eine einfache Übung für das Erlernen von offener Kommunikation ist es, den *conversational turn* zu erhöhen: In einem Teammeeting wird eine Strichliste geführt. Jeder Redebeitrag wird festgehalten und zum Schluss wird ausgezählt, wer wie viel (oder wie oft) geredet hat. Wenn die Unterschiede zu groß sind, wird schnell klar, dass es an Ausgewogenheit in den Redebeiträgen fehlt. Je gleichverteilter die Anzahl (am besten wäre natürlich nicht nur eine ähnliche Anzahl, sondern auch eine vergleichbare Dauer der Beiträge), desto höher ist die psychologische Sicherheit. Allein die Aufforderung an die Stillen, bitte einen Beitrag zu leisten, und an die allzu Redefreudigen (meist sind das die Führungskräfte selbst), sich zurückzuhalten, kann Veränderungen erzeugen.

- Gezielt üben, Fragen zu stellen und zuzuhören, anstatt Antworten zu liefern. Führungskräfte werden oft implizit darauf trainiert, dass sie Antworten liefern. Es geht gerade in Expertenteams aber weniger darum, dass eine/r alles weiß, sondern dass das Wissen aller genutzt wird. Machen sie es sich zur Angewohnheit, mehr zu fragen als zu antworten. Es geht darum, ein „Modell der Neugierde" zu werden. So geht das Stigma der Inkompetenz beim Fragenstellen verloren und Teammitglieder trauen sich, auch „blöde" Fragen zu stellen. Dies wird oft als *inclusive leadership style* (u. a. Finkelstein 2017) bezeichnet. Hierbei geht es darum, Mitarbeitende zu (er)hören, sie mit Respekt zu behandeln und dadurch ein Miteinander zu ermöglichen.

Der andere Ansatzpunkt ist der Aufbau von Kompetenzen. Teammitglieder werden befähigt, sich psychologisch sicher zu verhalten und damit positiv zum Teamklima beizutragen. Hierbei geht es also vor allem darum, neue Verhaltensweisen einzuüben und zu Gewohnheiten werden zu lassen. Nachfolgend werden zwei Einstiegsübungen für Verhaltenskompetenzen und eine Teamübung aufgezeigt:

- „Ja, und" anstatt „ja, aber" verwenden, ist eine der erfolgreichsten und einfachsten Methoden, eine bessere Kommunikation zu erreichen. Diskussionen bekommen dadurch einen anderen Charakter – nämlich mehr Miteinander und weniger Gegeneinander. Die Übung ist bekannt bei Design Thinkers und in agilen Teams und wird dort immer wieder auch als Einstiegsübung verwendet, um das Aufeinanderaufbauen in Diskussionen und Ideenfindungsprozessen zu üben. Im Beispiel klingt dies dann so:

„Ja, klar müssen wir uns besser gegenseitig informieren, aber wie soll das gehen bei den vielen Meetings?" (Klassische Argumentation) bzw. „Ja, klar müssen wir uns besser informieren, und ich überlege gerade, wie wir das mit den vielen Meetings aktuell schaffen können." (Psychologische Sicherheit aufbauende Argumentation). Allein dieser veränderte Satzanfang bewirkt, dass ein Einwand und ein Gegenargument zu einer Ergänzung und einer zukunftsgerichteten Idee werden (Kühne de Haan 2001).

▬ Lernen funktioniert vielfach über Feedback. Wir führen bestimmte Handlungen aus und können via Feedback erfahren, wie erfolgreich wir dieses Verhalten bereits ausgeführt haben. Was wir im Sport oft über Zeitmessung oder Wettkampf-Platzierung gut finden, ist im Arbeitsalltag nicht immer gern gesehen, da es mit einer Bewertung und Beurteilung gleichgesetzt wird. Psychologisch sichere Teams müssen daher lernen, dass Feedback etwas Sinnvolles und Normales ist, auch wenn es sich nicht immer angenehm oder positiv anfühlt. Verhaltensorientiertes Feedback ist eines der Hilfsmittel, um Feedback sinnvoll einzuüben, da diese Form der Rückmeldung zu einem konkreten und nicht bedrohlichen Feedback führt. Verallgemeinerungen oder Anschuldigungen können so vermieden werden. Gekonntes Feedback beschreibt immer einen Dreiklang: die Situation – das gezeigte Verhalten – die erzielte Wirkung. Beschreiben Sie zunächst den Kontext/die Situation, in der das Verhalten stattgefunden hat, beschreiben Sie dann das tatsächliche Verhalten (alles, was mit unseren Sinnen wahrnehmbar ist, alles andere ist Interpretation) und beschreiben Sie dann die Auswirkungen dieses Verhaltens auf Sie als Feedbackgeber oder aber auch auf die Leistung des Teams. Fehlt eines der drei Elemente, bleibt Feedback unvollständig und damit oft auch unbrauchbar. Gelungenes Feedback hat darüber hinaus eine weitere Funktion: Es bezieht sich auf den konkreten Beitrag jedes einzelnen Teammitglieds und unterstützt somit auch die Einhaltung oder Einführung hoher Leistungsnormen im Team. So gelingt es, die Beiträge jedes Teammitglieds zum Erfolg des Teams sichtbar zu machen (Lindinger und Zeisel 2013).

▬ Reviews sind ein wichtiger Bestandteil des Lernprozesses. Ohne gemeinsame Reflexion können Erlebnisse im Team nicht für gemeinsames Lernen genutzt werden. Lernen kann grundsätzlich auf zweierlei Arten geschehen: absichtlich und systematisch oder implizit, nahezu unbewusst nebenher. In beiden Fällen geht es darum, sich erfolgreich an seine Umwelt anzupassen (Zimbardo und Gerrig 1999). Aus der (Schul-)Pädagogik kennt man klassische Rezepte zum bewussten Lernen nur zu gut. Wie aber geschieht das Lernen aus Fehlern, wenn es am Ende nicht darum geht, Noten zu verteilen und als Lehrer/in Beurteilungen abzugeben, sondern in einem vertrauensvollen Rahmen und gemeinsam im Team voranzukommen? Das Schlüsselwort hierzu heißt Reflexion. Reflexion bezieht sich hierbei nicht allein auf Nachdenken und Diskussion über Fehler, sondern auch auf gemeinsame Lernprozesse und Entscheidungsprozesse (West 2000; Widmer et al. 2009). In der nachfolgenden Übersicht ist ein exemplarischer Ablauf eines Team-Reflexionsmeetings beschrieben, der als Bauplan für das eigene Team genutzt werden kann.

**Agenda Team-Reflexionsmeeting (1–3 Stunden Dauer)**

▬ Einstieg. Erklären Sie die Spielregeln; setzen Sie (ggf. gemeinsam) den Fokus des Meetings; eine kleine Anfangs-Aufwärmübung (in Scrum-Organisationen spricht man hier vom Check-in).

▬ Informationen sammeln. In dieser Phase geht es darum zu verstehen, was im betrachteten Zeitraum (z. B. die letzten beiden Wochen) oder innerhalb des Fokus-Themas (z. B. wie gut haben wir zusammengearbeitet?) tatsächlich geschehen ist. Jedes Teammitglied teilt seine Auffassung darüber mit. Dies kann sowohl Fakten (z. B. Ergebnisse, Häufigkeiten) als auch subjektive Wahrnehmungen (z. B. Gefühle, Eindrücke) umfassen. Ziel ist es, möglichst alle Informationen zusammenzutragen.

- Gemeinsame Interpretation. Dies ist ein eigenständiger Schritt, der unbedingt getrennt vom Informationen-Sammeln erfolgen soll. Ziel dieses Schritts ist es, eine ähnliche (nicht unbedingt deckungsgleiche) Sicht auf die Fakten zu erlangen und damit eine gemeinsame Basis für die Lösungssuche zu schaffen. Es hilft, wenn es gemeinsame Notizen über das „Warum" gibt. Oft gibt es im Team z. B. Einigkeit darüber, was erreicht wurde, aber nicht unbedingt, ob es als Erfolg zu werten ist oder nicht. So wird für die einen der erreichte Fortschritt zwar anerkannt, ist aber im Vergleich zu den Zielen viel zu wenig und ihrer Meinung nach ist daher das Team weit hinter den Erwartungen zurückgeblieben (folgerichtig müssen im nächsten Schritt große Korrekturmaßnahmen ergriffen werden). Die anderen sehen auch das Delta zwischen Ist und Soll, erkennen aber große Lernfortschritte anhand der gemachten Erfahrungen, die ihrer Meinung nach dazu führen, dass jetzt ohne weitere Korrektur weitergearbeitet werden kann, da die Fehler und ihre Korrekturen bereits erfolgt sind. Erst wenn es in der Interpretation eine Übereinstimmung gibt, sollte zum nächsten Schritt übergegangen werden.
- Lösungssuche/aus Fehlern lernen. Die dazu wichtigen Fragen lauten: Was können wir daraus lernen und damit nächstes Mal besser machen? Was hat gut

funktioniert und sollte unbedingt beibehalten werden?
- Abschluss. Jedes Meeting verdient einen guten Abschluss; z. B. ein Feedback zum Team-Diskussionsprozess oder aber ein kurzes Statement zum persönlichen Lernerlebnis im Meeting.

Team-Reflexionsmeetings finden oft am Abschluss eines Projektes statt, um so den Abschluss einer gemeinsamen Aufgabe im Team zu beleuchten und gemeinsam zu lernen. Genau wie alle anderen vorgestellten Übungen bzw. Verhaltensweisen sollten die grundsätzlichen Denkmuster in das alltägliche Verhalten übernommen werden. Nur wenn es zur Gewohnheit wird, gemeinsam zu lernen, sich und andere zu respektieren – trotz oder gerade wegen der Unterschiede – und sich gegenseitig zu helfen, wird psychologische Sicherheit dauerhafte Realität. Die Effekte psychologischer Sicherheit auf Teams, Organisationen und Stakeholder der Unternehmen ist inzwischen gut erforscht und zeigt auf, dass es sich lohnt, in den Aufbau und Erhalt eines psychologisch sicheren Teamklimas zu investieren.

## Literatur

Argyris C (1982) Reasoning, learning and action: individual and organizational. Jossey-Bass, San Francisco

Bouwer R (2016) When competition is the loser – the indirect effect of intra-team competition on team performance through task complexity, team conflict and psychological safety. In: 49th Hawaii International Conference on System Sciences

Clark TR (2020) The 4 stages of psychological safety: defining the path to inclusion and innovation. Berrett-Koehler, Oakland

Classen DC, Resar R, Griffin F et al (2011) "Global trigger tool" shows that adverse effects in hospitals may be ten times greater than previously measured. Health Aff 30(4):581–589

Derickson R, Fishman J, Osatuke K et al (2015) Psychological safety and error reporting within veterans health administration hospitals. J Patient Saf 11(1):60–66

Duhigg C (2016) smarter, faster, better – the secrets of being productive. Random House, London

Edmondson A (1999) Psychological safety and learning behavior in work teams. Adm Sci Q 44:350

Edmondson A (2008) The competitive imperative of learning. https://hbr.org/2008/07/the-competitive-imperative-of-learning. Zugegriffen: 20. Nov. 2017 (Harvard Business Review)

Edmondson A, Lei Z (2014) Psychological safety: the history, renaissance, and future of an interpersonal construct. Annu Rev Organ Psychol Organ Behav. https://doi.org/10.1146/annurev-orgpsych-031413-091305

Edmondson A, Bohmer RM, Pisano GP (2001) Disrupted routines: team learning and new technology implementation in hospitals. Adm Sci Q 46:685–716

Edmondson A, Kramer RM, Cook KS (2004) Psychological safety, trust, and learning in organizations: a group-level lens. Trust and distrust in organizations. Dilemmas Approaches 12(2004):239–272

Edmondson A, Higgins M, Singer S, Weiner J (2016) Understanding psychological safety in health care and education organizations: a comparative perspective. Res Hum Dev 13(1):65–83

Frazier ML, Fainshmidt S, Pezeshkan A, Vracheva V (2017) Psychological Safety: A Meta-Analytic Review and Extension. Personnel Psychology 70(1):113–165

Finkelstein S (2017) 4 Ways managers can be more inclusive. https://hbr.org/2017/07/4-ways-managers-can-be-more-inclusive. Zugegriffen: 2. Jan. 2017

Goffman E (2003) Wir alle spielen Theater – die Selbstdarstellung im Alltag. Piper, München

Higgins MC (2001) When is helping helpful? Effects of evaluation and intervention timing on basketball performance. J Appl Behav Sci 37(3):280–298

Kessel M, Kratzer J, Schultz C (2012) Psychological safety, knowledge sharing, and creative performance in healthcare teams. Creat Innov Manag 21:147–157

Kohn LT, Corrigan JM, Donaldson MS (2000) To err is human: building a safer health system Bd. 6. National Academies Press, Washington, DC

Kühne de Haan L (2001) Ja, aber …: Die heimliche Kraft alltäglicher Worte und wie man durch bewusstes Sprechen selbstbewusster wird. Nymphenburger, München

Lindinger C, Zeisel N (2013) Spitzenleistung durch Leadership. Springer, München

Littlepage G, Robison W, Reddington K (1997) Effects of task experience and group experience on group performance, member ability, and recognition of expertise. Organ Behav Hum Decis Process 69:133–147

Mayer RC, Davis JH, Schoorman DF (1995) An integrative model of organizational trust. Acad Manag Rev 20(3):709–734

Morrison EW (2014) Employee voice and silence. Annu Rev Organ Psychol Organ Behav 1:173–197

Nembhard I, Edmondson A (2006) Making it safe: the effects of leader inclusiveness and professional status on psychological safety and improvement efforts in health care teams. J Org Behav 27(7):941–966

Nemeth CJ (1986) Differential contributions of majority and minority influence. Psychol Rev 93:23–32

Patterson K, Grenny J, McMillan R, Switzler A (2012) Heikle Gespräche. Linde, Wien

Rework Guide: understand team effectiveness. https://rework.withgoogle.com/guides/understanding-team-effectiveness/steps/introduction/. Zugegriffen: 13. Dez. 2017

Rozovsky J (2015) The five keys to a successful Google team. https://rework.withgoogle.com/blog/five-keys-to-a-successful-google-team/. Zugegriffen: 20. Nov. 2017

Ryan KD, Oestreich DK (1991) Driving fear out of the workplace: how to overcome the invisible barriers to quality, productivity, and innovation. Jossey-Bass, San Francisco

Schein E, Bennis W (1965) Personal and organizational change via group methods, 4. Aufl. Wiley, New York

Schinkels P (2014) Plädoyer für eine neue Kultur des Scheiterns. Macht mehr Fehler! http://www.spiegel.de/karriere/fehler-kultur-angst-einen-fehler-zu-machen-a-994442.html. Zugegriffen: 18. Dez. 2017

Sitkin SB (1992) Learning from failure – the strategy of small losses. Res Organ Behav 14:231–266

Tucker A, Edmondson A (2003) Why hospitals don't learn from failures: organizational and psychological dynamics that inhibit system change. Calif Manag Rev 45(2):55–72

West MA (2000) Reflexivity, revolution and innovation in work teams. In: Beyerlein MM, Johnson DA, Beyerlein ST (Hrsg) Product development teams. JAI, Stamford, S 1–29

Widmer PS, Schippers MC, West MA (2009) Recent developments in reflexivity research: a review. Psychol Everyday Activity 2:2–11

Zimbardo PG, Gerrig RJ (1999) Psychologie. Springer, Berlin Heidelberg

# Verantwortungsvolle Kommunikation von und in Unternehmen

*Constanze Jecker*

## Inhaltsverzeichnis

■■ **Zusammenfassung**

*Unternehmen können aus kommunikationswissenschaftlicher Perspektive einerseits durch strategische, zentral gesteuerte Unternehmenskommunikation einen Beitrag zur Gesundheit ihrer Mitarbeitenden leisten, indem sie durch sprachlich konsistente und inhaltlich transparente Kommunikation einerseits Orientierung schaffen und andererseits Unsicherheit bei den Mitarbeitenden reduzieren. Ferner kann Unternehmenskommunikation Führungskräfte bezüglich ihrer Aufgaben- und Arbeitskommunikation beraten, schulen und sie als gesundheitsorientierte Kommunikatorinnen und Kommunikatoren sensibilisieren. Eine verantwortungsvolle Kommunikation ist insbesondere im Kontext der digitalen Transformation bedeutsam, um das Wohlbefinden und die Gesundheit der Mitarbeitenden in Zeiten permanenter Veränderungen zu erhalten bzw. zu fördern. Um das Verantwortungsbewusstsein und die Gemeinwohlorientierung von Unternehmen darzulegen, werden im Folgenden entsprechende Ansätze zur Nachhaltigkeit einbezogen.*

**12**

## 12.1  Einleitung

*Öffentliche* Kommunikation über die gesellschaftliche Verantwortung von Unternehmen zeigt sich in zwei Arten (Altmeppen und Bracker 2018, S. 240): Einerseits ist dies die *gemeinwohlorientierte journalistische Berichterstattung* (z. B. negative Schlagzeilen über gesundheitsschädliche Doppelschichten) und andererseits handelt es sich um die *interessensgeleitete* bzw. *strategische Unternehmenskommunikation* (z. B. Nachhaltigkeitsbericht eines Spitals). Beide Arten stehen im Fokus der kommunikationswissenschaftlichen Forschung (vgl. z. B. Teil 2 in Werner et al. 2016; Gerhards et al. 2007). Dabei interessiert erstens, ob Unternehmen tatsächlich verantwortlich handeln, und zweitens, ob die Kommunikation selbst als verantwortungsvoll bzw. ethisch bezeichnet werden kann, es sich also

nicht nur um „Lippenbekenntnisse" handelt (Altmeppen und Bracker 2018, S. 241). Aufgrund ihrer Bedeutsamkeit wird die Kommunikation in der einschlägigen Literatur als vierte Dimension betrachtet: Neben der ökologischen, ökonomischen und sozialen Verantwortung von Unternehmen wird der kommunikativen Verantwortung, die sich aus der *Kommunikationsverantwortung* und der *Verantwortungskommunikation* zusammensetzt, im Themengebiet der Corporate Social Responsibility (CSR) eine Schlüsselrolle zugeschrieben (Weder und Karmasin 2011, S. 416–417).

Im Vergleich zur skizzierten *öffentlichen* Zuschreibung von Verantwortung ist das kommunikationswissenschaftliche Interesse an verantwortungsvoller Kommunikation *innerhalb* von Unternehmen bzw. mit den Mitarbeitenden eher gering (Wagner 2019, S. 47). Die ungleich verteilte Aufmerksamkeit im Forschungsfeld lässt sich feststellen, obwohl die innerbetriebliche Kommunikation mit Blick auf die Gesundheit und das Wohlbefinden der Mitarbeitenden als sehr relevant betrachtet wird – und zwar insbesondere in Zeiten von Veränderungen (Wagner 2019, S. 66).

Vor diesem Hintergrund zeigt dieses Kapitel, aus welchen Gründen eine verantwortungsvolle Unternehmenskommunikation für das Wohlbefinden und die Gesundheit der Beschäftigten wichtig ist. Zudem wird erläutert, welche Beiträge hierbei einerseits die strategisch gesteuerte Unternehmenskommunikation und andererseits die Führungskräfte in der Interaktion mit ihren Mitarbeitenden leisten können.

Folgende Fragen geben den roten Faden des Beitrags vor:
- Welche Charakteristika zeichnen eine verantwortungsvolle Kommunikation in und von Unternehmen aus?
- In welchen thematischen Kontexten ist eine verantwortungsvolle Kommunikation von besonderer Bedeutung?
- Welche Herausforderungen stellen sich der Unternehmenskommunikation bei der Vermittlung von (sozialer) Verantwortung?

Zunächst werden die Rahmenbedingungen, Ziele und Aufgaben der Unternehmenskommunikation erläutert, wobei der Schwerpunkt auf der internen Kommunikation liegt, weil die Mitarbeitenden und Führungskräfte mit Blick auf das Thema des Fehlzeiten-Reports 2022 im Zentrum des Interesses stehen (▶ Abschn. 12.2). Anschließend werden theoretischen Grundlagen und insbesondere die Relationen von Verantwortung auf die Kommunikation von Unternehmen adaptiert, wobei zwischen retroperspektiver und prospektiver Verantwortungsübernahme differenziert wird (▶ Abschn. 12.3). In einem nächsten Schritt werden beide Aspekte zusammengeführt, um die oben aufgeführten Fragestellungen abschließend zu beantworten (▶ Abschn. 12.4).

## 12.2 Theoretische Zugänge, Ziele und aktuelle Rahmenbedingungen der Unternehmenskommunikation

Gemäß Loh (2017, S. 35) bedeutet Verantwortung, „dass jemand, dem wir eine spezifische psychomotivationale Verfasstheit zuschreiben, in der Lage ist, im normativen und nicht nur im rein deskriptiven Sinne für etwas Rede und Antwort zu stehen". Das „Rede und Antwort stehen" kann auch mit der Fähigkeit übersetzt werden, sich zu erklären (Sombetzki 2014, S. 199).

In der Ethik ist es umstritten, ob nur Individuen bzw. Personen oder auch Kollektive bzw. Kooperationen – also zum Beispiel Organisationen wie Unternehmen – Verantwortung übernehmen können (Loh 2017, S. 39–41; Neuhäuser 2017, S. 771; Sombetzki 2014, S. 210; siehe auch Pfaff und Schubin, ▶ Kap. 1 in diesem Band). Dieser Aspekt ist im vorliegenden Kontext relevant, da Führungskräfte und Mitarbeitende in einem Unternehmen beschränkte Handlungsfreiheit haben (Neuhäuser 2017, S. 771): Sie haben die Verpflichtung, sich an den Normen und Regeln ihres Arbeitgebers zu orientieren, die möglicherweise

nicht ihren eigenen Wertvorstellungen entsprechen. So übernimmt zum Beispiel ein Mitglied der Organisation in der Öffentlichkeit Verantwortung für ein Fehlverhalten des Unternehmens – etwa ein Topmanager im Rahmen einer Medienkonferenz –, obwohl diese Führungskraft persönlich anders gehandelt hätte.

In der Kommunikationswissenschaft hat sich etabliert, sowohl Personen als auch Organisationen als *Verantwortungsträger* zu betrachten. Dabei weist Debatin (2016, S. 71) darauf hin, dass gerade das Aufteilen von Verantwortlichkeiten zu einer „systematischen Verdünnung von Verantwortung führen" kann, sodass sich niemand mehr verantwortlich fühlt, weshalb klare Zuschreibungen von Verantwortung zentral sind. Deshalb sei es notwendig, dass Unternehmen Verantwortungsbereiche und -zuschreibungen präzise festlegen und innerbetrieblich kommunizieren, zum Beispiel in Form von Ethikkodizes, Leitbildern, Konzepten mit Maßnahmen für das Gesundheitsmanagement (Debatin 2016, S. 71).

Der Bedarf einer präzisen Zuschreibung von Verantwortung in Unternehmen weist auf eine Prämisse hin, die in der Kommunikationswissenschaft wiederum unbestritten ist: Unternehmen sind aufgefordert, angesichts sozialer und ökologischer Herausforderungen gesellschaftliche Verantwortung zu übernehmen und die damit verbundenen Maßnahmen ihren Stakeholdern (Beschäftigte, Kundschaft, Lieferanten, Behörden etc.) kommunikativ zu vermitteln (z. B. Thummes 2022; Wagner 2022). Diese Vermittlung ist Aufgabe der Unternehmenskommunikation, die „alle von einer erwerbswirtschaftlichen Organisation oder in deren Auftrag durchgeführten Kommunikationsaktivitäten [umfasst], die der internen und externen Handlungskoordination sowie der Interessenklärung zwischen dem Unternehmen und seinen Bezugsgruppen (Stakeholdern) dienen und damit zur Zieldefinition oder Zielerreichung beitragen" (Zerfaß 2022, S. 31).

Die Ansprache verschiedener Stakeholder zieht unterschiedliche Aufgaben und Ziele der Unternehmenskommunikation nach sich. Dabei ist die interne Kommunikation als Teil des integrierten Kommunikationsmanagements zu verstehen, der „speziell Mitarbeiter [sic] als wichtige Stakeholder anspricht" (Spachmann und Huck-Sandhu 2013, S. 5).

Es kann zwischen zwei Arten interner Kommunikation unterschieden werden (Jecker und Spachmann 2022, S. 3, i. V.):

- Zum einen ist dies die *zentral gesteuerte interne Kommunikation*, die Teil der gemanagten Unternehmenskommunikation ist und die den Kommunikations- und Informationsfluss im gesamten Unternehmen organisiert. *Aufgaben* der zentral gesteuerten internen Kommunikation, die vor allem in größeren Unternehmen von Kommunikationsfachleuten organisiert wird, sind insbesondere die redaktionelle Auswahl und Aufbereitung sowie die interne Veröffentlichung von Informationen, die für die Mitarbeitenden und Führungskräfte bedeutsam sind (Huck-Sandhu 2016, S. 6–8; Jecker et al. 2019, S. 62). Insbesondere in der digitalen Transformation, in Krisenzeiten und in Veränderungssituationen hat eine zentral gesteuerte interne Unternehmenskommunikation die Aufgabe und das Ziel, den Mitarbeitenden Orientierung zu geben, sprich ihnen Hintergründe und Entwicklungen fortlaufend und transparent zu erläutern, um ihnen Sicherheit in unsicheren Zeiten zu vermitteln und Widerstände zu überwinden (Lauer 2019, S. 125–131; Pfannenberg 2022). Dies alles trägt letztlich auch zur psychischen Stabilität und somit zur Gesundheit der Mitarbeitenden bei.
- Zum anderen ist dies die *Arbeits- und Aufgabenkommunikation*, die sich zwischen den Mitarbeitenden untereinander und/oder zwischen Führungskraft und Mitarbeitenden abspielt. Mit Blick auf die Gesundheit und das Wohlbefinden der Mitarbeitenden weisen von Au und Seidel (2017, S. 16) auf *Achtsamkeit* als grundlegende Führungskompetenz hin, die sich im Arbeitsalltag etwa bei der Kommunikation so äußert, dass Führungskräfte einen geschützten Raum aufsuchen, um ein Ge-

spräch mit einem Mitarbeitenden führen zu können. Bezieht man dieses einfache Beispiel auf die Kommunikation von Gesundheitsthemen, so lässt sich feststellen, dass Verantwortung in Anlehnung an Reifegerste (2020, S. 302–303) auch als Fürsorge für andere verstanden werden kann: So kann eine Führungskraft in Form eines „Fürsorgeappells" Mitarbeitende auf positive und/oder negative Folgen eines bestimmten Verhaltens hinweisen. Bei einer gesundheitsorientierten Führung vermitteln Vorgesetzte durch Kommunikation ferner Wertschätzung – namentlich durch Transparenz und eine ehrliche Feedbackkultur – sowie die Sinnhaftigkeit der Arbeit (Struhs-Wehr 2017, S. 86–94). Führungskräfte haben dabei auch eine Vorbildfunktion (Struhs-Wehr 2017, S. 84–85). Bezüglich einer verantwortungsvollen Kommunikation kann dies bedeuten, dass sie außerhalb der Büro- bzw. offiziellen Öffnungszeiten des Unternehmens keine Mails oder andere (Kurz-)Nachrichten senden und dass sie auch in ihrer Freizeit keine (Ferien-)Fotos posten. Unternehmen können hier wiederum Verantwortung übernehmen, indem sie Grundsätze für Führungskräfte entwickeln und Grenzen der Kommunikation formulieren. Die aufgeführten Beispiele, die keinen Anspruch auf Vollständigkeit erheben, zeigen, dass eine verantwortungsvolle Kommunikation von Führungskräften nicht losgelöst von der Organisation betrachtet werden kann und mit der zentral gesteuerten internen Kommunikation abzustimmen ist, damit sie kohärent ist und Mitarbeitende die notwendige Orientierung erhalten bzw. behalten.

Bei beiden Arten ist eine verantwortungsvolle interne Kommunikation in Anlehnung an Kohring und Matthes (2004) idealtypisch darauf bedacht, dass Mitarbeitende darauf vertrauen können, (1) dass die Auswahl der Themen (zur Nachhaltigkeit) aktuell und relevant ist, (2) dass die interne Kommunikation alle wesentlichen Informationen zum Thema veröffentlicht, (3) dass die intern publizierten Beschreibungen und Bezeichnungen richtig bzw. korrekt sind und (4) dass die Mitarbeitenden explizien Bewertungen vertrauen können, d. h. dass diese die Realität weder positiv noch negativ verzerren (Jecker und Spachmann 2022, S. 9–10, i. V.).

## 12.3 Herausforderungen der Unternehmenskommunikation von und über Verantwortung

In der Kommunikationswissenschaft finden sich bezüglich der Verantwortung von Unternehmen vor allem drei Ansätze, die hier nur kurz aufgeführt werden, da sie in der Literatur vielfach ausführlich beschrieben werden (z. B. Schaltegger 2011, S. 188–189; Thummes 2022, S. 1027):

a) *Corporate Citizenship*; Fokus: Unternehmen als „gute, gesellschaftlich eingebettete Bürger";
b) *Corporate Social Responsibility* (CSR); Fokus: Freiwilligkeit des Engagements mit ökonomischer, ökologischer und sozialer Verantwortung, d. h. über die gesetzlichen Anforderungen hinaus;
c) *Corporate Sustainability* (CS); Fokus: Ziel-Orientierung; nachhaltige Entwicklung von Unternehmen.

Um das Verantwortungsbewusstsein und die Gemeinwohlorientierung von Unternehmen umgangssprachlich zu beschreiben, werden diese Ansätze auch unter dem Begriff *Nachhaltigkeit* zusammengefasst (Szyszka 2022, S. 33). In der Literatur spielt die *Kommunikation* der Maßnahmen eine wichtige Rolle (Nachhaltigkeits- bzw. CSR-Berichte und andere Formen der CSR-Selbstdarstellungen von Unternehmen im Internet) – neben dem *Management* und den *Erwartungen* bezüglich Nachhaltigkeit (Szyszka 2022, S. 34).

Altmeppen und Bracker (2018) verwenden in diesem Kontext den Begriff „Verantwor-

tungskommunikation", der bisher wenig verbreitet ist (Bracker 2017, S. 112). Darunter verstehen sie „den Bereich kommunikativen Handelns, der die Kommunikation *von* Verantwortung wie die Kommunikation *über* Verantwortung beschreibt und analysiert" (Altmeppen und Bracker 2018, S. 241; Hervorh. C. J.). Sie differenzieren folglich, dass durch Kommunikation zum einen geprüft werden kann, ob *verantwortliches Handeln* tatsächlich zu beobachten ist. Zum anderen lässt sich prüfen, ob die Kommunikation tatsächlich als *verantwortliche Kommunikation* eingestuft werden kann, d. h. ob sie ethischen Kriterien entspricht, also zum Beispiel keine Falschinformationen enthält. Kurz gesagt: Erst wenn eine Kommunikation von und über Verantwortung glaubwürdig ist, kann sie auch als verantwortungsvoll bezeichnet werden (Altmeppen und Bracker 2018, S. 241).

Verantwortungskommunikation ist, wie eingangs kurz erläutert (siehe ▶ Abschn. 12.1), somit als Dachbegriff zu verstehen, der zwei Bereiche von Kommunikation über Corporate Social Responsibility (CSR) unterscheidet, namentlich Kommunikation von und über CSR: Der eine Teil bezieht sich auf die strategische, also interessensgeleitete Kommunikation von Unternehmen und anderen Organisationen. Der andere Teil subsumiert die journalistische Berichterstattung über CSR-Aktivitäten von Unternehmen bzw. Organisationen (Bracker 2017, S. 112–114).

### 12.3.1 Retroperspektive Kommunikation von Verantwortung

Es gibt Maßnahmen, die die Kommunikation von Verantwortung in der Retroperspektive behandeln, z. B. nachdem Akteure unverantwortlich gehandelt haben. Diese Art von Kommunikation lässt sich differenzieren: Im Kontext der Unternehmensverantwortung schlägt etwa Neuhäuser (2017, S. 766) eine Differenzierung mit drei Dimensionen vor, die sowohl für die Praxis als auch für die Analyse der Unternehmenskommunikation geeignet erscheint. Die Dimensionen werden hier jeweils anhand eines Beispiels – namentlich ein Betriebsunfall auf einer Baustelle – veranschaulicht, um die Komplexität und die Relevanz der Kommunikation von Verantwortung darzulegen. Dabei werden die Dimensionen und das Beispiel sowohl auf die zentral gesteuerte interne Kommunikation als auch auf die Arbeits- und Aufgabenkommunikation bezogen (siehe ▶ Abschn. 12.2).

(1) *Wer sind die verantwortlichen Akteure?*
Hier gilt es zu unterscheiden zwischen individuellen vs. kollektiven Akteuren, also zum Beispiel ein Topmanager vs. eine Geschäftsleitung als Gremium, das die Organisation repräsentiert.

→ Bei der betriebsinternen Kommunikation ist zum Beispiel zu beachten, wer für ein Fehlverhalten im Falle eines Betriebsunfalls, bei dem ein Bauarbeiter nach einem Sturz eine Gehirnerschütterung erlitten hat, als Ansprechperson Rede und Antwort steht: Ist dies der Baustellenleiter und/oder der Leiter des Bauunternehmens? Ferner ist bei der Kommunikation zu bedenken, wem die Verantwortung in der betriebsinternen Öffentlichkeit explizit zugeschrieben wird: Ist es zum Beispiel der zuständige Vorarbeiter, der die Einhaltung der Sicherheitsvorkehrungen zu wenig überprüft hat, oder ist es der Bauarbeiter selbst, der keinen Helm getragen hat?

(2) *Wem gegenüber sind Unternehmen verantwortlich?*
Bei dieser Dimension lassen sich wiederum individuelle vs. kollektive Akteure sowie interne vs. externe Stakeholder differenzieren, d. h. zum Beispiel eine einzelne Mitarbeiterin oder eine Personalkommission bzw. eine Gewerkschaft.

→ Im oben eingeführten Fall ist das Unternehmen als Arbeitgeber dem verunfallten Mitarbeiter gegenüber verantwortlich (Fürsorgepflicht). Für die Kommunikation kann dies bedeuten, dass nicht nur der Vorarbei-

ter und/oder Baustellenleiter, sondern auch die Leitung des HR im Namen des Unternehmens mit dem verunfallten Mitarbeiter das Gespräch sucht und Unterstützung bei der Bewältigung der gesundheitlichen Folgen (Kopfverletzung) anbietet.

(3) *Auf welcher normativen Grundlage lässt sich bestimmen, wofür Unternehmen verantwortlich sind?*
Es kann sich zum Beispiel um ein nationales Arbeitsgesetz oder ein Konzept des jeweiligen Unternehmens handeln. Hier geht es einerseits darum, welche Verantwortung Unternehmen *freiwillig* übernehmen, und andererseits, welche ihnen *zugewiesen* werden kann (Neuhäuser 2017, S. 766).

→ Im skizzierten Fall kann der Baustellenleiter zum Beispiel das Team detailliert darüber informieren, welche staatliche Norm (Arbeitsschutzgesetz, Arbeitssicherheitsgesetz) und welches betriebsinternen Unfallverhütungsvorschriften missachtet wurden, um die Tragweite des Falls zu veranschaulichen. Auch über die Konsequenzen des Betriebsunfalls wäre transparent zu informieren, ohne dabei etwas zu beschönigen, um das Vertrauen in das Unternehmen wieder zu stärken.

Berücksichtigt man die in der Ethik etablierten Dimensionen von Verantwortung und überträgt man diese auf das vorliegende Verständnis von Unternehmenskommunikation (siehe ▶ Abschn. 12.2), so ließe es sich als *nicht verantwortungsvoll* bezeichnen, falls der skizzierte Unfall betriebsintern „unter den Teppich gekehrt" würde, wenn also gar nicht kommuniziert würde. Sofern der betroffene Mitarbeiter aus Gründen des Persönlichkeitsschutzes ausdrücklich wünschte, dass er nicht mit Namen erwähnt wird, ließe sich der Fall intern in anonymisierter Form veröffentlichen.

Eine erweiterte Differenzierung von Verantwortung mit sechs Dimensionen verwendet Funiok (2007, S. 68 f.; 2005, S. 247, zit. in Linke und Jarolimek 2016, S. 325) im Kontext der Medienethik unter Berufung auf Ropohl

(1994) – wobei die erste, vierte und sechste Dimensionen den drei Dimensionen von Neuhäuser (2017) entsprechen:

1) Wer trägt Verantwortung? (Handlungsträger)
2) Was ist zu verantworten? (Handlung)
3) Wofür trägt er Verantwortung? (Folgen)
4) Wem gegenüber trägt er Verantwortung? (Betroffene)
5) Wovor muss er sich verantworten? (Instanz, z. B. Gewissen, Öffentlichkeit)
6) Weswegen muss er sich verantworten? (Werte, Normen, Kriterien)

Überträgt man nun auch die zweite, dritte und fünfte Dimension auf das zuvor skizzierte Beispiel, so lässt sich festhalten:

Bei der *zweiten Dimension* wäre in einer verantwortungsvollen Kommunikation zu berücksichtigen, dass im Dialog mit den Beteiligten zu klären wäre, wann und wie (oft) der verunfallte Bauarbeiter allenfalls schon früher ohne Helm auf der Baustelle tätig war und ob auch andere Bauarbeiter dies tun.

Mit Blick auf die *dritte Dimension* wäre in einem Gespräch zu klären, wer für die Folgen des Betriebsunfalls – also die Kopfverletzung – verantwortlich ist. Ist es allein der Bauarbeiter, der gestürzt ist? Oder ist es auch der Vorarbeiter, der allenfalls schon längere Zeit das Verhalten des Verunfallten beobachtet hat, jedoch nicht gegen seine Handlungen (ohne Helm zu arbeiten) vorgegangen ist?

Die *fünfte Dimension* lässt sich auf die Kommunikation ebenfalls übertragen: Hier stellt sich insbesondere die Frage, über welchen Kanal bzw. in welchen Medien(formaten) sich die Beteiligten verantworten sollen. Wie zuvor beschrieben, wären persönliche Gespräche ein übliches, naheliegendes Format. Darüber hinaus wäre es eine Möglichkeit, den Fall zum Beispiel in einem Artikel in der Personalzeitung oder in einem Beitrag im Social Intranet (in anonymisierter Form) der betriebsinternen Öffentlichkeit bekannt zu machen. Gleichzeitig ließe sich der Bericht über den Betriebsunfall mit einem Experten-Interview sowie mit einem Aufruf verbinden, dass sich

Mitarbeitende und Führungskräfte an die interne Ombudsstelle oder an eine andere Person ihres Vertrauens wenden können, falls sie beobachten, dass die Sicherheitsvorschriften auf einer Baustelle nicht eingehalten werden. So ließe sich auch ein klares Zeichen setzen, dass ein Missachten des betrieblichen Arbeitsschutzes im Unternehmen nicht toleriert wird.

Des Weiteren könnte die interne Unternehmenskommunikation – in Absprache mit der Abteilung für Nachhaltigkeit – eine interne Gesundheitskampagne lancieren, die über die Unfallverhütungsvorschriften informiert. Dabei kann sie sich bei der Planung und Durchführung an den Erfolgsfaktoren externer Gesundheitskampagnen orientieren (Bonfadelli 2014).

Neben der zuvor skizzierten Orientierung an den Dimensionen von Verantwortung findet sich bei Gerhards et al. (2007) noch eine andere Art von *sprachlicher* Differenzierung der Kommunikation von Verantwortung: Das Autorenteam entwickelt ein Instrument für die Analyse öffentlicher Zuschreibungen von Verantwortung in der journalistischen Berichterstattung, indem es Attributionsaussagen auf der sprachlichen Ebene analysiert. Es geht von einer „Attributionstrias" aus (Attributionssender, -gegenstand, -adressat) und erfasst die Attributionsrichtung, die Bewertung einer Aussage, die faktische und prognostische Kausalattribution und die Ursachenattribution sowie die faktische Zuweisung bzw. Zurückweisung der Attribution. Diese Differenzierung kann auf den Kontext der Unternehmenskommunikation und das vorliegende Thema adaptiert werden, indem zum Beispiel die Aussagen in betriebsinternen Medien – wie etwa einer Mitarbeitendenzeitschrift oder einem Intranet – im Falle eines Fehlverhaltens eines Unternehmens vor der Veröffentlichung analysiert werden. Bei einem Bericht über das Fehlverhalten, wie im Falle des oben skizzierten Unfalls eines Bauarbeiters, könnte zum Beispiel beim Schreiben und Redigieren des Beitrags darauf geachtet werden, ob die dargestellte Attributionstrias erstens der Realität entspricht und zweitens, ob sie den involvierten Führungskräfte gegenüber verantwortungsvoll ist, also der Realität entspricht.

Bei dem Beispiel des Betriebsunfall, das aus der *Retroperspektive* betrachtet wurde, handelt es sich um ein unverantwortliches unternehmerisches Verhalten, das als *Corporate Social Irresponsibility* bezeichnet und in der kommunikationswissenschaftlichen Forschung in empirischen Studien bisweilen nicht berücksichtigt wird (Altmeppen und Bracker 2018, S. 246), weil es meist um die *prospektive* Unternehmenskommunikation von Verantwortung geht. Auf diesen Forschungszweig geht der nächste Abschnitt ein.

### 12.3.2 Prospektive Kommunikation von Verantwortung

Im Folgenden werden relevante Ergebnisse der kommunikationswissenschaftlichen Forschung zur Corporate Social Responsibility beschrieben, die auf Herausforderungen der individuellen und kollektiven bzw. kooperativen Akteure im Bereich der *Corporate Communicative Responsibility* (CCR) hinweisen, um diese mit den zuvor erläuterten Zielen interner Kommunikation (siehe ▶ Abschn. 12.2) sowie mit den Merkmalen einer verantwortungsvollen Kommunikation (siehe ▶ Abschn. 12.3.1) in Beziehung setzen zu können.

▬ Eine erste Herausforderung ist, dass die informelle Kommunikation (Pausengespräche, internes und externes Networking etc.) beim Thema Nachhaltigkeit eine besondere Bedeutung erhält, sofern sich die formale bzw. zentral gesteuerte Kommunikation über Nachhaltigkeit auf die externe Kommunikation konzentriert (Weder und Karmasin 2011, S. 422). Dabei gilt es auch zu berücksichtigen, dass Mitarbeitende ohne Desktop einen Zugang durch andere, gedruckte oder elektronische bzw. mobile Kommunikationskanäle erhalten (z. B.

Mitarbeitendenzeitschrift, Mitarbeitenden-App für Blue Colour; Wolf und Böhringer 2021). Hier bietet sich ein Mix aus verschiedenen Kommunikationsinstrumenten an, der u. a. Wettbewerbe und Podiumsdiskussionen, Info-Screens und Exkursionen umfassen kann (Aebi und Frischherz 2019, S. 208–210). Durch einen breiten Mix an CSR-Kommunikation lässt sich auch gewährleisten, dass Unternehmen vermehrt den Dialog mit den Stakeholdern suchen, was bis anhin wenig der Fall ist (Wagner 2022, S. 44). Dies gilt auch in Bezug auf Mitarbeitende: Im Unternehmensalltag werden sie bislang meist als Zielgruppe verstanden, die beim Thema Nachhaltigkeit nicht dialogisch, diskursiv oder partizipativ eingebunden wird (Aebi und Frischherz 2019, S. 208–210), sondern Informationen mehrheitlich top down erhalten (vgl. Jecker et al. 2019). Dabei können Themen aus den Bereichen Arbeitsplatz (Gesundheitsschutz und -förderung, Work-Life-Balance, flexible Arbeitszeiten etc.), Umweltschutz (Klimaschutz, Energie-Effizienz des Unternehmens etc.), Markt (Zusammenarbeit mit nachhaltigen Produzentinnen und Produzenten; Food Waste des Unternehmens etc.) und Gemeinwesen (freiwilliges gemeinwohlorientiertes Engagement der Mitarbeitenden, soziales Sponsoring etc.) stammen (Aebi und Frischherz 2019, S. 206).

▬ Eine zweite, damit zusammenhängende Herausforderung ergibt sich aus der Tatsache, dass die Kommunikation über CSR oft instrumentell benutzt wird, um Handlungen eines Unternehmens zu legitimieren bzw. um Fehlverhalten zu rechtfertigen (Weder 2012, S. 188–189; Schwalbach und Schwerk 2022, S. 246). Dies kann zur Folge haben, dass Mitarbeitende die externe CSR-Kommunikation des Arbeitgebers als Widerspruch erleben, etwa wenn sie selbst unter schlechten Bedingungen arbeiten müssen (z. B. mangelnde Sicherheitsvorkehrungen in der Produktion) (Liebl 2011, S. 313; Wagner 2019, S. 59).

- Durch die instrumentelle Verwendung und die damit einhergehende große Vielfalt von CSR-Maßnahmen besteht des Weiteren das Problem, dass Unternehmens- und Branchenkodizes sich zum Teil widersprechen und/oder nicht eingehalten werden, was wiederum den Eindruck verstärkt, es handle sich lediglich um PR (Schwalbach und Schwerk 2022, S. 246). In diesem Zusammenhang ist darauf hinzuweisen, dass selbst bei etablierten CSR-Maßnahmen (Ethikschulungen, Ethikbeauftragte, Ethikausschuss, Unternehmensleitbild mit ethischen Richtlinien etc.) eine explizite Zuschreibung der individuellen Verantwortung oft fehlt, sodass Manager selbst *Grenzen* ihrer Verantwortung sehen (Weder und Karmasin 2013, S. 14, 16). Dies kann sich entsprechend negativ auf die Arbeits- und Aufgabenkommunikation von Führungskräften auswirken (siehe ▶ Abschn. 12.2). D. h. es ist zentral, präzise individuelle Verantwortlichkeiten für die Umsetzung von Maßnahmen zur Gesundheitsvorsorge zuzuweisen, damit sich Mitarbeitende darauf berufen können.

- Eine dritte, erneut mit den zuvor beschriebenen Entwicklungen verknüpfte Herausforderung ist, dass das Thema Nachhaltigkeit im Rahmen des Employer Branding genutzt wird, um neue Mitarbeitende für ein Unternehmen zu gewinnen (von Walter et al. 2011, S. 331). Eine verantwortungsvolle Kommunikation trägt dafür Sorge, dass Bewerberinnen und Bewerber ein realistisches bzw. authentisches Bild eines Unternehmens erhalten – also ohne positive Übertreibungen. Dieses dient ihnen als gute Grundlage für die Entscheidung, ob sie eine Stelle annehmen oder nicht (von Walter et al. 2011, S. 333). Ein Mittel für eine solche transparente und dialogisch orientierte Kommunikation ist, dass sich Bewerberinnen und Bewerber mit gegenwärtigen Mitarbeitenden des Unternehmens austauschen können, damit sie ein möglichst ungeschöntes Bild erhalten (von Walter et al. 2011, S. 336). Sofern das Employer Branding der Realität entspricht, können Mitarbeitende wiederum verantwortungsvoll zum Auftritt des Unternehmens beitragen (Liebl 2011, S. 322).

## 12.4 Resümee

Die Wahrnehmung bzw. Übernahme sowie die Vernachlässigung bzw. Ablehnung von Verantwortung ist in der kommunikationswissenschaftlichen Forschung ein etabliertes Thema im Kontext der gesellschaftlichen Verantwortung von Unternehmen und der damit zwingend verbundenen Kommunikation. Dabei fokussieren sich Analysen mehrheitlich auf externe CSR-Maßnahmen. Dass die interne CSR-Kommunikation in der kommunikationswissenschaftlichen Forschung eher wenig empirisch bearbeitet wird, mag darauf zurückzuführen zu sein, dass sich der Feldzugang zu internen Unternehmensprozessen als herausfordernd erweist.

Ohne erneut auf Details eingehen zu können, sollen die zu Beginn gestellten Fragen nun abschließend zusammenfassend beantwortet werden:

- Welche Charakteristika zeichnet eine verantwortungsvolle Kommunikation in und von Unternehmen aus?

Bei einer verantwortungsvollen Kommunikation lässt sich unterscheiden zwischen individuellen und kollektiven bzw. kooperativen Akteuren, wobei sich verschiedene Schnittstellen ergeben: So können etwa Führungskräfte eine Mitverantwortung tragen bezüglich der prospektiven und retroperspektiven Übernahme von Verantwortung. Sie haben eine verantwortungsvolle Rolle, wenn es um die nachvollziehbare und transparente Vermittlung von Informationen über gesundheitsförderliche Maßnahmen im Kontext der Arbeits- und Aufgabenkommunikation geht. Demgegenüber trägt die zentral gesteuerte interne Kommunikation im Unternehmen Sorge dafür, dass Führungskräfte eine adäquate

Schulung und Beratung sowie frühzeitig die notwendigen Informationen und geeignete technische Instrumente bzw. Kanäle erhalten, damit sie ihrer (sozialen) Verantwortung nachkommen können. Ferner hat sie als Auftragskommunikation der Geschäftsleitung die Aufgabe und das Ziel, Mitarbeitende transparent und glaubwürdig zu informieren und sie nachvollziehbar und umfassend über Entscheidungen der Geschäftsleitung zur orientieren, sodass Vertrauen entstehen kann. Mitarbeitende ihrerseits tragen eine Mitverantwortung dafür, dass sie die Angebote und Kodizes des Unternehmens – etwa zur Gesundheitsförderung – kennen und die Vorgesetzen und/oder die zuständigen Ombudspersonen bei Bedarf auch auf ein Fehlverhalten hinweisen.

- In welchen thematischen Kontexten ist eine verantwortungsvolle Kommunikation von besonderer Bedeutung?

Eine verantwortungsvolle Kommunikation ist insbesondere in einem Change sowie in der digitalen Transformation eines Unternehmens ein wichtiger Erfolgsfaktor für das Gelingen von Veränderungen. Auch in selbstorganisierten Teams und Abteilungen erhält die Aufgaben- und Arbeitskommunikation eine besondere Relevanz, da Führungskräfte und Mitarbeitenden mehr Verantwortung für die Kommunikation zur Bewältigung interner Arbeitsabläufe erhalten. Die zentral gesteuerte Kommunikation trägt in diesem Fall vor allem die Verantwortung, geeignete Instrumente und Kanäle für einen raschen und dialog-orientierten Austausch zu bieten – und dies auch für die sog. Blue Collar Workers, also für jene Mitarbeitende ohne Desktop.

- Welche Herausforderungen stellen sich der Unternehmenskommunikation bei der Vermittlung von (sozialer) Verantwortung?

Es lassen sich drei Herausforderungen einer verantwortungsvollen Kommunikation beobachten, die miteinander verzahnt sind: Für eine integrierte CSR-Kommunikation ist es herausfordernd, dass sie (1) externe und interne Stakeholder gleichwertig und mit einem gut abgestimmten Mix an Kanälen und Instrumenten berücksichtigt und dass sie (2) nicht primär dem Image und der Reputation eines Unternehmens dient, sondern wahrhaftig ist, um das Vertrauen der Stakeholder nicht aufs Spiel zu setzen. D. h. sie sollte der Realität entsprechen, sodass (3) Mitarbeitende vom Employer Branding ihres (künftigen) Arbeitgebers nicht enttäuscht werden.

## Literatur

Aebi A, Frischherz B (2019) Interne Kommunikation zu Corporate Social Responsibility (CSR) – Mitarbeitende informieren, konsultieren und beteiligen. In: Jecker C (Hrsg) Interne Kommunikation. Theoretische, empirische und praktische Perspektiven. von Halem, Köln, S 201–229

Altmeppen KD, Bracker I (2018) Nur Kommunikation macht Verantwortung sichtbar. In: Backhaus-Maul H, Kunze M, Nährlich S (Hrsg) Gesellschaftliche Verantwortung von Unternehmen in Deutschland. Ein Kompendium zur Erschließung eines sich entwickelnden Themenfeldes. Springer, Wiesbaden, S 235–256 https://doi.org/10.1007/978-3-658-02585-4_13

von Au C, Seidel A (2017) Achtsamkeit als grundlegende Führungskompetenz. In: von Au C (Hrsg) Eigenschaften und Kompetenzen von Führungspersönlichkeiten. Achtsamkeit, Selbstreflexion, Soft Skills und Kompetenzsysteme. Springer, Wiesbaden, S 1–25 https://doi.org/10.1007/978-3-658-13031-2_1

Bonfadelli H (2014) Gesundheitskampagnen. In: Baumann E, Hurrelmann K (Hrsg) Handbuch Gesundheitskommunikation. Huber, Bern, S 360–375

Bracker I (2017) Verantwortung von Medienunternehmen. Selbstbild und Fremdwahrnehmung in der öffentlichen Kommunikation. Nomos, Baden-Baden

Debatin B (2016) Verantwortung. Grundbegriffe der Kommunikations- und Medienethik (Teil 3). Communicatio Socialis 48:16–33

Funiok R (2007) Medienethik. Verantwortung in der Mediengesellschaft. Kohlhammer, Stuttgart

Gerhards J, Offerhaus A, Roose J (2007) Die Öffentliche Zuschreibung von Verantwortung. Kölner Zeitschrift für Soziologie und Sozialpsychologie 59:105–124

Huck-Sandhu S (2016) Interne Kommunikation im Wandel: Entwicklungslinien, Status Quo und Ansatzpunkte für die Forschung. In: Huck-Sandhu S (Hrsg) Interne Kommunikation im Wandel. Theoretische Konzepte und empirische Befunde. Springer VS, Wiesbaden, S 1–19

12

Jecker C, Spachmann K (2022) Vertrauen in der internen Kommunikation von Organisationen. In: Basel J, Henrizi P (Hrsg) Psychologie von Risiko und Vertrauen. Springer, Wiesbaden (in press)

Jecker C, Albisser M, Boenigk M (2019) Interne Kommunikation in der Schweiz – Status quo und Trends. In: Jecker C (Hrsg) Interne Kommunikation. Theoretische, empirische und praktische Perspektiven. von Halem, Köln, S 51–73

Kohring M, Matthes J (2004) Revision und Validierung einer Skala zur Erfassung von Vertrauen in Journalismus. Medien & Kommunikationswissenschaft 52:377–385. https://doi.org/10.5771/1615-634x-2004-3-377

Lauer T (2019) Change Management. Grundlagen und Erfolgsfaktoren, 3. Aufl. Springer Gabler, Wiesbaden https://doi.org/10.1007/978-3-662-59102-4

Liebl F (2011) Corporate Social Responsibility aus Sicht des strategischen Managements. In: Raupp J, Jarolimek S, Schultz F (Hrsg) Handbuch CSR. Kommunikationswissenschaftliche Grundlagen, disziplinäre Zugänge und methodische Herausforderungen. Mit Glossar. VS, Wiesbaden, S 305–326

Linke A, Jarolimek S (2016) Interdependente Moralen. Verantwortungsrelationen zwischen Kommunikator und Rezipient, zwischen Individuum, Organisation und Gesellschaft. In: Werner P, Rinsdorf L, Pleil T, Altmeppen (Hrsg) Verantwortung – Gerechtigkeit – Öffentlichkeit. Normative Perspektiven auf Kommunikation. UVK, Konstanz, S 321–335

Loh J (2017) Strukturen und Relata der Verantwortung. In: Heidbrink L, Langbehn C, Loh J (Hrsg) Handbuch Verantwortung. Springer, Wiesbaden, S 35–56 https://doi.org/10.1007/978-3-658-02585-4_2

Neuhäuser C (2017) Unternehmensverantwortung. In: Heidbrink L, Langbehn C, Loh J (Hrsg) Handbuch Verantwortung. Springer, Wiesbaden, S 765–788 https://doi.org/10.1007/978-3-658-06110-4

Pfannenberg J (2022) Veränderungskommunikation im Corporate Change: Herausforderungen für die externe und interne Unternehmenskommunikation. In: Zerfaß A, Piwinger M, Röttger U (Hrsg) Handbuch Unternehmenskommunikation, 3. Aufl. Springer Gabler, Wiesbaden, S 925–941 https://doi.org/10.1007/978-3-658-22933-7_41

Reifegerste D (2020) Kommunikation über Gesundheitsthemen. Werte als zentrale Treiber. Communicatio Socialis 53:296–307. https://doi.org/10.5771/0010-3497-2020-3-296

Ropohl G (1994) Das Risiko im Prinzip Verantwortung. Ethik und Sozialwissenschaften. Streitforum Erwägungskultur (EuS) 5:109–120

Schaltegger S (2011) Von CSR zu Corporate Sustainability. In: Sandberg B, Lederer K (Hrsg) Corporate Social Responsibility in kommunalen Unternehmen. Wirtschaftliche Betätigung zwischen öffentlichem Auftrag und gesellschaftlicher Verantwortung. VS, Wiesbaden, S 187–199 https://doi.org/10.1007/978-3-531-94040-3_11

Schwalbach J, Schwerk A (2022) Corporate Governance und Corporate Social Responsibility: Grundlagen und Konsequenzen für die Unternehmenskommunikation. In: Zerfaß A, Piwinger M, Röttger U (Hrsg) Handbuch Unternehmenskommunikation. Strategie – Management – Wertschöpfung, 3. Aufl. Springer Gabler, Wiesbaden, S 235–251 https://doi.org/10.1007/978-3-658-22933-7_9

Sombetzki J (2014) Historische Beiträge zu einer Minimaldefinition von „Verantwortung": Etymologie und Genese der Verantwortung vor dem Hintergrund der Verantwortungsforschung. Archiv für Begriffsgeschichte 56:197–219

Spachmann K, Huck-Sandhu S (2013) Interne Kommunikation – Stellenwert und Neuausrichtung. In: Bentele G, Piwinger M, Schönborn G (Hrsg) Kommunikationsmanagement. Luchterhand, Neuwied, S 1–30 (Loseblatt, Beitrag 3.96)

Struhs-Wehr K (2017) Betriebliches Gesundheitsmanagement und Führung. Gesundheitsorientierte Führung als Erfolgsfaktor im BGM. Springer, Wiesbaden https://doi.org/10.1007/978-3-658-14266-7

Szyszka P (2022) Gemeinwohlorientierung und Public Relations: Mär oder mehr? Grundlagen, fachhistorische Rekonstruktion und Bewertung. In: Thummes K, Dudenhausen A, Röttger U (Hrsg) Wert- und Interessenkonflikte in der strategischen Kommunikation. Kommunikationswissenschaftliche Analysen zu Organisationen im Spannungsfeld zwischen Gemeinwohl und Partikularinteressen. Springer VS, Wiesbaden, S 19–40 https://doi.org/10.1007/978-3-658-35695-8_2

Thummes K (2022) CSR-Kommunikation von Unternehmen: Grundlagen der Verantwortungskommunikation. In: Zerfaß A, Piwinger M, Röttger U (Hrsg) Handbuch Unternehmenskommunikation, 3. Aufl. Springer Gabler, Wiesbaden, S 1023–1038 https://doi.org/10.1007/978-3-658-22933-7_44

Wagner R (2019) Effektive interne CSR-Kommunikation. Sinn stiften und motivieren für eine nachhaltige Unternehmensentwicklung. Springer, Wiesbaden https://doi.org/10.1007/978-3-658-27145-9

Wagner R (2022) Überholt von der Realität: Formt die Nachhaltigkeitskommunikation PR der Zukunft? Die Unternehmenskommunikation zwischen Einfluss und Abhängigkeit in einer nachhaltigen gesellschaftlichen Transformation. In: Pranz S, Heidbrink H, Stadel F, Wagner R (Hrsg) Journalismus und Unternehmenskommunikation. Zwischen Konvergenz und Konkurrenz. Springer, Wiesbaden, S 41–54 https://doi.org/10.1007/978-3-658-35471-8_3

von Walter B, Tomczak T, Wentzel D (2011) Wege zu einem effektiven und verantwortungsvollen Employer Branding. In: Raupp J, Jarolimek S, Schultz F (Hrsg) Handbuch CSR. Kommunikationswissenschaftliche Grundlagen, disziplinäre Zugänge und methodische

Herausforderungen. Mit Glossar. VS, Wiesbaden, S 327–343

Weder F (2012) „Verantwortung" als trendige Referenz der Wirtschaftsberichterstattung oder: Der fehlende öffentliche Diskurs über Corporate Social Responsibility. uwf 19:185–192

Weder F, Karmasin M (2011) Corporate communicative responsibility. Kommunikation als Ziel und Mittel unternehmerischer Verantwortungswahrnehmung – Studienergebnisse aus Österreich. zfwu 12(3):410–428

Weder F, Karmasin M (2013) Spielräume der Verantwortung. Stakeholder Management als Bedingung und Ergebnis sozial- und individualethischen Handelns. uwf 21(1–2):11–17

Werner P, Rinsdorf L, Pleil T, Altmeppen KD (2016) Hrsg. In: Verantwortung – Gerechtigkeit – Öffentlichkeit.

Normative Perspektiven auf Kommunikation. UVK, Konstanz

Wolf F, Böhringer M (2021) Mobile Kommunikationsmedien der Mitarbeiterkommunikation. In: Einwiller S, Sackmann S, Zerfaß A (Hrsg) Handbuch Mitarbeiterkommunikation. Interne Kommunikation in Unternehmen. Springer Gabler, Wiesbaden, S 355–367 https://doi.org/10.1007/978-3-658-23152-1_22

Zerfaß A (2022) Unternehmenskommunikation und Kommunikationsmanagement: Grundlagen, Handlungsfelder und Wertschöpfung. In: Zerfaß A, Piwinger M, Röttger U (Hrsg) Handbuch Unternehmenskommunikation, 3. Aufl. Springer Gabler, Wiesbaden, S 29–87 https://doi.org/10.1007/978-3-658-22933-7_2

**12**

# Auswirkungen mobiler Arbeit auf das Sozialkapital von Unternehmen – eine explorative Studie mit Mitarbeitenden und Führungskräften eines deutschen Industrieunternehmens

*Nicola Baur*

## Inhaltsverzeichnis

© Der/die Autor(en), exklusiv lizenziert an Springer-Verlag GmbH, DE, ein Teil von Springer Nature 2022
B. Badura et al. (Hrsg.), *Fehlzeiten-Report 2022*, Fehlzeiten-Report,
https://doi.org/10.1007/978-3-662-65598-6_13

■ ■ **Zusammenfassung**

*Aktuelle Studien zeigen, dass die Nutzung von mobiler Arbeit während der Corona-Pandemie eine deutlich stärkere Verbreitung und eine höhere Intensität erfahren hat. Für viele Beschäftigte hat sich die Arbeitssituation dahingehend verändert, dass mobiles Arbeiten für sie alltäglich geworden ist. Vor diesem Hintergrund rückt die Frage nach der Gestaltung und der Nutzung, aber auch nach den Auswirkungen des mobilen Arbeitens auf das Sozialkapital von Organisationen sowie die Gesundheit der Belegschaft in den Vordergrund. Um diesen Fragen auf den Grund zu gehen, wurde eine explorative Studie mit je acht Führungskräften sowie Mitarbeitenden eines deutschen Industrieunternehmens durchgeführt. Als wissenschaftliche Grundlage dient das Bielefelder Sozialkapitalmodell.*

*Die Analyse der Ergebnisse zeigt auf, dass neben den positiven Effekten mobiler Arbeit, wie z. B. Wegfall von Pendelzeiten, bessere Vereinbarkeit von Beruf und Familie und die höhere Flexibilität, auch potenzielle Risiken für die Gesundheit und das Wohlbefinden der Mitarbeitenden entstehen können, wie z. B. der Verlust der sozialen Kontakte, Entgrenzung der Arbeitszeit sowie physische und psychische Belastungen. Die Ergebnisse machen deutlich, dass bereits nach zwei Jahren Veränderungen des organisationalen Sozialkapitals bemerkbar werden.*

## 13.1 Einleitung

Die Arbeitswelt des 21. Jahrhunderts verändert sich. Insbesondere die in Umfang und Geschwindigkeit stetig zunehmende Digitalisierung, aber auch Aspekte wie Globalisierung oder sich verändernde Präferenzen von Mitarbeitenden bezüglich der Work-Life-Balance führen zu neuen Anforderungen und veränderten Rahmenbedingungen in der Arbeitswelt. Eine besonders augenfällige Veränderung betrifft den Arbeitsort: Während der größte Teil der Beschäftigten früher einen festen Arbeits-

platz im Unternehmen hatte, ist der Anteil der sogenannten mobilen Arbeit[1] in den letzten Jahren massiv angestiegen. Seit dem Ausbruch der Corona-Pandemie im Frühjahr 2020 ist für viele Mitarbeitende mobiles Arbeiten beinahe alltäglich geworden und für die Unternehmen ergibt sich aus dem sprunghaften Anstieg der mobilen Arbeit die Notwendigkeit für erhebliche Veränderungen in der Arbeitsorganisation (Behrens et al. 2021). Durch diesen Wandel sind die Unternehmen einerseits vor große Herausforderungen gestellt; andererseits profitieren sie aber auch von dieser Entwicklung, da sich durch den verstärkten Einsatz des mobilen Arbeitens die Erreichbarkeit der Mitarbeitenden, die Produktivität sowie die Arbeitgeberattraktivität erhöht (Bonin et al. 2020). Aus Sicht der Beschäftigten ergibt sich ein ähnlich ambivalentes Bild: Auf der einen Seite kann die verstärkte Nutzung des mobilen Arbeitens die Arbeitszufriedenheit der Mitarbeitenden steigern, da dies dem Bedürfnis vieler Arbeitnehmenden nach einer flexiblen Arbeitszeitgestaltung entgegenkommt und somit eine bessere Vereinbarkeit von Familie und Beruf ermöglicht, zudem entfallen Pendelzeiten. Diesen positiven Effekten stehen aber auch gewisse Risiken gegenüber: Viele Mitarbeitende leiden unter der informellen Art der Kommunikation, unter dem Verlust der sozialen Kontakte zum Kollegium und unter der räumlichen Distanz (Bonin et al. 2020). Die durch das mobile Arbeiten zunehmende Isolation kann im Verlust des Netzwerks innerhalb der Organisation resultieren und die Tatsache, dass Besprechungen primär digital stattfinden, führt zu einem Bewegungsmangel, der erhebliche gesundheitliche Risiken in sich birgt (Pfaff und Schubin 2021). In vielen Fällen heißt Homeoffice Arbeiten am Küchentisch, was unergonomisch ist und zu weiteren gesundheitlichen Problemen führen kann. Auch die sogenannte Entgrenzung, also die Auflösung der Grenze zwischen

---

1 „Mobiles Arbeiten", „ortsflexibles Arbeiten" und „Homeoffice" werden synonym und in Abgrenzung zur Dienstreise verwendet und beinhalten nur ganztägige Arbeit.

Privatleben und Arbeitszeit, kann negative Folgen für die Gesundheit der Mitarbeitenden haben. Denn durch die Flexibilisierung der Arbeitszeiten verschwimmt die Grenze zwischen Arbeit und Freizeit (Melzer und Hubrich 2014), was zu einem höheren Stressempfinden und zu einem Anstieg psychischer Belastungen führen kann (Hofmann 2021).

Vor dem Hintergrund dieser Veränderungen in der Arbeitswelt und der sich daraus ergebenen Konsequenzen rückt die Frage nach der Gestaltung und der Nutzung, aber auch nach den Auswirkungen des mobilen Arbeitens auf das Sozialkapital in den Fokus von Organisationen. Diese Frage zu beantworten hat nicht nur für die Beschäftigten, sondern gleichermaßen auch für die Unternehmen höchste Priorität. Denn wie in Studien des Teams um Bernhard Badura hinreichend belegt werden konnte, hat ein hohes Sozialkapital salutogene, also gesundheitsfördernde Wirkung auf die Beschäftigten, was sich wiederum positiv auf den Unternehmenserfolg auswirkt (Badura und Ehresmann 2016).

## 13.2 Sozialkapital im Unternehmenskontext: Das Bielefelder Unternehmensmodell

Gemäß dem Bielefelder Unternehmensmodell setzt sich das Sozialkapital einer Organisation aus dem Führungs- und Netzwerkkapital sowie aus der Unternehmenskultur zusammen. Dabei gibt es dem Bielefelder Sozialkapital-Modell zufolge einen engen Zusammenhang zwischen Organisationen als sozialen Systemen mit ihren spezifischen Organisationsmerkmalen und Arbeitsbedingungen auf der einen Seite sowie der Gesundheit und der Leistungsfähigkeit der Beschäftigten im organisationalen Kontext und dem Betriebsergebnis auf der anderen Seite (Badura et al. 2008). Wie Badura ausführt, wird der Begriff des Sozialkapitals „zur Identifizierung von Merkmalen sozialer Gebilde [verwendet], die ihre Leistungsfähigkeit eben-

so wie die Gesundheit ihrer Mitglieder vorherzusagen erlauben. Im engeren Sinne wird darunter das soziale Vermögen zum Beispiel einer Organisation verstanden, d. h. Umfang und Qualität der internen Vernetzung, der Vorrat gemeinsamer Überzeugungen, Werte und Regeln sowie die Qualität der Menschenführung" (Badura 2013, S. 10).

Für die praktische Umsetzung in Organisationen ist zu beachten, dass sich Investitionen in die Gesundheit von Mitarbeitenden nur dann rechtfertigen lassen, wenn diese auch auf das Betriebsergebnis positive Auswirkungen haben (Badura et al. 2008). Um dies zu evaluieren, ist das von Badura et al. entwickelte Modell in einer Weise konzipiert, die es erlaubt, das soziale Kapital einer Organisation zu messen und somit beeinflussbar zu machen.[2]

## 13.3 Zielsetzung, Methode und Stichprobe

### 13.3.1 Zielsetzung

Hauptziel der hier dargestellten qualitativen Studie war es, die Auswirkungen der pandemiebedingten intensiven Ausweitung mobiler Arbeit auf das Sozialkapital der betrachteten Organisation zu untersuchen. Folgende zentralen Forschungsfragen wurden hierzu herausgearbeitet:

1. Welche Auswirkungen hat das mobile Arbeiten auf das Sozialkapital von Unternehmen, insbesondere auf die Faktoren a) Netzwerkkapital, b) Führungskapital und c) Organisationskultur?
2. Welche Einflussfaktoren lassen sich daraus für die Gesundheit und das Wohlbefinden von Mitarbeitenden und Führungskräften ableiten?

---

2  Vertiefend vgl. hierzu Badura (2010); Badura und Ehresmann (2017).

### 13.3.2 Methode

Um diesen Fragen auf den Grund zu gehen, wurde eine explorative Studie durchgeführt, um anhand leitfadengestützter Interviews persönliche Erfahrungen von acht Führungskräften und acht Mitarbeitenden eines deutschen Industrieunternehmens zu analysieren, die selbst mobil arbeiten. Der Fokus lag dabei nicht auf der Repräsentativität, sondern vielmehr darauf, einen möglichst hohen Informationsgehalt in einem bisher wenig erforschten Umfeld zu gewinnen.

Die Interviews wurden nach den Regeln qualitativer Forschung (Mayring 2002) ausgewertet und sind analog den Themenblöcken der Forschungsfragen gegliedert.

### 13.3.3 Stichprobe

Bei den für diese Studie ausgewählten Befragten handelt es sich sowohl um Mitarbeitende als auch um Führungskräfte eines produzierenden deutschen Unternehmens. Die Teilnehmenden sind Ingenieure oder Führungskräfte innerhalb der Produktentwicklung und übernehmen Aufgaben direkt am Produkt, haben aber auch verwaltende Aufgaben, wie die Auswertung von Daten, die im Rahmen der Entwicklungsarbeit an den Produkten erhoben werden. Alle Teilnehmenden sind dementsprechend zum mobilen Arbeiten fähig. In dem Unternehmen war bis zum Zeitpunkt des ersten von der Bundesregierung beschlossenen Lockdowns im März 2020 das Thema mobiles Arbeiten nur wenig präsent. Aufgrund der politischen Maßnahmen kam dann das mobile Arbeiten flächendeckend und sehr kurzfristig bei allen Mitarbeitenden zum Einsatz, die ganz oder teilweise mobil arbeitsfähig sind.

### 13.4 Fallstudienbezogene Ergebnisse

Im Folgenden werden die Ergebnisse der Interviews anhand der Themenblöcke dargestellt. Die zitierten Aussagen der interviewten Führungskräfte und Mitarbeitenden basieren auf ihren persönlichen, individuellen Erfahrungen innerhalb der Organisation.

### 13.4.1 Allgemeine Vor- und Nachteile

Bezüglich der Frage danach, welche **Vorteile** sie persönlich mit dem mobilen Arbeiten verbinden, gaben fast alle Interviewten an, dass der **Wegfall von Fahrtzeiten** und des damit verbundenen Stresses eine deutliche Erleichterung darstelle. Einen weiteren Vorteil sehen die Befragten darin, dass sie das Privatleben besser mit dem Berufsleben vereinbaren können. Die mit der mobilen Arbeit einhergehende **Flexibilität** hinsichtlich Familienzeit, Zeit für sportliche Aktivitäten oder einfach für klassische Alltagsaufgaben wird in dieser Hinsicht als große Verbesserung wahrgenommen.

» „Also für mich jetzt natürlich, dass ich nicht jeden Morgen und Abend 70 km zu fahren habe, dadurch habe ich natürlich einen Riesenvorteil." (I3, Abs. 4)

» „Flexibler ist man auch, wenn es darum geht, mal schnell etwas erledigen zu müssen, was man sonst zum Feierabend hin erst erledigen konnte. Also zum Beispiel in den Baumarkt fahren oder Handwerker im Haus haben oder einkaufen gehen oder auch mal einen Arztbesuch. Dafür hat man sich in der Vergangenheit meistens einen Tag oder einen halben Tag frei genommen." (I12, Abs. 4)

Neben diesen Vorteilen nannten die Befragten aber auch **Nachteile**, die sich oftmals aus denselben Umständen ergeben wie die Vorteile. Beispielsweise gaben 11 der 16 Interviewten zu bedenken, dass das mobile Arbeiten zwar zu einer besseren Vereinbarkeit von Privatzeit und Beruf führe, dass dadurch aber auch eine gewisse **Entgrenzung** der Arbeitszeit spürbar werde:

» „[…] aber nein, ich würde nicht sagen, dass die Work-Life-Balance sich massiv verbessert hat, weil ich ja natürlich permanent meine Arbeit auch in meinem privaten Umfeld habe." (I8, Abs. 18)

» „Nachteil ist auch, dass der Job halt immer bei dir zuhause ist und man ist ja dann doch so pflichtbewusst und geht ans Telefon, wenn es klingelt oder wenn einem was einfällt, dann macht man das eben noch schnell. Das geht schon auch manchmal zu Lasten des häuslichen Friedens." (I11, Abs. 4)

Die überwiegende Mehrzahl der Interviewten (14 von 16 Befragten) gaben als weiteren großen Nachteil zudem den **Verlust von sozialen Kontakten** an:

» „Also ein enormer Nachteil war meiner Meinung nach, als wir fünf Tage die Woche von zu Hause aus arbeiten mussten. Da hat man den Kontakt zu den Leuten ziemlich schnell verloren." (I12, Abs. 6)

» „Diese sozialen Kontakte, das Gespräch über den Schreibtisch, aber die kann man ja in dem Fall eventuell tatsächlich nur über ihre persönliche Anwesenheit kompensieren." (I2, Abs. 4)

### 13.4.2 Netzwerkkapital

Das Thema Netzwerkkapital wurde untersucht, indem Fragen zur Zusammenarbeit, zur Erreichbarkeit von Kollegen und zu den allgemein verfügbaren Netzwerkmöglichkeiten gestellt wurden. Aus den Antworten ergaben sich Hinweise auf Veränderungen hinsichtlich Commitment, Wir-Gefühl und den sogenannten Spaßfaktor.

#### ▪▪ Zusammenarbeit

Bezüglich der Frage, wie im Rahmen des mobilen Arbeitens die Zusammenarbeit mit den Kollegen erlebt wird, gab die überwiegende Mehrzahl der Befragten (12 von 16) an, davon überzeugt zu sein, dass die **fachliche Zusammenarbeit** nach wie vor als sehr positiv bewertet werden könne. Vor allem die Zusammenarbeit mit bereits bekannten Kollegen wird von der Mehrheit der Befragten als gleichbleibend gut empfunden:

» „Ich finde aber, dass die Zusammenarbeit mit den Kollegen, die man gut kennt, eigentlich gleichgeblieben ist." (I11, Abs. 15)

» „Ja, ich muss sagen, positiv ist, dass wir tatsächlich aufgrund der Tatsache, dass man sich persönlich kennt, doch sehr gut auch miteinander arbeiten kann. Es läuft tatsächlich erstaunlich gut und das ist natürlich ein Vorteil." (I13, Abs. 18)

In der Zusammenarbeit mit neuen oder noch nicht bekannten Kollegen sowie im Hinblick auf die **Arbeit an neuen Themen** zeigen sich für die Interviewten allerdings einige **Erschwernisse**. Sie weisen darauf hin, dass die Kommunikation und die Vernetzung durch das mobile Arbeiten erheblich beeinträchtigt werden, da wichtige Signale, die normalerweise über Körpersprache, Mimik und Gestik kommuniziert würden, wegfielen und es damit große Mühe bereite, das Gegenüber korrekt einzuschätzen. Auch der Umstand, dass der Austausch in Meetings rein fachlicher Natur ist, trägt laut den Befragten zu einer **sozialen Distanzierung** bei.

» „Neue sind schwerer einzuschätzen und lernen auch langsamer. Das macht es ein bisschen schwerer. Ich wollte jetzt nicht unbedingt in einen anderen Bereich wechseln, in dem man nur von zu Hause aus arbeitet." (I11, Abs. 15)

» „Meistens wird nur das besprochen, was gerade nicht so gut läuft. Fachlich gesehen und wirklich eigentlich nur noch über negative fachliche Themen, und Privates wird gar nicht abgefragt. Da fragt man sich natürlich irgendwann ‚Wofür mach' ich das hier eigentlich?'" (I15, Abs. 32)

■ ■ **Erreichbarkeit**
Beim Thema Erreichbarkeit von Kollegen ergibt sich ein ambivalentes Bild. Einerseits betont etwa die Hälfte der Befragten (7 von 16), dass sich die Erreichbarkeit durch die Chat-Funktion in dem verwendeten Betriebssystem und durch den Einsatz anderer Medien erhöht habe; andererseits wiesen elf Interviewte auch darauf hin, dass die **Vor-Ort-Erreichbarkeit** stark nachgelassen habe, was zu einem erhöhten Abstimmungs- und Planungsaufwand geführt habe:

» „Es ist auch so, dass einerseits diese Chat-Funktion, die man im Microsoft hat, durchaus eine schnelle Erreichbarkeit und eine kurzfristige Abstimmung ermöglicht. [...] Die erhöhte Erreichbarkeit ist gegeben. Das heißt, man kriegt vielleicht schneller Informationen [...]." (I8, Abs. 20)

» „Es ist etwas schwieriger, weil du alles planen musst. Es gibt also kaum noch kurzfristig angesetzte Treffen. Man läuft nicht mehr über den Hof und kann schnell was abstimmen, sondern man muss alles planen. Das ist etwas stressiger." (I12, Abs. 20)

■ ■ **Netzwerkmöglichkeiten**
Danach gefragt, wie es gelingt, das eigene Netzwerk aufrechtzuerhalten oder sogar zu erweitern, gaben 15 der 16 Befragten an, dass es schwer sei, das bereits erarbeitete Netzwerk aufrechtzuerhalten. Der Aufwand, sich nach

der geschäftlichen Besprechung auch noch privat auszutauschen, sei hoch und werde daher oft zugunsten anderer Terminanfragen „wegpriorisiert". Die Mehrheit der Befragten ist sich also darüber einig, dass eine Netzwerkerweiterung über digitale Medien im beruflichen Kontext kaum möglich ist bzw. dass der Austausch nicht über fachliche Themen hinausgeht und deswegen faktisch nicht stattfindet:

» „Heute macht man so was auch gezielter. Also ich glaube, heute verabredet man sich gezielter, mal auf so einen digitalen Kaffee [...]. Und dann schiebt man das so [...] ein Stück weit vor sich her, um dann kurz vor knapp sagen zu müssen ‚Sorry, ich schaffe es nicht auf 15 Uhr, lass es uns ein wenig später machen oder lass es uns auf einen anderen Termin verschieben'." (I10, Abs. 26)

» „[...] aber das ist keine Netzwerkerweiterung. Netzwerkpflege und -erweiterung findet bei mir im Moment gar nicht statt." (I4, Abs. 36)

Dieser Aspekt des Wegfalls der sozialen Begegnung wird von allen Befragten als negativ bewertet. Nach ihrer Wahrnehmung der Situation führt die Reduktion auf einen rein fachlichen Austausch zu einer Distanzierung vom Team und vom Unternehmen:

» „Es gibt soziale Kontakte, die dazu beitragen, dass man gern zur Arbeit geht. Das geht zurück." (I3, Abs. 24)

» „Das hat sich deutlich verschlechtert. Ich möchte nicht sagen, der fachliche Austausch, aber das ganze Drumherum und das Miteinander sind auf ein Minimum reduziert. Kurze Gespräche, aus denen man in der Regel den größten Mehrwert gezogen hat. Um einfach auch ein bisschen zu wissen, in welche Richtung geht denn die Entwicklung des Unternehmens? Die existieren einfach nicht mehr. [...] Aber wie gesagt, der soziale Aspekt geht komplett flöten." (I6, Abs. 17)

» „Da geht so ein bisschen die Bindung auch zu dem Unternehmen oder zu dem Team [...] verloren, weil man einfach über diese kleinen, den kleinen Austausch und die kleinen Nettigkeiten nicht mehr stolpert." (I15, Abs. 31)

Laut den Befragten gibt es zwar Versuche, die Kommunikation und die Beziehungen untereinander aufrechtzuerhalten, aber die Befragten waren sich auch darüber einig, dass echte Begegnungen nicht durch virtuelle Treffen ersetzt werden können und eher erzwungen wirken. Zudem gab ungefähr die Hälfte der Befragten an, dass der Spaß beim Arbeiten oder das Wir-Gefühl, was sich vor allem aus den zwischenmenschlichen Begegnungen ergebe, durch das mobile Arbeiten mehr und mehr wegfalle:

» „Nur noch rein fachlich zu arbeiten, macht nicht ganz so viel Spaß." (I12, Abs. 6)

» „[...] aber dieses Wir-Gefühl hat schon auch ein Stück weit abgenommen. Also, wie du sagst, die Distanz wird gefühlt immer größer zwischen den einzelnen Hierarchiestufen. Es wird auch schwieriger." (I4, Abs. 63)

### 13.4.3 Führungskapital

Laut dem Bielefelder Sozialkapital-Konzept ist das sogenannte Führungskapital, also die Qualität der Führung in einem Unternehmen, ein elementarer Indikator für dessen Sozialkapital, das durch Themen wie die Vermittlung von Sinnhaftigkeit der Arbeit, Kontrolle und Handlungsspielraum bestimmt wird.

#### ▪ Sinnhaftigkeit der Arbeit
Auf die Frage, ob sie ihre Arbeit nach wie vor als sinnvoll betrachten, antworteten fast

alle Interviewten, dass sie ihre Arbeit weiterhin als sinnvoll empfinden. Die Sinnhaftigkeit ergibt sich dabei zum einen aus der Arbeit selbst. Zum anderen ergibt sich für viele Befragte der Sinn ihrer Arbeit aber auch aus der Beziehung zu anderen sowie aus der Art der Führung durch Vorgesetzte. Der größte Teil der Befragten bestätigte, sich von der direkten Führungskraft auch im Rahmen der mobilen Arbeit wertgeschätzt zu fühlen:

» „Die Sinnhaftigkeit der Arbeit, diese Frage [...] stellt sich mir nicht. Wir haben alle einen verantwortungsvollen Job. [...] Da ist es für mich ganz glasklar, dass wir hier eine Verantwortung tragen. Und das macht den Sinn der Arbeit natürlich einfach." (I6, Abs. 25)

» „Und deswegen würde ich sagen, ich habe keinen Zweifel daran, dass meine Arbeit sinnvoll ist, weil ich halt wie gesagt einfach immer Kollegen helfen kann und die sich dann dafür bedanken." (I9, Abs. 43)

#### ▪▪ Kontrolle, Unterstützung und Handlungsspielraum
Danach befragt, ob sich das **Kontrollverhalten durch die direkte Führungskraft** geändert habe, antwortete der Großteil der Interviewteilnehmer, dass ihnen das notwendige **Vertrauen** entgegengebracht werde. Bezüglich des gewährten Handlungsspielraums waren sich fast alle Befragten einig, dass dieser mindestens gleichgeblieben sei.

» „[...] ich habe auch nicht das Gefühl, von ihm stärker kontrolliert worden zu sein. Ganz im Gegenteil. Eigentlich kann ich da jetzt keinen Unterschied festmachen." (I12, Abs. 30)

» „Naja, wie gesagt, ich habe da Glück. Sind nicht alle Führungskräfte bei uns so, aber ich habe schon immer sehr viel Freiheit, wenn du das mit Handlungsspielraum meinst, genossen und bin sehr selbstbestimmt in dem, was ich tue." (I11, Abs. 25)

Weniger unterstützt fühlten sich zwei der befragten Mitarbeiter, wobei auffällt, dass es sich um Personen handelt, die gerade innerhalb des Unternehmens den Job gewechselt haben.

#### ▪▪ Leadership

Bei der Frage nach der **Führungsqualität** war zu beobachten, dass Führungskräfte insgesamt tendenziell eher die eigene Rolle als die ihres direkten Vorgesetzten reflektiert haben und angaben, dass die Führung durch das mobile Arbeiten nachhaltig erschwert worden sei. Häufig wurde betont, dass es durch den Wegfall von Mimik und Gestik und dadurch, dass man Mitarbeitende nicht mehr oder nur selten persönlich sieht, die tatsächliche Arbeitsbelastung kaum mehr korrekt abschätzbar sei:

» „Ja, das ganze Thema Leadership wird aus meiner Sicht deutlich schwieriger." (I1, Abs. 4)

» „Jetzt ist, und du hast natürlich dann an der Stelle tatsächlich das Problem, dass das Einschätzen von dem, was dein Mitarbeiter braucht, einfach viel schwerer geworden ist. [...] Und da sehe ich schon eine gewisse Gefahr drin, dass man auch als Führungskraft so ein bisschen den Anschluss an das Team verliert." (I8, Abs. 28)

Von der Mehrheit der Führungskräfte wurde besonders häufig auch der Faktor Zeit und der größere **Planungsaufwand** betont, der nötig ist, um sich mit den Teammitgliedern auseinanderzusetzen. Zudem lasse sich Leidenschaft kaum digital transportieren:

» „Also ich brauche in Summe mehr Zeit, weil die Arbeit irgendwie trotzdem da ist. Und dann kommen noch diese Gespräche, die man gezielt machen muss." (I3, Abs. 20)

» „[...] die Möglichkeit, ein Team zu formen, ein Team zu führen und sie zu motivieren, ist für mich über die virtuelle Welt, über digitale Besprechungen, wirklich nur mit

starken Grenzen möglich. Ich kann das inhaltlich absetzen, was mein Ziel ist, kann das sachlich transportieren. Aber mir fällt es schwer, da irgendwelche Emotionen einzubringen [...], dass ist, wenn ich auf einen schwarzen Bildschirm gucke, dann fällt mir das schwer, dann fehlt mir das." (I1, Abs. 4)

Die Hälfte der befragten Führungskräfte gab an, Veränderungen in ihrer Rolle auf sich zukommen zu sehen. Sie bezweifeln, dass bewährte Führungsmethoden in Zukunft noch funktionieren werden und fordern für ihre Weiterentwicklung als Führungskräfte mehr Unterstützung:

» „Jemand, dem es nicht gelingt, diesen Wandel in der Führung zu gestalten, dem fehlen aus meiner Sicht notwendige Aspekte in seiner Führungsarbeit zukünftig. [...] Da fehlt mir echt was. In der Vergangenheit hatte ich das, glaube ich, und das wird jetzt jedem fehlen. Ich sehe aber nicht, dass man sein Niveau halten kann. Da brauchen wir Unterstützung" (I1, Abs. 47)

» „Sicherlich, vielleicht bräuchten wir als Führungskräfte noch ein bisschen Unterstützung wie wir, wie man [...] Kontakt hält, wie [...] soll man das organisieren?" (I5, Abs. 12)

### 13.4.4 Organisationskultur

#### ▪▪ Ausstattung

Die erste Frage zur Organisationskultur zielte darauf ab zu erfahren, ob die Interviewten von ihrem jeweiligen Arbeitgeber zusätzliche Ausstattung zum mobilen Arbeiten zur Verfügung gestellt bekommen und ob sie sich in diesem Sinne gut unterstützt fühlen. Alle Befragten gaben an, dass sie von der **Geschwindigkeit**, mit der die erforderlichen Änderungen umgesetzt wurden, beeindruckt waren, und dass sie sich vor allem im Hinblick auf die Verfügbarkeit IT-relevanter Ausstattung gut bis sehr gut unterstützt fühlten.

» „Ich finde, wir haben schnell alles, was mit Arbeit zu tun hat, umgesetzt. Das heißt, jeder hat einen Laptop und Telefon erhalten und konnte von zu Hause aus direkt loslegen. [...] Man kann sich [...] mittlerweile verschiedene Unterstützungsleistungen wie zusätzlicher Monitor, Tastatur und so weiter bestellen [...]." (I6, Abs. 6)

» „Der Arbeitgeber hat meiner Meinung nach ganz gut reagiert, schnell und zügig. Wir sind sehr schnell arbeitsfähig gewesen." (I12, Abs. 8)

Verbesserungspotenzial in puncto Ausstattung sahen zehn der befragten Personen im Hinblick auf Büromöbel. Dabei wurde besonders häufig darauf verwiesen, dass viele Beschäftigte im Homeoffice vom Küchentisch aus arbeiten, was aus ergonomischer Hinsicht fatal sei:

» „Ansonsten muss ich sagen ist die Situation hinsichtlich **Ergonomie** natürlich fragwürdig; da wird auch nicht nachgefragt, da wird auch nicht nachgehakt. [...] Man kann sich zwar mittlerweile verschiedene Unterstützungsleistungen wie zusätzlicher Monitor, Tastatur und so weiter bestellen, aber ein Bürostuhl oder ein ordentlicher Schreibtisch war nicht mit im Angebot." (I6, Abs. 6)

» „[...], wenn der Arbeitgeber beispielsweise noch Büroausstattung in Form von Möbeln oder so zur Verfügung stellt, also Stuhl oder so was. Weil viele Arbeiter, glaube ich, tatsächlich noch am Küchentisch oder sonstwo arbeiten." (I10, Abs. 6)

In Bezug auf den Faktor Unterstützung durch den Arbeitgeber wurde häufig auch auf das Fehlen von Regeln für die Arbeits- und Pausenzeiten hingewiesen. In diesem Zusammenhang wurde auch die **Kommunikations- und Meeting-Struktur** angesprochen:

» „Da gibt es keine Spielregeln mehr." (I12, Abs. 12)

» „Das gab es früher nicht, weil einfach Kantinenzeit war. Also man hat zwischen halb zwölf und ich sage mal 13 Uhr 30 bei uns klassischerweise zu Mittag gegessen. Natürlich nicht zwei Stunden lang. Aber in diesem Zeitraum, und da war gefühlt auch wirklich wesentlich weniger los. Das ist etwas, das mir ein bisschen fehlt. Das hat sich verändert." (I7, Abs. 2)

**■ ■ Allgemeine Führungskultur**
Drei der Interviewteilnehmer sind der Meinung, dass es durch das mobile Arbeiten zu einer Verbesserung des Kommunikationsverhaltens gekommen sei – es gebe insgesamt mehr Sachlichkeit:

» „[...] und auch die emotionalen Ausbrüche haben meines Erachtens etwas nachgelassen." (I8, Abs. 36)

» „Insgesamt beobachte ich eine höhere Sachlichkeit in den Abstimmungen. Die Kolleginnen und Kollegen, die stark waren in der persönlichen Kommunikation, also neben den Inhalten jemanden positiv wie negativ zu beeindrucken, denen ist ein wichtiges Tool genommen. Das führt dazu, dass die Sachlichkeit steigt. Also das, was man real beobachten kann. [...]." (I1, Abs. 24)

Etwa die Hälfte der Interviewteilnehmenden brachte zum Ausdruck, dass trotz einer positiven und spürbaren Veränderung, nämlich weg von einer strikt hierarchischen Struktur hin zu einer eher von Vertrauen geprägten Führungskultur, eine immer größer werdende **Distanz zur obersten Unternehmensleitung** spürbar werde, was sich durch das mobile Arbeiten beschleunigt habe:

» „Man verliert auch den Kontakt und den Bezug ein bisschen zum Unternehmen insgesamt, weil man die oberste Führung gar nicht mehr [sieht], da kriegt man nix mehr mit und sieht auch keinen [der obersten Führung mehr]." (I16, Abs. 40)

» „Ich finde halt generell [...], dass dadurch aber der Abstand, das der noch größer geworden ist zu den Mitarbeitern. Also es gibt ja kaum Veranstaltungen, die mit den Gruppen, Mitarbeitern und Management stattfinden, sondern Vorstände oder die meisten Führungskräfte sind ja immer nur unter sich und da endet es dann auch so. Und wir sind dann die, die das weitertragen müssen, der Multiplikator. Aber ich würde mir wünschen, dass auch unsere Vorgesetzten da mehr Kontakt suchen zu den normalen Mitarbeitern. [...]" (Interview 4-FK-M, Absatz 57, 00:37:32)

■■ **Transparenz**

Als Nächstes wurde abgefragt, ob die Interviewten im mobilen Arbeiten gefühlt mehr oder weniger von der **Unternehmensstrategie und den Unternehmenszielen** mitbekämen. Hierauf antworteten 90 % der Befragten, dass sie sich gleichbleibend oder sogar besser informiert fühlten. Zur Begründung wurde angeführt, dass über die digitalen Medien mehr Informationen verteilt würden und dass Informationsveranstaltungen, die in der Vergangenheit als Präsenzveranstaltungen stattgefunden hätten, nun in Onlineformate umfunktioniert wurden, was die Möglichkeit biete, nur punktuell teilzunehmen oder sich sogar zu einem späteren Zeitpunkt über zur Verfügung gestellte Videos zu informieren. Nach Einschätzung einer deutlichen Mehrheit der Interviewten haben sich die Transparenz bezüglich der Unternehmensziele sowie die Kommunikation im Allgemeinen grundlegend verbessert:

» „Ich würde sagen, ich bekomme fast mehr mit, weil unser Unternehmen gelernt hat, auf digital umzusteigen. Und digital ist an der Stelle einfacher." (I7, Abs. 16)

» „Das ist eine gute Frage. Ich glaube, man bekommt echt mehr mit, weil wir einfach wie gesagt diese ganzen Informationskanäle haben, in denen wirklich Gott und die Welt alles postet. Darunter natürlich auch unser Hauptabteilungsleiter oder sein Team

darunter. Somit habe ich das Gefühl, dass es etwas transparenter geworden ist, und es macht an der Stelle tatsächlich auch Sinn, weil einfach die Zeit, die man in den blöden Betriebsversammlungen gesessen hat, jetzt einfach nicht mehr notwendig ist. Man kann sich das online anschauen. Nebenbei vielleicht noch das ein oder andere erledigen, vielleicht sogar auch einfach mal da nebenbei etwas kochen. Von daher finde ich diese Entwicklung in Richtung Digitalisierung auf alle Fälle positiv." (I12, Abs. 32)

■■ **Informationsflut**

Gleichzeitig wurde aber auch darauf hingewiesen, dass die übermäßige Kommunikation zu einer Überlastung führe. Vier der Befragten sprachen hierbei von einer Informationsflut und einem zunehmenden Missbrauch der digitalen Medien:

» „Aber wie gesagt, ich finde, dieses Medium wird zunehmend missbraucht. Die Informationsflut ist nicht bewältigbar und dann daraus filtern zu müssen, was ist jetzt relevant und was nicht? Ist ganz schön schwer geworden." (I6, Abs. 29)

» „Auch wird man über alle möglichen Kanäle mit jedem Mist zugemüllt; das zu filtern, was wichtig ist, fällt schwer. Ist die neue Methode, sich zu zeigen." (I4, Abs. 22)

### 13.4.5 Physische und psychische Gesundheit

Ein weiteres Schlüsselthema der Analyse ist die Gesundheit. Diesbezüglich wurden den Interviewteilnehmenden allgemein gehaltene Fragen zum Wohlbefinden sowie explizite Fragen zur psychischen und physischen Gesundheit gestellt, wobei die Aufmerksamkeit auf den Gesundheitszustand und das Wohlbefinden der Befragten in Bezug auf das mobile Arbeiten gelegt wurde.

## ▪▪ Rückenschmerzen und Bewegungsmangel

Der Großteil der Befragten berichtete über eine **körperliche Mehrbelastung durch das mobile Arbeiten**. Diese körperliche Mehrbelastung wird auf eine mangelhafte Büroausstattung beim mobilen Arbeiten zurückgeführt, da oft weder ein adäquater Schreibtischstuhl noch ein höhenverstellbarer Schreibtisch vorhanden sind. Zwar ist die Hälfte der Befragten nach eigener Aussage nicht selbst von Rückenschmerzen betroffen, berichtet aber, das Problem von anderen Kollegen zu kennen. Ein weiterer Gesundheitsfaktor, der von zwölf Interviewten angesprochen wurde, ist der **Bewegungsmangel**, der sich vor allem daraus ergebe, dass die Wegstrecken zwischen dem Parkplatz und dem Gebäude oder von und zu Besprechungsräumen wegfallen:

» „Ich glaube, das ist aber bei vielen Kollegen der Fall, bei mir selbst nicht." (I15, MA Abs. 10)

» „Rückenschmerzen habe ich. Ich glaube schon, dass es damit zusammenhängen kann. Wir müssen uns aber vor Augen führen, wir sitzen alle aus meiner Sicht viel mehr als früher. Wir haben die Wechsel von Räumen nicht mehr, müssen keine Wege auf dem Werksgelände mehr zurücklegen." (I1, Abs. 10)

## ▪▪ Terminfülle

Alarmierenderweise gaben alle Interviewten an, seit der verstärkten Nutzung des mobilen Arbeitens vermehrt Stress zu empfinden und/oder anderen psychischen Belastungen ausgesetzt zu sein. Der Großteil der Befragten nennt als einen Hauptfaktor für erhöhtes Stressempfinden zudem die Veränderungen in der Terminstruktur. Allen Aussagen gemeinsam ist das Empfinden, dass die Taktung von Terminen enorm zugenommen habe:

» „Ich erlebe eine extrem hohe Taktung oder Frequenz von Besprechungen, das ist enorm

gestiegen. Man hat vor allem die Möglichkeit, auch noch kurzfristiger in Meetings zu wechseln." (I1, Abs. 18)

» „Ja, die Last, die Arbeitslast ist trotz der positiven Seiten hoch. Die Taktung der Termine ist unnormal, keine Pause mehr zwischen den Besprechungen und das fordert ein hohes Konzentrationsvermögen." (I11, Abs. 10)

Zu dieser veränderten Terminstruktur kommt nach Aussage von etwa zwei Dritteln der Befragten hinzu, dass man Aufgaben parallel erledigen müsse, was ein „hohes Konzentrationsvermögen notwendig" mache (I1, Abs. 18). Nach Aussage der Befragten spielt vor allem der **Wegfall von Vor- und Nachbereitungszeiten sowie von zeitlichen und gedanklichen Pausen** eine große Rolle bei der Zunahme des Stressempfindens. Ähnliche Aussagen finden sich in den folgenden Zitaten:

» „Man macht viel gleichzeitig. Also beantwortet in Terminen auch noch schnell Nachrichten, die per Chat reinkommen, oder liest seine E-Mails oder Infos aus anderen Kanälen. Also am Abend bist du schon total kaputt, weil du die ganze Zeit eingebunden warst und keine Ruhephasen hast." (I11, Abs. 10)

» „Am Abend bist du total kaputt, weil du den ganzen Tag am Sprechen warst, in Besprechungen oder parallel anderes erledigst, aber keine Ruhephasen, gedankliche, hast. Der Zeitaufwand für Besprechungen ist aus meiner Sicht im Arbeitsalltag eher gestiegen." (I1, Abs. 18)

## ▪▪ Dauererreichbarkeit

Der dritte in diesem Zusammenhang angesprochene Punkt ist die in verschiedenen Konferenzsystemen integrierte **Chat-Funktion**. Auch wenn sich alle Befragten darüber einig sind, dass diese Funktion durchaus Vorteile bietet, wurde auch darauf hingewiesen, dass durch das Vorhandensein dieses zusätzlichen Informationskanals das Stressempfinden verstärkt werde. Als Hauptstressor nehmen Befragten dabei den Umstand wahr, dass man aufgrund dieser Funktion das Gefühl habe, sofort reagieren zu müssen und ein gewisser Druck empfunden werde, immer erreichbar zu sein.

» „Du reagierst sofort, du bist sofort im Termin abgelenkt. Du hast immer das Gefühl, dass du reagieren musst. Und das ist aus meiner Sicht sehr gefährlich. Das ist nicht nur eine Entwicklung durch das mobile Arbeiten. Aber je mehr Informationskanäle ich habe, desto mehr nimmt der Stress folglich zu." (I6, Abs. 10)

» „Aber dieser Druck, den man sich aber selber macht, immer erreichbar zu sein." (I14, Abs. 18)

#### ▪▪ Entgrenzung
Der Umstand, dass es keine allgemeingültigen Regeln für die Arbeitszeiten gibt, stellt einen weiteren großen Stresstreiber dar. Zu diesem Aspekt, der von zwei Dritteln der Befragten genannt wurde, komme außerdem noch hinzu, dass die Hemmschwelle dafür gesunken sei, auch außerhalb der eigentlichen Arbeitszeit Termine einzustellen, per Chat zu schreiben oder anzurufen. Diese Thematik vertiefend gaben 10 der insgesamt 16 Befragten an, eine zunehmende **Vermischung von Privatleben und Beruf** wahrzunehmen, was dazu führe, dass sich die Arbeitszeit gefühlt verlängere:

» „Was manchmal schon nervt, ist, dass es gefühlt kein Anfang oder Ende der Arbeitszeit gibt. Wenn dein Terminkalender voll ist, dann hauen dir die Kollegen einfach morgens früh oder spät abends oder in der Mittagspause einen Termin rein. Meistens sind das die Kollegen aus dem mittleren und oberen Management. Das strengt dann schon an oder ist mehr belastend, weil die Termine kannst du ja nicht ablehnen oder verschieben. Da wird oft keine Rücksicht

genommen. Ober sticht halt Unter." (I11, Abs. 10)

» „Also das, da glaube ich schon, [da hat] so eine Mischung auf beiden Seiten stattgefunden, und daraus resultiert auch ein Stück weit eine psychische Belastung; weil so den richtigen Feierabend, den gibt es glaube ich in dem Fall nicht mehr, oder man muss halt sehr, sehr, sehr diszipliniert sein, was das angeht." (I10, Abs. 12)

#### ▪▪ Gute Vorsätze
Obwohl zumindest einige der Befragten durchaus aktiv versuchen, unter Nutzung von verschiedenen Mitteln den physischen (Spazierengehen (I14, Abs. 6) und Fahrradfahren (I5, Abs. 34)) und psychischen Belastungen (zeitliche Blocker (I14, Abs. 18)) entgegenzuwirken, bleibt es häufig bei guten Vorsätzen. Vor allem unter den Führungskräften herrscht Einigkeit darüber, dass es sehr schwer ist, dem erhöhten Stressempfinden allein entgegenwirken zu wollen. Auch zwei der befragten Mitarbeitenden äußerten sich dementsprechend:

» „[...] einem Stressempfinden entgegenzuwirken, ist glaube ich immer sehr, sehr schwer." (I8, Abs. 14)

» „[...] spazieren gehen. Aber das funktioniert dann eigentlich nicht. Man nimmt sich das immer vor, aber schlussendlich macht man es dann doch nicht oder nur kurzzeitig, wie mit Diäten. Das hält man auch nur kurz durch und dann wird es meistens sogar noch schlimmer mit dem Gewicht." (I8, Abs. 10)

#### ▪▪ Häufigkeit mobiler Arbeit
Bezüglich der Frage, mit welcher Häufigkeit das mobile Arbeiten von den Befragten empfohlen wird, ergab sich, dass elf der insgesamt 16 Befragten empfehlen, ein bis **zwei Mal pro Woche** das mobile Arbeiten zu nutzen. Mehrfach betont wurde, dass es einen gewissen Gewöhnungseffekt gebe, aufgrund dessen eine dauerhafte Nutzung des mobilen Arbeitens nicht mehr dieselben positiven Effekte habe.

Zudem wurde darauf hingewiesen, dass eine permanente Nutzung des mobilen Arbeitens zu einer dauerhaften Entgrenzung und zum Verlust des Netzwerks führen könnte:

» „Also ich [...] würde zweimal die Woche cool finden. Dann ist der Gewöhnungseffekt, den ich ja vorhin mal angesprochen habe, auch nicht so groß, und man kann echt die Vorteile mitnehmen. Und auch verliert man nicht den Kontakt zu den Leuten." (I9, Abs. 61)

» „[...] also bei den zwei Tagen fand ich das immer total super, weil es wirklich eine schöne Erleichterung war. Jetzt bei den fünf Tagen muss ich sagen, für mich persönlich hat sich da schon einiges verändert, weil man einfach auch nicht mehr so sehr in dem Team integriert ist. Man hat einfach ein bisschen weniger Kommunikation und Ansprache." (I8, Abs. 4)

Auch wenn keiner der Interviewteilnehmer auf Dauer fünf Tage pro Woche mobil arbeiten möchte, wird das mobile Arbeiten als „**stark positiv**" (I1, Abs. 24) bewertet.

## 13.5 Diskussion der Ergebnisse

Die Einschätzungen der Befragten in Bezug auf das Thema mobiles Arbeiten zeigen, dass ortsflexibles Arbeiten von allen grundsätzlich positiv bewertet wird. Der Hauptgrund hierfür liegt darin, dass das mobile Arbeiten den Beschäftigten eine höhere Flexibilität ermöglicht und somit ein geeignetes Instrument darstellt, um das Familien- bzw. Privatleben und den Beruf besser miteinander zu vereinbaren. Als weiterer Vorteil des ortsflexiblen Arbeitens wird betrachtet, dass die Pendelzeiten wegfallen, wodurch es den Interviewten möglich wird, ihre Privatzeit zu erhöhen.

Diesen allgemeinen Vorteilen stehen allerdings auch Nachteile gegenüber, beispielsweise im Bereich des Netzwerkkapitals. Mitarbeitende und Führungskräfte betonen gleicher-

maßen den sozialen Verlust und damit einhergehend den **Verlust des Wir-Gefühls**. Das Führungskapital mit Bezug auf den direkten Vorgesetzten wird mehrheitlich als positiv bewertet, was sich in dem entgegengebrachten Vertrauen und einer größer werdenden Sachlichkeit widerspiegelt. In Bezug auf die Unternehmenskultur zeigt sich ein ambivalentes Bild – einerseits wird die größere Transparenz gelobt, andererseits wird ein Mangel an Regeln und eine größer werdende Distanz zur obersten Leitung betont.

### 13.5.1 Der Mensch als soziales Wesen: Fallstricke mobiler Arbeit

Menschen als soziale Wesen sind „abhängig von der Zugehörigkeit zu stabilen sozialen Netzwerken und von der dort erfahrenen Anerkennung und Zuwendung" (Badura 2021, S. 167). Die aus dem Zugehörigkeitsgefühl zu einer sozialen Gruppe entstehenden positiven emotionalen Bindungen fördern die Gesundheit und tragen dazu bei, die Leistungsfähigkeit zu erhalten. Wie anhand der Ergebnisse der vorliegenden Studie in diesem Zusammenhang aufgezeigt werden konnte, führt die zunehmende Kommunikation über digitale Medien zu einer radikalen Verringerung der persönlichen Gespräche zu Gunsten eines rein fachlichen Austauschs, was von allen Befragten gleichermaßen bedauert wurde. Durch den zunehmend rein fachlichen Austausch fällt es schon den bereits ins Team integrierten Mitarbeitenden und Führungskräften nach eigener Aussage schwer, ihr Netzwerk aufrechtzuerhalten. Noch schwieriger ist es, sich unter diesen Bedingungen in eine neue Teamstruktur einzufügen. Wie Behr et al. (2013) herausgearbeitet haben, ist ein positiver Umgang untereinander und die zwischenmenschliche Passung für reibungslose Abläufe innerhalb eines Teams unerlässlich. Dass Mitarbeitende das Gefühl haben, zu der Gruppe dazuzugehören und ihren Kolleginnen und Kollegen vertrauen und auch private Probleme ansprechen zu können, ist für ein gutes Beziehungsklima essenziell. Soziale Verbindungen innerhalb der Organisation sind wichtig, da sie zu einer besseren Vernetzung führen, wodurch der Informations- und Wissensaustausch erhöht wird (Hasle et al. 2007). Auch Tsai und Ghoshal (1998) betonen den Nutzen der sozialen Interaktion für die Organisation als wichtige Voraussetzung für die Entwicklung und Erhaltung von Sozialkapital. Dabei betonen Hasle et al. (2007), dass sich die Basis zur guten Zusammenarbeit erst aus der täglichen Anwendung ergibt, bei der Kolleginnen und Kollegen den Umgang miteinander erlernen und individuelle Verhaltensmuster kennen und verstehen lernen.

Ein eher ambivalentes Bild ergibt sich hinsichtlich der **Qualität der Kommunikation** sowie bezüglich des Themas **Erreichbarkeit**. Einerseits werden die größere Sachlichkeit in Gesprächen sowie die zusätzlichen Möglichkeiten, die sich durch die Nutzung beispielsweise der Chat-Funktion ergeben, als positiv wahrgenommen; andererseits führt gerade die genannte Chat-Funktion zu einer Mehrbelastung und zu dem Gefühl, ständig erreichbar zu sein bzw. sein zu müssen. Die zunehmende soziale Distanz, das Gefühl der permanenten Erreichbarkeit sowie der Umstand, dass viele Themen mehr Zeit und Planung benötigen, führen zu mehr Druck und damit zu einem vermehrten Stressempfinden, das es aufzulösen gilt. Wie Hofmann (2021) betont, führt genau dieser Druck vor allem zu einem Anstieg an psychischer Belastung, was in Fehlzeiten enden kann. Damit würden auch negative Folgen für den Betriebserfolg wahrscheinlich werden (Badura et al. 2013).

Auch bezüglich des Themas **Zusammenarbeit**, das ein wichtiger Indikator für das Sozialkapital ist und gesundheitsförderlich wirken kann (Badura et al. 2008), zeigen sich Ambivalenzen. Vertrauen als Basis für eine positive Zusammenarbeit ist ein Kernfaktor des Sozialkapitals und ein bedeutender Indikator für die Gesundheit der Belegschaft, da ein hohes Maß an Vertrauen stressreduzierend wirken kann (Badura et al. 2008). Dabei kann Vertrauen

nicht eingefordert werden, sondern ist abhängig davon, wie man das Gegenüber einschätzt (Hasle et al. 2007). In dieser Hinsicht hat die Analyse gezeigt, dass das Vertrauen in die bekannten Kolleginnen und Kollegen nach wie vor hoch ist. Allerdings wurde auch offensichtlich, dass es aus den oben bereits genannten Gründen gerade neuen Teammitgliedern oder Netzwerkpartnern schwerfällt, Vertrauen aufzubauen.

## 13.5.2 Leadership und Empowerment: neue Führungsansätze notwendig

In Bezug auf das Führungskapital der direkten Vorgesetzten hat sich durch die Studie ein positives Resultat ergeben. So berichteten die meisten der Befragten, dass ihnen in verstärktem Maße Vertrauen entgegengebracht würde, dass man ihnen tendenziell einen größeren Handlungsspielraum einräume und dass es den Führungskräften gelinge, ihnen die Sinnhaftigkeit ihrer Arbeit vor Augen zu führen.

Die Ergebnisse zeigen aber auch, dass trotz positiver Bewertung durch die Mitarbeitenden es die Führungskräfte selbst sind, die die Veränderungen durch die zunehmende Dezentralisierung und soziale Distanz belasten. Sie wünschen sich deshalb Lösungen für ihre Leadership-Rolle von den HR-Bereichen und der Geschäftsführung. Wie die befragten Führungskräfte mehrfach betont haben, findet die Kommunikation im mobilen Arbeiten nicht mehr wie früher bei spontanen Begegnungen, sondern sehr gezielt statt. Neben dem Umstand, dass dies zu einem erhöhten zeitlichen Aufwand und damit zu Stress auf beiden Seiten führt, hat es auch den Nachteil, dass man sich als Führungskraft kein spontanes Bild mehr über die Gefühlslage und die potenziellen Belastungen der Mitarbeitenden machen kann. Dies ist insofern problematisch, als ohnehin leistungsstarke Mitarbeitende generell dazu tendieren, ihre Arbeitszeiten noch stärker auszudehnen, während eher leistungsschwache Mitarbeitende öfter hinter einem schwarzen Bildschirm verschwinden. Die befragten Führungskräfte haben in diesem Zusammenhang immer wieder den Verlust von Mimik und Gestik betont sowie darauf hingewiesen, dass die räumliche Distanz eine zusätzliche Hürde für die Erfüllung ihrer eigenen Rolle darstelle und es bisher keine Ansätze im Unternehmen gebe, diese Distanz zu überbrücken. Dass die Beziehungsgestaltung und -pflege durch einen stark reduzierten Face-to-Face-Kontakt erschwert wird, wurde auch in anderen Studien gezeigt (u. a. Staar et al. 2019, S. 221 sowie Felfe et al. 2021, S. 290).

Die interviewten Führungskräfte brachten darüber hinaus auch eine gewisse **Machtlosigkeit** im Hinblick auf eine gesundheitsorientierte Führung zum Ausdruck, denn das Homeoffice bietet nur wenig Möglichkeiten, um tatsächlich einzugreifen und z. B. für regelmäßige Pausen zu sorgen, Vereinsamung und/oder Überforderung zu erkennen. In diesem Zusammenhang wurde berichtet, dass Führungskräfte selbst dann, wenn sie sich über die persönlichen Bedingungen ihrer Mitarbeitenden bewusst sind, kaum Einfluss auf ergonomische Arbeitsbedingungen nehmen können, um die Belastung der Mitarbeitenden zu reduzieren. Die Entscheidung, die erforderlichen Strukturen und Rahmenbedingungen solcher Maßnahmen zu genehmigen, bleibt in der Verantwortung der obersten Leitungsebene. Wie Felfe in diesem Zusammenhang betont, stellen Homeoffice und Digitalisierung „für die Führung [also] allgemein, aber auch für die gesundheitsförderliche Führung neue Herausforderungen dar." (Felfe et al. 2021, S. 290)

### 13.5.3 Chancen und Risiken für die Gesundheit der Belegschaft: Auf das rechte Maß kommt es an

Wie die Auswertungen gezeigt haben, scheint ein entscheidender Faktor für die Arbeitszufriedenheit die Häufigkeit des mobilen Arbeitens zu sein. Die überwiegende Mehrheit der Befragten nannte als optimale Nutzungshäufigkeit des ortsflexiblen Arbeitens durchschnittlich zwei Tage pro Woche; alle Befragten waren sich darüber einig, dass sie nach Ende der Pandemie wieder häufiger im Büro sein wollen. Dieses Ergebnis deckt sich mit den Ergebnissen anderer multivariater Studien[3], in denen herausgearbeitet wurde, dass die Arbeitszufriedenheit insbesondere bei jenen Beschäftigten höher ist, die nicht regelmäßig, sondern nur gelegentlich von zu Hause aus oder mobil arbeiten. Golden und Veiga (2005) beispielsweise kommen in ihrer Untersuchung zu dem Ergebnis, dass die Arbeitszufriedenheit unter Beschäftigten am größten ist, wenn sie 15 h pro Woche außerhalb der betrieblichen Einrichtungen arbeiten. Sobald die Beschäftigten mehr als 15 h pro Woche von außerhalb des Büros arbeiten, steigt die Jobzufriedenheit nicht weiter an. Die Autoren führen das auf die soziale und berufliche Isolation der Beschäftigten zurück (Bonin et al. 2020).

Diesen Vorteilen und Chancen des mobilen Arbeitens stehen laut Aussage der Befragten Gefährdungspotenziale gegenüber, die heute zwar noch nicht immer klar erkennbar sind, für die Zukunft aber dringend mitgedacht werden müssen.

#### ▪▪ Risiko fehlende Ergonomie und Bewegungsmangel

Mit Blick auf die körperlichen Belastungen haben sich vor allem zwei Themen als mögliche Risiken herausgestellt: erstens die fehlende Ergonomie an den Heimarbeitsplätzen und zweitens der zunehmende Bewegungsmangel, der sich aus der vermehrten Digitalisierung von Meetings ergibt. Um die Belegschaft langfristig vor den körperlichen Belastungen durch mangelhafte Ergonomie zu schützen und damit ihre Produktivität für das Unternehmen zu erhalten, ist es dringend notwendig, die jeweilige Arbeitssituation von Heimarbeitsplätzen

---

3  Siehe u. a. Fonner und Roloff (2010); Troup und Rose (2012); Wheatley (2017), Golden und Veiga (2005); Kelliher und Anderson (2010); Stettes (2016).

zu erfassen und im Sinne einer ergonomischen Ausstattung zu unterstützen. Da „fehlende oder mangelhafte ergonomische Gestaltung [kann] zu physischen und/oder psychischen Beschwerden führen" kann, die in der Regel erst zeitverzögert sichtbar werden, ist ein ergonomisch eingerichteter Heimarbeitsplatz notwendig, um diesen negativen Folgen vorzubeugen und Mitarbeitende langfristig gesund und damit auch produktiv zu halten (Ludwig et al. 2021). Der zweite genannte wesentliche Risikofaktor für die physische Gesundheit der Belegschaft ist der Bewegungsmangel. Wenn die Beschäftigten nur noch im Homeoffice arbeiten und alle Meetings digital stattfinden, sitzen sie nach eigenen Aussagen wesentlich mehr, da sämtliche Wege entfallen. Dass das Thema Bewegungsmangel tendenziell an Bedeutung gewinnt, und dass infolge der zunehmenden Digitalisierung der Lebens- und Arbeitswelt mit einer Reduktion der körperlichen Bewegung gerechnet wird, haben unter anderem Pfaff und Schubin (2021) herausgearbeitet. Die Autoren betonen in diesem Zusammenhang vor allem, dass Bewegungsmangel einen Risikofaktor für Herz-Kreislauf-Erkrankungen darstellt, aber auch chronische Lungenerkrankungen und Krebs befördern kann. Wie in dieser Studie aufgezeigt, sind selbstgewählte Maßnahmen wie vermehrtes Fahrradfahren oder Spazierengehen oft ein guter Vorsatz, der zugunsten Terminen „wegpriorisiert" wird.

**■ ■ Stresstreiber Terminfülle**

Neben den physischen Belastungen hat die verstärkte Nutzung des mobilen Arbeitens aber vor allem Auswirkungen auf das psychische Wohlbefinden der Beschäftigten. Die Befragung hat eindeutig aufgezeigt, dass das mobile Arbeiten trotz der oben genannten positiven Aspekte zu etlichen Zusatzbelastungen und damit zu einem erhöhten Stressempfinden führt oder zumindest führen kann. Unter anderem hat sich ergeben, dass durch die geänderte Terminstruktur und -art eine gefühlte **Arbeitsverdichtung** wahrgenommen wird, die zu einer latenten Überforderung führt. Zu diesem Re-

sultat gelangt auch Hofmann. Sie führt diese Wahrnehmung vor allem darauf zurück, dass die Beschäftigten bei Videokonferenzen direkt von einem Meeting zum nächsten wechseln, ohne dass es Pausen gibt, die früher einfach dadurch zustande kamen, dass man zwischen den entsprechenden Meetingräumen Wege zurücklegen musste. Hinzu kommt, dass Vor- und Nachbereitungszeiten quasi nicht mehr existieren (Hofmann 2021). In diesem Zusammenhang wurde in der vorliegenden Studie vor allem der Verlust gedanklicher Pausen mehrfach angesprochen, was deutlich auf eine mögliche psychische Überlastung hinweist. Zwar hat die Befragung auch ergeben, dass sowohl Führungskräfte als auch Mitarbeitende künstliche Pausen in ihre Kalender eintragen, um diesem Effekt entgegenzuwirken; diese zeigen meist jedoch keine oder nur geringe Wirkung, da sie zugunsten fachlicher Besprechungen entfallen. Diese Problematik sollte unbedingt ernst genommen werden. Denn wie Hellert betont, sind „Ruhepausen und -zeiten gesetzlich verankerte Zeiten, die der Erholung des Menschen dienen und Arbeitsbelastungen ausgleichen bzw. vermeiden. Sie unterbrechen die Arbeit und fördern als arbeitsfreie Zeit nach Arbeitsende die Leistungsfähigkeit." (Hellert 2021, S. 274). Eine Verkürzung von Pausenzeiten wirkt sich dementsprechend negativ auf die psychosomatische Gesundheit sowie auf die Work-Life-Balance der Beschäftigten aus. Umgekehrt hat eine gute Pausengestaltung salutogene Wirkung auf die psychische und physische Gesundheit, indem sie die Motivation sowie die Konzentration und damit die Arbeitsleistung sowie die der Beschäftigten fördert (Hellert 2021).

**■ ■ Belastungsfaktor Informationsflut und Dauererreichbarkeit**

Ein weiterer Belastungsfaktor, der in den Antworten sichtbar wurde, ist die Informationsflut, die sich aus den „neuen" Möglichkeiten der Digitalisierung ergibt. Auch hierdurch können gesundheitlichen Risiken entstehen, die im Blick behalten werden müssen. In diesem Zusammenhang betonen Behrens et al.

(2021), dass sich das Phänomen der Informationsüberflutung mit zunehmender Nutzung von digitalen Kommunikations- und Informationsmedien verstärkt. Die Mitarbeitenden haben das Gefühl, mehr oder schneller zu arbeiten. Diese Einschätzung kommt auch in den Aussagen der Befragten in der vorliegenden Untersuchung zum Ausdruck, die hierbei von dem gefühlten Druck sprechen, auf Chat-Nachrichten direkt reagieren zu müssen, was stresserzeugend wirke. Mit Blick auf dieses Phänomen wird es für das Unternehmen wichtig sein, klare Rahmenbedingungen und Kommunikationsregeln zu schaffen, damit die gesundheitsförderlichen Aspekte der verbesserten Kommunikationsmöglichkeiten zum Tragen kommen, ohne zu einer Informationsüberlastung zu führen und in dem Gefühl zu enden, ständig erreichbar zu sein und sein zu müssen (Behrens et al. 2021).

#### ▪▪ Entgrenzung

Ein weiterer Belastungsfaktor im Kontext des mobilen Arbeitens ist das bereits mehrfach angesprochene Phänomen der Entgrenzung. Backfisch et al. (2021) schreiben hierzu: „Eine entgrenzte Arbeitsweise ist dadurch geprägt, dass räumliche, zeitliche, aber auch psychomentale Grenzen zwischen Arbeit und Privatleben zunehmend verwischen, dass auch nach Feierabend noch auf die Arbeitsanforderungen reagiert wird und dadurch das Abschalten erschwert ist" (S. 313).

Auch hier ist es für das Unternehmen der Befragten elementar, Maßnahmen zur Prävention zu ergreifen und der kognitiven und räumlichen Entgrenzung durch ein explizites Regelwerk zu begegnen. Der zeitlichen und räumlichen Entgrenzung kann moglicherweise bereits über die Begrenzung der Häufigkeit der Arbeitstage entgegengewirkt werden.

### 13.6  Fazit und Schlussfolgerung

#### ▪▪ Verantwortung übernehmen: mobiles Arbeiten als Kontextgeber für das Sozialkapital von Unternehmen

Auch wenn die Beschäftigten nach dem Ende der Pandemie wieder vermehrt im Büro arbeiten, scheint klar, dass es ein Zurück zu reinen Präsenzunternehmen nicht mehr geben wird. Umso mehr Verantwortung tragen die Unternehmen über klare Rahmenbedingungen und feste Regeln für die Arbeits- und Pausenzeiten, die Häufigkeit der Nutzung des ortsflexiblen Arbeitens sowie über die damit einhergehenden gesundheitlichen Implikationen für die Beschäftigten nachzudenken und entsprechende Präventionsmaßnahmen zu erarbeiten (Pfaff und Schubin 2021).

Wie die Studie zeigt, hat das mobile Arbeit unmittelbare Konsequenzen für die Fürsorgemöglichkeiten der Führungskräfte. Aus diesem Grund müssen nicht nur die direkten Führungskräfte in die Verantwortung genommen werden. Die Auswirkungen des mobilen Arbeitens sollten bereits in der Gefährdungsbeurteilung mitgedacht und die Führungskräfte aktiv darüber aufgeklärt werden, welche Belastungsfaktoren durch das ortsflexible Arbeiten entstehen können. Führungskräften muss beigebracht werden, die individuellen Arbeitsbedingungen im Team zu koordinieren und den sozialen Austausch zu fördern. Auch müssen Führungskräfte sensibilisiert werden, sich mehr Zeit für die Kommunikation mit ihren Teammitgliedern einzuplanen. Dazu ist es notwendig, dass von Unternehmensseite genug Raum und Zeit gewährt wird. Aber nicht nur die veränderte Rolle von Führungskräften sollte im Fokus der Organisationen stehen, sondern ebenfalls die Veränderungen, die sich für Mitarbeiterinnen und Mitarbeiter ergeben Sie tragen im mobilen Arbeiten ebenfalls mehr Verantwortung, haben weniger Leitplanken und müssen sich wesentlich stärker selbst organisieren. Hier muss das Unternehmen die Frage stellen, welche Belastungsfaktoren sich daraus für den Einzelnen ergeben und wie diesen präventiv begegnet werden kann (Felfe et al. 2021).

Unklar und wenig erforscht ist zudem, wie der durch eine verstärkte Nutzung von Homeoffice bedingte Verlust der sozialen Kontakte überwunden werden kann. Die Ergebnisse zeigen, dass der Belegschaft durch die zunehmende Digitalisierung und die mit dem mobilen Arbeiten verbundene Dezentralisierung eine emotionale Entwurzelung droht. Virtuelle Formate – da sind sich die Befragten einig – können persönliche Treffen nicht ersetzen. Unternehmen tragen hier die Verantwortung, firmenspezifische Netzwerkformate zu etablieren, die trotz vermehrter Nutzung von ortsflexibler Arbeit die soziale Distanz überwinden und es ermöglichen, berufliche Netzwerke aufrechtzuerhalten, besser noch auszuweiten. Nur so kann einer Verstärkung des Silodenkens und einer emotionalen Entkoppelung durch mangelnde soziale Kontakte von Unternehmensseite her entgegengewirkt werden (Badura 2021).

Obwohl der Trend zum mobilen Arbeiten insgesamt als sehr positiv wahrgenommen wird, endet die Verantwortung von Unternehmen nicht an der Unternehmenspforte. Ganz im Gegenteil: Unternehmen sind mehr denn je gefragt, sich aktiv zu überlegen, welche Maßnahmen ergriffen werden müssen, um mögliche negative Folgen mobiler Arbeit zu verhindern.

## Literatur

Backfisch A, Ducki A, Borde T (2021) Arbeitsorte der Zukunft – Gesundheitsfördernde Gestaltung von Co-working Spaces und Homeoffice. In: Badura B, Ducki A, Schröder H, Meyer M (Hrsg) Fehlzeiten-Report 2021: Betriebliche Prävention stärken – Lehren aus der Pandemie. Springer, Berlin Heidelberg, S 105–121

Badura B (2010) Wege aus der Krise. In: Badura B, Schröder H, Klose J, Macco K (Hrsg) Fehlzeiten-Report 2009: Arbeit und Psyche: Belastungen reduzieren – Wohlbefinden fördern. Zahlen, Daten, Analysen aus allen Branchen der Wirtschaft. Springer, Berlin Heidelberg, S 3–12

Badura B (2013) Auf der Suche nach den Wurzeln von Gemeinsinn und Solidarität. In: Badura B, Greiner W, Rixgens P, Ueberle M, Behr M (Hrsg) Sozialkapital. Grundlagen von Gesundheit und Unternehmenserfolg, 2. Aufl. Springer, Heidelberg, S 1–17

Badura B (2021) Prävention schützt die Bevölkerung und stützt die Wirtschaft. In: Badura B, Ducki A, Schröder H, Meyer M (Hrsg) Fehlzeiten-Report 2021: Betriebliche Prävention stärken – Lehren aus der Pandemie. Springer, Berlin Heidelberg, S 105–121

Badura B, Ehresmann C (2016) Unternehmenskultur, Mitarbeiterbindung und Gesundheit. In: Badura B, Ducki A, Schröder H, Klose J, Meyer M (Hrsg) Fehlzeiten-Report 2016: Unternehmenskultur und Gesundheit – Herausforderungen und Chancen. Springer, Berlin Heidelberg, S 81–94

Badura B, Ehresmann C (2017) Unternehmenskultur, Mitarbeiterbindung und Gesundheit. In: Badura B (Hrsg) Arbeit und Gesundheit im 21. Jahrhundert: Mitarbeiterbindung durch Kulturentwicklung. Springer, Berlin Heidelberg, S 189–209

Badura B, Greiner W, Rixgens P, Ueberle M, Behr M (2008) Sozialkapital. Grundlagen von Gesundheit und Unternehmenserfolg. Springer, Heidelberg

Badura B, Greiner W, Rixgens P, Ueberle M, Behr M (2013) Sozialkapital. Grundlagen von Gesundheit und Unternehmenserfolg, 2. Aufl. Springer, Heidelberg

Behr M, Rixgens P, Badura B (2013) Das Unternehmensmodell – Elemente und Zusammenhänge. In: Badura B, Greiner W, Rixgens P, Ueberle, Behr M (Hrsg) Sozialkapital. Grundlagen von Gesundheit und Unternehmenserfolg, 2. Aufl. Springer, Heidelberg, S 49–59

Behrens J, Maurer T, Stender S (2021) Gesundheit in der Arbeitswelt 4.0: Wirkungen der zunehmenden Flexibilisierung von Arbeitsort und -zeit sowie der digitalen Kommunikation auf das Wohlbefinden von Beschäftigten. In: Badura B, Ducki A, Schröder H, Meyer M (Hrsg) Fehlzeiten-Report 2021: Betriebliche Prävention stärken – Lehren aus der Pandemie. Springer, Berlin Heidelberg, S 105–121

Bonin H, Eichhorst W, Kaczynska J, Kümmerling A, Rinne U, Scholten A, Steffes S (2020) Verbreitung und Auswirkungen von mobiler Arbeit und Homeoffice: im Auftrag des Bundesministeriums für Arbeit und Soziales. IZA Research Report No 99

Felfe J, Klebe L, Klug K, Krick A, Ducki A (2021) Prävention auch in der Krise? – Bedeutung gesundheitsförderlicher Führung. In: Badura B, Ducki A, Schröder H, Meyer M (Hrsg) Fehlzeiten-Report 2021: Betriebliche Prävention stärken – Lehren aus der Pandemie. Springer, Berlin Heidelberg, S 279–293

Fonner KL, Roloff ME (2010) Why teleworkers are more satisfied with their jobs than are office-based workers: when less contact is beneficial. J Appl Commun Res 38(4):336–361

Golden T, Veiga J (2005) The impact of extent of telecommuting on job satisfaction: resolving inconsistent findings. J Manage 31(2):301–318

Hasle P, Kristensen TS, Moller N, Olesen KG (2007) Organizational social capital and the relations with quality of work and health – a new issue for research. International Congress on Social Capital and Networks of Trust, Finnland (Konferenzpapier)

Hellert U (2021) Arbeitszeit flexibel und gesundheitsgerecht gestalten. In: Badura B, Ducki A, Schröder H, Meyer M (Hrsg) Fehlzeiten-Report 2021: Betriebliche Prävention stärken – Lehren aus der Pandemie. Springer, Berlin Heidelberg, S 265–277

Hofmann JC (2021) Arbeit in Zeiten von Gesundheitskrisen – Veränderungen in der Corona-Arbeitswelt und danach. In: Badura B, Ducki A, Schröder H, Meyer M (Hrsg) Fehlzeiten-Report 2021: Betriebliche Prävention stärken – Lehren aus der Pandemie. Springer, Berlin Heidelberg, S 27–41

Kelliher C, Anderson D (2010) Doing more with less? Flexible working practices and the intensification of work. Hum Relations 63(1):83–106

Ludwig S, Zieschang H, Heitmann C, Taskan-Karamürsel E (2021) Corona made my home my office – Arbeit im Homeoffice sicher und gesund gestalten. In: Badura B, Ducki A, Schröder H, Meyer M (Hrsg) Fehlzeiten-Report 2021: Betriebliche Prävention stärken – Lehren aus der Pandemie. Springer, Berlin Heidelberg, S 349–362

Mayring P (2002) Einführung in die Qualitative Sozialforschung, 5. Aufl. Beltz, Weinheim Basel

Melzer M, Hubrich A (2014) Einfluss arbeitsbezogener und individueller Ressourcen auf positive Aspekte der mentalen Gesundheit. Bundesanstalt für Arbeitsschutz und Arbeitsmedizin, Dortmund Berlin Dresden

Pfaff H, Schubin K (2021) Zukünftige Gesundheitsrisiken: Was kommt auf die Gesellschaft zu? In: Badura B, Ducki A, Schröder H, Meyer M (Hrsg) Fehlzeiten-Report 2021: Betriebliche Prävention stärken – Lehren aus der Pandemie. Springer, Berlin Heidelberg, S 43–63

Staar H, Gurt J, Janneck M (2019) Gesunde Führung in vernetzter (Zusammen-)Arbeit – Herausforderungen und Chancen. In: Badura B, Ducki A, Schröder H, Meyer M (Hrsg) Fehlzeiten-Report 2019: Digitalisierung – gesunde Arbeit ermöglichen. Springer, Berlin, S 217–235

Stettes O (2016) Gute Arbeit: Höhere Arbeitszufriedenheit durch mobiles Arbeiten. IW-Kurzbericht Nr. 76. Köln. https://www.iwkoeln.de/fileadmin/publikationen/2016/313711/IW-Kurzbericht_76_2016_Gute_Arbeit.pdf. Zugegriffen: 19. Aug. 2022

Troup C, Rose J (2012) Working from home: do formal or informal telework arrangements provide better work-family outcomes? Community Work Fam 15(4):471–486

Tsai W, Ghoshal S (1998) Social capital and value creation: the role of intrafirm networks. AMJ 41(4):464–476

Wheatley D (2017) Employee satisfaction and use of flexible working arrangements. Work Employ Soc 31(4):567–585

13

# Die „dunkle Seite" der Führung

*Thomas Kuhn und Jürgen Weibler*

## Inhaltsverzeichnis

B. Badura et al. (Hrsg.), *Fehlzeiten-Report 2022*, Fehlzeiten-Report, https://doi.org/10.1007/978-3-662-65598-6_14

■■ **Zusammenfassung**

*Unter dem Begriff der „dunklen Seite" der Führung versteht sich eine neuartige Forschungsrichtung, die Führungsformen untersucht, die als unethisch charakterisierbar sind und dabei zumeist auch mit negativen Auswirkungen für alle Beteiligten assoziiert werden. Der Beitrag beschreibt grundlegende Ausprägungen einer „dunklen" Führung (Abschn. 14.2), bestimmt die wesentlichen Ursachen für deren Entstehung in Organisationen (Abschn. 14.3) und erörtert mögliche Wirkungsweisen einer solchen Führung für die Geführten, zudem für die Organisation wie auch für die derart Führenden selbst (Abschn. 14.4). Zuletzt werden einige Überlegungen zur „Aufhellung" der Führung in Organisationen angestellt (Abschn. 14.5). Ein kurzes Fazit beschließt den Beitrag (Abschn. 14.6).*

## 14.1 Einleitung

Bevor man sich mit der „dunklen Seite" der Führung befasst, erscheint es hilfreich, zunächst kurz der Frage nachzugehen, was eigentlich unter der *„hellen Seite" der Führung* zu verstehen ist. Überaus punktgenau liest sich hierzu die renommierte Harvard-Professorin Barbara Kellerman (2004), die die „Light Side of Leadership" bezeichnet als unseren festen Glauben daran, dass ein *erfolgreich* Führender letztlich nur sein kann, wer auch ein *ethisch guter* und gerechter Führender ist. Weil, so die naheliegende Plausibilitätsvermutung, wie sonst sollte ein Führender Gefolgschaft finden und diese aufrechterhalten können? Genau diese Überzeugung, so Kellerman weiter in ihrer Analyse, prägt die gesamte „Leadership-Industrie" (Forschung & Lehre, Ratgeber & Bestseller, Führungskräfteausbildung und Weiterbildungsseminare) seit jeher und findet ihren aktuellen Niederschlag unter anderem in theoriegestützten Handlungsaufforderungen wie: Willst du erfolgreich führen, so muss du authentisch sein („Authentic Leadership"), über Tugenden verfügen (Weisheit und Gerechtigkeit, Mut und Maß) und Integrität besitzen („Ethical Leadership"), dich als Diener/Dienerin deiner Geführten verstehen („Servant Leadership") – ja, die Geführten besser noch mit „altruistischer Liebe" beschenken („Spiritual Leadership").

Wie ein regelrechter Absturz liest sich dagegen das, was empirische Untersuchungen über die Führungsrealität in Organisationen berichten. So gaben in einer Studie der Ruhr-Universität lediglich 20 % der befragten Mitarbeitenden an, mit der eigenen Führungskraft zufrieden zu sein. Mehr als die Hälfte (56 %) waren hingegen entschieden unzufrieden. Fast ein Viertel der Befragten (23 %) gab der Führungskraft gleich die schlechteste aller möglichen Bewertungen. Vorgesetzte wurden von daher als „Kündigungsgrund Nummer eins" eingestuft (Süddeutsche.de 2010). Nicht ganz so verheerend, aber schlimm genug, zeigt eine Gallup-Studie: Der Anteil derer, die in deutschen Unternehmen hochmotiviert arbeiten, ist mit 15 % in etwa so groß wie der Anteil derer, die innerlich vollständig gekündigt haben (14 %). Der verbleibende Rest (71 %) der Beschäftigten ist irgendwo im motivationalen Niemandsland unterwegs und leistet mehr oder minder „Dienst nach Vorschrift". Wichtig dabei: Als zentrale Ursache dieser defizitären Motivation gelten schlechte Vorgesetzte (Nink 2018; tn3.de 2018). Und eine DGB-Umfrage stellt fest, dass knapp die Hälfte der Beschäftigten Angst vor der eigenen Führungskraft hat, dies insbesondere dann, wenn es gilt, Probleme im Betrieb anzusprechen. Und etwa jede bzw. jeder dritte (32 %) der Geführten sieht sich durch die Führungskraft persönlich nicht ausreichend wertgeschätzt (DGB 2019). Wie die Konsequenz dessen liest sich eine repräsentative Umfrage des Meinungsforschungsinstituts Forsa und des Beratungsunternehmens Porsche, die ausweist: Jede zweite angestellte Person geht infolge von Unzufriedenheit mit der Geschäftsführung oder der Führungskraft ungerne zur Arbeit und jede dritte denkt deshalb über Kündigung nach (Nicolai 2020).

Nicht zuletzt aufgrund solcher empirischen Befunde, denen zufolge die erlebte Führung weit weniger „hell" ist als die normativen Vorgaben im Sinne der Light Side of Leadership es vielleicht erwarten lassen, hat sich die Führungsforschung in der jüngeren Vergangenheit aufgemacht, verstärkt nun auch der *Dark Side of Leadership* auf den Grund zu leuchten. Die Ausgangsfrage lautet dabei gewissermaßen: Was eigentlich ist eine „dunkle" bzw. unethische Führung? Diese Frage wollen wir im Folgenden durch Verweis auf zentrale Ansätze der einschlägigen Forschung beantworten.

## 14.2　Grundlegende Ausprägungen einer „dunklen" Führung

### 14.2.1　Unethisches Führungsverhalten

Eine erste bedeutsame Ausprägungsform „dunkler" Führung kann auf der *Mittelebene* verortet werden – gleichsam in dem, was Geführte regelmäßig und unmittelbar als Führung erleben: nämlich das konkrete Verhalten des Vorgesetzten. In diesem Kontext sind vor allem zwei Forschungsansätze herauszustellen, die beide maßgeblich auf die Arbeiten des Führungsforschers Bennett J. Tepper zurückgehen: nämlich die feindselig-aggressive Führung („Abusive Supervision") und der führungsseitig erzeugte Druck auf Mitarbeitende zu unethischen Verhaltensweisen („Pressure to Behave Unethically"):

- *Abusive Supervision* (Tepper 2000, 2007) verweist auf das, was wohl die meisten intuitiv mit einer unethischen Führung assoziieren werden: Ein Vorgesetztenverhalten, das von den Geführten als feinselig und aggressiv wahrgenommen wird und das sich dabei sowohl auf verbaler wie auf nonverbaler Ebene vollziehen kann. Als typische Ausdrucksformen gelten hier lautes und ärgerliches Anschreien, öffentliches Kritisieren, Bloßstellen und „zum Sün-

denbock stempeln" von Geführten, taktlose und kränkende Bemerkungen, Herabsetzungen und Nötigungen, Unhöflichkeiten und Grobheiten sowie nicht zuletzt auch die Darstellung von Ideen und Leistungen der Geführten als die eigenen. In einer frühen Schätzung ging Tepper für die USA davon aus, dass 14 % der Beschäftigten derlei Verhaltensweisen dauerhaft ausgesetzt sind und hierdurch ein Schaden von rund 24 Mrd. US-Dollar entstehe. Für die Bundesrepublik Deutschland ermittelte ein Gemeinschaftsforschungsprojekt mehrerer Universitäten jüngst, dass „Abusive Supervision" in 85 % der Unternehmen zu beobachten sei und in 21 % der Unternehmen ein regelrecht toxisches Klima herrsche – was bedeutet: Die Formen feindselig-aggressiven Führungsverhaltens sind hier auf allen Hierarchieebenen weit verbreitet, was im Wesentlichen durch ein „Trickle-Down" (Durchsickern von oben nach unten) erklärt wird (Bormann et al. 2020; Tichy 2020).

- *Pressure to Behave Unethically* (PBU) (Tepper 2010) verweist auf das Phänomen, dass Geführte von Führenden zuweilen unter Druck gesetzt werden, sich – vermeintlich „zum Wohle" der Organisation oder Institution – in einer illegitimen, potenziell auch illegalen Weise zu verhalten (z. B. Übervorteilung von Kunden, Zurückhaltung kritischer Informationen, Fälschung offizieller Daten). Druckmittel sind dabei die in Aussichtstellung persönlicher Vorteile im Falle des unethischen Verhaltens bzw. die Androhung persönlicher Nachteile für den Fall der Verweigerung solchen Verhaltens. Tepper geht in seinen Untersuchungen davon aus, dass PBU in nahezu allen US-amerikanischen Unternehmensskandalen der jüngeren Vergangenheit (z. B. Enron, Arthur Anderson, Fannie Mae) gut nachgewiesen werden kann – wobei wir mit Blick auf die Unternehmensskandale der Bundesrepublik Deutschland (z. B. VW, Wirecard) durchaus Vergleichbares annehmen dürfen.

## 14.2.2 Unethische Führungsziele

Eine zweite und nicht minder bedeutsame Ausdrucksform „dunkler" Führung ist auf der *Zielebene* zu verorten, sprich: nicht die Unmoral des Verhaltens ist hier das Problem, sondern die Ungerechtigkeit der führungsseitig verfolgten Ziele. Aufschlussreich in diesem Zusammenhang erscheinen insbesondere die Ansätze zur zerstörerischen Führung („Destructive Leadership") sowie zur ausbeuterischen Führung („Exploitative Leadership"):

- *Destructive Leadership* (Einarsen et al. 2007) versteht sich als „the systematic and repeated behavior by a leader, supervisor or manager that violates the legitimate interest of the organisation by undermining and/or sabotaging the organization's goals, tasks, resources, and effectiveness and/or the motivation, well-being or job satisfaction of his/her subordinates" (Einarsen et al. 2007, S. 207). Der Ansatz ist damit klassisch im Spannungsfeld von Organisations- und Mitarbeitendeninteresse dimensioniert und interpretiert Führung als gut und gerecht, wenn sie auf einen fairen Ausgleich zwischen den legitimen Interessen der Organisation und jenen der Geführten abzielt („Constructive Leadership"). Diese „helle" Form der Führung wird im Weiteren kontrastiert mit vier „dunklen" Führungsformen, deren Zielverfolgung auf je spezifische Weise unausgewogen und deshalb als unethisch zu bewerten ist. Im Einzelnen sind dies eine Führung, die (a) zu Gunsten der Geführten, jedoch zu Lasten der Organisation wirkt („Supportive-Disloyal Leadership"), (b) zu Gunsten der Organisation, jedoch zu Lasten der Geführten wirkt („Tyrannical Leadership"), (c) zu Lasten der Geführten und zu Lasten der Organisation wirkt („Derailed Leadership"), bzw. sich, quasi als Sonderform dessen, (d) praktisch weigert, ihrer Führungsfunktion überhaupt nachzukommen („Laissez-Faire Leadership"). In einer Untersuchung für Norwegen, dem Heimatland der Au-

torengruppe, zeigte sich, dass über 80 % der rund 2.500 Befragten angaben, eine oder mehrere dieser „dunklen" Führungsformen schon einmal beobachtet zu haben, zuweilen sogar „nahezu regelmäßig" (Daten für Deutschland liegen u. W. leider nicht vor).

- *Exploitative Leadership* (Schmid et al. 2019) fokussiert demgegenüber eine Interessenlage, die beim Destructive Leadership außen vor bleibt, obgleich sie in der Führungspraxis von enormer Bedeutung sein dürfte: die des Führenden selbst. Eine ausbeuterische Führung wäre demnach eine Führung, deren hauptsächliches oder ausschließliches Bestreben darin besteht, die Eigeninteressen des Führenden bestmöglich zu verwirklichen. Als typische Methoden solcher Ausbeutung gelten (a) Druck und Überforderung (Übertragung von immer mehr Aufgaben, für deren Erledigung knapp bemessene Fristen eingeräumt werden, dies alles ungeachtet der bereits vorhandenen Arbeitsbelastung der Mitarbeiter), (b) Unterforderung und Behinderung der Entwicklung (Übertragung uninteressanter Aufgaben, aus deren Erledigung der Führende persönliche Vorteile zu ziehen vermag, dies potenziell auch verbunden mit dem Ziel, persönliche Karrierewege zu verbauen und/oder nützliche Mitarbeitende ans Team zu binden), sowie (c) geschickte Manipulationen (z. B. gegenseitiges Ausspielen einzelner Mitarbeiter durch Täuschung und Hintergehen, dies alles wohlgemerkt potenziell in einer vordergründig überaus freundlichen und zuvorkommenden Weise).

## 14.3 Zentrale Ursachen einer „dunklen" Führung

Als wegweisender Ansatz zur Erklärung der Entstehung „dunkler" Führungsformen in Organisationen gilt das sog. *„toxische Dreieck"* (Padilla et al. 2007), dessen zentrale Botschaft lautet: Es wäre zu kurz gesprungen, würde man das Phänomen der „dunklen" Führung ausschließlich auf das Wirken und die Macht „dunkler" Führungspersönlichkeiten zurückführen. Eine solche Führung entsteht vielmehr stets aus dem Zusammenspiel von „dunklen" Führern („Bad Leader"), „dunklen" Geführten („Bad Follower") und „dunklen" Führungssituationen („Bad Barrels"), die solchen Akteuren ein begünstigendes Umfeld bieten. Einige grundlegende Erkenntnisse zu diesen Bestimmungsgrößen wollen wir im Folgenden in notwendiger Kürze nachzeichnen.

### 14.3.1 Psychogramme des Bad Leaders

Infolge der Führer-Zentrierung des üblichen Leadership-Denkens (Endres und Weibler 2019) überrascht es wenig, dass die Mehrzahl der Ansätze zur Erklärung „dunkler" Führung sich vornehmlich mit der Person bzw. der (problematischen) Persönlichkeit der Führungskraft auseinandersetzt. In den Mittelpunkt der Debatte ist dabei in den vergangenen Jahren die sog. *„Dunkle Triade"* der Persönlichkeit (Paulhus und Williams 2002) gerückt, die drei ähnliche, aber keineswegs gleiche Persönlichkeitstypen führungsbezogen diskutiert: (subklinische) Narzissten, Machiavellisten sowie (subklinische) Psychopathen.

- *Narzissten* sind durch spezifische psychische Merkmale bestimmbar, insbesondere durch Arroganz (als das üblicherweise hervorstechendste Merkmal), Minderwertigkeitsgefühle (die die innere Gefühlslage des Narzissten dauerhaft beherrschen), übersteigertes Bedürfnis nach Anerkennung und Überlegenheit, Überempfindlichkeit und Wut bei Kritik, fehlende Empathie, Amoralität und Paranoia (vergegenwärtigt etwa in der Bereitschaft, rücksichtslos und brutal gegenüber vermuteten Feinden, aber auch als unfähig/illoyal wahrgenommenen Gefolgsleuten zu agie-

ren) (Rosenthal und Pittinsky 2006). Studien über narzisstische Führungspersönlichkeiten sind zwischenzeitlich recht zahlreich und beginnen bei früheren US-Präsidenten (Watts et al. 2013), reichen – im Organisationsbezug – vom sog. CEO-Narzissmus (Cragun et al. 2020) über narzisstische Teamführung (Nevicka et al. 2011) bis hin zu Spezifika des Narzissmus im Assessment Center (Blair et al. 2015) und enden gewissermaßen in der Betrachtung des Zusammenhangs von Narzissmus und Führung in Schulklassen (Brummelman et al. 2021). Im Ergebnis lässt sich dabei verallgemeinernd feststellen, dass (a) narzisstische Führung zwar nicht unbedingt, dennoch überdurchschnittlich häufig mit negativen Auswirkungen einhergeht (z. B. ethische Verfehlungen, abnehmende Performance von Organisationen oder Teams), gleichwohl (b) narzisstische Persönlichkeiten überdurchschnittlich häufig bis hinein in oberste Führungspositionen aufzusteigen vermögen, was im Wesentlichen auf ihr herausragendes „Impression Management" (Charme, Charisma, Manipulationsfähigkeit, suchtartiges Arbeitsverhalten) zurückgeführt wird (Kuhn und Weibler 2020; Weibler 2023).

- *Machiavellisten* sind charakterisiert durch ein starkes Bedürfnis nach extrinsischen Erfolgsausweisen wie Geld, Status und Macht, wobei sie zur Erreichung dieser Ziele stets bereit sind, auch unethische Mittel einzusetzen (z. B. ihre besonderen Fähigkeiten zur Manipulation und Kontrolle anderer) (Dahling et al. 2009). Als Führende sind Machiavellisten – verglichen etwa mit den Narzissten – weitaus handlungsflexibler, vermögen also in situativer Klugheit problemlos zwischen direktiven und partizipativen, kooperativen und manipulativen Verhaltensweisen zu changieren, weshalb auch sie überdurchschnittlich häufig in Führungspositionen zu finden sind und hier auch zielbezogen sehr erfolgreich zu agieren verstehen (Kuhn und Weibler 2020; Weibler 2023).

- *Psychopathen* sind antisoziale Persönlichkeiten, als deren herausragende Merkmale Selbstbezogenheit, Unberechenbarkeit und Skrupellosigkeit, Treulosigkeit, Verantwortungslosigkeit und Furchtlosigkeit, ferner Risikofreudigkeit verbunden mit krimineller Energie gelten (Burch und McCormick 2009) – womit sie über Eigenschaften verfügen, die für bestimmte organisationale Tätigkeiten (z. B. Investment Banking) durchaus vorteilhaft erscheinen (Boddy 2011) und weshalb solche Persönlichkeiten arbeitgeberseitig nicht selten regelrecht gesucht werden (Boddy et al. 2021; Basham 2011). Da (subklinische) Psychopathen ähnlich den (subklinischen) Narzissten über ein außergewöhnliches „Impression Management" verfügen, steigen auch sie überaus leicht und häufig in Top-Führungspositionen auf. Eine Studie von Hill und Scott (2019) zeigt überdies, dass zahlreiche Charaktereigenschaften von Psychopathen nahezu synonym mit hochgeschätzten Charaktereigenschaften von Unternehmensführern sind (z. B. no fear → shows courage; feels no guilt → can live with tough decisions; promises the sky → visionary). Eingedenk dessen sehen Untersuchungen den Anteil von Psychopathen bei oberen Führungskräften um das Dreifache häufiger als im gesellschaftlichen Durchschnitt (Groll 2014; Babiak und Hare 2007).

Nachzutragen in diesem Zusammenhang bleibt der Vorschlag des „Begründers" der „Dunklen Triade", Delroy Paulhus, diese zukünftig zu einer *„Dunklen Tetrade"* auszuweiten, ergänzt um den subklinischen bzw. ganz alltäglichen *Sadismus* (Buckels et al. 2013) – wobei die Forschung dem bislang noch kaum gefolgt ist.

## 14.3.2 Typologien des Bad Followers

Es gleicht heute fast schon einer Binsenweisheit darauf hinzuweisen, dass Führung als Beziehung und Prozess nicht nur eines Führenden bedarf, sondern ebenso Geführter, die den Führungsanspruch des Führenden anerkennen und dessen Verhaltenserwartungen zu entsprechen suchen. Damit stellt sich gleichsam die Frage, welche Bedeutung bzw. (Mit-)Verantwortung Geführte im Kontext einer „dunklen" Führung haben. Zu kurz gesprungen ist es hier in jedem Falle, Geführte stets nur als „Opfer" „dunkler" Führungspraktiken zu sehen. Vielmehr ist auch ihre „Mit-Täterschaft" grundsätzlich in Betracht zu ziehen.

Obgleich selbstredend deutlich weniger Beiträge und Erkenntnisse zum „Bad Follower" vorliegen als zum „Bad Leader", so wurden zwischenzeitlich dennoch einige bedeutsame Untersuchungen und Überlegungen vorgestellt (siehe Lipman-Blumen 2005; Thoroughgood et al. 2012), die in ihrer Quintessenz auf mehrere, sehr verschiedenartige Typen eines Bad Followers hinweisen. Pointiert formuliert sind hier zu unterscheiden (Kuhn und Weibler 2020):

- *„Die Gehorsamen"*, die jeder (Führungs-)Autorität folgen, auch wenn sie unethisch agiert.
- *„Die Verlorenen"*, die jedem Führenden folgen, weil sie aufgrund persönlicher Defizite Führung brauchen.
- *„Die Ängstlichen"*, die vor allem aus Furcht vor Bestrafungen folgen.
- *„Die Kalkulierenden"*, die folgen, weil es für sie persönlich am gewinnbringendsten erscheint.
- *„Die Gläubigen"*, die folgen, weil sie von der Ideologie oder Vision des Führenden beseelt sind.

Wie wir an anderer Stelle (Kuhn und Weibler 2020) herausgearbeitet haben, lässt sich diese Typologie der Bad Followership nahezu identisch bereits in William Shakespeares Drama

„Richard III" herauslesen – was darauf hindeutet, dass sich zwischen 1592 und heute in diesem Bereich nicht allzu viel (zum Besseren) gewandelt zu haben scheint.

### 14.3.3 Konstruktionen des Bad Barrels

Führung in Organisationen findet nicht nur zwischen Personen (Führender, Geführte) statt, sondern immer auch in einer Führungssituation, die durch institutionelle (z. B. Organisationskultur), letztlich aber auch systemische Spezifika (z. B. Machtverhältnis zwischen Kapital und Arbeit) geprägt ist. Dieser Einfluss ist natürlich mehr oder minder indirekt, hat aber dennoch Bedeutung auch für die ethische Qualität der Führung. Berühmt-berüchtigte Anschaulichkeit erlangte die damit angesprochene *„Macht der Situation"* auf das Verhalten von Personen im „Stanford Prison Experiment" (Zimbardo 2008), wo (verhaltens-) normale Studierende sich in einer simulierten Gefängnissituation innerhalb weniger Tage in sadistische „Wärter" und ohnmächtige „Gefangene" wandelten. Dieser sog. *„Luzifer Effekt"* kann – selbstredend in gemäßigter Form – auch durch bestimmte Führungssituationen hervorgerufen werden, die dann wie ein Katalysator „dunkle" Führungspraktiken befeuern.

Ein einfaches Beispiel dafür, wie organisationale Situationsgestaltungen „dunkle" Führungsformen begünstigen können, geben Bardes und Piccolo (2010), die in ihrem Ansatz von folgenden Annahmen ausgehen:

- Erstens: Der Grad der Schwierigkeit, den Führende bei der Erreichung *vorgegebener Zielsetzungen* wahrnehmen, korreliert positiv mit dem Grad an Stress, den Führende empfinden.
- Zweitens: Der Grad, in welchem die *Vergütung* des Führenden *leistungsorientiert* erfolgt, korreliert positiv mit dem Grad an Stress, den Führende empfinden.
- Drittens: Der Grad, in welchem Führende Stress empfinden, korreliert positiv mit

dem Grad eines destruktiven bzw. *feindselig-aggressiven Führungsverhaltens*.

Bedeutet wird damit: Populäre Managementkonzepte wie *Pay for Performance* und *Management by Objectives* können zum Trigger „dunkler" Führung in Organisationen werden.

Jenseits dieses konkreten Beispiels kann generell davon ausgegangen werden, dass die meisten der seit den 1980er Jahren eingeläuteten, gleichsam mit der neoliberalen Umgestaltung der Wirtschaft einhergehenden Veränderungen auf der systemischen Ebene (z. B. Finanzialisierung, Privatisierung, Individualisierung, Ökonomisierung) sowie die damit korrespondierenden (Neu-)Orientierungen auf der institutionellen Ebene (z. B. Shareholder-Value-Management, Renditeextremismus, Profit-at-all-Costs-Kultur, interner Wettbewerb, Pay for Performance, Management by Objectives) als situative Treiber einer zunehmend „dunklen" Führung in Organisationen eingestuft werden müssen (Kuhn und Weibler 2014). Hinterlegt werden kann dies mit Ergebnissen verschiedener Studien, die aufzeigen, dass dem finanzwirtschaftlichen Renditedruck geschuldete Zielvorgaben vom Top-Management häufig kurzerhand nach unten weitergereicht werden, sprich: ohne zu bedenken, wie dies organisatorisch umgesetzt werden kann (LAB 2015), was bei mittleren Führungskräften auf breiter Front „vitale" (24 %) bzw. „mittlere" (48 %) Erschöpfungsprozesse (Müdigkeit, Entmutigung, Energiemangel) nach sich zieht (Fifka und Kraus 2013) – dies dann quasi mit dem Ergebnis, dass rund die Hälfte der deutschen Führungskräfte aufgrund hoher Arbeitsbelastung mit ihrer Führungsrolle hadert und 44,7 % der stark belasteten Führungskräfte auch kein Vertrauen mehr in die eigenen Mitarbeitenden besitzen (16,4 % bei den weniger belasteten Führungskräften) (Hoffmann 2020). Kurzum: „Dunkle" Führung ist nicht ausschließlich individuell erklärbar, sondern in einem bedeutsamen Maße auch systemisch-institutionell begründet. Plastisch gesprochen: Ohne den Renditedruck der Finanzmärkte würden vermutlich weit weniger Führungskräfte Druck auf Mitarbeitende zu unethischen Verhaltensweisen (PBU) ausüben.

## 14.4 Mögliche Wirkungsweisen „dunkler" Führung

### 14.4.1 „Alle können nur verlieren!" – Die pauschalisierende Betrachtung der „dunklen" Führung

Fragt man nach den Wirkungsweisen „dunkler" Führung, dann wird in aller Regel (pauschal) davon ausgegangen, dass eine solche Führung vollumfänglich dysfunktional sei und bei deren Praktizierung mithin alle Beteiligten (Führender, Geführte, Organisation) letztlich nur verlieren können.

Tendenzielle Bestätigung findet diese Grundaussage in einer Meta-Analyse von Schyns und Schilling (2013), die 57 Einzelstudien berücksichtigte und ergab, dass destruktive Führung (a) negativ korreliert mit positiv bewerteten Verhaltensäußerungen der Geführten (z. B. Identifikation mit der Führungskraft, Wohlbefinden und Arbeitszufriedenheit, Commitment und Leistungsbereitschaft), und (b) positiv korreliert mit negativ bewerteten Verhaltensäußerungen der Geführten (z. B. Kündigungsabsichten, Widerstand gegenüber der Führungskraft, kontraproduktives Arbeitsverhalten, Stress). Damit wird bedeutet, dass „dunkle" Führung nicht nur dem Wohlbefinden und der Gesundheit der Geführten in erheblicher Weise abträglich sein dürfte, sondern auch deren Motivation und Leistung absinken lässt, womit eine solche Führung aus Sicht der Organisation zu einem (strategischen) Misserfolgsfaktor avancieren sollte. Infolgedessen wäre letztlich auch die Organisation gehalten, ihre „dunklen" Führungskräfte zur Rechenschaft zu ziehen und für ihre erfolgsschädigende Führung abzustrafen, wofür in der einschlägigen Debatte der Terminus „Derailment" steht:

„Entgleisung" des Bad Leaders in Form von Entlassung, Versetzung oder zumindest Verharren auf niedrigem Karriereniveau (Kuhn und Weibler 2016). „Dunkle" Führung produziert so gesehen nur Verlierer und entspricht einer „Lose-lose-lose"-Konstellation: Schlecht für alle, aber zumindest gerecht!

Interpretiert man diese pauschalisierende Betrachtungsweise noch etwas weitergehender, dann wird erkennbar: Dieses Verständnis der „dunklen" Seite der Führung markiert nicht etwa das Gegenteil der „hellen" Seite der Führung, sondern lediglich eine alternative Form ihrer Bestätigung (Kuhn und Weibler 2021). Denn wenn die Key Message der Light Side of Leadership lautet: „Ein erfolgreich Führender kann letztlich nur sein, wer auch ein ethisch guter und gerechter Führender ist!" (s. o.), dann bestätigt die pauschalisierende Betrachtungsweise dies lediglich in der Form des vice versa: „Wer ein ethisch schlechter und ungerechter Führender ist, wird letztlich immer ein erfolgloser Führender sein!" Die „Leadership-Industrie" bleibt sich treu.

### 14.4.2 „Viele verlieren, aber manche gewinnen!" – Eine differenzierende Betrachtung der „dunklen" Führung

Gedanklicher Aufhänger für eine differenzierende Betrachtung des Realphänomens der „dunklen" Führung ist die Plausibilitätsfrage: Kann es sein, dass eine Führungsform, die in der Praxis derart große Verbreitung findet, tatsächlich niemandem von Nutzen ist? Müssten solchermaßen „nutzlose" Führungspraktiken dann nicht über kurz oder lang von allein verschwinden? Zur Beantwortung dieser Fragen gilt es, die zentralen Annahmen der pauschalisierenden Betrachtungsweise kritisch zu hinterfragen. Konkret: Reagieren tatsächlich alle Mitarbeitenden mit Demotivation und Leistungsreduzierung auf Formen der „dunklen" Führung? Und: Müssen wirklich alle „dunklen" Führungskräfte mit Sanktionierung im Sinne des „Derailment", letztlich also ihrer Entlassung, rechnen?

Tatsächlich zeigen neuere Studien, dass unethisches Führungsverhalten grundsätzlich auch funktionale Reaktionen auf Seiten der Geführten hervorrufen kann. So haben Schwarzmüller et al. (2018) in zwei Critical Incident-Studien nachgewiesen, dass ein besonders ärgerliches und wütendes Führungsverhalten („intense leader anger") bei Geführten einerseits zwar korrespondierende Gefühle hervorrufen kann („anger"), was dann in führungsseitig unerwünschtem Verhalten mündet („deviance"). Dasselbe Führungsverhalten kann bei Geführten aber auch konträre Emotionen hervorrufen, nämlich Sorgen, Ängste und Einschüchterung („anxiety"), was verhaltensbezogen dann gesteigerte Leistungsanstrengungen bewirkt („work effort"). In eben diese Richtung weist auch eine Arbeit von Tröster und Van Quaquebeke (2020), die sich ausdrücklich abgrenzt von der „tonangebenden" Logik, wonach ein feindselig-aggressives Führungsverhalten („abusive supervision") stets ein Absinken der Leistungsbereitschaft der Geführten zur Folge habe. In zwei Studien weisen die Autoren vielmehr nach, dass Geführte die Ursache einer feindselig-aggressiven Führung je nachdem auch bei sich selbst verorten können, aufgrund dessen Schuldgefühle entwickeln und schließlich in der Weise reagieren, dass sie die Führungskraft in seiner Zielerreichung stärker als bisher zu unterstützen suchen.

Andere Studien weisen darauf hin, dass Bad Leader organisationsseitig durchaus nicht immer negativ sanktioniert werden – eher im Gegenteil. So wurden in einer Studie von Erickson et al. (2007) Geführte (n = 232) über ihre Erfahrungen mit unethischer Führung befragt. Das verblüffende Ergebnis war, dass – aus Sicht der Geführten – unethisches Führungsverhalten eher selten negative Konsequenzen für die entsprechenden Führungskräfte hatte. So wurden lediglich 13,4 % der Bad Leader zum Verlassen der Organisation ge-

drängt und 6 % hierarchisch zurückversetzt. Für 19,4 % der als unethisch bewerteten Führungskräfte blieb ihr Verhalten dagegen folgenlos. Und 44,8 % wurden hierfür sogar belohnt bzw. befördert. Insofern kann es wohl sein, dass Führende, die aus Sicht der Geführten als „dunkel" wahrgenommen werden, aus Sicht der Organisation „hell" erscheinen.

Wichtig: Mit diesen Einlassungen wollen wir „dunkle" Führung keinesfalls legitimieren oder gar für ihren Einsatz plädieren. Vielmehr wollen wir herausstellen, dass das Phänomen deutlich komplexer ist als es die übliche (pauschalisierende bzw. „Lose-lose-lose"-) Interpretation suggeriert. Denn zum wirklichen Verständnis der Dark Side of Leadership ist anzuerkennen:

- „Dunkle" Führung ist kein objektives Faktum, sondern liegt zumindest ein Stück weit im bewertenden Auge des Betrachters. Das bedeutet beispielsweise, dass ein Führungsverhalten, das der Mitarbeiter A als feindselig-aggressiv wahrnimmt, vom Mitarbeiter B als eher unproblematisch empfunden werden kann. Es bedeutet zudem, dass eine Führung, die vom Team insgesamt als höchst unethisch betrachtet wird ( → Bad Leader), von Seiten der Organisation durchaus als effektiv und erfolgreich eingestuft werden kann ( → Good Leader).
- „Dunkle" Führung ist nicht per se eine „Lose-lose-lose"-Konstellation, sondern kann potenziell auch Gewinner hervorbringen. Dies vor allem dann, wenn (a) die Geführten hierauf nicht mit Widerstand und Leistungszurückhaltung reagieren, sondern – aus naheliegenden menschlichen Gefühlen heraus (Ängste, Einschüchterung, Schuld) – diese eher noch goutieren, und (b) die Organisation sich ausschließlich auf die Zielerreichung (Performance) der Führungskräfte kapriziert und „interne Kollateralschäden" unethischer Führung (z. B. Depressionen, Burnout, Bluthochdruck, Magengeschwüre) (von der Oelsnitz und Busch 2010) dabei nonchalant ignoriert.

## 14.5 Überlegungen zur „Aufhellung" der Führung in Organisationen

Eingedenk der vorgestellten Erkenntnisse zur „dunklen" Führung wollen wir nunmehr noch einige kurze Überlegungen anstellen hinsichtlich der Frage, wie die Führung in Organisationen „aufgehellt", gleichsam also auf ein ethisch(er)es Fundament gestellt werden kann.

Gefordert ist hierzu zum Ersten sicherlich die Organisationsleitung selbst. Für sie gilt es zum einen, dem Typus des Bad Leaders effektiv zu begegnen und gleichzeitig den Gegentypus des „Good Leaders" zu befördern. Zentrale Vorbedingung dafür ist allerdings, dass eben dies auch gewollt wird – was manche Beobachter (Pfeffer 2015) angesichts einer scheinbaren Affinität der Praxis für die „Dunklen Triadisten" und ihr „Impression Management" bereits in Zweifel ziehen. Sollte diese Bedingung dennoch erfüllt sein, dann wären vor allem Frühwarnsysteme zu installieren, die bereits in der Phase der Personalselektion ansetzen und geeignet sind, die führungsethische Spreu (subklinische Narzissten, Machiavellisten, subklinische Psychopathen) vom führungsethischen Weizen zu trennen („Helle Triadisten", die sich nach Kaufman et al. (2019) durch „Humanismus", „Kantianismus" und „Glaube an die Menschlichkeit" auszeichnen). Inwieweit das vorliegende Instrumentarium hierfür tatsächlich taugt, ist aktuell jedoch durchaus strittig. Zudem stellt sich die Aufgabe, moralische Persönlichkeiten für Führungspositionen zu gewinnen – was auch nicht immer leicht sein dürfte, da solche Protagonisten zumeist wenig geneigt sind, überhaupt Führungspositionen anzustreben bzw. anzunehmen (Weibler und Kuhn 2021). Das Führungspersonal-bezogene Projekt getreu dem Motto „Die Schlechten raus, die Guten rein" klingt insofern leichter als es in seiner Umsetzung sein dürfte (Kuhn und Weibler 2020). Darüber hinaus gilt es für Organisationen aber auch, das Parallelproblem der Bad Barrels entschieden anzugehen – was nicht weniger bedeutet, als ebenso beliebte wie verbreitete Managementkonzepte (z. B. Management by Objectives, Pay for Performance) grundsätzlich in Frage zu stellen und auch kultureller Fehlentwicklungen wie einer „Profit-at-all-costs"-Kultur Herr zu werden (Kuhn und Weibler 2012).

Der zweite zentrale Akteur, dessen Beiträge zur „Erhellung" der Führung unverzichtbar erscheinen, sind die Geführten. Für sie gilt es, einem Bad Followership abzuschwören und ein Good Followership voranzutreiben – was im Konkreten bedeutet, Bestrafungsängsten beherzt zu begegnen, Gehorsamsbereitschaft kritisch zu hinterfragen und so zu guter Letzt Mündigkeit innerhalb der Führungsbeziehung unter Beweis zu stellen. Zur Hinterlegung dieser Vorgaben eignet sich sehr schön eine Studie von Carsten und Uhl-Bien (2013), bei der die Teilnehmer unethische Anweisungen erhielten, konkret: Sie wurden mit der Untersuchung eines technischen Problems bei einem Luxusauto betraut und kurz nach Beginn ihrer Arbeit von ihrem Vorgesetzten angehalten, vorliegende Daten zu fälschen, um so ein günstigeres Gesamtergebnis zu erzielen. Es zeigte sich, dass vor allem jene Probanden dieser unethischen Anweisung folgten, die ein „heroisches" Führungsverständnis hatten, alle Verantwortung also bei der Führungskraft sahen und sich selbst in einer Position, wo man besser keine Fragen stellt. Teilnehmende, die ein eher „post-heroisches" Führungsverständnis mitbrachten und sich als Partner im Führungsprozess verstanden, zeigten demgegenüber weit häufiger konstruktiven Widerstand und folgten der Anweisung nicht. Dies bedeutet: „Dunkler" Führung zu begegnen heißt auch, die Macht des Leaders in unseren Köpfen zu beschneiden und uns im Selbstverständnis auf Augenhöhe mit den Führenden bringen. „Dunklen" Führungskräften dürfte dies jedenfalls nicht gefallen.

14

## 14.6 Fazit

„Dunkle" Führung ist ein weitverbreitetes und höchst problematisches Phänomen. Betroffen hiervon sind insbesondere die derart geführten Mitarbeitenden, deren Wohlbefinden und Gesundheit durch feinselig-aggressives Führungsverhalten, aber auch durch führungsseitigen Druck zu unethischen Verhaltensweisen sowie systematische Übervorteilungen seitens der Führung (s. ▶ Abschn. 14.2) häufig erheblich in Mitleidenschaft gezogen werden. Will man dem Problem begegnen, dann gilt es dessen Ursachen auszumachen (s. ▶ Abschn. 14.3) und anzugehen, dabei aber auch dessen Komplexität im Hinterkopf zu behalten. Diese ist eben darin zu sehen, dass „dunkle" Führung nicht für jeden gleich dunkel ist, manchem sogar „hell" erscheinen mag und solche Führung nicht immer unweigerlich nur Verlierer produziert, sondern je nachdem auch Gewinner kennt (s. ▶ Abschn. 14.4). Und genau diese subjektive Komponente in Verbindung mit einer inhärenten politischen Brisanz lassen eine „Aufhellung" der Führung als ein höchst anspruchsvolles und sicher nicht auf die Schnelle erreichbares Ziel erscheinen, an dessen Verwirklichung die Organisationsleitung ebenso wie die Geführten selbst entschieden mitwirken müssen (s. ▶ Abschn. 14.5).

## Literatur

Babiak P, Hare RD (2007) Snakes in suits: when psychopaths go to work. Harper, New York

Bardes M, Piccolo RF (2010) Goal setting as an antecedent of destructive leader behaviors. In: Schyns B, Hansbrough T (Hrsg) When leadership goes wrong. IAP, Portsmouth, S 3–22

Basham B (2011) Beware corporate psychopaths – they are still occupying positions of power. https://www.independent.co.uk/news/business/comment/brian-basham-beware-corporate-psychopaths-they-are-still-occupying-positions-of-power-6282502.html. Zugegriffen: 18. Jan. 2022

Blair CA, Helland K, Walton B (2015) Leaders behaving badly: the relationship between narcissism and unethical leadership. Leadersh Organ Dev J 38:333–346

Boddy CR (2011) The corporate psychopaths theory of the global financial crisis. J Bus Ethics 102:255–259

Boddy CR, Boulter L, Fishwick S (2021) How so many toxic employees ascend to leadership. In: Ördenblad A (Hrsg) Debating bad leadership. Springer, Cham, S 69–85

Bormann KC, Hoon C, Graffius M, Hansen C (2020) Trickle-down model of abusive supervision and firm performance in family and non-family firms. Acad Manag Annu Meet Proc 1:1349–1354

Brummelman E, Nevicka B, O'Brian JM (2021) Narcissism and leadership in children. Psychol Sci 32:354–363

Buckels EE, Jones DN, Paulhus DL (2013) Behavioral confirmation of everyday sadism. Psychol Sci 24:2201–2209

Burch GStJ, McCormick I (2009) The dark side: relationships with psychopaths at work. In: Morrison RL, Wright SL (Hrsg) Friends and enemies in organizations. Palgrave Macmillan, Houndsmill, S 224–249

Carsten MK, Uhl-Bien M (2013) Ethical followership: an examination of followership beliefs and crimes of obedience. J Leadersh Organ Stud 20:49–61

Cragun OR, Olsen KJ, Wright PM (2020) Making CEO narcissism research great: review and meta-analysis of CEO narcissism. J Manag 46:908–936

Dahling JJ, Whitaker BG, Levy PE (2009) The development and validation of a new Machiavellianism scale. J Manag 35:219–257

DGB (2019) DGB-Index Gute Arbeit kompakt. https://www.dgb.de/themen/++co++81b08f4e-1f0e-11e9-bf54-52540088cada. Zugegriffen: 18. Jan. 2022

Einarsen S, Aasland MS, Skogstad A (2007) Destructive leadership behaviour: a definition and conceptual model. Leadersh Q 18:207–216

Endres S, Weibler J (2019) Plural leadership. Springer, Wiesbaden

Erickson A, Shaw JB, Agabe Z (2007) An empirical investigation of the antecedents, behaviors, and outcomes of bad leadership. J Leadersh Stud 1:26–43

Fifka M, Kraus S (2013) Das mittlere Management – Rollenkonflikt, Leistungsdruck und Moral. https://docplayer.org/1593985-Das-mittlere-management.html. Zugegriffen: 24. Febr. 2022

Groll T (2014) Persönlichkeitsstörung: „Auffällig viele Psychopathen werden Chef." (Interview mit Jens Hoffmann). https://www.zeit.de/karriere/beruf/2014-05/psychopathen-interview-psychologe-jens-hoffmann. Zugegriffen: 24. Febr. 2022

Hill D, Scott H (2019) Climbing the corporate ladder: desired leadership skills and successful psychopaths. JFC 26:881–896

Hoffmann M (2020) Ein Drittel aller deutschen Manager steckt in der Krise. https://www.spiegel.de/karriere/fuehrungskraefte-in-deutschland-ein-drittel-aller-manager-steckt-in-der-krise-a-330e0d51-1457-

4147-9329-dc87ff601619. Zugegriffen: 24. Febr. 2022

Kaufman SB, Yaden DB, Hyde E et al (2019) The light vs. dark triad of personality: contrasting two very different profiles of human nature. Front Psychol 10:1–26

Kellerman B (2004) Bad leadership. Harvard Business School Press, Boston

Kuhn T, Weibler J (2012) Führungsethik in Organisationen. Kohlhammer, Stuttgart

Kuhn T, Weibler J (2014) Die egomanische Organisation: Auszehrung der Mitarbeiter als Folge einer unethischen Führung. In: von der Oelsnitz D, Schirmer F et al (Hrsg) Die auszehrende Organisation. Leistung und Gesundheit in einer anspruchsvollen Arbeitswelt. Springer Gabler, Wiesbaden, S 113–131

Kuhn T, Weibler J (2016) Management-Derailment und System-Derailment. Zum Konnex zweier Probleme. Organisationsberat Superv Coach 23:133–146

Kuhn T, Weibler J (2020) Bad leadership. Vahlen, München

Kuhn T, Weibler J (2021) Die helle, die dunkle und die tabuisierte Seite der Führung. bdvb aktuell 154:20–21

LAB (2015) Consulting Barometer: Betrugspotenzial im Zeitalter der Digitalisierung. http://docplayer.org/46439974-Betrugspotential-im-zeitalter-der-digitalisierung.html. Zugegriffen: 24. Febr. 2022

Lipman-Blumen J (2005) The allure of toxic leaders. Oxford University Press, Oxford

Nevicka B, Ten Velden FS, De Hoogh AHB et al (2011) Reality at odds with perception: narcissistic leaders and group performance. Psychol Sci 22:1259–1264

Nicolai B (2020) Kündigungsgrund Chef – Die größten Fehler deutscher Führungskräfte. https://www.welt.de/wirtschaft/karriere/article206192647/Mitarbeiterzufriedenheit-Nur-jeder-zweite-Deutsche-geht-gern-zur-Arbeit.html. Zugegriffen: 24. Febr. 2022

Nink M (2018) Engagement Index Deutschland 2018. https://www.das-felix-prinzip.com/Gallup%20Engagement%20Index%202018.pdf. Zugegriffen: 24. Febr. 2022

von der Oelsnitz D, Busch MW (2010) Narzisstische Manager – falsche Götter am Unternehmenshimmel? Z Führung Organ 78:186–188

Padilla A, Hogan R, Kaiser RB (2007) The toxic triangle: destructive leaders, susceptible followers, and conductive environments. Leadersh Q 18:176–194

Paulhus DL, Williams KM (2002) The dark triad of personality: narcissism, machiavellianism, and psychopathy. J Res Pers 36:556–563

Pfeffer J (2015) Leadership BS. Harper Collins, New York

Rosenthal SA, Pittinsky TL (2006) Narcissistic leadership. Leadersh Q 17:617–633

Schmid EA, Verdorfer AP, Peus CV (2019) Shedding light on leader's self-interest: theory and measurement of exploitative leadership. J Manag 45:1401–1422

Schwarzmüller T, Brosi P, Welpe IM (2018) Sparking anger and anxiety: why intense leader angry displays trigger both more deviance and higher work effort in followers. J Bus Psychol 33:761–777

Schyns B, Schilling J (2013) How bad are the effects of bad leaders? A meta-analysis of destructive leadership and its outcomes. Leadersh Q 24:138–158

Süddeutsche.de (2010) Unglücklich im Job – Kündigungsgrund Nummer eins: der Chef. https://www.sueddeutsche.de/karriere/ungluecklich-im-job-kuendigungsgrund-nummer-eins-der-chef-1.163790. Zugegriffen: 18. Jan. 2022

Tepper BJ (2000) Consequences of abusive supervision. AMJ 43:179–190

Tepper BJ (2007) Abusive supervision in work organizations: review, synthesis, and research agenda. J Manag 33:261–289

Tepper BJ (2010) When managers pressure employees to behave badly: toward a comprehensive response. Bus Horiz 53:591–598

Thoroughgood CN, Padilla A, Hunter ST et al (2012) The susceptible circle: a taxonomy of followers associated with destructive leadership. Leadersh Q 23:897–917

Tichy N (2020) Toxische Führung belastet das Arbeitsklima. https://www.personalwirtschaft.de/fuehrung/artikel/giftige-chefs-kosten-deutsche-unternehmen-viel-geld.html. Zugegriffen: 18. Jan. 2020

tn3.de (2018) Schlechte Führungskräfte kosten Deutschland zwischen 77 und 103 Milliarden Euro. https://t3n.de/news/schlechte-fuehrungskraefte-kosten-deutschland-zwischen-77-und-103-milliarden-euro-1105820/. Zugegriffen: 18. Jan. 2022

Tröster C, Van Quaquebeke N (2020) When victims help their abusive supervisors: the role of LMX, self-blame, and guilt. AMJ 64:1793–1815

Watts AL, Lilienfeld SO, Francis Smith S et al (2013) The double-edged sword of grandiose narcissism: implications for successful and unsuccessful leadership among US presidents. Psychol Sci 24:2379–2389

Weibler J (2023) Personalführung, 4. Aufl. Vahlen, München (im Erscheinen)

Weibler J, Kuhn T (2021) Moral Leaders Wanted! – oder: Über die Schwierigkeit, moralische Menschen in Führungspositionen zu bringen. https://www.leadership-insiders.de/moral-leaders-wanted-oder-ueber-die-schwierigkeit-moralische-menschen-in-fuehrungspositionen-zu-bringen/. Zugegriffen: 18. Jan. 2022

Zimbardo P (2008) Der Luzifer-Effekt. Spektrum, Heidelberg

# Verantwortung und faire Geschäftspraktiken

## Inhaltsverzeichnis

# Schutz und Förderung von Gesundheit in Wertschöpfungsketten

*Eva Bamberg, Marlies Schümann und Grit Tanner*

## Inhaltsverzeichnis

B. Badura et al. (Hrsg.), *Fehlzeiten-Report 2022*, Fehlzeiten-Report,
https://doi.org/10.1007/978-3-662-65598-6_15

■ ■ **Zusammenfassung**

*Ausgehend vom 2021 beschlossenen Lieferkettensorgfaltspflichtengesetz wird in diesem Beitrag diskutiert, wie die Gesundheit der Arbeitenden in Wertschöpfungsketten gefördert werden kann. Es wird gezeigt, dass dies zum einen durch eine erweiterte Perspektive auf gesundheitsbezogene Maßnahmen im betrieblichen Kontext, die auf der gesellschaftlichen Verantwortung vieler Akteure beruht, ermöglicht werden kann. Zum anderen kann dies auch durch interorganisationale gesundheitsbezogene Kooperationen, z. B. in Netzwerken, geschehen. Schließlich wird mit dem „GESIOP-Tool" ein Instrument vorgestellt, das die Beurteilung betrieblicher gesundheitsbezogener Maßnahmen und die Ableitung entsprechender Handlungsmöglichkeiten für außerbetriebliche Akteure in Netzwerken oder Wertschöpfungsketten erleichtert.*

## 15.1 Einleitung

Kern des Schutzes und der Förderung von Gesundheit in Wertschöpfungsketten sind gesundheitsbezogene Maßnahmen in Betrieben, die im Rahmen des Arbeitsschutzes, des Betrieblichen Gesundheitsmanagements (BGM) und durch Betriebliche Gesundheitsförderung (BGF) erfolgen. Eine besondere Stärke des Fokus auf Betriebe und Verwaltungen ist, dass den konkreten Bedingungen in den verschiedenen Organisationen der Arbeitswelt Rechnung getragen werden kann. Dadurch werden eine über Prävention hinausgehende und auf zukünftige Arbeitsplätze bezogene prospektive Arbeitsgestaltung sowie die Konzipierung und Anwendung passgenauer Programme durch Berücksichtigung spezifischer Belastungen und Ressourcen an den Arbeitsplätzen möglich und es können größere Gruppen von Arbeitenden erreicht werden.

Mit der Konzentration auf Betriebe können aber auch einige Probleme verbunden sein. Kapazitäten und Know-how, die für gesundheitsbezogene Maßnahmen zur Verfügung ste-

hen, sind unterschiedlich. Selbst innerhalb eines Landes kann deren Qualität in verschiedenen Werken und Bereichen eines Betriebes erheblich differieren. Zwischen den Betrieben bestehen Unterschiede je nach Branchen. Großbetriebe führen häufig gegenüber Klein- und Mittelbetrieben besser entwickelte und verankerte Maßnahmen durch. Hinzu kommen erhebliche Unterschiede zwischen den Nationen. Arbeitsschutz ist in industriell gering entwickelten Ländern häufig unzureichend ausgebaut, BGM ist weitgehend beschränkt auf Industrienationen und in Nordeuropa besser verankert als in Südeuropa (vgl. z. B. Verra et al. 2019).

Aktuelle Entwicklungen des Arbeitslebens wie Digitalisierung und Globalisierung sind verbunden mit organisationaler, zeitlicher und räumlicher Flexibilisierung der Arbeit. Es entstehen virtuelle (vgl. z. B. van den Anker et al. 2006), internationale Organisationen, es kommt zu Outsourcing und zur Verlagerung von Geschäftsteilen. Die Migration der Arbeitsbevölkerung nimmt aufgrund von Kriegen und Elend in vielen Ländern der Welt zu. Prekäre Arbeitsverhältnisse sind für fast alle Länder der Welt zur Selbstverständlichkeit geworden. Die Ausgangsbedingungen für gesundheitsbezogene Maßnahmen werden dadurch schlechter. Damit verbunden ist die paradoxe Situation, dass einige Betriebe über ein System guter arbeitsbezogener Maßnahmen verfügen, in ihren Zulieferbetrieben jedoch Standards des Arbeits- und Gesundheitsschutzes vernachlässigt werden (Bamberg et al. 2019).

Gesundheitsbezogene Maßnahmen, die sich auf Kernbetriebe konzentrieren, haben begrenzte Chancen, national wie auch international zum Schutz und zur Förderung von Gesundheit beizutragen. Vielmehr ist eine erweiterte Perspektive erforderlich, die neben der gesellschaftlichen Verantwortung der Akteure in den Betrieben und in der Politik auch die gesellschaftliche Verantwortung von Verbraucherinnen und Verbrauchern berücksichtigt. Diese können vielfach – etwa durch den Kauf von Produkten, durch die Nutzung von Dienstleistungen sowie durch entsprechende Bewertungen – auf Organisationen des Arbeitslebens und damit auch auf den Gesundheitsschutz einwirken. So wird etwa durch Fair Trade auf sicherheits- und gesundheitsgerechte Arbeitsbedingungen – in diesem Fall vor allem in industriell gering entwickelten Ländern – Einfluss genommen (vgl. Tanner und Bamberg 2018). Eine Realisierung dieser Verantwortung unterschiedlicher Akteursgruppen ist dann möglich, wenn Arbeits- und Gesundheitsschutz das Netzwerk an Organisationen, das mit einem Betrieb verknüpft ist, einbezieht.

Die Verantwortung der Akteure – nicht nur für ihren Betrieb, sondern darüber hinausgehend auch für kooperierende Unternehmen wie z. B. Zulieferer – wurde in den letzten Jahren in der Diskussion um das Lieferkettensorgfaltspflichtengesetz aufgegriffen. Dieses Gesetz könnte eine rechtliche Grundlage für eine erweiterte Perspektive von Arbeitsschutz und Gesundheitsförderung sein.

## 15.2 Lieferkettensorgfalts-pflichtengesetz

Nach zähem Ringen der Koalitionsbeteiligten und der Interessenverbände wurde im Sommer 2021 das Gesetz über die unternehmerischen Sorgfaltspflichten in Lieferketten (Lieferkettensorgfaltspflichtengesetz, LkSG) verabschiedet. Nach dem Gesetz haben die Unternehmen in Deutschland Verantwortung für die Sicherung von Menschenrechten. Das LkSG hat das Ziel, den Schutz der Menschenrechte in globalen Lieferketten zu verbessern. Grundlegende Standards sollen gewährleistet werden. Das Gesetz soll klare und umsetzbare Anforderungen für die Sorgfaltspflichten von Unternehmen festlegen und damit Rechtssicherheit für Unternehmen und Betroffene schaffen (BMZ 2021).

Die Sorgfaltspflichten sind ausgerichtet auf eine Reihe von Risiken und Problemfeldern, die zum Teil auch gesundheitsbezogene Maßnahmen in der Arbeitswelt betreffen, z. B. Kinderarbeit, Sklaverei und Zwangsar-

beit, Missachtung von Arbeitsschutzstandards, Missachtung der Koalitionsfreiheit, Diskriminierung der Beschäftigten, Vorenthaltung eines angemessenen Lohnes, umweltbezogene Risiken. Die Sorgfaltspflichten nach § 3 LkSG umfassen eine Reihe von Punkten (siehe ☐ Tab. 15.1), die an Regelungen zu Gesundheitsschutz und zu Corporate Social Responsibility (s. u.) erinnern.

Nach den Leitprinzipien für Wirtschaft und Menschenrechte der Vereinten Nationen aus dem Jahre 2011 müssen Unternehmen bei ihrer Geschäftstätigkeit Menschenrechte beachten (Haupt et al. 2021, S. 56). Das LkSG greift diesen Standard auf und ist somit ein wichtiger Baustein bei der Förderung von Gesundheit in der Wertschöpfungskette, zumal in den oben genannten Problembereichen der Arbeits- und Gesundheitsschutz mehrfach tangiert ist. Die Durchsetzung der Rechte der Betroffenen wird durch das Gesetz erleichtert, da inländische NGOs oder Gewerkschaften die Möglichkeit erhalten, vor deutschen Gerichten einen Rechtsstreit für eine betroffene Person zu führen (Initiative Lieferkettengesetz 2021).

Auch wenn im LkSG die unternehmerische Verantwortung für die Lieferkette verankert ist, sind die einschlägigen Anforderungen abgestuft, u. a. nach eigenen Geschäftsbereichen, unmittelbaren Zulieferern und mittelbaren Zulieferern. Hinsichtlich der *eigenen Geschäftstätigkeit* und der *unmittelbaren Zulieferer* bestehen die weitestgehenden Pflichten (Initiative Lieferkettengesetz 2021). In der Regel müssen hier Abhilfemaßnahmen zumindest dazu führen, die Verletzungen menschenrechtlicher oder umweltbezogener Pflichten zu beenden (§ 7 Abs. 1 LkSG). Bei *mittelbaren Zulieferern* reicht es dagegen, ein Konzept vorzulegen, mit dessen Hilfe Verletzungen beendet oder minimiert werden, jedoch ohne dass dies garantiert zum Erfolg führen muss. Bei *mittelbaren Zulieferern* müssen Unternehmen erst dann aktiv werden, wenn (z. B. durch eine Risikoanalyse) Beschwerden bzw. Anhaltspunkte für Menschenrechtsverletzungen und Umweltschäden vorliegen („substantiierte Kenntnis“, § 9 Abs. 3 LkSG). Für die Beschäftigten

**◻ Tab. 15.1** Sorgfaltspflichten nach dem Lieferkettengesetz

| |
| --- |
| – Einrichtung eines Risikomanagements |
| – Festlegung einer betriebsinternen Zuständigkeit |
| – Durchführung regelmäßiger Risikoanalysen |
| – Abgabe einer Grundsatzerklärung |
| – Verankerung von Präventionsmaßnahmen im eigenen Geschäftsbereich und gegenüber unmittelbaren Zulieferern |
| – Ergreifen von Abhilfemaßnahmen |
| – Einrichtung eines Beschwerdeverfahrens |
| – Umsetzung von Sorgfaltspflichten in Bezug auf Risiken bei mittelbaren Zulieferern |
| – Dokumentation und Berichterstattung |

Fehlzeiten-Report 2022

der mittelbaren Zulieferer dürfte die Hürde, Verletzungen von Menschenrechtsstandards zu melden, hoch sein, da die Gefahr des Verlustes von Arbeitsplätzen besteht. Die Initiative Lieferkettengesetz kritisiert diese Regelung, denn auch bei den mittelbaren Zulieferern ist mit Menschenrechtsverletzungen und Umweltschädigung zu rechnen. Außerdem steht diese Regelung im Widerspruch zum präventiven und risikobasierten Ansatz der UN-Leitprinzipien für Wirtschaft und Menschenrechte. Demnach sollten sich Unternehmen proaktiv um die schwersten Menschenrechts- und Umweltprobleme in ihren Lieferketten kümmern, unabhängig davon, wo diese auftreten (Initiative Lieferkettengesetz 2021, S. 8).

Weitere Einschränkungen des Gesetzes betreffen die folgenden Punkte:
(1) Einschränkung auf die Lieferkette: Eine Lieferkette umfasst nach dem Gesetz alle Schritte, die zur Herstellung von Produkten und zur Erbringung von Dienstleistungen erforderlich sind, von der Gewinnung der Rohstoffe bis zur Lieferung an die Endkunden (§ 2 (5)). Die Lieferkette betrifft damit nur einen Ausschnitt der Wertschöpfungskette. So bleibt der gesamte Bereich der Entsorgung von Gütern ausgeklammert.

(2) Unzureichende Berücksichtigung internationaler Standards: Im Gesetz wird z. B. mehrfach auf die Bestimmungen des Beschäftigungsorts verwiesen. Ziel der Durchsetzung von universellen Menschenrechten ist aber gerade, über Unzulänglichkeiten des lokalen Rechts hinauszugehen (Initiative Lieferkettengesetz 2021, S. 5).
(3) Hohe Kosten: Kritische Stimmen heben hervor, dass das LkSG zu aufwändig, zu bürokratisch und zu teuer sei.

Demgegenüber stellen Haupt et al. (2021) heraus, dass mit zunehmender Erfahrung der Unternehmen die Wertschätzung für ein nachhaltiges Lieferkettenmanagement tendenziell ansteigen würde. Als wesentliche Vorteile eines nachhaltigen Lieferkettenmanagements verweisen die Autorinnen und Autoren auf geringere Lieferausfälle, weniger Streiks und eine steigende Reputation der Firmen. Besonders letzteres ist für Attraktivität der Unternehmen bei potenziellen Auftraggebern, der Finanzwirtschaft und bei Kunden von Bedeutung. Wichtig für diese Effekte scheinen enge Beziehungen zu den Betrieben der Lieferkette zu sein.

Zusammenfassend lässt sich festhalten: Das LkSG enthält eine Reihe von für den betrieblichen Arbeits- und Gesundheitsschutz wichtigen Regelungen. Es erweitert die Möglichkeiten und damit auch den Stellenwert gesundheitsbezogener Maßnahmen in deutschen und internationalen Lieferketten. Das Gesetz betrifft jedoch nur einen kleinen Teil der Betriebe[1] und damit der Arbeitenden. Viele Regelungen für den Arbeits- und Gesundheitsschutz sind zu vage und wenig weitreichend formuliert. Auf EU-Ebene wurde nach einem Bericht in der taz in jüngerer Zeit ein Entwurf entwickelt, der in einigen Punkten weiterreichender ist als das LkSG (Koch 2022).

Generell fehlt es an Vorschlägen und Hinweisen, wie das LKSG mit Leben erfüllt werden kann. Zwar wurden vom Bundesministerium für Arbeit und Soziales und von verschiedenen Akteursgruppen Leitfäden und Checklisten vorgelegt, wie das LkSG auf betrieblicher Ebene umgesetzt werden kann, diese bedürfen jedoch der weiteren Ausarbeitung. Hilfreich könnten hier Modelle zur sozialen Verantwortung in Unternehmen sein.

### 15.3 Förderung von Gesundheit in Wertschöpfungsketten durch Corporate Social Responsibility

Der Arbeits- und Gesundheitsschutz in globalen Wertschöpfungsketten ist ein zentraler Bestandteil der gesellschaftlichen Verantwortung von Unternehmen (engl.: Corporate Social Responsibility; CSR). Die Europäische Kommission beschreibt CSR als ein Konzept, bei dem Unternehmen auf freiwilliger Basis soziale und ökologische Belange in ihre Geschäftstätigkeit und in die Wechselbeziehungen mit ihren Stakeholdern integrieren (Europäische Kommission 2011, S. 3). CSR ist durch vielfältige Handlungsbereiche gekennzeichnet und umfasst neben dem Schutz der natürlichen Umwelt etwa auch menschenrechte Arbeits- und Beschäftigungsverhältnisse. Im Handlungsbereich der Arbeits- und Beschäftigungsverhältnisse gehört der Arbeits- und Gesundheitsschutz unzweifelhaft dazu (Jain et al. 2011; Zwetsloot und Starren 2004). Es kann davon ausgegangen werden, dass eine Ausrichtung des strategischen Managements auf sozial verantwortliches unternehmerisches Handeln nicht nur die Gesundheit und das Wohlbefinden der Mitarbeitenden der Kernorganisation unterstützt (Dežmar-Krainz 2015), sondern sich auch positiv auf das Wohlergehen der Arbeitenden in der Lieferkette auswirkt. Gleichzeitig kann ein gut ausgearbeitetes und praktiziertes Betriebliches Gesundheitsmanagement (BGM) dazu beitragen, dass Organisationen ihrer gesellschaftlichen Verantwortung im Sinne der CSR nachkommen (Zwetsloot und Starren 2004).

Trotz der inhaltlichen Nähe der Konzepte CSR und BGM sowie ihrer gegenseitigen Beeinflussung wird in der Praxis der umfassenden Betrachtung des Arbeits- und Gesundheitsschutzes entlang der Wertschöpfungskette oft nur eine untergeordnete Bedeutung innerhalb des CSR-Managements zugeschrieben (Eigenstetter 2017; Tanner et al. 2019). In den letzten Jahren haben sich unternehmerische Bemühungen gemehrt, entweder ein umfassendes Betriebliches Gesundheitsmanagement einzuführen oder eine breite Palette von Angeboten im Rahmen der Betrieblichen Gesundheitsförderung aufzulegen. Zugleich bauen – teilweise bedingt durch die gesetzliche CSR-Berichtspflicht seit 2017 – immer mehr Unternehmen ein mehr oder weniger umfassendes CSR-Management-System auf, um zumindest dem Anschein nach ihrer sozialen Verantwortung nachzukommen. Trotz der jeweils verstärkten Bemühungen in den Bereichen BGM und CSR werden nach wie vor nur wenig Bezüge zueinander hergestellt. In der betrieblichen Aufbauorganisation werden sie, sofern

---

1　Ab 2023 betrifft das LkSG Unternehmen mit mehr als 3.000 Mitarbeitenden (900 Unternehmen), ab 2024 Unternehmen mit mehr als 1.000 Mitarbeitenden (4.800 Unternehmen). Angesichts der ca. 3 Mio. Unternehmen in Deutschland (Statistica 2021) ist dies eine überschaubare Größe.

beide Bereiche strukturell verankert sind, unabhängig voneinander aufgestellt. Auch ein inhaltlicher Austausch zwischen beiden Bereichen findet häufig nicht statt (Tanner et al. 2019), sodass auch eine Integration der jeweiligen Themen ausbleibt (Eigenstetter 2017).

Für die Praxis bedeutet diese Desintegration zum einen, dass BGM-Verantwortliche das Thema Arbeits- und Gesundheitsschutz häufig nicht im Sinne einer sozialen bzw. ethischen Verantwortung des Unternehmens wahrnehmen, was Hintergrund dafür sein kann, dass Bemühungen im Rahmen des BGM häufig nicht über die betrieblichen Grenzen hinausgehen und somit etwa Arbeitende in der Wertschöpfungskette unberücksichtigt bleiben. Zum anderen bedeutet diese Desintegration, dass CSR-Verantwortliche Maßnahmen des Arbeits- und Gesundheitsschutzes sowie der menschengerechten Arbeitsgestaltung noch zu selten berücksichtigen.

Eine bessere Integration von BGM und CSR erweitert zudem die Perspektive auf die Verantwortung weiterer Marktakteure für die Umsetzung von Arbeitsschutz und Betrieblicher Gesundheitsförderung, wie z. B. der Verbraucherinnen und Verbraucher. Durch ihr Kauf- und Nutzungsverhalten tragen sie dazu bei, dass Unternehmen die geforderten Standards des Arbeits- und Gesundheitsschutzes einhalten und darüber hinausgehende gesundheitsbezogene Maßnahmen in der Wertschöpfungskette umsetzen. Untersuchungen zu diesem Thema, die konkret gesundheitsbezogene Maßnahmen betreffen, liegen kaum vor. Gude et al. (2017) zeigen in einer quasi-experimentellen Studie, dass ein Engagement in Betrieblichem Gesundheitsmanagement die Kaufabsicht und die Zahlungsbereitschaft von Verbraucherinnen und Verbrauchern positiv beeinflusst. Eine Reihe von Untersuchungen hat des Weiteren gezeigt, dass CSR-Maßnahmen positive Effekte auf die Einstellung gegenüber dem Unternehmen und das Kaufverhalten von Verbraucherinnen und Verbrauchern haben kann (z. B. Du et al. 2010; Sen et al. 2016). Es ist anzunehmen, dass auch die Umsetzung gesundheitsbezogener Maßnahmen in

der Wertschöpfungskette ein positives Image fördert, Verbraucherverhalten beeinflusst und so mit Wettbewerbsvorteilen verbunden sein kann (vgl. Bamberg et al. 2016; Gude et al. 2017; Neumann et al. 2014), was den betriebswirtschaftlichen Nutzen für Unternehmen erhöht, gesundheitsbezogene Maßnahmen in der Wertschöpfungskette zu realisieren. Um diese positive Rolle von Verbrauchenden zu nutzen, ist es erforderlich, gesundheitsbezogene Maßnahmen in einzelnen Organisationen sowie in der Wertschöpfungskette für die Öffentlichkeit transparent zu machen.

Die Berücksichtigung des Arbeits- und Gesundheitsschutzes in internationalen Lieferketten bietet einen wichtigen Impuls, Arbeits- und Gesundheitsschutz und soziale Verantwortung stärker als bisher aufeinander zu beziehen. Damit kann CSR für den Arbeits- und Gesundheitsschutz konkretisiert werden, der Arbeits- und Gesundheitsschutz kann eine erweiterte Perspektive verfolgen und die Grenzen der (betrieblichen) Gesundheitskultur (Bamberg et al. 2016) überwinden.

## 15.4 Förderung von Gesundheit in der Wertschöpfungskette durch interorganisationale Kooperation

Um Gesundheit nicht nur im Betrieb, sondern in der Wertschöpfungskette zu fördern, sind gute Beziehung zwischen den Betrieben notwendig (Haupt et al. 2021), denn gesundheitsbezogene Standards, die im Konsens entwickelt werden, haben größere Chancen der Umsetzung als Vorgaben. Ein wesentlicher Schritt zur Förderung sind somit Netzwerke von Organisationen, die sich mit gesundheitsbezogenen Maßnahmen befassen. Einige Konzepte zu diesem Thema liegen bereits vor. So gab es z. B. im Rahmen des BMBF-Förderschwerpunkts „Präventive Maßnahmen für eine sichere und gesunde Arbeit von Morgen" eine Fokusgruppe zu „Arbeits- und Gesundheitsschutz durch Präventionsallianzen", in der Konzepte zur Zusammenarbeit von diversen Organisationen entwickelt und erprobt wurden. Dabei ging es auch um die Sicherung und Förderung von Gesundheit in der Wertschöpfungskette (vgl. z. B. Bamberg et al. 2019).

### 15.4.1 Gesundheitsbezogene Kooperation in Netzwerken

Gesundheitsbezogene Netzwerke dienen der Verbreitung von Wissen und Kompetenzen zu Maßnahmen des Arbeits- und Gesundheitsschutzes. Die Zusammenarbeit in den Netzwerken kann nach Studien von Tanner et al. (2019) von der Weitergabe/dem Sammeln von Informationen bis zur Anpassung der Arbeitsprozesse an die Bedingungen anderer reichen (vgl. ◻ Tab. 15.2).

Die Varianten interorganisationaler Kooperation unterscheiden sich in der Intensität und in der Beteiligung bzw. Gleichberechtigung der Partner. Im erstgenannten Fall ist der kooperative Prozess einseitig; es geht lediglich darum, Informationen für andere zur Verfügung zu stellen. Der wechselseitige Informationsaustausch kann informell oder formal erfolgen. Er kann dazu dienen, von den Betrieben geteilte Standards zu entwickeln. Damit können Vorgaben an die Vertragspartner ver-

bunden sein, etwa Audits durchzuführen, Zertifikate zu erwerben oder Codes of Conduct einzuhalten. In der derzeitigen Praxis werden in Wertschöpfungsketten diese Formen der Interaktion besonders häufig praktiziert (Tanner et al. 2019). Gemeinsame Projekte und eine Anpassung der Arbeitsprozesse sind eine vergleichsweise intensive Form der gesundheitsbezogenen Zusammenarbeit. Sie sind derzeit in Wertschöpfungsketten noch weniger häufig vertreten.

Die Einflussmöglichkeiten der Beteiligten und die Gleichberechtigung der Partner sind bei Kooperation generell – und damit auch bei gesundheitsbezogener Kooperation – ein wesentlicher Faktor. Wenn, wie oben als Beispiel aufgeführt, eine Informationsweitergabe über Audits erfolgt und Vertragspartner diese Audits durchführen müssen, dann haben diese wenig Chancen die Kooperation mitzugestalten. Wenn gemeinsam Standards entwickelt oder gemeinsame Projekte durchgeführt werden, kann dies anders sein. Die Beteiligung im kooperativen Prozess dürfte wesentlich dafür sein, ob die Akteure in ihren Organisationen eigenverantwortlich gesundheitsbezogene Maßnahmen konzipieren und durchführen.

Spezifische betriebliche Interessen sowie unterschiedliche Organisationskulturen – vor allem wenn es sich um international agierende Organisationen handelt – dürften die Kooperation in Netzwerken erschweren. Um

| ◻ **Tab. 15.2** Typologie der Kooperation | |
|---|---|
| **Kooperationen** | **Beispiele** |
| Zur Verfügung stellen/Sammeln von Informationen | Über Audits, Codes of Conduct, Zertifikate |
| Wechselseitiger Informationsaustausch | Informeller Austausch, Diskussion von Best-Practice Modellen, Korrektur von Handlungsplänen |
| Gemeinsame Projekte | Projekte zum Arbeitsschutz bei spezifischen Beschäftigtengruppen wie etwa Fahrer |
| Anpassung der Arbeitsprozesse an die Bedingungen von Vertragspartnern | Einhaltung kürzerer Zahlungsfristen bei kleineren Zulieferern, Berücksichtigung längerer Lieferzeiten bei Personalengpässen in Zuliefererbetrieben |

Fehlzeiten-Report 2022

gesundheitsbezogene Standards über den eigenen Betrieb hinaus in der Wertschöpfungskette zu realisieren, bedarf es der Unterstützung der Beteiligten. Methoden und Instrumente sind zu entwickeln und zu erproben, die die Entwicklung und Umsetzung gesundheitsbezogener Standards im Austausch zwischen Betrieben unterstützen. Es gibt hilfreiche und gute Instrumente, wie z. B. Leitfäden, die darauf ausgerichtet sind, gesundheitsbezogene Maßnahmen in Betrieben zu beschreiben und zu bewerten. Gegenüber Methoden, die einen rein betrieblichen Fokus haben, erfordert eine Ausrichtung auf die Wertschöpfungskette oder auf Teile der Wertschöpfungskette eine doppelte Erweiterung:

- Inhaltlich geht es nicht nur um klassische Themen, wie Belastungen und Ressourcen bei der Arbeit, sondern auch um die Frage, inwieweit Verbraucherinnen und Verbraucher, Netzwerke und die Wertschöpfungskette bei BGM mitgedacht werden.
- Methodisch ist ein Vorgehen zu wählen, das es erlaubt, betriebliche Bedingungen zu beschreiben, und in der Wertschöpfungskette/innerhalb von Netzwerken im Diskurs zu bewerten, um damit Handlungsbedarfe zu entwickeln.

### 15.4.2 Ein Tool zur Förderung von Gesundheit in Netzwerken und in Wertschöpfungsketten

Im Rahmen des Projektes *Gesundheitsmanagement aus inter-organisationaler Perspektive* (GESIOP; Tanner und Bamberg 2020)[2] wurde das sog. GESIOP-Tool entwickelt. Es dient dazu, den Ist-Zustand gesundheitsbezogener Maßnahmen im Betrieb zu erfassen und Handlungsmöglichkeiten zu entwickeln. Das GESIOP-Tool basiert auf Leitfäden zur Konzipierung und Durchführung gesundheitsbezogener Interventionen, wie z. B. der INQA-Check „Gesundheit" (2016), setzt aber darüber hinausgehend die oben genannten Erweiterungen um.

Das GESIOP-Tool besteht aus einem Erhebungs-/Bewertungsbogen und einem Manual. Es liegt in einer Kurz- und einer Langfassung vor. Es wird empfohlen, die Kurzfassung vor allem in Klein- und Mittelbetrieben zu verwenden, die Langfassung vorwiegend in Großbetrieben, die in der Regel mehr Kapazität für gesundheitsbezogene Maßnahmen haben. Die Kurzfassung kann außerdem der Beschreibung gesundheitsrelevanter Bedingungen im Überblick dienen.

Die Module, die im GESIOP-Tool berücksichtigt werden (vgl. ◻ Tab. 15.3), sind im Manual des GESIOP-Tools erläutert. Darüber hinaus erfolgen Vorschläge für die Bewertung und Handlungsempfehlungen.

Gesundheitsbezogene Bedingungen und Maßnahmen können nur dann bewertet werden, wenn Kernaufgaben, Rahmenbedingungen und Organisationsform der jeweiligen Betriebe bekannt sind. Der Erhebungs-/Bewertungsbogen beginnt deshalb in Modul 0 mit einer knappen Organisationsbeschreibung. Diese ist nur dann erforderlich, wenn Kriterien über den Betrieb hinaus mit anderen diskutiert oder bewertet werden. Wird das Tool lediglich intern verwendet, ist die Organisationsbeschreibung nicht erforderlich.

Die Praxis von BGM ist höchst unterschiedlich. Modul I behandelt die Verankerung von BGM im Betrieb. Dazu gehören Strukturen, Verantwortlichkeiten und Budget, die Beteiligung von Interessenvertretung und Belegschaft. Einen Hinweis auf BGM geben ferner Gefährdungsbeurteilungen.

Bei BGM hat sich die Unterscheidung zwischen bedingungsbezogenen und personenbezogenen Maßnahmen eingebürgert. In Modul II und III wird erfasst, inwieweit diese im Betrieb angeboten und durchgeführt werden. Dies wird ergänzt durch Modul IV, in dem die Berücksichtigung spezifischer Beschäftigtengruppen erfasst wird. Hier geht es etwa um die Frage, ob bei gesundheitsbezogenen

---

2    Gefördert vom Bundesministerium für Bildung und Forschung; Förderkennzeichen 02L14A040-45.

◻ **Tab. 15.3** GESIOP-Tool – Module im Überblick

| | |
|---|---|
| 0. | Organisationsbeschreibung |
| I. | Bedingungen und Strukturen |
| II. | Ansatzpunkte und Inhalte – Bedingungsbezogen |
| III. | Ansatzpunkte und Inhalte – Personenbezogen |
| IV. | Berücksichtigung spezifischer Beschäftigtengruppen |
| V. | Beschäftigungsverhältnisse |
| VI. | Gestaltung gesundheitsbezogener Maßnahmen, Information und Datenschutz |
| VII. | Einbeziehung Verbraucherinnen und Verbraucher, Netzwerke und Wertschöpfungskette |
| VIII. | Begründung für gesundheitsbezogene Maßnahmen |

Fehlzeiten-Report 2022

Maßnahmen Personengruppen mit besonderen Belastungen gezielt berücksichtigt werden.

Modul V bezieht sich auf die Arbeitsverhältnisse, besonders auf Befristung und Bezahlung. Bei der Beschreibung und Bewertung gesundheitsbezogener Maßnahmen ist nicht nur von Bedeutung ob, sondern auch wie sie angeboten und durchgeführt werden.

Modul VI erfasst die Information der Beschäftigten, die Sicherheit der Daten und die Integration der Maßnahmen in den Unternehmensalltag.

Kommunikation und Kooperation mit Verbraucherinnen und Verbrauchern, in Netzwerken und in der Wertschöpfungskette sind Gegenstand von Modul VII. Hier wird etwa erfasst, ob und wie Informationen für betriebliche Kooperationspartner bereitgestellt werden. Modul VIII schließlich fragt nach der Begründung gesundheitsbezogener Maßnahmen.

Eine Möglichkeit das Tool zu nutzen besteht darin, mit Hilfe der Langfassung die gesundheitsrelevanten Aktivitäten zu beschreiben. Die Beschreibung umfasst nicht nur die jeweilige Organisation, sondern auch interorganisationale Organisationspartner. Sie kann – je nach möglichem Aufwand – in einem Betriebsteil, im gesamten Betrieb oder in mehreren Betrieben eines Netzwerks/einer Wert-

schöpfungskette erfolgen. Auch die Bewertung ist im Betrieb, im Netzwerk oder in (Teilen) der Wertschöpfungskette möglich. Im partizipativen Prozess werden Stärken und Schwächen identifiziert, über gesundheitsbezogene Maßnahmen kann entschieden werden. Je nach Stellenwert der Maßnahmen kann eine Umsetzung durch einen oder durch mehrere Betriebe erfolgen. Wesentlich für die Anwendung des GESIOP-Tools ist die Partizipation der Beteiligten.

## 15.5 Zusammenfassung und Fazit

In den letzten Jahren wurden zahlreiche gut fundierte und nützliche Konzepte zu gesundheitsbezogenen Maßnahmen entwickelt, die in vielen Bereichen des Arbeitslebens erfolgreich angewandt werden. Zwischen den Betrieben, national und international, und damit auch in Wertschöpfungsketten, gibt es jedoch beim Arbeits- und Gesundheitsschutz erhebliche Unterschiede. Es ist gut möglich, dass ein Betrieb nachhaltige Maßnahmen des Arbeits- und Gesundheitsschutzes entwickelt hat, bei den Zulieferern aber hoch belastende Arbeitsbedingungen zu finden sind und Arbeits-

und Gesundheitsschutz allenfalls in Ansätzen praktiziert wird.

Kooperation zwischen den Beteiligten kann hilfreich sein, um eine national und international bessere Verankerung des Arbeits- und Gesundheitsschutzes zu erreichen. Eine rechtliche Grundlage bietet das Lieferkettensorgfaltspflichtengesetz. Dieses vergrößert zwar den Stellenwert des Arbeits- und Gesundheitsschutzes in deutschen und internationalen Lieferketten, es betrifft jedoch nur einen kleinen Teil der Betriebe und damit der Arbeitenden. Viele Regelungen des Gesetzes sind zudem vage und wenig weitreichend formuliert. Auf betrieblicher Ebene bilden Strategien zur sozialen Verantwortung (Corporate Social Responsibility) und zur Einbeziehung von Verbraucherinnen und Verbrauchern einen möglichen Rahmen für einen erweiterten Blick auf den Arbeits- und Gesundheitsschutz. In den letzten Jahren wurden vielversprechende Ansätze entwickelt, wie Arbeits- und Gesundheitsschutz unter Beteiligung verschiedener Organisationen realisiert werden kann. Diese Konzepte wie z. B. das GESIOP-Tool basieren auf gleichberechtigter interorganisationaler Kooperation. Sie sind auch auf Wertschöpfungsketten oder auf Teile der Wertschöpfungskette anwendbar. Zahlen über die Nutzung des GESIOP-Tools sind uns nicht bekannt. Auch Zahlen über die Verbreitung und Realisierung von Arbeits- und Gesundheitsschutz in der Wertschöpfungskette sowie über die Verknüpfung zwischen CSR und BGM liegen unseres Wissens nicht vor. Eine wesentliche Aufgabe ist deshalb, Erfahrungen zu diesem Thema zusammenzutragen, Evaluationen durchzuführen und in Praxis und Wissenschaft BGM in der Wertschöpfungskette mehr Aufmerksamkeit zu schenken.

## Literatur

van den Anker F, Bamberg E, Nühse K et al (Hrsg) (2006) Arbeit in virtuellen Unternehmen. Cuvillier, Göttingen

Bamberg E, Dettmers J, Tanner G (2016) Diffundierende Grenzen von Organisationskulturen – die Rolle von Kundinnen und Kunden. In: Badura B, Ducki A, Schröder H et al (Hrsg) Fehlzeiten-Report 2016. Springer, Berlin Heidelberg, S 193–200

Bamberg E, Engel T, Mallok Y et al (2019) Gesundheitsmanagement (er)weiter(t) denken durch Präventionsallianzen. praeview 1:4–20

BMZ – Bundesministerium für wirtschaftliche Zusammenarbeit und Entwicklung (2021) Menschenrechte schützen. Das Lieferkettengesetz. https://www.bmz.de/de/entwicklungspolitik/lieferkettengesetz. Zugegriffen: 15. Dez. 2021

Dežmar-Krainz K (2015) Enhancing wellbeing of employees through corporate social responsibility context. Megatrend Rev 12:137–154

Du S, Bhattacharya CB, Sen S (2010) Maximizing business returns to corporate social responsibility (CSR): the role of CSR communication. Int J Manag Rev 12(1):8–19

Eigenstetter M (2017) CSR – Impuls für bessere Arbeitsbedingungen? In: López I (Hrsg) CSR und Wirtschaftspsychologie. Management-Reihe Corporate Social Responsibility. Springer Gabler, Berlin Heidelberg, S 89–110

Europäische Kommission (2011) Communication from the Commission to the Council and the European Parliament – a renewed EU strategy 2011–2014 for Corporate Social Responsibility. https://www.europarl.europa.eu/meetdocs/2009_2014/documents/com/com_com(2011)0681_/com_com(2011)0681_en.pdf. Zugegriffen: 5. Jan. 2022

Gude M, Bamberg E, Etzold M, Wolf KJ (2017) Macht sich Gesundheitsmanagement bezahlt? Z Wirtsch Unternehmensethik 18(3):328–346

Haupt S, Lichter J, May FC (2021) Sorgfaltspflichten entlang globaler Lieferketten. Eine ökonomische Analyse. Handelsblatt Research Institute, Düsseldorf

Initiative Lieferkettengesetz.de (2021) Fragen und Antworten zum neuen Lieferkettengesetz. https://lieferkettengesetz.de/wp-content/uploads/2021/11/Initiative-Lieferkettengesetz_FAQ-Deutsch.pdf. Zugegriffen: 28. Febr. 2022

INQA-Check „Gesundheit" (2016) www.inqa-check-gesundheit.de/check-gesundheit/daten/mittelstand/index.htm. Zugegriffen: 28. Febr. 2022

Jain A, Leka S, Zwetsloot GIJM (2011) Corporate social responsibility and psychosocial risk management in Europe. J Bus Ethics 101:619–633

Koch H (2022) Entwurf zum EU-Lieferkettengesetz. Lohn zahlen, Wasser schützen. https://taz.de/Entwurf-zum-EU-Lieferkettengesetz/!5837272/. Zugegriffen: 28. Febr. 2022 (taz vom 23.02.22)

Neumann WP, Dixon SM, Nordvall A-C (2014) Consumer demand as a driver of improved working conditions: the 'ergo-brand' proposition. Ergonomics 57(8):1113–1126

15

Sen S, Du S, Bhattacharya CB (2016) Corporate social responsibility: a consumer psychology perspective. Curr Opin Psychol 10:70–75

Statistica (2021) Anzahl der Unternehmen* in Deutschland von 2002 bis 2019. https://de.statista.com/statistik/daten/studie/246358/umfrage/anzahl-der-unternehmen-in-deutschland/#statisticContainer. Zugegriffen: 15. Dez. 2021

Tanner G, Bamberg E (2018) Betriebliche Gesundheitsförderung. In: Kohlmann C-W, Salewski C, Wirtz M (Hrsg) Psychologie in der Gesundheitsförderung. Hogrefe, Göttingen, S 523–534

Tanner G, Bamberg E (Hrsg) (2020) Betriebliche Gesundheitsförderung (er)weiter(t) denken. Handlungsempfehlungen aus dem Projekt GESIOP. https://www.vandenhoeck-ruprecht-verlage.com/themen-entdecken/psychologie-psychotherapie-beratung/arbeit-und-organisation/personal-und-organisationsentwicklung/55414/betriebliches-gesundheitsmanagement-er-weiter-t-denken-handlungsempfehlungen-aus-dem-projekt-gesiop. Zugegriffen: 4. Mai 2022 (Vandenhoeck & Ruprecht, Göttingen)

Tanner G, Bamberg E, Baur C et al (2019) Workplace health promotion inspired by corporate social responsibility – interactions within supply chains and networks. mrev 30(2–3):213–231

Verra SE, Benzerga A, Boshen J, Ruggeri K (2019) Health promotion at work: a comparison of policy and practice across Europe. Saf Health Work 10:21–29

Zwetsloot GIJM, Starren A (2004) Corporate social responsibility and safety and health at work. Research Report, Bd. 210. European Agency for Safety and Health at Work, Bilbao

# Soziales Unternehmertum – eine neue Form des sozial nachhaltigen Wirtschaftens

*Philipp Kruse*

## Inhaltsverzeichnis

© Der/die Autor(en), exklusiv lizenziert an Springer-Verlag GmbH, DE, ein Teil von Springer Nature 2022
B. Badura et al. (Hrsg.), *Fehlzeiten-Report 2022*, Fehlzeiten-Report,
https://doi.org/10.1007/978-3-662-65598-6_16

■ ■ ■ **Zusammenfassung**

*Soziales Unternehmertum, das eine soziale Mission mit einem gut durchdachten Geschäftsmodell verbindet, wird als vielversprechende neue unternehmerische Form gesehen, die einen großen Beitrag zu sozial nachhaltigerem Wirtschaften leisten kann. Dieses Kapitel gibt einen Überblick über das soziale Unternehmertum und geht hierbei insbesondere auf (i) das Konzept des sozialen Unternehmens als hybrides Unternehmen, (ii) die sozialunternehmerische Absicht und ihre Einflussfaktoren auf verschiedenen Ebenen, (iii) ausgewählte Herausforderung für soziale Unternehmen und (iv) den Stand der Forschung zu Wohlbefinden im sozialunternehmerischen Kontext ein. Es werden aktuelle und zentrale theoretische und empirische Forschungsergebnisse präsentiert und kurz zukünftige Forschungsperspektiven dargestellt.*

## 16.1 Soziales Unternehmertum als nachhaltige Form des Unternehmertums

Unternehmertum gilt als einer der wichtigsten Motoren für Innovation, wirtschaftliches Wachstum und die ökonomische Leistungsfähigkeit eines Landes (van Praag und Versloot 2007). Wenngleich die Geschichte des Unternehmertums weit in die Menschheitsgeschichte zurückreicht (Murphy et al. 2006), begann die wissenschaftliche Auseinandersetzung mit Unternehmertum erst Mitte des 18. Jahrhunderts durch den irischen Ökonom **Cantillon** (1756). Laut seiner Konzeptualisierung von Unternehmertum erkennen Unternehmer und Unternehmerinnen Ungleichgewichte zwischen Angebot und Nachfrage im Markt als Chance, Rohstoffe billig einzukaufen, sie zu verarbeiten und später mit Profit zu verkaufen. Auf diese Art und Weise tragen Unternehmerinnen und Unternehmer zur Wiederherstellung des wirtschaftlichen Gleichgewichts bei, identifizieren unwirtschaftliche Strukturen und Produkte und verbessern diese

mit innovativen Methoden, was dem Unternehmen Einkünfte bringt und somit die Wirtschaft als Ganzes wachsen lässt (Schumpeter 1934). Noch heute ist in der Forschung zum Unternehmertum diese ökonomische Perspektive klar dominant, jedoch existiert seit den 1980er Jahren eine stetig wachsende Strömung, die versucht, in einer neuen Wirtschaftsform traditionelles unternehmerisches Handeln mit einer sozialen Mission zu verbinden (Waddock und Post 1991; Young 1983). Diese neue Form des Unternehmertums wird als **soziales Unternehmertum** bezeichnet.

Soziales Unternehmertum (engl. „Social Entrepreneurship") wird überwiegend als **hybride Unternehmensform** konzeptualisiert, die zwei verschiedene Missionen verfolgt (Kruse et al. 2021). Auf der einen Seite stellen sich soziale Unternehmen gesellschaftlichen oder sozialen Problemen wie z. B. Armut oder sozialer Ausgrenzung und wollen diese im Rahmen einer sozialen Mission beseitigen bzw. abmildern. Auf der anderen Seite und im Gegensatz zu klassischen Non-Profit-Organisationen verbinden soziale Unternehmerinnen und Unternehmer diese soziale Mission mit einem gut durchdachten und profitablen Geschäftsmodell, was ihnen ermöglicht, sich selbst zu finanzieren und damit unabhängig von Spenden zu agieren. Somit sind soziale Unternehmen ein Hybrid aus profitorientierten Unternehmen und Non-Profit Organisationen. Ein Beispiel für ein soziales Unternehmen ist die vom späteren Friedensnobelpreisträger Muhammad Yunus gegründete **Grameen Bank** (Bornstein 1997). Wie eine klassische Bank vergibt die Grameen Bank Kredite, jedoch v. a. so genannte Mikrokredite, sehr kleine Geldbeträge im meist zweistelligen Bereich. Diese geben z. B. mittellosen Bäuerinnen und Bauern die Möglichkeit, Vieh oder Werkzeug zu kaufen. Jedoch handelt es sich hierbei nicht um Spenden, sodass die Kredite mit Zinsen an die Grameen Bank zurückbezahlt werden müssen und auf diese Art und Weise Profit generiert wird. Der Logik von Cantillon folgend, dass Unternehmertum zum Ausgleich von Ungleichgewichten zwischen

Angebot und Nachfrage führt, ist das soziale Unternehmertum somit eine Wirtschaftsform, die sich insbesondere dem **Ausgleich von sozialen Ungleichgewichten in der Gesellschaft** verschrieben hat und sich dazu unternehmerischer Geschäftsmodelle bedient. Somit trägt soziales Unternehmertum nicht nur zum Wirtschaftswachstum, sondern auch zu sozialer Inklusion und sozialer Gerechtigkeit bei, was es möglich macht, soziales Unternehmertum als nachhaltige Form des Wirtschaftens zu betrachten (Rahdari et al. 2016).

Ein klarer Trend zu nachhaltigeren Unternehmensformen ist auch in Deutschland erkennbar. So zeigte der 3. Deutsche Social Entrepreneurship Monitor, der vom **Social Entrepreneurship Netzwerk Deutschland (SEND**, siehe nachstehende Übersicht) herausgegeben wurde, dass die Zahl der Gründungen sozialer Unternehmen stetig zunimmt (Hoffmann et al. 2021). Laut Deutschem Start-up-Monitor geben sogar gut 40 % aller neu gegründeten Unternehmen an, eine soziale Mission zu verfolgen (Kollmann et al. 2020). Auffällig hierbei ist, dass die Mehrzahl der sozialen Unternehmen jung und eher klein ist sowie ihr Hauptwirkungsbereich direkt in unmittelbarer Umgebung des Unternehmens, z. B. auf kommunaler Ebene, gesehen wird. Dies hat sich, verglichen mit einer früheren Erfassung der sozialunternehmerischen Landschaft in Deutschland von Scheuerle et al. (2015), trotz steigender Gründungszahlen kaum verändert. Auch fällt auf, dass der Anteil von Gründerinnen, die im sozialen Unternehmertum ca. 50 % ausmachen, deutlich höher ist als im traditionellen Unternehmertum. Zu den am häufigsten abgedeckten Branchen von sozialen Unternehmen in Deutschland zählen Erziehung und Unterricht (21,5 %), Gesundheits- und Sozialwesen (17,5 %) sowie IT (16,6 %). Hotspots sozialen Unternehmertums in Deutschland sind neben Berlin auch Nordrhein-Westfalen und Bayern, während die ostdeutschen Flächenländer deutlich unterrepräsentiert sind.

Das **Social Entrepreneurship Netzwerk Deutschland (SEND)** ist ein im Juni 2017 gegründeter gemeinnütziger Verein, der soziale Unternehmen und soziale Unternehmerinnen und Unternehmer in Deutschland vernetzten und ihre Interessen in Wirtschaft und Politik vertreten will. Mit über 750 Mitgliedern ist SEND eines der größten derartigen Netzwerke im deutschsprachigen Raum und gibt in regelmäßigen Abständen den Deutschen Social Entrepreneurship Monitor heraus, der einen Überblick über die sozialunternehmerische Landschaft in Deutschland, aktuelle Entwicklungen und Herausforderungen gibt.

## 16.2 Was motiviert soziale Unternehmerinnen und Unternehmer?

Triebfeder für jedwede Form von sozialunternehmerischer Aktivität sind die sozialen Unternehmerinnen und Unternehmer selbst. Erst ihre Motivation, die Gründung eines sozialen Unternehmens anzugehen, ermöglicht es, die zugrunde liegende soziale Mission umzusetzen und die entsprechenden Ziele zu erreichen. Ein zentraler Faktor, der diese Motivation begründet, ist die **sozialunternehmerische Intention**, d. h. die Absicht, in seiner beruflichen Karriere ein soziales Unternehmen zu gründen (Chipeta et al. 2020; Krueger und Brazeal 1994). Einmal gefasst, kann diese Absicht das eigene Verhalten leiten und sich schließlich in der tatsächlichen Gründung des eigenen sozialen Unternehmens Bahn brechen. Aufgrund dieser wichtigen Rolle der sozialunternehmerischen Intention nimmt die Forschung zu wichtigen Einflussfaktoren und Antezedenzien insbesondere in den letzten 10 bis 15 Jahren deutlich zu (Sassmannshausen und Volkmann 2018). Eine kürzlich veröffentlichte Meta-Analyse zu Prädiktoren sozialunternehmerischer Absicht von Kruse et al. (2021) identifizierte basierend auf 17 Studien mit insgesamt 8.697 Teilnehmerinnen und Teilnehmern drei Ebenen – die individuelle, die soziale und die ökonomische Ebene –, von denen jeweils ein Einfluss auf die sozialunternehmerische Intention ausgeht:

Die **individuelle Ebene** umfasst insgesamt drei Sub-Ebenen. Auf der Sub-Ebene der Persönlichkeitseigenschaften können sowohl persönliche Werte als auch die so genannte proaktive Persönlichkeit die Höhe der sozialunternehmerischen Intention beeinflussen. Persönliche Werte bezeichnen zentrale Ziele eines Menschen in seinem Leben (Schwartz 1992). Im sozialunternehmerischen Bereich konnten Kruse et al. (2021) insbesondere **self transcendence**, d. h. das Ziel, anderen Menschen zu helfen, als wichtigen Einflussfaktor identifizieren ($r = 0,42^1$). Auch die proaktive Persönlichkeit, d. h. die Tendenz, seine Umwelt aktiv gestalten zu wollen (Bateman und Crant 1993), hatte einen signifikant positiven Zusammenhang mit der sozialunternehmerischen Absicht ($r = 0,55$). Auf der zweiten, der kognitiven Sub-Ebene finden sich die Einstellung zum sozialen Unternehmertum („Wie attraktiv schätze ich die Gründung eines sozialen Unternehmens für mich ein?") und die wahrgenommene Verhaltenskontrolle („Inwiefern, denke ich, dass ich in der Lage bin, ein soziales Unternehmen zu gründen?") aus der **Theory of Planned Behavior** von Ajzen (1991) als wichtige Variablen in der Absichtsbildung wieder. Auch diese Konstrukte wiesen jeweils signifikant positive Korrelationen mit der sozialunternehmerischen Absicht ($r_{\text{Einstellungen}} = 0,37$; $r_{\text{wahrgenommene Verhaltenskontrolle}} = 0,42$) auf. In einer vorangegangen Studie konnte Kruse (2020a) zeigen, dass insbesondere die Theory of Planned Behavior, zu der neben den Einstellungen und der wahrgenommenen Verhaltenskontrolle auch die subjektiven Normen

(„Was würden andere, für mich wichtige Personen davon halten, wenn ich ein soziales Unternehmen gründen würde?") zählen, eines der empirisch besten Modelle zur Vorhersage sozialunternehmerischer Absicht ist. Dies ist insbesondere bemerkenswert, da im Gegensatz zu den Persönlichkeitseigenschaften auf Sub-Ebene eins erste Ergebnisse darauf hindeuten, dass v. a. die wahrgenommene Verhaltenskontrolle durch z. B. erfolgreiche Vorbilder beeinflusst werden kann (Kruse 2020b; Laviolette et al. 2012). Auf der dritten Sub-Ebene des Humankapitals spielt v. a. die unternehmerische und soziale Erfahrung eine Rolle, d. h. inwiefern man persönlich oder z. B. in der Familie bereits Erfahrung mit unternehmerischer Arbeit oder sozialem Engagement gesammelt hat. Vor allem die Kombination sowohl unternehmerischer als auch sozialer Erfahrung wies hier einen besonders großen Zusammenhang zur Absicht, ein soziales Unternehmen zu gründen, auf.

Die zweite und dritte Ebene in der Meta-Analyse von Kruse et al. (2021) umfassen **soziale** (subjektive Normen) und **ökonomische** (nationaler wirtschaftlicher Entwicklungsstand) Einflüsse auf die sozialunternehmerische Absicht. Es konnte u. a. gezeigt werden, dass positive subjektive Normen zum sozialen Unternehmertum einen positiven Zusammenhang mit der sozialunternehmerischen Absicht aufweisen ($r = 0,36$) und Persönlichkeitseigenschaften in wirtschaftlich entwickelten Ländern stärker mit der sozialunternehmerischen Absicht zusammenhängen als in weniger entwickelten Ländern. Für viele kognitive Variablen und subjektive Normen war der Zusammenhang in weniger entwickelten Ländern stärker. Dies könnte ein Hinweis darauf sein, dass die sozialunternehmerische Absicht in wirtschaftlich entwickelten Ländern stärker von Präferenzen des Individuums abhängt, weil hier unter zahlreichen guten Karriereoptionen gewählt werden kann, während in weniger entwickelten Ländern häufig die Unternehmensgründung eine der wenigen Optionen ist, ein gutes Einkommen zu erzielen. Somit könnte die Entscheidung eher instrumentell

---

1    Die Korrelation „$r$" drückt aus, wie stark zwei Variablen miteinander in Verbindung stehen. Dabei gelten Korrelationen um 0,10 als klein, um 0,30 als mittel und über 0,50 als groß (Cohen 1988). Korrelationen geben jedoch keine Ursache-Wirkungs-Beziehung (Kausalität) an.

getroffen werden. Wenngleich in der Analyse von Kruse et al. nicht explizit für Alter, Geschlecht und Kultur kontrolliert wurde, deuten aktuelle Befunde jedoch an, dass auch kulturelle und Geschlechtsunterschiede im sozialunternehmerischen Absichtsbildungsprozess existieren (Chipeta et al. 2016, im Druck a).

Alles in allem zeigt sich somit, dass die sozialunternehmerische Absichtsbildung ein sehr **komplexes Feld** mit zahlreichen verschiedenen Einflussfaktoren sowohl auf der Ebene der Person, der sozialen Umgebung als auch der wirtschaftlichen Rahmenbedingungen ist.

## 16.3 Herausforderungen im Sozialen Unternehmertum

Angesichts der Kombination einer sozialen Mission mit einem gut durchdachten unternehmerischen Geschäftsmodell, durch das das soziale Unternehmen ein eigenes Einkommen generiert, ergeben sich nicht nur besondere Chancen (z. B. ein Beitrag zu sozial nachhaltigem Wirtschaften), sondern auch besondere Herausforderungen. Im Folgenden soll auf drei ausgewählte Herausforderungen eingegangen werden, die **Institutional-Support vs. Institutional-Void-Perspektive**, den **Mission Drift** und den **Reductive Bias**.

Wie in Abschn. 16.2 dargestellt, hat der nationale wirtschaftliche Entwicklungsstand eines Landes einen Einfluss auf die sozialunternehmerische Aktivität. Dabei ist festzustellen, dass die Anzahl sozialer Unternehmen in Entwicklungsländern im Durchschnitt deutlich höher ist als in entwickelten Ländern (Bosma et al. 2016). Angesichts dessen, dass in Entwicklungsländern soziale Probleme in der Regel verbreiteter und schwerwiegender sind als in entwickelten Ländern sowie Regierungen typischerweise weniger Mittel haben, um diese Probleme zu lösen, wird angenommen, dass der Bedarf an sozialen Unternehmen dort größer ist und darauf basierend auch die Motivation, ein soziales Unternehmen zu gründen. Diese Perspektive wird als **institutional void**

(dt. „institutionaler Mangel") bezeichnet (Stephan et al. 2015). Laut institutional void sind soziale Unternehmen also v. a. da zu finden, wo sie gebraucht werden, d. h. in Regionen mit schweren sozialen Missständen. Jedoch ist sozialunternehmerische Aktivität unter solchen Gegebenheiten auch mit großen Herausforderungen wie in aller Regel schlechter Infrastruktur oder dem Mangel an gut ausgebildetem Personal verbunden, was es schwerer macht, ein Unternehmen erfolgreich zu führen. Die gegenteilige Perspektive wird als **institutional support** (dt. „institutionale Unterstützung") bezeichnet und geht davon aus, dass soziale Unternehmen insbesondere dort aktiv werden, wo es umfangreiche Unterstützung (z. B. Gründungsworkshops, finanzielle Starthilfe) gibt, was den erfolgreichen Aufbau des Unternehmens erleichtert (Stephan et al. 2015). Jedoch sind in derartigen Regionen meist soziale Probleme weniger verbreitet und weniger schwerwiegend, was die Motivation, ein soziales Unternehmen zu gründen, herabsetzen könnte. In der wissenschaftlichen Literatur findet sich sowohl Evidenz für die Institutional-Void- (Estrin et al. 2013) als auch für die Institutional-Support-Perspektive (Stephan et al. 2015). In der Gesamtschau legen die Befunde zwar nahe, dass soziale Unternehmen insgesamt mehr von institutional support profitieren, was z. B. durch die große Dichte von deutschen sozialen Unternehmen in urbanen Räumen wie Berlin mit ausgebauten unternehmerischen Strukturen untermauert wird, jedoch lassen sich in einigen Bereichen (z. B. der Branche) positive Einflüsse von institutional void auf die Innovation in sozialen Unternehmen finden. So konnte Kruse (2021) zeigen, dass soziale Unternehmen in der Finanzbranche innovativer waren als in anderen Branchen. Dies begründete der Autor damit, dass in dieser traditionell sehr profitorientierten Branche soziale Geschäftsmodelle eher selten sind, was die Innovationsfähigkeit der Gründerinnen und Gründer besonders herausfordern könnte.

Eine weitere Herausforderung im Sozialen Unternehmertum ist der so genannte **Mis-**

**sion Drift** (dt. „Missionsverschiebung"). Unter Mission Drift versteht man die Abkehr von oder die Reduktion der sozialen Mission in einem sozialen Unternehmen zugunsten der kommerziellen Mission (Grimes et al. 2019). Wenngleich ein Mission Drift nicht ausschließlich im Kontext der sozialen Unternehmen auftritt, sondern alle Unternehmen betreffen kann, die (in der Wahrnehmung von außen oder objektiv messbar) von ihren eigentlichen Zielen abrücken, werden soziale Unternehmen am häufigsten mit einem Mission Drift in Verbindung gebracht. Das Vereinbaren von sozialen und finanziellen Zielen kann zu **Rollenambiguität**, d. h. Rollenunklarheit bei sozialen Unternehmerinnen und sozialen Unternehmern führen, da sich ggf. beide Ziele nur schwer oder überhaupt nicht mehr vereinbaren lassen. Gleichzeitig finden sich – dem hybriden Geschäftsmodell geschuldet – viele unterschiedliche **Werte** in der Belegschaft eines sozialen Unternehmens wieder. So ist ein Teil, der sich für die Verwirklichung der sozialen Mission einsetzt, tendenziell stärker auf die sozialen Ziele des Unternehmens fokussiert, während der andere Teil für die Erwirtschaftung von Gewinn und somit das finanzielle Überleben des Unternehmens zuständig ist (Battilana und Lee 2014). Das Management dieser verschiedenen Werte kann somit sehr herausfordernd werden, zumal ein Mission Drift hin zu einem kommerzielleren Unternehmen von den Investorinnen und Investoren oder Kundinnen und Kunden in aller Regel sehr negativ aufgenommen wird (Klein et al. 2021). Zwar ist die empirische Forschung zum Mission Drift sehr rar, doch wird vermutet, dass sowohl externe Auslöser (z. B. eine Verschlechterung der finanziellen Situation durch Krisen wie die Covid-Pandemie) als auch interne Auslöser (z. B. ein Wertewandel im Management des Unternehmens) für einen Mission Drift existieren (Grimes et al. 2019). Welche Rolle Eigenschaften des Unternehmens selbst – z. B. seine Rechtsform – spielen, ist auch aufgrund der zahlreichen verschiedenen Rechtsformen von sozialen Unternehmen in Deutschland unklar (Hoffmann et al. 2021).

Eine wichtige Grundlage für den Erfolg eines sozialen Unternehmens liegt in einem gut durchdachten Geschäftsmodell, das die soziale Mission mit eigenen Einkünften verbindet. Zwingende Voraussetzung hierfür stellt eine intensive und realistische Einschätzung des Marktes und der Bedürfnisse der Zielgruppe dar. Jedoch sind (zukünftige) Unternehmerinnen und Unternehmer häufig von so genannten **Biases** (dt. in etwa „Vorurteil/Verzerrung") beeinflusst. Biases können dazu führen, dass anstelle einer realistischen Einschätzung ein Urteil getroffen wird, das die Realität und wichtige Zusammenhänge zu simpel oder nur unzureichend abbildet oder auch die eigenen Fähigkeiten überschätzt (Zhang und Cueto 2017). In Hinblick auf das soziale Unternehmertum stellt der **Reductive Bias** ein großes Risiko in frühen Phasen des sozialen Unternehmensgründungsprozesses dar. Der Reductive Bias beschreibt die Tendenz, die Umgebung und Ursache-Wirkungs-Beziehungen derart zu vereinfachen, dass die notwendige Komplexität (z. B. die Frage, wie gut sich ein sozialunternehmerisches Geschäftsmodell umsetzen lässt) nicht mehr akkurat abgebildet werden kann. Verglichen mit traditionellen, rein finanziellen unternehmerischen Geschäftsmodellen birgt der Reductive Bias in der deutlich komplexeren Umgebung des sozialen Unternehmertums, das finanzielle und soziale Ziele verknüpft, eine noch größere Gefahr und kann das Risiko des Scheiterns somit massiv erhöhen. Ein Beispiel: Das soziale Unternehmen **Play Pumps** hatte den Ansatz, dass in wasserarmen Regionen in Afrika Kinder mit einem Laufrad spielen, das Grundwasser nach oben pumpt, um lange Wege zur nächstgelegenen Wasserstelle zu ersparen. Jedoch zeigte sich erst nach der Installation, dass das entsprechende Laufrad mehrere Stunden am Tag gedreht werden müsste, und das meist in sengendem Sonnenschein (Ganz et al. 2018). In zwei Studien untersuchten Chipeta et al. (im Druck a, im Druck b) die Auswirkungen des Reductive Bias in südafrikanischen und deutschen Stichproben und fanden zahlreiche positive Effekte auf z. B. die sozialunternehmerische Absicht und die Risikobereitschaft, in soziale Unternehmen zu investieren. Somit hatten Personen mit einem stärker ausgeprägten Reductive Bias sowohl eine höhere Absicht, ihr eigenes soziales Unternehmen zu gründen, als auch in ein soziales Unternehmen zu investieren. Angesichts der durch den Reductive Bias verzerrten Realitätswahrnehmung und des damit einhergehenden größeren Risikos des Scheiterns sollte dieser Bias noch stärker beforscht und auch in der Praxis auf ihn aufmerksam gemacht werden.

## 16.4 Soziales Unternehmertum und Wohlbefinden

Eine Tätigkeit als Unternehmerin oder Unternehmer wird, unabhängig vom Geschäftsmodell des Unternehmens, als **einer der stressigsten Jobs überhaupt** angesehen (Cardon und Patel 2015). Hinzu kommt, dass Unternehmerinnen und Unternehmer typischerweise weniger verdienen als in qualifikationsadäquaten Angestelltenverhältnissen (Van Praag et al. 2007). Angesichts dessen wirkt es paradox, dass Unternehmerinnen und Unternehmer in aller Regel nicht nur eine hohe Lebens-, sondern v. a. auch Arbeitszufriedenheit berichten sowie generell ein hohes Wohlbefinden (Stephan und Roesler 2010). Einer der Gründe für diese Befunde liegt – neben der wahrgenommenen Autonomie bei der Gestaltung des eigenen Arbeitsalltags – in der erlebten **Meaningfulness** (dt. „Bedeutsamkeit") der eigenen Tätigkeit. Bereits frühe Studien zu den Motiven von sozialen Unternehmerinnen und Unternehmern bestätigen, dass diese Meaningfulness, d. h. zu erleben, einer sinnvollen und für sich selbst und für andere wichtigen Tätigkeit nachzugehen, bei sozialunternehmerischer Aktivität als zentral wahrgenommen wird und noch wichtiger ist als bei kommerziellen Unternehmen (Lukes und Stephan 2012; Tan et al. 2005). Somit könnte man annehmen, dass soziale Unternehmerinnen und Unternehmer eine noch größere Zufriedenheit und noch grö-

ßeres Wohlbefinden erleben als kommerzielle Unternehmerinnen und Unternehmer. Jedoch zeigte sich, dass Meaningfulness auch überhand nehmen und die eigene Tätigkeit als derart bedeutsam wahrgenommen werden kann, dass Freizeit und mentale Gesundheit der Unternehmerinnen und Unternehmer bis hin zum **Burnout** leiden können (Fisher et al. 2013). Basierend auf diesen Erkenntnissen besteht somit ebenso die Möglichkeit, dass soziale Unternehmerinnen und Unternehmer ein geringeres Wohlbefinden erleben, da sie von der hohen Meaningfulness ihrer Tätigkeit „aufgefressen" werden. Überraschenderweise legte die Übersichtsarbeit von Stephan (2018) offen, dass das **Wohlbefinden von sozialen Unternehmerinnen und Unternehmern** in der bisherigen Forschung kaum Beachtung fand. In einer erst vor Kurzem vorgestellten Studie zum Wohlbefinden im unternehmerischen Kontext von Vandor und Meyer (2021) konnte gezeigt werden, dass soziale Unternehmerinnen und Unternehmer zwar z. B. durch hohe Rollenambiguität aufgrund des hybriden Geschäftsmodells ein höheres Stresslevel und somit Burnout-Risiko aufweisen, jedoch auch eine höhere Meaningfulness erleben als kommerzielle Unternehmerinnen und Unternehmer. Somit gehen die Autoren davon aus, dass diese höhere Meaningfulness den höheren Stress ausgleichen kann.

Wenngleich ähnliche Prozesse auch auf der Ebene der **Mitarbeiterinnen und Mitarbeiter in sozialen Unternehmen** naheliegen, steckt die Forschung zum Wohlbefinden der Belegschaft in dieser neuen unternehmerischen Form noch in den Kinderschuhen. Zwar betonen erste theoretische Arbeiten und Fallstudien, wie wichtig die Passung der eigenen Werte der Mitarbeiterinnen und Mitarbeiter mit denen des sozialen Unternehmens ist (Battilana und Lee 2014; Dorado et al. im Druck), was sich ggf. nicht nur auf die Arbeitszufriedenheit der Angestellten, sondern auch auf deren Wohlbefinden auswirken könnte; empirisch belastbare Ergebnisse der Wichtigkeit von Werten im sozialunternehmerischen Kontext sind bis jetzt aber einzig für angehende Sozialunternehmerinnen und -unternehmer selbst zu finden (Kruse et al. 2019). Somit bietet dieses Feld große Chancen für **zukünftige Forschung**, z. B. in der Frage, inwieweit die soziale Mission eines sozialen Unternehmens zu einem höheren Wohlbefinden der Angestellten beiträgt (im Sinne hoher Meaningfulness) und/oder das Management der verschiedenen Werte in der Belegschaft (s. Abschn. 16.3 zu Mission Drift) zu zusätzlichem Stresserleben führt.

## 16.5 Fazit

Während die positiven Effekte von Unternehmertum auf die wirtschaftliche Leistungs- und Innovationsfähigkeit eines Landes bereits sehr lange bekannt sind, stellt **soziales Unternehmertum** eine neue Möglichkeit dar, unternehmerisches Handeln mit dem Erreichen von sozialen Zielen zu verbinden. Soziale Unternehmen werden als **hybride Unternehmen** konzipiert, die soziale Missionen wie z. B. Armutsbekämpfung verfolgen, dabei aber basierend auf einem gut durchdachten Geschäftsmodell ihr eigenes Einkommen generieren und somit finanziell unabhängig bleiben. Als wichtige Triebfeder für sozialunternehmerische Aktivität gilt die **sozialunternehmerische Absicht**, die wiederum durch ein komplexes Geflecht von Persönlichkeit, Kognition, sozialen und wirtschaftlichen Faktoren beeinflusst wird. Wenngleich soziales Unternehmertum mit großen Herausforderungen einhergeht, z. B. mit der Gefahr, von der eigentlichen sozialen Mission abzukommen (**Mission Drift**) oder mit einem potenziell hohen Stresserleben durch die schwierige Vereinbarkeit finanzieller und sozialer Ziele, deuten erste Befunde an, dass die hohe erlebte **Meaningfulness** dieser Tätigkeit das Wohlbefinden von sozialen Unternehmerinnen und Unternehmern positiv beeinflussen kann. Somit liegt im Sozialen Unternehmertum ein großes Potenzial sowohl für **sozial nachhaltigeres Wirtschaften** als auch für eine bedeutsame und erfüllende individuelle Karriere.

## Literatur

Ajzen I (1991) The theory of planned behavior. Organ Behav Hum Decis Process 50(2):179–211. https://doi.org/10.1016/0749-5978(91)90020-T

Bateman TS, Crant JM (1993) The proactive component of organizational behavior: a measure and correlates. J Organ Behav 14(2):103–118

Battilana J, Lee M (2014) Advancing research on hybrid organizing – insights from the study of social enterprises. Acad Manag Ann 8:397–441

Bornstein D (1997) The price of a dream: the story of the Grameen Bank. Oxford University Press

Bosma N, Schøtt T, Terjesen S, Kew P (2016) GEM 2015 report on social entrepreneurship

Cantillon R (1756) Essai sur la nature du commerce. Fletcher Gyles, Paris

Cardon MS, Patel PC (2015) Is stress worth it? Stress-related health and wealth trade-offs for entrepreneurs. Appl Psychol 64(2):379–420

Chipeta EM, Koloba HA, Surujlal J (2016) Influence of gender and age on social entrepreneurship intentions among university students in Gauteng Province, South Africa. Gend Behav 14(1):6885–6899

Chipeta EM, Kruse P, Surujlal J (2020) Effects of gender on antecedents to social entrepreneurship among university students in South Africa. Int J Bus Manag Stud 12(1):18–33

Chipeta EM, Kruse P, Venter R A risky way of doing good–combining personality and cognitive variables in a new hierarchical model of investment risk-taking in social entrepreneurship. J Afr Bus (im Druck a) https://doi.org/10.1080/15228916.2021.1907157

Chipeta EM, Venter R, Kruse P Measuring the role of reductive bias in social enterprise formation: development and validation of a social entrepreneurial intention bias scale. J Soc Entrepreneursh. https://doi.org/10.1080/19420676.2020.1758196 (im Druck b)

Cohen J (1988) Statistical power analysis for the behavioral sciences. Erlbaum, Hillsdale

Dorado S, Chen Y, Prado AM, Simon V (2022) Attuned HRM systems for social enterprises. J Bus Ethics 178, 829–848 https://doi.org/10.1007/s10551-021-04821-4

Estrin S, Mickiewicz T, Stephan U (2013) Entrepreneurship, social capital. and institutions: social and commercial entrepreneurship across nations. Entrepreneursh Theory Pract 37(3):479–504

Fisher R, Maritz A, Lobo A (2013) Obsession in entrepreneurs – towards a conceputalisation. Entrepreneursh Res J 3(2):207–237

Ganz M, Kay T, Spicer J (2018) Social enterprise is not social change. Stanf Soc Innov Rev 16(2):59–60

Grimes MG, Williams TA, Zhao EY (2019) Anchors aweigh: the sources, variety, and challenges of mission drift. Acad Manag Rev 44(4):819–845

Hoffmann P, Scharpe K, Wunsch M (2021) 3. Deutscher Social Entrepreneurship Monitor 2020/21. SEND

Klein S, Schneider S, Spieth P (2021) How to stay on the road? A business model perspective on mission drift in social purpose organizations. J Bus Res 125:658–671

Kollmann T, Hensellek S, Jung PB, Kleine-Stegemann L, Ataee J, de Cruppe K (2020) Deutscher Startup Monitor 2020. Bundesverband Deutsche Startups

Krueger NF, Brazeal DV (1994) Entrepreneurial potential and potential entrepreneurs. Entrepreneursh Theory Pract 18:91–104

Kruse P (2020a) Can there only be one? – an empirical comparison of four models on social entrepreneurial intention formation. Int Entrepreneursh Manag J 16(2):641–665

Kruse P (2020b) Spreading entrepreneurial news – investigating media influence on social entrepreneurial antecedents. Green Finance 2(3):284–301

Kruse P (2021) Exploring international and inter-sector differences of social enterprises in the UK and India. Sustainability 13(11):5870

Kruse P, Wach D, Costa S, Moriano JA (2019) Values matter, don't they? – Combining theory of planned behavior and personal values as predictors of social entrepreneurial intention. J Soc Entrepreneursh 10(1):55–83

Kruse P, Wach D, Wegge J (2021) What motivates social entrepreneurs? A meta-analysis on predictors of the intention to found a social enterprise. J Small Bus Manag 59(3):477–508

Laviolette EM, Lefebvre MR, Brunel O (2012) The impact of story bound entrepreneurial role models on self-efficacy and entrepreneurial intention. Int J Entrepreneurial Behav Res 18(6):720–742

Lukes M, Stephan U (2012) Nonprofit leaders and for-profit entrepreneurs: similar people with different motivation. Cesk Psychol 56(1):41–55

Murphy PJ, Liao J, Welsch HP (2006) A conceptual history of entrepreneurial thought. J Manag Hist 12(1):12–35

van Praag CM, Versloot PH (2007) What is the value of entrepreneurship? A review of recent research. Small Bus Econ 29(4):351–382

Van Praag M, van Praag CM, Versloot PH (2007) The economic benefits and costs of entrepreneurship: a review of the research. Found Trends Entrepreneursh 4(2):65–154

Rahdari A, Sepasi S, Moradi M (2016) Achieving sustainability through Schumpeterian social entrepreneurship: the role of social enterprises. J Clean Prod 137:347–360

Sassmannshausen SP, Volkmann C (2018) The scientometrics of social entrepreneurship and its establishment as an academic field. J Small Bus Manag 56(2):251–273

Scheuerle T, Schmitz B, Spiess-Knafl W, Schües R, Richter S (2015) Mapping social entrepreneurship in Germany – a quantitative analysis. Int J Soc Entrepreneursh Innov 3(6):484–511

Schumpeter JA (1934) The theory of economic development. Harvard University Press

Schwartz SH (1992) Universals in the content and structure of values: Theory and empirical tests in 20 countries. In: Zanna M (Hrsg) Advances in Experimental Social Psychology. Academic Press, London, S 1–65

Stephan U (2018) Entrepreneurs' mental health and well-being: a review and research agenda. Acad Manag Perspect 32(3):290–322

Stephan U, Roesler U (2010) Comparison of entrepreneurs' and employee's health in a national representative sample. J Occup Organ Psychol 83(3):717–738

Stephan U, Uhlaner LM, Stride C (2015) Institutions and social entrepreneurship: the role of institutional voids, institutional support, and institutional configurations. J Int Bus Stud 46(3):308–331

Tan W-L, Williams J, Tan T-M (2005) Defining the 'social' in 'social entrepreneurship': altruism and entrepreneurship. Int Entrepreneursh Manag J 1(3):353–365

Vandor P, Meyer M (2021) Social entrepreneurs: driven by mission, but doomed to burn out? Proceedings. Academy of Management, Briarcliff Manor

Waddock SA, Post JE (1991) Social entrepreneurs and catalytic change. Public Admin Rev 51(5):393–401

Young DR (1983) If not for profit, for what? Lexington Books, New York

Zhang SX, Cueto J (2017) The study of bias in entrepreneurship. Entrepreneursh Theory Pract 41(3):419–454

# Verantwortung übernehmen durch Kompetenzentwicklung und Weiterbildung

*Christina Stecker*

## Inhaltsverzeichnis

© Der/die Autor(en), exklusiv lizenziert an Springer-Verlag GmbH, DE, ein Teil von Springer Nature
2022
B. Badura et al. (Hrsg.), *Fehlzeiten-Report 2022*, Fehlzeiten-Report,
https://doi.org/10.1007/978-3-662-65598-6_17

## ▪▪ Zusammenfassung

*Angesichts globaler Liefer- und Wertschöpfungsketten können Unternehmen mit unzureichenden ökologischen und sozialen Standards konfrontiert werden. Vor diesem Hintergrund kann sich die gesellschaftliche Verantwortungsübernahme durch Unternehmen sowohl auf die Unternehmensperformance als auch auf die Arbeitszufriedenheit und das Engagement der Beschäftigten positiv auswirken. Denn einerseits werden Unternehmen mit intrinsisch motivierten und kompetenten Führungskräften und Belegschaften erfolgreicher sein, da sie für Glaubwürdigkeit und Vertrauen gegenüber externen Stakeholdern sorgen können. Andererseits sind durch betriebliche Aus- und Weiterbildung erworbene Kompetenzen auch außerhalb des Arbeitsplatzes nutzbar, entziehen sich damit einem vermeintlich unternehmensspezifischen Nutzenkalkül und wirken sich somit auf die intrinsische Motivation aus. Um die Kompetenzentwicklung der Beschäftigten und mithin die intrinsische Motivation zu unterstützen, bietet sich das Konzept der Arbeitsfähigkeit für ganzheitliche Maßnahmen auf den Ebenen Arbeit, Werte, Kompetenz und Gesundheit an.*

## 17.1 Einleitung

Die Arbeits- und Lebenswelt befindet sich in einem inkrementellen und disruptiven Wandlungsprozess zugleich. Megatrends wie Globalisierung und demografische Alterung, Individualisierung und New Work beinhalten zwar langsame, aber komplexe Veränderungsdynamiken in Wirtschaft und Gesellschaft.[1] Mit der Covid-19-Pandemie wurde quasi über Nacht ein enormer disruptiver Digitalisierungsschub in fast allen Arbeits- und Lebensbereichen ausgelöst (Klös 2020). Hinzu kommt, dass Unternehmen aufgrund unzureichender Umwelt- und Sozialstandards in ihren globalen Liefer- und Wertschöpfungsketten in eine existentielle Krise geraten können. Politik und externe Stakeholder erwarten zunehmend einen bewussteren Umgang mit Beschäftigten, Ressourcen und der Umwelt – kurz: die Übernahme gesellschaftlicher Verantwortung. Um ein hohes Maß an Glaubwürdigkeit und Vertrauen zu erreichen und die Gefahr des *„Green-"* oder *„Bluewashings"*[2] zu vermeiden, können Belegschaften zu Umwelt- und Sozialstandards im Rahmen des betrieblichen Gesundheits- und Arbeitsschutzes aufgeklärt oder über klassische und moderne Aus- und Weiterbildungsangebote geschult werden. Die Einhaltung von Organisationsstandards und Compliance-Richtlinien wird jedoch erfolgreicher sein, wenn die Beschäftigten und Führungskräfte die Regeln aus innerer Überzeugung verfolgen und kompetent mitgestalten. In diesem konzeptionellen Beitrag werden zunächst die Hintergründe sowie die Wirkungen von Corporate Social Responsibility (CSR) auf die Motivation skizziert (Abschn. 17.2) und anschließend die präventive Förderung von Gesundheit und Arbeitsfähigkeit im CSR-Kontext vorgestellt (Abschn. 17.3). Das Konzept der Arbeitsfähigkeit bietet eine ganzheitliche Grundlage zur Unterstützung der Kompetenzentwicklung und damit der intrinsischen Motivation der Beschäftigten (Abschn. 17.4), was letztlich eine Win-win-Situation für beide Seiten beinhalten kann (Fazit, Abschn. 17.5).

---

1   Das Zukunftsinstitut (2022) benennt aktuell zwölf Megatrends: Gender Shift, Gesundheit, Globalisierung, Individualisierung, Konnektivität, Mobilität, Neo-Ökologie, New Work, Sicherheit, Silver Society, Urbanisierung und Wissenskultur.

2   Unter Greenwashing (Grünfärben) kann die bewusste Irreführung von Anspruchsgruppen hinsichtlich eines umweltfreundlichen Images verstanden werden; der Begriff geht auf die Umweltbewegung der 1970er/80er Jahre zurück. Mit Bluewashing wird das Vortäuschen sozialer Tätigkeiten bzw. sozialen Engagements angesprochen. Das Blau geht auf die Farbe der United Nations (UN) und die Einführung des Global Compacts, einer globalen Wertekultur zurück (Heidbrink und Seele 2007).

**17**

## 17.2 Hintergründe und Wirkungen der gesellschaftlichen Verantwortung von Unternehmen auf die Motivation

### 17.2.1 Hintergründe für Corporate Social Responsibility

Die Frage nach freiwilliger, über gesetzliche Vorgaben hinausgehender gesellschaftlicher Verantwortung von Unternehmen wurde von der Politik um die Jahrtausendwende aus dem zivilgesellschaftlichen Engagementdiskurs aufgegriffen (Enquete-Kommission „Zukunft des Bürgerschaftlichen Engagements" 2001; Stecker 2002). Unter dem Begriff *Corporate Social Responsibility (CSR)* wird die Verbindung der ökonomischen mit der ökologischen und sozialen Dimension der Geschäftätigkeit gefasst, d. h. sie baut auf den drei Säulen der Nachhaltigkeit – Ökonomie, Ökologie und Soziales – auf. Auf europäischer Ebene sind Bestrebungen zu mehr Transparenz und Nachhaltigkeit in den globalen Liefer- und Wertschöpfungsketten in die EU-Richtlinie 2014/95/EU eingeflossen und von der deutschen Gesetzgebung im Handelsgesetzbuch (HGB, § 289b ff) durch das *CSR-Richtlinie-Umsetzungsgesetz* verankert worden. Große und – bis auf Kleinstunternehmen – alle börsennotierten Unternehmen müssen neben ihren finanziellen Berichtspflichten Stellung zu nichfinanziellen Aspekten ihrer Geschäftätigkeit nehmen. Dazu gehören Umwelt-, Arbeitnehmer- und Sozialbelange, die Achtung der Menschenrechte, die Bekämpfung von Korruption und Bestechung sowie bei bestimmten Unternehmen auch Diversitätskonzepte für ihre Leitungsorgane (Bundesrats-Drucksache 201/17 2017; Deutscher Nachhaltigkeitskodex 2022). Begründet wird das Engagement und die Verantwortung von Unternehmen meist entweder historisch/ethisch/normativ, im Sinne von sozial verantwortlichem Unternehmertum

und dem „Corporate Citizenship". Oder es wird utilitaristisch/neoklassisch der ökonomische Nutzen für das Unternehmen hervorgehoben, etwa zur Steigerung der Reputation gegenüber den Stakeholdern und aus Gründen des strategischen Risikomanagements (Backhaus-Maul et al. 2010, Bassen et al. 2005; Bundesministerium für Arbeit und Soziales 2022). Wie erfolgreich CSR in der Praxis gegenüber der Vielzahl von *Anspruchsgruppen* – Beschäftigten, Kunden, Lieferanten, Wettbewerbern, Investoren, der lokalen Gemeinschaft und der Gesellschaft als Ganzes – umgesetzt wird, hängt insbesondere von der Motivation der Führungskräfte und der einzelnen Mitarbeiterinnen und Mitarbeiter ab.

### 17.2.2 Wirkung von CSR auf die Motivation

Die Auswirkungen von CSR auf die Unternehmensperformance war lange ein Thema der Organisationsforschung; erst in jüngerer Zeit werden die Zusammenhänge zwischen CSR und Arbeitszufriedenheit und -engagement auf individueller Ebene analysiert (Kunz 2020). Dabei kann die Dichotomie von intrinsischer und extrinsischer Motivation aus der Psychologie zugrundegelegt werden. Erstere gilt als wesentlich für den *psychologischen (Arbeits-) Vertrag*, der von Rousseau (1995) als *intrinsische Motivation* und organisationales Commitment zum Unternehmen jenseits des juristischen Arbeitsvertrages beschrieben wurde.[3] Bei der extrinsischen Motivation spielen äu-

---

3  Um den psychologischen (Arbeits-)Vertrag sichtbar zu machen, eignen sich „idiosynkratische Vereinbarungen" (engl.: Idiosyncratic deals, kurz I-Deals). Nach Rousseau (2005) werden idiosynkratische Kontrakte konstitutiv durch besondere, eigene, einzigartige, individuell-persönliche (schriftliche oder mündliche) vertragliche Vereinbarungen zwischen Arbeitnehmenden und Arbeitgebenden zum beiderseitigen Vorteil, die von denen des Teams durch ihre Einzigartigkeit abweichen; ausführlich Stecker (2019a, 2019b).

ßere, finanzielle Anreize eine Rolle, wie das Gehalt, Boni oder andere materielle Gratifikationen.

In empirischen Studien konnte ein signifikanter Zusammenhang zwischen CSR und intrinsischer Motivation, aber nicht zwischen CSR und extrinsischer Motivation festgestellt werden (Graafland und Mazereeuw-Van der Duijn Schouten 2012). Empirische Befunde legen auch den Schluss nahe, dass Führungskräfte, die intrinsisch motiviert sind, sich stärker für CSR engagieren (ebd.).[4] Diese sowie Ergebnisse aus anderen Disziplinen tragen zudem zur Erkenntnis bei, dass die extrinsische die intrinsische Motivation langfristig verdrängen kann (ebd., Stecker 2019a). Schließlich ließ sich aus einer übergeordneten Perspektive zeigen, dass sich CSR-Aktivitäten auf Unternehmens- und überbetrieblicher Ebene nicht nur positiv auf die Unternehmensperformance, sondern auch auf die Arbeitszufriedenheit und das Arbeitsengagement auswirken und damit die intrinsische Motivation der Mitarbeitenden fördern können, während CSR die extrinsische Motivation nicht beeinflusst (Kunz 2020).

Wenngleich CSR-Maßnahmen üblicherweise nach außen und nicht auf die Motivation der eigenen Beschäftigten ausgerichtet sind, entfalten sie Potenzial für das Management der Beziehungen zwischen Organisation und Mitarbeiterinnen und Mitarbeitern im Unternehmen („Beziehungsmanagement", ebd.). Denn bezogen auf den psychologischen Vertrag ist zu konstatieren, dass in der ursprünglichen Konzeption von Argyris (Mitbegründer des Konzepts des organisationalen Lernens; Hartmann 2003) aus dem Jahr 1960 das relationale Verhältnis zwischen Mitarbeitendem und Vorgesetztem noch im Mittelpunkt stand (Bal und Hornung 2019). Dieses *Loyalitäts- und Vertrauensverhältnis* enthielt hier noch das Verständnis von gegenseitiger Verpflichtung im Sinne von „*Sozialverträgen*" sowie von

Arbeitgeberverantwortung und -abhängigkeit. Dieses kollektive Verständnis wurde konzeptionell von Rousseau (1995) durch eine individualistische Interpretation und Konzentration auf die subjektiven Wahrnehmungen des Mitarbeitenden verdrängt, mit der Organisation als abstraktem Akteur auf Systemebene (Bal und Hornung 2019). Wenn also das CSR-Engagement der Unternehmen einen positiven Effekt auf die intrinsische Motivation der Beschäftigten und die Unternehmensleistung zugleich ausüben kann, erscheint es folgerichtig, das sozialvertragliche Verständnis bei der präventiven Förderung der Gesundheit und Arbeitsfähigkeit der Belegschaft im CSR-Kontext wieder aufzugreifen.

## 17.3 Präventive Förderung der Gesundheit und Arbeitsfähigkeit im CSR-Kontext

### 17.3.1 Betriebliches Gesundheitsmanagement

Für die arbeitsweltbezogene Prävention der Belegschaft nutzen Unternehmen und Organisationen die Betriebliche Gesundheitsförderung (BGF) und das Betriebliche Gesundheitsmanagement (BGM) sowie den Arbeitsschutz. Gegliedert nach ihrer zeitlichen Abfolge intendiert „*Primärprävention*" die Erhaltung der Gesundheit von risikofreien oder noch nicht manifest erkrankten Menschen (Slesina 2007). Diese kann danach unterschieden werden, ob sie auf das individuelle Verhalten der Beschäftigten (*Verhaltensprävention*) oder die äußeren Gegebenheiten im Unternehmen gerichtet ist (*Verhältnisprävention*). Erstere umfasst Ansätze zum gesundheitsgerechten Verhalten, etwa zu Ernährung und Zeitmanagement, letztere ist auf die gesundheitsgerechte und -fördernde Gestaltung in Lebenswelten gerichtet (z. B. Schule, Arbeit). Als „*Sekundärprävention*" wird die Früherkennung und

---

4   Die Items enthielten Fragen zu Umwelt- und Sozialaspekten, Arbeitsbedingungen, Sicherheit und Chancengleichheit sowie zu Sozialprojekten in der Dritten Welt; ebd. S. 384.

-therapie sowie die Verhütung von Progression und Rückfall bei manifester Erkrankung verstanden, wozu arbeitsmedizinische Vorsorgeuntersuchungen im Unternehmen gehören. Unter „*Tertiärprävention*" schließlich können die Vermeidung von Behinderung, Chronifizierung, Teilhabeverlust, Krankheitsprogression sowie Leistungen zur Teilhabe am Arbeitsleben (LTA, berufliche Rehabilitation) oder integrationsorientierte Return-to-work-Ansätze (RTW) subsumiert werden; hierzu gehören Maßnahmen des Betrieblichen Eingliederungsmanagements (BEM) (Slesina 2007; Stecker 2021).

Zur Förderung der Gesundheit der Beschäftigten im CSR-Kontext bieten sich Potenziale in der primärpräventiven Verhältnisprävention an, d. h. in der Gestaltung der Arbeitsbedingungen und der Arbeitsorganisation, aber auch Schulungen zum Umgang mit ökologischen und gesundheitsgefährdenden Belastungen im Rahmen der Verhaltensprävention. Neben diesen direkten Maßnahmen leistet aus einer Metaperspektive betrachtet die Gesundheitsförderung nachgewiesenermaßen einen Beitrag zur *Arbeitgeberattraktivität* und damit zur Mitarbeiterbindung, -motivation und -rekrutierung (Bustamante et al. 2018; Felfe und Wombacher 2016; Gansser und Godbersen 2017, Klaiber 2018). Dies kann für das Unternehmen in allen drei CSR-Dimensionen nachhaltig sein: ein geringerer Ressourcenverbrauch durch niedrigere Fluktuation[5], ein sinkender Krankenstand aufgrund der wahrgenommenen Wertschätzung seitens der Beschäftigten sowie eine bessere Effizienz durch die erfahrenen Mitarbeiterinnen und Mitarbeiter. Angesichts der gestiegenen Bedeutung von psychischen Erkrankungen für Arbeitsunfähigkeitstage und Erwerbsminderungsrenten (BAuA 2016; Stecker 2021) ist dies auch ein ökonomisch, politisch und gesellschaftlich bedeutsames Nachhaltigkeitsthema.

Aus Sicht der Beschäftigten kann die Betriebliche Gesundheitsförderung die *Selbstwirksamkeitserwartung* (self-efficacy) stärken, ein lerntheoretischer Ansatz von Bandura, der sich an Antonovskys Konzept der Salutogenese anschließen lässt, demgegenüber aber weniger komplex und damit leichter empirisch überprüfbar ist (Bengel et al. 2001).[6] Darunter wird die subjektive Überzeugung gefasst, über alle zur Zielerreichung nötigen Kompetenzen zu verfügen und durch das eigene Verhalten das Ziel auch zu erreichen (Kionke und Stecker 2018). Da die Selbstwirksamkeitserwartung nachweislich eine Bedingung für die Bereitschaft zu präventivem Gesundheitsverhalten darstellt (Bengel et al. 2001), können CSR-Maßnahmen wie beispielsweise Trainings zur adressatengerechten Kommunikation der betrieblichen Nachhaltigkeitsziele oder zum (resilienten) Umgang mit externen Stakeholdern hier ansetzen und leisten damit zugleich einen Beitrag zur Kompetenzentwicklung (Abschn. 17.4). Auch die Unterstützung des gemeinnützigen Engagements einzelner Arbeitnehmerinnen und Arbeitnehmer etwa durch Freistellung für die Flut- und Flüchtlingshilfe oder die Bereitstellung von betrieblichen Ressourcen wie Räumlichkeiten und Logistik sind beispielhafte Ansätze, die die Selbstwirksamkeitserwartung, Kompetenzentwicklung und intrinsische Motivation stärken können. Zuvor müssen allerdings die Arbeitsbedingungen – faire Bezahlung, Arbeitsplatzsicherheit oder die Gleichbehandlung von Voll- und Teilzeitkräften – geklärt sein (Müller et al. 2017), damit die Unterstützung als authentisch wahrgenommen wird und sich die gewünschte Bindungswirkung und Reputation entfalten kann. Denn nach einer aktuellen Mitarbeitendenbefragung enga-

---

5 Nach einer empirischen Studie können sich die Gesamtkosten einer Neubesetzung – Kosten der Trennung, Rekrutierung, Einarbeitung sowie Opportunitätskosten durch entgangene anderweitige Ressourcenverwendung – bis auf das Zweieinhalbfache des jeweiligen Jahresgehalts belaufen (Gansser und Godbersen 2017).

6 Während bei der Salutogenese präventiv, gesundheits- und ressourcenorientiert nach den Wirkfaktoren für die Erhaltung der Gesundheit gefragt wird, stehen in sozialkognitiven Lerntheorien das Verhalten und das Selbstkonzept des Menschen im Fokus (Bengel et al. 2001).

gieren sich diese dann am ehesten, wenn im Unternehmen bereits CSR-Initiativen vorhanden sind (Amerland 2021), wie beispielsweise zum *Corporate Volunteering* (Schröder 2010). Sie erwarten allerdings, zuvor nach ihrer Meinung zu den geplanten Vorhaben gefragt zu werden, was nur bei einem Viertel der Umfrageteilnehmenden der Fall war. Auch haben demnach zahlreiche Unternehmen 2021 erstmals CSR-Maßnahmen für die Beschäftigten angestoßen, die mehrheitlich in direktem Zusammenhang mit der Corona-Pandemie standen, etwa zur finanziellen Sicherheit, zur psychischen Gesundheit und zum Schutz der Mitarbeitenden (Schutzausrüstung, Masken usw.; Amerland 2021).

Trotz möglicher Schnittstellen und Synergien innerhalb der Organisation werden BGM und CSR weder in der Praxis in Form von Handlungsanleitungen, Tools oder Best-Practices noch in der Forschung systematisch kombiniert und berücksichtigt; dies gilt insbesondere auch hinsichtlich ihrer ethischen Grundfragen und Herausforderungen (Kuhn et al. 2021; Müller et al. 2017). Ebenso liegen empirische Studien hinsichtlich des Zusammenhangs zwischen CSR und *Mitarbeitermotivation* – gerade in Bezug auf die intrinsische Motivation – bislang kaum vor (Kunz 2020). Wie in Abschn. 17.2.2 diskutiert, erscheinen CSR-Maßnahmen besonders geeignet, die die intrinsische Motivation der Beschäftigten und die Kompetenz der Belegschaft adressieren. Zur systematischen Verankerung von CSR in der Organisations- und Personalentwicklung und zur ganzheitlichen Unterstützung der Kompetenzentwicklung der Belegschaft bietet sich das Arbeitsfähigkeitskonzept an.

### 17.3.2 Das Konzept der Arbeitsfähigkeit

Unter *Arbeitsfähigkeit* (engl. Work ability) wird die Balance zwischen den Arbeitsanforderungen (physisch, psychisch und affektiv) und den Arbeitsressourcen (Gesundheit und funktionelle Kapazität, Werte und Einstellungen sowie Kompetenz und Bildung) verstanden (Ilmarinen et al. 2016). Der „*Work Ability Index*" (WAI; Arbeitsbewältigungsindex, ABI) und das Konzept der Arbeitsfähigkeit wurden in den 1980er Jahren am finnischen Institut für Arbeits- und Gesundheitsschutz (Finnish Institute for Occupational Health, FIOH) im Team von Juhani Ilmarinen entwickelt. Der WAI hat sich als guter Prädiktor für die Wahrscheinlichkeit einer späteren Erwerbsminderung oder Mortalität erwiesen, da er evidenzbasierte Zusammenhänge zwischen guter Arbeitsfähigkeit und guter Gesundheit aufzeigt (Stecker 2021). Der WAI und auch der aus der evidenzbasierten ersten Frage („Derzeitige Arbeitsfähigkeit im Vergleich zu der besten, je erreichten Arbeitsfähigkeit") abgeleitete *WAI-Score* werden daher nicht zuletzt als Screeninginstrument im (betrieblichen) präventiven Setting und zur Evaluation von rehabilitativen Maßnahmen angewendet (ebd.).

Bildlich wird der Zusammenhang zwischen Gesundheit, Kompetenzen und Werten, Arbeitsumfeld und Führungsorganisation im „*Haus der Arbeitsfähigkeit*" als aufeinander aufbauende Stockwerke dargestellt (◻ Abb. 17.1). Die Stockwerke des Hauses, aber auch Familie, soziale Netzwerke und regionale und betriebliche Arbeitskultur sowie Megatrends wie der technologische und demografische Wandel und die Globalisierung weisen auf Aspekte hin, die die Arbeitsfähigkeit beeinflussen (Ilmarinen 2019). Da sich die Art und Kultur der Arbeit verändert, etwa durch komplexe und digitalisierte Arbeitsprozesse und Flexibilität bei Arbeitsort/-zeit und nach Lebensphasen, kann „Arbeit" selbst als Ressource und Motivationsfaktor interpretiert werden – und nicht nur als Anforderungen, die die Arbeit an den Menschen stellt, wie noch im ursprünglichen Verständnis (Kionke und Stecker 2018; Stecker 2019a).

Das Arbeitsfähigkeitskonzept bietet eine ganzheitliche Grundlage für die Organisations- und Personalentwicklung zur systematischen Verankerung von CSR. Denn arbeitsweltbezogene Ressourcen können die Motivation erhö-

**17**

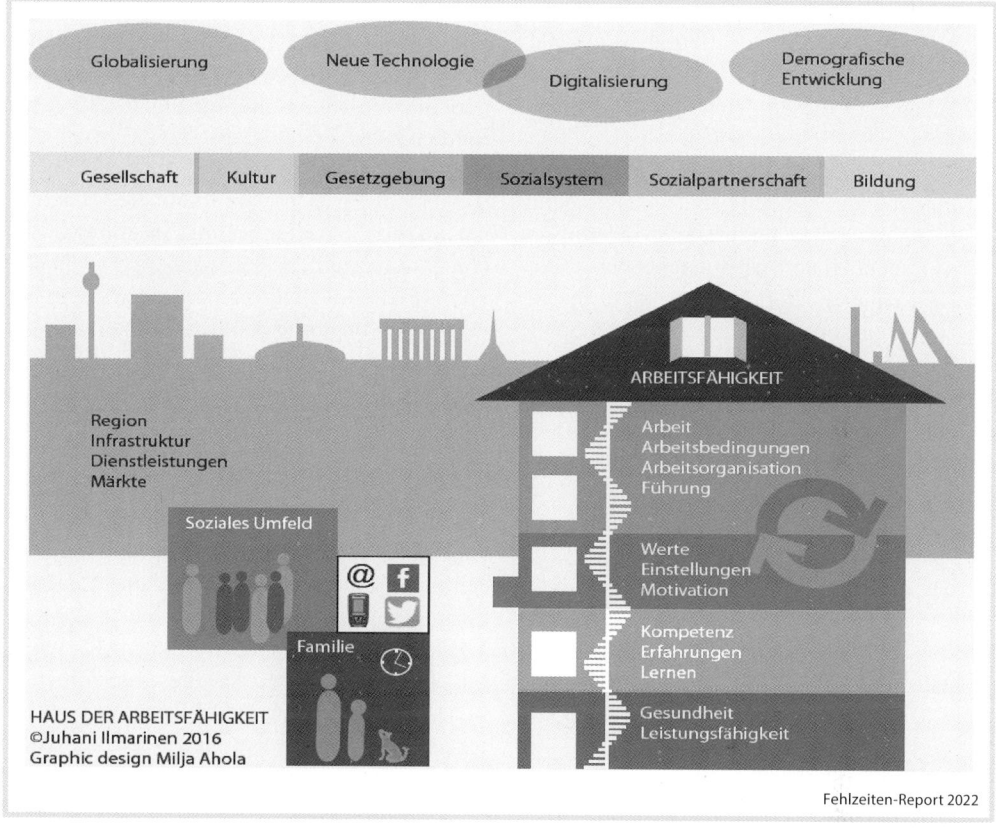

**◘ Abb. 17.1** Das Modell des Hauses der Arbeitsfähigkeit. (Quelle: Ilmarinen et al. 2016, S. 223; mit freundlicher Genehmigung)

hen und somit zu einer Steigerung von Engagement und Leistung beitragen. Nach Franken (2016, S. 214) erbringen Mitarbeitende freiwillig die beste Leistung, „wenn sie sich am Arbeitsplatz wohl fühlen, mit der Gruppe, den Kollegen und dem Unternehmen verbunden sind." Insbesondere kompetenz- und lernförderliche Aspekte der Arbeit und verantwortungsvoll gestaltete Arbeitsbedingungen wirken sich positiv auf das organisationale Commitment bzw. die Bindung der Mitarbeitenden an das Unternehmen aus (Felfe und Wombacher 2016; Klaiber 2018). Subjektive Werte, Einstellungen und Motivation beeinflussen die Balance zwischen Arbeit, persönlichen Ressourcen und Privatleben und wirken sich somit auf die Arbeit im engeren Sinne aus.

Daher kommt dem dritten Stockwerk „Werte" eine besondere Bedeutung zu (Ilmarinen et al. 2016). Förderlich ist hier eine *Unternehmenskultur*, die auf allen Hierarchieebenen zu hoher Eigenständigkeit und Selbstverantwortung, Kreativität und Veränderung sowie konstruktiver (Selbst-)Kritik anregt (Franken 2016, S. 52). Nach Ilmarinen (2019) haben jedoch Management- und Führungsfähigkeiten im vierten Stockwerk die stärkste Auswirkung auf die Arbeitsfähigkeit, da Führungskräfte und direkte Vorgesetzte einen großen Einfluss auf die psychische und kognitive Gesundheit des Einzelnen sowie der Arbeits- und Leistungsfähigkeit des Teams ausüben können.

Neben direkten Maßnahmen zur Stärkung der *Gesundheitskompetenzen* der Beschäftigten und zur Gestaltung gesundheitsförderlicher Bedingungen seitens des Betriebes (Verhalten und Verhältnisse; Gansser und Godbersen 2017) kann vor diesem Hintergrund beispielsweise das CSR-Engagement der direkten Führungskraft auf der *Werteebene* zu einer stärkeren emotionalen Bindung und einer höheren Arbeitszufriedenheit und damit wiederum zu mehr Gesundheit der Arbeitnehmenden beitragen. Mit anderen Worten: CSR-konforme Initiativen, Haltungen, Verhaltensweisen sowie die Führungs- und Unternehmenskultur können sich positiv auf die Motivation, Einstellungen und Werte der Beschäftigten auswirken. Bezogen auf einzelne CSR-Maßnahmen legen empirische Befunde jedoch einschränkend nahe, dass eine große Wirkung besonders von Verantwortungsaspekten ausgeht, die direkt erfahrbar sind und den Präferenzen der Mitarbeitenden eher entsprechen, wie Work-Life-Balance, Fairness oder Arbeitsplatzsicherheit (Bustamante et al. 2018).

## 17.4 Unterstützung der Kompetenzentwicklung und intrinsischen Motivation

Aus Sicht der Europäischen Kommission (2006, S. 11) ermöglicht CSR den Unternehmen, „ihre Leistungsfähigkeit auf ökonomischem, ökologischem und sozialem Gebiet dank innovativer Produkte und Dienstleistungen, neuer Kompetenzen und des Engagements der Stakeholder kurz- und langfristig zu verbessern" und trägt dazu bei, dass für die Beschäftigten das „Arbeitsumfeld attraktiver und bereichernder wird". Um diesen Anforderungen gerecht zu werden, erproben Unternehmen beispielsweise New-Work-Ansätze zum *strukturellen Empowerment* wie Agility oder Holacracy (Gerdenitsch und Korunka 2019; Schermuly 2021). Da Menschen jedoch unterschiedlich von Organisationsstrukturen betroffen sind, wird aus psychologischer Sicht empfohlen, den Menschen stärker in den Mittelpunkt zu stellen (Schermuly 2021, S. 59 f.).

Dies kann im Rahmen des *psychologischen Empowerments* erfolgen, das auf das Individuum und seine Einstellung zur Arbeit ausgerichtet ist (Schermuly et al. 2013). Auch Studien zum Veränderungs- bzw. Change-Management legen nahe, die Aufmerksamkeit stärker auf den Menschen als auf die Technologie auszurichten (Capgemini Consulting 2017; Hirsch-Kreinsen und Ittermann 2021). Um den komplexen globalen Anforderungen der externen Stakeholder und den betriebsinternen Vorgaben bei der Wahrnehmung von CSR gerecht zu werden, werden Mitarbeitende benötigt, die neue Ideen, Produkte, Verfahren und Prozesse entwickeln und anwenden können, also ein *innovatives Arbeitsverhalten* zeigen (Innovative Work Behaviour, IWB). Durch ihr innovatives Arbeitsverhalten tragen die Beschäftigten wesentlich zur Gesamteffektivität und Leistung einer Organisation bei, indem arbeitsbezogene Lösungsansätze generiert werden (Kimwolo und Cheruiyot 2019). Da dieses außerberufliche Verhalten über die üblichen Arbeitsanforderungen hinausgeht und vom normalen Belohnungssystem kaum erkannt wird, ist psychologisches Empowerment durch intrinsische Motivation und ein hohes Maß an Fairness unter Kolleginnen und Kollegen erforderlich (ebd.; Demerouti et al. 2015).

Aufgrund der in Theorie und Praxis bislang weitgehend fehlenden Verknüpfung von BGM und CSR (Müller et al. 2017) wurde im Rahmen von Experteninterviews mit Gesundheits- und Nachhaltigkeitsverantwortlichen, Geschäftspartnern sowie Sozialversicherungen, öffentlichen Einrichtungen und Arbeitnehmervertretungen versucht, Schnittstellen und Hindernisse auf strategischer, struktureller und (unternehmens-)kultureller Ebene zu identifizieren. Demnach ließen sich strategische Potenziale für eine bessere Integration der beiden Managementbereiche erschließen, wenn insbesondere Fragen nach der Verantwortung für die Gesundheit (Beschäftigte oder Unternehmen), nach Freiwilligkeit/Autonomie und Stigmatisierung/Diskriminierung bei Gesundheitsfragen, zu Fairnessaspekten und zur gerechten Verteilung der (knappen) finanziellen BGM-Ressourcen angesprochen würden (Kuhn et al. 2021). Eine strukturelle Verbindung ließe sich über die ökologische Dimension der Nachhaltigkeit und mitarbeiterorientierten Gesundheitsaktivitäten erschließen („mit dem Rad zur Arbeit", Leasingprogramme für E-Bikes für Mitarbeitende). In der sozialen Dimension könnten Ansätze eines erweiterten Arbeits- und Gesundheitsschutzes in den Kunden- und Lieferbeziehungen vom Gesundheits- auf das Nachhaltigkeitsmanagement ausstrahlen. Eine Kombination der Dimensionen würde beispielsweise über sportliche und gemeinnützige Aktivitäten erfolgen, wie z. B. ein Firmenlauf mit Spendensammlung für ein soziales Projekt; (ebd.). Schließlich spielen *Unternehmenskultur*, -philosophie und -werte eine entscheidende Rolle bei der Gesundheitsförderung als Teil der „social responsibility"; dies betrifft etwa Fragen zur Work-Life-Balance, zu persönlichen Entwicklungsmöglichkeiten oder zum Arbeits- und Gesundheitsschutz. Kritisch wird die Verbindung zwischen Unternehmenskultur und den individuellen Werten und Einstellungen, wenn Dissonanzen wahrgenommen werden und dies zu psychischer Belastung, Stress und moralischer Bedrängnis führen kann (ebd.; BAuA 2016; Kionke und Stecker 2018). Insofern kann BGM nur so erfolgreich sein wie es die Unternehmenskultur und -philosophie zulässt. Zusammengefasst wurden in der Studie mögliche Hindernisse ausgemacht – in der Verschiedenartigkeit von Compliance- und BGM-Leitlinien sowie in der jeweiligen Überführung in die Praxis, der organisatorischen Trennung von BGM und CSR, durch Wissenslücken, ein fehlendes Bewusstsein für verhaltens- und systemorientierte Prävention sowie in der gemeinsamen Verantwortung für die Gesundheit (Kuhn et al. 2021). Über die Kompetenzentwicklung der Belegschaft kann an diese gesundheits- und nachhaltigkeitsorientierten und verantwortungsethischen Fragen angeknüpft werden.

Im Unterschied zum Qualifikationsbegriff, der Kenntnisse, Fähigkeiten und Fertigkeiten zusammenfasst, steht die Förderung der Handlungsfähigkeit des Individuums bei der Kompetenzentwicklung im Vordergrund; dieses Verständnis hat sich als Leitziel der beruflichen und betrieblichen Aus- und Weiterbildung durchgesetzt (Schröder 2010). Unter *Kompetenzen* werden „Fähigkeiten, Methoden, Wissen, Einstellungen und Werte [verstanden], deren Erwerb, Entwicklung und Verwendung sich auf die gesamte Lebenszeit beziehen" (ebd., S. 163). Die Kompetenzentwicklung zielt darauf ab, zu einem selbständigen und eigenverantwortlich handelnden Menschen in gesellschaftlichen, beruflichen und politischen Kontexten zu befähigen und ist damit auch in außerberufliche Bereiche transferierbar. Aufgrund dieser Transferierbarkeit entziehen sich Kompetenzen „einer ausschließlich verwendungsorientierten Utilitarisierung und Ökonomisierung" – also der extrinsischen Motivation –, sodass sie für CSR-Instrumente anschlussfähig an die betriebliche Bildungsarbeit sind (ebd.). Insofern erscheinen Maßnahmen zur Kompetenzentwicklung und Weiterbildung für Führungskräfte sinnvoll, da sie die Schnittstelle zu den Mitarbeitenden sind. Franken (2016, S. 257) empfiehlt daher, die Kompetenz von Führungskräften in den Normen und Werten der Unternehmenskultur zu schulen, damit sie diese verstehen, reflektieren und entsprechend vorleben können. Bei den Mitarbeitenden empfiehlt es sich, ihre Kompetenzen in Bezug auf die Balance von Ressourcen und Anforderungen des vierten Stockwerks der Arbeitsfähigkeit (Arbeit, Arbeitsorganisation und -bedingungen) zu fördern. Werden dabei inhaltlich Fragen von Verantwortung und Nachhaltigkeit, Prävention und Gesundheit für sich und externe Stakeholder im Arbeitskontext angesprochen, können die Beschäftigten lernen, ihre erworbenen *Gesundheits- und Nachhaltigkeitskompetenzen* und Erfahrungen selbstwirksam und intrinsisch (weiter) zu entwickeln. Eine Gelingensbedingung dafür ist allerdings, dass kein wahrnehmbarer „Mismatch" zwischen der Führungs- und Unternehmenskultur, den bestehenden Leitlinien und Compliance-Richtlinien und der BGM-/CSR-Umsetzungspraxis vorliegt. Angesichts des durch Covid-19 auch in der Weiterbildung ausgelösten digitalen Strukturwandels (Klös 2020) sind Maßnahmen für die Kompetenzentwicklung von Führungskräften, die vor wenigen Jahren noch als innovativ angesehen wurden, vielfach zur täglichen Realität avanciert. Während der Pandemie haben sich Führungskräfte und Beschäftigte oftmals selbst informell digitale Kompetenzen angeeignet. Diese Kompetenz sich selbst zu organisieren bzw. zur „Selbstführung" und zum „*Self-Empowerment*" erfordert individuell verhaltensorientierte, kognitive und emotionale Strategien, wie das Setzen eigener Ziele und eine entsprechende Reflexion über eigene Maßnahmen (Gerdenitsch und Korunka 2019, S. 181; Hasenbein 2020, S. 124). Doch auch die gestiegene Selbstorganisation und das selbstorganisierte Lernen bedürfen weiterhin der Führung, wenngleich in einer veränderten Form (Hasenbein 2020, S. 111). Da aus Sicht der jüngeren „*Responsible-Management-Forschung*" verantwortungsvolles Management in der betrieblichen Praxis nicht nur CSR- oder Compliance-Verantwortlichen, sondern allen Führungskräften und Beschäftigten helfen soll, ethisch, verantwortungsvoll und nachhaltig zu wirtschaften, geht dieser Ansatz über CSR hinaus (Laasch et al. 2020). In diesem Sinne sollten die in ◘ Tab. 17.1 aufgeführten Vorschläge zur Kompetenzentwicklung und zu möglichen Weiterbildungsformaten nicht nur Führungskräften, sondern allen Mitarbeitenden angeboten werden. Die vorgeschlagenen Formate zur Kompetenzentwicklung sind grundlegender Art, die flexibel an die konkreten betriebsspezifischen CSR-Inhalte angepasst werden können. Die aufgeführten Maßnahmen können ausgehend vom vierten Stockwerk, der Arbeitsorganisation und Führung sowie der Arbeit selbst, über das dritte Stockwerk – Werte, Einstellungen und Motivation – auf das zweite Stockwerk – Kompetenz, Erfahrungen und Lernen – einwirken. Insofern können alle drei gemeinsam das erste Stockwerk und „Fundament" der Arbeitsfähigkeit stärken: die psychische und physische Gesundheit und Leistungsfähigkeit der Beschäftigten.

Unabhängig von den aufgeführten Möglichkeiten und Formaten der Kompetenz- und Wissensvermittlung bieten sich für die Förderung der *Nachhaltigkeitskompetenz* von Führungskräften und Beschäftigten die Integration in den Arbeitsprozess im Sinne einer prozessimmanenten Aus- und Weiterbildung an (Klös 2020; Lernen im Prozess der Arbeit (LiPA), Schröder 2010). Der erfahrungsbezogene Lernprozess kann das Transferproblem reduzieren und das informelle Lernen fördern, da Lern- und Anwendungskontext identisch sind (Stecker und Müller 2018). Von Bedeutung ist zudem die Förderung der Lernmotivation, um eine positive Haltung zum „lebenslangen Lernen", d. h. die Aneignung von Wissen, Qualifikation und Kompetenz während des gesamten Lebens, zu fördern sowie die Wertschätzung unabhängig von hierarchischen Positionen (Rump und Eilers 2017). Für eine Umsetzung von CSR unerlässlich erscheint zudem der Abbau von *Wissens- und Kompetenzbarrieren*, um den Zugang zu Informationsquellen und Kontaktpersonen zu ermöglichen und Wissen, Erfahrungen und Ressourcen zu teilen (Stecker und Müller 2018; Hasenbein 2020).

Zur strukturellen Verankerung von Nachhaltigkeit in der beruflichen Aus- und Weiterbildung beispielsweise hat das Bundesinstitut für Berufsbildung (BIBB) Modellversuche gefördert, etwa für kaufmännische Berufe. Der entstandene Praxisleitfaden für Ausbildungsberufe in Handelsunternehmen (Einzel-, Groß- und Außenhandel, Spedition und Logistik) enthält neben weiterführenden QR-Codes und verknüpften Lern-Apps für die Jugendlichen auch konkrete, mit den Berufsbildpositionen verbundene nachhaltigkeitsrelevante Kompetenzen, wie die Wechselbezüge und Widersprüche von Einkauf, Liefer- und Prozessketten, Warensortiment, Produktlebenszyklen, Konsumstilen, Labels und Siegeln usw. zu berücksichtigen, zu prüfen, zu beurteilen und verantwortungsvoll mitzugestalten (Schütt-Sayed et al. 2021). Ein anderes, im Rahmen des Bundesprogramms „rehapro" vom Bundesministerium für Arbeit und Sozia-

**◻ Tab. 17.1** Mögliche Weiterbildungsmaßnahmen für die Kompetenzentwicklung[a]. (Quelle: Eigene, erweiterte und modifizierte Darstellung ausgehend von Franken (2016) (Dort nur bezogen auf die Führungskräfteentwicklung, S. 255, S. 258–262) und ergänzt nach Klös (2020) und Hasenbein (2020). Die Vorschläge sind weder abschließend noch auf das entsprechende Kompetenzfeld beschränkt, in dem sie aufgeführt sind.)

| Kompetenzentwicklung | Mögliche Weiterbildungsmaßnahmen |
|---|---|
| Selbstreflexion [Basis für die Führungskompetenz] und „Selbstführung"/Selbstkompetenz | Training, Coaching, Selbstcoaching (psychologisches Empowerment), [360-Grad-Feedback], Feedbackgespräche mit Führungskräften/Peers (Kolleginnen, Kollegen) |
| Zukunftsausrichtung und strategische Innovationskompetenz (Innovationsfreude), Veränderungskompetenz, Handlungskompetenz | Workshop, Projektarbeit, Planspiele/Simulationen, Gamification und Serious Games (spielerische Elemente), Lernen im Tandem mit dem Computer (Computer- oder webbasierte Selbstlernprogramme), Blended-Learning (digitale Lernmedien im Wechsel mit Präsenzphasen) |
| Digitale und Medienkompetenz/mediendidaktische Kompetenz (insbesondere in virtuellen Kontexten), Stärkung von Offenheit für digitale Medien | Workshop, Reverse Mentoring (Ältere lernen von Jüngeren), mobiles Lernen (Lernen in „Häppchen", Podcasts, Wikis), Selbstlernprogramme, Serious Games, virtuelle Lern-Community, Virtual- oder Augment-Reality-Weiterbildungen (Datenbrille, Simulationen), kooperative Content-Netzwerke für digitales Lernen/Lab Days („Digitale Hochschule"), [Leading-out-loud-Ansatz (Executive Blogs oder Podcasts von Führungskräften)], Learning Journeys (Exkursionen) |
| Interkulturelle Kompetenz und globales Denken und Handeln, Netzwerkkompetenz | Training, videobasiertes Lernen (interaktive Web 2.0-Anwendungen, Lernvideos und TED-Talks), Erfahrungsgruppen, Community/Social-Collaboration-Plattformen (Massive oder Corporate Open Online Courses – MOOCS oder COOCS), Early Bird Café/Blind Lunch oder Learning Lunch (als Präsenzformate oder als Virtual Cafés über Videokonferenzen), Auslandseinsatz |
| Umgang mit der Vielfalt der Belegschaft/Diversitätskompetenz, Stärkenorientierung | Training, Workshop, videobasiertes und mobiles Lernen, Erfahrungsgruppen |
| [Transformationale Führung], Sinnvermittlung und Kulturgestaltung, Stärkung von Vertrauen | Spezielle Trainingsprogramme, [360-Grad-Feedback], Rollenspiele, Teambuilding- und Entwicklungsworkshop, Daily Stand-up Meetings/Kanban-Board (Transparenz der Aufgaben, Face-to-Face oder digital per Videosystem), regelmäßige Feedbackgespräche zwischen Führungskraft und Teammitgliedern |
| [Demokratische und delegative Führung], Gestaltung der Partizipation | Erfahrungsgruppen, Workshop, Action-Learning (handlungsorientiertes Lernen), [Führungs-Lab], [Leading-out-loud-Ansatz], Open-Space-Methode (Ideen der Teilnehmenden), Barcamp (Inhalte der Teilnehmenden), Hackatron (Ideen durch partizipative Arbeitssessions), Lab Days |
| Kommunikations- und Feedback-Kompetenz | Workshop, Training, Rollenspiele, videobasiertes Lernen, kollegiale Beratung |
| Agilität, Change-Kompetenz und Lernbereitschaft | Workshop, Erfahrungsgruppen, Action-Learning, [Führungs-Lab], Scrum (Erarbeitung von Lösungen in kürzeren Sprints, Daily Stand-ups, Reviews und Retrospektiven), Lean-Start-up (Learning-by-doing-Verfahren), Working-/Learning-out-loud-Ansatz (diverse selbstorganisierte Lerngruppen) |

[a] Die eher führungskräftebezogenen Ansätze wurden in eckige Klammern gesetzt.
Fehlzeiten-Report 2022

les (BMAS; Stecker 2021) gefördertes Modellvorhaben der Rentenversicherung entwickelt unter Beteiligung von Jugendlichen in Ausbildung ein modulares Schulungskonzept für die frühzeitige und adressatengerechte Sensibilisierung zur Prävention. Die darin erworbene Gesundheitskompetenz der Auszubildenden soll es ihnen erlauben, „während ihres Erwerbslebens Einschränkungen in der Teilhabe eigenständig zu erkennen, durch Rehabilitation und Prävention zu bearbeiten und ggf. das eigene Handeln und die Kontextfaktoren anzupassen, um Teilhabe dauerhaft zu erreichen" (Modellvorhaben rehapro 2022). Aufgrund der aufgezeigten Lücken und den möglichen Synergieeffekten von CSR und BGM sowie eines grundlegenden CSR-Bestandteils – die Prävention der Beschäftigten zu fördern –, wäre es eine Zukunftsaufgabe, die beiden genannten Ausbildungsbestandteile zu integrieren.

## 17.5  Fazit

Für die Wahrnehmung gesellschaftlicher Verantwortung durch Unternehmen und Organisationen werden Beschäftigte benötigt, die über betriebliche Compliance-Regelungen und Schulungen hinaus ein innovatives Arbeitsverhalten zeigen und auf Basis innerer Werte und Überzeugungen agieren. Die dazu erforderliche intrinsische Motivation entzieht sich jedoch extrinsischen Anreizen; diese würden im Gegenteil langfristig zu einer Verdrängung („Crowding-out") der intrinsischen Motivation führen (Graafland und Mazereeuw-Van der Duijn Schouten 2012, S. 378; Stecker 2019a, S. 237 f.). Wegen ihrer außerberuflichen Transferierbarkeit ist die Kompetenzentwicklung daher besonders geeignet, um ein intrinsisch motiviertes CSR-Verhalten zu unterstützen. Dazu empfiehlt es sich, systematisch alle „Stockwerke" der Arbeitsfähigkeit zu adressieren: die individuellen Ressourcen aus der Arbeit selbst, die persönlichen Werte, Einstellungen und die Motivation sowie die eigenen Kompetenzen, Erfahrungen und die

Lernbereitschaft – die letztlich insgesamt auf die Gesundheit und Leistungsfähigkeit der Beschäftigten zurückwirken.

Aufgrund der Sensibilität der Thematik in Öffentlichkeit, Politik und bei externen Stakeholdern sind Unternehmen demnach gut beraten, wenn sie die intrinsische Motivation und Kompetenzentwicklung ihrer Führungskräfte und Beschäftigten in einem „sozialverträglichen", partnerschaftlichen Sinne unterstützen. Denn sowohl aus arbeitspsychologischer als auch aus verhaltensökonomischer Sicht sollten Unternehmen berücksichtigen, dass die soziale Norm (des reziproken Verhaltens) „Loyalität schaffen und – was noch wichtiger ist – Menschen dazu bringen [kann], sich in dem Maße zu engagieren, wie es Unternehmen heute brauchen: flexibel, aufmerksam und bereit, sich einzubringen" (eigene Übersetzung nach Ariely 2008, S. 83).

Damit übernehmen Unternehmen nicht nur Verantwortung gegenüber ihren internen Stakeholdern, sondern fördern diejenigen, die für eine erfolgreiche und glaubwürdige CSR-Kommunikation und -Umsetzung nach außen sorgen können – wovon sie selbst wiederum profitieren können.

## Literatur

Amerland A (2021) CSR-Aktivitäten fördern die Mitarbeiterbindung. https://www.springerprofessional.de/corporate-social-responsibility/mitarbeiterbindung/csr-wird-fuer-beschaeftigte-immer-wichtiger/18919982. Zugegriffen: 19. Apr. 2022

Ariely D (2008) Predictably irrational. The hidden forces that shape our decisions. Harper Collins, New York

Backhaus-Maul H, Biedermann C, Nährlich S et al (Hrsg) (2010) Corporate Citizenship in Deutschland. Gesellschaftliches Engagement von Unternehmen. Bilanz und Perspektiven, 2. Aufl. VS, Wiesbaden

Bal PM, Hornung S (2019) Individualization of work: from psychological contracts to idiosyncratic deals. In: Griep Y, Cooper C (Eds) Handbook of research on the psychological contract at work, p 143–163. Edward Elgar, Cheltenham. https://doi.org/10.4337/9781788115681.00016

Bassen A, Jastram S, Meyer K (2005) Corporate Social Responsibility: eine Begriffserläuterung. Z Wirtsch Unternehmensethik 6(2):231–236

Bengel J, Strittmatter R, Willmann R (2001) Was erhält Menschen gesund? Antonovskys Modell der Salutogenese – Diskussionsstand und Stellenwert. Erweiterte Neuauflage, Forschung und Praxis der Gesundheitsförderung Bd. 6. Bundeszentrale für gesundheitliche Aufklärung (BZgA)

Bundesanstalt für Arbeitsschutz und Arbeitsmedizin (2016) Arbeit und Mentale Gesundheit. Ergebnisse aus einer Repräsentativerhebung der Erwerbstätigen in Deutschland. BAuA, Dortmund/Berlin/Dresden https://doi.org/10.21934/baua:bericht20160805

Bundesministerium für Arbeit und Soziales (2022) https://www.csr-in-deutschland.de. Zugegriffen: 28. Jan. 2022

Bundesrats-Drucksache 201/17 (2017) Gesetz zur Stärkung der nichtfinanziellen Berichterstattung der Unternehmen in ihren Lage- und Konzernlageberichten (CSR-Richtlinie-Umsetzungsgesetz). Bundesgesetzblatt, Jg 2017, Teil I Nr. 20 vom 18. April 2017

Bustamante S, Pelzeter A, Ehlscheidt R (2018) Die Bedeutung von CSR für Arbeitnehmer – Empirische Ergebnisse. In: Bustamante S, Pelzeter A, Ehlscheidt R (Hrsg) Bedeutung von CSR für die Arbeitgeberattraktivität. Eine Fallstudien-gestützte Untersuchung. Springer Gabler, Wiesbaden, S 23–31

Capgemini Consulting (Hrsg) (2017) Culture First! Von den Vorreitern des digitalen Wandels lernen. Change Management Studie 2017. https://www.capgemini.com/consulting-de/wp-content/uploads/sites/32/2017/10/change-management-studie-2017-capgemini-consulting.pdf. Zugegriffen: 27. Jan. 2022

Demerouti E, Bakker AB, Gevers JMP (2015) Job crafting and extra-role behavior: the role of work engagement and flourishing. J Vocat Behav 91:87–96. https://doi.org/10.1016/j.jvb.2015.09.001

Deutscher Nachhaltigkeitskodex (2022) https://www.deutscher-nachhaltigkeitskodex.de/de-DE/Home/DNK/CSR-RUG. Zugegriffen: 27. Jan. 2022

Enquete-Kommission „Zukunft des Bürgerschaftlichen Engagements" (Hrsg) (2001) Bürgerschaftliches Engagement von Unternehmen. Schriftenreihe Bd. 2. Leske + Budrich, Opladen

Europäische Kommission (2006) Mitteilung der Kommission an das Europäische Parlament, den Rat und den Europäischen Wirtschafts- und Sozialausschuss – Umsetzung der Partnerschaft für Wachstum und Beschäftigung. KOM(2006) 136 endgültig

Felfe J, Wombacher J (2016) Mitarbeiterbindung und Gesundheit. In: Badura B, Ducki A, Schröder H et al (Hrsg) Fehlzeiten-Report 2016. Unternehmenskultur und Gesundheit – Herausforderungen und Chancen. Springer, Berlin, S 129–138

Franken S (2016) Führen in der Arbeitswelt der Zukunft. Instrumente, Techniken und Best-Practice-Beispiele. Springer Gabler, Wiesbaden

Gansser S, Godbersen H (2017) Mitarbeiterbindung durch Betriebliches Gesundheitsmanagement. Ergeb-

nisse einer empirischen Studie und Leitlinien für die Praxis. Z Führung Organ 86(2):109–116

Gerdenitsch C, Korunka C (2019) Digitale Transformation der Arbeitswelt. Psychologische Erkenntnisse zur Gestaltung von aktuellen und zukünftigen Arbeitswelten. Springer, Berlin, Heidelberg

Graafland J, Mazereeuw-Van der Duijn Schouten C (2012) Motives for corporate social responsibility. Economist 160:377–396. https://doi.org/10.1007/s10645-012-9198-5

Hartmann DM (2003) Organisationales Lernen und sozialwissenschaftliche Beratung: die Bedeutung der Schlüsselkonzepte von Chris Argyris und Donald A. Schön. Sozialwiss Berufsprax 26(1):15–28

Hasenbein M (2020) Der Mensch im Fokus der digitalen Arbeitswelt. Wirtschaftspsychologische Perspektiven und Anwendungsfelder. Springer, Berlin https://doi.org/10.1007/978-3-662-61661-1

Heidbrink L, Seele P (2007) Greenwash, Bluewash und die Frage nach der weißen Weste. Begriffsklärung zum Verhältnis von CSR, PR und inneren Werten. Working Papers des CRR, Nr. 4/2007. http://www.responsibility-research.de/resources/WP_4_Greenwash_Bluewash.pdf. Zugegriffen: 29. Jan. 2022

Hirsch-Kreinsen H, Ittermann P (2021) Digitalization of work processes: a framework for human-oriented work design. In: McMurray A, Muenjohn N, Weerakoon C (Hrsg) The Palgrave handbook of workplace innovation. Palgrave Macmillan, Cham, p 273–293

Ilmarinen J (2019) From work ability research to implementation. IJERPH 16(16):2882. https://doi.org/10.3390/ijerph16162882

Ilmarinen J, Frevel A, Tempel J (2016) Arbeitsfähigkeit 2.0. Der „Radar-Prozess" zur Erhaltung und Förderung der Arbeitsfähigkeit und des Arbeits-Wohlbefindens. In: Knieps F, Pfaff H (Hrsg) Gesundheit und Arbeit. BKK-Gesundheitsreport, Berlin, S 222–228

Kimwolo A, Cheruiyot T (2019) Intrinsically motivating idiosyncratic deals and innovative work behaviour. Int J Innov Sci 11(1):31–47. https://doi.org/10.1108/IJIS-05-2017-0038

Kionke M-E, Stecker C (2018) Anforderungen digitaler Arbeit im öffentlichen Dienst – Die Dimensionen Arbeit, Werte und Kompetenz als personalpolitische Führungsstrategien zum Erhalt der Arbeitsfähigkeit. Dtsch Rentenversicher 73(1):65–101

Klaiber S (2018) Organisationales Commitment. Der Einfluss lernförderlicher Aspekte an der Arbeit auf die Mitarbeiterbindung. Springer, Wiesbaden https://doi.org/10.1007/978-3-658-19670-7

Klös HP (2020) Nach dem Corona-Schock: Digitalisierungspotenziale für Deutschland. IW-Policy Paper, Bd. 14. Institut der deutschen Wirtschaft (IW), Köln

Kuhn E, Müller S, Teusch Ch et al (2021) Interfaces of occupational health management and corporate social responsibility: a multi-centre qualitative study from

Germany. BMC Public Health 21:1042. https://doi.org/10.1186/s12889-021-11016

Kunz J (2020) Corporate social responsibility and employees motivation – broadening the perspective. Schmalenbach Bus Rev 72:159–191. https://doi.org/10.1007/s41464-020-00089-9

Laasch O, Suddaby R, Freeman RE et al (2020) Mapping the emerging field of responsible management: domains, spheres, themes, and future research. In: Research handbook of responsible management. Edward Elgar, Cheltenham, p 2–39 https://doi.org/10.4337/9781788971966.00006

Modellvorhaben rehapro (2022) Förderprogramm – Geförderte Projekte, Projekt Präzubi. https://www.modellvorhaben-rehapro.de. Zugegriffen: 22. Apr. 2022

Müller S, Kuhn E, Buyx A (2017) Corporate Social Responsibility und Betriebliches Gesundheitsmanagement – Eine Betrachtung der Gemeinsamkeiten. Z Wirtsch Unternehmensethik 18(3):307–327. https://doi.org/10.5771/1439-880X-2017-3-307

Rousseau DM (1995) Psychological contract in organizations: understanding written and unwritten agreements. SAGE, Thousand Oaks

Rousseau DM (2005) I-deals: idiosyncratic deals employees bargain for them-selves. M. E. Sharp, New York

Rump J, Eilers S (Hrsg) (2017) Auf dem Weg zur Arbeit 4.0 – Innovationen in HR. Springer Gabler, Berlin

Schermuly CC (2021) New Work – Gute Arbeit gestalten. Psychologisches Empowerment von Mitarbeitern Bd. 3. Haufe, Freiburg, München, Stuttgart

Schermuly CC, Meyer B, Dämmer L (2013) Leader-member exchange and innovative behavior. The mediating role of psychological empowerment. J Pers Psychol 12(3):132–142. https://doi.org/10.1027/1866-5888/a000093

Schröder T (2010) Betriebliche Weiterbildung als Beitrag für eine Corporate Social Responsibility. In: Theis F,

Klein S (Hrsg) CSR-Bildung. VS, Wiesbaden, S 162–174 https://doi.org/10.1007/978-3-531-92165-5_13

Schütt-Sayed S, Vollmer Th, Casper M (2021) Förderung nachhaltigkeitsbezogener Kompetenzentwicklung. Praxisleitfaden für die Ausbildung kaufmännischer Berufe. Bundesinstitut für Berufsbildung, Bonn

Slesina W (2007) Primordiale, primäre, sekundäre und tertiäre Prävention – Eine Begriffsbestimmung. Dtsch Med Wochenschr 132(42):2196–2198. https://doi.org/10.1055/s-2007-991628

Stecker C (2002) Vergütete Solidarität und solidarische Vergütung. Zur Förderung von Ehrenamt und Engagement durch den Sozialstaat. Bürgerschaftliches Engagement und Nonprofit-Sektor Bd. 8. Leske + Budrich, Opladen

Stecker C (2019a) Anforderungen digitaler Arbeit im öffentlichen Dienst revisited – Herausforderungen und Lösungsansätze der „digitalen Transformation" aus institutionen- und verhaltensökonomischer Sicht. Dtsch Rentenversicher 74(3):222–246

Stecker C (2019b) Das Konzept der Arbeitsfähigkeit zur betrieblichen Gestaltung altersgerechter und inklusionsorientierter Erwerbsbiographien. RP Reha, Schwerpunkt: Gleichberechtigte Teilhabe am Arbeitsleben, Heft 2, S 5–12 (https://www.researchgate.net/publication/333648346)

Stecker C (2021) Innovative Modellvorhaben der Rentenversicherungsträger im ersten Förderaufruf des Bundesprogramms „rehapro". Dtsch Rentenversicher 76(1):16–45

Stecker C, Müller L (2018) Betriebliche Weiterbildung zum Erhalt der Arbeitsfähigkeit der älteren Generation – Empfehlungen für die Praxis. In: Kuttner C, Schwender C (Hrsg) Immer WEITER mit der BILDUNG – Mediale Lernkulturen im höheren Erwachsenenalter. kopaed, S 109–132

Zukunftsinstitut (2022) Die Megatrends. https://www.zukunftsinstitut.de/dossier/megatrends. Zugegriffen: 25. Jan. 2022

17

# Nachhaltigkeit im Pflegeberuf: Soziale und ökologische Verantwortung übernehmen

*Florian Fischer*

## Inhaltsverzeichnis

© Der/die Autor(en), exklusiv lizenziert an Springer-Verlag GmbH, DE, ein Teil von Springer Nature
2022
B. Badura et al. (Hrsg.), *Fehlzeiten-Report 2022*, Fehlzeiten-Report,
https://doi.org/10.1007/978-3-662-65598-6_18

■ ■ **Zusammenfassung**

*Nachhaltigkeit ist eine der zentralen Forderungen dieser Zeit. Der umfassende Anspruch, sorgsam mit der uns umgebenden natürlichen wie auch sozialen Umwelt umzugehen, ist längst Teil der öffentlichen und politischen Diskussionen. Ökologische Nachhaltigkeit und soziale Verantwortung sind dabei eng miteinander verbunden. Angesichts des Fachkräftemangels in der Pflege steht das Thema bislang nicht im Fokus von Veränderungsbestrebungen im Pflegeberuf. Eine verantwortungsvolle und nachhaltige Unternehmenspolitik und -kultur stellt jedoch eine Voraussetzung – in einem größeren Kanon von Instrumenten der Personalgewinnung – dar, um den Pflegeberuf wieder attraktiver zu gestalten und Verantwortung für das Sozial- und Ökosystem zu übernehmen.*

## 18.1    Einleitung

Der „Pflegenotstand" ist keine Herausforderung, die erst durch die SARS-CoV-2-Pandemie entstanden ist (Özlü 2020). Stattdessen ist er die konsequente – und somit seit langer Zeit absehbar gewesene – Folge der demographischen Alterung. Spätestens seit der Einführung der Fallpauschalen (German Diagnosis Related Groups (G-DRG)) als Abrechnungssystem in der akutstationären Versorgung zeigte sich in Deutschland ein negatives Verhältnis zwischen Vollzeitäquivalenten im Pflegedienst auf der einen Seite und durch Fallzahlsteigerungen sowie Verweildauerverkürzungen erhöhte Arbeitsverdichtung auf der anderen Seite (Albrecht et al. 2017). Auch in der Altenpflege bestehen vergleichbare Herausforderungen, denn selbst die in den vergangenen Jahren zunehmende Anzahl an Ausbildungen in den Pflegeberufen (Statistisches Bundesamt 2020) reicht nicht aus, um den steigenden Pflegebedarf zu decken (Slotala 2020) – insbesondere wenn man einen Blick auf die bundesweit hohen Abbruchquoten in der Pflegeausbildung in Höhe von 20 bis 30 % wirft (Deutsches Ärzteblatt 2021; ver.di 2018). In diesem Zusammenhang wird vielfach auf Unzufriedenheit mit den Arbeitsbedingungen (Schmucker 2020), Überforderung (Rothgang et al. 2020b) und einen damit einhergehenden „Praxisschock" in der Pflege hingewiesen (Twenhöfel et al. 2020).

Dieses Spannungsfeld wurde durch den Anstieg des (pflegerischen) Versorgungsbedarfs in Folge der SARS-CoV-2-Pandemie – bei gleichzeitig stark fluktuierender bzw. insgesamt zurückgehender Verfügbarkeit des Pflegepersonals aufgrund von Isolation und Quarantäne (Robert Koch-Institut 2022), aber auch bedingt durch die einrichtungsbezogene Corona-Impfpflicht mit Gültigkeit ab 16. März 2022 (Deutscher Bundestag 2021) – besonders virulent. Oder mit anderen Worten: Die Systemrelevanz der Pflegeberufe – die auch über die Phase der SARS-CoV-2-Pandemie hinaus Gültigkeit besitzt – wurde durch die Auswirkungen der Pandemie für die Öffentlichkeit sicht- und spürbar (Fischer et al. 2020d). Abgesehen von medialer Aufmerksamkeit (Fischer et al. 2020b) und Beifall von Balkonen für die Leistungen der Pflegekräfte (Fischer et al. 2020a) ist jedoch bislang leider wenig an tatsächlicher Anerkennung in Form verbesserter Arbeitsbedingungen übriggeblieben (Reiber et al. 2021).

Aus diesem Grund setzt sich der vorliegende Beitrag mit Verantwortung für und Nachhaltigkeit im Pflegeberuf auseinander. Es werden Perspektiven aufgezeigt, die über den Stand der aktuellen Diskussionen im Kontext von Fachkräftegewinnung und -haltung in der Pflege hinausgehen. Ungeachtet einer gesamtgesellschaftlichen Fürsorgepflicht gegenüber Pflegenden (Fischer et al. 2020c) werden im Folgenden jene Maßnahmen und Instrumente in den Blick genommen, die auf der Ebene von Pflegeeinrichtungen eingesetzt werden können und sollten, um die Tätigkeit in einem Pflegeberuf attraktiver gestalten und eine qualitativ hochwertige pflegerische Versorgung nachhaltig sicherstellen zu können.

**18**

## 18.2 Die Herausforderung: Ambivalenzen des Pflegeberufs

Bei Diskussionen um „die" Pflege kommt es bisweilen häufig zu unzureichenden Verkürzungen oder Verallgemeinerungen, da die Professionalisierung des Pflegeberufs in den vergangenen Jahrzehnten deutlich vorangeschritten ist. Unterschiedliche Versorgungsformen (z. B. ambulante Pflege, Kurzzeitpflege, langzeit- oder akutstationäre Pflege) bei heterogenen Zielgruppen (z. B. Intensivpflege, Kinderkrankenpflege, Altenpflege oder palliative Pflege) und die Mischung verschiedener beruflicher Qualifikationsniveaus („Grade") sowie Erfahrungen und Expertisen („Skills") in den Pflegeteams („Skill-Grade-Mix") sind ein Zeichen der Ausdifferenzierung der Pflege (DBfK 2021).

Das Selbstverständnis und Selbstbild von in der professionellen Pflege tätigen Personen ist jedoch weiterhin von historischen und gesellschaftlichen Entwicklungen geprägt (Schwarz 2009). Von privaten oder christlichen Diensten der Fürsorge ausgehend hat u. a. durch Multimorbidität und die steigende Zahl demenziell Erkrankter die Komplexität der pflegerischen Versorgung zugenommen (Gurtner et al. 2018; Reiber und Winter 2018). Reformen der pflegeberuflichen Ausbildung sowie die Stärkung der Akademisierung sollen diesen Entwicklungen gerecht werden und nicht nur neue Qualifizierungswege eröffnen, sondern auch den Pflegeberuf aufwerten (Cassier-Woidasky 2011). Dies sind Beispiele für politische Maßnahmen, um den Herausforderungen des Fachkräftemangels in der Pflege begegnen zu können. Darüber hinaus gibt es aber auch auf betrieblicher Ebene Handlungsspielräume, um Ambivalenzen des Pflegeberufs – die im Folgenden exemplarisch und ohne Anspruch auf Vollständigkeit skizziert werden – zu reduzieren und somit die Tätigkeit in der Pflege attraktiver zu gestalten.

## 18.2.1 Idealismus vs. Arbeitsrealität

Im Vergleich zu anderen Berufsgruppen weisen Beschäftigte in der Pflege eine höhere Identifikation mit ihrer Arbeit auf. Während insgesamt etwa zwei Drittel (67 %) aller Beschäftigten den Eindruck haben, dass sie mit ihrer Arbeit einen wichtigen Beitrag für die Gesellschaft leisten, ist dieser Anteil mit 94 % in Pflegeberufen deutlich höher (DGB-Index Gute Arbeit 2018). Diese Ergebnisse aus dem DGB-Index Gute Arbeit machen deutlich, dass die subjektive Sinnerfahrung des eigenen Berufs eine Grundlage für Identifikation, Motivation und Arbeitszufriedenheit im Pflegeberuf darstellt (Schmucker 2020). Eine solche Sinnerfahrung resultiert häufig aus dem Erleben von Selbstwirksamkeit sowie aus sichtbaren positiven Ergebnissen und Anerkennung der Arbeit (Hardering 2017). Eine zunehmende Arbeitsverdichtung in der Pflege (Bettig 2020) belastet diese Ausgangslage jedoch in zweifacher Hinsicht: Zum einen haben die Fachkräfte in der Pflege das Gefühl, ihren eigenen Ansprüchen und auch den Erwartungen der Gesellschaft – respektive der Pflegebedürftigen – in Bezug auf die Erbringung einer „guten Pflege" nicht gerecht werden zu können. Zum anderen führt die Arbeitsverdichtung zu einer hohen Arbeitsbelastung sowohl auf körperlicher als auch auf psychischer Ebene. Letzteres wird zudem durch das Gefühl, den Anforderungen nicht gerecht werden zu können, verstärkt (Brandenburg et al. 2015; Leichsenring et al. 2015; Rothgang et al. 2020a). Das Zusammenspiel einer hohen beruflichen Verausgabung (z. B. durch Arbeit unter Zeitdruck) bei zugleich geringer Belohnung (sowohl finanziell als auch durch fehlende Anerkennung bzw. Unterstützung) kann zu einer Gratifikationskrise (Siegrist 1996) führen, die wiederum negative Auswirkungen auf die Gesundheit haben kann. Dies wurde auch bei Beschäftigten im Pflegeberuf nachgewiesen (Gräske et al. 2021).

Die adversen gesundheitlichen Effekte hoher Arbeitsbelastung bei Pflegekräften zeigen sich bereits seit Jahren. So wiesen Pflegekräfte im Jahr 2018 im Durchschnitt 22,9 Arbeitsunfähigkeitstage auf. Dieser Krankenstand ist im Vergleich zu allen Beschäftigten, die im Durchschnitt jährlich 14,9 Tage krankheitsbedingt ausfielen, um 50 % erhöht (Techniker Krankenkasse 2019). Ursächlich dafür sind körperlich anspruchsvolle Tätigkeiten durch Arbeiten im Stehen, häufiges Heben und Tragen von schweren Lasten und das Arbeiten in Zwangshaltungen. Verstärkt werden diese Belastungen durch Tätigkeiten unter Zeit- und Leistungsdruck (Rothgang et al. 2020a).

Eine onlinebasierte Befragung unter Pflegekräften (n = 2.689) während der SARS-CoV-2-Pandemie machte deutlich, dass 38,3 % der Pflegenden mehrmals monatlich oder häufiger daran dachten, den Beruf zu verlassen; 30,6 % dachten darüber nach, den Arbeitgeber zu wechseln. Einflussnehmend auf den Gedanken an einen Berufsausstieg bzw. Arbeitgeberwechsel war neben einer schlechten Arbeitsfähigkeit insbesondere das inadäquate Verhältnis von Aufwand und Belohnung („Effort-Reward-Imbalance", Verausgabungs-Belohnungs-Ungleichgewicht-Modell) (Gräske et al. 2021), wie es im Modell der Gratifikationskrise festgehalten ist (Siegrist 1996).

Diese Ergebnisse zeigen die Ambivalenz zwischen Idealismus und Arbeitsrealität im Pflegeberuf: Auf der einen Seite wird Gesundheit und Pflege ein hoher Wert beigemessen, der sich jedoch nicht in finanzieller Wertschätzung der Pflegekräfte abbildet. Auf der anderen Seite besteht ein Missverhältnis zwischen dem, was Pflegekräfte aufgrund ihrer Professionalisierung und ihres Berufsethos als gute Pflege erbringen wollen und durch die Arbeitsbedingungen und -belastungen zu leisten imstande sind. Dies hat dazu geführt, dass viele nicht in Betracht ziehen, den Pflegeberuf zu ergreifen (Görres et al. 2015), oder die Ausübung des einstmaligen Wunschberufs beenden. In diesem Zusammenhang hat sich in den vergangenen Jahren mit der Bezeichnung

„Pflexit" sogar eine eigene Begrifflichkeit entwickelt (Fuchs und Taufer 2021). Die zu geringe Pflegeausstattung ist in diesem Zusammenhang ein Circulus vitiosus, da sie zu erhöhter Beanspruchung und somit einem erhöhten Erkrankungsrisiko führt. Die dadurch vermehrten Fehlzeiten resultieren in einer nochmals höheren Belastung für die Belegschaft – mit entsprechend negativen Auswirkungen auf die Arbeitsplatzzufriedenheit und Wahrnehmung der Attraktivität des Pflegeberufs.

## 18.2.2 Berufs- vs. Arbeitgeberattraktivität

Das Imageproblem des Pflegeberufs zeigt sich bei Jugendlichen bereits seit Jahren (Görres et al. 2015) und insbesondere in der Altenpflege (Eggert et al. 2019). Neben den Arbeitsbedingungen werden auch niedrige Gehälter als Gründe des schlechten Images und somit des Fachkräftemangels in der Pflege angeführt. Im Dezember 2018 verdienten vollzeitbeschäftigte Fachkräfte in der Krankenpflege mit monatlich 3.415 € geringfügig mehr als der Durchschnitt der sozialversicherungspflichtig Beschäftigten (3.304 €). Fachkräfte in der Altenpflege (2.877 €) verdienten im Schnitt 13 % weniger als die Vergleichsgruppe aller Beschäftigten. Seit dem Jahr 2012 sind die Entgelte in der Krankenpflege entsprechend der allgemeinen Lohnentwicklung gestiegen; in der Altenpflege sogar überdurchschnittlich stark (Carstensen et al. 2020). Bei der Einordnung dieser Zahlen ist jedoch zu berücksichtigen, dass in den dargestellten Entgelten bereits Zuschläge für Nachtschichten sowie Wochenend- und Feiertagsdienste enthalten sind. Studien zeigen auf, dass Lohnerwartungen – auch im Kontext der Pflege – Einfluss darauf nehmen, ob ein Pflegeberuf ergriffen wird (Kugler 2021).

Regionale Entgeltunterschiede, die Trägerschaft der jeweiligen Einrichtungen (privat, gemeinnützig oder öffentlich) und die Anbindung an Tarifverträge erklären Lohndifferenzen, die auf Betriebsebene nicht (vollständig) ausgeglichen werden (Carstensen et al. 2020). Das Entgelt ist somit ein Faktor, der im Kontext der Pflege insbesondere die Berufsattraktivität beeinflusst. Dabei ist jedoch zu unterscheiden zwischen der Berufsattraktivität als Oberbegriff für jene Merkmale, die den Pflegeberuf als solchen attraktiv machen, und der Arbeitgeberattraktivität, die jene Merkmale umfasst, auf die einzelne Einrichtungen Einfluss nehmen können. In einer Befragung von 176 Pflegefach- und Pflegehilfskräften, die zwischen Mai und September 2019 durchgeführt wurde, wurde hinsichtlich der Attraktivitätsfaktoren in der Pflegebranche in instrumentelle und symbolische Attribute unterschieden. Der instrumentelle Bereich umfasste dabei v. a. wirtschaftliche Faktoren mit Attributen wie Gehalt und Arbeitsplatzsicherheit oder Arbeitsbedingungen. Demgegenüber bestand der symbolische Bereich aus eher abstrakten, subjektiven und intangiblen Attributen. Als die wichtigsten Attraktivitätsfaktoren – dargestellt als Mittelwert auf einer Skala von 1 („nicht wichtig") bis 5 („sehr wichtig") – stellten sich ein aufrichtiger Umgang mit Mitarbeitenden (4,91), ein gutes Teamklima (4,90), verlässliche Kolleginnen und Kollegen (2,88), eine faire Führungskultur (4,83), eine verlässliche Dienstplangestaltung (4,80) und eine hohe Arbeitsplatzsicherheit (4,77) heraus. Erst danach folgte ein gutes Gehalt (4,69) (Koch-Rogge und Westermann 2020).

Dies weist auf die Bedeutung von Maßnahmen und Instrumenten hin, die sich im Verantwortungsbereich der Pflegeeinrichtungen befinden. Die Relevanz der zuvor genannten Faktoren wird auch auf Ebene der Personalverantwortlichen in der Pflege gesehen, u. a. hinsichtlich der geringen Personalkapazitäten, die eine verlässliche Dienstplangestaltung erschweren (Boscher et al. 2021; Isfort et al. 2018). Zugleich zeigt sich aber auch eine Diskrepanz zwischen der Erfolgseinschätzung von Maßnahmen zur Personalbindung und deren tatsächlichem Einsatz im Unterneh-

men. Dies gilt sowohl für Maßnahmen zur Verbindung von Berufs- und Privatleben (z. B. Angebote flexibler Arbeitsformen oder Maßnahmen zur Steigerung der Dienstplanverlässlichkeit) im Allgemeinen (Raiber et al. 2021) als auch für gesundheitsbezogene Maßnahmen der Personalbildung (z. B. Maßnahmen alters- und alternsgerechter Arbeitsplatzgestaltung) im Speziellen (Boscher et al. 2021).

## 18.3 Die Perspektive: Verantwortung für ökologische und soziale Nachhaltigkeit in der Pflege

Nachdem in den vergangenen Jahren auch in der Gesundheits- und Pflegebranche Optimierungsprozesse und Effizienzsteigerungen im Vordergrund standen, bildet sich mittlerweile mit dem Diskurs zur *Corporate Social Responsibility* (CSR) – im deutschsprachigen Raum auch als gesellschaftliche Unternehmensverantwortung oder unternehmerische Sozialverantwortung bezeichnet – ein Paradigmenwechsel heraus (Bassen et al. 2005). CSR leistet einen Beitrag zu einer umfassenden Unternehmensphilosophie, welche die Vereinbarkeit von Ökonomie, Ökologie, sozialer Verantwortung und regionaler Wirksamkeit fokussiert (Keller und Lorenz 2018). In diesem Zusammenhang sind auch die Kriterien der *Environmental Social Governance* (ESG) zu verorten, die eine Definition für Nachhaltigkeit geben, indem ökologische, soziale und ethische Konsequenzen von Investitionen in Unternehmen berücksichtigt und bewertet werden. Nachhaltiges Handeln ist dabei kein Selbstzweck – die Investitionen in eine Nachhaltigkeitsstrategie sollen sich langfristig für die Unternehmen rentieren. Dabei lassen sich die ESG-Bewertungskriterien auch auf Pflegeeinrichtungen übertragen, wie es die folgenden Ausführungen exemplarisch darstellen.

### 18.3.1 Ökologische Nachhaltigkeit

Die Themen Klimaschutz und Nachhaltigkeit sind im alltäglichen öffentlichen Diskurs angekommen. Ökologische Nachhaltigkeit bedeutet dabei nicht nur Investitionen in erneuerbare Energien, sondern auch Schonung von Ressourcen und Senkung von Emissionen. Während in der Industrie Anforderungen und auch Umgestaltungsmöglichkeiten verbunden mit der Förderung von Nachhaltigkeit identifiziert wurden, stehen entsprechende Schritte in der Pflege vielfach noch aus, obwohl Kliniken und Pflegeeinrichtungen ressourcenintensive Großverbraucher sind und somit einen wesentlichen Beitrag zum Klimaschutz leisten könnten (Dikken 2021). So werden im Durchschnitt der Krankenhäuser in Deutschland je Bett ca. 300–600l Wasser pro Tag verbraucht (Braun et al. 2015) und die Produktion von globalen Treibhausgasen wie $CO_2$ ist im Gesundheitssektor höher als die Emissionen von Flugverkehr und Schifffahrt (WHO 2015; Litke et al. 2020).

Perspektiven für eine nachhaltige Entwicklung im Pflegebereich lassen sich in Aspekten der Ernährung, Mobilität, Hygiene und insgesamt einem grünen Image der Einrichtungen finden (vgl. „*Green Hospitals*") (Litke et al. 2020; Dhillon und Kaur 2015). Die Bedeutung des Beitrags der Pflege zur Bewältigung des Klimawandels findet sich mittlerweile in Positionspapieren der Europäischen Föderation der Pflegeverbände (EFN 2020) sowie des International Council of Nurses (2018).

Konkrete Möglichkeiten, um Nachhaltigkeit im Arbeitsalltag in der Pflege umzusetzen, beziehen sich auf vielfältige Aspekte, um nur einige davon zu nennen:

- Ermöglichung eines umweltfreundlichen Wegs zur Arbeit (z. B. über Fahrgemeinschaften oder auch die finanzielle Unterstützung vonseiten des Arbeitgebers zur Nutzung des öffentlichen Personennahverkehrs)
- Energetische Sanierung (z. B. über eine Photovoltaik-Anlage auf dem Hausdach oder Wärmerückgewinnung in der Küche der Einrichtung)
- Nutzung von Digitalisierung (z. B. über digitale Planung und Erfassung in der Pflege, um unnötiges Ausdrucken von Dienstplänen oder Patientenakten zu vermeiden)
- Reduktion des Plastik- und Wasserverbrauchs (z. B. Mehrfachverwendung von Verpackungen bzw. Nutzung umweltfreundlicher Produkte; niedrigerer Wasserdruck bei der Handhygiene)
- Förderung von Regionalität (z. B. hinsichtlich regionaler und saisonaler Produkte in der Küche, um somit zum einen Lieferketten zu verkürzen und dadurch $CO_2$-Emissionen zu reduzieren und zum anderen Fertigprodukte zu vermeiden, sodass über die Verpflegung in der Kantine ein genussvolles Essen bei Patientinnen und Patienten/Bewohnerinnen und Bewohnern und auch dem Pflegepersonal geschaffen wird)
- Organisation der Mülltrennung
- Vermeidung des Standby-Modus bei Elektrogeräten
- Wechsel zu Öko-Strom-Anbietern oder nachhaltigem Banking, das soziale und ökologische Belange beachtet

Beispiele zur Umsetzung gibt es bereits, z. B. in der Initiative „Klimaneutraler Gesundheitssektor 2035" (▶ https://gesundheit-braucht-klimaschutz.de/), in deren Rahmen Einrichtungen aus dem Gesundheitswesen und der Pflege für eine klimaneutrale Gesundheitsversorgung eintreten, oder in dem Projekt „klimafreundlich pflegen – überall!" (▶ https://klimafreundlich-pflegen.de/#warum-klimafreundlich-pflegen) der AWO, in dem fünf Regionalstellen Betreuung und Begleitung von stationären Einrichtungen sowohl der Altenpflege als auch für Menschen mit Behinderung bei der Reduktion von $CO_2$-Emissionen anbieten.

Die Bedeutung von Maßnahmen des Klimaschutzes in der Pflege hat nicht nur eine abstrakte gesamtgesellschaftliche Funktion – vielmehr bedeutet Klimaschutz auch Gesundheitsschutz für die Beschäftigen in der Pflege.

Eine Befragung von Pflegekräften im Sommer 2020 (n = 428) zeigte die Belastung im Arbeitsalltag durch das Tragen von Schutzkleidung an heißen Tagen auf, die sich durch die SARS-CoV-2-Pandemie nochmals verstärkte: So gaben 96,5 % der Befragten an, dass diese Arbeitsbedingungen zu Erschöpfung führten, zudem klagten jeweils ca. 70 % über Kopfschmerzen und Kurzatmigkeit. Gleichzeitig gaben fast drei Viertel der Befragten (73,9 %) an, dass nicht genügend Kolleginnen und Kollegen vor Ort seien, um zu helfen (Jegodka et al. 2021). Aufgrund der Zunahme an Extremwetterereignissen bedingt durch den Klimawandel (Romanello et al. 2021) werden somit die Belastungen für das Pflegepersonal in den kommenden Jahren zunehmen.

## 18.3.2 Soziale Verantwortung

Die Schaffung ökologischer Nachhaltigkeit in der Pflege bedeutet somit zugleich soziale Verantwortung wahrzunehmen und (Arbeits- und Gesundheit-)Schutz der Beschäftigten zu ermöglichen. Dadurch werden auch die sozialen Dimensionen der ESG-Kriterien berücksichtigt. Während Pflegende selbst durch die Ausübung ihres Berufs soziale Verantwortung übernehmen, besteht auch für Pflegeeinrichtungen die Verpflichtung, Verantwortung und Fürsorge für die Belegschaft zu übernehmen (Fischer et al. 2020c). Dass es wie bereits angesprochen erforderlich ist, die Arbeitsbedingungen im Pflegeberuf zu verbessern, ist offensichtlich. Im Kontext sozialer Verantwortung wird es für Pflegeeinrichtungen zukünftig immer stärker darum gehen, Umweltaspekte gleichberechtigt mit sozialen und wirtschaftlichen Gesichtspunkten zu betrachten. Die Königsteiner-Studie hat aufgezeigt, dass 60 % der Mitarbeitenden die Haltung ihres Unternehmens zu Klimafragen wichtig ist. Insgesamt gab ein Drittel der Studienteilnehmenden an, dass das Thema Umweltbewusstsein in ihrem aktuellen Unternehmen eine große Rolle spielt. Der Anteil der Zustimmung ist im Bereich des Gesundheitswesens und der Pflege (22,3 %) im Vergleich zu allen anderen betrachteten Branchen jedoch am geringsten (Königsteiner 2020).

Die Ergebnisse einer Jugendstudie des Bundesministeriums für Umwelt, Naturschutz und nukleare Sicherheit haben aufgezeigt, dass die heranwachsende Generation eine hohe Sensibilität für die Bedrohung der Zukunftsperspektiven durch globale Umweltzerstörung und Klimawandel hat. Soziale Verantwortung und umweltbewusstes Handeln nimmt zwar einen gewissen Stellenwert ein, jedoch besteht die Überzeugung, selbst nur wenig zu Veränderungen beitragen zu können (BMU 2018). Während der Nachhaltigkeitsbericht des Bundesministeriums für Gesundheit vor allem die zentralen Herausforderungen einer nachhaltigen Finanzierung sowie Sicherstellung einer wohnortnahen und bedarfsgerechten Versorgung benennt (BMG 2021), werden jedoch die zuvor skizzierten ökologischen Aspekte weitestgehend außen vor gelassen. Soziale Verantwortung bedeutet in diesem Kontext auf innerbetrieblicher Ebene aber auch, den Pflegeberuf nachhaltig so weiterzuentwickeln, dass er an Attraktivität gewinnt. Dazu gehört auf der einen Seite, Belastungen in der Ausübung des Pflegeberufs zu reduzieren, denn Arbeitsbedingungen hängen eng mit der Arbeitszufriedenheit zusammen und sind zudem ein zentraler Faktor der Versorgungsqualität (Nadj-Kittler und Stahl 2016) bzw. der Lebensqualität der Menschen in langzeitstationärer Versorgung. Auf der anderen Seite kann eine Orientierung an (ökologischer) Nachhaltigkeit dazu beitragen, dass sich die Identität mit dem Berufsfeld so verändert, dass der Pflegeberuf für junge Menschen an Interesse und Attraktivität gewinnt, da sie ihre Ideale darin wiederfinden bzw. bestätigt sehen, Selbstwirksamkeit erleben und ihrer Tätigkeit Bedeutung beimessen. Somit sollte bei einer Betrachtung des Betriebsklimas bzw. der Arbeitsatmosphäre – als Gesamtheit aller Faktoren, die Einfluss auf die Motivation, Leistungsfähigkeit und Kreativität von Beschäftigen am Arbeitsplatz haben – das eigentliche Klima nicht unberücksichtigt bleiben.

## 18.4 Auf der Suche nach einer Lösung: Fazit und Ausblick

Die Förderung von Nachhaltigkeit als Lösungsmöglichkeit für den Fachkräftemangel in der Pflege vermag auf den ersten Blick vermessen erscheinen, da die Pflegebranche aktuell doch vielfältige andere – vermeintlich größere – Problembereiche zu bewältigen hat. Eine verantwortungsvolle und nachhaltige Unternehmenspolitik und -kultur sind jedoch Voraussetzung und ein zentrales Instrument, um den Pflegeberuf wieder attraktiver zu gestalten. Vielfältige andere Maßnahmen (z. B. im Kontext der Ausbildung und Finanzierung) wurden bereits getroffen und sind wichtig – aber eben auch noch unzureichend. Es reicht nicht aus, immer mehr vom immer Gleichen zu fordern. Stattdessen müssen an die soziale sowie ökologische Realität angepasste Maßnahmen getroffen werden, um Klimaschutz und Nachhaltigkeit gleichberechtigt mit sozialen und wirtschaftlichen Aspekten angehen zu können. Der Fokus auf Maßnahmen des Klimaschutzes – die zugleich ökologische und auch soziale Dimensionen von Verantwortung betreffen – kann dabei ebenso ein Baustein einer umfassenden Lösungsstrategie im Kontext des Fachkräftemangels in der Pflege sein wie die Nutzung der Chancen der Digitalisierung. Nachhaltigkeit ist ein komplexes Thema, das in nahezu alle Arbeits- und Lebensbereiche hineinragt. Möglichkeiten zur Schaffung von Nachhaltigkeit sind von Gesetzen und (gesundheits-)politischen Initiativen abhängig, jedoch auch vom Management und Veränderungswillen in (Pflege-)Einrichtungen.

## Literatur

Albrecht M, Loos S, Möllenkamp M, Sander M, Schiffhorst G, Braeske G, Stengel V (2017) Faktencheck Pflegepersonal im Krankenhaus; Internationale Empirie und Status quo in Deutschland. Bertelsmann Stiftung, Gütersloh

Bassen A, Jastram S, Meyer K (2005) Corporate Social Responsibility. Eine Begriffserläuterung. Z Wirtsch Unternehmensethik 6:231–236

Bettig U (2020) Steuerungsinstrumente für Einrichtungen: Innovative Ansätze zur Steuerung der Leistungserbringung. In: Jacobs K, Kuhlmey A, Greß S, Klauber J, Schwinger A (Hrsg) Pflege-Report 2020. Neuausrichtung von Versorgung und Finanzierung. Springer, Berlin, S 177–190

BMG (2021) Nachhaltigkeit für Gesundheit und Pflege. Bundesministerium für Gesundheit, Berlin

BMU (2018) Zukunft? Jugend fragen! Nachhaltigkeit, Politik, Engagement – eine Studie zu Einstellungen und Alltag junger Menschen. Bundesministerium für Umwelt, Naturschutz und nukleare Sicherheit, Berlin

Boscher C, Raiber L, Fischer F, Winter MH-J (2021) Einsatz und Erfolg gesundheitsbezogener Maßnahmen zur Personalbindung in der Pflege: Ergebnisse einer schriftlichen Befragung von Führungskräften aus der Region Bodensee-Oberschwaben. Gesundheitswesen 83:611–618

Brandenburg H, Güther H, Proft I (Hrsg) (2015) Kosten kontra Menschlichkeit; Herausforderungen an eine gute Pflege im Alter. Matthias-Grünewald, Ostfildern

Braun A, Rijkers-Defrasne S, Seitz H (2015) Ressourceneffiziente Wasserkonzepte für Krankenhäuser. VDI ZRE Publikationen: Kurzanalyse Nr. 11. VDI Zentrum Ressourceneffizienz GmbH, Berlin

Carstensen J, Seibert H, Wiethölter D (2020) Entgelte von Pflegekräften; Aktuelle Daten und Indikatoren. Institut für Arbeitsmarkt- und Berufsforschung, Nürnberg

Cassier-Woidasky A-K (2011) Professionsentwicklung in der Pflege und neue Formen der Arbeitsteilung im Gesundheitswesen. Hindernisse und Möglichkeiten patientenorientierter Versorgungsgestaltung aus professionssoziologischer Sicht. Jahrb Krit Med Gesundheitswiss 47:163–184

DBfK (2021) Skill-Grade-Mix im Krankenhaus. Deutscher Berufsverband für Pflegeberufe, Berlin

Deutscher Bundestag (2021) Gesetzes zur Stärkung der Impfprävention gegen COVID-19 und zur Änderung weiterer Vorschriften im Zusammenhang mit der COVID-19-Pandemie. Bundesgesetzblatt, Teil I, Nr. 83, S 5162–5174

Deutsches Ärzteblatt (2021) Immer mehr Auszubildende brechen Pflegeausbildung ab. https://www.aerzteblatt.de/nachrichten/120683/Immer-mehr-Auszubildende-brechen-Pflegeausbildung-ab. Zugegriffen: 5. Febr. 2022

DGB-Index Gute Arbeit (2018) Arbeitsbedingungen in der Alten- und Krankenpflege; So beurteilen die Beschäftigten die Lage. Ergebnisse einer Sonderauswertung der Repräsentativumfragen zum DGB-Index Gute Arbeit. Institut DGB-Index Gute Arbeit, Berlin

Dhillon VS, Kaur D (2015) Green hospital and climate change: their interrelationship and the way forward. J Clin Diagn Res 9:LE01-5

Dikken B (2021) Nachhaltigkeit im Gesundheitswesen. ProCare 26:8–9

EFN (2020) EFN-Positionspapier zum Beitrag der Pflegenden zur Bewältigung des Klimawandels. European Federation of Nurses Associations, Ixelles (Übersetzung ins Deutsche durch Ingo Böing)

Eggert S, Schnapp P, Sulmann D (2019) Schülerbefragung Pflege: Eigene Erfahrungen und Interesse an Pflegeberufen. Zentrum für Qualität in der Pflege, Berlin

Fischer G, Winter MH-J, Reiber K (2020a) Applaus, Applaus für dein stilles Dulden … Variationen über das Thema „Anerkennung". Pflegewissenschaft Sonderausgabe: Die Corona-Pandemie, S 112–115

Fischer F, Boscher C, Raiber L, Steinle J, Winter MH-J (2020b) Pflegeberufe in den Medien zwischen Aufmerksamkeit und Anerkennung – Das Beispiel der „Ehrenpflegas". Gesundheitswesen 82:936–938

Fischer F, Raiber L, Boscher C, Winter MH-J (2020c) Pflegende pflegen: Mit einer fürsorgenden Gesellschaft zu einer gesellschaftlichen Fürsorge gegenüber Pflegenden. Pflege Ges 25:271–278

Fischer F, Raiber L, Boscher C, Winter MH-J (2020d) Systemrelevanz der Pflegeberufe in Zeiten von Corona – und darüber hinaus. Gesundheitswesen 82:373

Fuchs D, Taufer R (2021) Literaturrecherche zum Pflexit. Betriebskrankenkassen 6:46–51

Görres S, Stöver M, Bomball J, Adrian C (2015) Imagekampagnen für Pflegeberufe auf der Grundlage empirisch gesicherter Daten. In: Zängl P (Hrsg) Zukunft der Pflege. 20 Jahre Norddeutsches Zentrum zur Weiterentwicklung der Pflege. Springer VS, Wiesbaden, S 147–157

Gräske J, Forbrig TA, Koppe L, Urban S, Neumann F, Boguth K (2021) Gratifikationskrisen, Arbeitsfähigkeit und Wunsch nach beruflichen Veränderungen – eine Querschnittsstudie bei Pflegepersonen. Gesundheitswesen. https://doi.org/10.1055/a-1706-0629

Gurtner C, Spirig R, Staudacher D, Huber E (2018) Patientenbezogene Komplexität in der Pflege – Kollektive Case Studies im Akutspital. Pflege 31:237–244

Hardering F (2017) Wann erleben Beschäftigte ihre Arbeit als sinnvoll? Befunde aus einer Untersuchung über professionelle Dienstleistungsarbeit. Z Soziol 46:39–54

International Council of Nurses (2018) Pflegefachpersonen, Klimawandel und Gesundheit; Übersetzung ins Deutsche durch den Deutschen Berufsverband für Pflegeberufe (DBfK). International Council of Nurses, Genf

Isfort M, Weidner F, Rottländer R, Gehlen D, Hylla J, Tucman D (2018) Pflege-Thermometer 2018; Eine bundesweite Befragung von Leitungskräften zur Situation der Pflege und Patientenversorgung in der teil-/vollstationären Pflege. Deutsches Institut für angewandte Pflegeforschung, Köln

Jegodka Y, Lagally L, Mertes H, Deering K, Schoierer J, Buchberger B, Bose-O'Reilly S (2021) Hot days and Covid-19: Online survey of nurses and nursing assistants to assess occupational heat stress in Germany during summer 2020. J Clim Change Health 3:100031

Keller K, Lorenz F (Hrsg) (2018) CSR im Gesundheitswesen. Springer, Berlin/Heidelberg

Koch-Rogge M, Westermann G (2020) Arbeitgeberattraktivität in der Pflege – Welche Faktoren zählen wirklich? Ergebnisse einer Befragung von Pflegekräften in KMU. Hochschule Harz, Wernigerode

Königsteiner (2020) Jobfaktor Klima – Umweltbewusstsein bei deutschen Arbeitgebern. Ein Whitepaper der KÖNIGSTEINER Gruppe. Königsteiner, Stuttgart

Kugler P (2021) Wage expectation, information and the decision to become a nurse. IAW Discussion Papers, Bd. 135. Institut für Angewandte Wirtschaftsforschung e.V., Tübingen

Leichsenring K, Schulmann K, Gasior K, Fuchs M (2015) Gute Pflege aus Sicht der Beschäftigten; Bedingungen, Ziele und Perspektiven der Qualitätsverbesserung in der Langzeitpflege. Arbeiterkammer, Wien

Litke N, Szecsenyi J, Wensing M, Weis A (2020) Green Hospitals: Klimaschutz im Krankenhaus. Dtsch Arztebl 117:A-544/B-468

Nadj-Kittler M, Stahl K (2016) Arbeitszufriedenheit in der Pflege als Faktor der Versorgungsqualität. In: Jerosch J, Linke C (Hrsg) Patientenzentrierte Medizin in Orthopädie und Unfallchirurgie. Lösungen für Patientenorientierung, Qualität und Wirtschaftlichkeit. Springer, Berlin, S 59–65

Özlü I (2020) Pandemie trifft Pflegenotstand. Intensiv 28:122–125

Raiber L, Boscher C, Fischer F, Winter MH-J (2021) Vereinbarkeit von Beruf und Privatleben als Präventionsund Personalbindungsstrategie; Ergebnisse einer schriftlichen Befragung von Personalverantwortlichen in der Pflegebranche. Präv Gesundheitsf 16:242–248. https://doi.org/10.1007/s11553-020-00816-7

Reiber K, Winter MH-J (2018) Die Berufsrelevanz des Pflegestudiums – Erwartungen, Anforderungen und Perspektiven aus Sicht von Studierenden und Schlüsselpersonen der Versorgungspraxis. bwp@ 34: 1–20

Reiber K, Fischer G, Lämmel N (2021) Lauter Beifall für stilles Heldentum – Ambivalenzen der Anerkennung für den Pflegeberuf (nicht nur in Pandemiezeiten). Pflege Ges 26:197–207

Robert Koch-Institut (2022) Prävention und Management von COVID-19 in Alten- und Pflegeeinrichtungen und Einrichtungen für Menschen mit Beeinträchtigungen und Behinderungen. Robert Koch-Institut, Berlin (Empfehlungen des Robert Koch-Instituts für Alten- und Pflegeeinrichtungen und Einrichtungen für Menschen mit Beeinträchtigungen und Behinderungen und für den öffentlichen Gesundheitsdienst)

Romanello M, McGushin A, Di Napoli C et al (2021) The 2021 report of the Lancet Countdown on health and climate change: code red for a healthy future. Lancet 398:1619–1662

Rothgang H, Müller R, Preuß B (2020a) Barmer Pflegereport 2020; Belastungen der Pflegekräfte und ihre Folgen. Barmer, Berlin

Rothgang H, Fünfstück M, Kalwitzki T (2020b) Personalbemessung in der Langzeitpflege. In: Jacobs K, Kuhlmey A, Greß S, Klauber J, Schwinger A (Hrsg) Pflege-Report 2019. Mehr Personal in der Langzeitpflege – aber woher? Springer, Berlin, S 147–157

Schmucker R (2020) Arbeitsbedingungen in Pflegeberufen; Ergebnisse einer Sonderauswertung der Beschäftigtenbefragung zum DGB-Index Gute Arbeit. In: Jacobs K, Kuhlmey A, Greß S, Klauber J, Schwinger A (Hrsg) Pflege-Report 2020. Neuausrichtung von Versorgung und Finanzierung. Springer, Berlin, S 49–60

Schwarz R (Hrsg) (2009) Supervision und Professionelles Handeln Pflegender. VS, Wiesbaden

Siegrist J (1996) Soziale Krisen und Gesundheit. Hogrefe, Göttingen

Slotala L (2020) Stellschrauben mit großer Wirkung. In: Jacobs K, Kuhlmey A, Greß S, Klauber J, Schwinger A (Hrsg) Pflege-Report 2019. Mehr Personal in der Langzeitpflege – aber woher? Springer, Berlin, S 71–84

Statistisches Bundesamt (2020) Gestiegenes Interesse an Pflegeberufen: 71 300 Menschen haben 2019 eine Ausbildung begonnen. https://www.destatis.de/DE/Presse/Pressemitteilungen/2020/10/PD20_N070_212.html. Zugegriffen: 5. Febr. 2022

Techniker Krankenkasse (2019) Gesundheitsreport 2019 – Pflegefall Pflegebranche? So geht's Deutschlands Pflegekräften. Techniker Krankenkasse, Hamburg

Twenhöfel R, Machl V, Memmel D (2020) Praxisschock, Demotivation und Ausbildungsabbruch? PADUA 15:107–112

ver.di (2018) Fachkräfte-Ausbildung: Ende vor dem Abschluss. https://gesundheit-soziales.verdi.de/service/drei/drei-65/++co++65eb87be-3c06-11e8-8eca-525400f67940. Zugegriffen: 5. Febr. 2022

WHO (2015) Climate and health country profile 2015: Germany. Weltgesundheitsorganisation, Genf

18

# Daten und Analysen

Inhaltsverzeichnis

# Krankheitsbedingte Fehlzeiten in der deutschen Wirtschaft im Jahr 2021

*Markus Meyer, Lisa Wing und Antje Schenkel*

## Inhaltsverzeichnis

© Der/die Autor(en), exklusiv lizenziert an Springer-Verlag GmbH, DE, ein Teil von Springer Nature 2022
B. Badura et al. (Hrsg.), *Fehlzeiten-Report 2022*, Fehlzeiten-Report,
https://doi.org/10.1007/978-3-662-65598-6_19

## •• Zusammenfassung

*Der folgende Beitrag liefert umfassende und differenzierte Daten zu den krankheitsbedingten Fehlzeiten in der deutschen Wirtschaft im Jahr 2021. Datenbasis sind die Arbeitsunfähigkeitsmeldungen der 14,6 Mio. erwerbstätigen AOK-Mitglieder in Deutschland. Ein einführendes Kapitel gibt zunächst einen Überblick über die allgemeine Krankenstandsentwicklung und wichtige Determinanten des Arbeitsunfähigkeitsgeschehens. Im Einzelnen werden u. a. die Verteilung der Arbeitsunfähigkeit, die Bedeutung von Kurz- und Langzeiterkrankungen und Arbeitsunfällen, regionale Unterschiede in den einzelnen Bundesländern sowie die Abhängigkeit des Krankenstandes von Faktoren wie Bildungsstand, Branchen und Berufszugehörigkeit, der Beschäftigtenstruktur und demographischen Faktoren dargestellt. In zwölf separaten Kapiteln wird dann detailliert die Krankenstandsentwicklung in den unterschiedlichen Wirtschaftszweigen beleuchtet.*

## 19.1 Überblick über die krankheitsbedingten Fehlzeiten im Jahr 2021

### •• Allgemeine Krankenstandsentwicklung

Der Krankenstand im Jahr 2021 blieb im Vergleich zum Vorjahr unverändert und lag bei 5,4 %. In Westdeutschland lag der Krankenstand mit 5,2 % um 1,0 Prozentpunkte niedriger als in Ostdeutschland (6,2 %). Bei den Bundesländern verzeichneten Thüringen mit 6,6 % sowie Brandenburg und Sachsen-Anhalt mit jeweils 6,3 % den höchsten Krankenstand. In Berlin (4,7 %) und Hamburg (4,3 %) lag der Krankenstand am niedrigsten. Im Schnitt waren die AOK-versicherten Arbeitnehmerinnen und Arbeitnehmer 19,7 Kalendertage arbeitsunfähig. Für etwas mehr als die Hälfte aller AOK-Mitglieder (50,5 %) wurde mindestens einmal im Jahr eine Arbeitsunfähigkeitsbescheinigung (AU) ausgestellt.

Das Fehlzeitengeschehen wird hauptsächlich von sechs Krankheitsarten dominiert. Im Jahr 2021 gingen mehr als ein Fünftel der Fehlzeiten auf Muskel- und Skelett-Erkrankungen (21,5 %) zurück, danach folgten psychische Erkrankungen (12,0 %), Verletzungen (10,0 %) und Atemwegserkrankungen (9,8 %) sowie Erkrankungen des Kreislaufsystems und der Verdauungsorgane (4,9 bzw. 3,9 %). Der Anteil der Atemwegserkrankungen an den Fehlzeiten ist im Vergleich zum Vorjahr mit 2,0 Prozentpunkten am deutlichsten gesunken. Gesunken ist auch der Anteil der Muskel- und Skeletterkrankungen um 0,6 Prozentpunkte sowie der Verdauungserkrankungen um 0,3 und der Herz-Kreislauf-Erkrankungen um 0,2 Prozentpunkte, während der Anteil an psychischen Erkrankungen und Verletzungen gleichgeblieben ist. Im Vergleich zu den anderen Krankheitsarten kommt den psychischen Erkrankungen eine besondere Bedeutung zu: Seit 2012 haben die Krankheitstage aufgrund psychischer Erkrankungen um 53,2 % zugenommen. Im Jahr 2021 wurden erneut mehr Fälle aufgrund psychischer Erkrankungen (5,2 %) als aufgrund von Herz- und Kreislauf-Erkrankungen (3,3 %) registriert. Die durchschnittliche Falldauer psychischer Erkrankungen war im Jahr 2021 mit 29,7 Tagen je Fall mehr als doppelt so lang wie der Durchschnitt mit 13,2 Tagen je Fall im Jahr 2021.

Neben den psychischen Erkrankungen verursachten insbesondere Herz-Kreislauf-Erkrankungen (19,3 Tage je Fall), Muskel-Skelett-Erkrankungen (17,6 Tage je Fall) sowie Verletzungen (16,3 Tage je Fall) lange Ausfallzeiten. Auf diese vier Erkrankungsarten gingen 2021 bereits 60 % der durch Langzeitfälle (> sechs Wochen) verursachten Fehlzeiten zurück.

Langzeiterkrankungen mit einer Dauer von mehr als sechs Wochen verursachten weit mehr als ein Drittel der Ausfalltage (46,3 % der AU-Tage). Ihr Anteil an den Arbeitsunfähigkeitsfällen betrug jedoch nur 5,1 %. Bei Kurzzeiterkrankungen mit einer Dauer von ein bis drei Tagen verhielt es sich genau umgekehrt: Ihr Anteil an den Arbeitsunfähigkeitsfällen lag bei 35,0 %, doch nur 5,2 % der Arbeitsunfähigkeitstage gingen auf sie zurück.

Schätzungen der Bundesanstalt für Arbeitsschutz und Arbeitsmedizin zufolge verursachten im Jahr 2020 700,6 Mio. AU-Tage[1] volkswirtschaftliche Produktionsausfälle von 87 Mrd. € bzw. 144 Mrd. € Ausfall an Produktion und Bruttowertschöpfung (BMAS und BAuA 2021).

Die Ausgaben für Krankengeld sind im Jahr 2021 erneut gestiegen. Für das 1. bis 4. Quartal 2021 betrug das Ausgabenvolumen für Krankengeld rund 16,6 Mrd. €. Gegenüber dem Vorjahr bedeutet das einen Anstieg von 4,4 % (Bundesministerium für Gesundheit 2022).

■ ■ **Fehlzeitengeschehen nach Branchen**
Im Jahr 2021 wurde in den meisten Branchen ein leichter Rückgang oder keine Veränderung des Krankenstandes im Vergleich zum Vorjahr verzeichnet. In den Branchen Öffentliche Verwaltung und Sozialversicherung und Energie, Wasser, Entsorgung und Bergbau lag der Krankenstand mit 6,4 % am höchsten. Ebenfalls hohe Krankenstände verzeichnete das verarbeitende Gewerbe (6,3 %), gefolgt vom Gesundheits- und Sozialwesen (6,2 %), von der Metallindustrie und der Branche Verkehr und Transport mit jeweils 5,9 %. Der niedrigste Krankenstand war mit 3,6 % in der Branche Banken und Versicherungen zu finden. Im Vergleich zum Vorjahr ist der Krankenstand lediglich in den Branchen Verarbeitendes Gewerbe (von 6,1 auf 6,3 %) und in der Metallindustrie (von 5,8 auf 5,9 %) gestiegen.

Bei den Branchen Land- und Forstwirtschaft, Baugewerbe sowie Verkehr und Transport handelt es sich um Bereiche mit hohen körperlichen Arbeitsbelastungen und überdurchschnittlich vielen Arbeitsunfällen. Im Baugewerbe gingen 5,9 % der Arbeitsunfähigkeitsfälle auf Arbeitsunfälle zurück. In der Land- und Forstwirtschaft waren es sogar 7,5 %, im Bereich Verkehr und Transport 4,2 %.

In den Branchen Baugewerbe, Metallindustrie, Verarbeitendes Gewerbe und Energie, Wasser, Entsorgung und Bergbau sind viele Arbeitsunfähigkeitsfälle durch Verletzungen zu verzeichnen, in der Regel durch Arbeitsunfälle bedingt. Der Bereich Land- und Forstwirtschaft verzeichnet mit 21,8 Tagen je Fall die höchste Falldauer vor den Branchen Verkehr und Transport und Baugewerbe mit jeweils 18,9 Tagen je Fall.

Im Jahr 2021 ist der Anteil der Muskel- und Skelett-Erkrankungen mit 22 % an der Gesamtheit der Erkrankungen in allen Branchen wie im Vorjahr am höchsten. Einzig in der Branche Banken und Versicherungen sowie im Bereich Erziehung und Unterricht nehmen psychischen Erkrankungen mit jeweils 17 % einen größeren Anteil ein als die Muskel- und Skelett-Erkrankungen (14 und 15 %). Zudem weisen diese beiden Branchen die insgesamt höchsten Werte für Atemwegserkrankungen und psychische Erkrankungen auf.

Psychische Erkrankungen sind v. a. in der Branche Gesundheits- und Sozialwesen zu verzeichnen. Der Anteil der Arbeitsunfähigkeitsfälle ist hier mit 16,8 Arbeitsunfähigkeitsfällen je 100 AOK-Mitglieder fast dreimal so hoch wie in der Land- und Forstwirtschaft (5,8 AU-Fälle je 100 AOK-Mitglieder). Nach der Branche Gesundheits- und Sozialwesen steht der Bereich Öffentliche Verwaltung und Sozialversicherung mit 15,4 AU-Fällen pro 100 AOK-Mitglieder an zweiter Stelle, gefolgt von der Branche Erziehung und Unterricht mit 14,6 AU-Fällen pro 100 AOK-Mitglieder.

■ ■ **Fehlzeitengeschehen nach Altersgruppen**
Zwar nimmt mit zunehmendem Alter die Zahl der Krankmeldungen ab, die Dauer der Arbeitsunfähigkeitsfälle dagegen steigt kontinuierlich an. Ältere Mitarbeiterinnen und Mitarbeiter sind also seltener krank, fallen aber in der Regel länger aus als ihre jüngeren Kolleginnen und Kollegen. Dies liegt zum einen daran, dass Ältere häufiger von mehreren Erkrankungen gleichzeitig betroffen sind (Mul-

**19**

---

1   Dieser Wert ergibt sich durch die Multiplikation von rund 41,0 Mio. Arbeitnehmerinnen und Arbeitnehmern mit durchschnittlich 17,1 AU-Tagen.

timorbidität), aber auch daran, dass sich das Krankheitsspektrum verändert.

Bei den jüngeren Arbeitnehmenden zwischen 15 und 19 Jahren dominieren v. a. Atemwegserkrankungen und Verletzungen: 22,0 % der Ausfalltage gingen in dieser Altersgruppe auf Atemwegserkrankungen zurück, der Anteil der Verletzungen liegt bei 17,5 % (zum Vergleich: 60- bis 64-Jährige: 6,2 % bzw. 7,7 %). Ältere Arbeitnehmende leiden dagegen zunehmend an Muskel- und Skelett-, psychischen oder Herz- und Kreislauf-Erkrankungen. Diese Krankheitsarten sind häufig mit langen Ausfallzeiten verbunden. Im Schnitt fehlen Arbeitnehmende aufgrund einer Atemwegserkrankung lediglich 7,6 Tage, bei einer Muskel- und Skeletterkrankung fehlen sie hingegen 17,6 Tage. So gehen in der Gruppe der 60- bis 64-Jährigen über ein Viertel der Ausfalltage (25,1 %) auf Muskel- und Skelett-Erkrankungen und 8,1 % auf Herz- und Kreislauf-Erkrankungen zurück. Bei den 15- bis 19-Jährigen hingegen sind es lediglich 8,5 bzw. 1,1 %.

Im Verhältnis zu ihren Fehltagen insgesamt entfallen auf psychische Erkrankungen die meisten Fehltage auf die 30- bis 35-Jährigen (14,1 %) sowie auf die 35- bis 39-Jährigen (14,0 %), die wenigsten auf die Altersgruppe der 15- bis 19-Jährigen (7,3 %).

#### ■■ Fehlzeitengeschehen nach Geschlecht

Im Fehlzeitengeschehen zeigen sich auch Unterschiede zwischen den Geschlechtern: Der Krankenstand liegt bei Frauen mit 5,5 % etwas höher als bei Männern mit 5,3 %. Frauen waren mit einer AU-Quote von 52,5 % auch häufiger krankgemeldet als Männer (48,9 %).

Unterschiede zwischen den Geschlechtern finden sich bei Betrachtung der einzelnen Krankheitsarten und die beruflichen Tätigkeiten korrespondieren mit unterschiedlichen somatischen und psychischen Belastungen. Bei Männern machen insbesondere Muskel- und Skelett-Erkrankungen und Verletzungen einen höheren Anteil an den Arbeitsunfähig-

keitstagen aus als bei Frauen (Männer: 23,1 % bzw. 11,8 % an allen Fehltagen; Frauen: 19,7 und 7,9 %). Dies dürfte damit zusammenhängen, dass Männer nach wie vor in größerem Umfang körperlich belastenderen und unfallträchtigeren Tätigkeiten nachgehen. Der Großteil der männlichen AOK-Mitglieder arbeitet im Dienstleistungsbereich (26,4 %) und in der Metallindustrie (14,2 %), beispielsweise in Berufen der Lagerwirtschaft, Berufskraftfahrer/innen, Berufe im Hochbau oder Berufe in der Metallbearbeitung. Der überwiegende Teil der Frauen ist ebenfalls im Dienstleistungsbereich beschäftigt (28,5 %), gefolgt von der Branche des Gesundheits- und Sozialwesens (24,1 %). Frauen sind verstärkt als Büro- und Sekretariatskräfte, in Reinigungsberufen, im Verkauf, in der Kinderbetreuung und -erziehung oder in der Gesundheits-, Alten- und Krankenpflege tätig. Bei Frauen liegen neben Muskel- und Skelett-Erkrankungen vor allem psychische Erkrankungen (15,2 %; Männer: 9,2 %) und Atemwegserkrankungen (10,2 %; Männer: 9,4 %) vor. Frauen gehen überwiegend Berufen nach, die vermehrt Kontakte mit anderen Menschen wie Kunden und Patienten mit sich bringen. Dies bringt mehr psychische Belastungen mit sich und erhöht zugleich die Wahrscheinlichkeit, sich mit einer Atemwegserkrankung wie etwa einer Erkältung anzustecken.

Im Bereich der Herz- und Kreislauf-Erkrankungen leiden Männer vermehrt an Hypertonie, gefolgt von ischämischen Herzkrankheiten wie beispielsweise dem Myokardinfarkt. Etwas mehr als ein Fünftel aller Fehltage (22 %) innerhalb dieser Krankheitsart entfallen bei den Männern auf ischämische Herzkrankheiten, bei den Frauen sind es lediglich 9,8 %.

Auch bei den psychischen Erkrankungen ergeben sich Unterschiede: 14,0 % aller Arbeitsunfähigkeitstage bei den Frauen gehen auf affektive Störungen und neurotische, Belastungs- und somatoforme Störungen zurück, bei den Männern sind es dagegen nur 7,4 % bezogen auf alle Fehltage.

## 19.2 Datenbasis und Methodik

Die folgenden Ausführungen zu den krankheitsbedingten Fehlzeiten in der deutschen Wirtschaft basieren auf einer Analyse der Arbeitsunfähigkeitsmeldungen aller erwerbstätigen AOK-Mitglieder. Die AOK ist nach wie vor die Krankenkasse mit dem größten Marktanteil in Deutschland. Sie verfügt daher über die umfangreichste Datenbasis zum Arbeitsunfähigkeitsgeschehen. Ausgewertet wurden die Daten des Jahres 2021. In diesem Jahr waren insgesamt 14,6 Mio. Arbeitnehmerinnen und Arbeitnehmer bei der AOK versichert. Dies ist im Vergleich zum Vorjahr ein Plus von 3,1 %.

Datenbasis der Auswertungen sind sämtliche Arbeitsunfähigkeitsfälle, die der AOK im Jahr 2021 gemeldet wurden. Es werden sowohl Pflichtmitglieder als auch freiwillig Versicherte berücksichtigt, Arbeitslosengeld-I-Empfänger dagegen nicht. Unberücksichtigt bleiben auch Schwangerschafts- und Kinderkrankenfälle. Arbeitsunfälle gehen mit in die Statistik ein, soweit sie der AOK gemeldet werden. Kuren werden in den Daten berücksichtigt. Allerdings werden Kurzzeiterkrankungen bis zu drei Tagen von den Krankenkassen nur erfasst, soweit eine ärztliche Krankschreibung vorliegt. Der Anteil der Kurzzeiterkrankungen liegt daher höher, als dies in den Krankenkassendaten zum Ausdruck kommt. Hierdurch verringern sich die Fallzahlen und die rechnerische Falldauer erhöht sich entsprechend. Langzeitfälle mit einer Dauer von mehr als 42 Tagen wurden in die Auswertungen einbezogen, weil sie von entscheidender Bedeutung für das Arbeitsunfähigkeitsgeschehen in den Betrieben sind.

Die Arbeitsunfähigkeitszeiten werden von den Krankenkassen so erfasst, wie sie auf den Krankmeldungen angegeben sind. Auch Wochenenden und Feiertage gehen in die Berechnung mit ein, soweit sie in den Zeitraum der Krankschreibung fallen. Die Ergebnisse sind daher mit betriebsinternen Statistiken, bei denen lediglich die Arbeitstage berücksichtigt werden, nur begrenzt vergleichbar. Bei jahres-

übergreifenden Arbeitsunfähigkeitsfällen wurden ausschließlich Fehlzeiten in die Auswertungen einbezogen, die im Auswertungsjahr anfielen.

◻ Tab. 19.1 gibt einen Überblick über die wichtigsten Kennzahlen und Begriffe, die in diesem Beitrag zur Beschreibung des Arbeitsunfähigkeitsgeschehens verwendet werden. Die Kennzahlen werden auf der Basis der Versicherungszeiten berechnet, d. h. es wird berücksichtigt, ob ein Mitglied ganzjährig oder nur einen Teil des Jahres bei der AOK versichert war bzw. als in einer bestimmten Branche oder Berufsgruppe beschäftigt geführt wurde. AOK-Mitglieder mit dem Geschlecht „divers" werden aus Gründen des Datenschutzes grundsätzlich mit dem Geschlecht mit der größten Personenzahl ausgewiesen.

Aufgrund der speziellen Versichertenstruktur der AOK sind die Daten nur bedingt repräsentativ für die Gesamtbevölkerung in der Bundesrepublik Deutschland bzw. die Beschäftigten in den einzelnen Wirtschaftszweigen. Infolge ihrer historischen Funktion als Basiskasse weist die AOK einen überdurchschnittlich hohen Anteil an Versicherten aus dem gewerblichen Bereich sowie aus dem Bereich Verkehr und Transport auf.

Im Jahr 2008 fand eine Revision der Klassifikation der Wirtschaftszweige statt. Die Klassifikation der Wirtschaftszweige Ausgabe 2008 wird vom Statistischen Bundesamt veröffentlicht (Anhang 2). Aufgrund der Revision kam es zu Verschiebungen zwischen den Branchen, eine Vergleichbarkeit mit den Daten vor 2008 ist daher nur bedingt gegeben. Daher werden bei Jahresvergleichen Kennzahlen für das Jahr 2008 sowohl für die Klassifikationsversion 2003 als auch für die Version 2008 ausgewiesen.

Die Klassifikation der Wirtschaftszweigschlüssel in der Ausgabe 2008 enthält insgesamt fünf Differenzierungsebenen, von denen allerdings bei den vorliegenden Analysen nur die ersten drei berücksichtigt wurden. Es wird zwischen Wirtschaftsabschnitten, -abteilungen und -gruppen unterschieden. Ein Abschnitt ist beispielsweise die Bran-

◾ **Tab. 19.1** Kennzahlen und Begriffe zur Beschreibung des Arbeitsunfähigkeitsgeschehens

| Kennzahl | Definition | Einheit, Ausprägung | Erläuterungen |
|---|---|---|---|
| AU-Fälle | Anzahl der Fälle von Arbeitsunfähigkeit | Je AOK-Mitglied[a] bzw. je 100 AOK-Mitglieder | Jede Arbeitsunfähigkeitsmeldung, die nicht nur die Verlängerung einer vorangegangenen Meldung ist, wird als ein Fall gezählt. Ein AOK-Mitglied kann im Auswertungszeitraum mehrere AU-Fälle aufweisen |
| AU-Tage | Anzahl der AU-Tage, die im Auswertungsjahr anfielen | Je AOK-Mitglied[a] bzw. je 100 AOK-Mitglieder | Da arbeitsfreie Zeiten wie Wochenenden und Feiertage, die in den Krankschreibungszeitraum fallen, mit in die Berechnung eingehen, können sich Abweichungen zu betriebsinternen Fehlzeitenstatistiken ergeben, die bezogen auf die Arbeitszeiten berechnet wurden. Bei jahresübergreifenden Fällen werden nur die AU-Tage gezählt, die im Auswertungsjahr anfielen |
| AU-Tage je Fall | Mittlere Dauer eines AU-Falls | Kalendertage | Indikator für die Schwere einer Erkrankung |
| Krankenstand | Anteil der im Auswertungszeitraum angefallenen Arbeitsunfähigkeitstage am Kalenderjahr | In % | War ein Versicherter nicht ganzjährig bei der AOK versichert, wird dies bei der Berechnung des Krankenstandes entsprechend berücksichtigt |
| Krankenstand, standardisiert | Nach Alter und Geschlecht standardisierter Krankenstand | In % | Um Effekte der Alters- und Geschlechtsstruktur bereinigter Wert |
| AU-Quote | Anteil der AOK-Mitglieder mit einem oder mehreren Arbeitsunfähigkeitsfällen im Auswertungsjahr | In % | Diese Kennzahl gibt Auskunft darüber, wie groß der von Arbeitsunfähigkeit betroffene Personenkreis ist |
| Kurzzeiterkrankungen | Arbeitsunfähigkeitsfälle mit einer Dauer von 1–3 Tagen | In % aller Fälle/Tage | Erfasst werden nur Kurzzeitfälle, bei denen eine Arbeitsunfähigkeitsbescheinigung bei der AOK eingereicht wurde |
| Langzeiterkrankungen | Arbeitsunfähigkeitsfälle mit einer Dauer von mehr als 6 Wochen | In % aller Fälle/Tage | Mit Ablauf der 6. Woche endet in der Regel die Lohnfortzahlung durch den Arbeitgeber, ab der 7. Woche wird durch die Krankenkasse Krankengeld gezahlt |
| Arbeitsunfälle | Durch Arbeitsunfälle bedingte Arbeitsunfähigkeitsfälle | Je 100 AOK-Mitglieder[a] in % aller AU-Fälle/-Tage | Arbeitsunfähigkeitsfälle, bei denen auf der Krankmeldung als Krankheitsursache „Arbeitsunfall" angegeben wurde, nicht enthalten sind Wegeunfälle |
| AU-Fälle/-Tage nach Krankheitsarten | Arbeitsunfähigkeitsfälle/-tage mit einer bestimmten Diagnose | Je 100 AOK-Mitglieder[a] in % aller AU-Fälle bzw. -Tage | Ausgewertet werden alle auf den Arbeitsunfähigkeitsbescheinigungen angegebenen ärztlichen Diagnosen, verschlüsselt werden diese nach der Internationalen Klassifikation der Krankheitsarten (ICD-10) |

[a] umgerechnet in ganzjährig Versicherte

Fehlzeiten-Report 2022

**◘ Tab. 19.2** AOK-Mitglieder nach Wirtschaftsabschnitten im Jahr 2021 nach der Klassifikation der Wirtschaftszweigschlüssel, Ausgabe 2008

| Wirtschaftsabschnitte | Pflichtmitglieder | | Freiwillige Mitglieder |
|---|---|---|---|
| | Absolut | Anteil an der Branche in % | Absolut |
| Banken und Versicherungen | 164.157 | 17,0 | 22.637 |
| Baugewerbe | 1.079.501 | 54,6 | 15.533 |
| Dienstleistungen | 3.868.547 | 46,5 | 112.569 |
| Energie, Wasser, Entsorgung und Bergbau | 191.319 | 33,5 | 14.814 |
| Erziehung und Unterricht | 399.839 | 29,1 | 20.751 |
| Gesundheits- und Sozialwesen | 1.838.459 | 35,6 | 41.491 |
| Handel | 2.034.543 | 44,8 | 44.222 |
| Land- und Forstwirtschaft | 192.547 | 75,0 | 802 |
| Metallindustrie | 1.334.129 | 33,9 | 119.400 |
| Öffentliche Verwaltung/Sozialversicherung | 622.841 | 31,7 | 22.387 |
| Verarbeitendes Gewerbe | 1.260.572 | 44,3 | 44.946 |
| Verkehr und Transport | 1.039.850 | 54,9 | 12.091 |
| **Insgesamt** | **14.087.213** | **41,7** | **472.963** |

Fehlzeiten-Report 2022

che „Energie, Wasser, Entsorgung und Bergbau". Diese untergliedert sich in die Wirtschaftsabteilungen „Bergbau und Gewinnung von Steinen und Erden", „Energieversorgung" und „Wasserversorgung, Abwasser- und Abfallentsorgung und Beseitigung von Umweltverschmutzungen". Die Wirtschaftsabteilung „Bergbau und Gewinnung von Steinen und Erden" umfasst wiederum die Wirtschaftsgruppen „Kohlenbergbau", „Erzbergbau" etc. Im vorliegenden Unterkapitel werden die Daten zunächst ausschließlich auf der Ebene der Wirtschaftsabschnitte analysiert (Anhang 2). In den folgenden Unterkapiteln wird dann auch nach Wirtschaftsabteilungen und teilweise auch nach Wirtschaftsgruppen differenziert. Die Metallindustrie, die nach der Systematik der Wirtschaftszweige der Bundesanstalt für Arbeit zum verarbeitenden Gewerbe gehört, wird, da sie die größte Branche des Landes

darstellt, in einem eigenen Kapitel behandelt (▶ Abschn. 19.6). Auch dem Bereich „Erziehung und Unterricht" wird angesichts der zunehmenden Bedeutung des Bildungsbereichs für die Produktivität der Volkswirtschaft ein eigenes Kapitel gewidmet (▶ Abschn. 19.6). Aus ◘ Tab. 19.2 ist die Anzahl der AOK-Mitglieder in den einzelnen Wirtschaftsabschnitten sowie deren Anteil an den sozialversicherungspflichtig Beschäftigten insgesamt[2] ersichtlich.

Da sich die Morbiditätsstruktur in Ost- und Westdeutschland nach wie vor unterscheidet, werden neben den Gesamtergebnissen für die Bundesrepublik Deutschland die Ergebnisse für Ost und West separat ausgewiesen.

---

2    Errechnet auf der Basis der Beschäftigtenstatistik der Bundesagentur für Arbeit, Stichtag: 30. Juni 2021 (Bundesagentur für Arbeit 2022).

Die Verschlüsselung der Diagnosen erfolgt nach der 10. Revision der ICD (International Classification of Diseases)[3]. Teilweise weisen die Arbeitsunfähigkeitsbescheinigungen mehrere Diagnosen auf. Um einen Informationsverlust zu vermeiden, werden bei den diagnosebezogenen Auswertungen im Unterschied zu anderen Statistiken[4], die nur eine (Haupt-) Diagnose berücksichtigen, auch Mehrfachdiagnosen[5] in die Auswertungen einbezogen.

## 19.3 Allgemeine Krankenstandsentwicklung

Die krankheitsbedingten Fehlzeiten sind im Jahr 2021 im Vergleich zum Vorjahr nahezu unverändert. Bei den 14,6 Mio. erwerbstätigen AOK-Mitgliedern betrug der Krankenstand 5,4 % (◐ Tab. 19.3). 50,5 % der AOK-Mitglieder meldeten sich mindestens einmal krank. Die Versicherten waren im Jahresdurchschnitt 13,2 Kalendertage krankgeschrieben[6]. 5,7 % der Arbeitsunfähigkeitstage waren durch Arbeitsunfälle bedingt.

Die Zahl der krankheitsbedingten Ausfalltage nahm im Vergleich zum Vorjahr um 0,8 % ab. Im Osten nahmen die Ausfalltage um 3 % zu, im Westen nahmen sie dagegen um 1,7 % ab. Die Zahl der Arbeitsunfähigkeitsfälle ist im Vergleich zum Vorjahr hingegen sowohl im Westen (um 3 %) als auch im Osten (um 4,1 %) gestiegen. Insgesamt beträgt der Anstieg 3,2 %. Der Krankenstand ist im Osten um 0,2 Prozentpunkte auf 6,2 % gestiegen und im Westen um 0,1 Prozentpunkte auf 5,2 % gesunken. Die durchschnittliche Dauer der Krankmeldungen

sank sowohl in Ostdeutschland (um 1,1 %) als auch in Westdeutschland (um 4,6 %). Die Zahl der von Arbeitsunfähigkeit betroffenen AOK-Mitglieder (AU-Quote: Anteil der AOK-Mitglieder mit mindestens einem AU-Fall) fiel im Jahr 2021 um 0,2 Prozentpunkt auf 50,5 %.

Im Jahresverlauf wurde der höchste Krankenstand mit 6,7 % im November erreicht, während der niedrigste Wert (4,7 %) im August zu verzeichnen war. Der Krankenstand lag insbesondere im März 2021 deutlich unter dem Wert des Vorjahres (◐ Abb. 19.1).

◐ Abb. 19.2a zeigt die längerfristige Entwicklung des Krankenstandes in den Jahren 2002 bis 2021. Seit Ende der 1990er Jahre konnte ein Rückgang der Krankenstände bis zum Jahr 2006 verzeichnet werden. Danach stieg der Krankenstand sukzessive an und lag im Jahr 2021 im Bundesdurchschnitt mit 5,4 % wieder auf einem gleichen Niveau wie in den beiden Vorjahren.

Nachdem der Krankenstand in den Jahren 2003 bis 2008 durchgehend in Ostdeutschland unter dem Westdeutschlands lag, ist seither mit Ausnahme der Jahre 2009 und 2011 in Ostdeutschland wieder ein höherer Krankenstand zu konstatieren: Im Jahr 2021 lag der Krankenstand im Osten Deutschlands mit 6,2 % deutlich höher als im Westen Deutschlands mit 5,2 %.

Wie ist die Krankenstandsentwicklung in Deutschland insgesamt – unabhängig von der Kassenzugehörigkeit (◐ Abb. 19.2b)? Die Krankenkassen sind nach § 79 SGB IV verpflichtet, Übersichten über ihre Rechnungs- und Geschäftsergebnisse sowie sonstige Statistiken zu erstellen und über den GKV-Spitzenverband an das Bundesministerium für Gesundheit (BMG) zu liefern. Die Meldung des Krankenstandes ist Bestandteil der sogenannten monatlichen Mitgliederstatistik KM 1. Dies ist die einzige Statistik in Deutschland, die kassenartenübergreifend den jährlichen Krankenstand veröffentlicht.[7] Allerdings

---

3    International übliches Klassifikationssystem der Weltgesundheitsorganisation (WHO).
4    Beispielsweise die von den Krankenkassen im Bereich der gesetzlichen Krankenversicherung herausgegebene Krankheitsartenstatistik.
5    Leidet eine Person an unterschiedlichen Krankheitsbildern (Multimorbidität), kann eine Arbeitsunfähigkeitsbescheinigung mehrere Diagnosen aufweisen. Insbesondere bei älteren Beschäftigten kommt dies häufiger vor.
6    Wochenenden und Feiertage eingeschlossen.

7    ▶ https://www.bundesgesundheitsministerium.de/themen/krankenversicherung/zahlen-und-fakten-zur-krankenversicherung/mitglieder-und-versicherte.html.

**Tab. 19.3** Krankenstandskennzahlen 2021 im Vergleich zum Vorjahr

| | Kranken-stand in % | Arbeitsunfähigkeit je 100 AOK-Mitglieder | | | | Tage je Fall | Veränd. z. Vorj. in % | AU-Quote in % |
|---|---|---|---|---|---|---|---|---|
| | | AU-Fälle | Veränd. z. Vorj. in % | AU-Tage | Veränd. z. Vorj. in % | | | |
| West | 5,2 | 147,9 | 3,0 | 1.909,2 | −1,7 | 12,9 | −4,6 | 49,5 |
| Ost | 6,2 | 153,6 | 4,1 | 2.260,0 | 3,0 | 14,7 | −1,1 | 55,4 |
| **Bund** | **5,4** | **148,9** | **3,2** | **1.970,6** | **−0,8** | **13,2** | **−3,9** | **50,5** |

Fehlzeiten-Report 2022

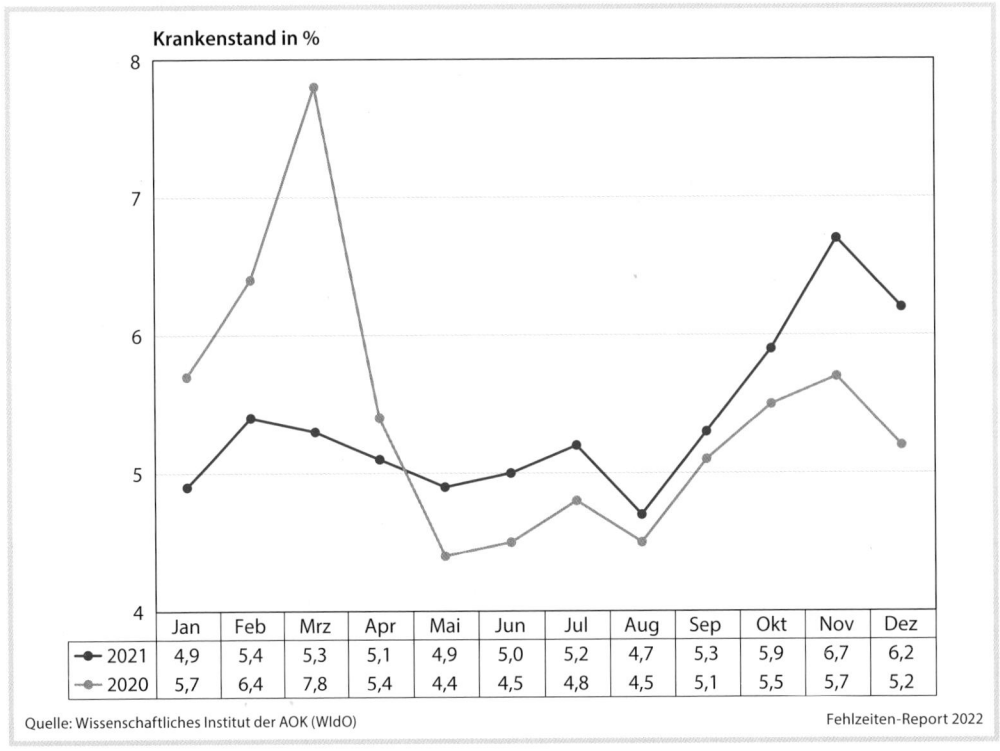

Quelle: Wissenschaftliches Institut der AOK (WIdO)                                      Fehlzeiten-Report 2022

**Abb. 19.1** Krankenstand im Jahr 2021 im saisonalen Verlauf im Vergleich zum Vorjahr, AOK-Mitglieder

wird hier der Krankenstand in unterschiedlichem Ausmaß systematisch unterschätzt, da nur Krankenstände am jeweils Ersten eines Monats, also an zwölf Stichtagen innerhalb eines Jahres gemeldet werden. Die Krankenkasse ermittelt im Rahmen ihrer Mitgliederstatistik die zu diesem Zeitpunkt arbeitsunfähig kranken Pflicht- und freiwilligen Mitglieder mit einem Krankengeldanspruch. Allerdings sind zwei Monatserste im Jahr grundsätzlich Feiertage (1. Januar und 1. Mai), an denen typischerweise relativ wenig Arbeitnehmende krankgeschrieben sind. Zudem kann die Zahl der Sonn- und Feiertage, die auf einen Monatsersten fallen, von Jahr zu Jahr variieren. Weitere Verzerrungen entstehen dadurch, dass

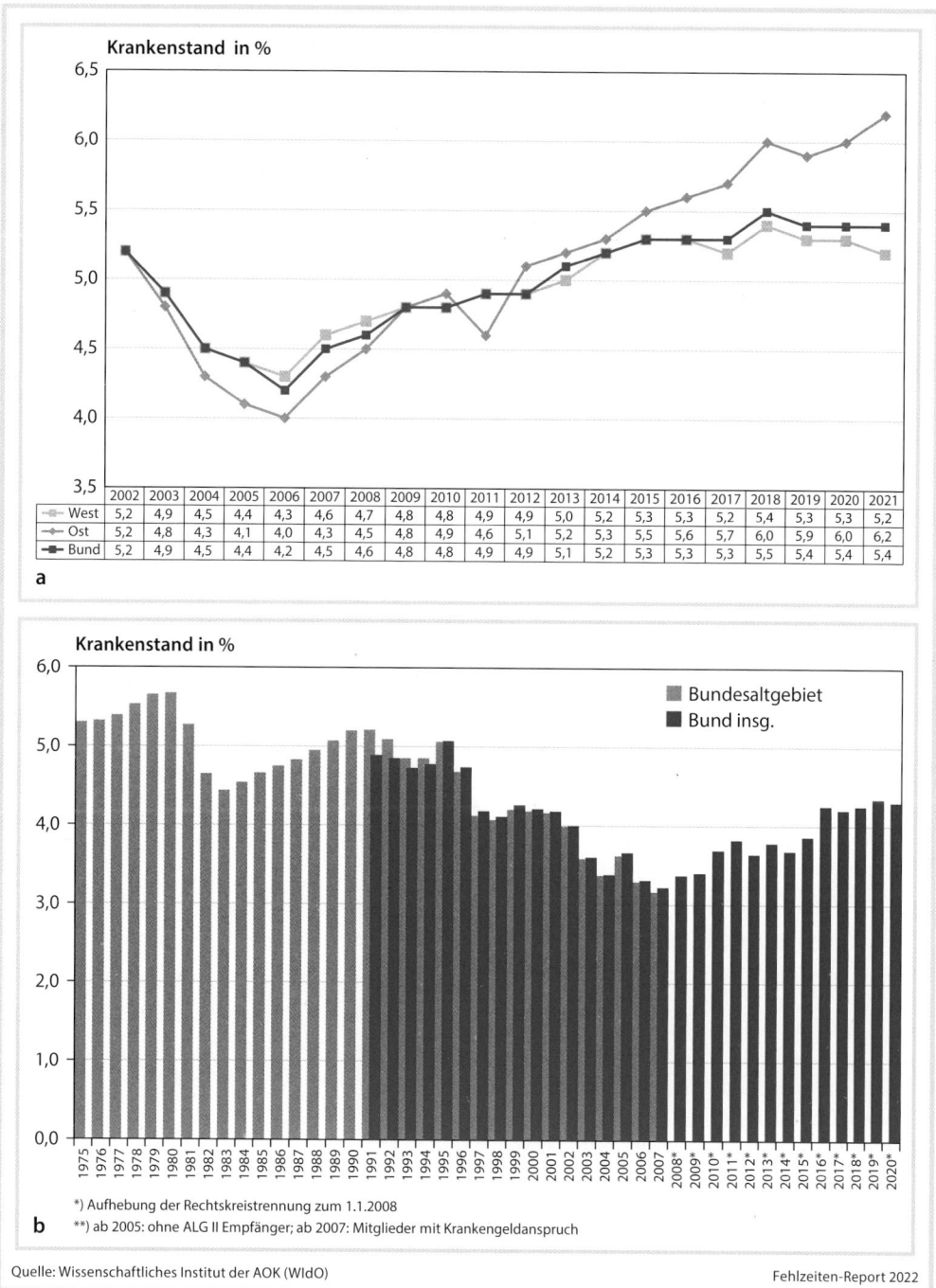

Quelle: Wissenschaftliches Institut der AOK (WIdO)    Fehlzeiten-Report 2022

■ **Abb. 19.2**  **a** Entwicklung des Krankenstandes in den Jahren 2002–2021, AOK-Mitglieder. **b** Entwicklung des Krankenstandes seit 1975 unabhängig von der Kassenzugehörigkeit, Jahresdurchschnitte (Stichtagserhebung)

Werte der Stichtagsstatistik von Jahr zu Jahr aufgrund der unterschiedlichen Zusammensetzung der jeweils kalenderabhängig berücksichtigten Wochentage (mit wochentagstypischen Krankenständen) in den Krankenstand eingehen. Die dadurch im Vergleich zu den gesetzlichen Krankenkassen deutlich niedrigeren Krankenstände des BMG können daher bei Nicht-Experten zu Verwirrung führen (vgl. Meyer 2015). Busch verweist darauf, dass die Zwölf-Monats-Stichtagsbetrachtung nur jeden 30. Kalendertag erfasst, mit der Folge, dass z. B. eine Grippewelle möglicherweise nur deswegen nicht erfasst werden könnte, weil ihr Höhepunkt zufällig in den Zeitraum zwischen zwei Stichtagen fällt (Busch 2021). Allerdings können anhand der Krankenstandsentwicklung durch die amtliche Statistik durchaus zeitliche Tendenzen abgelesen werden.

Ein Blick auf den Zehn-Jahres-Verlauf seit dem Jahr 2020 zeigt, dass der allgemeine Krankenstand in der Tendenz angestiegen ist und wieder in etwa auf dem Niveau von Ende der 90iger Jahre liegt[8]. Im Jahr 2019 hatte er den höchsten Wert seit dem Jahr 1996 erreicht, im folgenden Jahr 2020 ist er jedoch im Rahmen des Pandemiegeschehens wieder gesunken.

## 19.4 Verteilung der Arbeitsunfähigkeit

Der Anteil der Arbeitnehmenden, die in einem Jahr mindestens einmal krankgeschrieben wurden, wird als Arbeitsunfähigkeitsquote bezeichnet. Diese lag 2021 bei 50,5 % (◗ Abb. 19.3). Der Anteil der AOK-Mitglieder, die das ganze Jahr überhaupt nicht krankgeschrieben waren, lag somit bei 49,5 %.

◗ Abb. 19.4 zeigt die Verteilung der kumulierten Arbeitsunfähigkeitstage auf die AOK-Mitglieder in Form einer Lorenzkurve. Daraus ist ersichtlich, dass sich die überwiegende An-

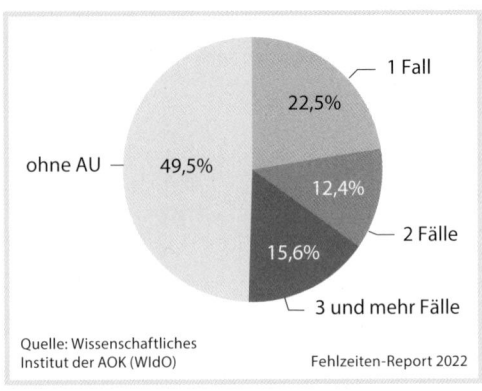

Quelle: Wissenschaftliches Institut der AOK (WIdO)    Fehlzeiten-Report 2022

**◗ Abb. 19.3** Arbeitsunfähigkeitsquote der AOK-Mitglieder im Jahr 2021

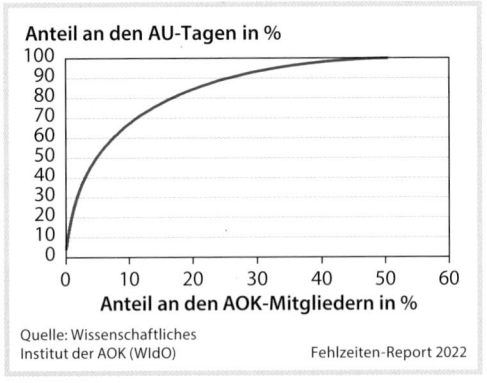

Quelle: Wissenschaftliches Institut der AOK (WIdO)    Fehlzeiten-Report 2022

**◗ Abb. 19.4** Lorenzkurve zur Verteilung der Arbeitsunfähigkeitstage der AOK-Mitglieder im Jahr 2021

zahl der Tage auf einen relativ kleinen Teil der AOK-Mitglieder konzentriert. Die folgenden Zahlen machen dies deutlich:

- Rund ein Viertel der Arbeitsunfähigkeitstage entfällt auf nur 1,4 % der Mitglieder.
- Die Hälfte der Tage wird von lediglich 4,9 % der Mitglieder verursacht.
- 80 % der Arbeitsunfähigkeitstage gehen auf nur 16,8 % der AOK-Mitglieder zurück.

**19**

---

8    Die Daten für das Jahr 2021 lagen zum Zeitpunkt der Erstellung des Beitrages noch nicht vor.

## 19.5 Kurz- und Langzeiterkrankungen

Die Höhe des Krankenstandes wird entscheidend durch Fälle mit länger dauernder Arbeitsunfähig bestimmt. Die Zahl dieser Erkrankungsfälle ist zwar relativ gering, aber für eine große Zahl von Ausfalltagen verantwortlich (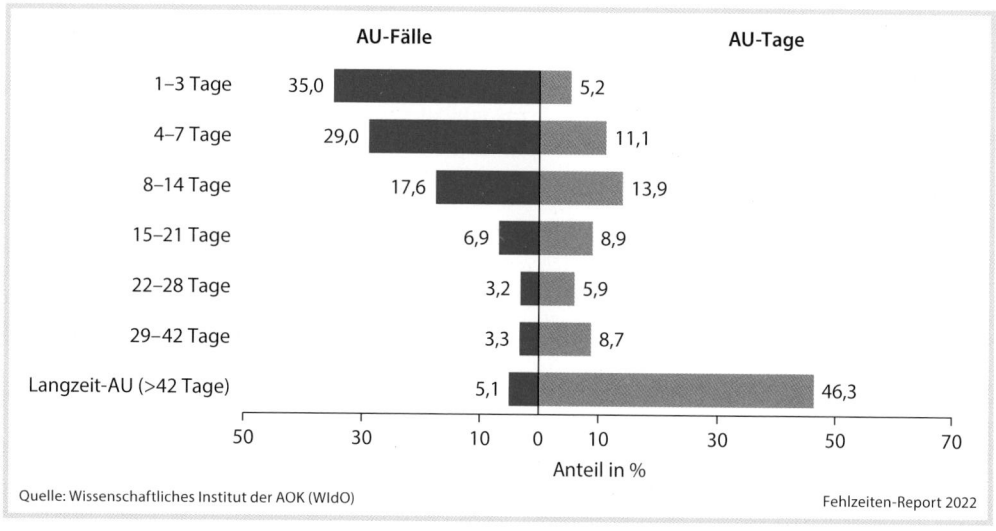 Abb. 19.5). 2021 waren über die Hälfte aller Arbeitsunfähigkeitstage (55,0 %) auf lediglich 8,4 % der Arbeitsunfähigkeitsfälle zurückzuführen. Dabei handelt es sich um Fälle mit einer Dauer von mehr als vier Wochen. Besonders zu Buche schlagen Langzeitfälle, die sich über mehr als sechs Wochen erstrecken. Obwohl ihr Anteil an den Arbeitsunfähigkeitsfällen im Jahr 2021 nur 5,1 % betrug, verursachten sie 46,3 % des gesamten AU-Volumens. Langzeitfälle sind häufig auf chronische Erkrankungen zurückzuführen. Der Anteil der Langzeitfälle nimmt mit steigendem Alter deutlich zu.

Kurzzeiterkrankungen wirken sich zwar oft sehr störend auf den Betriebsablauf aus, spielen aber – anders als häufig angenommen – für den Krankenstand nur eine untergeordnete Rolle. Auf Arbeitsunfähigkeitsfälle mit einer Dauer von 1 bis 3 Tagen gingen 2021 lediglich 5,2 % der Fehltage zurück, obwohl ihr Anteil an den Arbeitsunfähigkeitsfällen 35,0 % betrug. Insgesamt sind die Kurzzeiterkrankungen im Vergleich zum Vorjahr bezogen auf die Arbeitsunfähigkeitstage und Arbeitsunfähigkeitsfälle um 0,8 bzw. um 4,3 Prozentpunkte gestiegen. Da viele Arbeitgeber in den ersten drei Tagen einer Erkrankung keine ärztliche Arbeitsunfähigkeitsbescheinigung verlangen, liegt der Anteil der Kurzzeiterkrankungen allerdings in der Praxis höher, als dies in den Daten der Krankenkassen zum Ausdruck kommt.

2021 war der Anteil der Langzeiterkrankungen mit 54,4 % in der Land- und Forstwirtschaft sowie im Baugewerbe (51,4 %) am höchsten und in der Branche Banken und Versicherungen mit 40,5 % am niedrigsten. Der Anteil der Kurzzeiterkrankungen schwankte in den einzelnen Wirtschaftszweigen zwischen 6,9 % im Bereich Banken und Versicherungen und 3,6 % im Bereich Land- und Forstwirtschaft ( Abb. 19.6).

Quelle: Wissenschaftliches Institut der AOK (WIdO)                    Fehlzeiten-Report 2022

**◼ Abb. 19.5** Arbeitsunfähigkeitsfälle und -tage der AOK-Mitglieder im Jahr 2021 nach Dauer

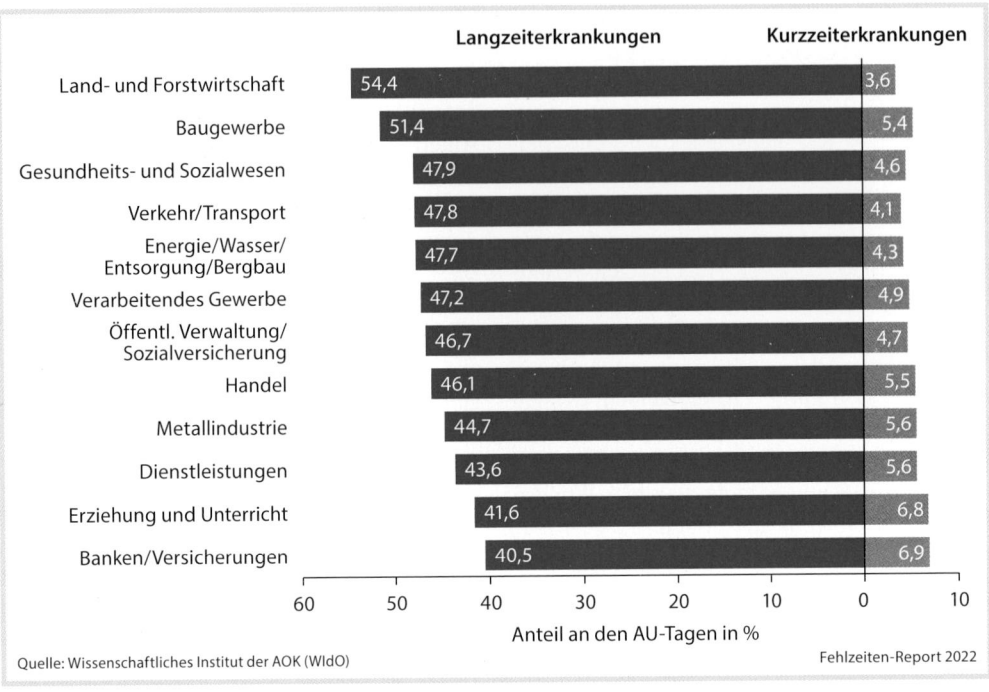

Langzeiterkrankungen        Kurzzeiterkrankungen

| Branche | Langzeit | Kurzzeit |
|---|---|---|
| Land- und Forstwirtschaft | 54,4 | 3,6 |
| Baugewerbe | 51,4 | 5,4 |
| Gesundheits- und Sozialwesen | 47,9 | 4,6 |
| Verkehr/Transport | 47,8 | 4,1 |
| Energie/Wasser/Entsorgung/Bergbau | 47,7 | 4,3 |
| Verarbeitendes Gewerbe | 47,2 | 4,9 |
| Öffentl. Verwaltung/Sozialversicherung | 46,7 | 4,7 |
| Handel | 46,1 | 5,5 |
| Metallindustrie | 44,7 | 5,6 |
| Dienstleistungen | 43,6 | 5,6 |
| Erziehung und Unterricht | 41,6 | 6,8 |
| Banken/Versicherungen | 40,5 | 6,9 |

Anteil an den AU-Tagen in %

Quelle: Wissenschaftliches Institut der AOK (WIdO)          Fehlzeiten-Report 2022

☐ **Abb. 19.6** Anteil der Kurz- und Langzeiterkrankungen an den Arbeitsunfähigkeitstagen nach Branchen im Jahr 2021, AOK-Mitglieder

## 19.6 Krankenstandsentwicklung in den einzelnen Branchen

Im Jahr 2021 wiesen die Branche Energie, Wasser, Entsorgung und Bergbau, sowie die Öffentliche Verwaltung und die Sozialversicherungen mit 6,4 % den höchsten Krankenstand auf, während die Banken und Versicherungen mit 3,6 % den niedrigsten Krankenstand hatten (☐ Abb. 19.7). Bei dem hohen Krankenstand in der Branche Öffentliche Verwaltung/Sozialversicherung muss allerdings berücksichtigt werden, dass ein großer Teil der in diesem Sektor beschäftigten AOK-Mitglieder keine Bürotätigkeiten ausübt, sondern in gewerblichen Bereichen mit teilweise sehr hohen Arbeitsbelastungen tätig ist, wie z. B. im Straßenbau, in der Straßenreinigung und Abfallentsorgung, in Gärtnereien etc. Insofern sind die Daten, die der AOK für diesen Bereich vorliegen, nicht repräsentativ für die gesamte öffentliche Verwaltung. Hinzu kommt, dass die in den öffentlichen Verwaltungen beschäftigten AOK-Mitglieder eine im Vergleich zur freien Wirtschaft ungünstige Altersstruktur aufweisen, die zum Teil für die erhöhten Krankenstände mitverantwortlich ist. Schließlich spielt auch die Tatsache, dass die öffentlichen Verwaltungen ihrer Verpflichtung zur Beschäftigung Schwerbehinderter stärker nachkommen als andere Branchen, eine erhebliche Rolle. Mit einem Anteil von knapp einem Fünftel aller schwerbehinderten Beschäftigten stellt der öffentliche Dienst einen bedeutsamen Arbeitgeber für schwerbehinderte Menschen dar (Bundesagentur für Arbeit 2020). Es kann vermutet werden, dass die höhere Zahl von Arbeitsunfähigkeitsfällen im öffentlichen Dienst

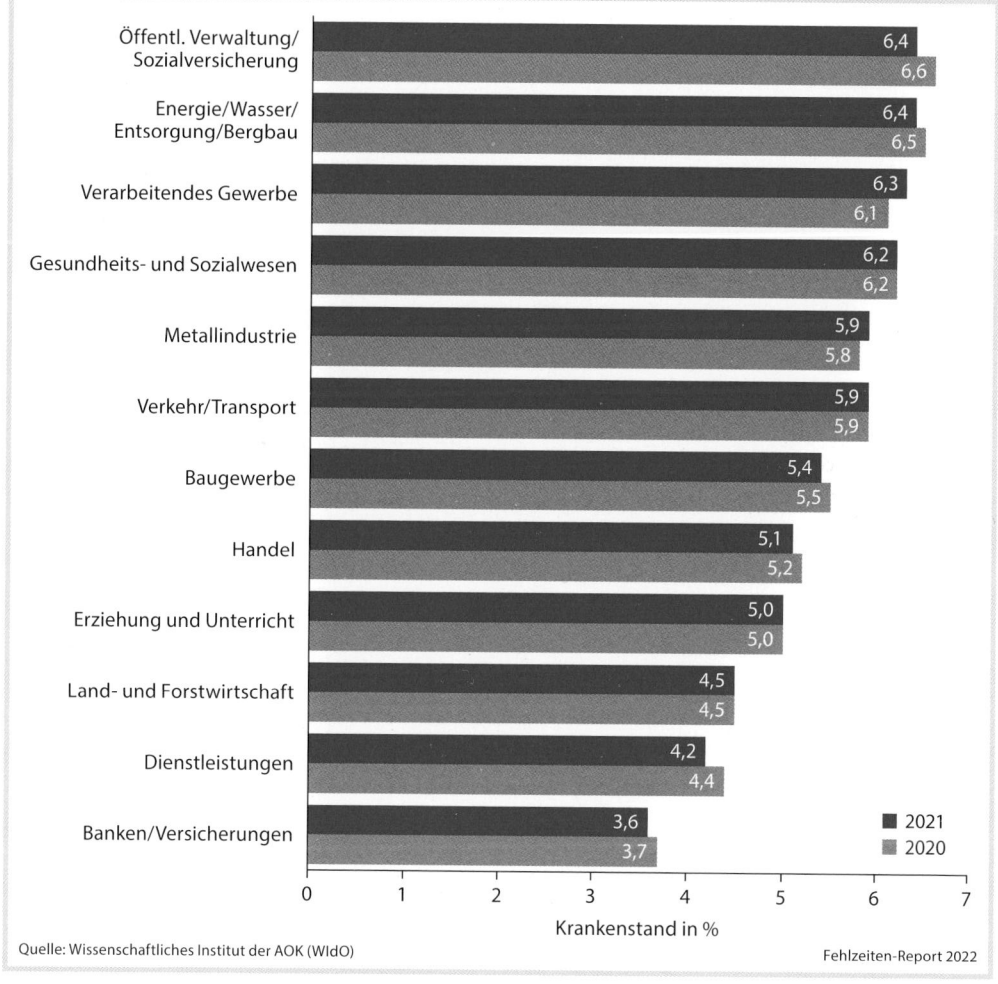

Öffentl. Verwaltung/Sozialversicherung  6,4 / 6,6
Energie/Wasser/Entsorgung/Bergbau  6,4 / 6,5
Verarbeitendes Gewerbe  6,3 / 6,1
Gesundheits- und Sozialwesen  6,2 / 6,2
Metallindustrie  5,9 / 5,8
Verkehr/Transport  5,9 / 5,9
Baugewerbe  5,4 / 5,5
Handel  5,1 / 5,2
Erziehung und Unterricht  5,0 / 5,0
Land- und Forstwirtschaft  4,5 / 4,5
Dienstleistungen  4,2 / 4,4
Banken/Versicherungen  3,6 / 3,7

■ 2021
■ 2020

Krankenstand in %

Quelle: Wissenschaftliches Institut der AOK (WIdO)    Fehlzeiten-Report 2022

**☐ Abb. 19.7**    Krankenstand der AOK-Mitglieder nach Branchen im Jahr 2021 im Vergleich zum Vorjahr

auf die hohe Anzahl an schwerbehinderten Beschäftigten zurückzuführen ist (vgl. Benz 2010)[9].

Die Höhe des Krankenstandes resultiert aus der Zahl der Krankmeldungen und deren Dauer. Im Jahr 2021 lagen im Bereich Öffentliche Verwaltung/Sozialversicherung (6,4 %), der Branche Energie/Wasser/Entsorgung und

Bergbau (6,4 %), im Verarbeitenden Gewerbe (6,3 %) sowie im Gesundheits- und Sozialwesen (6,2 %) sowohl die Zahl der Krankmeldungen als auch die mittlere Dauer der Krankheitsfälle über dem Durchschnitt (☐ Abb. 19.8). Der überdurchschnittlich hohe Krankenstand im Verkehr und Transport war dagegen auf die lange Dauer (14,6 Tage je Fall) der Arbeitsunfähigkeitsfälle zurückzuführen. In der Branche Land- und Forstwirtschaft betrug die mittlere Dauer der Fälle sogar 16,9 Tage. Auf den hohen Anteil der Langzeitfälle in diesen Branchen wurde bereits in ▶ Abschn. 19.5 hingewiesen.

---

9    Vgl. dazu: Marstedt et al. (2002). Weitere Ausführungen zu den Bestimmungsfaktoren des Krankenstandes in der öffentlichen Verwaltung finden sich in Oppolzer (2000).

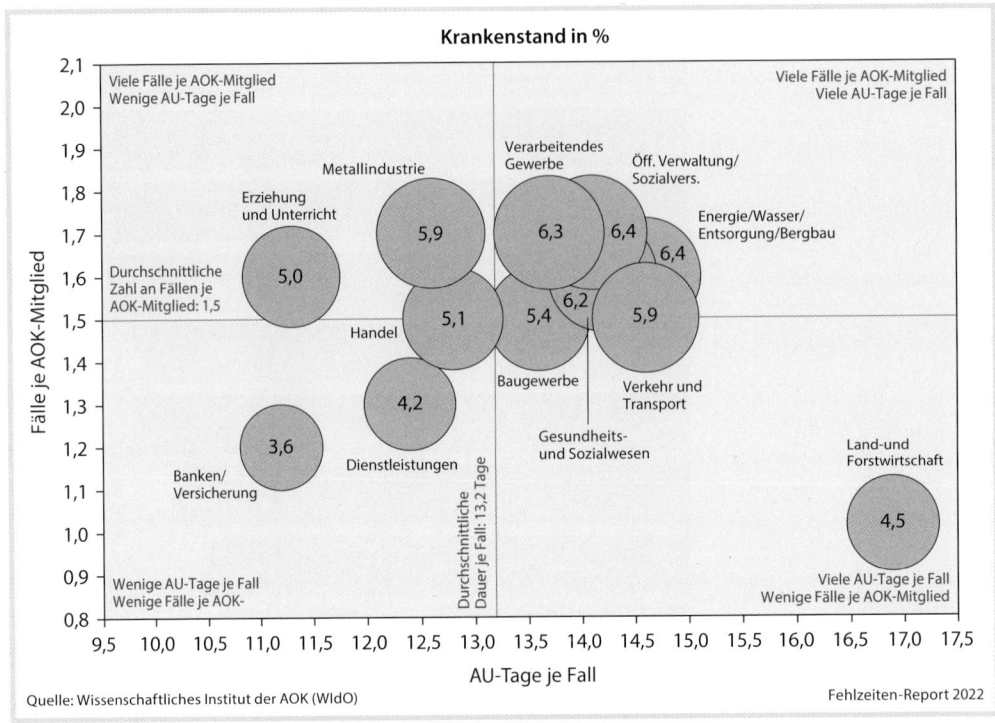

**Krankenstand in %**

Viele Fälle je AOK-Mitglied
Wenige AU-Tage je Fall

Viele Fälle je AOK-Mitglied
Viele AU-Tage je Fall

Metallindustrie

Verarbeitendes
Gewerbe

Öff. Verwaltung/
Sozialvers.

Erziehung
und Unterricht

5,9

6,3

6,4

Energie/Wasser/
Entsorgung/Bergbau

6,4

Durchschnittliche
Zahl an Fällen je
AOK-Mitglied: 1,5

5,0

6,2

5,1

5,4

5,9

Handel

Baugewerbe

Verkehr und
Transport

4,2

3,6

Dienstleistungen

Gesundheits-
und Sozialwesen

Land-und
Forstwirtschaft

Banken/
Versicherung

Durchschnittliche
Dauer je Fall: 13,2 Tage

4,5

Wenige AU-Tage je Fall
Wenige Fälle je AOK-

Viele AU-Tage je Fall
Wenige Fälle je AOK-Mitglied

Fälle je AOK-Mitglied

AU-Tage je Fall

Quelle: Wissenschaftliches Institut der AOK (WIdO)                    Fehlzeiten-Report 2022

☐ **Abb. 19.8**   Krankenstand der AOK-Mitglieder nach Branchen im Jahr 2021 nach Bestimmungsfaktoren

☐ Tab. 19.4 zeigt die Krankenstandsentwicklung in den einzelnen Branchen in den Jahren 2002 bis 2021 differenziert nach West- und Ostdeutschland. Im Vergleich zum Vorjahr hat sich der Krankenstand im Jahr 2021 in den meisten Branchen nur wenig verändert. Bundesweit ist der Krankenstand am stärksten im Verarbeitenden Gewerbe angestiegen (um 0,2 Prozentpunkte auf 6,3 %).

### 19.7   Einfluss der Alters- und Geschlechtsstruktur

Die Höhe des Krankenstandes hängt entscheidend vom Alter der Beschäftigten ab. Die krankheitsbedingten Fehlzeiten nehmen mit steigendem Alter deutlich zu. Die Höhe des Krankenstandes variiert ab dem 40. Lebensjahr in Abhängigkeit vom Geschlecht nur leicht (☐ Abb. 19.9).

Zwar ist die Zahl der Krankmeldungen in den jüngeren Altersgruppen deutlich höher als in den älteren Altersgruppen, die durchschnittliche Dauer der Arbeitsunfähigkeitsfälle steigt hingegen kontinuierlich mit der Höhe des Alters an (☐ Abb. 19.10). Ältere Mitarbeiterinnen und Mitarbeiter sind also nicht unbedingt häufiger krank als ihre jüngeren Kolleginnen und Kollegen, fallen aber bei einer Erkrankung in der Regel wesentlich länger aus. Der starke Anstieg der Falldauer hat zur Folge, dass der Krankenstand mit zunehmendem Alter deutlich ansteigt, obwohl die Anzahl der Krankmeldungen nur minimal zunimmt. Hinzu kommt, dass ältere Arbeitnehmende im Unterschied zu jüngeren häufiger von mehreren Erkrankungen gleichzeitig betroffen sind (Multimorbidität). Auch dies kann längere Ausfallzeiten mit sich bringen.

Da die Krankenstände in Abhängigkeit vom Alter und Geschlecht sehr stark variieren, ist es sinnvoll, beim Vergleich der Kranken-

**19**

**☐ Tab. 19.4** Entwicklung des Krankenstandes der AOK-Mitglieder in den Jahren 2002–2021

| Wirtschaftsabschnitte | | Krankenstand in % | | | | | | | | | | | | | | | | | | | | |
|---|---|---|---|---|---|---|---|---|---|---|---|---|---|---|---|---|---|---|---|---|---|---|
| | | 2002 | 2003 | 2004 | 2005 | 2006 | 2007 | 2008 (WZ03) | 2008 (WZ08)[a] | 2009 | 2010 | 2011 | 2012 | 2013 | 2014 | 2015 | 2016 | 2017 | 2018 | 2019 | 2020 | 2021 |
| Banken und Versicherungen | West | 3,5 | 3,3 | 3,1 | 3,1 | 2,7 | 3,1 | 3,1 | 3,1 | 3,2 | 3,2 | 3,3 | 3,2 | 3,2 | 3,4 | 3,6 | 3,7 | 3,6 | 3,7 | 3,6 | 3,5 | 3,3 |
| | Ost | 4,1 | 3,5 | 3,2 | 3,3 | 3,2 | 3,4 | 3,6 | 3,6 | 3,9 | 4,0 | 3,9 | 4,1 | 4,1 | 4,2 | 4,4 | 4,5 | 4,8 | 4,9 | 4,8 | 4,9 | 5,0 |
| | **Bund** | 3,5 | 3,3 | 3,1 | 3,1 | 2,8 | 3,1 | 3,2 | 3,2 | 3,3 | 3,3 | 3,3 | 3,4 | 3,4 | 3,5 | 3,7 | 3,8 | 3,8 | 3,9 | 3,8 | 3,7 | 3,6 |
| Baugewerbe | West | 5,8 | 5,4 | 5,0 | 4,8 | 4,6 | 4,9 | 5,1 | 5,0 | 5,1 | 5,1 | 5,2 | 5,3 | 5,4 | 5,5 | 5,5 | 5,5 | 5,3 | 5,4 | 5,4 | 5,5 | 5,3 |
| | Ost | 5,2 | 4,6 | 4,1 | 4,0 | 3,8 | 4,2 | 4,5 | 4,4 | 4,7 | 4,7 | 4,4 | 5,1 | 5,2 | 5,4 | 5,6 | 5,5 | 5,5 | 5,7 | 5,7 | 5,8 | 6,0 |
| | **Bund** | 5,7 | 5,3 | 4,8 | 4,7 | 4,4 | 4,8 | 4,9 | 4,9 | 5,1 | 5,1 | 5,1 | 5,3 | 5,3 | 5,5 | 5,5 | 5,5 | 5,4 | 5,5 | 5,4 | 5,5 | 5,4 |
| Dienstleistungen | West | 4,5 | 4,3 | 3,9 | 3,8 | 3,7 | 4,0 | 4,2 | 4,1 | 4,2 | 4,2 | 4,3 | 4,3 | 4,3 | 4,3 | 4,4 | 4,3 | 4,3 | 4,4 | 4,3 | 4,2 | 4,1 |
| | Ost | 5,2 | 4,7 | 4,1 | 3,9 | 3,8 | 4,1 | 4,3 | 4,2 | 4,5 | 4,6 | 4,4 | 4,7 | 4,7 | 4,8 | 4,9 | 5,0 | 5,1 | 5,3 | 5,2 | 5,1 | 5,1 |
| | **Bund** | 4,6 | 4,3 | 4,0 | 3,8 | 3,8 | 4,1 | 4,2 | 4,1 | 4,2 | 4,2 | 4,3 | 4,4 | 4,4 | 4,4 | 4,5 | 4,4 | 4,4 | 4,5 | 4,5 | 4,4 | 4,2 |
| Energie, Wasser, Entsorgung und Bergbau | West | 5,5 | 5,2 | 4,9 | 4,8 | 4,4 | 4,8 | 4,9 | 5,6 | 5,8 | 6,0 | 6,1 | 6,0 | 6,4 | 6,5 | 6,7 | 6,7 | 6,7 | 6,8 | 6,7 | 6,6 | 6,4 |
| | Ost | 4,5 | 4,1 | 3,7 | 3,7 | 3,6 | 3,7 | 3,9 | 4,9 | 5,3 | 5,5 | 4,9 | 5,4 | 5,7 | 5,7 | 5,9 | 5,9 | 6,2 | 6,3 | 6,3 | 6,1 | 6,3 |
| | **Bund** | 5,3 | 5,0 | 4,6 | 4,6 | 4,3 | 4,6 | 4,7 | 5,4 | 5,7 | 5,9 | 5,8 | 5,9 | 6,2 | 6,3 | 6,5 | 6,5 | 6,6 | 6,7 | 6,6 | 6,5 | 6,4 |
| Erziehung und Unterricht | West | 5,6 | 5,3 | 5,1 | 4,6 | 4,4 | 4,7 | 5,0 | 5,0 | 5,2 | 5,1 | 4,6 | 4,8 | 4,4 | 4,6 | 4,8 | 4,8 | 4,8 | 4,9 | 4,8 | 4,9 | 4,8 |
| | Ost | 8,6 | 7,7 | 7,0 | 6,6 | 6,1 | 6,1 | 6,2 | 6,2 | 6,5 | 5,7 | 5,1 | 5,8 | 4,9 | 4,9 | 5,0 | 5,0 | 5,2 | 5,4 | 5,3 | 5,5 | 5,7 |
| | **Bund** | 6,6 | 6,1 | 5,9 | 5,4 | 5,1 | 5,3 | 5,4 | 5,4 | 5,6 | 5,3 | 4,7 | 5,0 | 4,5 | 4,6 | 4,8 | 4,8 | 4,8 | 5,0 | 4,9 | 5,0 | 5,0 |
| Gesundheits- und Sozialwesen | West | 5,4 | 5,1 | 4,8 | 4,6 | 4,5 | 4,8 | 4,9 | 4,9 | 5,1 | 5,2 | 5,3 | 5,3 | 5,5 | 5,7 | 5,9 | 5,8 | 5,8 | 6,0 | 5,9 | 6,1 | 6,0 |
| | Ost | 5,2 | 4,7 | 4,2 | 4,1 | 3,9 | 4,2 | 4,5 | 4,9 | 4,9 | 5,1 | 4,8 | 5,2 | 5,4 | 5,5 | 5,7 | 5,9 | 6,1 | 6,4 | 6,4 | 6,7 | 7,0 |
| | **Bund** | 5,4 | 5,1 | 4,7 | 4,6 | 4,4 | 4,7 | 4,8 | 4,8 | 5,0 | 5,2 | 5,2 | 5,3 | 5,5 | 5,6 | 5,8 | 5,8 | 5,9 | 6,0 | 6,0 | 6,2 | 6,2 |

**◻ Tab. 19.4** (Fortsetzung)

| Wirtschaftsabschnitte | | Krankenstand in % | | | | | | | | | | | | | | | | | | | | |
|---|---|---|---|---|---|---|---|---|---|---|---|---|---|---|---|---|---|---|---|---|---|---|
| | | 2002 | 2003 | 2004 | 2005 | 2006 | 2007 | 2008 (WZ03) | 2008 (WZ08)ᵃ | 2009 | 2010 | 2011 | 2012 | 2013 | 2014 | 2015 | 2016 | 2017 | 2018 | 2019 | 2020 | 2021 |
| Handel | West | 4,5 | 4,2 | 3,9 | 3,8 | 3,7 | 3,9 | 4,1 | 4,1 | 4,2 | 4,3 | 4,4 | 4,4 | 4,7 | 4,8 | 5,0 | 5,0 | 4,9 | 5,1 | 5,1 | 5,1 | 5,0 |
| | Ost | 4,1 | 3,7 | 3,4 | 3,3 | 3,3 | 3,6 | 3,8 | 3,7 | 4,1 | 4,1 | 3,9 | 4,4 | 4,6 | 4,7 | 4,9 | 5,1 | 5,3 | 5,5 | 5,5 | 5,6 | 5,8 |
| | **Bund** | 4,5 | 4,2 | 3,8 | 3,7 | 3,6 | 3,9 | 4,0 | 4,0 | 4,2 | 4,3 | 4,3 | 4,4 | 4,7 | 4,8 | 5,0 | 5,0 | 5,0 | 5,2 | 5,2 | 5,2 | 5,1 |
| Land- und Forstwirtschaft | West | 4,5 | 4,2 | 3,8 | 3,5 | 3,3 | 3,6 | 3,7 | 3,1 | 3,0 | 3,3 | 3,4 | 3,2 | 3,3 | 3,4 | 3,4 | 3,5 | 3,5 | 3,6 | 3,5 | 3,6 | 3,6 |
| | Ost | 5,2 | 4,9 | 4,3 | 4,3 | 4,1 | 4,4 | 4,6 | 4,6 | 5,0 | 5,1 | 4,9 | 5,4 | 5,5 | 5,5 | 5,7 | 5,9 | 6,0 | 6,2 | 6,3 | 6,2 | 6,3 |
| | **Bund** | 4,8 | 4,5 | 4,0 | 3,9 | 3,7 | 3,9 | 4,1 | 3,9 | 4,0 | 4,2 | 4,0 | 4,1 | 4,2 | 4,2 | 4,3 | 4,4 | 4,4 | 4,5 | 4,5 | 4,5 | 4,5 |
| Metallindustrie | West | 5,5 | 5,2 | 4,8 | 4,8 | 4,5 | 4,8 | 5,0 | 5,0 | 4,9 | 5,1 | 5,2 | 5,3 | 5,5 | 5,6 | 5,9 | 5,8 | 5,7 | 5,9 | 5,9 | 5,8 | 5,8 |
| | Ost | 5,0 | 4,6 | 4,2 | 4,1 | 4,0 | 4,3 | 4,5 | 4,5 | 4,7 | 4,9 | 4,8 | 5,3 | 5,6 | 5,6 | 5,8 | 6,0 | 6,0 | 6,2 | 6,2 | 6,0 | 6,5 |
| | **Bund** | 5,5 | 5,1 | 4,8 | 4,7 | 4,5 | 4,8 | 4,9 | 5,0 | 4,9 | 5,1 | 5,2 | 5,3 | 5,5 | 5,6 | 5,9 | 5,8 | 5,8 | 5,9 | 5,9 | 5,8 | 5,9 |
| Öffentliche Verwaltung/Sozialversicherung | West | 6,0 | 5,7 | 5,3 | 5,3 | 5,1 | 5,3 | 5,3 | 5,3 | 5,5 | 5,5 | 5,6 | 5,5 | 5,6 | 5,9 | 6,2 | 6,2 | 6,3 | 6,5 | 6,4 | 6,4 | 6,1 |
| | Ost | 5,7 | 5,3 | 5,0 | 4,5 | 4,7 | 4,8 | 4,9 | 4,9 | 5,3 | 5,7 | 5,5 | 5,5 | 5,9 | 6,1 | 6,5 | 6,6 | 6,9 | 7,2 | 7,0 | 7,4 | 7,4 |
| | **Bund** | 5,9 | 5,6 | 5,2 | 5,1 | 5,0 | 5,2 | 5,2 | 5,2 | 5,4 | 5,5 | 5,6 | 5,5 | 5,7 | 5,9 | 6,3 | 6,3 | 6,4 | 6,6 | 6,5 | 6,6 | 6,4 |
| Verarbeitendes Gewerbe | West | 5,5 | 5,2 | 4,8 | 4,8 | 4,6 | 4,9 | 5,0 | 5,0 | 5,0 | 5,2 | 5,4 | 5,5 | 5,7 | 5,8 | 6,0 | 6,0 | 6,0 | 6,1 | 6,1 | 6,1 | 6,1 |
| | Ost | 5,1 | 4,7 | 4,3 | 4,2 | 4,1 | 4,9 | 4,6 | 4,6 | 4,9 | 5,1 | 5,0 | 5,6 | 5,8 | 6,0 | 6,2 | 6,2 | 6,4 | 6,7 | 6,7 | 6,6 | 7,0 |
| | **Bund** | 5,5 | 5,1 | 4,7 | 4,7 | 4,5 | 4,8 | 5,0 | 5,0 | 5,0 | 5,2 | 5,3 | 5,5 | 5,7 | 5,8 | 6,0 | 6,0 | 6,0 | 6,2 | 6,2 | 6,1 | 6,3 |
| Verkehr und Transport | West | 5,6 | 5,3 | 4,9 | 4,8 | 4,7 | 4,9 | 5,1 | 5,1 | 5,3 | 5,5 | 5,5 | 5,6 | 5,7 | 5,8 | 6,0 | 5,9 | 5,9 | 5,9 | 5,9 | 5,8 | 5,8 |
| | Ost | 4,9 | 4,5 | 4,2 | 4,2 | 4,1 | 4,3 | 4,5 | 4,5 | 5,0 | 5,2 | 4,8 | 5,4 | 5,8 | 5,9 | 6,0 | 6,1 | 6,3 | 6,5 | 6,5 | 6,4 | 6,6 |
| | **Bund** | 5,5 | 5,2 | 4,8 | 4,7 | 4,6 | 4,8 | 4,9 | 5,0 | 5,3 | 5,5 | 5,4 | 5,5 | 5,7 | 5,8 | 6,0 | 6,0 | 6,0 | 6,0 | 6,0 | 5,9 | 5,9 |

ᵃ aufgrund der Revision der Wirtschaftszweigklassifikation in 2008 ist eine Vergleichbarkeit mit den Vorjahren nur bedingt möglich

Fehlzeiten-Report 2022

19

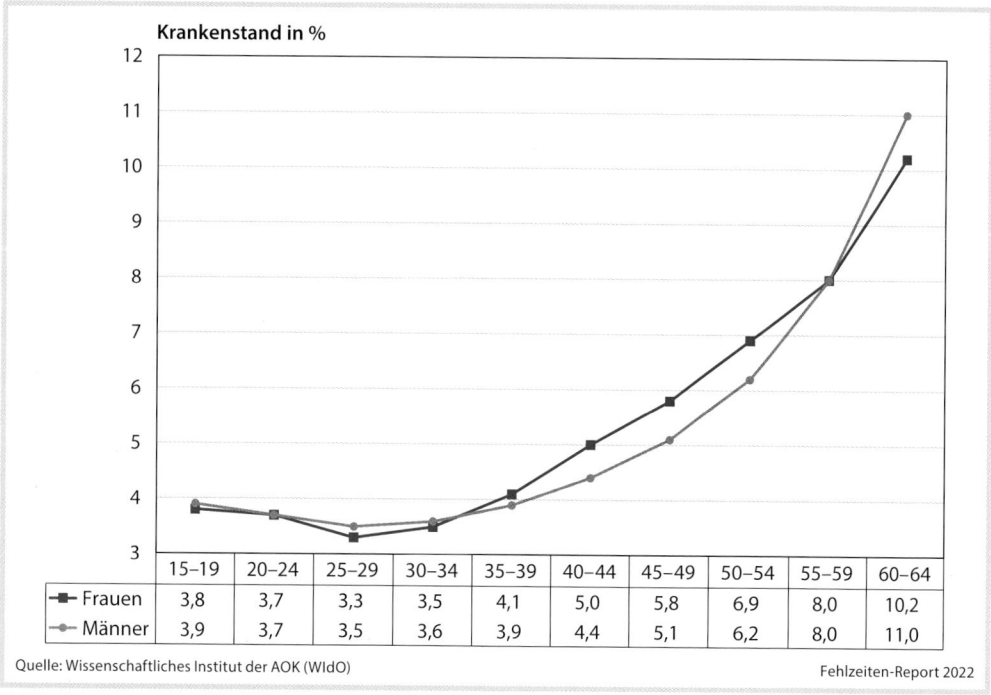

**Krankenstand in %**

| | 15–19 | 20–24 | 25–29 | 30–34 | 35–39 | 40–44 | 45–49 | 50–54 | 55–59 | 60–64 |
|---|---|---|---|---|---|---|---|---|---|---|
| Frauen | 3,8 | 3,7 | 3,3 | 3,5 | 4,1 | 5,0 | 5,8 | 6,9 | 8,0 | 10,2 |
| Männer | 3,9 | 3,7 | 3,5 | 3,6 | 3,9 | 4,4 | 5,1 | 6,2 | 8,0 | 11,0 |

Quelle: Wissenschaftliches Institut der AOK (WIdO)　　　　　　　　　Fehlzeiten-Report 2022

**Abb. 19.9** Krankenstand der AOK-Mitglieder im Jahr 2021 nach Alter und Geschlecht

stände unterschiedlicher Branchen oder Regionen die Alters- und Geschlechtsstruktur zu berücksichtigen. Mithilfe von Standardisierungsverfahren lässt sich berechnen, wie der Krankenstand in den unterschiedlichen Bereichen ausfiele, wenn man eine durchschnittliche Alters- und Geschlechtsstruktur zugrunde legen würde. ◘ Abb. 19.11 zeigt die standardisierten Werte für die einzelnen Wirtschaftszweige im Vergleich zu den nicht standardisierten Krankenständen[10].

In den meisten Branchen zeigen die standardisierten Werte Abweichungen von den nicht standardisierten Werten: In der Branche Energie, Wasser, Entsorgung und Bergbau (0,9 Prozentpunkte), im Baugewerbe (0,6 Prozentpunkte) und in der Öffentlichen Verwal-

tung (0,5 Prozentpunkte) ist der überdurchschnittlich hohe Krankenstand zu einem erheblichen Teil auf die Alters- und Geschlechtsstruktur in diesen Bereichen zurückzuführen. In den Branchen Handel (0,3 Prozentpunkte Unterschied), Dienstleistungen sowie Verkehr und Transport (jeweils 0,2 Prozentpunkte Unterschied) ist es hingegen genau umgekehrt: Dort wäre bei einer durchschnittlichen Alters- und Geschlechtsstruktur ein etwas höherer Krankenstand zu erwarten.

◘ Abb. 19.12 zeigt die Abweichungen der standardisierten Krankenstände vom Bundesdurchschnitt. In den Bereichen Verkehr und Transport, Verarbeitendes Gewerbe, Gesundheits- und Sozialwesen, Öffentliche Verwaltung und Sozialversicherung, Metallindustrie, Energie, Wasser, Entsorgung und Bergbau sowie im Handel liegen die standardisierten Werte über dem Durchschnitt. Hingegen ist der standardisierte Krankenstand in der Branche Banken und Versicherung um

---

10 Berechnet nach der Methode der direkten Standardisierung – zugrunde gelegt wurde die Alters- und Geschlechtsstruktur der Beschäftigten im Jahr 2021 (Quelle: Bundesagentur für Arbeit 2022).

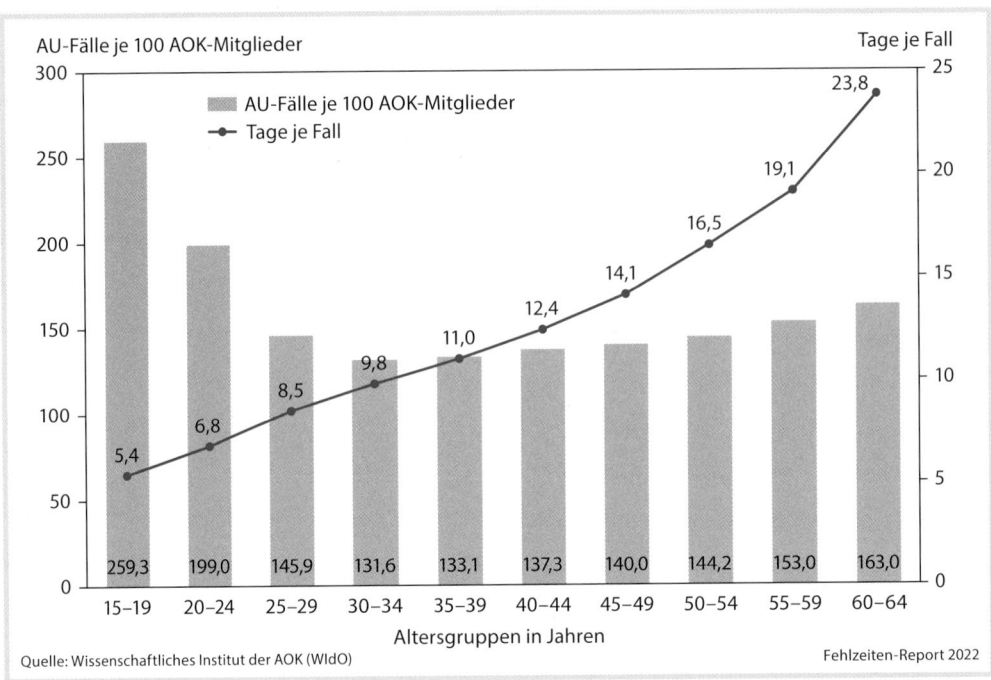

**Abb. 19.10** Anzahl der Fälle und Dauer der Arbeitsunfähigkeit der AOK-Mitglieder im Jahr 2021 nach Alter

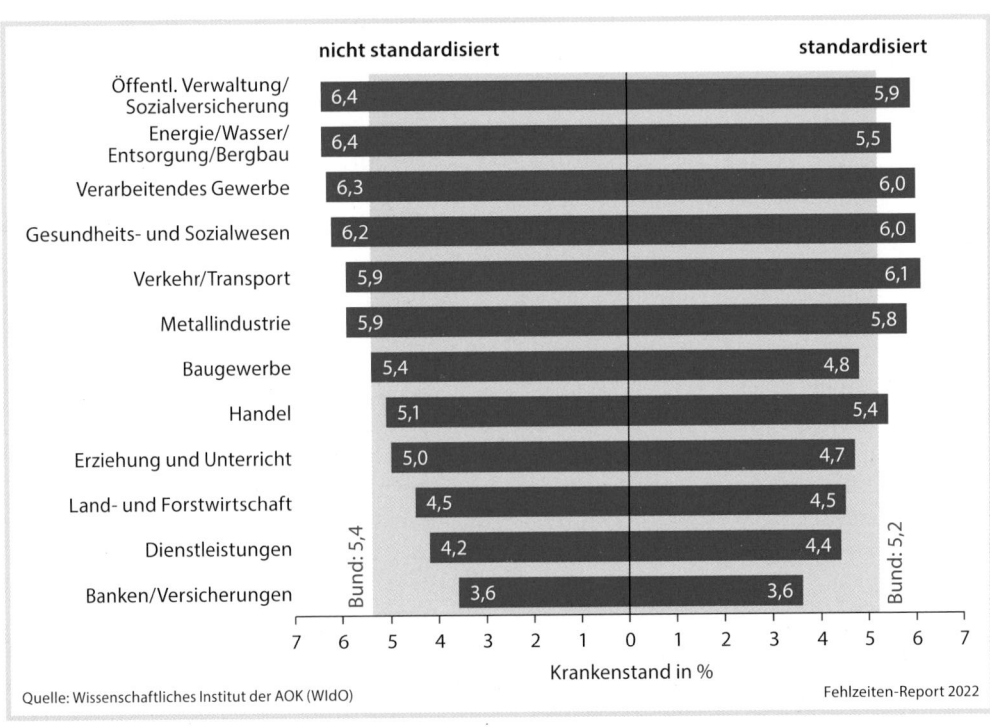

**19**

**Abb. 19.11** Alters- und geschlechtsstandardisierter Krankenstand der AOK-Mitglieder im Jahr 2021 nach Branchen

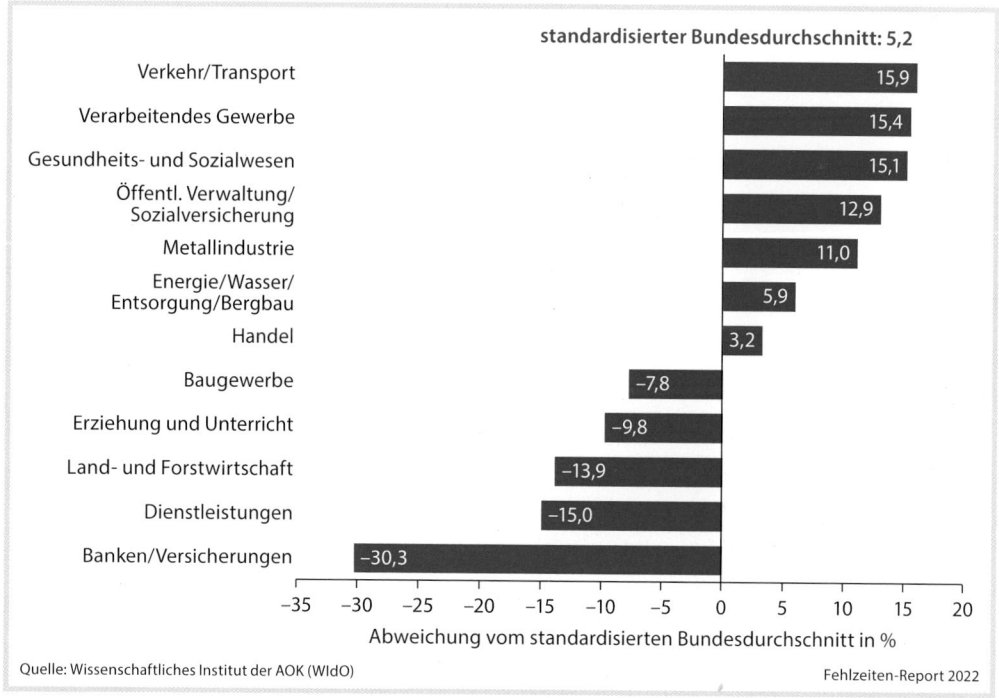

**standardisierter Bundesdurchschnitt: 5,2**

| Branche | Abweichung |
|---|---|
| Verkehr/Transport | 15,9 |
| Verarbeitendes Gewerbe | 15,4 |
| Gesundheits- und Sozialwesen | 15,1 |
| Öffentl. Verwaltung/Sozialversicherung | 12,9 |
| Metallindustrie | 11,0 |
| Energie/Wasser/Entsorgung/Bergbau | 5,9 |
| Handel | 3,2 |
| Baugewerbe | −7,8 |
| Erziehung und Unterricht | −9,8 |
| Land- und Forstwirtschaft | −13,9 |
| Dienstleistungen | −15,0 |
| Banken/Versicherungen | −30,3 |

Abweichung vom standardisierten Bundesdurchschnitt in %

Quelle: Wissenschaftliches Institut der AOK (WIdO)

Fehlzeiten-Report 2022

■ **Abb. 19.12** Abweichungen der alters- und geschlechtsstandardisierten Krankenstände vom Bundesdurchschnitt im Jahr 2021 nach Branchen, AOK-Mitglieder

30,3 % und damit deutlich geringer als im Bundesdurchschnitt. Dies ist vermutlich in erster Linie auf den hohen Angestelltenanteil mit vorwiegend sitzenden Tätigkeiten in dieser Branche zurückzuführen.

## 19.8 Fehlzeiten nach Bundesländern

Im Jahr 2021 lag der Krankenstand in Ostdeutschland um 1,0 Prozentpunkte höher als im Westen Deutschlands (■ Tab. 19.3). Zwischen den einzelnen Bundesländern[11] zeigen sich jedoch erhebliche Unterschiede (■ Abb. 19.13): Die höchsten Krankenstände waren 2021 in Thüringen mit 6,6 %, gefolgt von Brandenburg und Sachsen-Anhalt mit je-

weils 6,3 % sowie im Saarland, in Sachsen und in Mecklenburg-Vorpommern mit jeweils 6,0 % zu verzeichnen. Die niedrigsten Krankenstände wiesen Hamburg (4,3 %), Berlin (4,7 %) sowie Bayern (4,8 %) auf.

Die hohen Krankenstände kommen auf unterschiedliche Weise zustande. In Thüringen, Brandenburg, Sachsen-Anhalt, im Saarland, in Sachsen und in Mecklenburg-Vorpommern lag vor allem die durchschnittliche Dauer pro Arbeitsunfähigkeitsfall über dem Bundesdurchschnitt (■ Abb. 19.14). In Nordrhein-Westfalen und Niedersachsen ist der hohe Krankenstand (jeweils 5,7 %) dagegen auf die hohe Zahl der Arbeitsunfähigkeitsfälle zurückzuführen.

Inwieweit sind die regionalen Unterschiede im Krankenstand auf unterschiedliche Alters- und Geschlechts- oder Branchenstrukturen zurückzuführen? ■ Abb. 19.15 zeigt die standardisierten Werte für die einzelnen Bundesländer im Vergleich zu den nicht standardisier-

---

11 Die Zuordnung zu den Bundesländern erfolgt über die Postleitzahlen der Betriebe.

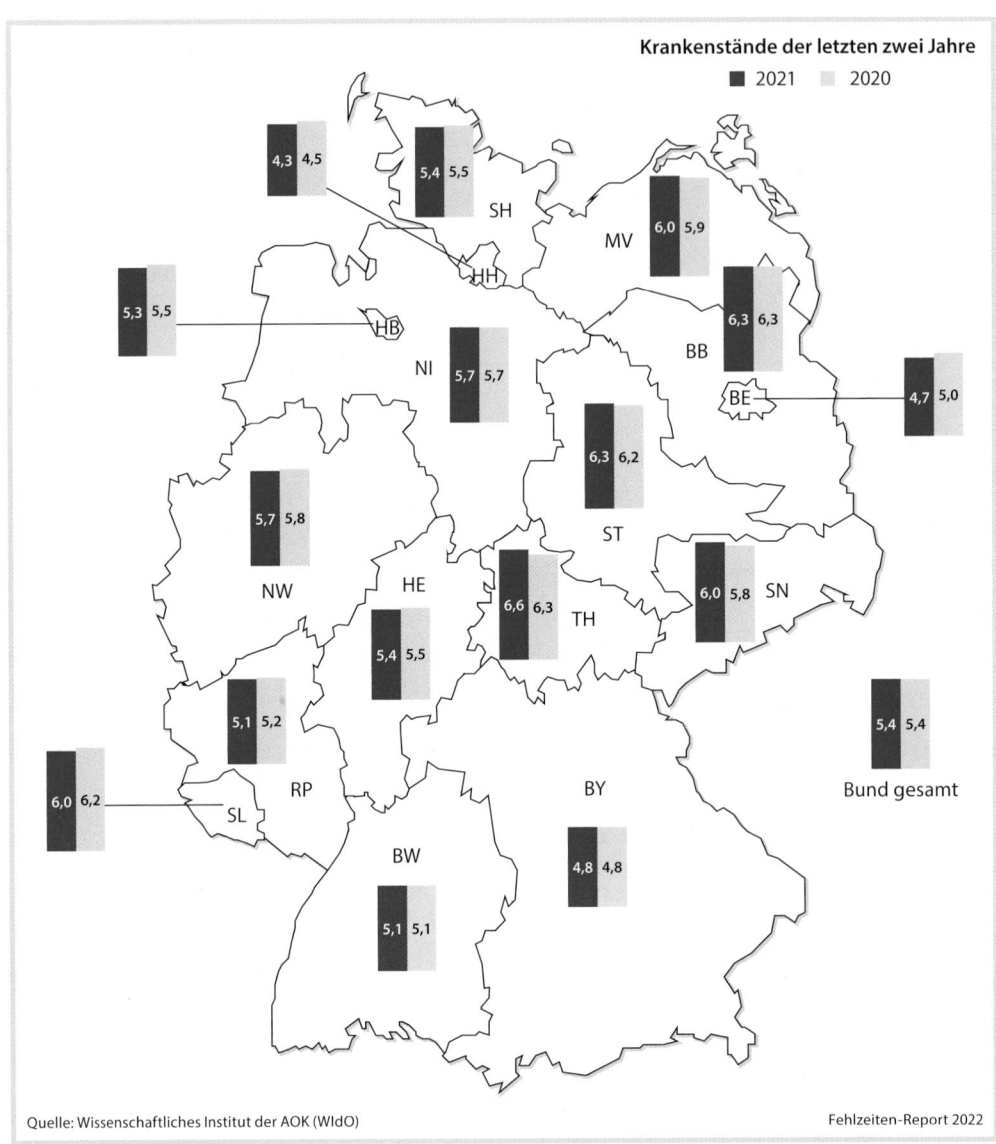

Quelle: Wissenschaftliches Institut der AOK (WIdO)

Fehlzeiten-Report 2022

◻ **Abb. 19.13** Krankenstand der AOK-Mitglieder nach Bundesländern im Jahr 2021 im Vergleich zum Vorjahr

ten Krankenständen.[12] Durch die Berücksichtigung der Alters-, Geschlechts- und Branchenstruktur relativieren sich die beschriebenen regionalen Unterschiede im Krankenstand etwas.

---

12 Berechnet nach der Methode der direkten Standardisierung – zugrunde gelegt wurde die Alters-, Geschlechts- und Branchenstruktur der Beschäftigten im Jahr 2021 (Quelle: Bundesagentur für Arbeit 2022).

Das Bundesland Thüringen hat mit 6,6 % den höchsten beobachteten Krankenstand. Dieser verringert sich nach der Standardisierung zwar etwas auf 6,4 %, bleibt aber im Vergleich noch immer der höchste. In Hamburg zeigt sich durch die Standardisierung eine Zunahme um 0,6 Prozentpunkte, in Berlin sogar um 0,7 Prozentpunkte, d. h. in diesen Städten liegt eine Alters-, Geschlechts- und Branchenstruktur vor, die sich

**19**

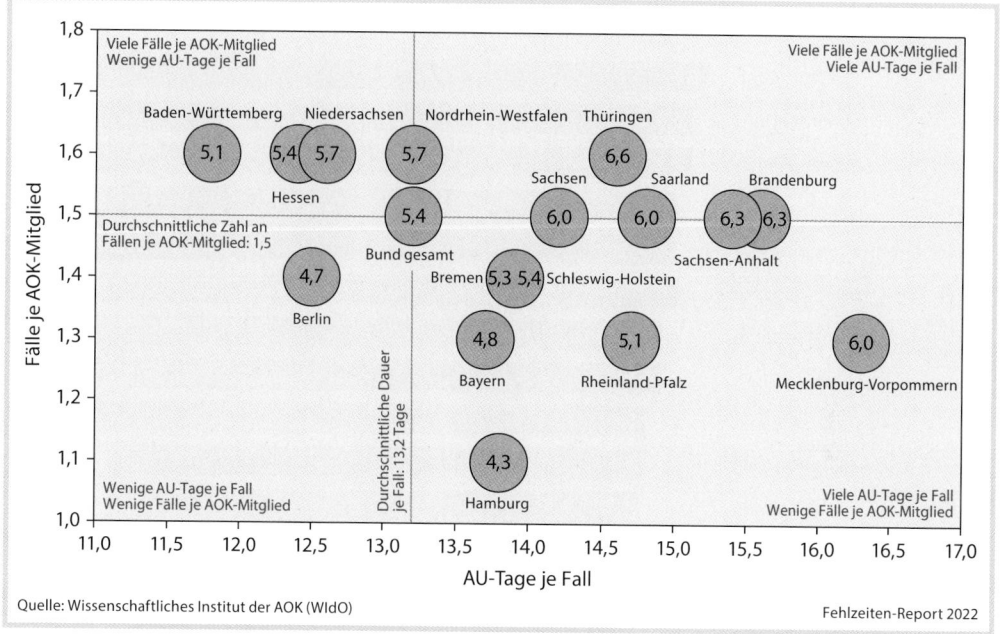

■ **Abb. 19.14** Krankenstand der AOK-Mitglieder nach Bundesländern im Jahr 2021 nach Bestimmungsfaktoren

positiv auf den Krankenstand auswirkt. Bayern weist neben Hamburg nach der Standardisierung mit einem Anstieg von nur 0,1 Prozentpunkten auf 4,9 % den günstigsten Wert auf.

■ Abb. 19.16 zeigt die prozentualen Abweichungen der standardisierten Krankenstände vom Bundesdurchschnitt. Die höchsten Werte weisen Thüringen, Brandenburg und Sachsen-Anhalt auf. Dort liegen die standardisierten Werte mit 17,2 bzw. 12,9 und 11,5 % deutlich über dem Durchschnitt. In Bayern ist der standardisierte Krankenstand mit 10,3 % Abweichung wesentlich niedriger als im Bundesdurchschnitt.

Im Vergleich zum Vorjahr haben im Jahr 2021 die Arbeitsunfähigkeitsfälle in den Bundesländern insgesamt um 3,2 % zugenommen und die Arbeitsunfähigkeitstage um 0,8 % abgenommen (■ Tab. 19.5). Die Falldauer der Arbeitsunfähigkeiten ist mit 16,3 Tagen in Mecklenburg-Vorpommern am höchsten und in Baden-Württemberg mit 11,8 Tagen am geringsten.

## 19.9 Fehlzeiten nach Ausbildungsabschluss und Vertragsart

Die Bundesagentur für Arbeit definiert und liefert die für die Unternehmen relevanten Tätigkeitsschlüssel. Die Unternehmen sind verpflichtet, ihren Beschäftigten den jeweils für die Art der Beschäftigung gültigen Tätigkeitsschlüssel zuzuweisen und diesen zu dokumentieren. Diese Schlüssel sind in den Meldungen zur Sozialversicherung enthalten und werden neben weiteren Angaben zur Person den Einzugsstellen – in der Regel den Krankenkassen der Arbeitnehmenden – übermittelt. Auf Grundlage der Meldungen führt die Krankenkasse ihr Versichertenverzeichnis und übermittelt die Daten dem Rentenversicherungsträger (vgl. Damm et al. 2012). Grundlage der Tätigkeitseinstufung war bis zum Jahr 2012 die „Klassifikation der Berufe" aus dem Jahr 1988 (Bundesagentur für Arbeit 1988).

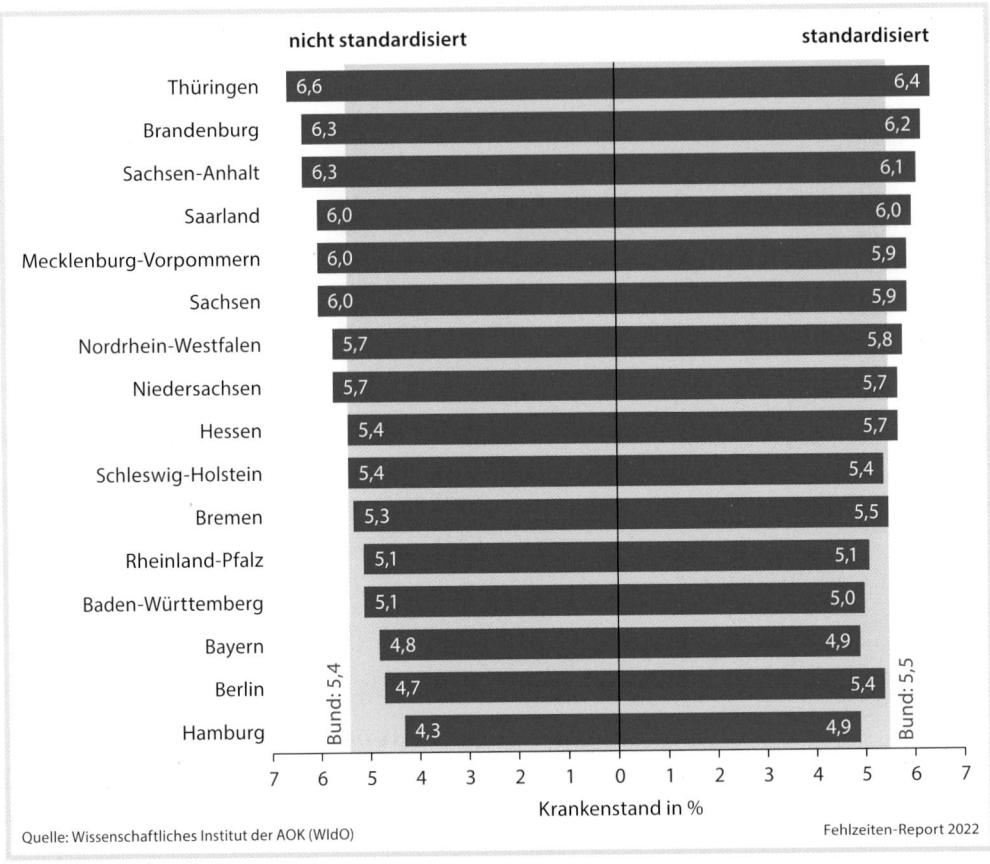

**nicht standardisiert**                                    **standardisiert**

| Bundesland | nicht standardisiert | standardisiert |
|---|---|---|
| Thüringen | 6,6 | 6,4 |
| Brandenburg | 6,3 | 6,2 |
| Sachsen-Anhalt | 6,3 | 6,1 |
| Saarland | 6,0 | 6,0 |
| Mecklenburg-Vorpommern | 6,0 | 5,9 |
| Sachsen | 6,0 | 5,9 |
| Nordrhein-Westfalen | 5,7 | 5,8 |
| Niedersachsen | 5,7 | 5,7 |
| Hessen | 5,4 | 5,7 |
| Schleswig-Holstein | 5,4 | 5,4 |
| Bremen | 5,3 | 5,5 |
| Rheinland-Pfalz | 5,1 | 5,1 |
| Baden-Württemberg | 5,1 | 5,0 |
| Bayern | 4,8 | 4,9 |
| Berlin | 4,7 | 5,4 |
| Hamburg | 4,3 | 4,9 |

Bund: 5,4                                                  Bund: 5,5

Krankenstand in %

Quelle: Wissenschaftliches Institut der AOK (WIdO)                    Fehlzeiten-Report 2022

**◻ Abb. 19.15** Alters- und geschlechtsstandardisierter Krankenstand der AOK-Mitglieder im Jahr 2021 nach Bundesländern

In den letzten Jahren haben sich jedoch sowohl die Berufs- und Beschäftigungslandschaft als auch die Ausbildungsstrukturen stark verändert. So sind nicht nur neue Ausbildungsabschlüsse entstanden, auch die Trennung zwischen Arbeitern und Angestellten ist bereits seit dem Jahr 2006 rentenrechtlich bedeutungslos. Aus diesem Grund wurde die veraltete Klassifikation der Berufe von der Bundesagentur für Arbeit durch eine überarbeitete Version (Bundesagentur für Arbeit 2011) ersetzt. Diese weist zugleich eine hohe Kompatibilität mit der internationalen Berufsklassifikation ISCO-08 (International Standard Classification of Occupations 2008) auf. Die neue Version gilt seit dem 01.12.2011. Infolge der Umstellung wird die Stellung im Beruf (wie die Trennung nach Arbeiter oder Angestellter) nicht mehr ausgewiesen.

Die krankheitsbedingten Fehlzeiten variieren deutlich in Abhängigkeit vom Ausbildungsabschluss (vgl. ◻ Abb. 19.17). Dabei zeigt sich, dass der Krankenstand mit steigendem Ausbildungsniveau sinkt. Den höchsten Krankenstand weisen mit 6,0 % Beschäftigte ohne beruflichen Abschluss auf. Beschäftigte mit einem Diplom, Magister, Master und Staatsexamen oder einem Bachelorabschluss liegen deutlich darunter (2,8 bzw. 2,3 %). Den geringsten Krankenstand weisen mit 2,0 % Beschäftigte mit Promotion auf.

**19**

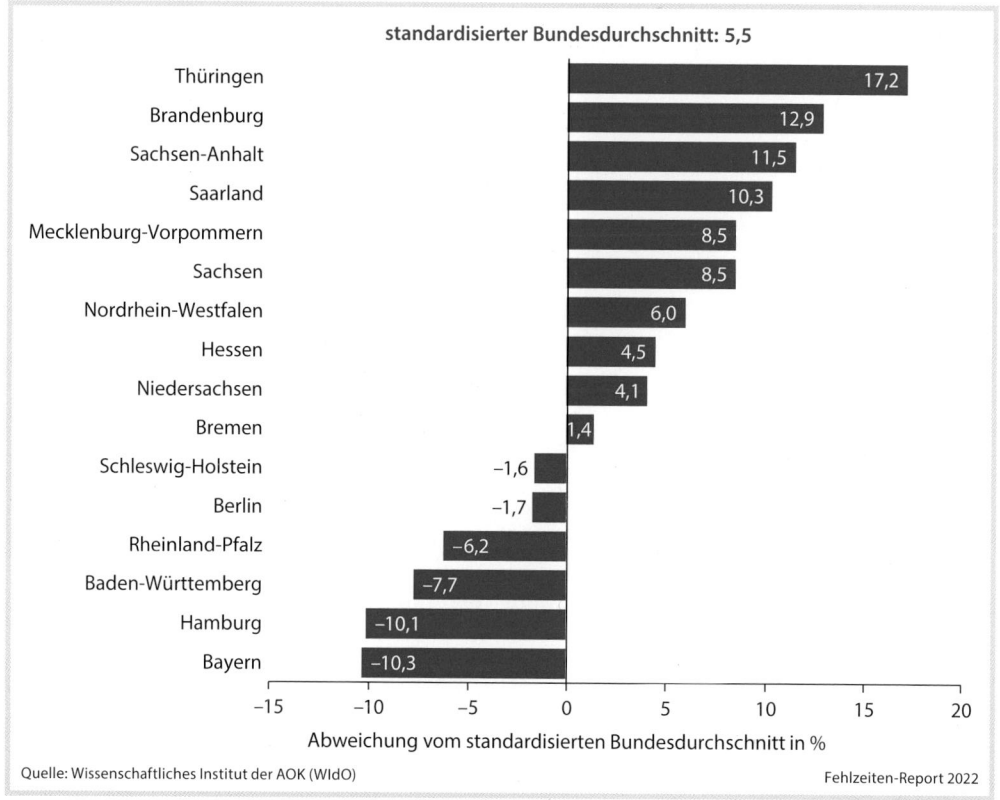

◻ **Abb. 19.16** Abweichungen der alters- und geschlechtsstandardisierten Krankenstände vom Bundesdurchschnitt im Jahr 2021 nach Bundesländern, AOK-Mitglieder

Diese Ergebnisse können zu der Annahme führen, dass die Differenzen im Krankenstand u. a. auf den Faktor Bildung zurückzuführen sind. Diese Annahme wird auch in empirischen Studien bestätigt, bei denen Bildung als eine wesentliche Variable für die Erklärung von gesundheitlichen Differenzen erkannt wurde.

Die Gründe sind u. a. darin zu suchen, dass sich beispielsweise Akademiker gesundheitsgerechter verhalten, was Ernährung, Bewegung und das Rauchverhalten angeht. Ihnen steht ein besserer Zugang zu Gesundheitsleistungen offen. In der Regel werden ihnen auch bei ihrer beruflichen Tätigkeit größere Handlungsspielräume und Gestaltungsmöglichkeiten eingeräumt und für die erbrachten beruf-

lichen Leistungen werden adäquate Gratifikationen wie ein höheres Gehalt, Anerkennung und Wertschätzung sowie Aufstiegsmöglichkeiten und Arbeitsplatzsicherheit gewährt (vgl. u. a. Mielck et al. 2012; Karasek und Theorell 1990; Siegrist 1999; Marmot 2005). Dies führt dazu, dass Beschäftigte in höheren Positionen motivierter sind und sich stärker mit ihrer beruflichen Tätigkeit identifizieren. Der Anteil motivationsbedingter Fehlzeiten ist auch aus diesem Grund bei höherem beruflichem Status geringer.

Umgekehrt haben Studien gezeigt, dass bei einkommensschwachen Gruppen verhaltensbedingte gesundheitliche Risikofaktoren wie Rauchen, Bewegungsarmut und Übergewicht stärker ausgeprägt sind als bei Gruppen mit

**◻ Tab. 19.5** Krankenstandskennzahlen nach Regionen, 2021 im Vergleich zum Vorjahr

| | Arbeitsunfähigkeiten je 100 AOK-Mitglieder | | | | Tage je Fall | Veränd. z. Vorj. in % |
|---|---|---|---|---|---|---|
| | Fälle | Veränd. z. Vorj. in % | Tage | Veränd. z. Vorj. in % | | |
| Baden-Württemberg | 156,6 | 2,9 | 1.850,8 | −1,7 | 11,8 | −4,5 |
| Bayern | 128,7 | 3,4 | 1.757,0 | 0,1 | 13,7 | −3,2 |
| Berlin | 138,1 | −1,8 | 1.725,5 | −6,1 | 12,5 | −4,3 |
| Brandenburg | 147,4 | 0,8 | 2.292,0 | −1,2 | 15,6 | −2,0 |
| Bremen | 140,7 | 0,0 | 1.950,0 | −3,7 | 13,9 | −3,8 |
| Hamburg | 114,0 | −0,3 | 1.575,9 | −4,3 | 13,8 | −4,0 |
| Hessen | 158,9 | 4,7 | 1.967,1 | −2,6 | 12,4 | −7,0 |
| Mecklenburg-Vorpommern | 133,5 | 2,4 | 2.178,2 | 0,7 | 16,3 | −1,7 |
| Niedersachsen | 163,9 | 4,5 | 2.071,3 | −0,5 | 12,6 | −4,8 |
| Nordrhein-Westfalen | 156,8 | 2,5 | 2.069,0 | −2,6 | 13,2 | −5,0 |
| Rheinland-Pfalz | 125,9 | 1,8 | 1.856,8 | −3,1 | 14,7 | −4,8 |
| Saarland | 148,3 | 2,8 | 2.187,5 | −3,4 | 14,8 | −6,1 |
| Sachsen | 154,3 | 4,1 | 2.191,5 | 3,8 | 14,2 | −0,3 |
| Sachsen-Anhalt | 149,3 | 3,6 | 2.306,7 | 1,9 | 15,4 | −1,7 |
| Schleswig-Holstein | 140,8 | 1,9 | 1.954,7 | −2,9 | 13,9 | −4,7 |
| Thüringen | 163,9 | 6,2 | 2.399,8 | 4,4 | 14,6 | −1,7 |
| **Bund** | **148,9** | **3,2** | **1.970,6** | **−0,8** | **13,2** | **−3,9** |

Fehlzeiten-Report 2022

höheren Einkommen (Mielck 2000). Die theoretische Grundlage liefern hier kulturell determinierte Lebensstilunterschiede.

Hinzu kommt, dass sich die Tätigkeiten von gering qualifizierten Beschäftigten im Vergleich zu denen von höher qualifizierten in der Regel durch ein größeres Maß an physiologisch-ergonomischen Belastungen, eine höhere Unfallgefährdung und damit durch erhöhte Gesundheitskrisen auszeichnen. Zudem gibt es Zusammenhänge zu geringerer körperlicher Aktivität und einer selteneren Inanspruchnahme von Präventionsangeboten (vgl. Datenreport 2021). Nicht zuletzt müssen Umweltfaktoren sowie Infra- und Versorgungsstrukturen berücksichtigt werden. Ein niedrigeres Einkommensniveau wirkt sich bei Geringqualifizierten auch ungünstig auf die außerberuflichen Lebensverhältnisse wie die Wohnsituation und die Erholungsmöglichkeiten aus.

Die AU-Quote weist den Anteil der AOK-Mitglieder mit mindestens einem Arbeitsunfähigkeitsfall im Auswertungsjahr aus. Betrachtet man die AU-Quoten nach der Vertragsart, zeigt sich, dass die unbefristet und Vollzeit-Beschäftigten mit 51,3 bzw. 51,6 % öfter von einer Krankschreibung betroffen sind als befristet bzw. Teilzeit-Beschäftigte (48,1 bzw. 47,8 %). Dies spiegelt sich zugleich im Krankenstand wider: Der Krankenstand bei den

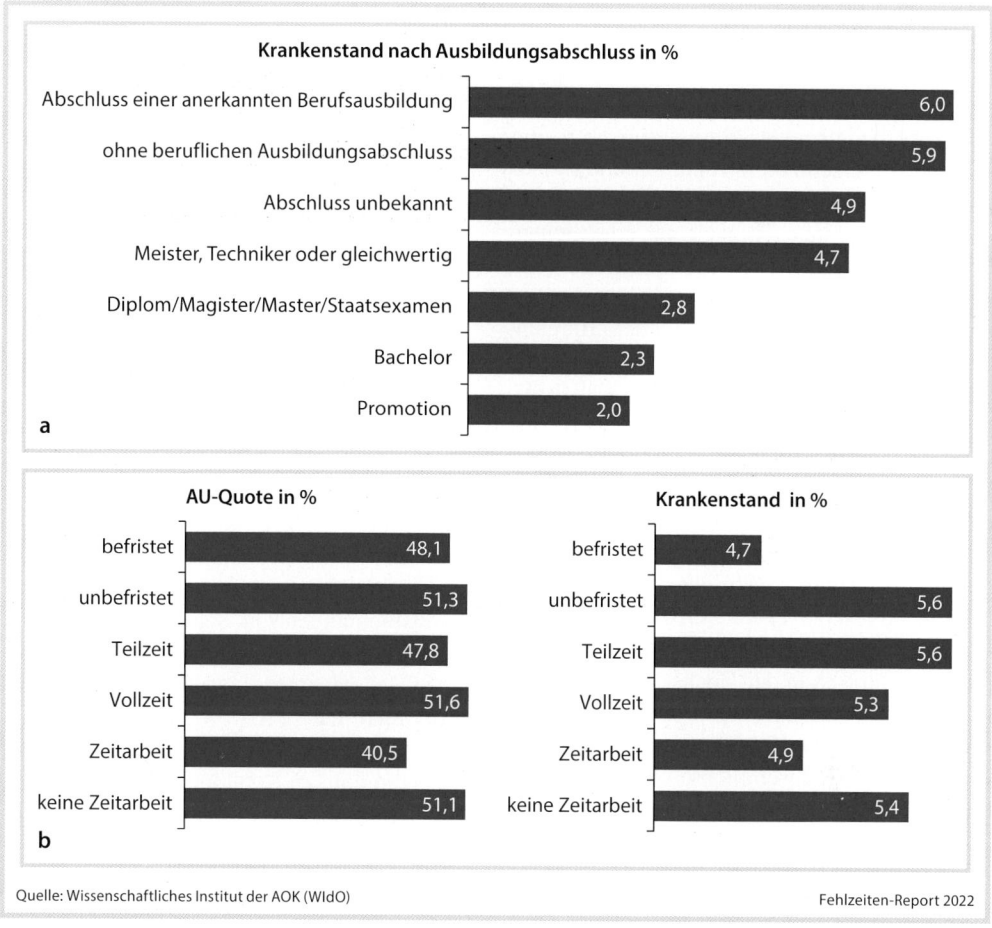

■ **Abb. 19.17**  **a** Krankenstand nach Ausbildungsabschluss im Jahr 2021, AOK-Mitglieder. **b** Krankenstand und AU-Quote nach Vertragsart im Jahr 2021, AOK-Mitglieder

unbefristet Beschäftigten liegt im Vergleich zu den befristet Beschäftigten um 0,9 Prozentpunkte höher. Der Krankenstand bei den Teilzeitbeschäftigten liegt um 0,3 Prozentpunkte höher als bei den Vollzeitbeschäftigten.

Betrachtet man die Fehlzeiten von Zeitarbeitenden, so zeigt sich, dass der Krankenstand bei den Zeitarbeitsbeschäftigten um 0,5 Prozentpunkte geringer ist als bei denjenigen, die nicht über eine Zeitarbeitsfirma beschäftigt sind (4,9 % versus 5,4 %). Bei diesem Unterschied spielen auch Alters-Geschlechtseffekte eine Rolle. 74 % der Zeitarbeitsbeschäftigten sind Männer und diese sind im Durchschnitt

4,8 Jahre jünger als Beschäftigte außerhalb der Zeitarbeit. Der nach Alter und Geschlecht standardisierte Krankenstand[13] zeigt keinen Unterschied mehr in der Höhe des Krankenstandes (jeweils 5,5 %). Die Anzahl der Fehltage pro Fall ist bei Zeitarbeitenden deutlich kürzer (Zeitarbeit: 9,1 Tage vs. Nicht-Zeitarbeit: 13,4 Tage).

---

13  Berechnet nach der Methode der direkten Standardisierung – zugrunde gelegt wurde die Alters- und Geschlechtsstruktur der Beschäftigten im Jahr 2021 (Quelle: Bundesagentur für Arbeit 2022).

## 19.10 Fehlzeiten nach Berufsgruppen

Auch bei den einzelnen Berufsgruppen[14] gibt es große Unterschiede hinsichtlich der krankheitsbedingten Fehlzeiten (◻ Abb. 19.18). Die Art der ausgeübten Tätigkeit hat erheblichen Einfluss auf das Ausmaß der Fehlzeiten. Die meisten Arbeitsunfähigkeitstage weisen Berufsgruppen aus dem gewerblichen Bereich auf, wie beispielsweise Berufe in der Ver- und Entsorgung. Dabei handelt es sich häufig um Berufe mit hohen körperlichen Arbeitsbelastungen und überdurchschnittlich vielen Arbeitsunfällen (▶ Abschn. 19.12). Einige der Berufsgruppen mit hohen Krankenständen, wie in der Altenpflege, sind auch in besonders hohem Maße psychischen Arbeitsbelastungen ausgesetzt. Die niedrigsten Krankenstände sind bei akademischen Berufsgruppen wie z. B. Berufen in der Hochschullehre und -forschung, der Softwareentwicklung oder bei Ärztinnen und Ärzten aufgetreten. Während Berufe in der Hochschullehre und -forschung im Jahr 2021 im Durchschnitt nur 4,3 Tage krankgeschrieben waren, waren es bei den Berufen in der Ver- und Entsorgung 31,4 Tage, also etwas mehr als das Siebenfache.

## 19.11 Fehlzeiten nach Wochentagen

Die meisten Krankschreibungen sind am Wochenanfang zu verzeichnen (◻ Abb. 19.19). Zum Wochenende hin nimmt die Zahl der Arbeitsunfähigkeitsmeldungen tendenziell ab. 2021 entfiel ein Drittel (33,8 %) der wöchentlichen Krankmeldungen auf den Montag.

Bei der Bewertung der gehäuften Krankmeldungen am Montag muss allerdings berücksichtigt werden, dass Arztpraxen am Wochenende in der Regel nur in Notfällen aufgesucht werden, da die meisten geschlossen sind. Deshalb erfolgt die Krankschreibung für Erkrankungen, die bereits am Wochenende begonnen haben, in den meisten Fällen erst am Wochenanfang. Insofern sind in den Krankmeldungen vom Montag auch die Krankheitsfälle vom Wochenende enthalten. Die Verteilung der Krankmeldungen auf die Wochentage ist also in erster Linie durch die ärztlichen Sprechstundenzeiten bedingt. Dies wird häufig in der Diskussion um den „blauen Montag" nicht bedacht.

Geht man davon aus, dass die Wahrscheinlichkeit zu erkranken an allen Wochentagen gleich hoch ist und verteilt die Arbeitsunfähigkeitsmeldungen vom Samstag, Sonntag und Montag gleichmäßig auf diese drei Tage, beginnen am Montag – „wochenendbereinigt" – nur noch 12,1 % der Krankheitsfälle. Danach ist der Montag der Wochentag mit der geringsten Zahl an Krankmeldungen. Eine finnische Studie zu diesem Thema bestätigt ebenfalls die geringe Bedeutung des Montags bei krankheitsbedingten Fehlzeiten (Vahtera et al. 2001). Die Mehrheit der Ärztinnen und Ärzte bevorzugt als Ende der Krankschreibung das Ende der Arbeitswoche (◻ Abb. 19.20): 2021 endeten 47,2 % der Arbeitsunfähigkeitsfälle am Freitag. Nach dem Freitag ist der Mittwoch der Wochentag, an dem die meisten Krankmeldungen (12,7 %) abgeschlossen worden sind.

Da meist bis Freitag krankgeschrieben wird, nimmt der Krankenstand gegen Ende der Woche zu. Daraus abzuleiten, dass am Freitag besonders gerne „krankgefeiert" wird, um das Wochenende auf Kosten des Arbeitgebenden zu verlängern, erscheint wenig plausibel, insbesondere wenn man bedenkt, dass der Freitag der Werktag mit den wenigsten Krankmeldungen ist.

---

14 Die Klassifikation der Berufe wurde zum 01.12.2011 überarbeitet und aktualisiert (▶ Abschn. 19.9). Daher finden sich ab dem Jahr 2012 zum Teil andere Berufsbezeichnungen als in den Fehlzeiten-Reporten der Vorjahre.

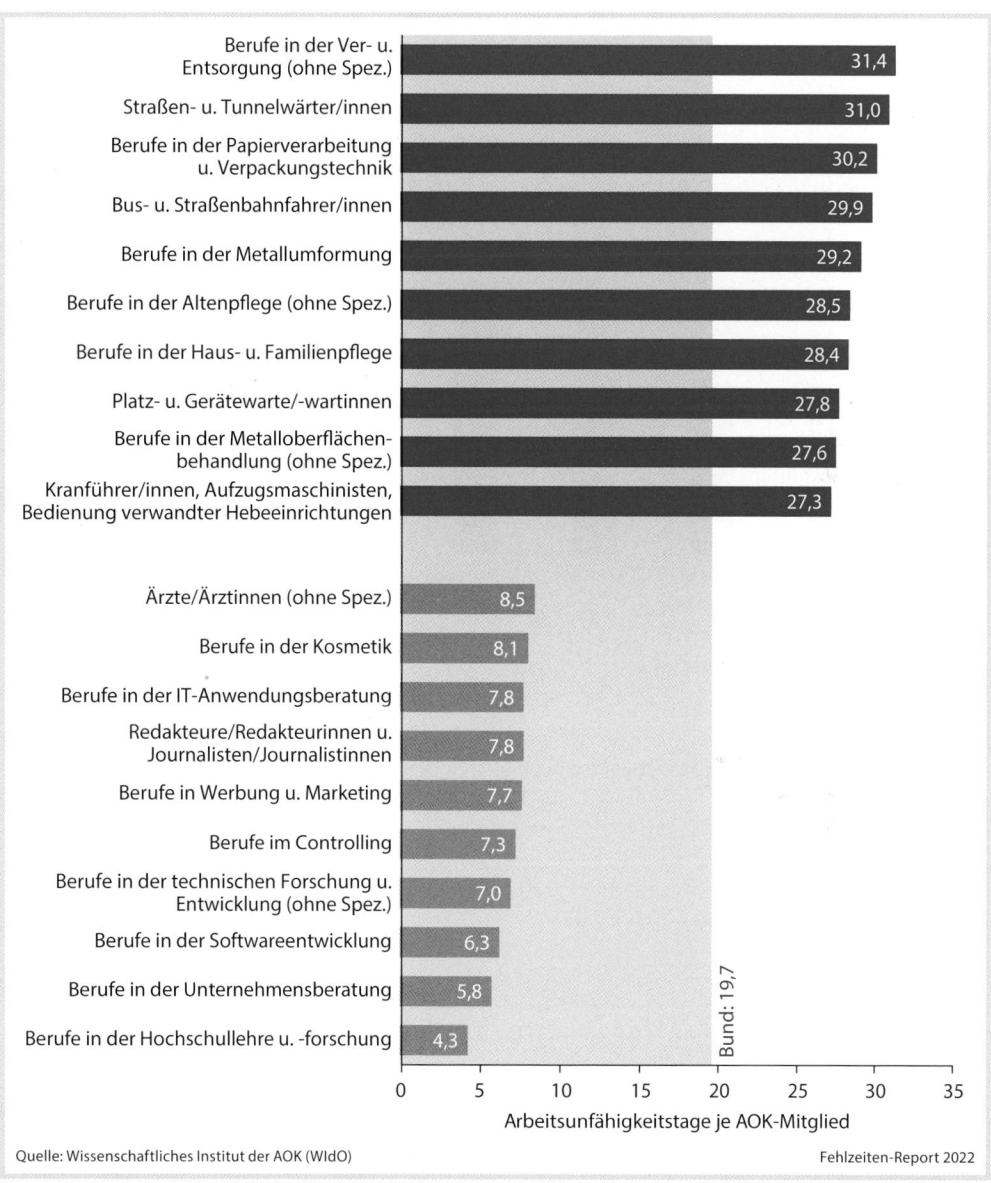

Quelle: Wissenschaftliches Institut der AOK (WIdO)                                    Fehlzeiten-Report 2022

◘ **Abb. 19.18** Zehn Berufsgruppen mit hohen und niedrigen Fehlzeiten je AOK-Mitglied im Jahr 2021

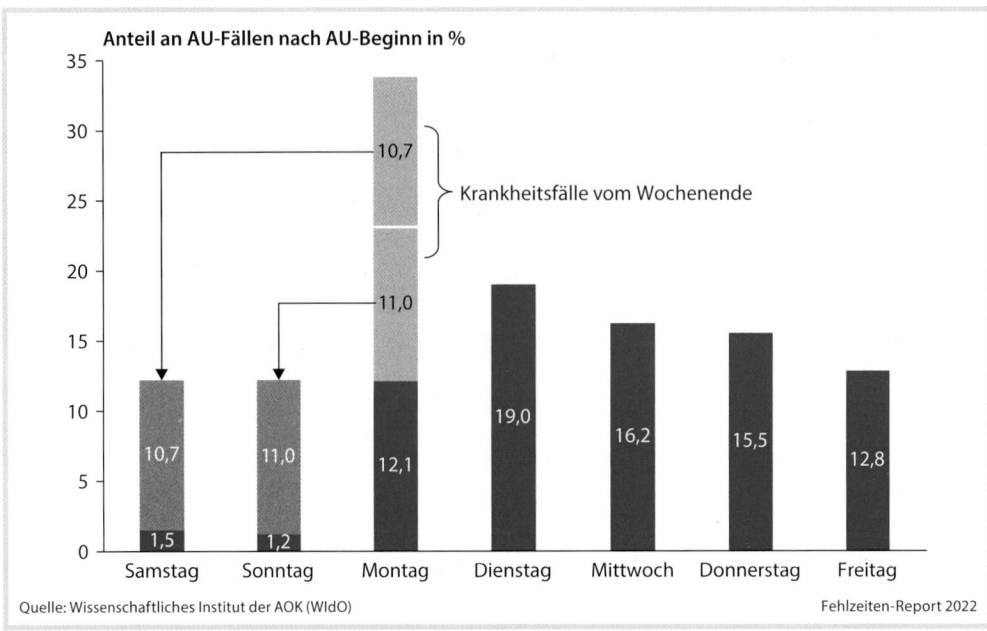

**Abb. 19.19**  Verteilung der Arbeitsunfähigkeitsfälle der AOK-Mitglieder nach AU-Beginn im Jahr 2021

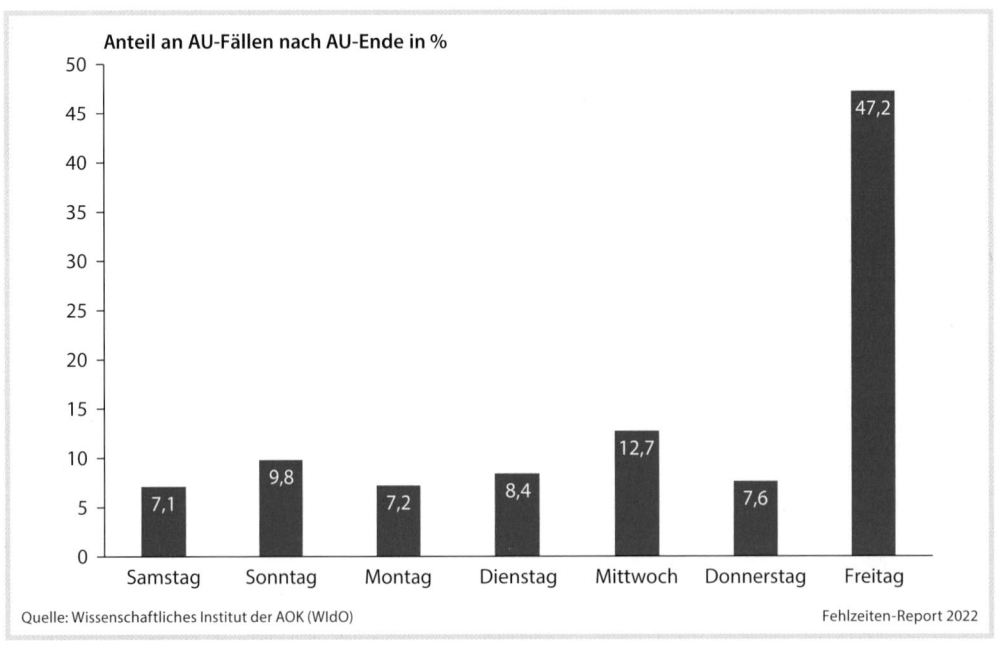

**Abb. 19.20**  Verteilung der Arbeitsunfähigkeitsfälle der AOK-Mitglieder nach AU-Ende im Jahr 2021

## 19.12 Arbeitsunfälle

Im Jahr 2021 waren 3,0 % der Arbeitsunfähigkeitsfälle auf Arbeitsunfälle[15] zurückzuführen. Diese waren für 5,7 % der Arbeitsunfähigkeitstage verantwortlich (◨ Abb. 19.21).

In den einzelnen Wirtschaftszweigen variiert die Zahl der Arbeitsunfälle erheblich. So waren die meisten Fälle in der Land- und Forstwirtschaft und im Baugewerbe zu verzeichnen (◨ Abb. 19.23). 2021 gingen beispielsweise 7,5 % der AU-Fälle und 12,9 % der AU-Tage in der Land- und Forstwirtschaft auf Arbeitsunfälle zurück. Neben dem Baugewerbe (5,9 %) und der Land- und Forstwirtschaft gab es auch im Bereich Verkehr und Transport (4,2 %) und in der Branche Energie, Wasser,

Entsorgung und Bergbau (4,0 %) überdurchschnittlich viele Arbeitsunfälle. Den geringsten Anteil an Arbeitsunfällen verzeichneten die Banken und Versicherungen mit 0,9 %.

Die Zahl der Arbeitsunfälle lag in Westdeutschland höher als in Ostdeutschland: Während im Westen durchschnittlich 45 Fälle auf 1.000 AOK-Mitglieder entfielen, waren es im Osten 42 Fälle je 1.000 Mitglieder (◨ Abb. 19.22).

Die Zahl der auf Arbeitsunfälle zurückgehenden Arbeitsunfähigkeitstage war in den Branchen Land- und Forstwirtschaft sowie geringfügig bei den Dienstleistungen, im Gesundheits- und Sozialwesen, in Erziehung und Unterricht und auch bei den Banken und Versicherungen in Ostdeutschland höher als in Westdeutschland (◨ Abb. 19.23).

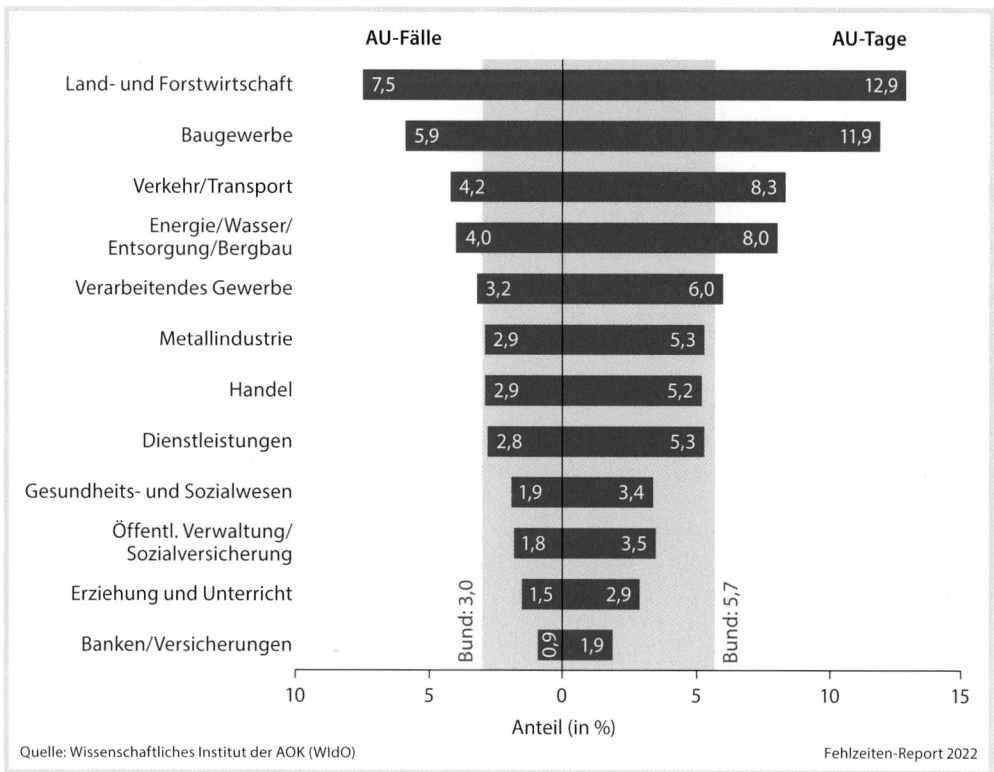

◨ **Abb. 19.21** Fehlzeiten der AOK-Mitglieder aufgrund von Arbeitsunfällen nach Branchen im Jahr 2021

---

15 Zur Definition der Arbeitsunfälle ◨ Tab. 19.1.

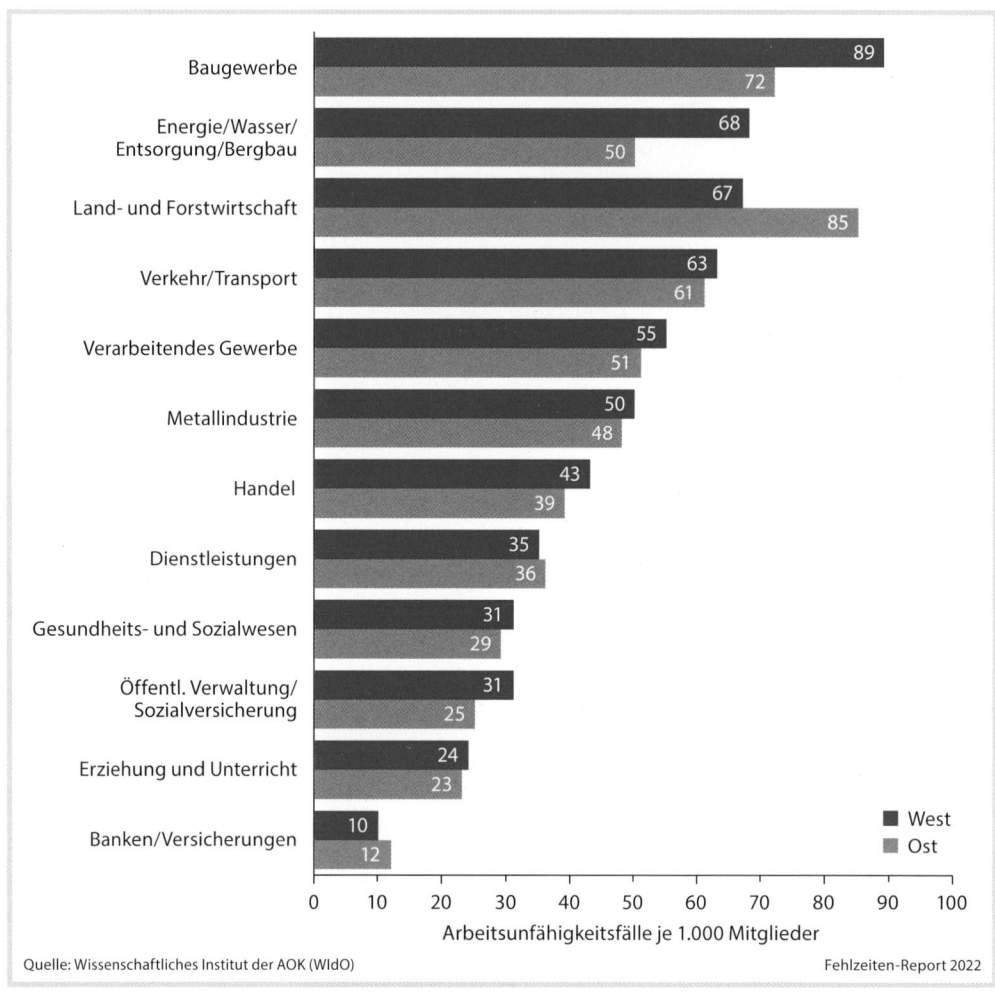

**◘ Abb. 19.22** Fälle der Arbeitsunfähigkeit der AOK-Mitglieder aufgrund von Arbeitsunfällen nach Branchen in West- und Ostdeutschland im Jahr 2021

◘ Tab. 19.6 zeigt die Berufsgruppen, die in besonderem Maße von arbeitsbedingten Unfällen betroffen sind. Spitzenreiter waren im Jahr 2021 Berufe in der Zimmerei (4.696 AU-Tage je 1.000 AOK-Mitglieder), Berufe in der Dachdeckerei (3.764 AU-Tage je 1.000 AOK-Mitglieder) sowie Berufe im Maurerhandwerk (3.652 AU-Tage je 1.000 AOK-Mitglieder).

**19**

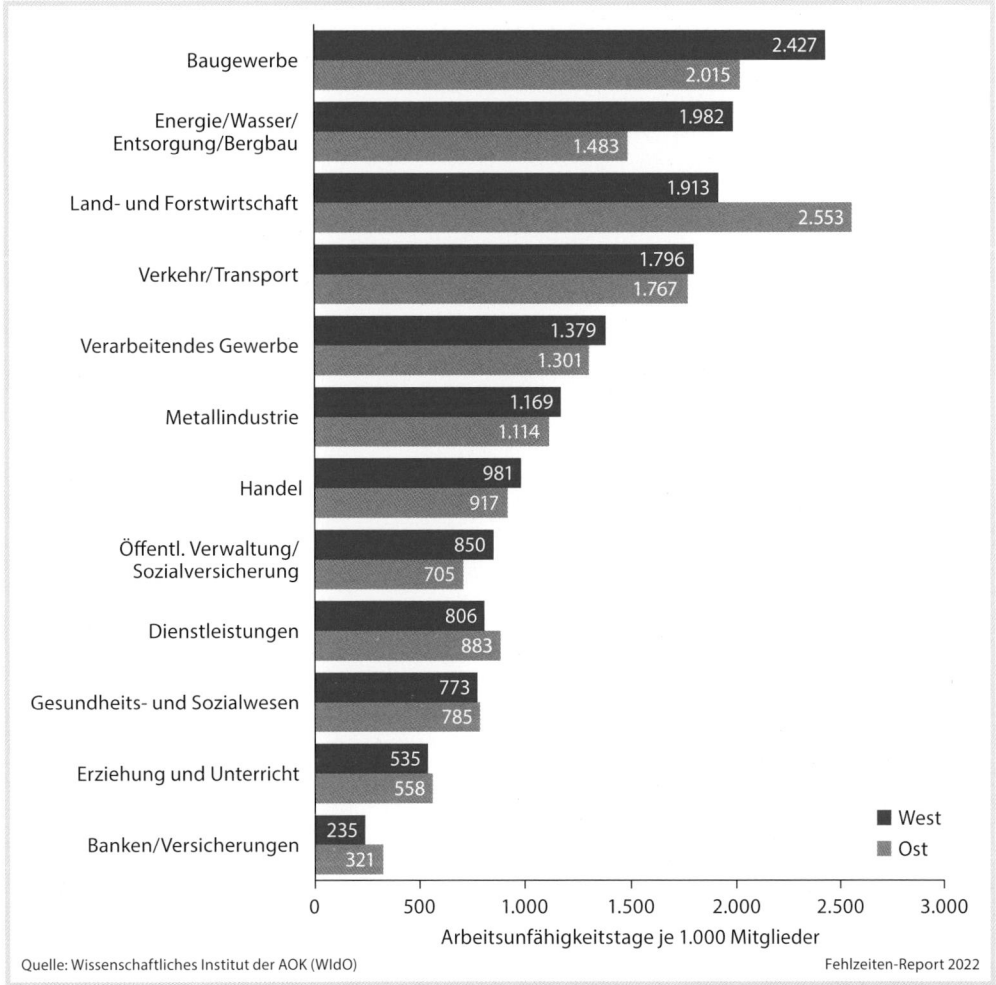

**Abb. 19.23** Tage der Arbeitsunfähigkeit durch Arbeitsunfälle nach Branchen in West- und Ostdeutschland im Jahr 2021

◩ **Tab. 19.6** Tage der Arbeitsunfähigkeit durch Arbeitsunfälle nach Berufsgruppen im Jahr 2021 AOK-Mitglieder

| Berufsgruppe | AU-Tage je 1.000 AOK-Mitglieder |
|---|---|
| Berufe in der Zimmerei | 4.696 |
| Berufe in der Dachdeckerei | 3.764 |
| Berufe im Maurerhandwerk | 3.652 |
| Berufe im Beton- u. Stahlbetonbau | 3.519 |
| Berufe im Hochbau (ohne Spez.) | 3.027 |
| Berufe im Tiefbau (ohne Spez.) | 2.860 |
| Berufe im Straßen- u. Asphaltbau | 2.857 |
| Berufe in der Ver- u. Entsorgung (ohne Spez.) | 2.729 |
| Berufskraftfahrer/innen (Güterverkehr/LKW) | 2.704 |
| Berufe in der Holzbe- u. -verarbeitung (ohne Spez.) | 2.595 |
| Berufe im Metallbau | 2.515 |
| Straßen- u. Tunnelwärter/innen | 2.480 |
| Führer/innen von Erdbewegungs- u. verwandten Maschinen | 2.478 |
| Berufe im Aus- u. Trockenbau (ohne Spez.) | 2.425 |
| Berufe für Post- u. Zustelldienste | 2.392 |
| Berufe im Holz-, Möbel- u. Innenausbau | 2.333 |
| Platz- u. Gerätewarte/-wartinnen | 2.286 |
| Kranführer/innen, Aufzugsmaschinisten, Bedienung verwandter Hebeeinrichtungen | 2.254 |
| Berufe in der Sanitär-, Heizungs- u. Klimatechnik | 2.187 |
| Berufe in der Fleischverarbeitung | 2.142 |
| Berufe im Garten-, Landschafts- u. Sportplatzbau | 2.117 |
| Berufe in der Schweiß- u. Verbindungstechnik | 2.046 |
| Berufe für Maler- u. Lackiererarbeiten | 2.035 |
| Berufe im Gartenbau (ohne Spez.) | 2.008 |
| Fahrzeugführer/innen im Straßenverkehr (sonstige spezifische Tätigkeitsangabe) | 1.800 |

Fehlzeiten-Report 2022

**19**

## 19.13 Krankheitsarten im Überblick

Das Krankheitsgeschehen wird im Wesentlichen von sechs großen Krankheitsgruppen (nach ICD-10) bestimmt: Muskel- und Skelett-Erkrankungen, Atemwegserkrankungen, Verletzungen, psychische und Verhaltensstörungen, Herz- und Kreislauf-Erkrankungen sowie Erkrankungen der Verdauungsorgane (◘ Abb. 19.24). 55,7 % der Arbeitsunfähigkeitsfälle und 62,1 % der Arbeitsunfähigkeitstage gingen 2021 auf das Konto dieser sechs Krankheitsarten. Der Rest verteilte sich auf sonstige Krankheitsgruppen.

Der häufigste Anlass für die Ausstellung von Arbeitsunfähigkeitsbescheinigungen waren Atemwegserkrankungen. Im Jahr 2021 waren diese für ein Sechstel der Arbeitsunfähigkeitsfälle (16,7 %) verantwortlich. Aufgrund einer relativ geringen durchschnittlichen Erkrankungsdauer betrug der Anteil der Atemwegserkrankungen am Krankenstand allerdings nur 9,8 %. Die meisten Arbeitsunfähigkeitstage wurden durch Muskel- und Ske-

lett-Erkrankungen verursacht, die häufig mit langen Ausfallzeiten verbunden sind. Allein auf diese Krankheitsart waren 2021 21,5 % der Arbeitsunfähigkeitstage zurückzuführen, obwohl sie nur für 15,8 % der Arbeitsunfähigkeitsfälle verantwortlich war.

◘ Abb. 19.25 zeigt die Anteile der Krankheitsarten an den krankheitsbedingten Fehlzeiten im Jahr 2021 im Vergleich zum Vorjahr. Während die Anteile der psychischen Erkrankungen und der Verletzungen gleichgeblieben sind, sank der Anteil der Atemwegserkrankungen um 2 Prozentpunkte, der Anteil der Muskel-Skelett-Erkrankungen um 0,6 Prozentpunkte und der Anteil der Verdauungs- und Herz-Kreislauf-Erkrankungen um 0,3 und 0,2 Prozentpunkte.

Die ◘ Abb. 19.26 und 19.27 zeigen die Entwicklung der häufigsten Krankheitsarten in den Jahren 2012 bis 2021 in Form einer Indexdarstellung. Ausgangsbasis ist dabei der Wert des Jahres 2011. Dieser wurde auf 100 normiert. Wie in den Abbildungen erkennbar ist, haben die psychischen Erkrankungen in den letzten Jahren deutlich zugenommen. Über die Gründe für diesen Anstieg wird gesellschaft-

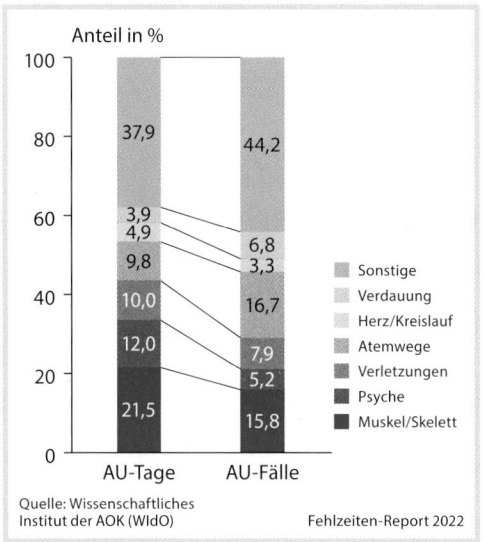

◘ **Abb. 19.24** Arbeitsunfähigkeit der AOK-Mitglieder nach Krankheitsarten im Jahr 2021

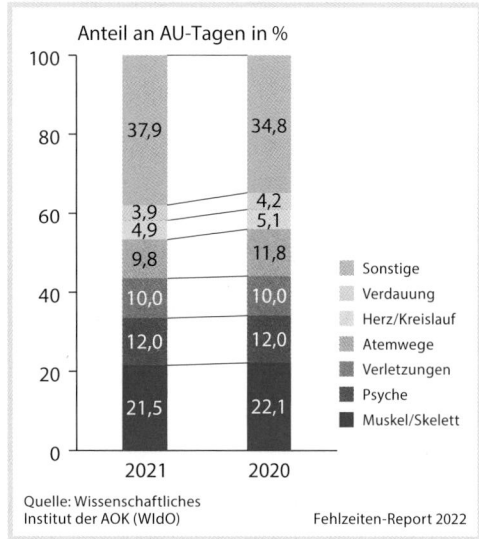

◘ **Abb. 19.25** Tage der Arbeitsunfähigkeit der AOK-Mitglieder nach Krankheitsarten im Jahr 2021 im Vergleich zum Vorjahr

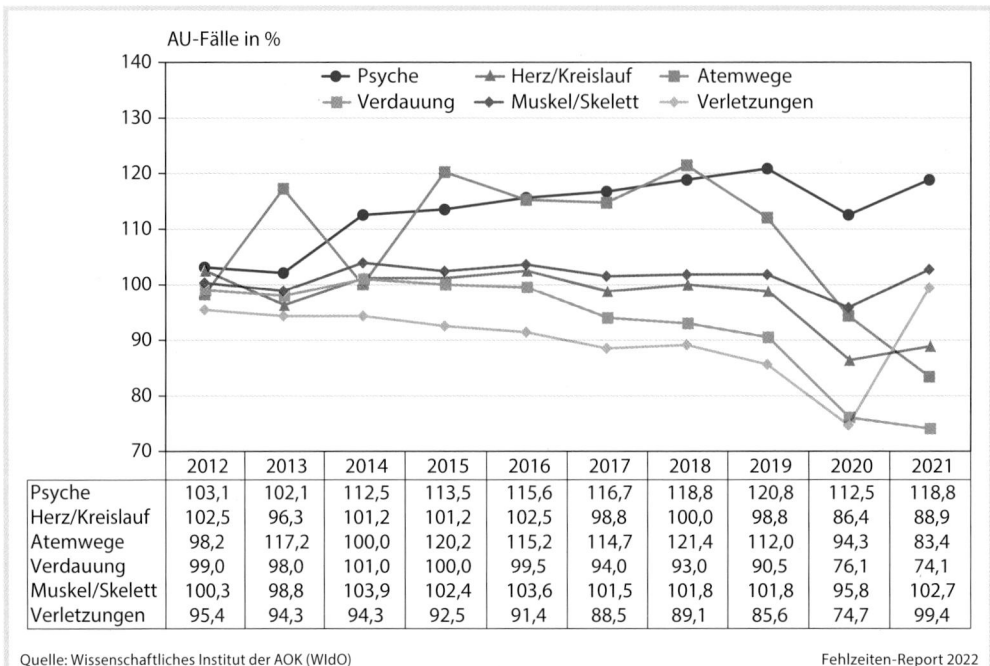

**Abb. 19.26** Fälle der Arbeitsunfähigkeit der AOK-Mitglieder nach Krankheitsarten in den Jahren 2012–2021 (Indexdarstellung: 2011 = 100 %)

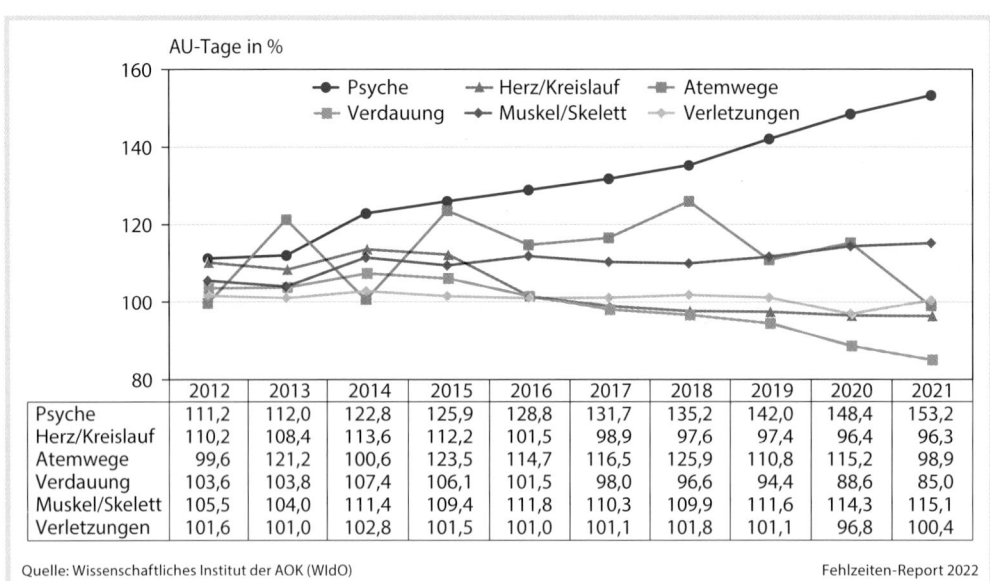

**Abb. 19.27** Tage der Arbeitsunfähigkeit der AOK-Mitglieder nach Krankheitsarten in den Jahren 2012–2021 (Indexdarstellung: 2011 = 100 %)

19

lich kontrovers diskutiert. In welchem Umfang die spezifischen Arbeitsbedingungen der modernen Arbeitswelt einen Beitrag zu diesem Trend leisten, bleibt umstritten. Ein wesentlicher Grund für den Anstieg wird hingegen in der Entstigmatisierung bestimmter psychischer Störungen gesehen: Ärztinnen und Ärzte seien zunehmend bezüglich psychischer Probleme sensibilisiert und dokumentieren psychische Krankheiten aufgrund der gestiegenen gesellschaftlichen Akzeptanz häufiger. Hierzu trage auch die verstärkte und verbesserte Schulung von Ärztinnen und Ärzten, insbesondere im hausärztlichen Bereich, bei. Dazu kommt die zunehmende Bereitschaft der Patienten und Patientinnen, psychische Probleme auch offener anzusprechen als früher. Als weiterer Grund wird die Verlagerung in Richtung psychischer Störungen als Diagnose diskutiert, d. h. bei Beschäftigten, die früher mit somatischen Diagnosen wie beispielsweise Muskel-Skelett-Erkrankungen krankgeschrieben waren, wird heute öfter eine psychische Erkrankung diagnostiziert. Die „reale Prävalenz" von psychischen Erkrankungen in der Bevölkerung sei aber insgesamt unverändert geblieben. Die Zwölf-Monats-Prävalenz liegt in Deutschland – je nach Studie – zwischen 31,1 und 34,5 % und damit deutlich höher, als es die Arbeitsunfähigkeitsdaten der gesetzlichen Krankenkassen nahelegen. Wenn man jedoch die stationären und ambulanten Diagnosen bei der Analyse berücksichtigt, lag die Prävalenzrate bei den AOK-Mitgliedern im Jahr 2018 bei 30,4 % und damit in etwa auf dem Niveau der genannten externen Studien (vgl. Meschede et al. 2020). Der Anteil psychischer und psychosomatischer Erkrankungen an der Frühinvalidität hat in den letzten Jahren ebenfalls erheblich zugenommen. Inzwischen geht über ein Drittel (35,3 %) der Berentungen wegen verminderter Erwerbstätigkeit bei Männern auf psychische Erkrankungen zurück, bei Frauen ist es sogar fast die Hälfte (47,8 %) (Deutsche Rentenversicherung Bund 2020). Nach Prognosen der Weltgesundheitsorganisation (WHO) ist mit einem weiteren Anstieg der psychischen Erkrankungen zu rechnen (WHO 2011). Der

Prävention dieser Erkrankungen wird daher weiterhin eine große Bedeutung zukommen.

Die Anzahl der Arbeitsunfähigkeitsfälle ist im Vergleich zum Jahr 2011 bei den psychischen Erkrankungen und bei den Muskel-Skelett-Erkrankungen angestiegen. Arbeitsunfähigkeitsfälle, die auf Verdauungs-, Atemwegs-, Herz-Kreislauf-Erkrankungen und auf Verletzungen zurückgingen, reduzierten sich um 25,9, 16,6 bzw. 11,1 und 0,6 %. Bedingt durch die Corona-Pandemie gab es seit dem Jahr 2020 bei fast allen dargestellten Krankheitsarten erhebliche Fallzahlenrückgänge.

Die durch Atemwegserkrankungen bedingten Fehlzeiten unterlagen bisher aufgrund der von Jahr zu Jahr unterschiedlich stark auftretenden Erkältungswellen teilweise erheblichen Schwankungen. Bezogen auf die Fehltage sind in den letzten zehn Jahren vor allem die psychischen Erkrankungen angestiegen (um 53,2 %), gefolgt von den Muskel-Skelett-Erkrankungen (um 15,1 %). Einen Rückgang gab es vor allem bei den Verdauungserkrankungen (um 15 %).

Die meisten Arbeitsunfähigkeitsfälle entstehen aufgrund von Atemwegserkrankungen: 36,3 Krankschreibungen entfallen hier durchschnittlich auf 100 ganzjährig versicherte AOK-Mitglieder. Zugleich sind mit 7,6 Fehltagen pro Fall mit Atemwegserkrankungen die vergleichsweise kürzesten Ausfallzeiten verbunden, wohingegen bei psychischen Erkrankungen mit 29,7 Arbeitsunfähigkeitstagen je Fall im Schnitt die längsten Ausfallzeiten zu beobachten sind (◘ Abb. 19.28).

Auf ein AOK-Mitglied entfallen – unabhängig davon, ob es erkrankt war oder nicht – im Jahr 2021 durchschnittlich 6,1 Fehltage aufgrund einer Muskel- und Skelett-Erkrankung. Damit steht diese Diagnosegruppe auf Platz 1 als Ursache für Fehltage in Unternehmen, gefolgt von den psychischen Erkrankungen (3,4 Fehltage pro AOK-Mitglied). Die durchschnittlichen Arbeitsunfähigkeitstage sind sowohl bei den Muskel- und Skelett-Erkrankungen als auch bei den psychischen Erkrankungen im Vergleich zum Vorjahr angestiegen (0,7 bzw. 3,2 %) (◘ Tab. 19.7).

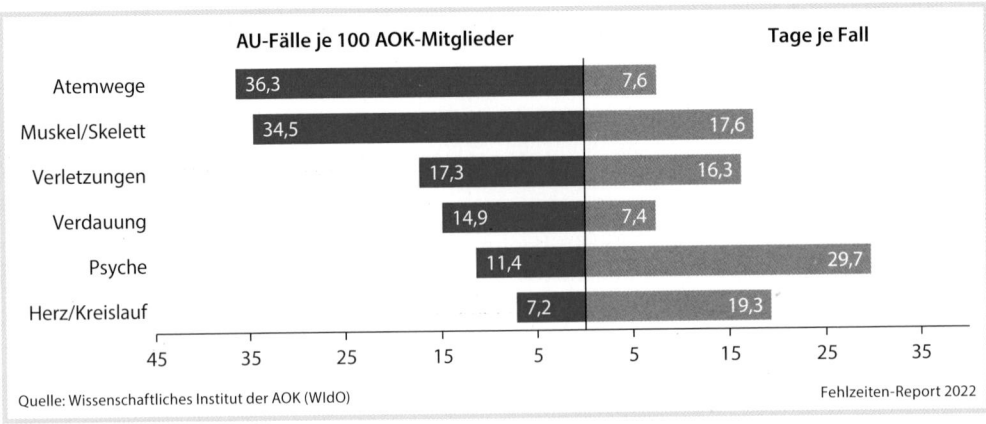

**◘ Abb. 19.28** Arbeitsunfähigkeitsfälle je 100 AOK-Mitglieder und Tage je Fall nach Krankheitsarten im Jahr 2021

**◘ Tab. 19.7** Arbeitsunfähigkeitstage und -fälle der AOK-Mitglieder nach Krankheitsarten 2021 im Vergleich zum Vorjahr

| ICD-Haupt-gruppe | Bezeichnung | Arbeitsunfähigkeitsfälle je 100 Mitglieder | | Veränd. zum Vorjahr in % | Arbeitsunfähigkeitstage je 100 Mitglieder | | Veränd. zum Vorjahr in % |
|---|---|---|---|---|---|---|---|
| | | 2021 | 2020 | | 2021 | 2020 | |
| 5 | Psyche | 11,4 | 10,8 | 5,1 | 338,2 | 327,7 | 3,2 |
| 9 | Herz/Kreislauf | 7,2 | 7,0 | 1,9 | 139,1 | 139,3 | −0,1 |
| 10 | Atemwege | 36,3 | 41,0 | −11,4 | 276,2 | 321,9 | −14,2 |
| 11 | Verdauung | 14,9 | 15,3 | −2,9 | 110,1 | 114,8 | −4,1 |
| 13 | Muskel/Skelett | 34,5 | 32,2 | 7,0 | 608,1 | 603,7 | 0,7 |
| 19 | Verletzungen | 17,3 | 13,0 | 33,2 | 282,5 | 272,5 | 3,7 |
| | Sonstige | 96,3 | 80,4 | 19,8 | 1.072,2 | 948,0 | 13,1 |

Fehlzeiten-Report 2022

Zwischen West- und Ostdeutschland sind nach wie vor Unterschiede in der Verteilung der Krankheitsarten festzustellen (◘ Abb. 19.29). In den westlichen Bundesländern verursachten Muskel- und Skelett-Erkrankungen (1,8 Prozentpunkte) und Verletzungen (0,9 Prozentpunkte) mehr Fehltage als in den neuen Bundesländern. In den östlichen Bundesländern entstanden vor allem durch Atemwegserkrankungen und Herz- und Kreislauf-Erkrankungen (2,8 und 0,5 Prozentpunkte) sowie Verdauungserkrankungen (0,4 Prozentpunkte) mehr Fehltage als im Westen.

Auch in Abhängigkeit vom Geschlecht ergeben sich deutliche Unterschiede in der Morbiditätsstruktur (◘ Abb. 19.30). Insbesondere Verletzungen und muskuloskelettale Erkrankungen führen bei Männern häufiger zur Arbeitsunfähigkeit als bei Frauen. Dies dürfte damit zusammenhängen, dass Männer nach wie vor in größerem Umfang körperlich beanspruchende und unfallträchtige Tätigkeiten ausüben als Frauen. Auch der Anteil der Erkrankungen des Verdauungssystems und der Herz- und Kreislauf-Erkrankungen an den Arbeitsunfähigkeitsfällen und -tagen ist bei

**19**

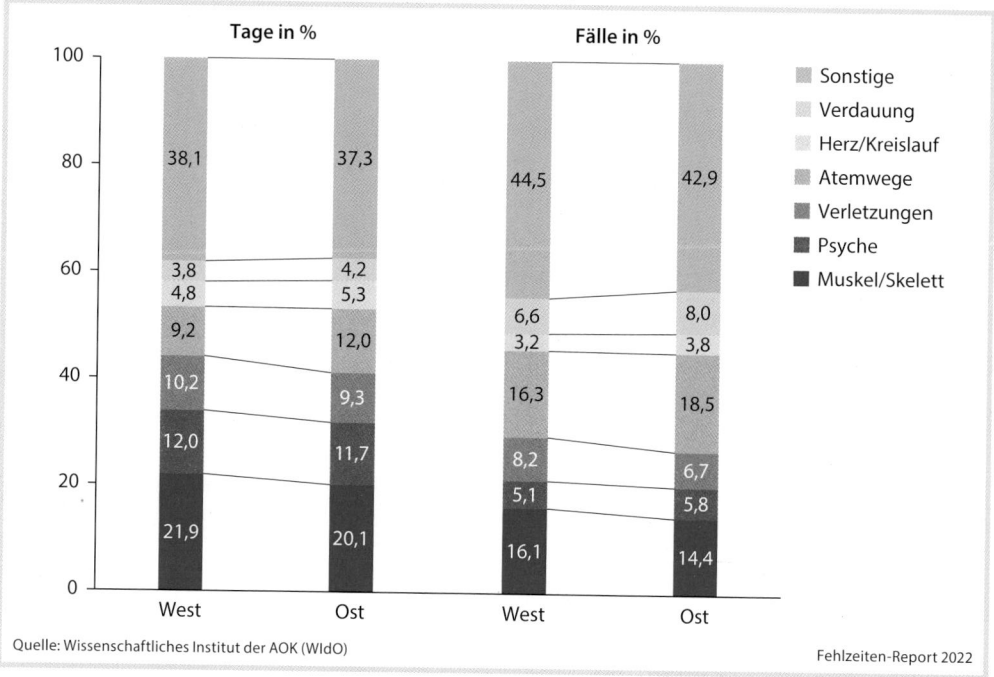

■ **Abb. 19.29** Arbeitsunfähigkeit der AOK-Mitglieder nach Krankheitsarten in West- und Ostdeutschland im Jahr 2021

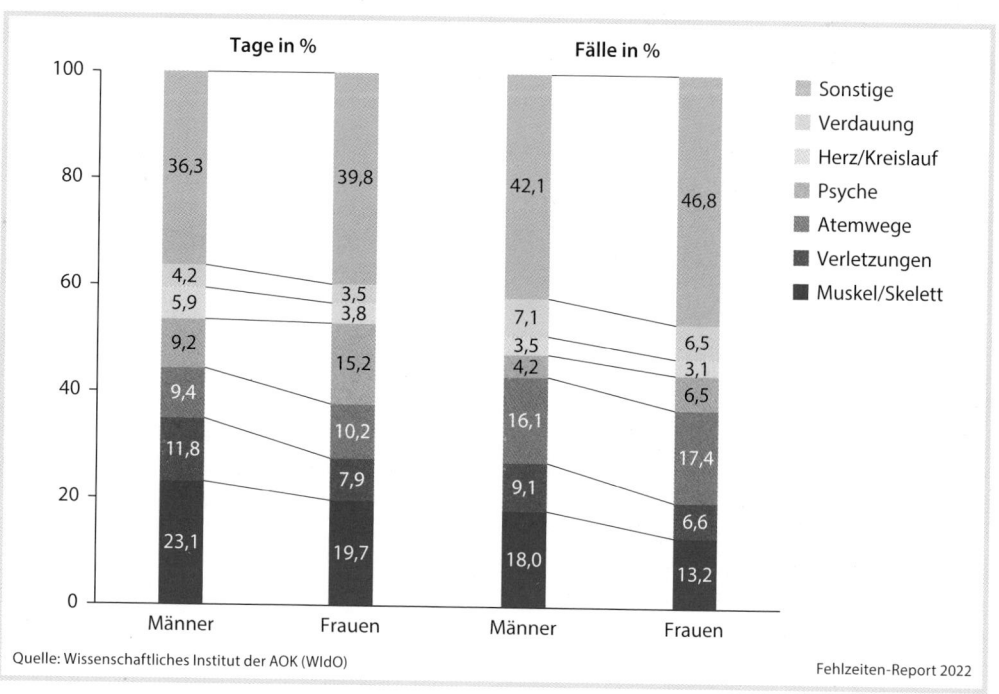

■ **Abb. 19.30** Arbeitsunfähigkeit der AOK-Mitglieder nach Krankheitsarten und Geschlecht im Jahr 2021

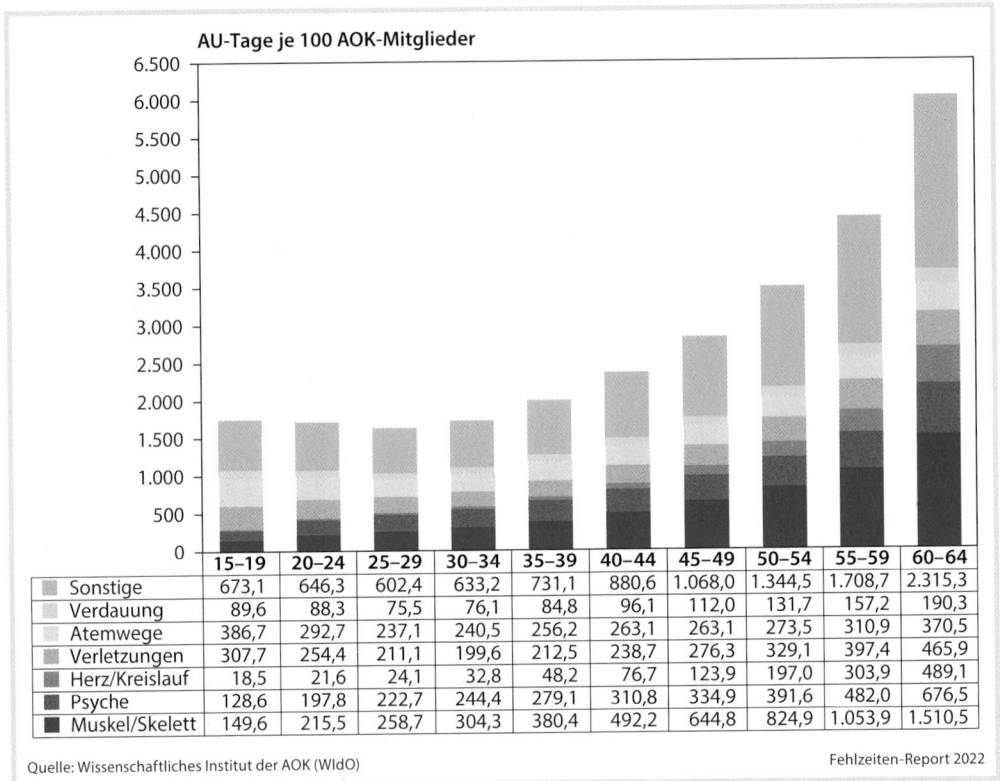

**AU-Tage je 100 AOK-Mitglieder**

| | 15–19 | 20–24 | 25–29 | 30–34 | 35–39 | 40–44 | 45–49 | 50–54 | 55–59 | 60–64 |
|---|---|---|---|---|---|---|---|---|---|---|
| Sonstige | 673,1 | 646,3 | 602,4 | 633,2 | 731,1 | 880,6 | 1.068,0 | 1.344,5 | 1.708,7 | 2.315,3 |
| Verdauung | 89,6 | 88,3 | 75,5 | 76,1 | 84,8 | 96,1 | 112,0 | 131,7 | 157,2 | 190,3 |
| Atemwege | 386,7 | 292,7 | 237,1 | 240,5 | 256,2 | 263,1 | 263,1 | 273,5 | 310,9 | 370,5 |
| Verletzungen | 307,7 | 254,4 | 211,1 | 199,6 | 212,5 | 238,7 | 276,3 | 329,1 | 397,4 | 465,9 |
| Herz/Kreislauf | 18,5 | 21,6 | 24,1 | 32,8 | 48,2 | 76,7 | 123,9 | 197,0 | 303,9 | 489,1 |
| Psyche | 128,6 | 197,8 | 222,7 | 244,4 | 279,1 | 310,8 | 334,9 | 391,6 | 482,0 | 676,5 |
| Muskel/Skelett | 149,6 | 215,5 | 258,7 | 304,3 | 380,4 | 492,2 | 644,8 | 824,9 | 1.053,9 | 1.510,5 |

Quelle: Wissenschaftliches Institut der AOK (WIdO)                    Fehlzeiten-Report 2022

**◻ Abb. 19.31** Tage der Arbeitsunfähigkeit je 100 AOK-Mitglieder nach Krankheitsarten und Alter im Jahr 2021

Männern höher als bei Frauen. Bei den Herz- und Kreislauf-Erkrankungen ist insbesondere der Anteil an den AU-Tagen bei Männern höher als bei Frauen.

Psychische Erkrankungen und Atemwegserkrankungen kommen dagegen bei Frauen häufiger vor als bei Männern. Bei den psychischen Erkrankungen sind die Unterschiede besonders groß: Während sie bei den Männern in der Rangfolge nach AU-Tagen erst an vierter Stelle stehen, nehmen sie bei den Frauen den zweiten Rang ein.

◻ Abb. 19.31 zeigt die Bedeutung der Krankheitsarten für die Fehlzeiten in den unterschiedlichen Altersgruppen. Aus der Abbildung ist deutlich zu ersehen, dass die Zunahme der krankheitsbedingten Ausfalltage mit dem Alter v. a. auf den starken Anstieg der Muskel- und Skelett-Erkrankungen und der Herz- und Kreislauf-Erkrankungen zurückzuführen ist. Während diese beiden Krankheitsarten bei den jüngeren Altersgruppen noch eine untergeordnete Bedeutung haben, verursachen sie in den höheren Altersgruppen die meisten Arbeitsunfähigkeitstage. Bei den 60- bis 64-Jährigen gehen ein Viertel (25,1 %) der Ausfalltage auf das Konto der muskuloskelettalen Erkrankungen. Muskel- und Skelett-Erkrankungen und Herz- und Kreislauf-Erkrankungen zusammen sind bei dieser Altersgruppe für ein Drittel des Krankenstandes (33,2 %) verantwortlich. Neben diesen beiden Krankheitsarten nehmen auch die Fehlzeiten aufgrund psychischen Erkrankungen und Verhaltensstörungen in den höheren Altersgruppen zu, allerdings in geringerem Ausmaß.

19

## 19.14 Die häufigsten Einzeldiagnosen

In ◼ Tab. 19.8 sind die 40 häufigsten Einzeldiagnosen nach Anzahl der Arbeitsunfähigkeitsfälle aufgelistet. Im Jahr 2021 waren auf diese Diagnosen 57,9 % aller AU-Fälle und 47,7 % aller AU-Tage zurückzuführen.

Die häufigste Einzeldiagnose, die im Jahr 2021 zu Arbeitsunfähigkeit führte, war die akute Infektion der oberen Atemwege mit 8,7 % der AU-Fälle und 4,6 % der AU-Tage. Die zweithäufigste Diagnose, die zu Krankmeldungen führte, sind Rückenschmerzen mit 6,1 % der AU-Fälle und 5,9 % der AU-Tage. Unter den häufigsten Diagnosen sind auch weitere Krankheitsbilder aus dem Bereich der Muskel- und Skelett-Erkrankungen besonders zahlreich vertreten. Die Covid-bedingten Diagnosen ICD U99 und ICD U07 sind im Jahr 2021 auf dem dritten bzw. sechsten Rang, was die Fallhäufigkeit betrifft.

◼ **Tab. 19.8** Anteile der 40 häufigsten Einzeldiagnosen an den AU-Fällen und AU-Tagen im Jahr 2021

| ICD-10 | Bezeichnung | AU-Fälle in % | AU-Tage in % |
|--------|-------------|---------------|--------------|
| J06 | Akute Infektionen an mehreren oder nicht näher bezeichneten Lokalisationen der oberen Atemwege | 8,7 | 4,6 |
| M54 | Rückenschmerzen | 6,1 | 5,9 |
| U99 | Belegte und nicht belegte Schlüsselnummern U99.-! | 4,0 | 2,1 |
| Z11 | Spezielle Verfahren zur Untersuchung auf infektiöse und parasitäre Krankheiten | 3,4 | 1,9 |
| A09 | Sonstige und nicht näher bezeichnete Gastroenteritis und Kolitis infektiösen und nicht näher bezeichneten Ursprungs | 2,8 | 0,9 |
| U07 | Krankheiten mit unklarer Ätiologie, belegte und nicht belegte Schlüsselnummern U07.- | 2,0 | 1,8 |
| R51 | Kopfschmerz | 1,8 | 0,7 |
| R10 | Bauch- und Beckenschmerzen | 1,6 | 0,8 |
| K08 | Sonstige Krankheiten der Zähne und des Zahnhalteapparates | 1,6 | 0,4 |
| T88 | Sonstige Komplikationen bei chirurgischen Eingriffen und medizinischer Behandlung, anderenorts nicht klassifiziert | 1,6 | 0,3 |
| F43 | Reaktionen auf schwere Belastungen und Anpassungsstörungen | 1,5 | 2,8 |
| I10 | Essentielle (primäre) Hypertonie | 1,4 | 1,3 |
| M25 | Sonstige Gelenkkrankheiten, anderenorts nicht klassifiziert | 1,2 | 1,5 |
| M79 | Sonstige Krankheiten des Weichteilgewebes, anderenorts nicht klassifiziert | 1,2 | 0,9 |
| B34 | Viruskrankheit nicht näher bezeichneter Lokalisation | 1,2 | 0,7 |
| F32 | Depressive Episode | 1,0 | 3,3 |
| R53 | Unwohlsein und Ermüdung | 1,0 | 0,9 |

◻ **Tab. 19.8** (Fortsetzung)

| ICD-10 | Bezeichnung | AU-Fälle in % | AU-Tage in % |
|--------|-------------|---------------|--------------|
| K29 | Gastritis und Duodenitis | 1,0 | 0,5 |
| J00 | Akute Rhinopharyngitis [Erkältungsschnupfen] | 1,0 | 0,4 |
| T14 | Verletzung an einer nicht näher bezeichneten Körperregion | 0,8 | 0,9 |
| M99 | Biomechanische Funktionsstörungen, anderenorts nicht klassifiziert | 0,8 | 0,7 |
| G43 | Migräne | 0,8 | 0,3 |
| K52 | Sonstige nichtinfektiöse Gastroenteritis und Kolitis | 0,8 | 0,3 |
| R11 | Übelkeit und Erbrechen | 0,8 | 0,3 |
| U12 | Unerwünschte Nebenwirkungen bei der Anwendung von COVID-19-Impfstoffen | 0,8 | 0,1 |
| Z98 | Sonstige Zustände nach chirurgischem Eingriff | 0,7 | 1,9 |
| M51 | Sonstige Bandscheibenschäden | 0,7 | 1,8 |
| M75 | Schulterläsionen | 0,7 | 1,7 |
| F48 | Andere neurotische Störungen | 0,7 | 1,3 |
| F45 | Somatoforme Störungen | 0,6 | 1,1 |
| M77 | Sonstige Enthesopathien | 0,6 | 0,8 |
| M53 | Sonstige Krankheiten der Wirbelsäule und des Rückens, anderenorts nicht klassifiziert | 0,6 | 0,7 |
| R42 | Schwindel und Taumel | 0,6 | 0,5 |
| J20 | Akute Bronchitis | 0,6 | 0,4 |
| B99 | Sonstige und nicht näher bezeichnete Infektionskrankheiten | 0,6 | 0,3 |
| R07 | Hals- und Brustschmerzen | 0,6 | 0,3 |
| M23 | Binnenschädigung des Kniegelenkes [internal derangement] | 0,5 | 1,1 |
| G47 | Schlafstörungen | 0,5 | 0,6 |
| S93 | Luxation, Verstauchung und Zerrung der Gelenke und Bänder in Höhe des oberen Sprunggelenkes und des Fußes | 0,5 | 0,6 |
| J40 | Bronchitis, nicht als akut oder chronisch bezeichnet | 0,5 | 0,3 |
| **Summe hier** | | **57,9** | **47,7** |
| Restliche | | 42,1 | 52,3 |
| **Gesamtsumme** | | **100,0** | **100,0** |

Fehlzeiten-Report 2022

**19**

## 19.15 Krankheitsarten nach Branchen

Bei der Verteilung der Krankheitsarten bestehen erhebliche Unterschiede zwischen den Branchen, die im Folgenden für die wichtigsten Krankheitsgruppen aufgezeigt werden.

### ▪▪ Muskel- und Skelett-Erkrankungen

Die Muskel- und Skelett-Erkrankungen verursachen in fast allen Branchen die meisten Fehltage (◙ Abb. 19.32). Ihr Anteil an den Arbeitsunfähigkeitstagen bewegte sich im Jahr 2021 in den einzelnen Branchen zwischen 14 % bei Banken und Versicherungen und 25 % im Baugewerbe. In Wirtschaftszweigen mit überdurchschnittlich hohen Krankenständen sind häufig die muskuloskelettalen Erkrankungen besonders ausgeprägt und tragen wesentlich zu den erhöhten Fehlzeiten bei.

◙ Abb. 19.33 zeigt die Anzahl und durchschnittliche Dauer der Krankmeldungen aufgrund von Muskel- und Skelett-Erkrankungen in den einzelnen Branchen. Die meisten Arbeitsunfähigkeitsfälle waren im Verarbeitenden Gewerbe zu verzeichnen, fast dreimal so viele wie bei den Banken und Versicherungen.

Die muskuloskelettalen Erkrankungen sind häufig mit langen Ausfallzeiten verbunden. Die mittlere Dauer der Krankmeldungen schwankte im Jahr 2021 in den einzelnen Branchen zwischen 15,4 Tagen bei Banken und Versicherungen und 22,2 Tagen in der Land- und Forstwirtschaft. Im Branchendurchschnitt lag sie bei 17,6 Tagen.

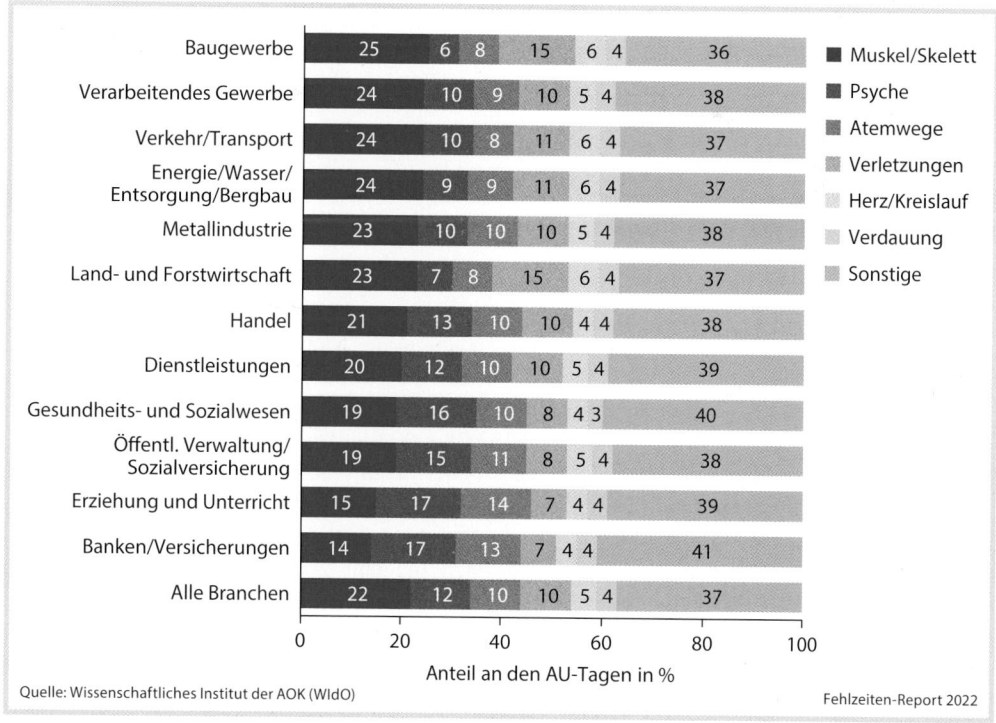

Quelle: Wissenschaftliches Institut der AOK (WIdO)

Fehlzeiten-Report 2022

◙ **Abb. 19.32** Arbeitsunfähigkeitstage der AOK-Mitglieder nach Krankheitsarten und Branchen im Jahr 2021

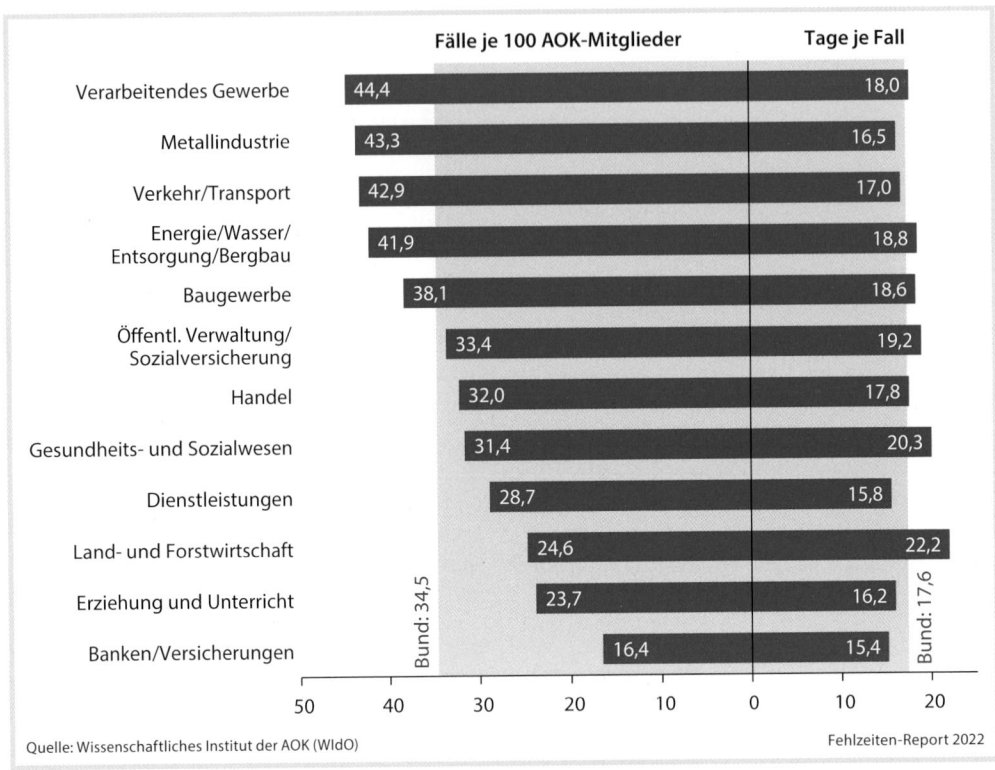

**Abb. 19.33** Krankheiten des Muskel- und Skelettsystems und des Bindegewebes nach Branchen im Jahr 2021, AOK-Mitglieder

◻ Abb. 19.34 zeigt die zehn Berufsgruppen mit hohen und niedrigen Fehlzeiten aufgrund von Muskel- und Skelett-Erkrankungen. Die meisten Arbeitsunfähigkeitsfälle sind bei den Berufen in der Ver- und Entsorgung zu verzeichnen, während Berufe in der Hochschullehre und -forschung vergleichsweise geringe Fallzahlen aufgrund von Muskel- und Skelett-Erkrankungen aufweisen.

**■■ Atemwegserkrankungen**

Die meisten Erkrankungsfälle aufgrund von Atemwegserkrankungen waren im Jahr 2021 im Bereich Erziehung und Unterricht zu verzeichnen (◻ Abb. 19.35). Überdurchschnittlich viele Fälle fielen unter anderem auch

im Bereich Öffentliche Verwaltung/Sozialversicherung, im Gesundheits- und Sozialwesen sowie in der Metallindustrie und im Verarbeitenden Gewerbe an.

Aufgrund einer großen Anzahl an Bagatellfällen ist die durchschnittliche Erkrankungsdauer bei dieser Krankheitsart relativ gering. Im Branchendurchschnitt liegt sie bei 7,6 Tagen. In den einzelnen Branchen bewegte sie sich im Jahr 2021 zwischen 6,8 Tagen bei Banken und Versicherungen und 9,2 Tagen im Bereich Land- und Forstwirtschaft.

Der Anteil der Atemwegserkrankungen an den Arbeitsunfähigkeitstagen (◻ Abb. 19.32) ist in der Erziehung und im Unterricht sowie bei den Banken und Versicherungen (14 bzw.

**19**

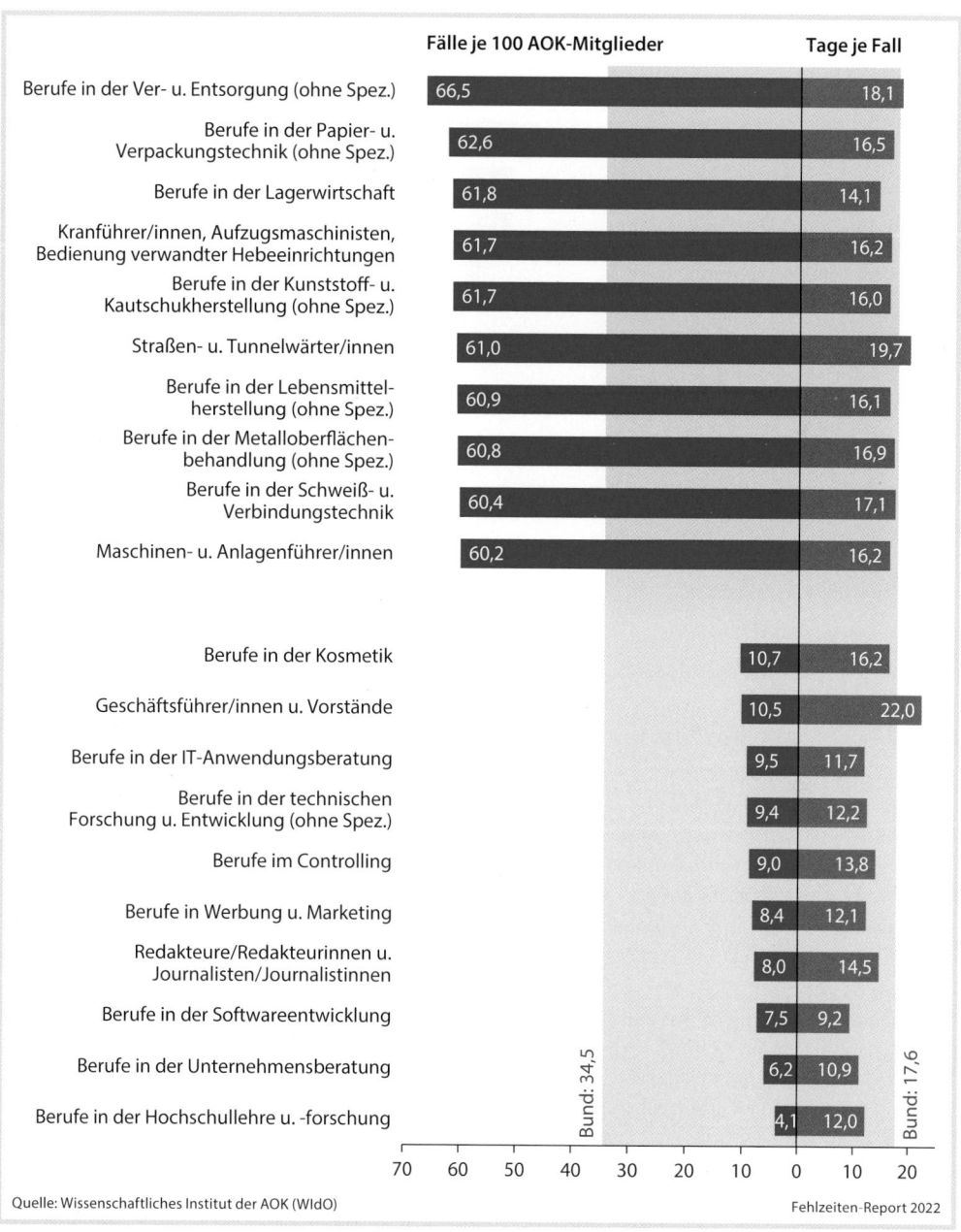

**Abb. 19.34** Muskel- und Skelett-Erkrankungen nach Berufen im Jahr 2021, AOK-Mitglieder

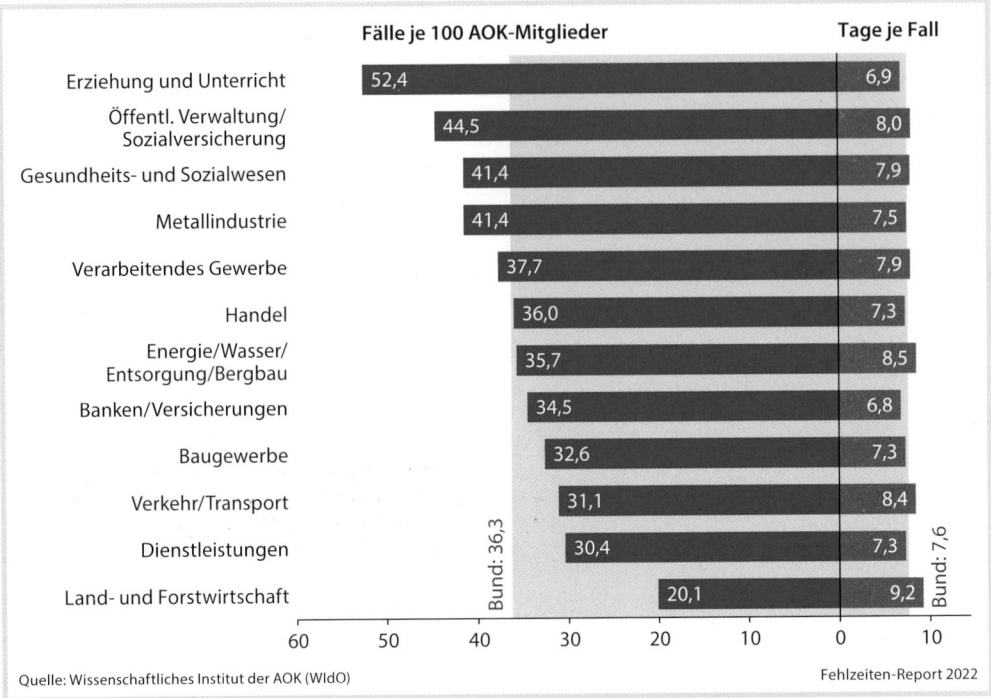

Fälle je 100 AOK-Mitglieder

Tage je Fall

| | Fälle je 100 AOK-Mitglieder | Tage je Fall |
|---|---|---|
| Erziehung und Unterricht | 52,4 | 6,9 |
| Öffentl. Verwaltung/ Sozialversicherung | 44,5 | 8,0 |
| Gesundheits- und Sozialwesen | 41,4 | 7,9 |
| Metallindustrie | 41,4 | 7,5 |
| Verarbeitendes Gewerbe | 37,7 | 7,9 |
| Handel | 36,0 | 7,3 |
| Energie/Wasser/ Entsorgung/Bergbau | 35,7 | 8,5 |
| Banken/Versicherungen | 34,5 | 6,8 |
| Baugewerbe | 32,6 | 7,3 |
| Verkehr/Transport | 31,1 | 8,4 |
| Dienstleistungen | 30,4 | 7,3 |
| Land- und Forstwirtschaft | 20,1 | 9,2 |

Bund: 36,3

Bund: 7,6

Quelle: Wissenschaftliches Institut der AOK (WIdO)

Fehlzeiten-Report 2022

**◘ Abb. 19.35** Krankheiten des Atmungssystems nach Branchen im Jahr 2021, AOK-Mitglieder

13 %) am höchsten, in der Land- und Forstwirtschaft, im Verkehr und Transport sowie im Baugewerbe (jeweils 8 %) am geringsten.

In ◘ Abb. 19.36 sind die hohen und niedrigen Fehlzeiten aufgrund von Atemwegserkrankungen von zehn Berufsgruppen dargestellt. Deutlicher Spitzenreiter sind die Berufe in der Kinderbetreuung und -erziehung mit 74,7 Arbeitsunfähigkeitsfällen je 100 AOK-Mitglieder und einer vergleichsweise geringen Falldauer von 6,8 Tagen je Fall, während beispielsweise Berufskraftfahrer/innen (Güterverkehr/LKW) im Vergleich zwar deutlich seltener an Atemwegserkrankungen leiden (18,4 Fälle je 100 AOK-Mitglieder), jedoch eine überdurchschnittliche Falldauer von 10,5 Tagen aufweisen.

**▪ ▪ Verletzungen**

Der Anteil der Verletzungen an den Arbeitsunfähigkeitstagen variiert sehr stark zwischen den einzelnen Branchen (◘ Abb. 19.32). Am höchsten ist er in Branchen mit vielen Arbeitsunfällen. Im Jahr 2021 bewegte er sich zwischen 7 % bei den Banken und Versicherungen sowie bei Erziehung und Unterricht und 15 % im Baugewerbe und in der Land- und Forstwirtschaft. Hier war die Zahl der Fälle damit mehr als doppelt so hoch wie bei Banken und Versicherungen (◘ Abb. 19.37). Die Dauer der verletzungsbedingten Krankmeldungen schwankte in den einzelnen Branchen zwischen 13,2 Tagen bei Banken und Versicherungen und 21,8 Tagen im Bereich der Land- und Forstwirtschaft.

**19**

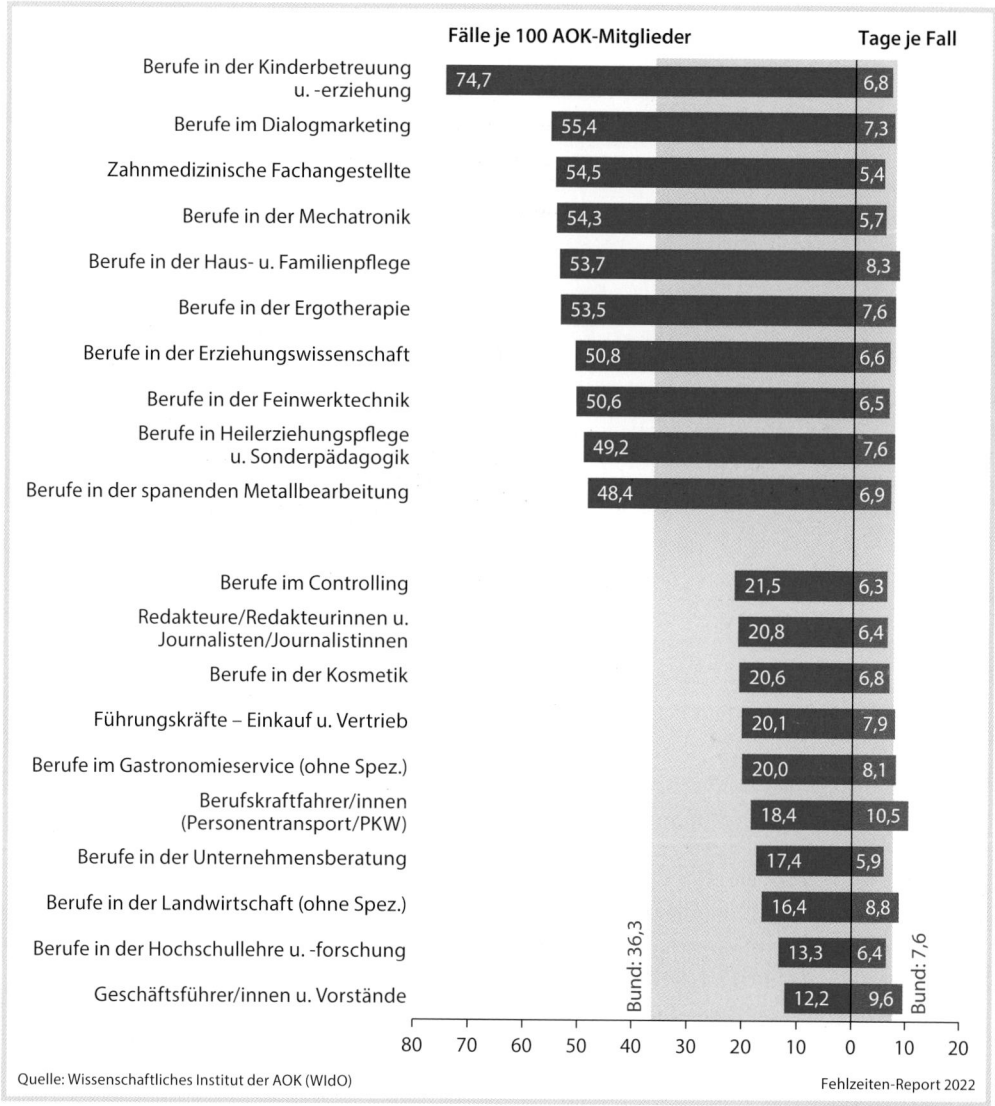

**☐ Abb. 19.36** Krankheiten des Atmungssystems nach Berufen im Jahr 2021, AOK-Mitglieder

Die Unterschiede zeigen sich auch bei den Berufsgruppen (☐ Abb. 19.38). An der Spitze der Arbeitsunfähigkeitsfälle aufgrund von Verletzungen stehen Berufe in der Zimmerei und der Dachdeckerei mit 34,9 bzw. 34,0 Fällen je 100 AOK-Mitglieder und einer relativ langen Falldauer (20,6 und 19,5 Tagen pro Fall). Berufe in der Hochschullehre und -forschung liegen dagegen mit 3,6 Fällen je 100 AOK-Mitglieder und 11,4 Tagen je Fall weit unter dem Bundesdurchschnitt. Die längste gemittelte Falldauer geht auf Geschäftsführer/innen und Vorstände zurück (23,4 Tage je Fall).

Ein erheblicher Teil der Verletzungen ist auf Arbeitsunfälle zurückzuführen. In der Land- und Forstwirtschaft gehen 50 % der Arbeitsunfähigkeitstage auf Arbeitsunfälle mit Verletzungen zurück. Im Baugewerbe, im Bereich Verkehr und Transport und in Energie, Wasser, Entsorgung und Bergbau gehen

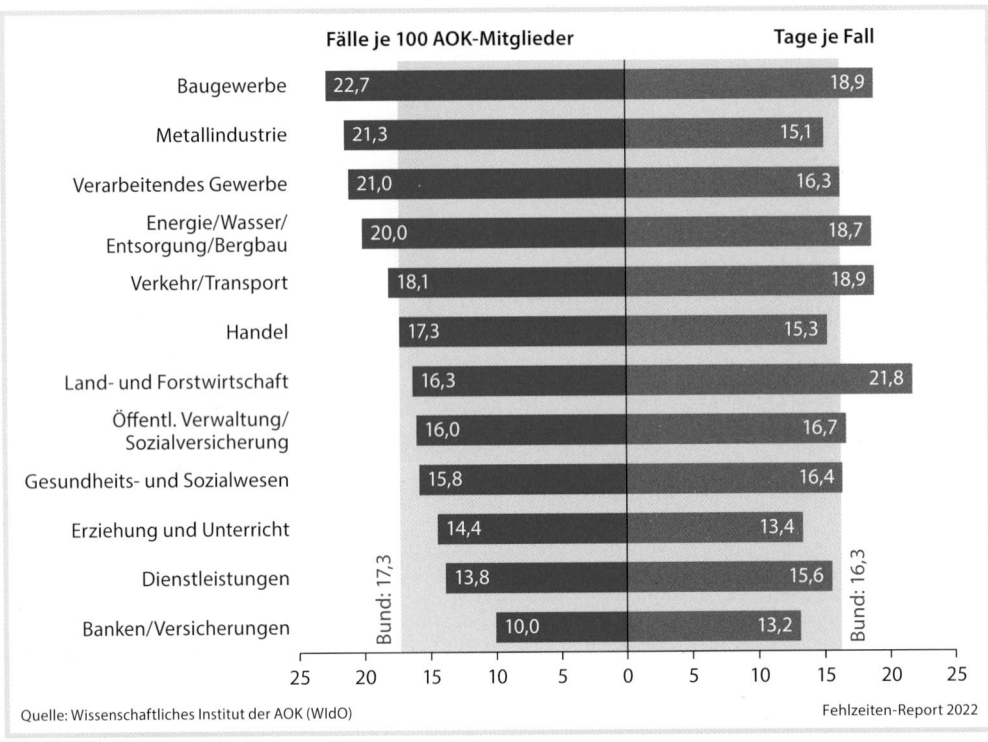

**Fälle je 100 AOK-Mitglieder**          **Tage je Fall**

| Branche | Fälle je 100 AOK-Mitglieder | Tage je Fall |
|---|---|---|
| Baugewerbe | 22,7 | 18,9 |
| Metallindustrie | 21,3 | 15,1 |
| Verarbeitendes Gewerbe | 21,0 | 16,3 |
| Energie/Wasser/Entsorgung/Bergbau | 20,0 | 18,7 |
| Verkehr/Transport | 18,1 | 18,9 |
| Handel | 17,3 | 15,3 |
| Land- und Forstwirtschaft | 16,3 | 21,8 |
| Öffentl. Verwaltung/Sozialversicherung | 16,0 | 16,7 |
| Gesundheits- und Sozialwesen | 15,8 | 16,4 |
| Erziehung und Unterricht | 14,4 | 13,4 |
| Dienstleistungen | 13,8 | 15,6 |
| Banken/Versicherungen | 10,0 | 13,2 |

Bund: 17,3          Bund: 16,3

Quelle: Wissenschaftliches Institut der AOK (WIdO)          Fehlzeiten-Report 2022

**Abb. 19.37** Verletzungen, Vergiftungen und bestimmte andere Folgen äußerer Ursachen nach Branchen im Jahr 2021, AOK-Mitglieder

bei den Verletzungen immerhin mehr als ein Drittel der Fehltage auf Arbeitsunfälle zurück (Abb. 19.39). Am niedrigsten ist der Anteil der Arbeitsunfälle bei den Banken und Versicherungen. Dort beträgt er lediglich 15 %.

■■ **Erkrankungen der Verdauungsorgane**

Auf Erkrankungen der Verdauungsorgane gingen im Jahr 2021 insgesamt 4 % der Arbeitsunfähigkeitstage zurück (Abb. 19.32). Die Unterschiede zwischen den Wirtschaftszweigen hinsichtlich der Zahl der Arbeitsunfähigkeitsfälle sind relativ gering. Die Branchen Energie, Wasser, Entsorgung und Bergbau (17,6 Fälle je 100 AOK-Mitglieder) sowie Öffentliche Verwaltung und Sozialversicherung (17,4 Fälle), die Metallindustrie (17,2 Fälle) und das Verarbeitende Gewerbe (16,8 Fälle) verzeich-

neten eine vergleichsweise hohe Anzahl an Arbeitsunfähigkeitsfällen. Am niedrigsten war die Zahl der Arbeitsunfähigkeitsfälle im Bereich Land- und Forstwirtschaft mit 11 Fällen je 100 AOK-Mitglieder. Die Dauer der Fälle betrug im Branchendurchschnitt 7,4 Tage. In den einzelnen Branchen bewegte sie sich zwischen 6,0 bei den Banken und Versicherungen und 8,8 Tagen in der Land- und Forstwirtschaft (Abb. 19.40).

Die Berufe mit den meisten Arbeitsunfähigkeitsfällen aufgrund von Erkrankungen des Verdauungssystems waren im Jahr 2021 Berufe im Dialogmarketing (25,2 Fälle je 100 AOK-Mitglieder), die Gruppe mit den wenigsten Fällen waren Berufe im Bereich der Hochschullehre und -forschung (4,3 Fälle je 100 AOK-Mitglieder) (Abb. 19.41).

**19**

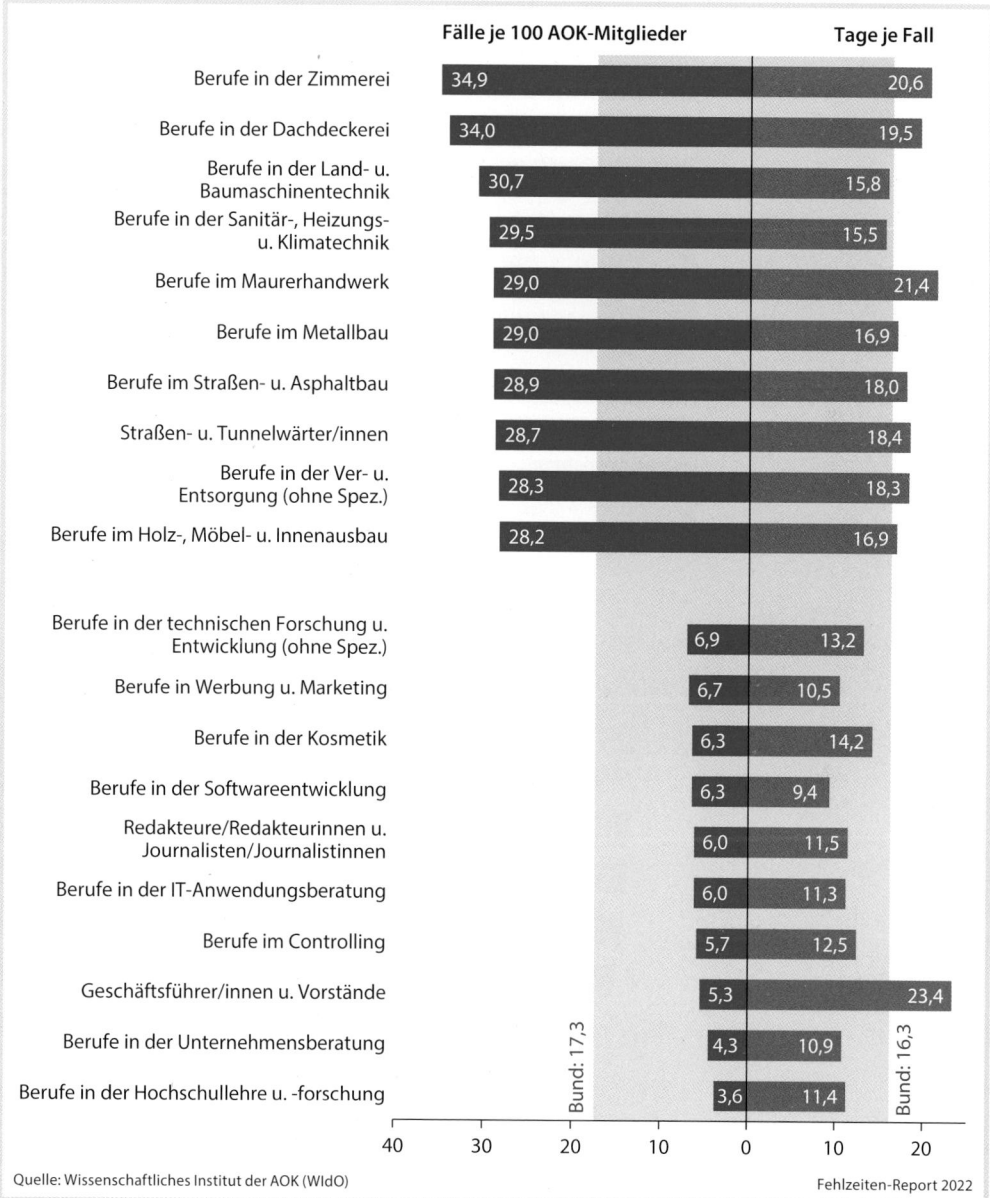

Fälle je 100 AOK-Mitglieder          Tage je Fall

| Beruf | Fälle je 100 AOK-Mitglieder | Tage je Fall |
|---|---|---|
| Berufe in der Zimmerei | 34,9 | 20,6 |
| Berufe in der Dachdeckerei | 34,0 | 19,5 |
| Berufe in der Land- u. Baumaschinentechnik | 30,7 | 15,8 |
| Berufe in der Sanitär-, Heizungs- u. Klimatechnik | 29,5 | 15,5 |
| Berufe im Maurerhandwerk | 29,0 | 21,4 |
| Berufe im Metallbau | 29,0 | 16,9 |
| Berufe im Straßen- u. Asphaltbau | 28,9 | 18,0 |
| Straßen- u. Tunnelwärter/innen | 28,7 | 18,4 |
| Berufe in der Ver- u. Entsorgung (ohne Spez.) | 28,3 | 18,3 |
| Berufe im Holz-, Möbel- u. Innenausbau | 28,2 | 16,9 |
| Berufe in der technischen Forschung u. Entwicklung (ohne Spez.) | 6,9 | 13,2 |
| Berufe in Werbung u. Marketing | 6,7 | 10,5 |
| Berufe in der Kosmetik | 6,3 | 14,2 |
| Berufe in der Softwareentwicklung | 6,3 | 9,4 |
| Redakteure/Redakteurinnen u. Journalisten/Journalistinnen | 6,0 | 11,5 |
| Berufe in der IT-Anwendungsberatung | 6,0 | 11,3 |
| Berufe im Controlling | 5,7 | 12,5 |
| Geschäftsführer/innen u. Vorstände | 5,3 | 23,4 |
| Berufe in der Unternehmensberatung | 4,3 | 10,9 |
| Berufe in der Hochschullehre u. -forschung | 3,6 | 11,4 |

Bund: 17,3                    Bund: 16,3

40    30    20    10    0    10    20

Quelle: Wissenschaftliches Institut der AOK (WIdO)                    Fehlzeiten-Report 2022

**◻ Abb. 19.38** Verletzungen, Vergiftungen und bestimmte andere Folgen äußerer Ursachen nach Berufen im Jahr 2021, AOK-Mitglieder

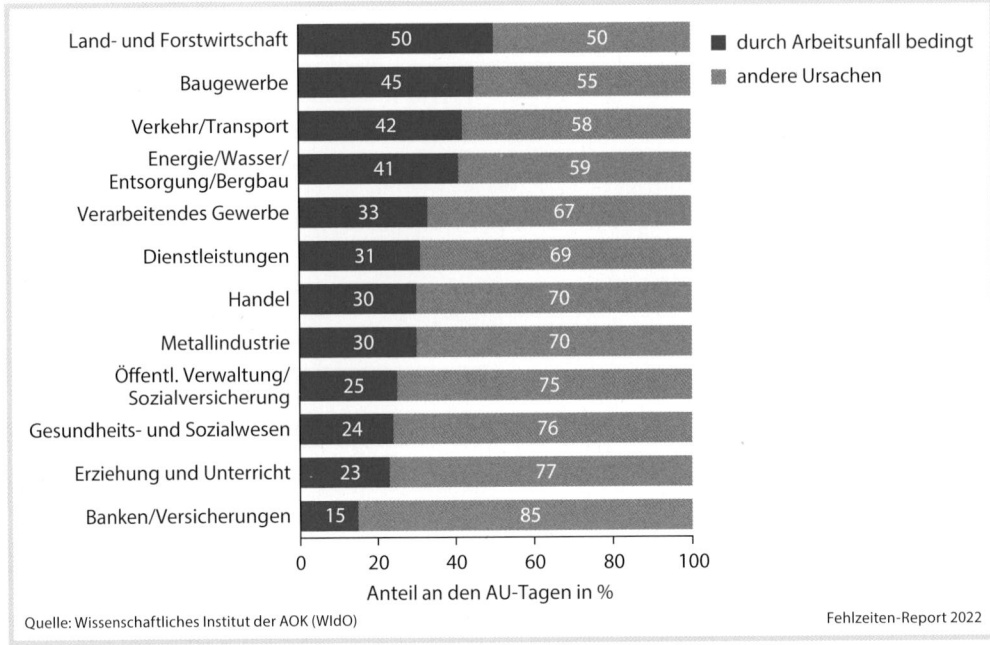

Land- und Forstwirtschaft 50 50
Baugewerbe 45 55
Verkehr/Transport 42 58
Energie/Wasser/ Entsorgung/Bergbau 41 59
Verarbeitendes Gewerbe 33 67
Dienstleistungen 31 69
Handel 30 70
Metallindustrie 30 70
Öffentl. Verwaltung/ Sozialversicherung 25 75
Gesundheits- und Sozialwesen 24 76
Erziehung und Unterricht 23 77
Banken/Versicherungen 15 85
durch Arbeitsunfall bedingt
andere Ursachen
0 20 40 60 80 100
Anteil an den AU-Tagen in %
Quelle: Wissenschaftliches Institut der AOK (WIdO)
Fehlzeiten-Report 2022

**Abb. 19.39** Anteil der Arbeitsunfälle an den Verletzungen nach Branchen im Jahr 2021, AOK-Mitglieder

Fälle je 100 AOK-Mitglieder
Tage je Fall
Energie/Wasser/ Entsorgung/Bergbau 17,6 7,7
Öffentl. Verwaltung/ Sozialversicherung 17,4 7,3
Metallindustrie 17,2 7,2
Verarbeitendes Gewerbe 16,8 7,5
Gesundheits- und Sozialwesen 15,1 7,7
Erziehung und Unterricht 15,1 6,4
Baugewerbe 14,9 7,5
Verkehr/Transport 14,7 8,5
Handel 14,6 7,3
Dienstleistungen 12,7 7,1
Banken/Versicherungen 12,5 6,0
Land- und Forstwirtschaft 11,0 8,8
Bund: 14,9
Bund: 7,4
20 15 10 5 0 5 10
Quelle: Wissenschaftliches Institut der AOK (WIdO)
Fehlzeiten-Report 2022

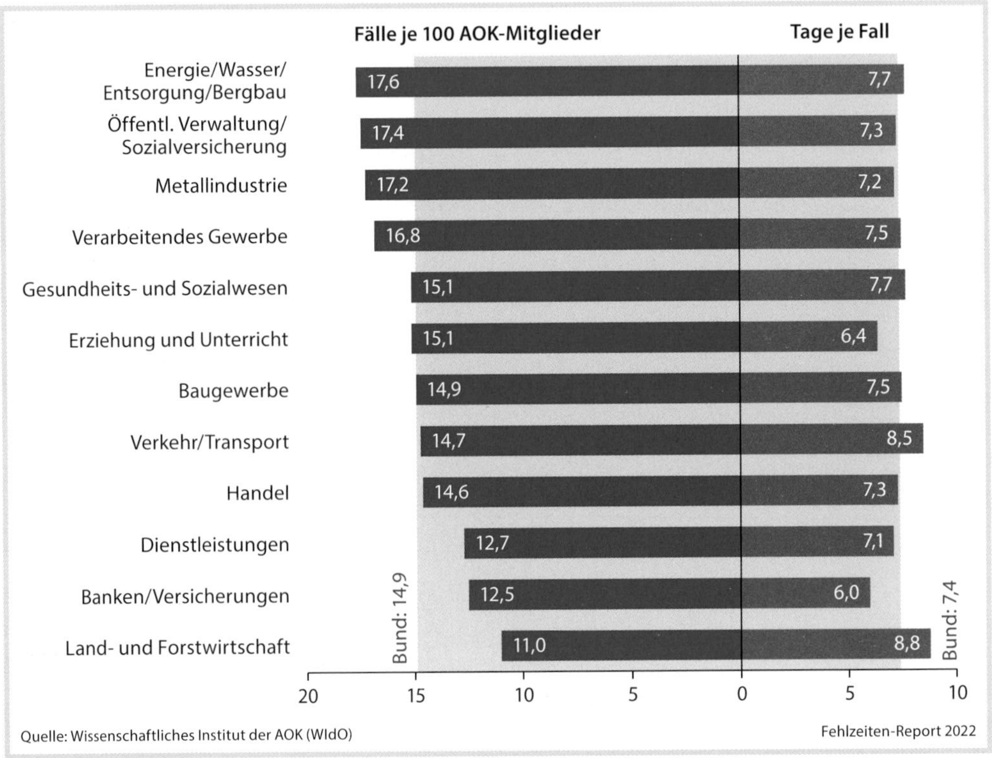

**Abb. 19.40** Krankheiten des Verdauungssystems nach Branchen im Jahr 2021, AOK-Mitglieder

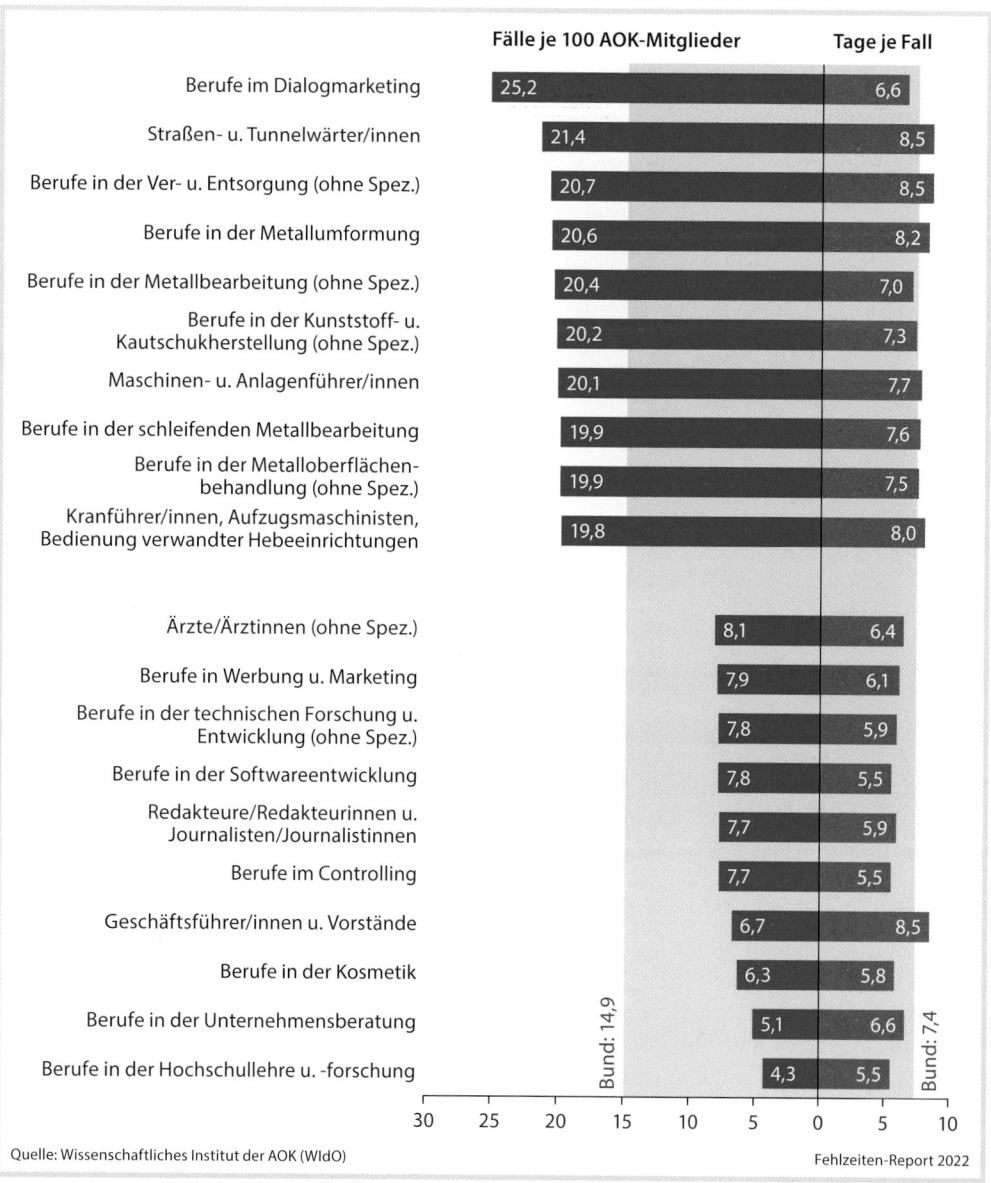

Fälle je 100 AOK-Mitglieder | Tage je Fall

| Beruf | Fälle je 100 AOK-Mitglieder | Tage je Fall |
|---|---|---|
| Berufe im Dialogmarketing | 25,2 | 6,6 |
| Straßen- u. Tunnelwärter/innen | 21,4 | 8,5 |
| Berufe in der Ver- u. Entsorgung (ohne Spez.) | 20,7 | 8,5 |
| Berufe in der Metallumformung | 20,6 | 8,2 |
| Berufe in der Metallbearbeitung (ohne Spez.) | 20,4 | 7,0 |
| Berufe in der Kunststoff- u. Kautschukherstellung (ohne Spez.) | 20,2 | 7,3 |
| Maschinen- u. Anlagenführer/innen | 20,1 | 7,7 |
| Berufe in der schleifenden Metallbearbeitung | 19,9 | 7,6 |
| Berufe in der Metalloberflächen- behandlung (ohne Spez.) | 19,9 | 7,5 |
| Kranführer/innen, Aufzugsmaschinisten, Bedienung verwandter Hebeeinrichtungen | 19,8 | 8,0 |
| Ärzte/Ärztinnen (ohne Spez.) | 8,1 | 6,4 |
| Berufe in Werbung u. Marketing | 7,9 | 6,1 |
| Berufe in der technischen Forschung u. Entwicklung (ohne Spez.) | 7,8 | 5,9 |
| Berufe in der Softwareentwicklung | 7,8 | 5,5 |
| Redakteure/Redakteurinnen u. Journalisten/Journalistinnen | 7,7 | 5,9 |
| Berufe im Controlling | 7,7 | 5,5 |
| Geschäftsführer/innen u. Vorstände | 6,7 | 8,5 |
| Berufe in der Kosmetik | 6,3 | 5,8 |
| Berufe in der Unternehmensberatung | 5,1 | 6,6 |
| Berufe in der Hochschullehre u. -forschung | 4,3 | 5,5 |

Bund: 14,9   Bund: 7,4

30  25  20  15  10  5  0  5  10

Quelle: Wissenschaftliches Institut der AOK (WIdO)

Fehlzeiten-Report 2022

◻ **Abb. 19.41** Krankheiten des Verdauungssystems nach Berufen im Jahr 2021, AOK-Mitglieder

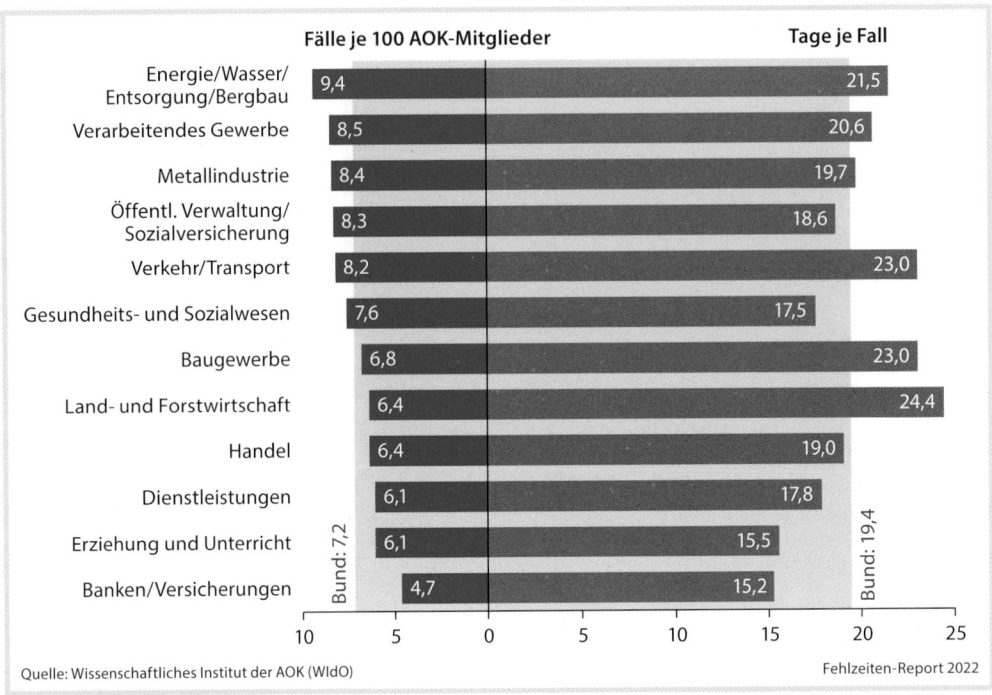

**Fälle je 100 AOK-Mitglieder**                    **Tage je Fall**

| Branche | Fälle je 100 AOK-Mitglieder | Tage je Fall |
|---|---|---|
| Energie/Wasser/Entsorgung/Bergbau | 9,4 | 21,5 |
| Verarbeitendes Gewerbe | 8,5 | 20,6 |
| Metallindustrie | 8,4 | 19,7 |
| Öffentl. Verwaltung/Sozialversicherung | 8,3 | 18,6 |
| Verkehr/Transport | 8,2 | 23,0 |
| Gesundheits- und Sozialwesen | 7,6 | 17,5 |
| Baugewerbe | 6,8 | 23,0 |
| Land- und Forstwirtschaft | 6,4 | 24,4 |
| Handel | 6,4 | 19,0 |
| Dienstleistungen | 6,1 | 17,8 |
| Erziehung und Unterricht | 6,1 | 15,5 |
| Banken/Versicherungen | 4,7 | 15,2 |

Bund: 7,2     Bund: 19,4

Quelle: Wissenschaftliches Institut der AOK (WIdO)                    Fehlzeiten-Report 2022

**Abb. 19.42** Krankheiten des Kreislaufsystems nach Branchen im Jahr 2021, AOK-Mitglieder

## ▪▪ Herz- und Kreislauf-Erkrankungen

Der Anteil der Herz- und Kreislauf-Erkrankungen an den Arbeitsunfähigkeittagen lag im Jahr 2021 in den einzelnen Branchen zwischen 4 und 6 % (☐ Abb. 19.32). Die meisten Erkrankungsfälle waren im Bereich Energie, Wasser, Entsorgung und Bergbau sowie im Verarbeitenden Gewerbe zu verzeichnen (9,4 bzw. 8,5 Fälle je 100 AOK-Mitglieder). Die niedrigsten Werte waren bei den Beschäftigten im Bereich Banken und Versicherungen zu finden (4,7 Fälle je 100 AOK-Mitglieder). Herz- und Kreislauf-Erkrankungen bringen oft lange Ausfallzeiten mit sich. Die Dauer eines Erkrankungsfalls bewegte sich in den einzelnen Wirtschaftsbereichen zwischen 15,2 Tagen bei den Banken und Versicherungen und 24,4 Tagen in der Branche Land- und Forstwirtschaft (☐ Abb. 19.42).

☐ Abb. 19.43 stellt die hohen und niedrigen Fehlzeiten aufgrund von Erkrankungen des Herz-Kreislauf-Systems nach Berufen im Jahr 2021 dar. Die Berufsgruppe mit den meisten Arbeitsunfähigkeitsfällen sind Bus- und Straßenbahnfahrer/innen (12,2 Fälle je 100 AOK-Mitglieder). Die wenigsten AU-Fälle sind in der Berufsgruppe der Hochschullehre und -forschung zu verzeichnen (1,5 Fälle je 100 AOK-Mitglieder). Mit 28,0 Tagen je Fall fallen Berufskraftfahrer/innen überdurchschnittlich lange aufgrund von Herz-Kreislauf-Erkrankungen aus.

## ▪▪ Psychische und Verhaltensstörungen

Der Anteil der psychischen und Verhaltensstörungen an den krankheitsbedingten Fehlzeiten schwankte in den einzelnen Branchen erheblich. Die meisten Erkrankungsfälle sind

**19**

**◨ Abb. 19.43** Krankheiten des Herz-Kreislauf-Systems nach Berufen im Jahr 2021, AOK-Mitglieder

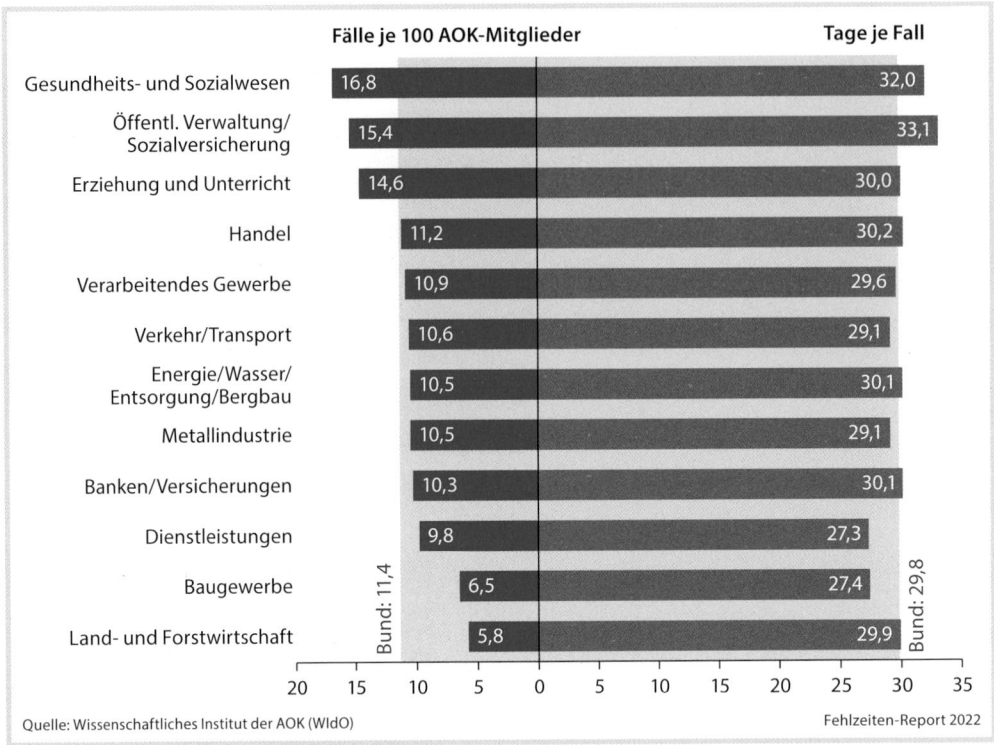

**Fälle je 100 AOK-Mitglieder**  **Tage je Fall**

| Branche | Fälle je 100 AOK-Mitglieder | Tage je Fall |
|---|---|---|
| Gesundheits- und Sozialwesen | 16,8 | 32,0 |
| Öffentl. Verwaltung/ Sozialversicherung | 15,4 | 33,1 |
| Erziehung und Unterricht | 14,6 | 30,0 |
| Handel | 11,2 | 30,2 |
| Verarbeitendes Gewerbe | 10,9 | 29,6 |
| Verkehr/Transport | 10,6 | 29,1 |
| Energie/Wasser/ Entsorgung/Bergbau | 10,5 | 30,1 |
| Metallindustrie | 10,5 | 29,1 |
| Banken/Versicherungen | 10,3 | 30,1 |
| Dienstleistungen | 9,8 | 27,3 |
| Baugewerbe | 6,5 | 27,4 |
| Land- und Forstwirtschaft | 5,8 | 29,9 |

Bund: 11,4   Bund: 29,8

20  15  10  5  0  5  10  15  20  25  30  35

Quelle: Wissenschaftliches Institut der AOK (WIdO)   Fehlzeiten-Report 2022

☐ **Abb. 19.44** Psychische und Verhaltensstörungen nach Branchen im Jahr 2021, AOK-Mitglieder

im tertiären Sektor zu verzeichnen. Während im Baugewerbe und in der Land- und Forstwirtschaft nur 6 bzw. 7 % der Arbeitsunfähigkeitsfälle auf psychische und Verhaltensstörungen zurückgingen, war bei Banken und Versicherungen und im Bereich Erziehung und Unterricht mit 17 % der Anteil an den AU-Fällen am höchsten (☐ Abb. 19.32). Die durchschnittliche Dauer der Arbeitsunfähigkeitsfälle bewegte sich in den einzelnen Branchen zwischen 27,3 und 33,1 Tagen (☐ Abb. 19.44).

Gerade im Dienstleistungsbereich tätige Personen wie Beschäftigte im Dialogmarketing (26,0 AU-Fälle je 100 Mitglieder) und in der Haus-, Familien- und Altenpflege (21,3 bzw. 20,6 AU-Fälle je 100 AOK-Mitglieder) sind verstärkt von psychischen Erkrankungen betroffen. Psychische Erkrankungen sind dabei in der Regel mit langen Ausfallzeiten verbunden: Im Schnitt fehlten Arbeitnehmende 29,8 Tage (☐ Abb. 19.45).

**19**

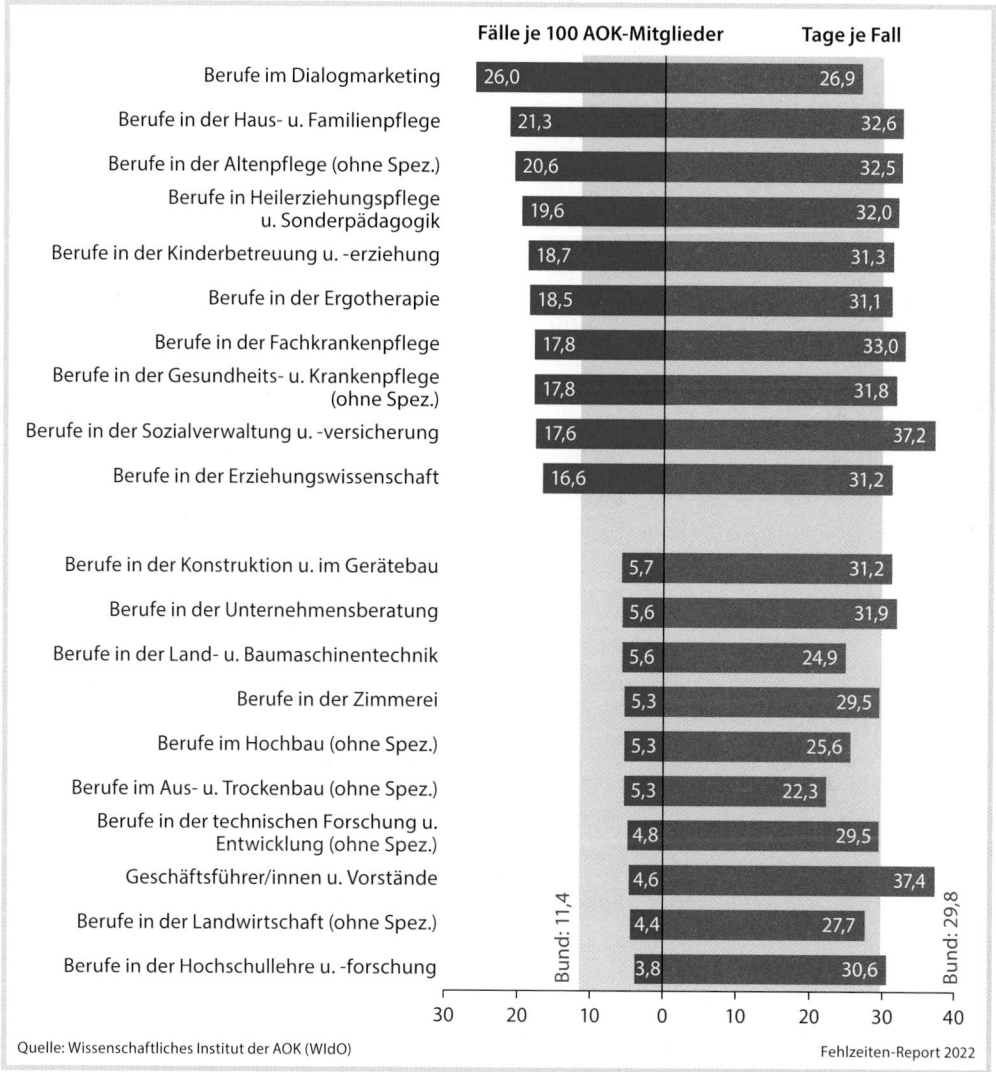

Fälle je 100 AOK-Mitglieder · Tage je Fall

| Beruf | Fälle je 100 AOK-Mitglieder | Tage je Fall |
|---|---|---|
| Berufe im Dialogmarketing | 26,0 | 26,9 |
| Berufe in der Haus- u. Familienpflege | 21,3 | 32,6 |
| Berufe in der Altenpflege (ohne Spez.) | 20,6 | 32,5 |
| Berufe in Heilerziehungspflege u. Sonderpädagogik | 19,6 | 32,0 |
| Berufe in der Kinderbetreuung u. -erziehung | 18,7 | 31,3 |
| Berufe in der Ergotherapie | 18,5 | 31,1 |
| Berufe in der Fachkrankenpflege | 17,8 | 33,0 |
| Berufe in der Gesundheits- u. Krankenpflege (ohne Spez.) | 17,8 | 31,8 |
| Berufe in der Sozialverwaltung u. -versicherung | 17,6 | 37,2 |
| Berufe in der Erziehungswissenschaft | 16,6 | 31,2 |
| Berufe in der Konstruktion u. im Gerätebau | 5,7 | 31,2 |
| Berufe in der Unternehmensberatung | 5,6 | 31,9 |
| Berufe in der Land- u. Baumaschinentechnik | 5,6 | 24,9 |
| Berufe in der Zimmerei | 5,3 | 29,5 |
| Berufe im Hochbau (ohne Spez.) | 5,3 | 25,6 |
| Berufe im Aus- u. Trockenbau (ohne Spez.) | 5,3 | 22,3 |
| Berufe in der technischen Forschung u. Entwicklung (ohne Spez.) | 4,8 | 29,5 |
| Geschäftsführer/innen u. Vorstände | 4,6 | 37,4 |
| Berufe in der Landwirtschaft (ohne Spez.) | 4,4 | 27,7 |
| Berufe in der Hochschullehre u. -forschung | 3,8 | 30,6 |

Bund: 11,4 · Bund: 29,8

30 20 10 0 10 20 30 40

Quelle: Wissenschaftliches Institut der AOK (WIdO)

Fehlzeiten-Report 2022

**Abb. 19.45** Psychische und Verhaltensstörungen nach Berufen im Jahr 2021, AOK-Mitglieder

## 19.16 Langzeitfälle nach Krankheitsarten

Langzeit-Arbeitsunfähigkeit mit einer Dauer von mehr als sechs Wochen stellt sowohl für die Betroffenen als auch für die Unternehmen und Krankenkassen eine besondere Belastung dar. Daher kommt der Prävention derjenigen Erkrankungen, die zu langen Ausfallzeiten führen, eine spezielle Bedeutung zu (■ Abb. 19.46).

Ebenso wie im Arbeitsunfähigkeitsgeschehen insgesamt spielen auch bei den Langzeitfällen die Muskel- und Skelett-Erkrankungen und die psychischen und Verhaltensstörungen eine entscheidende Rolle. Auf diese beiden Krankheitsarten gingen 2021 be-

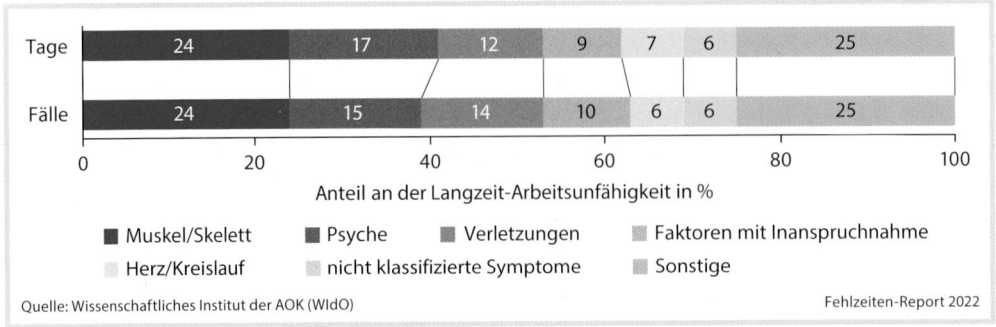

Quelle: Wissenschaftliches Institut der AOK (WIdO)                    Fehlzeiten-Report 2022

**◘ Abb. 19.46** Langzeit-Arbeitsunfähigkeit (> 6 Wochen) der AOK-Mitglieder nach Krankheitsarten im Jahr 2021

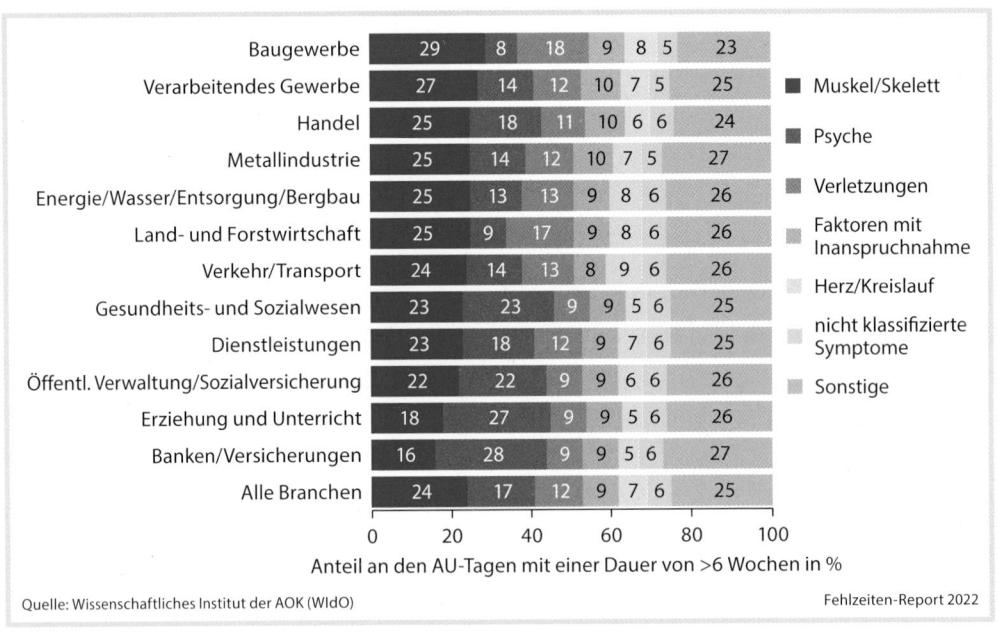

Quelle: Wissenschaftliches Institut der AOK (WIdO)                    Fehlzeiten-Report 2022

**◘ Abb. 19.47** Langzeit-Arbeitsunfähigkeit (> 6 Wochen) der AOK-Mitglieder nach Krankheitsarten und Branchen im Jahr 2021

**19**

reits 39 % der durch Langzeitfälle verursachten Fehlzeiten zurück. An dritter Stelle stehen Verletzungen mit einem Anteil von 14 % an den durch Langzeitfälle bedingten Fehlzeiten.

Auch in den einzelnen Wirtschaftsabteilungen geht die Mehrzahl der durch Langzeitfälle bedingten Arbeitsunfähigkeitstage auf die o. g. Krankheitsarten zurück (◘ Abb. 19.47). Der Anteil der muskuloskelettalen Erkrankungen ist im Baugewerbe (29 %) am höchsten. Bei den Verletzungen werden die höchsten Werte ebenfalls im Baugewerbe (18 %) sowie in der Land- und Forstwirtschaft erreicht (17 %). Die psychischen und Verhaltensstörungen verursachen – bezogen auf die Langzeiterkrankungen – die meisten Ausfalltage bei Banken und Versicherungen (28 %). Der Anteil der Herz- und Kreislauf-Erkrankungen ist im Bereich Verkehr und Transport (9 %) am ausgeprägtesten.

## 19.17 Krankheitsarten nach Diagnoseuntergruppen

In ► Abschn. 19.15 wurde die Bedeutung der branchenspezifischen Tätigkeitsschwerpunkte und -belastungen für die Krankheitsarten aufgezeigt. Doch auch innerhalb der Krankheitsarten zeigen sich Differenzen aufgrund der unterschiedlichen arbeitsbedingten Belastungen. In ◘ Abb. 19.48, 19.49, 19.50, 19.51, 19.52 und 19.53 wird die Verteilung der wichtigsten Krankheitsarten nach Diagnoseuntergruppen (nach ICD-10) und Branchen dargestellt.

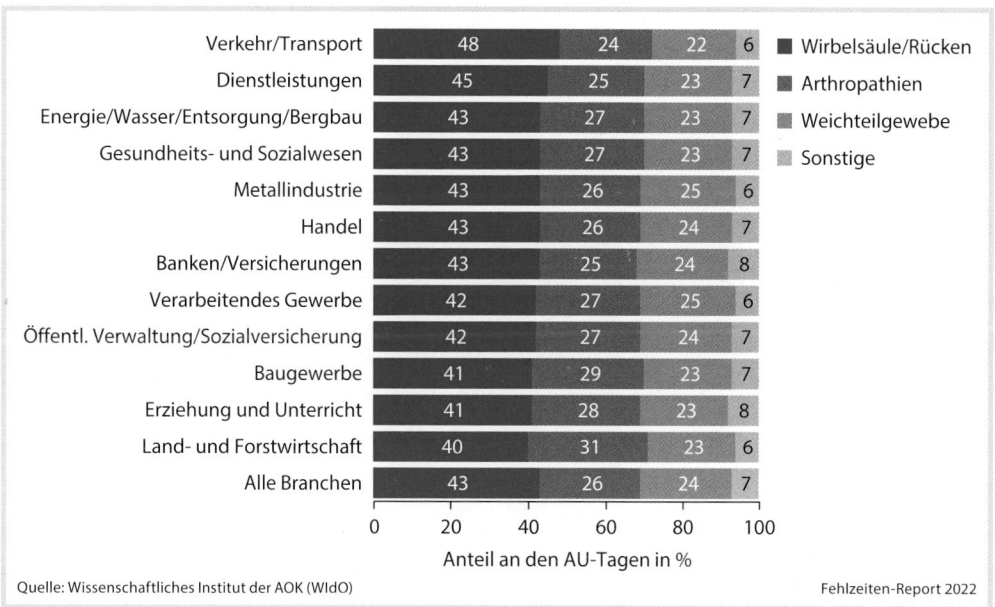

◘ **Abb. 19.48** Krankheiten des Muskel- und Skelettsystems und Bindegewebserkrankungen nach Diagnoseuntergruppen und Branchen im Jahr 2021, AOK-Mitglieder

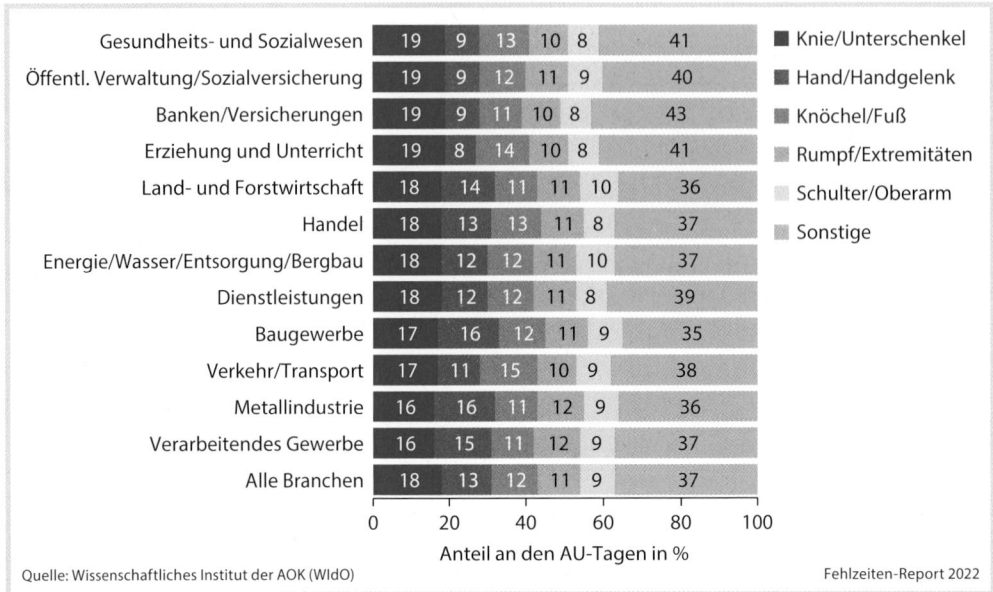

**◼ Abb. 19.49** Verletzungen, Vergiftungen und bestimmte andere Folgen äußerer Ursachen nach Diagnoseuntergruppen und Branchen im Jahr 2021, AOK-Mitglieder

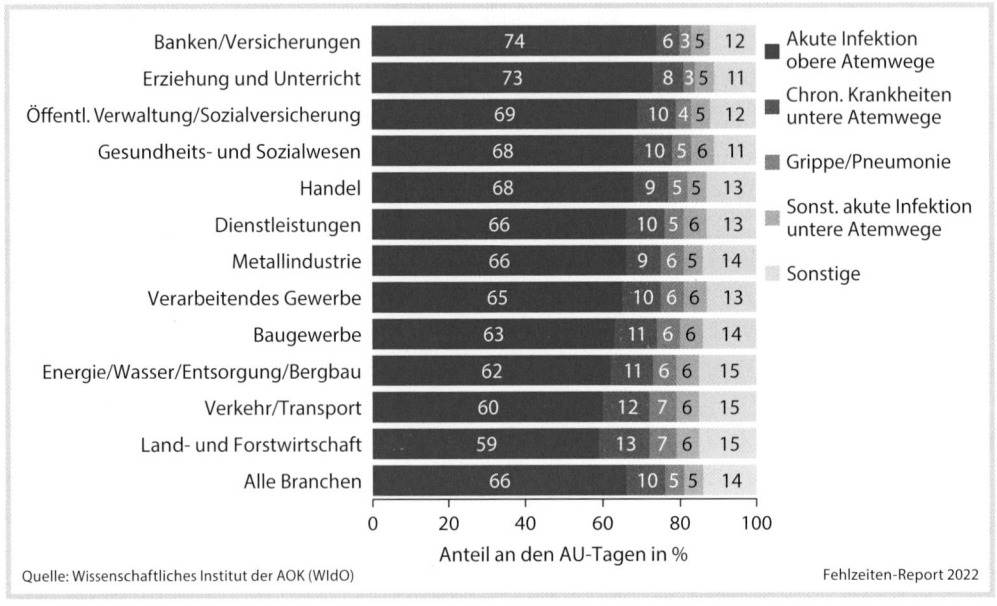

**◼ Abb. 19.50** Krankheiten des Atmungssystems nach Diagnoseuntergruppen und Branchen im Jahr 2021, AOK-Mitglieder

19

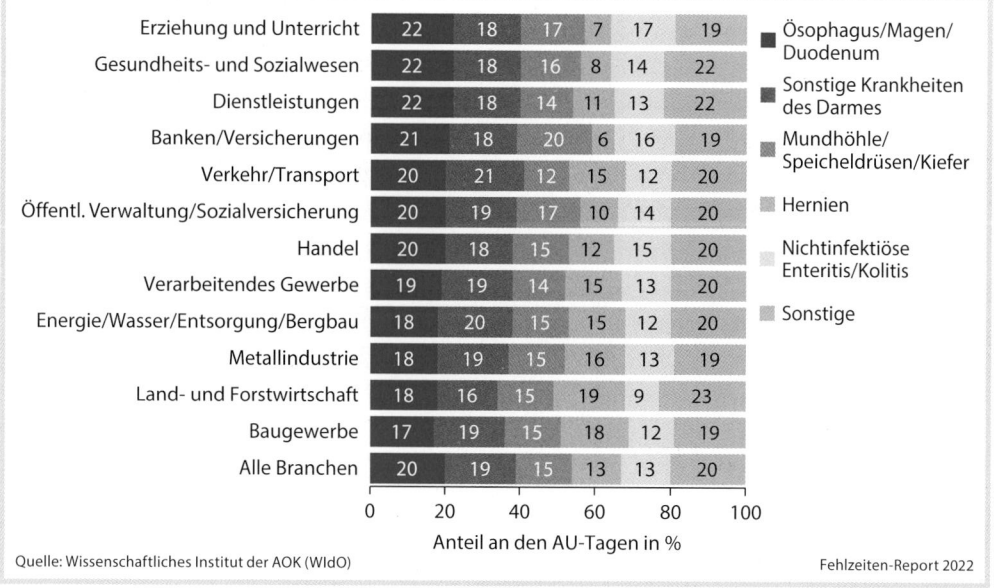

◨ **Abb. 19.51** Krankheiten des Verdauungssystems nach Diagnoseuntergruppen und Branchen im Jahr 2021, AOK-Mitglieder

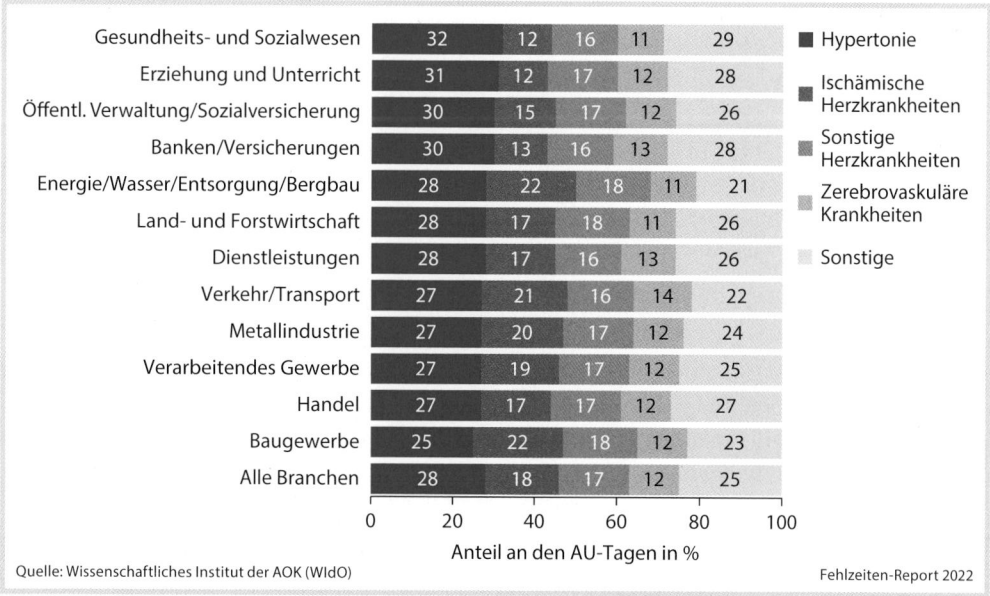

◨ **Abb. 19.52** Krankheiten des Kreislaufsystems nach Diagnoseuntergruppen und Branchen im Jahr 2021, AOK-Mitglieder

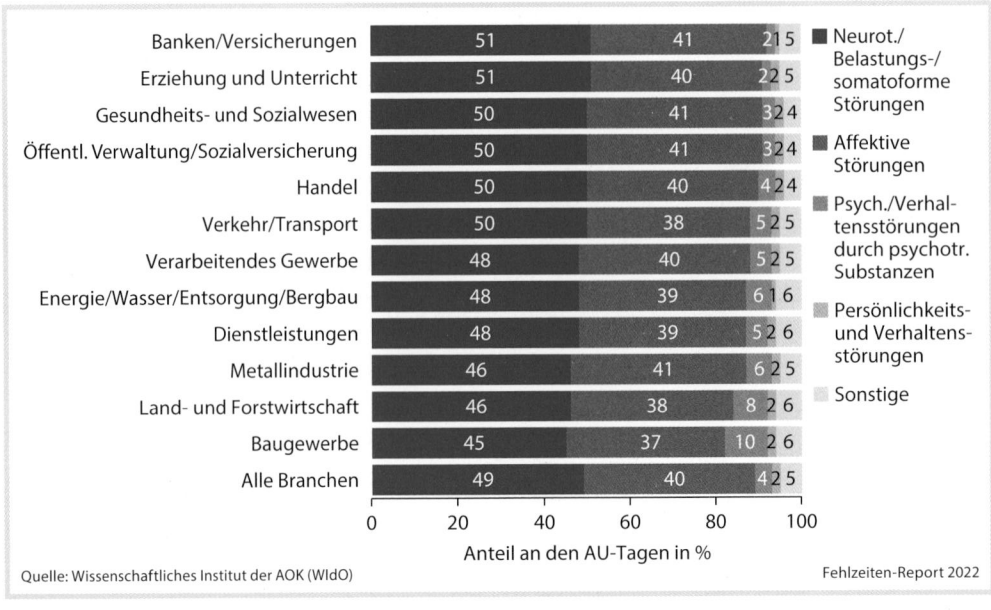

Quelle: Wissenschaftliches Institut der AOK (WIdO)                    Fehlzeiten-Report 2022

**◻ Abb. 19.53** Psychische und Verhaltensstörungen nach Diagnoseuntergruppen und Branchen im Jahr 2021, AOK-Mitglieder

## 19.18 Burnout-bedingte Fehlzeiten

Im Zusammenhang mit psychischen Erkrankungen ist in der öffentlichen Wahrnehmung und Diskussion in den letzten Jahren zunehmend die Diagnose Burnout in den Vordergrund getreten und auch weiterhin von Bedeutung.

Unter Burnout wird ein Zustand physischer und psychischer Erschöpfung verstanden, der in der ICD-10-Klassifikation unter der Diagnosegruppe Z73 „Probleme mit Bezug auf Schwierigkeiten bei der Lebensbewältigung" in der Hauptdiagnosegruppe Z00–Z99 „Faktoren, die den Gesundheitszustand beeinflussen und zur Inanspruchnahme des Gesundheitswesens führen" eingeordnet ist. Burnout ist daher von den Ärzten nicht als eigenständige Arbeitsunfähigkeit auslösende psychische Erkrankung in der ICD-Gruppe der psychischen und Verhaltensstörungen zu kodieren. Es ist jedoch möglich, diese Diagnose als Zusatzin-

formation anzugeben. Seit dem 1. Januar 2022 können die Mitgliedsstaaten der WHO ihre Mortalitätsdaten anhand der neuen ICD-11-Klassifikation an die WHO berichten. In dieser neuen Klassifikation wird Burnout eindeutiger definiert als Syndrom aufgrund von „Stress am Arbeitsplatz, der nicht erfolgreich verarbeitet werden kann". Gekennzeichnet ist Burnout hier durch drei Dimensionen: ein Gefühl von Erschöpfung, eine zunehmende geistige Distanz oder negative Haltung zum eigenen Job und ein verringertes Leistungsvermögen im Beruf. Die ICD-11-Klassifikation gibt es auf Deutsch bisher nur als Entwurfsfassung. Der konkrete Zeitpunkt der Einführung der ICD-11 in Deutschland zur Mortalitätskodierung steht jedoch noch nicht fest.

Zwischen 2012 und 2021 haben sich die Arbeitsunfähigkeitstage aufgrund der Diagnosegruppe Z73 je 1.000 AOK-Mitglieder von 92,2 auf 141,8 Tage um mehr als 50 % erhöht (◻ Abb. 19.54). Im Jahr 2021 stiegen die Arbeitsunfähigkeitstage je 1.000 AOK-Mitglieder im Vergleich zum Vorjahr um durchschnitt-

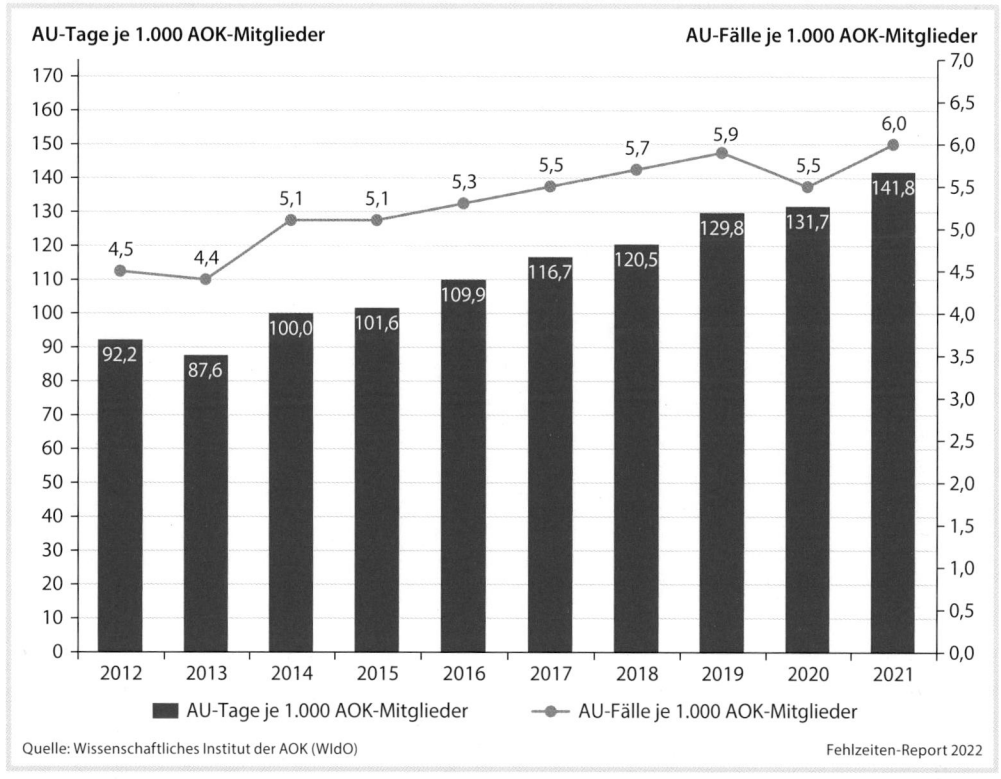

**AU-Tage je 1.000 AOK-Mitglieder**

**AU-Fälle je 1.000 AOK-Mitglieder**

Quelle: Wissenschaftliches Institut der AOK (WIdO)

Fehlzeiten-Report 2022

◨ **Abb. 19.54** AU-Tage und -Fälle der Diagnosegruppe Z73 in den Jahren 2012–2021 je 1.000 AOK-Mitglieder

lich 10,1 Tage an. Nach einem leichten Rückgang der Fallzahlen im Jahr 2020 lagen die Fallzahlen im Jahr 2021 mit 6,0 AU-Fälle je 1.000 AOK-Mitglieder dann auf dem höchsten Stand im Zahn-Jahres-Verlauf. Alters- und geschlechtsbereinigt hochgerechnet auf die mehr als 36 Mio. gesetzlich krankenversicherten Beschäftigten bedeutet dies, dass ca. 194.000 Menschen mit insgesamt 4,8 Mio. Fehltagen im Jahr 2021 wegen eines Burnouts krankgeschrieben wurden.

Zwischen den Geschlechtern zeigen sich deutliche Unterschiede: Frauen sind aufgrund eines Burnouts mehr als doppelt so lange krankgeschrieben. Im Jahr 2021 entfielen auf Frauen 187 Ausfalltage je 1.000 AOK-Mitglieder, auf Männer hingegen nur 105 Tage. Sowohl Frauen als auch Männer sind am häufigsten zwischen dem 60. und 64. Lebensjahr von einem Burnout betroffen. Weiterhin zeigt

sich, dass mit zunehmendem Alter das Risiko einer Krankmeldung infolge eines Burnouts zunimmt (◨ Abb. 19.55).

Bei den Auswertungen nach Tätigkeiten zeigt sich in der Mehrheit, dass vor allem Angehörige kundenorientierter und erzieherischer Berufe, bei denen ständig eine helfende oder beratende Haltung gegenüber anderen Menschen gefordert ist, von einem Burnout betroffen sind. ◨ Abb. 19.56 zeigt diejenigen Berufe, bei denen am häufigsten die Diagnose Z73 gestellt wurde. Berufe in der Sozialverwaltung und -versicherung führen mit 318,1 Arbeitsunfähigkeitstagen je 1.000 AOK-Mitglieder die Liste an. An zweiter Stelle stehen Berufe in der Heilerziehungspflege und Sonderpädagogik mit 317,7 AU-Tagen. An dritter Stelle folgen die Berufe in der Sozialarbeit und Sozialpädagogik mit 314,4 Arbeitsunfähigkeitstagen je 1.000 AOK-Mitglieder.

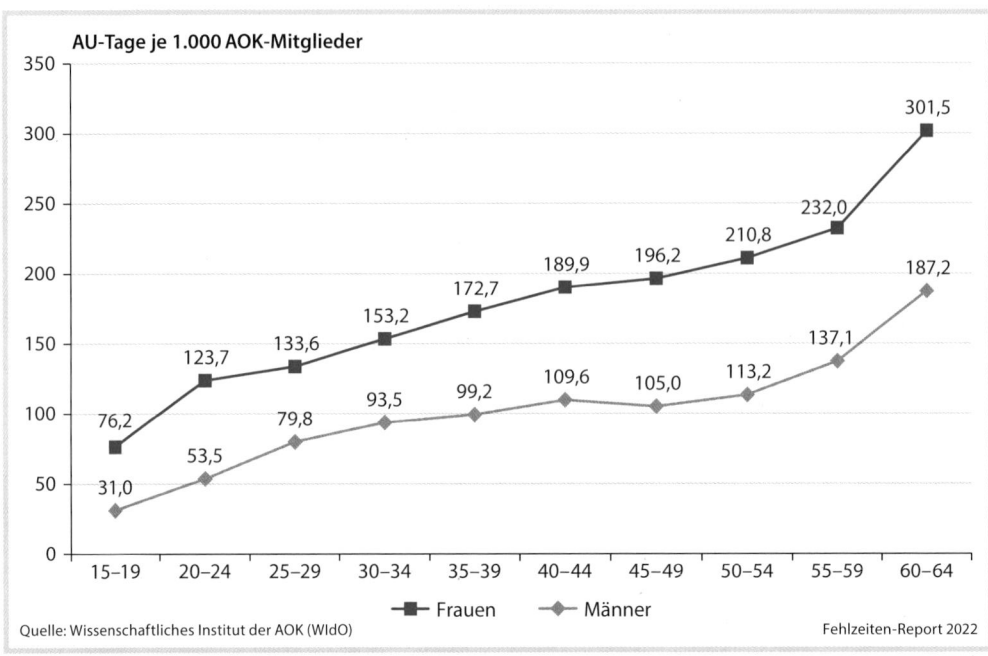

**◘ Abb. 19.55** Tage der Arbeitsunfähigkeit der Diagnosegruppe Z73 je 1.000 AOK-Mitglieder nach Alter und Geschlecht im Jahr 2021

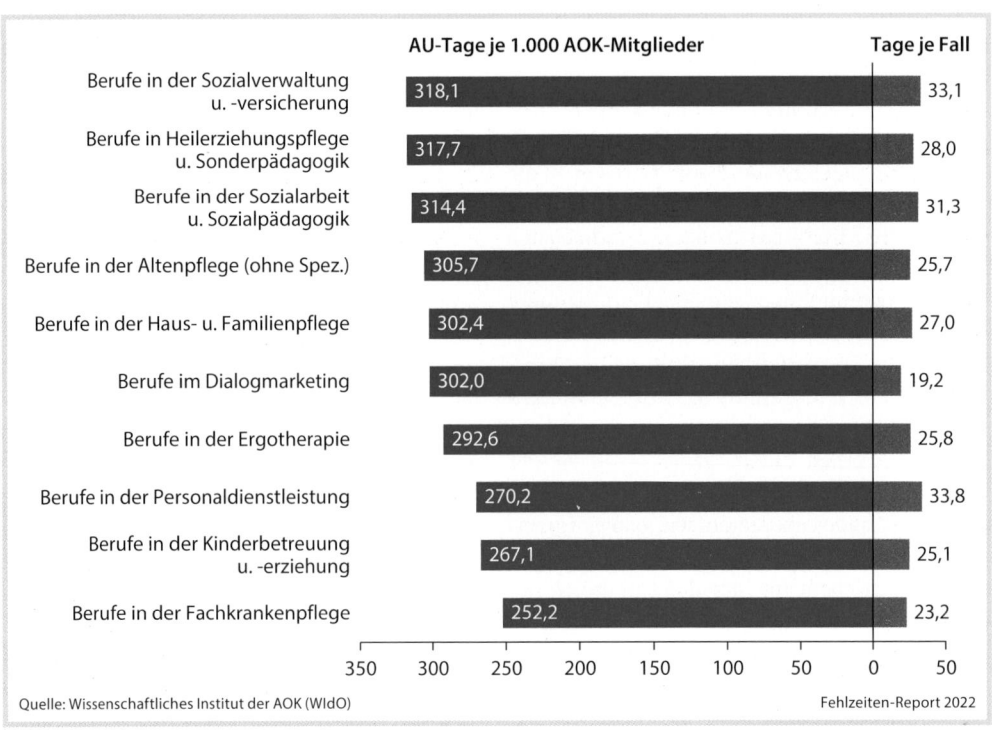

**◘ Abb. 19.56** AU-Tage und -Tage je Fall der Diagnosegruppe Z73 nach Berufen im Jahr 2021, AOK-Mitglieder

19

## 19.19 Arbeitsunfähigkeiten nach Städten 2021

Analysiert man die 50 einwohnerstärksten Städte in Deutschland nach Dauer der Arbeitsunfähigkeitstage, ergeben sich deutliche Unterschiede. Danach sind die Beschäftigten aus Hagen durchschnittlich 24,1 Tage im Jahr krankgeschrieben und liegen damit an der Spitze aller deutschen Großstädte. Im Vergleich sind damit die Fehltage von erwerbstätigen AOK-Mitgliedern, die in Hagen wohnen, im Durchschnitt 4,4 Tage höher als im Bund (19,7 Tage). Die wenigsten Fehltage weisen Beschäftigte in München aus: Diese sind 2021 durchschnittlich 10,7 Tage weniger krankheitsbedingt am Arbeitsplatz ausgefallen (13,4 Fehltage) als Erwerbstätige aus Hagen (◘ Abb. 19.57).

Die Anzahl der Fehltage ist abhängig von einer Vielzahl von Faktoren. Nicht nur die Art der Krankheit, sondern auch das Alter, das Geschlecht, die Branchenzugehörigkeit und vor allem die ausgeübte Tätigkeit der Beschäftigten haben einen Einfluss auf die Krankheitshäufigkeit und -dauer. So weisen beispielsweise Berufe mit hohen körperlichen Arbeitsbelastungen wie in der Ver- und Entsorgung, in der industriellen Gießerei, aber auch Bus- und Straßenbahnfahrer/innen oder Altenpflegekräfte deutlich höhere Ausfallzeiten auf. Setzt sich die Belegschaft aus mehr Akademikerinnen und Akademikern zusammen, die dann auch noch insbesondere in den Branchen Banken und Versicherungen, Handel oder Dienstleistungen tätig sind, werden im Schnitt deutlich geringere Ausfallzeiten erreicht. In diesem Zusammenhang ist zu sehen, dass klassische Industriestädte mit geringerem Akademikeranteil wie bspw. Hagen deutlich mehr Fehlzeiten aufweisen als Städte mit einem höheren Akademikeranteil. So liegen beispielsweise Bewohnerinnen und Bewohner der Stadt Freiburg mit durchschnittlich 14,2 Fehltagen im Jahr 2021 9,9 Tage unter der durchschnittlichen Zahl der Fehltage der in Hagen Beschäftigten. Dies liegt u. a. daran, dass Freiburg als Wissenschaftsstandort eine günstigere Tätigkeitsstruktur aufweist, insbesondere was die körperlichen Belastungen betrifft. Von den 50 einwohnerstärksten Städten in Deutschland arbeiten hier die meisten Hochschullehrenden und Dozierende – dies ist die Berufsgruppe mit den geringsten Arbeitsunfähigkeitstagen überhaupt (◘ Abb. 19.18). Auch arbeiten in Freiburg vergleichsweise weniger Beschäftigte in der Metallindustrie oder im Baugewerbe als beispielsweise in Hagen. Dies sind Branchen, in denen Beschäftigte körperlich stärker beansprucht werden und damit auch eher krankheitsbedingt ausfallen. Ähnlich sieht es in München, der Stadt mit den geringsten Fehlzeiten, aus: Dort arbeiten beispielsweise viermal so viele Beschäftigte in der Branche Banken und Versicherungen und deutlich mehr in der Dienstleistungsbranche, während in Hagen vor allem der Metallindustrie eine große Bedeutung zukommt. Auch ist der Akademikeranteil der Beschäftigten in München besonders hoch: Von den einwohnerstärksten deutschen Städten hat München mit 33,5 % den höchsten Akademikeranteil unter den Beschäftigten, gefolgt von Stuttgart (30,5 %). In Gelsenkirchen liegt der Anteil bei nur 10,5 % (vgl. HWWI/Berenberg-Städteranking 2019).

Unterschiede zwischen den Städten zeigen sich auch bei den Gründen einer Arbeitsunfähigkeit. In Hagen, dem Spitzenreiter nach Fehlzeiten, entfallen 10,7 % der Arbeitsunfähigkeitstage auf psychische Erkrankungen. Ein häufiger Grund für Fehltage sind dort vor allem Muskel- und Skelett-Erkrankungen; auf diese Erkrankungsart entfallen in Hagen rund ein Viertel aller Fehltage (25,5 %) und damit mehr als doppelt so viele wie auf psychische Erkrankungen. Insbesondere die Städte im Ruhrgebiet weisen einen überdurchschnittlichen Anteil an Fehltagen aufgrund von Muskel- und Skelett-Erkrankungen auf, was als ein Hinweis betrachtet werden kann, dass hier mehr Berufe mit schwerer körperlicher Arbeit ausgeübt werden. Obwohl die Städte München, Freiburg und Hamburg (neben Mainz) die geringsten Fehlzeiten im Ran-

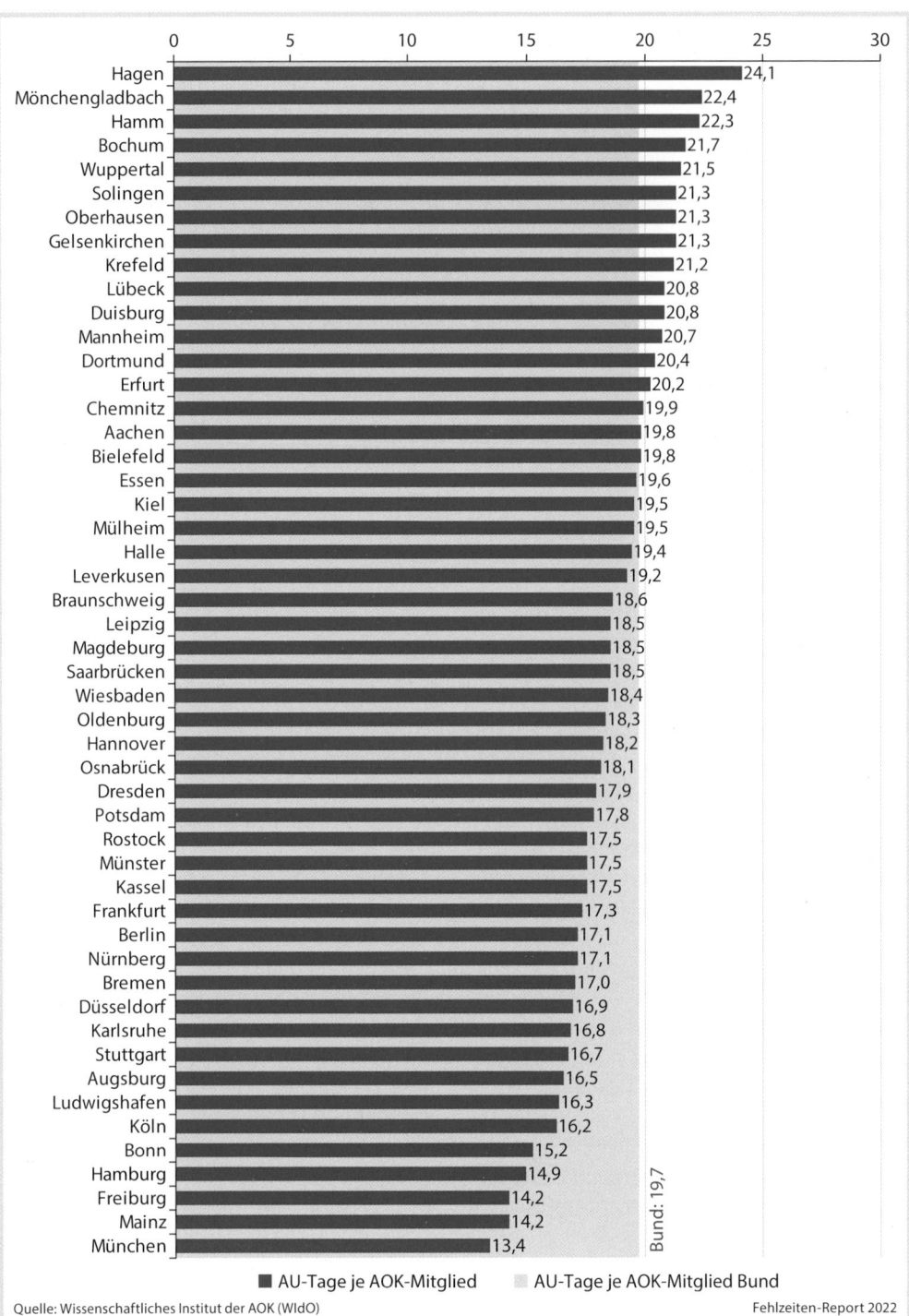

| | AU-Tage je AOK-Mitglied | AU-Tage je AOK-Mitglied Bund |
|---|---|---|
| Hagen | | 24,1 |
| Mönchengladbach | | 22,4 |
| Hamm | | 22,3 |
| Bochum | | 21,7 |
| Wuppertal | | 21,5 |
| Solingen | | 21,3 |
| Oberhausen | | 21,3 |
| Gelsenkirchen | | 21,3 |
| Krefeld | | 21,2 |
| Lübeck | | 20,8 |
| Duisburg | | 20,8 |
| Mannheim | | 20,7 |
| Dortmund | | 20,4 |
| Erfurt | | 20,2 |
| Chemnitz | | 19,9 |
| Aachen | | 19,8 |
| Bielefeld | | 19,8 |
| Essen | | 19,6 |
| Kiel | | 19,5 |
| Mülheim | | 19,5 |
| Halle | | 19,4 |
| Leverkusen | | 19,2 |
| Braunschweig | | 18,6 |
| Leipzig | | 18,5 |
| Magdeburg | | 18,5 |
| Saarbrücken | | 18,5 |
| Wiesbaden | | 18,4 |
| Oldenburg | | 18,3 |
| Hannover | | 18,2 |
| Osnabrück | | 18,1 |
| Dresden | | 17,9 |
| Potsdam | | 17,8 |
| Rostock | | 17,5 |
| Münster | | 17,5 |
| Kassel | | 17,5 |
| Frankfurt | | 17,3 |
| Berlin | | 17,1 |
| Nürnberg | | 17,1 |
| Bremen | | 17,0 |
| Düsseldorf | | 16,9 |
| Karlsruhe | | 16,8 |
| Stuttgart | | 16,7 |
| Augsburg | | 16,5 |
| Ludwigshafen | | 16,3 |
| Köln | | 16,2 |
| Bonn | | 15,2 |
| Hamburg | | 14,9 |
| Freiburg | | 14,2 |
| Mainz | | 14,2 |
| München | | 13,4 |

Bund: 19,7

Quelle: Wissenschaftliches Institut der AOK (WIdO)                              Fehlzeiten-Report 2022

**19**

☐ **Abb. 19.57** Arbeitsunfähigkeitstage je AOK-Mitglied im Jahr 2021 in den 50 einwohnerstärksten deutschen Städten

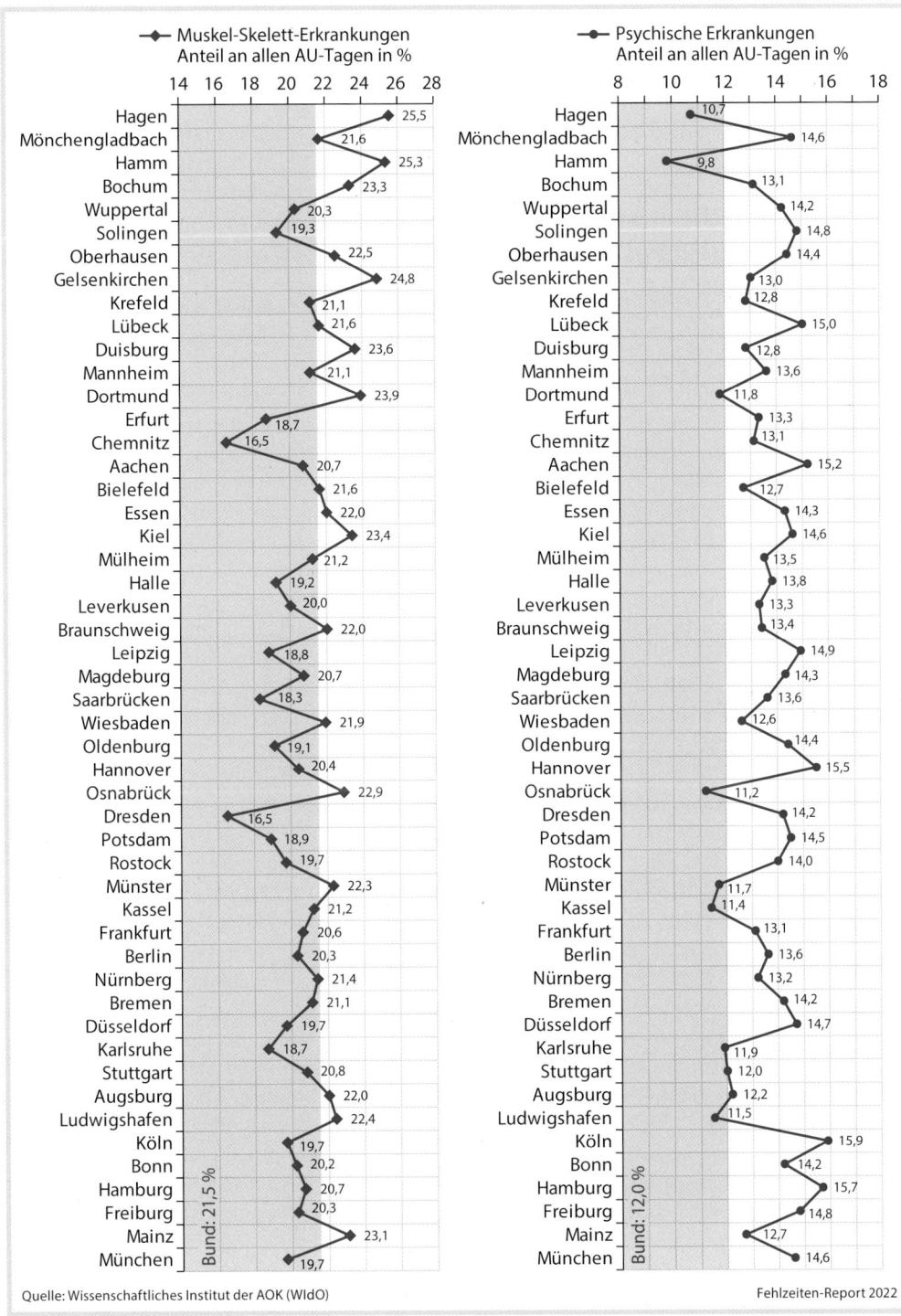

Quelle: Wissenschaftliches Institut der AOK (WIdO)                        Fehlzeiten-Report 2022

◻ **Abb. 19.57**  (Fortsetzung)

king aufweisen, wird hier jedoch mit 14,6 %, 14,8 % und 15,7 % ein vergleichsweise hoher Anteil bei den psychischen Erkrankungen beobachtet. In Köln ist der Anteil der psychischen Erkrankungen mit 15,9 % am höchsten.

## 19.20 Inanspruchnahme von Krankengeld bei Erkrankung des Kindes

Die Erkrankung eines Kindes stellt für viele berufstätige Eltern und insbesondere für Alleinerziehende häufig einen belastenden Versorgungsengpass dar. Kann die Betreuung des kranken Kindes nicht durch Angehörige oder Betreuungspersonal sichergestellt werden, bleibt oft nur die Inanspruchnahme der gesetzlichen Freistellung von der Arbeit. In Deutschland bietet der gesetzliche Anspruch auf Freistellung den erwerbstätigen Eltern die Möglichkeit, ihr erkranktes Kind zu Hause zu versorgen, ohne finanzielle Verluste zu erleiden. Die Basis für die Freistellungsmöglichkeit eines Elternteils bei der Erkrankung eines Kindes bildet § 45 des SGB V (Krankengeld bei Erkrankung des Kindes). Soweit das Kind das 12. Lebensjahr noch nicht vollendet hat, keine andere pflegende Person im Haushalt bereitsteht und sowohl das Kind als auch der Elternteil gesetzlich krankenversichert sind, besteht seitens des Versicherten der Anspruch auf Zahlung von Kinderpflegekrankengeld (KKG). Wenn das Kind behindert oder auf Hilfe angewiesen ist, fällt die Altersgrenze von 12 Jahren weg. Als weitere Voraussetzung muss ein ärztliches Attest zur notwendigen Pflege des Kindes vorliegen. Für die Auszahlung durch die Krankenkasse muss zudem ein Formular ausgefüllt werden.

Der gesetzliche Anspruch auf die Befreiung von zehn Arbeitstagen kann für jedes Kind geltend gemacht werden – normalerweise beträgt er maximal bis zu 25 Arbeitstage je Elternteil und Kalenderjahr. Alleinerziehende Eltern haben üblicherweise einen Anspruch von 20 Arbeitstagen pro Kind, wobei 50 Arbeitstage nicht überschritten werden dürfen. Für schwerstkranke Kinder, die nach ärztlichem Zeugnis nur noch eine Lebenserwartung von Wochen oder wenigen Monaten haben, ist das KKG zeitlich unbegrenzt. Das KKG wird laut § 45 SGB V nach dem während der Freistellung ausgefallenen Nettoarbeitsentgelt berechnet (ähnlich wie die Entgeltfortzahlung im Krankheitsfall). Das Brutto-Krankengeld beträgt 90 % des Nettoarbeitsentgelts; es darf 70 % der Beitragsbemessungsgrenze nach § 223 Absatz 3 nicht überschreiten.

Auch die im ersten Corona-Pandemiejahr 2020 eingeführten Regelungen zur Inanspruchnahme von Kinderkrankengeld, die aufgrund der hohen Belastung von Beschäftigten mit Kindern angepasst wurden, finden Eingang in die Arbeitsunfähigkeitsdaten. Im Jahr 2020 wurde der gesetzliche Anspruch je Kind und Elternteil von 10 auf 15 Tage erhöht, der Maximalanspruch je Elternteil stieg von 25 auf 35 Tage. Im Jahr 2021 wurde erneut nachjustiert: Der Anspruch auf Kinderkrankengeld pro Elternteil und Kind verlängerte sich auf 30 Tage und damit für Elternpaare pro Kind auf 60 Tage. Auch für Alleinerziehende verdoppelte er sich pro Kind von 30 auf nun 60 Tage. Bei mehreren Kindern wurden maximal 65 Tage (Alleinerziehende: maximal 130 Tage) festgelegt. Eltern konnten im Jahr 2021 zudem Kinderkrankengeld auch dann nutzen, wenn ihr Kind ohne direkte Erkrankung pandemiebedingt zu Hause betreut werden musste.

Im Jahr 2021 nahmen 4,4 % aller AOK-Mitglieder KKG in Anspruch. Somit haben von den 14,6 Mio. erwerbstätigen AOK-Mitgliedern 634.459 mindestens einmal KKG in Anspruch genommen. Der Anteil der KKG-Fälle an allen Arbeitsunfähigkeitsfällen betrug 8,3 %. Durchschnittlich fehlte jedes erwerbstätige AOK-Mitglied, das KKG in Anspruch genommen hat, wegen der Betreuung seines erkrankten Kindes pro Fall 3,0 Kalendertage. Insofern werden die gesetzlich zustehenden Freistellungstage von den erwerbstätigen Eltern bei Weitem nicht ausgeschöpft (◘ Tab. 19.9).

Ab März 2021 überstieg der Anteil der Beschäftigten mit Kinderkrankengeld den der

◼ **Tab. 19.9** Krankenstandskennzahlen der AOK-Mitglieder zum Kinderpflegekrankengeld im Jahr 2021

| Geschlecht | AOK-Mit-glieder mit mind. 1 KKG-Fall | Anteil an allen AOK-Mitgliedern | Anteil der KKG-Fälle an allen AU-Fällen | Anteil der KKG-Tage an allen AU-Tagen | KKG-Fälle: Tage je Fall | AU-Fälle je 100 Mit-glieder | AU-Tage je 100 Mit-glieder |
|---|---|---|---|---|---|---|---|
| Männer | 208.803 | 2,5 | 4,5 | 1,0 | 2,9 | 7,1 | 20,3 |
| Frauen | 425.656 | 6,7 | 12,4 | 3,0 | 3,0 | 21,4 | 64,2 |
| Gesamt | 634.459 | 4,4 | 8,3 | 2,0 | 3,0 | 13,5 | 39,9 |

Fehlzeiten-Report 2022

beiden Vorjahre. Im Oktober und November 2021 – also während der vierten Corona-Welle – war der Anteil mit 1,3 % der AOK-Mitglieder, die Kinderkrankengeld bezogen, im Vergleich zu den beiden Vorjahren am höchsten (◼ Abb. 19.58a).

Nach wie vor sind es vor allem die Mütter, die ihr krankes Kind pflegen: Ihr Anteil an allen AOK-Mitgliedern lag 2021 bei 6,7 % und damit mehr als doppelt so hoch wie bei den Männern. Jedoch steigt der Anteil der Männer, die Kinderkrankengeld beanspruchen, kontinuierlich: Während 2012 nur 0,9 % aller männlichen AOK-Mitglieder Kinderkrankengeld nutzten, waren es 2021 bereits 2,5 % (◼ Abb. 19.58b).

Betrachtet man die Inanspruchnahme des KKG nach Alter, zeigt sich, dass die meisten KKG-Fälle in die Altersgruppe der 30- bis 39-Jährigen fallen, wobei Frauen deutlich mehr KKG in Anspruch nehmen als Männer. In der Altersgruppe der 35- bis 39-Jährigen weisen sowohl Frauen mit 62,0 Fällen je 100 Versichertenjahre als auch Männer mit 18,9 Fällen je 100 Versichertenjahre die meisten KKG-Fälle auf. Die Länge der Fehlzeiten unterscheidet sich kaum zwischen den Geschlechtern (◼ Abb. 19.59).

Eine Differenzierung der KKG-Fälle nach Falldauerklassen zeigt, dass die Mehrheit der Fälle nur ein (35,4 %) oder zwei (22,1 %) Tage andauerten. Lediglich 7,2 % aller KKG-Fälle erstreckten sich über mehr als fünf Tage (◼ Abb. 19.60).

Unter Berücksichtigung des Bildungsstandes haben im Jahr 2021 am häufigsten AOK-Mitglieder mit einem Hochschulabschluss (Diplom/Magister/Master/Staatsexamen) mindestens einmal KKG in Anspruch genommen (6,9 % aller AOK-Mitglieder innerhalb dieses Bildungsstandes). Am wenigsten haben Beschäftigte ohne berufliche Ausbildung das KKG in Anspruch genommen (1,6 %). Es zeigt sich, dass in der Tendenz mit der Höhe des Ausbildungsabschlusses die Inanspruchnahme des KKG steigt (◼ Abb. 19.61).

Wird der Anteil der Mitglieder mit Inanspruchnahme von KKG in Bezug zur gesamten AOK-Mitgliedschaft des jeweiligen Landes in Bezug gesetzt, zeigt sich, dass besonders Versicherte aus Ostdeutschland die Möglichkeit zur Betreuung des kranken Kindes in Anspruch nehmen. Die Werte für die KKG-Inanspruchnahme lagen mit 11,5 % in Sachsen und mit 10,7 % in Thüringen besonders hoch und deutlich über dem Bundesdurchschnitt (3,9 %) und den Anteilswerten der Bundesländer in Westdeutschland (◼ Abb. 19.62). Dies könnte unter anderem damit zusammenhängen, dass Mütter in den neuen Bundesländern früher in den Beruf zurückkehren als in den alten Bundesländern und auch insgesamt häufiger erwerbstätig sind als Mütter in Westdeutschland, bei denen der Berufseinstieg in mehreren längeren Phasen erfolgt. Damit steigt auch die Wahrscheinlichkeit für Mütter in Ostdeutschland, Kinderpflegekrankengeld in Anspruch nehmen zu müssen. So lag die Vollzeitquote

Quelle: Wissenschaftliches Institut der AOK (WIdO)                    Fehlzeiten-Report 2022

◻ **Abb. 19.58 a** Anteile der AOK-Mitglieder mit mindestens einem Kinderpflegekrankengeldfall an allen AOK-Mitgliedern in den Jahren 2019 bis 2021 nach Monaten. **b** Anteile der AOK-Mitglieder mit mindestens einem Kinderpflegekrankengeldfall an allen AOK-Mitgliedern in den Jahren 2012 bis 2021 nach Geschlecht

**19**

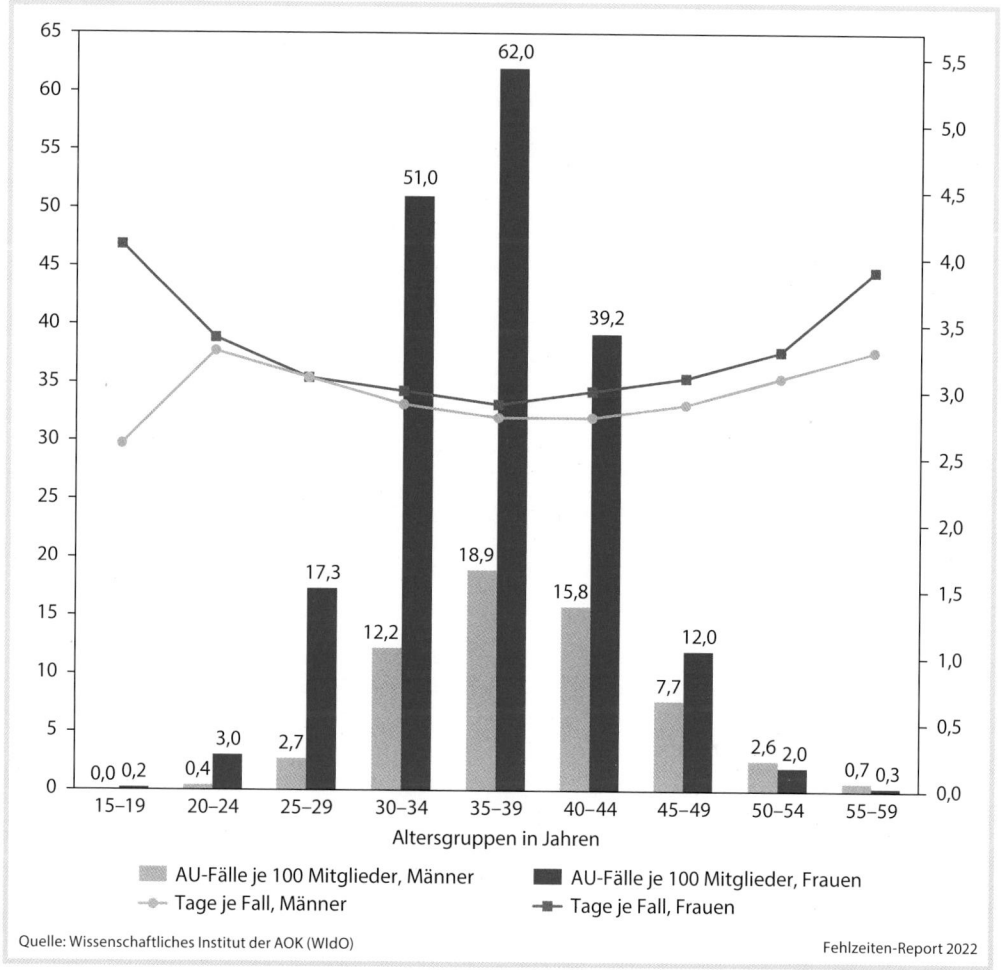

**◻ Abb. 19.59** Kinderpflegekrankengeldfälle nach Anzahl und Dauer der Arbeitsunfähigkeit, AOK-Mitglieder im Jahr 2021 nach Altersgruppen

von erwerbstätigen Müttern im Westen im Jahr 2016 bei insgesamt nur 25,8 %, im Osten ist sie dagegen mit 51,6 % doppelt so hoch (Keller und Kahle 2018). Eltern, die Vollzeit arbeiten, müssen vermutlich eher zu Hause bleiben, um ihr krankes Kind zu versorgen, als Eltern, die Teilzeit arbeiten und so eine nur kurzzeitige alternative Betreuung organisieren müssen.

Auffällig ist, dass die Gruppe der erwerbstätigen Eltern, die im Jahr 2021 Kinderkrankengeld beansprucht haben, öfter wegen bestimmter Diagnosen krankgeschrieben waren als die AOK-Versicherten mit identischer

Alters- und Geschlechtsstruktur ohne Kinderkrankengeld-Bezug. So waren sie häufiger wegen einer psychischen Erkrankung arbeitsunfähig: Diese Mütter und Väter lagen mit 14,1 Arbeitsunfähigkeitsfällen je 100 AOK-Mitglieder über dem Wert aller erwerbstätigen AOK-Mitglieder (11,4 Arbeitsunfähigkeitsfälle je 100 AOK-Mitglieder). Mehr AU-Fälle ergaben sich auch für die Eltern, die Kinderkrankengeld beansprucht haben und wegen Atemwegserkrankungen sowie Muskel-Skelett-Erkrankungen krankgeschrieben wurden. Auch hier wiesen sie mehr Krank-

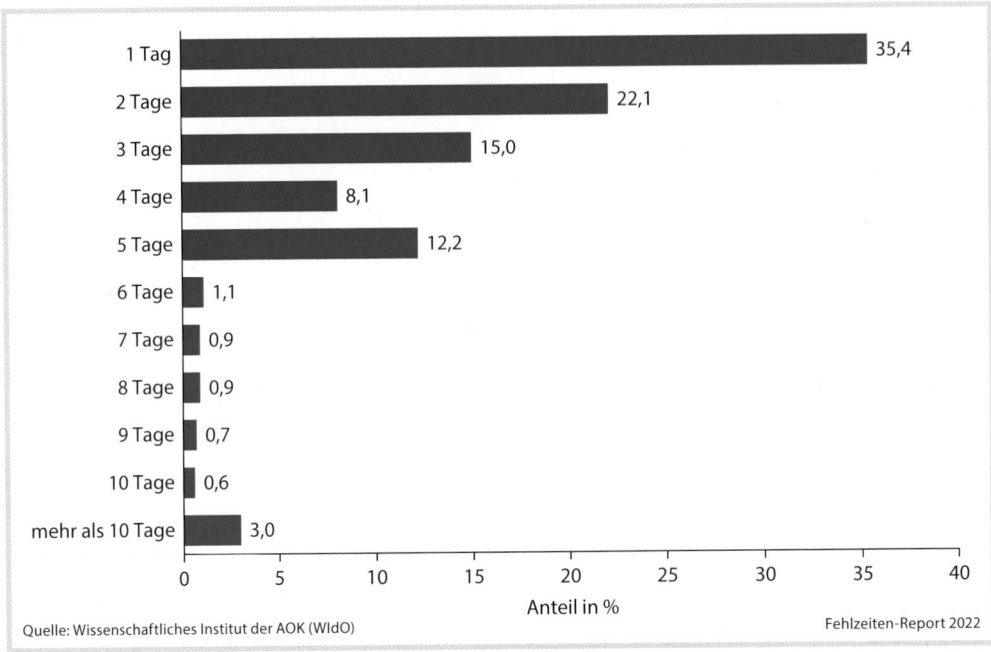

**Abb. 19.60** Kinderpflegekrankengeldfälle nach Dauer, AOK-Mitglieder im Jahr 2021

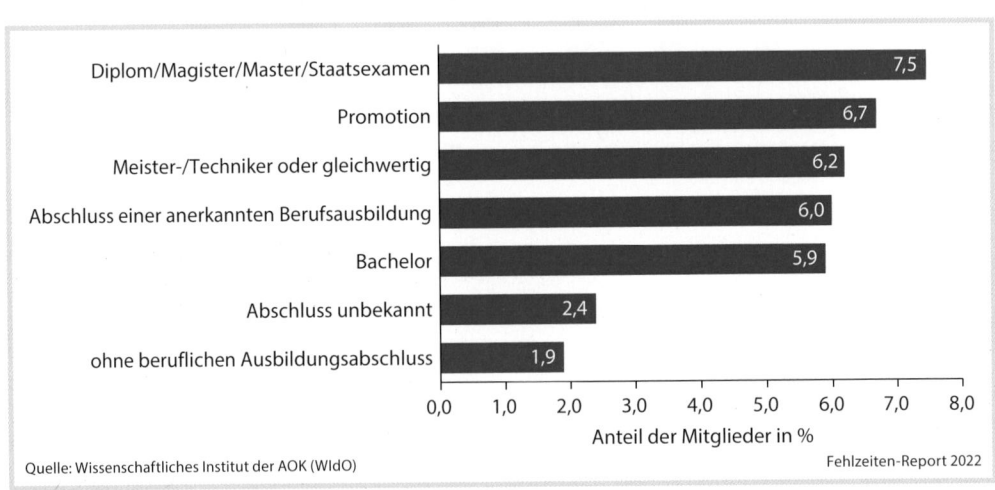

**Abb. 19.61** Anteile der AOK-Mitglieder mit mind. einem Kinderpflegekrankengeldfall an allen AOK-Mitgliedern in der jeweiligen Personengruppe nach Bildungsstand im Jahr 2021

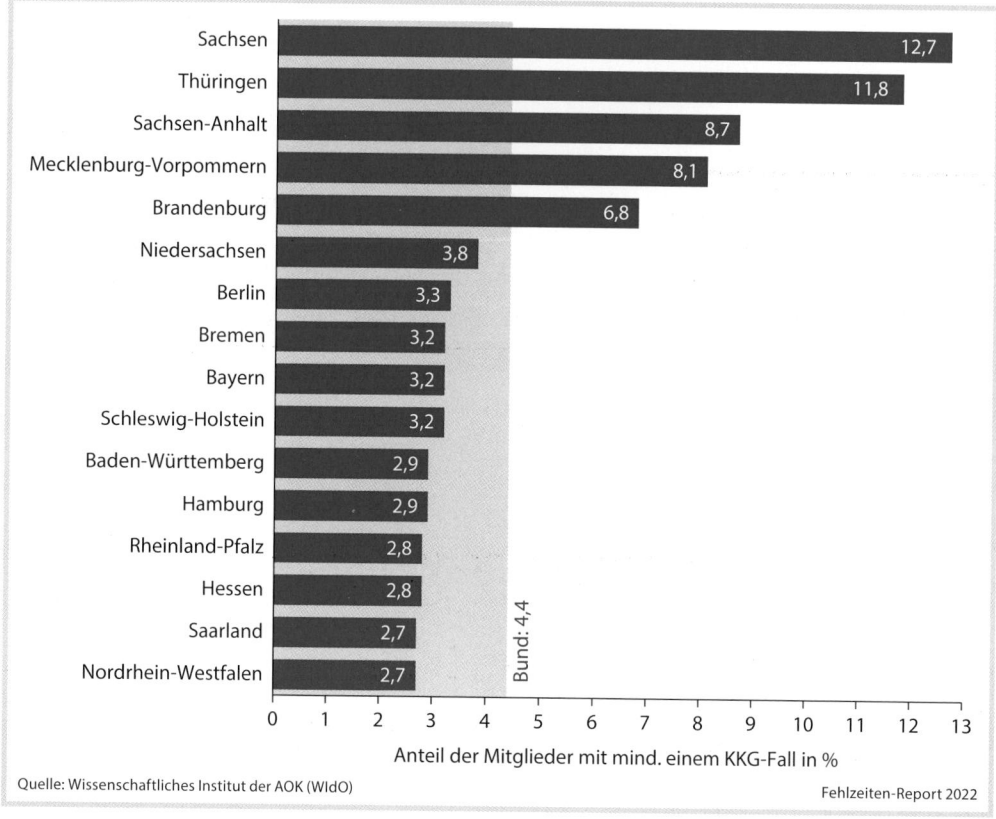

Quelle: Wissenschaftliches Institut der AOK (WIdO)

Fehlzeiten-Report 2022

■ **Abb. 19.62** Anteil der Mitglieder mit mind. einem Kinderpflegekrankengeldfall an allen AOK-Mitgliedern nach Bundesländern im Jahr 2021

schreibungen auf als die Vergleichsgruppe ohne Kinderkrankengeldbezug. Bei Atemwegserkrankungen wurden 67,9 Fälle registriert, in der Vergleichsgruppe hingegen nur 37,5 Arbeitsunfähigkeitsfälle je 100 AOK-Mitglieder. Bei Muskel-Skelett-Erkrankungen ist der Unterschied weniger deutlich und beläuft sich auf 31,9 Fälle im Vergleich zu 27,3 Fällen (■ Abb. 19.63).

Eltern mit Kinderkrankengeld fielen wegen einer psychischen Erkrankung im Durchschnitt zwar häufiger aus, waren jedoch weniger Tage arbeitsunfähig als Erwerbstätige mit psychisch bedingter Arbeitsunfähigkeit und

ohne Bezug von Kinderkrankengeld: Sie fielen pro Fall 6,7 Tage weniger aus (20,3 Tage je Fall) als die Vergleichsgruppe aller AOK-Mitglieder mit identischer Alters- und Geschlechtsstruktur (27,0 Tage je Fall).

Im Vergleich zu 2019 ist ein Rückgang der psychisch bedingten Ausfälle bei allen Erwerbstätigen um 3,0 % zu verzeichnen (2019: 11,7 Arbeitsunfähigkeitsfälle je 100 AOK-Mitglieder). Bei den Kinderkrankengeld beziehenden Eltern sank die Anzahl der AU-Fälle je 100 Mitglieder allerdings nur leicht um ca. 1,0 % (2019: 14,3 Arbeitsunfähigkeitsfälle je 100 AOK-Mitglieder).

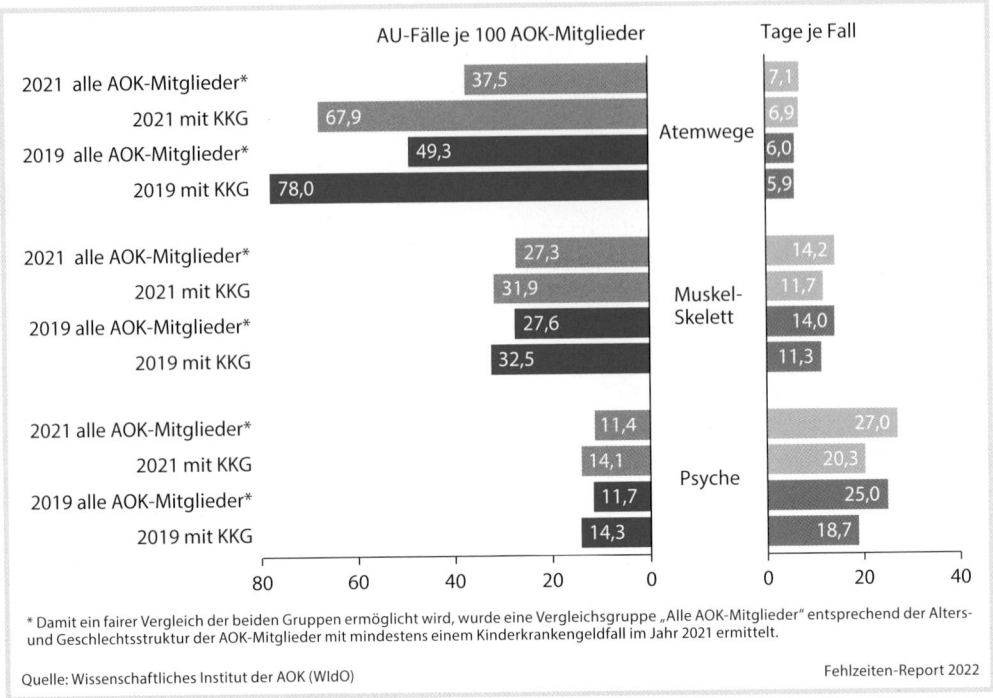

* Damit ein fairer Vergleich der beiden Gruppen ermöglicht wird, wurde eine Vergleichsgruppe „Alle AOK-Mitglieder" entsprechend der Alters- und Geschlechtsstruktur der AOK-Mitglieder mit mindestens einem Kinderkrankengeldfall im Jahr 2021 ermittelt.

Quelle: Wissenschaftliches Institut der AOK (WIdO)                                                    Fehlzeiten-Report 2022

☐ **Abb. 19.63**    AOK-Mitglieder mit mindestens einem Kinderkrankengeldfall im Vergleich zu allen AOK-Mitgliedern (standardisiert*) in den Jahren 2019 und 2021 für Krankheiten der Psyche, des Muskel- und Skelett-Systems und der Atemwege

## 19.21  Fehlzeiten im Jahr 2021 im Zusammenhang mit Covid-19

Am 11. März 2020 wurde von der Weltgesundheitsorganisation (WHO) die Covid-19-Pandemie ausgerufen, die auch das Jahr 2021 stark beeinflusste. Bis zum 3. April 2022 wurden nach Angaben der WHO weltweit etwas mehr als 489 Mio. Fälle und über 6 Mio. Todesfälle gemeldet (WHO 2022).

Deutschlandweit wurden bis Ende Dezember 2021 vom Robert Koch-Institut 7,1 Mio. Covid-19-Fälle und 111.602 Todesfälle im Zusammenhang mit Covid registriert (Stand 30.12.2021; RKI 2021). Als Reaktion wurde zur Eindämmung der Pandemie das öffentliche Leben in mehreren Lockdowns stark eingeschränkt, indem unter anderem Schulen,

Kitas, Kultureinrichtungen, Freizeiteinrichtungen wie auch Gastronomiebetriebe und Hotels geschlossen wurden. Darüber hinaus wurden Kontaktbeschränkungen, Maskenpflicht, Abstandsregeln und auf regionaler Ebene teilweise auch Ausgangssperren oder Zugangsbeschränkungen in publikumsstarken öffentlichen Einrichtungen in Abhängigkeit vom Impfstatus eingeführt. Auch das Gesundheitswesen wurde in vielerlei Hinsicht massiv durch die Pandemie beeinflusst: Krankenhäuser wurden aufgefordert, elektive Eingriffe zu verschieben und Kapazitäten für die Behandlung von Covid-19-Patientinnen und -Patienten freizuhalten. Zudem wurden Gesundheitsleistungen deutlich seltener in Anspruch genommen. Für das Jahr 2021 ist bei den somatischen Fällen ein Rückgang von 14 % gegenüber 2019 festzustellen, nachdem er 2020 bei 13 % gelegen hatte. Dies ist insofern als bedenklich einzustufen, als auch Notfallbehandlungen – beispielsweise aufgrund von Schlaganfällen oder Herzinfarkten – in den Pandemiewellen zurückgingen. Zu vermuten ist u. a., dass Patientinnen und Patienten aus Angst vor Ansteckung oder überlasteten Krankenhäusern trotz Beschwerden kein Krankenhaus aufsuchten (Klauber et al. 2022).

Die Arbeitswelt wurde durch die beschriebenen Maßnahmen mit massiven Herausforderungen konfrontiert. Ganze Branchen benötigten staatliche Unterstützung etwa in Form von Kurzarbeitergeld, so genannten Überbrückungshilfen und Rettungsschirmen. Unternehmen, die ihren Betrieb aufrechterhalten durften, waren aufgefordert, mithilfe von Hygienekonzepten, veränderten Arbeitsabläufen und kurzfristigen Homeoffice-Lösungen die Beschäftigten bestmöglich zu schützen.

Im folgenden Abschnitt wird auf die Gruppe der erwerbstätigen AOK-Mitglieder fokussiert und aufgezeigt, wie sich die Betroffenheit der Beschäftigten im Zusammenhang mit Covid-19-Infektionen im Jahr 2021 gestaltete. Basis der Auswertungen stellen die Arbeitsunfähigkeitsdaten von 14,6 Mio. AOK-versicherten Beschäftigten dar.

Um das neuartige SARS-CoV-2-Virus in den Arztpraxen und Krankenhäusern codieren und abrechnen zu können, wurde in der Internationalen statistischen Klassifikation der Krankheiten und verwandter Gesundheitsprobleme (ICD-10-GM) zum 13. Februar 2020 der Code U07.1! eingeführt, der mit Aktualisierung vom 23. März 2020 um den Code U07.2! ergänzt wurde. Damit konnten im Labor bestätigte Fälle (ICD U07.1) sowie Fälle, in denen SARS-CoV-2 anhand eines klinischen Kriteriums bestimmt wurde (z. B. mit Covid-19 zu vereinbarendes Symptom), und eines epidemiologischen Kriteriums (z. B. Kontakt zu einem laborbestätigten Covid-19-Fall) kodiert werden (ICD U07.2).

Im Folgenden wird nicht nur auf die laborbestätigte Diagnose fokussiert, sondern es werden auch beide relevanten Covid-19-Diagnosen (ICD-GM U07.1, U07.2) gemeinsam ausgewertet, da diese Fehlzeiten für die betroffenen Unternehmen im Zusammenhang mit Covid-19 stehen. Bei einer Quarantäne kann der Arzt eine AU-Bescheinigung nur dann ausstellen, wenn Symptome einer Covid-19-Erkrankung vorliegen. Liegen keine Symptome vor, wird keine Krankschreibung vorgenommen. Das gilt auch bei einem positiven Covid-19-Testergebnis.

Im Pandemie-Zeitraum von März 2020 bis Dezember 2021 waren von den durchschnittlich 13,5 Mio. bei der AOK versicherten Erwerbstätigen knapp 781.000 Beschäftigte mindestens einmal aufgrund einer Covid-19-Diagnose krankgeschrieben. Damit sind in den ersten 22 Monaten seit Beginn der Pandemie 5,8 % der AOK-Mitglieder im Zusammenhang mit Covid-19 krankheitsbedingt an ihrem Arbeitsplatz ausgefallen. Im Jahr 2021 waren es knapp 550.000 AOK-Mitglieder, die im Zusammenhang mit einer Covid-19-Diagnose krankgeschrieben wurden, was einer AU-Quote von 3,8 % entspricht. Bei mehr als zwei Dritteln (67,9 %) der betroffenen Beschäftigten wurde im Jahr 2021 der gesicherte Nachweis der Infektion auf der Arbeitsunfähigkeitsbescheinigung dokumentiert (ICD U07.1). Bei den übrigen Fällen (32,1 %) wurde SARS-CoV-2 nicht durch einen Labortest nachgewiesen, sondern aufgrund eines klinischen Kriteriums (zum Beispiel typische Symptome für Covid-19) und eines epidemiologischen Kriteriums (zum Beispiel enger Kontakt zu einer Person mit bestätigter Infektion) als Verdachtsfall dokumentiert. Der wellenartige Verlauf der Prävalenz von Covid-19-Infektionen in der Bevölkerung spiegelt sich auch in den krankheitsbedingten Fehlzeiten der AOK-versicherten Beschäftigten wider (◘ Abb. 19.64). Nach mehreren Auf- und Abwärtsbewegungen seit Beginn der Pandemie erreichte die Covid-19-Pandemie ihren vorläufigen Höhepunkt im Dezember 2021 (1.362 Erkrankte je 100.000 Beschäftigte).

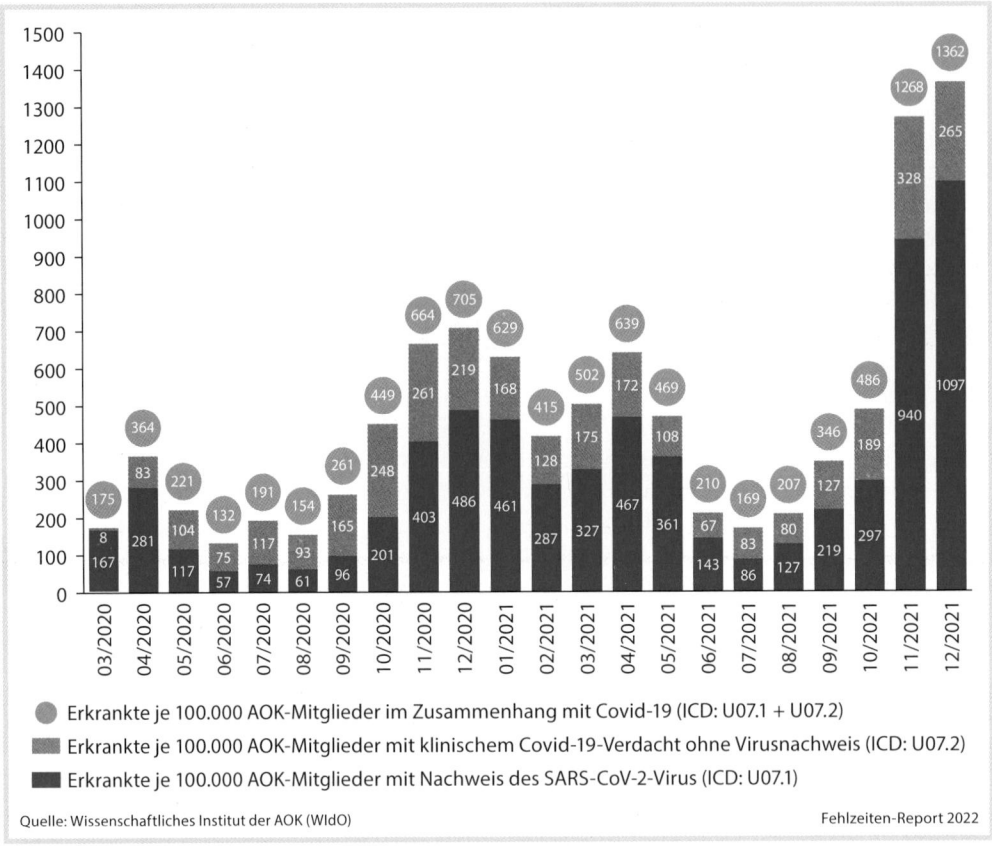

**Abb. 19.64** Erkrankte je 100.000 erwerbstätige AOK-Mitglieder im Zusammenhang mit Covid-19 von März 2020 bis Dezember 2021 im Monatsverlauf. Unterschieden werden dokumentierte Diagnosen mit Nachweis des SARS-CoV-2-Virus (ICD-10 GM: U07.1!) und Verdachtsfälle ohne Virusnachweis.

**■ ■ Betroffenheit von Covid-19-Infektionen nach Altersgruppen und Geschlecht**

Eine Betrachtung der AOK-Erwerbstätigenpopulation, die im Zusammenhang mit Covid-19 erkrankt war, nach Alter und Geschlecht zeigt für 2021 eine etwas stärkere Betroffenheit der männlichen Beschäftigten. So waren im Jahr 2021 51 % der AOK-Mitglieder, die im Zusammenhang mit Covid-19 erkrankt waren, männlich, 49 % waren weiblich. Die Altersgruppe der 40- bis 49-jährigen Frauen war mit einer AU-Quote von 4,8 % am meisten betroffen. Bei den Männern liegt größte Betroffenheit in der Altersgruppe der unter 20-jährigen mit einer AU-Quote 4,0 %. Am unauffälligsten bezüglich des Infektionsgeschehens von Covid-19 ist die Altersgruppe der 20- bis 29-jährigen Männer mit einer AU-Quote von 2,8 %. Die längste Ausfallzeit aufgrund einer Covid-19-Diagnose findet sich mit durchschnittlich 17,9 Tagen in der Altersgruppe der über 60-jährigen Männer, die geringste Zahl der Fehltage weist im Durchschnitt die Gruppe der unter 20-jährigen Männer aus (7,1 Tage je Fall) (■ Tab. 19.10).

**19**

▣ **Tab. 19.10** Erkrankte Beschäftigte im Zusammenhang mit Covid-19 nach Alter und Geschlecht, AOK-Mitglieder 2021

| Alters-gruppe | Männlich | | | Weiblich | | |
|---|---|---|---|---|---|---|
| | Arbeitsunfähigkeits-quote in % | Tage je Fall | Anzahl Erkrankte | Arbeitsunfähigkeits-quote in % | Tage je Fall | Anzahl Erkrankte |
| Bis 19 | 4,0 | 7,1 | 10.113 | 4,1 | 7,3 | 7.009 |
| 20–29 | 2,8 | 7,8 | 52.035 | 3,5 | 8,4 | 47.187 |
| 30–39 | 3,2 | 9,2 | 68.242 | 4,0 | 10,2 | 60.900 |
| 40–49 | 3,7 | 11,2 | 58.910 | 4,8 | 12,2 | 61.692 |
| 50–59 | 3,9 | 14,2 | 65.122 | 4,7 | 14,5 | 67.124 |
| 60 ff. | 3,5 | 17,9 | 24.394 | 4,2 | 17,5 | 23.714 |
| **Gesamt** | **3,4** | **11,2** | **278.816** | **4,2** | **12,0** | **267.626** |

Erkrankte AOK-Mitglieder mit dokumentierter Diagnose mit Nachweis des SARS-CoV-2-Virus (ICD-10 GM: U07.1!) sowie mit klinischem Covid-19-Verdacht ohne Virusnachweis (ICD-GM: U07.2!)
Fehlzeiten-Report 2022

■■ **Das Infektionsgeschehen im Jahr 2021 im Zusammenhang mit Covid-19 nach Bundesländern**

Die Anzahl der erkrankten Beschäftigten im Zusammenhang mit Covid-19 verteilte sich regional unterschiedlich, wobei der Osten und Süden Deutschlands stärker betroffen waren. Vor allem Sachsen und Thüringen, gefolgt von Bayern und Baden-Württemberg, waren vergleichsweise häufiger von Arbeitsunfähigkeiten im Zusammenhang mit Covid-19 betroffen. Mit 7.765 je 100.000 AOK-Mitglieder gab es in Sachsen im Jahr 2021 mehr als doppelt so viele Erkrankte wie im Bundesvergleich. In Schleswig-Holstein und Hamburg (1.892 bzw. 2.012 Erkrankte je 100.000 AOK-Mitglieder) wurden die wenigsten Beschäftigten mit einer Arbeitsunfähigkeitsbescheinigung im Zusammenhang mit Covid-19 krankgeschrieben (s. ▣ Abb. 19.65).

■■ **Fehlzeiten im Zusammenhang mit Covid-19 nach Branchen**

Die einzelnen Branchen waren im Jahr 2021 je nach Tätigkeitsfeld sehr unterschiedlich von der Pandemie betroffen. Beschäftigte der Gastro-nomie, Hotellerie oder Kulturbranche konnten beispielsweise über längere Zeit ihrer Tätigkeit nicht oder nur eingeschränkt nachgehen; deren Beschäftigte waren somit berufsbedingt einem geringeren Infektionsrisiko ausgesetzt. Branchen hingegen, bei denen sich Tätigkeiten durch intensive zwischenmenschliche Kontakte charakterisieren lassen, wie das Gesundheits- oder Erziehungswesen, waren einem deutlich höheren Infektionsrisiko ausgesetzt. ▣ Abb. 19.66 zeigt die zehn am stärksten und am wenigsten im Zusammenhang mit dem Covid-19-Infektionsgeschehen betroffenen Branchen.

Mit 6.952 Erkrankten je 100.000 AOK-Mitglieder war die Branche „Kindergärten und Vorschulen" die am stärksten betroffene Branche. Es folgen die Branchen „Pflegeheime" (5.323 je 100.000 AOK-Mitglieder) und „Öffentliche Verwaltung" (5.228 je 100.000 AOK-Mitglieder). Am wenigsten betroffen waren die Beschäftigten der Branchen „Sonstige Post-, Kurier- und Expressdienste" mit 1.644 Erkrankten je 100.000 AOK-Mitglieder sowie „Restaurants, Gaststätten, Imbissstuben, Cafés, Eissalons u. ä." mit 1.651 Erkrankten je 100.000 AOK-Mitglieder.

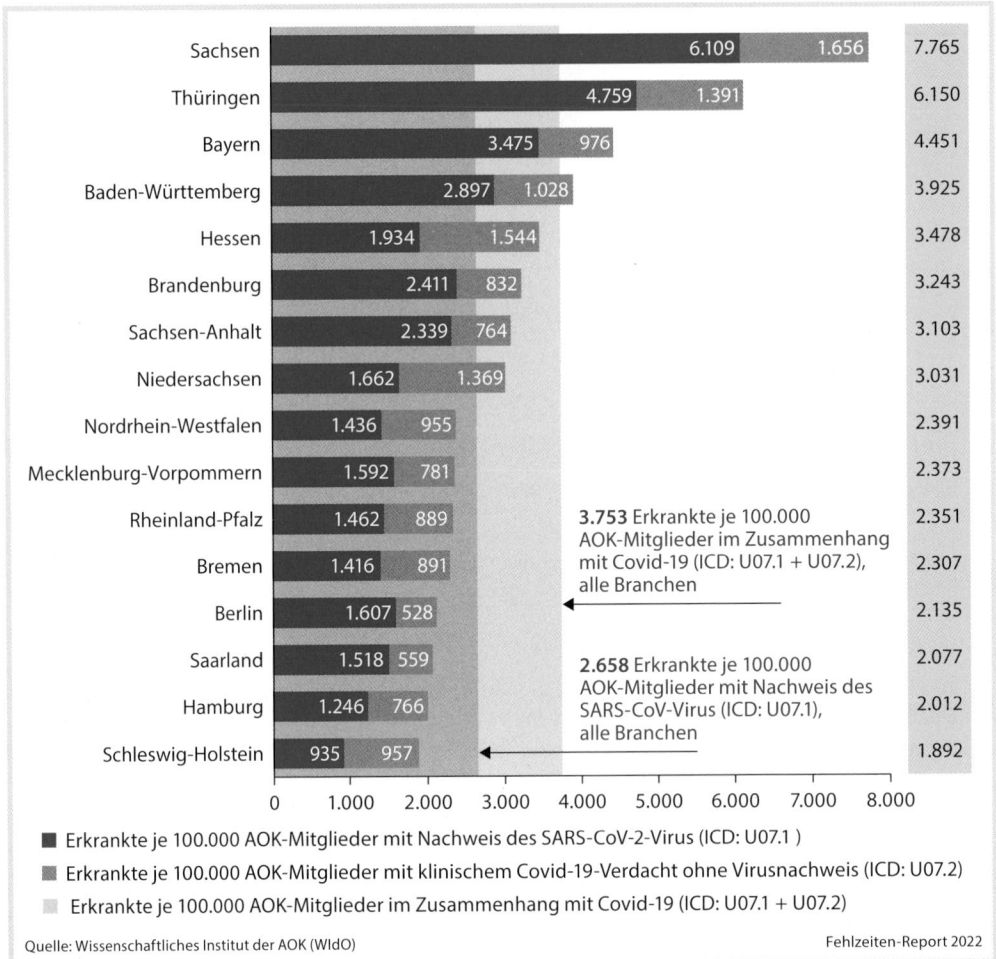

**□ Abb. 19.65** Erkrankte je 100.000 AOK-Beschäftigten im Zusammenhang mit Covid-19 (mit Nachweis des SARS-CoV-2-Virus (ICD-10 GM: U07.1!) sowie für den klinischen Covid-19-Verdacht ohne Virusnachweis (ICD-10 GM: U07.2!)) in den Bundesländern, AOK-Mitglieder 2021

19

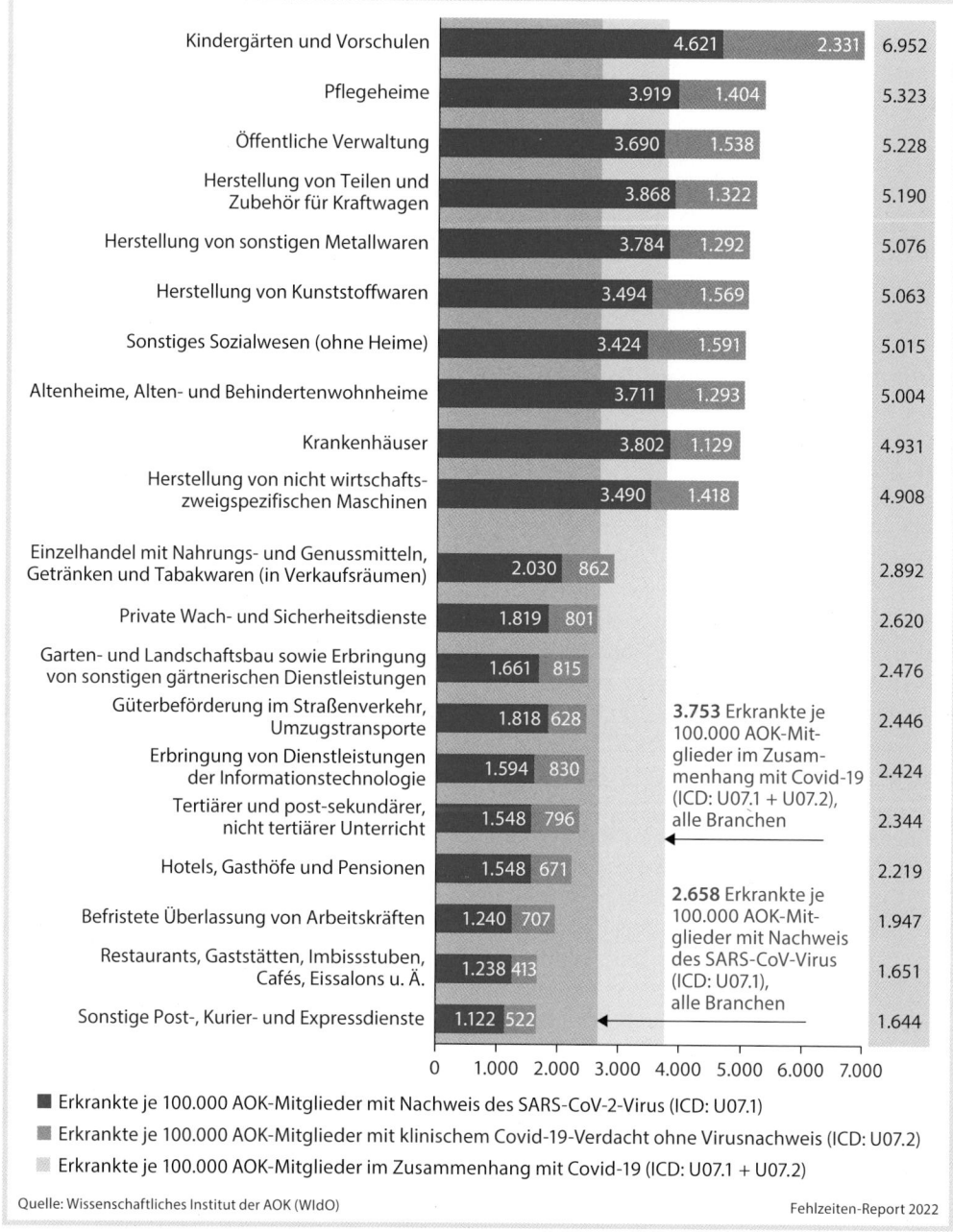

■ **Abb. 19.66** Erkrankte je 100.000 erwerbstätige AOK-Mitglieder in den Branchen mit den höchsten und niedrigsten Fehlzeiten im Zusammenhang mit Covid-19 mit den dokumentierten Diagnosen mit Nachweis des SARS-CoV-2-Virus (ICD-10 GM: U07.1!) sowie für den klinischen Covid-19-Verdacht ohne Virusnachweis (ICD-10 GM: U07.2!), AOK-Mitglieder 2021

## Betroffenheit von Covid-19-Infektionen nach Tätigkeit

In einer weiteren Auswertung wurde die Betroffenheit der Erwerbstätigen nach der ausgeübten Tätigkeit untersucht. ◻ Abb. 19.67 zeigt die zehn am stärksten und am wenigsten stark betroffenen Berufe im Zusammenhang mit Covid-19 im Jahr 2021. In diesem Zeitraum waren Berufe in der Betreuung und Erziehung von Kindern am stärksten von Krankschreibungen im Zusammenhang mit Covid-19 betroffen (6.930 je 100.000 AOK-Mitglieder). Damit liegt der Wert dieser Berufsgruppe deutlich höher als der Durchschnittswert aller Berufsgruppen (3.753 Betroffene je 100.000 AOK-Mitglieder). Es folgen Berufe in der Ergotherapie (6.304 je 100.000 AOK-Mitglieder) sowie in der Physiotherapie (5.787 je 100.000 AOK-Mitglieder). Anders als im Jahr 2020 sind 2021 auch in den technischen Berufen die Fehlzeiten im Zusammenhang mit Covid-19 stark angestiegen. So sind die Berufe in der industriellen Gießerei auf Rangplatz vier bei den höchsten Fehlzeiten (5.546 je 100.000 AOK-Mitglieder), gefolgt von Berufen in der schleifenden Metallbearbeitung (5.541 je 100.000 AOK-Mitglieder). Die niedrigsten krankheitsbedingten Fehlzeiten im Zusammenhang mit Covid-19 zeigten sich bei den Berufen in der Landwirtschaft (1.247 Betroffene je 100.000 Beschäftigte) sowie in der Hochschullehre und -forschung (1.312 Betroffene je 100.000 Beschäftigte).

Auch wenn vor allem Berufe und Branchen von Covid-19 betroffen waren, bei denen die Beschäftigten auch in den Hochphasen der Pandemie mit einer Vielzahl von Menschen in Kontakt kamen, waren im Laufe der Pandemie im Jahr 2021 auch zunehmend Beschäftigte in technischen Berufen betroffen. Die eher in der freien Natur oder im Homeoffice ausgeübten Berufe oder Tätigkeiten, die aufgrund der Lockdown-Maßnahmen nur eingeschränkt ausgeübt werden konnten, waren dagegen mit einem niedrigeren Infektionsrisiko verbunden.

## Betroffenheit durch den Post-Covid-19-Zustand

Seit dem 01.01.2021 gibt es die Möglichkeit, die Diagnose U09! „Post-Covid-19-Zustand" auf der Arbeitsunfähigkeitsbescheinigung zu dokumentieren[16]. Als „Post-Covid-19-Zustand" oder „Post-Covid-Syndrom" werden Beschwerden bezeichnet, die noch mehr als zwölf Wochen nach Beginn der SARS-CoV-2-Infektion vorhanden sind und nicht anderweitig erklärt werden können (WHO 2022). Dabei sollen Symptome und gesundheitliche Einschränkungen berücksichtigt werden, die über mindestens zwei Monate anhalten oder auch wiederkehrend und in wechselnder Stärke auftreten. Das Krankheitsbild kann dabei vielfältig und unspezifisch sein. Die unter diesen Begriff bezeichneten Symptome können Beschwerden der Lunge, des Kreislaufsystems, der Muskulatur, Erschöpfungszustände wie das Fatigue-Syndrom, Konzentrationsschwäche und Kopfschmerzen bis hin zu Angstzuständen und Depression sein. Diese Schlüsselnummer sollte nicht zur Anwendung kommen, wenn Covid-19 noch vorliegt. Ein einheitliches Krankheitsbild gibt es bislang nicht (siehe ▶ https://www.rki.de/SharedDocs/FAQ/NCOV2019/FAQ_Liste_Gesundheitliche_Langzeitfolgen.html).

Bezogen auf 100.000 AOK-Mitglieder wurde im Jahr 2021 bei 2.658 AOK-Mitgliedern mindestens einmal eine SARS-CoV-2-Virusinfektion mit Nachweis (ICD-10 GM: U07.1!) dokumentiert. Betrachtet man diese Gruppe der Erkrankten, die im Jahr 2021 aufgrund des SARS-CoV-2-Virus mit Nachweis (ICD-10 GM: U07.1!) krankgeschrieben wurden, bei denen in der Folge auch der Post-Covid-19-Zustand (ICD-10 GM: U09!) dokumentiert wurde, zeigt sich für das Jahr 2021, dass 3,6 % (96 Erkrankte je 100.000 AOK-Mitglieder) vom Post-Covid-19-Zustand betroffen waren. Dabei dau-

---

16 Die Diagnose U07.4! „Post-COVID-19-Zustand, nicht näher bezeichnet" wurde am 11. November 2020 eingeführt und zum 1.1.2021 durch den ICD-Code U09.9! „Post-COVID-19-Zustand, nicht näher bezeichnet" ersetzt.

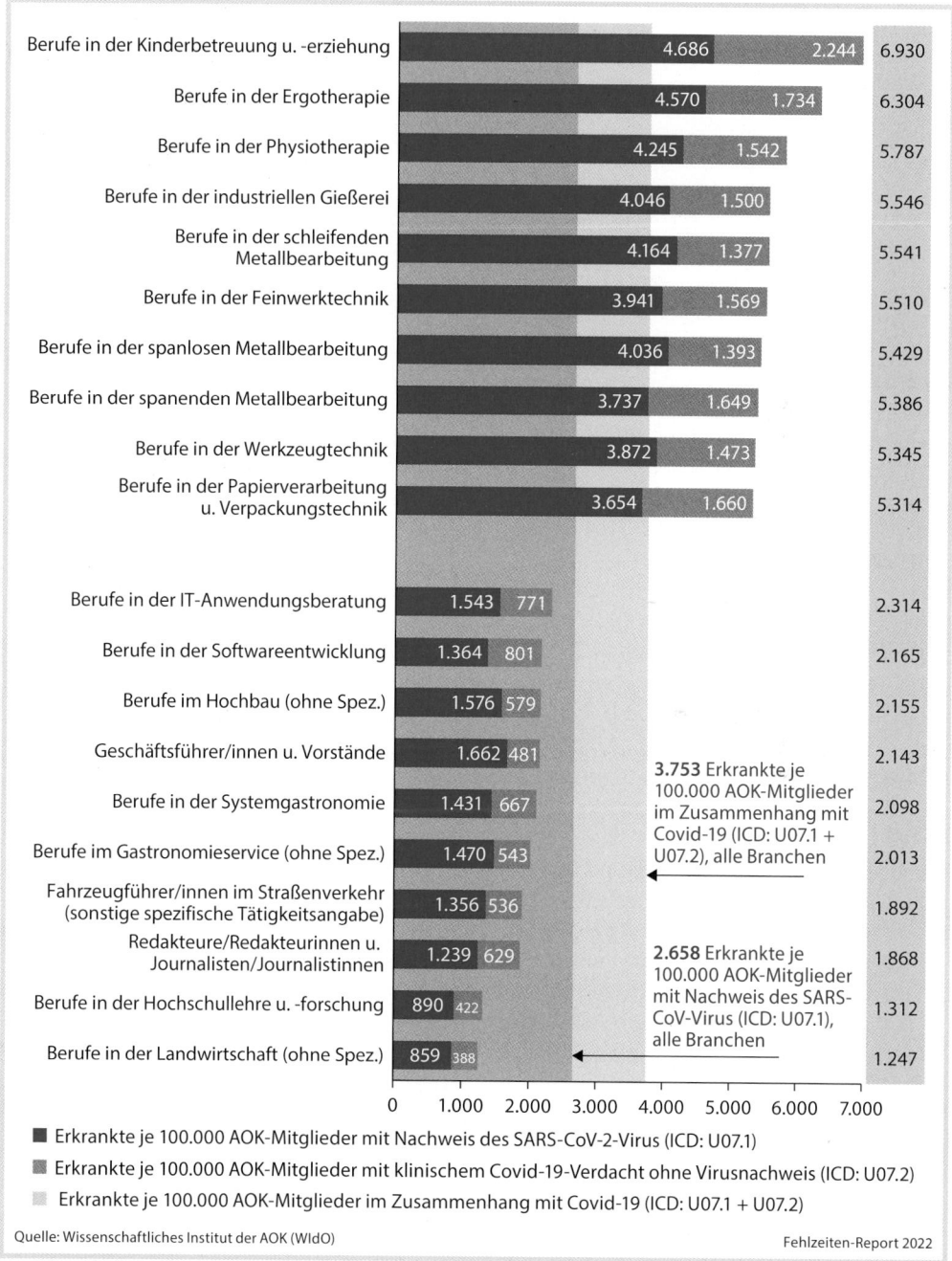

□ **Abb. 19.67** Erkrankte je 100.000 erwerbstätige AOK-Mitglieder in den Berufsgruppen mit den höchsten und niedrigsten Fehlzeiten im Zusammenhang mit Covid-19 mit den dokumentierten Diagnosen mit Nachweis des SARS-CoV-2-Virus (ICD-10 GM: U07.1!) sowie für den klinischen Covid-19-Verdacht ohne Virusnachweis (ICD-10 GM: U07.2!) AOK-Mitglieder, 2021

☐ **Tab. 19.11** Erkrankte mit SARS-CoV-2-Virus mit dokumentiertem Nachweis (ICD-10 GM: U07.1!) im Zusammenhang mit Post-Covid-19-Zustand (ICD-10 GM: U09!) nach Alter und Geschlecht, AOK-Mitglieder im Jahr 2021

| Geschlecht | Alters-gruppe | Erkrankte je 100.000 U07.1 | Erkrankte je 100.000 U09 | Anteil U09 an U07.1 in % | Tage je Fall U07.1 | Tage je Fall U09 |
|---|---|---|---|---|---|---|
| Männer | Bis 29 | 1.782 | 21 | 1,2 | 9,3 | 20,0 |
| Männer | 30–39 | 2.157 | 45 | 2,1 | 10,8 | 28,4 |
| Männer | 40–49 | 2.720 | 88 | 3,2 | 12,9 | 33,0 |
| Männer | 50–59 | 2.932 | 147 | 5,0 | 16,5 | 46,3 |
| Männer | ab 60 | 2.666 | 189 | 7,1 | 20,9 | 54,4 |
| *Männer* | *Gesamt* | *2.370* | *80* | *3,4* | *13,4* | *40,5* |
| Frauen | Bis 29 | 2.277 | 38 | 1,7 | 9,9 | 24,1 |
| Frauen | 30–39 | 2.797 | 81 | 2,9 | 11,9 | 34,3 |
| Frauen | 40–49 | 3.589 | 143 | 4,0 | 14,1 | 38,3 |
| Frauen | 50–59 | 3.549 | 176 | 5,0 | 16,9 | 48,9 |
| Frauen | ab 60 | 3.167 | 212 | 6,7 | 20,6 | 55,6 |
| *Frauen* | *Gesamt* | *3.035* | *116* | *3,8* | *14,2* | *42,8* |
| **Gesamt** | **Gesamt** | **2.658** | **96** | **3,6** | **13,8** | **41,8** |

Fehlzeiten-Report 2022

erte eine Krankschreibung aufgrund des Post-Covid-19-Zustandes durchschnittlich 41,8 Tage. Es zeigt sich dabei ein Zusammenhang mit dem Alter, wobei die Betroffenheit mit dem Alter deutlich zunimmt: So sind über 60-jährige fast fünfmal mehr von einem Post-Covid-19-Zustand betroffen als die unter 29-Jährigen (6,9 % zu 1,4 %). Es sind auch geschlechtsspezifische Unterschiede zu beobachten: Frauen sind mit einer Betroffenheitsquote von 3,8 % etwas mehr betroffen als Männer (3,4 %). Bei jüngeren Frauen in den Altersgruppen bis 50 Jahre wurde häufiger der Post-Covid-19-Zustand dokumentiert als bei Männern. Ab 50 Jahre kehrt es sich dagegen um – dann sind Männer etwas häufiger vom Post-Covid-19-Zustand betroffen. Die höchste Betroffenheit zeigt sich mit 7,1 % bei den über 60-jährigen Männern und die geringste mit 1,2 % bei den unter 29-jährigen Männern (☐ Tab. 19.11).

Unklar ist jedoch die Dokumentationsqualität bei der Diagnose „Post-Covid-19-Zustand", da die Kriterien bisher offenbar nicht einheitlich interpretiert werden. Die WHO weist auch ausdrücklich darauf hin, dass es sich weiterhin um eine vorläufige Falldefinition handelt, die in Anpassung an neue wissenschaftliche Erkenntnisse fortlaufend aktualisiert werden muss (WHO 2022). So erhalten 88 % der AOK-Mitglieder mit einer Post-Covid-19-Diagnose diese innerhalb der ersten zwölf Wochen nach einer entsprechend auf einer Arbeitsunfähigkeitsbescheinigung dokumentierten Covid-19-Erkrankung (SARS-CoV-2-Virus mit Nachweis). Dies entspricht jedoch nicht der vorläufigen klinischen Falldefinition von Post-Covid-19 der WHO, die einen längerem Abstand (in der Regel drei Monate) im Anschluss an eine durchgemachte SARS-CoV-2 Infektion als Voraussetzung zur Dokumentation dieser Diagnose vorsieht (WHO 2021). Ebenfalls gibt es auch eine Vielzahl von Arbeitsunfähigkeitsbescheinigungen, die den Post-Covid-19-Zustand dokumentieren, ohne dass zuvor jedoch eine SARS-CoV-2-Infektion dokumentiert wurde. Im Jahr 2021 wurden bei immerhin 55 % der AOK-versicherten Beschäftigten zwar der Post-Covid-19-Zustand auf der Arbeitsunfähigkeitsbescheinigung dokumentiert, jedoch ohne dass in den Jahren 2020 und 2021 eine Arbeitsunfähigkeit aufgrund des SARS-CoV-2-Virus mit Nachweis (ICD-10 GM: U07.1!) vorlag. Konkret bedeutet dies, dass 33.393 Beschäftige mindestens eine Arbeitsunfähigkeit wegen eines Post-Covid-Zustands in 2021 hatten. Davon hatten 14.966 zuvor einen dokumentierten Nachweis des SARS-CoV-2-Virus und weitere 1.403 einen dokumentierten klinischen Covid-19-Verdacht ohne Virusnachweis (ICD-10 GM: U07.2!).

## Literatur

Benz A (2010) Einflussgrößen auf krankheitsbedingte Fehlzeiten – dargestellt am Beispiel des Regierungspräsidiums Stuttgart. Diplomarbeit Hochschule für öffentliche Verwaltung und Finanzen Ludwigsburg. https://opus-hslb.bsz-bw.de/files/139/Benz_Annika.pdf. Zugegriffen: 15. März 2017

BMAS/BAuA – Bundesministerium für Arbeit und Soziales/Bundesanstalt für Arbeitsschutz und Arbeitsmedizin (2021) Volkswirtschaftliche Kosten durch Arbeitsunfähigkeit 2019. BMAS/BAuA, Berlin

Bundesagentur für Arbeit (1988) Klassifizierung der Berufe (KldB) 1988 – Systematisches und alphabetisches Verzeichnis der Berufsbenennungen. Bundesagentur für Arbeit, Nürnberg

Bundesagentur für Arbeit (2011) Systematischer und alphabetischer Teil mit Erläuterungen. Klassifizierung der Berufe (KldB) 2010, Bd. 1. Bundesagentur für Arbeit, Nürnberg

Bundesagentur für Arbeit (2020) Berichte: Analyse Arbeitsmarkt. Arbeitsmarkt für Menschen mit Behinderung. Stand: Mai 2020. Bundesagentur für Arbeit, Nürnberg

Bundesagentur für Arbeit (2022) Beschäftigtenstatistik nach Wirtschaftszweigen. Stand: 30. Juni 2021. Bundesagentur für Arbeit, Nürnberg

Bundesministerium für Gesundheit (2022) Gesetzliche Krankenversicherung. Vorläufige Rechnungsergebnisse 1.–4. Quartal 2021. Stand 8. März 2022. Bundesministerium für Gesundheit, Berlin

Busch K (2021) Die Arbeitsunfähigkeit in der Statistik der GKV. In: Badura B, Ducki A, Schröder H, Meyer M (Hrsg) Fehlzeiten-Report 2021. Betriebliche Prävention stärken – Lehren aus der Pandemie. Springer, Berlin, Heidelberg

Damm K, Lange A, Zeidler J, Braun S, Graf von der Schulenburg JM (2012) Einführung des neuen Tätigkeitsschlüssels und seine Anwendung in GKV-Routinedatenauswertungen. Bundesgesundheitsblatt 55:238–244

Bundeszentrale für politische Bildung, Statistisches Bundesamt (Destatis), Wissenschaftszentrum Berlin für Sozialforschung (WZB) (Hrsg) (2021) Datenreport 2021. Ein Sozialbericht für die Bundesrepublik Deutschland. Bundeszentrale für politische Bildung, Bonn

Deutsche Rentenversicherung Bund (2020) Rentenversicherung in Zahlen 2020. Deutsche Rentenversicherung Bund, Berlin

HWWI, Berenberg (2019) Städteranking 2019. Die 30 größten Städte Deutschlands im Vergleich. Stand August 2019

ILO (2012) International standard classification of occupations 2008. ILO, Genf

Karasek R, Theorell T (1990) Healthy work: stress, productivity, and the reconstruction of working life. Basic Books, New York

Keller M, Kahle I (2018) Realisierte Erwerbstätigkeit von Müttern und Vätern zur Vereinbarkeit von Familie und Beruf. DeStatis, Wiesbaden

Klauber J, Wasem J, Beivers A, Mostert C (Hrsg) (2022) Krankenhaus-Report 2022. Patientenversorgung während der Pandemie. Springer, Berlin

Marmot M (2005) Status syndrome: how your social standing directly affects your health. Bloomsbury, London

Marstedt G, Müller R, Jansen R (2002) Rationalisierung, Arbeitsbelastungen und Arbeitsunfähigkeiten im Öffentlichen Dienst. In: Badura B, Litsch M, Vetter C (Hrsg) Fehlzeiten-Report 2001. Springer, Berlin, Heidelberg

Meschede M, Roick C, Ehresmann C, Badura B, Meyer M, Ducki A, Schröder H (2020) Psychische Erkrankungen bei den Erwerbstätigen in Deutschland und Konsequenzen für das Betriebliche Gesundheitsmanagement. In: Badura B, Ducki A, Schröder H, Klose J, Meyer M (Hrsg) Fehlzeiten-Report 2020. Gerechtigkeit und Gesundheit. Springer, Berlin Heidelberg

Meyer M (2015) Arbeitsunfähigkeit. In: Swart E, Ihle P, Gothe H, Matusiewicz D (Hrsg) Routinedaten im Gesundheitswesen Handbuch Sekundärdatenanalyse: Grundlagen, Methoden und Perspektiven, 2. Aufl. Huber, Bern

Mielck A (2000) Soziale Ungleichheit und Gesundheit. Huber, Bern

Mielck A, Lüngen M, Siegel M, Korber K (2012) Folgen unzureichender Bildung für die Gesundheit. Bertelsmann Stiftung, Gütersloh

Oppolzer A (2000) Ausgewählte Bestimmungsfaktoren des Krankenstandes in der öffentlichen Verwaltung – Zum Einfluss von Arbeitszufriedenheit und Arbeitsbedingungen auf krankheitsbedingte Fehlzeiten. In: Badura B, Litsch M, Vetter C (Hrsg) Fehlzeiten-Report 1999. Springer, Berlin, Heidelberg

RKI (2021) Täglicher Lagebericht des RKI zur Coronavirus-Krankheit-2019 (COVID-19). 30.12.2021 – Aktualisierter Stand für Deutschland. https://www.rki.de/DE/Content/InfAZ/N/Neuartiges_Coronavirus/Situationsberichte/Dez_2021/2021-12-30-de.pdf?__blob=publicationFile. Zugegriffen: 20. Apr. 2022

Siegrist J (1999) Psychosoziale Arbeitsbelastungen und Herz-Kreislauf-Risiken: internationale Erkenntnisse zu neuen Stressmodellen. In: Badura B, Litsch M, Vetter C (Hrsg) Fehlzeiten-Report 1999. Psychische Belastung am Arbeitsplatz. Springer, Berlin, Heidelberg

Vahtera J, Kivimäki M, Pentti J (2001) The role of extended weekends in sickness absenteeism. Occup Environ Med 58:818–822

WHO (2011) Global burden of mental disorders and the need for a comprehensive, coordinated response for health and social sectors at the country level. Executive Board 130/9

WHO (2021) Klinische Falldefinition einer Post-COVID-19-Erkrankung gemäß Delphi-Konsens. 6. Oktober 2021. WHO-2019-nCoV-Post-COVID-19-condition-Clinical-case-definition-2021.1-ger.pdf

WHO (2022) COVID-19 weekly epidemiological update, 86. Aufl. (published 5 April 2022)

**19**

# Krankheitsbedingte Fehlzeiten nach Branchen im Jahr 2021

*Markus Meyer, Lisa Wing und Antje Schenkel*

## Inhaltsverzeichnis

© Der/die Autor(en), exklusiv lizenziert an Springer-Verlag GmbH, DE, ein Teil von Springer Nature
2022
B. Badura et al. (Hrsg.), *Fehlzeiten-Report 2022*, Fehlzeiten-Report,
https://doi.org/10.1007/978-3-662-65598-6_20

## 20.1 Banken und Versicherungen

| | |
|---|---|
| Entwicklung des Krankenstands der AOK-Mitglieder in der Branche Banken und Versicherungen in den Jahren 1997 bis 2021 | ◼ Tab. 20.1 |
| Arbeitsunfähigkeit der AOK-Mitglieder in der Branche Banken und Versicherungen nach Bundesländern im Jahr 2021 im Vergleich zum Vorjahr | ◼ Tab. 20.2 |
| Arbeitsunfähigkeit der AOK-Mitglieder nach Wirtschaftsabteilungen in der Branche Banken und Versicherungen im Jahr 2021 | ◼ Tab. 20.3 |
| Kennzahlen der Arbeitsunfähigkeit nach ausgewählten Berufsgruppen in der Branche Banken und Versicherungen im Jahr 2021 | ◼ Tab. 20.4 |
| Dauer der Arbeitsunfähigkeit der AOK-Mitglieder in der Branche Banken und Versicherungen im Jahr 2021 | ◼ Tab. 20.5 |
| Tage der Arbeitsunfähigkeit je AOK-Mitglied nach Wirtschaftsabteilung und Betriebsgröße in der Branche Banken und Versicherungen im Jahr 2021 | ◼ Tab. 20.6 |
| Krankenstand in Prozent nach Ausbildungsabschluss in der Branche Banken und Versicherungen im Jahr 2021, AOK-Mitglieder | ◼ Tab. 20.7 |
| Tage der Arbeitsunfähigkeit je AOK-Mitglied nach Ausbildungsabschluss in der Branche Banken und Versicherungen im Jahr 2021 | ◼ Tab. 20.8 |
| Anteil der Arbeitsunfälle an den AU-Fällen und -Tagen in Prozent nach Wirtschaftsabteilungen in der Branche Banken und Versicherungen im Jahr 2021, AOK-Mitglieder | ◼ Tab. 20.9 |
| Tage und Fälle der Arbeitsunfähigkeit durch Arbeitsunfälle nach Berufsgruppen in der Branche Banken und Versicherungen im Jahr 2021, AOK-Mitglieder | ◼ Tab. 20.10 |
| Tage und Fälle der Arbeitsunfähigkeit je 100 AOK-Mitglieder nach Krankheitsarten in der Branche Banken und Versicherungen in den Jahren 1997 bis 2021 | ◼ Tab. 20.11 |
| Verteilung der Arbeitsunfähigkeitstage nach Krankheitsarten in Prozent in der Branche Banken und Versicherungen im Jahr 2021, AOK-Mitglieder | ◼ Tab. 20.12 |
| Verteilung der Arbeitsunfähigkeitsfälle nach Krankheitsarten in Prozent in der Branche Banken und Versicherungen im Jahr 2021, AOK-Mitglieder | ◼ Tab. 20.13 |
| Verteilung der Arbeitsunfähigkeitstage nach Krankheitsarten und ausgewählten Berufsgruppen in der Branche Banken und Versicherungen im Jahr 2021, AOK-Mitglieder | ◼ Tab. 20.14 |
| Verteilung der Arbeitsunfähigkeitsfälle nach Krankheitsarten und ausgewählten Berufsgruppen in der Branche Banken und Versicherungen im Jahr 2021, AOK-Mitglieder | ◼ Tab. 20.15 |
| Anteile der 40 häufigsten Einzeldiagnosen an den AU-Fällen und AU-Tagen in der Branche Banken und Versicherungen im Jahr 2021, AOK-Mitglieder | ◼ Tab. 20.16 |
| Anteile der 40 häufigsten Diagnoseuntergruppen an den AU-Fällen und AU-Tagen in der Branche Banken und Versicherungen im Jahr 2021, AOK-Mitglieder | ◼ Tab. 20.17 |

**20**

◻ **Tab. 20.1** Entwicklung des Krankenstands der AOK-Mitglieder in der Branche Banken und Versicherungen in den Jahren 1997 bis 2021

| Jahr | Krankenstand in % | | | AU-Fälle je 100 AOK-Mitglieder | | | Tage je Fall | | |
|------|------|-----|------|------|------|------|------|------|------|
| | West | Ost | Bund | West | Ost | Bund | West | Ost | Bund |
| 1997 | 3,4 | 3,6 | 3,4 | 108,4 | 110,0 | 108,5 | 11,5 | 11,9 | 11,5 |
| 1998 | 3,5 | 3,6 | 3,5 | 110,6 | 112,2 | 110,7 | 11,4 | 11,7 | 11,4 |
| 1999 | 3,6 | 4,0 | 3,7 | 119,6 | 113,3 | 119,1 | 10,8 | 11,6 | 10,9 |
| 2000 | 3,6 | 4,1 | 3,6 | 125,6 | 148,8 | 127,1 | 10,5 | 10,2 | 10,5 |
| 2001 | 3,5 | 4,1 | 3,6 | 122,2 | 137,5 | 123,1 | 10,6 | 10,8 | 10,6 |
| 2002 | 3,5 | 4,1 | 3,5 | 125,0 | 141,3 | 126,1 | 10,1 | 10,6 | 10,2 |
| 2003 | 3,3 | 3,5 | 3,3 | 126,0 | 137,1 | 127,0 | 9,5 | 9,4 | 9,5 |
| 2004 | 3,1 | 3,2 | 3,1 | 117,6 | 127,7 | 118,8 | 9,7 | 9,3 | 9,6 |
| 2005 | 3,1 | 3,3 | 3,1 | 122,6 | 132,0 | 123,8 | 9,2 | 9,0 | 9,1 |
| 2006 | 2,7 | 3,2 | 2,8 | 108,1 | 126,7 | 110,7 | 9,2 | 9,1 | 9,2 |
| 2007 | 3,1 | 3,4 | 3,1 | 121,0 | 133,6 | 122,8 | 9,2 | 9,3 | 9,2 |
| 2008 (WZ03) | 3,1 | 3,6 | 3,2 | 127,0 | 136,6 | 128,4 | 9,0 | 9,6 | 9,1 |
| 2008 (WZ08)[a] | 3,1 | 3,6 | 3,2 | 126,9 | 135,9 | 128,3 | 9,0 | 9,6 | 9,1 |
| 2009 | 3,2 | 3,9 | 3,3 | 136,8 | 150,9 | 138,8 | 8,6 | 9,5 | 8,8 |
| 2010 | 3,2 | 4,0 | 3,3 | 134,3 | 177,7 | 140,2 | 8,8 | 8,3 | 8,7 |
| 2011 | 3,3 | 3,9 | 3,3 | 139,7 | 181,2 | 145,3 | 8,5 | 7,9 | 8,4 |
| 2012 | 3,2 | 4,1 | 3,4 | 134,5 | 153,7 | 137,0 | 8,8 | 9,8 | 9,0 |
| 2013 | 3,2 | 4,1 | 3,4 | 143,8 | 158,6 | 145,7 | 8,2 | 9,4 | 8,4 |
| 2014 | 3,4 | 4,2 | 3,5 | 142,6 | 157,2 | 144,5 | 8,7 | 9,8 | 8,9 |
| 2015 | 3,6 | 4,4 | 3,7 | 152,9 | 170,1 | 155,3 | 8,7 | 9,4 | 8,8 |
| 2016 | 3,7 | 4,5 | 3,8 | 150,6 | 175,0 | 154,3 | 8,9 | 9,5 | 9,0 |
| 2017 | 3,6 | 4,8 | 3,8 | 145,2 | 172,6 | 149,7 | 9,1 | 10,2 | 9,3 |
| 2018 | 3,7 | 4,9 | 3,9 | 146,1 | 177,1 | 151,7 | 9,3 | 10,1 | 9,5 |
| 2019 | 3,6 | 4,8 | 3,8 | 139,9 | 167,2 | 144,1 | 9,4 | 10,6 | 9,6 |
| 2020 | 3,5 | 4,9 | 3,7 | 116,7 | 149,2 | 121,6 | 11,0 | 12,1 | 11,2 |
| 2021 | 3,3 | 5,0 | 3,6 | 110,7 | 146,7 | 116,0 | 10,9 | 12,4 | 11,2 |

[a] aufgrund der Revision der Wirtschaftszweigklassifikation in 2008 ist eine Vergleichbarkeit mit den Vorjahren nur bedingt möglich

Fehlzeiten-Report 2022

**◻ Tab. 20.2** Arbeitsunfähigkeit der AOK-Mitglieder in der Branche Banken und Versicherungen nach Bundesländern im Jahr 2021 im Vergleich zum Vorjahr

| Bundesland | Kranken-stand in % | Arbeitsunfähigkeit je 100 AOK-Mitglieder | | | | Tage je Fall | Veränd. z. Vorj. in % | AU-Quote in % |
|---|---|---|---|---|---|---|---|---|
| | | AU-Fälle | Veränd. z. Vorj. in % | AU-Tage | Veränd. z. Vorj. in % | | | |
| Baden-Württemberg | 3,3 | 117,0 | −6,2 | 1.194,5 | −9,2 | 10,2 | −3,3 | 48,0 |
| Bayern | 3,2 | 97,0 | −3,2 | 1.166,4 | −1,3 | 12,0 | 2,0 | 40,4 |
| Berlin | 3,3 | 105,7 | −12,0 | 1.209,0 | −13,6 | 11,4 | −1,8 | 35,9 |
| Brandenburg | 4,4 | 146,1 | −2,9 | 1.605,2 | −12,5 | 11,0 | −9,9 | 54,1 |
| Bremen | 3,4 | 110,1 | −1,8 | 1.228,7 | 2,0 | 11,2 | 3,8 | 40,9 |
| Hamburg | 2,5 | 78,2 | −11,1 | 920,9 | −20,0 | 11,8 | −10,0 | 32,4 |
| Hessen | 2,9 | 106,1 | −5,3 | 1.044,8 | −8,9 | 9,9 | −3,7 | 40,8 |
| Mecklenburg-Vorpommern | 4,2 | 139,5 | 4,8 | 1.545,0 | −21,3 | 11,1 | −24,9 | 49,7 |
| Niedersachsen | 3,5 | 123,5 | −3,0 | 1.292,0 | −4,6 | 10,5 | −1,7 | 51,4 |
| Nordrhein-Westfalen | 3,6 | 120,1 | −6,0 | 1.328,3 | −6,7 | 11,1 | −0,7 | 47,0 |
| Rheinland-Pfalz | 3,5 | 97,9 | −11,5 | 1.274,3 | −3,7 | 13,0 | 8,8 | 40,9 |
| Saarland | 4,5 | 134,6 | 2,2 | 1.655,0 | −2,0 | 12,3 | −4,1 | 53,2 |
| Sachsen | 5,0 | 144,3 | −1,2 | 1.820,6 | 4,5 | 12,6 | 5,8 | 56,9 |
| Sachsen-Anhalt | 5,3 | 148,5 | −4,6 | 1.933,7 | 0,9 | 13,0 | 5,8 | 55,3 |
| Schleswig-Holstein | 3,0 | 113,0 | −1,6 | 1.109,2 | −14,8 | 9,8 | −13,4 | 44,1 |
| Thüringen | 5,0 | 153,6 | −1,5 | 1.809,0 | −2,6 | 11,8 | −1,2 | 59,7 |
| **West** | **3,3** | **110,7** | **−5,1** | **1.204,4** | **−6,4** | **10,9** | **−1,4** | **44,7** |
| **Ost** | **5,0** | **146,7** | **−1,7** | **1.816,6** | **0,9** | **12,4** | **2,6** | **56,9** |
| **Bund** | **3,6** | **116,0** | **−4,6** | **1.296,5** | **−5,0** | **11,2** | **−0,5** | **46,5** |

Fehlzeiten-Report 2022

**20**

◻ **Tab. 20.3** Arbeitsunfähigkeit der AOK-Mitglieder nach Wirtschaftsabteilungen in der Branche Banken und Versicherungen im Jahr 2021

| Wirtschaftsabteilungen | Krankenstand in % | | Arbeitsunfähigkeiten je 100 AOK-Mitglieder | | Tage je Fall | AU-Quote in % |
|---|---|---|---|---|---|---|
| | 2021 | 2021 stand.[a] | Fälle | Tage | | |
| Erbringung von Finanzdienst-leistungen | 3,7 | 3,7 | 121,4 | 1.333,8 | 11,0 | 49,0 |
| Mit Finanz- und Versicherungs-dienstleistungen verbundene Tätigkeiten | 3,3 | 3,5 | 106,0 | 1.199,1 | 11,3 | 41,3 |
| Versicherungen, Rückversi-cherungen und Pensionskassen (ohne Sozialversicherung) | 3,4 | 3,7 | 101,0 | 1.239,8 | 12,3 | 41,4 |
| **Branche gesamt** | **3,6** | **3,6** | **116,0** | **1.296,5** | **11,2** | **46,5** |
| **Alle Branchen** | **5,4** | **5,5** | **148,9** | **1.971,5** | **13,2** | **50,5** |

[a] Krankenstand alters- und geschlechtsstandardisiert
Fehlzeiten-Report 2022

**Tab. 20.4** Kennzahlen der Arbeitsunfähigkeit nach ausgewählten Berufsgruppen in der Branche Banken und Versicherungen im Jahr 2021

| Tätigkeit | Kranken-stand in % | Arbeitsunfähigkeit je 100 AOK-Mitglieder | | Tage je Fall | AU-Quote in % | Anteil der Berufsgruppe an der Branche in %[a] |
|---|---|---|---|---|---|---|
| | | AU-Fälle | AU-Tage | | | |
| Anlageberater/innen- u. sonstige Finanzdienstleistungsberufe | 2,7 | 87,0 | 969,4 | 11,1 | 38,6 | 1,6 |
| Bankkaufleute | 3,6 | 126,3 | 1.329,0 | 10,5 | 51,4 | 47,1 |
| Berufe im Vertrieb (außer Informations- u. Kommunikationstechnologien) | 3,7 | 108,1 | 1.333,0 | 12,3 | 44,6 | 3,1 |
| Berufe in der Buchhaltung | 2,8 | 90,0 | 1.022,5 | 11,4 | 41,0 | 1,2 |
| Büro- u. Sekretariatskräfte (ohne Spez.) | 3,6 | 106,3 | 1.298,8 | 12,2 | 41,0 | 8,3 |
| Kaufmännische u. technische Betriebswirtschaft (ohne Spez.) | 2,9 | 100,0 | 1.071,3 | 10,7 | 42,4 | 3,6 |
| Versicherungskaufleute | 3,4 | 113,9 | 1.223,0 | 10,7 | 43,9 | 15,9 |
| **Branche gesamt** | **3,6** | **116,0** | **1.296,5** | **11,2** | **46,5** | **1,3[b]** |

[a] Anteil der AOK-Mitglieder in der Berufsgruppe an den in der Branche beschäftigten AOK-Mitgliedern insgesamt
[b] Anteil der AOK-Mitglieder in der Branche an allen AOK-Mitgliedern
Fehlzeiten-Report 2022

**Tab. 20.5** Dauer der Arbeitsunfähigkeit der AOK-Mitglieder in der Branche Banken und Versicherungen im Jahr 2021

| Fallklasse | Branche hier | | Alle Branchen | |
|---|---|---|---|---|
| | Anteil Fälle in % | Anteil Tage in % | Anteil Fälle in % | Anteil Tage in % |
| 1–3 Tage | 38,8 | 6,9 | 35,0 | 5,2 |
| 4–7 Tage | 29,0 | 12,8 | 29,0 | 11,1 |
| 8–14 Tage | 16,3 | 15,1 | 17,6 | 13,9 |
| 15–21 Tage | 6,1 | 9,3 | 6,9 | 8,9 |
| 22–28 Tage | 3,0 | 6,5 | 3,2 | 5,9 |
| 29–42 Tage | 2,9 | 9,0 | 3,3 | 8,7 |
| >42 Tage | 3,8 | 40,5 | 5,1 | 46,3 |

Fehlzeiten-Report 2022

20

◘ **Tab. 20.6** Tage der Arbeitsunfähigkeit je AOK-Mitglied nach Wirtschaftsabteilung und Betriebsgröße in der Branche Banken und Versicherungen im Jahr 2021

| Wirtschaftsabteilungen | Betriebsgröße (Anzahl der AOK-Mitglieder) | | | | | |
|---|---|---|---|---|---|---|
| | **10–49** | **50–99** | **100–199** | **200–499** | **500–999** | **≥ 1.000** |
| Erbringung von Finanzdienstleistungen | 12,7 | 13,8 | 14,1 | 15,4 | 14,7 | 11,9 |
| Mit Finanz- und Versicherungsdienstleistungen verbundene Tätigkeiten | 12,0 | 12,2 | 12,8 | 12,2 | – | – |
| Versicherungen, Rückversicherungen und Pensionskassen (ohne Sozialversicherung) | 13,1 | 12,6 | 13,7 | 10,2 | 10,7 | – |
| **Branche gesamt** | **12,7** | **13,5** | **13,9** | **14,1** | **14,2** | **11,9** |
| **Alle Branchen** | **20,3** | **22,4** | **22,7** | **22,5** | **22,6** | **22,4** |

Fehlzeiten-Report 2022

◘ **Tab. 20.7** Krankenstand in Prozent nach Ausbildungsabschluss in der Branche Banken und Versicherungen im Jahr 2021, AOK-Mitglieder

| Wirtschaftsabteilungen | Ausbildung | | | | | | |
|---|---|---|---|---|---|---|---|
| | ohne Ausbildungsabschluss | mit Ausbildungsabschluss | Meister/ Techniker | Bachelor | Diplom/ Magister/ Master/ Staatsexamen | Promotion | unbekannt |
| Erbringung von Finanzdienstleistungen | 3,4 | 4,1 | 3,4 | 1,7 | 2,4 | 1,4 | 4,5 |
| Mit Finanz- und Versicherungsdienstleistungen verbundene Tätigkeiten | 3,2 | 3,6 | 2,7 | 1,7 | 2,0 | 0,8 | 3,4 |
| Versicherungen, Rückversicherungen und Pensionskassen (ohne Sozialversicherung) | 3,2 | 3,9 | 4,3 | 1,8 | 2,1 | 0,6 | 3,1 |
| **Branche gesamt** | **3,3** | **4,0** | **3,4** | **1,7** | **2,3** | **1,1** | **3,9** |
| **Alle Branchen** | **5,9** | **6,0** | **4,7** | **2,3** | **2,8** | **2,0** | **4,9** |

Fehlzeiten-Report 2022

◘ **Tab. 20.8** Tage der Arbeitsunfähigkeit je AOK-Mitglied nach Ausbildungsabschluss in der Branche Banken und Versicherungen im Jahr 2021

| Wirtschafts-abteilungen | Ausbildung | | | | | | |
|---|---|---|---|---|---|---|---|
| | ohne Aus-bildungs-abschluss | mit Aus-bildungs-abschluss | Meister/ Techniker | Bachelor | Diplom/ Magister/ Master/ Staats-examen | Promotion | unbekannt |
| Erbringung von Finanzdienstleistungen | 12,4 | 14,8 | 12,4 | 6,1 | 8,7 | 5,1 | 16,3 |
| Mit Finanz- und Versicherungsdienst-leistungen verbundene Tätigkeiten | 11,8 | 13,3 | 9,9 | 6,1 | 7,2 | 3,0 | 12,6 |
| Versicherungen, Rück-versicherungen und Pensionskassen (ohne Sozialversicherung) | 11,7 | 14,4 | 15,7 | 6,7 | 7,8 | 2,2 | 11,2 |
| **Branche gesamt** | **12,2** | **14,5** | **12,4** | **6,1** | **8,3** | **3,9** | **14,1** |
| **Alle Branchen** | **21,4** | **21,9** | **17,1** | **8,3** | **10,2** | **7,3** | **17,9** |

Fehlzeiten-Report 2022

◘ **Tab. 20.9** Anteil der Arbeitsunfälle an den AU-Fällen und -Tagen in Prozent nach Wirtschaftsabteilungen in der Branche Banken und Versicherungen im Jahr 2021, AOK-Mitglieder

| Wirtschaftsabteilungen | AU-Fälle in % | AU-Tage in % |
|---|---|---|
| Erbringung von Finanzdienstleistungen | 0,9 | 2,2 |
| Mit Finanz- und Versicherungsdienstleistungen verbundene Tätigkeiten | 0,8 | 1,6 |
| Versicherungen, Rückversicherungen und Pensionskassen (ohne Sozialver-sicherung) | 0,5 | 1,2 |
| **Branche gesamt** | **0,9** | **1,9** |
| **Alle Branchen** | **3,0** | **5,7** |

Fehlzeiten-Report 2022

**20**

■ **Tab. 20.10** Tage und Fälle der Arbeitsunfähigkeit durch Arbeitsunfälle nach Berufsgruppen in der Branche Banken und Versicherungen im Jahr 2021, AOK-Mitglieder

| Tätigkeit | Arbeitsunfähigkeit je 1.000 AOK-Mitglieder | |
|---|---|---|
| | AU-Tage | AU-Fälle |
| Bankkaufleute | 235,7 | 10,5 |
| Anlageberater/innen- u. sonstige Finanzdienstleistungsberufe | 171,9 | 5,5 |
| Büro- u. Sekretariatskräfte (ohne Spez.) | 155,6 | 6,9 |
| Berufe im Vertrieb (außer Informations- u. Kommunikationstechnologien) | 151,9 | 6,9 |
| Versicherungskaufleute | 151,5 | 6,3 |
| Berufe in der Buchhaltung | 118,9 | 5,2 |
| Kaufmännische u. technische Betriebswirtschaft (ohne Spez.) | 71,3 | 5,3 |
| **Branche gesamt** | **251,7** | **10,2** |
| **Alle Branchen** | **1.121,9** | **44,7** |

Fehlzeiten-Report 2022

**◘ Tab. 20.11** Tage und Fälle der Arbeitsunfähigkeit je 100 AOK-Mitglieder nach Krankheitsarten in der Branche Banken und Versicherungen in den Jahren 1997 bis 2021

| Jahr | Arbeitsunfähigkeiten je 100 AOK-Mitglieder | | | | | | | | | | | |
|------|------|------|------|------|------|------|------|------|------|------|------|------|
| | Psyche | | Herz/Kreis-lauf | | Atemwege | | Verdauung | | Muskel/Skelett | | Verletzungen | |
| | Tage | Fälle | Tage | Fälle | Tage | Fälle | Tage | Fälle | Tage | Fälle | Tage | Fälle |
| 1997 | 104,8 | 4,1 | 120,6 | 6,8 | 258,1 | 39,8 | 112,5 | 17,8 | 298,0 | 16,9 | 161,1 | 9,8 |
| 1998 | 109,3 | 4,5 | 112,8 | 6,9 | 252,3 | 40,4 | 109,3 | 18,1 | 313,9 | 18,0 | 152,2 | 9,7 |
| 1999 | 113,7 | 4,8 | 107,6 | 6,9 | 291,2 | 46,4 | 108,7 | 19,0 | 308,3 | 18,6 | 151,0 | 10,3 |
| 2000 | 138,4 | 5,8 | 92,5 | 6,3 | 281,4 | 45,3 | 99,1 | 16,6 | 331,4 | 19,9 | 145,3 | 10,0 |
| 2001 | 144,6 | 6,6 | 99,8 | 7,1 | 264,1 | 44,4 | 98,8 | 17,3 | 334,9 | 20,5 | 147,6 | 10,3 |
| 2002 | 144,6 | 6,8 | 96,7 | 7,1 | 254,7 | 44,0 | 105,1 | 19,0 | 322,6 | 20,6 | 147,3 | 10,5 |
| 2003 | 133,9 | 6,9 | 88,6 | 7,1 | 261,1 | 46,5 | 99,0 | 18,7 | 288,0 | 19,5 | 138,2 | 10,3 |
| 2004 | 150,2 | 7,1 | 92,8 | 6,5 | 228,5 | 40,6 | 103,7 | 19,0 | 273,1 | 18,4 | 136,5 | 9,8 |
| 2005 | 147,5 | 7,0 | 85,1 | 6,5 | 270,1 | 47,7 | 100,1 | 17,9 | 248,8 | 18,1 | 132,1 | 9,7 |
| 2006 | 147,2 | 7,0 | 79,8 | 6,2 | 224,6 | 40,8 | 98,8 | 18,3 | 243,0 | 17,4 | 134,0 | 9,6 |
| 2007 | 167,2 | 7,5 | 87,7 | 6,3 | 243,9 | 44,4 | 103,0 | 19,6 | 256,9 | 18,1 | 125,2 | 9,1 |
| 2008 (WZ03) | 172,7 | 7,7 | 86,7 | 6,5 | 258,1 | 46,8 | 106,2 | 20,0 | 254,0 | 18,0 | 134,6 | 9,5 |
| 2008 (WZ08)ª | 182,3 | 7,8 | 85,3 | 6,5 | 256,9 | 46,7 | 107,1 | 20,0 | 254,0 | 18,0 | 134,6 | 9,5 |
| 2009 | 182,3 | 8,2 | 80,6 | 6,2 | 303,2 | 54,6 | 105,4 | 20,2 | 242,2 | 17,7 | 134,2 | 9,6 |
| 2010 | 205,3 | 8,8 | 80,0 | 6,1 | 260,2 | 49,2 | 97,4 | 18,7 | 248,6 | 18,6 | 142,6 | 10,4 |
| 2011 | 209,2 | 8,9 | 73,8 | 5,7 | 268,8 | 49,4 | 90,7 | 17,9 | 228,7 | 17,6 | 132,3 | 9,8 |
| 2012 | 232,9 | 9,1 | 80,1 | 5,7 | 266,4 | 49,1 | 97,5 | 18,1 | 243,8 | 18,1 | 135,9 | 9,7 |
| 2013 | 230,1 | 9,0 | 70,7 | 5,4 | 321,0 | 58,3 | 94,4 | 17,9 | 219,7 | 17,3 | 128,9 | 9,8 |
| 2014 | 258,4 | 10,0 | 81,6 | 5,7 | 272,3 | 51,3 | 98,8 | 18,7 | 248,7 | 18,8 | 139,0 | 10,0 |
| 2015 | 256,7 | 10,1 | 81,6 | 5,9 | 340,5 | 60,5 | 99,9 | 18,6 | 249,0 | 18,4 | 144,9 | 10,0 |
| 2016 | 274,0 | 10,6 | 74,5 | 6,1 | 317,9 | 57,5 | 99,5 | 18,5 | 269,5 | 19,3 | 145,1 | 10,1 |
| 2017 | 276,6 | 10,5 | 76,7 | 5,8 | 325,8 | 57,0 | 91,6 | 17,0 | 270,1 | 18,8 | 148,2 | 9,7 |
| 2018 | 283,2 | 10,3 | 75,5 | 5,7 | 343,6 | 58,1 | 90,7 | 16,9 | 264,8 | 18,6 | 147,1 | 9,8 |
| 2019 | 296,2 | 10,4 | 75,5 | 5,6 | 298,3 | 53,2 | 86,9 | 15,9 | 252,5 | 17,9 | 144,0 | 9,2 |
| 2020 | 302,7 | 9,7 | 70,0 | 4,7 | 297,5 | 42,5 | 83,1 | 13,4 | 260,6 | 16,2 | 132,3 | 7,7 |
| 2021 | 308,8 | 10,3 | 71,0 | 4,7 | 233,7 | 34,5 | 75,6 | 12,5 | 253,4 | 16,4 | 132,1 | 10,0 |

ª aufgrund der Revision der Wirtschaftszweigklassifikation in 2008 ist eine Vergleichbarkeit mit den Vorjahren nur bedingt möglich

Fehlzeiten-Report 2022

**20**

◘ **Tab. 20.12** Verteilung der Arbeitsunfähigkeitstage nach Krankheitsarten in Prozent in der Branche Banken und Versicherungen im Jahr 2021, AOK-Mitglieder

| Wirtschaftsabteilungen | AU-Tage in % | | | | | | |
|---|---|---|---|---|---|---|---|
| | Psyche | Herz/ Kreislauf | Atem- wege | Ver- dauung | Muskel/ Skelett | Verlet- zungen | Sonstige |
| Erbringung von Finanz- dienstleistungen | 16,2 | 3,9 | 12,8 | 4,1 | 14,0 | 7,3 | 41,7 |
| Mit Finanz- und Versi- cherungsdienstleistungen verbundene Tätigkeiten | 16,9 | 3,8 | 12,4 | 4,1 | 13,0 | 7,2 | 42,6 |
| Versicherungen, Rück- versicherungen und Pensionskassen (ohne Sozialversicherung) | 19,1 | 3,6 | 12,0 | 4,0 | 13,0 | 6,0 | 42,4 |
| **Branche gesamt** | **16,7** | **3,8** | **12,6** | **4,1** | **13,7** | **7,1** | **41,9** |
| **Alle Branchen** | **12,0** | **4,9** | **9,8** | **3,9** | **21,5** | **10,0** | **37,9** |

Fehlzeiten-Report 2022

◘ **Tab. 20.13** Verteilung der Arbeitsunfähigkeitsfälle nach Krankheitsarten in Prozent in der Branche Banken und Versicherungen im Jahr 2021, AOK-Mitglieder

| Wirtschaftsabteilungen | AU-Fälle in % | | | | | | |
|---|---|---|---|---|---|---|---|
| | Psyche | Herz/ Kreislauf | Atem- wege | Ver- dauung | Muskel/ Skelett | Verlet- zungen | Sonstige |
| Erbringung von Finanz- dienstleistungen | 5,9 | 2,7 | 20,5 | 7,4 | 9,8 | 6,0 | 47,6 |
| Mit Finanz- und Versi- cherungsdienstleistungen verbundene Tätigkeiten | 5,9 | 2,7 | 19,7 | 7,3 | 8,9 | 5,9 | 49,6 |
| Versicherungen, Rück- versicherungen und Pensionskassen (ohne Sozialversicherung) | 6,9 | 3,0 | 19,8 | 7,2 | 9,7 | 5,1 | 48,4 |
| **Branche gesamt** | **6,0** | **2,7** | **20,3** | **7,4** | **9,6** | **5,9** | **48,0** |
| **Alle Branchen** | **5,2** | **3,3** | **16,7** | **6,8** | **15,8** | **7,9** | **44,2** |

Fehlzeiten-Report 2022

◨ **Tab. 20.14** Verteilung der Arbeitsunfähigkeitstage nach Krankheitsarten und ausgewählten Berufsgruppen in der Branche Banken und Versicherungen im Jahr 2021, AOK-Mitglieder

| Tätigkeit | AU-Tage in % | | | | | | |
|---|---|---|---|---|---|---|---|
| | Psyche | Herz/ Kreislauf | Atem- wege | Ver- dauung | Muskel/ Skelett | Verlet- zungen | Sonstige |
| Anlageberater/innen- u. sonstige Finanzdienst- leistungsberufe | 15,8 | 4,1 | 13,0 | 5,1 | 12,3 | 5,8 | 43,9 |
| Bankkaufleute | 16,8 | 3,6 | 13,6 | 4,1 | 12,6 | 7,2 | 42,1 |
| Berufe im Vertrieb (außer Informations- u. Kommunika- tionstechnologien) | 21,3 | 4,6 | 13,4 | 3,5 | 12,8 | 5,7 | 38,7 |
| Berufe in der Buchhaltung | 19,4 | 4,4 | 10,4 | 4,2 | 10,1 | 5,8 | 45,7 |
| Büro- u. Sekretariatskräfte (ohne Spez.) | 16,5 | 3,7 | 11,3 | 3,8 | 14,1 | 6,5 | 44,1 |
| Kaufmännische u. technische Betriebswirtschaft (ohne Spez.) | 19,6 | 3,0 | 13,2 | 3,9 | 13,8 | 5,7 | 40,7 |
| Versicherungskaufleute | 16,8 | 3,3 | 13,1 | 4,1 | 12,6 | 6,8 | 43,2 |
| **Branche gesamt** | **16,7** | **3,8** | **12,6** | **4,1** | **13,7** | **7,1** | **41,9** |
| **Alle Branchen** | **12,0** | **4,9** | **9,8** | **3,9** | **21,5** | **10,0** | **37,9** |

Fehlzeiten-Report 2022

◘ **Tab. 20.15** Verteilung der Arbeitsunfähigkeitsfälle nach Krankheitsarten und ausgewählten Berufsgruppen in der Branche Banken und Versicherungen im Jahr 2021, AOK-Mitglieder

| Tätigkeit | AU-Fälle in % | | | | | | |
|---|---|---|---|---|---|---|---|
| | Psyche | Herz/ Kreislauf | Atem- wege | Ver- dauung | Muskel/ Skelett | Verlet- zungen | Sonstige |
| Anlageberater/innen- u. sonstige Finanzdienst- leistungsberufe | 5,4 | 3,2 | 21,3 | 7,8 | 8,7 | 5,5 | 48,2 |
| Bankkaufleute | 5,9 | 2,5 | 21,6 | 7,5 | 8,9 | 6,0 | 47,7 |
| Berufe im Vertrieb (außer Informations- u. Kommunika- tionstechnologien) | 7,8 | 2,7 | 20,0 | 6,6 | 8,5 | 5,5 | 48,9 |
| Berufe in der Buchhaltung | 7,4 | 2,2 | 17,6 | 7,3 | 9,0 | 5,3 | 51,1 |
| Büro- u. Sekretariatskräfte (ohne Spez.) | 6,4 | 3,2 | 17,6 | 7,6 | 9,7 | 5,6 | 50,0 |
| Kaufmännische u. technische Betriebswirtschaft (ohne Spez.) | 6,9 | 2,4 | 19,7 | 7,9 | 9,5 | 4,9 | 48,7 |
| Versicherungskaufleute | 5,9 | 2,5 | 21,1 | 7,3 | 8,6 | 5,5 | 49,1 |
| **Branche gesamt** | **6,0** | **2,7** | **20,3** | **7,4** | **9,6** | **5,9** | **48,0** |
| **Alle Branchen** | **5,2** | **3,3** | **16,7** | **6,8** | **15,8** | **7,9** | **44,2** |

Fehlzeiten-Report 2022

**◻ Tab. 20.16** Anteile der 40 häufigsten Einzeldiagnosen an den AU-Fällen und AU-Tagen in der Branche Banken und Versicherungen im Jahr 2021, AOK-Mitglieder

| ICD-10 | Bezeichnung | AU-Fälle in % | AU-Tage in % |
|---|---|---|---|
| J06 | Akute Infektionen an mehreren oder nicht näher bezeichneten Lokalisationen der oberen Atemwege | 11,3 | 6,7 |
| U99 | Belegte und nicht belegte Schlüsselnummern U99.-! | 4,5 | 2,5 |
| Z11 | Spezielle Verfahren zur Untersuchung auf infektiöse und parasitäre Krankheiten | 3,6 | 2,2 |
| M54 | Rückenschmerzen | 3,5 | 3,7 |
| A09 | Sonstige und nicht näher bezeichnete Gastroenteritis und Kolitis infektiösen und nicht näher bezeichneten Ursprungs | 2,9 | 1,1 |
| U07 | Krankheiten mit unklarer Ätiologie, belegte und nicht belegte Schlüsselnummern U07.- | 2,4 | 2,4 |
| F43 | Reaktionen auf schwere Belastungen und Anpassungsstörungen | 2,0 | 4,1 |
| R10 | Bauch- und Beckenschmerzen | 1,9 | 1,0 |
| R51 | Kopfschmerz | 1,9 | 0,9 |
| K08 | Sonstige Krankheiten der Zähne und des Zahnhalteapparates | 1,8 | 0,5 |
| B34 | Viruskrankheit nicht näher bezeichneter Lokalisation | 1,5 | 0,9 |
| T88 | Sonstige Komplikationen bei chirurgischen Eingriffen und medizinischer Behandlung, anderenorts nicht klassifiziert | 1,4 | 0,3 |
| G43 | Migräne | 1,3 | 0,5 |
| F32 | Depressive Episode | 1,2 | 4,7 |
| J00 | Akute Rhinopharyngitis [Erkältungsschnupfen] | 1,2 | 0,6 |
| R53 | Unwohlsein und Ermüdung | 1,1 | 1,2 |
| I10 | Essentielle (primäre) Hypertonie | 1,0 | 1,1 |
| K29 | Gastritis und Duodenitis | 1,0 | 0,5 |
| F48 | Andere neurotische Störungen | 0,9 | 2,0 |
| R11 | Übelkeit und Erbrechen | 0,9 | 0,5 |
| M79 | Sonstige Krankheiten des Weichteilgewebes, anderenorts nicht klassifiziert | 0,8 | 0,8 |
| K52 | Sonstige nichtinfektiöse Gastroenteritis und Kolitis | 0,8 | 0,3 |
| Z98 | Sonstige Zustände nach chirurgischem Eingriff | 0,7 | 1,6 |
| F45 | Somatoforme Störungen | 0,7 | 1,6 |
| B99 | Sonstige und nicht näher bezeichnete Infektionskrankheiten | 0,7 | 0,4 |
| J98 | Sonstige Krankheiten der Atemwege | 0,7 | 0,4 |
| J02 | Akute Pharyngitis | 0,7 | 0,3 |

**20**

**◘ Tab. 20.16** (Fortsetzung)

| ICD-10 | Bezeichnung | AU-Fälle in % | AU-Tage in % |
|--------|-------------|---------------|--------------|
| U12 | Unerwünschte Nebenwirkungen bei der Anwendung von COVID-19-Impfstoffen | 0,7 | 0,2 |
| M25 | Sonstige Gelenkkrankheiten, anderenorts nicht klassifiziert | 0,6 | 0,7 |
| T14 | Verletzung an einer nicht näher bezeichneten Körperregion | 0,6 | 0,6 |
| R42 | Schwindel und Taumel | 0,6 | 0,5 |
| M99 | Biomechanische Funktionsstörungen, anderenorts nicht klassifiziert | 0,6 | 0,5 |
| J20 | Akute Bronchitis | 0,6 | 0,4 |
| J03 | Akute Tonsillitis | 0,6 | 0,3 |
| J32 | Chronische Sinusitis | 0,6 | 0,3 |
| R07 | Hals- und Brustschmerzen | 0,6 | 0,3 |
| N39 | Sonstige Krankheiten des Harnsystems | 0,6 | 0,3 |
| F41 | Andere Angststörungen | 0,5 | 1,8 |
| G47 | Schlafstörungen | 0,5 | 0,7 |
| J01 | Akute Sinusitis | 0,5 | 0,3 |
| | **Summe hier** | **60,0** | **49,7** |
| | Restliche | 40,0 | 50,3 |
| | **Gesamtsumme** | **100,0** | **100,0** |

Fehlzeiten-Report 2022

**◘ Tab. 20.17** Anteile der 40 häufigsten Diagnoseuntergruppen an den AU-Fällen und AU-Tagen in der Branche Banken und Versicherungen im Jahr 2021, AOK-Mitglieder

| ICD-10 | Bezeichnung | AU-Fälle in % | AU-Tage in % |
|---|---|---|---|
| J00–J06 | Akute Infektionen der oberen Atemwege | 15,0 | 8,7 |
| U98–U99 | Belegte und nicht belegte Schlüsselnummern | 4,8 | 2,7 |
| R50–R69 | Allgemeinsymptome | 4,6 | 3,5 |
| M50–M54 | Sonstige Krankheiten der Wirbelsäule und des Rückens | 4,2 | 5,0 |
| Z00–Z13 | Personen, die das Gesundheitswesen zur Untersuchung und Abklärung in Anspruch nehmen | 4,1 | 2,6 |
| F40–F48 | Neurotische, Belastungs- und somatoforme Störungen | 4,0 | 9,2 |
| U00–U49 | Vorläufige Zuordnungen für Krankheiten mit unklarer Ätiologie, belegte und nicht belegte Schlüsselnummern | 3,5 | 3,1 |
| A00–A09 | Infektiöse Darmkrankheiten | 3,5 | 1,4 |
| R10–R19 | Symptome, die das Verdauungssystem und das Abdomen betreffen | 3,1 | 1,7 |
| K00–K14 | Krankheiten der Mundhöhle, der Speicheldrüsen und der Kiefer | 2,4 | 0,8 |
| G40–G47 | Episodische und paroxysmale Krankheiten des Nervensystems | 2,3 | 1,8 |
| F30–F39 | Affektive Störungen | 1,7 | 7,4 |
| Z80–Z99 | Personen mit potentiellen Gesundheitsrisiken aufgrund der Familien- oder Eigenanamnese und bestimmte Zustände, die den Gesundheitszustand beeinflussen | 1,7 | 2,9 |
| M70–M79 | Sonstige Krankheiten des Weichteilgewebes | 1,7 | 2,4 |
| B25–B34 | Sonstige Viruskrankheiten | 1,7 | 1,0 |
| T80–T88 | Komplikationen bei chirurgischen Eingriffen und medizinischer Behandlung, anderorts nicht klassifiziert | 1,7 | 0,7 |
| R00–R09 | Symptome, die das Kreislaufsystem und das Atmungssystem betreffen | 1,5 | 1,1 |
| K20–K31 | Krankheiten des Ösophagus, des Magens und des Duodenums | 1,5 | 0,8 |
| I10–I15 | Hypertonie [Hochdruckkrankheit] | 1,2 | 1,2 |
| K50–K52 | Nichtinfektiöse Enteritis und Kolitis | 1,2 | 0,6 |
| J30–J39 | Sonstige Krankheiten der oberen Atemwege | 1,1 | 0,7 |
| M20–M25 | Sonstige Gelenkkrankheiten | 1,0 | 1,9 |
| K55–K64 | Sonstige Krankheiten des Darmes | 1,0 | 0,7 |
| N30–N39 | Sonstige Krankheiten des Harnsystems | 1,0 | 0,4 |
| R40–R46 | Symptome, die das Erkennungs- und Wahrnehmungsvermögen, die Stimmung und das Verhalten betreffen | 0,9 | 0,9 |
| J40–J47 | Chronische Krankheiten der unteren Atemwege | 0,9 | 0,7 |
| N80–N98 | Nichtentzündliche Krankheiten des weiblichen Genitaltraktes | 0,8 | 0,6 |

**20**

◻ **Tab. 20.17** (Fortsetzung)

| ICD-10 | Bezeichnung | AU-Fälle in % | AU-Tage in % |
|--------|-------------|---------------|--------------|
| J95–J99 | Sonstige Krankheiten des Atmungssystems | 0,8 | 0,5 |
| J20–J22 | Sonstige akute Infektionen der unteren Atemwege | 0,8 | 0,5 |
| T08–T14 | Verletzungen nicht näher bezeichneter Teile des Rumpfes, der Extremitäten oder anderer Körperregionen | 0,7 | 0,7 |
| M95–M99 | Sonstige Krankheiten des Muskel-Skelett-Systems und des Bindegewebes | 0,7 | 0,6 |
| E70–E90 | Stoffwechselstörungen | 0,7 | 0,5 |
| B99–B99 | Sonstige Infektionskrankheiten | 0,7 | 0,4 |
| C00–C75 | Bösartige Neubildungen an genau bezeichneten Lokalisationen, als primär festgestellt oder vermutet, ausgenommen lymphatisches, blutbildendes und verwandtes Gewebe | 0,6 | 2,7 |
| S80–S89 | Verletzungen des Knies und des Unterschenkels | 0,6 | 1,4 |
| Z40–Z54 | Personen, die das Gesundheitswesen zum Zwecke spezifischer Maßnahmen und zur medizinischen Betreuung in Anspruch nehmen | 0,6 | 0,9 |
| S90–S99 | Verletzungen der Knöchelregion und des Fußes | 0,6 | 0,8 |
| D10–D36 | Gutartige Neubildungen | 0,6 | 0,5 |
| Z20–Z29 | Personen mit potentiellen Gesundheitsrisiken hinsichtlich übertragbarer Krankheiten | 0,6 | 0,5 |
| Z70–Z76 | Personen, die das Gesundheitswesen aus sonstigen Gründen in Anspruch nehmen | 0,5 | 0,9 |
| | **Summe hier** | **80,6** | **75,4** |
| | Restliche | 19,4 | 24,6 |
| | **Gesamtsumme** | **100,0** | **100,0** |

Fehlzeiten-Report 2022

## 20.2  Baugewerbe

| | |
|---|---|
| Entwicklung des Krankenstands der AOK-Mitglieder in der Branche Baugewerbe in den Jahren 1997 bis 2021 | ◻ Tab. 20.18 |
| Arbeitsunfähigkeit der AOK-Mitglieder in der Branche Baugewerbe nach Bundesländern im Jahr 2021 im Vergleich zum Vorjahr | ◻ Tab. 20.19 |
| Arbeitsunfähigkeit der AOK-Mitglieder nach Wirtschaftsabteilungen in der Branche Baugewerbe im Jahr 2021 | ◻ Tab. 20.20 |
| Kennzahlen der Arbeitsunfähigkeit nach ausgewählten Berufsgruppen in der Branche Baugewerbe im Jahr 2021 | ◻ Tab. 20.21 |
| Dauer der Arbeitsunfähigkeit der AOK-Mitglieder in der Branche Baugewerbe im Jahr 2021 | ◻ Tab. 20.22 |
| Tage der Arbeitsunfähigkeit je AOK-Mitglied nach Wirtschaftsabteilung und Betriebsgröße in der Branche Baugewerbe im Jahr 2021 | ◻ Tab. 20.23 |
| Krankenstand in Prozent nach Ausbildungsabschluss in der Branche Baugewerbe im Jahr 2021, AOK-Mitglieder | ◻ Tab. 20.24 |
| Tage der Arbeitsunfähigkeit je AOK-Mitglied nach Ausbildungsabschluss in der Branche Baugewerbe im Jahr 2021 | ◻ Tab. 20.25 |
| Anteil der Arbeitsunfälle an den AU-Fällen und -Tagen in Prozent nach Wirtschaftsabteilungen in der Branche Baugewerbe im Jahr 2021, AOK-Mitglieder | ◻ Tab. 20.26 |
| Tage und Fälle der Arbeitsunfähigkeit durch Arbeitsunfälle nach Berufsgruppen in der Branche Baugewerbe im Jahr 2021, AOK-Mitglieder | ◻ Tab. 20.27 |
| Tage und Fälle der Arbeitsunfähigkeit je 100 AOK-Mitglieder nach Krankheitsarten in der Branche Baugewerbe in den Jahren 1997 bis 2021 | ◻ Tab. 20.28 |
| Verteilung der Arbeitsunfähigkeitstage nach Krankheitsarten in Prozent in der Branche Baugewerbe im Jahr 2021, AOK-Mitglieder | ◻ Tab. 20.29 |
| Verteilung der Arbeitsunfähigkeitsfälle nach Krankheitsarten in Prozent in der Branche Baugewerbe im Jahr 2021, AOK-Mitglieder | ◻ Tab. 20.30 |
| Verteilung der Arbeitsunfähigkeitstage nach Krankheitsarten und ausgewählten Berufsgruppen in der Branche Baugewerbe im Jahr 2021, AOK-Mitglieder | ◻ Tab. 20.31 |
| Verteilung der Arbeitsunfähigkeitsfälle nach Krankheitsarten und ausgewählten Berufsgruppen in der Branche Baugewerbe im Jahr 2021, AOK-Mitglieder | ◻ Tab. 20.32 |
| Anteile der 40 häufigsten Einzeldiagnosen an den AU-Fällen und AU-Tagen in der Branche Baugewerbe im Jahr 2021, AOK-Mitglieder | ◻ Tab. 20.33 |
| Anteile der 40 häufigsten Diagnoseuntergruppen an den AU-Fällen und AU-Tagen in der Branche Baugewerbe im Jahr 2021, AOK-Mitglieder | ◻ Tab. 20.34 |

**20**

◘ **Tab. 20.18** Entwicklung des Krankenstands der AOK-Mitglieder in der Branche Baugewerbe in den Jahren 1997 bis 2021

| Jahr | Krankenstand in % | | | AU-Fälle je 100 AOK-Mitglieder | | | Tage je Fall | | |
|------|------|------|------|------|------|------|------|------|------|
|      | West | Ost | Bund | West | Ost | Bund | West | Ost | Bund |
| 1997 | 5,8 | 5,1 | 5,6 | 140,1 | 128,3 | 137,1 | 14,6 | 14,0 | 14,5 |
| 1998 | 6,0 | 5,2 | 5,8 | 143,8 | 133,8 | 141,4 | 14,7 | 14,0 | 14,5 |
| 1999 | 6,0 | 5,5 | 5,9 | 153,0 | 146,3 | 151,5 | 14,2 | 13,9 | 14,1 |
| 2000 | 6,1 | 5,4 | 5,9 | 157,3 | 143,2 | 154,5 | 14,1 | 13,8 | 14,1 |
| 2001 | 6,0 | 5,5 | 5,9 | 156,3 | 141,5 | 153,6 | 14,0 | 14,1 | 14,0 |
| 2002 | 5,8 | 5,2 | 5,7 | 154,3 | 136,0 | 151,2 | 13,8 | 14,0 | 13,8 |
| 2003 | 5,4 | 4,6 | 5,3 | 148,8 | 123,0 | 144,3 | 13,3 | 13,7 | 13,3 |
| 2004 | 5,0 | 4,1 | 4,8 | 136,6 | 110,8 | 131,9 | 13,4 | 13,7 | 13,4 |
| 2005 | 4,8 | 4,0 | 4,7 | 136,0 | 107,1 | 130,8 | 13,0 | 13,7 | 13,1 |
| 2006 | 4,6 | 3,8 | 4,4 | 131,6 | 101,9 | 126,2 | 12,7 | 13,7 | 12,8 |
| 2007 | 4,9 | 4,2 | 4,8 | 141,4 | 110,3 | 135,7 | 12,7 | 14,0 | 12,9 |
| 2008 (WZ03) | 5,1 | 4,5 | 4,9 | 147,8 | 114,9 | 141,8 | 12,5 | 14,2 | 12,8 |
| 2008 (WZ08)ª | 5,0 | 4,4 | 4,9 | 147,3 | 114,3 | 141,2 | 12,5 | 14,2 | 12,8 |
| 2009 | 5,1 | 4,7 | 5,1 | 151,8 | 120,8 | 146,2 | 12,4 | 14,2 | 12,6 |
| 2010 | 5,1 | 4,7 | 5,1 | 147,8 | 123,2 | 143,4 | 12,7 | 14,0 | 12,9 |
| 2011 | 5,2 | 4,4 | 5,1 | 154,0 | 128,0 | 149,3 | 12,4 | 12,7 | 12,5 |
| 2012 | 5,3 | 5,1 | 5,3 | 152,3 | 124,6 | 147,3 | 12,8 | 14,9 | 13,1 |
| 2013 | 5,4 | 5,2 | 5,3 | 158,9 | 130,1 | 153,8 | 12,3 | 14,5 | 12,6 |
| 2014 | 5,5 | 5,4 | 5,5 | 156,3 | 130,9 | 151,8 | 12,8 | 14,9 | 13,1 |
| 2015 | 5,5 | 5,6 | 5,5 | 162,4 | 139,6 | 158,4 | 12,4 | 14,5 | 12,7 |
| 2016 | 5,5 | 5,5 | 5,5 | 160,2 | 141,5 | 157,1 | 12,5 | 14,1 | 12,7 |
| 2017 | 5,3 | 5,5 | 5,4 | 154,6 | 140,5 | 152,2 | 12,6 | 14,4 | 12,9 |
| 2018 | 5,4 | 5,7 | 5,5 | 159,7 | 146,7 | 157,5 | 12,4 | 14,1 | 12,7 |
| 2019 | 5,4 | 5,7 | 5,4 | 154,6 | 144,4 | 152,9 | 12,7 | 14,4 | 13,0 |
| 2020 | 5,5 | 5,8 | 5,5 | 141,5 | 134,4 | 140,2 | 14,1 | 15,8 | 14,4 |
| 2021 | 5,3 | 6,0 | 5,4 | 147,1 | 142,3 | 146,3 | 13,3 | 15,3 | 13,6 |

ª aufgrund der Revision der Wirtschaftszweigklassifikation in 2008 ist eine Vergleichbarkeit mit den Vorjahren nur bedingt möglich
Fehlzeiten-Report 2022

**Tab. 20.19** Arbeitsunfähigkeit der AOK-Mitglieder in der Branche Baugewerbe nach Bundesländern im Jahr 2021 im Vergleich zum Vorjahr

| Bundesland | Kranken-stand in % | Arbeitsunfähigkeit je 100 AOK-Mitglieder | | | | Tage je Fall | Veränd. z. Vorj. in % | AU-Quote in % |
|---|---|---|---|---|---|---|---|---|
| | | AU-Fälle | Veränd. z. Vorj. in % | AU-Tage | Veränd. z. Vorj. in % | | | |
| Baden-Württemberg | 5,2 | 158,2 | 3,5 | 1.904,7 | −1,7 | 12,0 | −5,0 | 52,5 |
| Bayern | 5,1 | 128,2 | 5,4 | 1.853,3 | 0,4 | 14,5 | −4,8 | 48,6 |
| Berlin | 4,6 | 120,0 | −0,5 | 1.663,3 | −7,1 | 13,9 | −6,6 | 34,1 |
| Brandenburg | 6,3 | 142,4 | 0,9 | 2.296,9 | 0,9 | 16,1 | −0,1 | 52,3 |
| Bremen | 5,1 | 138,1 | 3,8 | 1.861,1 | −7,8 | 13,5 | −11,2 | 43,7 |
| Hamburg | 4,8 | 115,9 | −1,5 | 1.737,6 | −5,6 | 15,0 | −4,2 | 37,8 |
| Hessen | 5,4 | 144,2 | 6,1 | 1.966,5 | −3,1 | 13,6 | −8,7 | 44,2 |
| Mecklenburg-Vorpommern | 6,1 | 138,1 | 5,3 | 2.230,0 | −0,6 | 16,1 | −5,7 | 50,8 |
| Niedersachsen | 5,9 | 169,7 | 4,6 | 2.136,8 | −2,8 | 12,6 | −7,1 | 56,3 |
| Nordrhein-Westfalen | 5,6 | 158,0 | 1,9 | 2.058,2 | −3,9 | 13,0 | −5,7 | 49,8 |
| Rheinland-Pfalz | 5,1 | 128,5 | 3,7 | 1.870,2 | −2,3 | 14,6 | −5,8 | 43,9 |
| Saarland | 6,2 | 157,8 | 3,1 | 2.272,1 | −10,0 | 14,4 | −12,8 | 51,6 |
| Sachsen | 5,8 | 142,7 | 6,8 | 2.112,6 | 3,1 | 14,8 | −3,4 | 55,8 |
| Sachsen-Anhalt | 6,0 | 140,9 | 6,9 | 2.191,1 | 3,1 | 15,5 | −3,5 | 51,4 |
| Schleswig-Holstein | 5,5 | 152,9 | 1,4 | 2.015,6 | −5,0 | 13,2 | −6,3 | 51,8 |
| Thüringen | 6,1 | 143,7 | 6,3 | 2.222,7 | 3,1 | 15,5 | −3,0 | 55,1 |
| **West** | **5,3** | **147,1** | **4,0** | **1.951,5** | **−2,3** | **13,3** | **−6,1** | **49,4** |
| **Ost** | **6,0** | **142,3** | **5,9** | **2.176,0** | **2,6** | **15,3** | **−3,1** | **54,2** |
| **Bund** | **5,4** | **146,3** | **4,3** | **1.988,0** | **−1,5** | **13,6** | **−5,6** | **50,1** |

Fehlzeiten-Report 2022

**20**

**☐ Tab. 20.20** Arbeitsunfähigkeit der AOK-Mitglieder nach Wirtschaftsabteilungen in der Branche Baugewerbe im Jahr 2021

| Wirtschaftsabteilungen | Krankenstand in % | | Arbeitsunfähigkeiten je 100 AOK-Mitglieder | | Tage je Fall | AU-Quote in % |
|---|---|---|---|---|---|---|
| | 2021 | 2021 stand.[a] | Fälle | Tage | | |
| Hochbau | 6,0 | 4,8 | 137,9 | 2.203,9 | 16,0 | 50,4 |
| Tiefbau | 6,1 | 4,9 | 147,7 | 2.241,0 | 15,2 | 52,4 |
| Vorbereitende Baustellenarbeiten, Bauinstallation und sonstiges Ausbaugewerbe | 5,2 | 4,8 | 148,3 | 1.893,7 | 12,8 | 49,7 |
| **Branche gesamt** | **5,4** | **4,8** | **146,3** | **1.988,0** | **13,6** | **50,1** |
| **Alle Branchen** | **5,4** | **5,5** | **148,9** | **1.971,5** | **13,2** | **50,5** |

[a] Krankenstand alters- und geschlechtsstandardisiert
Fehlzeiten-Report 2022

**☐ Tab. 20.21** Kennzahlen der Arbeitsunfähigkeit nach ausgewählten Berufsgruppen in der Branche Baugewerbe im Jahr 2021

| Tätigkeit | Kranken-stand in % | Arbeitsunfähigkeit je 100 AOK-Mitglieder | | Tage je Fall | AU-Quote in % | Anteil der Berufsgruppe an der Branche in %[a] |
|---|---|---|---|---|---|---|
| | | AU-Fälle | AU-Tage | | | |
| Berufe für Maler- u. Lackiererarbeiten | 5,8 | 174,4 | 2.104,1 | 12,1 | 57,2 | 5,8 |
| Berufe im Aus- u. Trockenbau (ohne Spez.) | 4,8 | 125,4 | 1.760,7 | 14,0 | 38,8 | 3,7 |
| Berufe im Beton- u. Stahlbetonbau | 6,0 | 134,7 | 2.178,3 | 16,2 | 41,2 | 1,9 |
| Berufe im Hochbau (ohne Spez.) | 5,2 | 124,6 | 1.907,5 | 15,3 | 38,6 | 17,7 |
| Berufe im Holz-, Möbel- u. Innenausbau | 5,4 | 155,6 | 1.957,3 | 12,6 | 57,9 | 1,6 |
| Berufe im Maurerhandwerk | 7,2 | 161,7 | 2.617,3 | 16,2 | 59,4 | 4,4 |
| Berufe im Straßen- u. Asphaltbau | 6,7 | 182,7 | 2.440,9 | 13,4 | 63,3 | 1,6 |
| Berufe im Tiefbau (ohne Spez.) | 6,8 | 158,7 | 2.476,4 | 15,6 | 53,9 | 3,6 |
| Berufe in der Bauelektrik | 5,0 | 185,7 | 1.843,1 | 9,9 | 59,3 | 5,2 |
| Berufe in der Dachdeckerei | 6,8 | 177,5 | 2.472,9 | 13,9 | 61,5 | 2,0 |

**◧ Tab. 20.21** (Fortsetzung)

| Tätigkeit | Kranken-stand in % | Arbeitsunfähigkeit je 100 AOK-Mitglieder | | Tage je Fall | AU-Quote in % | Anteil der Berufsgruppe an der Branche in %[a] |
|---|---|---|---|---|---|---|
| | | AU-Fälle | AU-Tage | | | |
| Berufe in der Elektrotechnik (ohne Spez.) | 5,2 | 168,5 | 1.893,6 | 11,2 | 52,3 | 1,9 |
| Berufe in der Fliesen-, Platten- u. Mosaikverlegung | 5,6 | 155,0 | 2.037,1 | 13,1 | 55,5 | 1,3 |
| Berufe in der Maschinenbau- u. Betriebstechnik (ohne Spez.) | 5,4 | 144,5 | 1.976,2 | 13,7 | 47,8 | 1,3 |
| Berufe in der Sanitär-, Heizungs- u. Klimatechnik | 5,8 | 192,0 | 2.101,1 | 10,9 | 62,6 | 6,5 |
| Berufe in der Zimmerei | 6,1 | 154,9 | 2.216,6 | 14,3 | 60,5 | 2,0 |
| Berufskraftfahrer/innen (Güterverkehr/LKW) | 6,6 | 129,4 | 2.406,5 | 18,6 | 52,6 | 1,2 |
| Büro- u. Sekretariatskräfte (ohne Spez.) | 3,2 | 98,3 | 1.180,8 | 12,0 | 41,2 | 5,7 |
| Führer/innen von Erdbewegungs- u. verwandten Maschinen | 6,9 | 140,4 | 2.510,4 | 17,9 | 56,5 | 1,9 |
| Kaufmännische u. technische Betriebswirtschaft (ohne Spez.) | 3,3 | 108,4 | 1.197,7 | 11,0 | 47,5 | 1,4 |
| Maschinen- u. Gerätezusammensetzer/innen | 5,8 | 136,1 | 2.133,6 | 15,7 | 48,1 | 1,7 |
| **Branche gesamt** | **5,4** | **146,3** | **1.988,0** | **13,6** | **50,1** | **7,6[b]** |

[a] Anteil der AOK-Mitglieder in der Berufsgruppe an den in der Branche beschäftigten AOK-Mitgliedern insgesamt
[b] Anteil der AOK-Mitglieder in der Branche an allen AOK-Mitgliedern
Fehlzeiten-Report 2022

◻ **Tab. 20.22** Dauer der Arbeitsunfähigkeit der AOK-Mitglieder in der Branche Baugewerbe im Jahr 2021

| Fallklasse | Branche hier | | Alle Branchen | |
|---|---|---|---|---|
| | Anteil Fälle in % | Anteil Tage in % | Anteil Fälle in % | Anteil Tage in % |
| 1–3 Tage | 38,4 | 5,4 | 35,0 | 5,2 |
| 4–7 Tage | 27,3 | 10,0 | 29,0 | 11,1 |
| 8–14 Tage | 16,2 | 12,4 | 17,6 | 13,9 |
| 15–21 Tage | 6,4 | 8,1 | 6,9 | 8,9 |
| 22–28 Tage | 2,8 | 5,1 | 3,2 | 5,9 |
| 29–42 Tage | 3,0 | 7,7 | 3,3 | 8,7 |
| > 42 Tage | 5,8 | 51,4 | 5,1 | 46,3 |

Fehlzeiten-Report 2022

◻ **Tab. 20.23** Tage der Arbeitsunfähigkeit je AOK-Mitglied nach Wirtschaftsabteilung und Betriebsgröße in der Branche Baugewerbe im Jahr 2021

| Wirtschaftsabteilungen | Betriebsgröße (Anzahl der AOK-Mitglieder) | | | | | |
|---|---|---|---|---|---|---|
| | 10–49 | 50–99 | 100–199 | 200–499 | 500–999 | ≥ 1.000 |
| Hochbau | 22,8 | 22,2 | 22,2 | 20,8 | 22,8 | 21,6 |
| Tiefbau | 23,3 | 23,5 | 21,6 | 22,3 | 8,2 | 22,6 |
| Vorbereitende Baustellenarbeiten, Bauinstallation und sonstiges Ausbaugewerbe | 19,7 | 19,9 | 17,4 | 17,8 | 21,5 | 21,0 |
| **Branche gesamt** | **20,8** | **21,3** | **20,1** | **20,2** | **18,6** | **21,8** |
| **Alle Branchen** | **20,3** | **22,4** | **22,7** | **22,5** | **22,6** | **22,4** |

Fehlzeiten-Report 2022

**◘ Tab. 20.24** Krankenstand in Prozent nach Ausbildungsabschluss in der Branche Baugewerbe im Jahr 2021, AOK-Mitglieder

| Wirtschafts-abteilungen | Ausbildung | | | | | | |
|---|---|---|---|---|---|---|---|
| | ohne Aus-bildungs-abschluss | mit Aus-bildungs-abschluss | Meister/Techniker | Bachelor | Diplom/Magister/Master/Staats-examen | Promotion | unbekannt |
| Hochbau | 6,1 | 6,9 | 4,9 | 1,7 | 2,2 | 5,6 | 5,3 |
| Tiefbau | 6,5 | 6,8 | 4,9 | 2,5 | 2,5 | 5,6 | 5,3 |
| Vorbereitende Bau-stellenarbeiten, Bauinstallation und sonstiges Ausbauge-werbe | 5,1 | 5,7 | 4,5 | 2,4 | 2,8 | 4,1 | 4,6 |
| **Branche gesamt** | **5,4** | **6,1** | **4,6** | **2,1** | **2,6** | **4,5** | **4,8** |
| **Alle Branchen** | **5,9** | **6,0** | **4,7** | **2,3** | **2,8** | **2,0** | **4,9** |

Fehlzeiten-Report 2022

**◘ Tab. 20.25** Tage der Arbeitsunfähigkeit je AOK-Mitglied nach Ausbildungsabschluss in der Branche Baugewerbe im Jahr 2021

| Wirtschafts-abteilungen | Ausbildung | | | | | | |
|---|---|---|---|---|---|---|---|
| | ohne Aus-bildungs-abschluss | mit Aus-bildungs-abschluss | Meister/Techniker | Bachelor | Diplom/Magister/Master/Staats-examen | Promotion | unbekannt |
| Hochbau | 22,2 | 25,1 | 17,9 | 6,2 | 8,0 | 20,4 | 19,3 |
| Tiefbau | 23,8 | 24,8 | 17,9 | 9,0 | 9,0 | 20,5 | 19,5 |
| Vorbereitende Bau-stellenarbeiten, Bauinstallation und sonstiges Ausbauge-werbe | 18,8 | 21,0 | 16,6 | 8,7 | 10,4 | 14,9 | 16,9 |
| **Branche gesamt** | **19,9** | **22,2** | **17,0** | **7,8** | **9,3** | **16,5** | **17,6** |
| **Alle Branchen** | **21,4** | **21,9** | **17,1** | **8,3** | **10,2** | **7,3** | **17,9** |

Fehlzeiten-Report 2022

**20**

■ **Tab. 20.26** Anteil der Arbeitsunfälle an den AU-Fällen und -Tagen in Prozent nach Wirtschaftsabteilungen in der Branche Baugewerbe im Jahr 2021, AOK-Mitglieder

| Wirtschaftsabteilungen | AU-Fälle in % | AU-Tage in % |
|---|---|---|
| Hochbau | 6,9 | 13,9 |
| Tiefbau | 5,7 | 11,0 |
| Vorbereitende Baustellenarbeiten, Bauinstallation und sonstiges Ausbaugewerbe | 5,7 | 11,4 |
| **Branche gesamt** | **5,9** | **11,9** |
| **Alle Branchen** | **3,0** | **5,7** |

Fehlzeiten-Report 2022

**◘ Tab. 20.27** Tage und Fälle der Arbeitsunfähigkeit durch Arbeitsunfälle nach Berufsgruppen in der Branche Baugewerbe im Jahr 2021, AOK-Mitglieder

| Tätigkeit | Arbeitsunfähigkeit je 1.000 AOK-Mitglieder | |
|---|---|---|
| | AU-Tage | AU-Fälle |
| Berufe in der Zimmerei | 4.846,8 | 170,6 |
| Berufe in der Dachdeckerei | 3.799,4 | 156,4 |
| Berufe im Maurerhandwerk | 3.723,6 | 122,8 |
| Berufe im Beton- u. Stahlbetonbau | 3.461,3 | 110,7 |
| Berufskraftfahrer/innen (Güterverkehr/LKW) | 3.392,6 | 95,6 |
| Berufe im Hochbau (ohne Spez.) | 3.135,4 | 96,1 |
| Berufe im Tiefbau (ohne Spez.) | 3.011,0 | 104,0 |
| Berufe im Straßen- u. Asphaltbau | 2.911,9 | 107,4 |
| Berufe im Holz-, Möbel- u. Innenausbau | 2.523,4 | 113,7 |
| Führer/innen von Erdbewegungs- u. verwandten Maschinen | 2.509,8 | 75,1 |
| Maschinen- u. Gerätezusammensetzer/innen | 2.439,6 | 85,7 |
| Berufe im Aus- u. Trockenbau (ohne Spez.) | 2.406,0 | 82,6 |
| Berufe in der Sanitär-, Heizungs- u. Klimatechnik | 2.240,5 | 114,1 |
| Berufe in der Maschinenbau- u. Betriebstechnik (ohne Spez.) | 2.206,0 | 85,2 |
| Berufe für Maler- u. Lackiererarbeiten | 2.099,9 | 85,3 |
| Berufe in der Elektrotechnik (ohne Spez.) | 2.031,6 | 81,7 |
| Berufe in der Bauelektrik | 1.765,8 | 86,6 |
| Berufe in der Fliesen-, Platten- u. Mosaikverlegung | 1.702,2 | 70,8 |
| Kaufmännische u. technische Betriebswirtschaft (ohne Spez.) | 343,6 | 11,8 |
| Büro- u. Sekretariatskräfte (ohne Spez.) | 268,2 | 8,5 |
| **Branche gesamt** | **2.357,2** | **86,0** |
| **Alle Branchen** | **1.121,9** | **44,7** |

Fehlzeiten-Report 2022

20

**◘ Tab. 20.28** Tage und Fälle der Arbeitsunfähigkeit je 100 AOK-Mitglieder nach Krankheitsarten in der Branche Baugewerbe in den Jahren 1997 bis 2021

| Jahr | Arbeitsunfähigkeiten je 100 AOK-Mitglieder | | | | | | | | | | | |
|---|---|---|---|---|---|---|---|---|---|---|---|---|
| | Psyche | | Herz/Kreis-lauf | | Atemwege | | Verdauung | | Muskel/Skelett | | Verletzungen | |
| | Tage | Fälle | Tage | Fälle | Tage | Fälle | Tage | Fälle | Tage | Fälle | Tage | Fälle |
| 1997 | 65,3 | 2,7 | 180,0 | 7,0 | 270,4 | 35,5 | 162,5 | 20,5 | 677,9 | 34,4 | 553,6 | 31,9 |
| 1998 | 69,2 | 2,9 | 179,1 | 7,3 | 273,9 | 37,1 | 160,7 | 20,9 | 715,7 | 37,0 | 548,9 | 31,7 |
| 1999 | 72,2 | 3,1 | 180,3 | 7,5 | 302,6 | 41,7 | 160,6 | 22,4 | 756,0 | 39,5 | 547,9 | 32,2 |
| 2000 | 80,8 | 3,6 | 159,7 | 6,9 | 275,1 | 39,2 | 144,2 | 19,3 | 780,1 | 41,2 | 528,8 | 31,2 |
| 2001 | 89,0 | 4,2 | 163,6 | 7,3 | 262,0 | 39,0 | 145,0 | 19,7 | 799,9 | 42,3 | 508,4 | 30,3 |
| 2002 | 90,7 | 4,4 | 159,7 | 7,3 | 240,8 | 36,7 | 141,0 | 20,2 | 787,2 | 41,8 | 502,0 | 29,7 |
| 2003 | 84,7 | 4,3 | 150,0 | 7,1 | 233,3 | 36,7 | 130,8 | 19,1 | 699,3 | 38,2 | 469,0 | 28,6 |
| 2004 | 102,0 | 4,4 | 158,3 | 6,6 | 200,2 | 30,6 | 132,1 | 18,6 | 647,6 | 36,0 | 446,6 | 26,8 |
| 2005 | 101,1 | 4,2 | 155,2 | 6,5 | 227,0 | 34,7 | 122,8 | 17,0 | 610,4 | 34,2 | 435,3 | 25,7 |
| 2006 | 91,9 | 4,1 | 146,4 | 6,4 | 184,3 | 29,1 | 119,4 | 17,8 | 570,6 | 33,8 | 442,6 | 26,4 |
| 2007 | 105,1 | 4,4 | 148,5 | 6,6 | 211,9 | 33,5 | 128,7 | 19,3 | 619,3 | 35,6 | 453,9 | 26,0 |
| 2008 (WZ03) | 108,2 | 4,6 | 157,3 | 6,9 | 218,5 | 34,9 | 132,8 | 20,4 | 646,1 | 37,0 | 459,8 | 26,5 |
| 2008 (WZ08)[a] | 107,3 | 4,6 | 156,4 | 6,9 | 217,0 | 34,7 | 131,4 | 20,2 | 642,3 | 36,9 | 459,2 | 26,5 |
| 2009 | 112,3 | 4,9 | 163,5 | 7,1 | 254,8 | 40,1 | 132,5 | 19,8 | 629,8 | 35,7 | 458,7 | 26,0 |
| 2010 | 121,0 | 5,0 | 160,5 | 6,9 | 216,2 | 34,1 | 127,0 | 18,4 | 654,5 | 36,6 | 473,1 | 26,5 |
| 2011 | 124,5 | 5,5 | 154,9 | 7,1 | 224,1 | 35,9 | 124,9 | 18,8 | 631,6 | 37,4 | 464,5 | 26,4 |
| 2012 | 143,7 | 5,7 | 178,5 | 7,4 | 223,4 | 35,0 | 133,8 | 18,7 | 679,9 | 37,5 | 475,7 | 25,0 |
| 2013 | 146,2 | 5,8 | 177,4 | 6,9 | 271,3 | 42,0 | 136,2 | 18,9 | 666,4 | 36,9 | 462,7 | 24,5 |
| 2014 | 157,4 | 6,4 | 183,4 | 7,3 | 227,2 | 35,6 | 139,0 | 19,3 | 716,4 | 38,9 | 475,9 | 24,6 |
| 2015 | 161,3 | 6,5 | 179,6 | 7,3 | 272,6 | 42,5 | 138,2 | 19,2 | 694,8 | 38,0 | 463,5 | 23,8 |
| 2016 | 159,3 | 6,5 | 162,8 | 7,4 | 254,0 | 40,8 | 130,8 | 19,0 | 708,1 | 38,3 | 459,7 | 23,3 |
| 2017 | 157,7 | 6,5 | 158,6 | 7,2 | 249,5 | 39,6 | 125,8 | 17,9 | 690,3 | 37,2 | 447,8 | 22,1 |
| 2018 | 161,3 | 6,6 | 155,9 | 7,3 | 273,2 | 42,6 | 124,1 | 17,9 | 679,6 | 37,0 | 455,8 | 22,2 |
| 2019 | 170,3 | 6,7 | 160,0 | 7,4 | 238,9 | 39,0 | 121,3 | 17,5 | 689,2 | 37,0 | 447,2 | 21,2 |
| 2020 | 177,6 | 6,3 | 161,0 | 6,6 | 254,9 | 33,9 | 117,4 | 15,5 | 714,9 | 36,5 | 435,0 | 19,1 |
| 2021 | 179,3 | 6,5 | 156,3 | 6,8 | 237,7 | 32,6 | 111,5 | 14,9 | 711,1 | 38,1 | 428,1 | 22,7 |

[a] aufgrund der Revision der Wirtschaftszweigklassifikation in 2008 ist eine Vergleichbarkeit mit den Vorjahren nur bedingt möglich

Fehlzeiten-Report 2022

◘ **Tab. 20.29** Verteilung der Arbeitsunfähigkeitstage nach Krankheitsarten in Prozent in der Branche Baugewerbe im Jahr 2021, AOK-Mitglieder

| Wirtschaftsabteilungen | AU-Tage in % | | | | | | |
|---|---|---|---|---|---|---|---|
| | Psyche | Herz/ Kreislauf | Atem- wege | Ver- dauung | Muskel/ Skelett | Verlet- zungen | Sonstige |
| Hochbau | 5,9 | 6,2 | 7,2 | 3,9 | 26,7 | 16,0 | 34,2 |
| Tiefbau | 6,7 | 6,4 | 7,7 | 4,1 | 26,5 | 13,5 | 35,1 |
| Vorbereitende Baustellenar- beiten, Bauinstallation und sonstiges Ausbaugewerbe | 6,5 | 5,2 | 9,1 | 4,0 | 24,8 | 15,4 | 34,9 |
| **Branche gesamt** | **6,4** | **5,6** | **8,5** | **4,0** | **25,4** | **15,3** | **34,8** |
| **Alle Branchen** | **12,0** | **4,9** | **9,8** | **3,9** | **21,5** | **10,0** | **37,9** |

Fehlzeiten-Report 2022

◘ **Tab. 20.30** Verteilung der Arbeitsunfähigkeitsfälle nach Krankheitsarten in Prozent in der Branche Baugewerbe im Jahr 2021, AOK-Mitglieder

| Wirtschaftsabteilungen | AU-Fälle in % | | | | | | |
|---|---|---|---|---|---|---|---|
| | Psyche | Herz/ Kreislauf | Atem- wege | Ver- dauung | Muskel/ Skelett | Verlet- zungen | Sonstige |
| Hochbau | 3,0 | 3,8 | 14,2 | 7,2 | 19,0 | 11,4 | 41,4 |
| Tiefbau | 3,4 | 4,0 | 14,0 | 7,4 | 19,1 | 10,2 | 41,9 |
| Vorbereitende Baustellenar- beiten, Bauinstallation und sonstiges Ausbaugewerbe | 3,1 | 3,0 | 16,3 | 7,1 | 18,0 | 10,9 | 41,5 |
| **Branche gesamt** | **3,1** | **3,3** | **15,7** | **7,2** | **18,3** | **10,9** | **41,5** |
| **Alle Branchen** | **5,2** | **3,3** | **16,7** | **6,8** | **15,8** | **7,9** | **44,2** |

Fehlzeiten-Report 2022

**20**

◘ **Tab. 20.31** Verteilung der Arbeitsunfähigkeitstage nach Krankheitsarten und ausgewählten Berufsgruppen in der Branche Baugewerbe im Jahr 2021, AOK-Mitglieder

| Tätigkeit | AU-Tage in % | | | | | | |
|---|---|---|---|---|---|---|---|
| | Psyche | Herz/ Kreislauf | Atem- wege | Ver- dauung | Muskel/ Skelett | Verlet- zungen | Sonstige |
| Berufe für Maler- u. Lackiererarbeiten | 6,3 | 5,4 | 9,0 | 4,1 | 26,3 | 14,8 | 34,2 |
| Berufe im Aus- u. Trocken-bau (ohne Spez.) | 4,8 | 4,8 | 8,2 | 4,2 | 27,6 | 17,3 | 33,1 |
| Berufe im Beton- u. Stahl-betonbau | 5,0 | 5,9 | 6,6 | 3,9 | 27,6 | 17,8 | 33,2 |
| Berufe im Hochbau (ohne Spez.) | 4,9 | 5,7 | 7,0 | 4,1 | 27,2 | 18,1 | 32,8 |
| Berufe im Holz-, Möbel- u. Innenausbau | 6,6 | 4,6 | 8,8 | 3,9 | 24,6 | 18,3 | 33,3 |
| Berufe im Maurerhand-werk | 4,8 | 5,8 | 6,6 | 3,8 | 29,7 | 17,1 | 32,3 |
| Berufe im Straßen- u. Asphaltbau | 6,4 | 5,9 | 8,2 | 3,9 | 27,0 | 15,1 | 33,4 |
| Berufe im Tiefbau (ohne Spez.) | 5,0 | 6,4 | 7,3 | 4,2 | 28,4 | 14,6 | 34,2 |
| Berufe in der Bauelektrik | 6,8 | 4,5 | 11,9 | 4,3 | 21,0 | 15,6 | 35,9 |
| Berufe in der Dachdeckerei | 5,3 | 5,3 | 7,4 | 3,5 | 27,3 | 19,7 | 31,4 |
| Berufe in der Elektrotech-nik (ohne Spez.) | 6,4 | 4,8 | 10,7 | 4,4 | 24,0 | 15,1 | 34,7 |
| Berufe in der Fliesen-, Platten- u. Mosaikverle-gung | 5,6 | 5,5 | 8,1 | 3,5 | 31,3 | 13,0 | 33,1 |
| Berufe in der Maschinenbau- u. Be-triebstechnik (ohne Spez.) | 6,6 | 5,4 | 8,5 | 3,8 | 26,5 | 15,4 | 33,8 |
| Berufe in der Sanitär-, Heizungs- u. Klimatechnik | 5,6 | 5,0 | 10,3 | 3,9 | 24,1 | 16,1 | 35,0 |
| Berufe in der Zimmerei | 4,5 | 4,7 | 7,9 | 3,3 | 24,7 | 24,2 | 30,7 |
| Berufskraftfahrer/innen (Güterverkehr/LKW) | 5,9 | 8,3 | 6,2 | 4,0 | 23,9 | 14,3 | 37,4 |
| Büro- u. Sekretariatskräfte (ohne Spez.) | 13,0 | 4,6 | 10,4 | 4,0 | 15,3 | 8,1 | 44,6 |
| Führer/innen von Erdbewegungs- u. ver-wandten Maschinen | 6,0 | 7,9 | 7,1 | 3,9 | 26,9 | 11,4 | 36,8 |

**◻ Tab. 20.31** (Fortsetzung)

| Tätigkeit | AU-Tage in % | | | | | | |
|---|---|---|---|---|---|---|---|
| | Psyche | Herz/ Kreislauf | Atem- wege | Ver- dauung | Muskel/ Skelett | Verlet- zungen | Sonstige |
| Kaufmännische u. technische Betriebswirtschaft (ohne Spez.) | 13,2 | 4,1 | 12,3 | 4,0 | 13,6 | 8,7 | 44,1 |
| Maschinen- u. Gerätezusammensetzer/innen | 6,3 | 6,0 | 8,2 | 4,1 | 25,9 | 14,7 | 34,9 |
| **Branche gesamt** | **6,4** | **5,6** | **8,5** | **4,0** | **25,4** | **15,3** | **34,8** |
| **Alle Branchen** | **12,0** | **4,9** | **9,8** | **3,9** | **21,5** | **10,0** | **37,9** |

Fehlzeiten-Report 2022

**◻ Tab. 20.32** Verteilung der Arbeitsunfähigkeitsfälle nach Krankheitsarten und ausgewählten Berufsgruppen in der Branche Baugewerbe im Jahr 2021, AOK-Mitglieder

| Tätigkeit | AU-Fälle in % | | | | | | |
|---|---|---|---|---|---|---|---|
| | Psyche | Herz/ Kreislauf | Atem- wege | Ver- dauung | Muskel/ Skelett | Verlet- zungen | Sonstige |
| Berufe für Maler- u. Lackiererarbeiten | 3,2 | 2,7 | 16,5 | 7,4 | 18,5 | 11,0 | 40,7 |
| Berufe im Aus- u. Trockenbau (ohne Spez.) | 2,8 | 3,2 | 14,7 | 7,0 | 21,7 | 11,1 | 39,5 |
| Berufe im Beton- u. Stahlbetonbau | 2,9 | 3,9 | 13,1 | 7,0 | 22,0 | 11,9 | 39,3 |
| Berufe im Hochbau (ohne Spez.) | 2,8 | 3,4 | 13,1 | 7,0 | 22,1 | 12,0 | 39,6 |
| Berufe im Holz-, Möbel- u. Innenausbau | 2,9 | 2,7 | 16,5 | 7,0 | 17,2 | 13,2 | 40,4 |
| Berufe im Maurerhandwerk | 2,5 | 3,6 | 14,0 | 7,2 | 20,1 | 12,8 | 39,8 |
| Berufe im Straßen- u. Asphaltbau | 2,8 | 3,3 | 15,9 | 7,3 | 17,8 | 11,5 | 41,3 |
| Berufe im Tiefbau (ohne Spez.) | 3,0 | 4,0 | 13,3 | 7,3 | 21,0 | 11,1 | 40,3 |
| Berufe in der Bauelektrik | 2,8 | 2,5 | 19,5 | 7,1 | 15,1 | 11,1 | 42,0 |
| Berufe in der Dachdeckerei | 2,7 | 2,6 | 14,9 | 7,0 | 18,5 | 14,2 | 40,0 |
| Berufe in der Elektrotechnik (ohne Spez.) | 3,0 | 2,8 | 17,6 | 7,2 | 18,2 | 10,1 | 41,1 |

20

◨ **Tab. 20.32**  (Fortsetzung)

| Tätigkeit | AU-Fälle in % | | | | | | |
|---|---|---|---|---|---|---|---|
| | Psyche | Herz/ Kreislauf | Atem- wege | Ver- dauung | Muskel/ Skelett | Verlet- zungen | Sonstige |
| Berufe in der Fliesen-, Platten- u. Mosaikverle- gung | 2,6 | 2,8 | 15,6 | 7,0 | 21,8 | 10,6 | 39,6 |
| Berufe in der Maschinenbau- u. Be- triebstechnik (ohne Spez.) | 3,3 | 3,1 | 15,7 | 7,1 | 20,5 | 10,6 | 39,7 |
| Berufe in der Sanitär-, Heizungs- u. Klimatechnik | 2,6 | 2,5 | 18,1 | 7,2 | 16,3 | 12,0 | 41,3 |
| Berufe in der Zimmerei | 2,2 | 2,5 | 16,8 | 6,3 | 17,1 | 16,7 | 38,3 |
| Berufskraftfahrer/innen (Güterverkehr/LKW) | 3,3 | 5,4 | 11,6 | 7,5 | 18,2 | 10,2 | 43,7 |
| Büro- u. Sekretariatskräfte (ohne Spez.) | 5,2 | 3,3 | 17,2 | 7,4 | 10,1 | 5,9 | 50,9 |
| Führer/innen von Erdbewegungs- u. ver- wandten Maschinen | 3,3 | 5,3 | 12,4 | 7,7 | 18,6 | 9,4 | 43,4 |
| Kaufmännische u. tech- nische Betriebswirtschaft (ohne Spez.) | 4,7 | 3,1 | 19,4 | 7,9 | 9,4 | 6,3 | 49,3 |
| Maschinen- u. Gerätezu- sammensetzer/innen | 3,5 | 3,5 | 15,0 | 6,8 | 20,5 | 10,5 | 40,2 |
| **Branche gesamt** | **3,1** | **3,3** | **15,7** | **7,2** | **18,3** | **10,9** | **41,5** |
| **Alle Branchen** | **5,2** | **3,3** | **16,7** | **6,8** | **15,8** | **7,9** | **44,2** |

Fehlzeiten-Report 2022

◨ **Tab. 20.33** Anteile der 40 häufigsten Einzeldiagnosen an den AU-Fällen und AU-Tagen in der Branche Baugewerbe im Jahr 2021, AOK-Mitglieder

| ICD-10 | Bezeichnung | AU-Fälle in % | AU-Tage in % |
|--------|-------------|---------------|--------------|
| J06 | Akute Infektionen an mehreren oder nicht näher bezeichneten Lokalisationen der oberen Atemwege | 8,1 | 3,8 |
| M54 | Rückenschmerzen | 6,9 | 6,6 |
| U99 | Belegte und nicht belegte Schlüsselnummern U99.-! | 3,9 | 2,0 |
| Z11 | Spezielle Verfahren zur Untersuchung auf infektiöse und parasitäre Krankheiten | 3,3 | 1,9 |
| A09 | Sonstige und nicht näher bezeichnete Gastroenteritis und Kolitis infektiösen und nicht näher bezeichneten Ursprungs | 2,9 | 0,8 |
| U07 | Krankheiten mit unklarer Ätiologie, belegte und nicht belegte Schlüsselnummern U07.- | 1,9 | 1,5 |
| R51 | Kopfschmerz | 1,8 | 0,5 |
| K08 | Sonstige Krankheiten der Zähne und des Zahnhalteapparates | 1,8 | 0,4 |
| T88 | Sonstige Komplikationen bei chirurgischen Eingriffen und medizinischer Behandlung, anderenorts nicht klassifiziert | 1,6 | 0,3 |
| M25 | Sonstige Gelenkkrankheiten, anderenorts nicht klassifiziert | 1,5 | 1,9 |
| T14 | Verletzung an einer nicht näher bezeichneten Körperregion | 1,4 | 1,4 |
| I10 | Essentielle (primäre) Hypertonie | 1,4 | 1,3 |
| R10 | Bauch- und Beckenschmerzen | 1,4 | 0,6 |
| M79 | Sonstige Krankheiten des Weichteilgewebes, anderenorts nicht klassifiziert | 1,2 | 0,8 |
| B34 | Viruskrankheit nicht näher bezeichneter Lokalisation | 1,2 | 0,5 |
| J00 | Akute Rhinopharyngitis [Erkältungsschnupfen] | 1,0 | 0,4 |
| M51 | Sonstige Bandscheibenschäden | 0,9 | 2,4 |
| M99 | Biomechanische Funktionsstörungen, anderenorts nicht klassifiziert | 0,9 | 0,7 |
| K29 | Gastritis und Duodenitis | 0,9 | 0,4 |
| K52 | Sonstige nichtinfektiöse Gastroenteritis und Kolitis | 0,9 | 0,3 |
| M75 | Schulterläsionen | 0,8 | 2,2 |
| F43 | Reaktionen auf schwere Belastungen und Anpassungsstörungen | 0,8 | 1,4 |
| R53 | Unwohlsein und Ermüdung | 0,8 | 0,6 |
| U12 | Unerwünschte Nebenwirkungen bei der Anwendung von COVID-19-Impfstoffen | 0,8 | 0,1 |
| Z98 | Sonstige Zustände nach chirurgischem Eingriff | 0,7 | 2,2 |
| M23 | Binnenschädigung des Kniegelenkes [internal derangement] | 0,7 | 1,7 |

**20**

◻ **Tab. 20.33** (Fortsetzung)

| ICD-10 | Bezeichnung | AU-Fälle in % | AU-Tage in % |
|---|---|---|---|
| M77 | Sonstige Enthesopathien | 0,7 | 0,9 |
| S93 | Luxation, Verstauchung und Zerrung der Gelenke und Bänder in Höhe des oberen Sprunggelenkes und des Fußes | 0,7 | 0,9 |
| R11 | Übelkeit und Erbrechen | 0,7 | 0,2 |
| F32 | Depressive Episode | 0,6 | 1,7 |
| B99 | Sonstige und nicht näher bezeichnete Infektionskrankheiten | 0,6 | 0,3 |
| R07 | Hals- und Brustschmerzen | 0,6 | 0,3 |
| J20 | Akute Bronchitis | 0,6 | 0,3 |
| S83 | Luxation, Verstauchung und Zerrung des Kniegelenkes und von Bändern des Kniegelenkes | 0,5 | 1,2 |
| M47 | Spondylose | 0,5 | 0,8 |
| M53 | Sonstige Krankheiten der Wirbelsäule und des Rückens, anderenorts nicht klassifiziert | 0,5 | 0,6 |
| S61 | Offene Wunde des Handgelenkes und der Hand | 0,5 | 0,5 |
| R42 | Schwindel und Taumel | 0,5 | 0,4 |
| J98 | Sonstige Krankheiten der Atemwege | 0,5 | 0,3 |
| J40 | Bronchitis, nicht als akut oder chronisch bezeichnet | 0,5 | 0,2 |
| **Summe hier** | | **57,5** | **45,3** |
| Restliche | | 42,5 | 54,7 |
| **Gesamtsumme** | | **100,0** | **100,0** |

Fehlzeiten-Report 2022

**□ Tab. 20.34** Anteile der 40 häufigsten Diagnoseuntergruppen an den AU-Fällen und AU-Tagen in der Branche Baugewerbe im Jahr 2021, AOK-Mitglieder

| ICD-10 | Bezeichnung | AU-Fälle in % | AU-Tage in % |
|---|---|---|---|
| J00–J06 | Akute Infektionen der oberen Atemwege | 10,9 | 5,1 |
| M50–M54 | Sonstige Krankheiten der Wirbelsäule und des Rückens | 8,2 | 8,9 |
| R50–R69 | Allgemeinsymptome | 4,4 | 2,7 |
| U98–U99 | Belegte und nicht belegte Schlüsselnummern | 4,2 | 2,2 |
| Z00–Z13 | Personen, die das Gesundheitswesen zur Untersuchung und Abklärung in Anspruch nehmen | 3,8 | 2,3 |
| A00–A09 | Infektiöse Darmkrankheiten | 3,4 | 1,0 |
| M70–M79 | Sonstige Krankheiten des Weichteilgewebes | 3,3 | 4,8 |
| U00–U49 | Vorläufige Zuordnungen für Krankheiten mit unklarer Ätiologie, belegte und nicht belegte Schlüsselnummern | 3,2 | 2,1 |
| R10–R19 | Symptome, die das Verdauungssystem und das Abdomen betreffen | 2,4 | 1,1 |
| K00–K14 | Krankheiten der Mundhöhle, der Speicheldrüsen und der Kiefer | 2,3 | 0,6 |
| M20–M25 | Sonstige Gelenkkrankheiten | 2,2 | 3,7 |
| T80–T88 | Komplikationen bei chirurgischen Eingriffen und medizinischer Behandlung, anderenorts nicht klassifiziert | 2,0 | 0,6 |
| Z80–Z99 | Personen mit potentiellen Gesundheitsrisiken aufgrund der Familien- oder Eigenanamnese und bestimmte Zustände, die den Gesundheitszustand beeinflussen | 1,7 | 3,9 |
| F40–F48 | Neurotische, Belastungs- und somatoforme Störungen | 1,7 | 3,1 |
| T08–T14 | Verletzungen nicht näher bezeichneter Teile des Rumpfes, der Extremitäten oder anderer Körperregionen | 1,6 | 1,8 |
| I10–I15 | Hypertonie [Hochdruckkrankheit] | 1,6 | 1,5 |
| S60–S69 | Verletzungen des Handgelenkes und der Hand | 1,5 | 2,4 |
| R00–R09 | Symptome, die das Kreislaufsystem und das Atmungssystem betreffen | 1,5 | 1,1 |
| K20–K31 | Krankheiten des Ösophagus, des Magens und des Duodenums | 1,3 | 0,6 |
| B25–B34 | Sonstige Viruskrankheiten | 1,3 | 0,6 |
| S90–S99 | Verletzungen der Knöchelregion und des Fußes | 1,2 | 1,9 |
| G40–G47 | Episodische und paroxysmale Krankheiten des Nervensystems | 1,2 | 1,0 |
| S80–S89 | Verletzungen des Knies und des Unterschenkels | 1,1 | 2,7 |
| K50–K52 | Nichtinfektiöse Enteritis und Kolitis | 1,1 | 0,4 |
| J40–J47 | Chronische Krankheiten der unteren Atemwege | 1,0 | 0,9 |
| M95–M99 | Sonstige Krankheiten des Muskel-Skelett-Systems und des Bindegewebes | 1,0 | 0,9 |

**20**

◼ **Tab. 20.34** (Fortsetzung)

| ICD-10 | Bezeichnung | AU-Fälle in % | AU-Tage in % |
|--------|-------------|---------------|--------------|
| M15–M19 | Arthrose | 0,9 | 2,8 |
| K55–K64 | Sonstige Krankheiten des Darmes | 0,9 | 0,7 |
| F30–F39 | Affektive Störungen | 0,8 | 2,5 |
| E70–E90 | Stoffwechselstörungen | 0,8 | 0,6 |
| R40–R46 | Symptome, die das Erkennungs- und Wahrnehmungsvermögen, die Stimmung und das Verhalten betreffen | 0,8 | 0,6 |
| J95–J99 | Sonstige Krankheiten des Atmungssystems | 0,8 | 0,5 |
| J20–J22 | Sonstige akute Infektionen der unteren Atemwege | 0,8 | 0,5 |
| G50–G59 | Krankheiten von Nerven, Nervenwurzeln und Nervenplexus | 0,7 | 1,5 |
| Z40–Z54 | Personen, die das Gesundheitswesen zum Zwecke spezifischer Maßnahmen und zur medizinischen Betreuung in Anspruch nehmen | 0,7 | 0,9 |
| J30–J39 | Sonstige Krankheiten der oberen Atemwege | 0,7 | 0,4 |
| M05–M14 | Entzündliche Polyarthropathien | 0,6 | 0,7 |
| S00–S09 | Verletzungen des Kopfes | 0,6 | 0,7 |
| Z20–Z29 | Personen mit potentiellen Gesundheitsrisiken hinsichtlich übertragbarer Krankheiten | 0,6 | 0,4 |
| B99–B99 | Sonstige Infektionskrankheiten | 0,6 | 0,3 |
| | **Summe hier** | **79,4** | **71,0** |
| | Restliche | 20,6 | 29,0 |
| | **Gesamtsumme** | **100,0** | **100,0** |

Fehlzeiten-Report 2022

## 20.3  Dienstleistungen

20

**◻ Tab. 20.35** Entwicklung des Krankenstands der AOK-Mitglieder in der Branche Dienstleistungen in den Jahren 2000 bis 2021

| Jahr | Krankenstand in % | | | AU-Fälle je 100 AOK-Mitglieder | | | Tage je Fall | | |
|---|---|---|---|---|---|---|---|---|---|
| | West | Ost | Bund | West | Ost | Bund | West | Ost | Bund |
| 2000 | 4,6 | 5,6 | 4,8 | 148,6 | 164,9 | 150,9 | 11,4 | 12,3 | 11,5 |
| 2001 | 4,6 | 5,4 | 4,7 | 146,9 | 156,2 | 148,2 | 11,4 | 12,7 | 11,6 |
| 2002 | 4,5 | 5,2 | 4,6 | 145,2 | 151,7 | 146,1 | 11,3 | 12,4 | 11,5 |
| 2003 | 4,3 | 4,7 | 4,3 | 141,5 | 142,9 | 141,7 | 11,0 | 11,9 | 11,2 |
| 2004 | 3,9 | 4,1 | 4,0 | 126,9 | 126,1 | 126,8 | 11,3 | 12,0 | 11,4 |
| 2005 | 3,8 | 3,9 | 3,8 | 126,6 | 120,6 | 125,6 | 11,0 | 11,8 | 11,2 |
| 2006 | 3,7 | 3,8 | 3,8 | 127,3 | 118,9 | 125,9 | 10,7 | 11,6 | 10,9 |
| 2007 | 4,0 | 4,1 | 4,1 | 140,5 | 129,9 | 138,7 | 10,5 | 11,5 | 10,7 |
| 2008 (WZ03) | 4,2 | 4,3 | 4,2 | 149,0 | 134,6 | 146,5 | 10,4 | 11,6 | 10,6 |
| 2008 (WZ08)[a] | 4,1 | 4,2 | 4,1 | 147,0 | 135,3 | 145,0 | 10,3 | 11,4 | 10,4 |
| 2009 | 4,2 | 4,5 | 4,2 | 146,3 | 140,1 | 145,2 | 10,4 | 11,6 | 10,6 |
| 2010 | 4,2 | 4,6 | 4,2 | 146,7 | 146,7 | 146,7 | 10,4 | 11,3 | 10,5 |
| 2011 | 4,3 | 4,4 | 4,3 | 152,5 | 148,8 | 151,9 | 10,2 | 10,7 | 10,3 |
| 2012 | 4,3 | 4,7 | 4,4 | 148,4 | 136,4 | 146,4 | 10,6 | 12,5 | 10,9 |
| 2013 | 4,3 | 4,7 | 4,4 | 151,5 | 141,0 | 149,7 | 10,3 | 12,3 | 10,6 |
| 2014 | 4,3 | 4,8 | 4,4 | 148,4 | 138,9 | 146,8 | 10,6 | 12,6 | 10,9 |
| 2015 | 4,4 | 4,9 | 4,5 | 153,9 | 146,5 | 152,7 | 10,4 | 12,1 | 10,7 |
| 2016 | 4,3 | 5,0 | 4,4 | 151,3 | 148,5 | 150,8 | 10,4 | 12,3 | 10,7 |
| 2017 | 4,3 | 5,1 | 4,4 | 148,6 | 149,0 | 148,7 | 10,5 | 12,5 | 10,8 |
| 2018 | 4,4 | 5,3 | 4,5 | 152,5 | 153,5 | 152,7 | 10,5 | 12,5 | 10,8 |
| 2019 | 4,3 | 5,2 | 4,5 | 146,4 | 147,9 | 146,6 | 10,8 | 12,8 | 11,1 |
| 2020 | 4,2 | 5,1 | 4,4 | 121,4 | 128,4 | 122,5 | 12,7 | 14,6 | 13,1 |
| 2021 | 4,1 | 5,1 | 4,2 | 124,2 | 131,0 | 125,3 | 12,0 | 14,3 | 12,4 |

[a] aufgrund der Revision der Wirtschaftszweigklassifikation in 2008 ist eine Vergleichbarkeit mit den Vorjahren nur bedingt möglich
Fehlzeiten-Report 2022

**Tab. 20.36** Arbeitsunfähigkeit der AOK-Mitglieder in der Branche Dienstleistungen nach Bundesländern im Jahr 2021 im Vergleich zum Vorjahr

| Bundesland | Kranken-stand in % | Arbeitsunfähigkeit je 100 AOK-Mitglieder | | | | Tage je Fall | Veränd. z. Vorj. in % | AU-Quote in % |
|---|---|---|---|---|---|---|---|---|
| | | AU-Fälle | Veränd. z. Vorj. in % | AU-Tage | Veränd. z. Vorj. in % | | | |
| Baden-Württemberg | 3,8 | 126,5 | 2,9 | 1.388,8 | −3,8 | 11,0 | −6,5 | 41,9 |
| Bayern | 3,6 | 105,6 | 2,6 | 1.321,1 | −2,2 | 12,5 | −4,7 | 36,3 |
| Berlin | 4,1 | 118,5 | −3,2 | 1.490,3 | −6,5 | 12,6 | −3,4 | 36,8 |
| Brandenburg | 5,1 | 122,1 | −1,7 | 1.865,5 | −5,5 | 15,3 | −3,9 | 40,6 |
| Bremen | 4,5 | 125,6 | −0,2 | 1.628,0 | −4,7 | 13,0 | −4,5 | 38,6 |
| Hamburg | 3,6 | 97,5 | −0,4 | 1.311,5 | −6,4 | 13,4 | −6,0 | 32,0 |
| Hessen | 4,2 | 133,5 | 3,4 | 1.550,7 | −4,5 | 11,6 | −7,6 | 41,0 |
| Mecklenburg-Vorpommern | 4,9 | 110,5 | −1,2 | 1.789,2 | −2,4 | 16,2 | −1,2 | 38,9 |
| Niedersachsen | 4,6 | 143,6 | 3,6 | 1.672,4 | −2,9 | 11,6 | −6,3 | 45,2 |
| Nordrhein-Westfalen | 4,4 | 136,1 | 2,1 | 1.615,7 | −4,4 | 11,9 | −6,4 | 41,2 |
| Rheinland-Pfalz | 3,8 | 104,5 | 1,7 | 1.394,8 | −5,8 | 13,4 | −7,4 | 33,5 |
| Saarland | 4,5 | 122,7 | 2,0 | 1.648,8 | −4,9 | 13,4 | −6,7 | 39,3 |
| Sachsen | 5,0 | 132,6 | 2,1 | 1.811,0 | 0,0 | 13,7 | −2,0 | 48,4 |
| Sachsen-Anhalt | 5,3 | 129,5 | 1,7 | 1.946,3 | −1,2 | 15,0 | −2,9 | 43,9 |
| Schleswig-Holstein | 4,5 | 122,6 | 1,0 | 1.643,2 | −3,8 | 13,4 | −4,7 | 39,4 |
| Thüringen | 5,5 | 141,9 | 5,0 | 1.994,2 | 1,5 | 14,0 | −3,3 | 47,0 |
| **West** | **4,1** | **124,2** | **2,3** | **1.486,1** | **−4,0** | **12,0** | **−6,1** | **39,8** |
| **Ost** | **5,1** | **131,0** | **2,0** | **1.867,0** | **−0,7** | **14,3** | **−2,6** | **45,8** |
| **Bund** | **4,2** | **125,3** | **2,3** | **1.548,3** | **−3,4** | **12,4** | **−5,5** | **40,7** |

Fehlzeiten-Report 2022

◨ **Tab. 20.37** Arbeitsunfähigkeit der AOK-Mitglieder nach Wirtschaftsabteilungen in der Branche Dienstleistungen im Jahr 2021

| Wirtschaftsabteilungen | Krankenstand in % | | Arbeitsunfähigkeiten je 100 AOK-Mitglieder | | Tage je Fall | AU-Quote in % |
|---|---|---|---|---|---|---|
| | 2021 | 2021 stand.[a] | Fälle | Tage | | |
| Erbringung von freiberuflichen, wissenschaftlichen und technischen Dienstleistungen | 3,4 | 3,8 | 114,6 | 1.239,3 | 10,8 | 43,4 |
| Erbringung von sonstigen Dienstleistungen | 4,7 | 4,6 | 128,4 | 1.710,0 | 13,3 | 47,1 |
| Erbringung von sonstigen wirtschaftlichen Dienstleistungen | 5,2 | 5,4 | 163,3 | 1.910,9 | 11,7 | 43,1 |
| Gastgewerbe | 3,5 | 3,6 | 82,4 | 1.265,5 | 15,4 | 31,3 |
| Grundstücks- und Wohnungswesen | 4,6 | 4,4 | 119,7 | 1.667,8 | 13,9 | 45,4 |
| Information und Kommunikation | 3,0 | 3,6 | 95,3 | 1.087,1 | 11,4 | 36,9 |
| Kunst, Unterhaltung und Erholung | 4,1 | 4,1 | 98,3 | 1.483,8 | 15,1 | 38,0 |
| Private Haushalte mit Hauspersonal, Herstellung von Waren und Erbringung von Dienstleistungen durch private Haushalte für den Eigenbedarf | 3,3 | 3,0 | 78,9 | 1.187,5 | 15,0 | 31,2 |
| **Branche gesamt** | **4,2** | **4,4** | **125,3** | **1.548,3** | **12,4** | **40,7** |
| **Alle Branchen** | **5,4** | **5,5** | **148,9** | **1.971,5** | **13,2** | **50,5** |

[a] Krankenstand alters- und geschlechtsstandardisiert
Fehlzeiten-Report 2022

◻ **Tab. 20.38** Kennzahlen der Arbeitsunfähigkeit nach ausgewählten Berufsgruppen in der Branche Dienstleistungen im Jahr 2021

| Tätigkeit | Kranken-stand in % | Arbeitsunfähigkeit je 100 AOK-Mitglieder | | Tage je Fall | AU-Quote in % | Anteil der Berufsgruppe an der Branche in %[a] |
|---|---|---|---|---|---|---|
| | | AU-Fälle | AU-Tage | | | |
| Berufe im Dialogmarketing | 6,7 | 232,2 | 2.451,4 | 10,6 | 51,7 | 1,4 |
| Berufe im Friseurgewerbe | 3,2 | 111,0 | 1.152,7 | 10,4 | 42,7 | 1,8 |
| Berufe im Gartenbau (ohne Spez.) | 5,6 | 157,5 | 2.043,7 | 13,0 | 49,1 | 1,2 |
| Berufe im Gastronomieservice (ohne Spez.) | 3,2 | 76,2 | 1.154,6 | 15,1 | 29,1 | 6,5 |
| Berufe im Hotelservice | 3,6 | 100,1 | 1.299,3 | 13,0 | 37,5 | 2,0 |
| Berufe im Objekt-, Werte- u. Personenschutz | 5,6 | 132,7 | 2.052,6 | 15,5 | 42,9 | 3,2 |
| Berufe in der Gebäudereinigung | 6,0 | 147,6 | 2.186,9 | 14,8 | 47,7 | 1,8 |
| Berufe in der Gebäudetechnik (ohne Spez.) | 5,4 | 118,5 | 1.966,8 | 16,6 | 45,2 | 1,8 |
| Berufe in der Hauswirtschaft | 5,4 | 122,0 | 1.964,8 | 16,1 | 42,9 | 1,2 |
| Berufe in der Lagerwirtschaft | 5,1 | 209,6 | 1.877,3 | 9,0 | 39,5 | 9,7 |
| Berufe in der Maschinenbau- u. Betriebstechnik (ohne Spez.) | 4,9 | 164,9 | 1.781,6 | 10,8 | 45,6 | 1,0 |
| Berufe in der Metallbearbeitung (ohne Spez.) | 4,9 | 219,3 | 1.776,7 | 8,1 | 46,5 | 2,3 |
| Berufe in der Reinigung (ohne Spez.) | 5,7 | 141,0 | 2.068,4 | 14,7 | 46,3 | 10,4 |
| Berufe in der Steuerberatung | 3,0 | 129,2 | 1.080,6 | 8,4 | 49,9 | 1,4 |
| Büro- u. Sekretariatskräfte (ohne Spez.) | 3,4 | 112,7 | 1.258,8 | 11,2 | 41,2 | 4,9 |
| Kaufmännische u. technische Betriebswirtschaft (ohne Spez.) | 3,4 | 111,5 | 1.226,4 | 11,0 | 43,5 | 1,7 |
| Köche/Köchinnen (ohne Spez.) | 3,7 | 84,8 | 1.355,9 | 16,0 | 32,0 | 6,7 |
| **Branche gesamt** | **4,2** | **125,3** | **1.548,3** | **12,4** | **40,7** | **27,5[b]** |

[a] Anteil der AOK-Mitglieder in der Berufsgruppe an den in der Branche beschäftigten AOK-Mitgliedern insgesamt
[b] Anteil der AOK-Mitglieder in der Branche an allen AOK-Mitgliedern
Fehlzeiten-Report 2022

**20**

**◻ Tab. 20.39** Dauer der Arbeitsunfähigkeit der AOK-Mitglieder in der Branche Dienstleistungen im Jahr 2021

| Fallklasse | Branche hier | | Alle Branchen | |
|---|---|---|---|---|
| | Anteil Fälle in % | Anteil Tage in % | Anteil Fälle in % | Anteil Tage in % |
| 1–3 Tage | 35,2 | 5,6 | 35,0 | 5,2 |
| 4–7 Tage | 29,8 | 12,2 | 29,0 | 11,1 |
| 8–14 Tage | 17,7 | 14,9 | 17,6 | 13,9 |
| 15–21 Tage | 6,8 | 9,4 | 6,9 | 8,9 |
| 22–28 Tage | 2,9 | 5,8 | 3,2 | 5,9 |
| 29–42 Tage | 3,0 | 8,4 | 3,3 | 8,7 |
| > 42 Tage | 4,5 | 43,6 | 5,1 | 46,3 |

Fehlzeiten-Report 2022

**◻ Tab. 20.40** Tage der Arbeitsunfähigkeit je AOK-Mitglied nach Wirtschaftsabteilung und Betriebsgröße in der Branche Dienstleistungen im Jahr 2021

| Wirtschaftsabteilungen | Betriebsgröße (Anzahl der AOK-Mitglieder) | | | | | |
|---|---|---|---|---|---|---|
| | 10–49 | 50–99 | 100–199 | 200–499 | 500–999 | ≥ 1.000 |
| Erbringung von freiberuflichen, wissenschaftlichen und technischen Dienstleistungen | 12,9 | 15,1 | 15,6 | 16,6 | 17,4 | 17,4 |
| Erbringung von sonstigen Dienstleistungen | 19,5 | 22,4 | 23,8 | 22,7 | 19,0 | 22,7 |
| Erbringung von sonstigen wirtschaftlichen Dienstleistungen | 19,5 | 20,3 | 20,0 | 20,2 | 20,2 | 18,6 |
| Gastgewerbe | 13,9 | 17,2 | 20,0 | 20,9 | 28,0 | – |
| Grundstücks- und Wohnungswesen | 18,8 | 23,0 | 25,0 | 19,5 | 12,6 | – |
| Information und Kommunikation | 11,0 | 13,5 | 15,6 | 14,2 | 18,9 | 8,5 |
| Kunst, Unterhaltung und Erholung | 16,8 | 18,8 | 18,9 | 22,8 | 18,7 | 15,2 |
| Private Haushalte mit Hauspersonal, Herstellung von Waren und Erbringung von Dienstleistungen durch private Haushalte für den Eigenbedarf | 19,8 | – | – | – | – | – |
| **Branche gesamt** | **16,0** | **19,0** | **19,7** | **19,7** | **20,0** | **17,1** |
| **Alle Branchen** | **20,3** | **22,4** | **22,7** | **22,5** | **22,6** | **22,4** |

Fehlzeiten-Report 2022

**☐ Tab. 20.41** Krankenstand in Prozent nach Ausbildungsabschluss in der Branche Dienstleistungen im Jahr 2021, AOK-Mitglieder

| Wirtschafts-abteilungen | Ausbildung | | | | | | |
|---|---|---|---|---|---|---|---|
| | ohne Aus-bildungs-abschluss | mit Aus-bildungs-abschluss | Meister/ Techniker | Bachelor | Diplom/ Magister/ Master/ Staats-examen | Promotion | unbekannt |
| Erbringung von freiberuflichen, wissenschaftlichen und technischen Dienstleistungen | 4,1 | 4,1 | 3,4 | 1,8 | 1,9 | 1,5 | 3,6 |
| Erbringung von sonstigen Dienstleistungen | 5,3 | 5,2 | 4,7 | 2,6 | 2,9 | 1,9 | 4,2 |
| Erbringung von sonstigen wirtschaftlichen Dienstleistungen | 5,2 | 5,9 | 4,7 | 2,3 | 2,8 | 3,9 | 5,0 |
| Gastgewerbe | 3,8 | 4,2 | 3,9 | 2,2 | 3,0 | 3,1 | 3,0 |
| Grundstücks- und Wohnungswesen | 4,8 | 5,1 | 4,3 | 2,0 | 2,7 | 2,2 | 4,4 |
| Information und Kommunikation | 3,7 | 3,8 | 3,1 | 1,5 | 1,7 | 1,3 | 3,2 |
| Kunst, Unterhaltung und Erholung | 4,3 | 4,8 | 4,4 | 2,1 | 2,9 | 1,7 | 3,6 |
| Private Haushalte mit Hauspersonal, Herstellung von Waren und Erbringung von Dienstleistungen durch private Haushalte für den Eigenbedarf | 3,0 | 3,8 | 3,6 | 2,7 | 2,2 | 4,2 | 3,0 |
| **Branche gesamt** | **4,7** | **4,9** | **4,0** | **1,9** | **2,2** | **1,8** | **4,1** |
| **Alle Branchen** | **5,9** | **6,0** | **4,7** | **2,3** | **2,8** | **2,0** | **4,9** |

Fehlzeiten-Report 2022

20

☐ **Tab. 20.42** Tage der Arbeitsunfähigkeit je AOK-Mitglied nach Ausbildungsabschluss in der Branche Dienstleistungen im Jahr 2021

| Wirtschafts-abteilungen | Ausbildung | | | | | | |
|---|---|---|---|---|---|---|---|
| | ohne Aus-bildungs-abschluss | mit Aus-bildungs-abschluss | Meister/ Techniker | Bachelor | Diplom/ Magister/ Master/ Staats-examen | Promotion | unbekannt |
| Erbringung von freiberuflichen, wis-senschaftlichen und technischen Dienstleis-tungen | 15,0 | 14,8 | 12,3 | 6,5 | 7,0 | 5,4 | 13,3 |
| Erbringung von sonsti-gen Dienstleistungen | 19,3 | 18,9 | 17,2 | 9,5 | 10,7 | 6,8 | 15,4 |
| Erbringung von sons-tigen wirtschaftlichen Dienstleistungen | 19,0 | 21,5 | 17,2 | 8,4 | 10,3 | 14,3 | 18,3 |
| Gastgewerbe | 13,8 | 15,5 | 14,2 | 8,0 | 10,9 | 11,4 | 11,0 |
| Grundstücks- und Wohnungswesen | 17,4 | 18,5 | 15,6 | 7,5 | 9,8 | 7,9 | 16,1 |
| Information und Kom-munikation | 13,5 | 13,8 | 11,2 | 5,5 | 6,3 | 4,9 | 11,5 |
| Kunst, Unterhaltung und Erholung | 15,8 | 17,5 | 16,1 | 7,6 | 10,5 | 6,4 | 13,3 |
| Private Haushalte mit Hauspersonal, Herstellung von Waren und Erbringung von Dienstleistungen durch private Haushalte für den Eigenbedarf | 11,1 | 13,7 | 13,1 | 9,9 | 8,1 | 15,5 | 11,1 |
| **Branche gesamt** | **17,1** | **17,7** | **14,5** | **6,9** | **7,9** | **6,7** | **15,0** |
| **Alle Branchen** | **21,4** | **21,9** | **17,1** | **8,3** | **10,2** | **7,3** | **17,9** |

Fehlzeiten-Report 2022

**☐ Tab. 20.43** Anteil der Arbeitsunfälle an den AU-Fällen und -Tagen in Prozent nach Wirtschaftsabteilungen in der Branche Dienstleistungen im Jahr 2021, AOK-Mitglieder

| Wirtschaftsabteilungen | AU-Fälle in % | AU-Tage in % |
|---|---|---|
| Erbringung von freiberuflichen, wissenschaftlichen und technischen Dienstleistungen | 1,7 | 3,5 |
| Erbringung von sonstigen Dienstleistungen | 2,0 | 3,9 |
| Erbringung von sonstigen wirtschaftlichen Dienstleistungen | 3,5 | 6,5 |
| Gastgewerbe | 3,2 | 4,9 |
| Grundstücks- und Wohnungswesen | 2,5 | 5,2 |
| Information und Kommunikation | 1,4 | 3,1 |
| Kunst, Unterhaltung und Erholung | 4,1 | 8,2 |
| Private Haushalte mit Hauspersonal, Herstellung von Waren und Erbringung von Dienstleistungen durch private Haushalte für den Eigenbedarf | 1,9 | 3,9 |
| **Branche gesamt** | **2,8** | **5,3** |
| **Alle Branchen** | **3,0** | **5,7** |

Fehlzeiten-Report 2022

20

◨ **Tab. 20.44** Tage und Fälle der Arbeitsunfähigkeit durch Arbeitsunfälle nach Berufsgruppen in der Branche Dienstleistungen im Jahr 2021, AOK-Mitglieder

| Tätigkeit | Arbeitsunfähigkeit je 1.000 AOK-Mitglieder | |
|---|---|---|
| | **AU-Tage** | **AU-Fälle** |
| Berufe im Gartenbau (ohne Spez.) | 2.152,6 | 86,8 |
| Berufe in der Gebäudetechnik (ohne Spez.) | 1.418,5 | 49,1 |
| Berufe in der Metallbearbeitung (ohne Spez.) | 1.399,6 | 90,4 |
| Berufe in der Lagerwirtschaft | 1.375,0 | 83,9 |
| Berufe in der Maschinenbau- u. Betriebstechnik (ohne Spez.) | 1.262,9 | 67,2 |
| Berufe in der Gebäudereinigung | 1.159,6 | 41,0 |
| Berufe im Objekt-, Werte- u. Personenschutz | 1.071,7 | 38,4 |
| Berufe in der Reinigung (ohne Spez.) | 964,9 | 34,2 |
| Berufe in der Hauswirtschaft | 797,5 | 26,9 |
| Köche/Köchinnen (ohne Spez.) | 694,2 | 31,8 |
| Berufe im Gastronomieservice (ohne Spez.) | 528,5 | 22,9 |
| Berufe im Hotelservice | 489,1 | 22,0 |
| Büro- u. Sekretariatskräfte (ohne Spez.) | 287,9 | 11,4 |
| Berufe im Dialogmarketing | 270,9 | 11,9 |
| Kaufmännische u. technische Betriebswirtschaft (ohne Spez.) | 254,7 | 9,3 |
| Berufe im Friseurgewerbe | 220,8 | 10,3 |
| Berufe in der Steuerberatung | 178,6 | 8,4 |
| **Branche gesamt** | **818,6** | **35,5** |
| **Alle Branchen** | **1.121,9** | **44,7** |

Fehlzeiten-Report 2022

**◻ Tab. 20.45** Tage und Fälle der Arbeitsunfähigkeit je 100 AOK-Mitglieder nach Krankheitsarten in der Branche Dienstleistungen in den Jahren 2000 bis 2021

| Jahr | Arbeitsunfähigkeiten je 100 AOK-Mitglieder | | | | | | | | | | | |
|---|---|---|---|---|---|---|---|---|---|---|---|---|
| | Psyche | | Herz/Kreislauf | | Atemwege | | Verdauung | | Muskel/Skelett | | Verletzungen | |
| | Tage | Fälle | Tage | Fälle | Tage | Fälle | Tage | Fälle | Tage | Fälle | Tage | Fälle |
| 2000 | 136,7 | 7,0 | 127,0 | 8,2 | 307,0 | 44,0 | 141,7 | 20,3 | 508,6 | 33,5 | 260,6 | 18,2 |
| 2001 | 146,4 | 7,8 | 131,4 | 8,8 | 292,2 | 43,4 | 142,1 | 20,8 | 521,6 | 34,6 | 256,4 | 18,1 |
| 2002 | 151,6 | 8,1 | 128,1 | 8,8 | 277,1 | 41,7 | 141,6 | 21,3 | 511,8 | 34,2 | 247,1 | 17,4 |
| 2003 | 146,8 | 8,0 | 122,1 | 8,6 | 275,7 | 42,5 | 132,9 | 20,5 | 464,0 | 31,5 | 235,5 | 16,5 |
| 2004 | 158,8 | 7,9 | 125,2 | 7,6 | 233,4 | 35,2 | 129,7 | 19,4 | 435,6 | 28,8 | 223,9 | 15,3 |
| 2005 | 150,9 | 7,4 | 118,9 | 7,2 | 259,5 | 39,2 | 119,8 | 17,8 | 404,7 | 27,1 | 216,7 | 14,7 |
| 2006 | 152,0 | 7,6 | 117,2 | 7,4 | 223,5 | 35,0 | 123,8 | 19,3 | 409,4 | 28,3 | 226,9 | 15,8 |
| 2007 | 167,4 | 8,3 | 120,3 | 7,5 | 254,8 | 40,1 | 133,9 | 21,5 | 433,8 | 30,2 | 232,0 | 16,1 |
| 2008 (WZ03) | 177,0 | 8,7 | 124,0 | 7,8 | 267,3 | 42,3 | 140,4 | 22,7 | 455,9 | 31,9 | 237,7 | 16,5 |
| 2008 (WZ08)[a] | 174,8 | 8,7 | 119,2 | 7,6 | 263,3 | 42,1 | 137,3 | 22,5 | 441,1 | 31,2 | 232,7 | 16,3 |
| 2009 | 185,8 | 9,0 | 119,6 | 7,4 | 298,3 | 46,6 | 132,1 | 21,0 | 427,9 | 29,0 | 224,2 | 14,9 |
| 2010 | 196,5 | 9,4 | 116,5 | 7,4 | 259,2 | 41,6 | 121,2 | 19,6 | 448,4 | 30,8 | 241,3 | 16,3 |
| 2011 | 202,9 | 9,9 | 112,1 | 7,3 | 265,7 | 42,5 | 121,5 | 19,7 | 437,6 | 31,5 | 237,7 | 16,1 |
| 2012 | 228,4 | 10,2 | 125,1 | 7,4 | 262,6 | 41,2 | 124,2 | 19,1 | 460,1 | 30,9 | 236,0 | 14,8 |
| 2013 | 220,0 | 9,8 | 121,0 | 6,9 | 306,3 | 47,5 | 120,6 | 18,5 | 445,0 | 30,1 | 230,5 | 14,4 |
| 2014 | 238,5 | 10,6 | 125,3 | 7,2 | 255,5 | 40,6 | 123,9 | 18,9 | 471,5 | 31,4 | 233,6 | 14,4 |
| 2015 | 239,8 | 10,5 | 122,7 | 7,2 | 303,2 | 47,5 | 119,9 | 18,4 | 456,9 | 30,6 | 228,3 | 14,0 |
| 2016 | 242,5 | 10,5 | 114,0 | 7,2 | 283,9 | 45,5 | 115,7 | 18,2 | 464,1 | 30,9 | 226,2 | 13,7 |
| 2017 | 245,4 | 10,5 | 111,0 | 7,0 | 285,2 | 45,2 | 111,5 | 17,3 | 460,8 | 30,5 | 226,5 | 13,3 |
| 2018 | 250,9 | 10,7 | 110,3 | 7,0 | 304,1 | 47,3 | 109,6 | 17,0 | 459,9 | 30,6 | 225,1 | 13,3 |
| 2019 | 260,9 | 10,7 | 109,5 | 6,8 | 266,6 | 43,4 | 105,3 | 16,2 | 464,1 | 30,2 | 222,4 | 12,5 |
| 2020 | 269,3 | 9,5 | 109,5 | 6,0 | 270,2 | 35,1 | 96,8 | 13,2 | 466,8 | 27,0 | 208,6 | 10,4 |
| 2021 | 268,0 | 9,8 | 108,1 | 6,1 | 222,9 | 30,4 | 90,5 | 12,7 | 453,9 | 28,7 | 215,8 | 13,8 |

[a] aufgrund der Revision der Wirtschaftszweigklassifikation in 2008 ist eine Vergleichbarkeit mit den Vorjahren nur bedingt möglich

Fehlzeiten-Report 2022

20

**◘ Tab. 20.46** Verteilung der Arbeitsunfähigkeitstage nach Krankheitsarten in Prozent in der Branche Dienstleistungen im Jahr 2021, AOK-Mitglieder

| Wirtschaftsabteilungen | AU-Tage in % | | | | | | |
|---|---|---|---|---|---|---|---|
| | Psyche | Herz/ Kreislauf | Atem- wege | Ver- dauung | Muskel/ Skelett | Verlet- zungen | Sonstige |
| Erbringung von freiberuflichen, wissenschaftlichen und technischen Dienstleistungen | 15,0 | 3,9 | 12,2 | 4,2 | 15,6 | 8,4 | 40,7 |
| Erbringung von sonstigen Dienstleistungen | 13,8 | 4,4 | 10,3 | 3,7 | 19,2 | 8,7 | 39,8 |
| Erbringung von sonstigen wirtschaftlichen Dienstleistungen | 10,3 | 5,1 | 9,8 | 4,1 | 23,2 | 10,4 | 37,0 |
| Gastgewerbe | 11,3 | 5,3 | 8,3 | 4,0 | 20,5 | 10,3 | 40,4 |
| Grundstücks- und Wohnungswesen | 11,4 | 5,7 | 9,9 | 4,1 | 19,8 | 9,2 | 39,8 |
| Information und Kommunikation | 16,6 | 4,3 | 11,8 | 4,4 | 15,0 | 8,0 | 39,9 |
| Kunst, Unterhaltung und Erholung | 13,5 | 5,2 | 9,0 | 3,7 | 18,4 | 11,8 | 38,3 |
| Private Haushalte mit Hauspersonal, Herstellung von Waren und Erbringung von Dienstleistungen durch private Haushalte für den Eigenbedarf | 11,1 | 5,0 | 8,1 | 3,8 | 19,9 | 9,5 | 42,6 |
| **Branche gesamt** | **12,1** | **4,9** | **10,0** | **4,1** | **20,4** | **9,7** | **38,8** |
| **Alle Branchen** | **12,0** | **4,9** | **9,8** | **3,9** | **21,5** | **10,0** | **37,9** |

Fehlzeiten-Report 2022

**◩ Tab. 20.47** Verteilung der Arbeitsunfähigkeitsfälle nach Krankheitsarten in Prozent in der Branche Dienstleistungen im Jahr 2021, AOK-Mitglieder

| Wirtschaftsabteilungen | AU-Fälle in % | | | | | | |
|---|---|---|---|---|---|---|---|
| | Psyche | Herz/ Kreislauf | Atem- wege | Ver- dauung | Muskel/ Skelett | Verlet- zungen | Sonstige |
| Erbringung von freiberuf-lichen, wissenschaftlichen und technischen Dienstleis-tungen | 5,5 | 2,7 | 19,4 | 7,2 | 11,1 | 6,8 | 47,2 |
| Erbringung von sonstigen Dienstleistungen | 5,9 | 3,3 | 17,5 | 6,6 | 13,5 | 6,9 | 46,4 |
| Erbringung von sonstigen wirtschaftlichen Dienstleis-tungen | 4,9 | 3,3 | 15,2 | 6,8 | 18,6 | 7,9 | 43,2 |
| Gastgewerbe | 5,2 | 3,7 | 14,3 | 6,3 | 14,3 | 7,6 | 48,5 |
| Grundstücks- und Woh-nungswesen | 5,4 | 3,9 | 16,4 | 7,5 | 14,0 | 7,0 | 45,9 |
| Information und Kommuni-kation | 6,1 | 2,9 | 19,3 | 7,2 | 11,1 | 6,4 | 47,0 |
| Kunst, Unterhaltung und Erholung | 6,0 | 3,7 | 16,1 | 6,5 | 12,6 | 8,2 | 47,0 |
| Private Haushalte mit Hauspersonal, Herstellung von Waren und Erbringung von Dienstleistungen durch private Haushalte für den Eigenbedarf | 5,5 | 4,3 | 14,2 | 6,1 | 13,4 | 6,9 | 49,6 |
| **Branche gesamt** | **5,3** | **3,3** | **16,3** | **6,8** | **15,4** | **7,4** | **45,4** |
| **Alle Branchen** | **5,2** | **3,3** | **16,7** | **6,8** | **15,8** | **7,9** | **44,2** |

Fehlzeiten-Report 2022

**20**

◻ **Tab. 20.48** Verteilung der Arbeitsunfähigkeitstage nach Krankheitsarten und ausgewählten Berufsgruppen in der Branche Dienstleistungen im Jahr 2021, AOK-Mitglieder

| Tätigkeit | AU-Tage in % | | | | | | |
|---|---|---|---|---|---|---|---|
| | Psyche | Herz/ Kreislauf | Atem- wege | Ver- dauung | Muskel/ Skelett | Verlet- zungen | Sonstige |
| Berufe im Dialogmarketing | 21,3 | 3,4 | 12,2 | 5,1 | 13,5 | 4,8 | 39,7 |
| Berufe im Friseurgewerbe | 12,6 | 2,9 | 11,9 | 3,9 | 16,3 | 9,0 | 43,4 |
| Berufe im Gartenbau (ohne Spez.) | 7,2 | 5,6 | 7,8 | 3,9 | 26,6 | 14,1 | 34,9 |
| Berufe im Gastronomieser- vice (ohne Spez.) | 11,7 | 4,6 | 8,7 | 4,1 | 19,9 | 10,5 | 40,4 |
| Berufe im Hotelservice | 12,6 | 4,1 | 9,9 | 3,8 | 19,4 | 9,6 | 40,6 |
| Berufe im Objekt-, Werte- u. Personenschutz | 13,2 | 7,0 | 8,8 | 4,2 | 19,1 | 8,6 | 39,1 |
| Berufe in der Gebäudereini- gung | 9,3 | 5,9 | 8,8 | 3,8 | 25,4 | 9,6 | 37,2 |
| Berufe in der Gebäudetechnik (ohne Spez.) | 8,5 | 7,2 | 8,0 | 4,1 | 23,5 | 11,2 | 37,5 |
| Berufe in der Hauswirtschaft | 12,0 | 4,7 | 8,1 | 3,3 | 22,9 | 9,0 | 40,0 |
| Berufe in der Lagerwirtschaft | 8,1 | 4,2 | 11,0 | 4,5 | 25,1 | 11,7 | 35,3 |
| Berufe in der Maschinenbau- u. Betriebstechnik (ohne Spez.) | 8,0 | 5,3 | 11,1 | 4,7 | 22,1 | 12,0 | 36,9 |
| Berufe in der Metallbearbei- tung (ohne Spez.) | 6,9 | 4,2 | 12,7 | 4,8 | 22,9 | 12,9 | 35,7 |
| Berufe in der Reinigung (oh- ne Spez.) | 10,0 | 5,1 | 8,4 | 3,6 | 26,0 | 8,8 | 38,1 |
| Berufe in der Steuerberatung | 16,0 | 3,4 | 14,9 | 4,2 | 9,7 | 6,7 | 45,0 |
| Büro- u. Sekretariatskräfte (ohne Spez.) | 17,5 | 3,7 | 11,9 | 4,2 | 13,2 | 7,1 | 42,4 |
| Kaufmännische u. technische Betriebswirtschaft (ohne Spez.) | 17,8 | 3,6 | 12,8 | 4,2 | 12,5 | 6,7 | 42,3 |
| Köche/Köchinnen (ohne Spez.) | 10,3 | 5,7 | 8,0 | 4,1 | 21,1 | 10,0 | 40,8 |
| **Branche gesamt** | **12,1** | **4,9** | **10,0** | **4,1** | **20,4** | **9,7** | **38,8** |
| **Alle Branchen** | **12,0** | **4,9** | **9,8** | **3,9** | **21,5** | **10,0** | **37,9** |

Fehlzeiten-Report 2022

**Tab. 20.49** Verteilung der Arbeitsunfähigkeitsfälle nach Krankheitsarten und ausgewählten Berufsgruppen in der Branche Dienstleistungen im Jahr 2021, AOK-Mitglieder

| Tätigkeit | AU-Fälle in % | | | | | | |
|---|---|---|---|---|---|---|---|
| | Psyche | Herz/ Kreislauf | Atem- wege | Ver- dauung | Muskel/ Skelett | Verlet- zungen | Sonstige |
| Berufe im Dialogmarketing | 8,5 | 2,5 | 17,7 | 8,3 | 10,0 | 4,4 | 48,6 |
| Berufe im Friseurgewerbe | 5,1 | 2,3 | 18,9 | 6,2 | 10,3 | 6,9 | 50,3 |
| Berufe im Gartenbau (ohne Spez.) | 3,8 | 3,5 | 13,3 | 7,2 | 21,4 | 10,6 | 40,1 |
| Berufe im Gastronomieservice (ohne Spez.) | 5,5 | 3,5 | 14,8 | 6,1 | 13,6 | 7,4 | 49,2 |
| Berufe im Hotelservice | 5,7 | 2,9 | 16,3 | 6,3 | 13,2 | 7,1 | 48,6 |
| Berufe im Objekt-, Werte- u. Personenschutz | 6,7 | 4,5 | 14,2 | 6,6 | 15,2 | 6,5 | 46,4 |
| Berufe in der Gebäudereinigung | 4,9 | 4,1 | 13,9 | 6,5 | 20,4 | 7,3 | 42,9 |
| Berufe in der Gebäudetechnik (ohne Spez.) | 4,5 | 4,9 | 13,1 | 7,3 | 17,9 | 8,3 | 44,0 |
| Berufe in der Hauswirtschaft | 5,7 | 4,1 | 14,6 | 6,3 | 15,6 | 7,1 | 46,6 |
| Berufe in der Lagerwirtschaft | 3,9 | 2,5 | 15,5 | 7,0 | 21,5 | 8,7 | 40,8 |
| Berufe in der Maschinenbau- u. Betriebstechnik (ohne Spez.) | 4,0 | 3,0 | 17,1 | 7,1 | 17,9 | 9,1 | 41,8 |
| Berufe in der Metallbearbeitung (ohne Spez.) | 3,8 | 2,4 | 16,7 | 7,1 | 19,2 | 9,2 | 41,5 |
| Berufe in der Reinigung (ohne Spez.) | 5,0 | 4,1 | 13,5 | 6,2 | 20,2 | 7,0 | 44,1 |
| Berufe in der Steuerberatung | 5,1 | 2,4 | 21,6 | 7,6 | 7,5 | 6,1 | 49,7 |
| Büro- u. Sekretariatskräfte (ohne Spez.) | 6,4 | 2,8 | 18,5 | 7,3 | 9,6 | 5,8 | 49,6 |
| Kaufmännische u. technische Betriebswirtschaft (ohne Spez.) | 6,7 | 2,8 | 19,5 | 7,4 | 9,4 | 5,5 | 48,7 |
| Köche/Köchinnen (ohne Spez.) | 5,0 | 4,1 | 13,6 | 6,5 | 15,0 | 7,8 | 48,1 |
| **Branche gesamt** | **5,3** | **3,3** | **16,3** | **6,8** | **15,4** | **7,4** | **45,4** |
| **Alle Branchen** | **5,2** | **3,3** | **16,7** | **6,8** | **15,8** | **7,9** | **44,2** |

Fehlzeiten-Report 2022

◘ **Tab. 20.50** Anteile der 40 häufigsten Einzeldiagnosen an den AU-Fällen und AU-Tagen in der Branche Dienstleistungen im Jahr 2021, AOK-Mitglieder

| ICD-10 | Bezeichnung | AU-Fälle in % | AU-Tage in % |
|---|---|---|---|
| J06 | Akute Infektionen an mehreren oder nicht näher bezeichneten Lokalisationen der oberen Atemwege | 8,4 | 4,7 |
| M54 | Rückenschmerzen | 6,3 | 6,1 |
| U99 | Belegte und nicht belegte Schlüsselnummern U99.-! | 4,3 | 2,2 |
| Z11 | Spezielle Verfahren zur Untersuchung auf infektiöse und parasitäre Krankheiten | 3,7 | 2,0 |
| A09 | Sonstige und nicht näher bezeichnete Gastroenteritis und Kolitis infektiösen und nicht näher bezeichneten Ursprungs | 2,8 | 1,0 |
| R51 | Kopfschmerz | 2,0 | 0,8 |
| U07 | Krankheiten mit unklarer Ätiologie, belegte und nicht belegte Schlüsselnummern U07.- | 1,9 | 1,7 |
| R10 | Bauch- und Beckenschmerzen | 1,8 | 1,0 |
| F43 | Reaktionen auf schwere Belastungen und Anpassungsstörungen | 1,5 | 2,8 |
| T88 | Sonstige Komplikationen bei chirurgischen Eingriffen und medizinischer Behandlung, anderenorts nicht klassifiziert | 1,5 | 0,3 |
| I10 | Essentielle (primäre) Hypertonie | 1,4 | 1,3 |
| K08 | Sonstige Krankheiten der Zähne und des Zahnhalteapparates | 1,4 | 0,4 |
| M25 | Sonstige Gelenkkrankheiten, anderenorts nicht klassifiziert | 1,2 | 1,4 |
| M79 | Sonstige Krankheiten des Weichteilgewebes, anderenorts nicht klassifiziert | 1,2 | 0,9 |
| B34 | Viruskrankheit nicht näher bezeichneter Lokalisation | 1,2 | 0,7 |
| F32 | Depressive Episode | 1,1 | 3,3 |
| R53 | Unwohlsein und Ermüdung | 1,1 | 1,0 |
| K29 | Gastritis und Duodenitis | 1,1 | 0,6 |
| J00 | Akute Rhinopharyngitis [Erkältungsschnupfen] | 1,0 | 0,5 |
| R11 | Übelkeit und Erbrechen | 0,9 | 0,4 |
| K52 | Sonstige nichtinfektiöse Gastroenteritis und Kolitis | 0,9 | 0,3 |
| T14 | Verletzung an einer nicht näher bezeichneten Körperregion | 0,8 | 0,8 |
| G43 | Migräne | 0,8 | 0,3 |
| F48 | Andere neurotische Störungen | 0,7 | 1,2 |
| M99 | Biomechanische Funktionsstörungen, anderenorts nicht klassifiziert | 0,7 | 0,7 |
| R42 | Schwindel und Taumel | 0,7 | 0,5 |

**◻ Tab. 20.50** (Fortsetzung)

| ICD-10 | Bezeichnung | AU-Fälle in % | AU-Tage in % |
|---|---|---|---|
| U12 | Unerwünschte Nebenwirkungen bei der Anwendung von COVID-19-Impfstoffen | 0,7 | 0,1 |
| Z98 | Sonstige Zustände nach chirurgischem Eingriff | 0,6 | 1,7 |
| M51 | Sonstige Bandscheibenschäden | 0,6 | 1,6 |
| M75 | Schulterläsionen | 0,6 | 1,4 |
| F45 | Somatoforme Störungen | 0,6 | 1,1 |
| M53 | Sonstige Krankheiten der Wirbelsäule und des Rückens, anderenorts nicht klassifiziert | 0,6 | 0,7 |
| J20 | Akute Bronchitis | 0,6 | 0,4 |
| B99 | Sonstige und nicht näher bezeichnete Infektionskrankheiten | 0,6 | 0,3 |
| R07 | Hals- und Brustschmerzen | 0,6 | 0,3 |
| M77 | Sonstige Enthesopathien | 0,5 | 0,7 |
| J98 | Sonstige Krankheiten der Atemwege | 0,5 | 0,3 |
| J40 | Bronchitis, nicht als akut oder chronisch bezeichnet | 0,5 | 0,3 |
| N39 | Sonstige Krankheiten des Harnsystems | 0,5 | 0,3 |
| J02 | Akute Pharyngitis | 0,5 | 0,2 |
| **Summe hier** | | **58,4** | **46,3** |
| Restliche | | 41,6 | 53,7 |
| **Gesamtsumme** | | **100,0** | **100,0** |

Fehlzeiten-Report 2022

**20**

◻ **Tab. 20.51** Anteile der 40 häufigsten Diagnoseuntergruppen an den AU-Fällen und AU-Tagen in der Branche Dienstleistungen im Jahr 2021, AOK-Mitglieder

| ICD-10 | Bezeichnung | AU-Fälle in % | AU-Tage in % |
|--------|-------------|---------------|--------------|
| J00–J06 | Akute Infektionen der oberen Atemwege | 11,3 | 6,2 |
| M50–M54 | Sonstige Krankheiten der Wirbelsäule und des Rückens | 7,4 | 8,0 |
| R50–R69 | Allgemeinsymptome | 4,8 | 3,5 |
| U98–U99 | Belegte und nicht belegte Schlüsselnummern | 4,6 | 2,3 |
| Z00–Z13 | Personen, die das Gesundheitswesen zur Untersuchung und Abklärung in Anspruch nehmen | 4,2 | 2,4 |
| A00–A09 | Infektiöse Darmkrankheiten | 3,4 | 1,3 |
| F40–F48 | Neurotische, Belastungs- und somatoforme Störungen | 3,1 | 6,3 |
| U00–U49 | Vorläufige Zuordnungen für Krankheiten mit unklarer Ätiologie, belegte und nicht belegte Schlüsselnummern | 3,0 | 2,3 |
| R10–R19 | Symptome, die das Verdauungssystem und das Abdomen betreffen | 3,0 | 1,6 |
| M70–M79 | Sonstige Krankheiten des Weichteilgewebes | 2,6 | 3,5 |
| K00–K14 | Krankheiten der Mundhöhle, der Speicheldrüsen und der Kiefer | 1,9 | 0,6 |
| T80–T88 | Komplikationen bei chirurgischen Eingriffen und medizinischer Behandlung, anderenorts nicht klassifiziert | 1,8 | 0,7 |
| M20–M25 | Sonstige Gelenkkrankheiten | 1,7 | 2,7 |
| G40–G47 | Episodische und paroxysmale Krankheiten des Nervensystems | 1,7 | 1,4 |
| Z80–Z99 | Personen mit potentiellen Gesundheitsrisiken aufgrund der Familien- oder Eigenanamnese und bestimmte Zustände, die den Gesundheitszustand beeinflussen | 1,6 | 3,1 |
| I10–I15 | Hypertonie [Hochdruckkrankheit] | 1,6 | 1,5 |
| R00–R09 | Symptome, die das Kreislaufsystem und das Atmungssystem betreffen | 1,6 | 1,1 |
| K20–K31 | Krankheiten des Ösophagus, des Magens und des Duodenums | 1,6 | 0,9 |
| F30–F39 | Affektive Störungen | 1,5 | 5,1 |
| B25–B34 | Sonstige Viruskrankheiten | 1,3 | 0,8 |
| J40–J47 | Chronische Krankheiten der unteren Atemwege | 1,1 | 1,0 |
| K50–K52 | Nichtinfektiöse Enteritis und Kolitis | 1,1 | 0,5 |
| T08–T14 | Verletzungen nicht näher bezeichneter Teile des Rumpfes, der Extremitäten oder anderer Körperregionen | 1,0 | 1,1 |
| R40–R46 | Symptome, die das Erkennungs- und Wahrnehmungsvermögen, die Stimmung und das Verhalten betreffen | 1,0 | 0,8 |
| K55–K64 | Sonstige Krankheiten des Darmes | 0,9 | 0,7 |
| S90–S99 | Verletzungen der Knöchelregion und des Fußes | 0,8 | 1,2 |

**□ Tab. 20.51**  (Fortsetzung)

| ICD-10 | Bezeichnung | AU-Fälle in % | AU-Tage in % |
|---|---|---|---|
| S60–S69 | Verletzungen des Handgelenkes und der Hand | 0,8 | 1,2 |
| M95–M99 | Sonstige Krankheiten des Muskel-Skelett-Systems und des Bindegewebes | 0,8 | 0,8 |
| E70–E90 | Stoffwechselstörungen | 0,8 | 0,6 |
| J30–J39 | Sonstige Krankheiten der oberen Atemwege | 0,8 | 0,5 |
| J20–J22 | Sonstige akute Infektionen der unteren Atemwege | 0,8 | 0,5 |
| J95–J99 | Sonstige Krankheiten des Atmungssystems | 0,8 | 0,5 |
| S80–S89 | Verletzungen des Knies und des Unterschenkels | 0,7 | 1,8 |
| N30–N39 | Sonstige Krankheiten des Harnsystems | 0,7 | 0,4 |
| M15–M19 | Arthrose | 0,6 | 1,9 |
| G50–G59 | Krankheiten von Nerven, Nervenwurzeln und Nervenplexus | 0,6 | 1,2 |
| Z40–Z54 | Personen, die das Gesundheitswesen zum Zwecke spezifischer Maßnahmen und zur medizinischen Betreuung in Anspruch nehmen | 0,6 | 0,9 |
| Z20–Z29 | Personen mit potentiellen Gesundheitsrisiken hinsichtlich übertragbarer Krankheiten | 0,6 | 0,4 |
| N80–N98 | Nichtentzündliche Krankheiten des weiblichen Genitaltraktes | 0,6 | 0,4 |
| B99–B99 | Sonstige Infektionskrankheiten | 0,6 | 0,3 |
| | **Summe hier** | **79,4** | **72,0** |
| | Restliche | 20,6 | 28,0 |
| | **Gesamtsumme** | **100,0** | **100,0** |

Fehlzeiten-Report 2022

## 20.4 Energie, Wasser, Entsorgung und Bergbau

| | |
|---|---|
| Entwicklung des Krankenstands der AOK-Mitglieder in der Branche Energie, Wasser, Entsorgung und Bergbau in den Jahren 1997 bis 2021 | ◘ Tab. 20.52 |
| Arbeitsunfähigkeit der AOK-Mitglieder in der Branche Energie, Wasser, Entsorgung und Bergbau nach Bundesländern im Jahr 2021 im Vergleich zum Vorjahr | ◘ Tab. 20.53 |
| Arbeitsunfähigkeit der AOK-Mitglieder nach Wirtschaftsabteilungen in der Branche Energie, Wasser, Entsorgung und Bergbau im Jahr 2021 | ◘ Tab. 20.54 |
| Kennzahlen der Arbeitsunfähigkeit nach ausgewählten Berufsgruppen in der Branche Energie, Wasser, Entsorgung und Bergbau im Jahr 2021 | ◘ Tab. 20.55 |
| Dauer der Arbeitsunfähigkeit der AOK-Mitglieder in der Branche Energie, Wasser, Entsorgung und Bergbau im Jahr 2021 | ◘ Tab. 20.56 |
| Tage der Arbeitsunfähigkeit je AOK-Mitglied nach Wirtschaftsabteilung und Betriebsgröße in der Branche Energie, Wasser, Entsorgung und Bergbau im Jahr 2021 | ◘ Tab. 20.57 |
| Krankenstand in Prozent nach Ausbildungsabschluss in der Branche Energie, Wasser, Entsorgung und Bergbau im Jahr 2021, AOK-Mitglieder | ◘ Tab. 20.58 |
| Tage der Arbeitsunfähigkeit je AOK-Mitglied nach Ausbildungsabschluss in der Branche Energie, Wasser, Entsorgung und Bergbau im Jahr 2021 | ◘ Tab. 20.59 |
| Anteil der Arbeitsunfälle an den AU-Fällen und -Tagen in Prozent nach Wirtschaftsabteilungen in der Branche Energie, Wasser, Entsorgung und Bergbau im Jahr 2021, AOK-Mitglieder | ◘ Tab. 20.60 |
| Tage und Fälle der Arbeitsunfähigkeit durch Arbeitsunfälle nach Berufsgruppen in der Branche Energie, Wasser, Entsorgung und Bergbau im Jahr 2021, AOK-Mitglieder | ◘ Tab. 20.61 |
| Tage und Fälle der Arbeitsunfähigkeit je 100 AOK-Mitglieder nach Krankheitsarten in der Branche Energie, Wasser, Entsorgung und Bergbau in den Jahren 1997 bis 2021 | ◘ Tab. 20.62 |
| Verteilung der Arbeitsunfähigkeitstage nach Krankheitsarten in Prozent in der Branche Energie, Wasser, Entsorgung und Bergbau im Jahr 2021, AOK-Mitglieder | ◘ Tab. 20.63 |
| Verteilung der Arbeitsunfähigkeitsfälle nach Krankheitsarten in Prozent in der Branche Energie, Wasser, Entsorgung und Bergbau im Jahr 2021, AOK-Mitglieder | ◘ Tab. 20.64 |
| Verteilung der Arbeitsunfähigkeitstage nach Krankheitsarten und ausgewählten Berufsgruppen in der Branche Energie, Wasser, Entsorgung und Bergbau im Jahr 2021, AOK-Mitglieder | ◘ Tab. 20.65 |
| Verteilung der Arbeitsunfähigkeitsfälle nach Krankheitsarten und ausgewählten Berufsgruppen in der Branche Energie, Wasser, Entsorgung und Bergbau im Jahr 2021, AOK-Mitglieder | ◘ Tab. 20.66 |
| Anteile der 40 häufigsten Einzeldiagnosen an den AU-Fällen und AU-Tagen in der Branche Energie, Wasser, Entsorgung und Bergbau im Jahr 2021, AOK-Mitglieder | ◘ Tab. 20.67 |
| Anteile der 40 häufigsten Diagnoseuntergruppen an den AU-Fällen und AU-Tagen in der Branche Energie, Wasser, Entsorgung und Bergbau im Jahr 2021, AOK-Mitglieder | ◘ Tab. 20.68 |

**◻ Tab. 20.52** Entwicklung des Krankenstands der AOK-Mitglieder in der Branche Energie, Wasser, Entsorgung und Bergbau in den Jahren 1997 bis 2021

| Jahr | Krankenstand in % | | | AU-Fälle je 100 AOK-Mitglieder | | | Tage je Fall | | |
|---|---|---|---|---|---|---|---|---|---|
| | West | Ost | Bund | West | Ost | Bund | West | Ost | Bund |
| 1997 | 5,5 | 4,2 | 5,2 | 135,8 | 107,1 | 129,1 | 14,8 | 13,8 | 14,6 |
| 1998 | 5,7 | 4,0 | 5,3 | 140,4 | 108,1 | 133,4 | 14,8 | 13,6 | 14,6 |
| 1999 | 5,9 | 4,4 | 5,6 | 149,7 | 118,8 | 143,4 | 14,4 | 13,5 | 14,2 |
| 2000 | 5,8 | 4,4 | 5,5 | 148,8 | 122,3 | 143,7 | 14,3 | 13,1 | 14,1 |
| 2001 | 5,7 | 4,4 | 5,4 | 145,0 | 120,3 | 140,4 | 14,3 | 13,5 | 14,2 |
| 2002 | 5,5 | 4,5 | 5,3 | 144,9 | 122,0 | 140,7 | 13,9 | 13,4 | 13,8 |
| 2003 | 5,2 | 4,1 | 5,0 | 144,2 | 121,6 | 139,9 | 13,2 | 12,4 | 13,0 |
| 2004 | 4,9 | 3,7 | 4,6 | 135,2 | 114,8 | 131,1 | 13,1 | 11,9 | 12,9 |
| 2005 | 4,8 | 3,7 | 4,6 | 139,1 | 115,5 | 134,3 | 12,7 | 11,7 | 12,5 |
| 2006 | 4,4 | 3,6 | 4,3 | 127,1 | 112,8 | 124,2 | 12,7 | 11,7 | 12,5 |
| 2007 | 4,8 | 3,7 | 4,6 | 138,7 | 117,0 | 134,3 | 12,7 | 11,6 | 12,5 |
| 2008 (WZ03) | 4,9 | 3,9 | 4,7 | 142,6 | 121,6 | 138,2 | 12,6 | 11,8 | 12,4 |
| 2008 (WZ08)[a] | 5,6 | 4,9 | 5,4 | 157,8 | 132,3 | 152,1 | 13,0 | 13,5 | 13,1 |
| 2009 | 5,8 | 5,3 | 5,7 | 162,4 | 142,8 | 158,1 | 13,0 | 13,5 | 13,1 |
| 2010 | 6,0 | 5,5 | 5,9 | 165,7 | 148,9 | 162,0 | 13,3 | 13,4 | 13,3 |
| 2011 | 6,0 | 4,9 | 5,8 | 166,2 | 148,3 | 162,3 | 13,3 | 12,2 | 13,0 |
| 2012 | 6,0 | 5,4 | 5,9 | 163,5 | 145,8 | 159,6 | 13,4 | 13,7 | 13,4 |
| 2013 | 6,4 | 5,7 | 6,2 | 175,2 | 154,5 | 170,8 | 13,2 | 13,4 | 13,3 |
| 2014 | 6,5 | 5,7 | 6,3 | 171,9 | 150,3 | 167,3 | 13,7 | 13,8 | 13,7 |
| 2015 | 6,7 | 5,9 | 6,5 | 183,1 | 163,8 | 178,9 | 13,3 | 13,0 | 13,3 |
| 2016 | 6,7 | 5,9 | 6,5 | 184,0 | 168,3 | 180,5 | 13,4 | 12,9 | 13,3 |
| 2017 | 6,7 | 6,2 | 6,6 | 182,0 | 173,8 | 180,1 | 13,5 | 13,0 | 13,4 |
| 2018 | 6,8 | 6,3 | 6,7 | 187,1 | 176,6 | 184,7 | 13,3 | 13,1 | 13,3 |
| 2019 | 6,7 | 6,3 | 6,6 | 181,2 | 172,8 | 179,2 | 13,6 | 13,2 | 13,5 |
| 2020 | 6,6 | 6,1 | 6,5 | 157,8 | 154,5 | 157,0 | 15,4 | 14,5 | 15,2 |
| 2021 | 6,4 | 6,3 | 6,4 | 160,0 | 159,7 | 159,9 | 14,6 | 14,5 | 14,6 |

[a] aufgrund der Revision der Wirtschaftszweigklassifikation in 2008 ist eine Vergleichbarkeit mit den Vorjahren nur bedingt möglich
Fehlzeiten-Report 2022

**20**

◼ **Tab. 20.53** Arbeitsunfähigkeit der AOK-Mitglieder in der Branche Energie, Wasser, Entsorgung und Bergbau nach Bundesländern im Jahr 2021 im Vergleich zum Vorjahr

| Bundesland | Kranken- stand in % | Arbeitsunfähigkeit je 100 AOK-Mitglieder | | | | Tage je Fall | Veränd. z. Vorj. in % | AU- Quote in % |
|---|---|---|---|---|---|---|---|---|
| | | AU- Fälle | Veränd. z. Vorj. in % | AU- Tage | Veränd. z. Vorj. in % | | | |
| Baden-Württemberg | 5,7 | 156,4 | −0,2 | 2.065,7 | −3,8 | 13,2 | −3,6 | 56,7 |
| Bayern | 5,8 | 140,2 | 1,4 | 2.134,2 | −1,4 | 15,2 | −2,8 | 53,9 |
| Berlin | 6,8 | 181,0 | 0,2 | 2.494,8 | −7,6 | 13,8 | −7,8 | 55,0 |
| Brandenburg | 6,4 | 152,5 | −0,3 | 2.343,2 | −0,1 | 15,4 | 0,2 | 57,5 |
| Bremen | 6,0 | 152,2 | 3,6 | 2.204,3 | −5,9 | 14,5 | −9,2 | 53,9 |
| Hamburg | 5,1 | 127,0 | −4,2 | 1.869,0 | −7,7 | 14,7 | −3,7 | 43,8 |
| Hessen | 7,2 | 193,1 | 3,9 | 2.624,6 | −8,3 | 13,6 | −11,7 | 63,1 |
| Mecklenburg-Vorpommern | 6,6 | 152,9 | 1,5 | 2.399,3 | 6,3 | 15,7 | 4,7 | 57,1 |
| Niedersachsen | 6,3 | 170,9 | 3,3 | 2.291,4 | −3,9 | 13,4 | −6,9 | 59,6 |
| Nordrhein-Westfalen | 7,3 | 170,2 | 0,6 | 2.674,1 | −3,8 | 15,7 | −4,4 | 60,1 |
| Rheinland-Pfalz | 6,7 | 150,1 | 3,9 | 2.460,1 | −3,8 | 16,4 | −7,4 | 53,0 |
| Saarland | 8,2 | 165,4 | −4,6 | 2.998,3 | −1,3 | 18,1 | 3,5 | 58,3 |
| Sachsen | 6,2 | 158,8 | 2,8 | 2.261,7 | 1,7 | 14,2 | −1,1 | 62,3 |
| Sachsen-Anhalt | 6,4 | 157,3 | 4,7 | 2.350,0 | 5,1 | 14,9 | 0,4 | 58,5 |
| Schleswig-Holstein | 6,2 | 147,4 | −0,1 | 2.268,7 | −7,5 | 15,4 | −7,5 | 54,6 |
| Thüringen | 6,4 | 170,4 | 5,9 | 2.344,5 | 4,2 | 13,8 | −1,6 | 64,4 |
| **West** | **6,4** | **160,0** | **1,4** | **2.330,8** | **−4,1** | **14,6** | **−5,4** | **57,1** |
| **Ost** | **6,3** | **159,7** | **3,3** | **2.312,1** | **2,9** | **14,5** | **−0,5** | **61,1** |
| **Bund** | **6,4** | **159,9** | **1,8** | **2.327,2** | **−2,5** | **14,6** | **−4,3** | **58,1** |

Fehlzeiten-Report 2022

**◻ Tab. 20.54** Arbeitsunfähigkeit der AOK-Mitglieder nach Wirtschaftsabteilungen in der Branche Energie, Wasser, Entsorgung und Bergbau im Jahr 2021

| Wirtschaftsabteilungen | Krankenstand in % | | Arbeitsunfähigkeiten je 100 AOK-Mitglieder | | Tage je Fall | AU-Quote in % |
|---|---|---|---|---|---|---|
| | 2021 | 2021 stand.[a] | Fälle | Tage | | |
| Abwasserentsorgung | 6,3 | 5,5 | 162,5 | 2.297,0 | 14,1 | 60,1 |
| Bergbau und Gewinnung von Steinen und Erden | 6,0 | 5,0 | 151,7 | 2.207,1 | 14,5 | 57,8 |
| Beseitigung von Umweltver-schmutzungen und sonstige Entsorgung | 6,2 | 5,0 | 152,5 | 2.277,0 | 14,9 | 55,5 |
| Energieversorgung | 4,5 | 4,4 | 124,7 | 1.648,4 | 13,2 | 51,3 |
| Sammlung, Behandlung und Beseitigung von Abfällen, Rückgewinnung | 7,9 | 6,5 | 187,5 | 2.868,3 | 15,3 | 62,0 |
| Wasserversorgung | 6,2 | 5,4 | 159,4 | 2.260,1 | 14,2 | 62,1 |
| **Branche gesamt** | **6,4** | **5,5** | **159,9** | **2.327,2** | **14,6** | **58,1** |
| **Alle Branchen** | **5,4** | **5,5** | **148,9** | **1.971,5** | **13,2** | **50,5** |

[a] Krankenstand alters- und geschlechtsstandardisiert
Fehlzeiten-Report 2022

**◻ Tab. 20.55** Kennzahlen der Arbeitsunfähigkeit nach ausgewählten Berufsgruppen in der Branche Energie, Wasser, Entsorgung und Bergbau im Jahr 2021

| Tätigkeit | Kranken-stand in % | Arbeitsunfähigkeit je 100 AOK-Mitglieder | | Tage je Fall | AU-Quote in % | Anteil der Berufsgruppe an der Branche in %[a] |
|---|---|---|---|---|---|---|
| | | AU-Fälle | AU-Tage | | | |
| Aufsichts-/Führungskr. – Unternehmensorganisation u. -strategie | 2,7 | 83,8 | 993,0 | 11,8 | 41,8 | 1,4 |
| Berufe im Berg- u. Tagebau | 6,3 | 173,6 | 2.316,8 | 13,3 | 62,5 | 1,0 |
| Berufe im Vertrieb (außer Informations- u. Kommunika-tionstechnologien) | 3,9 | 115,2 | 1.426,8 | 12,4 | 48,0 | 1,2 |
| Berufe in der Abfallwirtschaft | 7,8 | 191,1 | 2.829,9 | 14,8 | 64,2 | 1,5 |
| Berufe in der Bauelektrik | 5,6 | 156,1 | 2.041,1 | 13,1 | 60,7 | 2,4 |
| Berufe in der elektrischen Betriebstechnik | 4,0 | 152,4 | 1.467,3 | 9,6 | 56,1 | 2,4 |
| Berufe in der Elektrotechnik (ohne Spez.) | 4,3 | 129,4 | 1.571,5 | 12,1 | 48,6 | 1,2 |

**◘ Tab. 20.55** (Fortsetzung)

| Tätigkeit | Kranken-stand in % | Arbeitsunfähigkeit je 100 AOK-Mitglieder | | Tage je Fall | AU-Quote in % | Anteil der Berufsgruppe an der Branche in %[a] |
|---|---|---|---|---|---|---|
| | | AU-Fälle | AU-Tage | | | |
| Berufe in der Energie- u. Kraftwerkstechnik | 5,1 | 118,2 | 1.852,0 | 15,7 | 52,3 | 2,0 |
| Berufe in der Lagerwirtschaft | 7,2 | 182,8 | 2.621,0 | 14,3 | 58,5 | 4,5 |
| Berufe in der Maschinenbau- u. Betriebstechnik (ohne Spez.) | 6,6 | 183,5 | 2.395,5 | 13,1 | 63,8 | 2,3 |
| Berufe in der Naturstein- u. Mineralaufbereitung | 7,1 | 168,1 | 2.606,0 | 15,5 | 61,9 | 1,2 |
| Berufe in der Reinigung (ohne Spez.) | 7,1 | 158,0 | 2.596,4 | 16,4 | 57,1 | 1,3 |
| Berufe in der Ver- u. Entsorgung (ohne Spez.) | 9,4 | 228,9 | 3.413,2 | 14,9 | 68,2 | 10,0 |
| Berufe in der Wasserversorgungs- u. Abwassertechnik | 6,7 | 170,6 | 2.437,7 | 14,3 | 63,9 | 3,7 |
| Berufskraftfahrer/innen (Güterverkehr/LKW) | 8,6 | 184,5 | 3.127,2 | 17,0 | 63,8 | 13,5 |
| Büro- u. Sekretariatskräfte (ohne Spez.) | 3,8 | 120,5 | 1.396,9 | 11,6 | 49,4 | 5,2 |
| Führer/innen von Erdbewegungs- u. verwandten Maschinen | 7,5 | 165,4 | 2.726,6 | 16,5 | 60,8 | 2,2 |
| Kaufmännische u. technische Betriebswirtschaft (ohne Spez.) | 3,5 | 116,3 | 1.272,9 | 10,9 | 49,5 | 6,6 |
| Maschinen- u. Anlagenführer/innen | 7,1 | 167,2 | 2.592,5 | 15,5 | 61,7 | 2,3 |
| Technische Servicekräfte in Wartung u. Instandhaltung | 6,2 | 157,5 | 2.276,5 | 14,5 | 58,3 | 1,1 |
| **Branche gesamt** | **6,4** | **159,9** | **2.327,2** | **14,6** | **58,1** | **1,4[b]** |

[a] Anteil der AOK-Mitglieder in der Berufsgruppe an den in der Branche beschäftigten AOK-Mitgliedern insgesamt
[b] Anteil der AOK-Mitglieder in der Branche an allen AOK-Mitgliedern
Fehlzeiten-Report 2022

◨ **Tab. 20.56** Dauer der Arbeitsunfähigkeit der AOK-Mitglieder in der Branche Energie, Wasser, Entsorgung und Bergbau im Jahr 2021

| Fallklasse | Branche hier | | Alle Branchen | |
|---|---|---|---|---|
| | Anteil Fälle in % | Anteil Tage in % | Anteil Fälle in % | Anteil Tage in % |
| 1–3 Tage | 33,1 | 4,3 | 35,0 | 5,2 |
| 4–7 Tage | 26,9 | 9,3 | 29,0 | 11,1 |
| 8–14 Tage | 18,6 | 13,5 | 17,6 | 13,9 |
| 15–21 Tage | 7,7 | 9,2 | 6,9 | 8,9 |
| 22–28 Tage | 3,8 | 6,3 | 3,2 | 5,9 |
| 29–42 Tage | 4,1 | 9,7 | 3,3 | 8,7 |
| > 42 Tage | 5,8 | 47,7 | 5,1 | 46,3 |

Fehlzeiten-Report 2022

◨ **Tab. 20.57** Tage der Arbeitsunfähigkeit je AOK-Mitglied nach Wirtschaftsabteilung und Betriebsgröße in der Branche Energie, Wasser, Entsorgung und Bergbau im Jahr 2021

| Wirtschaftsabteilungen | Betriebsgröße (Anzahl der AOK-Mitglieder) | | | | | |
|---|---|---|---|---|---|---|
| | 10–49 | 50–99 | 100–199 | 200–499 | 500–999 | ≥ 1.000 |
| Abwasserentsorgung | 24,0 | 26,1 | 25,9 | 21,8 | – | – |
| Bergbau und Gewinnung von Steinen und Erden | 23,0 | 21,2 | 23,7 | 21,6 | – | – |
| Beseitigung von Umweltverschmutzun- gen und sonstige Entsorgung | 26,5 | 25,2 | – | – | – | – |
| Energieversorgung | 16,3 | 17,4 | 17,9 | 18,0 | 18,3 | – |
| Sammlung, Behandlung und Beseitigung von Abfällen, Rückgewinnung | 26,6 | 29,3 | 32,1 | 34,6 | 40,0 | 39,4 |
| Wasserversorgung | 22,8 | 22,7 | 20,8 | 29,2 | – | – |
| **Branche gesamt** | **22,8** | **24,1** | **25,2** | **24,8** | **30,6** | **39,4** |
| **Alle Branchen** | **20,3** | **22,4** | **22,7** | **22,5** | **22,6** | **22,4** |

Fehlzeiten-Report 2022

**▢ Tab. 20.58** Krankenstand in Prozent nach Ausbildungsabschluss in der Branche Energie, Wasser, Entsorgung und Bergbau im Jahr 2021, AOK-Mitglieder

| Wirtschafts-abteilungen | Ausbildung | | | | | | |
|---|---|---|---|---|---|---|---|
| | ohne Aus-bildungs-abschluss | mit Aus-bildungs-abschluss | Meister/ Techniker | Bachelor | Diplom/ Magister/ Master/ Staats-examen | Promotion | unbekannt |
| Abwasserentsorgung | 7,7 | 6,6 | 4,5 | 2,5 | 3,2 | – | 6,0 |
| Bergbau und Gewin-nung von Steinen und Erden | 6,7 | 6,4 | 5,1 | 1,9 | 2,8 | 1,8 | 5,5 |
| Beseitigung von Um-weltverschmutzungen und sonstige Entsor-gung | 6,8 | 7,0 | 6,5 | 4,6 | 2,9 | – | 4,9 |
| Energieversorgung | 4,7 | 5,2 | 3,7 | 1,8 | 2,2 | 1,5 | 4,8 |
| Sammlung, Behand-lung und Beseitigung von Abfällen, Rückge-winnung | 9,3 | 7,9 | 5,6 | 2,6 | 3,0 | 3,9 | 7,2 |
| Wasserversorgung | 7,0 | 6,8 | 4,1 | 2,2 | 3,5 | – | 5,9 |
| **Branche gesamt** | **7,9** | **6,7** | **4,3** | **2,0** | **2,5** | **2,3** | **6,5** |
| **Alle Branchen** | **5,9** | **6,0** | **4,7** | **2,3** | **2,8** | **2,0** | **4,9** |

Fehlzeiten-Report 2022

**◻ Tab. 20.59** Tage der Arbeitsunfähigkeit je AOK-Mitglied nach Ausbildungsabschluss in der Branche Energie, Wasser, Entsorgung und Bergbau im Jahr 2021

| Wirtschafts-abteilungen | Ausbildung | | | | | | |
|---|---|---|---|---|---|---|---|
| | ohne Aus-bildungs-abschluss | mit Aus-bildungs-abschluss | Meister/ Techniker | Bachelor | Diplom/ Magister/ Master/ Staats-examen | Promotion | unbekannt |
| Abwasserentsorgung | 28,3 | 24,0 | 16,5 | 9,3 | 11,8 | – | 22,1 |
| Bergbau und Gewin-nung von Steinen und Erden | 24,4 | 23,3 | 18,5 | 6,8 | 10,2 | 6,6 | 20,1 |
| Beseitigung von Um-weltverschmutzungen und sonstige Entsor-gung | 24,8 | 25,7 | 23,8 | 16,7 | 10,5 | – | 17,8 |
| Energieversorgung | 17,2 | 19,0 | 13,4 | 6,7 | 8,0 | 5,6 | 17,4 |
| Sammlung, Behand-lung und Beseitigung von Abfällen, Rückge-winnung | 34,0 | 29,0 | 20,5 | 9,7 | 11,1 | 14,1 | 26,3 |
| Wasserversorgung | 25,6 | 24,7 | 15,0 | 7,9 | 12,9 | – | 21,5 |
| **Branche gesamt** | **28,9** | **24,3** | **15,6** | **7,5** | **9,2** | **8,3** | **23,8** |
| **Alle Branchen** | **21,4** | **21,9** | **17,1** | **8,3** | **10,2** | **7,3** | **17,9** |

Fehlzeiten-Report 2022

**◻ Tab. 20.60** Anteil der Arbeitsunfälle an den AU-Fällen und -Tagen in Prozent nach Wirtschaftsabteilungen in der Branche Energie, Wasser, Entsorgung und Bergbau im Jahr 2021, AOK-Mitglieder

| Wirtschaftsabteilungen | AU-Fälle in % | AU-Tage in % |
|---|---|---|
| Abwasserentsorgung | 3,6 | 6,3 |
| Bergbau und Gewinnung von Steinen und Erden | 3,9 | 8,2 |
| Beseitigung von Umweltverschmutzungen und sonstige Entsorgung | 4,5 | 6,4 |
| Energieversorgung | 2,4 | 5,1 |
| Sammlung, Behandlung und Beseitigung von Abfällen, Rückgewinnung | 5,0 | 9,8 |
| Wasserversorgung | 2,7 | 5,2 |
| **Branche gesamt** | **4,0** | **8,0** |
| **Alle Branchen** | **3,0** | **5,7** |

Fehlzeiten-Report 2022

◻ **Tab. 20.61** Tage und Fälle der Arbeitsunfähigkeit durch Arbeitsunfälle nach Berufsgruppen in der Branche Energie, Wasser, Entsorgung und Bergbau im Jahr 2021, AOK-Mitglieder

| Tätigkeit | Arbeitsunfähigkeit je 1.000 AOK-Mitglieder | |
|---|---|---|
| | AU-Tage | AU-Fälle |
| Berufskraftfahrer/innen (Güterverkehr/LKW) | 3.459,9 | 106,0 |
| Berufe in der Ver- u. Entsorgung (ohne Spez.) | 3.121,3 | 114,9 |
| Berufe in der Abfallwirtschaft | 3.105,7 | 96,4 |
| Berufe in der Lagerwirtschaft | 2.836,3 | 96,4 |
| Berufe in der Naturstein- u. Mineralaufbereitung | 2.622,6 | 87,2 |
| Maschinen- u. Anlagenführer/innen | 2.590,1 | 88,5 |
| Führer/innen von Erdbewegungs- u. verwandten Maschinen | 2.387,1 | 76,7 |
| Berufe im Berg- u. Tagebau | 1.991,5 | 48,8 |
| Berufe in der Maschinenbau- u. Betriebstechnik (ohne Spez.) | 1.719,3 | 64,0 |
| Berufe in der Wasserversorgungs- u. Abwassertechnik | 1.700,6 | 67,3 |
| Berufe in der Bauelektrik | 1.294,7 | 54,4 |
| Technische Servicekräfte in Wartung u. Instandhaltung | 1.212,1 | 54,9 |
| Berufe in der Energie- u. Kraftwerkstechnik | 1.093,3 | 20,0 |
| Berufe in der elektrischen Betriebstechnik | 991,1 | 45,2 |
| Berufe in der Elektrotechnik (ohne Spez.) | 971,2 | 37,9 |
| Berufe in der Reinigung (ohne Spez.) | 937,7 | 37,0 |
| Berufe im Vertrieb (außer Informations- u. Kommunikationstechnologien) | 376,2 | 12,6 |
| Aufsichts-/Führungskr. – Unternehmensorganisation u. -strategie | 364,9 | 10,3 |
| Büro- u. Sekretariatskräfte (ohne Spez.) | 279,3 | 10,2 |
| Kaufmännische u. technische Betriebswirtschaft (ohne Spez.) | 187,7 | 10,8 |
| **Branche gesamt** | **1.865,0** | **64,1** |
| **Alle Branchen** | **1.121,9** | **44,7** |

Fehlzeiten-Report 2022

**◻ Tab. 20.62** Tage und Fälle der Arbeitsunfähigkeit je 100 AOK-Mitglieder nach Krankheitsarten in der Branche Energie, Wasser, Entsorgung und Bergbau in den Jahren 1997 bis 2021

| Jahr | Arbeitsunfähigkeiten je 100 AOK-Mitglieder | | | | | | | | | | | |
|------|------|------|------|------|------|------|------|------|------|------|------|------|
| | Psyche | | Herz/Kreis-lauf | | Atemwege | | Verdauung | | Muskel/Skelett | | Verletzungen | |
| | Tage | Fälle | Tage | Fälle | Tage | Fälle | Tage | Fälle | Tage | Fälle | Tage | Fälle |
| 1997 | 96,1 | 3,6 | 202,5 | 8,6 | 312,8 | 39,5 | 159,4 | 20,8 | 591,7 | 31,8 | 326,9 | 19,4 |
| 1998 | 100,6 | 3,9 | 199,5 | 8,9 | 314,8 | 40,6 | 156,4 | 20,8 | 637,4 | 34,3 | 315,3 | 19,4 |
| 1999 | 109,0 | 4,2 | 191,8 | 9,1 | 358,0 | 46,6 | 159,4 | 22,2 | 639,7 | 35,5 | 333,0 | 19,9 |
| 2000 | 117,1 | 4,7 | 185,3 | 8,4 | 305,5 | 40,2 | 140,8 | 18,6 | 681,8 | 37,5 | 354,0 | 20,5 |
| 2001 | 128,8 | 5,1 | 179,0 | 9,1 | 275,2 | 37,6 | 145,3 | 19,2 | 693,3 | 38,0 | 354,0 | 20,4 |
| 2002 | 123,5 | 5,5 | 176,2 | 9,2 | 262,8 | 36,7 | 144,0 | 20,2 | 678,0 | 38,3 | 343,6 | 19,6 |
| 2003 | 125,3 | 5,8 | 167,0 | 9,5 | 276,9 | 39,4 | 134,4 | 20,1 | 606,6 | 35,5 | 320,6 | 19,0 |
| 2004 | 136,6 | 5,7 | 179,8 | 8,9 | 241,9 | 33,9 | 143,2 | 20,2 | 583,5 | 34,5 | 301,5 | 17,7 |
| 2005 | 134,4 | 5,5 | 177,8 | 8,9 | 289,5 | 40,4 | 134,6 | 18,7 | 547,0 | 33,2 | 299,8 | 17,5 |
| 2006 | 131,5 | 5,6 | 180,1 | 8,9 | 232,2 | 33,7 | 131,8 | 19,3 | 540,1 | 32,9 | 294,5 | 17,7 |
| 2007 | 142,8 | 6,1 | 187,1 | 9,2 | 255,4 | 36,4 | 141,0 | 20,7 | 556,8 | 33,5 | 293,1 | 16,9 |
| 2008 (WZ03) | 152,0 | 6,1 | 186,1 | 9,4 | 264,6 | 38,1 | 140,7 | 21,1 | 563,9 | 34,0 | 295,0 | 16,9 |
| 2008 (WZ08)[a] | 161,5 | 6,7 | 212,6 | 10,5 | 293,0 | 39,4 | 167,2 | 23,3 | 674,7 | 40,3 | 361,8 | 20,4 |
| 2009 | 179,1 | 7,2 | 223,8 | 10,3 | 340,2 | 45,1 | 166,5 | 23,0 | 677,2 | 39,4 | 362,9 | 19,9 |
| 2010 | 186,4 | 7,7 | 216,5 | 10,5 | 303,4 | 40,9 | 156,5 | 21,5 | 735,2 | 42,5 | 406,8 | 21,8 |
| 2011 | 195,3 | 8,2 | 210,1 | 10,5 | 306,0 | 41,1 | 153,3 | 21,2 | 701,6 | 41,4 | 369,4 | 20,4 |
| 2012 | 218,5 | 8,4 | 230,4 | 10,6 | 300,0 | 40,6 | 162,6 | 21,4 | 723,8 | 40,9 | 378,1 | 19,6 |
| 2013 | 235,4 | 8,6 | 245,2 | 10,4 | 390,8 | 50,5 | 167,8 | 21,7 | 741,5 | 41,6 | 389,0 | 20,1 |
| 2014 | 244,4 | 9,5 | 251,2 | 10,9 | 312,8 | 41,9 | 170,7 | 22,5 | 792,9 | 43,3 | 394,5 | 19,8 |
| 2015 | 260,4 | 9,8 | 254,4 | 11,0 | 396,2 | 52,3 | 171,0 | 22,6 | 777,1 | 42,8 | 380,4 | 19,4 |
| 2016 | 262,3 | 10,1 | 232,4 | 11,3 | 368,5 | 50,4 | 161,0 | 22,7 | 801,2 | 44,0 | 393,4 | 19,8 |
| 2017 | 280,5 | 10,3 | 224,9 | 11,0 | 383,9 | 51,5 | 162,3 | 22,1 | 794,7 | 43,0 | 397,3 | 19,2 |
| 2018 | 277,3 | 10,4 | 222,9 | 11,2 | 413,9 | 54,5 | 157,4 | 21,6 | 782,1 | 42,7 | 394,3 | 19,3 |
| 2019 | 286,7 | 10,8 | 221,8 | 10,9 | 359,5 | 49,5 | 154,3 | 21,5 | 786,3 | 42,1 | 391,7 | 18,8 |
| 2020 | 306,3 | 10,2 | 209,7 | 9,6 | 347,3 | 40,0 | 145,8 | 18,3 | 798,5 | 40,2 | 373,2 | 16,6 |
| 2021 | 315,2 | 10,5 | 202,2 | 9,4 | 302,8 | 35,7 | 135,6 | 17,6 | 786,5 | 41,9 | 374,4 | 20,0 |

[a] aufgrund der Revision der Wirtschaftszweigklassifikation in 2008 ist eine Vergleichbarkeit mit den Vorjahren nur bedingt möglich

Fehlzeiten-Report 2022

**◻ Tab. 20.63** Verteilung der Arbeitsunfähigkeitstage nach Krankheitsarten in Prozent in der Branche Energie, Wasser, Entsorgung und Bergbau im Jahr 2021, AOK-Mitglieder

| Wirtschaftsabteilungen | AU-Tage in % | | | | | | |
|---|---|---|---|---|---|---|---|
| | Psyche | Herz/ Kreislauf | Atem- wege | Ver- dauung | Muskel/ Skelett | Verlet- zungen | Sonstige |
| Abwasserentsorgung | 9,9 | 5,6 | 9,1 | 3,9 | 23,0 | 10,3 | 38,3 |
| Bergbau und Gewinnung von Steinen und Erden | 7,3 | 6,7 | 9,2 | 4,1 | 24,0 | 11,4 | 37,4 |
| Beseitigung von Umwelt- verschmutzungen und sonstige Entsorgung | 8,4 | 7,4 | 8,2 | 3,2 | 26,9 | 10,5 | 35,6 |
| Energieversorgung | 11,4 | 5,5 | 10,5 | 4,2 | 19,6 | 10,4 | 38,4 |
| Sammlung, Behandlung und Beseitigung von Abfäl- len, Rückgewinnung | 8,9 | 6,3 | 8,4 | 4,0 | 25,3 | 11,8 | 35,3 |
| Wasserversorgung | 10,6 | 5,3 | 9,7 | 4,2 | 22,4 | 9,9 | 38,0 |
| **Branche gesamt** | **9,4** | **6,1** | **9,1** | **4,1** | **23,6** | **11,2** | **36,6** |
| **Alle Branchen** | **12,0** | **4,9** | **9,8** | **3,9** | **21,5** | **10,0** | **37,9** |

Fehlzeiten-Report 2022

**◻ Tab. 20.64** Verteilung der Arbeitsunfähigkeitsfälle nach Krankheitsarten in Prozent in der Branche Energie, Wasser, Entsorgung und Bergbau im Jahr 2021, AOK-Mitglieder

| Wirtschaftsabteilungen | AU-Fälle in % | | | | | | |
|---|---|---|---|---|---|---|---|
| | Psyche | Herz/ Kreislauf | Atem- wege | Ver- dauung | Muskel/ Skelett | Verlet- zungen | Sonstige |
| Abwasserentsorgung | 4,4 | 3,9 | 15,3 | 7,4 | 17,4 | 8,4 | 43,2 |
| Bergbau und Gewinnung von Steinen und Erden | 3,5 | 4,1 | 14,9 | 7,7 | 17,8 | 8,8 | 43,2 |
| Beseitigung von Umwelt- verschmutzungen und sonstige Entsorgung | 4,2 | 4,6 | 13,8 | 7,0 | 19,6 | 8,6 | 42,1 |
| Energieversorgung | 4,7 | 3,7 | 17,8 | 7,7 | 13,7 | 7,8 | 44,6 |
| Sammlung, Behandlung und Beseitigung von Abfäl- len, Rückgewinnung | 4,5 | 4,1 | 13,8 | 7,3 | 20,1 | 9,0 | 41,1 |
| Wasserversorgung | 4,6 | 4,0 | 16,3 | 8,3 | 16,0 | 7,6 | 43,2 |
| **Branche gesamt** | **4,5** | **4,0** | **15,2** | **7,5** | **17,8** | **8,5** | **42,5** |
| **Alle Branchen** | **5,2** | **3,3** | **16,7** | **6,8** | **15,8** | **7,9** | **44,2** |

Fehlzeiten-Report 2022

◻ **Tab. 20.65** Verteilung der Arbeitsunfähigkeitstage nach Krankheitsarten und ausgewählten Berufsgruppen in der Branche Energie, Wasser, Entsorgung und Bergbau im Jahr 2021, AOK-Mitglieder

| Wirtschaftsabteilungen | AU-Tage in % | | | | | | |
|---|---|---|---|---|---|---|---|
| | Psyche | Herz/ Kreislauf | Atem- wege | Ver- dauung | Muskel/ Skelett | Verlet- zungen | Sonstige |
| Aufsichts-/Führungskr. – Unternehmensorganisation u. -strategie | 14,8 | 6,1 | 14,1 | 4,1 | 13,0 | 8,3 | 39,8 |
| Berufe im Berg- u. Tagebau | 6,5 | 4,4 | 11,1 | 3,6 | 26,6 | 14,3 | 33,5 |
| Berufe im Vertrieb (außer Informations- u. Kommuni- kationstechnologien) | 14,3 | 4,4 | 13,8 | 5,1 | 12,5 | 7,9 | 42,0 |
| Berufe in der Abfallwirt- schaft | 7,7 | 6,9 | 7,9 | 3,5 | 24,7 | 12,2 | 37,2 |
| Berufe in der Bauelektrik | 8,2 | 5,9 | 9,2 | 4,1 | 23,9 | 11,5 | 37,2 |
| Berufe in der elektrischen Betriebstechnik | 9,1 | 3,4 | 13,7 | 4,8 | 18,1 | 14,2 | 36,7 |
| Berufe in der Elektrotech- nik (ohne Spez.) | 9,9 | 6,8 | 9,8 | 4,4 | 18,9 | 13,3 | 37,0 |
| Berufe in der Energie- u. Kraftwerkstechnik | 9,3 | 5,1 | 9,5 | 4,3 | 22,8 | 10,7 | 38,3 |
| Berufe in der Lagerwirt- schaft | 7,2 | 7,0 | 7,7 | 4,1 | 25,1 | 13,0 | 36,0 |
| Berufe in der Maschinenbau- u. Be- triebstechnik (ohne Spez.) | 7,9 | 6,3 | 10,0 | 4,0 | 23,2 | 12,5 | 36,1 |
| Berufe in der Naturstein- u. Mineralaufbereitung | 7,3 | 8,8 | 7,9 | 3,7 | 23,4 | 12,6 | 36,3 |
| Berufe in der Reinigung (ohne Spez.) | 11,4 | 5,5 | 7,6 | 3,2 | 25,4 | 9,7 | 37,2 |
| Berufe in der Ver- u. Ent- sorgung (ohne Spez.) | 8,7 | 5,0 | 8,6 | 4,1 | 27,7 | 11,8 | 34,0 |
| Berufe in der Wasserversorgungs- u. Ab- wassertechnik | 8,2 | 5,5 | 9,5 | 4,3 | 24,0 | 11,6 | 37,0 |
| Berufskraftfahrer/innen (Güterverkehr/LKW) | 7,9 | 7,4 | 7,5 | 3,9 | 26,0 | 12,1 | 35,4 |
| Büro- u. Sekretariatskräfte (ohne Spez.) | 16,8 | 4,0 | 12,4 | 3,8 | 13,4 | 6,7 | 42,9 |
| Führer/innen von Erdbewegungs- u. ver- wandten Maschinen | 7,8 | 8,5 | 9,1 | 3,9 | 25,7 | 10,2 | 34,8 |

**20**

**◻ Tab. 20.65** (Fortsetzung)

| Tätigkeit | AU-Tage in % | | | | | | |
|---|---|---|---|---|---|---|---|
| | Psyche | Herz/ Kreislauf | Atem- wege | Ver- dauung | Muskel/ Skelett | Verlet- zungen | Sonstige |
| Kaufmännische u. technische Betriebswirtschaft (ohne Spez.) | 16,9 | 3,8 | 13,2 | 4,5 | 13,2 | 6,4 | 41,9 |
| Maschinen- u. Anlagenführer/innen | 8,3 | 7,2 | 8,5 | 3,7 | 22,2 | 12,2 | 37,8 |
| Technische Servicekräfte in Wartung u. Instandhaltung | 11,1 | 4,8 | 9,8 | 3,7 | 24,8 | 12,4 | 33,3 |
| **Branche gesamt** | **9,4** | **6,1** | **9,1** | **4,1** | **23,6** | **11,2** | **36,6** |
| **Alle Branchen** | **12,0** | **4,9** | **9,8** | **3,9** | **21,5** | **10,0** | **37,9** |

Fehlzeiten-Report 2022

**◻ Tab. 20.66** Verteilung der Arbeitsunfähigkeitsfälle nach Krankheitsarten und ausgewählten Berufsgruppen in der Branche Energie, Wasser, Entsorgung und Bergbau im Jahr 2021, AOK-Mitglieder

| Tätigkeit | AU-Fälle in % | | | | | | |
|---|---|---|---|---|---|---|---|
| | Psyche | Herz/ Kreislauf | Atem- wege | Ver- dauung | Muskel/ Skelett | Verlet- zungen | Sonstige |
| Aufsichts-/Führungskr. – Unternehmensorganisation u. -strategie | 5,4 | 4,2 | 17,9 | 8,3 | 10,6 | 5,3 | 48,3 |
| Berufe im Berg- u. Tagebau | 3,0 | 3,6 | 17,3 | 7,7 | 18,6 | 9,1 | 40,7 |
| Berufe im Vertrieb (außer Informations- u. Kommunikationstechnologien) | 5,9 | 2,9 | 20,9 | 7,6 | 9,0 | 5,8 | 47,9 |
| Berufe in der Abfallwirtschaft | 4,1 | 4,3 | 14,4 | 6,5 | 20,1 | 9,9 | 40,8 |
| Berufe in der Bauelektrik | 3,4 | 3,8 | 16,4 | 7,9 | 16,4 | 9,2 | 43,1 |
| Berufe in der elektrischen Betriebstechnik | 3,3 | 2,2 | 22,3 | 7,4 | 12,2 | 10,0 | 42,6 |
| Berufe in der Elektrotechnik (ohne Spez.) | 4,1 | 3,7 | 17,0 | 7,8 | 15,4 | 9,4 | 42,6 |
| Berufe in der Energie- u. Kraftwerkstechnik | 4,9 | 4,7 | 15,9 | 8,3 | 16,2 | 7,2 | 42,7 |
| Berufe in der Lagerwirtschaft | 3,9 | 3,9 | 13,0 | 7,2 | 21,0 | 9,5 | 41,5 |

◻ **Tab. 20.66** (Fortsetzung)

| Tätigkeit | AU-Fälle in % | | | | | | |
|---|---|---|---|---|---|---|---|
| | Psyche | Herz/ Kreislauf | Atem- wege | Ver- dauung | Muskel/ Skelett | Verlet- zungen | Sonstige |
| Berufe in der Maschinenbau- u. Be- triebstechnik (ohne Spez.) | 3,6 | 3,6 | 16,6 | 7,8 | 16,5 | 8,8 | 43,1 |
| Berufe in der Naturstein- u. Mineralaufbereitung | 3,2 | 4,0 | 13,9 | 7,2 | 20,9 | 9,8 | 41,0 |
| Berufe in der Reinigung (ohne Spez.) | 5,4 | 4,8 | 12,4 | 6,4 | 20,0 | 7,7 | 43,3 |
| Berufe in der Ver- u. Ent- sorgung (ohne Spez.) | 4,7 | 3,5 | 14,0 | 6,8 | 22,4 | 9,4 | 39,2 |
| Berufe in der Wasserversorgungs- u. Ab- wassertechnik | 3,9 | 3,8 | 16,6 | 7,3 | 17,1 | 9,0 | 42,4 |
| Berufskraftfahrer/innen (Güterverkehr/LKW) | 4,4 | 4,9 | 12,3 | 7,5 | 20,5 | 9,1 | 41,3 |
| Büro- u. Sekretariatskräfte (ohne Spez.) | 5,9 | 2,9 | 19,4 | 7,5 | 9,8 | 5,8 | 48,7 |
| Führer/innen von Erdbewegungs- u. ver- wandten Maschinen | 3,9 | 5,1 | 12,9 | 8,4 | 19,6 | 8,1 | 42,2 |
| Kaufmännische u. tech- nische Betriebswirtschaft (ohne Spez.) | 5,7 | 3,0 | 20,3 | 8,1 | 9,5 | 5,9 | 47,5 |
| Maschinen- u. Anlagenfüh- rer/innen | 3,8 | 4,5 | 14,1 | 7,2 | 18,6 | 9,5 | 42,4 |
| Technische Servicekräfte in Wartung u. Instandhaltung | 4,1 | 4,0 | 15,3 | 8,7 | 17,6 | 9,2 | 41,0 |
| **Branche gesamt** | **4,5** | **4,0** | **15,2** | **7,5** | **17,8** | **8,5** | **42,5** |
| **Alle Branchen** | **5,2** | **3,3** | **16,7** | **6,8** | **15,8** | **7,9** | **44,2** |

Fehlzeiten-Report 2022

**20**

◻ **Tab. 20.67** Anteile der 40 häufigsten Einzeldiagnosen an den AU-Fällen und AU-Tagen in der Branche Energie, Wasser, Entsorgung und Bergbau im Jahr 2021, AOK-Mitglieder

| ICD-10 | Bezeichnung | AU-Fälle in % | AU-Tage in % |
|--------|-------------|---------------|--------------|
| J06 | Akute Infektionen an mehreren oder nicht näher bezeichneten Lokalisationen der oberen Atemwege | 7,8 | 4,1 |
| M54 | Rückenschmerzen | 6,6 | 6,4 |
| U99 | Belegte und nicht belegte Schlüsselnummern U99.-! | 3,8 | 2,0 |
| Z11 | Spezielle Verfahren zur Untersuchung auf infektiöse und parasitäre Krankheiten | 3,3 | 1,9 |
| A09 | Sonstige und nicht näher bezeichnete Gastroenteritis und Kolitis infektiösen und nicht näher bezeichneten Ursprungs | 2,6 | 0,8 |
| K08 | Sonstige Krankheiten der Zähne und des Zahnhalteapparates | 1,9 | 0,4 |
| U07 | Krankheiten mit unklarer Ätiologie, belegte und nicht belegte Schlüsselnummern U07.- | 1,8 | 1,6 |
| I10 | Essentielle (primäre) Hypertonie | 1,8 | 1,5 |
| M25 | Sonstige Gelenkkrankheiten, anderenorts nicht klassifiziert | 1,4 | 1,6 |
| R51 | Kopfschmerz | 1,4 | 0,5 |
| R10 | Bauch- und Beckenschmerzen | 1,3 | 0,6 |
| T88 | Sonstige Komplikationen bei chirurgischen Eingriffen und medizinischer Behandlung, anderenorts nicht klassifiziert | 1,3 | 0,3 |
| F43 | Reaktionen auf schwere Belastungen und Anpassungsstörungen | 1,2 | 2,1 |
| B34 | Viruskrankheit nicht näher bezeichneter Lokalisation | 1,2 | 0,6 |
| M79 | Sonstige Krankheiten des Weichteilgewebes, anderenorts nicht klassifiziert | 1,1 | 0,9 |
| F32 | Depressive Episode | 0,9 | 2,5 |
| M75 | Schulterläsionen | 0,9 | 2,0 |
| T14 | Verletzung an einer nicht näher bezeichneten Körperregion | 0,9 | 1,0 |
| R53 | Unwohlsein und Ermüdung | 0,9 | 0,8 |
| J00 | Akute Rhinopharyngitis [Erkältungsschnupfen] | 0,9 | 0,4 |
| K29 | Gastritis und Duodenitis | 0,9 | 0,4 |
| M51 | Sonstige Bandscheibenschäden | 0,8 | 2,0 |
| M99 | Biomechanische Funktionsstörungen, anderenorts nicht klassifiziert | 0,8 | 0,8 |
| K52 | Sonstige nichtinfektiöse Gastroenteritis und Kolitis | 0,8 | 0,3 |
| Z98 | Sonstige Zustände nach chirurgischem Eingriff | 0,7 | 1,9 |
| M77 | Sonstige Enthesopathien | 0,7 | 0,9 |

◨ **Tab. 20.67** (Fortsetzung)

| ICD-10 | Bezeichnung | AU-Fälle in % | AU-Tage in % |
|--------|-------------|---------------|--------------|
| U12 | Unerwünschte Nebenwirkungen bei der Anwendung von COVID-19-Impfstoffen | 0,7 | 0,1 |
| M23 | Binnenschädigung des Kniegelenkes [internal derangement] | 0,6 | 1,2 |
| F48 | Andere neurotische Störungen | 0,6 | 0,9 |
| M53 | Sonstige Krankheiten der Wirbelsäule und des Rückens, anderenorts nicht klassifiziert | 0,6 | 0,6 |
| R42 | Schwindel und Taumel | 0,6 | 0,5 |
| J20 | Akute Bronchitis | 0,6 | 0,4 |
| R11 | Übelkeit und Erbrechen | 0,6 | 0,2 |
| I25 | Chronische ischämische Herzkrankheit | 0,5 | 1,0 |
| S93 | Luxation, Verstauchung und Zerrung der Gelenke und Bänder in Höhe des oberen Sprunggelenkes und des Fußes | 0,5 | 0,7 |
| G47 | Schlafstörungen | 0,5 | 0,6 |
| E11 | Diabetes mellitus, Typ 2 | 0,5 | 0,5 |
| B99 | Sonstige und nicht näher bezeichnete Infektionskrankheiten | 0,5 | 0,3 |
| R07 | Hals- und Brustschmerzen | 0,5 | 0,3 |
| J98 | Sonstige Krankheiten der Atemwege | 0,5 | 0,3 |
| | **Summe hier** | **55,5** | **45,9** |
| | Restliche | 44,5 | 54,1 |
| | **Gesamtsumme** | **100,0** | **100,0** |

Fehlzeiten-Report 2022

**20**

◻ **Tab. 20.68** Anteile der 40 häufigsten Diagnoseuntergruppen an den AU-Fällen und AU-Tagen in der Branche Energie, Wasser, Entsorgung und Bergbau im Jahr 2021, AOK-Mitglieder

| ICD-10 | Bezeichnung | AU-Fälle in % | AU-Tage in % |
|--------|-------------|---------------|--------------|
| J00–J06 | Akute Infektionen der oberen Atemwege | 10,3 | 5,3 |
| M50–M54 | Sonstige Krankheiten der Wirbelsäule und des Rückens | 7,9 | 8,5 |
| U98–U99 | Belegte und nicht belegte Schlüsselnummern | 4,2 | 2,2 |
| R50–R69 | Allgemeinsymptome | 3,9 | 2,7 |
| Z00–Z13 | Personen, die das Gesundheitswesen zur Untersuchung und Abklärung in Anspruch nehmen | 3,9 | 2,3 |
| M70–M79 | Sonstige Krankheiten des Weichteilgewebes | 3,2 | 4,4 |
| A00–A09 | Infektiöse Darmkrankheiten | 3,1 | 1,0 |
| U00–U49 | Vorläufige Zuordnungen für Krankheiten mit unklarer Ätiologie, belegte und nicht belegte Schlüsselnummern | 2,9 | 2,1 |
| F40–F48 | Neurotische, Belastungs- und somatoforme Störungen | 2,6 | 4,8 |
| K00–K14 | Krankheiten der Mundhöhle, der Speicheldrüsen und der Kiefer | 2,5 | 0,6 |
| R10–R19 | Symptome, die das Verdauungssystem und das Abdomen betreffen | 2,2 | 1,1 |
| I10–I15 | Hypertonie [Hochdruckkrankheit] | 2,1 | 1,8 |
| Z80–Z99 | Personen mit potentiellen Gesundheitsrisiken aufgrund der Familien- oder Eigenanamnese und bestimmte Zustände, die den Gesundheitszustand beeinflussen | 1,9 | 3,7 |
| M20–M25 | Sonstige Gelenkkrankheiten | 1,9 | 3,1 |
| T80–T88 | Komplikationen bei chirurgischen Eingriffen und medizinischer Behandlung, anderenorts nicht klassifiziert | 1,7 | 0,6 |
| G40–G47 | Episodische und paroxysmale Krankheiten des Nervensystems | 1,4 | 1,2 |
| R00–R09 | Symptome, die das Kreislaufsystem und das Atmungssystem betreffen | 1,4 | 1,1 |
| K20–K31 | Krankheiten des Ösophagus, des Magens und des Duodenums | 1,3 | 0,7 |
| B25–B34 | Sonstige Viruskrankheiten | 1,3 | 0,7 |
| F30–F39 | Affektive Störungen | 1,2 | 4,0 |
| T08–T14 | Verletzungen nicht näher bezeichneter Teile des Rumpfes, der Extremitäten oder anderer Körperregionen | 1,2 | 1,3 |
| J40–J47 | Chronische Krankheiten der unteren Atemwege | 1,1 | 1,0 |
| K55–K64 | Sonstige Krankheiten des Darmes | 1,1 | 0,8 |
| K50–K52 | Nichtinfektiöse Enteritis und Kolitis | 1,1 | 0,5 |
| M15–M19 | Arthrose | 1,0 | 2,6 |
| E70–E90 | Stoffwechselstörungen | 1,0 | 0,7 |
| S80–S89 | Verletzungen des Knies und des Unterschenkels | 0,9 | 2,0 |

**◘ Tab. 20.68**    (Fortsetzung)

| ICD-10 | Bezeichnung | AU-Fälle in % | AU-Tage in % |
|---|---|---|---|
| S90–S99 | Verletzungen der Knöchelregion und des Fußes | 0,9 | 1,4 |
| S60–S69 | Verletzungen des Handgelenkes und der Hand | 0,9 | 1,4 |
| M95–M99 | Sonstige Krankheiten des Muskel-Skelett-Systems und des Bindegewebes | 0,9 | 0,9 |
| R40–R46 | Symptome, die das Erkennungs- und Wahrnehmungsvermögen, die Stimmung und das Verhalten betreffen | 0,8 | 0,8 |
| J20–J22 | Sonstige akute Infektionen der unteren Atemwege | 0,8 | 0,5 |
| G50–G59 | Krankheiten von Nerven, Nervenwurzeln und Nervenplexus | 0,7 | 1,4 |
| I30–I52 | Sonstige Formen der Herzkrankheit | 0,7 | 1,2 |
| Z40–Z54 | Personen, die das Gesundheitswesen zum Zwecke spezifischer Maßnahmen und zur medizinischen Betreuung in Anspruch nehmen | 0,7 | 0,9 |
| E10–E14 | Diabetes mellitus | 0,7 | 0,8 |
| J95–J99 | Sonstige Krankheiten des Atmungssystems | 0,7 | 0,5 |
| J30–J39 | Sonstige Krankheiten der oberen Atemwege | 0,7 | 0,4 |
| C00–C75 | Bösartige Neubildungen an genau bezeichneten Lokalisationen, als primär festgestellt oder vermutet, ausgenommen lymphatisches, blutbildendes und verwandtes Gewebe | 0,6 | 1,9 |
| I20–I25 | Ischämische Herzkrankheiten | 0,6 | 1,4 |
| | **Summe hier** | **78,0** | **74,3** |
| | Restliche | 22,0 | 25,7 |
| | **Gesamtsumme** | **100,0** | **100,0** |

Fehlzeiten-Report 2022

**20**

## 20.5 Erziehung und Unterricht

| | |
|---|---|
| Entwicklung des Krankenstands der AOK-Mitglieder in der Branche Erziehung und Unterricht in den Jahren 1997 bis 2021 | ◘ Tab. 20.69 |
| Arbeitsunfähigkeit der AOK-Mitglieder in der Branche Erziehung und Unterricht nach Bundesländern im Jahr 2021 im Vergleich zum Vorjahr | ◘ Tab. 20.70 |
| Arbeitsunfähigkeit der AOK-Mitglieder nach Wirtschaftsabteilungen in der Branche Erziehung und Unterricht im Jahr 2021 | ◘ Tab. 20.71 |
| Kennzahlen der Arbeitsunfähigkeit nach ausgewählten Berufsgruppen in der Branche Erziehung und Unterricht im Jahr 2021 | ◘ Tab. 20.72 |
| Dauer der Arbeitsunfähigkeit der AOK-Mitglieder in der Branche Erziehung und Unterricht im Jahr 2021 | ◘ Tab. 20.73 |
| Tage der Arbeitsunfähigkeit je AOK-Mitglied nach Wirtschaftsabteilung und Betriebsgröße in der Branche Erziehung und Unterricht im Jahr 2021 | ◘ Tab. 20.74 |
| Krankenstand in Prozent nach Ausbildungsabschluss in der Branche Erziehung und Unterricht im Jahr 2021, AOK-Mitglieder | ◘ Tab. 20.75 |
| Tage der Arbeitsunfähigkeit je AOK-Mitglied nach Ausbildungsabschluss in der Branche Erziehung und Unterricht im Jahr 2021 | ◘ Tab. 20.76 |
| Anteil der Arbeitsunfälle an den AU-Fällen und -Tagen in Prozent nach Wirtschaftsabteilungen in der Branche Erziehung und Unterricht im Jahr 2021, AOK-Mitglieder | ◘ Tab. 20.77 |
| Tage und Fälle der Arbeitsunfähigkeit durch Arbeitsunfälle nach Berufsgruppen in der Branche Erziehung und Unterricht im Jahr 2021, AOK-Mitglieder | ◘ Tab. 20.78 |
| Tage und Fälle der Arbeitsunfähigkeit je 100 AOK-Mitglieder nach Krankheitsarten in der Branche Erziehung und Unterricht in den Jahren 2000 bis 2021 | ◘ Tab. 20.79 |
| Verteilung der Arbeitsunfähigkeitstage nach Krankheitsarten in Prozent in der Branche Erziehung und Unterricht im Jahr 2021, AOK-Mitglieder | ◘ Tab. 20.80 |
| Verteilung der Arbeitsunfähigkeitsfälle nach Krankheitsarten in Prozent in der Branche Erziehung und Unterricht im Jahr 2021, AOK-Mitglieder | ◘ Tab. 20.81 |
| Verteilung der Arbeitsunfähigkeitstage nach Krankheitsarten und ausgewählten Berufsgruppen in der Branche Erziehung und Unterricht im Jahr 2021, AOK-Mitglieder | ◘ Tab. 20.82 |
| Verteilung der Arbeitsunfähigkeitsfälle nach Krankheitsarten und ausgewählten Berufsgruppen in der Branche Erziehung und Unterricht im Jahr 2021, AOK-Mitglieder | ◘ Tab. 20.83 |
| Anteile der 40 häufigsten Einzeldiagnosen an den AU-Fällen und AU-Tagen in der Branche Erziehung und Unterricht im Jahr 2021, AOK-Mitglieder | ◘ Tab. 20.84 |
| Anteile der 40 häufigsten Diagnoseuntergruppen an den AU-Fällen und AU-Tagen in der Branche Erziehung und Unterricht im Jahr 2021, AOK-Mitglieder | ◘ Tab. 20.85 |

**◻ Tab. 20.69** Entwicklung des Krankenstands der AOK-Mitglieder in der Branche Erziehung und Unterricht in den Jahren 1997 bis 2021

| Jahr | Krankenstand in % | | | AU-Fälle je 100 AOK-Mitglieder | | | Tage je Fall | | |
|------|------|------|------|------|------|------|------|------|------|
| | West | Ost | Bund | West | Ost | Bund | West | Ost | Bund |
| 1997 | 5,8 | 8,9 | 7,0 | 226,2 | 373,6 | 280,6 | 9,4 | 8,7 | 9,0 |
| 1998 | 5,9 | 8,4 | 6,9 | 237,2 | 376,1 | 289,1 | 9,1 | 8,2 | 8,7 |
| 1999 | 6,1 | 9,3 | 7,3 | 265,2 | 434,8 | 326,8 | 8,4 | 7,8 | 8,1 |
| 2000 | 6,3 | 9,2 | 7,3 | 288,2 | 497,8 | 358,3 | 8,0 | 6,8 | 7,5 |
| 2001 | 6,1 | 8,9 | 7,1 | 281,6 | 495,1 | 352,8 | 7,9 | 6,6 | 7,3 |
| 2002 | 5,6 | 8,6 | 6,6 | 267,2 | 507,0 | 345,5 | 7,7 | 6,2 | 7,0 |
| 2003 | 5,3 | 7,7 | 6,1 | 259,4 | 477,4 | 332,4 | 7,4 | 5,9 | 6,7 |
| 2004 | 5,1 | 7,0 | 5,9 | 247,5 | 393,6 | 304,7 | 7,6 | 6,5 | 7,0 |
| 2005 | 4,6 | 6,6 | 5,4 | 227,8 | 387,2 | 292,1 | 7,4 | 6,2 | 6,8 |
| 2006 | 4,4 | 6,1 | 5,1 | 223,0 | 357,5 | 277,6 | 7,2 | 6,2 | 6,7 |
| 2007 | 4,7 | 6,1 | 5,3 | 251,4 | 357,2 | 291,0 | 6,9 | 6,2 | 6,6 |
| 2008 (WZ03) | 5,0 | 6,2 | 5,4 | 278,0 | 349,8 | 303,4 | 6,6 | 6,4 | 6,6 |
| 2008 (WZ08)[a] | 5,0 | 6,2 | 5,4 | 272,1 | 348,5 | 297,4 | 6,7 | 6,5 | 6,6 |
| 2009 | 5,2 | 6,5 | 5,6 | 278,2 | 345,3 | 297,9 | 6,8 | 6,9 | 6,9 |
| 2010 | 5,1 | 5,7 | 5,3 | 262,4 | 278,0 | 267,6 | 7,1 | 7,5 | 7,3 |
| 2011 | 4,6 | 5,1 | 4,7 | 212,9 | 247,4 | 220,9 | 7,8 | 7,5 | 7,8 |
| 2012 | 4,8 | 5,8 | 5,0 | 238,6 | 256,0 | 242,4 | 7,4 | 8,3 | 7,6 |
| 2013 | 4,4 | 4,9 | 4,5 | 192,8 | 184,5 | 191,2 | 8,3 | 9,7 | 8,5 |
| 2014 | 4,6 | 4,9 | 4,6 | 188,1 | 179,2 | 186,4 | 8,9 | 9,9 | 9,1 |
| 2015 | 4,8 | 5,0 | 4,8 | 195,2 | 184,6 | 193,1 | 8,9 | 9,8 | 9,1 |
| 2016 | 4,8 | 5,0 | 4,8 | 193,1 | 182,3 | 190,2 | 9,1 | 10,0 | 9,3 |
| 2017 | 4,8 | 5,2 | 4,8 | 184,0 | 182,1 | 183,0 | 9,4 | 10,4 | 9,7 |
| 2018 | 4,9 | 5,4 | 5,0 | 187,4 | 185,7 | 186,5 | 9,5 | 10,5 | 9,8 |
| 2019 | 4,8 | 5,3 | 4,9 | 179,6 | 183,1 | 179,9 | 9,7 | 10,6 | 9,9 |
| 2020 | 4,9 | 5,5 | 5,0 | 156,7 | 161,9 | 157,7 | 11,4 | 12,5 | 11,6 |
| 2021 | 4,8 | 5,7 | 5,0 | 161,7 | 165,3 | 162,2 | 10,9 | 12,6 | 11,3 |

[a] aufgrund der Revision der Wirtschaftszweigklassifikation in 2008 ist eine Vergleichbarkeit mit den Vorjahren nur bedingt möglich

Fehlzeiten-Report 2022

◘ **Tab. 20.70** Arbeitsunfähigkeit der AOK-Mitglieder in der Branche Erziehung und Unterricht nach Bundesländern im Jahr 2021 im Vergleich zum Vorjahr

| Bundesland | Kranken- stand in % | Arbeitsunfähigkeit je 100 AOK-Mitglieder | | | | Tage je Fall | Veränd. z. Vorj. in % | AU- Quote in % |
|---|---|---|---|---|---|---|---|---|
| | | AU- Fälle | Veränd. z. Vorj. in % | AU- Tage | Veränd. z. Vorj. in % | | | |
| Baden-Württemberg | 4,6 | 156,3 | 2,5 | 1.688,5 | −0,2 | 10,8 | −2,6 | 53,0 |
| Bayern | 4,3 | 136,1 | 2,1 | 1.561,3 | −0,2 | 11,5 | −2,3 | 48,3 |
| Berlin | 5,4 | 201,9 | 0,9 | 1.966,2 | −2,1 | 9,7 | −3,0 | 54,1 |
| Brandenburg | 5,1 | 154,0 | 0,3 | 1.861,5 | −7,8 | 12,1 | −8,1 | 51,4 |
| Bremen | 5,3 | 147,6 | 0,2 | 1.929,9 | 0,4 | 13,1 | 0,3 | 46,7 |
| Hamburg | 4,4 | 137,8 | −1,4 | 1.617,5 | −4,6 | 11,7 | −3,2 | 42,8 |
| Hessen | 5,3 | 185,2 | 3,3 | 1.947,1 | −1,2 | 10,5 | −4,3 | 53,8 |
| Mecklenburg-Vorpommern | 5,4 | 159,0 | 6,5 | 1.958,0 | −2,4 | 12,3 | −8,4 | 51,6 |
| Niedersachsen | 5,4 | 184,0 | 6,3 | 1.982,4 | 0,1 | 10,8 | −5,8 | 57,9 |
| Nordrhein-Westfalen | 4,9 | 169,2 | 4,6 | 1.775,2 | −0,4 | 10,5 | −4,8 | 51,7 |
| Rheinland-Pfalz | 5,0 | 140,5 | 0,5 | 1.815,7 | −5,1 | 12,9 | −5,5 | 47,4 |
| Saarland | 5,9 | 197,2 | 1,7 | 2.159,0 | −7,1 | 10,9 | −8,7 | 54,6 |
| Sachsen | 5,6 | 163,6 | 1,7 | 2.050,5 | 5,3 | 12,5 | 3,6 | 59,1 |
| Sachsen-Anhalt | 5,7 | 157,5 | −0,4 | 2.082,1 | −1,4 | 13,2 | −1,0 | 54,1 |
| Schleswig-Holstein | 5,2 | 162,9 | −1,6 | 1.912,7 | −2,9 | 11,7 | −1,3 | 51,4 |
| Thüringen | 6,3 | 181,3 | 4,6 | 2.316,9 | 3,9 | 12,8 | −0,7 | 60,3 |
| **West** | **4,8** | **161,7** | **3,2** | **1.767,3** | **−0,8** | **10,9** | **−3,9** | **51,9** |
| **Ost** | **5,7** | **165,3** | **2,1** | **2.087,9** | **3,2** | **12,6** | **1,0** | **57,9** |
| **Bund** | **5,0** | **162,2** | **2,9** | **1.834,3** | **0,1** | **11,3** | **−2,7** | **53,1** |

Fehlzeiten-Report 2022

**Tab. 20.71** Arbeitsunfähigkeit der AOK-Mitglieder nach Wirtschaftsabteilungen in der Branche Erziehung und Unterricht im Jahr 2021

| Wirtschaftsabteilungen | Krankenstand in % | | Arbeitsunfähigkeiten je 100 AOK-Mitglieder | | Tage je Fall | AU-Quote in % |
|---|---|---|---|---|---|---|
| | 2021 | 2021 stand.[a] | Fälle | Tage | | |
| Erbringung von Dienstleistungen für den Unterricht | 4,6 | 4,6 | 119,0 | 1.691,8 | 14,2 | 44,3 |
| Grundschulen | 5,2 | 4,6 | 139,0 | 1.880,5 | 13,5 | 52,0 |
| Kindergärten und Vorschulen | 6,2 | 6,1 | 214,2 | 2.256,5 | 10,5 | 65,8 |
| Sonstiger Unterricht | 4,7 | 4,6 | 159,2 | 1.718,1 | 10,8 | 49,1 |
| Tertiärer und post-sekundärer, nicht tertiärer Unterricht | 3,0 | 3,6 | 88,0 | 1.083,0 | 12,3 | 34,7 |
| Weiterführende Schulen | 4,9 | 4,3 | 135,7 | 1.783,6 | 13,1 | 49,5 |
| **Branche gesamt** | **5,0** | **4,7** | **162,2** | **1.834,3** | **11,3** | **53,1** |
| **Alle Branchen** | **5,4** | **5,5** | **148,9** | **1.971,5** | **13,2** | **50,5** |

[a] Krankenstand alters- und geschlechtsstandardisiert
Fehlzeiten-Report 2022

**Tab. 20.72** Kennzahlen der Arbeitsunfähigkeit nach ausgewählten Berufsgruppen in der Branche Erziehung und Unterricht im Jahr 2021

| Tätigkeit | Kranken-stand in % | Arbeitsunfähigkeit je 100 AOK-Mitglieder | | Tage je Fall | AU-Quote in % | Anteil der Berufsgruppe an der Branche in %[a] |
|---|---|---|---|---|---|---|
| | | AU-Fälle | AU-Tage | | | |
| Aufsichts-/Führungskr. – Erziehung, Sozialarbeit, Heilerziehungspflege | 5,3 | 149,6 | 1.940,3 | 13,0 | 59,3 | 1,0 |
| Berufe im Verkauf (Ohne Spez.) | 6,0 | 362,4 | 2.176,8 | 6,0 | 58,6 | 1,0 |
| Berufe in der betrieblichen Ausbildung u. Betriebspäd-agogik | 5,7 | 147,1 | 2.088,9 | 14,2 | 55,8 | 1,0 |
| Berufe in der Erwachsenen-bildung (ohne Spez.) | 3,9 | 115,2 | 1.431,3 | 12,4 | 45,2 | 1,5 |
| Berufe in der Erziehungswis-senschaft | 5,0 | 158,0 | 1.821,9 | 11,5 | 53,6 | 1,9 |
| Berufe in der Gebäudetechnik (ohne Spez.) | 6,7 | 130,5 | 2.427,7 | 18,6 | 53,9 | 1,4 |
| Berufe in der Gesundheits- u. Krankenpflege (ohne Spez.) | 4,6 | 189,7 | 1.672,9 | 8,8 | 57,8 | 1,2 |

◘ **Tab. 20.72** (Fortsetzung)

| Tätigkeit | Kranken-stand in % | Arbeitsunfähigkeit je 100 AOK-Mitglieder | | Tage je Fall | AU-Quote in % | Anteil der Berufsgruppe an der Branche in %[a] |
|---|---|---|---|---|---|---|
| | | AU-Fälle | AU-Tage | | | |
| Berufe in der Hauswirtschaft | 7,7 | 214,4 | 2.800,2 | 13,1 | 66,4 | 1,8 |
| Berufe in der Hochschullehre u. -forschung | 1,1 | 36,1 | 398,8 | 11,0 | 18,5 | 8,0 |
| Berufe in der Kinderbetreu-ung u. -erziehung | 6,0 | 217,4 | 2.207,4 | 10,2 | 66,1 | 32,8 |
| Berufe in der öffentlichen Verwaltung (ohne Spez.) | 3,9 | 111,3 | 1.414,4 | 12,7 | 46,2 | 2,3 |
| Berufe in der Reinigung (oh-ne Spez.) | 7,9 | 181,1 | 2.883,3 | 15,9 | 64,7 | 4,3 |
| Berufe in der Sozialarbeit u. Sozialpädagogik | 4,6 | 144,0 | 1.686,2 | 11,7 | 53,3 | 2,1 |
| Berufe in Heilerziehungspfle-ge u. Sonderpädagogik | 5,9 | 191,7 | 2.153,0 | 11,2 | 61,5 | 1,7 |
| Büro- u. Sekretariatskräfte (ohne Spez.) | 4,1 | 130,4 | 1.488,9 | 11,4 | 46,3 | 5,1 |
| Fahrlehrer/innen | 4,1 | 98,0 | 1.493,3 | 15,2 | 42,2 | 1,3 |
| Köche/Köchinnen (ohne Spez.) | 7,1 | 185,9 | 2.599,8 | 14,0 | 63,7 | 1,8 |
| Lehrkräfte für berufsbildende Fächer | 4,2 | 102,2 | 1.522,4 | 14,9 | 43,5 | 2,2 |
| Lehrkräfte in der Primarstufe | 3,7 | 105,7 | 1.349,9 | 12,8 | 39,6 | 2,3 |
| Lehrkräfte in der Sekundar-stufe | 4,0 | 105,1 | 1.467,0 | 14,0 | 43,2 | 6,9 |
| **Branche gesamt** | **5,0** | **162,2** | **1.834,3** | **11,3** | **53,1** | **2,9[b]** |

[a] Anteil der AOK-Mitglieder in der Berufsgruppe an den in der Branche beschäftigten AOK-Mitgliedern insgesamt

[b] Anteil der AOK-Mitglieder in der Branche an allen AOK-Mitgliedern

Fehlzeiten-Report 2022

◘ **Tab. 20.73** Dauer der Arbeitsunfähigkeit der AOK-Mitglieder in der Branche Erziehung und Unterricht im Jahr 2021

| Fallklasse | Branche hier | | Alle Branchen | |
|---|---|---|---|---|
| | Anteil Fälle in % | Anteil Tage in % | Anteil Fälle in % | Anteil Tage in % |
| 1–3 Tage | 38,3 | 6,8 | 35,0 | 5,2 |
| 4–7 Tage | 29,7 | 13,0 | 29,0 | 11,1 |
| 8–14 Tage | 16,6 | 15,1 | 17,6 | 13,9 |
| 15–21 Tage | 5,9 | 8,9 | 6,9 | 8,9 |
| 22–28 Tage | 2,8 | 6,0 | 3,2 | 5,9 |
| 29–42 Tage | 2,8 | 8,6 | 3,3 | 8,7 |
| > 42 Tage | 3,9 | 41,6 | 5,1 | 46,3 |

Fehlzeiten-Report 2022

◘ **Tab. 20.74** Tage der Arbeitsunfähigkeit je AOK-Mitglied nach Wirtschaftsabteilung und Betriebsgröße in der Branche Erziehung und Unterricht im Jahr 2021

| Wirtschaftsabteilungen | Betriebsgröße (Anzahl der AOK-Mitglieder) | | | | | |
|---|---|---|---|---|---|---|
| | 10–49 | 50–99 | 100–199 | 200–499 | 500–999 | ≥ 1.000 |
| Erbringung von Dienstleistungen für den Unterricht | 23,2 | – | – | – | – | – |
| Grundschulen | 19,2 | 18,1 | 17,9 | 24,1 | – | 21,3 |
| Kindergärten und Vorschulen | 22,2 | 24,1 | 24,6 | 27,3 | 30,2 | 31,5 |
| Sonstiger Unterricht | 18,9 | 20,4 | 21,3 | 25,2 | 20,5 | – |
| Tertiärer und post-sekundärer, nicht tertiärer Unterricht | 10,6 | 11,1 | 10,1 | 10,5 | 11,6 | 11,7 |
| Weiterführende Schulen | 17,8 | 19,8 | 19,4 | 19,7 | 23,5 | – |
| **Branche gesamt** | **19,5** | **19,8** | **20,0** | **16,4** | **18,6** | **14,9** |
| **Alle Branchen** | **20,3** | **22,4** | **22,7** | **22,5** | **22,6** | **22,4** |

Fehlzeiten-Report 2022

**20**

◨ **Tab. 20.75** Krankenstand in Prozent nach Ausbildungsabschluss in der Branche Erziehung und Unterricht im Jahr 2021, AOK-Mitglieder

| Wirtschafts-abteilungen | Ausbildung | | | | | | |
|---|---|---|---|---|---|---|---|
| | ohne Aus-bildungs-abschluss | mit Aus-bildungs-abschluss | Meister/ Techniker | Bachelor | Diplom/ Magister/ Master/ Staats-examen | Promotion | unbekannt |
| Erbringung von Dienst-leistungen für den Unterricht | – | 5,8 | 10,7 | 1,5 | 2,2 | – | 4,6 |
| Grundschulen | 5,6 | 6,2 | 6,5 | 3,0 | 4,2 | 2,7 | 4,4 |
| Kindergärten und Vor-schulen | 6,1 | 6,2 | 7,2 | 4,1 | 5,8 | 3,1 | 6,2 |
| Sonstiger Unterricht | 5,4 | 5,2 | 5,6 | 3,3 | 3,5 | 2,3 | 4,4 |
| Tertiärer und post-sekundärer, nicht tertiärer Unterricht | 4,4 | 5,5 | 4,7 | 1,5 | 1,5 | 1,0 | 3,4 |
| Weiterführende Schulen | 5,8 | 5,9 | 5,8 | 2,9 | 4,1 | 2,5 | 4,7 |
| **Branche gesamt** | **5,6** | **6,0** | **6,4** | **2,8** | **3,1** | **1,3** | **5,0** |
| **Alle Branchen** | **5,9** | **6,0** | **4,7** | **2,3** | **2,8** | **2,0** | **4,9** |

Fehlzeiten-Report 2022

◻ **Tab. 20.76** Tage der Arbeitsunfähigkeit je AOK-Mitglied nach Ausbildungsabschluss in der Branche Erziehung und Unterricht im Jahr 2021

| Wirtschafts-abteilungen | Ausbildung | | | | | | |
|---|---|---|---|---|---|---|---|
| | ohne Aus-bildungs-abschluss | mit Aus-bildungs-abschluss | Meister/ Techniker | Bachelor | Diplom/ Magister/ Master/ Staats-examen | Promotion | unbekannt |
| Erbringung von Dienst-leistungen für den Unterricht | – | 21,3 | 38,9 | 5,6 | 8,0 | – | 16,8 |
| Grundschulen | 20,5 | 22,7 | 23,8 | 10,9 | 15,5 | 10,0 | 16,0 |
| Kindergärten und Vor-schulen | 22,3 | 22,7 | 26,4 | 15,0 | 21,2 | 11,1 | 22,5 |
| Sonstiger Unterricht | 19,9 | 18,9 | 20,6 | 11,9 | 12,7 | 8,4 | 15,9 |
| Tertiärer und post-sekundärer, nicht tertiärer Unterricht | 16,0 | 20,2 | 17,2 | 5,6 | 5,5 | 3,8 | 12,5 |
| Weiterführende Schulen | 21,3 | 21,6 | 21,2 | 10,6 | 15,0 | 9,1 | 17,2 |
| **Branche gesamt** | **20,3** | **21,8** | **23,3** | **10,3** | **11,5** | **4,7** | **18,2** |
| **Alle Branchen** | **21,4** | **21,9** | **17,1** | **8,3** | **10,2** | **7,3** | **17,9** |

Fehlzeiten-Report 2022

◻ **Tab. 20.77** Anteil der Arbeitsunfälle an den AU-Fällen und -Tagen in Prozent nach Wirtschaftsabteilungen in der Branche Erziehung und Unterricht im Jahr 2021, AOK-Mitglieder

| Wirtschaftsabteilungen | AU-Fälle in % | AU-Tage in % |
|---|---|---|
| Erbringung von Dienstleistungen für den Unterricht | 1,4 | 2,4 |
| Grundschulen | 1,6 | 3,3 |
| Kindergärten und Vorschulen | 1,3 | 2,7 |
| Sonstiger Unterricht | 1,8 | 3,6 |
| Tertiärer und post-sekundärer, nicht tertiärer Unterricht | 1,4 | 2,6 |
| Weiterführende Schulen | 1,6 | 3,0 |
| **Branche gesamt** | **1,5** | **2,9** |
| **Alle Branchen** | **3,0** | **5,7** |

Fehlzeiten-Report 2022

**20**

◻ **Tab. 20.78** Tage und Fälle der Arbeitsunfähigkeit durch Arbeitsunfälle nach Berufsgruppen in der Branche Erziehung und Unterricht im Jahr 2021, AOK-Mitglieder

| Tätigkeit | Arbeitsunfähigkeit je 1.000 AOK-Mitglieder | |
|---|---|---|
| | AU-Tage | AU-Fälle |
| Berufe in der Gebäudetechnik (ohne Spez.) | 1.496,4 | 43,9 |
| Berufe in der Reinigung (ohne Spez.) | 1.021,3 | 27,6 |
| Köche/Köchinnen (ohne Spez.) | 920,7 | 40,8 |
| Berufe in der Hauswirtschaft | 876,7 | 35,8 |
| Fahrlehrer/innen | 854,4 | 29,1 |
| Berufe im Verkauf (Ohne Spez.) | 775,0 | 63,0 |
| Berufe in der betrieblichen Ausbildung u. Betriebspädagogik | 753,7 | 24,1 |
| Berufe in Heilerziehungspflege u. Sonderpädagogik | 730,4 | 33,7 |
| Berufe in der Kinderbetreuung u. -erziehung | 595,8 | 28,3 |
| Berufe in der Erziehungswissenschaft | 495,7 | 20,6 |
| Berufe in der Gesundheits- u. Krankenpflege (ohne Spez.) | 473,3 | 33,7 |
| Lehrkräfte in der Primarstufe | 422,0 | 13,3 |
| Aufsichts-/Führungskr. – Erziehung, Sozialarbeit, Heilerziehungspflege | 415,2 | 23,8 |
| Berufe in der Sozialarbeit u. Sozialpädagogik | 384,3 | 16,8 |
| Lehrkräfte in der Sekundarstufe | 341,4 | 14,2 |
| Lehrkräfte für berufsbildende Fächer | 308,2 | 11,8 |
| Büro- u. Sekretariatskräfte (ohne Spez.) | 285,8 | 11,9 |
| Berufe in der Erwachsenenbildung (ohne Spez.) | 266,9 | 11,1 |
| Berufe in der öffentlichen Verwaltung (ohne Spez.) | 234,8 | 10,7 |
| Berufe in der Hochschullehre u. -forschung | 66,8 | 4,2 |
| **Branche gesamt** | **538,7** | **23,9** |
| **Alle Branchen** | **1.121,9** | **44,7** |

Fehlzeiten-Report 2022

**◘ Tab. 20.79** Tage und Fälle der Arbeitsunfähigkeit je 100 AOK-Mitglieder nach Krankheitsarten in der Branche Erziehung und Unterricht in den Jahren 2000 bis 2021

| Jahr | Arbeitsunfähigkeiten je 100 AOK-Mitglieder | | | | | | | | | | | |
|---|---|---|---|---|---|---|---|---|---|---|---|---|
| | Psyche | | Herz/Kreis-lauf | | Atemwege | | Verdauung | | Muskel/Skelett | | Verletzungen | |
| | Tage | Fälle | Tage | Fälle | Tage | Fälle | Tage | Fälle | Tage | Fälle | Tage | Fälle |
| 2000 | 200,3 | 13,3 | 145,3 | 16,1 | 691,6 | 122,5 | 268,8 | 55,4 | 596,0 | 56,0 | 357,1 | 33,8 |
| 2001 | 199,2 | 13,9 | 140,8 | 16,1 | 681,8 | 125,5 | 265,8 | 55,8 | 591,4 | 56,8 | 342,0 | 32,9 |
| 2002 | 199,6 | 14,2 | 128,7 | 15,3 | 623,5 | 118,9 | 257,3 | 57,3 | 538,7 | 54,4 | 327,0 | 32,0 |
| 2003 | 185,4 | 13,5 | 120,7 | 14,8 | 596,5 | 116,7 | 239,2 | 55,5 | 470,6 | 48,9 | 296,4 | 30,0 |
| 2004 | 192,8 | 14,0 | 121,5 | 12,7 | 544,1 | 101,0 | 245,2 | 53,0 | 463,3 | 46,9 | 302,8 | 29,1 |
| 2005 | 179,7 | 12,5 | 102,4 | 11,0 | 557,4 | 104,0 | 216,9 | 49,3 | 388,1 | 40,2 | 281,7 | 27,7 |
| 2006 | 174,6 | 12,0 | 99,8 | 11,2 | 481,8 | 92,8 | 215,6 | 50,0 | 365,9 | 38,0 | 282,7 | 27,7 |
| 2007 | 191,0 | 12,9 | 97,1 | 10,5 | 503,6 | 97,6 | 229,8 | 52,9 | 366,9 | 38,5 | 278,0 | 27,1 |
| 2008 (WZ03) | 201,0 | 13,5 | 96,2 | 10,5 | 506,8 | 99,1 | 237,3 | 55,8 | 387,0 | 40,8 | 282,0 | 27,9 |
| 2008 (WZ08)[a] | 199,5 | 13,3 | 97,6 | 10,4 | 498,4 | 97,3 | 232,6 | 54,5 | 387,1 | 40,3 | 279,3 | 27,2 |
| 2009 | 226,5 | 14,7 | 102,7 | 9,9 | 557,5 | 103,5 | 223,7 | 50,2 | 382,8 | 39,2 | 265,2 | 24,7 |
| 2010 | 261,4 | 14,9 | 98,1 | 9,3 | 460,6 | 86,6 | 176,9 | 39,0 | 387,7 | 36,3 | 253,5 | 21,9 |
| 2011 | 263,0 | 13,7 | 99,1 | 8,0 | 394,8 | 72,3 | 146,3 | 30,0 | 351,0 | 30,0 | 205,5 | 16,1 |
| 2012 | 297,7 | 15,6 | 104,0 | 8,6 | 408,8 | 76,8 | 161,2 | 33,7 | 374,0 | 33,3 | 233,9 | 18,4 |
| 2013 | 278,6 | 12,4 | 102,4 | 7,0 | 403,4 | 70,5 | 123,3 | 23,6 | 346,7 | 26,2 | 178,9 | 12,8 |
| 2014 | 316,3 | 13,6 | 111,8 | 7,5 | 349,4 | 62,8 | 127,5 | 23,5 | 374,8 | 26,9 | 186,8 | 12,8 |
| 2015 | 326,3 | 13,6 | 112,8 | 7,4 | 410,7 | 70,7 | 125,3 | 22,8 | 370,6 | 26,0 | 180,5 | 12,2 |
| 2016 | 342,1 | 13,9 | 102,8 | 7,4 | 395,1 | 68,8 | 119,3 | 22,2 | 376,9 | 26,0 | 183,1 | 12,0 |
| 2017 | 355,2 | 14,0 | 102,1 | 7,2 | 398,2 | 67,3 | 113,6 | 20,1 | 374,6 | 24,7 | 186,5 | 11,7 |
| 2018 | 365,4 | 14,0 | 101,5 | 7,2 | 424,5 | 69,8 | 111,3 | 19,8 | 372,5 | 24,4 | 186,8 | 11,6 |
| 2019 | 380,2 | 14,1 | 95,0 | 6,9 | 378,6 | 65,2 | 107,5 | 18,9 | 367,6 | 23,8 | 184,2 | 11,1 |
| 2020 | 408,8 | 13,7 | 92,9 | 6,0 | 416,5 | 57,7 | 100,1 | 15,3 | 384,2 | 22,4 | 175,4 | 9,6 |
| 2021 | 438,5 | 14,6 | 95,1 | 6,1 | 359,2 | 52,4 | 96,7 | 15,1 | 384,4 | 23,7 | 192,2 | 14,4 |

[a] aufgrund der Revision der Wirtschaftszweigklassifikation in 2008 ist eine Vergleichbarkeit mit den Vorjahren nur bedingt möglich

Fehlzeiten-Report 2022

◘ **Tab. 20.80** Verteilung der Arbeitsunfähigkeitstage nach Krankheitsarten in Prozent in der Branche Erziehung und Unterricht im Jahr 2021, AOK-Mitglieder

| Wirtschaftsabteilungen | AU-Tage in % | | | | | | |
|---|---|---|---|---|---|---|---|
| | Psyche | Herz/ Kreislauf | Atem- wege | Ver- dauung | Muskel/ Skelett | Verlet- zungen | Sonstige |
| Erbringung von Dienstleistungen für den Unterricht | 28,0 | 2,7 | 8,4 | 1,2 | 11,9 | 4,1 | 43,7 |
| Grundschulen | 17,1 | 4,5 | 13,0 | 3,2 | 14,0 | 7,1 | 41,2 |
| Kindergärten und Vorschulen | 16,4 | 2,9 | 16,1 | 3,5 | 14,6 | 7,0 | 39,4 |
| Sonstiger Unterricht | 16,6 | 4,5 | 11,4 | 4,1 | 14,7 | 8,4 | 40,2 |
| Tertiärer und post-sekundärer, nicht tertiärer Unterricht | 17,8 | 3,9 | 11,3 | 4,1 | 15,3 | 7,5 | 40,2 |
| Weiterführende Schulen | 17,2 | 4,4 | 11,6 | 3,7 | 15,2 | 7,5 | 40,5 |
| **Branche gesamt** | **16,8** | **3,6** | **13,8** | **3,7** | **14,7** | **7,4** | **39,9** |
| **Alle Branchen** | **12,0** | **4,9** | **9,8** | **3,9** | **21,5** | **10,0** | **37,9** |

Fehlzeiten-Report 2022

◘ **Tab. 20.81** Verteilung der Arbeitsunfähigkeitsfälle nach Krankheitsarten in Prozent in der Branche Erziehung und Unterricht im Jahr 2021, AOK-Mitglieder

| Wirtschaftsabteilungen | AU-Fälle in % | | | | | | |
|---|---|---|---|---|---|---|---|
| | Psyche | Herz/ Kreislauf | Atem- wege | Ver- dauung | Muskel/ Skelett | Verlet- zungen | Sonstige |
| Erbringung von Dienstleistungen für den Unterricht | 8,8 | 4,2 | 16,3 | 7,6 | 9,7 | 6,9 | 46,5 |
| Grundschulen | 7,1 | 3,3 | 21,5 | 6,3 | 10,5 | 5,8 | 45,4 |
| Kindergärten und Vorschulen | 5,8 | 2,1 | 25,7 | 6,0 | 9,5 | 6,1 | 44,7 |
| Sonstiger Unterricht | 6,4 | 3,0 | 18,8 | 7,2 | 10,8 | 6,5 | 47,3 |
| Tertiärer und post-sekundärer, nicht tertiärer Unterricht | 6,8 | 3,0 | 18,8 | 7,2 | 10,8 | 6,2 | 47,3 |
| Weiterführende Schulen | 7,1 | 3,4 | 19,2 | 6,8 | 11,1 | 6,1 | 46,3 |
| **Branche gesamt** | **6,3** | **2,6** | **22,5** | **6,5** | **10,2** | **6,2** | **45,7** |
| **Alle Branchen** | **5,2** | **3,3** | **16,7** | **6,8** | **15,8** | **7,9** | **44,2** |

Fehlzeiten-Report 2022

**◻ Tab. 20.82** Verteilung der Arbeitsunfähigkeitstage nach Krankheitsarten und ausgewählten Berufsgruppen in der Branche Erziehung und Unterricht im Jahr 2021, AOK-Mitglieder

| Tätigkeit | AU-Tage in % | | | | | | |
|---|---|---|---|---|---|---|---|
| | Psyche | Herz/ Kreislauf | Atem- wege | Ver- dauung | Muskel/ Skelett | Verlet- zungen | Sonstige |
| Aufsichts-/Führungskr. – Erziehung, Sozialarbeit, Heilerziehungspflege | 18,2 | 2,9 | 13,1 | 3,4 | 14,6 | 6,4 | 41,3 |
| Berufe im Verkauf (Ohne Spez.) | 16,6 | 1,3 | 16,5 | 5,1 | 12,0 | 9,4 | 39,1 |
| Berufe in der betrieblichen Ausbildung u. Betriebspäd- agogik | 15,9 | 5,7 | 10,9 | 3,9 | 15,8 | 7,1 | 40,7 |
| Berufe in der Erwachsenen- bildung (ohne Spez.) | 20,1 | 3,5 | 13,2 | 4,2 | 11,4 | 5,9 | 41,6 |
| Berufe in der Erziehungswis- senschaft | 20,3 | 3,9 | 13,8 | 3,6 | 12,4 | 6,5 | 39,3 |
| Berufe in der Gebäudetechnik (ohne Spez.) | 9,9 | 7,9 | 7,5 | 4,6 | 20,6 | 10,2 | 39,4 |
| Berufe in der Gesundheits- u. Krankenpflege (ohne Spez.) | 18,5 | 3,5 | 13,3 | 5,0 | 15,1 | 7,3 | 37,3 |
| Berufe in der Hauswirtschaft | 12,1 | 3,7 | 11,2 | 3,3 | 22,8 | 7,4 | 39,5 |
| Berufe in der Hochschullehre u. -forschung | 19,4 | 2,9 | 14,0 | 4,0 | 8,4 | 6,9 | 44,4 |
| Berufe in der Kinderbetreu- ung u. -erziehung | 17,6 | 2,7 | 17,1 | 3,6 | 12,7 | 6,8 | 39,6 |
| Berufe in der öffentlichen Verwaltung (ohne Spez.) | 21,4 | 3,7 | 10,8 | 4,6 | 12,5 | 6,4 | 40,7 |
| Berufe in der Reinigung (oh- ne Spez.) | 11,8 | 4,8 | 8,7 | 2,9 | 25,8 | 9,0 | 37,1 |
| Berufe in der Sozialarbeit u. Sozialpädagogik | 20,9 | 3,2 | 13,7 | 3,7 | 11,4 | 5,5 | 41,7 |
| Berufe in Heilerziehungspfle- ge u. Sonderpädagogik | 18,5 | 3,1 | 15,5 | 3,5 | 12,6 | 8,7 | 38,2 |
| Büro- u. Sekretariatskräfte (ohne Spez.) | 19,6 | 3,8 | 11,0 | 4,0 | 13,2 | 6,0 | 42,5 |
| Fahrlehrer/innen | 12,9 | 7,1 | 8,3 | 3,5 | 14,3 | 10,4 | 43,3 |
| Köche/Köchinnen (ohne Spez.) | 12,7 | 4,2 | 10,4 | 3,1 | 21,7 | 7,7 | 40,2 |
| Lehrkräfte für berufsbildende Fächer | 19,7 | 5,2 | 10,0 | 3,6 | 11,1 | 6,6 | 43,7 |

**20**

**◨ Tab. 20.82** (Fortsetzung)

| Tätigkeit | AU-Tage in % | | | | | | |
|---|---|---|---|---|---|---|---|
| | Psyche | Herz/ Kreislauf | Atem- wege | Ver- dauung | Muskel/ Skelett | Verlet- zungen | Sonstige |
| Lehrkräfte in der Primarstufe | 18,5 | 3,8 | 14,6 | 3,1 | 8,8 | 7,1 | 44,0 |
| Lehrkräfte in der Sekundar- stufe | 19,9 | 4,7 | 12,7 | 3,8 | 11,1 | 6,3 | 41,7 |
| **Branche gesamt** | **16,8** | **3,6** | **13,8** | **3,7** | **14,7** | **7,4** | **39,9** |
| **Alle Branchen** | **12,0** | **4,9** | **9,8** | **3,9** | **21,5** | **10,0** | **37,9** |

Fehlzeiten-Report 2022

**◨ Tab. 20.83** Verteilung der Arbeitsunfähigkeitsfälle nach Krankheitsarten und ausgewählten Berufsgruppen in der Branche Erziehung und Unterricht im Jahr 2021, AOK-Mitglieder

| Tätigkeit | AU-Fälle in % | | | | | | |
|---|---|---|---|---|---|---|---|
| | Psyche | Herz/ Kreislauf | Atem- wege | Ver- dauung | Muskel/ Skelett | Verlet- zungen | Sonstige |
| Aufsichts-/Führungskr. – Erziehung, Sozialarbeit, Heilerziehungspflege | 7,6 | 2,8 | 22,5 | 6,5 | 9,7 | 6,2 | 44,7 |
| Berufe im Verkauf (Ohne Spez.) | 5,3 | 1,5 | 19,9 | 7,8 | 8,5 | 6,3 | 50,7 |
| Berufe in der betrieblichen Ausbildung u. Betriebspäd- agogik | 7,2 | 4,0 | 17,1 | 7,8 | 11,8 | 6,1 | 45,9 |
| Berufe in der Erwachsenen- bildung (ohne Spez.) | 8,1 | 3,3 | 20,6 | 6,7 | 8,5 | 5,0 | 47,8 |
| Berufe in der Erziehungswis- senschaft | 7,5 | 2,6 | 22,8 | 6,4 | 9,3 | 6,0 | 45,4 |
| Berufe in der Gebäudetechnik (ohne Spez.) | 4,8 | 5,6 | 12,7 | 7,6 | 16,8 | 7,6 | 44,9 |
| Berufe in der Gesundheits- u. Krankenpflege (ohne Spez.) | 6,8 | 2,3 | 18,9 | 7,3 | 10,1 | 6,5 | 48,0 |
| Berufe in der Hauswirtschaft | 5,4 | 3,1 | 18,6 | 6,4 | 15,6 | 6,7 | 44,1 |
| Berufe in der Hochschullehre u. -forschung | 6,1 | 2,5 | 20,3 | 6,7 | 6,3 | 5,6 | 52,4 |
| Berufe in der Kinderbetreu- ung u. -erziehung | 6,0 | 1,9 | 26,8 | 6,0 | 8,6 | 6,0 | 44,8 |
| Berufe in der öffentlichen Verwaltung (ohne Spez.) | 7,7 | 3,1 | 18,8 | 7,2 | 9,7 | 5,7 | 47,9 |

**◻ Tab. 20.83**   (Fortsetzung)

| Tätigkeit | AU-Fälle in % | | | | | | |
|---|---|---|---|---|---|---|---|
| | Psyche | Herz/ Kreislauf | Atem- wege | Ver- dauung | Muskel/ Skelett | Verlet- zungen | Sonstige |
| Berufe in der Reinigung (ohne Spez.) | 5,5 | 4,0 | 15,1 | 6,7 | 18,5 | 7,5 | 42,7 |
| Berufe in der Sozialarbeit u. Sozialpädagogik | 8,0 | 2,3 | 22,2 | 6,8 | 8,8 | 5,6 | 46,3 |
| Berufe in Heilerziehungspflege u. Sonderpädagogik | 7,1 | 2,3 | 23,9 | 6,2 | 9,9 | 6,6 | 44,1 |
| Büro- u. Sekretariatskräfte (ohne Spez.) | 7,5 | 3,0 | 18,6 | 7,4 | 9,1 | 5,3 | 49,0 |
| Fahrlehrer/innen | 4,9 | 4,8 | 15,4 | 7,0 | 11,0 | 7,8 | 49,1 |
| Köche/Köchinnen (ohne Spez.) | 5,8 | 3,7 | 17,9 | 6,5 | 15,0 | 6,8 | 44,3 |
| Lehrkräfte für berufsbildende Fächer | 8,2 | 4,3 | 18,3 | 6,0 | 9,1 | 5,6 | 48,5 |
| Lehrkräfte in der Primarstufe | 7,2 | 3,1 | 24,7 | 5,4 | 7,4 | 5,1 | 47,1 |
| Lehrkräfte in der Sekundarstufe | 8,1 | 3,9 | 20,3 | 6,9 | 8,9 | 5,1 | 46,7 |
| **Branche gesamt** | **6,3** | **2,6** | **22,5** | **6,5** | **10,2** | **6,2** | **45,7** |
| **Alle Branchen** | **5,2** | **3,3** | **16,7** | **6,8** | **15,8** | **7,9** | **44,2** |

Fehlzeiten-Report 2022

◻ **Tab. 20.84** Anteile der 40 häufigsten Einzeldiagnosen an den AU-Fällen und AU-Tagen in der Branche Erziehung und Unterricht im Jahr 2021, AOK-Mitglieder

| ICD-10 | Bezeichnung | AU-Fälle in % | AU-Tage in % |
|--------|-------------|---------------|--------------|
| J06 | Akute Infektionen an mehreren oder nicht näher bezeichneten Lokalisationen der oberen Atemwege | 12,4 | 7,1 |
| U99 | Belegte und nicht belegte Schlüsselnummern U99.-! | 4,1 | 2,2 |
| M54 | Rückenschmerzen | 3,8 | 3,9 |
| A09 | Sonstige und nicht näher bezeichnete Gastroenteritis und Kolitis infektiösen und nicht näher bezeichneten Ursprungs | 3,2 | 1,2 |
| Z11 | Spezielle Verfahren zur Untersuchung auf infektiöse und parasitäre Krankheiten | 3,1 | 1,9 |
| U07 | Krankheiten mit unklarer Ätiologie, belegte und nicht belegte Schlüsselnummern U07.- | 2,4 | 2,4 |
| F43 | Reaktionen auf schwere Belastungen und Anpassungsstörungen | 2,1 | 4,3 |
| R51 | Kopfschmerz | 2,1 | 0,9 |
| R10 | Bauch- und Beckenschmerzen | 1,8 | 0,9 |
| B34 | Viruskrankheit nicht näher bezeichneter Lokalisation | 1,7 | 1,0 |
| T88 | Sonstige Komplikationen bei chirurgischen Eingriffen und medizinischer Behandlung, anderenorts nicht klassifiziert | 1,7 | 0,5 |
| K08 | Sonstige Krankheiten der Zähne und des Zahnhalteapparates | 1,5 | 0,4 |
| J00 | Akute Rhinopharyngitis [Erkältungsschnupfen] | 1,4 | 0,7 |
| F32 | Depressive Episode | 1,3 | 4,5 |
| R53 | Unwohlsein und Ermüdung | 1,3 | 1,3 |
| I10 | Essentielle (primäre) Hypertonie | 1,1 | 1,0 |
| G43 | Migräne | 1,1 | 0,5 |
| F48 | Andere neurotische Störungen | 1,0 | 1,9 |
| K29 | Gastritis und Duodenitis | 1,0 | 0,5 |
| K52 | Sonstige nichtinfektiöse Gastroenteritis und Kolitis | 1,0 | 0,4 |
| M79 | Sonstige Krankheiten des Weichteilgewebes, anderenorts nicht klassifiziert | 0,9 | 0,8 |
| R11 | Übelkeit und Erbrechen | 0,9 | 0,4 |
| J20 | Akute Bronchitis | 0,8 | 0,5 |
| F45 | Somatoforme Störungen | 0,7 | 1,6 |
| M25 | Sonstige Gelenkkrankheiten, anderenorts nicht klassifiziert | 0,7 | 1,0 |
| R42 | Schwindel und Taumel | 0,7 | 0,5 |
| J98 | Sonstige Krankheiten der Atemwege | 0,7 | 0,4 |

◻ **Tab. 20.84**    (Fortsetzung)

| ICD-10 | Bezeichnung | AU-Fälle in % | AU-Tage in % |
|--------|-------------|---------------|--------------|
| B99 | Sonstige und nicht näher bezeichnete Infektionskrankheiten | 0,7 | 0,4 |
| J32 | Chronische Sinusitis | 0,7 | 0,4 |
| J01 | Akute Sinusitis | 0,7 | 0,4 |
| J02 | Akute Pharyngitis | 0,7 | 0,3 |
| Z98 | Sonstige Zustände nach chirurgischem Eingriff | 0,6 | 1,5 |
| T14 | Verletzung an einer nicht näher bezeichneten Körperregion | 0,6 | 0,6 |
| M99 | Biomechanische Funktionsstörungen, anderenorts nicht klassifiziert | 0,6 | 0,5 |
| J40 | Bronchitis, nicht als akut oder chronisch bezeichnet | 0,6 | 0,4 |
| R07 | Hals- und Brustschmerzen | 0,6 | 0,3 |
| J03 | Akute Tonsillitis | 0,6 | 0,3 |
| N39 | Sonstige Krankheiten des Harnsystems | 0,6 | 0,3 |
| U12 | Unerwünschte Nebenwirkungen bei der Anwendung von COVID-19-Impfstoffen | 0,6 | 0,1 |
| R05 | Husten | 0,5 | 0,3 |
| | **Summe hier** | **62,6** | **48,5** |
| | Restliche | 37,4 | 51,5 |
| | **Gesamtsumme** | **100,0** | **100,0** |

Fehlzeiten-Report 2022

◘ **Tab. 20.85** Anteile der 40 häufigsten Diagnoseuntergruppen an den AU-Fällen und AU-Tagen in der Branche Erziehung und Unterricht im Jahr 2021, AOK-Mitglieder

| ICD-10 | Bezeichnung | AU-Fälle in % | AU-Tage in % |
|--------|-------------|---------------|--------------|
| J00–J06 | Akute Infektionen der oberen Atemwege | 16,6 | 9,3 |
| R50–R69 | Allgemeinsymptome | 4,9 | 3,6 |
| M50–M54 | Sonstige Krankheiten der Wirbelsäule und des Rückens | 4,5 | 5,2 |
| U98–U99 | Belegte und nicht belegte Schlüsselnummern | 4,4 | 2,3 |
| F40–F48 | Neurotische, Belastungs- und somatoforme Störungen | 4,2 | 9,4 |
| A00–A09 | Infektiöse Darmkrankheiten | 3,8 | 1,4 |
| Z00–Z13 | Personen, die das Gesundheitswesen zur Untersuchung und Abklärung in Anspruch nehmen | 3,6 | 2,2 |
| U00–U49 | Vorläufige Zuordnungen für Krankheiten mit unklarer Ätiologie, belegte und nicht belegte Schlüsselnummern | 3,5 | 3,2 |
| R10–R19 | Symptome, die das Verdauungssystem und das Abdomen betreffen | 3,0 | 1,6 |
| G40–G47 | Episodische und paroxysmale Krankheiten des Nervensystems | 2,1 | 1,6 |
| T80–T88 | Komplikationen bei chirurgischen Eingriffen und medizinischer Behandlung, anderenorts nicht klassifiziert | 2,1 | 0,8 |
| B25–B34 | Sonstige Viruskrankheiten | 1,9 | 1,1 |
| K00–K14 | Krankheiten der Mundhöhle, der Speicheldrüsen und der Kiefer | 1,9 | 0,6 |
| F30–F39 | Affektive Störungen | 1,8 | 7,4 |
| M70–M79 | Sonstige Krankheiten des Weichteilgewebes | 1,8 | 2,5 |
| R00–R09 | Symptome, die das Kreislaufsystem und das Atmungssystem betreffen | 1,6 | 1,2 |
| Z80–Z99 | Personen mit potentiellen Gesundheitsrisiken aufgrund der Familien- oder Eigenanamnese und bestimmte Zustände, die den Gesundheitszustand beeinflussen | 1,4 | 2,8 |
| K20–K31 | Krankheiten des Ösophagus, des Magens und des Duodenums | 1,4 | 0,8 |
| I10–I15 | Hypertonie [Hochdruckkrankheit] | 1,2 | 1,2 |
| J40–J47 | Chronische Krankheiten der unteren Atemwege | 1,2 | 1,0 |
| J30–J39 | Sonstige Krankheiten der oberen Atemwege | 1,2 | 0,7 |
| K50–K52 | Nichtinfektiöse Enteritis und Kolitis | 1,2 | 0,6 |
| M20–M25 | Sonstige Gelenkkrankheiten | 1,1 | 2,1 |
| R40–R46 | Symptome, die das Erkennungs- und Wahrnehmungsvermögen, die Stimmung und das Verhalten betreffen | 1,0 | 0,9 |
| J20–J22 | Sonstige akute Infektionen der unteren Atemwege | 1,0 | 0,6 |
| J95–J99 | Sonstige Krankheiten des Atmungssystems | 0,9 | 0,6 |
| N30–N39 | Sonstige Krankheiten des Harnsystems | 0,9 | 0,5 |

**◻ Tab. 20.85** (Fortsetzung)

| ICD-10 | Bezeichnung | AU-Fälle in % | AU-Tage in % |
|--------|-------------|:---:|:---:|
| K55–K64 | Sonstige Krankheiten des Darmes | 0,8 | 0,6 |
| N80–N98 | Nichtentzündliche Krankheiten des weiblichen Genitaltraktes | 0,8 | 0,6 |
| B99–B99 | Sonstige Infektionskrankheiten | 0,8 | 0,4 |
| S90–S99 | Verletzungen der Knöchelregion und des Fußes | 0,7 | 1,0 |
| T08–T14 | Verletzungen nicht näher bezeichneter Teile des Rumpfes, der Extremitäten oder anderer Körperregionen | 0,7 | 0,8 |
| M95–M99 | Sonstige Krankheiten des Muskel-Skelett-Systems und des Bindegewebes | 0,7 | 0,6 |
| S80–S89 | Verletzungen des Knies und des Unterschenkels | 0,6 | 1,4 |
| E70–E90 | Stoffwechselstörungen | 0,6 | 0,5 |
| Z20–Z29 | Personen mit potentiellen Gesundheitsrisiken hinsichtlich übertragbarer Krankheiten | 0,6 | 0,4 |
| M15–M19 | Arthrose | 0,5 | 1,5 |
| G50–G59 | Krankheiten von Nerven, Nervenwurzeln und Nervenplexus | 0,5 | 1,0 |
| Z40–Z54 | Personen, die das Gesundheitswesen zum Zwecke spezifischer Maßnahmen und zur medizinischen Betreuung in Anspruch nehmen | 0,5 | 0,9 |
| E00–E07 | Krankheiten der Schilddrüse | 0,5 | 0,4 |
| **Summe hier** | | **82,5** | **75,3** |
| Restliche | | 17,5 | 24,7 |
| **Gesamtsumme** | | **100,0** | **100,0** |

Fehlzeiten-Report 2022

**20**

## 20.6 Gesundheits- und Sozialwesen

| | |
|---|---|
| Entwicklung des Krankenstands der AOK-Mitglieder in der Branche Gesundheits- und Sozialwesen in den Jahren 2000 bis 2021 | ◗ Tab. 20.86 |
| Arbeitsunfähigkeit der AOK-Mitglieder in der Branche Gesundheits- und Sozialwesen nach Bundesländern im Jahr 2021 im Vergleich zum Vorjahr | ◗ Tab. 20.87 |
| Arbeitsunfähigkeit der AOK-Mitglieder nach Wirtschaftsabteilungen in der Branche Gesundheits- und Sozialwesen im Jahr 2021 | ◗ Tab. 20.88 |
| Kennzahlen der Arbeitsunfähigkeit nach ausgewählten Berufsgruppen in der Branche Gesundheits- und Sozialwesen im Jahr 2021 | ◗ Tab. 20.89 |
| Dauer der Arbeitsunfähigkeit der AOK-Mitglieder in der Branche Gesundheits- und Sozialwesen im Jahr 2021 | ◗ Tab. 20.90 |
| Tage der Arbeitsunfähigkeit je AOK-Mitglied nach Wirtschaftsabteilung und Betriebsgröße in der Branche Gesundheits- und Sozialwesen im Jahr 2021 | ◗ Tab. 20.91 |
| Krankenstand in Prozent nach Ausbildungsabschluss in der Branche Gesundheits- und Sozialwesen im Jahr 2021, AOK-Mitglieder | ◗ Tab. 20.92 |
| Tage der Arbeitsunfähigkeit je AOK-Mitglied nach Ausbildungsabschluss in der Branche Gesundheits- und Sozialwesen im Jahr 2021 | ◗ Tab. 20.93 |
| Anteil der Arbeitsunfälle an den AU-Fällen und -Tagen in Prozent nach Wirtschaftsabteilungen in der Branche Gesundheits- und Sozialwesen im Jahr 2021, AOK-Mitglieder | ◗ Tab. 20.94 |
| Tage und Fälle der Arbeitsunfähigkeit durch Arbeitsunfälle nach Berufsgruppen in der Branche Gesundheits- und Sozialwesen im Jahr 2021, AOK-Mitglieder | ◗ Tab. 20.95 |
| Tage und Fälle der Arbeitsunfähigkeit je 100 AOK-Mitglieder nach Krankheitsarten in der Branche Gesundheits- und Sozialwesen in den Jahren 2000 bis 2021 | ◗ Tab. 20.96 |
| Verteilung der Arbeitsunfähigkeitstage nach Krankheitsarten in Prozent in der Branche Gesundheits- und Sozialwesen im Jahr 2021, AOK-Mitglieder | ◗ Tab. 20.97 |
| Verteilung der Arbeitsunfähigkeitsfälle nach Krankheitsarten in Prozent in der Branche Gesundheits- und Sozialwesen im Jahr 2021, AOK-Mitglieder | ◗ Tab. 20.98 |
| Verteilung der Arbeitsunfähigkeitstage nach Krankheitsarten und ausgewählten Berufsgruppen in der Branche Gesundheits- und Sozialwesen im Jahr 2021, AOK-Mitglieder | ◗ Tab. 20.99 |
| Verteilung der Arbeitsunfähigkeitsfälle nach Krankheitsarten und ausgewählten Berufsgruppen in der Branche Gesundheits- und Sozialwesen im Jahr 2021, AOK-Mitglieder | ◗ Tab. 20.100 |
| Anteile der 40 häufigsten Einzeldiagnosen an den AU-Fällen und AU-Tagen in der Branche Gesundheits- und Sozialwesen im Jahr 2021, AOK-Mitglieder | ◗ Tab. 20.101 |
| Anteile der 40 häufigsten Diagnoseuntergruppen an den AU-Fällen und AU-Tagen in der Branche Gesundheits- und Sozialwesen im Jahr 2021, AOK-Mitglieder | ◗ Tab. 20.102 |

■ **Tab. 20.86** Entwicklung des Krankenstands der AOK-Mitglieder in der Branche Gesundheits- und Sozialwesen in den Jahren 2000 bis 2021

| Jahr | Krankenstand in % | | | AU-Fälle je 100 AOK-Mitglieder | | | Tage je Fall | | |
|------|------|-----|------|------|-----|------|------|-----|------|
|      | West | Ost | Bund | West | Ost | Bund | West | Ost | Bund |
| 2000 | 5,7 | 5,4 | 5,7 | 162,4 | 165,2 | 162,8 | 12,8 | 12,0 | 12,7 |
| 2001 | 5,5 | 5,3 | 5,5 | 157,5 | 152,4 | 156,9 | 12,8 | 12,8 | 12,8 |
| 2002 | 5,4 | 5,2 | 5,4 | 159,5 | 154,7 | 159,0 | 12,4 | 12,4 | 12,4 |
| 2003 | 5,1 | 4,7 | 5,1 | 156,8 | 142,9 | 154,9 | 12,0 | 12,0 | 12,0 |
| 2004 | 4,8 | 4,2 | 4,7 | 144,9 | 129,8 | 142,7 | 12,2 | 11,9 | 12,1 |
| 2005 | 4,6 | 4,1 | 4,6 | 142,5 | 123,9 | 139,6 | 11,9 | 12,0 | 11,9 |
| 2006 | 4,5 | 3,9 | 4,4 | 136,6 | 116,9 | 133,4 | 12,1 | 12,3 | 12,1 |
| 2007 | 4,8 | 4,2 | 4,7 | 145,2 | 125,8 | 141,9 | 12,2 | 12,2 | 12,2 |
| 2008 (WZ03) | 4,9 | 4,5 | 4,8 | 151,3 | 129,9 | 147,7 | 11,9 | 12,6 | 12,0 |
| 2008 (WZ08)[a] | 4,9 | 4,5 | 4,8 | 151,5 | 130,8 | 147,9 | 11,9 | 12,6 | 12,0 |
| 2009 | 5,1 | 4,9 | 5,0 | 159,6 | 143,2 | 156,8 | 11,6 | 12,5 | 11,7 |
| 2010 | 5,2 | 5,1 | 5,2 | 158,8 | 155,3 | 158,2 | 11,9 | 11,9 | 11,9 |
| 2011 | 5,3 | 4,8 | 5,2 | 162,2 | 157,7 | 161,4 | 12,0 | 11,2 | 11,8 |
| 2012 | 5,3 | 5,2 | 5,3 | 158,2 | 140,5 | 155,2 | 12,3 | 13,5 | 12,5 |
| 2013 | 5,5 | 5,4 | 5,5 | 166,9 | 147,2 | 163,5 | 12,0 | 13,3 | 12,2 |
| 2014 | 5,7 | 5,5 | 5,6 | 165,4 | 145,9 | 162,0 | 12,5 | 13,7 | 12,7 |
| 2015 | 5,9 | 5,7 | 5,8 | 176,6 | 158,2 | 173,2 | 12,1 | 13,3 | 12,3 |
| 2016 | 5,8 | 5,9 | 5,8 | 175,8 | 162,0 | 173,1 | 12,1 | 13,3 | 12,3 |
| 2017 | 5,8 | 6,1 | 5,9 | 172,7 | 163,8 | 170,9 | 12,3 | 13,6 | 12,5 |
| 2018 | 6,0 | 6,4 | 6,0 | 177,4 | 170,1 | 175,9 | 12,3 | 13,6 | 12,5 |
| 2019 | 5,9 | 6,4 | 6,0 | 172,2 | 166,9 | 171,0 | 12,5 | 13,9 | 12,8 |
| 2020 | 6,1 | 6,7 | 6,2 | 158,8 | 161,0 | 159,1 | 14,1 | 15,2 | 14,3 |
| 2021 | 6,0 | 7,0 | 6,2 | 159,1 | 165,0 | 160,2 | 13,8 | 15,5 | 14,2 |

[a] aufgrund der Revision der Wirtschaftszweigklassifikation in 2008 ist eine Vergleichbarkeit mit den Vorjahren nur bedingt möglich

Fehlzeiten-Report 2022

**Tab. 20.87** Arbeitsunfähigkeit der AOK-Mitglieder in der Branche Gesundheits- und Sozialwesen nach Bundesländern im Jahr 2021 im Vergleich zum Vorjahr

| Bundesland | Kranken-stand in % | Arbeitsunfähigkeit je 100 AOK-Mitglieder | | | | Tage je Fall | Veränd. z. Vorj. in % | AU-Quote in % |
|---|---|---|---|---|---|---|---|---|
| | | AU-Fälle | Veränd. z. Vorj. in % | AU-Tage | Veränd. z. Vorj. in % | | | |
| Baden-Württemberg | 5,7 | 163,2 | −1,2 | 2.082,6 | −3,4 | 12,8 | −2,2 | 57,8 |
| Bayern | 5,7 | 138,6 | 0,0 | 2.071,4 | 0,4 | 14,9 | 0,3 | 52,4 |
| Berlin | 6,4 | 180,0 | −1,7 | 2.320,6 | −5,0 | 12,9 | −3,4 | 56,7 |
| Brandenburg | 7,4 | 164,8 | 0,8 | 2.708,6 | 1,5 | 16,4 | 0,8 | 60,3 |
| Bremen | 6,3 | 148,4 | −2,2 | 2.281,9 | −1,8 | 15,4 | 0,5 | 51,9 |
| Hamburg | 5,2 | 127,9 | −1,1 | 1.915,0 | 0,7 | 15,0 | 1,8 | 44,3 |
| Hessen | 6,2 | 177,4 | 1,6 | 2.259,6 | −2,4 | 12,7 | −3,9 | 57,7 |
| Mecklenburg-Vorpommern | 6,9 | 153,4 | 4,5 | 2.512,7 | 3,5 | 16,4 | −1,0 | 56,2 |
| Niedersachsen | 6,5 | 175,4 | 2,4 | 2.389,0 | 0,5 | 13,6 | −1,8 | 60,8 |
| Nordrhein-Westfalen | 6,3 | 165,1 | −0,1 | 2.301,5 | −2,0 | 13,9 | −1,9 | 57,5 |
| Rheinland-Pfalz | 5,7 | 130,6 | −2,3 | 2.078,2 | −3,6 | 15,9 | −1,3 | 48,8 |
| Saarland | 6,8 | 164,8 | 0,3 | 2.474,0 | −2,2 | 15,0 | −2,5 | 57,4 |
| Sachsen | 6,8 | 167,1 | 1,8 | 2.481,7 | 4,6 | 14,9 | 2,8 | 62,9 |
| Sachsen-Anhalt | 7,0 | 152,7 | 2,9 | 2.553,4 | 4,5 | 16,7 | 1,5 | 57,7 |
| Schleswig-Holstein | 6,3 | 157,4 | 1,9 | 2.317,4 | −0,9 | 14,7 | −2,8 | 55,1 |
| Thüringen | 7,4 | 172,2 | 4,2 | 2.684,3 | 6,6 | 15,6 | 2,3 | 63,0 |
| **West** | **6,0** | **159,1** | **0,2** | **2.201,7** | **−1,5** | **13,8** | **−1,7** | **56,2** |
| **Ost** | **7,0** | **165,0** | **2,5** | **2.557,9** | **4,7** | **15,5** | **2,1** | **61,5** |
| **Bund** | **6,2** | **160,2** | **0,7** | **2.271,6** | **−0,2** | **14,2** | **−0,9** | **57,2** |

Fehlzeiten-Report 2022

◻ **Tab. 20.88** Arbeitsunfähigkeit der AOK-Mitglieder nach Wirtschaftsabteilungen in der Branche Gesundheits- und Sozialwesen im Jahr 2021

| Wirtschaftsabteilungen | Krankenstand in % | | Arbeitsunfähigkeiten je 100 AOK-Mitglieder | | Tage je Fall | AU-Quote in % |
|---|---|---|---|---|---|---|
| | 2021 | 2021 stand.[a] | Fälle | Tage | | |
| Altenheime, Alten- und Behindertenwohnheime | 7,7 | 7,0 | 168,7 | 2.822,4 | 16,7 | 61,0 |
| Arzt- und Zahnarztpraxen | 3,5 | 3,4 | 160,9 | 1.290,5 | 8,0 | 53,7 |
| Gesundheitswesen a. n. g. | 5,2 | 5,4 | 146,8 | 1.909,5 | 13,0 | 53,0 |
| Krankenhäuser | 6,1 | 6,1 | 153,3 | 2.228,1 | 14,5 | 56,8 |
| Pflegeheime | 7,8 | 6,9 | 171,1 | 2.840,9 | 16,6 | 61,6 |
| Sonstige Heime (ohne Erholungs- und Ferienheime) | 5,8 | 5,8 | 147,4 | 2.132,4 | 14,5 | 55,7 |
| Sonstiges Sozialwesen (ohne Heime) | 6,2 | 5,9 | 172,9 | 2.261,3 | 13,1 | 58,3 |
| Soziale Betreuung älterer Menschen und Behinderter | 6,9 | 6,1 | 151,5 | 2.508,6 | 16,6 | 54,8 |
| Stationäre Einrichtungen zur psychosozialen Betreuung, Suchtbekämpfung u. Ä. | 6,4 | 6,0 | 148,6 | 2.326,7 | 15,7 | 55,1 |
| **Branche gesamt** | **6,2** | **6,0** | **160,2** | **2.271,5** | **14,2** | **57,2** |
| **Alle Branchen** | **5,4** | **5,5** | **148,9** | **1.971,5** | **13,2** | **50,5** |

[a] Krankenstand alters- und geschlechtsstandardisiert
Fehlzeiten-Report 2022

◘ **Tab. 20.89** Kennzahlen der Arbeitsunfähigkeit nach ausgewählten Berufsgruppen in der Branche Gesundheits- und Sozialwesen im Jahr 2021

| Tätigkeit | Krankenstand in % | Arbeitsunfähigkeit je 100 AOK-Mitglieder | | Tage je Fall | AU-Quote in % | Anteil der Berufsgruppe an der Branche in %[a] |
|---|---|---|---|---|---|---|
| | | AU-Fälle | AU-Tage | | | |
| Ärzte/Ärztinnen (ohne Spez.) | 2,3 | 82,1 | 842,1 | 10,3 | 34,5 | 1,8 |
| Berufe im Rettungsdienst | 5,6 | 139,9 | 2.035,2 | 14,5 | 52,7 | 1,1 |
| Berufe in der Altenpflege (ohne Spez.) | 7,8 | 172,5 | 2.859,2 | 16,6 | 60,2 | 18,1 |
| Berufe in der Fachkrankenpflege | 6,9 | 148,7 | 2.506,8 | 16,9 | 59,7 | 1,1 |
| Berufe in der Gesundheits- u. Krankenpflege (ohne Spez.) | 6,7 | 160,1 | 2.438,8 | 15,2 | 58,5 | 18,9 |
| Berufe in der Haus- u. Familienpflege | 8,2 | 187,6 | 2.975,7 | 15,9 | 61,5 | 1,8 |
| Berufe in der Hauswirtschaft | 8,1 | 168,2 | 2.960,3 | 17,6 | 61,8 | 4,6 |
| Berufe in der Kinderbetreuung u. -erziehung | 6,8 | 191,1 | 2.484,0 | 13,0 | 62,9 | 5,9 |
| Berufe in der Physiotherapie | 4,9 | 155,7 | 1.782,3 | 11,4 | 57,8 | 2,2 |
| Berufe in der Reinigung (ohne Spez.) | 8,2 | 176,3 | 3.006,0 | 17,0 | 62,6 | 2,6 |
| Berufe in der Sozialarbeit u. Sozialpädagogik | 5,2 | 133,1 | 1.909,3 | 14,3 | 53,9 | 2,7 |
| Berufe in Heilerziehungspflege u. Sonderpädagogik | 6,4 | 167,1 | 2.351,7 | 14,1 | 59,5 | 3,7 |
| Büro- u. Sekretariatskräfte (ohne Spez.) | 4,7 | 132,9 | 1.732,7 | 13,0 | 50,8 | 2,2 |
| Köche/Köchinnen (ohne Spez.) | 8,2 | 157,6 | 3.001,4 | 19,0 | 60,8 | 2,2 |
| Medizinische Fachangestellte (ohne Spez.) | 3,9 | 164,5 | 1.406,2 | 8,6 | 55,2 | 8,3 |
| Verwaltende Berufe im Sozial- u. Gesundheitswesen | 4,9 | 140,2 | 1.771,8 | 12,6 | 52,8 | 1,2 |
| Zahnmedizinische Fachangestellte | 3,5 | 187,3 | 1.289,2 | 6,9 | 58,0 | 4,9 |
| **Branche gesamt** | **6,2** | **160,2** | **2.271,6** | **14,2** | **57,2** | **13[b]** |

[a] Anteil der AOK-Mitglieder in der Berufsgruppe an den in der Branche beschäftigten AOK-Mitgliedern insgesamt
[b] Anteil der AOK-Mitglieder in der Branche an allen AOK-Mitgliedern
Fehlzeiten-Report 2022

◻ **Tab. 20.90** Dauer der Arbeitsunfähigkeit der AOK-Mitglieder in der Branche Gesundheits- und Sozialwesen im Jahr 2021

| Fallklasse | Branche hier | | Alle Branchen | |
|---|---|---|---|---|
| | Anteil Fälle in % | Anteil Tage in % | Anteil Fälle in % | Anteil Tage in % |
| 1–3 Tage | 33,3 | 4,6 | 35,0 | 5,2 |
| 4–7 Tage | 29,2 | 10,7 | 29,0 | 11,1 |
| 8–14 Tage | 17,7 | 13,1 | 17,6 | 13,9 |
| 15–21 Tage | 7,2 | 8,8 | 6,9 | 8,9 |
| 22–28 Tage | 3,5 | 6,0 | 3,2 | 5,9 |
| 29–42 Tage | 3,7 | 8,9 | 3,3 | 8,7 |
| > 42 Tage | 5,4 | 47,9 | 5,1 | 46,3 |

Fehlzeiten-Report 2022

◻ **Tab. 20.91** Tage der Arbeitsunfähigkeit je AOK-Mitglied nach Wirtschaftsabteilung und Betriebsgröße in der Branche Gesundheits- und Sozialwesen im Jahr 2021

| Wirtschaftsabteilungen | Betriebsgröße (Anzahl der AOK-Mitglieder) | | | | | |
|---|---|---|---|---|---|---|
| | 10–49 | 50–99 | 100–199 | 200–499 | 500–999 | ≥ 1.000 |
| Altenheime, Alten- und Behinderten-wohnheime | 28,8 | 28,8 | 27,9 | 27,8 | 25,6 | – |
| Arzt- und Zahnarztpraxen | 15,2 | 16,3 | 17,9 | 16,9 | – | – |
| Gesundheitswesen a. n. g. | 22,4 | 22,5 | 23,1 | 25,8 | – | – |
| Krankenhäuser | 21,8 | 23,4 | 23,3 | 23,1 | 22,2 | 21,8 |
| Pflegeheime | 28,8 | 28,7 | 28,8 | 27,4 | 27,6 | 25,0 |
| Sonstige Heime (ohne Erholungs- und Ferienheime) | 22,0 | 21,6 | 21,4 | 20,5 | 22,3 | – |
| Sonstiges Sozialwesen (ohne Heime) | 22,6 | 24,0 | 24,5 | 26,0 | 27,9 | 25,1 |
| Soziale Betreuung älterer Menschen und Behinderter | 26,0 | 25,3 | 25,6 | 25,7 | 25,6 | – |
| Stationäre Einrichtungen zur psycho-sozialen Betreuung, Suchtbekämpfung u. Ä. | 23,0 | 22,8 | 26,9 | 27,1 | – | – |
| **Branche gesamt** | **25,0** | **26,2** | **25,2** | **24,3** | **22,9** | **22,0** |
| **Alle Branchen** | **20,3** | **22,4** | **22,7** | **22,5** | **22,6** | **22,4** |

Fehlzeiten-Report 2022

**20**

◨ **Tab. 20.92** Krankenstand in Prozent nach Ausbildungsabschluss in der Branche Gesundheits- und Sozialwesen im Jahr 2021, AOK-Mitglieder

| Wirtschafts- abteilungen | Ausbildung | | | | | | |
|---|---|---|---|---|---|---|---|
| | ohne Aus- bildungs- abschluss | mit Aus- bildungs- abschluss | Meister/ Techniker | Bachelor | Diplom/ Magister/ Master/ Staats- examen | Promotion | unbekannt |
| Altenheime, Alten- und Behindertenwohn- heime | 7,5 | 8,0 | 7,4 | 3,6 | 5,8 | 6,8 | 7,5 |
| Arzt- und Zahnarztpra- xen | 3,7 | 3,6 | 4,1 | 2,4 | 2,3 | 2,0 | 3,6 |
| Gesundheitswesen a. n. g. | 5,5 | 5,5 | 5,8 | 3,0 | 3,6 | 2,5 | 5,1 |
| Krankenhäuser | 5,9 | 6,7 | 7,7 | 2,8 | 2,9 | 2,2 | 6,5 |
| Pflegeheime | 7,5 | 8,1 | 7,2 | 3,7 | 5,7 | 6,5 | 7,4 |
| Sonstige Heime (oh- ne Erholungs- und Ferienheime) | 6,0 | 6,3 | 6,7 | 3,3 | 4,6 | 4,3 | 6,1 |
| Sonstiges Sozialwesen (ohne Heime) | 6,4 | 6,8 | 7,5 | 3,5 | 4,4 | 3,1 | 5,9 |
| Soziale Betreuung älterer Menschen und Behinderter | 6,6 | 7,3 | 6,6 | 3,6 | 5,5 | 5,4 | 6,3 |
| Stationäre Einrichtun- gen zur psychosozialen Betreuung, Suchtbe- kämpfung u. Ä. | 6,4 | 7,2 | 6,1 | 2,3 | 4,3 | 2,3 | 6,8 |
| **Branche gesamt** | **6,2** | **6,6** | **6,9** | **3,3** | **3,6** | **2,3** | **6,0** |
| **Alle Branchen** | **5,9** | **6,0** | **4,7** | **2,3** | **2,8** | **2,0** | **4,9** |

Fehlzeiten-Report 2022

**◘ Tab. 20.93** Tage der Arbeitsunfähigkeit je AOK-Mitglied nach Ausbildungsabschluss in der Branche Gesundheits- und Sozialwesen im Jahr 2021

| Wirtschafts-abteilungen | Ausbildung | | | | | | |
|---|---|---|---|---|---|---|---|
| | ohne Aus-bildungs-abschluss | mit Aus-bildungs-abschluss | Meister/ Techniker | Bachelor | Diplom/ Magister/ Master/ Staats-examen | Promotion | unbekannt |
| Altenheime, Alten- und Behindertenwohn-heime | 27,5 | 29,3 | 26,9 | 13,2 | 21,2 | 24,8 | 27,5 |
| Arzt- und Zahnarztpra-xen | 13,6 | 13,0 | 14,9 | 8,6 | 8,3 | 7,2 | 13,3 |
| Gesundheitswesen a. n. g. | 19,9 | 20,0 | 21,3 | 10,9 | 13,3 | 9,2 | 18,5 |
| Krankenhäuser | 21,5 | 24,6 | 28,2 | 10,3 | 10,5 | 8,2 | 23,8 |
| Pflegeheime | 27,4 | 29,6 | 26,3 | 13,7 | 20,9 | 23,8 | 27,0 |
| Sonstige Heime (oh-ne Erholungs- und Ferienheime) | 21,9 | 23,2 | 24,4 | 12,1 | 16,9 | 15,6 | 22,2 |
| Sonstiges Sozialwesen (ohne Heime) | 23,5 | 25,0 | 27,3 | 12,7 | 16,1 | 11,3 | 21,4 |
| Soziale Betreuung älterer Menschen und Behinderter | 24,2 | 26,6 | 24,1 | 13,2 | 20,1 | 19,6 | 23,1 |
| Stationäre Einrichtun-gen zur psychosozialen Betreuung, Suchtbe-kämpfung u. Ä. | 23,3 | 26,2 | 22,2 | 8,3 | 15,8 | 8,4 | 24,8 |
| **Branche gesamt** | **22,8** | **24,2** | **25,2** | **12,0** | **13,3** | **8,5** | **22,0** |
| **Alle Branchen** | **21,4** | **21,9** | **17,1** | **8,3** | **10,2** | **7,3** | **17,9** |

Fehlzeiten-Report 2022

**20**

◘ **Tab. 20.94** Anteil der Arbeitsunfälle an den AU-Fällen und -Tagen in Prozent nach Wirtschaftsabteilungen in der Branche Gesundheits- und Sozialwesen im Jahr 2021, AOK-Mitglieder

| Wirtschaftsabteilungen | AU-Fälle in % | AU-Tage in % |
|---|---|---|
| Altenheime, Alten- und Behindertenwohnheime | 2,1 | 3,4 |
| Arzt- und Zahnarztpraxen | 0,9 | 2,0 |
| Gesundheitswesen a. n. g. | 2,1 | 4,1 |
| Krankenhäuser | 2,0 | 3,4 |
| Pflegeheime | 2,1 | 3,4 |
| Sonstige Heime (ohne Erholungs- und Ferienheime) | 2,3 | 3,9 |
| Sonstiges Sozialwesen (ohne Heime) | 1,8 | 3,2 |
| Soziale Betreuung älterer Menschen und Behinderter | 2,5 | 4,2 |
| Stationäre Einrichtungen zur psychosozialen Betreuung, Suchtbekämpfung u. Ä. | 2,3 | 4,8 |
| **Branche gesamt** | **1,9** | **3,4** |
| **Alle Branchen** | **3,0** | **5,7** |

Fehlzeiten-Report 2022

**◘ Tab. 20.95** Tage und Fälle der Arbeitsunfähigkeit durch Arbeitsunfälle nach Berufsgruppen in der Branche Gesundheits- und Sozialwesen im Jahr 2021, AOK-Mitglieder

| Tätigkeit | Arbeitsunfähigkeit je 1.000 AOK-Mitglieder | |
|---|---|---|
| | AU-Tage | AU-Fälle |
| Berufe im Rettungsdienst | 1.559,9 | 64,2 |
| Berufe in der Reinigung (ohne Spez.) | 1.213,3 | 36,0 |
| Köche/Köchinnen (ohne Spez.) | 1.133,4 | 46,2 |
| Berufe in der Hauswirtschaft | 1.059,6 | 38,0 |
| Berufe in der Altenpflege (ohne Spez.) | 1.056,7 | 39,2 |
| Berufe in der Haus- u. Familienpflege | 983,9 | 36,4 |
| Berufe in der Gesundheits- u. Krankenpflege (ohne Spez.) | 861,8 | 34,5 |
| Berufe in der Fachkrankenpflege | 849,2 | 27,9 |
| Berufe in Heilerziehungspflege u. Sonderpädagogik | 832,4 | 35,6 |
| Berufe in der Kinderbetreuung u. -erziehung | 817,6 | 32,8 |
| Berufe in der Physiotherapie | 560,3 | 22,4 |
| Berufe in der Sozialarbeit u. Sozialpädagogik | 511,3 | 21,5 |
| Verwaltende Berufe im Sozial- u. Gesundheitswesen | 421,2 | 15,9 |
| Ärzte/Ärztinnen (ohne Spez.) | 348,8 | 16,8 |
| Büro- u. Sekretariatskräfte (ohne Spez.) | 344,1 | 13,6 |
| Medizinische Fachangestellte (ohne Spez.) | 270,7 | 15,6 |
| Zahnmedizinische Fachangestellte | 240,2 | 17,3 |
| **Branche gesamt** | **774,7** | **30,8** |
| **Alle Branchen** | **1.121,9** | **44,7** |

Fehlzeiten-Report 2022

**20**

◨ **Tab. 20.96** Tage und Fälle der Arbeitsunfähigkeit je 100 AOK-Mitglieder nach Krankheitsarten in der Branche Gesundheits- und Sozialwesen in den Jahren 2000 bis 2021

| Jahr | Arbeitsunfähigkeiten je 100 AOK-Mitglieder | | | | | | | | | | | |
|------|------|------|------|------|------|------|------|------|------|------|------|------|
| | Psyche | | Herz/Kreis-lauf | | Atemwege | | Verdauung | | Muskel/Skelett | | Verletzungen | |
| | Tage | Fälle | Tage | Fälle | Tage | Fälle | Tage | Fälle | Tage | Fälle | Tage | Fälle |
| 2000 | 229,0 | 9,5 | 142,7 | 8,8 | 357,9 | 50,2 | 145,4 | 20,8 | 627,8 | 33,3 | 221,5 | 14,7 |
| 2001 | 244,0 | 10,4 | 145,7 | 9,5 | 329,2 | 48,4 | 146,1 | 21,3 | 634,1 | 34,3 | 220,4 | 15,0 |
| 2002 | 246,6 | 10,8 | 139,1 | 9,5 | 316,8 | 47,7 | 149,1 | 23,1 | 613,5 | 33,9 | 220,7 | 15,0 |
| 2003 | 235,3 | 10,6 | 131,7 | 9,4 | 318,3 | 49,2 | 138,3 | 21,9 | 550,9 | 31,6 | 205,8 | 14,2 |
| 2004 | 245,7 | 10,7 | 141,1 | 8,5 | 275,2 | 41,9 | 140,7 | 21,4 | 522,5 | 29,9 | 201,9 | 13,3 |
| 2005 | 238,7 | 9,9 | 132,5 | 7,9 | 307,6 | 46,7 | 126,0 | 19,0 | 482,6 | 27,6 | 192,8 | 12,4 |
| 2006 | 244,3 | 10,1 | 134,4 | 8,0 | 257,8 | 39,6 | 130,2 | 20,2 | 489,9 | 27,4 | 198,7 | 12,5 |
| 2007 | 273,4 | 10,7 | 138,9 | 7,9 | 284,9 | 43,8 | 140,0 | 21,7 | 519,7 | 28,2 | 194,8 | 12,2 |
| 2008 (WZ03) | 284,7 | 11,2 | 141,7 | 8,2 | 294,7 | 45,8 | 143,6 | 22,5 | 522,7 | 29,0 | 199,5 | 12,6 |
| 2008 (WZ08)ᵃ | 285,0 | 11,2 | 141,9 | 8,2 | 295,3 | 45,8 | 144,1 | 22,5 | 524,2 | 29,1 | 199,2 | 12,6 |
| 2009 | 294,1 | 11,8 | 139,3 | 8,1 | 347,1 | 53,1 | 141,5 | 22,1 | 507,2 | 28,2 | 207,0 | 12,8 |
| 2010 | 331,8 | 12,8 | 138,9 | 8,0 | 301,4 | 47,1 | 133,5 | 20,6 | 545,8 | 29,6 | 224,3 | 13,7 |
| 2011 | 354,7 | 13,5 | 140,4 | 8,1 | 313,0 | 48,4 | 131,5 | 20,0 | 531,2 | 29,4 | 218,9 | 13,0 |
| 2012 | 383,9 | 13,7 | 150,3 | 8,2 | 307,8 | 46,7 | 133,8 | 19,5 | 556,3 | 29,3 | 223,4 | 12,6 |
| 2013 | 384,9 | 13,6 | 147,9 | 7,9 | 377,3 | 55,6 | 133,6 | 19,2 | 552,8 | 28,9 | 226,9 | 12,5 |
| 2014 | 422,9 | 15,0 | 157,7 | 8,5 | 312,9 | 47,7 | 140,4 | 19,9 | 599,4 | 30,5 | 233,7 | 12,7 |
| 2015 | 428,7 | 15,0 | 153,0 | 8,4 | 389,4 | 57,9 | 137,3 | 19,7 | 585,8 | 30,0 | 235,5 | 12,7 |
| 2016 | 437,8 | 15,3 | 135,0 | 8,4 | 361,8 | 55,5 | 132,2 | 19,9 | 604,7 | 30,7 | 238,4 | 12,8 |
| 2017 | 448,0 | 15,5 | 131,6 | 8,2 | 370,2 | 55,6 | 126,5 | 18,6 | 600,6 | 30,2 | 242,9 | 12,6 |
| 2018 | 460,3 | 15,8 | 130,3 | 8,3 | 400,1 | 58,5 | 126,1 | 18,3 | 597,6 | 30,0 | 245,1 | 12,7 |
| 2019 | 480,7 | 16,1 | 130,5 | 8,2 | 348,5 | 53,5 | 123,7 | 17,9 | 605,5 | 30,0 | 246,9 | 12,3 |
| 2020 | 507,2 | 15,7 | 130,4 | 7,5 | 397,7 | 49,0 | 117,9 | 15,5 | 628,9 | 29,8 | 242,9 | 11,4 |
| 2021 | 535,8 | 16,8 | 133,5 | 7,6 | 328,7 | 41,4 | 115,7 | 15,1 | 638,5 | 31,4 | 259,5 | 15,8 |

ᵃ aufgrund der Revision der Wirtschaftszweigklassifikation in 2008 ist eine Vergleichbarkeit mit den Vorjahren nur bedingt möglich

Fehlzeiten-Report 2022

**◻ Tab. 20.97** Verteilung der Arbeitsunfähigkeitstage nach Krankheitsarten in Prozent in der Branche Gesundheits- und Sozialwesen im Jahr 2021, AOK-Mitglieder

| Wirtschaftsabteilungen | AU-Tage in % | | | | | | |
|---|---|---|---|---|---|---|---|
| | Psyche | Herz/ Kreislauf | Atem- wege | Ver- dauung | Muskel/ Skelett | Verlet- zungen | Sonstige |
| Altenheime, Alten- und Behindertenwohnheime | 16,8 | 4,2 | 8,6 | 3,3 | 21,6 | 7,6 | 38,0 |
| Arzt- und Zahnarztpraxen | 15,0 | 2,8 | 14,1 | 4,2 | 11,8 | 7,2 | 44,8 |
| Gesundheitswesen a. n. g. | 14,4 | 4,1 | 11,3 | 3,7 | 17,8 | 8,8 | 39,9 |
| Krankenhäuser | 16,2 | 4,0 | 9,7 | 3,5 | 19,0 | 8,1 | 39,5 |
| Pflegeheime | 16,3 | 4,3 | 8,7 | 3,3 | 21,7 | 7,5 | 38,0 |
| Sonstige Heime (ohne Erholungs- und Ferienheime) | 19,1 | 4,2 | 10,5 | 3,5 | 16,2 | 8,0 | 38,6 |
| Sonstiges Sozialwesen (ohne Heime) | 17,7 | 4,1 | 11,9 | 3,7 | 16,8 | 7,3 | 38,5 |
| Soziale Betreuung älterer Menschen und Behinderter | 15,4 | 4,1 | 9,1 | 3,4 | 21,4 | 8,4 | 38,2 |
| Stationäre Einrichtungen zur psychosozialen Betreuung, Suchtbekämpfung u. Ä. | 17,5 | 4,2 | 8,0 | 3,0 | 18,3 | 8,4 | 40,5 |
| **Branche gesamt** | **16,2** | **4,0** | **9,9** | **3,5** | **19,3** | **7,8** | **39,2** |
| **Alle Branchen** | **12,0** | **4,9** | **9,8** | **3,9** | **21,5** | **10,0** | **37,9** |

Fehlzeiten-Report 2022

**20**

□ **Tab. 20.98** Verteilung der Arbeitsunfähigkeitsfälle nach Krankheitsarten in Prozent in der Branche Gesundheits- und Sozialwesen im Jahr 2021, AOK-Mitglieder

| Wirtschaftsabteilungen | AU-Fälle in % | | | | | | |
|---|---|---|---|---|---|---|---|
| | Psyche | Herz/ Kreislauf | Atem- wege | Ver- dauung | Muskel/ Skelett | Verlet- zungen | Sonstige |
| Altenheime, Alten- und Behindertenwohnheime | 7,7 | 3,6 | 15,2 | 5,9 | 15,5 | 6,6 | 45,4 |
| Arzt- und Zahnarztpraxen | 5,4 | 2,2 | 20,4 | 6,7 | 7,5 | 6,4 | 51,4 |
| Gesundheitswesen a. n. g. | 6,2 | 3,0 | 18,9 | 6,4 | 11,9 | 7,3 | 46,4 |
| Krankenhäuser | 7,1 | 3,2 | 16,6 | 6,4 | 13,6 | 6,6 | 46,4 |
| Pflegeheime | 7,6 | 3,6 | 15,4 | 6,0 | 15,7 | 6,5 | 45,2 |
| Sonstige Heime (ohne Erholungs- und Ferien- heime) | 7,6 | 3,1 | 18,9 | 6,3 | 11,2 | 6,9 | 46,0 |
| Sonstiges Sozialwesen (ohne Heime) | 7,0 | 3,0 | 20,3 | 6,4 | 11,7 | 6,3 | 45,3 |
| Soziale Betreuung älterer Menschen und Behinderter | 7,2 | 3,4 | 16,0 | 6,1 | 14,3 | 6,9 | 46,2 |
| Stationäre Einrichtungen zur psychosozialen Be- treuung, Suchtbekämpfung u. Ä. | 8,2 | 3,7 | 15,4 | 5,9 | 13,6 | 7,0 | 46,1 |
| **Branche gesamt** | **7,0** | **3,2** | **17,3** | **6,3** | **13,1** | **6,6** | **46,6** |
| **Alle Branchen** | **5,2** | **3,3** | **16,7** | **6,8** | **15,8** | **7,9** | **44,2** |

Fehlzeiten-Report 2022

**◨ Tab. 20.99** Verteilung der Arbeitsunfähigkeitstage nach Krankheitsarten und ausgewählten Berufsgruppen in der Branche Gesundheits- und Sozialwesen im Jahr 2021, AOK-Mitglieder

| Tätigkeit | AU-Tage in % | | | | | | |
|---|---|---|---|---|---|---|---|
| | Psyche | Herz/ Kreislauf | Atem- wege | Ver- dauung | Muskel/ Skelett | Verlet- zungen | Sonstige |
| Ärzte/Ärztinnen (ohne Spez.) | 14,7 | 2,7 | 13,8 | 4,1 | 11,5 | 8,2 | 45,0 |
| Berufe im Rettungsdienst | 12,1 | 4,5 | 10,2 | 3,9 | 20,5 | 12,6 | 36,2 |
| Berufe in der Altenpflege (ohne Spez.) | 16,1 | 4,0 | 8,8 | 3,3 | 22,3 | 7,7 | 37,7 |
| Berufe in der Fachkranken- pflege | 15,9 | 4,6 | 8,9 | 3,5 | 19,1 | 8,5 | 39,5 |
| Berufe in der Gesundheits- u. Krankenpflege (ohne Spez.) | 16,0 | 3,8 | 9,6 | 3,3 | 20,0 | 8,2 | 39,0 |
| Berufe in der Haus- u. Famili- enpflege | 16,9 | 4,3 | 9,9 | 3,6 | 19,7 | 7,4 | 38,2 |
| Berufe in der Hauswirtschaft | 14,0 | 4,6 | 8,0 | 3,2 | 23,7 | 8,1 | 38,4 |
| Berufe in der Kinderbetreu- ung u. -erziehung | 19,2 | 3,2 | 13,0 | 3,5 | 15,3 | 7,1 | 38,7 |
| Berufe in der Physiotherapie | 13,9 | 3,4 | 13,3 | 3,6 | 15,3 | 9,5 | 41,0 |
| Berufe in der Reinigung (oh- ne Spez.) | 12,5 | 4,8 | 7,6 | 3,2 | 25,6 | 8,4 | 37,9 |
| Berufe in der Sozialarbeit u. Sozialpädagogik | 21,4 | 3,9 | 10,8 | 3,3 | 14,2 | 7,0 | 39,4 |
| Berufe in Heilerziehungspfle- ge u. Sonderpädagogik | 19,3 | 3,6 | 10,9 | 3,4 | 16,7 | 8,0 | 38,0 |
| Büro- u. Sekretariatskräfte (ohne Spez.) | 20,2 | 3,7 | 10,2 | 3,7 | 13,5 | 6,6 | 42,2 |
| Köche/Köchinnen (ohne Spez.) | 13,6 | 5,7 | 6,7 | 3,3 | 25,5 | 8,3 | 36,9 |
| Medizinische Fachangestellte (ohne Spez.) | 16,3 | 3,1 | 13,3 | 4,1 | 11,6 | 6,8 | 44,9 |
| Verwaltende Berufe im Sozial- u. Gesundheitswesen | 18,7 | 3,7 | 10,1 | 4,0 | 14,9 | 6,8 | 41,7 |
| Zahnmedizinische Fachange- stellte | 13,8 | 2,0 | 16,2 | 4,6 | 11,6 | 7,4 | 44,2 |
| **Branche gesamt** | **16,2** | **4,0** | **9,9** | **3,5** | **19,3** | **7,8** | **39,2** |
| **Alle Branchen** | **12,0** | **4,9** | **9,8** | **3,9** | **21,5** | **10,0** | **37,9** |

Fehlzeiten-Report 2022

**20**

◨ **Tab. 20.100** Verteilung der Arbeitsunfähigkeitsfälle nach Krankheitsarten und ausgewählten Berufsgruppen in der Branche Gesundheits- und Sozialwesen im Jahr 2021, AOK-Mitglieder

| Tätigkeit | AU-Fälle in % | | | | | | |
|---|---|---|---|---|---|---|---|
| | Psyche | Herz/ Kreislauf | Atem- wege | Ver- dauung | Muskel/ Skelett | Verlet- zungen | Sonstige |
| Ärzte/Ärztinnen (ohne Spez.) | 5,5 | 2,5 | 21,0 | 6,7 | 9,4 | 5,7 | 49,1 |
| Berufe im Rettungsdienst | 5,7 | 3,4 | 16,8 | 6,2 | 14,3 | 9,3 | 44,3 |
| Berufe in der Altenpflege (ohne Spez.) | 7,8 | 3,3 | 15,1 | 5,8 | 16,1 | 6,5 | 45,3 |
| Berufe in der Fachkranken- pflege | 7,9 | 3,5 | 16,0 | 6,4 | 14,7 | 6,8 | 44,7 |
| Berufe in der Gesundheits- u. Krankenpflege (ohne Spez.) | 7,4 | 3,2 | 16,4 | 6,0 | 14,2 | 6,7 | 46,3 |
| Berufe in der Haus- u. Famili- enpflege | 7,6 | 3,6 | 16,8 | 6,4 | 13,6 | 6,4 | 45,6 |
| Berufe in der Hauswirtschaft | 6,5 | 4,1 | 14,6 | 6,2 | 16,3 | 7,1 | 45,3 |
| Berufe in der Kinderbetreu- ung u. -erziehung | 7,2 | 2,6 | 22,3 | 6,1 | 10,2 | 6,1 | 45,4 |
| Berufe in der Physiotherapie | 5,2 | 2,5 | 20,9 | 6,5 | 10,6 | 8,0 | 46,3 |
| Berufe in der Reinigung (oh- ne Spez.) | 6,1 | 4,4 | 13,3 | 6,3 | 18,8 | 7,1 | 44,2 |
| Berufe in der Sozialarbeit u. Sozialpädagogik | 8,5 | 2,9 | 20,0 | 6,1 | 10,0 | 6,2 | 46,3 |
| Berufe in Heilerziehungspfle- ge u. Sonderpädagogik | 8,0 | 2,8 | 19,1 | 6,2 | 12,0 | 7,0 | 44,9 |
| Büro- u. Sekretariatskräfte (ohne Spez.) | 7,2 | 3,5 | 17,4 | 7,4 | 9,8 | 5,6 | 49,0 |
| Köche/Köchinnen (ohne Spez.) | 6,6 | 4,6 | 12,9 | 6,3 | 17,8 | 7,4 | 44,5 |
| Medizinische Fachangestellte (ohne Spez.) | 5,9 | 2,3 | 19,9 | 6,8 | 7,3 | 6,1 | 51,7 |
| Verwaltende Berufe im Sozial- u. Gesundheitswesen | 7,4 | 3,0 | 17,9 | 7,3 | 10,1 | 5,8 | 48,6 |
| Zahnmedizinische Fachange- stellte | 4,9 | 1,8 | 21,2 | 6,6 | 7,6 | 6,9 | 51,1 |
| **Branche gesamt** | **7,0** | **3,2** | **17,3** | **6,3** | **13,1** | **6,6** | **46,6** |
| **Alle Branchen** | **5,2** | **3,3** | **16,7** | **6,8** | **15,8** | **7,9** | **44,2** |

Fehlzeiten-Report 2022

■ **Tab. 20.101** Anteile der 40 häufigsten Einzeldiagnosen an den AU-Fällen und AU-Tagen in der Branche Gesundheits- und Sozialwesen im Jahr 2021, AOK-Mitglieder

| ICD-10 | Bezeichnung | AU-Fälle in % | AU-Tage in % |
|--------|-------------|---------------|--------------|
| J06 | Akute Infektionen an mehreren oder nicht näher bezeichneten Lokalisationen der oberen Atemwege | 9,1 | 4,8 |
| M54 | Rückenschmerzen | 4,9 | 5,1 |
| U99 | Belegte und nicht belegte Schlüsselnummern U99.-! | 4,2 | 2,0 |
| Z11 | Spezielle Verfahren zur Untersuchung auf infektiöse und parasitäre Krankheiten | 3,6 | 1,8 |
| A09 | Sonstige und nicht näher bezeichnete Gastroenteritis und Kolitis infektiösen und nicht näher bezeichneten Ursprungs | 2,8 | 0,9 |
| F43 | Reaktionen auf schwere Belastungen und Anpassungsstörungen | 2,2 | 4,0 |
| U07 | Krankheiten mit unklarer Ätiologie, belegte und nicht belegte Schlüsselnummern U07.- | 2,2 | 2,2 |
| R10 | Bauch- und Beckenschmerzen | 1,9 | 1,0 |
| R51 | Kopfschmerz | 1,7 | 0,7 |
| T88 | Sonstige Komplikationen bei chirurgischen Eingriffen und medizinischer Behandlung, anderenorts nicht klassifiziert | 1,5 | 0,3 |
| F32 | Depressive Episode | 1,4 | 4,5 |
| R53 | Unwohlsein und Ermüdung | 1,3 | 1,3 |
| I10 | Essentielle (primäre) Hypertonie | 1,3 | 1,2 |
| B34 | Viruskrankheit nicht näher bezeichneter Lokalisation | 1,3 | 0,7 |
| K08 | Sonstige Krankheiten der Zähne und des Zahnhalteapparates | 1,3 | 0,3 |
| F48 | Andere neurotische Störungen | 1,1 | 1,9 |
| G43 | Migräne | 1,1 | 0,4 |
| M25 | Sonstige Gelenkkrankheiten, anderenorts nicht klassifiziert | 1,0 | 1,3 |
| M79 | Sonstige Krankheiten des Weichteilgewebes, anderenorts nicht klassifiziert | 1,0 | 0,9 |
| K29 | Gastritis und Duodenitis | 1,0 | 0,5 |
| R11 | Übelkeit und Erbrechen | 1,0 | 0,4 |
| J00 | Akute Rhinopharyngitis [Erkältungsschnupfen] | 1,0 | 0,4 |
| K52 | Sonstige nichtinfektiöse Gastroenteritis und Kolitis | 0,8 | 0,3 |
| Z98 | Sonstige Zustände nach chirurgischem Eingriff | 0,7 | 1,9 |
| M51 | Sonstige Bandscheibenschäden | 0,7 | 1,7 |
| F45 | Somatoforme Störungen | 0,7 | 1,5 |
| M99 | Biomechanische Funktionsstörungen, anderenorts nicht klassifiziert | 0,7 | 0,6 |

**20**

□ **Tab. 20.101** (Fortsetzung)

| ICD-10 | Bezeichnung | AU-Fälle in % | AU-Tage in % |
|---|---|---|---|
| R42 | Schwindel und Taumel | 0,7 | 0,5 |
| J20 | Akute Bronchitis | 0,7 | 0,4 |
| M53 | Sonstige Krankheiten der Wirbelsäule und des Rückens, anderenorts nicht klassifiziert | 0,6 | 0,7 |
| T14 | Verletzung an einer nicht näher bezeichneten Körperregion | 0,6 | 0,6 |
| N39 | Sonstige Krankheiten des Harnsystems | 0,6 | 0,3 |
| B99 | Sonstige und nicht näher bezeichnete Infektionskrankheiten | 0,6 | 0,3 |
| J98 | Sonstige Krankheiten der Atemwege | 0,6 | 0,3 |
| F33 | Rezidivierende depressive Störung | 0,5 | 2,0 |
| F41 | Andere Angststörungen | 0,5 | 1,6 |
| M75 | Schulterläsionen | 0,5 | 1,4 |
| R07 | Hals- und Brustschmerzen | 0,5 | 0,3 |
| J02 | Akute Pharyngitis | 0,5 | 0,2 |
| U12 | Unerwünschte Nebenwirkungen bei der Anwendung von COVID-19-Impfstoffen | 0,5 | 0,1 |
| | **Summe hier** | **58,9** | **51,3** |
| | Restliche | 41,1 | 48,7 |
| | **Gesamtsumme** | **100,0** | **100,0** |

Fehlzeiten-Report 2022

**◻ Tab. 20.102** Anteile der 40 häufigsten Diagnoseuntergruppen an den AU-Fällen und AU-Tagen in der Branche Gesundheits- und Sozialwesen im Jahr 2021, AOK-Mitglieder

| ICD-10 | Bezeichnung | AU-Fälle in % | AU-Tage in % |
|---|---|---|---|
| J00–J06 | Akute Infektionen der oberen Atemwege | 12,2 | 6,3 |
| M50–M54 | Sonstige Krankheiten der Wirbelsäule und des Rückens | 5,9 | 7,0 |
| R50–R69 | Allgemeinsymptome | 4,7 | 3,5 |
| F40–F48 | Neurotische, Belastungs- und somatoforme Störungen | 4,5 | 8,9 |
| U98–U99 | Belegte und nicht belegte Schlüsselnummern | 4,5 | 2,1 |
| Z00–Z13 | Personen, die das Gesundheitswesen zur Untersuchung und Abklärung in Anspruch nehmen | 4,0 | 2,1 |
| A00–A09 | Infektiöse Darmkrankheiten | 3,4 | 1,1 |
| U00–U49 | Vorläufige Zuordnungen für Krankheiten mit unklarer Ätiologie, belegte und nicht belegte Schlüsselnummern | 3,2 | 3,0 |
| R10–R19 | Symptome, die das Verdauungssystem und das Abdomen betreffen | 3,2 | 1,6 |
| M70–M79 | Sonstige Krankheiten des Weichteilgewebes | 2,3 | 3,4 |
| G40–G47 | Episodische und paroxysmale Krankheiten des Nervensystems | 2,1 | 1,5 |
| F30–F39 | Affektive Störungen | 2,0 | 7,2 |
| T80–T88 | Komplikationen bei chirurgischen Eingriffen und medizinischer Behandlung, anderenorts nicht klassifiziert | 1,8 | 0,7 |
| K00–K14 | Krankheiten der Mundhöhle, der Speicheldrüsen und der Kiefer | 1,8 | 0,5 |
| Z80–Z99 | Personen mit potentiellen Gesundheitsrisiken aufgrund der Familien- oder Eigenanamnese und bestimmte Zustände, die den Gesundheitszustand beeinflussen | 1,7 | 3,3 |
| I10–I15 | Hypertonie [Hochdruckkrankheit] | 1,5 | 1,3 |
| R00–R09 | Symptome, die das Kreislaufsystem und das Atmungssystem betreffen | 1,5 | 1,2 |
| M20–M25 | Sonstige Gelenkkrankheiten | 1,4 | 2,6 |
| B25–B34 | Sonstige Viruskrankheiten | 1,4 | 0,8 |
| K20–K31 | Krankheiten des Ösophagus, des Magens und des Duodenums | 1,4 | 0,7 |
| J40–J47 | Chronische Krankheiten der unteren Atemwege | 1,1 | 0,9 |
| K50–K52 | Nichtinfektiöse Enteritis und Kolitis | 1,1 | 0,5 |
| R40–R46 | Symptome, die das Erkennungs- und Wahrnehmungsvermögen, die Stimmung und das Verhalten betreffen | 1,0 | 0,8 |
| N80–N98 | Nichtentzündliche Krankheiten des weiblichen Genitaltraktes | 0,9 | 0,7 |
| N30–N39 | Sonstige Krankheiten des Harnsystems | 0,9 | 0,4 |
| T08–T14 | Verletzungen nicht näher bezeichneter Teile des Rumpfes, der Extremitäten oder anderer Körperregionen | 0,8 | 0,8 |

**20**

◨ **Tab. 20.102** (Fortsetzung)

| ICD-10 | Bezeichnung | AU-Fälle in % | AU-Tage in % |
|---|---|---|---|
| M95–M99 | Sonstige Krankheiten des Muskel-Skelett-Systems und des Bindegewebes | 0,8 | 0,7 |
| K55–K64 | Sonstige Krankheiten des Darmes | 0,8 | 0,6 |
| J20–J22 | Sonstige akute Infektionen der unteren Atemwege | 0,8 | 0,5 |
| J30–J39 | Sonstige Krankheiten der oberen Atemwege | 0,8 | 0,5 |
| M15–M19 | Arthrose | 0,7 | 2,1 |
| S80–S89 | Verletzungen des Knies und des Unterschenkels | 0,7 | 1,5 |
| G50–G59 | Krankheiten von Nerven, Nervenwurzeln und Nervenplexus | 0,7 | 1,3 |
| S90–S99 | Verletzungen der Knöchelregion und des Fußes | 0,7 | 1,0 |
| J95–J99 | Sonstige Krankheiten des Atmungssystems | 0,7 | 0,5 |
| E70–E90 | Stoffwechselstörungen | 0,7 | 0,5 |
| B99–B99 | Sonstige Infektionskrankheiten | 0,7 | 0,3 |
| Z40–Z54 | Personen, die das Gesundheitswesen zum Zwecke spezifischer Maßnahmen und zur medizinischen Betreuung in Anspruch nehmen | 0,6 | 0,9 |
| E00–E07 | Krankheiten der Schilddrüse | 0,6 | 0,5 |
| Z20–Z29 | Personen mit potentiellen Gesundheitsrisiken hinsichtlich übertragbarer Krankheiten | 0,6 | 0,4 |
| | **Summe hier** | **80,2** | **74,2** |
| | Restliche | 19,8 | 25,8 |
| | **Gesamtsumme** | **100,0** | **100,0** |

Fehlzeiten-Report 2022

## 20.7 Handel

◘ **Tab. 20.103** Entwicklung des Krankenstands der AOK-Mitglieder in der Branche Handel in den Jahren 1997 bis 2021

| Jahr | Krankenstand in % | | | AU-Fälle je 100 AOK-Mitglieder | | | Tage je Fall | | |
|------|------|-----|------|------|------|------|------|-----|------|
| | West | Ost | Bund | West | Ost | Bund | West | Ost | Bund |
| 1997 | 4,5 | 3,8 | 4,4 | 131,3 | 100,7 | 126,9 | 12,3 | 13,9 | 12,5 |
| 1998 | 4,6 | 3,9 | 4,5 | 134,1 | 102,0 | 129,6 | 12,3 | 13,8 | 12,5 |
| 1999 | 4,6 | 4,2 | 4,5 | 142,7 | 113,4 | 138,9 | 11,9 | 13,6 | 12,1 |
| 2000 | 4,6 | 4,2 | 4,6 | 146,5 | 117,9 | 143,1 | 11,6 | 13,0 | 11,7 |
| 2001 | 4,6 | 4,2 | 4,5 | 145,4 | 113,2 | 141,8 | 11,5 | 13,5 | 11,7 |
| 2002 | 4,5 | 4,1 | 4,5 | 145,5 | 114,4 | 142,0 | 11,4 | 13,0 | 11,5 |
| 2003 | 4,2 | 3,7 | 4,2 | 140,5 | 110,7 | 136,8 | 11,0 | 12,4 | 11,2 |
| 2004 | 3,9 | 3,4 | 3,8 | 127,0 | 100,9 | 123,4 | 11,2 | 12,2 | 11,3 |
| 2005 | 3,8 | 3,3 | 3,7 | 127,9 | 100,7 | 123,9 | 10,9 | 12,1 | 11,0 |
| 2006 | 3,7 | 3,3 | 3,6 | 122,7 | 97,0 | 118,9 | 11,0 | 12,3 | 11,2 |
| 2007 | 3,9 | 3,6 | 3,9 | 132,4 | 106,6 | 128,6 | 10,9 | 12,2 | 11,0 |
| 2008 (WZ03) | 4,1 | 3,8 | 4,0 | 140,4 | 112,0 | 136,2 | 10,6 | 12,3 | 10,8 |
| 2008 (WZ08)[a] | 4,1 | 3,7 | 4,0 | 139,9 | 111,7 | 135,7 | 10,6 | 12,2 | 10,8 |
| 2009 | 4,2 | 4,1 | 4,2 | 146,4 | 122,1 | 142,8 | 10,5 | 12,2 | 10,7 |
| 2010 | 4,3 | 4,1 | 4,3 | 143,7 | 126,8 | 141,2 | 10,9 | 11,9 | 11,0 |
| 2011 | 4,4 | 3,9 | 4,3 | 149,1 | 131,0 | 146,5 | 10,8 | 11,0 | 10,8 |
| 2012 | 4,4 | 4,4 | 4,4 | 149,7 | 125,8 | 146,2 | 10,8 | 12,9 | 11,1 |
| 2013 | 4,7 | 4,6 | 4,7 | 161,2 | 136,3 | 157,7 | 10,6 | 12,4 | 10,8 |
| 2014 | 4,8 | 4,7 | 4,8 | 159,1 | 133,4 | 155,4 | 11,0 | 13,0 | 11,3 |
| 2015 | 5,0 | 4,9 | 5,0 | 168,2 | 143,7 | 164,6 | 10,8 | 12,6 | 11,0 |
| 2016 | 5,0 | 5,1 | 5,0 | 166,6 | 146,9 | 163,9 | 10,9 | 12,6 | 11,1 |
| 2017 | 4,9 | 5,3 | 5,0 | 162,3 | 148,3 | 160,3 | 11,1 | 13,0 | 11,4 |
| 2018 | 5,1 | 5,5 | 5,2 | 168,5 | 154,5 | 166,5 | 11,1 | 13,0 | 11,4 |
| 2019 | 5,1 | 5,5 | 5,2 | 164,3 | 152,8 | 162,7 | 11,3 | 13,2 | 11,6 |
| 2020 | 5,1 | 5,6 | 5,2 | 143,4 | 138,7 | 142,7 | 13,0 | 14,9 | 13,3 |
| 2021 | 5,0 | 5,8 | 5,1 | 146,5 | 145,1 | 146,3 | 12,5 | 14,7 | 12,8 |

[a] aufgrund der Revision der Wirtschaftszweigklassifikation in 2008 ist eine Vergleichbarkeit mit den Vorjahren nur bedingt möglich

Fehlzeiten-Report 2022

**◻ Tab. 20.104** Arbeitsunfähigkeit der AOK-Mitglieder in der Branche Handel nach Bundesländern im Jahr 2021 im Vergleich zum Vorjahr

| Bundesland | Krankenstand in % | Arbeitsunfähigkeit je 100 AOK-Mitglieder | | | | Tage je Fall | Veränd. z. Vorj. in % | AU-Quote in % |
|---|---|---|---|---|---|---|---|---|
| | | AU-Fälle | Veränd. z. Vorj. in % | AU-Tage | Veränd. z. Vorj. in % | | | |
| Baden-Württemberg | 5,1 | 159,1 | 2,2 | 1.849,2 | −0,2 | 11,6 | −2,4 | 54,5 |
| Bayern | 4,7 | 130,6 | 2,2 | 1.724,7 | −0,1 | 13,2 | −2,2 | 48,1 |
| Berlin | 4,3 | 139,6 | −5,2 | 1.551,8 | −10,6 | 11,1 | −5,8 | 41,5 |
| Brandenburg | 5,9 | 140,3 | 1,7 | 2.138,8 | 0,6 | 15,2 | −1,1 | 51,3 |
| Bremen | 4,7 | 129,3 | −1,0 | 1.703,4 | −5,0 | 13,2 | −4,1 | 45,7 |
| Hamburg | 4,1 | 117,4 | −0,8 | 1.507,1 | −6,3 | 12,8 | −5,6 | 39,7 |
| Hessen | 5,2 | 160,3 | 3,0 | 1.887,5 | −3,4 | 11,8 | −6,3 | 52,3 |
| Mecklenburg-Vorpommern | 5,7 | 122,2 | 1,2 | 2.063,9 | 2,5 | 16,9 | 1,3 | 47,8 |
| Niedersachsen | 5,4 | 159,3 | 4,2 | 1.956,2 | −0,8 | 12,3 | −4,8 | 55,0 |
| Nordrhein-Westfalen | 5,2 | 149,3 | 0,9 | 1.912,8 | −2,7 | 12,8 | −3,5 | 50,7 |
| Rheinland-Pfalz | 4,9 | 123,5 | 1,5 | 1.773,3 | −1,2 | 14,4 | −2,6 | 44,0 |
| Saarland | 5,8 | 147,6 | 0,5 | 2.112,5 | −3,5 | 14,3 | −4,0 | 51,8 |
| Sachsen | 5,7 | 145,3 | 4,7 | 2.073,2 | 4,6 | 14,3 | −0,1 | 57,2 |
| Sachsen-Anhalt | 6,1 | 147,4 | 7,5 | 2.218,6 | 3,5 | 15,1 | −3,7 | 52,3 |
| Schleswig-Holstein | 5,1 | 140,4 | 3,2 | 1.845,5 | −1,8 | 13,1 | −4,8 | 49,4 |
| Thüringen | 6,0 | 152,4 | 4,7 | 2.204,6 | 0,4 | 14,5 | −4,1 | 56,5 |
| **West** | **5,0** | **146,5** | **2,2** | **1.834,4** | **−1,6** | **12,5** | **−3,7** | **50,7** |
| **Ost** | **5,8** | **145,1** | **4,6** | **2.127,6** | **3,0** | **14,7** | **−1,5** | **55,1** |
| **Bund** | **5,1** | **146,3** | **2,5** | **1.878,2** | **−0,8** | **12,8** | **−3,3** | **51,3** |

Fehlzeiten-Report 2022

20

☐ **Tab. 20.105** Arbeitsunfähigkeit der AOK-Mitglieder nach Wirtschaftsabteilungen in der Branche Handel im Jahr 2021

| Wirtschaftsabteilungen | Krankenstand in % | | Arbeitsunfähigkeiten je 100 AOK-Mitglieder | | Tage je Fall | AU-Quote in % |
|---|---|---|---|---|---|---|
| | 2021 | 2021 stand.[a] | Fälle | Tage | | |
| Einzelhandel (ohne Handel mit Kraftfahrzeugen) | 5,2 | 5,4 | 142,2 | 1.913,6 | 13,5 | 50,1 |
| Großhandel (ohne Handel mit Kraftfahrzeugen) | 5,2 | 5,1 | 148,2 | 1.884,5 | 12,7 | 52,3 |
| Handel mit Kraftfahrzeugen, Instandhaltung und Reparatur von Kraftfahrzeugen | 4,7 | 4,8 | 158,7 | 1.728,5 | 10,9 | 54,3 |
| **Branche gesamt** | **5,1** | **5,4** | **146,3** | **1.878,2** | **12,8** | **51,3** |
| **Alle Branchen** | **5,4** | **5,5** | **148,9** | **1.971,5** | **13,2** | **50,5** |

[a] Krankenstand alters- und geschlechtsstandardisiert
Fehlzeiten-Report 2022

☐ **Tab. 20.106** Kennzahlen der Arbeitsunfähigkeit nach ausgewählten Berufsgruppen in der Branche Handel im Jahr 2021

| Tätigkeit | Kranken-stand in % | Arbeitsunfähigkeit je 100 AOK-Mitglieder | | Tage je Fall | AU-Quote in % | Anteil der Berufsgruppe an der Branche in %[a] |
|---|---|---|---|---|---|---|
| | | AU-Fälle | AU-Tage | | | |
| Aufsichts-/Führungskr. – Verkauf | 4,2 | 90,2 | 1.517,3 | 16,8 | 43,1 | 1,2 |
| Berufe im Verkauf (Ohne Spez.) | 5,6 | 141,4 | 2.037,0 | 14,4 | 50,6 | 23,6 |
| Berufe im Verkauf von Back- u. Konditoreiwaren | 5,9 | 135,2 | 2.139,3 | 15,8 | 49,5 | 1,7 |
| Berufe im Verkauf von Bekleidung, Sportartikeln, Lederwaren u. Schuhen | 4,5 | 131,9 | 1.626,8 | 12,3 | 47,0 | 2,7 |
| Berufe im Verkauf von drogerie- u. apothekenüblichen Waren | 5,0 | 152,6 | 1.836,6 | 12,0 | 55,3 | 1,8 |
| Berufe im Verkauf von Garten-, Heimwerker-, Haustier- u. Zoobedarf | 6,0 | 164,1 | 2.202,8 | 13,4 | 59,1 | 1,2 |
| Berufe im Verkauf von Kraftfahrzeugen, Zweirädern u. Zubehör | 3,7 | 138,9 | 1.338,2 | 9,6 | 50,1 | 1,5 |

**◻ Tab. 20.106** (Fortsetzung)

| Tätigkeit | Kranken-stand in % | Arbeitsunfähigkeit je 100 AOK-Mitglieder | | Tage je Fall | AU-Quote in % | Anteil der Berufsgruppe an der Branche in %[a] |
|---|---|---|---|---|---|---|
| | | AU-Fälle | AU-Tage | | | |
| Berufe im Verkauf von Lebensmitteln (ohne Spez.) | 5,3 | 147,7 | 1.921,5 | 13,0 | 51,8 | 1,9 |
| Berufe im Vertrieb (außer Informations- u. Kommunikationstechnologien) | 3,5 | 102,7 | 1.291,6 | 12,6 | 43,7 | 2,5 |
| Berufe in der Kraftfahrzeugtechnik | 5,1 | 190,3 | 1.865,6 | 9,8 | 61,0 | 5,0 |
| Berufe in der Lagerwirtschaft | 6,7 | 205,3 | 2.447,7 | 11,9 | 58,6 | 12,9 |
| Berufe in der pharmazeutisch-technischen Assistenz | 3,3 | 126,7 | 1.198,3 | 9,5 | 51,2 | 1,2 |
| Berufskraftfahrer/innen (Güterverkehr/LKW) | 7,7 | 150,0 | 2.805,7 | 18,7 | 56,2 | 2,4 |
| Büro- u. Sekretariatskräfte (ohne Spez.) | 3,4 | 111,7 | 1.248,8 | 11,2 | 44,4 | 4,5 |
| Fahrzeugführer/innen im Straßenverkehr (sonstige spezifische Tätigkeitsangabe) | 6,7 | 140,2 | 2.461,5 | 17,6 | 45,4 | 1,1 |
| Kassierer/innen u. Kartenverkäufer/innen | 6,3 | 145,6 | 2.283,9 | 15,7 | 52,6 | 2,2 |
| Kaufleute im Groß- u. Außenhandel | 3,4 | 160,3 | 1.233,5 | 7,7 | 55,1 | 1,8 |
| Kaufmännische u. technische Betriebswirtschaft (ohne Spez.) | 3,5 | 114,7 | 1.280,3 | 11,2 | 47,0 | 2,6 |
| **Branche gesamt** | **5,1** | **146,3** | **1.878,2** | **12,8** | **51,3** | **14,3[b]** |

[a] Anteil der AOK-Mitglieder in der Berufsgruppe an den in der Branche beschäftigten AOK-Mitgliedern insgesamt
[b] Anteil der AOK-Mitglieder in der Branche an allen AOK-Mitgliedern
Fehlzeiten-Report 2022

◘ **Tab. 20.107** Dauer der Arbeitsunfähigkeit der AOK-Mitglieder in der Branche Handel im Jahr 2021

| Fallklasse | Branche hier | | Alle Branchen | |
|---|---|---|---|---|
| | Anteil Fälle in % | Anteil Tage in % | Anteil Fälle in % | Anteil Tage in % |
| 1–3 Tage | 36,3 | 5,5 | 35,0 | 5,2 |
| 4–7 Tage | 29,4 | 11,7 | 29,0 | 11,1 |
| 8–14 Tage | 16,8 | 13,7 | 17,6 | 13,9 |
| 15–21 Tage | 6,5 | 8,8 | 6,9 | 8,9 |
| 22–28 Tage | 3,0 | 5,7 | 3,2 | 5,9 |
| 29–42 Tage | 3,2 | 8,6 | 3,3 | 8,7 |
| > 42 Tage | 4,9 | 46,1 | 5,1 | 46,3 |

Fehlzeiten-Report 2022

◘ **Tab. 20.108** Tage der Arbeitsunfähigkeit je AOK-Mitglied nach Wirtschaftsabteilung und Betriebsgröße in der Branche Handel im Jahr 2021

| Wirtschaftsabteilungen | Betriebsgröße (Anzahl der AOK-Mitglieder) | | | | | |
|---|---|---|---|---|---|---|
| | 10–49 | 50–99 | 100–199 | 200–499 | 500–999 | ≥ 1.000 |
| Einzelhandel (ohne Handel mit Kraftfahrzeugen) | 20,3 | 22,2 | 23,0 | 22,7 | 23,5 | 26,4 |
| Großhandel (ohne Handel mit Kraftfahrzeugen) | 19,8 | 21,8 | 22,4 | 22,6 | 18,6 | 17,5 |
| Handel mit Kraftfahrzeugen, Instandhaltung und Reparatur von Kraftfahrzeugen | 18,3 | 18,6 | 20,2 | 23,1 | 21,7 | 17,4 |
| **Branche gesamt** | **19,9** | **21,6** | **22,5** | **22,7** | **21,7** | **25,5** |
| **Alle Branchen** | **20,3** | **22,4** | **22,7** | **22,5** | **22,6** | **22,4** |

Fehlzeiten-Report 2022

**◻ Tab. 20.109** Krankenstand in Prozent nach Ausbildungsabschluss in der Branche Handel im Jahr 2021, AOK-Mitglieder

| Wirtschafts-abteilungen | Ausbildung | | | | | | |
|---|---|---|---|---|---|---|---|
| | ohne Aus-bildungs-abschluss | mit Aus-bildungs-abschluss | Meister/ Techniker | Bachelor | Diplom/ Magister/ Master/ Staats-examen | Promotion | unbekannt |
| Einzelhandel (ohne Handel mit Kraftfahr-zeugen) | 5,4 | 5,6 | 4,6 | 2,5 | 2,8 | 2,9 | 4,8 |
| Großhandel (ohne Handel mit Kraftfahr-zeugen) | 6,2 | 5,4 | 4,1 | 1,7 | 2,3 | 1,7 | 5,0 |
| Handel mit Kraftfahr-zeugen, Instandhaltung und Reparatur von Kraftfahrzeugen | 4,7 | 4,9 | 4,8 | 2,2 | 2,6 | 2,4 | 4,4 |
| **Branche gesamt** | **5,5** | **5,4** | **4,5** | **2,1** | **2,5** | **2,2** | **4,9** |
| **Alle Branchen** | **5,9** | **6,0** | **4,7** | **2,3** | **2,8** | **2,0** | **4,9** |

Fehlzeiten-Report 2022

**◻ Tab. 20.110** Tage der Arbeitsunfähigkeit je AOK-Mitglied nach Ausbildungsabschluss in der Branche Handel im Jahr 2021

| Wirtschafts-abteilungen | Ausbildung | | | | | | |
|---|---|---|---|---|---|---|---|
| | ohne Aus-bildungs-abschluss | mit Aus-bildungs-abschluss | Meister/ Techniker | Bachelor | Diplom/ Magister/ Master/ Staats-examen | Promotion | unbekannt |
| Einzelhandel (ohne Handel mit Kraftfahr-zeugen) | 19,6 | 20,3 | 16,9 | 9,2 | 10,1 | 10,7 | 17,7 |
| Großhandel (ohne Handel mit Kraftfahr-zeugen) | 22,7 | 19,7 | 15,0 | 6,4 | 8,3 | 6,2 | 18,4 |
| Handel mit Kraftfahr-zeugen, Instandhaltung und Reparatur von Kraftfahrzeugen | 17,2 | 18,0 | 17,4 | 7,9 | 9,3 | 8,7 | 16,2 |
| **Branche gesamt** | **20,0** | **19,8** | **16,4** | **7,8** | **9,2** | **8,2** | **17,7** |
| **Alle Branchen** | **21,4** | **21,9** | **17,1** | **8,3** | **10,2** | **7,3** | **17,9** |

**20**

Fehlzeiten-Report 2022

**◘ Tab. 20.111** Anteil der Arbeitsunfälle an den AU-Fällen und -Tagen in Prozent nach Wirtschaftsabteilungen in der Branche Handel im Jahr 2021, AOK-Mitglieder

| Wirtschaftsabteilungen | AU-Fälle in % | AU-Tage in % |
|---|---|---|
| Einzelhandel (ohne Handel mit Kraftfahrzeugen) | 2,6 | 4,3 |
| Großhandel (ohne Handel mit Kraftfahrzeugen) | 3,2 | 6,5 |
| Handel mit Kraftfahrzeugen, Instandhaltung und Reparatur von Kraftfahrzeugen | 3,3 | 6,0 |
| **Branche gesamt** | **2,9** | **5,2** |
| **Alle Branchen** | **3,0** | **5,7** |

Fehlzeiten-Report 2022

**◘ Tab. 20.112** Tage und Fälle der Arbeitsunfähigkeit durch Arbeitsunfälle nach Berufsgruppen in der Branche Handel im Jahr 2021, AOK-Mitglieder

| Tätigkeit | Arbeitsunfähigkeit je 1.000 AOK-Mitglieder | |
|---|---|---|
| | AU-Tage | AU-Fälle |
| Berufskraftfahrer/innen (Güterverkehr/LKW) | 3.353,3 | 93,4 |
| Fahrzeugführer/innen im Straßenverkehr (sonstige spezifische Tätigkeitsangabe) | 2.530,5 | 80,0 |
| Berufe in der Lagerwirtschaft | 1.456,3 | 64,5 |
| Berufe in der Kraftfahrzeugtechnik | 1.455,8 | 85,4 |
| Berufe im Verkauf von Garten-, Heimwerker-, Haustier- u. Zoobedarf | 1.295,7 | 59,2 |
| Berufe im Verkauf von Back- u. Konditoreiwaren | 1.047,1 | 43,5 |
| Berufe im Verkauf von Lebensmitteln (ohne Spez.) | 874,0 | 49,7 |
| Berufe im Verkauf (Ohne Spez.) | 799,0 | 37,1 |
| Kassierer/innen u. Kartenverkäufer/innen | 727,9 | 29,0 |
| Aufsichts-/Führungskr. – Verkauf | 534,5 | 24,2 |
| Berufe im Verkauf von drogerie- u. apothekenüblichen Waren | 465,9 | 20,0 |
| Berufe im Verkauf von Bekleidung, Sportartikeln, Lederwaren u. Schuhen | 403,1 | 16,3 |
| Berufe im Verkauf von Kraftfahrzeugen, Zweirädern u. Zubehör | 368,8 | 18,6 |
| Berufe im Vertrieb (außer Informations- u. Kommunikationstechnologien) | 322,3 | 12,6 |
| Kaufleute im Groß- u. Außenhandel | 313,1 | 20,4 |
| Büro- u. Sekretariatskräfte (ohne Spez.) | 263,7 | 11,5 |
| Kaufmännische u. technische Betriebswirtschaft (ohne Spez.) | 240,6 | 11,3 |
| Berufe in der pharmazeutisch-technischen Assistenz | 200,5 | 12,9 |
| **Branche gesamt** | **970,9** | **42,4** |
| **Alle Branchen** | **1.121,9** | **44,7** |

Fehlzeiten-Report 2022

20

◻ **Tab. 20.113** Tage und Fälle der Arbeitsunfähigkeit je 100 AOK-Mitglieder nach Krankheitsarten in der Branche Handel in den Jahren 1997 bis 2021

| Jahr | Arbeitsunfähigkeiten je 100 AOK-Mitglieder | | | | | | | | | | | |
|------|--------|-------|----------------|-------|----------|-------|----------|-------|------------------|-------|--------------|-------|
| | Psyche | | Herz/Kreis-lauf | | Atemwege | | Verdauung | | Muskel/Skelett | | Verletzungen | |
| | Tage | Fälle | Tage | Fälle | Tage | Fälle | Tage | Fälle | Tage | Fälle | Tage | Fälle |
| 1997 | 89,6 | 4,0 | 142,2 | 7,4 | 268,9 | 37,5 | 143,7 | 20,2 | 463,5 | 26,9 | 293,2 | 18,4 |
| 1998 | 95,7 | 4,3 | 142,2 | 7,6 | 266,0 | 38,5 | 140,9 | 20,4 | 480,4 | 28,3 | 284,6 | 18,3 |
| 1999 | 100,4 | 4,7 | 139,6 | 7,8 | 301,5 | 44,0 | 142,3 | 21,7 | 499,5 | 30,0 | 280,8 | 18,5 |
| 2000 | 113,7 | 5,5 | 119,8 | 7,0 | 281,4 | 42,5 | 128,1 | 19,1 | 510,3 | 31,3 | 278,0 | 18,8 |
| 2001 | 126,1 | 6,3 | 124,0 | 7,6 | 266,0 | 41,9 | 128,9 | 19,8 | 523,9 | 32,5 | 270,3 | 18,7 |
| 2002 | 131,0 | 6,7 | 122,5 | 7,7 | 254,9 | 41,0 | 129,6 | 20,8 | 512,6 | 32,0 | 265,8 | 18,4 |
| 2003 | 127,0 | 6,6 | 114,6 | 7,6 | 252,1 | 41,5 | 121,3 | 19,8 | 459,2 | 29,4 | 250,8 | 17,4 |
| 2004 | 136,9 | 6,4 | 120,4 | 6,8 | 215,6 | 34,6 | 120,4 | 19,0 | 424,2 | 27,1 | 237,7 | 16,0 |
| 2005 | 135,8 | 6,2 | 118,1 | 6,6 | 245,8 | 39,4 | 113,5 | 17,6 | 399,1 | 25,9 | 230,5 | 15,5 |
| 2006 | 137,2 | 6,3 | 117,7 | 6,7 | 202,9 | 33,5 | 115,7 | 18,4 | 400,5 | 26,0 | 234,8 | 15,7 |
| 2007 | 151,2 | 6,8 | 120,3 | 6,8 | 231,0 | 37,9 | 122,6 | 20,0 | 426,0 | 27,1 | 234,3 | 15,4 |
| 2008 (WZ03) | 159,5 | 7,1 | 124,1 | 7,0 | 244,6 | 40,6 | 127,6 | 21,3 | 439,2 | 28,2 | 238,9 | 15,8 |
| 2008 (WZ08)[a] | 158,2 | 7,1 | 123,2 | 7,0 | 243,2 | 40,4 | 127,3 | 21,2 | 435,9 | 28,0 | 238,8 | 15,8 |
| 2009 | 168,3 | 7,6 | 122,3 | 6,9 | 284,1 | 46,6 | 126,0 | 20,8 | 428,8 | 27,4 | 241,8 | 15,7 |
| 2010 | 190,3 | 8,1 | 124,2 | 6,9 | 240,7 | 40,4 | 118,2 | 19,2 | 463,3 | 28,5 | 256,3 | 16,4 |
| 2011 | 209,1 | 9,0 | 119,3 | 6,9 | 253,8 | 42,0 | 119,2 | 19,3 | 451,2 | 28,8 | 248,1 | 16,0 |
| 2012 | 231,8 | 9,3 | 130,4 | 7,1 | 254,5 | 41,9 | 124,0 | 19,5 | 478,2 | 29,5 | 252,0 | 15,5 |
| 2013 | 243,8 | 9,7 | 129,6 | 6,9 | 317,6 | 50,9 | 127,4 | 19,7 | 482,5 | 29,9 | 254,6 | 15,6 |
| 2014 | 273,9 | 10,7 | 137,2 | 7,2 | 265,7 | 43,7 | 133,5 | 20,3 | 523,9 | 31,5 | 257,2 | 15,7 |
| 2015 | 282,1 | 10,9 | 135,5 | 7,2 | 323,7 | 51,9 | 131,8 | 20,1 | 518,5 | 31,2 | 256,3 | 15,5 |
| 2016 | 290,7 | 11,1 | 124,1 | 7,3 | 305,6 | 50,1 | 125,9 | 19,9 | 533,1 | 31,7 | 258,6 | 15,3 |
| 2017 | 299,9 | 11,2 | 122,1 | 7,1 | 308,7 | 49,5 | 122,4 | 18,7 | 526,8 | 30,8 | 259,7 | 14,8 |
| 2018 | 311,9 | 11,6 | 122,5 | 7,2 | 336,2 | 52,5 | 121,2 | 18,5 | 529,7 | 31,2 | 263,4 | 14,9 |
| 2019 | 327,5 | 11,8 | 121,4 | 7,1 | 296,5 | 48,4 | 118,7 | 18,1 | 544,5 | 31,6 | 261,0 | 14,4 |
| 2020 | 335,2 | 10,9 | 119,0 | 6,2 | 308,5 | 40,6 | 111,6 | 15,3 | 559,4 | 30,1 | 252,7 | 12,7 |
| 2021 | 337,2 | 11,2 | 120,6 | 6,4 | 262,1 | 36,0 | 106,1 | 14,6 | 569,7 | 32,0 | 264,2 | 17,3 |

[a] aufgrund der Revision der Wirtschaftszweigklassifikation in 2008 ist eine Vergleichbarkeit mit den Vorjahren nur bedingt möglich

Fehlzeiten-Report 2022

**◘ Tab. 20.114** Verteilung der Arbeitsunfähigkeitstage nach Krankheitsarten in Prozent in der Branche Handel im Jahr 2021, AOK-Mitglieder

| Wirtschaftsabteilungen | AU-Tage in % | | | | | | |
|---|---|---|---|---|---|---|---|
| | Psyche | Herz/ Kreislauf | Atem- wege | Ver- dauung | Muskel/ Skelett | Verlet- zungen | Sonstige |
| Einzelhandel (ohne Handel mit Kraftfahrzeugen) | 14,2 | 4,0 | 9,6 | 3,8 | 20,8 | 9,0 | 38,6 |
| Großhandel (ohne Handel mit Kraftfahrzeugen) | 10,6 | 5,4 | 9,4 | 4,1 | 22,1 | 10,5 | 37,9 |
| Handel mit Kraftfahrzeugen, Instandhaltung und Reparatur von Kraftfahrzeugen | 9,8 | 4,6 | 11,3 | 4,3 | 20,9 | 11,9 | 37,2 |
| **Branche gesamt** | **12,5** | **4,5** | **9,8** | **3,9** | **21,2** | **9,8** | **38,2** |
| **Alle Branchen** | **12,0** | **4,9** | **9,8** | **3,9** | **21,5** | **10,0** | **37,9** |

Fehlzeiten-Report 2022

**◘ Tab. 20.115** Verteilung der Arbeitsunfähigkeitsfälle nach Krankheitsarten in Prozent in der Branche Handel im Jahr 2021, AOK-Mitglieder

| Wirtschaftsabteilungen | AU-Fälle in % | | | | | | |
|---|---|---|---|---|---|---|---|
| | Psyche | Herz/ Kreislauf | Atem- wege | Ver- dauung | Muskel/ Skelett | Verlet- zungen | Sonstige |
| Einzelhandel (ohne Handel mit Kraftfahrzeugen) | 6,0 | 2,9 | 16,9 | 6,6 | 14,3 | 7,7 | 45,7 |
| Großhandel (ohne Handel mit Kraftfahrzeugen) | 4,6 | 3,4 | 16,2 | 7,2 | 16,5 | 8,3 | 43,8 |
| Handel mit Kraftfahrzeugen, Instandhaltung und Reparatur von Kraftfahrzeugen | 3,9 | 2,7 | 18,5 | 7,1 | 15,1 | 9,4 | 43,4 |
| **Branche gesamt** | **5,3** | **3,0** | **16,9** | **6,9** | **15,1** | **8,1** | **44,8** |
| **Alle Branchen** | **5,2** | **3,3** | **16,7** | **6,8** | **15,8** | **7,9** | **44,2** |

Fehlzeiten-Report 2022

20

◘ **Tab. 20.116** Verteilung der Arbeitsunfähigkeitstage nach Krankheitsarten und ausgewählten Berufsgruppen in der Branche Handel im Jahr 2021, AOK-Mitglieder

| Tätigkeit | AU-Tage in % | | | | | | |
|---|---|---|---|---|---|---|---|
| | Psyche | Herz/ Kreis- lauf | Atem- wege | Ver- dauung | Muskel/ Skelett | Verlet- zungen | Sonstige |
| Aufsichts-/Führungskr. – Verkauf | 17,8 | 4,2 | 8,2 | 3,7 | 18,2 | 7,5 | 40,2 |
| Berufe im Verkauf (Ohne Spez.) | 15,0 | 3,6 | 9,3 | 3,7 | 21,4 | 8,7 | 38,4 |
| Berufe im Verkauf von Back- u. Konditoreiwaren | 14,5 | 4,1 | 8,1 | 3,6 | 20,9 | 9,8 | 39,0 |
| Berufe im Verkauf von Bekleidung, Sportartikeln, Lederwaren u. Schuhen | 16,4 | 2,9 | 11,0 | 3,5 | 17,5 | 8,4 | 40,3 |
| Berufe im Verkauf von drogerie- u. apothekenüblichen Waren | 17,4 | 2,6 | 11,4 | 3,9 | 17,7 | 7,7 | 39,3 |
| Berufe im Verkauf von Garten-, Heimwerker-, Haustier- u. Zoobedarf | 14,1 | 3,9 | 9,5 | 4,1 | 20,6 | 10,2 | 37,7 |
| Berufe im Verkauf von Kraftfahrzeugen, Zweirädern u. Zubehör | 14,1 | 4,3 | 13,9 | 4,5 | 13,8 | 9,0 | 40,4 |
| Berufe im Verkauf von Lebensmitteln (ohne Spez.) | 13,4 | 4,2 | 8,9 | 4,0 | 21,1 | 9,4 | 39,1 |
| Berufe im Vertrieb (außer Informations- u. Kommunikationstechnologien) | 16,2 | 5,4 | 10,7 | 4,3 | 13,7 | 7,9 | 41,8 |
| Berufe in der Kraftfahrzeugtechnik | 7,3 | 3,9 | 12,2 | 4,3 | 22,4 | 14,9 | 35,1 |
| Berufe in der Lagerwirtschaft | 10,0 | 4,8 | 9,4 | 4,1 | 26,1 | 10,3 | 35,3 |
| Berufe in der pharmazeutisch-technischen Assistenz | 14,6 | 2,6 | 15,4 | 4,3 | 11,9 | 7,0 | 44,2 |
| Berufskraftfahrer/innen (Güterverkehr/LKW) | 6,8 | 8,0 | 6,6 | 3,7 | 25,2 | 12,9 | 36,7 |
| Büro- u. Sekretariatskräfte (ohne Spez.) | 15,2 | 4,0 | 11,4 | 4,0 | 14,3 | 7,8 | 43,3 |
| Fahrzeugführer/innen im Straßenverkehr (sonstige spezifische Tätigkeitsangabe) | 8,4 | 7,3 | 6,4 | 3,7 | 26,0 | 12,4 | 35,8 |
| Kassierer/innen u. Kartenverkäufer/innen | 15,9 | 4,1 | 8,6 | 3,6 | 20,0 | 7,9 | 39,9 |
| Kaufleute im Groß- u. Außenhandel | 13,3 | 3,1 | 15,7 | 4,6 | 12,0 | 9,4 | 41,9 |
| Kaufmännische u. technische Betriebswirtschaft (ohne Spez.) | 16,8 | 3,9 | 11,8 | 4,2 | 13,7 | 7,0 | 42,7 |
| **Branche gesamt** | **12,5** | **4,5** | **9,8** | **3,9** | **21,2** | **9,8** | **38,2** |
| **Alle Branchen** | **12,0** | **4,9** | **9,8** | **3,9** | **21,5** | **10,0** | **37,9** |

Fehlzeiten-Report 2022

◻ **Tab. 20.117** Verteilung der Arbeitsunfähigkeitsfälle nach Krankheitsarten und ausgewählten Berufsgruppen in der Branche Handel im Jahr 2021, AOK-Mitglieder

| Tätigkeit | AU-Fälle in % | | | | | | |
|---|---|---|---|---|---|---|---|
| | Psyche | Herz/ Kreis- lauf | Atem- wege | Ver- dauung | Muskel/ Skelett | Verlet- zungen | Sonstige |
| Aufsichts-/Führungskr. – Verkauf | 6,9 | 3,4 | 15,8 | 6,9 | 12,5 | 7,1 | 47,4 |
| Berufe im Verkauf (Ohne Spez.) | 6,5 | 2,8 | 16,8 | 6,5 | 13,8 | 7,6 | 46,1 |
| Berufe im Verkauf von Back- u. Kondi- toreiwaren | 7,0 | 3,1 | 15,5 | 6,4 | 13,5 | 7,9 | 46,7 |
| Berufe im Verkauf von Bekleidung, Sportartikeln, Lederwaren u. Schuhen | 6,5 | 2,6 | 18,3 | 6,2 | 11,8 | 7,1 | 47,6 |
| Berufe im Verkauf von drogerie- u. apo- thekenüblichen Waren | 6,5 | 2,4 | 18,9 | 6,4 | 11,4 | 6,6 | 47,8 |
| Berufe im Verkauf von Garten-, Heimwerker-, Haustier- u. Zoobedarf | 5,8 | 2,7 | 16,8 | 7,0 | 14,3 | 9,1 | 44,4 |
| Berufe im Verkauf von Kraftfahrzeugen, Zweirädern u. Zubehör | 4,8 | 2,6 | 21,6 | 7,3 | 9,4 | 7,4 | 47,0 |
| Berufe im Verkauf von Lebensmitteln (ohne Spez.) | 5,8 | 2,9 | 16,1 | 6,8 | 13,0 | 8,6 | 46,7 |
| Berufe im Vertrieb (außer Informations- u. Kommunikationstechnologien) | 5,9 | 3,4 | 18,6 | 7,4 | 10,3 | 6,4 | 47,9 |
| Berufe in der Kraftfahrzeugtechnik | 3,0 | 2,1 | 19,5 | 6,8 | 15,9 | 11,3 | 41,3 |
| Berufe in der Lagerwirtschaft | 4,5 | 3,0 | 15,3 | 6,9 | 21,3 | 8,5 | 40,5 |
| Berufe in der pharmazeutisch- technischen Assistenz | 5,5 | 2,5 | 21,3 | 6,8 | 8,3 | 6,1 | 49,5 |
| Berufskraftfahrer/innen (Güterver- kehr/LKW) | 3,8 | 5,1 | 11,5 | 7,2 | 20,3 | 9,7 | 42,5 |
| Büro- u. Sekretariatskräfte (ohne Spez.) | 5,6 | 2,9 | 18,6 | 7,3 | 9,4 | 6,3 | 49,8 |
| Fahrzeugführer/innen im Straßenverkehr (sonstige spezifische Tätigkeitsangabe) | 4,2 | 4,6 | 12,4 | 6,6 | 20,1 | 9,7 | 42,3 |
| Kassierer/innen u. Kartenverkäufer/in- nen | 7,0 | 3,3 | 15,7 | 6,7 | 13,4 | 7,0 | 46,9 |
| Kaufleute im Groß- u. Außenhandel | 4,3 | 1,9 | 22,3 | 7,2 | 8,3 | 7,6 | 48,3 |
| Kaufmännische u. technische Betriebs- wirtschaft (ohne Spez.) | 5,9 | 2,8 | 19,1 | 7,6 | 9,8 | 6,5 | 48,3 |
| **Branche gesamt** | **5,3** | **3,0** | **16,9** | **6,9** | **15,1** | **8,1** | **44,8** |
| **Alle Branchen** | **5,2** | **3,3** | **16,7** | **6,8** | **15,8** | **7,9** | **44,2** |

Fehlzeiten-Report 2022

**20**

**◻ Tab. 20.118** Anteile der 40 häufigsten Einzeldiagnosen an den AU-Fällen und AU-Tagen in der Branche Handel im Jahr 2021, AOK-Mitglieder

| ICD-10 | Bezeichnung | AU-Fälle in % | AU-Tage in % |
|---|---|---|---|
| J06 | Akute Infektionen an mehreren oder nicht näher bezeichneten Lokalisationen der oberen Atemwege | 9,1 | 4,7 |
| M54 | Rückenschmerzen | 5,8 | 5,7 |
| U99 | Belegte und nicht belegte Schlüsselnummern U99.-! | 4,1 | 2,1 |
| Z11 | Spezielle Verfahren zur Untersuchung auf infektiöse und parasitäre Krankheiten | 3,4 | 1,9 |
| A09 | Sonstige und nicht näher bezeichnete Gastroenteritis und Kolitis infektiösen und nicht näher bezeichneten Ursprungs | 3,1 | 1,1 |
| U07 | Krankheiten mit unklarer Ätiologie, belegte und nicht belegte Schlüsselnummern U07.- | 2,0 | 1,7 |
| R51 | Kopfschmerz | 1,9 | 0,7 |
| R10 | Bauch- und Beckenschmerzen | 1,8 | 0,9 |
| T88 | Sonstige Komplikationen bei chirurgischen Eingriffen und medizinischer Behandlung, anderenorts nicht klassifiziert | 1,8 | 0,4 |
| F43 | Reaktionen auf schwere Belastungen und Anpassungsstörungen | 1,6 | 3,0 |
| K08 | Sonstige Krankheiten der Zähne und des Zahnhalteapparates | 1,5 | 0,4 |
| B34 | Viruskrankheit nicht näher bezeichneter Lokalisation | 1,3 | 0,7 |
| M25 | Sonstige Gelenkkrankheiten, anderenorts nicht klassifiziert | 1,2 | 1,5 |
| I10 | Essentielle (primäre) Hypertonie | 1,2 | 1,1 |
| M79 | Sonstige Krankheiten des Weichteilgewebes, anderenorts nicht klassifiziert | 1,2 | 0,9 |
| F32 | Depressive Episode | 1,1 | 3,6 |
| J00 | Akute Rhinopharyngitis [Erkältungsschnupfen] | 1,1 | 0,5 |
| R53 | Unwohlsein und Ermüdung | 1,0 | 0,9 |
| K29 | Gastritis und Duodenitis | 1,0 | 0,5 |
| R11 | Übelkeit und Erbrechen | 1,0 | 0,4 |
| T14 | Verletzung an einer nicht näher bezeichneten Körperregion | 0,9 | 0,9 |
| K52 | Sonstige nichtinfektiöse Gastroenteritis und Kolitis | 0,9 | 0,3 |
| U12 | Unerwünschte Nebenwirkungen bei der Anwendung von COVID-19-Impfstoffen | 0,9 | 0,2 |
| M99 | Biomechanische Funktionsstörungen, anderenorts nicht klassifiziert | 0,8 | 0,7 |
| G43 | Migräne | 0,8 | 0,3 |
| Z98 | Sonstige Zustände nach chirurgischem Eingriff | 0,7 | 2,0 |

**◻ Tab. 20.118**  (Fortsetzung)

| ICD-10 | Bezeichnung | AU-Fälle in % | AU-Tage in % |
|---|---|---|---|
| M51 | Sonstige Bandscheibenschäden | 0,7 | 1,9 |
| F48 | Andere neurotische Störungen | 0,7 | 1,3 |
| R42 | Schwindel und Taumel | 0,7 | 0,5 |
| M75 | Schulterläsionen | 0,6 | 1,7 |
| F45 | Somatoforme Störungen | 0,6 | 1,2 |
| M77 | Sonstige Enthesopathien | 0,6 | 0,8 |
| J20 | Akute Bronchitis | 0,6 | 0,4 |
| B99 | Sonstige und nicht näher bezeichnete Infektionskrankheiten | 0,6 | 0,3 |
| R07 | Hals- und Brustschmerzen | 0,6 | 0,3 |
| J98 | Sonstige Krankheiten der Atemwege | 0,6 | 0,3 |
| M23 | Binnenschädigung des Kniegelenkes [internal derangement] | 0,5 | 1,1 |
| M53 | Sonstige Krankheiten der Wirbelsäule und des Rückens, anderenorts nicht klassifiziert | 0,5 | 0,6 |
| S93 | Luxation, Verstauchung und Zerrung der Gelenke und Bänder in Höhe des oberen Sprunggelenkes und des Fußes | 0,5 | 0,6 |
| J02 | Akute Pharyngitis | 0,5 | 0,2 |
| **Summe hier** | | **59,5** | **48,3** |
| Restliche | | 40,5 | 51,7 |
| **Gesamtsumme** | | **100,0** | **100,0** |

Fehlzeiten-Report 2022

**20**

◻ **Tab. 20.119** Anteile der 40 häufigsten Diagnoseuntergruppen an den AU-Fällen und AU-Tagen in der Branche Handel im Jahr 2021, AOK-Mitglieder

| ICD-10 | Bezeichnung | AU-Fälle in % | AU-Tage in % |
|---|---|---|---|
| J00–J06 | Akute Infektionen der oberen Atemwege | 12,1 | 6,2 |
| M50–M54 | Sonstige Krankheiten der Wirbelsäule und des Rückens | 6,8 | 7,7 |
| R50–R69 | Allgemeinsymptome | 4,7 | 3,2 |
| U98–U99 | Belegte und nicht belegte Schlüsselnummern | 4,4 | 2,3 |
| Z00–Z13 | Personen, die das Gesundheitswesen zur Untersuchung und Abklärung in Anspruch nehmen | 3,8 | 2,2 |
| A00–A09 | Infektiöse Darmkrankheiten | 3,8 | 1,3 |
| F40–F48 | Neurotische, Belastungs- und somatoforme Störungen | 3,3 | 6,8 |
| U00–U49 | Vorläufige Zuordnungen für Krankheiten mit unklarer Ätiologie, belegte und nicht belegte Schlüsselnummern | 3,3 | 2,3 |
| R10–R19 | Symptome, die das Verdauungssystem und das Abdomen betreffen | 3,0 | 1,5 |
| M70–M79 | Sonstige Krankheiten des Weichteilgewebes | 2,8 | 4,0 |
| T80–T88 | Komplikationen bei chirurgischen Eingriffen und medizinischer Behandlung, anderenorts nicht klassifiziert | 2,2 | 0,7 |
| K00–K14 | Krankheiten der Mundhöhle, der Speicheldrüsen und der Kiefer | 2,0 | 0,6 |
| M20–M25 | Sonstige Gelenkkrankheiten | 1,7 | 2,9 |
| G40–G47 | Episodische und paroxysmale Krankheiten des Nervensystems | 1,7 | 1,3 |
| Z80–Z99 | Personen mit potentiellen Gesundheitsrisiken aufgrund der Familien- oder Eigenanamnese und bestimmte Zustände, die den Gesundheitszustand beeinflussen | 1,6 | 3,5 |
| F30–F39 | Affektive Störungen | 1,5 | 5,4 |
| R00–R09 | Symptome, die das Kreislaufsystem und das Atmungssystem betreffen | 1,5 | 1,1 |
| I10–I15 | Hypertonie [Hochdruckkrankheit] | 1,4 | 1,3 |
| B25–B34 | Sonstige Viruskrankheiten | 1,4 | 0,8 |
| K20–K31 | Krankheiten des Ösophagus, des Magens und des Duodenums | 1,4 | 0,8 |
| K50–K52 | Nichtinfektiöse Enteritis und Kolitis | 1,2 | 0,6 |
| T08–T14 | Verletzungen nicht näher bezeichneter Teile des Rumpfes, der Extremitäten oder anderer Körperregionen | 1,1 | 1,1 |
| J40–J47 | Chronische Krankheiten der unteren Atemwege | 1,0 | 0,8 |
| R40–R46 | Symptome, die das Erkennungs- und Wahrnehmungsvermögen, die Stimmung und das Verhalten betreffen | 1,0 | 0,8 |
| S60–S69 | Verletzungen des Handgelenkes und der Hand | 0,9 | 1,3 |
| S90–S99 | Verletzungen der Knöchelregion und des Fußes | 0,9 | 1,3 |

**⬛ Tab. 20.119** (Fortsetzung)

| ICD-10 | Bezeichnung | AU-Fälle in % | AU-Tage in % |
|---|---|---|---|
| M95–M99 | Sonstige Krankheiten des Muskel-Skelett-Systems und des Bindegewebes | 0,9 | 0,8 |
| K55–K64 | Sonstige Krankheiten des Darmes | 0,9 | 0,7 |
| S80–S89 | Verletzungen des Knies und des Unterschenkels | 0,8 | 1,8 |
| J20–J22 | Sonstige akute Infektionen der unteren Atemwege | 0,8 | 0,5 |
| J30–J39 | Sonstige Krankheiten der oberen Atemwege | 0,8 | 0,5 |
| M15–M19 | Arthrose | 0,7 | 2,1 |
| G50–G59 | Krankheiten von Nerven, Nervenwurzeln und Nervenplexus | 0,7 | 1,4 |
| J95–J99 | Sonstige Krankheiten des Atmungssystems | 0,7 | 0,5 |
| E70–E90 | Stoffwechselstörungen | 0,7 | 0,5 |
| N30–N39 | Sonstige Krankheiten des Harnsystems | 0,7 | 0,4 |
| Z40–Z54 | Personen, die das Gesundheitswesen zum Zwecke spezifischer Maßnahmen und zur medizinischen Betreuung in Anspruch nehmen | 0,6 | 0,9 |
| N80–N98 | Nichtentzündliche Krankheiten des weiblichen Genitaltraktes | 0,6 | 0,4 |
| Z20–Z29 | Personen mit potentiellen Gesundheitsrisiken hinsichtlich übertragbarer Krankheiten | 0,6 | 0,4 |
| B99–B99 | Sonstige Infektionskrankheiten | 0,6 | 0,3 |
| **Summe hier** | | **80,6** | **73,0** |
| Restliche | | 19,4 | 27,0 |
| **Gesamtsumme** | | **100,0** | **100,0** |

Fehlzeiten-Report 2022

**20**

## 20.8 Land- und Forstwirtschaft

| | |
|---|---|
| Entwicklung des Krankenstands der AOK-Mitglieder in der Branche Land- und Forstwirtschaft in den Jahren 1997 bis 2021 | ◪ Tab. 20.120 |
| Arbeitsunfähigkeit der AOK-Mitglieder in der Branche Land- und Forstwirtschaft nach Bundesländern im Jahr 2021 im Vergleich zum Vorjahr | ◪ Tab. 20.121 |
| Arbeitsunfähigkeit der AOK-Mitglieder nach Wirtschaftsabteilungen in der Branche Land- und Forstwirtschaft im Jahr 2021 | ◪ Tab. 20.122 |
| Kennzahlen der Arbeitsunfähigkeit nach ausgewählten Berufsgruppen in der Branche Land- und Forstwirtschaft im Jahr 2021 | ◪ Tab. 20.123 |
| Dauer der Arbeitsunfähigkeit der AOK-Mitglieder in der Branche Land- und Forstwirtschaft im Jahr 2021 | ◪ Tab. 20.124 |
| Tage der Arbeitsunfähigkeit je AOK-Mitglied nach Wirtschaftsabteilung und Betriebsgröße in der Branche Land- und Forstwirtschaft im Jahr 2021 | ◪ Tab. 20.125 |
| Krankenstand in Prozent nach Ausbildungsabschluss in der Branche Land- und Forstwirtschaft im Jahr 2021, AOK-Mitglieder | ◪ Tab. 20.126 |
| Tage der Arbeitsunfähigkeit je AOK-Mitglied nach Ausbildungsabschluss in der Branche Land- und Forstwirtschaft im Jahr 2021 | ◪ Tab. 20.127 |
| Anteil der Arbeitsunfälle an den AU-Fällen und -Tagen in Prozent nach Wirtschaftsabteilungen in der Branche Land- und Forstwirtschaft im Jahr 2021, AOK-Mitglieder | ◪ Tab. 20.128 |
| Tage und Fälle der Arbeitsunfähigkeit durch Arbeitsunfälle nach Berufsgruppen in der Branche Land- und Forstwirtschaft im Jahr 2021, AOK-Mitglieder | ◪ Tab. 20.129 |
| Tage und Fälle der Arbeitsunfähigkeit je 100 AOK-Mitglieder nach Krankheitsarten in der Branche Land- und Forstwirtschaft in den Jahren 1997 bis 2021 | ◪ Tab. 20.130 |
| Verteilung der Arbeitsunfähigkeitstage nach Krankheitsarten in Prozent in der Branche Land- und Forstwirtschaft im Jahr 2021, AOK-Mitglieder | ◪ Tab. 20.131 |
| Verteilung der Arbeitsunfähigkeitsfälle nach Krankheitsarten in Prozent in der Branche Land- und Forstwirtschaft im Jahr 2021, AOK-Mitglieder | ◪ Tab. 20.132 |
| Verteilung der Arbeitsunfähigkeitstage nach Krankheitsarten und ausgewählten Berufsgruppen in der Branche Land- und Forstwirtschaft im Jahr 2021, AOK-Mitglieder | ◪ Tab. 20.133 |
| Verteilung der Arbeitsunfähigkeitsfälle nach Krankheitsarten und ausgewählten Berufsgruppen in der Branche Land- und Forstwirtschaft im Jahr 2021, AOK-Mitglieder | ◪ Tab. 20.134 |
| Anteile der 40 häufigsten Einzeldiagnosen an den AU-Fällen und AU-Tagen in der Branche Land- und Forstwirtschaft im Jahr 2021, AOK-Mitglieder | ◪ Tab. 20.135 |
| Anteile der 40 häufigsten Diagnoseuntergruppen an den AU-Fällen und AU-Tagen in der Branche Land- und Forstwirtschaft im Jahr 2021, AOK-Mitglieder | ◪ Tab. 20.136 |

**◻ Tab. 20.120** Entwicklung des Krankenstands der AOK-Mitglieder in der Branche Land- und Forstwirtschaft in den Jahren 1997 bis 2021

| Jahr | Krankenstand in % | | | AU-Fälle je 100 AOK-Mitglieder | | | Tage je Fall | | |
|---|---|---|---|---|---|---|---|---|---|
| | West | Ost | Bund | West | Ost | Bund | West | Ost | Bund |
| 1997 | 4,6 | 5,0 | 4,8 | 137,4 | 117,7 | 129,7 | 12,3 | 15,4 | 13,4 |
| 1998 | 4,8 | 4,9 | 4,8 | 143,1 | 121,4 | 135,1 | 12,1 | 14,9 | 13,0 |
| 1999 | 4,6 | 6,0 | 5,3 | 149,6 | 142,6 | 147,6 | 11,6 | 14,2 | 12,3 |
| 2000 | 4,6 | 5,5 | 5,0 | 145,7 | 139,7 | 142,7 | 11,6 | 14,3 | 12,9 |
| 2001 | 4,6 | 5,4 | 5,0 | 144,3 | 130,2 | 137,6 | 11,7 | 15,1 | 13,2 |
| 2002 | 4,5 | 5,2 | 4,8 | 142,4 | 126,5 | 135,0 | 11,4 | 15,1 | 13,0 |
| 2003 | 4,2 | 4,9 | 4,5 | 135,5 | 120,5 | 128,5 | 11,2 | 14,8 | 12,8 |
| 2004 | 3,8 | 4,3 | 4,0 | 121,5 | 109,1 | 115,6 | 11,4 | 14,6 | 12,8 |
| 2005 | 3,5 | 4,3 | 3,9 | 113,7 | 102,1 | 108,4 | 11,3 | 15,3 | 13,0 |
| 2006 | 3,3 | 4,1 | 3,7 | 110,2 | 96,5 | 104,3 | 11,0 | 15,4 | 12,8 |
| 2007 | 3,6 | 4,4 | 3,9 | 117,1 | 102,2 | 110,8 | 11,1 | 15,7 | 12,9 |
| 2008 (WZ03) | 3,7 | 4,6 | 4,1 | 121,1 | 107,6 | 115,4 | 11,1 | 15,7 | 12,9 |
| 2008 (WZ08)[a] | 3,1 | 4,6 | 3,9 | 101,5 | 101,6 | 101,6 | 11,3 | 16,5 | 13,9 |
| 2009 | 3,0 | 5,0 | 4,0 | 101,0 | 108,9 | 104,8 | 11,0 | 16,8 | 13,9 |
| 2010 | 3,3 | 5,1 | 4,2 | 99,6 | 112,5 | 105,6 | 12,2 | 16,7 | 14,4 |
| 2011 | 3,4 | 4,9 | 4,0 | 99,7 | 114,0 | 105,8 | 12,4 | 15,7 | 13,9 |
| 2012 | 3,2 | 5,4 | 4,1 | 91,0 | 110,2 | 99,2 | 12,9 | 17,8 | 15,2 |
| 2013 | 3,3 | 5,5 | 4,2 | 98,3 | 116,4 | 105,7 | 12,4 | 17,3 | 14,6 |
| 2014 | 3,4 | 5,5 | 4,2 | 92,5 | 112,2 | 100,3 | 13,2 | 17,9 | 15,3 |
| 2015 | 3,4 | 5,7 | 4,3 | 97,2 | 121,4 | 106,6 | 12,9 | 17,2 | 14,8 |
| 2016 | 3,5 | 5,9 | 4,4 | 97,8 | 123,2 | 107,8 | 13,1 | 17,5 | 15,0 |
| 2017 | 3,5 | 6,0 | 4,4 | 96,1 | 122,7 | 106,2 | 13,3 | 17,7 | 15,2 |
| 2018 | 3,6 | 6,2 | 4,5 | 97,5 | 129,3 | 109,2 | 13,4 | 17,6 | 15,2 |
| 2019 | 3,5 | 6,3 | 4,5 | 93,3 | 124,1 | 104,3 | 13,8 | 18,5 | 15,8 |
| 2020 | 3,6 | 6,2 | 4,5 | 85,6 | 114,4 | 95,8 | 15,6 | 19,9 | 17,4 |
| 2021 | 3,6 | 6,3 | 4,5 | 86,7 | 119,5 | 98,0 | 15,1 | 19,4 | 16,9 |

[a] aufgrund der Revision der Wirtschaftszweigklassifikation in 2008 ist eine Vergleichbarkeit mit den Vorjahren nur bedingt möglich
Fehlzeiten-Report 2022

◻ **Tab. 20.121** Arbeitsunfähigkeit der AOK-Mitglieder in der Branche Land- und Forstwirtschaft nach Bundesländern im Jahr 2021 im Vergleich zum Vorjahr

| Bundesland | Kranken-stand in % | Arbeitsunfähigkeit je 100 AOK-Mitglieder | | | | Tage je Fall | Veränd. z. Vorj. in % | AU-Quote in % |
|---|---|---|---|---|---|---|---|---|
| | | AU-Fälle | Veränd. z. Vorj. in % | AU-Tage | Veränd. z. Vorj. in % | | | |
| Baden-Württemberg | 3,4 | 84,7 | −1,0 | 1.258,2 | 0,3 | 14,9 | 1,4 | 25,9 |
| Bayern | 3,3 | 78,6 | 3,1 | 1.201,5 | 0,8 | 15,3 | −2,2 | 25,4 |
| Berlin | 3,3 | 130,2 | 7,6 | 1.208,4 | −16,6 | 9,3 | −22,5 | 37,9 |
| Brandenburg | 6,3 | 111,9 | 1,4 | 2.302,2 | 2,0 | 20,6 | 0,6 | 41,6 |
| Bremen | 2,4 | 108,9 | 10,9 | 860,1 | −20,4 | 7,9 | −28,2 | 35,8 |
| Hamburg | 3,4 | 64,8 | 4,6 | 1.225,6 | 11,2 | 18,9 | 6,3 | 19,0 |
| Hessen | 4,0 | 101,7 | 3,0 | 1.447,9 | −15,2 | 14,2 | −17,7 | 32,5 |
| Mecklenburg-Vorpommern | 6,0 | 100,7 | −0,3 | 2.172,9 | −3,9 | 21,6 | −3,6 | 41,1 |
| Niedersachsen | 4,0 | 100,5 | 2,2 | 1.467,4 | −0,5 | 14,6 | −2,7 | 33,5 |
| Nordrhein-Westfalen | 3,6 | 84,6 | −2,1 | 1.316,5 | −2,5 | 15,6 | −0,3 | 25,5 |
| Rheinland-Pfalz | 2,8 | 58,4 | 0,1 | 1.013,7 | −3,3 | 17,4 | −3,4 | 14,9 |
| Saarland | 3,5 | 96,8 | 5,8 | 1.288,3 | −18,2 | 13,3 | −22,6 | 35,5 |
| Sachsen | 6,4 | 126,4 | 6,2 | 2.348,6 | 4,6 | 18,6 | −1,5 | 54,2 |
| Sachsen-Anhalt | 6,3 | 119,0 | 5,6 | 2.312,7 | −0,6 | 19,4 | −5,8 | 46,2 |
| Schleswig-Holstein | 3,7 | 85,1 | 6,0 | 1.364,4 | −2,6 | 16,0 | −8,1 | 28,0 |
| Thüringen | 6,5 | 129,2 | 6,5 | 2.369,8 | 3,8 | 18,3 | −2,5 | 50,1 |
| **West** | **3,6** | **86,7** | **1,3** | **1.311,1** | **−1,8** | **15,1** | **−3,1** | **27,1** |
| **Ost** | **6,3** | **119,5** | **4,5** | **2.313,5** | **1,9** | **19,4** | **−2,5** | **47,7** |
| **Bund** | **4,5** | **98,0** | **2,3** | **1.653,0** | **−0,7** | **16,9** | **−2,9** | **33,0** |

Fehlzeiten-Report 2022

**◧ Tab. 20.122** Arbeitsunfähigkeit der AOK-Mitglieder nach Wirtschaftsabteilungen in der Branche Land- und Forstwirtschaft im Jahr 2021

| Wirtschaftsabteilungen | Krankenstand in % | | Arbeitsunfähigkeiten je 100 AOK-Mitglieder | | Tage je Fall | AU-Quote in % |
|---|---|---|---|---|---|---|
| | 2021 | 2021 stand.[a] | Fälle | Tage | | |
| Fischerei und Aquakultur | 4,4 | 4,3 | 102,2 | 1.620,5 | 15,9 | 38,3 |
| Forstwirtschaft und Holzeinschlag | 5,6 | 4,8 | 122,0 | 2.027,1 | 16,6 | 41,5 |
| Landwirtschaft, Jagd und damit verbundene Tätigkeiten | 4,4 | 4,4 | 95,5 | 1.615,8 | 16,9 | 32,2 |
| **Branche gesamt** | **4,5** | **4,5** | **98,0** | **1.653,0** | **16,9** | **33,0** |
| **Alle Branchen** | **5,4** | **5,5** | **148,9** | **1.971,5** | **13,2** | **50,5** |

[a] Krankenstand alters- und geschlechtsstandardisiert
Fehlzeiten-Report 2022

**20**

☐ **Tab. 20.123** Kennzahlen der Arbeitsunfähigkeit nach ausgewählten Berufsgruppen in der Branche Land- und Forstwirtschaft im Jahr 2021

| Tätigkeit | Kranken-stand in % | Arbeitsunfähigkeit je 100 AOK-Mitglieder | | Tage je Fall | AU-Quote in % | Anteil der Berufsgruppe an der Branche in %[a] |
|---|---|---|---|---|---|---|
| | | AU-Fälle | AU-Tage | | | |
| Berufe im Gartenbau (ohne Spez.) | 3,8 | 108,8 | 1.401,8 | 12,9 | 32,3 | 9,7 |
| Berufe in Baumschule, Staudengärtnerei u. Zierpflanzenbau | 5,0 | 157,0 | 1.816,8 | 11,6 | 52,6 | 1,5 |
| Berufe in der Floristik | 4,6 | 109,4 | 1.675,9 | 15,3 | 50,3 | 1,0 |
| Berufe in der Forstwirtschaft | 6,1 | 134,4 | 2.241,9 | 16,7 | 43,2 | 5,0 |
| Berufe in der Lagerwirtschaft | 6,6 | 155,8 | 2.426,0 | 15,6 | 52,2 | 1,3 |
| Berufe in der Landwirtschaft (ohne Spez.) | 3,4 | 73,7 | 1.235,2 | 16,8 | 22,7 | 49,1 |
| Berufe in der Nutztierhaltung (außer Geflügelhaltung) | 7,3 | 116,4 | 2.670,0 | 22,9 | 47,9 | 6,2 |
| Berufe in der Pferdewirtschaft (ohne Spez.) | 3,7 | 83,8 | 1.349,1 | 16,1 | 31,3 | 1,7 |
| Berufe in der Tierpflege (ohne Spez.) | 7,5 | 111,4 | 2.725,0 | 24,5 | 46,5 | 1,4 |
| Berufskraftfahrer/innen (Güterverkehr/LKW) | 6,0 | 111,6 | 2.205,1 | 19,8 | 44,0 | 1,3 |
| Büro- u. Sekretariatskräfte (ohne Spez.) | 3,7 | 96,9 | 1.338,2 | 13,8 | 41,9 | 2,1 |
| Führer/innen von land- u. forstwirtschaftlichen Maschinen | 5,2 | 101,6 | 1.913,7 | 18,8 | 45,5 | 2,5 |
| **Branche gesamt** | **4,5** | **98,0** | **1.653,0** | **16,9** | **33,0** | **1,3[b]** |

[a] Anteil der AOK-Mitglieder in der Berufsgruppe an den in der Branche beschäftigten AOK-Mitgliedern insgesamt
[b] Anteil der AOK-Mitglieder in der Branche an allen AOK-Mitgliedern
Fehlzeiten-Report 2022

**◻ Tab. 20.124** Dauer der Arbeitsunfähigkeit der AOK-Mitglieder in der Branche Land- und Forstwirtschaft im Jahr 2021

| Fallklasse | Branche hier | | Alle Branchen | |
|---|---|---|---|---|
| | Anteil Fälle in % | Anteil Tage in % | Anteil Fälle in % | Anteil Tage in % |
| 1–3 Tage | 31,6 | 3,6 | 35,0 | 5,2 |
| 4–7 Tage | 26,0 | 7,9 | 29,0 | 11,1 |
| 8–14 Tage | 18,4 | 11,5 | 17,6 | 13,9 |
| 15–21 Tage | 8,2 | 8,4 | 6,9 | 8,9 |
| 22–28 Tage | 3,9 | 5,7 | 3,2 | 5,9 |
| 29–42 Tage | 4,2 | 8,5 | 3,3 | 8,7 |
| > 42 Tage | 7,7 | 54,4 | 5,1 | 46,3 |

Fehlzeiten-Report 2022

**◻ Tab. 20.125** Tage der Arbeitsunfähigkeit je AOK-Mitglied nach Wirtschaftsabteilung und Betriebsgröße in der Branche Land- und Forstwirtschaft im Jahr 2021

| Wirtschaftsabteilungen | Betriebsgröße (Anzahl der AOK-Mitglieder) | | | | | |
|---|---|---|---|---|---|---|
| | 10–49 | 50–99 | 100–199 | 200–499 | 500–999 | ≥ 1.000 |
| Fischerei und Aquakultur | 30,2 | 8,7 | – | – | – | – |
| Forstwirtschaft und Holzeinschlag | 22,1 | 23,5 | 3,3 | 2,3 | 28,1 | – |
| Landwirtschaft, Jagd und damit verbundene Tätigkeiten | 19,0 | 18,5 | 13,6 | 9,5 | 2,5 | – |
| **Branche gesamt** | **19,3** | **18,7** | **13,0** | **9,4** | **14,8** | **–** |
| **Alle Branchen** | **20,3** | **22,4** | **22,7** | **22,5** | **22,6** | **22,4** |

Fehlzeiten-Report 2022

◨ **Tab. 20.126** Krankenstand in Prozent nach Ausbildungsabschluss in der Branche Land- und Forstwirtschaft im Jahr 2021, AOK-Mitglieder

| Wirtschafts-abteilungen | Ausbildung | | | | | | |
|---|---|---|---|---|---|---|---|
| | ohne Aus-bildungs-abschluss | mit Aus-bildungs-abschluss | Meister/ Techniker | Bachelor | Diplom/ Magister/ Master/ Staats-examen | Promotion | unbekannt |
| Fischerei und Aqua-kultur | 3,4 | 5,5 | 2,0 | – | 1,4 | – | 3,8 |
| Forstwirtschaft und Holzeinschlag | 4,8 | 6,8 | 5,6 | 3,8 | 3,1 | – | 4,1 |
| Landwirtschaft, Jagd und damit verbundene Tätigkeiten | 4,4 | 5,7 | 5,1 | 2,1 | 3,6 | 2,7 | 3,1 |
| **Branche gesamt** | **4,4** | **5,8** | **5,2** | **2,3** | **3,5** | **2,9** | **3,2** |
| **Alle Branchen** | **5,9** | **6,0** | **4,7** | **2,3** | **2,8** | **2,0** | **4,9** |

Fehlzeiten-Report 2022

◨ **Tab. 20.127** Tage der Arbeitsunfähigkeit je AOK-Mitglied nach Ausbildungsabschluss in der Branche Land- und Forstwirtschaft im Jahr 2021

| Wirtschafts-abteilungen | Ausbildung | | | | | | |
|---|---|---|---|---|---|---|---|
| | ohne Aus-bildungs-abschluss | mit Aus-bildungs-abschluss | Meister/ Techniker | Bachelor | Diplom/ Magister/ Master/ Staats-examen | Promotion | unbekannt |
| Fischerei und Aqua-kultur | 12,6 | 20,2 | 7,2 | – | 5,0 | – | 14,0 |
| Forstwirtschaft und Holzeinschlag | 17,6 | 24,7 | 20,4 | 13,9 | 11,2 | – | 14,9 |
| Landwirtschaft, Jagd und damit verbundene Tätigkeiten | 16,0 | 20,9 | 18,8 | 7,5 | 13,1 | 9,8 | 11,4 |
| **Branche gesamt** | **16,1** | **21,3** | **18,8** | **8,4** | **12,8** | **10,5** | **11,7** |
| **Alle Branchen** | **21,4** | **21,9** | **17,1** | **8,3** | **10,2** | **7,3** | **17,9** |

Fehlzeiten-Report 2022

**◻ Tab. 20.128** Anteil der Arbeitsunfälle an den AU-Fällen und -Tagen in Prozent nach Wirtschaftsabteilungen in der Branche Land- und Forstwirtschaft im Jahr 2021, AOK-Mitglieder

| Wirtschaftsabteilungen | AU-Fälle in % | AU-Tage in % |
|---|---|---|
| Fischerei und Aquakultur | 5,5 | 9,2 |
| Forstwirtschaft und Holzeinschlag | 7,7 | 15,9 |
| Landwirtschaft, Jagd und damit verbundene Tätigkeiten | 7,5 | 12,5 |
| **Branche gesamt** | **7,5** | **12,9** |
| **Alle Branchen** | **3,0** | **5,7** |

Fehlzeiten-Report 2022

**◻ Tab. 20.129** Tage und Fälle der Arbeitsunfähigkeit durch Arbeitsunfälle nach Berufsgruppen in der Branche Land- und Forstwirtschaft im Jahr 2021, AOK-Mitglieder

| Tätigkeit | Arbeitsunfähigkeit je 1.000 AOK-Mitglieder | |
|---|---|---|
| | AU-Tage | AU-Fälle |
| Berufe in der Forstwirtschaft | 3.977,0 | 113,2 |
| Berufe in der Tierpflege (ohne Spez.) | 3.856,5 | 98,7 |
| Berufe in der Nutztierhaltung (außer Geflügelhaltung) | 3.567,4 | 117,8 |
| Berufe in der Pferdewirtschaft (ohne Spez.) | 3.492,9 | 139,0 |
| Führer/innen von land- u. forstwirtschaftlichen Maschinen | 2.278,8 | 76,5 |
| Berufskraftfahrer/innen (Güterverkehr/LKW) | 1.927,6 | 75,6 |
| Berufe in der Lagerwirtschaft | 1.927,4 | 69,6 |
| Berufe in der Landwirtschaft (ohne Spez.) | 1.832,8 | 68,8 |
| Berufe im Gartenbau (ohne Spez.) | 1.474,4 | 51,8 |
| Berufe in Baumschule, Staudengärtnerei u. Zierpflanzenbau | 1.467,1 | 53,9 |
| Berufe in der Floristik | 600,0 | 26,5 |
| Büro- u. Sekretariatskräfte (ohne Spez.) | 508,1 | 15,1 |
| **Branche gesamt** | **2.128,1** | **73,2** |
| **Alle Branchen** | **1.121,9** | **44,7** |

Fehlzeiten-Report 2022

**◻ Tab. 20.130** Tage und Fälle der Arbeitsunfähigkeit je 100 AOK-Mitglieder nach Krankheitsarten in der Branche Land- und Forstwirtschaft in den Jahren 1997 bis 2021

| Jahr | Arbeitsunfähigkeiten je 100 AOK-Mitglieder | | | | | | | | | | | |
|------|-------|-------|----------------|-------|----------|-------|-----------|-------|-----------------|-------|--------------|-------|
| | Psyche | | Herz/Kreis-lauf | | Atemwege | | Verdauung | | Muskel/Skelett | | Verletzungen | |
| | Tage | Fälle | Tage | Fälle | Tage | Fälle | Tage | Fälle | Tage | Fälle | Tage | Fälle |
| 1997 | 75,0 | 3,4 | 150,6 | 7,4 | 270,0 | 34,3 | 150,6 | 19,3 | 511,1 | 29,7 | 390,3 | 23,9 |
| 1998 | 79,5 | 3,9 | 155,0 | 7,8 | 279,3 | 36,9 | 147,4 | 19,8 | 510,9 | 31,5 | 376,8 | 23,7 |
| 1999 | 89,4 | 4,5 | 150,6 | 8,2 | 309,1 | 42,0 | 152,1 | 21,7 | 537,3 | 34,0 | 366,8 | 23,7 |
| 2000 | 80,9 | 4,2 | 140,7 | 7,6 | 278,6 | 35,9 | 136,3 | 18,4 | 574,4 | 35,5 | 397,9 | 24,0 |
| 2001 | 85,2 | 4,7 | 149,4 | 8,2 | 262,5 | 35,1 | 136,2 | 18,7 | 587,8 | 36,4 | 390,1 | 23,6 |
| 2002 | 85,0 | 4,6 | 155,5 | 8,3 | 237,6 | 33,0 | 134,4 | 19,0 | 575,3 | 35,7 | 376,6 | 23,5 |
| 2003 | 82,8 | 4,6 | 143,9 | 8,0 | 233,8 | 33,1 | 123,7 | 17,8 | 512,0 | 32,5 | 368,5 | 22,5 |
| 2004 | 92,8 | 4,5 | 145,0 | 7,2 | 195,8 | 27,0 | 123,5 | 17,3 | 469,8 | 29,9 | 344,0 | 20,9 |
| 2005 | 90,1 | 4,1 | 142,3 | 6,7 | 208,7 | 28,6 | 111,3 | 14,7 | 429,7 | 26,8 | 336,2 | 19,7 |
| 2006 | 84,3 | 4,0 | 130,5 | 6,5 | 164,4 | 23,4 | 105,6 | 15,0 | 415,1 | 26,9 | 341,5 | 20,3 |
| 2007 | 90,2 | 4,1 | 143,8 | 6,6 | 187,2 | 26,9 | 112,5 | 16,2 | 451,4 | 28,1 | 347,5 | 20,0 |
| 2008 (WZ03) | 94,9 | 4,5 | 153,2 | 7,0 | 195,6 | 27,8 | 119,6 | 17,3 | 472,0 | 29,2 | 350,9 | 19,9 |
| 2008 (WZ08)[a] | 88,2 | 4,0 | 160,5 | 6,8 | 176,9 | 23,8 | 112,4 | 15,5 | 436,4 | 24,8 | 336,1 | 18,3 |
| 2009 | 95,9 | 4,2 | 155,5 | 6,9 | 207,5 | 27,5 | 107,1 | 15,0 | 427,5 | 24,1 | 337,9 | 18,2 |
| 2010 | 105,3 | 4,4 | 153,8 | 6,7 | 181,5 | 23,5 | 106,4 | 14,0 | 481,0 | 25,7 | 368,9 | 19,1 |
| 2011 | 112,7 | 4,7 | 154,0 | 6,7 | 174,8 | 23,5 | 106,5 | 13,9 | 461,2 | 25,5 | 353,2 | 18,9 |
| 2012 | 123,7 | 4,8 | 168,7 | 6,9 | 169,5 | 21,8 | 108,8 | 13,2 | 482,1 | 24,7 | 357,5 | 17,1 |
| 2013 | 127,7 | 4,9 | 170,9 | 6,5 | 216,6 | 27,5 | 111,1 | 13,5 | 481,5 | 24,9 | 361,8 | 17,4 |
| 2014 | 133,3 | 5,2 | 165,5 | 7,1 | 169,2 | 21,6 | 110,1 | 13,2 | 493,6 | 25,1 | 364,2 | 17,3 |
| 2015 | 139,2 | 5,3 | 171,2 | 7,1 | 207,6 | 26,8 | 108,1 | 13,4 | 499,1 | 25,0 | 358,6 | 17,1 |
| 2016 | 147,3 | 5,6 | 157,6 | 7,3 | 201,7 | 26,0 | 105,4 | 13,7 | 528,7 | 25,8 | 359,5 | 17,1 |
| 2017 | 149,9 | 5,6 | 149,5 | 7,1 | 205,1 | 26,2 | 106,7 | 13,3 | 522,4 | 25,2 | 359,4 | 16,5 |
| 2018 | 148,5 | 5,7 | 147,6 | 7,1 | 227,3 | 28,3 | 107,8 | 13,0 | 515,5 | 25,1 | 367,0 | 16,6 |
| 2019 | 159,4 | 5,8 | 149,2 | 6,9 | 188,0 | 24,8 | 104,3 | 12,7 | 530,2 | 24,6 | 371,7 | 15,9 |
| 2020 | 170,9 | 5,6 | 160,3 | 6,4 | 182,5 | 20,5 | 99,0 | 11,6 | 554,6 | 24,4 | 357,5 | 14,8 |
| 2021 | 174,7 | 5,8 | 156,1 | 6,4 | 185,7 | 20,1 | 96,9 | 11,0 | 547,1 | 24,6 | 356,2 | 16,3 |

[a] aufgrund der Revision der Wirtschaftszweigklassifikation in 2008 ist eine Vergleichbarkeit mit den Vorjahren nur bedingt möglich

Fehlzeiten-Report 2022

◼ **Tab. 20.131** Verteilung der Arbeitsunfähigkeitstage nach Krankheitsarten in Prozent in der Branche Land- und Forstwirtschaft im Jahr 2021, AOK-Mitglieder

| Wirtschaftsabteilungen | AU-Tage in % | | | | | | |
|---|---|---|---|---|---|---|---|
| | Psyche | Herz/ Kreislauf | Atem- wege | Ver- dauung | Muskel/ Skelett | Verlet- zungen | Sonstige |
| Fischerei und Aquakultur | 12,1 | 3,1 | 7,0 | 4,3 | 26,9 | 13,5 | 33,1 |
| Forstwirtschaft und Holz- einschlag | 6,0 | 6,2 | 7,4 | 3,6 | 24,4 | 17,2 | 35,2 |
| Landwirtschaft, Jagd und damit verbundene Tätigkei- ten | 7,4 | 6,6 | 7,8 | 4,1 | 22,5 | 14,5 | 37,1 |
| **Branche gesamt** | **7,3** | **6,5** | **7,7** | **4,0** | **22,8** | **14,8** | **36,9** |
| **Alle Branchen** | **12,0** | **4,9** | **9,8** | **3,9** | **21,5** | **10,0** | **37,9** |

Fehlzeiten-Report 2022

◼ **Tab. 20.132** Verteilung der Arbeitsunfähigkeitsfälle nach Krankheitsarten in Prozent in der Branche Land- und Forstwirtschaft im Jahr 2021, AOK-Mitglieder

| Wirtschaftsabteilungen | AU-Fälle in % | | | | | | |
|---|---|---|---|---|---|---|---|
| | Psyche | Herz/ Kreislauf | Atem- wege | Ver- dauung | Muskel/ Skelett | Verlet- zungen | Sonstige |
| Fischerei und Aquakultur | 5,3 | 3,5 | 13,4 | 6,8 | 15,8 | 9,2 | 46,0 |
| Forstwirtschaft und Holz- einschlag | 3,4 | 4,4 | 13,1 | 6,8 | 19,3 | 11,8 | 41,2 |
| Landwirtschaft, Jagd und damit verbundene Tätig- keiten | 4,0 | 4,3 | 13,5 | 7,4 | 16,1 | 10,8 | 44,0 |
| **Branche gesamt** | **3,9** | **4,3** | **13,4** | **7,3** | **16,4** | **10,9** | **43,7** |
| **Alle Branchen** | **5,2** | **3,3** | **16,7** | **6,8** | **15,8** | **7,9** | **44,2** |

Fehlzeiten-Report 2022

**20**

◘ **Tab. 20.133** Verteilung der Arbeitsunfähigkeitstage nach Krankheitsarten und ausgewählten Berufsgruppen in der Branche Land- und Forstwirtschaft im Jahr 2021, AOK-Mitglieder

| Tätigkeit | AU-Tage in % | | | | | | |
|---|---|---|---|---|---|---|---|
| | Psyche | Herz/ Kreislauf | Atem- wege | Ver- dauung | Muskel/ Skelett | Verlet- zungen | Sonstige |
| Berufe im Gartenbau (ohne Spez.) | 7,1 | 4,7 | 7,6 | 4,5 | 24,2 | 14,6 | 37,2 |
| Berufe in Baumschule, Staudengärtnerei u. Zier- pflanzenbau | 10,2 | 5,3 | 9,5 | 4,1 | 21,3 | 11,1 | 38,6 |
| Berufe in der Floristik | 9,4 | 4,3 | 9,2 | 3,1 | 19,2 | 11,9 | 42,9 |
| Berufe in der Forstwirtschaft | 6,0 | 5,8 | 7,1 | 3,6 | 26,4 | 18,9 | 32,3 |
| Berufe in der Lagerwirtschaft | 7,8 | 6,3 | 8,2 | 4,8 | 25,5 | 10,9 | 36,5 |
| Berufe in der Landwirtschaft (ohne Spez.) | 5,9 | 7,1 | 7,6 | 4,4 | 21,1 | 16,7 | 37,2 |
| Berufe in der Nutztierhaltung (außer Geflügelhaltung) | 7,7 | 7,1 | 7,7 | 3,3 | 26,2 | 14,3 | 33,6 |
| Berufe in der Pferdewirtschaft (ohne Spez.) | 7,5 | 2,4 | 6,2 | 3,5 | 22,9 | 26,7 | 30,9 |
| Berufe in der Tierpflege (ohne Spez.) | 7,7 | 7,2 | 7,0 | 5,1 | 26,5 | 14,0 | 32,5 |
| Berufskraftfahrer/innen (Gü- terverkehr/LKW) | 5,4 | 8,8 | 6,4 | 3,8 | 23,0 | 10,6 | 42,1 |
| Büro- u. Sekretariatskräfte (ohne Spez.) | 14,2 | 3,9 | 10,0 | 4,2 | 14,1 | 9,1 | 44,6 |
| Führer/innen von land- u. forstwirtschaftlichen Ma- schinen | 5,1 | 9,0 | 7,0 | 3,9 | 23,9 | 12,6 | 38,5 |
| **Branche gesamt** | **7,3** | **6,5** | **7,7** | **4,0** | **22,8** | **14,8** | **36,9** |
| **Alle Branchen** | **12,0** | **4,9** | **9,8** | **3,9** | **21,5** | **10,0** | **37,9** |

Fehlzeiten-Report 2022

**◻ Tab. 20.134** Verteilung der Arbeitsunfähigkeitsfälle nach Krankheitsarten und ausgewählten Berufsgruppen in der Branche Land- und Forstwirtschaft im Jahr 2021, AOK-Mitglieder

| Tätigkeit | AU-Fälle in % | | | | | | |
|---|---|---|---|---|---|---|---|
| | Psyche | Herz/ Kreislauf | Atem- wege | Ver- dauung | Muskel/ Skelett | Verlet- zungen | Sonstige |
| Berufe im Gartenbau (ohne Spez.) | 3,7 | 3,4 | 13,7 | 7,8 | 18,3 | 9,9 | 43,3 |
| Berufe in Baumschule, Staudengärtnerei u. Zier- pflanzenbau | 4,5 | 3,5 | 15,2 | 6,6 | 17,4 | 9,5 | 43,2 |
| Berufe in der Floristik | 4,9 | 2,9 | 15,7 | 6,3 | 12,3 | 9,1 | 48,8 |
| Berufe in der Forstwirtschaft | 3,2 | 4,2 | 12,5 | 6,6 | 21,7 | 13,1 | 38,7 |
| Berufe in der Lagerwirtschaft | 4,2 | 4,0 | 13,1 | 7,3 | 21,4 | 9,0 | 40,9 |
| Berufe in der Landwirtschaft (ohne Spez.) | 3,5 | 4,3 | 13,2 | 7,3 | 15,2 | 12,1 | 44,4 |
| Berufe in der Nutztierhaltung (außer Geflügelhaltung) | 4,6 | 4,8 | 12,9 | 6,8 | 17,9 | 11,7 | 41,5 |
| Berufe in der Pferdewirtschaft (ohne Spez.) | 4,8 | 2,8 | 11,1 | 6,2 | 15,4 | 18,4 | 41,4 |
| Berufe in der Tierpflege (ohne Spez.) | 4,3 | 5,5 | 11,4 | 7,3 | 17,6 | 10,8 | 43,1 |
| Berufskraftfahrer/innen (Gü- terverkehr/LKW) | 3,5 | 6,2 | 10,8 | 7,4 | 17,5 | 9,1 | 45,5 |
| Büro- u. Sekretariatskräfte (ohne Spez.) | 5,9 | 3,8 | 16,6 | 8,0 | 10,0 | 5,8 | 49,9 |
| Führer/innen von land- u. forstwirtschaftlichen Ma- schinen | 3,3 | 5,8 | 11,7 | 8,1 | 16,5 | 10,0 | 44,5 |
| **Branche gesamt** | **3,9** | **4,3** | **13,4** | **7,3** | **16,4** | **10,9** | **43,7** |
| **Alle Branchen** | **5,2** | **3,3** | **16,7** | **6,8** | **15,8** | **7,9** | **44,2** |

Fehlzeiten-Report 2022

**◻ Tab. 20.135** Anteile der 40 häufigsten Einzeldiagnosen an den AU-Fällen und AU-Tagen in der Branche Land- und Forstwirtschaft im Jahr 2021, AOK-Mitglieder

| ICD-10 | Bezeichnung | AU-Fälle in % | AU-Tage in % |
|--------|-------------|---------------|--------------|
| J06 | Akute Infektionen an mehreren oder nicht näher bezeichneten Lokalisationen der oberen Atemwege | 6,6 | 3,3 |
| M54 | Rückenschmerzen | 5,7 | 5,8 |
| U99 | Belegte und nicht belegte Schlüsselnummern U99.-! | 4,5 | 2,1 |
| Z11 | Spezielle Verfahren zur Untersuchung auf infektiöse und parasitäre Krankheiten | 4,0 | 2,1 |
| K08 | Sonstige Krankheiten der Zähne und des Zahnhalteapparates | 2,1 | 0,4 |
| I10 | Essentielle (primäre) Hypertonie | 1,9 | 1,6 |
| U07 | Krankheiten mit unklarer Ätiologie, belegte und nicht belegte Schlüsselnummern U07.- | 1,8 | 1,3 |
| A09 | Sonstige und nicht näher bezeichnete Gastroenteritis und Kolitis infektiösen und nicht näher bezeichneten Ursprungs | 1,8 | 0,5 |
| R10 | Bauch- und Beckenschmerzen | 1,4 | 0,6 |
| M25 | Sonstige Gelenkkrankheiten, anderenorts nicht klassifiziert | 1,3 | 1,7 |
| T14 | Verletzung an einer nicht näher bezeichneten Körperregion | 1,3 | 1,3 |
| R51 | Kopfschmerz | 1,1 | 0,5 |
| T88 | Sonstige Komplikationen bei chirurgischen Eingriffen und medizinischer Behandlung, anderenorts nicht klassifiziert | 1,1 | 0,2 |
| F43 | Reaktionen auf schwere Belastungen und Anpassungsstörungen | 1,0 | 1,6 |
| M79 | Sonstige Krankheiten des Weichteilgewebes, anderenorts nicht klassifiziert | 1,0 | 0,8 |
| B34 | Viruskrankheit nicht näher bezeichneter Lokalisation | 1,0 | 0,5 |
| Z98 | Sonstige Zustände nach chirurgischem Eingriff | 0,8 | 2,0 |
| M75 | Schulterläsionen | 0,8 | 1,9 |
| M99 | Biomechanische Funktionsstörungen, anderenorts nicht klassifiziert | 0,8 | 0,7 |
| K29 | Gastritis und Duodenitis | 0,8 | 0,4 |
| F32 | Depressive Episode | 0,7 | 1,8 |
| M51 | Sonstige Bandscheibenschäden | 0,7 | 1,8 |
| S93 | Luxation, Verstauchung und Zerrung der Gelenke und Bänder in Höhe des oberen Sprunggelenkes und des Fußes | 0,7 | 0,8 |
| R53 | Unwohlsein und Ermüdung | 0,7 | 0,6 |
| M23 | Binnenschädigung des Kniegelenkes [internal derangement] | 0,6 | 1,3 |
| M77 | Sonstige Enthesopathien | 0,6 | 0,8 |

**◘ Tab. 20.135**  (Fortsetzung)

| ICD-10 | Bezeichnung | AU-Fälle in % | AU-Tage in % |
|--------|-------------|---------------|--------------|
| J20 | Akute Bronchitis | 0,6 | 0,4 |
| U50 | Motorische Funktionseinschränkung | 0,6 | 0,3 |
| R11 | Übelkeit und Erbrechen | 0,6 | 0,3 |
| J00 | Akute Rhinopharyngitis [Erkältungsschnupfen] | 0,6 | 0,2 |
| K52 | Sonstige nichtinfektiöse Gastroenteritis und Kolitis | 0,6 | 0,2 |
| M53 | Sonstige Krankheiten der Wirbelsäule und des Rückens, anderenorts nicht klassifiziert | 0,5 | 0,5 |
| Z92 | Medizinische Behandlung in der Eigenanamnese | 0,5 | 0,4 |
| R42 | Schwindel und Taumel | 0,5 | 0,4 |
| E78 | Störungen des Lipoproteinstoffwechsels und sonstige Lipidämien | 0,5 | 0,3 |
| E66 | Adipositas | 0,5 | 0,3 |
| R07 | Hals- und Brustschmerzen | 0,5 | 0,2 |
| B99 | Sonstige und nicht näher bezeichnete Infektionskrankheiten | 0,5 | 0,2 |
| U12 | Unerwünschte Nebenwirkungen bei der Anwendung von COVID-19-Impfstoffen | 0,5 | 0,1 |
| M17 | Gonarthrose [Arthrose des Kniegelenkes] | 0,4 | 1,2 |
| **Summe hier** | | **52,2** | **41,4** |
| Restliche | | 47,8 | 58,6 |
| **Gesamtsumme** | | **100,0** | **100,0** |

Fehlzeiten-Report 2022

**20**

**◻ Tab. 20.136** Anteile der 40 häufigsten Diagnoseuntergruppen an den AU-Fällen und AU-Tagen in der Branche Land- und Forstwirtschaft im Jahr 2021, AOK-Mitglieder

| ICD-10 | Bezeichnung | AU-Fälle in % | AU-Tage in % |
|--------|-------------|---------------|--------------|
| J00–J06 | Akute Infektionen der oberen Atemwege | 8,8 | 4,3 |
| M50–M54 | Sonstige Krankheiten der Wirbelsäule und des Rückens | 6,8 | 7,7 |
| U98–U99 | Belegte und nicht belegte Schlüsselnummern | 4,9 | 2,3 |
| Z00–Z13 | Personen, die das Gesundheitswesen zur Untersuchung und Abklärung in Anspruch nehmen | 4,6 | 2,5 |
| R50–R69 | Allgemeinsymptome | 3,6 | 2,8 |
| M70–M79 | Sonstige Krankheiten des Weichteilgewebes | 2,9 | 4,0 |
| U00–U49 | Vorläufige Zuordnungen für Krankheiten mit unklarer Ätiologie, belegte und nicht belegte Schlüsselnummern | 2,8 | 1,8 |
| K00–K14 | Krankheiten der Mundhöhle, der Speicheldrüsen und der Kiefer | 2,7 | 0,6 |
| A00–A09 | Infektiöse Darmkrankheiten | 2,3 | 0,7 |
| I10–I15 | Hypertonie [Hochdruckkrankheit] | 2,2 | 1,9 |
| R10–R19 | Symptome, die das Verdauungssystem und das Abdomen betreffen | 2,2 | 1,1 |
| Z80–Z99 | Personen mit potentiellen Gesundheitsrisiken aufgrund der Familien- oder Eigenanamnese und bestimmte Zustände, die den Gesundheitszustand beeinflussen | 2,1 | 4,0 |
| F40–F48 | Neurotische, Belastungs- und somatoforme Störungen | 2,1 | 3,6 |
| M20–M25 | Sonstige Gelenkkrankheiten | 1,8 | 3,2 |
| S60–S69 | Verletzungen des Handgelenkes und der Hand | 1,5 | 2,1 |
| T08–T14 | Verletzungen nicht näher bezeichneter Teile des Rumpfes, der Extremitäten oder anderer Körperregionen | 1,5 | 1,6 |
| R00–R09 | Symptome, die das Kreislaufsystem und das Atmungssystem betreffen | 1,5 | 1,2 |
| T80–T88 | Komplikationen bei chirurgischen Eingriffen und medizinischer Behandlung, anderenorts nicht klassifiziert | 1,5 | 0,6 |
| S80–S89 | Verletzungen des Knies und des Unterschenkels | 1,2 | 2,8 |
| S90–S99 | Verletzungen der Knöchelregion und des Fußes | 1,2 | 1,7 |
| G40–G47 | Episodische und paroxysmale Krankheiten des Nervensystems | 1,2 | 0,9 |
| K20–K31 | Krankheiten des Ösophagus, des Magens und des Duodenums | 1,2 | 0,7 |
| E70–E90 | Stoffwechselstörungen | 1,1 | 0,7 |
| B25–B34 | Sonstige Viruskrankheiten | 1,1 | 0,5 |
| M15–M19 | Arthrose | 1,0 | 3,1 |
| F30–F39 | Affektive Störungen | 1,0 | 2,9 |
| J40–J47 | Chronische Krankheiten der unteren Atemwege | 1,0 | 1,0 |

**◻ Tab. 20.136** (Fortsetzung)

| ICD-10 | Bezeichnung | AU-Fälle in % | AU-Tage in % |
|---|---|---|---|
| G50–G59 | Krankheiten von Nerven, Nervenwurzeln und Nervenplexus | 0,9 | 1,5 |
| M95–M99 | Sonstige Krankheiten des Muskel-Skelett-Systems und des Bindegewebes | 0,9 | 0,8 |
| K55–K64 | Sonstige Krankheiten des Darmes | 0,9 | 0,6 |
| Z40–Z54 | Personen, die das Gesundheitswesen zum Zwecke spezifischer Maßnahmen und zur medizinischen Betreuung in Anspruch nehmen | 0,8 | 1,0 |
| R40–R46 | Symptome, die das Erkennungs- und Wahrnehmungsvermögen, die Stimmung und das Verhalten betreffen | 0,8 | 0,6 |
| J20–J22 | Sonstige akute Infektionen der unteren Atemwege | 0,8 | 0,5 |
| K50–K52 | Nichtinfektiöse Enteritis und Kolitis | 0,8 | 0,4 |
| I30–I52 | Sonstige Formen der Herzkrankheit | 0,7 | 1,2 |
| S00–S09 | Verletzungen des Kopfes | 0,7 | 0,7 |
| Z20–Z29 | Personen mit potentiellen Gesundheitsrisiken hinsichtlich übertragbarer Krankheiten | 0,7 | 0,4 |
| J95–J99 | Sonstige Krankheiten des Atmungssystems | 0,7 | 0,4 |
| M05–M14 | Entzündliche Polyarthropathien | 0,6 | 0,7 |
| U50–U52 | Funktionseinschränkung | 0,6 | 0,4 |
| | **Summe hier** | **75,7** | **69,5** |
| | Restliche | 24,3 | 30,5 |
| | **Gesamtsumme** | **100,0** | **100,0** |

Fehlzeiten-Report 2022

20

## 20.9  Metallindustrie

| | |
|---|---|
| Entwicklung des Krankenstands der AOK-Mitglieder in der Branche Metallindustrie in den Jahren 1997 bis 2021 | ◨ Tab. 20.137 |
| Arbeitsunfähigkeit der AOK-Mitglieder in der Branche Metallindustrie nach Bundesländern im Jahr 2021 im Vergleich zum Vorjahr | ◨ Tab. 20.138 |
| Arbeitsunfähigkeit der AOK-Mitglieder nach Wirtschaftsabteilungen in der Branche Metallindustrie im Jahr 2021 | ◨ Tab. 20.139 |
| Kennzahlen der Arbeitsunfähigkeit nach ausgewählten Berufsgruppen in der Branche Metallindustrie im Jahr 2021 | ◨ Tab. 20.140 |
| Dauer der Arbeitsunfähigkeit der AOK-Mitglieder in der Branche Metallindustrie im Jahr 2021 | ◨ Tab. 20.141 |
| Tage der Arbeitsunfähigkeit je AOK-Mitglied nach Wirtschaftsabteilung und Betriebsgröße in der Branche Metallindustrie im Jahr 2021 | ◨ Tab. 20.142 |
| Krankenstand in Prozent nach Ausbildungsabschluss in der Branche Metallindustrie im Jahr 2021, AOK-Mitglieder | ◨ Tab. 20.143 |
| Tage der Arbeitsunfähigkeit je AOK-Mitglied nach Ausbildungsabschluss in der Branche Metallindustrie im Jahr 2021 | ◨ Tab. 20.144 |
| Anteil der Arbeitsunfälle an den AU-Fällen und -Tagen in Prozent nach Wirtschaftsabteilungen in der Branche Metallindustrie im Jahr 2021, AOK-Mitglieder | ◨ Tab. 20.145 |
| Tage und Fälle der Arbeitsunfähigkeit durch Arbeitsunfälle nach Berufsgruppen in der Branche Metallindustrie im Jahr 2021, AOK-Mitglieder | ◨ Tab. 20.146 |
| Tage und Fälle der Arbeitsunfähigkeit je 100 AOK-Mitglieder nach Krankheitsarten in der Branche Metallindustrie in den Jahren 2000 bis 2021 | ◨ Tab. 20.147 |
| Verteilung der Arbeitsunfähigkeitstage nach Krankheitsarten in Prozent in der Branche Metallindustrie im Jahr 2021, AOK-Mitglieder | ◨ Tab. 20.148 |
| Verteilung der Arbeitsunfähigkeitsfälle nach Krankheitsarten in Prozent in der Branche Metallindustrie im Jahr 2021, AOK-Mitglieder | ◨ Tab. 20.149 |
| Verteilung der Arbeitsunfähigkeitstage nach Krankheitsarten und ausgewählten Berufsgruppen in der Branche Metallindustrie im Jahr 2021, AOK-Mitglieder | ◨ Tab. 20.150 |
| Verteilung der Arbeitsunfähigkeitsfälle nach Krankheitsarten und ausgewählten Berufsgruppen in der Branche Metallindustrie im Jahr 2021, AOK-Mitglieder | ◨ Tab. 20.151 |
| Anteile der 40 häufigsten Einzeldiagnosen an den AU-Fällen und AU-Tagen in der Branche Metallindustrie im Jahr 2021, AOK-Mitglieder | ◨ Tab. 20.152 |
| Anteile der 40 häufigsten Diagnoseuntergruppen an den AU-Fällen und AU-Tagen in der Branche Metallindustrie im Jahr 2021, AOK-Mitglieder | ◨ Tab. 20.153 |

◻ **Tab. 20.137** Entwicklung des Krankenstands der AOK-Mitglieder in der Branche Metallindustrie in den Jahren 1997 bis 2021

| Jahr | Krankenstand in % | | | AU-Fälle je 100 AOK-Mitglieder | | | Tage je Fall | | |
|------|------|-----|------|------|------|------|------|------|------|
| | West | Ost | Bund | West | Ost | Bund | West | Ost | Bund |
| 1997 | 5,3 | 4,5 | 5,2 | 146,7 | 123,7 | 144,4 | 13,1 | 13,4 | 13,2 |
| 1998 | 5,3 | 4,6 | 5,2 | 150,0 | 124,6 | 147,4 | 13,0 | 13,4 | 13,0 |
| 1999 | 5,6 | 5,0 | 5,6 | 160,5 | 137,8 | 158,3 | 12,8 | 13,4 | 12,8 |
| 2000 | 5,6 | 5,0 | 5,5 | 163,1 | 141,2 | 161,1 | 12,6 | 12,9 | 12,6 |
| 2001 | 5,5 | 5,1 | 5,5 | 162,6 | 140,1 | 160,6 | 12,4 | 13,2 | 12,5 |
| 2002 | 5,5 | 5,0 | 5,5 | 162,2 | 143,1 | 160,5 | 12,5 | 12,7 | 12,5 |
| 2003 | 5,2 | 4,6 | 5,1 | 157,1 | 138,6 | 155,2 | 12,0 | 12,2 | 12,0 |
| 2004 | 4,8 | 4,2 | 4,8 | 144,6 | 127,1 | 142,7 | 12,2 | 12,1 | 12,2 |
| 2005 | 4,8 | 4,1 | 4,7 | 148,0 | 127,8 | 145,6 | 11,9 | 11,8 | 11,9 |
| 2006 | 4,5 | 4,0 | 4,5 | 138,8 | 123,3 | 136,9 | 11,9 | 11,9 | 11,9 |
| 2007 | 4,8 | 4,3 | 4,8 | 151,2 | 134,0 | 149,0 | 11,7 | 11,7 | 11,7 |
| 2008 (WZ03) | 5,0 | 4,5 | 4,9 | 159,9 | 142,2 | 157,5 | 11,4 | 11,5 | 11,4 |
| 2008 (WZ08)[a] | 5,0 | 4,5 | 5,0 | 160,8 | 143,0 | 158,5 | 11,5 | 11,5 | 11,5 |
| 2009 | 4,9 | 4,7 | 4,9 | 151,1 | 142,1 | 149,9 | 11,9 | 12,2 | 11,9 |
| 2010 | 5,1 | 4,9 | 5,1 | 158,9 | 154,9 | 158,4 | 11,7 | 11,6 | 11,7 |
| 2011 | 5,2 | 4,8 | 5,2 | 167,8 | 164,9 | 167,4 | 11,4 | 10,6 | 11,3 |
| 2012 | 5,3 | 5,3 | 5,3 | 169,7 | 160,5 | 168,5 | 11,4 | 12,2 | 11,5 |
| 2013 | 5,5 | 5,6 | 5,5 | 179,7 | 170,5 | 178,5 | 11,2 | 12,0 | 11,3 |
| 2014 | 5,6 | 5,6 | 5,6 | 176,7 | 168,0 | 175,5 | 11,6 | 12,2 | 11,7 |
| 2015 | 5,9 | 5,8 | 5,9 | 190,8 | 182,2 | 189,6 | 11,2 | 11,7 | 11,3 |
| 2016 | 5,8 | 6,0 | 5,8 | 189,3 | 184,6 | 188,2 | 11,2 | 11,8 | 11,3 |
| 2017 | 5,7 | 6,0 | 5,8 | 184,9 | 184,3 | 184,4 | 11,3 | 11,9 | 11,4 |
| 2018 | 5,9 | 6,2 | 5,9 | 191,6 | 191,2 | 191,2 | 11,2 | 11,9 | 11,3 |
| 2019 | 5,9 | 6,2 | 5,9 | 188,6 | 187,9 | 188,2 | 11,4 | 12,1 | 11,5 |
| 2020 | 5,8 | 6,0 | 5,8 | 159,1 | 159,5 | 159,0 | 13,3 | 13,9 | 13,4 |
| 2021 | 5,8 | 6,5 | 5,9 | 171,5 | 174,1 | 171,6 | 12,4 | 13,6 | 12,6 |

[a] aufgrund der Revision der Wirtschaftszweigklassifikation in 2008 ist eine Vergleichbarkeit mit den Vorjahren nur bedingt möglich

Fehlzeiten-Report 2022

◘ **Tab. 20.138** Arbeitsunfähigkeit der AOK-Mitglieder in der Branche Metallindustrie nach Bundesländern im Jahr 2021 im Vergleich zum Vorjahr

| Bundesland | Kranken-stand in % | Arbeitsunfähigkeit je 100 AOK-Mitglieder | | | | Tage je Fall | Veränd. z. Vorj. in % | AU-Quote in % |
|---|---|---|---|---|---|---|---|---|
| | | AU-Fälle | Veränd. z. Vorj. in % | AU-Tage | Veränd. z. Vorj. in % | | | |
| Baden-Württemberg | 5,5 | 177,7 | 8,1 | 2.006,2 | 1,4 | 11,3 | −6,2 | 61,1 |
| Bayern | 5,3 | 148,1 | 7,7 | 1.924,0 | 2,9 | 13,0 | −4,4 | 55,1 |
| Berlin | 5,8 | 170,2 | 4,6 | 2.121,8 | −5,3 | 12,5 | −9,4 | 55,7 |
| Brandenburg | 6,8 | 171,1 | 2,5 | 2.476,7 | 1,7 | 14,5 | −0,8 | 58,0 |
| Bremen | 5,3 | 151,1 | −0,9 | 1.933,1 | −1,9 | 12,8 | −1,1 | 52,1 |
| Hamburg | 4,6 | 135,0 | 3,3 | 1.697,1 | −4,6 | 12,6 | −7,6 | 48,3 |
| Hessen | 6,8 | 198,1 | 10,4 | 2.468,7 | −0,2 | 12,5 | −9,5 | 63,8 |
| Mecklenburg-Vorpommern | 6,4 | 165,7 | 6,4 | 2.340,2 | 3,3 | 14,1 | −3,0 | 55,4 |
| Niedersachsen | 5,9 | 182,6 | 7,4 | 2.146,9 | 1,2 | 11,8 | −5,7 | 62,4 |
| Nordrhein-Westfalen | 6,7 | 185,0 | 7,8 | 2.460,8 | −0,7 | 13,3 | −7,9 | 63,6 |
| Rheinland-Pfalz | 5,8 | 144,0 | 5,8 | 2.118,6 | 0,0 | 14,7 | −5,4 | 52,3 |
| Saarland | 7,2 | 155,6 | 9,2 | 2.623,5 | 2,5 | 16,9 | −6,1 | 58,5 |
| Sachsen | 6,2 | 170,8 | 8,8 | 2.270,2 | 7,1 | 13,3 | −1,5 | 64,2 |
| Sachsen-Anhalt | 6,7 | 168,8 | 6,4 | 2.443,5 | 0,6 | 14,5 | −5,4 | 60,1 |
| Schleswig-Holstein | 5,8 | 153,6 | 0,2 | 2.100,8 | −2,7 | 13,7 | −2,9 | 54,3 |
| Thüringen | 6,9 | 184,6 | 12,5 | 2.502,3 | 9,6 | 13,6 | −2,6 | 65,0 |
| **West** | **5,8** | **171,5** | **7,8** | **2.125,7** | **0,8** | **12,4** | **−6,6** | **59,9** |
| **Ost** | **6,5** | **174,1** | **9,2** | **2.359,9** | **6,7** | **13,6** | **−2,3** | **63,4** |
| **Bund** | **5,9** | **171,6** | **7,9** | **2.163,3** | **1,8** | **12,6** | **−5,6** | **60,3** |

Fehlzeiten-Report 2022

☐ **Tab. 20.139** Arbeitsunfähigkeit der AOK-Mitglieder nach Wirtschaftsabteilungen in der Branche Metallindustrie im Jahr 2021

| Wirtschaftsabteilungen | Krankenstand in % | | Arbeitsunfähigkeiten je 100 AOK-Mitglieder | | Tage je Fall | AU-Quote in % |
|---|---|---|---|---|---|---|
| | 2021 | 2021 stand.[a] | Fälle | Tage | | |
| Herstellung von Datenverarbeitungsgeräten, elektronischen und optischen Erzeugnissen | 4,9 | 5,0 | 154,3 | 1.775,9 | 11,5 | 55,6 |
| Herstellung von elektrischen Ausrüstungen | 5,9 | 5,9 | 172,7 | 2.160,6 | 12,5 | 60,4 |
| Herstellung von Kraftwagen und Kraftwagenteilen | 6,3 | 6,4 | 171,2 | 2.315,0 | 13,5 | 59,8 |
| Herstellung von Metallerzeugnissen | 6,3 | 6,0 | 180,2 | 2.294,7 | 12,7 | 61,9 |
| Maschinenbau | 5,4 | 5,2 | 165,6 | 1.965,6 | 11,9 | 59,7 |
| Metallerzeugung und -bearbeitung | 7,3 | 6,5 | 188,3 | 2.662,5 | 14,1 | 65,5 |
| Sonstiger Fahrzeugbau | 5,2 | 5,2 | 155,3 | 1.888,7 | 12,2 | 56,0 |
| **Branche gesamt** | **5,9** | **5,8** | **171,6** | **2.163,3** | **12,6** | **60,3** |
| **Alle Branchen** | **5,4** | **5,5** | **148,9** | **1.971,5** | **13,2** | **50,5** |

[a] Krankenstand alters- und geschlechtsstandardisiert
Fehlzeiten-Report 2022

☐ **Tab. 20.140** Kennzahlen der Arbeitsunfähigkeit nach ausgewählten Berufsgruppen in der Branche Metallindustrie im Jahr 2021

| Tätigkeit | Kranken-stand in % | Arbeitsunfähigkeit je 100 AOK-Mitglieder | | Tage je Fall | AU-Quote in % | Anteil der Berufsgruppe an der Branche in %[a] |
|---|---|---|---|---|---|---|
| | | AU-Fälle | AU-Tage | | | |
| Berufe im Metallbau | 6,8 | 193,6 | 2.491,1 | 12,9 | 65,0 | 5,7 |
| Berufe im Vertrieb (außer Informations- u. Kommunikationstechnologien) | 2,8 | 90,8 | 1.008,2 | 11,1 | 43,2 | 1,5 |
| Berufe in der Elektrotechnik (ohne Spez.) | 6,7 | 193,1 | 2.457,2 | 12,7 | 63,1 | 3,7 |
| Berufe in der Kraftfahrzeugtechnik | 5,7 | 170,7 | 2.062,8 | 12,1 | 59,1 | 1,2 |
| Berufe in der Kunststoff- u. Kautschukherstellung (ohne Spez.) | 7,4 | 209,8 | 2.715,7 | 12,9 | 66,0 | 1,4 |

◻ **Tab. 20.140** (Fortsetzung)

| Tätigkeit | Kranken-stand in % | Arbeitsunfähigkeit je 100 AOK-Mitglieder | | Tage je Fall | AU-Quote in % | Anteil der Berufsgruppe an der Branche in %[a] |
|---|---|---|---|---|---|---|
| | | **AU-Fälle** | **AU-Tage** | | | |
| Berufe in der Lagerwirtschaft | 7,3 | 198,0 | 2.665,5 | 13,5 | 65,9 | 5,7 |
| Berufe in der Maschinenbau- u. Betriebstechnik (ohne Spez.) | 6,3 | 189,0 | 2.295,4 | 12,1 | 64,5 | 9,3 |
| Berufe in der Metallbearbei-tung (ohne Spez.) | 7,5 | 206,7 | 2.736,9 | 13,2 | 67,1 | 9,4 |
| Berufe in der Metalloberflä-chenbehandlung (ohne Spez.) | 7,7 | 200,9 | 2.813,9 | 14,0 | 66,6 | 1,5 |
| Berufe in der Schweiß- u. Verbindungstechnik | 7,8 | 202,3 | 2.843,3 | 14,1 | 65,9 | 2,1 |
| Berufe in der spanenden Metallbearbeitung | 5,9 | 192,5 | 2.159,0 | 11,2 | 66,1 | 5,3 |
| Berufe in der technischen Forschung u. Entwicklung (ohne Spez.) | 1,9 | 71,1 | 703,6 | 9,9 | 36,8 | 1,4 |
| Berufe in der technischen Pro-duktionsplanung u. -steuerung | 4,1 | 118,8 | 1.504,0 | 12,7 | 51,0 | 2,2 |
| Berufe in der technischen Qualitätssicherung | 6,1 | 164,6 | 2.216,0 | 13,5 | 61,2 | 2,3 |
| Berufe in der Werkzeugtech-nik | 5,3 | 181,9 | 1.948,9 | 10,7 | 64,7 | 1,7 |
| Büro- u. Sekretariatskräfte (ohne Spez.) | 3,4 | 109,4 | 1.230,7 | 11,2 | 45,5 | 2,7 |
| Kaufmännische u. technische Betriebswirtschaft (ohne Spez.) | 2,9 | 117,0 | 1.068,3 | 9,1 | 47,9 | 3,3 |
| Maschinen- u. Anlagenfüh-rer/innen | 7,3 | 208,9 | 2.660,2 | 12,7 | 68,3 | 4,1 |
| Maschinen- u. Gerätezusam-mensetzer/innen | 7,6 | 200,6 | 2.764,6 | 13,8 | 66,4 | 3,7 |
| Technische Servicekräfte in Wartung u. Instandhaltung | 5,5 | 150,4 | 1.999,2 | 13,3 | 59,1 | 1,8 |
| **Branche gesamt** | **5,9** | **171,6** | **2.163,3** | **12,6** | **60,3** | **10[b]** |

[a] Anteil der AOK-Mitglieder in der Berufsgruppe an den in der Branche beschäftigten AOK-Mitgliedern insgesamt
[b] Anteil der AOK-Mitglieder in der Branche an allen AOK-Mitgliedern
Fehlzeiten-Report 2022

**◘ Tab. 20.141** Dauer der Arbeitsunfähigkeit der AOK-Mitglieder in der Branche Metallindustrie im Jahr 2021

| Fallklasse | Branche hier | | Alle Branchen | |
|---|---|---|---|---|
| | Anteil Fälle in % | Anteil Tage in % | Anteil Fälle in % | Anteil Tage in % |
| 1–3 Tage | 36,0 | 5,6 | 35,0 | 5,2 |
| 4–7 Tage | 28,9 | 11,4 | 29,0 | 11,1 |
| 8–14 Tage | 17,5 | 14,5 | 17,6 | 13,9 |
| 15–21 Tage | 6,7 | 9,1 | 6,9 | 8,9 |
| 22–28 Tage | 3,1 | 5,9 | 3,2 | 5,9 |
| 29–42 Tage | 3,2 | 8,8 | 3,3 | 8,7 |
| > 42 Tage | 4,7 | 44,7 | 5,1 | 46,3 |

Fehlzeiten-Report 2022

**◘ Tab. 20.142** Tage der Arbeitsunfähigkeit je AOK-Mitglied nach Wirtschaftsabteilung und Betriebsgröße in der Branche Metallindustrie im Jahr 2021

| Wirtschaftsabteilungen | Betriebsgröße (Anzahl der AOK-Mitglieder) | | | | | |
|---|---|---|---|---|---|---|
| | 10–49 | 50–99 | 100–199 | 200–499 | 500–999 | ≥ 1.000 |
| Herstellung von Datenverarbeitungsgeräten, elektronischen und optischen Erzeugnissen | 16,9 | 18,9 | 20,3 | 19,2 | 17,6 | 17,2 |
| Herstellung von elektrischen Ausrüstungen | 21,1 | 23,0 | 22,8 | 22,6 | 21,3 | 23,5 |
| Herstellung von Kraftwagen und Kraftwagenteilen | 21,6 | 23,1 | 24,7 | 24,2 | 24,0 | 22,7 |
| Herstellung von Metallerzeugnissen | 23,0 | 24,0 | 24,9 | 24,0 | 23,4 | 19,8 |
| Maschinenbau | 19,7 | 20,1 | 21,2 | 19,4 | 19,9 | 17,9 |
| Metallerzeugung und -bearbeitung | 26,8 | 26,2 | 26,8 | 25,8 | 29,8 | 31,8 |
| Sonstiger Fahrzeugbau | 18,9 | 20,9 | 17,8 | 21,9 | 18,0 | 17,3 |
| **Branche gesamt** | **21,4** | **22,3** | **23,2** | **22,2** | **22,3** | **21,6** |
| **Alle Branchen** | **20,3** | **22,4** | **22,7** | **22,5** | **22,6** | **22,4** |

Fehlzeiten-Report 2022

◘ **Tab. 20.143** Krankenstand in Prozent nach Ausbildungsabschluss in der Branche Metallindustrie im Jahr 2021, AOK-Mitglieder

| Wirtschafts-abteilungen | Ausbildung | | | | | | |
|---|---|---|---|---|---|---|---|
| | ohne Ausbildungs-abschluss | mit Ausbildungs-abschluss | Meister/ Techniker | Bachelor | Diplom/ Magister/ Master/ Staats-examen | Promotion | unbekannt |
| Herstellung von Daten-verarbeitungsgeräten, elektronischen und optischen Erzeugnissen | 6,1 | 5,4 | 3,3 | 1,7 | 2,1 | 1,5 | 5,2 |
| Herstellung von elektrischen Ausrüstungen | 7,3 | 6,2 | 3,7 | 1,7 | 2,2 | 1,6 | 6,2 |
| Herstellung von Kraftwagen und Kraftwagenteilen | 7,3 | 6,9 | 4,2 | 1,6 | 1,8 | 1,2 | 6,5 |
| Herstellung von Metallerzeugnissen | 7,2 | 6,5 | 4,0 | 2,3 | 2,8 | 3,2 | 6,1 |
| Maschinenbau | 6,1 | 5,8 | 3,7 | 1,6 | 2,1 | 2,0 | 5,8 |
| Metallerzeugung und -bearbeitung | 8,4 | 7,2 | 4,7 | 1,9 | 2,8 | 4,1 | 7,6 |
| Sonstiger Fahrzeugbau | 5,8 | 5,8 | 4,0 | 1,6 | 1,7 | 0,7 | 5,0 |
| **Branche gesamt** | **7,0** | **6,3** | **3,8** | **1,7** | **2,2** | **1,8** | **6,1** |
| **Alle Branchen** | **5,9** | **6,0** | **4,7** | **2,3** | **2,8** | **2,0** | **4,9** |

Fehlzeiten-Report 2022

**◘ Tab. 20.144** Tage der Arbeitsunfähigkeit je AOK-Mitglied nach Ausbildungsabschluss in der Branche Metallindustrie im Jahr 2021

| Wirtschafts-abteilungen | Ausbildung | | | | | | |
|---|---|---|---|---|---|---|---|
| | ohne Aus-bildungs-abschluss | mit Aus-bildungs-abschluss | Meister/ Techniker | Bachelor | Diplom/ Magister/ Master/ Staats-examen | Promotion | unbekannt |
| Herstellung von Daten-verarbeitungsgeräten, elektronischen und op-tischen Erzeugnissen | 22,4 | 19,9 | 12,2 | 6,3 | 7,7 | 5,7 | 18,9 |
| Herstellung von elek-trischen Ausrüstungen | 26,8 | 22,7 | 13,4 | 6,1 | 8,1 | 5,8 | 22,5 |
| Herstellung von Kraftwagen und Kraft-wagenteilen | 26,7 | 25,2 | 15,2 | 5,8 | 6,6 | 4,4 | 23,7 |
| Herstellung von Me-tallerzeugnissen | 26,2 | 23,6 | 14,7 | 8,3 | 10,2 | 11,6 | 22,3 |
| Maschinenbau | 22,1 | 21,3 | 13,3 | 5,8 | 7,7 | 7,4 | 21,1 |
| Metallerzeugung und -bearbeitung | 30,7 | 26,4 | 17,0 | 7,1 | 10,4 | 14,8 | 27,7 |
| Sonstiger Fahrzeugbau | 21,1 | 21,3 | 14,6 | 5,8 | 6,2 | 2,5 | 18,4 |
| **Branche gesamt** | **25,5** | **22,9** | **14,0** | **6,3** | **7,9** | **6,5** | **22,3** |
| **Alle Branchen** | **21,4** | **21,9** | **17,1** | **8,3** | **10,2** | **7,3** | **17,9** |

Fehlzeiten-Report 2022

■ **Tab. 20.145** Anteil der Arbeitsunfälle an den AU-Fällen und -Tagen in Prozent nach Wirtschaftsabteilungen in der Branche Metallindustrie im Jahr 2021, AOK-Mitglieder

| Wirtschaftsabteilungen | AU-Fälle in % | AU-Tage in % |
|---|---|---|
| Herstellung von Datenverarbeitungsgeräten, elektronischen und optischen Erzeugnissen | 1,5 | 2,8 |
| Herstellung von elektrischen Ausrüstungen | 2,1 | 3,8 |
| Herstellung von Kraftwagen und Kraftwagenteilen | 2,1 | 3,8 |
| Herstellung von Metallerzeugnissen | 3,7 | 6,8 |
| Maschinenbau | 2,9 | 5,3 |
| Metallerzeugung und -bearbeitung | 3,7 | 6,9 |
| Sonstiger Fahrzeugbau | 2,9 | 5,8 |
| **Branche gesamt** | **2,9** | **5,3** |
| **Alle Branchen** | **3,0** | **5,7** |

Fehlzeiten-Report 2022

**◩ Tab. 20.146** Tage und Fälle der Arbeitsunfähigkeit durch Arbeitsunfälle nach Berufsgruppen in der Branche Metallindustrie im Jahr 2021, AOK-Mitglieder

| Tätigkeit | Arbeitsunfähigkeit je 1.000 AOK-Mitglieder | |
|---|---|---|
| | AU-Tage | AU-Fälle |
| Berufe im Metallbau | 2.526,0 | 108,9 |
| Berufe in der Schweiß- u. Verbindungstechnik | 2.020,1 | 85,8 |
| Berufe in der Metalloberflächenbehandlung (ohne Spez.) | 1.794,2 | 69,4 |
| Berufe in der Metallbearbeitung (ohne Spez.) | 1.558,9 | 64,1 |
| Technische Servicekräfte in Wartung u. Instandhaltung | 1.415,1 | 51,8 |
| Maschinen- u. Anlagenführer/innen | 1.339,3 | 58,7 |
| Berufe in der Lagerwirtschaft | 1.275,7 | 51,6 |
| Berufe in der Maschinenbau- u. Betriebstechnik (ohne Spez.) | 1.174,5 | 54,9 |
| Maschinen- u. Gerätezusammensetzer/innen | 1.148,4 | 45,2 |
| Berufe in der Kunststoff- u. Kautschukherstellung (ohne Spez.) | 1.143,6 | 51,3 |
| Berufe in der Werkzeugtechnik | 1.141,6 | 57,6 |
| Berufe in der spanenden Metallbearbeitung | 1.117,0 | 59,1 |
| Berufe in der Kraftfahrzeugtechnik | 1.095,9 | 57,4 |
| Berufe in der Elektrotechnik (ohne Spez.) | 805,6 | 31,2 |
| Berufe in der technischen Qualitätssicherung | 723,4 | 25,6 |
| Berufe in der technischen Produktionsplanung u. -steuerung | 538,3 | 18,2 |
| Büro- u. Sekretariatskräfte (ohne Spez.) | 254,9 | 9,3 |
| Berufe im Vertrieb (außer Informations- u. Kommunikationstechnologien) | 224,6 | 8,2 |
| Kaufmännische u. technische Betriebswirtschaft (ohne Spez.) | 183,6 | 9,5 |
| Berufe in der technischen Forschung u. Entwicklung (ohne Spez.) | 171,8 | 6,8 |
| **Branche gesamt** | **1.150,4** | **49,1** |
| **Alle Branchen** | **1.121,9** | **44,7** |

Fehlzeiten-Report 2022

20

**◘ Tab. 20.147** Tage und Fälle der Arbeitsunfähigkeit je 100 AOK-Mitglieder nach Krankheitsarten in der Branche Metallindustrie in den Jahren 2000 bis 2021

| Jahr | Arbeitsunfähigkeiten je 100 AOK-Mitglieder | | | | | | | | | | | |
|------|------|------|------|------|------|------|------|------|------|------|------|------|
| | Psyche | | Herz/Kreis- lauf | | Atemwege | | Verdauung | | Muskel/ Skelett | | Verletzungen | |
| | Tage | Fälle | Tage | Fälle | Tage | Fälle | Tage | Fälle | Tage | Fälle | Tage | Fälle |
| 2000 | 125,2 | 5,6 | 163,1 | 8,5 | 332,7 | 46,5 | 148,6 | 20,8 | 655,7 | 39,1 | 343,6 | 23,5 |
| 2001 | 134,9 | 6,4 | 165,4 | 9,1 | 310,6 | 45,6 | 149,9 | 21,6 | 672,0 | 40,8 | 338,9 | 23,4 |
| 2002 | 141,7 | 6,8 | 164,9 | 9,4 | 297,9 | 44,1 | 151,1 | 22,5 | 671,3 | 41,1 | 338,9 | 23,1 |
| 2003 | 134,5 | 6,7 | 156,5 | 9,3 | 296,8 | 45,1 | 142,2 | 21,5 | 601,3 | 37,9 | 314,5 | 21,7 |
| 2004 | 151,3 | 6,8 | 168,4 | 8,7 | 258,0 | 38,0 | 143,5 | 21,0 | 574,9 | 36,1 | 305,3 | 20,4 |
| 2005 | 150,7 | 6,6 | 166,7 | 8,7 | 300,6 | 44,4 | 136,0 | 19,6 | 553,4 | 35,3 | 301,1 | 19,9 |
| 2006 | 147,1 | 6,5 | 163,0 | 8,8 | 243,0 | 36,7 | 135,7 | 20,3 | 541,1 | 35,1 | 304,5 | 20,2 |
| 2007 | 154,4 | 6,9 | 164,0 | 8,8 | 275,3 | 42,1 | 142,2 | 21,8 | 560,3 | 36,0 | 303,9 | 20,2 |
| 2008 (WZ03) | 162,9 | 7,1 | 168,5 | 9,2 | 287,2 | 44,6 | 148,4 | 23,3 | 580,4 | 37,9 | 308,6 | 20,7 |
| 2008 (WZ08)ᵃ | 165,0 | 7,2 | 171,3 | 9,3 | 289,2 | 44,7 | 149,3 | 23,3 | 590,7 | 38,5 | 311,8 | 20,9 |
| 2009 | 170,6 | 7,2 | 173,4 | 8,7 | 303,3 | 46,3 | 137,9 | 19,0 | 558,2 | 34,1 | 307,9 | 19,0 |
| 2010 | 181,8 | 7,8 | 174,6 | 9,2 | 277,7 | 43,2 | 136,6 | 20,7 | 606,6 | 38,2 | 322,3 | 20,4 |
| 2011 | 187,5 | 8,2 | 168,1 | 9,2 | 291,4 | 45,4 | 136,8 | 21,1 | 595,5 | 38,9 | 317,8 | 20,5 |
| 2012 | 210,7 | 8,7 | 185,5 | 9,4 | 300,8 | 46,7 | 146,1 | 21,8 | 633,9 | 40,0 | 329,5 | 20,0 |
| 2013 | 217,5 | 8,7 | 184,2 | 9,0 | 374,9 | 56,7 | 149,7 | 21,8 | 630,9 | 39,8 | 329,6 | 19,9 |
| 2014 | 237,0 | 9,5 | 193,9 | 9,3 | 308,6 | 48,0 | 153,6 | 22,4 | 673,0 | 42,1 | 333,5 | 19,9 |
| 2015 | 243,7 | 9,8 | 193,5 | 9,5 | 391,0 | 59,5 | 154,3 | 22,7 | 669,1 | 41,9 | 331,7 | 19,6 |
| 2016 | 253,2 | 10,0 | 174,9 | 9,6 | 355,5 | 56,4 | 146,9 | 22,5 | 686,6 | 42,7 | 326,3 | 19,2 |
| 2017 | 255,6 | 10,1 | 168,3 | 9,3 | 360,0 | 56,3 | 140,9 | 21,3 | 668,7 | 41,4 | 324,7 | 18,6 |
| 2018 | 259,5 | 10,2 | 164,5 | 9,3 | 392,2 | 59,9 | 138,5 | 21,1 | 662,4 | 41,4 | 327,4 | 18,7 |
| 2019 | 277,8 | 10,7 | 165,2 | 9,3 | 348,3 | 55,9 | 137,0 | 20,8 | 676,8 | 42,0 | 327,1 | 18,1 |
| 2020 | 287,6 | 9,6 | 162,7 | 8,0 | 340,4 | 44,6 | 126,6 | 17,2 | 688,2 | 38,5 | 309,3 | 15,3 |
| 2021 | 304,2 | 10,5 | 164,9 | 8,4 | 311,7 | 41,4 | 123,9 | 17,2 | 713,3 | 43,3 | 322,3 | 21,3 |

ᵃ aufgrund der Revision der Wirtschaftszweigklassifikation in 2008 ist eine Vergleichbarkeit mit den Vorjahren nur bedingt möglich

Fehlzeiten-Report 2022

**◼ Tab. 20.148** Verteilung der Arbeitsunfähigkeitstage nach Krankheitsarten in Prozent in der Branche Metallindustrie im Jahr 2021, AOK-Mitglieder

| Wirtschaftsabteilungen | AU-Tage in % | | | | | | |
|---|---|---|---|---|---|---|---|
| | Psyche | Herz/ Kreislauf | Atem- wege | Ver- dauung | Muskel/ Skelett | Verlet- zungen | Sonstige |
| Herstellung von Daten- verarbeitungsgeräten, elektronischen und opti- schen Erzeugnissen | 12,2 | 4,4 | 11,6 | 4,0 | 20,1 | 8,7 | 38,9 |
| Herstellung von elektri- schen Ausrüstungen | 11,1 | 5,1 | 10,3 | 4,0 | 23,1 | 9,0 | 37,3 |
| Herstellung von Kraftwa- gen und Kraftwagenteilen | 10,4 | 5,1 | 9,9 | 4,0 | 24,8 | 9,4 | 36,5 |
| Herstellung von Metall- erzeugnissen | 9,0 | 5,6 | 9,7 | 4,0 | 23,6 | 11,2 | 36,9 |
| Maschinenbau | 9,6 | 5,4 | 10,4 | 4,2 | 21,8 | 11,0 | 37,6 |
| Metallerzeugung und -bearbeitung | 9,0 | 6,0 | 9,2 | 3,9 | 24,7 | 11,0 | 36,1 |
| Sonstiger Fahrzeugbau | 9,2 | 5,4 | 11,0 | 3,8 | 22,6 | 11,5 | 36,6 |
| **Branche gesamt** | **9,9** | **5,3** | **10,1** | **4,0** | **23,1** | **10,4** | **37,1** |
| **Alle Branchen** | **12,0** | **4,9** | **9,8** | **3,9** | **21,5** | **10,0** | **37,9** |

Fehlzeiten-Report 2022

**20**

◘ **Tab. 20.149**  Verteilung der Arbeitsunfähigkeitsfälle nach Krankheitsarten in Prozent in der Branche Metallindustrie im Jahr 2021, AOK-Mitglieder

| Wirtschaftsabteilungen | AU-Fälle in % | | | | | | |
|---|---|---|---|---|---|---|---|
| | Psyche | Herz/ Kreislauf | Atem- wege | Ver- dauung | Muskel/ Skelett | Verlet- zungen | Sonstige |
| Herstellung von Daten-verarbeitungsgeräten, elektronischen und opti-schen Erzeugnissen | 5,1 | 3,1 | 18,4 | 7,3 | 15,0 | 7,3 | 43,7 |
| Herstellung von elektri-schen Ausrüstungen | 4,7 | 3,4 | 17,1 | 7,1 | 17,2 | 7,9 | 42,6 |
| Herstellung von Kraftwa-gen und Kraftwagenteilen | 4,8 | 3,4 | 16,2 | 6,8 | 19,6 | 7,8 | 41,5 |
| Herstellung von Metall-erzeugnissen | 3,9 | 3,4 | 16,3 | 7,0 | 18,0 | 9,3 | 42,1 |
| Maschinenbau | 4,0 | 3,3 | 17,5 | 7,0 | 16,6 | 9,2 | 42,4 |
| Metallerzeugung und -bearbeitung | 4,2 | 3,8 | 15,8 | 6,8 | 19,3 | 9,0 | 41,1 |
| Sonstiger Fahrzeugbau | 4,2 | 3,4 | 17,9 | 6,9 | 16,7 | 8,9 | 42,0 |
| **Branche gesamt** | **4,3** | **3,4** | **16,9** | **7,0** | **17,6** | **8,7** | **42,2** |
| **Alle Branchen** | **5,2** | **3,3** | **16,7** | **6,8** | **15,8** | **7,9** | **44,2** |

Fehlzeiten-Report 2022

◘ **Tab. 20.150**  Verteilung der Arbeitsunfähigkeitstage nach Krankheitsarten und ausgewählten Berufsgruppen in der Branche Metallindustrie im Jahr 2021, AOK-Mitglieder

| Tätigkeit | AU-Tage in % | | | | | | |
|---|---|---|---|---|---|---|---|
| | Psyche | Herz/ Kreislauf | Atem- wege | Ver- dauung | Muskel/ Skelett | Verlet- zungen | Sonstige |
| Berufe im Metallbau | 6,7 | 5,6 | 9,3 | 3,9 | 24,7 | 14,6 | 35,2 |
| Berufe im Vertrieb (außer Informations- u. Kommunika-tionstechnologien) | 15,6 | 4,7 | 12,9 | 4,1 | 13,1 | 7,5 | 41,9 |
| Berufe in der Elektrotechnik (ohne Spez.) | 11,5 | 4,7 | 10,2 | 3,8 | 24,1 | 8,4 | 37,4 |
| Berufe in der Kraftfahrzeug-technik | 9,6 | 4,4 | 11,0 | 3,9 | 25,4 | 11,9 | 33,9 |
| Berufe in der Kunststoff-u. Kautschukherstellung (ohne Spez.) | 9,4 | 5,2 | 9,3 | 3,8 | 26,1 | 9,2 | 37,1 |
| Berufe in der Lagerwirtschaft | 10,2 | 5,8 | 9,2 | 4,1 | 24,2 | 9,4 | 37,1 |

**◻ Tab. 20.150** (Fortsetzung)

| Tätigkeit | AU-Tage in % | | | | | | |
|---|---|---|---|---|---|---|---|
| | Psyche | Herz/ Kreislauf | Atem- wege | Ver- dauung | Muskel/ Skelett | Verlet- zungen | Sonstige |
| Berufe in der Maschinenbau- u. Betriebstechnik (ohne Spez.) | 9,6 | 5,2 | 10,0 | 3,9 | 23,7 | 10,9 | 36,6 |
| Berufe in der Metallbearbei- tung (ohne Spez.) | 9,5 | 5,4 | 9,1 | 3,9 | 25,7 | 10,1 | 36,2 |
| Berufe in der Metalloberflä- chenbehandlung (ohne Spez.) | 8,5 | 5,8 | 8,9 | 3,8 | 26,5 | 10,8 | 35,6 |
| Berufe in der Schweiß- u. Verbindungstechnik | 7,3 | 6,2 | 9,1 | 3,6 | 27,4 | 11,6 | 34,8 |
| Berufe in der spanenden Metallbearbeitung | 8,7 | 5,3 | 11,2 | 4,3 | 21,4 | 11,8 | 37,3 |
| Berufe in der technischen Forschung u. Entwicklung (ohne Spez.) | 11,7 | 5,2 | 15,9 | 4,8 | 10,7 | 9,6 | 42,1 |
| Berufe in der technischen Pro- duktionsplanung u. -steuerung | 12,2 | 5,4 | 10,9 | 4,3 | 19,3 | 9,2 | 38,7 |
| Berufe in der technischen Qualitätssicherung | 13,0 | 5,3 | 9,9 | 3,9 | 21,8 | 8,7 | 37,5 |
| Berufe in der Werkzeugtech- nik | 8,9 | 5,3 | 11,5 | 4,2 | 19,5 | 12,6 | 37,9 |
| Büro- u. Sekretariatskräfte (ohne Spez.) | 15,0 | 4,3 | 11,6 | 4,1 | 13,3 | 7,5 | 44,3 |
| Kaufmännische u. technische Betriebswirtschaft (ohne Spez.) | 14,2 | 3,9 | 14,2 | 4,2 | 12,7 | 7,9 | 42,9 |
| Maschinen- u. Anlagenfüh- rer/innen | 9,2 | 5,3 | 9,9 | 4,1 | 25,5 | 10,1 | 36,0 |
| Maschinen- u. Gerätezusam- mensetzer/innen | 10,0 | 4,9 | 9,6 | 3,9 | 25,9 | 9,5 | 36,3 |
| Technische Servicekräfte in Wartung u. Instandhaltung | 9,0 | 5,3 | 10,5 | 3,9 | 21,8 | 12,4 | 37,1 |
| **Branche gesamt** | **9,9** | **5,3** | **10,1** | **4,0** | **23,1** | **10,4** | **37,1** |
| **Alle Branchen** | **12,0** | **4,9** | **9,8** | **3,9** | **21,5** | **10,0** | **37,9** |

Fehlzeiten-Report 2022

**20**

**◘ Tab. 20.151** Verteilung der Arbeitsunfähigkeitsfälle nach Krankheitsarten und ausgewählten Berufsgruppen in der Branche Metallindustrie im Jahr 2021, AOK-Mitglieder

| Tätigkeit | AU-Fälle in % | | | | | | |
|---|---|---|---|---|---|---|---|
| | Psyche | Herz/ Kreislauf | Atem- wege | Ver- dauung | Muskel/ Skelett | Verlet- zungen | Sonstige |
| Berufe im Metallbau | 3,2 | 3,3 | 16,3 | 7,0 | 18,5 | 11,2 | 40,6 |
| Berufe im Vertrieb (außer Informations- u. Kommunikationstechnologien) | 5,2 | 3,2 | 20,1 | 7,5 | 9,5 | 6,2 | 48,2 |
| Berufe in der Elektrotechnik (ohne Spez.) | 5,2 | 3,3 | 16,6 | 7,2 | 17,9 | 7,3 | 42,6 |
| Berufe in der Kraftfahrzeug- technik | 4,2 | 2,7 | 17,7 | 6,8 | 18,6 | 9,5 | 40,4 |
| Berufe in der Kunststoff- u. Kautschukherstellung (ohne Spez.) | 4,7 | 3,4 | 15,4 | 6,5 | 20,6 | 8,2 | 41,2 |
| Berufe in der Lagerwirtschaft | 4,7 | 3,7 | 15,6 | 6,9 | 19,3 | 8,1 | 41,7 |
| Berufe in der Maschinenbau- u. Betriebstechnik (ohne Spez.) | 4,0 | 3,2 | 17,0 | 6,8 | 17,8 | 9,4 | 41,8 |
| Berufe in der Metallbearbei- tung (ohne Spez.) | 4,2 | 3,6 | 15,3 | 6,8 | 20,5 | 8,6 | 41,0 |
| Berufe in der Metalloberflä- chenbehandlung (ohne Spez.) | 4,1 | 3,7 | 14,9 | 6,9 | 21,6 | 8,6 | 40,1 |
| Berufe in der Schweiß- u. Verbindungstechnik | 3,6 | 4,2 | 15,0 | 6,7 | 22,1 | 9,6 | 38,8 |
| Berufe in der spanenden Metallbearbeitung | 3,8 | 3,1 | 18,1 | 7,0 | 16,5 | 9,8 | 41,8 |
| Berufe in der technischen Forschung u. Entwicklung (ohne Spez.) | 3,8 | 2,7 | 23,5 | 7,3 | 8,8 | 6,7 | 47,0 |
| Berufe in der technischen Produktionsplanung u. -steuerung | 4,7 | 3,7 | 18,3 | 7,7 | 14,6 | 7,3 | 43,8 |
| Berufe in der technischen Qualitätssicherung | 5,4 | 3,7 | 16,8 | 7,0 | 16,6 | 7,2 | 43,3 |
| Berufe in der Werkzeug- technik | 3,5 | 2,9 | 18,8 | 7,2 | 14,9 | 10,5 | 42,4 |
| Büro- u. Sekretariatskräfte (ohne Spez.) | 5,6 | 3,1 | 18,5 | 7,8 | 9,4 | 6,1 | 49,5 |
| Kaufmännische u. technische Betriebswirtschaft (ohne Spez.) | 4,7 | 2,5 | 21,2 | 7,2 | 8,7 | 6,8 | 48,9 |

**◻ Tab. 20.151** (Fortsetzung)

| Tätigkeit | AU-Fälle in % | | | | | | |
|---|---|---|---|---|---|---|---|
| | Psyche | Herz/ Kreislauf | Atem- wege | Ver- dauung | Muskel/ Skelett | Verlet- zungen | Sonstige |
| Maschinen- u. Anlagenfüh- rer/innen | 4,3 | 3,3 | 16,0 | 6,7 | 20,8 | 8,6 | 40,2 |
| Maschinen- u. Gerätezusam- mensetzer/innen | 4,8 | 3,4 | 15,9 | 6,8 | 20,1 | 8,0 | 41,1 |
| Technische Servicekräfte in Wartung u. Instandhaltung | 3,9 | 3,5 | 17,7 | 7,1 | 16,9 | 9,2 | 41,9 |
| **Branche gesamt** | **4,3** | **3,4** | **16,9** | **7,0** | **17,6** | **8,7** | **42,2** |
| **Alle Branchen** | **5,2** | **3,3** | **16,7** | **6,8** | **15,8** | **7,9** | **44,2** |

Fehlzeiten-Report 2022

**◻ Tab. 20.152** Anteile der 40 häufigsten Einzeldiagnosen an den AU-Fällen und AU-Tagen in der Branche Metallindustrie im Jahr 2021, AOK-Mitglieder

| ICD-10 | Bezeichnung | AU-Fälle in % | AU-Tage in % |
|---|---|---|---|
| J06 | Akute Infektionen an mehreren oder nicht näher bezeichneten Lokalisatio- nen der oberen Atemwege | 9,2 | 4,9 |
| M54 | Rückenschmerzen | 6,7 | 6,3 |
| U99 | Belegte und nicht belegte Schlüsselnummern U99.-! | 3,8 | 2,2 |
| Z11 | Spezielle Verfahren zur Untersuchung auf infektiöse und parasitäre Krank- heiten | 3,0 | 1,9 |
| A09 | Sonstige und nicht näher bezeichnete Gastroenteritis und Kolitis infektiö- sen und nicht näher bezeichneten Ursprungs | 2,8 | 0,9 |
| U07 | Krankheiten mit unklarer Ätiologie, belegte und nicht belegte Schlüssel- nummern U07.- | 2,1 | 1,9 |
| T88 | Sonstige Komplikationen bei chirurgischen Eingriffen und medizinischer Behandlung, anderenorts nicht klassifiziert | 1,9 | 0,4 |
| K08 | Sonstige Krankheiten der Zähne und des Zahnhalteapparates | 1,8 | 0,4 |
| R51 | Kopfschmerz | 1,7 | 0,6 |
| I10 | Essentielle (primäre) Hypertonie | 1,5 | 1,4 |
| M25 | Sonstige Gelenkkrankheiten, anderenorts nicht klassifiziert | 1,4 | 1,6 |
| R10 | Bauch- und Beckenschmerzen | 1,4 | 0,7 |
| M79 | Sonstige Krankheiten des Weichteilgewebes, anderenorts nicht klassifi- ziert | 1,3 | 0,9 |
| B34 | Viruskrankheit nicht näher bezeichneter Lokalisation | 1,3 | 0,7 |

**20**

◻ **Tab. 20.152** (Fortsetzung)

| ICD-10 | Bezeichnung | AU-Fälle in % | AU-Tage in % |
|---|---|---|---|
| F43 | Reaktionen auf schwere Belastungen und Anpassungsstörungen | 1,2 | 2,1 |
| T14 | Verletzung an einer nicht näher bezeichneten Körperregion | 1,0 | 1,0 |
| J00 | Akute Rhinopharyngitis [Erkältungsschnupfen] | 1,0 | 0,5 |
| U12 | Unerwünschte Nebenwirkungen bei der Anwendung von COVID-19-Impfstoffen | 1,0 | 0,2 |
| F32 | Depressive Episode | 0,9 | 2,9 |
| M99 | Biomechanische Funktionsstörungen, anderenorts nicht klassifiziert | 0,9 | 0,7 |
| R53 | Unwohlsein und Ermüdung | 0,9 | 0,7 |
| K29 | Gastritis und Duodenitis | 0,9 | 0,4 |
| M75 | Schulterläsionen | 0,8 | 2,0 |
| M51 | Sonstige Bandscheibenschäden | 0,8 | 1,9 |
| M77 | Sonstige Enthesopathien | 0,8 | 1,0 |
| K52 | Sonstige nichtinfektiöse Gastroenteritis und Kolitis | 0,8 | 0,3 |
| Z98 | Sonstige Zustände nach chirurgischem Eingriff | 0,7 | 2,0 |
| R11 | Übelkeit und Erbrechen | 0,7 | 0,3 |
| F48 | Andere neurotische Störungen | 0,6 | 0,9 |
| M53 | Sonstige Krankheiten der Wirbelsäule und des Rückens, anderenorts nicht klassifiziert | 0,6 | 0,7 |
| R42 | Schwindel und Taumel | 0,6 | 0,5 |
| J20 | Akute Bronchitis | 0,6 | 0,4 |
| B99 | Sonstige und nicht näher bezeichnete Infektionskrankheiten | 0,6 | 0,3 |
| R07 | Hals- und Brustschmerzen | 0,6 | 0,3 |
| G43 | Migräne | 0,6 | 0,2 |
| M23 | Binnenschädigung des Kniegelenkes [internal derangement] | 0,5 | 1,2 |
| F45 | Somatoforme Störungen | 0,5 | 1,0 |
| G47 | Schlafstörungen | 0,5 | 0,6 |
| J98 | Sonstige Krankheiten der Atemwege | 0,5 | 0,3 |
| J02 | Akute Pharyngitis | 0,5 | 0,2 |
| | **Summe hier** | **59,0** | **47,4** |
| | Restliche | 41,0 | 52,6 |
| | **Gesamtsumme** | **100,0** | **100,0** |

Fehlzeiten-Report 2022

**◻ Tab. 20.153** Anteile der 40 häufigsten Diagnoseuntergruppen an den AU-Fällen und AU-Tagen in der Branche Metallindustrie im Jahr 2021, AOK-Mitglieder

| ICD-10 | Bezeichnung | AU-Fälle in % | AU-Tage in % |
|---|---|---|---|
| J00–J06 | Akute Infektionen der oberen Atemwege | 12,0 | 6,3 |
| M50–M54 | Sonstige Krankheiten der Wirbelsäule und des Rückens | 7,9 | 8,4 |
| R50–R69 | Allgemeinsymptome | 4,4 | 2,9 |
| U98–U99 | Belegte und nicht belegte Schlüsselnummern | 4,1 | 2,3 |
| U00–U49 | Vorläufige Zuordnungen für Krankheiten mit unklarer Ätiologie, belegte und nicht belegte Schlüsselnummern | 3,6 | 2,5 |
| Z00–Z13 | Personen, die das Gesundheitswesen zur Untersuchung und Abklärung in Anspruch nehmen | 3,5 | 2,3 |
| M70–M79 | Sonstige Krankheiten des Weichteilgewebes | 3,3 | 4,5 |
| A00–A09 | Infektiöse Darmkrankheiten | 3,3 | 1,1 |
| F40–F48 | Neurotische, Belastungs- und somatoforme Störungen | 2,5 | 4,9 |
| R10–R19 | Symptome, die das Verdauungssystem und das Abdomen betreffen | 2,3 | 1,2 |
| T80–T88 | Komplikationen bei chirurgischen Eingriffen und medizinischer Behandlung, anderenorts nicht klassifiziert | 2,3 | 0,7 |
| K00–K14 | Krankheiten der Mundhöhle, der Speicheldrüsen und der Kiefer | 2,3 | 0,6 |
| M20–M25 | Sonstige Gelenkkrankheiten | 1,9 | 3,0 |
| I10–I15 | Hypertonie [Hochdruckkrankheit] | 1,7 | 1,6 |
| Z80–Z99 | Personen mit potentiellen Gesundheitsrisiken aufgrund der Familien- oder Eigenanamnese und bestimmte Zustände, die den Gesundheitszustand beeinflussen | 1,6 | 3,6 |
| G40–G47 | Episodische und paroxysmale Krankheiten des Nervensystems | 1,5 | 1,2 |
| R00–R09 | Symptome, die das Kreislaufsystem und das Atmungssystem betreffen | 1,5 | 1,1 |
| B25–B34 | Sonstige Viruskrankheiten | 1,4 | 0,8 |
| K20–K31 | Krankheiten des Ösophagus, des Magens und des Duodenums | 1,3 | 0,7 |
| F30–F39 | Affektive Störungen | 1,2 | 4,4 |
| T08–T14 | Verletzungen nicht näher bezeichneter Teile des Rumpfes, der Extremitäten oder anderer Körperregionen | 1,2 | 1,3 |
| S60–S69 | Verletzungen des Handgelenkes und der Hand | 1,0 | 1,6 |
| J40–J47 | Chronische Krankheiten der unteren Atemwege | 1,0 | 0,9 |
| M95–M99 | Sonstige Krankheiten des Muskel-Skelett-Systems und des Bindegewebes | 1,0 | 0,9 |
| K55–K64 | Sonstige Krankheiten des Darmes | 1,0 | 0,7 |
| K50–K52 | Nichtinfektiöse Enteritis und Kolitis | 1,0 | 0,5 |

20

◨ **Tab. 20.153**   (Fortsetzung)

| ICD-10 | Bezeichnung | AU-Fälle in % | AU-Tage in % |
|--------|-------------|---------------|--------------|
| M15–M19 | Arthrose | 0,9 | 2,3 |
| R40–R46 | Symptome, die das Erkennungs- und Wahrnehmungsvermögen, die Stimmung und das Verhalten betreffen | 0,9 | 0,7 |
| S90–S99 | Verletzungen der Knöchelregion und des Fußes | 0,8 | 1,2 |
| E70–E90 | Stoffwechselstörungen | 0,8 | 0,6 |
| J20–J22 | Sonstige akute Infektionen der unteren Atemwege | 0,8 | 0,5 |
| J30–J39 | Sonstige Krankheiten der oberen Atemwege | 0,8 | 0,5 |
| J95–J99 | Sonstige Krankheiten des Atmungssystems | 0,8 | 0,5 |
| S80–S89 | Verletzungen des Knies und des Unterschenkels | 0,7 | 1,7 |
| G50–G59 | Krankheiten von Nerven, Nervenwurzeln und Nervenplexus | 0,7 | 1,4 |
| Z40–Z54 | Personen, die das Gesundheitswesen zum Zwecke spezifischer Maßnahmen und zur medizinischen Betreuung in Anspruch nehmen | 0,6 | 0,9 |
| Z20–Z29 | Personen mit potentiellen Gesundheitsrisiken hinsichtlich übertragbarer Krankheiten | 0,6 | 0,4 |
| B99–B99 | Sonstige Infektionskrankheiten | 0,6 | 0,3 |
| M65–M68 | Krankheiten der Synovialis und der Sehnen | 0,5 | 0,9 |
| M05–M14 | Entzündliche Polyarthropathien | 0,5 | 0,7 |
| | **Summe hier** | **79,8** | **72,6** |
| | Restliche | 20,2 | 27,4 |
| | **Gesamtsumme** | **100,0** | **100,0** |

Fehlzeiten-Report 2022

## 20.10  Öffentliche Verwaltung

**20**

◻ **Tab. 20.154** Entwicklung des Krankenstands der AOK-Mitglieder in der Branche Öffentliche Verwaltung in den Jahren 1997 bis 2021

| Jahr | Krankenstand in % | | | AU-Fälle je 100 AOK-Mitglieder | | | Tage je Fall | | |
|------|------|-----|------|------|------|------|------|------|------|
|      | West | Ost | Bund | West | Ost | Bund | West | Ost | Bund |
| 1997 | 6,2 | 5,8 | 6,1 | 158,4 | 148,8 | 156,3 | 14,4 | 14,1 | 14,3 |
| 1998 | 6,3 | 5,7 | 6,2 | 162,6 | 150,3 | 160,0 | 14,2 | 13,8 | 14,1 |
| 1999 | 6,6 | 6,2 | 6,5 | 170,7 | 163,7 | 169,3 | 13,8 | 13,6 | 13,8 |
| 2000 | 6,4 | 5,9 | 6,3 | 172,0 | 174,1 | 172,5 | 13,6 | 12,3 | 13,3 |
| 2001 | 6,1 | 5,9 | 6,1 | 165,8 | 161,1 | 164,9 | 13,5 | 13,3 | 13,5 |
| 2002 | 6,0 | 5,7 | 5,9 | 167,0 | 161,9 | 166,0 | 13,0 | 12,9 | 13,0 |
| 2003 | 5,7 | 5,3 | 5,6 | 167,3 | 158,8 | 165,7 | 12,4 | 12,2 | 12,3 |
| 2004 | 5,3 | 5,0 | 5,2 | 154,8 | 152,2 | 154,3 | 12,5 | 12,0 | 12,4 |
| 2005[b] | 5,3 | 4,5 | 5,1 | 154,1 | 134,3 | 150,0 | 12,6 | 12,2 | 12,5 |
| 2006 | 5,1 | 4,7 | 5,0 | 148,7 | 144,7 | 147,9 | 12,5 | 11,8 | 12,3 |
| 2007 | 5,3 | 4,8 | 5,2 | 155,5 | 151,1 | 154,6 | 12,4 | 11,7 | 12,3 |
| 2008 (WZ03) | 5,3 | 4,9 | 5,2 | 159,8 | 152,1 | 158,3 | 12,2 | 11,8 | 12,1 |
| 2008 (WZ08)[a] | 5,3 | 4,9 | 5,2 | 159,9 | 152,2 | 158,4 | 12,1 | 11,8 | 12,1 |
| 2009 | 5,5 | 5,3 | 5,4 | 167,9 | 164,9 | 167,3 | 11,9 | 11,7 | 11,8 |
| 2010 | 5,5 | 5,7 | 5,5 | 164,8 | 184,6 | 168,2 | 12,2 | 11,3 | 12,0 |
| 2011 | 5,6 | 5,5 | 5,6 | 172,5 | 189,1 | 175,6 | 11,9 | 10,6 | 11,7 |
| 2012 | 5,5 | 5,5 | 5,5 | 163,9 | 164,4 | 164,0 | 12,2 | 12,2 | 12,2 |
| 2013 | 5,6 | 5,9 | 5,7 | 174,8 | 176,3 | 175,1 | 11,7 | 12,2 | 11,8 |
| 2014 | 5,9 | 6,1 | 5,9 | 174,9 | 179,9 | 175,9 | 12,3 | 12,3 | 12,3 |
| 2015 | 6,2 | 6,5 | 6,3 | 187,8 | 195,6 | 189,3 | 12,1 | 12,1 | 12,1 |
| 2016 | 6,2 | 6,6 | 6,3 | 189,3 | 203,8 | 192,0 | 12,1 | 11,9 | 12,0 |
| 2017 | 6,3 | 6,9 | 6,4 | 187,6 | 210,7 | 192,2 | 12,2 | 11,9 | 12,2 |
| 2018 | 6,5 | 7,2 | 6,6 | 192,5 | 216,4 | 197,4 | 12,3 | 12,2 | 12,3 |
| 2019 | 6,4 | 7,0 | 6,5 | 187,3 | 210,9 | 192,2 | 12,5 | 12,2 | 12,4 |
| 2020 | 6,4 | 7,4 | 6,6 | 164,2 | 192,7 | 170,2 | 14,3 | 14,0 | 14,2 |
| 2021 | 6,1 | 7,4 | 6,4 | 159,0 | 190,3 | 165,6 | 14,1 | 14,2 | 14,1 |

[a] aufgrund der Revision der Wirtschaftszweigklassifikation in 2008 ist eine Vergleichbarkeit mit den Vorjahren nur bedingt möglich
[b] ohne Sozialversicherung/Arbeitsförderung

Fehlzeiten-Report 2022

◘ **Tab. 20.155** Arbeitsunfähigkeit der AOK-Mitglieder in der Branche Öffentliche Verwaltung nach Bundesländern im Jahr 2021 im Vergleich zum Vorjahr

| Bundesland | Kranken-stand in % | Arbeitsunfähigkeit je 100 AOK-Mitglieder | | | | Tage je Fall | Veränd. z. Vorj. in % | AU-Quote in % |
|---|---|---|---|---|---|---|---|---|
| | | AU-Fälle | Veränd. z. Vorj. in % | AU-Tage | Veränd. z. Vorj. in % | | | |
| Baden-Württemberg | 5,8 | 164,2 | −3,0 | 2.117,8 | −4,2 | 12,9 | −1,3 | 59,8 |
| Bayern | 5,5 | 136,8 | −4,1 | 1.997,3 | −4,4 | 14,6 | −0,3 | 54,1 |
| Berlin | 5,3 | 142,6 | −9,5 | 1.939,8 | −9,2 | 13,6 | 0,3 | 50,8 |
| Brandenburg | 7,7 | 185,3 | −2,5 | 2.822,3 | −3,1 | 15,2 | −0,6 | 65,2 |
| Bremen | 5,3 | 137,3 | −7,3 | 1.949,9 | −7,8 | 14,2 | −0,5 | 51,9 |
| Hamburg | 5,0 | 116,2 | −5,9 | 1.840,8 | −4,2 | 15,8 | 1,8 | 42,5 |
| Hessen | 6,5 | 188,0 | −0,5 | 2.385,3 | −4,7 | 12,7 | −4,2 | 61,9 |
| Mecklenburg-Vorpommern | 7,6 | 177,2 | −1,9 | 2.756,7 | 1,7 | 15,6 | 3,7 | 62,4 |
| Niedersachsen | 6,5 | 171,0 | −0,8 | 2.372,4 | −1,9 | 13,9 | −1,1 | 62,1 |
| Nordrhein-Westfalen | 6,8 | 166,4 | −4,8 | 2.499,1 | −6,0 | 15,0 | −1,3 | 59,3 |
| Rheinland-Pfalz | 6,7 | 151,6 | −3,8 | 2.457,4 | −5,7 | 16,2 | −1,9 | 55,1 |
| Saarland | 7,7 | 175,3 | −2,7 | 2.803,9 | −7,8 | 16,0 | −5,2 | 61,5 |
| Sachsen | 7,2 | 189,8 | −1,3 | 2.620,6 | 0,8 | 13,8 | 2,1 | 68,6 |
| Sachsen-Anhalt | 7,6 | 187,5 | −3,0 | 2.760,9 | −1,6 | 14,7 | 1,5 | 65,5 |
| Schleswig-Holstein | 6,4 | 153,0 | −3,1 | 2.321,8 | −3,3 | 15,2 | −0,2 | 56,7 |
| Thüringen | 7,5 | 199,2 | 0,6 | 2.748,4 | 0,8 | 13,8 | 0,1 | 68,5 |
| **West** | **6,1** | **159,0** | **−3,2** | **2.236,4** | **−4,5** | **14,1** | **−1,4** | **58,1** |
| **Ost** | **7,4** | **190,3** | **−1,3** | **2.697,2** | **0,0** | **14,2** | **1,3** | **67,4** |
| **Bund** | **6,4** | **165,6** | **−2,7** | **2.331,8** | **−3,5** | **14,1** | **−0,8** | **60,1** |

Fehlzeiten-Report 2022

**20**

**◘ Tab. 20.156** Arbeitsunfähigkeit der AOK-Mitglieder nach Wirtschaftsabteilungen in der Branche Öffentliche Verwaltung im Jahr 2021

| Wirtschaftsabteilungen | Krankenstand in % | | Arbeitsunfähigkeiten je 100 AOK-Mitglieder | | Tage je Fall | AU-Quote in % |
|---|---|---|---|---|---|---|
| | 2021 | 2021 stand.[a] | Fälle | Tage | | |
| Auswärtige Angelegenheiten, Verteidigung, Rechtspflege, öffentliche Sicherheit und Ordnung | 6,8 | 6,1 | 168,1 | 2.465,6 | 14,7 | 57,2 |
| Exterritoriale Organisationen und Körperschaften | 7,9 | 6,1 | 176,5 | 2.880,0 | 16,3 | 58,7 |
| Öffentliche Verwaltung | 6,4 | 5,9 | 168,7 | 2.347,9 | 13,9 | 60,5 |
| Sozialversicherung | 5,9 | 5,4 | 150,6 | 2.165,6 | 14,4 | 59,7 |
| **Branche gesamt** | **6,4** | **5,9** | **165,6** | **2.331,8** | **14,1** | **60,1** |
| **Alle Branchen** | **5,4** | **5,5** | **148,9** | **1.971,5** | **13,2** | **50,5** |

[a] Krankenstand alters- und geschlechtsstandardisiert
Fehlzeiten-Report 2022

◻ **Tab. 20.157** Kennzahlen der Arbeitsunfähigkeit nach ausgewählten Berufsgruppen in der Branche Öffentliche Verwaltung im Jahr 2021

| Tätigkeit | Kranken-stand in % | Arbeitsunfähigkeit je 100 AOK-Mitglieder | | Tage je Fall | AU-Quote in % | Anteil der Berufsgruppe an der Branche in %[a] |
|---|---|---|---|---|---|---|
| | | AU-Fälle | AU-Tage | | | |
| Berufe im Gartenbau (ohne Spez.) | 9,9 | 234,5 | 3.607,5 | 15,4 | 71,5 | 1,8 |
| Berufe im Objekt-, Werte- u. Personenschutz | 8,5 | 235,4 | 3.096,8 | 13,2 | 64,7 | 1,1 |
| Berufe in der Gebäudetechnik (ohne Spez.) | 7,3 | 142,3 | 2.673,9 | 18,8 | 59,2 | 2,5 |
| Berufe in der Kinderbetreu-ung u. -erziehung | 6,4 | 217,6 | 2.317,9 | 10,7 | 67,9 | 11,6 |
| Berufe in der öffentlichen Verwaltung (ohne Spez.) | 4,9 | 141,3 | 1.805,8 | 12,8 | 54,8 | 17,4 |
| Berufe in der Personaldienst-leistung | 5,0 | 127,9 | 1.828,4 | 14,3 | 54,1 | 1,5 |
| Berufe in der Reinigung (oh-ne Spez.) | 9,2 | 189,5 | 3.342,0 | 17,6 | 67,5 | 5,3 |
| Berufe in der Sozialarbeit u. Sozialpädagogik | 4,4 | 124,1 | 1.588,5 | 12,8 | 52,5 | 2,5 |
| Berufe in der Sozialverwal-tung u. -versicherung | 5,9 | 153,8 | 2.157,3 | 14,0 | 61,2 | 9,7 |
| Büro- u. Sekretariatskräfte (ohne Spez.) | 6,1 | 153,9 | 2.238,1 | 14,5 | 57,9 | 8,4 |
| Kaufmännische u. technische Betriebswirtschaft (ohne Spez.) | 6,0 | 164,0 | 2.182,8 | 13,3 | 60,4 | 2,4 |
| Köche/Köchinnen (ohne Spez.) | 8,4 | 193,6 | 3.073,3 | 15,9 | 67,0 | 1,2 |
| Platz- u. Gerätewarte/-wartinnen | 8,1 | 171,9 | 2.949,0 | 17,2 | 64,1 | 2,6 |
| Straßen- u. Tunnelwärter/in-nen | 8,6 | 198,8 | 3.121,5 | 15,7 | 69,7 | 2,8 |
| **Branche gesamt** | **6,4** | **165,6** | **2.331,8** | **14,1** | **60,1** | **4,5[b]** |

[a] Anteil der AOK-Mitglieder in der Berufsgruppe an den in der Branche beschäftigten AOK-Mitgliedern insgesamt
[b] Anteil der AOK-Mitglieder in der Branche an allen AOK-Mitgliedern
Fehlzeiten-Report 2022

**20**

◨ **Tab. 20.158** Dauer der Arbeitsunfähigkeit der AOK-Mitglieder in der Branche Öffentliche Verwaltung im Jahr 2021

| Fallklasse | Branche hier | | Alle Branchen | |
|---|---|---|---|---|
| | Anteil Fälle in % | Anteil Tage in % | Anteil Fälle in % | Anteil Tage in % |
| 1–3 Tage | 33,6 | 4,7 | 35,0 | 5,2 |
| 4–7 Tage | 27,4 | 9,7 | 29,0 | 11,1 |
| 8–14 Tage | 18,5 | 13,7 | 17,6 | 13,9 |
| 15–21 Tage | 7,4 | 9,0 | 6,9 | 8,9 |
| 22–28 Tage | 3,8 | 6,5 | 3,2 | 5,9 |
| 29–42 Tage | 4,0 | 9,8 | 3,3 | 8,7 |
| > 42 Tage | 5,4 | 46,7 | 5,1 | 46,3 |

Fehlzeiten-Report 2022

◨ **Tab. 20.159** Tage der Arbeitsunfähigkeit je AOK-Mitglied nach Wirtschaftsabteilung und Betriebsgröße in der Branche Öffentliche Verwaltung im Jahr 2021

| Wirtschaftsabteilungen | Betriebsgröße (Anzahl der AOK-Mitglieder) | | | | | |
|---|---|---|---|---|---|---|
| | 10–49 | 50–99 | 100–199 | 200–499 | 500–999 | ≥ 1.000 |
| Auswärtige Angelegenheiten, Verteidigung, Rechtspflege, öffentliche Sicherheit und Ordnung | 24,9 | 24,9 | 25,9 | 24,6 | 27,4 | – |
| Exterritoriale Organisationen und Körperschaften | 26,5 | 34,9 | 31,9 | 34,3 | 37,1 | – |
| Öffentliche Verwaltung | 23,0 | 23,6 | 23,3 | 24,0 | 25,4 | 26,7 |
| Sozialversicherung | 21,6 | 22,2 | 21,4 | 22,0 | 22,5 | 21,3 |
| **Branche gesamt** | **23,1** | **23,5** | **23,2** | **23,7** | **25,1** | **25,4** |
| **Alle Branchen** | **20,3** | **22,4** | **22,7** | **22,5** | **22,6** | **22,4** |

Fehlzeiten-Report 2022

**Tab. 20.160** Krankenstand in Prozent nach Ausbildungsabschluss in der Branche Öffentliche Verwaltung im Jahr 2021, AOK-Mitglieder

| Wirtschafts-abteilungen | Ausbildung | | | | | | |
|---|---|---|---|---|---|---|---|
| | ohne Aus-bildungs-abschluss | mit Aus-bildungs-abschluss | Meister/ Techniker | Bachelor | Diplom/ Magister/ Master/ Staats-examen | Promotion | unbekannt |
| Auswärtige An-gelegenheiten, Verteidigung, Rechts-pflege, öffentliche Sicherheit und Ord-nung | 7,5 | 7,3 | 6,3 | 3,0 | 2,0 | 2,5 | 6,9 |
| Exterritoriale Or-ganisationen und Körperschaften | 6,2 | 5,4 | 5,2 | 2,1 | 2,7 | – | 9,0 |
| Öffentliche Verwaltung | 7,7 | 6,7 | 6,6 | 3,3 | 4,1 | 2,5 | 7,2 |
| Sozialversicherung | 4,9 | 6,3 | 7,1 | 2,8 | 4,5 | 2,8 | 8,2 |
| **Branche gesamt** | **7,3** | **6,7** | **6,6** | **3,2** | **4,0** | **2,5** | **7,4** |
| **Alle Branchen** | **5,9** | **6,0** | **4,7** | **2,3** | **2,8** | **2,0** | **4,9** |

Fehlzeiten-Report 2022

◻ **Tab. 20.161** Tage der Arbeitsunfähigkeit je AOK-Mitglied nach Ausbildungsabschluss in der Branche Öffentliche Verwaltung im Jahr 2021

| Wirtschafts-abteilungen | Ausbildung | | | | | | |
|---|---|---|---|---|---|---|---|
| | ohne Aus-bildungs-abschluss | mit Aus-bildungs-abschluss | Meister/ Techniker | Bachelor | Diplom/ Magister/ Master/ Staats-examen | Promotion | unbekannt |
| Auswärtige An-gelegenheiten, Verteidigung, Rechts-pflege, öffentliche Sicherheit und Ord-nung | 27,3 | 26,7 | 22,9 | 10,9 | 7,2 | 9,1 | 25,2 |
| Exterritoriale Or-ganisationen und Körperschaften | 22,6 | 19,6 | 18,9 | 7,6 | 9,7 | – | 32,7 |
| Öffentliche Verwaltung | 27,9 | 24,5 | 24,1 | 11,9 | 15,0 | 8,9 | 26,4 |
| Sozialversicherung | 17,9 | 23,0 | 26,1 | 10,4 | 16,6 | 10,3 | 29,9 |
| **Branche gesamt** | **26,5** | **24,4** | **24,2** | **11,6** | **14,6** | **9,1** | **27,1** |
| **Alle Branchen** | **21,4** | **21,9** | **17,1** | **8,3** | **10,2** | **7,3** | **17,9** |

Fehlzeiten-Report 2022

◻ **Tab. 20.162** Anteil der Arbeitsunfälle an den AU-Fällen und -Tagen in Prozent nach Wirtschaftsabteilungen in der Branche Öffentliche Verwaltung im Jahr 2021, AOK-Mitglieder

| Wirtschaftsabteilungen | AU-Fälle in % | AU-Tage in % |
|---|---|---|
| Auswärtige Angelegenheiten, Verteidigung, Rechtspflege, öffentliche Sicherheit und Ordnung | 1,6 | 3,2 |
| Exterritoriale Organisationen und Körperschaften | 2,2 | 4,9 |
| Öffentliche Verwaltung | 2,0 | 4,0 |
| Sozialversicherung | 0,7 | 1,4 |
| **Branche gesamt** | **1,8** | **3,5** |
| **Alle Branchen** | **3,0** | **5,7** |

Fehlzeiten-Report 2022

**◻ Tab. 20.163** Tage und Fälle der Arbeitsunfähigkeit durch Arbeitsunfälle nach Berufsgruppen in der Branche Öffentliche Verwaltung im Jahr 2021, AOK-Mitglieder

| Tätigkeit | Arbeitsunfähigkeit je 1.000 AOK-Mitglieder | |
|---|---|---|
| | AU-Tage | AU-Fälle |
| Straßen- u. Tunnelwärter/innen | 2.531,7 | 91,2 |
| Platz- u. Gerätewarte/-wartinnen | 2.446,9 | 85,2 |
| Berufe im Gartenbau (ohne Spez.) | 2.272,2 | 92,7 |
| Berufe in der Gebäudetechnik (ohne Spez.) | 1.720,2 | 49,4 |
| Berufe im Objekt-, Werte- u. Personenschutz | 1.446,5 | 40,7 |
| Berufe in der Reinigung (ohne Spez.) | 1.086,3 | 30,7 |
| Köche/Köchinnen (ohne Spez.) | 790,8 | 33,1 |
| Berufe in der Kinderbetreuung u. -erziehung | 605,9 | 26,0 |
| Kaufmännische u. technische Betriebswirtschaft (ohne Spez.) | 487,8 | 16,4 |
| Büro- u. Sekretariatskräfte (ohne Spez.) | 421,7 | 14,1 |
| Berufe in der öffentlichen Verwaltung (ohne Spez.) | 389,3 | 14,3 |
| Berufe in der Sozialarbeit u. Sozialpädagogik | 284,5 | 14,6 |
| Berufe in der Sozialverwaltung u. -versicherung | 235,9 | 9,3 |
| Berufe in der Personaldienstleistung | 164,1 | 7,6 |
| **Branche gesamt** | **819,4** | **29,4** |
| **Alle Branchen** | **1.121,9** | **44,7** |

Fehlzeiten-Report 2022

◼ **Tab. 20.164** Tage und Fälle der Arbeitsunfähigkeit je 100 AOK-Mitglieder nach Krankheitsarten in der Branche Öffentliche Verwaltung in den Jahren 1997 bis 2021

| Jahr | Arbeitsunfähigkeiten je 100 AOK-Mitglieder | | | | | | | | | | | |
|------|--------|--------|-----------------|--------|----------|--------|-----------|--------|------------------|--------|-------------|--------|
| | Psyche | | Herz/Kreis-lauf | | Atemwege | | Verdauung | | Muskel/Skelett | | Verletzungen | |
| | Tage | Fälle | Tage | Fälle | Tage | Fälle | Tage | Fälle | Tage | Fälle | Tage | Fälle |
| 1997 | 156,7 | 3,4 | 225,2 | 7,4 | 395,1 | 34,3 | 184,0 | 19,3 | 711,5 | 29,7 | 299,8 | 23,9 |
| 1998 | 165,0 | 3,9 | 214,1 | 7,8 | 390,7 | 36,9 | 178,4 | 19,8 | 720,0 | 31,5 | 288,1 | 23,7 |
| 1999 | 176,0 | 4,5 | 207,0 | 8,2 | 427,8 | 42,0 | 179,1 | 21,7 | 733,3 | 34,0 | 290,5 | 23,7 |
| 2000 | 198,5 | 8,1 | 187,3 | 10,1 | 392,0 | 50,5 | 160,6 | 21,3 | 749,6 | 41,4 | 278,9 | 17,4 |
| 2001 | 208,7 | 8,9 | 188,4 | 10,8 | 362,4 | 48,7 | 157,4 | 21,7 | 745,4 | 41,8 | 272,9 | 17,1 |
| 2002 | 210,1 | 9,4 | 182,7 | 10,9 | 344,1 | 47,7 | 157,9 | 23,0 | 712,8 | 41,6 | 267,9 | 17,1 |
| 2003 | 203,2 | 9,4 | 170,5 | 11,1 | 355,1 | 50,5 | 151,5 | 22,8 | 644,3 | 39,3 | 257,9 | 16,5 |
| 2004 | 213,8 | 9,6 | 179,9 | 10,2 | 313,1 | 43,6 | 153,1 | 22,5 | 619,0 | 37,9 | 251,5 | 15,5 |
| 2005[b] | 211,4 | 9,4 | 179,4 | 10,1 | 346,2 | 47,2 | 142,3 | 19,7 | 594,5 | 36,4 | 252,5 | 15,1 |
| 2006 | 217,8 | 9,4 | 175,5 | 10,2 | 297,4 | 42,0 | 142,8 | 21,3 | 585,5 | 35,9 | 248,5 | 15,0 |
| 2007 | 234,4 | 9,9 | 178,3 | 10,1 | 326,0 | 46,2 | 148,6 | 22,3 | 600,6 | 36,1 | 239,2 | 14,1 |
| 2008 (WZ03) | 245,1 | 10,2 | 176,0 | 10,2 | 331,8 | 47,6 | 150,3 | 22,9 | 591,9 | 36,1 | 238,2 | 14,2 |
| 2008 (WZ08)[a] | 245,2 | 10,3 | 175,9 | 10,2 | 332,0 | 47,7 | 150,4 | 22,9 | 591,5 | 36,2 | 238,0 | 14,2 |
| 2009 | 255,2 | 10,8 | 177,1 | 10,2 | 387,0 | 54,8 | 148,5 | 22,8 | 577,6 | 35,8 | 245,5 | 14,5 |
| 2010 | 278,4 | 11,3 | 177,0 | 10,1 | 337,6 | 49,3 | 142,8 | 21,4 | 618,1 | 37,5 | 261,2 | 15,3 |
| 2011 | 295,9 | 12,1 | 176,3 | 10,3 | 353,4 | 50,9 | 142,9 | 21,9 | 606,2 | 37,7 | 254,2 | 15,0 |
| 2012 | 315,8 | 11,9 | 177,3 | 9,6 | 337,9 | 48,5 | 139,1 | 20,5 | 587,4 | 35,0 | 243,6 | 13,6 |
| 2013 | 315,4 | 11,9 | 183,2 | 9,5 | 425,4 | 59,0 | 144,3 | 21,3 | 588,5 | 35,3 | 254,6 | 14,1 |
| 2014 | 354,2 | 13,2 | 194,5 | 10,1 | 356,8 | 51,6 | 151,9 | 22,5 | 643,6 | 37,5 | 263,9 | 14,5 |
| 2015 | 377,9 | 13,6 | 194,7 | 10,2 | 448,1 | 63,0 | 152,4 | 22,5 | 643,4 | 37,0 | 266,3 | 14,4 |
| 2016 | 389,5 | 14,1 | 174,7 | 10,3 | 423,3 | 61,8 | 149,9 | 23,0 | 660,9 | 37,5 | 268,5 | 14,6 |
| 2017 | 402,6 | 14,4 | 171,4 | 10,1 | 446,6 | 63,5 | 146,7 | 22,0 | 652,5 | 36,9 | 271,4 | 14,4 |
| 2018 | 428,5 | 14,9 | 171,2 | 10,3 | 480,7 | 66,4 | 144,3 | 21,9 | 645,6 | 36,0 | 274,4 | 14,6 |
| 2019 | 452,4 | 15,1 | 165,3 | 9,9 | 422,1 | 61,8 | 138,6 | 21,4 | 646,5 | 35,6 | 271,8 | 14,1 |
| 2020 | 486,1 | 14,9 | 161,3 | 8,7 | 440,0 | 52,9 | 134,5 | 18,4 | 658,5 | 33,5 | 263,2 | 12,5 |
| 2021 | 508,4 | 15,4 | 155,2 | 8,3 | 355,9 | 44,5 | 127,5 | 17,4 | 641,4 | 33,4 | 266,3 | 16,0 |

[a] aufgrund der Revision der Wirtschaftszweigklassifikation in 2008 ist eine Vergleichbarkeit mit den Vorjahren nur bedingt möglich

[b] ohne Sozialversicherung/Arbeitsförderung

Fehlzeiten-Report 2022

**◘ Tab. 20.165** Verteilung der Arbeitsunfähigkeitstage nach Krankheitsarten in Prozent in der Branche Öffentliche Verwaltung im Jahr 2021, AOK-Mitglieder

| Wirtschaftsabteilungen | AU-Tage in % | | | | | | |
|---|---|---|---|---|---|---|---|
| | Psyche | Herz/ Kreislauf | Atem- wege | Ver- dauung | Muskel/ Skelett | Verlet- zungen | Sonstige |
| Auswärtige Angelegenheiten, Verteidigung, Rechtspflege, öffentliche Sicherheit und Ordnung | 14,7 | 5,4 | 9,1 | 4,0 | 20,6 | 8,0 | 38,3 |
| Exterritoriale Organisationen und Körperschaften | 12,3 | 6,4 | 6,7 | 4,0 | 24,7 | 8,1 | 37,8 |
| Öffentliche Verwaltung | 14,0 | 4,7 | 10,9 | 3,8 | 19,8 | 8,3 | 38,6 |
| Sozialversicherung | 21,2 | 3,9 | 10,5 | 3,9 | 14,9 | 6,3 | 39,4 |
| **Branche gesamt** | **15,2** | **4,6** | **10,6** | **3,8** | **19,2** | **8,0** | **38,6** |
| **Alle Branchen** | **12,0** | **4,9** | **9,8** | **3,9** | **21,5** | **10,0** | **37,9** |

Fehlzeiten-Report 2022

**◘ Tab. 20.166** Verteilung der Arbeitsunfähigkeitsfälle nach Krankheitsarten in Prozent in der Branche Öffentliche Verwaltung im Jahr 2021, AOK-Mitglieder

| Wirtschaftsabteilungen | AU-Fälle in % | | | | | | |
|---|---|---|---|---|---|---|---|
| | Psyche | Herz/ Kreislauf | Atem- wege | Ver- dauung | Muskel/ Skelett | Verlet- zungen | Sonstige |
| Auswärtige Angelegenheiten, Verteidigung, Rechtspflege, öffentliche Sicherheit und Ordnung | 6,6 | 3,8 | 15,6 | 7,4 | 15,2 | 6,6 | 44,8 |
| Exterritoriale Organisationen und Körperschaften | 6,4 | 4,8 | 11,5 | 6,2 | 20,3 | 6,6 | 44,1 |
| Öffentliche Verwaltung | 5,9 | 3,4 | 18,7 | 7,0 | 14,0 | 6,8 | 44,2 |
| Sozialversicherung | 7,9 | 3,1 | 18,2 | 7,7 | 11,1 | 5,4 | 46,5 |
| **Branche gesamt** | **6,3** | **3,4** | **18,3** | **7,1** | **13,7** | **6,6** | **44,6** |
| **Alle Branchen** | **5,2** | **3,3** | **16,7** | **6,8** | **15,8** | **7,9** | **44,2** |

Fehlzeiten-Report 2022

20

◨ **Tab. 20.167** Verteilung der Arbeitsunfähigkeitstage nach Krankheitsarten und ausgewählten Berufsgruppen in der Branche Öffentliche Verwaltung im Jahr 2021, AOK-Mitglieder

| Tätigkeit | AU-Tage in % | | | | | | |
|---|---|---|---|---|---|---|---|
| | Psyche | Herz/ Kreislauf | Atem- wege | Ver- dauung | Muskel/ Skelett | Verlet- zungen | Sonstige |
| Berufe im Gartenbau (ohne Spez.) | 9,4 | 5,6 | 8,0 | 4,0 | 28,6 | 10,5 | 33,9 |
| Berufe im Objekt-, Werte- u. Personenschutz | 13,7 | 5,6 | 9,7 | 4,1 | 21,6 | 7,7 | 37,5 |
| Berufe in der Gebäudetechnik (ohne Spez.) | 11,1 | 7,6 | 7,1 | 4,2 | 22,7 | 9,4 | 37,8 |
| Berufe in der Kinderbetreu- ung u. -erziehung | 16,7 | 2,5 | 17,4 | 3,6 | 13,3 | 7,0 | 39,5 |
| Berufe in der öffentlichen Verwaltung (ohne Spez.) | 18,4 | 4,1 | 11,8 | 4,1 | 13,9 | 6,8 | 40,9 |
| Berufe in der Personaldienst- leistung | 22,8 | 4,1 | 11,5 | 4,2 | 12,3 | 6,0 | 39,2 |
| Berufe in der Reinigung (oh- ne Spez.) | 10,9 | 4,9 | 7,9 | 3,0 | 27,6 | 8,5 | 37,1 |
| Berufe in der Sozialarbeit u. Sozialpädagogik | 20,3 | 3,6 | 12,7 | 3,3 | 11,9 | 6,8 | 41,5 |
| Berufe in der Sozialverwal- tung u. -versicherung | 21,6 | 3,6 | 10,7 | 3,8 | 14,5 | 6,2 | 39,6 |
| Büro- u. Sekretariatskräfte (ohne Spez.) | 18,3 | 4,2 | 10,3 | 4,0 | 15,5 | 6,8 | 41,0 |
| Kaufmännische u. technische Betriebswirtschaft (ohne Spez.) | 18,4 | 4,1 | 13,5 | 3,9 | 14,8 | 6,3 | 39,0 |
| Köche/Köchinnen (ohne Spez.) | 13,4 | 4,7 | 9,1 | 3,6 | 24,9 | 7,3 | 37,1 |
| Platz- u. Gerätewarte/ -wartinnen | 7,0 | 6,3 | 7,6 | 4,1 | 26,9 | 11,1 | 37,0 |
| Straßen- u. Tunnelwärter/in- nen | 7,2 | 6,3 | 7,8 | 4,2 | 26,9 | 11,8 | 35,7 |
| **Branche gesamt** | **15,2** | **4,6** | **10,6** | **3,8** | **19,2** | **8,0** | **38,6** |
| **Alle Branchen** | **12,0** | **4,9** | **9,8** | **3,9** | **21,5** | **10,0** | **37,9** |

Fehlzeiten-Report 2022

**◻ Tab. 20.168** Verteilung der Arbeitsunfähigkeitsfälle nach Krankheitsarten und ausgewählten Berufsgruppen in der Branche Öffentliche Verwaltung im Jahr 2021, AOK-Mitglieder

| Tätigkeit | AU-Fälle in % | | | | | | |
|---|---|---|---|---|---|---|---|
| | Psyche | Herz/ Kreislauf | Atem- wege | Ver- dauung | Muskel/ Skelett | Verlet- zungen | Sonstige |
| Berufe im Gartenbau (ohne Spez.) | 4,7 | 3,9 | 13,3 | 7,3 | 22,2 | 9,2 | 39,3 |
| Berufe im Objekt-, Werte- u. Personenschutz | 7,1 | 3,8 | 15,5 | 7,0 | 17,6 | 5,8 | 43,3 |
| Berufe in der Gebäudetechnik (ohne Spez.) | 5,1 | 5,6 | 12,7 | 7,6 | 17,5 | 7,4 | 44,2 |
| Berufe in der Kinderbetreu- ung u. -erziehung | 5,9 | 2,0 | 26,9 | 5,9 | 8,9 | 5,8 | 44,6 |
| Berufe in der öffentlichen Verwaltung (ohne Spez.) | 7,0 | 3,2 | 19,5 | 7,6 | 10,4 | 5,7 | 46,7 |
| Berufe in der Personaldienst- leistung | 8,6 | 3,1 | 19,1 | 7,8 | 10,2 | 4,7 | 46,6 |
| Berufe in der Reinigung (oh- ne Spez.) | 5,7 | 4,2 | 13,7 | 6,5 | 19,7 | 7,5 | 42,9 |
| Berufe in der Sozialarbeit u. Sozialpädagogik | 8,0 | 2,7 | 21,5 | 6,5 | 8,7 | 5,6 | 47,0 |
| Berufe in der Sozialverwal- tung u. -versicherung | 7,9 | 2,9 | 18,8 | 7,6 | 10,7 | 5,4 | 46,6 |
| Büro- u. Sekretariatskräfte (ohne Spez.) | 7,7 | 3,6 | 16,8 | 7,8 | 11,9 | 5,5 | 46,7 |
| Kaufmännische u. technische Betriebswirtschaft (ohne Spez.) | 7,2 | 3,4 | 20,5 | 7,6 | 11,0 | 5,0 | 45,3 |
| Köche/Köchinnen (ohne Spez.) | 6,2 | 4,0 | 15,5 | 6,9 | 16,8 | 7,0 | 43,7 |
| Platz- u. Gerätewarte/ -wartinnen | 3,3 | 4,8 | 12,7 | 7,5 | 20,9 | 9,5 | 41,3 |
| Straßen- u. Tunnelwärter/in- nen | 3,6 | 4,2 | 13,4 | 7,4 | 21,3 | 10,0 | 40,1 |
| **Branche gesamt** | **6,3** | **3,4** | **18,3** | **7,1** | **13,7** | **6,6** | **44,6** |
| **Alle Branchen** | **5,2** | **3,3** | **16,7** | **6,8** | **15,8** | **7,9** | **44,2** |

Fehlzeiten-Report 2022

20

◻ **Tab. 20.169** Anteile der 40 häufigsten Einzeldiagnosen an den AU-Fällen und AU-Tagen in der Branche Öffentliche Verwaltung im Jahr 2021, AOK-Mitglieder

| ICD-10 | Bezeichnung | AU-Fälle in % | AU-Tage in % |
|---|---|---|---|
| J06 | Akute Infektionen an mehreren oder nicht näher bezeichneten Lokalisationen der oberen Atemwege | 9,8 | 5,3 |
| M54 | Rückenschmerzen | 4,7 | 4,9 |
| U99 | Belegte und nicht belegte Schlüsselnummern U99.-! | 4,0 | 2,0 |
| Z11 | Spezielle Verfahren zur Untersuchung auf infektiöse und parasitäre Krankheiten | 3,2 | 1,8 |
| A09 | Sonstige und nicht näher bezeichnete Gastroenteritis und Kolitis infektiösen und nicht näher bezeichneten Ursprungs | 2,4 | 0,9 |
| F43 | Reaktionen auf schwere Belastungen und Anpassungsstörungen | 2,0 | 3,6 |
| U07 | Krankheiten mit unklarer Ätiologie, belegte und nicht belegte Schlüsselnummern U07.- | 2,0 | 1,8 |
| K08 | Sonstige Krankheiten der Zähne und des Zahnhalteapparates | 1,9 | 0,4 |
| R10 | Bauch- und Beckenschmerzen | 1,6 | 0,8 |
| I10 | Essentielle (primäre) Hypertonie | 1,5 | 1,3 |
| R51 | Kopfschmerz | 1,5 | 0,7 |
| F32 | Depressive Episode | 1,3 | 4,1 |
| B34 | Viruskrankheit nicht näher bezeichneter Lokalisation | 1,3 | 0,7 |
| T88 | Sonstige Komplikationen bei chirurgischen Eingriffen und medizinischer Behandlung, anderenorts nicht klassifiziert | 1,3 | 0,3 |
| R53 | Unwohlsein und Ermüdung | 1,1 | 1,1 |
| M25 | Sonstige Gelenkkrankheiten, anderenorts nicht klassifiziert | 1,0 | 1,2 |
| M79 | Sonstige Krankheiten des Weichteilgewebes, anderenorts nicht klassifiziert | 1,0 | 0,8 |
| J00 | Akute Rhinopharyngitis [Erkältungsschnupfen] | 1,0 | 0,5 |
| F48 | Andere neurotische Störungen | 0,9 | 1,7 |
| K29 | Gastritis und Duodenitis | 0,9 | 0,5 |
| G43 | Migräne | 0,9 | 0,4 |
| Z98 | Sonstige Zustände nach chirurgischem Eingriff | 0,7 | 1,8 |
| F45 | Somatoforme Störungen | 0,7 | 1,5 |
| T14 | Verletzung an einer nicht näher bezeichneten Körperregion | 0,7 | 0,7 |
| M99 | Biomechanische Funktionsstörungen, anderenorts nicht klassifiziert | 0,7 | 0,6 |
| K52 | Sonstige nichtinfektiöse Gastroenteritis und Kolitis | 0,7 | 0,3 |
| R11 | Übelkeit und Erbrechen | 0,7 | 0,3 |

**◻ Tab. 20.169** (Fortsetzung)

| ICD-10 | Bezeichnung | AU-Fälle in % | AU-Tage in % |
|--------|-------------|---------------|--------------|
| M51 | Sonstige Bandscheibenschäden | 0,6 | 1,5 |
| M75 | Schulterläsionen | 0,6 | 1,5 |
| M53 | Sonstige Krankheiten der Wirbelsäule und des Rückens, anderenorts nicht klassifiziert | 0,6 | 0,6 |
| R42 | Schwindel und Taumel | 0,6 | 0,5 |
| J20 | Akute Bronchitis | 0,6 | 0,4 |
| N39 | Sonstige Krankheiten des Harnsystems | 0,6 | 0,3 |
| J98 | Sonstige Krankheiten der Atemwege | 0,6 | 0,3 |
| B99 | Sonstige und nicht näher bezeichnete Infektionskrankheiten | 0,6 | 0,3 |
| M77 | Sonstige Enthesopathien | 0,5 | 0,7 |
| J01 | Akute Sinusitis | 0,5 | 0,3 |
| J32 | Chronische Sinusitis | 0,5 | 0,3 |
| J02 | Akute Pharyngitis | 0,5 | 0,2 |
| U12 | Unerwünschte Nebenwirkungen bei der Anwendung von COVID-19-Impfstoffen | 0,5 | 0,1 |
| | **Summe hier** | **56,8** | **47,0** |
| | Restliche | 43,2 | 53,0 |
| | **Gesamtsumme** | **100,0** | **100,0** |

Fehlzeiten-Report 2022

◻ **Tab. 20.170** Anteile der 40 häufigsten Diagnoseuntergruppen an den AU-Fällen und AU-Tagen in der Branche Öffentliche Verwaltung im Jahr 2021, AOK-Mitglieder

| ICD-10 | Bezeichnung | AU-Fälle in % | AU-Tage in % |
|---|---|---|---|
| J00–J06 | Akute Infektionen der oberen Atemwege | 13,0 | 6,9 |
| M50–M54 | Sonstige Krankheiten der Wirbelsäule und des Rückens | 5,7 | 6,6 |
| U98–U99 | Belegte und nicht belegte Schlüsselnummern | 4,3 | 2,2 |
| R50–R69 | Allgemeinsymptome | 4,1 | 3,2 |
| F40–F48 | Neurotische, Belastungs- und somatoforme Störungen | 4,0 | 8,2 |
| Z00–Z13 | Personen, die das Gesundheitswesen zur Untersuchung und Abklärung in Anspruch nehmen | 3,8 | 2,2 |
| U00–U49 | Vorläufige Zuordnungen für Krankheiten mit unklarer Ätiologie, belegte und nicht belegte Schlüsselnummern | 3,0 | 2,4 |
| A00–A09 | Infektiöse Darmkrankheiten | 2,9 | 1,0 |
| M70–M79 | Sonstige Krankheiten des Weichteilgewebes | 2,5 | 3,5 |
| R10–R19 | Symptome, die das Verdauungssystem und das Abdomen betreffen | 2,5 | 1,3 |
| K00–K14 | Krankheiten der Mundhöhle, der Speicheldrüsen und der Kiefer | 2,5 | 0,6 |
| F30–F39 | Affektive Störungen | 1,9 | 6,8 |
| Z80–Z99 | Personen mit potentiellen Gesundheitsrisiken aufgrund der Familien- oder Eigenanamnese und bestimmte Zustände, die den Gesundheitszustand beeinflussen | 1,9 | 3,4 |
| G40–G47 | Episodische und paroxysmale Krankheiten des Nervensystems | 1,9 | 1,5 |
| I10–I15 | Hypertonie [Hochdruckkrankheit] | 1,7 | 1,5 |
| T80–T88 | Komplikationen bei chirurgischen Eingriffen und medizinischer Behandlung, anderenorts nicht klassifiziert | 1,7 | 0,7 |
| M20–M25 | Sonstige Gelenkkrankheiten | 1,5 | 2,4 |
| B25–B34 | Sonstige Viruskrankheiten | 1,5 | 0,8 |
| R00–R09 | Symptome, die das Kreislaufsystem und das Atmungssystem betreffen | 1,4 | 1,1 |
| K20–K31 | Krankheiten des Ösophagus, des Magens und des Duodenums | 1,3 | 0,7 |
| J40–J47 | Chronische Krankheiten der unteren Atemwege | 1,1 | 1,0 |
| K55–K64 | Sonstige Krankheiten des Darmes | 1,0 | 0,7 |
| K50–K52 | Nichtinfektiöse Enteritis und Kolitis | 1,0 | 0,5 |
| M15–M19 | Arthrose | 0,9 | 2,2 |
| R40–R46 | Symptome, die das Erkennungs- und Wahrnehmungsvermögen, die Stimmung und das Verhalten betreffen | 0,9 | 0,8 |
| N30–N39 | Sonstige Krankheiten des Harnsystems | 0,9 | 0,5 |
| J30–J39 | Sonstige Krankheiten der oberen Atemwege | 0,9 | 0,5 |

**◙ Tab. 20.170** (Fortsetzung)

| ICD-10 | Bezeichnung | AU-Fälle in % | AU-Tage in % |
|---|---|---|---|
| T08–T14 | Verletzungen nicht näher bezeichneter Teile des Rumpfes, der Extremitäten oder anderer Körperregionen | 0,8 | 0,9 |
| M95–M99 | Sonstige Krankheiten des Muskel-Skelett-Systems und des Bindegewebes | 0,8 | 0,7 |
| J20–J22 | Sonstige akute Infektionen der unteren Atemwege | 0,8 | 0,5 |
| E70–E90 | Stoffwechselstörungen | 0,8 | 0,5 |
| J95–J99 | Sonstige Krankheiten des Atmungssystems | 0,8 | 0,5 |
| S80–S89 | Verletzungen des Knies und des Unterschenkels | 0,7 | 1,5 |
| G50–G59 | Krankheiten von Nerven, Nervenwurzeln und Nervenplexus | 0,7 | 1,2 |
| S90–S99 | Verletzungen der Knöchelregion und des Fußes | 0,7 | 1,0 |
| Z40–Z54 | Personen, die das Gesundheitswesen zum Zwecke spezifischer Maßnahmen und zur medizinischen Betreuung in Anspruch nehmen | 0,7 | 0,9 |
| C00–C75 | Bösartige Neubildungen an genau bezeichneten Lokalisationen, als primär festgestellt oder vermutet, ausgenommen lymphatisches, blutbildendes und verwandtes Gewebe | 0,6 | 2,2 |
| D10–D36 | Gutartige Neubildungen | 0,6 | 0,4 |
| N80–N98 | Nichtentzündliche Krankheiten des weiblichen Genitaltraktes | 0,6 | 0,4 |
| B99–B99 | Sonstige Infektionskrankheiten | 0,6 | 0,3 |
| | **Summe hier** | **79,0** | **74,2** |
| | Restliche | 21,0 | 25,8 |
| | **Gesamtsumme** | **100,0** | **100,0** |

Fehlzeiten-Report 2022

**20**

## 20.11 Verarbeitendes Gewerbe

Entwicklung des Krankenstands der AOK-Mitglieder in der Branche Verarbeitendes Gewerbe in den Jahren 1997 bis 2021 — ◼ Tab. 20.171

Arbeitsunfähigkeit der AOK-Mitglieder in der Branche Verarbeitendes Gewerbe nach Bundesländern im Jahr 2021 im Vergleich zum Vorjahr — ◼ Tab. 20.172

Arbeitsunfähigkeit der AOK-Mitglieder nach Wirtschaftsabteilungen in der Branche Verarbeitendes Gewerbe im Jahr 2021 — ◼ Tab. 20.173

Kennzahlen der Arbeitsunfähigkeit nach ausgewählten Berufsgruppen in der Branche Verarbeitendes Gewerbe im Jahr 2021 — ◼ Tab. 20.174

Dauer der Arbeitsunfähigkeit der AOK-Mitglieder in der Branche Verarbeitendes Gewerbe im Jahr 2021 — ◼ Tab. 20.175

Tage der Arbeitsunfähigkeit je AOK-Mitglied nach Wirtschaftsabteilung und Betriebsgröße in der Branche Verarbeitendes Gewerbe im Jahr 2021 — ◼ Tab. 20.176

Krankenstand in Prozent nach Ausbildungsabschluss in der Branche Verarbeitendes Gewerbe im Jahr 2021, AOK-Mitglieder — ◼ Tab. 20.177

Tage der Arbeitsunfähigkeit je AOK-Mitglied nach Ausbildungsabschluss in der Branche Verarbeitendes Gewerbe im Jahr 2021 — ◼ Tab. 20.178

Anteil der Arbeitsunfälle an den AU-Fällen und -Tagen in Prozent nach Wirtschaftsabteilungen in der Branche Verarbeitendes Gewerbe im Jahr 2021, AOK-Mitglieder — ◼ Tab. 20.179

Tage und Fälle der Arbeitsunfähigkeit durch Arbeitsunfälle nach Berufsgruppen in der Branche Verarbeitendes Gewerbe im Jahr 2021, AOK-Mitglieder — ◼ Tab. 20.180

Tage und Fälle der Arbeitsunfähigkeit je 100 AOK-Mitglieder nach Krankheitsarten in der Branche Verarbeitendes Gewerbe in den Jahren 1997 bis 2021 — ◼ Tab. 20.181

Verteilung der Arbeitsunfähigkeitstage nach Krankheitsarten in Prozent in der Branche Verarbeitendes Gewerbe im Jahr 2021, AOK-Mitglieder — ◼ Tab. 20.182

Verteilung der Arbeitsunfähigkeitsfälle nach Krankheitsarten in Prozent in der Branche Verarbeitendes Gewerbe im Jahr 2021, AOK-Mitglieder — ◼ Tab. 20.183

Verteilung der Arbeitsunfähigkeitstage nach Krankheitsarten und ausgewählten Berufsgruppen in der Branche Verarbeitendes Gewerbe im Jahr 2021, AOK-Mitglieder — ◼ Tab. 20.184

Verteilung der Arbeitsunfähigkeitsfälle nach Krankheitsarten und ausgewählten Berufsgruppen in der Branche Verarbeitendes Gewerbe im Jahr 2021, AOK-Mitglieder — ◼ Tab. 20.185

Anteile der 40 häufigsten Einzeldiagnosen an den AU-Fällen und AU-Tagen in der Branche Verarbeitendes Gewerbe im Jahr 2021, AOK-Mitglieder — ◼ Tab. 20.186

Anteile der 40 häufigsten Diagnoseuntergruppen an den AU-Fällen und AU-Tagen in der Branche Verarbeitendes Gewerbe im Jahr 2021, AOK-Mitglieder — ◼ Tab. 20.187

548     M. Meyer et al.

◻ **Tab. 20.171** Entwicklung des Krankenstands der AOK-Mitglieder in der Branche Verarbeitendes Gewerbe in den Jahren 1997 bis 2021

| Jahr | Krankenstand in % | | | AU-Fälle je 100 AOK-Mitglieder | | | Tage je Fall | | |
|---|---|---|---|---|---|---|---|---|---|
| | West | Ost | Bund | West | Ost | Bund | West | Ost | Bund |
| 1997 | 5,1 | 4,5 | 5,1 | 139,0 | 114,1 | 136,1 | 13,8 | 14,5 | 13,8 |
| 1998 | 5,3 | 4,6 | 5,2 | 142,9 | 118,8 | 140,1 | 13,7 | 14,5 | 13,8 |
| 1999 | 5,6 | 5,2 | 5,6 | 152,7 | 133,3 | 150,5 | 13,5 | 14,4 | 13,6 |
| 2000 | 5,7 | 5,2 | 5,6 | 157,6 | 140,6 | 155,7 | 13,2 | 13,6 | 13,3 |
| 2001 | 5,6 | 5,3 | 5,6 | 155,6 | 135,9 | 153,5 | 13,2 | 14,2 | 13,3 |
| 2002 | 5,5 | 5,2 | 5,5 | 154,7 | 136,9 | 152,7 | 13,0 | 13,8 | 13,1 |
| 2003 | 5,1 | 4,8 | 5,1 | 149,4 | 132,8 | 147,4 | 12,5 | 13,2 | 12,6 |
| 2004 | 4,8 | 4,4 | 4,7 | 136,5 | 120,2 | 134,4 | 12,8 | 13,3 | 12,8 |
| 2005 | 4,8 | 4,3 | 4,7 | 138,6 | 119,4 | 136,0 | 12,5 | 13,2 | 12,6 |
| 2006 | 4,6 | 4,2 | 4,5 | 132,9 | 115,4 | 130,5 | 12,6 | 13,1 | 12,7 |
| 2007 | 4,9 | 4,5 | 4,8 | 143,1 | 124,7 | 140,5 | 12,5 | 13,1 | 12,6 |
| 2008 (WZ03) | 5,1 | 4,8 | 5,0 | 150,9 | 132,8 | 148,3 | 12,3 | 13,3 | 12,4 |
| 2008 (WZ08)[a] | 5,0 | 4,8 | 5,0 | 151,7 | 132,9 | 148,9 | 12,2 | 13,1 | 12,3 |
| 2009 | 5,1 | 5,0 | 5,0 | 153,0 | 138,6 | 150,8 | 12,2 | 13,2 | 12,4 |
| 2010 | 5,3 | 5,2 | 5,2 | 153,7 | 149,0 | 153,0 | 12,5 | 12,7 | 12,6 |
| 2011 | 5,4 | 5,0 | 5,3 | 159,6 | 154,4 | 158,8 | 12,4 | 11,8 | 12,3 |
| 2012 | 5,5 | 5,6 | 5,5 | 159,4 | 149,6 | 157,9 | 12,5 | 13,8 | 12,7 |
| 2013 | 5,7 | 5,8 | 5,7 | 168,7 | 159,4 | 167,3 | 12,2 | 13,4 | 12,4 |
| 2014 | 5,8 | 6,0 | 5,8 | 166,5 | 157,4 | 165,1 | 12,6 | 13,8 | 12,8 |
| 2015 | 6,0 | 6,2 | 6,0 | 178,6 | 169,7 | 177,2 | 12,3 | 13,3 | 12,4 |
| 2016 | 6,0 | 6,2 | 6,0 | 177,0 | 171,5 | 176,2 | 12,3 | 13,3 | 12,5 |
| 2017 | 6,0 | 6,4 | 6,0 | 174,7 | 172,2 | 174,4 | 12,5 | 13,6 | 12,6 |
| 2018 | 6,1 | 6,7 | 6,2 | 182,0 | 179,6 | 181,6 | 12,3 | 13,5 | 12,5 |
| 2019 | 6,1 | 6,7 | 6,2 | 178,2 | 176,6 | 177,9 | 12,5 | 13,9 | 12,7 |
| 2020 | 6,1 | 6,6 | 6,1 | 155,3 | 156,9 | 155,5 | 14,3 | 15,5 | 14,5 |
| 2021 | 6,1 | 7,0 | 6,3 | 166,9 | 168,2 | 167,1 | 13,4 | 15,2 | 13,7 |

[a] aufgrund der Revision der Wirtschaftszweigklassifikation in 2008 ist eine Vergleichbarkeit mit den Vorjahren nur bedingt möglich
Fehlzeiten-Report 2022

**20**

◻ **Tab. 20.172** Arbeitsunfähigkeit der AOK-Mitglieder in der Branche Verarbeitendes Gewerbe nach Bundesländern im Jahr 2021 im Vergleich zum Vorjahr

| Bundesland | Kranken-stand in % | Arbeitsunfähigkeit je 100 AOK-Mitglieder | | | | Tage je Fall | Veränd. z. Vorj. in % | AU-Quote in % |
|---|---|---|---|---|---|---|---|---|
| | | AU-Fälle | Veränd. z. Vorj. in % | AU-Tage | Veränd. z. Vorj. in % | | | |
| Baden-Württemberg | 5,8 | 174,5 | 6,3 | 2.123,2 | 0,2 | 12,2 | −5,8 | 59,5 |
| Bayern | 5,6 | 146,1 | 7,2 | 2.055,0 | 2,6 | 14,1 | −4,3 | 54,3 |
| Berlin | 5,4 | 151,3 | 2,1 | 1.973,4 | −5,3 | 13,0 | −7,2 | 49,7 |
| Brandenburg | 7,1 | 162,5 | 4,0 | 2.583,8 | 3,2 | 15,9 | −0,8 | 58,5 |
| Bremen | 6,8 | 155,1 | 5,1 | 2.471,1 | 0,5 | 15,9 | −4,4 | 54,0 |
| Hamburg | 5,1 | 131,7 | 1,6 | 1.873,7 | −4,9 | 14,2 | −6,4 | 45,4 |
| Hessen | 6,6 | 182,8 | 10,0 | 2.426,0 | 0,3 | 13,3 | −8,8 | 60,6 |
| Mecklenburg-Vorpommern | 6,8 | 158,5 | 4,2 | 2.476,1 | −0,1 | 15,6 | −4,1 | 54,9 |
| Niedersachsen | 6,6 | 185,2 | 9,3 | 2.401,9 | 2,5 | 13,0 | −6,2 | 61,4 |
| Nordrhein-Westfalen | 6,8 | 178,8 | 7,2 | 2.475,6 | −0,2 | 13,8 | −6,9 | 59,5 |
| Rheinland-Pfalz | 5,7 | 140,5 | 6,1 | 2.090,1 | −1,9 | 14,9 | −7,5 | 50,9 |
| Saarland | 6,8 | 161,4 | 8,8 | 2.490,8 | 2,8 | 15,4 | −5,5 | 52,7 |
| Sachsen | 6,8 | 165,7 | 7,8 | 2.466,1 | 6,0 | 14,9 | −1,6 | 62,6 |
| Sachsen-Anhalt | 6,9 | 164,4 | 4,9 | 2.528,4 | 3,9 | 15,4 | −0,9 | 58,6 |
| Schleswig-Holstein | 6,2 | 165,5 | 5,4 | 2.265,2 | −5,5 | 13,7 | −10,3 | 54,2 |
| Thüringen | 7,5 | 179,0 | 9,3 | 2.729,6 | 6,7 | 15,2 | −2,4 | 63,4 |
| **West** | **6,1** | **166,9** | **7,5** | **2.233,1** | **0,7** | **13,4** | **−6,3** | **57,6** |
| **Ost** | **7,0** | **168,2** | **7,2** | **2.553,0** | **5,3** | **15,2** | **−1,8** | **61,3** |
| **Bund** | **6,3** | **167,1** | **7,4** | **2.283,9** | **1,5** | **13,7** | **−5,5** | **58,2** |

Fehlzeiten-Report 2022

**□ Tab. 20.173** Arbeitsunfähigkeit der AOK-Mitglieder nach Wirtschaftsabteilungen in der Branche Verarbeitendes Gewerbe im Jahr 2021

| Wirtschaftsabteilungen | Krankenstand in % | | Arbeitsunfähigkeiten je 100 AOK-Mitglieder | | Tage je Fall | AU-Quote in % |
|---|---|---|---|---|---|---|
| | 2021 | 2021 stand.[a] | Fälle | Tage | | |
| Getränkeherstellung | 6,4 | 5,5 | 154,1 | 2.352,8 | 15,3 | 57,6 |
| Herstellung von Bekleidung | 4,8 | 4,4 | 131,0 | 1.745,5 | 13,3 | 49,2 |
| Herstellung von chemischen Erzeugnissen | 6,0 | 5,8 | 170,6 | 2.190,8 | 12,8 | 59,6 |
| Herstellung von Druckerzeugnissen, Vervielfältigung von bespielten Ton-, Bild- und Datenträgern | 5,8 | 5,3 | 153,7 | 2.107,4 | 13,7 | 56,4 |
| Herstellung von Glas und Glaswaren, Keramik, Verarbeitung von Steinen und Erden | 6,8 | 5,9 | 169,1 | 2.472,2 | 14,6 | 61,0 |
| Herstellung von Gummi- und Kunststoffwaren | 6,8 | 6,5 | 186,0 | 2.464,0 | 13,2 | 63,3 |
| Herstellung von Holz-, Flecht-, Korb- und Korkwaren (ohne Möbel) | 6,2 | 5,6 | 164,4 | 2.271,8 | 13,8 | 59,0 |
| Herstellung von Leder, Lederwaren und Schuhen | 6,6 | 6,0 | 160,9 | 2.394,1 | 14,9 | 57,8 |
| Herstellung von Möbeln | 6,2 | 5,8 | 171,6 | 2.277,0 | 13,3 | 61,4 |
| Herstellung von Nahrungs- und Futtermitteln | 6,3 | 6,2 | 156,9 | 2.307,8 | 14,7 | 53,7 |
| Herstellung von Papier, Pappe und Waren daraus | 6,9 | 6,5 | 181,3 | 2.533,0 | 14,0 | 64,2 |
| Herstellung von pharmazeutischen Erzeugnissen | 5,5 | 5,8 | 177,4 | 1.999,0 | 11,3 | 57,2 |
| Herstellung von sonstigen Waren | 5,5 | 5,4 | 168,2 | 1.999,5 | 11,9 | 58,8 |
| Herstellung von Textilien | 6,7 | 6,1 | 172,9 | 2.453,2 | 14,2 | 62,2 |
| Kokerei und Mineralölverarbeitung | 5,0 | 5,0 | 138,7 | 1.826,5 | 13,2 | 54,9 |
| Reparatur und Installation von Maschinen und Ausrüstungen | 5,2 | 5,1 | 152,4 | 1.900,3 | 12,5 | 53,2 |
| Tabakverarbeitung | 5,2 | 5,0 | 142,3 | 1.913,6 | 13,4 | 51,7 |
| **Branche gesamt** | **6,3** | **6,0** | **167,1** | **2.283,9** | **13,7** | **58,2** |
| **Alle Branchen** | **5,4** | **5,5** | **148,9** | **1.971,5** | **13,2** | **50,5** |

[a] Krankenstand alters- und geschlechtsstandardisiert
Fehlzeiten-Report 2022

◨ **Tab. 20.174** Kennzahlen der Arbeitsunfähigkeit nach ausgewählten Berufsgruppen in der Branche Verarbeitendes Gewerbe im Jahr 2021

| Tätigkeit | Kranken-stand in % | Arbeitsunfähigkeit je 100 AOK-Mitglieder | | Tage je Fall | AU-Quote in % | Anteil der Berufsgruppe an der Branche in %[a] |
|---|---|---|---|---|---|---|
| | | AU-Fälle | AU-Tage | | | |
| Berufe im Holz-, Möbel- u. Innenausbau | 6,0 | 174,0 | 2.187,5 | 12,6 | 63,7 | 2,1 |
| Berufe im Verkauf (Ohne Spez.) | 5,5 | 132,3 | 2.021,5 | 15,3 | 50,8 | 1,1 |
| Berufe im Verkauf von Back- u. Konditoreiwaren | 5,8 | 128,7 | 2.102,6 | 16,3 | 51,2 | 3,9 |
| Berufe im Verkauf von Fleisch-waren | 5,7 | 114,0 | 2.079,9 | 18,2 | 51,6 | 1,4 |
| Berufe im Vertrieb (außer Informations- u. Kommuni-kationstechnologien) | 3,3 | 95,2 | 1.211,2 | 12,7 | 44,2 | 1,4 |
| Berufe in der Back- u. Konditoreiwarenherstellung | 5,3 | 132,3 | 1.917,3 | 14,5 | 51,0 | 1,9 |
| Berufe in der Chemie- u. Pharmatechnik | 7,1 | 208,5 | 2.608,7 | 12,5 | 65,9 | 4,2 |
| Berufe in der Drucktechnik | 7,1 | 181,7 | 2.577,1 | 14,2 | 63,2 | 1,8 |
| Berufe in der Fleisch-verarbeitung | 5,9 | 142,5 | 2.158,2 | 15,1 | 44,8 | 2,6 |
| Berufe in der Holzbe- u. -verarbeitung (ohne Spez.) | 7,1 | 186,4 | 2.588,8 | 13,9 | 62,5 | 1,9 |
| Berufe in der Kunststoff- u. Kautschukherstellung (ohne Spez.) | 7,6 | 208,4 | 2.791,6 | 13,4 | 67,0 | 7,4 |
| Berufe in der Lagerwirtschaft | 7,3 | 194,2 | 2.681,7 | 13,8 | 61,9 | 8,8 |
| Berufe in der Lebensmittelher-stellung (ohne Spez.) | 7,2 | 192,6 | 2.623,5 | 13,6 | 56,7 | 6,6 |
| Berufe in der Maschinenbau- u. Betriebstechnik (ohne Spez.) | 6,5 | 188,9 | 2.385,8 | 12,6 | 64,1 | 2,9 |
| Berufe in der Metallbearbeitung (ohne Spez.) | 7,0 | 205,6 | 2.556,0 | 12,4 | 65,6 | 1,3 |
| Berufe in der Papierverarbei-tung u. Verpackungstechnik | 8,4 | 209,2 | 3.075,7 | 14,7 | 70,1 | 1,1 |
| Berufskraftfahrer/innen (Güter-verkehr/LKW) | 7,6 | 146,4 | 2.760,7 | 18,9 | 57,3 | 1,4 |
| Büro- u. Sekretariatskräfte (ohne Spez.) | 3,4 | 109,7 | 1.244,6 | 11,3 | 45,9 | 2,7 |

**◘ Tab. 20.174**  (Fortsetzung)

| Tätigkeit | Kranken-stand in % | Arbeitsunfähigkeit je 100 AOK-Mitglieder | | Tage je Fall | AU-Quote in % | Anteil der Berufsgruppe an der Branche in %[a] |
|---|---|---|---|---|---|---|
| | | AU-Fälle | AU-Tage | | | |
| Kaufmännische u. technische Betriebswirtschaft (ohne Spez.) | 3,0 | 116,7 | 1.080,2 | 9,3 | 48,1 | 3,1 |
| Maschinen- u. Anlagenfüh-rer/innen | 8,0 | 214,6 | 2.936,4 | 13,7 | 69,1 | 2,9 |
| **Branche gesamt** | **6,3** | **167,1** | **2.283,9** | **13,7** | **58,2** | **9[b]** |

[a] Anteil der AOK-Mitglieder in der Berufsgruppe an den in der Branche beschäftigten AOK-Mitgliedern insgesamt
[b] Anteil der AOK-Mitglieder in der Branche an allen AOK-Mitgliedern
Fehlzeiten-Report 2022

**◘ Tab. 20.175**  Dauer der Arbeitsunfähigkeit der AOK-Mitglieder in der Branche Verarbeitendes Gewerbe im Jahr 2021

| Fallklasse | Branche hier | | Alle Branchen | |
|---|---|---|---|---|
| | Anteil Fälle in % | Anteil Tage in % | Anteil Fälle in % | Anteil Tage in % |
| 1–3 Tage | 34,3 | 4,9 | 35,0 | 5,2 |
| 4–7 Tage | 28,7 | 10,6 | 29,0 | 11,1 |
| 8–14 Tage | 17,9 | 13,7 | 17,6 | 13,9 |
| 15–21 Tage | 7,1 | 8,9 | 6,9 | 8,9 |
| 22–28 Tage | 3,3 | 5,9 | 3,2 | 5,9 |
| 29–42 Tage | 3,5 | 8,8 | 3,3 | 8,7 |
| > 42 Tage | 5,3 | 47,2 | 5,1 | 46,3 |

Fehlzeiten-Report 2022

**◻ Tab. 20.176** Tage der Arbeitsunfähigkeit je AOK-Mitglied nach Wirtschaftsabteilung und Betriebsgröße in der Branche Verarbeitendes Gewerbe im Jahr 2021

| Wirtschaftsabteilungen | Betriebsgröße (Anzahl der AOK-Mitglieder) | | | | | |
|---|---|---|---|---|---|---|
| | 10–49 | 50–99 | 100–199 | 200–499 | 500–999 | ≥ 1.000 |
| Getränkeherstellung | 22,7 | 25,1 | 26,6 | 26,1 | – | – |
| Herstellung von Bekleidung | 19,3 | 19,4 | 19,6 | 24,8 | – | 4,7 |
| Herstellung von chemischen Erzeugnissen | 22,8 | 24,6 | 23,6 | 21,9 | 18,1 | 18,4 |
| Herstellung von Druckerzeugnissen, Vervielfältigung von bespielten Ton-, Bild- und Datenträgern | 21,2 | 24,6 | 25,2 | 25,9 | – | – |
| Herstellung von Glas und Glaswaren, Keramik, Verarbeitung von Steinen und Erden | 25,7 | 25,7 | 25,4 | 25,1 | 27,2 | – |
| Herstellung von Gummi- und Kunststoffwaren | 24,5 | 25,1 | 25,4 | 25,1 | 25,1 | 27,8 |
| Herstellung von Holz-, Flecht-, Korb- und Korkwaren (ohne Möbel) | 23,1 | 23,7 | 25,0 | 24,3 | 22,0 | – |
| Herstellung von Leder, Lederwaren und Schuhen | 21,3 | 21,9 | 27,3 | 30,6 | 27,3 | – |
| Herstellung von Möbeln | 22,3 | 24,7 | 27,7 | 28,1 | 24,4 | 19,3 |
| Herstellung von Nahrungs- und Futtermitteln | 21,1 | 24,4 | 25,7 | 26,0 | 25,7 | 25,2 |
| Herstellung von Papier, Pappe und Waren daraus | 25,3 | 27,1 | 26,0 | 24,7 | 20,4 | – |
| Herstellung von pharmazeutischen Erzeugnissen | 19,4 | 22,1 | 22,1 | 21,0 | 20,0 | 17,8 |
| Herstellung von sonstigen Waren | 21,0 | 21,9 | 22,8 | 22,8 | 23,3 | 19,1 |
| Herstellung von Textilien | 25,4 | 25,8 | 26,3 | 25,5 | 20,7 | – |
| Kokerei und Mineralölverarbeitung | 18,9 | 19,8 | 19,6 | 15,2 | – | – |
| Reparatur und Installation von Maschinen und Ausrüstungen | 19,4 | 20,0 | 21,4 | 22,1 | 16,5 | – |
| Tabakverarbeitung | 17,6 | 21,4 | 29,6 | 13,1 | – | – |
| **Branche gesamt** | **22,6** | **24,5** | **25,1** | **24,8** | **23,9** | **21,6** |
| **Alle Branchen** | **20,3** | **22,4** | **22,7** | **22,5** | **22,6** | **22,4** |

Fehlzeiten-Report 2022

**◻ Tab. 20.177** Krankenstand in Prozent nach Ausbildungsabschluss in der Branche Verarbeitendes Gewerbe im Jahr 2021, AOK-Mitglieder

| Wirtschafts-abteilungen | Ausbildung | | | | | | |
|---|---|---|---|---|---|---|---|
| | ohne Ausbildungsabschluss | mit Ausbildungsabschluss | Meister/Techniker | Bachelor | Diplom/Magister/Master/Staatsexamen | Promotion | unbekannt |
| Getränkeherstellung | 6,9 | 6,6 | 5,0 | 2,0 | 2,2 | 7,7 | 6,8 |
| Herstellung von Bekleidung | 6,6 | 5,0 | 3,2 | 2,0 | 2,6 | – | 4,1 |
| Herstellung von chemischen Erzeugnissen | 7,0 | 6,2 | 4,2 | 2,0 | 2,1 | 1,5 | 6,7 |
| Herstellung von Druckerzeugnissen, Vervielfältigung von bespielten Ton-, Bild- und Datenträgern | 6,8 | 5,9 | 3,7 | 1,9 | 3,1 | 6,2 | 5,6 |
| Herstellung von Glas und Glaswaren, Keramik, Verarbeitung von Steinen und Erden | 7,4 | 7,0 | 4,7 | 2,1 | 2,6 | 3,0 | 6,5 |
| Herstellung von Gummi- und Kunststoffwaren | 7,7 | 6,9 | 4,4 | 2,1 | 2,9 | 3,2 | 6,7 |
| Herstellung von Holz-, Flecht-, Korb- und Korkwaren (ohne Möbel) | 6,8 | 6,4 | 4,4 | 2,3 | 3,6 | 2,3 | 6,0 |
| Herstellung von Leder, Lederwaren und Schuhen | 7,6 | 6,6 | 5,5 | 4,4 | 3,8 | – | 5,8 |
| Herstellung von Möbeln | 7,0 | 6,4 | 4,6 | 2,5 | 3,4 | 4,1 | 6,0 |
| Herstellung von Nahrungs- und Futtermitteln | 6,8 | 6,7 | 5,2 | 2,6 | 3,0 | 3,1 | 5,8 |
| Herstellung von Papier, Pappe und Waren daraus | 7,9 | 6,9 | 4,8 | 2,7 | 2,5 | 2,7 | 7,3 |
| Herstellung von pharmazeutischen Erzeugnissen | 6,8 | 6,1 | 4,0 | 1,9 | 2,1 | 1,6 | 6,1 |
| Herstellung von sonstigen Waren | 6,6 | 5,7 | 3,9 | 1,8 | 2,7 | 1,8 | 5,3 |
| Herstellung von Textilien | 7,6 | 6,8 | 4,8 | 2,2 | 3,5 | 4,6 | 6,7 |
| Kokerei und Mineralölverarbeitung | 5,4 | 5,5 | 3,7 | 2,6 | 1,8 | – | 5,8 |

**20**

**◘ Tab. 20.177** (Fortsetzung)

| Wirtschafts-abteilungen | Ausbildung | | | | | | |
|---|---|---|---|---|---|---|---|
| | ohne Aus-bildungs-abschluss | mit Aus-bildungs-abschluss | Meister/ Techniker | Bachelor | Diplom/ Magister/ Master/ Staats-examen | Promotion | unbekannt |
| Reparatur und Installation von Maschinen und Ausrüstungen | 5,1 | 5,7 | 4,0 | 1,8 | 2,3 | 0,7 | 5,2 |
| Tabakverarbeitung | 8,1 | 5,6 | 6,5 | 1,1 | 1,3 | – | 5,2 |
| **Branche gesamt** | **7,1** | **6,5** | **4,5** | **2,1** | **2,6** | **2,0** | **6,0** |
| **Alle Branchen** | **5,9** | **6,0** | **4,7** | **2,3** | **2,8** | **2,0** | **4,9** |

Fehlzeiten-Report 2022

**◘ Tab. 20.178** Tage der Arbeitsunfähigkeit je AOK-Mitglied nach Ausbildungsabschluss in der Branche Verarbeitendes Gewerbe im Jahr 2021

| Wirtschafts-abteilungen | Ausbildung | | | | | | |
|---|---|---|---|---|---|---|---|
| | ohne Aus-bildungs-abschluss | mit Aus-bildungs-abschluss | Meister/ Techniker | Bachelor | Diplom/ Magister/ Master/ Staats-examen | Promotion | unbekannt |
| Getränkeherstellung | 25,2 | 24,2 | 18,3 | 7,4 | 8,1 | 28,0 | 24,9 |
| Herstellung von Bekleidung | 24,0 | 18,3 | 11,8 | 7,3 | 9,5 | – | 14,8 |
| Herstellung von chemischen Erzeugnissen | 25,6 | 22,7 | 15,2 | 7,4 | 7,6 | 5,5 | 24,5 |
| Herstellung von Druckerzeugnissen, Vervielfältigung von bespielten Ton-, Bild- und Datenträgern | 24,9 | 21,5 | 13,4 | 6,9 | 11,2 | 22,5 | 20,5 |
| Herstellung von Glas und Glaswaren, Keramik, Verarbeitung von Steinen und Erden | 27,1 | 25,7 | 17,3 | 7,8 | 9,5 | 11,1 | 23,6 |
| Herstellung von Gummi- und Kunststoffwaren | 28,0 | 25,0 | 15,9 | 7,5 | 10,4 | 11,6 | 24,5 |
| Herstellung von Holz-, Flecht-, Korb- und Korkwaren (ohne Möbel) | 24,8 | 23,5 | 16,0 | 8,3 | 13,0 | 8,5 | 21,8 |

**◻ Tab. 20.178** (Fortsetzung)

| Wirtschafts-abteilungen | Ausbildung | | | | | | |
|---|---|---|---|---|---|---|---|
| | ohne Aus-bildungs-abschluss | mit Aus-bildungs-abschluss | Meister/ Techniker | Bachelor | Diplom/ Magister/ Master/ Staats-examen | Promotion | unbekannt |
| Herstellung von Leder, Lederwaren und Schuhen | 27,7 | 24,2 | 19,9 | 16,1 | 13,8 | – | 21,3 |
| Herstellung von Möbeln | 25,5 | 23,4 | 16,9 | 9,1 | 12,5 | 15,1 | 21,8 |
| Herstellung von Nahrungs- und Fut-termitteln | 24,8 | 24,5 | 18,9 | 9,4 | 10,9 | 11,4 | 21,2 |
| Herstellung von Papier, Pappe und Waren daraus | 28,8 | 25,1 | 17,6 | 9,8 | 9,3 | 9,8 | 26,6 |
| Herstellung von pharma-zeutischen Erzeugnissen | 24,9 | 22,4 | 14,8 | 6,8 | 7,6 | 5,8 | 22,2 |
| Herstellung von sonsti-gen Waren | 24,1 | 20,8 | 14,4 | 6,6 | 9,8 | 6,6 | 19,4 |
| Herstellung von Textilien | 27,8 | 24,8 | 17,5 | 7,9 | 12,7 | 16,7 | 24,5 |
| Kokerei und Mineralöl-verarbeitung | 19,5 | 20,0 | 13,7 | 9,5 | 6,7 | – | 21,3 |
| Reparatur und Installa-tion von Maschinen und Ausrüstungen | 18,6 | 20,6 | 14,8 | 6,6 | 8,2 | 2,5 | 19,0 |
| Tabakverarbeitung | 29,7 | 20,5 | 23,8 | 4,1 | 4,8 | – | 18,9 |
| **Branche gesamt** | **25,8** | **23,7** | **16,4** | **7,8** | **9,6** | **7,2** | **22,0** |
| **Alle Branchen** | **21,4** | **21,9** | **17,1** | **8,3** | **10,2** | **7,3** | **17,9** |

Fehlzeiten-Report 2022

**20**

◨ **Tab. 20.179** Anteil der Arbeitsunfälle an den AU-Fällen und -Tagen in Prozent nach Wirtschaftsabteilungen in der Branche Verarbeitendes Gewerbe im Jahr 2021, AOK-Mitglieder

| Wirtschaftsabteilungen | AU-Fälle in % | AU-Tage in % |
|---|---|---|
| Getränkeherstellung | 3,8 | 7,1 |
| Herstellung von Bekleidung | 1,5 | 3,0 |
| Herstellung von chemischen Erzeugnissen | 2,1 | 4,1 |
| Herstellung von Druckerzeugnissen, Vervielfältigung von bespielten Ton-, Bild- und Datenträgern | 2,4 | 4,7 |
| Herstellung von Glas und Glaswaren, Keramik, Verarbeitung von Steinen und Erden | 4,3 | 7,9 |
| Herstellung von Gummi- und Kunststoffwaren | 2,8 | 5,1 |
| Herstellung von Holz-, Flecht-, Korb- und Korkwaren (ohne Möbel) | 5,5 | 11,0 |
| Herstellung von Leder, Lederwaren und Schuhen | 2,2 | 3,9 |
| Herstellung von Möbeln | 4,0 | 7,2 |
| Herstellung von Nahrungs- und Futtermitteln | 3,8 | 6,2 |
| Herstellung von Papier, Pappe und Waren daraus | 3,1 | 5,7 |
| Herstellung von pharmazeutischen Erzeugnissen | 1,5 | 2,9 |
| Herstellung von sonstigen Waren | 1,8 | 3,5 |
| Herstellung von Textilien | 2,7 | 4,5 |
| Kokerei und Mineralölverarbeitung | 2,0 | 4,6 |
| Reparatur und Installation von Maschinen und Ausrüstungen | 4,3 | 8,2 |
| Tabakverarbeitung | 1,8 | 3,3 |
| **Branche gesamt** | **3,2** | **6,0** |
| **Alle Branchen** | **3,0** | **5,7** |

Fehlzeiten-Report 2022

**Tab. 20.180** Tage und Fälle der Arbeitsunfähigkeit durch Arbeitsunfälle nach Berufsgruppen in der Branche Verarbeitendes Gewerbe im Jahr 2021, AOK-Mitglieder

| Tätigkeit | Arbeitsunfähigkeit je 1.000 AOK-Mitglieder | |
|---|---|---|
| | AU-Tage | AU-Fälle |
| Berufskraftfahrer/innen (Güterverkehr/LKW) | 3.187,0 | 86,1 |
| Berufe in der Holzbe- u. -verarbeitung (ohne Spez.) | 2.704,6 | 99,7 |
| Berufe in der Fleischverarbeitung | 2.212,4 | 88,0 |
| Berufe im Holz-, Möbel- u. Innenausbau | 2.188,8 | 97,0 |
| Maschinen- u. Anlagenführer/innen | 1.896,1 | 73,3 |
| Berufe in der Lebensmittelherstellung (ohne Spez.) | 1.734,5 | 75,3 |
| Berufe in der Papierverarbeitung u. Verpackungstechnik | 1.704,1 | 68,1 |
| Berufe in der Maschinenbau- u. Betriebstechnik (ohne Spez.) | 1.676,5 | 69,7 |
| Berufe in der Lagerwirtschaft | 1.512,4 | 59,3 |
| Berufe in der Metallbearbeitung (ohne Spez.) | 1.507,3 | 61,8 |
| Berufe in der Kunststoff- u. Kautschukherstellung (ohne Spez.) | 1.378,9 | 57,7 |
| Berufe in der Drucktechnik | 1.328,4 | 50,7 |
| Berufe in der Back- u. Konditoreiwarenherstellung | 1.213,2 | 53,5 |
| Berufe im Verkauf von Fleischwaren | 1.069,3 | 46,2 |
| Berufe in der Chemie- u. Pharmatechnik | 1.022,7 | 41,1 |
| Berufe im Verkauf (ohne Spez.) | 917,2 | 35,4 |
| Berufe im Verkauf von Back- u. Konditoreiwaren | 780,7 | 35,7 |
| Berufe im Vertrieb (außer Informations- u. Kommunikationstechnologien) | 313,4 | 11,7 |
| Büro- u. Sekretariatskräfte (ohne Spez.) | 261,8 | 10,7 |
| Kaufmännische u. technische Betriebswirtschaft (ohne Spez.) | 205,7 | 9,8 |
| **Branche gesamt** | **1.361,3** | **54,1** |
| **Alle Branchen** | **1.121,9** | **44,7** |

Fehlzeiten-Report 2022

20

**◻ Tab. 20.181** Tage und Fälle der Arbeitsunfähigkeit je 100 AOK-Mitglieder nach Krankheitsarten in der Branche Verarbeitendes Gewerbe in den Jahren 1997 bis 2021

| Jahr | Arbeitsunfähigkeiten je 100 AOK-Mitglieder | | | | | | | | | | | |
|------|--------|--------|-------------|--------|----------|--------|-----------|--------|------------------|--------|--------------|--------|
| | Psyche | | Herz/Kreis-lauf | | Atemwege | | Verdauung | | Muskel/Skelett | | Verletzungen | |
| | Tage | Fälle | Tage | Fälle | Tage | Fälle | Tage | Fälle | Tage | Fälle | Tage | Fälle |
| 1997 | 97,3 | 3,9 | 174,3 | 8,2 | 303,1 | 40,9 | 161,3 | 21,9 | 579,3 | 32,4 | 362,7 | 23,2 |
| 1998 | 101,2 | 4,3 | 171,4 | 8,5 | 300,9 | 42,0 | 158,4 | 22,2 | 593,0 | 34,3 | 353,8 | 23,2 |
| 1999 | 108,4 | 4,7 | 175,3 | 8,8 | 345,4 | 48,2 | 160,7 | 23,5 | 633,3 | 36,9 | 355,8 | 23,5 |
| 2000 | 130,6 | 5,8 | 161,8 | 8,4 | 314,5 | 43,1 | 148,5 | 20,0 | 695,1 | 39,6 | 340,4 | 21,3 |
| 2001 | 141,4 | 6,6 | 165,9 | 9,1 | 293,7 | 41,7 | 147,8 | 20,6 | 710,6 | 41,2 | 334,6 | 21,2 |
| 2002 | 144,0 | 7,0 | 162,7 | 9,2 | 278,0 | 40,2 | 147,5 | 21,4 | 696,1 | 40,8 | 329,1 | 20,8 |
| 2003 | 137,8 | 6,9 | 152,8 | 9,1 | 275,8 | 41,1 | 138,0 | 20,4 | 621,1 | 37,6 | 307,2 | 19,6 |
| 2004 | 154,2 | 6,9 | 164,5 | 8,4 | 236,7 | 34,1 | 138,9 | 19,8 | 587,9 | 35,5 | 297,7 | 18,3 |
| 2005 | 153,7 | 6,7 | 164,1 | 8,3 | 274,8 | 39,6 | 132,3 | 18,4 | 562,2 | 34,5 | 291,1 | 17,8 |
| 2006 | 153,0 | 6,7 | 162,3 | 8,5 | 226,0 | 33,1 | 133,6 | 19,3 | 561,3 | 34,7 | 298,5 | 18,2 |
| 2007 | 165,8 | 7,0 | 170,5 | 8,6 | 257,2 | 37,7 | 143,5 | 20,9 | 598,6 | 36,1 | 298,2 | 17,9 |
| 2008 (WZ03) | 172,3 | 7,4 | 175,7 | 9,0 | 270,3 | 40,0 | 147,1 | 22,0 | 623,6 | 37,8 | 301,7 | 18,3 |
| 2008 (WZ08)[a] | 170,6 | 7,3 | 173,9 | 9,0 | 270,0 | 40,3 | 146,9 | 22,2 | 619,5 | 37,7 | 300,4 | 18,4 |
| 2009 | 178,8 | 7,7 | 176,5 | 8,9 | 304,0 | 45,0 | 141,7 | 21,1 | 601,5 | 35,7 | 302,9 | 17,9 |
| 2010 | 198,5 | 8,1 | 179,8 | 9,0 | 265,0 | 39,7 | 139,0 | 20,4 | 655,5 | 38,3 | 324,5 | 19,0 |
| 2011 | 209,8 | 8,7 | 174,3 | 9,1 | 278,3 | 41,3 | 139,1 | 20,4 | 644,7 | 38,8 | 318,2 | 18,7 |
| 2012 | 235,1 | 9,1 | 194,6 | 9,4 | 281,1 | 41,3 | 145,4 | 20,6 | 687,0 | 39,3 | 327,4 | 18,2 |
| 2013 | 241,0 | 9,2 | 190,4 | 8,9 | 350,4 | 50,5 | 147,2 | 20,7 | 683,4 | 39,2 | 330,7 | 18,1 |
| 2014 | 260,4 | 10,0 | 201,6 | 9,4 | 285,8 | 42,3 | 153,3 | 21,4 | 732,5 | 41,4 | 337,7 | 18,3 |
| 2015 | 269,1 | 10,3 | 202,1 | 9,5 | 363,5 | 52,7 | 154,4 | 21,4 | 729,9 | 41,3 | 335,2 | 18,2 |
| 2016 | 274,3 | 10,5 | 181,0 | 9,6 | 330,6 | 49,8 | 145,6 | 21,4 | 746,4 | 42,0 | 333,2 | 17,9 |
| 2017 | 281,5 | 10,6 | 177,4 | 9,3 | 339,1 | 50,2 | 142,4 | 20,4 | 736,8 | 41,4 | 339,7 | 17,6 |
| 2018 | 288,4 | 10,8 | 175,2 | 9,4 | 372,7 | 53,8 | 140,7 | 20,4 | 739,8 | 41,8 | 342,4 | 17,8 |
| 2019 | 303,9 | 11,1 | 175,9 | 9,3 | 328,7 | 49,6 | 139,5 | 20,0 | 758,6 | 42,2 | 340,2 | 17,2 |
| 2020 | 313,4 | 10,3 | 174,4 | 8,3 | 327,4 | 40,6 | 129,6 | 17,0 | 775,7 | 40,1 | 323,7 | 15,1 |
| 2021 | 322,1 | 10,9 | 175,9 | 8,5 | 297,1 | 37,7 | 126,3 | 16,8 | 799,7 | 44,4 | 342,1 | 21,0 |

[a] aufgrund der Revision der Wirtschaftszweigklassifikation in 2008 ist eine Vergleichbarkeit mit den Vorjahren nur bedingt möglich

Fehlzeiten-Report 2022

**◻ Tab. 20.182** Verteilung der Arbeitsunfähigkeitstage nach Krankheitsarten in Prozent in der Branche Verarbeitendes Gewerbe im Jahr 2021, AOK-Mitglieder

| Wirtschaftsabteilungen | AU-Tage in % | | | | | | |
|---|---|---|---|---|---|---|---|
| | Psyche | Herz/ Kreis- lauf | Atem- wege | Ver- dauung | Muskel/ Skelett | Verlet- zungen | Sonstige |
| Getränkeherstellung | 8,6 | 6,2 | 8,0 | 4,0 | 24,7 | 11,6 | 36,9 |
| Herstellung von Bekleidung | 12,1 | 5,3 | 9,7 | 4,1 | 19,7 | 8,9 | 40,2 |
| Herstellung von chemischen Erzeugnissen | 10,8 | 5,3 | 9,8 | 3,9 | 23,9 | 9,3 | 37,1 |
| Herstellung von Druckerzeug- nissen, Vervielfältigung von bespielten Ton-, Bild- und Daten- trägern | 11,3 | 5,5 | 8,9 | 3,8 | 22,4 | 9,4 | 38,6 |
| Herstellung von Glas und Glas- waren, Keramik, Verarbeitung von Steinen und Erden | 8,0 | 6,3 | 8,8 | 3,8 | 25,3 | 11,6 | 36,3 |
| Herstellung von Gummi- und Kunststoffwaren | 9,9 | 5,3 | 9,1 | 3,8 | 25,3 | 9,7 | 36,8 |
| Herstellung von Holz-, Flecht-, Korb- und Korkwaren (ohne Möbel) | 7,3 | 5,5 | 8,7 | 3,9 | 24,8 | 14,2 | 35,6 |
| Herstellung von Leder, Lederwa- ren und Schuhen | 10,6 | 5,3 | 9,4 | 3,3 | 25,1 | 8,9 | 37,4 |
| Herstellung von Möbeln | 8,1 | 5,5 | 9,0 | 4,0 | 25,3 | 11,8 | 36,3 |
| Herstellung von Nahrungs- und Futtermitteln | 9,7 | 5,3 | 8,4 | 3,8 | 24,7 | 10,4 | 37,7 |
| Herstellung von Papier, Pappe und Waren daraus | 9,9 | 5,4 | 8,8 | 3,8 | 25,3 | 10,3 | 36,5 |
| Herstellung von pharmazeuti- schen Erzeugnissen | 13,4 | 4,0 | 10,9 | 4,0 | 21,2 | 8,8 | 37,7 |
| Herstellung von sonstigen Waren | 12,4 | 4,5 | 10,8 | 3,8 | 20,8 | 8,8 | 38,8 |
| Herstellung von Textilien | 9,9 | 5,1 | 9,1 | 3,7 | 24,7 | 8,9 | 38,6 |
| Kokerei und Mineralöl- verarbeitung | 10,4 | 5,3 | 9,5 | 4,2 | 22,7 | 11,8 | 36,1 |
| Reparatur und Installation von Maschinen und Ausrüstungen | 8,3 | 5,4 | 9,7 | 3,9 | 22,5 | 12,9 | 37,3 |
| Tabakverarbeitung | 16,2 | 5,1 | 9,1 | 4,0 | 23,7 | 7,9 | 34,0 |
| **Branche gesamt** | **9,8** | **5,3** | **9,0** | **3,8** | **24,3** | **10,4** | **37,3** |
| **Alle Branchen** | **12,0** | **4,9** | **9,8** | **3,9** | **21,5** | **10,0** | **37,9** |

Fehlzeiten-Report 2022

**◻ Tab. 20.183** Verteilung der Arbeitsunfähigkeitsfälle nach Krankheitsarten in Prozent in der Branche Verarbeitendes Gewerbe im Jahr 2021, AOK-Mitglieder

| Wirtschaftsabteilungen | AU-Fälle in % | | | | | | |
|---|---|---|---|---|---|---|---|
| | Psyche | Herz/ Kreis- lauf | Atem- wege | Ver- dauung | Muskel/ Skelett | Verlet- zungen | Sonstige |
| Getränkeherstellung | 4,2 | 4,3 | 14,3 | 6,7 | 18,4 | 9,3 | 42,8 |
| Herstellung von Bekleidung | 5,3 | 3,5 | 16,5 | 7,2 | 14,1 | 6,8 | 46,5 |
| Herstellung von chemischen Erzeugnissen | 4,8 | 3,3 | 16,5 | 7,0 | 18,3 | 7,9 | 42,2 |
| Herstellung von Druckerzeug- nissen, Vervielfältigung von bespielten Ton-, Bild- und Daten- trägern | 5,0 | 3,6 | 15,6 | 7,2 | 17,1 | 8,2 | 43,4 |
| Herstellung von Glas und Glas- waren, Keramik, Verarbeitung von Steinen und Erden | 3,9 | 3,8 | 14,9 | 7,1 | 19,4 | 9,3 | 41,5 |
| Herstellung von Gummi- und Kunststoffwaren | 4,4 | 3,4 | 15,4 | 6,9 | 19,4 | 8,5 | 41,9 |
| Herstellung von Holz-, Flecht-, Korb- und Korkwaren (ohne Möbel) | 3,4 | 3,5 | 15,4 | 6,9 | 18,7 | 10,8 | 41,3 |
| Herstellung von Leder, Lederwa- ren und Schuhen | 4,8 | 3,8 | 15,2 | 7,0 | 18,7 | 7,5 | 43,0 |
| Herstellung von Möbeln | 3,6 | 3,3 | 15,8 | 7,2 | 18,8 | 9,9 | 41,4 |
| Herstellung von Nahrungs- und Futtermitteln | 4,6 | 3,7 | 14,4 | 6,8 | 18,7 | 8,5 | 43,3 |
| Herstellung von Papier, Pappe und Waren daraus | 4,6 | 3,5 | 15,2 | 6,8 | 19,0 | 8,9 | 42,0 |
| Herstellung von pharmazeuti- schen Erzeugnissen | 5,4 | 3,0 | 17,6 | 6,9 | 15,8 | 7,2 | 43,9 |
| Herstellung von sonstigen Waren | 5,1 | 3,2 | 17,6 | 7,0 | 15,1 | 7,6 | 44,4 |
| Herstellung von Textilien | 4,7 | 3,6 | 15,4 | 7,1 | 18,0 | 7,9 | 43,3 |
| Kokerei und Mineralöl- verarbeitung | 4,9 | 3,2 | 17,2 | 6,8 | 16,9 | 8,2 | 42,9 |
| Reparatur und Installation von Maschinen und Ausrüstungen | 3,8 | 3,3 | 17,1 | 7,2 | 16,8 | 9,9 | 42,0 |
| Tabakverarbeitung | 7,0 | 3,8 | 14,7 | 8,4 | 17,3 | 7,6 | 41,3 |
| **Branche gesamt** | **4,5** | **3,5** | **15,5** | **6,9** | **18,3** | **8,6** | **42,6** |
| **Alle Branchen** | **5,2** | **3,3** | **16,7** | **6,8** | **15,8** | **7,9** | **44,2** |

Fehlzeiten-Report 2022

■ **Tab. 20.184** Verteilung der Arbeitsunfähigkeitstage nach Krankheitsarten und ausgewählten Berufsgruppen in der Branche Verarbeitendes Gewerbe im Jahr 2021, AOK-Mitglieder

| Tätigkeit | AU-Tage in % | | | | | | |
|---|---|---|---|---|---|---|---|
| | Psyche | Herz/ Kreislauf | Atem- wege | Ver- dauung | Muskel/ Skelett | Verlet- zungen | Sonstige |
| Berufe im Holz-, Möbel- u. Innenausbau | 7,3 | 4,9 | 8,9 | 3,9 | 25,1 | 15,5 | 34,5 |
| Berufe im Verkauf (Ohne Spez.) | 11,8 | 4,5 | 8,9 | 3,4 | 22,3 | 9,5 | 39,5 |
| Berufe im Verkauf von Back- u. Konditoreiwaren | 13,5 | 4,5 | 8,4 | 3,6 | 20,9 | 9,1 | 39,8 |
| Berufe im Verkauf von Fleischwaren | 11,3 | 5,3 | 7,8 | 3,5 | 21,7 | 9,8 | 40,6 |
| Berufe im Vertrieb (außer Informations- u. Kommunikationstechnologien) | 14,4 | 5,3 | 10,7 | 4,0 | 14,7 | 7,5 | 43,4 |
| Berufe in der Back- u. Konditoreiwarenherstellung | 9,8 | 5,1 | 9,2 | 3,8 | 22,9 | 11,0 | 38,2 |
| Berufe in der Chemie- u. Pharmatechnik | 10,8 | 5,2 | 9,7 | 3,9 | 24,7 | 9,4 | 36,3 |
| Berufe in der Drucktechnik | 10,4 | 5,6 | 8,5 | 3,8 | 24,9 | 9,7 | 37,1 |
| Berufe in der Fleischverarbeitung | 6,2 | 6,1 | 6,9 | 3,8 | 27,1 | 13,2 | 36,7 |
| Berufe in der Holzbe- u. -verarbeitung (ohne Spez.) | 6,2 | 6,0 | 8,6 | 3,9 | 27,2 | 13,3 | 34,8 |
| Berufe in der Kunststoff- u. Kautschukherstellung (ohne Spez.) | 9,5 | 5,4 | 8,8 | 3,8 | 26,6 | 9,5 | 36,4 |
| Berufe in der Lagerwirtschaft | 9,6 | 5,4 | 8,6 | 3,9 | 25,9 | 9,8 | 36,8 |
| Berufe in der Lebensmittelherstellung (ohne Spez.) | 8,5 | 5,1 | 8,4 | 4,0 | 28,0 | 10,3 | 35,8 |
| Berufe in der Maschinenbau- u. Betriebstechnik (ohne Spez.) | 8,1 | 5,7 | 9,6 | 3,8 | 24,9 | 11,7 | 36,3 |
| Berufe in der Metallbearbeitung (ohne Spez.) | 9,4 | 5,4 | 9,7 | 3,7 | 24,8 | 10,1 | 36,8 |
| Berufe in der Papierverarbeitung u. Verpackungstechnik | 9,9 | 4,9 | 8,6 | 3,7 | 27,1 | 10,1 | 35,7 |
| Berufskraftfahrer/innen (Güterverkehr/LKW) | 5,9 | 7,9 | 6,5 | 3,4 | 25,5 | 12,8 | 37,9 |
| Büro- u. Sekretariatskräfte (ohne Spez.) | 15,0 | 4,1 | 11,3 | 4,1 | 13,2 | 7,8 | 44,5 |

**◘ Tab. 20.184** (Fortsetzung)

| Tätigkeit | AU-Tage in % | | | | | | |
|---|---|---|---|---|---|---|---|
| | Psyche | Herz/ Kreislauf | Atem- wege | Ver- dauung | Muskel/ Skelett | Verlet- zungen | Sonstige |
| Kaufmännische u. technische Betriebswirtschaft (ohne Spez.) | 14,8 | 3,9 | 13,4 | 4,4 | 11,9 | 7,9 | 43,7 |
| Maschinen- u. Anlagenfüh- rer/innen | 9,4 | 5,3 | 8,9 | 3,9 | 26,7 | 10,9 | 35,0 |
| **Branche gesamt** | **9,8** | **5,3** | **9,0** | **3,8** | **24,3** | **10,4** | **37,3** |
| **Alle Branchen** | **12,0** | **4,9** | **9,8** | **3,9** | **21,5** | **10,0** | **37,9** |

Fehlzeiten-Report 2022

**◘ Tab. 20.185** Verteilung der Arbeitsunfähigkeitsfälle nach Krankheitsarten und ausgewählten Berufsgruppen in der Branche Verarbeitendes Gewerbe im Jahr 2021, AOK-Mitglieder

| Tätigkeit | AU-Fälle in % | | | | | | |
|---|---|---|---|---|---|---|---|
| | Psyche | Herz/ Kreislauf | Atem- wege | Ver- dauung | Muskel/ Skelett | Verlet- zungen | Sonstige |
| Berufe im Holz-, Möbel- u. In- nenausbau | 3,0 | 3,0 | 16,6 | 6,8 | 17,7 | 12,0 | 41,0 |
| Berufe im Verkauf (ohne Spez.) | 5,4 | 3,7 | 15,7 | 6,9 | 15,6 | 7,5 | 45,2 |
| Berufe im Verkauf von Back- u. Konditoreiwaren | 6,4 | 3,5 | 15,3 | 6,5 | 13,0 | 7,6 | 47,8 |
| Berufe im Verkauf von Fleisch- waren | 5,4 | 4,3 | 14,3 | 6,6 | 12,9 | 8,1 | 48,3 |
| Berufe im Vertrieb (außer Informations- u. Kommuni- kationstechnologien) | 5,5 | 3,6 | 18,0 | 7,3 | 10,6 | 6,4 | 48,7 |
| Berufe in der Back- u. Kondi- toreiwarenherstellung | 4,8 | 3,5 | 15,1 | 6,7 | 15,7 | 9,4 | 44,8 |
| Berufe in der Chemie- u. Phar- matechnik | 4,9 | 3,2 | 16,1 | 6,9 | 19,3 | 8,0 | 41,6 |
| Berufe in der Drucktechnik | 4,8 | 3,5 | 14,7 | 7,0 | 19,5 | 8,9 | 41,6 |
| Berufe in der Fleisch- verarbeitung | 3,3 | 4,0 | 12,1 | 6,7 | 21,8 | 10,2 | 41,9 |
| Berufe in der Holzbe- u. -verarbeitung (ohne Spez.) | 3,2 | 3,6 | 14,8 | 7,0 | 21,2 | 10,5 | 39,8 |
| Berufe in der Kunststoff- u. Kautschukherstellung (oh- ne Spez.) | 4,3 | 3,5 | 14,7 | 6,7 | 21,0 | 8,5 | 41,3 |

**◘ Tab. 20.185**   (Fortsetzung)

| Tätigkeit | AU-Fälle in % | | | | | | |
|---|---|---|---|---|---|---|---|
| | Psyche | Herz/ Kreislauf | Atem- wege | Ver- dauung | Muskel/ Skelett | Verlet- zungen | Sonstige |
| Berufe in der Lagerwirtschaft | 4,6 | 3,6 | 14,5 | 6,9 | 20,3 | 8,4 | 41,7 |
| Berufe in der Lebensmittelher- stellung (ohne Spez.) | 4,1 | 3,5 | 13,7 | 6,8 | 22,6 | 8,7 | 40,7 |
| Berufe in der Maschinenbau- u. Betriebstechnik (ohne Spez.) | 3,9 | 3,3 | 16,2 | 6,9 | 18,6 | 9,7 | 41,3 |
| Berufe in der Metallbearbeitung (ohne Spez.) | 4,2 | 3,4 | 16,1 | 6,8 | 19,5 | 8,6 | 41,5 |
| Berufe in der Papierverarbei- tung u. Verpackungstechnik | 4,5 | 3,5 | 14,7 | 6,8 | 20,2 | 9,1 | 41,2 |
| Berufskraftfahrer/innen (Güter- verkehr/LKW) | 3,6 | 5,2 | 11,5 | 7,2 | 20,0 | 9,6 | 43,0 |
| Büro- u. Sekretariatskräfte (ohne Spez.) | 5,7 | 3,2 | 18,2 | 7,7 | 9,5 | 6,3 | 49,4 |
| Kaufmännische u. technische Betriebswirtschaft (ohne Spez.) | 5,0 | 2,7 | 20,6 | 7,5 | 8,2 | 7,1 | 49,0 |
| Maschinen- u. Anlagenfüh- rer/innen | 4,6 | 3,4 | 15,0 | 7,0 | 21,1 | 8,9 | 40,0 |
| **Branche gesamt** | **4,5** | **3,5** | **15,5** | **6,9** | **18,3** | **8,6** | **42,6** |
| **Alle Branchen** | **5,2** | **3,3** | **16,7** | **6,8** | **15,8** | **7,9** | **44,2** |

Fehlzeiten-Report 2022

20

◻ **Tab. 20.186** Anteile der 40 häufigsten Einzeldiagnosen an den AU-Fällen und AU-Tagen in der Branche Verarbeitendes Gewerbe im Jahr 2021, AOK-Mitglieder

| ICD-10 | Bezeichnung | AU-Fälle in % | AU-Tage in % |
|---|---|---|---|
| J06 | Akute Infektionen an mehreren oder nicht näher bezeichneten Lokalisationen der oberen Atemwege | 8,2 | 4,2 |
| M54 | Rückenschmerzen | 6,9 | 6,6 |
| U99 | Belegte und nicht belegte Schlüsselnummern U99.-! | 3,8 | 2,0 |
| Z11 | Spezielle Verfahren zur Untersuchung auf infektiöse und parasitäre Krankheiten | 3,2 | 1,9 |
| A09 | Sonstige und nicht näher bezeichnete Gastroenteritis und Kolitis infektiösen und nicht näher bezeichneten Ursprungs | 2,7 | 0,9 |
| U07 | Krankheiten mit unklarer Ätiologie, belegte und nicht belegte Schlüsselnummern U07.- | 2,0 | 1,7 |
| T88 | Sonstige Komplikationen bei chirurgischen Eingriffen und medizinischer Behandlung, anderenorts nicht klassifiziert | 1,8 | 0,3 |
| R51 | Kopfschmerz | 1,7 | 0,6 |
| K08 | Sonstige Krankheiten der Zähne und des Zahnhalteapparates | 1,7 | 0,4 |
| I10 | Essentielle (primäre) Hypertonie | 1,5 | 1,3 |
| R10 | Bauch- und Beckenschmerzen | 1,5 | 0,7 |
| M25 | Sonstige Gelenkkrankheiten, anderenorts nicht klassifiziert | 1,4 | 1,8 |
| F43 | Reaktionen auf schwere Belastungen und Anpassungsstörungen | 1,3 | 2,2 |
| M79 | Sonstige Krankheiten des Weichteilgewebes, anderenorts nicht klassifiziert | 1,3 | 1,0 |
| B34 | Viruskrankheit nicht näher bezeichneter Lokalisation | 1,2 | 0,6 |
| T14 | Verletzung an einer nicht näher bezeichneten Körperregion | 1,0 | 1,0 |
| U12 | Unerwünschte Nebenwirkungen bei der Anwendung von COVID-19-Impfstoffen | 1,0 | 0,2 |
| F32 | Depressive Episode | 0,9 | 2,7 |
| M75 | Schulterläsionen | 0,9 | 2,1 |
| R53 | Unwohlsein und Ermüdung | 0,9 | 0,8 |
| M99 | Biomechanische Funktionsstörungen, anderenorts nicht klassifiziert | 0,9 | 0,7 |
| K29 | Gastritis und Duodenitis | 0,9 | 0,4 |
| J00 | Akute Rhinopharyngitis [Erkältungsschnupfen] | 0,9 | 0,4 |
| Z98 | Sonstige Zustände nach chirurgischem Eingriff | 0,8 | 2,1 |
| M51 | Sonstige Bandscheibenschäden | 0,8 | 2,0 |
| M77 | Sonstige Enthesopathien | 0,8 | 1,0 |

■ **Tab. 20.186**   (Fortsetzung)

| ICD-10 | Bezeichnung | AU-Fälle in % | AU-Tage in % |
|---|---|---|---|
| K52 | Sonstige nichtinfektiöse Gastroenteritis und Kolitis | 0,8 | 0,3 |
| R42 | Schwindel und Taumel | 0,7 | 0,5 |
| R11 | Übelkeit und Erbrechen | 0,7 | 0,3 |
| M23 | Binnenschädigung des Kniegelenkes [internal derangement] | 0,6 | 1,2 |
| F48 | Andere neurotische Störungen | 0,6 | 1,0 |
| M53 | Sonstige Krankheiten der Wirbelsäule und des Rückens, anderenorts nicht klassifiziert | 0,6 | 0,7 |
| J20 | Akute Bronchitis | 0,6 | 0,4 |
| G43 | Migräne | 0,6 | 0,2 |
| F45 | Somatoforme Störungen | 0,5 | 1,0 |
| M47 | Spondylose | 0,5 | 0,8 |
| G47 | Schlafstörungen | 0,5 | 0,6 |
| R07 | Hals- und Brustschmerzen | 0,5 | 0,3 |
| J98 | Sonstige Krankheiten der Atemwege | 0,5 | 0,3 |
| B99 | Sonstige und nicht näher bezeichnete Infektionskrankheiten | 0,5 | 0,3 |
| | **Summe hier** | **58,2** | **47,5** |
| | Restliche | 41,8 | 52,5 |
| | **Gesamtsumme** | **100,0** | **100,0** |

Fehlzeiten-Report 2022

**20**

**□ Tab. 20.187** Anteile der 40 häufigsten Diagnoseuntergruppen an den AU-Fällen und AU-Tagen in der Branche Verarbeitendes Gewerbe im Jahr 2021, AOK-Mitglieder

| ICD-10 | Bezeichnung | AU-Fälle in % | AU-Tage in % |
|---|---|---|---|
| J00–J06 | Akute Infektionen der oberen Atemwege | 10,8 | 5,5 |
| M50–M54 | Sonstige Krankheiten der Wirbelsäule und des Rückens | 8,2 | 8,7 |
| R50–R69 | Allgemeinsymptome | 4,4 | 3,0 |
| U98–U99 | Belegte und nicht belegte Schlüsselnummern | 4,1 | 2,2 |
| Z00–Z13 | Personen, die das Gesundheitswesen zur Untersuchung und Abklärung in Anspruch nehmen | 3,7 | 2,2 |
| U00–U49 | Vorläufige Zuordnungen für Krankheiten mit unklarer Ätiologie, belegte und nicht belegte Schlüsselnummern | 3,5 | 2,3 |
| M70–M79 | Sonstige Krankheiten des Weichteilgewebes | 3,4 | 4,8 |
| A00–A09 | Infektiöse Darmkrankheiten | 3,2 | 1,1 |
| F40–F48 | Neurotische, Belastungs- und somatoforme Störungen | 2,7 | 5,1 |
| R10–R19 | Symptome, die das Verdauungssystem und das Abdomen betreffen | 2,5 | 1,2 |
| T80–T88 | Komplikationen bei chirurgischen Eingriffen und medizinischer Behandlung, anderenorts nicht klassifiziert | 2,2 | 0,7 |
| K00–K14 | Krankheiten der Mundhöhle, der Speicheldrüsen und der Kiefer | 2,2 | 0,5 |
| M20–M25 | Sonstige Gelenkkrankheiten | 2,0 | 3,2 |
| Z80–Z99 | Personen mit potentiellen Gesundheitsrisiken aufgrund der Familien- oder Eigenanamnese und bestimmte Zustände, die den Gesundheitszustand beeinflussen | 1,7 | 3,8 |
| I10–I15 | Hypertonie [Hochdruckkrankheit] | 1,7 | 1,6 |
| G40–G47 | Episodische und paroxysmale Krankheiten des Nervensystems | 1,5 | 1,2 |
| R00–R09 | Symptome, die das Kreislaufsystem und das Atmungssystem betreffen | 1,5 | 1,1 |
| K20–K31 | Krankheiten des Ösophagus, des Magens und des Duodenums | 1,3 | 0,7 |
| B25–B34 | Sonstige Viruskrankheiten | 1,3 | 0,7 |
| F30–F39 | Affektive Störungen | 1,2 | 4,2 |
| T08–T14 | Verletzungen nicht näher bezeichneter Teile des Rumpfes, der Extremitäten oder anderer Körperregionen | 1,2 | 1,3 |
| M15–M19 | Arthrose | 1,0 | 2,7 |
| S60–S69 | Verletzungen des Handgelenkes und der Hand | 1,0 | 1,6 |
| J40–J47 | Chronische Krankheiten der unteren Atemwege | 1,0 | 0,9 |
| M95–M99 | Sonstige Krankheiten des Muskel-Skelett-Systems und des Bindegewebes | 1,0 | 0,9 |
| K50–K52 | Nichtinfektiöse Enteritis und Kolitis | 1,0 | 0,5 |

◨ **Tab. 20.187**   (Fortsetzung)

| ICD-10 | Bezeichnung | AU-Fälle in % | AU-Tage in % |
|--------|-------------|---------------|--------------|
| R40–R46 | Symptome, die das Erkennungs- und Wahrnehmungsvermögen, die Stimmung und das Verhalten betreffen | 0,9 | 0,8 |
| K55–K64 | Sonstige Krankheiten des Darmes | 0,9 | 0,7 |
| S80–S89 | Verletzungen des Knies und des Unterschenkels | 0,8 | 1,7 |
| G50–G59 | Krankheiten von Nerven, Nervenwurzeln und Nervenplexus | 0,8 | 1,5 |
| S90–S99 | Verletzungen der Knöchelregion und des Fußes | 0,8 | 1,2 |
| E70–E90 | Stoffwechselstörungen | 0,8 | 0,6 |
| J20–J22 | Sonstige akute Infektionen der unteren Atemwege | 0,8 | 0,5 |
| J95–J99 | Sonstige Krankheiten des Atmungssystems | 0,7 | 0,5 |
| J30–J39 | Sonstige Krankheiten der oberen Atemwege | 0,7 | 0,4 |
| Z40–Z54 | Personen, die das Gesundheitswesen zum Zwecke spezifischer Maßnahmen und zur medizinischen Betreuung in Anspruch nehmen | 0,6 | 0,9 |
| M65–M68 | Krankheiten der Synovialis und der Sehnen | 0,6 | 0,9 |
| Z20–Z29 | Personen mit potentiellen Gesundheitsrisiken hinsichtlich übertragbarer Krankheiten | 0,6 | 0,4 |
| N30–N39 | Sonstige Krankheiten des Harnsystems | 0,6 | 0,3 |
| B99–B99 | Sonstige Infektionskrankheiten | 0,6 | 0,3 |
| **Summe hier** | | **79,5** | **72,4** |
| Restliche | | 20,5 | 27,6 |
| **Gesamtsumme** | | **100,0** | **100,0** |

Fehlzeiten-Report 2022

**20**

## 20.12    Verkehr und Transport

| | |
|---|---|
| Entwicklung des Krankenstands der AOK-Mitglieder in der Branche Verkehr und Transport in den Jahren 1997 bis 2021 | ◪ Tab. 20.188 |
| Arbeitsunfähigkeit der AOK-Mitglieder in der Branche Verkehr und Transport nach Bundesländern im Jahr 2021 im Vergleich zum Vorjahr | ◪ Tab. 20.189 |
| Arbeitsunfähigkeit der AOK-Mitglieder nach Wirtschaftsabteilungen in der Branche Verkehr und Transport im Jahr 2021 | ◪ Tab. 20.190 |
| Kennzahlen der Arbeitsunfähigkeit nach ausgewählten Berufsgruppen in der Branche Verkehr und Transport im Jahr 2021 | ◪ Tab. 20.191 |
| Dauer der Arbeitsunfähigkeit der AOK-Mitglieder in der Branche Verkehr und Transport im Jahr 2021 | ◪ Tab. 20.192 |
| Tage der Arbeitsunfähigkeit je AOK-Mitglied nach Wirtschaftsabteilung und Betriebsgröße in der Branche Verkehr und Transport im Jahr 2021 | ◪ Tab. 20.193 |
| Krankenstand in Prozent nach Ausbildungsabschluss in der Branche Verkehr und Transport im Jahr 2021, AOK-Mitglieder | ◪ Tab. 20.194 |
| Tage der Arbeitsunfähigkeit je AOK-Mitglied nach Ausbildungsabschluss in der Branche Verkehr und Transport im Jahr 2021 | ◪ Tab. 20.195 |
| Anteil der Arbeitsunfälle an den AU-Fällen und -Tagen in Prozent nach Wirtschaftsabteilungen in der Branche Verkehr und Transport im Jahr 2021, AOK-Mitglieder | ◪ Tab. 20.196 |
| Tage und Fälle der Arbeitsunfähigkeit durch Arbeitsunfälle nach Berufsgruppen in der Branche Verkehr und Transport im Jahr 2021, AOK-Mitglieder | ◪ Tab. 20.197 |
| Tage und Fälle der Arbeitsunfähigkeit je 100 AOK-Mitglieder nach Krankheitsarten in der Branche Verkehr und Transport in den Jahren 1997 bis 2021 | ◪ Tab. 20.198 |
| Verteilung der Arbeitsunfähigkeitstage nach Krankheitsarten in Prozent in der Branche Verkehr und Transport im Jahr 2021, AOK-Mitglieder | ◪ Tab. 20.199 |
| Verteilung der Arbeitsunfähigkeitsfälle nach Krankheitsarten in Prozent in der Branche Verkehr und Transport im Jahr 2021, AOK-Mitglieder | ◪ Tab. 20.200 |
| Verteilung der Arbeitsunfähigkeitstage nach Krankheitsarten und ausgewählten Berufsgruppen in der Branche Verkehr und Transport im Jahr 2021, AOK-Mitglieder | ◪ Tab. 20.201 |
| Verteilung der Arbeitsunfähigkeitsfälle nach Krankheitsarten und ausgewählten Berufsgruppen in der Branche Verkehr und Transport im Jahr 2021, AOK-Mitglieder | ◪ Tab. 20.202 |
| Anteile der 40 häufigsten Einzeldiagnosen an den AU-Fällen und AU-Tagen in der Branche Verkehr und Transport im Jahr 2021, AOK-Mitglieder | ◪ Tab. 20.203 |
| Anteile der 40 häufigsten Diagnoseuntergruppen an den AU-Fällen und AU-Tagen in der Branche Verkehr und Transport im Jahr 2021, AOK-Mitglieder | ◪ Tab. 20.204 |

**◘ Tab. 20.188** Entwicklung des Krankenstands der AOK-Mitglieder in der Branche Verkehr und Transport in den Jahren 1997 bis 2021

| Jahr | Krankenstand in % | | | AU-Fälle je 100 AOK-Mitglieder | | | Tage je Fall | | |
|---|---|---|---|---|---|---|---|---|---|
| | West | Ost | Bund | West | Ost | Bund | West | Ost | Bund |
| 1997 | 5,3 | 4,4 | 5,2 | 128,3 | 96,4 | 122,5 | 15,1 | 16,6 | 15,3 |
| 1998 | 5,4 | 4,5 | 5,3 | 131,5 | 98,6 | 125,7 | 15,0 | 16,6 | 15,3 |
| 1999 | 5,6 | 4,8 | 5,5 | 139,4 | 107,4 | 134,1 | 14,6 | 16,4 | 14,8 |
| 2000 | 5,6 | 4,8 | 5,5 | 143,2 | 109,8 | 138,3 | 14,3 | 16,0 | 14,5 |
| 2001 | 5,6 | 4,9 | 5,5 | 144,1 | 108,7 | 139,3 | 14,2 | 16,5 | 14,4 |
| 2002 | 5,6 | 4,9 | 5,5 | 143,3 | 110,6 | 138,8 | 14,2 | 16,2 | 14,4 |
| 2003 | 5,3 | 4,5 | 5,2 | 138,7 | 105,8 | 133,8 | 14,0 | 15,4 | 14,1 |
| 2004 | 4,9 | 4,2 | 4,8 | 125,0 | 97,6 | 120,6 | 14,3 | 15,6 | 14,4 |
| 2005 | 4,8 | 4,2 | 4,7 | 126,3 | 99,0 | 121,8 | 14,0 | 15,4 | 14,2 |
| 2006 | 4,7 | 4,1 | 4,6 | 121,8 | 94,7 | 117,2 | 14,2 | 15,8 | 14,4 |
| 2007 | 4,9 | 4,3 | 4,8 | 128,8 | 101,5 | 124,1 | 14,0 | 15,5 | 14,2 |
| 2008 (WZ03) | 5,1 | 4,5 | 4,9 | 135,4 | 106,7 | 130,5 | 13,6 | 15,3 | 13,9 |
| 2008 (WZ08)[a] | 5,1 | 4,5 | 5,0 | 135,7 | 105,1 | 130,5 | 13,8 | 15,7 | 14,1 |
| 2009 | 5,3 | 5,0 | 5,3 | 139,7 | 114,2 | 135,4 | 13,9 | 16,0 | 14,2 |
| 2010 | 5,5 | 5,2 | 5,5 | 141,8 | 120,5 | 138,1 | 14,2 | 15,7 | 14,4 |
| 2011 | 5,5 | 4,8 | 5,4 | 145,0 | 121,9 | 141,1 | 13,9 | 14,4 | 13,9 |
| 2012 | 5,6 | 5,4 | 5,5 | 143,8 | 121,7 | 140,1 | 14,1 | 16,4 | 14,5 |
| 2013 | 5,7 | 5,8 | 5,7 | 154,1 | 130,1 | 150,1 | 13,5 | 16,2 | 13,9 |
| 2014 | 5,8 | 5,9 | 5,8 | 152,2 | 131,2 | 148,8 | 13,9 | 16,4 | 14,3 |
| 2015 | 6,0 | 6,0 | 6,0 | 161,1 | 140,5 | 157,7 | 13,5 | 15,6 | 13,8 |
| 2016 | 5,9 | 6,1 | 6,0 | 159,4 | 145,3 | 157,4 | 13,6 | 15,4 | 13,9 |
| 2017 | 5,9 | 6,3 | 6,0 | 158,1 | 148,5 | 156,7 | 13,6 | 15,5 | 13,9 |
| 2018 | 5,9 | 6,5 | 6,0 | 162,6 | 155,6 | 161,6 | 13,3 | 15,2 | 13,6 |
| 2019 | 5,9 | 6,5 | 6,0 | 159,4 | 153,6 | 158,6 | 13,5 | 15,5 | 13,8 |
| 2020 | 5,8 | 6,4 | 5,9 | 140,2 | 139,2 | 140,4 | 15,2 | 16,9 | 15,5 |
| 2021 | 5,8 | 6,6 | 5,9 | 147,1 | 148,9 | 147,7 | 14,3 | 16,3 | 14,6 |

[a] aufgrund der Revision der Wirtschaftszweigklassifikation in 2008 ist eine Vergleichbarkeit mit den Vorjahren nur bedingt möglich
Fehlzeiten-Report 2022

**◘ Tab. 20.189** Arbeitsunfähigkeit der AOK-Mitglieder in der Branche Verkehr und Transport nach Bundesländern im Jahr 2021 im Vergleich zum Vorjahr

| Bundesland | Kranken-stand in % | Arbeitsunfähigkeit je 100 AOK-Mitglieder | | | | Tage je Fall | Veränd. z. Vorj. in % | AU-Quote in % |
|---|---|---|---|---|---|---|---|---|
| | | AU-Fälle | Veränd. z. Vorj. in % | AU-Tage | Veränd. z. Vorj. in % | | | |
| Baden-Württemberg | 5,6 | 158,2 | 5,5 | 2.039,6 | −1,9 | 12,9 | −7,0 | 49,9 |
| Bayern | 5,0 | 123,9 | 5,7 | 1.842,8 | −0,9 | 14,9 | −6,3 | 42,4 |
| Berlin | 5,2 | 133,6 | 2,4 | 1.905,1 | −4,0 | 14,3 | −6,2 | 34,7 |
| Brandenburg | 6,5 | 158,6 | 2,4 | 2.355,0 | −5,4 | 14,8 | −7,6 | 47,2 |
| Bremen | 6,9 | 170,8 | 1,6 | 2.513,8 | −4,0 | 14,7 | −5,6 | 50,9 |
| Hamburg | 5,5 | 131,6 | 1,5 | 2.000,6 | −1,1 | 15,2 | −2,6 | 40,8 |
| Hessen | 5,9 | 162,1 | 7,8 | 2.159,7 | 0,5 | 13,3 | −6,8 | 47,9 |
| Mecklenburg-Vorpommern | 6,3 | 117,6 | 5,3 | 2.311,1 | 2,7 | 19,7 | −2,5 | 42,9 |
| Niedersachsen | 6,3 | 159,2 | 5,2 | 2.282,8 | 0,8 | 14,3 | −4,2 | 50,6 |
| Nordrhein-Westfalen | 6,4 | 156,2 | 3,4 | 2.317,8 | −2,1 | 14,8 | −5,3 | 47,5 |
| Rheinland-Pfalz | 5,3 | 121,8 | 6,1 | 1.927,6 | −2,4 | 15,8 | −8,0 | 40,9 |
| Saarland | 5,8 | 137,7 | 1,5 | 2.104,4 | −8,9 | 15,3 | −10,2 | 45,4 |
| Sachsen | 6,6 | 150,7 | 8,2 | 2.391,6 | 5,1 | 15,9 | −2,9 | 53,7 |
| Sachsen-Anhalt | 6,6 | 141,5 | 6,4 | 2.419,2 | 2,6 | 17,1 | −3,5 | 49,6 |
| Schleswig-Holstein | 5,6 | 124,3 | 3,5 | 2.039,3 | −0,8 | 16,4 | −4,2 | 42,7 |
| Thüringen | 7,2 | 154,7 | 8,8 | 2.629,1 | 5,9 | 17,0 | −2,7 | 53,6 |
| **West** | **5,8** | **147,1** | **4,9** | **2.106,0** | **−1,4** | **14,3** | **−6,0** | **46,2** |
| **Ost** | **6,6** | **148,9** | **6,9** | **2.423,0** | **3,0** | **16,3** | **−3,7** | **51,2** |
| **Bund** | **5,9** | **147,7** | **5,2** | **2.158,2** | **−0,6** | **14,6** | **−5,5** | **47,1** |

Fehlzeiten-Report 2022

**☐ Tab. 20.190** Arbeitsunfähigkeit der AOK-Mitglieder nach Wirtschaftsabteilungen in der Branche Verkehr und Transport im Jahr 2021

| Wirtschaftsabteilungen | Krankenstand in % | | Arbeitsunfähigkeiten je 100 AOK-Mitglieder | | Tage je Fall | AU-Quote in % |
|---|---|---|---|---|---|---|
| | 2021 | 2021 stand.[a] | Fälle | Tage | | |
| Lagerei sowie Erbringung von sonstigen Dienstleistungen für den Verkehr | 6,3 | 6,3 | 170,4 | 2.283,6 | 13,4 | 53,3 |
| Landverkehr und Transport in Rohrfernleitungen | 5,7 | 5,7 | 124,2 | 2.095,1 | 16,9 | 43,8 |
| Luftfahrt | 4,3 | 4,7 | 119,1 | 1.581,7 | 13,3 | 43,3 |
| Post-, Kurier- und Expressdienste | 5,6 | 6,4 | 149,9 | 2.060,2 | 13,7 | 42,2 |
| Schifffahrt | 5,1 | 4,7 | 108,9 | 1.866,0 | 17,1 | 40,1 |
| **Branche gesamt** | **5,9** | **6,1** | **147,7** | **2.158,2** | **14,6** | **47,1** |
| **Alle Branchen** | **5,4** | **5,5** | **148,9** | **1.971,5** | **13,2** | **50,5** |

[a] Krankenstand alters- und geschlechtsstandardisiert
Fehlzeiten-Report 2022

20

**Tab. 20.191** Kennzahlen der Arbeitsunfähigkeit nach ausgewählten Berufsgruppen in der Branche Verkehr und Transport im Jahr 2021

| Tätigkeit | Kranken-stand in % | Arbeitsunfähigkeit je 100 AOK-Mitglieder | | Tage je Fall | AU-Quote in % | Anteil der Berufsgruppe an der Branche in %[a] |
|---|---|---|---|---|---|---|
| | | AU-Fälle | AU-Tage | | | |
| Berufe für Post- u. Zustelldienste | 6,3 | 153,6 | 2.315,9 | 15,1 | 46,6 | 12,4 |
| Berufe im Güter- u. Warenumschlag | 7,9 | 236,9 | 2.891,5 | 12,2 | 64,7 | 1,0 |
| Berufe in der Lagerwirtschaft | 7,0 | 221,5 | 2.573,1 | 11,6 | 57,8 | 20,1 |
| Berufskraftfahrer/innen (Güterverkehr/LKW) | 5,7 | 105,6 | 2.079,6 | 19,7 | 41,4 | 24,5 |
| Berufskraftfahrer/innen (Personentransport/PKW) | 4,3 | 75,2 | 1.560,8 | 20,8 | 30,3 | 3,9 |
| Büro- u. Sekretariatskräfte (ohne Spez.) | 3,6 | 105,0 | 1.329,6 | 12,7 | 41,9 | 2,6 |
| Bus- u. Straßenbahnfahrer/innen | 8,4 | 165,8 | 3.059,8 | 18,5 | 57,9 | 6,2 |
| Fahrzeugführer/innen im Straßenverkehr (sonstige spezifische Tätigkeitsangabe) | 3,9 | 103,5 | 1.413,8 | 13,7 | 29,6 | 8,0 |
| Kaufmännische u. technische Betriebswirtschaft (ohne Spez.) | 3,9 | 120,3 | 1.414,4 | 11,8 | 47,2 | 1,5 |
| Kranführer/innen, Aufzugsmaschinisten, Bedienung verwandter Hebeeinrichtungen | 7,9 | 209,5 | 2.892,6 | 13,8 | 63,8 | 1,0 |
| Speditions- u. Logistikkaufleute | 3,7 | 145,3 | 1.366,6 | 9,4 | 49,5 | 3,3 |
| **Branche gesamt** | **5,9** | **147,7** | **2.158,2** | **14,6** | **47,1** | **7,3[b]** |

[a] Anteil der AOK-Mitglieder in der Berufsgruppe an den in der Branche beschäftigten AOK-Mitgliedern insgesamt
[b] Anteil der AOK-Mitglieder in der Branche an allen AOK-Mitgliedern
Fehlzeiten-Report 2022

◻ **Tab. 20.192** Dauer der Arbeitsunfähigkeit der AOK-Mitglieder in der Branche Verkehr und Transport im Jahr 2021

| Fallklasse | Branche hier | | Alle Branchen | |
|:---:|:---|:---|:---|:---|
| | Anteil Fälle in % | Anteil Tage in % | Anteil Fälle in % | Anteil Tage in % |
| 1–3 Tage | 30,5 | 4,1 | 35,0 | 5,2 |
| 4–7 Tage | 29,4 | 10,3 | 29,0 | 11,1 |
| 8–14 Tage | 19,3 | 13,9 | 17,6 | 13,9 |
| 15–21 Tage | 7,6 | 9,0 | 6,9 | 8,9 |
| 22–28 Tage | 3,5 | 5,9 | 3,2 | 5,9 |
| 29–42 Tage | 3,8 | 9,0 | 3,3 | 8,7 |
| > 42 Tage | 5,8 | 47,8 | 5,1 | 46,3 |

Fehlzeiten-Report 2022

◻ **Tab. 20.193** Tage der Arbeitsunfähigkeit je AOK-Mitglied nach Wirtschaftsabteilung und Betriebsgröße in der Branche Verkehr und Transport im Jahr 2021

| Wirtschaftsabteilungen | Betriebsgröße (Anzahl der AOK-Mitglieder) | | | | | |
|:---|:---|:---|:---|:---|:---|:---|
| | 10–49 | 50–99 | 100–199 | 200–499 | 500–999 | ≥ 1.000 |
| Lagerei sowie Erbringung von sonstigen Dienstleistungen für den Verkehr | 21,9 | 23,4 | 23,9 | 25,6 | 27,6 | 29,4 |
| Landverkehr und Transport in Rohrfernleitungen | 20,1 | 23,7 | 24,2 | 23,7 | 30,5 | 34,6 |
| Luftfahrt | 13,9 | 11,7 | 15,4 | 18,5 | 41,0 | 15,9 |
| Post-, Kurier- und Expressdienste | 20,8 | 20,8 | 21,5 | 21,4 | 23,3 | 27,2 |
| Schifffahrt | 20,4 | 22,0 | 31,2 | 41,1 | – | – |
| **Branche gesamt** | **20,9** | **22,9** | **23,5** | **24,0** | **27,0** | **29,3** |
| **Alle Branchen** | **20,3** | **22,4** | **22,7** | **22,5** | **22,6** | **22,4** |

Fehlzeiten-Report 2022

**20**

**◘ Tab. 20.194** Krankenstand in Prozent nach Ausbildungsabschluss in der Branche Verkehr und Transport im Jahr 2021, AOK-Mitglieder

| Wirtschafts-abteilungen | Ausbildung | | | | | | |
|---|---|---|---|---|---|---|---|
| | ohne Aus-bildungs-abschluss | mit Aus-bildungs-abschluss | Meister/ Techniker | Bachelor | Diplom/ Magister/ Master/ Staats-examen | Promotion | unbekannt |
| Lagerei sowie Erbrin-gung von sonstigen Dienstleistungen für den Verkehr | 6,8 | 6,6 | 5,6 | 2,7 | 3,2 | 4,3 | 5,9 |
| Landverkehr und Transport in Rohr-fernleitungen | 6,3 | 6,8 | 5,4 | 2,7 | 3,3 | 4,1 | 4,8 |
| Luftfahrt | 5,6 | 5,4 | 0,7 | 1,8 | 2,6 | – | 3,7 |
| Post-, Kurier- und Expressdienste | 5,1 | 6,4 | 5,2 | 3,8 | 4,1 | 2,8 | 5,6 |
| Schifffahrt | 6,1 | 6,1 | 5,3 | 1,5 | 2,8 | – | 3,5 |
| **Branche gesamt** | **6,3** | **6,6** | **5,5** | **2,8** | **3,3** | **3,9** | **5,4** |
| **Alle Branchen** | **5,9** | **6,0** | **4,7** | **2,3** | **2,8** | **2,0** | **4,9** |

Fehlzeiten-Report 2022

**◻ Tab. 20.195** Tage der Arbeitsunfähigkeit je AOK-Mitglied nach Ausbildungsabschluss in der Branche Verkehr und Transport im Jahr 2021

| Wirtschafts-abteilungen | Ausbildung | | | | | | |
|---|---|---|---|---|---|---|---|
| | ohne Aus-bildungs-abschluss | mit Aus-bildungs-abschluss | Meister/ Techniker | Bachelor | Diplom/ Magister/ Master/ Staats-examen | Promotion | unbekannt |
| Lagerei sowie Erbrin-gung von sonstigen Dienstleistungen für den Verkehr | 24,7 | 24,0 | 20,5 | 9,9 | 11,7 | 15,6 | 21,7 |
| Landverkehr und Transport in Rohr-fernleitungen | 22,9 | 25,0 | 19,9 | 9,7 | 11,9 | 14,9 | 17,4 |
| Luftfahrt | 20,3 | 19,8 | 2,7 | 6,6 | 9,6 | – | 13,6 |
| Post-, Kurier- und Expressdienste | 18,5 | 23,3 | 19,0 | 13,9 | 14,9 | 10,1 | 20,4 |
| Schifffahrt | 22,1 | 22,2 | 19,2 | 5,5 | 10,4 | – | 12,7 |
| **Branche gesamt** | **23,0** | **24,3** | **20,0** | **10,2** | **12,0** | **14,1** | **19,5** |
| **Alle Branchen** | **21,4** | **21,9** | **17,1** | **8,3** | **10,2** | **7,3** | **17,9** |

Fehlzeiten-Report 2022

**◻ Tab. 20.196** Anteil der Arbeitsunfälle an den AU-Fällen und -Tagen in Prozent nach Wirtschaftsabteilungen in der Branche Verkehr und Transport im Jahr 2021, AOK-Mitglieder

| Wirtschaftsabteilungen | AU-Fälle in % | AU-Tage in % |
|---|---|---|
| Lagerei sowie Erbringung von sonstigen Dienstleistungen für den Verkehr | 3,6 | 7,6 |
| Landverkehr und Transport in Rohrfernleitungen | 4,3 | 8,5 |
| Luftfahrt | 1,4 | 3,1 |
| Post-, Kurier- und Expressdienste | 5,9 | 9,8 |
| Schifffahrt | 3,9 | 8,2 |
| **Branche gesamt** | **4,2** | **8,3** |
| **Alle Branchen** | **3,0** | **5,7** |

Fehlzeiten-Report 2022

◻ **Tab. 20.197** Tage und Fälle der Arbeitsunfähigkeit durch Arbeitsunfälle nach Berufsgruppen in der Branche Verkehr und Transport im Jahr 2021, AOK-Mitglieder

| Tätigkeit | Arbeitsunfähigkeit je 1.000 AOK-Mitglieder | |
|---|---|---|
| | AU-Tage | AU-Fälle |
| Berufe für Post- u. Zustelldienste | 2.506,7 | 104,1 |
| Berufskraftfahrer/innen (Güterverkehr/LKW) | 2.430,0 | 64,4 |
| Berufe im Güter- u. Warenumschlag | 2.017,5 | 86,3 |
| Kranführer/innen, Aufzugsmaschinisten, Bedienung verwandter Hebeeinrichtungen | 2.009,6 | 66,8 |
| Bus- u. Straßenbahnfahrer/innen | 1.754,3 | 43,2 |
| Berufe in der Lagerwirtschaft | 1.753,8 | 76,1 |
| Fahrzeugführer/innen im Straßenverkehr (sonstige spezifische Tätigkeitsangabe) | 1.553,6 | 67,9 |
| Berufskraftfahrer/innen (Personentransport/PKW) | 799,5 | 23,4 |
| Büro- u. Sekretariatskräfte (ohne Spez.) | 487,6 | 12,0 |
| Kaufmännische u. technische Betriebswirtschaft (ohne Spez.) | 460,6 | 15,1 |
| Speditions- u. Logistikkaufleute | 456,5 | 21,0 |
| **Branche gesamt** | **1.790,7** | **62,6** |
| **Alle Branchen** | **1.121,9** | **44,7** |
| Fehlzeiten-Report 2022 | | |

**◘ Tab. 20.198** Tage und Fälle der Arbeitsunfähigkeit je 100 AOK-Mitglieder nach Krankheitsarten in der Branche Verkehr und Transport in den Jahren 1997 bis 2021

| Jahr | Arbeitsunfähigkeiten je 100 AOK-Mitglieder | | | | | | | | | | | |
|------|--------|-------|---------------|-------|----------|-------|-----------|-------|-----------------|-------|--------------|-------|
| | Psyche | | Herz/Kreislauf | | Atemwege | | Verdauung | | Muskel/Skelett | | Verletzungen | |
| | Tage | Fälle | Tage | Fälle | Tage | Fälle | Tage | Fälle | Tage | Fälle | Tage | Fälle |
| 1997 | 83,9 | 3,4 | 195,5 | 7,7 | 281,8 | 34,8 | 163,6 | 19,4 | 574,0 | 32,1 | 411,4 | 22,0 |
| 1998 | 89,1 | 3,6 | 195,2 | 7,9 | 283,4 | 33,1 | 161,9 | 19,0 | 591,5 | 30,7 | 397,9 | 21,9 |
| 1999 | 95,3 | 3,8 | 192,9 | 8,1 | 311,9 | 34,5 | 160,8 | 19,2 | 621,2 | 32,5 | 396,8 | 21,7 |
| 2000 | 114,7 | 5,2 | 181,9 | 8,0 | 295,1 | 37,1 | 149,4 | 18,0 | 654,9 | 36,6 | 383,3 | 21,3 |
| 2001 | 124,3 | 6,1 | 183,1 | 8,6 | 282,2 | 36,8 | 152,3 | 18,9 | 680,6 | 38,6 | 372,8 | 21,0 |
| 2002 | 135,9 | 6,6 | 184,2 | 8,9 | 273,1 | 36,1 | 152,1 | 19,5 | 675,7 | 38,3 | 362,4 | 20,4 |
| 2003 | 136,0 | 6,7 | 182,0 | 9,1 | 271,5 | 36,4 | 144,2 | 18,7 | 615,9 | 35,6 | 345,2 | 19,3 |
| 2004 | 154,3 | 6,8 | 195,6 | 8,4 | 234,4 | 30,1 | 143,5 | 17,7 | 572,5 | 32,8 | 329,6 | 17,6 |
| 2005 | 159,5 | 6,7 | 193,5 | 8,4 | 268,8 | 34,7 | 136,2 | 16,6 | 546,3 | 31,8 | 327,1 | 17,3 |
| 2006 | 156,8 | 6,7 | 192,9 | 8,5 | 225,9 | 29,0 | 135,7 | 17,1 | 551,7 | 31,9 | 334,7 | 17,6 |
| 2007 | 166,1 | 7,0 | 204,2 | 8,7 | 249,9 | 32,6 | 143,6 | 18,4 | 575,2 | 32,8 | 331,1 | 17,0 |
| 2008 (WZ03) | 172,5 | 7,3 | 205,5 | 9,1 | 260,0 | 34,6 | 149,0 | 19,2 | 584,3 | 34,3 | 332,0 | 17,1 |
| 2008 (WZ08)[a] | 171,8 | 7,2 | 210,2 | 9,2 | 259,5 | 34,0 | 150,6 | 18,7 | 597,5 | 34,3 | 339,8 | 17,2 |
| 2009 | 190,8 | 7,8 | 223,2 | 9,3 | 297,4 | 38,1 | 149,0 | 18,7 | 607,7 | 34,3 | 341,0 | 17,2 |
| 2010 | 205,3 | 8,4 | 218,6 | 9,5 | 268,0 | 34,3 | 143,7 | 17,8 | 659,8 | 36,9 | 373,2 | 19,0 |
| 2011 | 215,5 | 8,9 | 209,0 | 9,4 | 272,0 | 35,7 | 141,8 | 17,9 | 625,3 | 36,6 | 350,1 | 18,1 |
| 2012 | 243,3 | 9,3 | 233,9 | 9,6 | 275,1 | 35,2 | 149,8 | 18,0 | 654,4 | 36,7 | 354,5 | 17,3 |
| 2013 | 246,7 | 9,4 | 228,9 | 9,1 | 334,0 | 43,1 | 150,4 | 18,5 | 656,9 | 37,4 | 356,3 | 17,4 |
| 2014 | 269,3 | 10,4 | 236,8 | 9,5 | 278,3 | 36,8 | 155,9 | 19,1 | 698,3 | 39,3 | 355,6 | 17,3 |
| 2015 | 277,4 | 10,5 | 232,5 | 9,4 | 338,6 | 44,5 | 154,5 | 19,1 | 686,4 | 39,2 | 355,5 | 17,2 |
| 2016 | 285,1 | 10,8 | 213,7 | 9,6 | 315,2 | 42,6 | 148,6 | 19,1 | 706,0 | 40,0 | 354,0 | 16,8 |
| 2017 | 289,0 | 10,9 | 207,1 | 9,3 | 318,1 | 42,7 | 142,9 | 18,1 | 700,1 | 39,9 | 349,5 | 16,5 |
| 2018 | 287,5 | 10,9 | 195,8 | 9,4 | 339,5 | 45,3 | 139,6 | 17,9 | 691,5 | 40,1 | 348,0 | 16,4 |
| 2019 | 295,6 | 11,1 | 197,6 | 9,2 | 303,2 | 41,9 | 137,8 | 17,6 | 703,1 | 40,8 | 347,3 | 15,9 |
| 2020 | 303,8 | 10,1 | 194,8 | 8,2 | 306,7 | 34,7 | 129,6 | 15,1 | 716,6 | 39,0 | 330,2 | 14,0 |
| 2021 | 308,4 | 10,6 | 189,1 | 8,2 | 260,9 | 31,1 | 124,7 | 14,7 | 728,8 | 42,9 | 341,6 | 18,1 |

[a] aufgrund der Revision der Wirtschaftszweigklassifikation in 2008 ist eine Vergleichbarkeit mit den Vorjahren nur bedingt möglich

Fehlzeiten-Report 2022

**Tab. 20.199** Verteilung der Arbeitsunfähigkeitstage nach Krankheitsarten in Prozent in der Branche Verkehr und Transport im Jahr 2021, AOK-Mitglieder

| Wirtschaftsabteilungen | AU-Tage in % | | | | | | |
|---|---|---|---|---|---|---|---|
| | Psyche | Herz/ Kreislauf | Atem- wege | Ver- dauung | Muskel/ Skelett | Verlet- zungen | Sonstige |
| Lagerei sowie Erbringung von sonstigen Dienstleistungen für den Verkehr | 9,8 | 5,9 | 8,9 | 4,1 | 24,3 | 10,7 | 36,4 |
| Landverkehr und Transport in Rohrfernleitungen | 10,2 | 7,3 | 7,9 | 4,1 | 21,6 | 10,5 | 38,4 |
| Luftfahrt | 15,3 | 3,2 | 11,2 | 3,9 | 18,6 | 8,8 | 39,0 |
| Post-, Kurier- und Express- dienste | 9,9 | 4,2 | 8,5 | 3,8 | 26,9 | 13,2 | 33,5 |
| Schifffahrt | 11,7 | 7,8 | 7,2 | 3,7 | 21,1 | 11,2 | 37,3 |
| **Branche gesamt** | **10,0** | **6,1** | **8,5** | **4,0** | **23,6** | **11,1** | **36,7** |
| **Alle Branchen** | **12,0** | **4,9** | **9,8** | **3,9** | **21,5** | **10,0** | **37,9** |

Fehlzeiten-Report 2022

**Tab. 20.200** Verteilung der Arbeitsunfähigkeitsfälle nach Krankheitsarten in Prozent in der Branche Verkehr und Transport im Jahr 2021, AOK-Mitglieder

| Wirtschaftsabteilungen | AU-Fälle in % | | | | | | |
|---|---|---|---|---|---|---|---|
| | Psyche | Herz/ Kreislauf | Atem- wege | Ver- dauung | Muskel/ Skelett | Verlet- zungen | Sonstige |
| Lagerei sowie Erbringung von sonstigen Dienstleistungen für den Verkehr | 4,7 | 3,5 | 14,8 | 6,8 | 20,3 | 8,1 | 41,8 |
| Landverkehr und Transport in Rohrfernleitungen | 5,1 | 4,6 | 13,4 | 7,0 | 17,6 | 7,8 | 44,4 |
| Luftfahrt | 6,7 | 2,5 | 18,8 | 6,1 | 15,1 | 6,5 | 44,3 |
| Post-, Kurier- und Express- dienste | 4,7 | 2,8 | 14,6 | 6,1 | 22,5 | 10,0 | 39,3 |
| Schifffahrt | 5,9 | 4,0 | 13,8 | 7,2 | 15,6 | 8,9 | 44,5 |
| **Branche gesamt** | **4,9** | **3,8** | **14,3** | **6,8** | **19,7** | **8,3** | **42,3** |
| **Alle Branchen** | **5,2** | **3,3** | **16,7** | **6,8** | **15,8** | **7,9** | **44,2** |

Fehlzeiten-Report 2022

■ **Tab. 20.201** Verteilung der Arbeitsunfähigkeitstage nach Krankheitsarten und ausgewählten Berufsgruppen in der Branche Verkehr und Transport im Jahr 2021, AOK-Mitglieder

| Tätigkeit | AU-Tage in % | | | | | | |
|---|---|---|---|---|---|---|---|
| | Psyche | Herz/ Kreislauf | Atem- wege | Ver- dauung | Muskel/ Skelett | Verlet- zungen | Sonstige |
| Berufe für Post- u. Zustell- dienste | 10,1 | 4,0 | 8,0 | 3,6 | 27,2 | 14,0 | 33,1 |
| Berufe im Güter- u. Waren- umschlag | 9,7 | 5,1 | 9,7 | 4,1 | 28,3 | 11,1 | 31,9 |
| Berufe in der Lagerwirtschaft | 9,5 | 4,5 | 9,6 | 4,2 | 27,4 | 10,6 | 34,2 |
| Berufskraftfahrer/innen (Gü- terverkehr/LKW) | 6,6 | 9,1 | 6,6 | 4,0 | 22,4 | 12,4 | 38,9 |
| Berufskraftfahrer/innen (Per- sonentransport/PKW) | 11,0 | 8,9 | 7,0 | 3,9 | 18,0 | 7,9 | 43,3 |
| Büro- u. Sekretariatskräfte (ohne Spez.) | 15,7 | 4,4 | 9,9 | 3,8 | 15,0 | 7,8 | 43,3 |
| Bus- u. Straßenbahnfahrer/in- nen | 13,2 | 7,0 | 8,1 | 4,0 | 22,2 | 7,8 | 37,7 |
| Fahrzeugführer/innen im Straßenverkehr (sonstige spezifische Tätigkeitsangabe) | 7,3 | 5,4 | 7,9 | 4,5 | 25,4 | 14,2 | 35,2 |
| Kaufmännische u. technische Betriebswirtschaft (ohne Spez.) | 17,2 | 3,8 | 11,5 | 4,1 | 15,3 | 7,7 | 40,3 |
| Kranführer/innen, Auf- zugsmaschinisten, Bedienung verwandter Hebe- einrichtungen | 9,3 | 5,0 | 8,6 | 3,8 | 28,1 | 10,5 | 34,8 |
| Speditions- u. Logistik- kaufleute | 14,5 | 3,8 | 13,0 | 4,6 | 15,2 | 8,2 | 40,6 |
| **Branche gesamt** | **10,0** | **6,1** | **8,5** | **4,0** | **23,6** | **11,1** | **36,7** |
| **Alle Branchen** | **12,0** | **4,9** | **9,8** | **3,9** | **21,5** | **10,0** | **37,9** |

Fehlzeiten-Report 2022

20

**◘ Tab. 20.202** Verteilung der Arbeitsunfähigkeitsfälle nach Krankheitsarten und ausgewählten Berufsgruppen in der Branche Verkehr und Transport im Jahr 2021, AOK-Mitglieder

| Tätigkeit | AU-Fälle in % | | | | | | |
|---|---|---|---|---|---|---|---|
| | Psyche | Herz/ Kreislauf | Atem- wege | Ver- dauung | Muskel/ Skelett | Verlet- zungen | Sonstige |
| Berufe für Post- u. Zustell-dienste | 5,1 | 2,8 | 14,4 | 5,9 | 22,0 | 10,9 | 39,0 |
| Berufe im Güter- u. Waren-umschlag | 4,8 | 3,0 | 15,6 | 6,7 | 23,5 | 8,2 | 38,2 |
| Berufe in der Lagerwirtschaft | 4,4 | 2,8 | 15,2 | 6,7 | 23,6 | 8,3 | 39,0 |
| Berufskraftfahrer/innen (Gü-terverkehr/LKW) | 4,0 | 5,7 | 10,8 | 7,1 | 19,0 | 8,6 | 44,7 |
| Berufskraftfahrer/innen (Per-sonentransport/PKW) | 5,2 | 6,2 | 11,8 | 6,5 | 13,0 | 5,9 | 51,5 |
| Büro- u. Sekretariatskräfte (ohne Spez.) | 5,9 | 3,3 | 17,2 | 7,1 | 10,4 | 6,0 | 49,9 |
| Bus- u. Straßenbahnfahrer/in-nen | 6,4 | 4,7 | 13,2 | 7,2 | 18,2 | 6,4 | 43,9 |
| Fahrzeugführer/innen im Straßenverkehr (sonstige spezifische Tätigkeitsangabe) | 4,1 | 3,5 | 12,7 | 6,8 | 22,1 | 9,7 | 41,1 |
| Kaufmännische u. technische Betriebswirtschaft (ohne Spez.) | 6,3 | 3,1 | 18,2 | 7,0 | 11,3 | 6,1 | 47,9 |
| Kranführer/innen, Auf-zugsmaschinisten, Bedienung verwandter Hebe-einrichtungen | 4,6 | 3,8 | 13,8 | 6,4 | 23,1 | 8,1 | 40,1 |
| Speditions- u. Logistik-kaufleute | 5,2 | 2,4 | 20,0 | 7,2 | 11,6 | 6,8 | 46,9 |
| **Branche gesamt** | **4,9** | **3,8** | **14,3** | **6,8** | **19,7** | **8,3** | **42,3** |
| **Alle Branchen** | **5,2** | **3,3** | **16,7** | **6,8** | **15,8** | **7,9** | **44,2** |

Fehlzeiten-Report 2022

**◻ Tab. 20.203** Anteile der 40 häufigsten Einzeldiagnosen an den AU-Fällen und AU-Tagen in der Branche Verkehr und Transport im Jahr 2021, AOK-Mitglieder

| ICD-10 | Bezeichnung | AU-Fälle in % | AU-Tage in % |
|--------|-------------|---------------|--------------|
| M54 | Rückenschmerzen | 8,4 | 7,5 |
| J06 | Akute Infektionen an mehreren oder nicht näher bezeichneten Lokalisationen der oberen Atemwege | 7,0 | 3,7 |
| U99 | Belegte und nicht belegte Schlüsselnummern U99.-! | 3,8 | 1,9 |
| Z11 | Spezielle Verfahren zur Untersuchung auf infektiöse und parasitäre Krankheiten | 3,3 | 1,8 |
| A09 | Sonstige und nicht näher bezeichnete Gastroenteritis und Kolitis infektiösen und nicht näher bezeichneten Ursprungs | 2,5 | 0,9 |
| I10 | Essentielle (primäre) Hypertonie | 1,7 | 1,6 |
| U07 | Krankheiten mit unklarer Ätiologie, belegte und nicht belegte Schlüsselnummern U07.- | 1,7 | 1,4 |
| R51 | Kopfschmerz | 1,7 | 0,6 |
| M25 | Sonstige Gelenkkrankheiten, anderenorts nicht klassifiziert | 1,5 | 1,7 |
| R10 | Bauch- und Beckenschmerzen | 1,5 | 0,7 |
| K08 | Sonstige Krankheiten der Zähne und des Zahnhalteapparates | 1,5 | 0,3 |
| F43 | Reaktionen auf schwere Belastungen und Anpassungsstörungen | 1,4 | 2,4 |
| T88 | Sonstige Komplikationen bei chirurgischen Eingriffen und medizinischer Behandlung, anderenorts nicht klassifiziert | 1,4 | 0,3 |
| M79 | Sonstige Krankheiten des Weichteilgewebes, anderenorts nicht klassifiziert | 1,3 | 0,9 |
| R53 | Unwohlsein und Ermüdung | 1,1 | 0,9 |
| B34 | Viruskrankheit nicht näher bezeichneter Lokalisation | 1,0 | 0,5 |
| K29 | Gastritis und Duodenitis | 1,0 | 0,5 |
| F32 | Depressive Episode | 0,9 | 2,7 |
| M51 | Sonstige Bandscheibenschäden | 0,9 | 2,0 |
| M99 | Biomechanische Funktionsstörungen, anderenorts nicht klassifiziert | 0,9 | 0,8 |
| J00 | Akute Rhinopharyngitis [Erkältungsschnupfen] | 0,9 | 0,4 |
| M75 | Schulterläsionen | 0,8 | 1,7 |
| T14 | Verletzung an einer nicht näher bezeichneten Körperregion | 0,8 | 0,9 |
| K52 | Sonstige nichtinfektiöse Gastroenteritis und Kolitis | 0,8 | 0,3 |
| F48 | Andere neurotische Störungen | 0,7 | 1,0 |
| M53 | Sonstige Krankheiten der Wirbelsäule und des Rückens, anderenorts nicht klassifiziert | 0,7 | 0,7 |

**20**

◻ **Tab. 20.203** (Fortsetzung)

| ICD-10 | Bezeichnung | AU-Fälle in % | AU-Tage in % |
|---|---|---|---|
| R11 | Übelkeit und Erbrechen | 0,7 | 0,3 |
| U12 | Unerwünschte Nebenwirkungen bei der Anwendung von COVID-19-Impfstoffen | 0,7 | 0,1 |
| Z98 | Sonstige Zustände nach chirurgischem Eingriff | 0,6 | 1,6 |
| S93 | Luxation, Verstauchung und Zerrung der Gelenke und Bänder in Höhe des oberen Sprunggelenkes und des Fußes | 0,6 | 0,9 |
| M77 | Sonstige Enthesopathien | 0,6 | 0,8 |
| G47 | Schlafstörungen | 0,6 | 0,8 |
| R42 | Schwindel und Taumel | 0,6 | 0,6 |
| J20 | Akute Bronchitis | 0,6 | 0,4 |
| R07 | Hals- und Brustschmerzen | 0,6 | 0,3 |
| M23 | Binnenschädigung des Kniegelenkes [internal derangement] | 0,5 | 1,1 |
| F45 | Somatoforme Störungen | 0,5 | 0,9 |
| E11 | Diabetes mellitus, Typ 2 | 0,5 | 0,6 |
| M62 | Sonstige Muskelkrankheiten | 0,5 | 0,4 |
| B99 | Sonstige und nicht näher bezeichnete Infektionskrankheiten | 0,5 | 0,3 |
| | **Summe hier** | **57,3** | **47,2** |
| | Restliche | 42,7 | 52,8 |
| | **Gesamtsumme** | **100,0** | **100,0** |

Fehlzeiten-Report 2022

◻ **Tab. 20.204**  Anteile der 40 häufigsten Diagnoseuntergruppen an den AU-Fällen und AU-Tagen in der Branche Verkehr und Transport im Jahr 2021, AOK-Mitglieder

| ICD-10 | Bezeichnung | AU-Fälle in % | AU-Tage in % |
|--------|-------------|---------------|--------------|
| M50–M54 | Sonstige Krankheiten der Wirbelsäule und des Rückens | 9,8 | 9,8 |
| J00–J06 | Akute Infektionen der oberen Atemwege | 9,5 | 4,8 |
| R50–R69 | Allgemeinsymptome | 4,7 | 3,4 |
| U98–U99 | Belegte und nicht belegte Schlüsselnummern | 4,1 | 2,1 |
| Z00–Z13 | Personen, die das Gesundheitswesen zur Untersuchung und Abklärung in Anspruch nehmen | 3,8 | 2,2 |
| M70–M79 | Sonstige Krankheiten des Weichteilgewebes | 3,1 | 4,0 |
| A00–A09 | Infektiöse Darmkrankheiten | 3,0 | 1,0 |
| F40–F48 | Neurotische, Belastungs- und somatoforme Störungen | 2,9 | 5,3 |
| U00–U49 | Vorläufige Zuordnungen für Krankheiten mit unklarer Ätiologie, belegte und nicht belegte Schlüsselnummern | 2,8 | 2,0 |
| R10–R19 | Symptome, die das Verdauungssystem und das Abdomen betreffen | 2,4 | 1,2 |
| M20–M25 | Sonstige Gelenkkrankheiten | 2,1 | 3,0 |
| I10–I15 | Hypertonie [Hochdruckkrankheit] | 1,9 | 1,8 |
| K00–K14 | Krankheiten der Mundhöhle, der Speicheldrüsen und der Kiefer | 1,9 | 0,5 |
| T80–T88 | Komplikationen bei chirurgischen Eingriffen und medizinischer Behandlung, anderenorts nicht klassifiziert | 1,8 | 0,6 |
| Z80–Z99 | Personen mit potentiellen Gesundheitsrisiken aufgrund der Familien- oder Eigenanamnese und bestimmte Zustände, die den Gesundheitszustand beeinflussen | 1,7 | 3,2 |
| R00–R09 | Symptome, die das Kreislaufsystem und das Atmungssystem betreffen | 1,6 | 1,2 |
| G40–G47 | Episodische und paroxysmale Krankheiten des Nervensystems | 1,5 | 1,5 |
| K20–K31 | Krankheiten des Ösophagus, des Magens und des Duodenums | 1,4 | 0,8 |
| F30–F39 | Affektive Störungen | 1,3 | 4,0 |
| B25–B34 | Sonstige Viruskrankheiten | 1,2 | 0,6 |
| S90–S99 | Verletzungen der Knöchelregion und des Fußes | 1,1 | 1,7 |
| T08–T14 | Verletzungen nicht näher bezeichneter Teile des Rumpfes, der Extremitäten oder anderer Körperregionen | 1,1 | 1,2 |
| J40–J47 | Chronische Krankheiten der unteren Atemwege | 1,1 | 1,0 |
| M95–M99 | Sonstige Krankheiten des Muskel-Skelett-Systems und des Bindegewebes | 1,0 | 0,9 |
| K55–K64 | Sonstige Krankheiten des Darmes | 1,0 | 0,8 |
| K50–K52 | Nichtinfektiöse Enteritis und Kolitis | 1,0 | 0,5 |

**20**

**◻ Tab. 20.204** (Fortsetzung)

| ICD-10 | Bezeichnung | AU-Fälle in % | AU-Tage in % |
|--------|-------------|---------------|--------------|
| S80–S89 | Verletzungen des Knies und des Unterschenkels | 0,9 | 2,0 |
| R40–R46 | Symptome, die das Erkennungs- und Wahrnehmungsvermögen, die Stimmung und das Verhalten betreffen | 0,9 | 0,8 |
| E70–E90 | Stoffwechselstörungen | 0,9 | 0,6 |
| M15–M19 | Arthrose | 0,8 | 2,0 |
| S60–S69 | Verletzungen des Handgelenkes und der Hand | 0,8 | 1,2 |
| J20–J22 | Sonstige akute Infektionen der unteren Atemwege | 0,8 | 0,5 |
| G50–G59 | Krankheiten von Nerven, Nervenwurzeln und Nervenplexus | 0,7 | 1,4 |
| E10–E14 | Diabetes mellitus | 0,7 | 0,8 |
| J95–J99 | Sonstige Krankheiten des Atmungssystems | 0,7 | 0,5 |
| J30–J39 | Sonstige Krankheiten der oberen Atemwege | 0,7 | 0,4 |
| I20–I25 | Ischämische Herzkrankheiten | 0,6 | 1,4 |
| I30–I52 | Sonstige Formen der Herzkrankheit | 0,6 | 1,1 |
| Z40–Z54 | Personen, die das Gesundheitswesen zum Zwecke spezifischer Maßnahmen und zur medizinischen Betreuung in Anspruch nehmen | 0,6 | 0,8 |
| Z20–Z29 | Personen mit potentiellen Gesundheitsrisiken hinsichtlich übertragbarer Krankheiten | 0,6 | 0,4 |
| | **Summe hier** | **79,1** | **73,0** |
| | Restliche | 20,9 | 27,0 |
| | **Gesamtsumme** | **100,0** | **100,0** |

Fehlzeiten-Report 2022

# Entwicklung der Krankengeldfälle und -ausgaben bei AOK-Mitgliedern im Jahr 2021

*David Herr und Reinhard Schwanke*

## Inhaltsverzeichnis

© Der/die Autor(en), exklusiv lizenziert an Springer-Verlag GmbH, DE, ein Teil von Springer Nature 2022
B. Badura et al. (Hrsg.), *Fehlzeiten-Report 2022*, Fehlzeiten-Report,
https://doi.org/10.1007/978-3-662-65598-6_21

**21**

■ ■  **Zusammenfassung**

*Krankengeld ist eine wichtige Entgeltersatz-
leistung bei einer längeren Erkrankung von
krankengeldberechtigten Mitgliedern. Die
Ausgaben für Krankengeld nehmen seit einigen Jahren absolut und seit 2006 auch anteilig
an den Gesamtleistungsausgaben der gesetzlichen Krankenversicherung zu. Daneben haben
sich Verschiebungen zwischen den Diagnosegruppen und zwischen den Altersgruppen der
Krankengeldbeziehenden sowie Veränderungen der Falldauern ergeben. Solche Befunde
sind unter anderem für die Planung und Steuerung der Gesundheitsversorgung von großer
Bedeutung, beispielsweise dafür, wie Langzeiterkrankte am besten unterstützt werden
können. Der vorliegende Beitrag untersucht
auf Basis der Krankenkassendaten aller AOK-
Mitglieder von 2017 bis 2021, wie sich die genannten Entwicklungen in diesem Zeitraum im
Detail darstellen. Der Schwerpunkt liegt auf
den Veränderungen im Pandemiejahr 2021.
Dabei werden insbesondere die Fallzahlen,
Falldauern und die Ausgabenentwicklung sowie der Einfluss des Alters auf diese Parameter
betrachtet.*

## 21.1 Einführung

Das Krankengeld nach §§ 44 ff. SGB V ist
eine Entgeltersatzleistung und ein wichtiges
Element der sozialen Absicherung in Deutschland. Einen Leistungsanspruch darauf haben
Mitglieder der gesetzlichen Krankenkassen,
die mit Anspruch auf Krankengeld versichert
sind (z. B. normalerweise Arbeitnehmende),
bei krankheitsbedingter Langzeitarbeitsunfä-
higkeit. Es wird in der Regel ab der sieb-
ten Woche der Arbeitsunfähigkeit (AU) wegen derselben Krankheit gezahlt und löst
bei Arbeitnehmern typischerweise die 100 %-
Entgeltfortzahlung durch den Arbeitgeber ab.
Die Höhe des Krankengeldes bemisst sich
nach dem regelmäßigen Einkommen vor Beginn der AU und beträgt 70 % des Brutto-,
maximal aber höchstens 90 % des Nettoge-

halts. Eventuelle Einmalzahlungen (zum Beispiel Urlaubs- oder Weihnachtsgeld) während
der letzten zwölf Monate werden anteilig berücksichtigt. Das Krankengeld ist auf einen
gesetzlichen Höchstbetrag begrenzt (Höchst-
krankengeld im Jahr 2021: 112,88 € kalender-
täglich).

Die Ausgaben für die Leistung Krankengeld nehmen seit einigen Jahren absolut, aber
seit 2006 auch anteilig an den Gesamtleistungsausgaben der GKV, also überproportional, zu. Im Jahr 2015 legte anlässlich dessen der Sachverständigenrat zur Begutachtung der Entwicklung im Gesundheitswesen
(SVR) im Auftrag des Bundesgesundheitsmi-
nisters ein Sondergutachten zum Krankengeld
vor und kam zu dem Schluss, dass ein erheblicher Teil dieser Entwicklung auf exogene
und wirtschafts- sowie gesellschaftspolitisch
durchaus wünschenswerte Faktoren zurück-
geht. Dies sind vor allem eine höhere Er-
werbsquote (Anstieg der sozialversicherungspflichtig Beschäftigten, infolgedessen der An-
spruchsberechtigten) und gestiegene Erwerbs-
einkommen (infolgedessen höherer Zahlbetrag pro Tag) (SVR 2015). Allerdings wies
der SVR auch auf eine gestiegene Fallzahl
je krankengeldberechtigtes Mitglied (KGbM)
und insbesondere eine gestiegene Falldauer
hin. Bei diesen beiden Parametern sind wiederum u. a. demographische Effekte zu berücksichtigen, da ältere Menschen häufiger und
länger krank werden.

Aus dem Anstieg der Falldauer und Verschiebungen zwischen den Diagnosegruppen
ergeben sich auch Fragen mit weitergehender Relevanz für die Versorgungsforschung:
Handelt es sich primär um Morbiditäts- bzw.
Prävalenzveränderungen oder eher um einen
Effekt eines veränderten Verhaltens auf Seiten der Versicherten und Leistungserbringer?
Wie könnten Langzeiterkrankte noch besser
unterstützt werden und welche Rolle soll dabei
das Krankengeldfallmanagement der Krankenkassen einnehmen? Solche Fragen lassen sich
in der Regel nicht allein anhand der Krankengelddaten abschließend beantworten, doch
erlauben die Krankengelddaten der Kranken-

kassen hilfreiche Erkenntnisse über das zugrunde liegende Geschehen.

Der vorliegende Beitrag baut auf dem Beitrag im Fehlzeiten-Report 2021 (Herr und Schwanke 2021) auf und übernimmt dafür beispielsweise die Übersichtsdarstellungen zur Einleitung und zur orientierenden Einordnung der Datenquellen. Der Vorjahresbeitrag untersucht die Krankengeldentwicklung im ersten Jahr der Covid-19-Pandemie, das für viele Versicherte wie auch für das Gesundheitswesen insgesamt mit zahlreichen Herausforderungen und teilweise einschneidenden Veränderungen einherging. Bei der Analyse stellte sich heraus, dass es im Jahr 2020 zu erheblichen Steigerungen bei den Krankengeldausgaben gekommen ist, die insbesondere auf gestiegene Falldauern zurückzuführen sind. Im vorliegenden Artikel werden die Daten für das Jahr 2021 präsentiert und es wird anhand derer untersucht, inwieweit sich die im Vorjahr beobachteten Entwicklungen fortsetzen. Dabei werden erneut die Fallzahlen, die Falldauern sowie die Ausgabenentwicklung betrachtet. Das Krankengeld bei Erkrankung eines Kindes (Kinderkrankengeld), das neben dem „AU-Krankengeld" existiert, wird dabei – mit Ausnahme der GKV-Gesamtausgabensumme – nicht einbezogen.

Die Daten basieren zum einen auf Routinedaten, die originär der Abrechnung dienen (bei ambulanten Arztbesuchen gemäß § 295 SGB V, bei Krankenhausfällen gemäß § 301 SGB V; Nimptsch et al. 2015) und Auskunft über Behandlungsdaten und Diagnosen geben, und zum anderen auf den AU-Bescheinigungen, die von den Versicherten an die Krankenkasse übermittelt werden. Der Beginn des Krankengeldanspruchs und die einkommensabhängigen Krankengeldzahlbeträge werden von den Krankenkassen ermittelt und berechnet. Entsprechend liegen auch bei den einzelnen Krankenkassen umfangreiche Daten zum Krankengeld vor, die ggf. für wissenschaftliche Betrachtungen genutzt werden können.

Für eine differenzierte Darstellung der Vor- und Nachteile bei der Nutzung der verschiedenen Datenquellen für die Analyse der Krankengeldentwicklung sei auf den Beitrag im Fehlzeiten-Report 2020 verwiesen (Herr und Schwanke 2020). Die folgenden Analysen basieren, sofern nichts anderes angegeben ist, auf grundsätzlich aggregierten Daten auf Basis der Business-Warehouse-Datenbanken aller AOKs sowie standardisierten Analyse- und Reporting-Tools. Dies ermöglicht eine krankengeldspezifische Auswertung u. a. nach Alters- und Diagnosegruppen.

## 21.2 Einordnung der Datenquellen

Es existieren unterschiedliche Datenquellen, aus denen sich Schlüsse für die Krankengeldentwicklung ziehen lassen (RKI 2015). Die Datenquellen, die von verschiedenen Institutionen vorgehalten werden, besitzen unterschiedliche Stärken für die Analyse bestimmter Fragestellungen (Herr 2018). Zu ihnen gehören die öffentlich verfügbaren amtlichen Statistiken für die Ausgaben (KJ 1, KV 45), für die Krankengeldfälle (KG 2) und für die Mitglieder (KM 1) sowie die Daten einzelner Krankenkassen, die im Fall der AOKs auf Ebene der Krankenkassenart zusammengeführt werden können.

## 21.3 Entwicklung des Krankengeldes

Endgültige Rechnungsergebnisse für die GKV-Leistungsausgaben liegen für das Jahr 2020 vor (KJ 1-Statistik). Dort betrugen die Krankengeldausgaben 15,96 Mrd. €, die der GKV 248,88 Mrd. €. Die Krankengeldausgaben entsprachen somit 6,4 %. Für 2021 liegen vorläufige Krankengeldausgaben von 16,61 Mrd. € und GKV-Leistungsausgaben von 262,80 Mrd. € vor (KV 45-Quartalsstatistik), entsprechend 6,3 %. Vor zehn Jahren betrugen die Krankengeldausgaben noch 5,1 % der Gesamtausgaben (2011: 8,53 Mrd. € Krankengeld und 168,74 Mrd. €

**21**

◼ **Tab. 21.1** Absolute Krankengeldausgaben je krankengeldberechtigtes Mitglied und Veränderungsraten in den Jahren 2017–2021, jeweils bei der GKV und den AOKs. (Quelle: Eigene Darstellung auf Basis von Daten der KV 45- und KM 1-Statistiken)

| | Krankengeldausgaben je KGbM (absolut) (in €) | | Veränderungsrate gegenüber dem Vorjahr (in %) | |
| --- | --- | --- | --- | --- |
| | **GKV** | **AOK** | **GKV** | **AOK** |
| 2017 | 393 | 381 | | |
| 2018 | 410 | 395 | 4,3 | 3,7 |
| 2019 | 442 | 430 | 7,9 | 9,0 |
| 2020 | 484 | 473 | 9,6 | 9,8 |
| 2021 | 502 | 491 | 3,7 | 3,9 |

Fehlzeiten-Report 2022

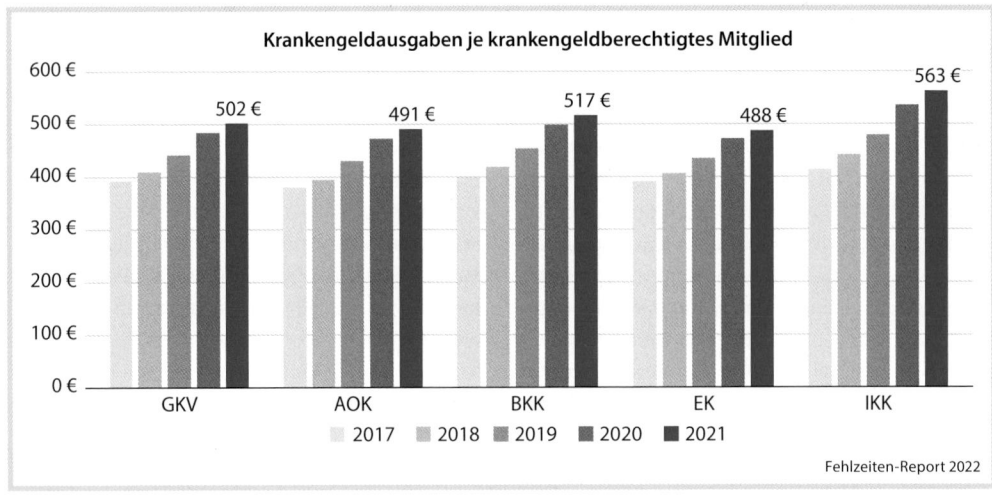

◼ **Abb. 21.1** Krankengeldausgaben je krankengeldberechtigtes Mitglied nach Krankenkassenart in den Jahren 2017–2021. (Quelle: Eigene Darstellung auf Basis von Daten der KV 45- und KM 1-Statistiken)

GKV-Gesamtleistungsausgaben), im Jahr 2010 lag der Krankengeldanteil sogar noch leicht unter 5 %. Die absoluten Krankengeldausgaben haben sich demnach in zehn Jahren fast verdoppelt und der Anteil ist um mehr als einen Prozentpunkt gestiegen.

Betrachtet man die Entwicklung von 2017 bis 2021 genauer, sind auch die Krankengeldausgaben je KGbM gestiegen. Die Steigerungsrate für die GKV insgesamt betrug im vergangenen 3,7 %, nachdem sie in den Vorjahren noch höher war (◼ Tab. 21.1). Im Jahr 2021 ergibt sich ein Ausgabenwert für die Krankengeldleistung in Höhe von 502 € je KGbM (◼ Abb. 21.1). Für die AOKs zeigt sich eine Steigerung um zuletzt 3,9 % auf 491 € je KGbM. Bei allen dargestellten Krankenkassenarten verläuft die jährliche Steigerung der Krankengeldausgaben je KGbM recht gleichmäßig, allerdings auf unterschiedlicher Niveauhöhe.

Die Ausgabensteigerung beim Krankengeld lässt sich in drei Komponenten zerlegen: Fallzahl (absolut oder je KGbM), Falldauer je Fall (Krankengeldtage) und Zahlbetrag pro Tag.

Der Zahlbetrag ist ausschließlich vom Einkommen abhängig und daher praktisch nicht aus dem Gesundheitssystem heraus beeinflussbar. Der mittlere Bruttomonatsverdienst ist in der Nachkriegszeit fast immer – mit der Ausnahme von 2019 auf 2020 – gestiegen, auf einen Zehnjahreszeitraum betrachtet von 3.311 € im Jahr 2011 auf 4.100 € im Jahr 2021 (+23,8 %; Statistisches Bundesamt 2022). Auf Basis der Entwicklung der Bruttoarbeitsentgelte wird das Krankengeld in einem Fall nach Ablauf eines Jahres nach dem Ende des Bemessungszeitraums auf der Grundlage des § 70 Abs. 1 SGB IX im Rahmen eines so genannten Dynamisierungsverfahrens angepasst. Der Gesetzgeber erreicht mit dieser Dynamisierung des Krankengeldes, dass die betroffenen Versicherten, deren Arbeitsunfähigkeit über einen längeren Zeitraum andauert, an der Lohn- und Gehaltsentwicklung teilnehmen – sofern das Krankengeld nicht aufgrund eines vorhergehenden Arbeitslosengeldbezuges gezahlt wird. Im Jahr 2020 (mit Wirkung vom 01.07.2020 bis 31.06.2021) betrug der Dynamisierungsfaktor 1,0304, entsprechend einer Steigerung um ca. 3 %. Im Jahr 2021 beträgt er wegen der vorangegangenen Stagnation der Bruttomonatsverdienste lediglich 1, entsprechend keiner Steigerung. Auch der Krankengeld-Höchstbetrag hat sich entsprechend der kalendertäglichen Beitragsbemessungsgrenze von 2020 auf 2021 um ca. 3,2 % erhöht.

Die Regelungen zur Inanspruchnahme von Kinderkrankengeld sind im Jahr 2021 noch einmal ausgeweitet worden (vgl. den Beitrag von Meyer et al., ► Kap. 19 in diesem Band, ► Abschn. 19.20). In der Folge sind die Kinderkrankengeldausgaben für die AOKs im Jahr 2021 von insgesamt 108,3 Mio. € im Jahr 2020 auf 233,7 Mio. € im Jahr 2021 angestiegen (+216 %). Daraus ergibt sich für das Jahr 2021 ein Wert von 20,28 € je kinderkrankengeldberechtigtes AOK-Mitglied.

Im Folgenden werden insbesondere die Komponenten „Fallzahlen" und „Falldauern" für die AOK-Versicherten dargestellt.

## 21.3.1 Krankengeldfallzahlen

Die abgeschlossenen Krankengeldfälle je 100 KGbM sind von 2017 bis 2021 kontinuierlich etwas zurückgegangen: von 7,3 im Jahr 2017 auf 7,1 im Jahr 2021. Sie haben sich bezogen auf die zugrunde liegenden Diagnosen dabei uneinheitlich entwickelt. Während sie bei den Muskel-Skelett- und Herz-Kreislauf-Erkrankungen (ICD-Buchstaben M und I) gesunken sind, sind sie bei den Krebserkrankungen (ICD-Buchstabe C) praktisch konstant geblieben und bei den psychischen Störungen (ICD-Buchstabe F) nach zwischenzeitigen Rückgängen insgesamt etwas angestiegen. Bei den „Sonstigen" sind sie nach einem Anstieg von 2017 auf 2018 seitdem wieder rückläufig (◻ Abb. 21.2). Betrachtet man nur die Entwicklung seit 2020, so ist eine geringfügige Zunahme bei den psychischen Erkrankungen und eine geringfügige Abnahme bei allen anderen Erkrankungsgruppen zu sehen. Unter den hier betrachteten Krankheitsgruppen (die aggregierten „Sonstigen" außen vorgelassen) fallen die Muskel-Skelett-Erkrankungen weiterhin als besonders häufige Diagnosegruppe beim Krankengeld auf (vgl. auch SVR 2015).

Wenn man die Diagnosegruppen dichotom in psychische Erkrankungen und alle weiteren Erkrankungen (hier zur Anschaulichkeit etwas vereinfacht „somatische Erkrankungen") aufteilt, wird der leichte Gesamtrückgang der Krankengeldfälle bei den letzteren (von 6,0 auf 5,8 Fälle je KGbM von 2017 auf 2021) noch etwas besser sichtbar (◻ Abb. 21.3).

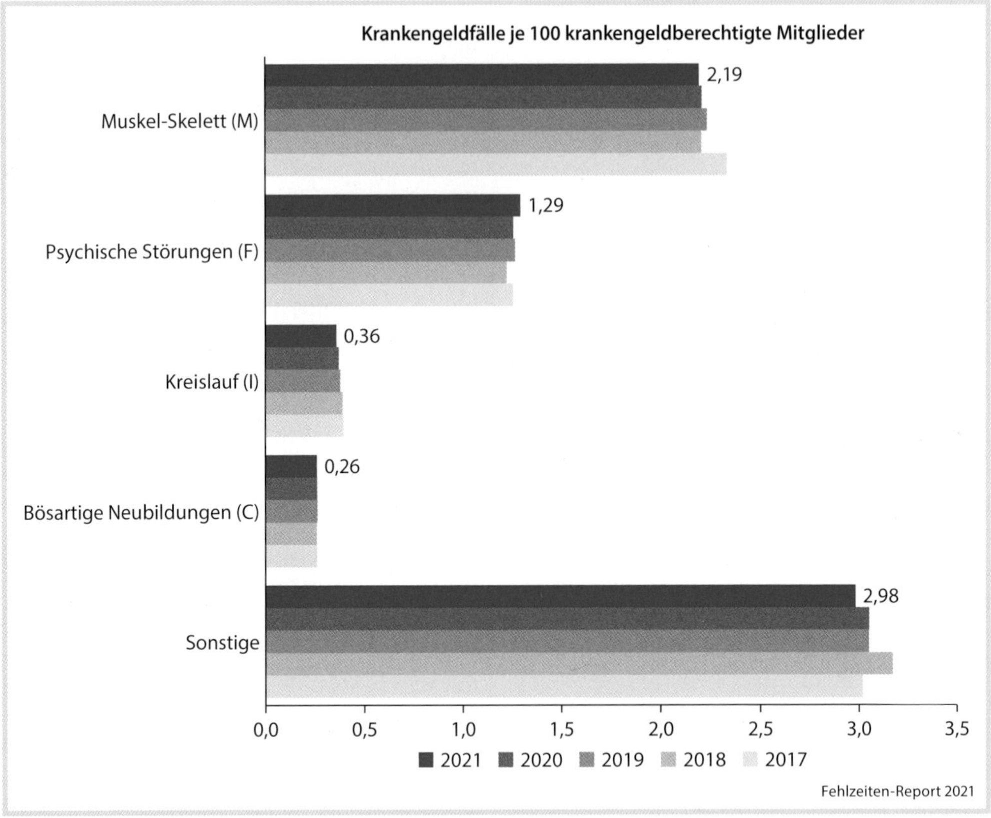

**21**

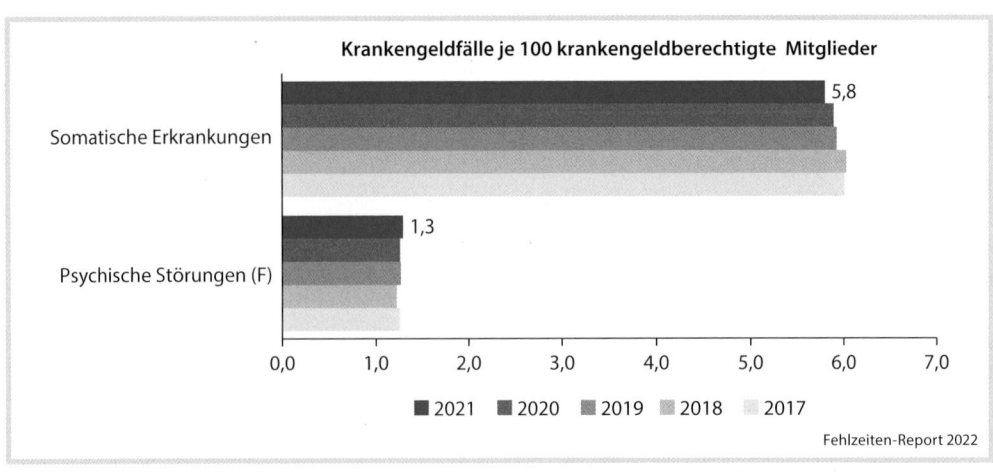

◻ **Abb. 21.2** Krankengeldfälle je 100 krankengeldberechtigte AOK-Mitglieder in den Jahren 2017–2021. (Quelle: Eigene Darstellung auf Basis von AOK-Daten)

◻ **Abb. 21.3** Krankengeldfälle je 100 krankengeldberechtigte AOK-Mitglieder in den Jahren 2017–2021, aggregiert in psychische und somatische Erkrankungen. (Quelle: Eigene Darstellung auf Basis von AOK-Daten)

### 21.3.2 Krankengeldfalldauern

Die Krankengeldfalldauern sind von 2017 bis 2021 kontinuierlich von im Durchschnitt 90 Tagen auf 107 Tage angestiegen (◘ Abb. 21.4). Der Anteil der besonders langen Fälle, d. h. über 180 Tage, ist dabei von 15,7 % auf 19,8 % gestiegen, während vor allem der Anteil der kurzen Krankengeldfälle unter 20 Tage leicht abgenommen hat, und zwar von 36,7 % auf 34,6 % (◘ Abb. 21.5). Die Fälle zwischen 20 und 180 Tagen sind anteilig auch etwas zurückgegangen. Von 2019 bis 2020 war der Anstieg des Anteils der Fäl-

le über 180 Tage besonders stark, während der Anteil aller anderen Gruppen abgenommen hat. Vom Jahr 2020 auf das Jahr 2021 gab es einen etwas geringeren, aber weiteren Anstieg des Anteils dieser längsten Fälle. Trotz der geschilderten Verschiebungen sind Fälle mit unter 20 Tagen Krankengeldbezug weiterhin häufig.

Die Krankengeldfalldauern unterscheiden sich stark nach der zugrunde liegenden Krankheit. Die längsten Falldauern bestehen bei Krebserkrankungen (C) mit durchschnittlich 225 Tagen; bei psychischen Störungen (F) und Kreislauferkrankungen (I) liegen sie im Jahr 2021 bei 155 bzw. 145 Tagen (◘ Abb. 21.6). Die Muskel-Skelett-Erkrankungen führen zu mittleren Falldauern von 109 Tagen. Die mittlere Falldauer ist damit bei allen diesen Diagnosegruppen gestiegen, sie ist außerdem bei Krebserkrankungen weiterhin mehr als doppelt so lang wie bei den (häufigeren) Muskel-Skelett-Erkrankungen. Auffällig ist, dass die Falldauern im Jahr 2020 deutlich stärker angestiegen waren (zwischen ca. 6 und 10 % je nach Krankheitskategorie) als in den beiden Vorjahren, nun im Jahr 2021 aber nochmals etwas angestiegen sind (Steigerungsraten zwischen ca. 1 und 5 %).

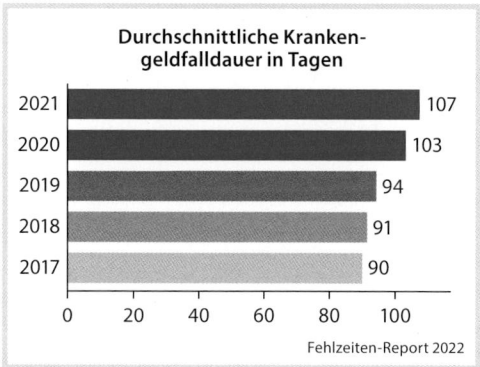

◘ **Abb. 21.4** Krankengeldfalldauer in Tagen bei den AOK-Mitgliedern in den Jahren 2017–2021. (Quelle: Eigene Darstellung auf Basis von Daten der AOK)

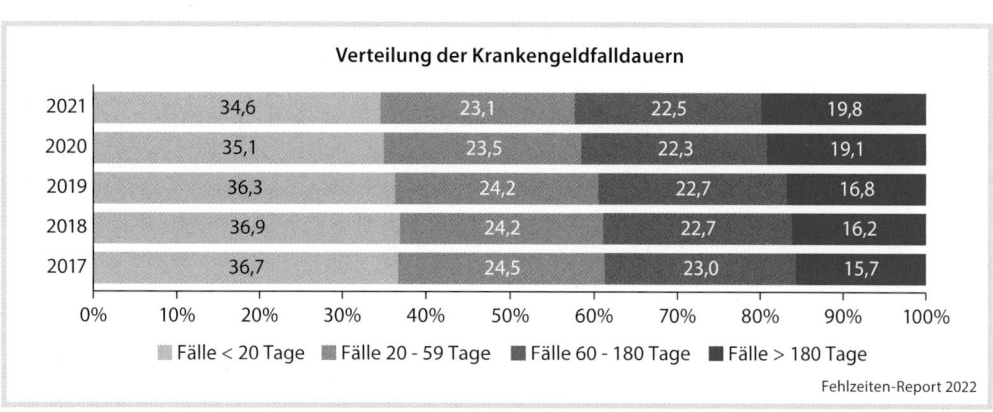

◘ **Abb. 21.5** Verteilung der Krankengeldfalldauern bei den AOK-Mitgliedern in den Jahren 2017–2021. (Quelle: Eigene Darstellung auf Basis von AOK-Daten)

**21**

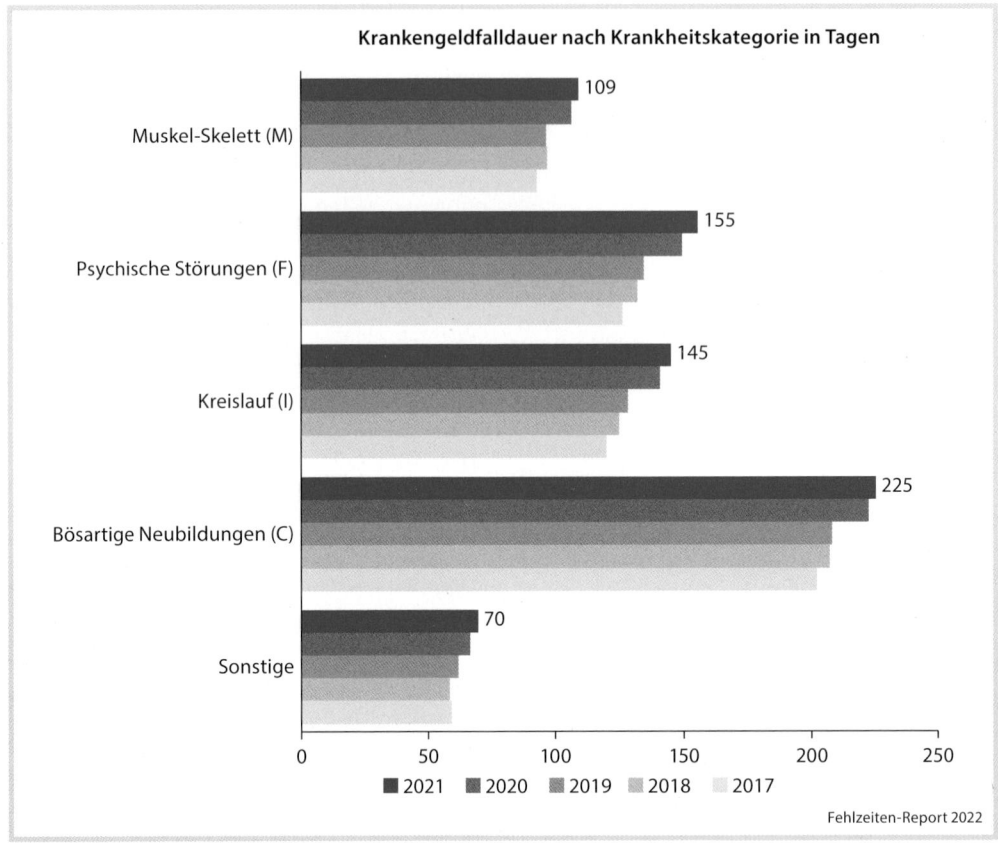

**Krankengeldfalldauer nach Krankheitskategorie in Tagen**

Muskel-Skelett (M)     109

Psychische Störungen (F)     155

Kreislauf (I)     145

Bösartige Neubildungen (C)     225

Sonstige     70

0    50    100    150    200    250

■ 2021  ■ 2020  ▨ 2019  ▨ 2018  ▢ 2017

Fehlzeiten-Report 2022

⬛ **Abb. 21.6** Krankengeldfalldauern nach Krankheitskategorie (ICD-10) in Tagen bei den AOK-Mitgliedern in den Jahren 2017–2021. (Quelle: Eigene Darstellung auf Basis von AOK-Daten)

### 21.3.3 Krankengeldausgaben nach Diagnosen

Entsprechend den Falldauern sind auch die Krankengeldausgaben je Fall zwischen den Krankheitskategorien sehr unterschiedlich, steigen insgesamt aber an – besonders stark von 2019 auf 2020, im Folgejahr nun nochmals etwas weiter (⬛ Abb. 21.7). Die höchsten Ausgaben je Fall im Jahr 2021 ergeben sich für die Krebserkrankungen mit 13.898 €, mit deutlichem Abstand gefolgt von den psychischen Störungen mit 9.433 € und den Herz-Kreislauf-Erkrankungen mit 9.211 €. In der Entwicklung vom Jahr 2020 zum Jahr 2021 fällt auf, dass die Krankengeldausgaben je Fall bei psychischen Erkrankungen erstmals höher sind als bei Herz-Kreislauf-Erkrankungen.

Betrachtet man die Krankengeldausgaben je KGbM (statt je Fall), so ist der Wert bei den Muskel-Skelett-Erkrankungen mit 146 € am höchsten, gefolgt von den „Sonstigen" mit 126 € und den psychischen Erkrankungen mit 122 € (⬛ Abb. 21.8). Dies geht auf die Häufigkeiten der Fälle in Kombination mit den Falldauern zurück. Der Anstieg vom Jahr 2020 zum Jahr 2021 liegt dabei zwischen 0,7 % (Herz-Kreislauf) und 10,7 % (psychische Erkrankungen).

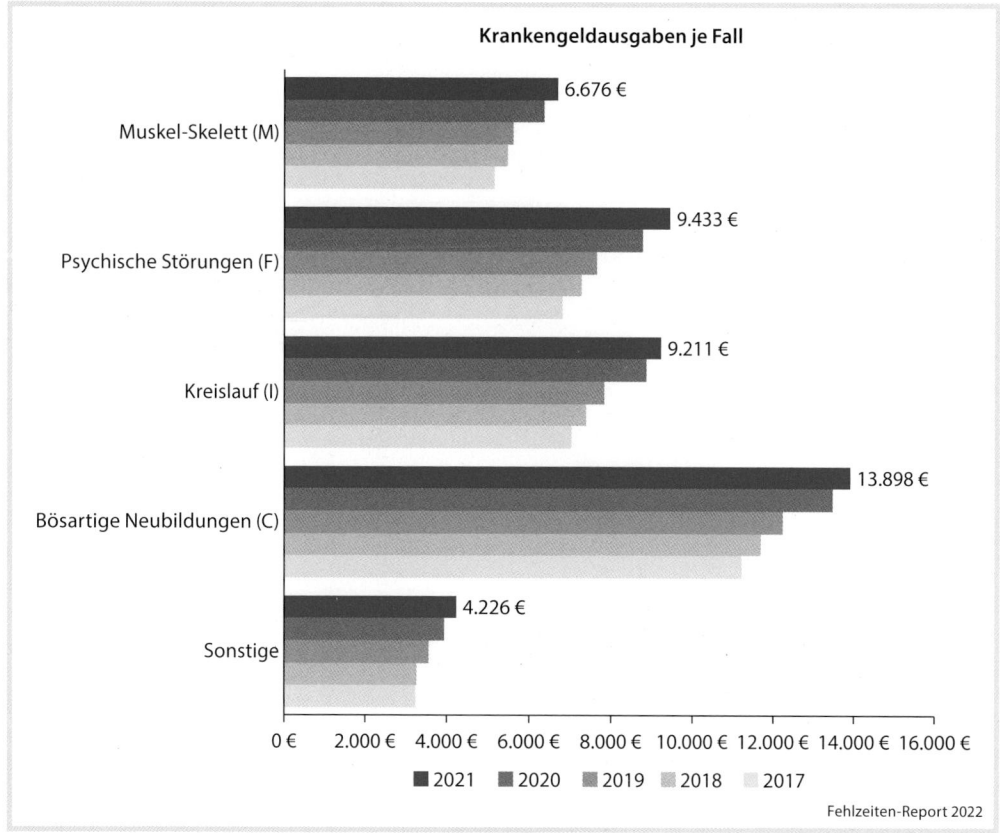

**◘ Abb. 21.7** Krankengeldausgaben in Euro je Fall nach Krankheitskategorie (ICD-10) bei den AOK-Mitgliedern für die Jahre 2017–2021. (Quelle: Eigene Darstellung auf Basis von AOK-Daten)

Fasst man wiederum alle Diagnosegruppen außer den psychischen Erkrankungen als „somatische Erkrankungen" zusammen, so zeigt sich, dass der Anstieg der Ausgaben je KGbM von 2020 bis 2021 in absoluten Zahlen bei den somatischen Erkrankungen minimal größer ausfällt (+14 € gegenüber +12 €), während bei den psychischen Erkrankungen die Steigerungsrate höher ist (10,7 % gegenüber 4,2 %, ◘ Abb. 21.9).

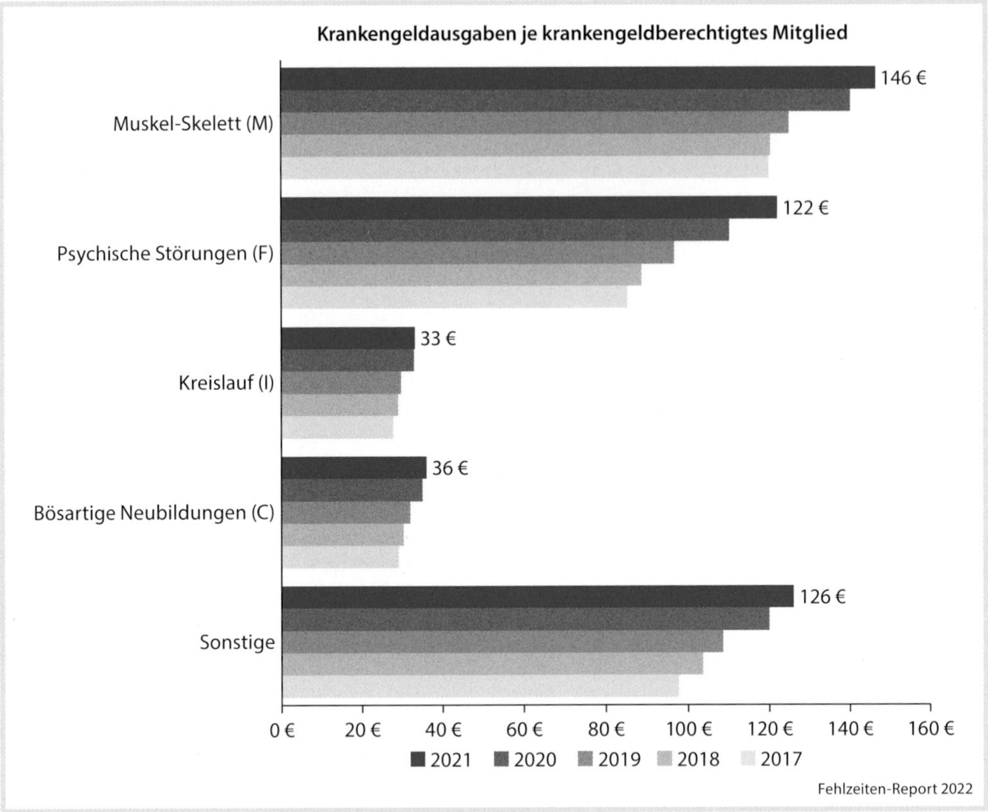

21

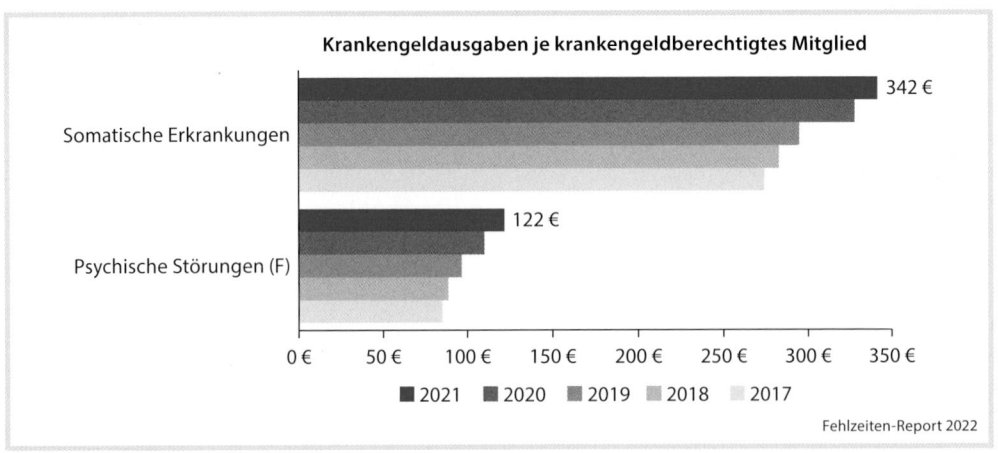

**Krankengeldausgaben je krankengeldberechtigtes Mitglied**

Fehlzeiten-Report 2022

■ **Abb. 21.8** Krankengeldausgaben je krankengeldberechtigtes Mitglied nach Krankheitsgruppen in den Jahren 2017–2021. (Quelle: Eigene Darstellung auf Basis von AOK-Daten)

**Krankengeldausgaben je krankengeldberechtigtes Mitglied**

Fehlzeiten-Report 2022

■ **Abb. 21.9** Krankengeldausgaben je krankengeldberechtigtes Mitglied bei psychischen und somatischen Erkrankungen in den Jahren 2017–2021. (Quelle: Eigene Darstellung auf Basis von AOK-Daten)

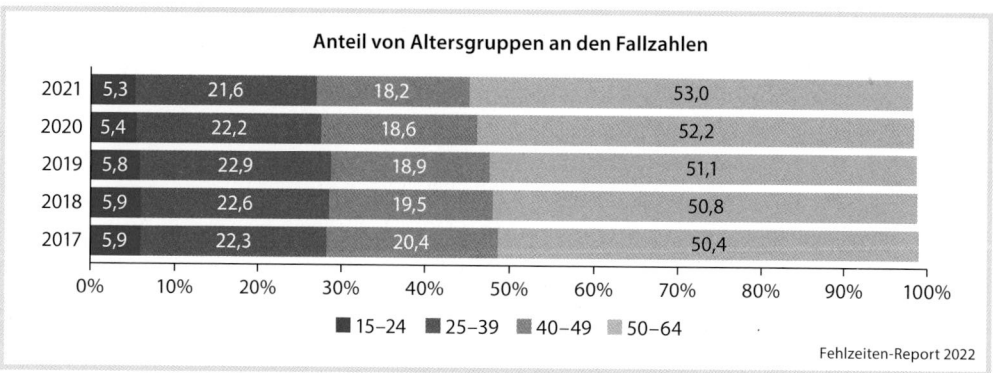

☐ **Abb. 21.10**  Anteil von Altersgruppen an den Krankengeldfallzahlen bei AOK-Mitgliedern in den Jahren 2017–2021. (Quelle: Eigene Darstellung auf Basis von AOK-Strukturdatenanalysen; Jahreszeitraum jeweils vom 01.09. des Vorjahres bis zum 31.08. des Auswertungsjahres)

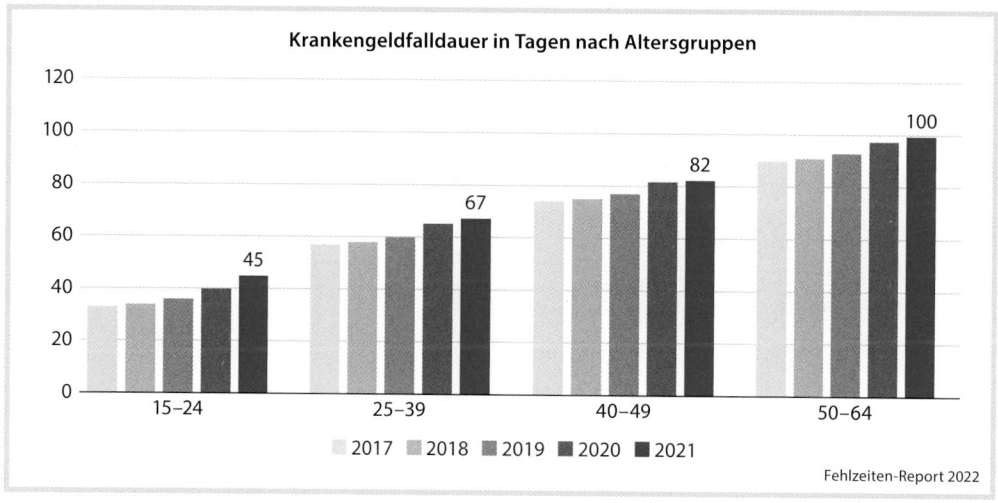

☐ **Abb. 21.11**  Krankengeldfalldauer nach Altersgruppen bei AOK-Mitgliedern in den Jahren 2017–2021. (Quelle: Eigene Darstellung auf Basis von AOK-Strukturdatenanalysen; Jahreszeitraum jeweils vom 01.09. des Vorjahres bis zum 31.08. des Auswertungsjahres)

## 21.3.4  **Einfluss des Alters**

Das Alter der krankengeldberechtigten Mitglieder hat seit jeher einen erheblichen Einfluss auf die Fallhäufigkeit, die Falldauer und entsprechend auch die Ausgaben beim Krankengeld (☐ Abb. 21.10–21.12). So geht mehr als die Hälfte der Krankengeldfälle auf Mitglieder der Altersgruppe 50–64 Jahre zurück (☐ Abb. 21.10), obwohl diese nur 35,8 % der

Bevölkerung zwischen 15 und 64 Jahren ausmachen (diese Zahl ist allerdings nicht unterschieden nach Berufstätigkeit; Genesis-Destatis 2022, Stichtag 12.06.2022). Der Anteil dieser Altersgruppe an den Krankengeldfallzahlen ist auch von 2020 auf 2021 nochmals von 52,2 % auf 53,0 % gestiegen.

Die Krankengeldfalldauer ist in höherem Alter erheblich länger. Während 15- bis 24-Jährige im Jahr 2021 eine Falldauer von 45 Tagen aufwiesen, betrug diese in der Altersgrup-

21

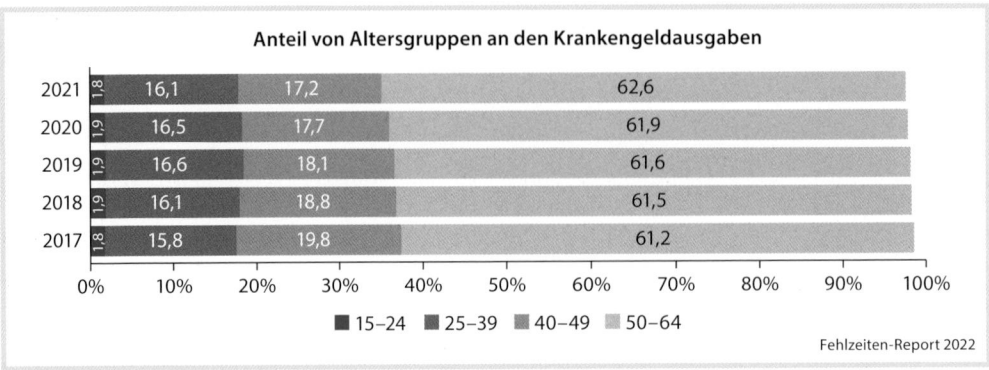

**◘ Abb. 21.12**  Anteil von Altersgruppen an den Krankengeldausgaben bei AOK-Mitgliedern in den Jahren 2017–2021. (Quelle: Eigene Darstellung auf Basis von AOK-Strukturdatenanalysen; Jahreszeitraum jeweils vom 01.09. des Vorjahres bis zum 31.08. des Auswertungsjahres)

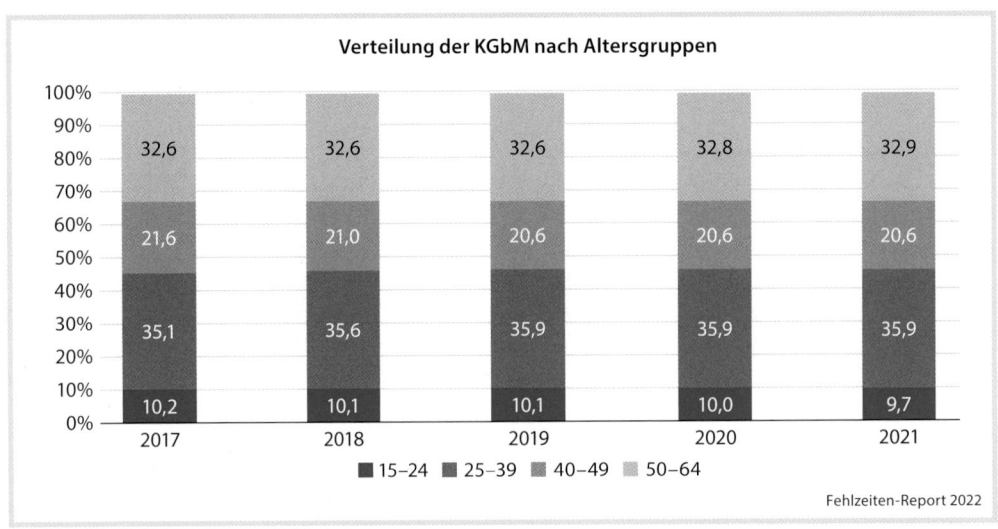

**◘ Abb. 21.13**  Verteilung der krankengeldberechtigten AOK-Mitglieder nach Altersgruppen in den Jahren 2017–2021. (Quelle: Eigene Darstellung auf Basis von AOK-Strukturdatenanalysen; Jahreszeitraum jeweils vom 01.09. des Vorjahres bis zum 31.08. des Auswertungsjahres)

pe der 25- bis 39-Jährigen bereits 67 Tage, bei den 40- bis 49-Jährigen 82 Tage und bei den 50- bis 64-Jährigen erstmals 100 Tage (◘ Abb. 21.11).

Entsprechend ist auch der Anteil der Älteren an den Krankengeldausgaben überproportional hoch: 62,6 % der Ausgaben gehen inzwischen auf die Altersgruppe der 50- bis 64-Jährigen zurück. Aus der Altersgruppe der 15- bis 24-Jährigen resultieren hingegen

konstant unter 2 % der Krankengeldausgaben (◘ Abb. 21.12). Dies hat neben den höheren Fallzahlen und Falldauern der Älteren auch mit den unterschiedlich hohen Einkommen der Versichertengruppen zu tun.

Dass der Anteil der Altersgruppe der 50- bis 64-Jährigen an den Krankengeldfallzahlen und -ausgaben gestiegen ist, lässt sich dabei nicht bzw. nur zu einem sehr geringen Teil durch eine Veränderung der Zusammensetzung der krankengeldberechtigten AOK-Mitglieder erklären. Denn die Altersverteilung der KGbM hat sich von 2017 bis 2021 nur geringfügig verändert (▣ Abb. 21.13). Von 2020 auf 2021 ist der Anteil der 50- bis 64-jährigen KGbM nur um 0,1 Prozentpunkte gestiegen, während ihr Anteil an den Fallzahlen um 0,8 Prozentpunkte und ihr Anteil an den Ausgaben um 0,7 Prozentpunkte gestiegen ist.

## 21.4 Zusammenfassung

Vom Jahr 2020 zum Jahr 2021 sind die Krankengeldausgaben bei den AOK-Mitgliedern wie auch GKV-weit erneut gestiegen, allerdings nicht so stark wie im Vorjahr. Die Gesamtkrankengeldausgaben in der GKV liegen gemäß der Quartalsstatistik im Jahr 2021 bei 16,6 Mrd. €, dies entspricht 6,3 % der gesamten GKV-Leistungsausgaben. Weiterhin gilt, dass die Krankengeldausgaben sich mit Blick auf einen Zehn-Jahres-Zeitraum in absoluten Zahlen etwa verdoppelt und anteilmäßig an allen Leistungsausgaben um über einen Prozentpunkt erhöht haben.

Die Krankengeldausgaben je KGbM sind GKV-weit um 3,7 % gestiegen, bei den AOK-Mitgliedern beträgt dieser Wert 3,9 %. Der Anstieg liegt damit auch über dem Dynamisierungsfaktor für Entgeltersatzleistungen für das Jahr 2020 (3 %), der sich auf die Höhe bestimmter längerer Krankengeldzahlungen auswirkt. Im Vorjahr hatte der Anstieg der Krankengeldausgaben allerdings unter den AOK-Versicherten wie auch GKV-weit noch fast 10 % betragen.

Es fällt auf, dass sich bei der näheren Betrachtung viele Trends des Vorjahres (Herr und Schwanke 2021) fortsetzen: So sind die Krankengeldfalldauern unter den AOK-Mitgliedern zwar geringer als im Vorjahr, doch erneut angestiegen, insbesondere bei den psychischen Erkrankungen: In dieser Krankheitsgruppe betrug die Steigerungsrate von 2020 auf 2021 4,1 %. Bei den übrigen Krankheitsgruppen lag sie zwischen 1,3 % (Krebserkrankungen) und 4,7 % (Sonstige). Die längsten Krankengeldfälle (über 180 Tage, unabhängig von der Krankheitsgruppe) machen nun knapp 20 % aller Fälle aus. Bereits im ersten Pandemiejahr 2020 hatten hauptsächlich längere Falldauern zu einer fortgesetzten Ausgabendynamik geführt.

Die langen Falldauern schlagen sich bei den Krankengeldausgaben je Fall nieder, die ebenfalls weiter gestiegen sind. Auf die wichtige Rolle steigender Falldauern beim Krankengeld wies bereits der Sachverständigenrat Gesundheit im Sondergutachten zum Krankengeld hin (SVR 2015). Zu den Krankengeldausgaben tragen auch die wieder gestiegenen Bruttomonatseinkommen bei, weil die kalendertäglichen Krankengeldzahlungen von ihnen abhängen (im Vorjahr hatte es erstmals in der Nachkriegszeit einen Rückgang um wenige Euro gegeben; dies hat sich nicht fortgesetzt).

Die gestiegenen Krankengeldfalldauern machen sich auch bei den Krankengeldausgaben je KGbM bemerkbar – obwohl die Fallzahlen je KGbM bei einer Zusammenfassung aller „somatischen" Erkrankungen bemerkenswerterweise rückläufig sind. Einzig bei den psychischen Erkrankungen zeigt sich auch bei den Fallzahlen je KGbM eine Zunahme. Im Resultat steigen die Krankengeldausgaben je KGbM in dieser Krankheitskategorie sogar erneut zweistellig um 10,7 %.

Die Bedeutung der älteren Altersgruppen beim Krankengeld ist ungebrochen und sogar weiter ansteigend: Mehr als jeder zweite Krankengeldfall (53 %) und sogar knapp 63 % der Krankengeldausgaben unter AOK-Mitgliedern gehen inzwischen auf die Altersgruppe 50–64 Jahre zurück; beide Anteilswerte waren bereits im Vorjahr angestiegen und sind auch im Jahr 2021 nochmals gestiegen. Die mittlere Falldauer in dieser Altersgruppe beträgt erstmals 100 Tage.

Zusammengefasst ist die Relevanz der psychischen Erkrankungen für die Ausgabendynamik beim Krankengeld vor allem durch höhere Falldauern und zusätzlich höhere Fallzahlen in diesem Krankheitsbereich im Jahr 2021 tendenziell nochmals gestiegen. Zugleich gilt weiterhin, dass die Muskel-Skelett-Erkrankungen durch die insgesamt höchsten Fallzahlen je KGbM eine große Rolle für die Krankengeldausgaben spielen. Die Krebserkrankungen haben die mit Abstand längsten Falldauern (im Mittel 225 Tage), treten aber erheblich seltener auf als die Muskel-Skelett-Erkrankungen und die psychischen Erkrankungen.

Hinsichtlich der Gesamtdynamik bei Krankengeldfällen und -ausgaben zeigt sich bei weitem kein so starker Effekt wie im „ersten Pandemiejahr" 2020, jedoch auch keine Kompensation. Vielmehr setzen sich die beobachteten Trends von der grundsätzlichen Richtung her überwiegend fort.

## Literatur

Genesis-Destatis (2022) Bevölkerung nach Altersgruppen. Genesis Online, Datenbank des Statistischen Bundesamts. https://www-genesis.destatis.de/genesis/online. Zugegriffen: 12. Juni 2022

Herr D (2018) Datenquellen zum Krankengeld im deutschen Gesundheitswesen – eine Übersicht sowie Empfehlungen für die Versorgungsforschung. Z Evid Fortbild Qual Gesundhwes 135–136:56–64

Herr D, Schwanke R (2020) Entwicklung der Krankengeldausgaben bei AOK-Mitgliedern unter Einordnung in die verfügbaren Datenquellen. In: Badura B, Ducki A, Schröder H, Klose J, Meyer M (Hrsg) Fehlzeiten-Report 2020 – Gerechtigkeit und Gesundheit. Springer, Berlin, S 685–696

Herr D, Schwanke R (2021) Entwicklung der Krankengeldfälle und -ausgaben bei AOK-Mitgliedern im Jahr 2020. In: Badura B, Ducki A, Schröder H, Meyer M (Hrsg) Fehlzeiten-Report 2021 – Betriebliche Prävention stärken – Lehren aus der Pandemie. Springer, Berlin, S 767–780

Nimptsch U, Bestmann A, Erhart M, Dudey S, Marx Y, Saam J, Schopen M, Schröder H, Swart E (2015) Zugang zu Routinedaten. In: Swart E, Ihle P, Gothe H, Matusiewicz D (Hrsg) Routinedaten im Gesundheitswesen. Huber, Bern, S 270–290

Robert Koch-Institut (2015) Wichtige Datenquellen. In: Gesundheit in Deutschland 2015. Gesundheitsberichterstattung des Bundes. Gemeinsam getragen von RKI und Destatis. RKI, Berlin, S 501–510

Statistisches Bundesamt (2022) Durchschnittliche Bruttomonatsverdienste, Zeitreihe. https://www.destatis.de/DE/Themen/Arbeit/Verdienste/Verdienste-Verdienstunterschiede/Tabellen/liste-bruttomonatsverdienste.html. Zugegriffen: 12. Juni 2022

SVR – Sachverständigenrat zur Begutachtung der Entwicklung im Gesundheitswesen (2015) Krankengeld – Entwicklung, Ursachen und Steuerungsmöglichkeiten. Hogrefe, Berlin

# Krankheitsbedingte Fehlzeiten in der Bundesverwaltung und wie psychische Belastung und Gesundheitsfaktoren ermittelt werden können

*Annette Schlipphak, Björn Wegner und Annekatrin Wetzstein*

## Inhaltsverzeichnis

© Der/die Autor(en), exklusiv lizenziert an Springer-Verlag GmbH, DE, ein Teil von Springer Nature
2022
B. Badura et al. (Hrsg.), *Fehlzeiten-Report 2022*, Fehlzeiten-Report,
https://doi.org/10.1007/978-3-662-65598-6_22

■■ **Zusammenfassung**

*Die krankheitsbedingten Fehlzeiten der un-mittelbaren Bundesverwaltung werden auf der Grundlage eines Kabinettsbeschlusses seit 1997 erhoben und veröffentlicht. Der nach-folgende Beitrag umfasst den Erhebungszeit-raum 2020 und basiert auf dem im März 2022 veröffentlichten Gesundheitsförderungs-bericht 2020. Das Schwerpunktthema fokus-siert die neue Beschäftigtenbefragung MOLA der Unfallversicherung Bund und Bahn. Da-rüber hinaus werden die krankheitsbedingten Abwesenheitszeiten in der Bundesverwaltung dargestellt und analysiert.*

## 22.1 Gesundheitsmanagement in der Bundesverwaltung

Das Durchschnittsalter der Beschäftigten der unmittelbaren Bundesverwaltung bleibt – trotz einer rückläufigen Tendenz – weiterhin hoch.[1] Dies hat Einfluss auf die krankheitsbedingten Fehlzeiten: Gerade ältere Beschäftigte wei-sen durchschnittlich längere Ausfallzeiten als jüngere Beschäftigte auf. Daneben wirkt sich der Faktor Laufbahn auf die Entwicklung der krankheitsbedingten Fehlzeiten aus. Mit zu-nehmender Qualifikationshöhe der Beschäftig-ten und dem damit verbundenen Tätigkeits-profil sinken die krankheitsbedingten Fehl-zeiten. Im Jahr 2020 fehlten die Beschäftig-ten des einfachen Dienstes durchschnittlich an 32,54 Arbeitstagen, des mittleren Dienstes an 25,33 Arbeitstagen, des gehobenen Dienstes an 17,63 Arbeitstagen und des höheren Diens-tes an 10,36 Arbeitstagen.

Im Jahr 2022 wurde in das Maßnahmen-programm Nachhaltigkeit der Bundesverwal-tung nun auch das Thema Gesundheit aufge-nommen. Ziel ist es, die Konzepte des Betrieb-lichen Gesundheitsmanagements, des Betrieb-lichen Eingliederungsmanagements sowie die betriebsärztlichen Angebote, wie auch die des Arbeitsschutzes und der betrieblichen Sozial-beratung besser in den Behörden zu verankern. Eine Grundlage bildet das systematische Ge-sundheitsmanagement. Mit diesem Ansatz soll die Gesundheit der Beschäftigten des Bundes für einen leistungsfähigen öffentlichen Dienst langfristig erhalten werden.

Im Rahmen des Fehlzeiten-Reports der AOK wurden in den letzten Jahren bisher das Eckpunktepapier zum Betrieblichen Ge-sundheitsmanagement sowie die vertiefenden Schwerpunktpapiere und einige Beispiele der Entwicklung des Betrieblichen Gesundheits-managements in der Bundesverwaltung vor-gestellt (Badura et al. 2021). Wie nun der systematischen Steuerung von Sicherheit und Gesundheit im Betrieb mittels der Beschäftig-tenbefragung MOLA eine belastbare Datenba-sis gegeben werden kann, ist Schwerpunktthe-ma in diesem Bericht.

## 22.2 MOLA: Menschen. Organisationskultur. Leistung. Arbeitsgestaltung – Eine Beschäftigtenbefragung für mehr Gesundheit

*Annekatrin Wetzstein und Björn Wegner*

Was demotiviert, frustriert, macht krank? Was motiviert, fördert, hält gesund? Richtig eingesetzt, sind Beschäftigtenbefragungen ein ideales Instrument zur Organisationsdia-gnostik, um eben genau diesen Fragen nach-zugehen und geeignete Handlungsschwer-punkte und Maßnahmen im Betrieb abzu-leiten. Aussagekräftige Ergebnisse können

---

1   Quelle für die demographischen Angaben zur Ge-samtbevölkerung und zu den Beschäftigten des Bun-des: Statistisches Bundesamt.

**22**

aber nur erzielt werden, wenn ein wissenschaftlich fundiertes Befragungsinstrument zum Einsatz kommt (Wegner 2016).

### 22.2.1 Zielstellung und Entwicklung

In einem Kooperationsprojekt mit dem Institut für Arbeit und Gesundheit der DGUV (IAG) hat die Unfallversicherung Bund und Bahn (UVB) mit dem MOLA-Fragebogen eine Beschäftigtenbefragung entwickelt, die wissenschaftlichen Ansprüchen gerecht wird. MOLA steht für Menschen. Organisationskultur. Leistungsfähigkeit. Arbeitsgestaltung. und sprichwörtlich für die umfassende inhaltliche Ausrichtung des Instruments.

Das Instrument umfasst – basierend auf dem aktuellen Wissensstand – die wichtigsten Einflussfaktoren auf Gesundheit und Leistung im Kontext Arbeit. Daher wurde zunächst eine umfangreiche Literaturrecherche zu den folgenden Themengebieten durchgeführt: Psychische Belastung und Beanspruchung, neue Formen der Arbeit, Organisationskultur sowie Kultur der Prävention.

Den Inhalten des MOLA-Fragebogens liegen vor allem die Forschungsergebnisse aus dem BAuA-Projekt „Psychische Gesundheit in der Arbeitswelt" (2017) und die Studie von Rau und Buyken (2015) zugrunde. Darüber hinaus wurden die Empfehlungen der Gemeinsamen Deutschen Arbeitsschutzstrategie (GDA-Arbeitsprogramm Psyche 2017), der Initiative Gesundheit und Arbeit (iga) (Rau und Buyken 2015), der gesetzlichen Krankenversicherung (DAK Gesundheit 2020; Techniker Krankenkasse 2009) sowie der Initiative neue Qualität der Arbeit des Bundesministeriums für Arbeit und Soziales (INQA 2016) in der Literaturrecherche aufgegriffen. Zusätzlich wurden weitere Veröffentlichungen in einschlägigen Datenbanken zu den oben genannten Stichworten berücksichtigt. Aus den Erkenntnissen der Literaturstudie wurde ein Strukturmodel entworfen, das den Überlegungen des Belastungs-Beanspruchungs-Modells (vgl. BAuA 2010) folgt.

Somit ermöglicht MOLA es, die Faktoren der psychischen Belastung nach GDA-Leitlinie zu erfassen und gleichzeitig Aspekte von Organisationskultur, Digitalisierung und individuellen Leistungsvoraussetzungen einerseits und Auswirkungen der Arbeit auf Gesundheit und Zufriedenheit andererseits zu ermitteln. Damit eignet sich das Instrument sowohl zur Gefährdungsbeurteilung psychischer Belastung als auch im Betrieblichen Gesundheitsmanagement oder zur Kultur- und Organisationsentwicklung insgesamt.

Neben den wissenschaftlichen Anforderungen sollte das Instrument auch praxistauglich sein. Darum wurde die inhaltliche Passung für die Zielgruppe sowie die Verständlichkeit der einzelnen Fragen in Workshops und Pre-Tests mit insgesamt zwölf Betrieben und Behörden der Bundesverwaltung sichergestellt.

Damit wurde eine Beta-Version des Fragebogens entwickelt, die dann in einem kontinuierlichen Verbesserungsprozess in diesen neun Organisationen zum Einsatz kam:

- Bundesministeriums für Ernährung und Landwirtschaft (BMEL)
- Bundesministerium für Wirtschaft du Energie (BMWi)
- Bundesministerium für Familie, Senioren, Frauen und Jugend (BMFSFJ)
- Bundesamt für Justiz (BfJ)
- Bundesamt für Sicherheit und Informationstechnik (BSI)
- Bundesamt für soziale Sicherung (BAS)
- Bundesinstitut für Arzneimittel und Medizinprodukte (BfArM)
- Hauptzollamt Hamburg Stadt (HZA HH)
- Jobcenter Berlin Mitte (JBM)

Am Ende des Entwicklungsprozesses stand ein Datensatz von fast 6.000 Befragten, mit dem der Fragebogen evaluiert, inhaltlich finalisiert und mit entsprechenden Vergleichswerten hinterlegt wurde.

## 22.2.2 Der MOLA-Fragebogen im Überblick

Das Instrument besteht aus vier Bereichen mit insgesamt 37 Skalen und 122 Items. Bei seinem Einsatz kann der Fragebogen im Sinne eines Baukastensystems auf Skalenniveau je nach Bedarf des Betriebs zusammengestellt werden.

Bereich 1 bildet die Grundlagen der **Arbeitsgestaltung** ab und beinhaltet, entsprechend der Kriterien der Gemeinsamen Deutschen Arbeitsschutzstrategie, die Inhalte der Gefährdungsbeurteilung psychischer Belastung. Bereich 2 beleuchtet die **Organisationskultur**. Der Bereich 3 (**Leistungsfähigkeit**) umfasst wesentliche Leistungsvoraussetzungen der Beschäftigten, die notwendig sind, um sicher, gesund und erfolgreich zu arbeiten. Bereich 4 (**Menschen**) erhebt die Arbeitszufriedenheit und die Gesundheit der Beschäftigten (siehe ◘ Abb. 22.1).

Alle Fragen sind mit einem fünfstufigen Antwortformat von „trifft völlig zu" bis „trifft gar nicht zu" hinterlegt. Die Ausfüllzeit der Vollversion benötigt ca. 25 bis 30 min und es hat sich ein Gesamtbefragungszeitraum von drei bis vier Wochen bewährt.

Um eine zielgerichtete Interpretation der Ergebnisse zu ermöglichen, sollten im Vorfeld Strukturvariablen festgelegt werden, die den Betrieb in verschiedene Untersuchungsgruppen unterteilt. Für diese Strukturvariablen stehen Vergleichswerte zur Verfügung, da sie bei allen neun am Projekt beteiligten Betrieben und Behörden erhoben werden konnten:

- Alter
- Geschlecht
- Laufbahngruppe
- Führungsverantwortung (ja/nein)
- Betriebsart (oberste/obere Behörde, nachgeordneter Bereich, weitere)

Mit Blick darauf, welche Strukturvariablen im Ergebnis besonders hilfreich waren, haben sich aber im Laufe der Entwicklung des Fragebogens besonders diese Strukturvariablen empfohlen:

- Arbeitsbereich (Organisationseinheit, Referat o. ä.)
- Tätigkeit
- Arbeitszeitmodell (Vollzeit/Teilzeit)
- Arbeitsort (Betrieb, Telearbeit, mobile Arbeit)
- Führungsverantwortung (ja nein)
- Dauer der Betriebszugehörigkeit

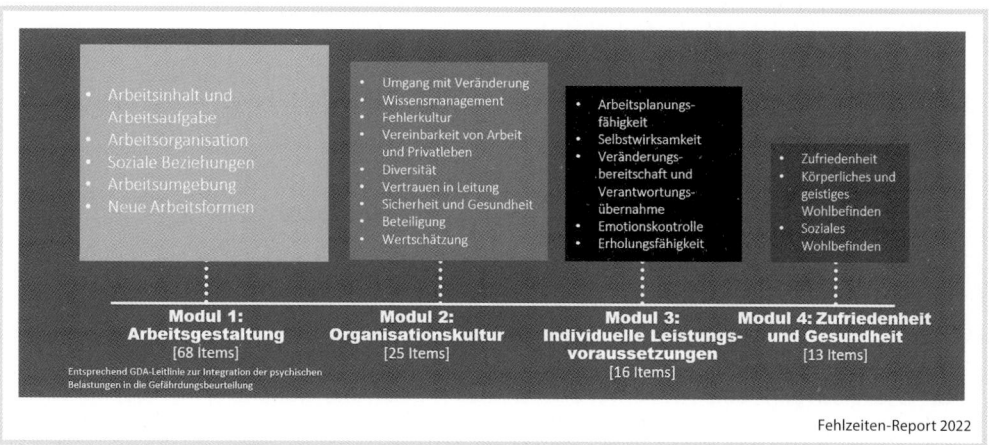

Fehlzeiten-Report 2022

◘ **Abb. 22.1** Inhalte des MOLA-Fragebogens. (Mit freundlicher Genehmigung der Unfallversicherung Bund und Bahn)

**22**

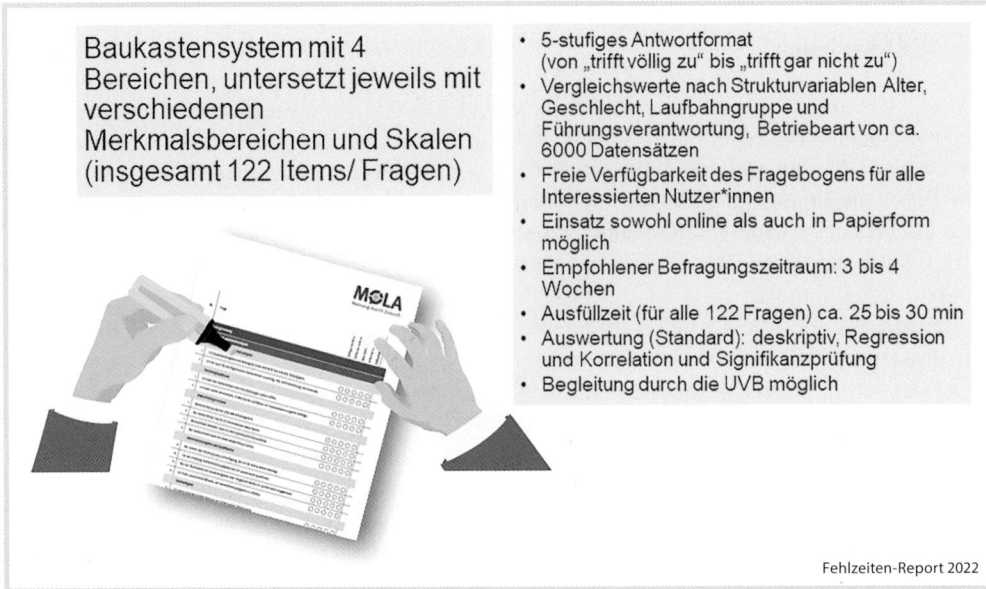

Baukastensystem mit 4 Bereichen, untersetzt jeweils mit verschiedenen Merkmalsbereichen und Skalen (insgesamt 122 Items/ Fragen)

- 5-stufiges Antwortformat (von „trifft völlig zu" bis „trifft gar nicht zu")
- Vergleichswerte nach Strukturvariablen Alter, Geschlecht, Laufbahngruppe und Führungsverantwortung, Betriebeart von ca. 6000 Datensätzen
- Freie Verfügbarkeit des Fragebogens für alle interessierten Nutzer*innen
- Einsatz sowohl online als auch in Papierform möglich
- Empfohlener Befragungszeitraum: 3 bis 4 Wochen
- Ausfüllzeit (für alle 122 Fragen) ca. 25 bis 30 min
- Auswertung (Standard): deskriptiv, Regression und Korrelation und Signifikanzprüfung
- Begleitung durch die UVB möglich

Fehlzeiten-Report 2022

◼ **Abb. 22.2** Grundinformationen zum MOLA-Fragebogen. (Mit freundlicher Genehmigung der Unfallversicherung Bund und Bahn)

Die Datenerhebung erfolgt grundsätzlich anonym. Es muss sichergestellt werden, dass keine Zuordnung eines Fragebogens zur ausfüllenden Person möglich ist. Es dürfen keine Rückschlüsse auf Personengruppen kleiner als fünf möglich sein.

Bei der Anwendung der Papier-Bleistift-Version des Fragebogens ist der ausgefüllte Fragebogen ohne Angabe von Namen oder anderer Möglichkeit zur Identifikation der Person in einem verschlossenen neutralen Kuvert an der vereinbarten Stelle abzugeben.

Im Fall einer Online-Erhebung der Daten sollte die Erhebung über einen externen Provider erfolgen, der die Daten ohne Angabe von IP-Adressen o. ä. an die Auswertungsstelle übermittelt.

Der Fragebogen ist Eigentum der UVB und steht dem gesamten deutschsprachigen Raum lizenzkostenfrei zur Verfügung.

◼ Abb. 22.2 gibt einen Überblick über die Grundinformationen zum MOLA-Fragebogen.

Für den Einsatz des Fragebogens liegt ein Handlungsmanual vor, in dem neben den Gü-

tekriterien u. a. der Umgang mit der Rekodierung von Items oder die Bildung von Skalenwerten beschrieben wird.

Der gesamte Fragebogen inklusive Handlungsmanual steht im Internet unter *Gesundheit im Betrieb: Unfallversicherung Bund und Bahn* (▶ uv-bund-bahn.de) zum Download bereit. Für weitere Fragen zum MOLA, Möglichkeiten der Begleitung durch die UVB oder zu den Vergleichswerten steht die E-Mail-Adresse gesundheit@uv-bund-bahn.de zur Verfügung.

### 22.2.3 Ausblick

MOLA ist ein Instrument, welches im systematischen Betrieblichen Gesundheitsmanagement in der Analysephase zum Einsatz kommen kann und umfangreiche Ergebnisse liefert, zu denen zielgruppenspezifisch und bedarfsorientiert Maßnahmen entwickelt werden können. Auch ein Einsatz als Wiederholungsmessung ist möglich, um den Effekt von Maßnahmen im Gesundheitsmanagement zu evaluieren und Organisationsentwicklung zu begleiten.

MOLA findet bereits einen breiten Einsatz und wird auch von anderen Unfallversicherungsträgern für die Beratung der Unternehmen und Einrichtungen genutzt. Für die UVB steht die kontinuierliche Weiterentwicklung und Qualitätssicherung an sowie die Entwicklung eines Onlinetools.

## 22.3 Überblick über die krankheitsbedingten Abwesenheitszeiten im Jahr 2020

*Annette Schlipphak*

### 22.3.1 Methodik der Datenerfassung

Die krankheitsbedingten Abwesenheitszeiten der Beschäftigten in der unmittelbaren Bundesverwaltung werden seit 1997 auf der Grundlage eines Kabinettbeschlusses vom Bundesministerium des Innern und für Heimat erhoben und veröffentlicht. Die Abwesenheitszeitenstatistik der unmittelbaren Bundesverwaltung erfasst sämtliche Tage, an denen die Beschäftigten des Bundes (Beamtinnen und Beamte einschließlich Richterinnen/Richter, Anwärter sowie Tarifbeschäftigte einschließlich Auszubildende mit Dienstsitz in Deutschland) im Laufe eines Jahres aufgrund einer Erkrankung, eines Unfalls oder einer Rehabilitationsmaßnahme arbeitsunfähig waren. Nicht berücksichtigt werden Fehltage, die auf Wochenenden oder Feiertage fallen, sowie Abwesenheiten durch Elternzeit, Fortbildungen oder Urlaub. Die Anzahl der Krankheitsfälle wird nicht erhoben. Aussagen über die Krankheitsursachen können nicht getroffen werden, da die Diagnosen auf den Arbeitsunfähigkeitsbescheinigungen nur den Krankenkassen, nicht aber dem Arbeitgeber bzw. Dienstherrn zugänglich sind. Systematisch aufbereitet wurden die Datensätze nach den Merkmalen Dauer der Erkrankung (Kurzzeiterkrankungen bis

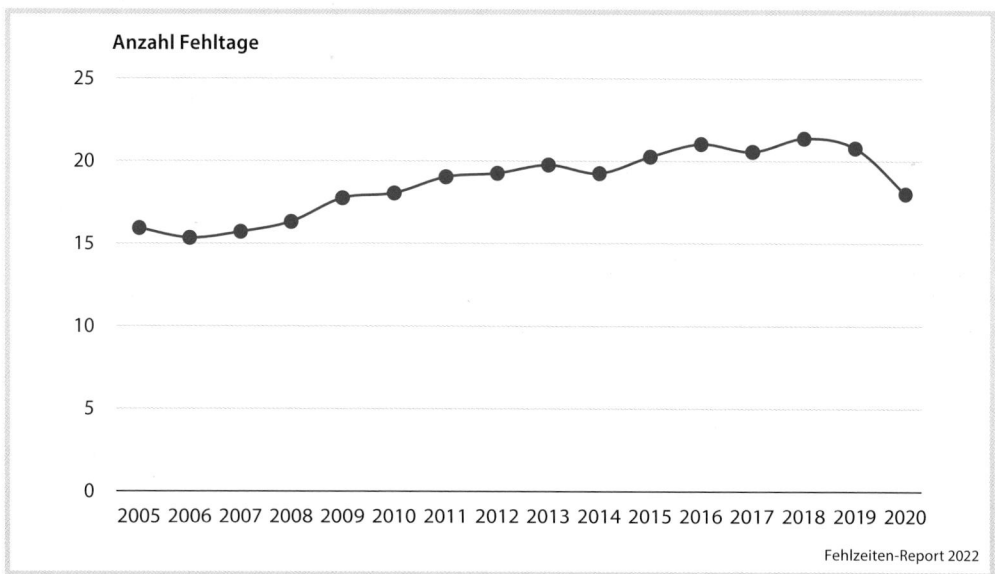

❏ **Abb. 22.3** Entwicklung der krankheitsbedingten Abwesenheitstage je Beschäftigten in der unmittelbaren Bundesverwaltung 2005 bis 2020

**22**

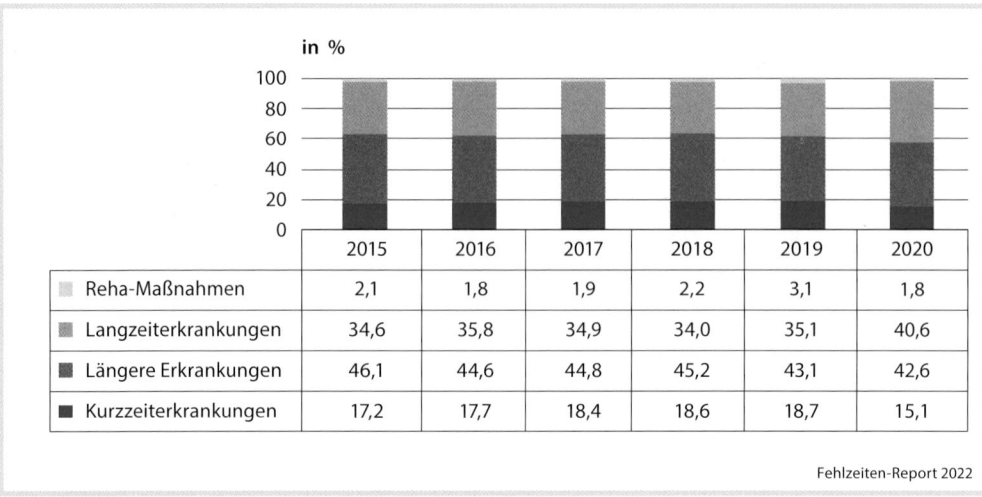

| in % | 2015 | 2016 | 2017 | 2018 | 2019 | 2020 |
|---|---|---|---|---|---|---|
| Reha-Maßnahmen | 2,1 | 1,8 | 1,9 | 2,2 | 3,1 | 1,8 |
| Langzeiterkrankungen | 34,6 | 35,8 | 34,9 | 34,0 | 35,1 | 40,6 |
| Längere Erkrankungen | 46,1 | 44,6 | 44,8 | 45,2 | 43,1 | 42,6 |
| Kurzzeiterkrankungen | 17,2 | 17,7 | 18,4 | 18,6 | 18,7 | 15,1 |

Fehlzeiten-Report 2022

**▣ Abb. 22.4**  Entwicklung der Krankheitsdauer 2016 bis 2020 in %

zu drei Arbeitstagen, längere Erkrankungen von vier bis zu 30 Tagen, Langzeiterkrankungen über 30 Tage und Rehabilitationsmaßnahmen), Laufbahn-, Status- und Behördengruppen sowie Geschlecht und Alter.

### 22.3.2 Allgemeine Entwicklung der Abwesenheitszeiten

Zum Stichtag 30.06.2020 waren insgesamt 306.937 Personen (ohne Soldatinnen und Soldaten) in der unmittelbaren Bundesverwaltung beschäftigt. Für den Gesundheitsförderungsbericht 2020 (Stichtag: 31.12.2020) wurden die krankheitsbedingten Abwesenheitszeiten von insgesamt 285.558 Beschäftigten der unmittelbaren Bundesverwaltung in die Auswertung einbezogen (BMI 2022). Davon arbeiteten 10,0 % in den 23 obersten Bundesbehörden und 90,0 % in den Geschäftsbereichsbehörden. Der Krankenstand ist gegenüber 2019 in allen Bereichen zurückgegangen. Durchschnittlich fehlten die Beschäftigten an 18,02 Arbeitstagen. Gegenüber 2020 (20,77) sind die krankheitsbedingten Abwesenheitstage um 2,75 Arbeitstage zurückgegangen. ▣ Abb. 22.3 stellt die Entwicklung der Abwesenheitstage je Be-

schäftigtem in der unmittelbaren Bundesverwaltung von 2005 bis 2020 dar. In diesem Zeitraum bewegt sich die Zahl der krankheitsbedingten Abwesenheitstage zwischen 15,37 und 21,35 Tagen. Bis zum Jahr 2014 stieg das Durchschnittsalter der Beschäftigten der unmittelbaren Bundesverwaltung um 1,5 Jahre an. Seit dem Jahr 2015 ist ein kontinuierlicher Rückgang zu beobachten. Im Jahr waren 2020 die Beschäftigten der Bundesverwaltung im Durchschnitt 44,6 Jahre alt und damit erneut geringfügig jünger als im Vorjahr.

### 22.3.3 Dauer der Erkrankung

Der prozentuale Anteil der Langzeiterkrankungen an den Abwesenheiten hat im Jahr 2020 zugenommen. Sie haben einen Anteil von 40,6 % an den gesamten krankheitsbedingten Abwesenheitszeiten. Die absolute Zahl ist dabei jedoch annähernd gleichgeblieben (2020: 7,3, 2019: 7,4 Tage) Längere Erkrankungen haben einen Anteil von 42,6 % und sind im Vergleich zum Vorjahr auch in absoluten Zahlen geringfügig zurückgegangen. Den geringsten Anteil an den Abwesenheitszeiten haben Kurzzeiterkrankungen mit 15,1 %, dieser Wert ist ebenfalls zu-

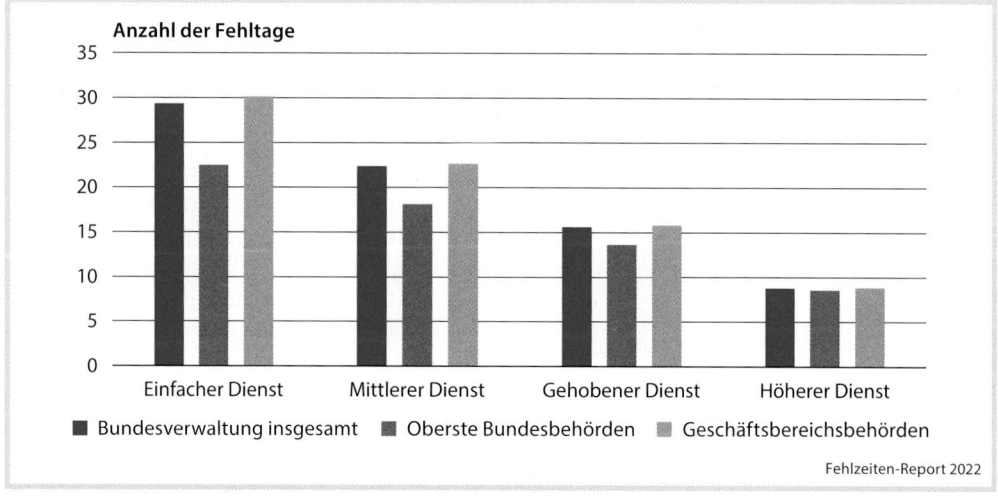

**◻ Abb. 22.5** Abwesenheitstage je Beschäftigten nach Laufbahngruppen im Jahr 2020

rückgegangen. Gleiches gilt für die Rehabilitationsmaßnahmen (Kuren) mit 1,8 % aller Abwesenheitstage im Jahr 2020. Wie ◻ Abb. 22.4 zeigt, hat sich das grundsätzliche Verhältnis zwischen Kurzzeiterkrankungen, längeren Erkrankungen, Langzeiterkrankungen und Rehabilitationsmaßnahmen im Zeitverlauf nicht wesentlich verändert.

### 22.3.4 Abwesenheitstage nach Laufbahngruppen

Bezogen auf die verschiedenen Laufbahngruppen (◻ Abb. 22.5) waren im Jahr 2020 anteilig 6,0 % aller Beschäftigten im einfachen Dienst, 45,6 % im mittleren Dienst, 27,4 % im gehobenen Dienst und 12,8 % im höheren Dienst tätig, 8,3 % waren Auszubildende, Anwärterinnen und Anwärter. Die Tarifbeschäftigten wurden hierzu den ihren Entgeltgruppen vergleichbaren Besoldungsgruppen und den entsprechenden Laufbahngruppen zugeordnet. Wie schon in den vergangenen Jahren sinkt die Anzahl der krankheitsbedingten Abwesenheitstage mit zunehmender beruflicher Qualifikation der Beschäftigten. Je höher die Laufbahngruppe,

desto niedriger sind die Abwesenheitszeiten. Zwischen den einzelnen Laufbahngruppen bestehen dabei erhebliche Unterschiede. Durchschnittlich fehlten die Beschäftigten der Bundesverwaltung im einfachen Dienst an 29,54, im mittleren Dienst an 22,52, im gehobenen Dienst an 15,71 und im höheren Dienst an 8,84 Arbeitstagen. Diese Entwicklung ist sowohl in den obersten Bundesbehörden als auch in den Geschäftsbereichsbehörden zu beobachten.

### 22.3.5 Abwesenheitstage nach Statusgruppen

In der Statistik wurden 285.558 (2019: 277.411) Beschäftigte erfasst. Das Personal der Bundesverwaltung unterteilt sich statusrechtlich in 145.055 Beamtinnen und Beamte sowie Richterinnen und Richter (im Folgenden zusammengefasst als Beamtinnen und Beamte), 116.925 Tarifbeschäftigte sowie 23.578 Auszubildende und Anwärter. Bei den Beamten und Beamtinnen der Bundesverwaltung ist der mittlere Dienst mit 43,4 % am stärksten vertreten. Im einfachen Dienst sind 1,0 %, im gehobenen Dienst 38,8 % und im höheren

**22**

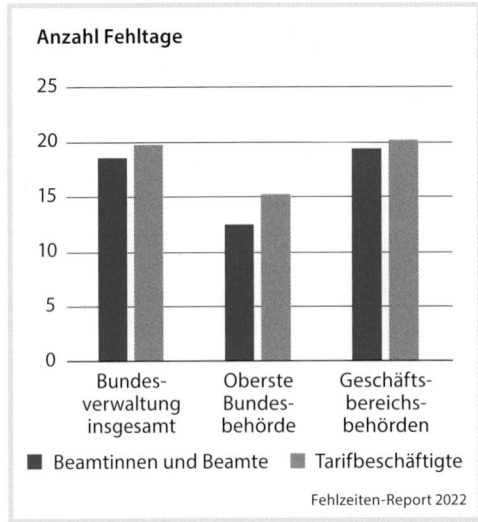

**Anzahl Fehltage**

Fehlzeiten-Report 2022

□ **Abb. 22.6** Abwesenheitstage nach Statusgruppen in der Bundesverwaltung 2020, ohne Auszubildende, Anwärter und Anwärterinnen

Dienst 16,8 % der Beamten und Beamtinnen tätig. Die größte Gruppe der Tarifbeschäftigten der Bundesverwaltung ist mit 57,5 % im mittleren Dienst tätig. Im einfachen Dienst waren 13,3 %, im gehobenen Dienst 18,8 % und im höheren Dienst 10,4 % der Tarifbeschäftigten beschäftigt. Mit Blick auf die Statusgruppen sind die Abwesenheitstage der Beamten und Beamtinnen mit 18,50 Tagen gegenüber dem Jahr 2019 gesunken und liegen unter den ebenfalls zurückgegangenen Werten der Tarifbeschäftigten mit 19,70 Tagen.

In den obersten Bundesbehörden weisen Beamtinnen und Beamte sowie Tarifbeschäftigte durchschnittlich weniger Abwesenheitstage auf als in den Geschäftsbereichsbehörden. Tarifbeschäftigte sind in den Geschäftsbereichsbehörden 0,81 Tage und in den obersten Bundesbehörden im Durchschnitt 2,77 Tage länger krank als Beamtinnen und Beamte (siehe □ Abb. 22.6).

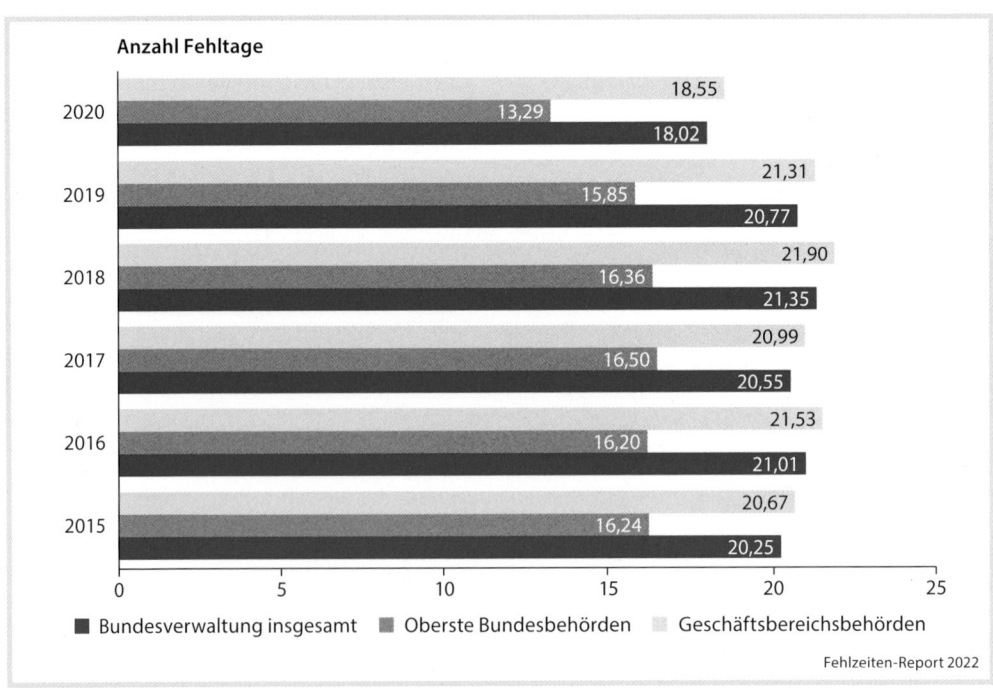

**Anzahl Fehltage**

Fehlzeiten-Report 2022

□ **Abb. 22.7** Abwesenheitstage je Beschäftigtem nach Behördengruppen

### 22.3.6 Abwesenheitstage nach Behördengruppen

Seit Beginn der Erhebung der Abwesenheitszeitenstatistik in der unmittelbaren Bundesverwaltung ist die Zahl der durchschnittlichen Abwesenheitstage der Beschäftigten in den Geschäftsbereichsbehörden höher als in den obersten Bundesbehörden. Im Jahr 2020 setzt sich dieser Trend fort. Die durchschnittliche Anzahl der krankheitsbedingten Abwesenheitstage je Beschäftigten in den obersten Bundesbehörden liegt bei 13,29 (2019: 15,85) und in den Geschäftsbereichsbehörden bei 18,55 (2019: 21,31) Abwesenheitstagen (siehe ☐ Abb. 22.7). Damit waren im Jahr 2020 die Beschäftigten in den Geschäftsbereichsbehörden 5,26 Tage länger krankheitsbedingt abwesend als die Beschäftigten der obersten Bundesbehörden.

### 22.3.7 Abwesenheitstage nach Geschlecht

60,3 % aller Beschäftigten waren Männer, 39,7 % Frauen. Die krankheitsbedingten Abwesenheitszeiten von Beschäftigten der Bundesverwaltung waren im Jahr 2020 bei den Frauen mit durchschnittlich 19,15 Abwesenheitstagen um 1,87 Tage höher als bei den Männern mit 17,28 Abwesenheitstagen. Während Kurzzeiterkrankungen ähnlich häufig auftreten (Frauen 15,90 %/Männer 14,56 %) finden sich längere Erkrankungen zwischen 4 und 30 Tagen etwas häufiger bei Frauen. Erkrankungen über 30 Tage treten etwas häufiger bei Männern auf (vgl. ☐ Abb. 22.8).

### 22.3.8 Abwesenheitstage nach Alter

Die Beschäftigten der Bundesverwaltung waren im Jahr 2020 im Durchschnitt 44,6 (2019: 44,9) Jahre alt. Das durchschnittliche Alter lag bei den Beamtinnen und Beamten bei 43,8

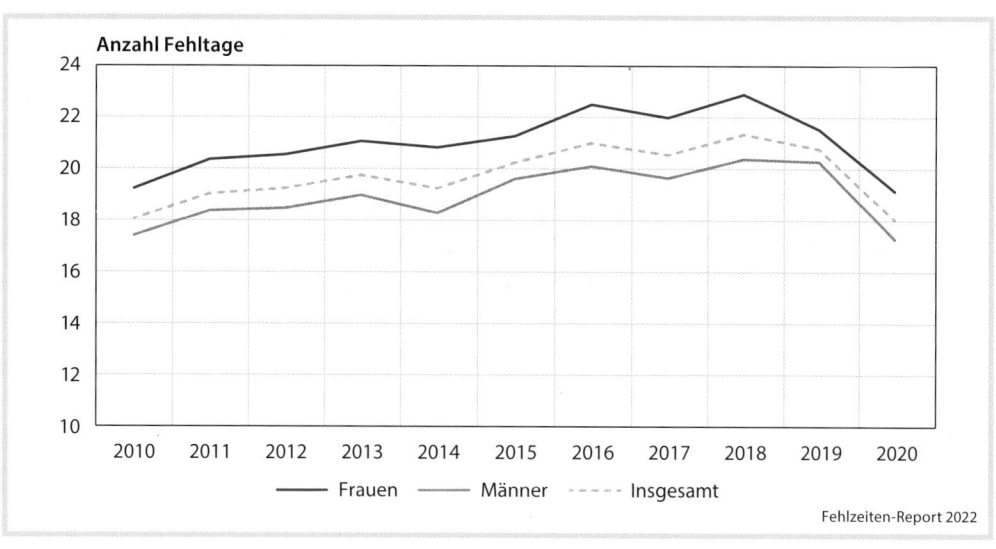

☐ **Abb. 22.8** Entwicklung der Abwesenheitszeiten nach Geschlecht von 2010 bis 2020

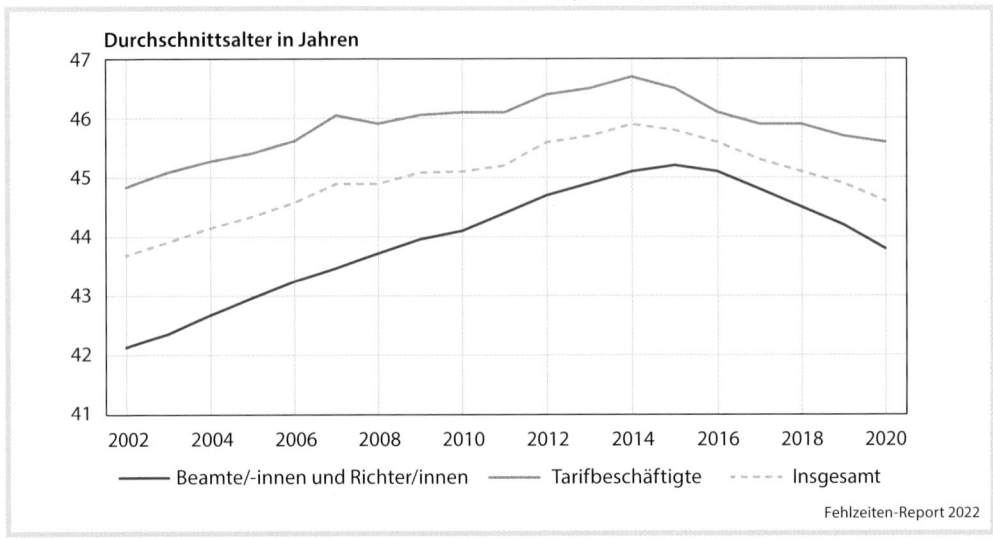

**Durchschnittsalter in Jahren**

Beamte/-innen und Richter/innen —— Tarifbeschäftigte - - - - - Insgesamt

Fehlzeiten-Report 2022

☑ **Abb. 22.9** Durchschnittsalter der Beschäftigten in der unmittelbaren Bundesverwaltung 2010 bis 2020. *(ohne Geschäftsbereich BMVg)

(2019: 44,2) Jahren und bei den Tarifbeschäftigten bei 45,7 (2019: 45,7) Jahren. Nachdem zwischen 2003 und 2014 das Durchschnittsalter der Beschäftigten im Bundesdienst kontinuierlich angestiegen ist, zeigt ☑ Abb. 22.9, dass dieser Trend seither rückläufig ist.

Die Zahl der krankheitsbedingten Abwesenheitstage der Beschäftigten der unmittelbaren Bundesverwaltung steigt mit zunehmendem Alter an (vgl. ☑ Abb. 22.9). Der Anstieg fällt bei Frauen und Männern in etwa gleich hoch aus. Die Statistik zeigt, dass ältere Beschäftigte bei einer Erkrankung im Schnitt länger ausfallen als ihre jüngeren Kolleginnen und Kollegen. Der Anstieg der Krankheitsdauer hat zur Folge, dass der Krankenstand trotz der Abnahme der Krankmeldungen mit zunehmendem Alter deutlich ansteigt. Dieser Effekt wird dadurch verstärkt, dass ältere Beschäftigte häufiger von mehreren Erkrankungen gleichzeitig betroffen sind. Für die Bundesverwaltung sind dabei zusätzlich die besonderen Altersgrenzen beim Eintritt in den Ruhestand zu berücksichtigen, z. B. bei der Bundespolizei. Im Jahr 2020 fehlten über 60-jährige Beschäftigte der unmittelbaren Bundesverwal-

tung durchschnittlich an 29,38 Tagen. Damit liegt der Wert gegenüber den unter 25-jährigen Beschäftigten (7,79 Tage) um das 3,8-Fache höher. Die krankheitsbedingten Abwesenheiten steigen in fast allen Laufbahngruppen mit zunehmendem Alter kontinuierlich an (siehe ☑ Abb. 22.10). Der größte Unterschied zwischen den einzelnen Laufbahngruppen besteht bei den über 60-Jährigen: In dieser Altersgruppe haben die Beschäftigten im höheren Dienst durchschnittlich 13,58 Abwesenheitstage und die Beschäftigten des einfachen Dienstes 39,07 Abwesenheitstage. Dies ergibt eine Differenz von 25,5 Tagen.

## 22.3.9 Gegenüberstellung mit den Abwesenheitszeiten der AOK-Statistik

Für eine Gegenüberstellung der krankheitsbedingten Abwesenheiten der unmittelbaren Bundesverwaltung mit dem Fehlzeiten-Report der AOK werden die Fehlzeiten der AOK gesamt und des AOK-Bereichs „Öffentliche

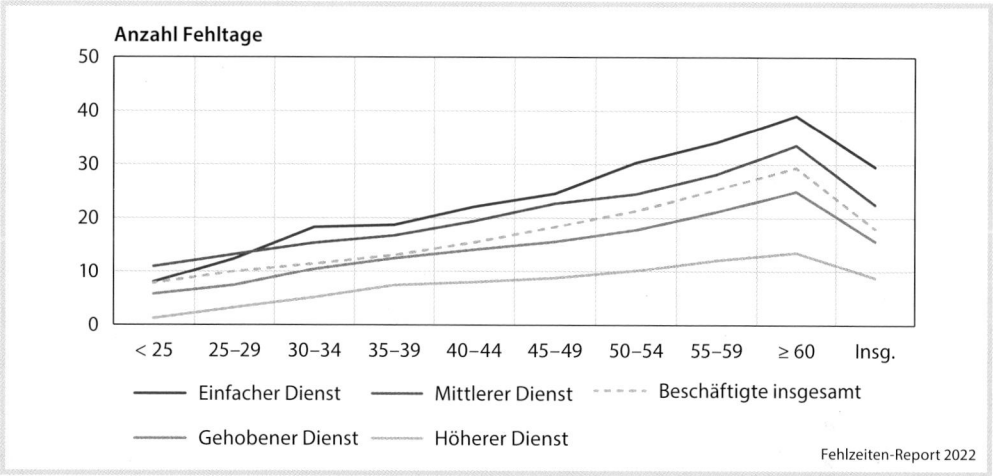

■ **Abb. 22.10** Krankenstand in der Bundesverwaltung nach Laufbahngruppen im Altersverlauf 2020

Verwaltung" herangezogen. Vergleichswerte sind die Abwesenheitszeiten von 14,1 Mio. erwerbstätigen AOK-Versicherten (Badura et al. 2021). Die krankheitsbedingten Abwesenheitszeiten der unmittelbaren Bundesverwaltung wurden ansatzweise bereinigt und standardisiert. ■ Abb. 22.11 zeigt die Entwicklung der bereinigten und standardisierten Abwesen-

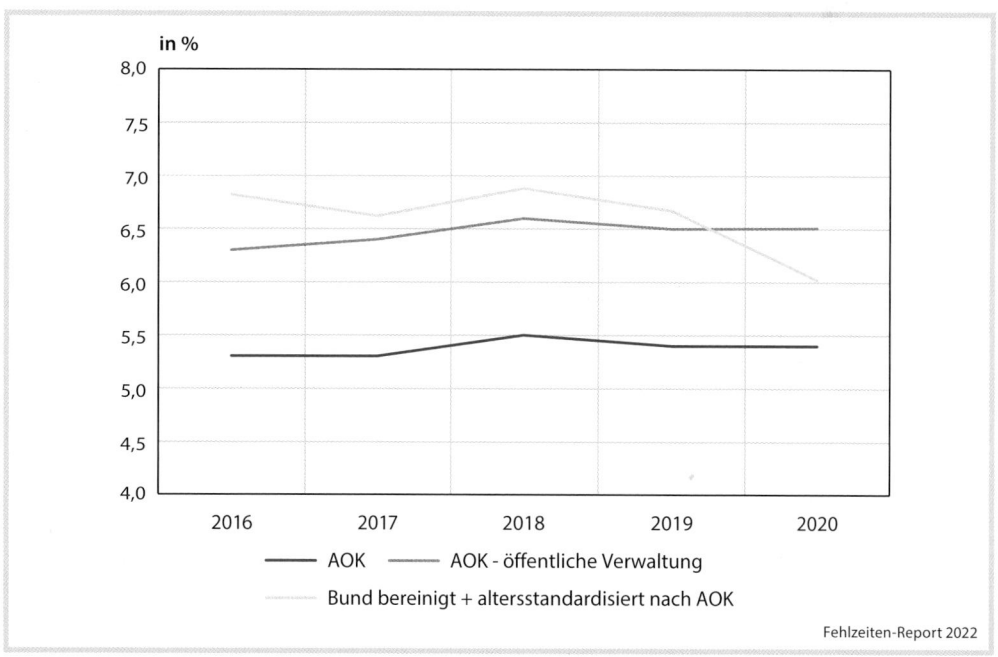

■ **Abb. 22.11** Entwicklung der Abwesenheitszeitenquote der Beschäftigten der Bundesverwaltung und der erwerbstätigen AOK-Versicherten (inkl. Bereich der öffentlichen Verwaltung/Sozialversicherung) 2016 bis 2020 in %

heitszeitenquote der unmittelbaren Bundesverwaltung und des Krankenstands der erwerbstätigen AOK-Versicherten.

Bei einem Vergleich der Abwesenheitszeiten der Bundesverwaltung mit denen der Privatwirtschaft ist immer zu berücksichtigen, dass sich die Standards der Abwesenheitszeitenerhebungen systembedingt ganz erheblich voneinander unterscheiden. Die Krankenstanderhebungen unterliegen keinen einheitlichen Standards für die Ermittlung von Abwesenheitszeiten, deren Erfassungsmethodik sowie deren Auswertung. Ein weiterer erheblicher Unterschied liegt in den Strukturen der Beschäftigtengruppen, wodurch sich bekannte Einflussgrößen wie Alter, Geschlecht und Tätigkeit unterschiedlich auswirken und zu Verzerrungen führen. So ist der Anteil älterer Beschäftigter in der unmittelbaren Bundesverwaltung deutlich höher als in der gesamten Erwerbsbevölkerung. Im Jahr 2020 waren 54,8 % der Beschäftigten der unmittelbaren Bundesverwaltung 45 Jahre und älter. In der übrigen Erwerbsbevölkerung in Deutschland liegt demgegenüber der Anteil der über 45-Jährigen bei 48 %. Die 25- bis 44-Jährigen, die in der gesamten Erwerbsbevölkerung mit 41,6 % die stärkste Altersgruppe bilden, machen im Bundesdienst nur 37 % aus (Statistisches Bundesamt 2020).

## Literatur

Badura B, Ducki A, Schröder H, Meyer M (Hrsg) (2021) Fehlzeiten-Report 2021. Schwerpunkt: Betriebliche Prävention stärken. Springer, Berlin Heidelberg

BAuA – Bundesanstalt für Arbeitsschutz und Arbeitsmedizin (Hrsg) (2010) Psychische Belastung und Beanspruchung im Berufsleben: Erkennen – Gestalten

BAuA – Bundesanstalt für Arbeitsschutz und Arbeitsmedizin (Hrsg) (2017) Psychische Gesundheit in der Arbeitswelt – Wissenschaftliche Standortbestimmung

BMI – Bundesministerium des Innern, für Bau und Heimat (2022) Gesundheitsförderungsbericht 2020 der unmittelbaren Bundesverwaltung. BMI – Bundesministerium des Innern, für Bau und Heimat, Berlin

DAK Gesundheit (Hrsg) (2020) DAK Gesundheitsreport. Beiträge zur Gesundheitsökonomie und Versorgungsforschung, Bd. 33

GDA-Arbeitsprogramms Psyche (Hrsg) (2017) Arbeitsschutz in der Praxis: Empfehlungen zur Umsetzung der Gefährdungsbeurteilung psychischer Belastung

INQA – Initiative Neue Qualität der Arbeit (Hrsg) (2016) INQA-Audit Zukunftsfähige Unternehmenskultur: Fragebogen für das Mitarbeiter-Feedback (Version 25)

Rau R, Buyken D (2015) Der aktuelle Kenntnisstand über Erkrankungsrisiken durch psychische Arbeitsbelastungen: Ein systematisches Review über Metaanalysen und Reviews. Z Arbeits Organisationspsychol 59(3):213–229

Statistisches Bundesamt (2020) Personal des öffentlichen Dienstes. Fachserie 14 Reihe 6, Finanzen und Steuern

Techniker Krankenkasse (Hrsg) (2009) Kundenkompass Stress. FAZ-Inst. für Management-, Markt- und Medieninformation

Wegner B (2016) Licht ins Dunkel – Analyse im BGM. In: Pfannstiel M, Mehlich H (Hrsg) Betriebliches Gesundheitsmanagement – Konzepte, Maßnahmen, Evaluation. Springer, Wiesbaden

# Serviceteil

© Der/die Autor(en), exklusiv lizenziert an Springer-Verlag GmbH, DE, ein Teil von Springer Nature 2022
B. Badura et al. (Hrsg.), *Fehlzeiten-Report 2022*, Fehlzeiten-Report,
https://doi.org/10.1007/978-3-662-65598-6

# Anhang 1: Internationale statistische Klassifikation der Krankheiten und verwandter Gesundheitsprobleme (10. Revision, Version 2021, German Modification)

| I. Bestimmte infektiöse und parasitäre Krankheiten (A00–B99) | |
|---|---|
| A00–A09 | Infektiöse Darmkrankheiten |
| A15–A19 | Tuberkulose |
| A20–A28 | Bestimmte bakterielle Zoonosen |
| A30–A49 | Sonstige bakterielle Krankheiten |
| A50–A64 | Infektionen, die vorwiegend durch Geschlechtsverkehr übertragen werden |
| A65–A69 | Sonstige Spirochätenkrankheiten |
| A70–A74 | Sonstige Krankheiten durch Chlamydien |
| A75–A79 | Rickettsiosen |
| A80–A89 | Virusinfektionen des Zentralnervensystems |
| A92–A99 | Durch Arthropoden übertragene Viruskrankheiten und virale hämorrhagische Fieber |
| B00–B09 | Virusinfektionen, die durch Haut- und Schleimhautläsionen gekennzeichnet sind |
| B15–B19 | Virushepatitis |
| B20–B24 | HIV-Krankheit [Humane Immundefizienz-Viruskrankheit] |
| B25–B34 | Sonstige Viruskrankheiten |
| B35–B49 | Mykosen |
| B50–B64 | Protozoenkrankheiten |
| B65–B83 | Helminthosen |
| B85–B89 | Pedikulose [Läusebefall], Akarinose [Milbenbefall] und sonstiger Parasitenbefall der Haut |
| B90–B94 | Folgezustände von infektiösen und parasitären Krankheiten |
| B95–B98 | Bakterien, Viren und sonstige Infektionserreger als Ursache von Krankheiten, die in anderen Kapiteln klassifiziert sind |
| B99–B99 | Sonstige Infektionskrankheiten |

## II. Neubildungen (C00–D48)

| C00–C97 | Bösartige Neubildungen |
| --- | --- |
| D00–D09 | In-situ-Neubildungen |
| D10–D36 | Gutartige Neubildungen |
| D37–D48 | Neubildungen unsicheren oder unbekannten Verhaltens |

## III. Krankheiten des Blutes und der blutbildenden Organe sowie bestimmte Störungen mit Beteiligung des Immunsystems (D50–D90)

| D50–D53 | Alimentäre Anämien |
| --- | --- |
| D55–D59 | Hämolytische Anämien |
| D60–D64 | Aplastische und sonstige Anämien |
| D65–D69 | Koagulopathien, Purpura und sonstige hämorrhagische Diathesen |
| D70–D77 | Sonstige Krankheiten des Blutes und der blutbildenden Organe |
| D80–D90 | Bestimmte Störungen mit Beteiligung des Immunsystems |

## IV. Endokrine, Ernährungs- und Stoffwechselkrankheiten (E00–E90)

| E00–E07 | Krankheiten der Schilddrüse |
| --- | --- |
| E10–E14 | Diabetes mellitus |
| E15–E16 | Sonstige Störungen der Blutglukose-Regulation und der inneren Sekretion des Pankreas |
| E20–E35 | Krankheiten sonstiger endokriner Drüsen |
| E40–E46 | Mangelernährung |
| E50–E64 | Sonstige alimentäre Mangelzustände |
| E65–E68 | Adipositas und sonstige Überernährung |
| E70–E90 | Stoffwechselstörungen |

## V. Psychische und Verhaltensstörungen (F00–F99)

| | |
|---|---|
| F00–F09 | Organische, einschließlich symptomatischer psychischer Störungen |
| F10–F19 | Psychische und Verhaltensstörungen durch psychotrope Substanzen |
| F20–F29 | Schizophrenie, schizotype und wahnhafte Störungen |
| F30–F39 | Affektive Störungen |
| F40–F48 | Neurotische, Belastungs- und somatoforme Störungen |
| F50–F59 | Verhaltensauffälligkeiten mit körperlichen Störungen und Faktoren |
| F60–F69 | Persönlichkeits- und Verhaltensstörungen |
| F70–F79 | Intelligenzstörung |
| F80–F89 | Entwicklungsstörungen |
| F90–F98 | Verhaltens- und emotionale Störungen mit Beginn in der Kindheit und Jugend |
| F99–F99 | Nicht näher bezeichnete psychische Störungen |

## VI. Krankheiten des Nervensystems (G00–G99)

| | |
|---|---|
| G00–G09 | Entzündliche Krankheiten des Zentralnervensystems |
| G10–G14 | Systematrophien, die vorwiegend das Zentralnervensystem betreffen |
| G20–G26 | Extrapyramidale Krankheiten und Bewegungsstörungen |
| G30–G32 | Sonstige degenerative Krankheiten des Nervensystems |
| G35–G37 | Demyelinisierende Krankheiten des Zentralnervensystems |
| G40–G47 | Episodische und paroxysmale Krankheiten des Nervensystems |
| G50–G59 | Krankheiten von Nerven, Nervenwurzeln und Nervenplexus |
| G60–G64 | Polyneuroapathien und sonstige Krankheiten des peripheren Nervensystems |
| G70–G73 | Krankheiten im Bereich der neuromuskulären Synapse und des Muskels |
| G80–G83 | Zerebrale Lähmung und sonstige Lähmungssyndrome |
| G90–G99 | Sonstige Krankheiten des Nervensystems |

## VII. Krankheiten des Auges und der Augenanhangsgebilde (H00–H59)

| | |
|---|---|
| H00–H06 | Affektionen des Augenlides, des Tränenapparates und der Orbita |
| H10–H13 | Affektionen der Konjunktiva |
| H15–H22 | Affektionen der Sklera, der Hornhaut, der Iris und des Ziliarkörpers |
| H25–H28 | Affektionen der Linse |
| H30–H36 | Affektionen der Aderhaut und der Netzhaut |
| H40–H42 | Glaukom |
| H43–H45 | Affektionen des Glaskörpers und des Augapfels |
| H46–H48 | Affektionen des N. opticus und der Sehbahn |
| H49–H52 | Affektionen der Augenmuskeln, Störungen der Blickbewegungen sowie Akkommodationsstörungen und Refraktionsfehler |
| H53–H54 | Sehstörungen und Blindheit |
| H55–H59 | Sonstige Affektionen des Auges und der Augenanhangsgebilde |

## VIII. Krankheiten des Ohres und des Warzenfortsatzes (H60–H95)

| | |
|---|---|
| H60–H62 | Krankheiten des äußeren Ohres |
| H65–H75 | Krankheiten des Mittelohres und des Warzenfortsatzes |
| H80–H83 | Krankheiten des Innenohres |
| H90–H95 | Sonstige Krankheiten des Ohres |

## IX. Krankheiten des Kreislaufsystems (I00–I99)

| | |
|---|---|
| I00–I02 | Akutes rheumatisches Fieber |
| I05–I09 | Chronische rheumatische Herzkrankheiten |
| I10–I15 | Hypertonie [Hochdruckkrankheit] |
| I20–I25 | Ischämische Herzkrankheiten |
| I26–I28 | Pulmonale Herzkrankheit und Krankheiten des Lungenkreislaufs |
| I30–I52 | Sonstige Formen der Herzkrankheit |
| I60–I69 | Zerebrovaskuläre Krankheiten |
| I70–I79 | Krankheiten der Arterien, Arteriolen und Kapillaren |
| I80–I89 | Krankheiten der Venen, der Lymphgefäße und der Lymphknoten, anderenorts nicht klassifiziert |
| I95–I99 | Sonstige und nicht näher bezeichnete Krankheiten des Kreislaufsystems |

## X. Krankheiten des Atmungssystems (J00–J99)

| J00–J06 | Akute Infektionen der oberen Atemwege |
|---|---|
| J09–J18 | Grippe und Pneumonie |
| J20–J22 | Sonstige akute Infektionen der unteren Atemwege |
| J30–J39 | Sonstige Krankheiten der oberen Atemwege |
| J40–J47 | Chronische Krankheiten der unteren Atemwege |
| J60–J70 | Lungenkrankheiten durch exogene Substanzen |
| J80–J84 | Sonstige Krankheiten der Atmungsorgane, die hauptsächlich das Interstitium betreffen |
| J85–J86 | Purulente und nekrotisierende Krankheitszustände der unteren Atemwege |
| J90–J94 | Sonstige Krankheiten der Pleura |
| J95–J99 | Sonstige Krankheiten des Atmungssystems |

## XI. Krankheiten des Verdauungssystems (K00–K93)

| K00–K14 | Krankheiten der Mundhöhle, der Speicheldrüsen und der Kiefer |
|---|---|
| K20–K31 | Krankheiten des Ösophagus, des Magens und des Duodenums |
| K35–K38 | Krankheiten der Appendix |
| K40–K46 | Hernien |
| K50–K52 | Nichtinfektiöse Enteritis und Kolitis |
| K55–K64 | Sonstige Krankheiten des Darms |
| K65–K67 | Krankheiten des Peritoneums |
| K70–K77 | Krankheiten der Leber |
| K80–K87 | Krankheiten der Gallenblase, der Gallenwege und des Pankreas |
| K90–K93 | Sonstige Krankheiten des Verdauungssystems |

## XII. Krankheiten der Haut und der Unterhaut (L00–L99)

| L00–L08 | Infektionen der Haut und der Unterhaut |
|---|---|
| L10–L14 | Bullöse Dermatosen |
| L20–L30 | Dermatitis und Ekzem |
| L40–L45 | Papulosquamöse Hautkrankheiten |
| L50–L54 | Urtikaria und Erythem |
| L55–L59 | Krankheiten der Haut und der Unterhaut durch Strahleneinwirkung |
| L60–L75 | Krankheiten der Hautanhangsgebilde |
| L80–L99 | Sonstige Krankheiten der Haut und der Unterhaut |

## XIII. Krankheiten des Muskel-Skelett-Systems und des Bindegewebes (M00–M99)

| | |
|---|---|
| M00–M25 | Arthropathien |
| M30–M36 | Systemkrankheiten des Bindegewebes |
| M40–M54 | Krankheiten der Wirbelsäule und des Rückens |
| M60–M79 | Krankheiten der Weichteilgewebe |
| M80–M94 | Osteopathien und Chondropathien |
| M95–M99 | Sonstige Krankheiten des Muskel-Skelett-Systems und des Bindegewebes |

## XIV. Krankheiten des Urogenitalsystems (N00–N99)

| | |
|---|---|
| N00–N08 | Glomeruläre Krankheiten |
| N10–N16 | Tubulointerstitielle Nierenkrankheiten |
| N17–N19 | Niereninsuffizienz |
| N20–N23 | Urolithiasis |
| N25–N29 | Sonstige Krankheiten der Niere und des Ureters |
| N30–N39 | Sonstige Krankheiten des Harnsystems |
| N40–N51 | Krankheiten der männlichen Genitalorgane |
| N60–N64 | Krankheiten der Mamma [Brustdrüse] |
| N70–N77 | Entzündliche Krankheiten der weiblichen Beckenorgane |
| N80–N98 | Nichtentzündliche Krankheiten des weiblichen Genitaltraktes |
| N99–N99 | Sonstige Krankheiten des Urogenitalsystems |

## XV. Schwangerschaft, Geburt und Wochenbett (O00–O99)

| | |
|---|---|
| O00–O08 | Schwangerschaft mit abortivem Ausgang |
| O09–O09 | Schwangerschaftsdauer |
| O10–O16 | Ödeme, Proteinurie und Hypertonie während der Schwangerschaft, der Geburt und des Wochenbettes |
| O20–O29 | Sonstige Krankheiten der Mutter, die vorwiegend mit der Schwangerschaft verbunden sind |
| O30–O48 | Betreuung der Mutter im Hinblick auf den Fetus und die Amnionhöhle sowie mögliche Entbindungskomplikationen |
| O60–O75 | Komplikation bei Wehentätigkeit und Entbindung |
| O80–O82 | Entbindung |
| O85–O92 | Komplikationen, die vorwiegend im Wochenbett auftreten |
| O94–O99 | Sonstige Krankheitszustände während der Gestationsperiode, die anderenorts nicht klassifiziert sind |

## XVI. Bestimmte Zustände, die ihren Ursprung in der Perinatalperiode haben (P00–P96)

| | |
|---|---|
| P00–P04 | Schädigung des Fetus und Neugeborenen durch mütterliche Faktoren und durch Komplikationen bei Schwangerschaft, Wehentätigkeit und Entbindung |
| P05–P08 | Störungen im Zusammenhang mit der Schwangerschaftsdauer und dem fetalen Wachstum |
| P10–P15 | Geburtstrauma |
| P20–P29 | Krankheiten des Atmungs- und Herz-Kreislaufsystems, die für die Perinatalperiode spezifisch sind |
| P35–P39 | Infektionen, die für die Perinatalperiode spezifisch sind |
| P50–P61 | Hämorrhagische und hämatologische Krankheiten beim Fetus und Neugeborenen |
| P70–P74 | Transitorische endokrine und Stoffwechselstörungen, die für den Fetus und das Neugeborene spezifisch sind |
| P75–P78 | Krankheiten des Verdauungssystems beim Fetus und Neugeborenen |
| P80–P83 | Krankheitszustände mit Beteiligung der Haut und der Temperaturregulation beim Fetus und Neugeborenen |
| P90–P96 | Sonstige Störungen, die ihren Ursprung in der Perinatalperiode haben |

## XVII. Angeborene Fehlbildungen, Deformitäten und Chromosomenanomalien (Q00–Q99)

| | |
|---|---|
| Q00–Q07 | Angeborene Fehlbildungen des Nervensystems |
| Q10–Q18 | Angeborene Fehlbildungen des Auges, des Ohres, des Gesichtes und des Halses |
| Q20–Q28 | Angeborene Fehlbildungen des Kreislaufsystems |
| Q30–Q34 | Angeborene Fehlbildungen des Atmungssystems |
| Q35–Q37 | Lippen-, Kiefer- und Gaumenspalte |
| Q38–Q45 | Sonstige angeborene Fehlbildungen des Verdauungssystems |
| Q50–Q56 | Angeborene Fehlbildungen der Genitalorgane |
| Q60–Q64 | Angeborene Fehlbildungen des Harnsystems |
| Q65–Q79 | Angeborene Fehlbildungen und Deformitäten des Muskel-Skelett-Systems |
| Q80–Q89 | Sonstige angeborene Fehlbildungen |
| Q90–Q99 | Chromosomenanomalien, anderenorts nicht klassifiziert |

| XVIII. Symptome und abnorme klinische und Laborbefunde, die anderenorts nicht klassifiziert sind (R00–R99) | |
|---|---|
| R00–R09 | Symptome, die das Kreislaufsystem und das Atmungssystem betreffen |
| R10–R19 | Symptome, die das Verdauungssystem und das Abdomen betreffen |
| R20–R23 | Symptome, die die Haut und das Unterhautgewebe betreffen |
| R25–R29 | Symptome, die das Nervensystem und das Muskel-Skelett-System betreffen |
| R30–R39 | Symptome, die das Harnsystem betreffen |
| R40–R46 | Symptome, die das Erkennungs- und Wahrnehmungsvermögen, die Stimmung und das Verhalten betreffen |
| R47–R49 | Symptome, die die Sprache und die Stimme betreffen |
| R50–R69 | Allgemeinsymptome |
| R70–R79 | Abnorme Blutuntersuchungsbefunde ohne Vorliegen einer Diagnose |
| R80–R82 | Abnorme Urinuntersuchungsbefunde ohne Vorliegen einer Diagnose |
| R83–R89 | Abnorme Befunde ohne Vorliegen einer Diagnose bei der Untersuchung anderer Körperflüssigkeiten, Substanzen und Gewebe |
| R90–R94 | Abnorme Befunde ohne Vorliegen einer Diagnose bei bildgebender Diagnostik und Funktionsprüfungen |
| R95–R99 | Ungenau bezeichnete und unbekannte Todesursachen |

## XIX. Verletzungen, Vergiftungen und bestimmte andere Folgen äußerer Ursachen (S00–T98)

| | |
|---|---|
| S00–S09 | Verletzungen des Kopfes |
| S10–S19 | Verletzungen des Halses |
| S20–S29 | Verletzungen des Thorax |
| S30–S39 | Verletzungen des Abdomens, der Lumbosakralgegend, der Lendenwirbelsäule und des Beckens |
| S40–S49 | Verletzungen der Schulter und des Oberarms |
| S50–S59 | Verletzungen des Ellenbogens und des Unterarms |
| S60–S69 | Verletzungen des Handgelenks und der Hand |
| S70–S79 | Verletzungen der Hüfte und des Oberschenkels |
| S80–S89 | Verletzungen des Knies und des Unterschenkels |
| S90–S99 | Verletzungen der Knöchelregion und des Fußes |
| T00–T07 | Verletzung mit Beteiligung mehrerer Körperregionen |
| T08–T14 | Verletzungen nicht näher bezeichneter Teile des Rumpfes, der Extremitäten oder anderer Körperregionen |
| T15–T19 | Folgen des Eindringens eines Fremdkörpers durch eine natürliche Körperöffnung |
| T20–T32 | Verbrennungen oder Verätzungen |
| T33–T35 | Erfrierungen |
| T36–T50 | Vergiftungen durch Arzneimittel, Drogen und biologisch aktive Substanzen |
| T51–T65 | Toxische Wirkungen von vorwiegend nicht medizinisch verwendeten Substanzen |
| T66–T78 | Sonstige nicht näher bezeichnete Schäden durch äußere Ursachen |
| T79–T79 | Bestimmte Frühkomplikationen eines Traumas |
| T80–T88 | Komplikationen bei chirurgischen Eingriffen und medizinischer Behandlung, anderenorts nicht klassifiziert |
| T89–T89 | Sonstige Komplikationen eines Traumas, anderenorts nicht klassifiziert |
| T90–T98 | Folgen von Verletzungen, Vergiftungen und sonstigen Auswirkungen äußerer Ursachen |

## XX. Äußere Ursachen von Morbidität und Mortalität (V01–Y84)

| | |
|---|---|
| V01–X59 | Unfälle |
| X60–X84 | Vorsätzliche Selbstbeschädigung |
| X85–Y09 | Tätlicher Angriff |
| Y10–Y34 | Ereignis, dessen nähere Umstände unbestimmt sind |
| Y35–Y36 | Gesetzliche Maßnahmen und Kriegshandlungen |
| Y40–Y84 | Komplikationen bei der medizinischen und chirurgischen Behandlung |

| XXI. Faktoren, die den Gesundheitszustand beeinflussen und zur Inanspruchnahme des Gesundheitswesen führen (Z00–Z99) | |
|---|---|
| Z00–Z13 | Personen, die das Gesundheitswesen zur Untersuchung und Abklärung in Anspruch nehmen |
| Z20–Z29 | Personen mit potentiellen Gesundheitsrisiken hinsichtlich übertragbarer Krankheiten |
| Z30–Z39 | Personen, die das Gesundheitswesen im Zusammenhang mit Problemen der Reproduktion in Anspruch nehmen |
| Z40–Z54 | Personen, die das Gesundheitswesen zum Zwecke spezifischer Maßnahmen und zur medizinischen Betreuung in Anspruch nehmen |
| Z55–Z65 | Personen mit potenziellen Gesundheitsrisiken aufgrund sozioökonomischer oder psychosozialer Umstände |
| Z70–Z76 | Personen, die das Gesundheitswesen aus sonstigen Gründen in Anspruch nehmen |
| Z80–Z99 | Personen mit potentiellen Gesundheitsrisiken aufgrund der Familien- oder Eigenanamnese und bestimmte Zustände, die den Gesundheitszustand beeinflussen |

| XXII. Schlüsselnummern für besondere Zwecke (U00–U99) | |
|---|---|
| U00–U49 | Vorläufige Zuordnungen für Krankheiten mit unklarer Ätiologie und nicht belegte Schlüsselnummern |
| U50–U52 | Funktionseinschränkung |
| U55–U55 | Erfolgte Registrierung zur Organtransplantation |
| U60–U61 | Stadieneinteilung der HIV-Infektion |
| U69–U69 | Sonstige sekundäre Schlüsselnummern für besondere Zwecke |
| U80–U85 | Infektionserreger mit Resistenzen gegen bestimmte Antibiotika oder Chemotherapeutika |
| U99–U99 | Nicht belegte Schlüsselnummern |

# Anhang 2: Branchen in der deutschen Wirtschaft basierend auf der Klassifikation der Wirtschaftszweige (Ausgabe 2008/NACE)

| | | |
|---|---|---|
| **Banken und Versicherungen** | | |
| K | **Erbringung von Finanz- und Versicherungsdienstleistungen** | |
| | 64 | Erbringung von Finanzdienstleistungen |
| | 65 | Versicherungen, Rückversicherungen und Pensionskassen (ohne Sozialversicherung) |
| | 66 | Mit Finanz- und Versicherungsdienstleistungen verbundene Tätigkeiten |
| **Baugewerbe** | | |
| F | **Baugewerbe** | |
| | 41 | Hochbau |
| | 42 | Tiefbau |
| | 43 | Vorbereitende Baustellenarbeiten, Bauinstallation und sonstiges Ausbaugewerbe |
| **Dienstleistungen** | | |
| I | **Gastgewerbe** | |
| | 55 | Beherbergung |
| | 56 | Gastronomie |
| J | **Information und Kommunikation** | |
| | 58 | Verlagswesen |
| | 59 | Herstellung, Verleih und Vertrieb von Filmen und Fernsehprogrammen; Kinos; Tonstudios und Verlegen von Musik |
| | 60 | Rundfunkveranstalter |
| | 61 | Telekommunikation |
| | 62 | Erbringung von Dienstleistungen der Informationstechnologie |
| | 63 | Informationsdienstleistungen |
| L | **Grundstücks- und Wohnungswesen** | |
| | 68 | Grundstücks- und Wohnungswesen |

| M | **Erbringung von freiberuflichen, wissenschaftlichen und technischen Dienstleistungen** |
|---|---|
| 69 | Rechts- und Steuerberatung, Wirtschaftsprüfung |
| 70 | Verwaltung und Führung von Unternehmen und Betrieben; Unternehmensberatung |
| 71 | Architektur- und Ingenieurbüros; technische, physikalische und chemische Untersuchung |
| 72 | Forschung und Entwicklung |
| 73 | Werbung und Marktforschung |
| 74 | Sonstige freiberufliche, wissenschaftliche und technische Tätigkeiten |
| 75 | Veterinärwesen |
| N | **Erbringung von sonstigen wirtschaftlichen Dienstleistungen** |
| 77 | Vermietung von beweglichen Sachen |
| 78 | Vermittlung und Überlassung von Arbeitskräften |
| 79 | Reisebüros, Reiseveranstalter und Erbringung sonstiger Reservierungsdienstleistungen |
| 80 | Wach- und Sicherheitsdienste sowie Detekteien |
| 81 | Gebäudebetreuung; Garten- und Landschaftsbau |
| 82 | Erbringung von wirtschaftlichen Dienstleistungen für Unternehmen und Privatpersonen a. n. g. |
| Q | **Gesundheits- und Sozialwesen** |
| 86 | Gesundheitswesen |
| 87 | Heime (ohne Erholungs- und Ferienheime) |
| 88 | Sozialwesen (ohne Heime) |
| R | **Kunst, Unterhaltung und Erholung** |
| 90 | Kreative, künstlerische und unterhaltende Tätigkeiten |
| 91 | Bibliotheken, Archive, Museen, botanische und zoologische Gärten |
| 92 | Spiel-, Wett- und Lotteriewesen |
| 93 | Erbringung von Dienstleistungen des Sports, der Unterhaltung und der Erholung |
| S | **Erbringung von sonstigen Dienstleistungen** |
| 94 | Interessenvertretungen sowie kirchliche und sonstige religiöse Vereinigungen (ohne Sozialwesen und Sport) |
| 95 | Reparatur von Datenverarbeitungsgeräten und Gebrauchsgütern |
| 96 | Erbringung von sonstigen überwiegend persönlichen Dienstleistungen |
| T | **Private Haushalte mit Hauspersonal; Herstellung von Waren und Erbringung von Dienstleistungen durch private Haushalte für den Eigenbedarf** |
| 97 | Private Haushalte mit Hauspersonal |
| 98 | Herstellung von Waren und Erbringung von Dienstleistungen durch private Haushalte für den Eigenbedarf ohne ausgeprägten Schwerpunkt |

| | | **Energie, Wasser, Entsorgung und Bergbau** |
|---|---|---|
| **B** | | **Bergbau und Gewinnung von Steinen und Erden** |
| | 5 | Kohlenbergbau |
| | 6 | Gewinnung von Erdöl und Erdgas |
| | 7 | Erzbergbau |
| | 8 | Gewinnung von Steinen und Erden, sonstiger Bergbau |
| | 9 | Erbringung von Dienstleistungen für den Bergbau und für die Gewinnung von Steinen und Erden |
| **D** | | **Energieversorgung** |
| | 35 | Energieversorgung |
| **E** | | **Wasserversorgung; Abwasser- und Abfallentsorgung und Beseitigung von Umweltverschmutzungen** |
| | 36 | Wasserversorgung |
| | 37 | Abwasserentsorgung |
| | 38 | Sammlung, Behandlung und Beseitigung von Abfällen; Rückgewinnung |
| | 39 | Beseitigung von Umweltverschmutzungen und sonstige Entsorgung |
| | | **Erziehung und Unterricht** |
| **P** | | **Erziehung und Unterricht** |
| | 85 | Erziehung und Unterricht |
| | | **Handel** |
| **G** | | **Handel; Instandhaltung und Reparatur von Kraftfahrzeugen** |
| | 45 | Handel mit Kraftfahrzeugen; Instandhaltung und Reparatur von Kraftfahrzeugen |
| | 46 | Großhandel (ohne Handel mit Kraftfahrzeugen) |
| | 47 | Einzelhandel (ohne Handel mit Kraftfahrzeugen) |
| | | **Land- und Forstwirtschaft** |
| **A** | | **Land- und Forstwirtschaft, Fischerei** |
| | 1 | Landwirtschaft, Jagd und damit verbundene Tätigkeiten |
| | 2 | Forstwirtschaft und Holzeinschlag |
| | 3 | Fischerei und Aquakultur |

## Metallindustrie

| C | Verarbeitendes Gewerbe |
|---|---|
| 24 | Metallerzeugung und -bearbeitung |
| 25 | Herstellung von Metallerzeugnissen |
| 26 | Herstellung von Datenverarbeitungsgeräten, elektronischen und optischen Erzeugnissen |
| 27 | Herstellung von elektrischen Ausrüstungen |
| 28 | Maschinenbau |
| 29 | Herstellung von Kraftwagen und Kraftwagenteilen |
| 30 | Sonstiger Fahrzeugbau |

## Öffentliche Verwaltung

| O | Öffentliche Verwaltung, Verteidigung; Sozialversicherung |
|---|---|
| 84 | Öffentliche Verwaltung, Verteidigung; Sozialversicherung |

| U | Exterritoriale Organisationen und Körperschaften |
|---|---|
| 99 | Exterritoriale Organisationen und Körperschaften |

## Verarbeitendes Gewerbe

| C | Verarbeitendes Gewerbe |
|---|---|
| 10 | Herstellung von Nahrungs- und Futtermitteln |
| 11 | Getränkeherstellung |
| 12 | Tabakverarbeitung |
| 13 | Herstellung von Textilien |
| 14 | Herstellung von Bekleidung |
| 15 | Herstellung von Leder, Lederwaren und Schuhen |
| 16 | Herstellung von Holz-, Flecht-, Korb- und Korkwaren (ohne Möbel) |
| 17 | Herstellung von Papier, Pappe und Waren daraus |
| 18 | Herstellung von Druckerzeugnissen; Vervielfältigung von bespielten Ton-, Bild- und Datenträgern |
| 19 | Kokerei und Mineralölverarbeitung |
| 20 | Herstellung von chemischen Erzeugnissen |
| 21 | Herstellung von pharmazeutischen Erzeugnissen |
| 22 | Herstellung von Gummi- und Kunststoffwaren |
| 23 | Herstellung von Glas und Glaswaren, Keramik, Verarbeitung von Steinen und Erden |
| 31 | Herstellung von Möbeln |
| 32 | Herstellung von sonstigen Waren |
| 33 | Reparatur und Installation von Maschinen und Ausrüstungen |

| Verkehr und Transport | | |
|---|---|---|
| **H** | **Verkehr und Lagerei** | |
| | 49 | Landverkehr und Transport in Rohrfernleitungen |
| | 50 | Schifffahrt |
| | 51 | Luftfahrt |
| | 52 | Lagerei sowie Erbringung von sonstigen Dienstleistungen für den Verkehr |
| | 53 | Post-, Kurier- und Expressdienste |

# Die Autorinnen und Autoren

## Prof. Dr. Bernhard Badura

Universität Bielefeld
Fakultät für Gesundheitswissenschaften
Bielefeld

Dr. rer. soc., Studium der Soziologie, Philosophie und Politikwissenschaften in Tübingen, Freiburg, Konstanz und Harvard/Mass. Seit März 2008 Emeritus der Fakultät für Gesundheitswissenschaften der Universität Bielefeld.

## Prof. Dr. Eva Bamberg

Universität Hamburg, Arbeits- und
Organisationspsychologie
Hamburg

Prof. (a. D.) Dr. Eva Bamberg ist Diplompsychologin und leitete von 1997 bis 2017 den Arbeitsbereich der Arbeits- und Organisationspsychologie an der Universität Hamburg. Sie führte mehrere Forschungsprojekte zu Arbeit und Gesundheit, betrieblicher Gesundheitsförderung, Veränderungsprozessen in Organisationen sowie sozialer Verantwortung durch. Aktuell arbeitet sie wissenschaftlich und praktisch zu diesen Themen.

## Nicola Baur

Betriebliches Gesundheitsmanagement
Universität Bielefeld

Nicola Baur studierte bis 2006 Komparatistik an der LMU, München, und arbeitete danach als Marketingmanagerin bei einem offenen Immobilienfonds in Frankfurt am Main. Hierbei verantwortete sie u. a. die Geschäftsjahresberichte und die inhaltliche Ausgestaltung von Vertriebsveranstaltungen. Seit 2012 ist sie in einem Unternehmen der deutschen Industrie im Süden Deutschlands in der Entwicklung tätig, in dem sie seit 2015 den Bereich des zentralen Erprobungsmanagements leitet. 2019–2022 studierte sie berufsbegleitend im Master-Studiengang Workplace Health Management am Zentrum für Wissenschaftliche Weiterbildung an der Universität Bielefeld.

## Prof. Dr. Andreas Blume

hr&c – Human Resources und
Change Management GmbH
Bochum

Prof. Dr. Andreas Blume promovierte in Wirtschafts- und Sozialwissenschaften und ist Fachkraft für Arbeitssicherheit sowie Business Coach. Nach über 20 Jahren geschäftsführender Vorstandstätigkeit und langjähriger Beratungserfahrung zu Themen des Arbeits- und Gesundheitsschutzes gründete er 2010 das Beratungsunternehmen hr&c GmbH, wo er als wissenschaftlicher Leiter agiert. Darüber hinaus übt er seit vielen Jahren Lehrtätigkeiten an der Ruhr-Universität Bochum und der Universität Bielefeld aus.

## Katharina Brauer

Universität Leipzig
Sportwissenschaftliche Fakultät
Lehrstuhl Sportpsychologie
Leipzig

Katharina Brauer ist wissenschaftliche Hilfskraft am Lehrstuhl Sportpsychologie an der Sportwissenschaftlichen Fakultät der Universität Leipzig. Sie absolvierte ihren Master in Sportwissenschaften mit dem Schwerpunkt Prävention und Gesundheitsförderung und studiert derzeit im Master Sport and Exercise Psychology. Ihr Forschungsinteresse bezieht sich auf (digitale) Betriebliche Gesundheitsförderung und Betriebliches Gesundheitsmanagement.

## Dr. Elisa Clauß

BDA I DIE ARBEITGEBER
Bundesvereinigung der Deutschen
Arbeitgeberverbände
Arbeitswissenschaft I Soziale Sicherung
Berlin

Dr. Elisa Clauß ist promovierte Psychologin
und Referentin für Arbeitswissenschaft in der
Abteilung Soziale Sicherung bei der Bundesvereinigung der Deutschen Arbeitgeberverbände (BDA). Als Leiterin und Mitglied von
verschiedenen nationalen Gremien und Bei-
räten zum Arbeitsschutz, zur guten Arbeitsgestaltung und sowie in der nationalen und
internationalen Normung vertritt sie den The-
menbereich Arbeit und Gesundheit für die
BDA. Ihre Schwerpunkte liegen hierbei u. a.
auf neuen Formen der Arbeit, psychischer Belastung und Gesundheit sowie Unterstützung
von KMU, zum Beispiel in der Gemeinsamen
Deutschen Arbeitsschutzstrategie.

## Prof. Dr. Antje Ducki

Berliner Hochschule für Technik (BHT)
Fachbereich I: Wirtschafts- und
Gesellschaftswissenschaften
Berlin

Nach Abschluss des Studiums der Psychologie an der Freien Universität Berlin als wissenschaftliche Mitarbeiterin an der TU Berlin tätig. Betriebliche Gesundheitsförderung
für die AOK Berlin über die Gesellschaft
für Betriebliche Gesundheitsförderung, Mitarbeiterin am Bremer Institut für Präventions-
forschung und Sozialmedizin, Hochschulas-
sistentin an der Universität Hamburg. 1998
Promotion in Leipzig. Seit 2002 Professorin
für Arbeits- und Organisationspsychologie an
der Berliner Hochschule für Technik (BHT).
Arbeitsschwerpunkte: Arbeit und Gesundheit,
Gender und Gesundheit, Mobilität und Gesundheit, Stressmanagement, Betriebliche Gesundheitsförderung.

## Prof. Dr. Anne-Marie Elbe

Universität Leipzig
Sportwissenschaftliche Fakultät
Lehrstuhl Sportpsychologie
Leipzig

Prof. Dr. Anne-Marie Elbe ist Professorin für Sportpsychologie sowie Prodekanin an der Sportwissenschaftlichen Fakultät der Universität Leipzig. Zuvor war sie an der Universität Kopenhagen, Dänemark, der Northumbria University, Newcastle, Großbritannien und an der Universität Potsdam tätig. Ihre Veröffentlichungen und Forschungsinteressen konzentrieren sich auf motivationale und volitionale Aspekte der sportlichen Leistung, Talententwicklung im Sport, Dopingprävention sowie die integrative Rolle des Sports. Sie ist Past President der FEPSAC (European Federation of Sport Psychology), Mitglied des Scientific Boards der ECSS (European College of Sport Science) sowie Mitglied im Editorial Board der Zeitschriften *Science and Medicine in Football* und *Psychology of Sport and Exercise*.

## Dr. Florian Fischer

Bayerisches Forschungszentrum Pflege Digital
Hochschule für angewandte Wissenschaften
Kempten
Institut für Public Health
Charité – Universitätsmedizin Berlin
Berlin

Dr. Florian Fischer studierte und promovierte in Public Health an der Fakultät für Gesundheitswissenschaften der Universität Bielefeld. Er beschäftigt sich mit Evidenzbasierung im Bereich Public Health sowie Megatrends im Kontext von Gesundheit und Pflege. Dazu gehört auch die Bedeutung von Nachhaltigkeit und Digitalisierung, die in seiner Tätigkeit am Bayerischen Forschungszentrum Pflege Digital an der Hochschule Kempten im Vordergrund steht.

## Dr. Ina Goller

Berner Fachhochschule
Department Technik und Informatik
Bern

Dr. Ina Goller ist diplomierte Psychologin mit Schwerpunkten in der Arbeits-, Organisations- und Kognitionspsychologie. Seit mehr als 20 Jahren berät sie Unternehmen in der Schweiz und weltweit. Als Professorin für Innovationsmanagement an der Berner Fachhochschule und als Dozentin an der ETH Zürich begeistert sie Studenten mit ihrem besonderen Interesse für Kreativität und Innovation. In der Verbindung von Psychologie und Innovation ist Dr. Ina Goller eine gefragte Expertin zu Themen wie Psychologische Sicherheit, Change und Teamarbeit. Sie leitet Kundenprojekte für namhafte Schweizer Unternehmen und forscht zum Thema Psychologische Sicherheit.

## Dr. David Herr

Bundesministerium für Gesundheit
Berlin

Studium der Medizin an der Westfälischen Wilhelms-Universität in Münster. Von Januar bis Juni 2010 Trainee beim Standing Committee of European Doctors (CPME) in Brüssel. Von 2012 bis 2014 Arzt in der Klinik für Psychiatrie und Psychotherapie des Universitätsklinikums Köln. Seit 2014 tätig im Bundesministerium für Gesundheit.

## Apl. Prof. Dr. Bettina Hollstein

Max-Weber-Kolleg für kultur- und
sozialwissenschaftliche Studien
Universität Erfurt
Erfurt

Bettina Hollstein ist seit 1998 Geschäftsführerin des Max-Weber-Kollegs für kultur- und sozialwissenschaftliche Studien der Universität Erfurt. Sie promovierte 1994 mit einer Arbeit zu Wirtschaftsethik und Umwelt und wurde 2014 mit einer Arbeit zum Ehrenamt in handlungstheoretischer Perspektive habilitiert. Sie ist Mitherausgeberin der Zeitschrift für Wirtschafts- und Unternehmensethik. Ihre Forschungsschwerpunkte sind: Pragmatistische Wirtschaftsethik, Handlungstheorie, ehrenamtliches Engagement, Nachhaltigkeit/Bildung für nachhaltige Entwicklung, Korruption. Zu ihren wichtigsten Publikationen zählen: *Ehrenamt verstehen. Eine handlungstheoretische Analyse* (Campus 2015) und *Wirtschaftsethik und Umwelt. Deutsche und französische Ansätze im Vergleich* (Gabler 1995).

## Miriam-Maleika Höltgen

Wissenschaftliches Institut der AOK (WIdO)
Berlin

Studium der Germanistik, Geschichte und Politikwissenschaften an der Friedrich-Schiller-Universität Jena (M. A.); wissenschaftliche Mitarbeiterin am Institut für Literaturwissenschaft. Im Anschluss berufliche Stationen in Verlagen in den Bereichen Redaktion, Lektorat, Layout und Herstellung. Seit 2006 im Wissenschaftlichen Institut der AOK (WIdO) im Forschungsbereich Betriebliche Gesundheitsförderung und Heilmittel, hier insbesondere verantwortlich für die Redaktion des Fehlzeiten-Reports.

## Dr. Constanze Jecker

Hochschule Luzern – Wirtschaft
Institut für Kommunikation und Marketing
IKM
Luzern

Dr. Constanze Jecker ist Dozentin für Kommunikation sowie Leiterin des CAS Internal and Change Communication an der Hochschule Luzern – Wirtschaft (▶ www.hslu.ch/ikm). Sie ließ sich zunächst als Radioredakteurin ausbilden, arbeitete dann als Redakteurin und Moderatorin beim Schweizer Radio DRS (heute: SRF) und studierte berufsbegleitend Gesellschaftswissenschaften an der Universität Freiburg i. Ü./CH. Dort promovierte sie auch als Mitarbeiterin am Departement für Medien- und Kommunikationswissenschaft zum Thema Framing. Anschließend war sie Ausbilderin beim Schweizer Radio und Fernsehen SRF. Heute ist sie nebenamtlich ferner als Dozentin an der FernUni Schweiz sowie als systemische Beraterin für Unternehmen tätig.

## Hannes Klawisch

Wissenschaftliches Institut der AOK (WIdO)
Berlin

Hannes Klawisch absolvierte im März 2021 sein Bachelorstudium in Soziologie und Geschichte an der Universität Rostock. Seit April 2022 studiert er im Master Soziologie an der Universität Potsdam. Gleichzeitig begann er, im WIdO den Forschungsbereich Betriebliche Gesundheitsförderung und Heilmittel als studentischer Mitarbeiter zu unterstützen.

## Prof. Dr. Claudia Kreipl

Hochschule Fulda
Fulda

Prof. Dr. Claudia Kreipl ist als Professorin für Unternehmensführung an der Hochschule Fulda tätig. Sie blickt auf viele Jahre Praxiserfahrung in internationalen Konzernen und im Mittelstand zurück. Als Vizepräsidentin für Forschung und Transfer der Hochschule Fulda steht Frau Kreipl für transferorientierte Forschung und praxisorientierte Lehre. Sie verfügt über langjährige Führungserfahrung im wissenschaftlichen Zentrum für Ernährung, Lebensmittel und nachhaltige Versorgungssysteme (ELVe) sowie im Beratungsstützpunkt für Gesundheitsförderung und gesellschaftliche Verantwortung (BeSt).

## Dr. Philipp Kruse

Technische Universität Dresden
Institut für Arbeits-, Organisations- und
Sozialpsychologie
Dresden

Dr. Philipp Kruse wurde 1992 in Wernigerode im Harz geboren und studierte Psychologie an der TU Dresden. Seit 2016 ist er als wissenschaftlicher Mitarbeiter an der Professur für Arbeits- und Organisationspsychologie der TU Dresden tätig, an der er 2019 promovierte. Dr. Kruse beschäftigt sich in seinen Arbeiten zum Sozialen Unternehmertum mit motivationalen Mechanismen der sozialunternehmerischen Absichtsbildung, Kulturunterschieden, Führung und Stereotypen sowie sozialer Innovation.

## PD Dr. Thomas Kuhn

FernUniversität in Hagen
Fakultät für Wirtschaftswissenschaft
Lehrstuhl für Betriebswirtschaftslehre,
insbes. Personalführung und Organisation
Hagen

Akademischer Oberrat an der FernUniversität in Hagen sowie Privatdozent der Universität St. Gallen (HSG). Forschungsschwerpunkte: Wirtschafts- und Unternehmensethik sowie Personal- und Führungsethik. Neuere Buchpublikationen: *Führungsethik in Organisationen* (Kohlhammer 2012) sowie: *Bad Leadership. Von Narzissten & Egomanen, Vermessenen & Verführten* (Vahlen 2020), beide gemeinsam mit Jürgen Weibler.

## Dr. Edelgard Kutzner

Technische Universität Dortmund
Fakultät Sozialwissenschaften
Sozialforschungsstelle
Dortmund

Arbeits- und Forschungsschwerpunkte: Arbeit in und Management von Unternehmen, insbesondere Arbeitsorganisation und Arbeitsgestaltung, Arbeitspolitik, Betriebsklima, Digitalisierung von Arbeit, Diversity, Gender, Produktions- und Dienstleistungsarbeit, Qualität der Arbeit.

## Knut Lambertin

Deutscher Gewerkschaftsbund
Bundesvorstandsverwaltung
Abteilung Sozialpolitik
Berlin

Dipl.-Pol. Knut Lambertin ist Referatsleiter Gesundheitspolitik/Grundsatz beim Bundesvorstand des DGB. Er hat Politikwissenschaft, Erziehungswissenschaft, Öffentliches Recht und Vergleichende Religionswissenschaft in Bonn und Berlin studiert. 21 Jahre hat er in verschiedenen Branchen gearbeitet und sich sowohl politisch als auch gewerkschaftlich engagiert, bevor er 2005 zum DGB wechselte. Seit 2011 ist er in verschiedenen Gremien der sozialen Selbstverwaltung der gesetzlichen Krankenkassen und ihrer Verbände tätig, aktuell u. a. als Alternierender Vorsitzender des Aufsichtsrats des AOK-Bundesverbandes, Alternierender Vorsitzender des Verwaltungsrats der AOK Nordost und als Alternierender Vorsitzender des Fachausschusses Verträge und Versorgung des GKV-Spitzenverbandes.

## Dr. Sascha Leisterer

Universität Leipzig
Sportwissenschaftliche Fakultät
Lehrstuhl Sportpsychologie
Leipzig

Dr. Sascha Leisterer ist wissenschaftlicher Mitarbeiter am Lehrstuhl Sportpsychologie an der Sportwissenschaftlichen Fakultät der Universität Leipzig. Während seiner Promotion an der Humboldt-Universität zu Berlin zum affektiv-emotionalen Erleben von Schülerinnen und Schülern im Sportunterricht arbeitete er als Lehrbeauftragter für Sportpsychologie an selbiger Stelle und für Forschungsmethodik im Studiengang Pflegemanagement an der Evangelischen Hochschule Berlin. In seiner

Forschung konzentriert er sich auf Ansätze der positiven Psychologie im Sport und Schulsport.

## Adelisa Martinovic

hr&c – Human Resources und
Change Management GmbH
Bochum

Adelisa Martinovic (M. Sc.) studierte Arbeits-, Organisations-, und Wirtschaftspsychologie an der Ruhr-Universität Bochum. Seit 2020 ist sie als Beraterin bei hr&c tätig, wobei ihr Schwerpunkt in der Gefährdungsbeurteilung psychischer Belastungen, der Softwareergonomie-Analyse sowie der Personal- und Führungskräfteentwicklung liegt. Gemeinsam mit Prof. Dr. Andreas Blume verantwortet sie die Forschungs- und Publikationsarbeit bei hr&c.

## Miriam Meschede

Wissenschaftliches Institut der AOK (WIdO)
Berlin

Masterstudium der Prävention und Gesundheitsförderung an der Universität Flensburg.
Seit 2018 Wissenschaftliche Mitarbeiterin im
Wissenschaftlichen Institut der AOK (WIdO)
im AOK-Bundesverband, Forschungsbereich
Betriebliche Gesundheitsförderung und Heilmittel und Projektleitung für kassenartenüber-
greifende Unternehmensberichte.

## Markus Meyer

Wissenschaftliches Institut der AOK (WIdO)
Berlin

Diplom-Sozialwissenschaftler. Berufliche Stationen nach dem Studium: Team Gesundheit der Gesellschaft für Gesundheitsmanagement mbH, BKK Bundesverband und spec-
trum|K GmbH. Tätigkeiten in den Bereichen

Betriebliche Gesundheitsförderung, Datenma-
nagement und IT-Projekte. Seit 2010 wissenschaftlicher Mitarbeiter im Wissenschaftlichen
Institut der AOK (WIdO) im AOK-Bundesverband, Forschungsbereich Betriebliche Gesundheitsförderung und Heilmittel; Projektlei-
ter Forschungsbereich Betriebliche Gesundheitsförderung. Arbeitsschwerpunkte: Fehlzei-
tenanalysen, betriebliche und branchenbezo-
gene Gesundheitsberichterstattung.

## Ildikó Pallmann

Minor – Projektkontor für Bildung
und Forschung
Berlin

Ildikó Pallmann absolvierte den Masterstudi-
engang „Sozialwissenschaften" an der Humboldt-Universität zu Berlin. Beim Deutschen
Gewerkschaftsbund arbeitete sie in verschiedenen Projekten mit dem Schwerpunkt Bekämpfung des Menschenhandels zur Arbeits-
ausbeutung. Seit 2016 ist sie bei Minor in der
IQ Fachstelle Einwanderung tätig und beschäftigt sich dort insbesondere mit dem Thema Arbeitsmarktintegration von Migrantinnen. Seit
2021 arbeitet sie zudem in dem partizipatori-
schen Forschungsprojekt Digital Active Women, das sich mit der Frage auseinandersetzt,
wie digitale Informations- und Beratungsangebote besser bei neu zugewanderten Frauen
ankommen.

## Mike Paternoga

hr&c – Human Resources und
Change Management GmbH
Bochum

Mike Paternoga (B. Sc.) studierte Arbeits-,
Organisations-, und Wirtschaftspsychologie an
der Ruhr-Universität Bochum. Seit 2015 ist er
als Berater, Trainer, Moderator und Projekt-
leiter bei hr&c tätig. Sein Schwerpunkt liegt
auf der Gefährdungsbeurteilung psychischer
Belastungen, Mediationsverfahren sowie Se-
minardurchführung rund um die strategische
Personalentwicklung und Personalplanung.

## Prof. Dr. Holger Pfaff

IMVR – Institut für Medizinsoziologie,
Versorgungsforschung und
Rehabilitationswissenschaft
Universität zu Köln
Köln

Prof. Dr. Holger Pfaff ist Direktor des Instituts für Medizinsoziologie, Versorgungsforschung und Rehabilitationswissenschaft (IM-
VR) der Humanwissenschaftlichen Fakultät
und der Medizinischen Fakultät der Universität
zu Köln und Direktor des Zentrums für Versorgungsforschung Köln (ZVFK). Er war unter anderem Fachkollegiat der Deutschen For-
schungsgemeinschaft (DFG, 2012–2019) und
Vorsitzender des Expertenbeirats des Deutschen Innovationsfonds, berufen durch das Ge-
sundheitsministerium (2016–2019).

## Dr. Christian Pfeffer-Hoffmann

Minor – Projektkontor für Bildung
und Forschung
Berlin

Christian Pfeffer-Hoffmann leitet Minor und
die IQ Fachstelle Einwanderung. Der promovierte Medienpädagoge hat insbesondere in
den Kontexten Migration, berufliche und politische Bildung, Medienbildung und Fachkräftesicherung bereits zahlreiche Publikationen
herausgegeben sowie vielfältige Modell- und
Forschungsprojekte durchgeführt.

## Prof. Dr. Hartmut Rosa

Max-Weber-Kolleg für kultur- und
sozialwissenschaftliche Studien
Universität Erfurt
Erfurt

Hartmut Rosa (*1965) ist seit 2005 Professor für Allgemeine und theoretische Soziologie an der Friedrich-Schiller-Universität Jena und seit 2013 Direktor des Max-Weber-Kollegs an der Universität Erfurt. Zugleich ist er Sprecher des 2021 eingerichteten Sonderforschungsbereichs der DFG „Strukturwandel des Eigentums". Als Gastprofessor war er darüber hinaus an der New School for Social Research in New York und an der FMSH/EHESS in Paris tätig und Herausgeber der Fachzeitschriften *Time & Society* sowie *Berliner Journal für Soziologie*. Zu seinen Veröffentlichungen zählen *Beschleunigung* (2005), *Resonanz* (2016) und *Unverfügbarkeit* (2018).

## Antje Schenkel

Wissenschaftliches Institut der AOK (WIdO)
Berlin

Diplom-Mathematikerin. Nach Abschluss des Studiums 2007 durchgehend unterwegs in Datenbankentwicklung und Datenanalyse. Seit 2017 Mitarbeiterin des Wissenschaftlichen Instituts der AOK (WIdO) im Forschungsbereich Betriebliche Gesundheitsförderung und Heilmittel.

## Annette Schlipphak

Bundesministerium des Innern, für Bau und Heimat
Berlin

Studium der Psychologie in Frankfurt am Main. Erfahrungen im Bereich Unterricht, Training und Beratung, Personalentwicklung und -auswahl. Seit 2001 Referentin im

Bundesministerium des Innern, heute tätig im Ärztlichen und Sozialen Dienst der obersten Bundesbehörden, Gesundheitsmanagement. Zuständig u. a. für die Koordination der Umsetzung des Betrieblichen Gesundheitsmanagements in der unmittelbaren Bundesverwaltung sowie die Erstellung des Gesundheitsförderungsberichts.

## Kevin Leo Schmidt

Deutscher Gewerkschaftsbund (DGB)
Bundesvorstandsverwaltung
Abteilung Sozialpolitik
Berlin

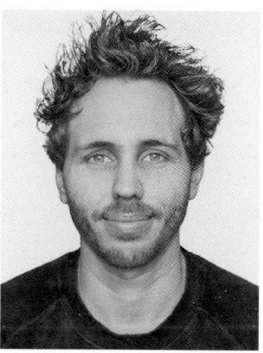

Kevin Leo Schmidt ist Referatsleiter Gesundheitspolitik/Krankenversicherung beim Bundesvorstand des DGB. Er hat Staatswissenschaften und Wirtschaftswissenschaften an der Universität Passau und Sozialwissenschaften an der Humboldt-Universität zu Berlin studiert. Vor seiner Tätigkeit für den DGB ab 2021 hat er in einer Kampagnenagentur gearbeitet und war politisch wie gewerkschaftlich engagiert. Für den DGB ist er unter anderem beratendes Mitglied der Nationalen Präventionskonferenz.

## Helmut Schröder

Wissenschaftliches Institut der AOK (WIdO)
Berlin

Nach dem Abschluss als Diplom-Soziologe an der Universität Mannheim als wissenschaftlicher Mitarbeiter im Wissenschaftszentrum Berlin für Sozialforschung (WZB), dem Zentrum für Umfragen, Methoden und Analysen e. V. (ZUMA) in Mannheim sowie dem Institut für Sozialforschung der Universität Stuttgart tätig. Seit 1996 wissenschaftlicher Mitarbeiter im Wissenschaftlichen Institut der AOK (WIdO) im AOK-Bundesverband und dort insbesondere in den Bereichen Arzneimittel, Heilmittel, Betriebliche Gesundheitsförderung sowie Evaluation tätig; stellvertretender Geschäftsführer des WIdO.

## Kristina Schubin

IMVR – Institut für Medizinsoziologie,
Versorgungsforschung und
Rehabilitationswissenschaft
Universität zu Köln
Köln

Kristina Schubin ist wissenschaftliche Mitarbeiterin am Institut für Medizinsoziologie, Versorgungsforschung und Rehabilitationswissenschaft (IMVR) der Universität zu Köln. Ihr fachlicher Schwerpunkt liegt im Bereich „Arbeit und Gesundheit". Freiberuflich war sie bereits in Projekten zur Organisationsdiagnostik und -evaluation im Betrieblichen Gesundheitsmanagement tätig. Sie ist zertifizierte systemische Beraterin.

## Dr. Marlies Schümann

Berliner Hochschule für Technik
Fachbereich I – Arbeits- und
Organisationspsychologie
Berlin

Dr. Marlies Schümann ist Diplompsychologin und war wissenschaftliche Mitarbeiterin am Arbeitsbereich Arbeits- und Organisationspsychologie der Universität Hamburg. Sie ist nun an der Berliner Hochschule für Technik tätig. Ihre Forschungsschwerpunkte sind Arbeit und Gesundheit sowie Nachhaltiges Verhalten in und außerhalb von Organisationen.

## Reinhard Schwanke

AOK-Bundesverband
Geschäftsführungseinheit „Markt/Produkte"
Berlin

Diplom-Informatiker. Seit 1991 im AOK-Bundesverband tätig, u. a. im WIdO und in Bundes-Projekten mit Bezug auf die Leistung „Krankengeld". Derzeit im Geschäftsbereich „Markt/Produkte", Abteilung „Leistungen & Produkte" als Referatsleiter „Leistungsprozesse". Der Aufgabenschwerpunkt des Referats besteht im Wesentlichen in einer kontinuierlichen Weiterentwicklung des AOK-Krankengeldmanagements. Dabei bilden die bundesweit abgestimmten Krankengeld-Fachcontrollingberichte eine wertvolle Grundlage.

## Susanne Sollmann

Wissenschaftliches Institut der AOK (WIdO)
Berlin

Susanne Sollmann studierte Anglistik und Kunsterziehung an der Rheinischen Friedrich-Wilhelms-Universität Bonn und am Goldsmiths College, University of London. Von 1986 bis 1988 war sie wissenschaftliche Hilfskraft am Institut für Informatik der Universität Bonn. Seit 1989 ist sie Mitarbeiterin im Wissenschaftlichen Institut der AOK (WIdO) im AOK-Bundesverband. Sie ist verantwortlich für das Lektorat des Fehlzeiten-Reports.

## Prof. Dr. Karlheinz Sonntag

Seniorprofessor
Arbeitsforschung und Organisationsgestaltung
Universität Heidelberg

Prof. Dr. Karlheinz Sonntag ist Seniorprofessor an der Universität Heidelberg in der Abteilung Arbeitsforschung und Organisationsgestaltung. Die Forschungsschwerpunkte des Arbeitspsychologen liegen unter anderem auf der humanen und gesundheitsförderlichen Gestaltung flexibler und mobiler Arbeitsformen der digitalen Transformation, der Analyse des Führungsverhaltens in organisationalen Veränderungsprozessen, der Potenzialanalyse (älterer) Erwerbstätiger, der Gestaltung von Work-Life-Balance und der Personalentwicklung. Er ist auch wissenschaftlicher Leiter des arbeitspsychologischen Forschungs- und Beratungsinstituts khs worklab in Heidelberg.

## Prof. Dr. Christina Stecker

SRH Berlin University of Applied Sciences
Berlin School of Management
Berlin

Nach ihrem Doppelstudium der Wirtschaftswissenschaften und Politologie, Soziologie
und Philosophie promovierte Prof. Stecker am
Zentrum für Sozialpolitik (ZeS, heute Soci-
um) der Universität Bremen. Seit fast zwanzig
Jahren ist sie in der Alterssicherungs- und
Rehaforschung bei der Deutschen Rentenversicherung Bund in Berlin (zuvor Frankfurt am
Main) beschäftigt, wo sie Demographieprojek-
te akquirierte und leitete. Daneben ist sie Trai-
nerin für das Arbeitsbewältigungs-Coaching
(ab-c®). Aktuelle Forschungs- und Arbeitsschwerpunkte: Erhalt der Arbeitsfähigkeit im
digitalen & demographischen Wandel, Institutional & Behavioural Economics.

## Dr. Grit Tanner

Berliner Hochschule für Technik
Fachbereich I – Arbeits- und
Organisationspsychologie
Berlin

Dr. Grit Tanner ist Diplompsychologin und
war wissenschaftliche Mitarbeiterin am Institut für Arbeits- und Organisationspsychologie der Universität Hamburg. Sie ist nun
an der Berliner Hochschule für Technik tätig. Ihre Forschungsschwerpunkte sind Betriebliche Gesundheitsförderung, organisationale Veränderungen, stressbezogene Arbeits-
analysen, Unternehmenskultur sowie unter-
nehmensübergreifende Konzepte von Gesundheitsschutz.

# Dr. Susanne Wagenmann

BDA | DIE ARBEITGEBER
Bundesvereinigung der Deutschen
Arbeitgeberverbände
Arbeitswissenschaft | Soziale Sicherung
Berlin

Susanne Wagenmann ist promovierte Volks-
wirtin und leitet seit November 2020 die
Abteilung Soziale Sicherung der Bundesvereinigung der Deutschen Arbeitgeberverbände
(BDA). Zuvor war sie u. a. in leitender Position in der ärztlichen Selbstverwaltung beschäftigt. Ehrenamtlich ist sie u. a. als Mitglied
im Kuratorium des Instituts für Qualitätssicherung und Transparenz im Gesundheitswesen,
als alternierende Vorsitzende des Vorstands
der Bundesarbeitsgemeinschaft Rehabilitation
e. V. sowie als Mitglied im Beirat des Verbands
für Sicherheit, Gesundheit und Umweltschutz
bei der Arbeit e. V. aktiv. Darüber hinaus ist sie
Mitglied im Verwaltungsrat der AOK Nordost sowie alternierende Vorsitzende des Aufsichtsrats des AOK-Bundesverbandes und alternierende Vorsitzende des Verwaltungsrats
des GKV-Spitzenverbands.

# Dr. Nadja Walter

Universität Leipzig
Sportwissenschaftliche Fakultät
Lehrstuhl Sportpsychologie
Leipzig

Dr. Nadja Walter ist wissenschaftliche Mitarbeiterin am Lehrstuhl Sportpsychologie an der
Sportwissenschaftlichen Fakultät der Universität Leipzig. Im Rahmen ihrer Habilitation
beschäftigte sie sich mit den psychologischen
Aspekten der Verhaltensänderung im Sport.
Neben diesem Forschungsschwerpunkt gilt ihr
Forschungsinteresse auch Themen wie Psychische Gesundheit im Leistungssport und Betriebliche Gesundheitsförderung. Für letztgenannten Forschungsbereich entwickelte Nadja
Walter gemeinsam mit Kolleginnen einen Be-
wertungsbogen zur Beurteilung der Qualität
von digitalen BGF-Anbietern.

## Andrea Waltersbacher

Wissenschaftliches Institut der AOK (WIdO)
Berlin

Andrea Waltersbacher, Diplom-Soziologin, ist seit 2001 wissenschaftliche Mitarbeiterin im WIdO. Seit 2002 ist sie Projektleiterin des AOK-Heilmittel-Informations-Systems (AOK-HIS) im Forschungsbereich Betriebliche Gesundheitsförderung und Heilmittel. Seit 2017 arbeitet sie bei der jährlichen Befragung von Erwerbstätigen zum Schwerpunkt des Fehlzeiten-Reports mit.

## Björn Wegner

Unfallversicherung Bund und Bahn (UVB)
Arbeitsschutz und Prävention
Wilhelmshaven

Björn Wegner studierte Sportwissenschaften mit den Schwerpunkten Prävention und Rehabilitation und ist systemisch integrativer Coach. Nach seinem Studium arbeitete er mehrere Jahre als Unternehmensberater zum Betrieblichen Gesundheitsmanagement. Seit 2008 ist Björn Wegner bei der Unfallversicherung Bund und Bahn und leitet das Referat Psychologie und Gesundheitsmanagement. Seit 2015 hat er einen Lehrauftrag an der Fachhochschule für Sport und Management Potsdam, Lehrstuhl Gesundheitsmanagement.

## Univ.-Prof. Dr. Jürgen Weibler

FernUniversität in Hagen
Fakultät für Wirtschaftswissenschaft
Lehrstuhl für Betriebswirtschaftslehre, insbes. Personalführung und Organisation
Hagen

Professor für Betriebswirtschaftslehre an der FernUniversität Hagen, insbesondere Personalführung und Organisation. Forschungsschwerpunkte: Zukunftsweisende Führung, (Digitale) Transformation von Organisationen, zeitgemäßes Personalmanagement. Buchpublikationen (u. a.): *Personalführung* (Vahlen, 3. Aufl. 2016, 4. Aufl. Ende 2022), *Plural Leadership* (mit Sigrid Endres, Springer 2019). Unter www.leadership-insiders.de unterstützt er die Führungspraxis bei der Gestaltung erfolgreicher Führungsbeziehungen.

## Dr. Annekatrin Wetzstein

Institut für Arbeit und Gesundheit der DGUV (IAG)
Dresden

Dr. Annekatrin Wetzstein, Dipl.-Psych. ist Leiterin des Bereichs Evaluation und Betriebliches Gesundheitsmanagement im Institut für Arbeit und Gesundheit der Deutschen Gesetzlichen Unfallversicherung. Sie studierte Arbeitspsychologie und Klinische Psychologie an der Humboldt-Universität zu Berlin und promovierte in den Naturwissenschaften an der Technischen Universität Dresden zur Unterstützung der Innovationsentwicklung. Sie arbeitet an Projekten zur Evaluation von Präventionsmaßnahmen und zum Betrieblichen Gesundheitsmanagement. Sie ist ausgebildete Kommunikations- und Verhaltenstrainerin und systemischer Coach (DGSF).

## Lisa Wing

Ehem. Wissenschaftliches Institut der AOK (WIdO)
Berlin

Lisa Wing hat Sozialwissenschaften an der Humboldt-Universität in Berlin studiert. Bis zum Februar 2021 arbeitete sie am Wissenschaftszentrum Berlin für Sozialforschung in der Forschungsgruppe Globalisierung, Arbeit und Produktion. Bis zum März 2022 unterstützte sie als studentische Mitarbeiterin den Forschungsbereich Betriebliche Gesundheitsförderung und Heilmittel des WIdO. Heute arbeitet sie bei der InterVal GmbH in der empirischen Sozialforschung.

## Dr. Janine Ziegler

Minor – Projektkontor für Bildung
und Forschung
Berlin

Janine Ziegler studierte und promovierte in
Politikwissenschaften in München und Paris
und arbeitet bei Minor als Wissenschaftliche Mitarbeiterin in der IQ Fachstelle Einwanderung sowie im Projekt „Blickpunkt Migrantinnen: Fach- und Servicestelle für die
Arbeitsmarktintegration migrantischer Frauen
in Sachsen-Anhalt". Ihre Arbeitsschwerpunkte
sind Migration und (Arbeitsmarkt-)Integration
von Migrantinnen sowie Citizen-Science-An-
sätze.

# Stichwortverzeichnis